Schwerpunkte Pflichtfach   Wessels/Beulke/Satzger · Strafrecht Allgemeiner Teil

Schwerpunkte

Eine systematische Darstellung der wichtigsten Rechtsgebiete anhand von Fällen
Begründet von Professor Dr. Harry Westermann †

Strafrecht
Allgemeiner Teil

Die Straftat und ihr Aufbau

Mit ebook: Lehrbuch, Entscheidungen, Gesetzestexte

begründet von

Prof. Dr. Johannes Wessels †

fortgeführt von

Dr. Werner Beulke

Professor em. an der Universität Passau

und

Dr. Helmut Satzger

o. Professor an der Ludwig-Maximilians-Universität München

49., neu bearbeitete Auflage

 C.F. Müller

Bibliografische Information der Deutschen Nationalbibliothek
Die Deutsche Nationalbibliothek verzeichnet diese Publikation in der Deutschen Nationalbibliografie; detaillierte bibliografische Daten sind im Internet über http://dnb.d-nb.de abrufbar.

ISBN 978-3-8114-4827-8

E-Mail: kundenservice@cfmueller.de
Telefon: +49 89 2183 7923
Telefax: +49 89 2183 7620

www.cfmueller.de
www.cfmueller-campus.de

Satz: preXtension, Grafrath
Druck: CPI books, Leck

 C.F. Müller

**Ihr kostenloses Schwerpunkte-ebook exklusiv unter
www.cfmueller.de/ebook-download**

Mit dem Kauf dieses Buches erwerben Sie gleichzeitig ohne weiteres Entgelt das integrierte ebook. Es besteht aus:

- dem vollständigen Lehrbuchtext verlinkt mit
- höchstrichterlichen Entscheidungen im Volltext und den
- zitierten Normen im Wortlaut

So erhalten Sie Ihr ebook:

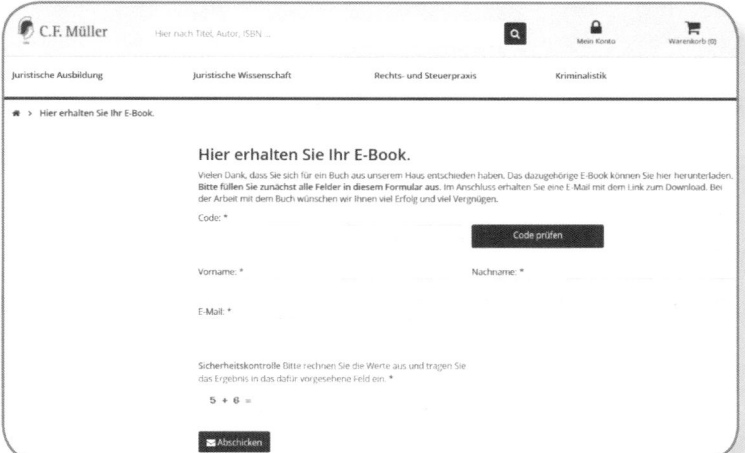

Unter **www.cfmueller.de/ebook-download** geben Sie den unten stehenden **Code,** Ihren Namen und Ihre E-Mail-Adresse ein. Sie erhalten einen Download-Link und können das ebook nach dem Herunterladen auf Ihrem Endgerät (Tablet, Laptop/PC, Smartphone) nutzen.

Code: FFAU7-L2XRG-JMZMV

Für PC oder Notebook benötigen Sie einen Reader (z.B. Acrobat Digital Editions). Laden Sie das ebook auf Tablet PC oder Smartphone, brauchen Sie in der Regel keine weitere Software, da hier ein Reader (iBooks App, Bluefire Reader App, DL Reader) vorinstalliert ist. Bei Fragen informieren Sie sich bitte unter **www.cfmueller.de/hilfe/FAQ/**. Sollten Sie bei Ihrem ebook-Download auf Probleme stoßen, wenden Sie sich bitte an ebook-support@cfmueller.de.

W/B/S StrafR AT

Vorwort

Mit dem vorliegenden Exemplar des Lehrbuch-Klassikers zum Allgemeinen Teil des Strafrechts geht der Wessels/Beulke/Satzger mittlerweile in seine 49. Auflage. Wie gewohnt werden hierzu die Inhalte im für die juristische Ausbildung relevanten Umfang auf den neuesten Stand gebracht, wobei Rechtsprechung und Literatur bis einschließlich Juli 2019 berücksichtigt werden konnten. Darüber hinaus soll auch mit dieser Neuauflage der Versuch fortgesetzt werden, die bisherigen Darstellungen stetig zu verbessern. Eine grundlegende Überarbeitung und Neugestaltung hat insbesondere die **Konkurrenzlehre** in Teil V erfahren; hierdurch war leider eine Änderung der Randnummernzählung in diesem Abschnitt unvermeidbar.

Auch die 49. Auflage des Printwerks umfasst zusätzlich und ohne weiteres Entgelt ein **integriertes eBook**, welches nicht nur den gesamten Text des Lehrbuchs beinhaltet, sondern auch praktische Verlinkungen auf die einschlägigen Gesetzestexte sowie auf die unter Ausbildungsgesichtspunkten wichtigsten Gerichtsentscheidungen enthält. Der hierdurch erzeugte Mehrwert ermöglicht ein zeitsparendes und effizientes Arbeiten mit dem Lehrbuch. Es ist uns daher eine Freude, diesen zusätzlichen Service auch in Verbindung mit der Neuauflage bieten zu können.

Hinweisen möchten wir ferner auf die inzwischen im Ausbildungssektor fest etablierten, von *Werner Beulke* verfassten **Fall- und Repetitionsbücher**, in welchen den Studierenden anschaulich präsentiert wird, wie der in diesem Lehrbuch dargestellte Lernstoff im Rahmen von Klausuren am besten umzusetzen ist. Der „Klausurenkurs im Strafrecht I" (7. Auflage) wendet sich dabei an Anfänger, der „Klausurenkurs im Strafrecht II" (4. Auflage) wird Fortgeschrittenen empfohlen. Speziell für Examenskandidaten ist der in fünfter Auflage erschienene „Klausurenkurs im Strafrecht III" konzipiert. Die Verzahnung mit den Klausurenkursen wird im Text des Lehrbuchs optisch hervorgehoben (▶ Beispielsfall bei …).

Am Ende nahezu aller Kapitel findet sich auch in dieser Auflage wieder die **Rubrik „Aktuelle Rechtsprechung"**. Sie ist als schnelle Lern- und Wiederholungshilfe gedacht und informiert die Studierenden über die im vorangehenden Text bereits zitierten und für mündliche und schriftliche Prüfungen besonders wichtigen neueren und neuesten Entwicklungen in der Rechtsprechung. Eine – durch das eBook besonders leicht realisierbare – Lektüre der genannten Entscheidungen sei allen Leserinnen und Lesern dringend empfohlen.

In **Passau** bedanken wir uns sehr herzlich bei unseren engagierten Mitarbeiterinnen *Olga Kuhls*, *Lilly Beutler* und *Philippa Gruner*.

Größten Dank schulden wir auch dem stets hochmotivierten und überaus tüchtigen **Münchener** Team, allen voran Herrn *Constantin Salat*, der nicht nur stets verlässlich und in höchst kompetenter Weise dieses Team koordiniert hat, sondern selbst durch zahlreiche Anregungen und kreative Ideen den Inhalt mitgestalten konnte. Zentrale Verantwortung für die inhaltliche Arbeit haben dankenswerterweise Frau *Julia Mayer* und Herr *Patrick Born* übernommen. Für weiteren inhaltlichen Input bedanken wir uns bei Herrn *Niklas Kastel*, Herrn *Nicolai von Maltitz, LL.M.* und Herrn *Lorenz Seidl*. Ferner wäre ohne die gründliche und umfangreiche Recherchearbeit von Frau *Dorothea Hirt*, Frau *Melanie Vachal*, Herrn *Lorcán Hyde*, Herrn *Noah Räderer* und Herrn *Patrick Siegle* eine derart reibungslose Verwirklichung der 49. Auflage nicht möglich gewesen. Ihnen allen – sowie dem gesamten Lehrstuhlteam – möchten wir an dieser Stelle ganz herzlich Danke sagen.

Passau/München, im August 2019

Werner Beulke
Helmut Satzger

Inhaltsverzeichnis

XII

Anhang

Abkürzungsverzeichnis

aA	andere(r) Ansicht
abl.	ablehnend
ABl	Amtsblatt der EG/EU (Seite)
Abs.	Absatz
abw.	abweichend
Ad Legendum	Ad Legendum (Zeitschrift)
aE	am Ende
AE	Alternativentwurf
AEUV	Vertrag über die Arbeitsweise der Europäischen Union
ähnl.	ähnlich
aF	alte Fassung
AG	Amtsgericht
AK-	Alternativkommentar zum Strafgesetzbuch (-Bearbeiter)
AktG	Aktiengesetz
allg.	allgemein
Alt.	Alternative
Anm.	Anmerkung
AnwBl	Anwaltsblatt
AO	Abgabenordnung
arg.	Argument
Art.	Artikel
AT	Allgemeiner Teil
AtomG	Atomgesetz
Aufl.	Auflage
ausf.	ausführlich
BA	Blutalkohol (Zeitschrift)
BAK	Blutalkoholkonzentration
BayObLG	Bayerisches Oberstes Landesgericht
BayObLGSt	Entscheidungen des Bayerischen Obersten Landesgerichts in Strafsachen
BB	Der Betriebs-Berater (Zeitschrift)
BBG	Bundesbeamtengesetz
Bd	Band
BeamtStG	Beamtenstatusgesetz (Zeitschrift)
BeckRS	Beck online Rechtsprechung
Bespr.	Besprechung
BGB	Bürgerliches Gesetzbuch
BGBl	Bundesgesetzblatt (Teil, Seite)
BGH	Bundesgerichtshof
BGHSt	Entscheidungen des Bundesgerichtshofes in Strafsachen
BGHZ	Entscheidungen des Bundesgerichtshofes in Zivilsachen
BRD	Bundesrepublik Deutschland
BR-Drucks.	Bundesrats-Drucksache (Legislaturperiode, Nummer)
BSG	Bundessozialgericht

bspw	beispielsweise
BT	Besonderer Teil
BT-Drucks.	Bundestags-Drucksache (Legislaturperiode, Nummer)
BtMG	Betäubungsmittelgesetz
BVerfG	Bundesverfassungsgericht
BVerfGE	Entscheidungen des Bundesverfassungsgerichts
bzgl	bezüglich
bzw	beziehungsweise
CCZ	Corporate Compliance Zeitschrift
DAR	Deutsches Autorecht (Zeitschrift)
DDR	Deutsche Demokratische Republik
ders.	derselbe
dh	das heißt
dies.	dieselbe
diesbzgl	diesbezüglich
diff.	differenzierend
Diss.	Dissertation
DNotZ	Deutsche Notarzeitschrift
DRiZ	Deutsche Richterzeitung
DStR	Deutsches Steuerrecht (Zeitschrift)
E 1962	Entwurf eines Strafgesetzbuches (BT-Drucks. IV/650), 1962
EG	Europäische Gemeinschaft(en)
EGBGB	Einführungsgesetz zum Bürgerlichen Gesetzbuch
EGMR	Europäischer Gerichtshof für Menschenrechte
EGStGB	Einführungsgesetz zum Strafgesetzbuch
Einl.	Einleitung
EMRK	Europäische Konvention zum Schutz der Menschenrechte und Grundfreiheiten vom 4.11.1950 (BGBl 1952 II S. 686)
engl.	englisch
Erg.	Ergebnis
etc	et cetera
EU	Europäische Union
EuCLR	European Criminal Law Review (Zeitschrift)
EuGH	Gerichtshof der Europäischen Gemeinschaften/Union
EUV	Vertrag über die Europäische Union
EuZW	Europäische Zeitschrift für Wirtschaftsrecht
evtl	eventuell
EWiR	Entscheidungen zum Wirtschaftsstrafrecht
f/ff	folgender/folgende
FamRZ	Zeitschrift für das gesamte Familienrecht
FD-StrafR	Fachdienst Strafrecht (Elektronische Zeitschrift auf Beck-Online)
FG	Freundesgabe
Fn	Fußnote
FPPK	Forensische Psychiatrie, Psychologie, Kriminologie (Zeitschrift)
FPR	Familie, Partnerschaft, Recht (Zeitschrift)
FS	Festschrift

XVIII

GA	Goltdammer's Archiv für Strafrecht
GASP	Gemeinsame Außen- und Sicherheitspolitik
GBA	Generalbundesanwalt
gem.	gemäß
GenStA	Generalstaatsanwaltschaft
GG	Grundgesetz für die Bundesrepublik Deutschland
ggf	gegebenenfalls
ggü	gegenüber
GmbH	Gesellschaft mit beschränkter Haftung
GmbHG	Gesetz betreffend die Gesellschaften mit beschränkter Haftung
GRC	Charta der Grundrechte der Europäischen Union
grds	grundsätzlich
GrK	Große Kammer
GrS	Großer Senat für Strafsachen
GS	Gedächtnisschrift, Gedenkschrift
GVG	Gerichtsverfassungsgesetz
hA	herrschende Ansicht
HK-GS	Handkommentar, Gesamtes Strafrecht
hL	herrschende Lehre
hM	herrschende Meinung
HRRS	Höchstrichterliche Rechtsprechung Strafrecht (www.hrr-strafrecht.de)
Hrsg	Herausgeber
Hs.	Halbsatz
ICC	International Criminal Court (Internationaler Strafgerichtshof)
ICTR	International Criminal Tribunal for Rwanda (Internationaler Strafgerichtshof für Ruanda)
ICTY	International Criminal Tribunal for the former Yugoslavia (Internationaler Strafgerichtshof für das ehemalige Jugoslawien)
idR	in der Regel
iE	im Ergebnis
ieS	im engeren Sinn
IGH	Internationaler Gerichtshof
inkl.	inklusive
insbes.	insbesondere
IntVG	Integrationsverantwortungsgesetz
IPbpR	Internationaler Pakt für bürgerliche und politische Rechte vom 19.12.1966 (BGBl 1973 II, S. 1534)
iS	im Sinne
iSd	im Sinne der/des
IStGH	Internationaler Strafgerichtshof
IStGHG	Gesetz über die Zusammenarbeit mit dem Internationalen Strafgerichtshof
iSv	im Sinne von
Iurratio	Zeitschrift für junge Juristen
iVm	in Verbindung mit
iwS	im weiteren Sinn
JA	Juristische Arbeitsblätter (Zeitschrift)
JAmt	Jugendamt (Zeitschrift)

JA-R	JA-Rechtsprechungs-Report
JBÖNF	Jahrbuch des öffentlichen Rechts der Gegenwart, Neue Folge
JbRE	Jahrbuch für Recht und Ethik
JGG	Jugendgerichtsgesetz
JICJ	Journal of International Criminal Justice (Zeitschrift)
JK	Jura-Karteikarten (bis 2015)
JR	Juristische Rundschau
Jura	Juristische Ausbildung (Zeitschrift)
Jura (JK)	Jura-Karteikarten (ab 2015)
JuS	Juristische Schulung (Zeitschrift)
JZ	Juristenzeitung
Kap.	Kapitel
KastrG	Gesetz über die freiwillige Kastration
Kfz	Kraftfahrzeug
KG	Kammergericht
kg	Kilogramm
KJ	Kritische Justiz (Zeitschrift)
km/h	Kilometer pro Stunde
KOM	Veröffentlichungen der Kommission der Europäischen Gemeinschaften/ Union, geordnet nach Jahrgang und Seite
krit.	kritisch
KritV	Kritische Viertel-Jahresschrift für Gesetzgebung und Rechtswissenschaft (Zeitschrift)
L	Lernbogen der Juristischen Schulung (JuS)
lat.	lateinisch
Lb	Lehrbuch
LdR-	Lexikon des Rechts *(-Bearbeiter)*
LG	Landgericht
Lit./lit.	Literatur/litera (Buchstabe)
LK-	Leipziger Kommentar zum Strafgesetzbuch *(-Bearbeiter)*
Lkw	Lastkraftwagen
LPartG	Lebenspartnerschaftsgesetz (BGBl 2001 I S. 266)
LPK	Strafgesetzbuch, Lehr- und Praxiskommentar
LR-	Löwe/Rosenberg, Die Strafprozessordnung *(-Bearbeiter)*
m.	mit
MDR	Monatsschrift für Deutsches Recht (Zeitschrift)
MDR/D [H]	Rechtsprechung des BGH in MDR bei *Dallinger [Holtz]*
MedR	Medizinrecht (Zeitschrift)
Mio	Million(en)
MK-	Münchener Kommentar zum Strafgesetzbuch *(-Bearbeiter)*
MM	Mindermeinung
MMR	MultiMedia und Recht (Zeitschrift)
mwN	mit weiteren Nachweisen
Nachbem.	Nachbemerkung
NdsRpfl	Niedersächsische Rechtspflege (Zeitschrift)
nF	neue Fassung
NJ	Neue Justiz (Zeitschrift)

XX

NJOZ	Neue Juristische Online-Zeitschrift
NJW	Neue Juristische Wochenschrift (Zeitschrift)
NK	Neue Kriminalpolitik (Zeitschrift)
NK-	Nomos-Kommentar zum Strafgesetzbuch *(-Bearbeiter)*
Nr	Nummer
NStE	Neue Entscheidungssammlung für Strafrecht
NStZ	Neue Zeitschrift für Strafrecht
NStZ-RR	NStZ-Rechtsprechungs-Report (Zeitschrift)
NZV	Neue Zeitschrift für Verkehrsrecht
NZWehr	Neue Zeitschrift für Wehrrecht
NZWiSt	Neue Zeitschrift für Wirtschafts-, Steuer- und Unternehmensstrafrecht
o.	oben
öStGB	Österreichisches Strafgesetzbuch
OGHSt	Entscheidungen des Obersten Gerichtshofes für die Britische Zone in Strafsachen
OLG	Oberlandesgericht
OLGSt	Entscheidungen der Oberlandesgerichte zum Straf- und Strafverfahrensrecht (zit. nach Paragraphen und Seite)
OWiG	Gesetz über Ordnungswidrigkeiten
PJZS	Polizeiliche und Justizielle Zusammenarbeit in Strafsachen in der EU
RdJ	Recht der Jugend und des Bildungswesens (Zeitschrift)
RG	Reichsgericht
RGSt	Entscheidungen des Reichsgerichts in Strafsachen
Rn	Randnummer
Rs	Rechtssache
Rspr	Rechtsprechung
RW	Rechtswissenschaft (Zeitschrift)
s.	siehe
S.	Satz, Seite
schwStGB	Schweizer Strafgesetzbuch
SchwZStr	Schweizerische Zeitschrift für Strafrecht
SDÜ	Schengener Durchführungsübereinkommen (BGBl 1993 II S. 1013)
SED	Sozialistische Einheitspartei Deutschlands
SeemannsG	Seemannsgesetz
SJZ	Süddeutsche Juristenzeitung
SK-	Systematischer Kommentar zum Strafgesetzbuch *(-Bearbeiter)*
Slg.	Sammlung der Rechtsprechung des EuGH
sog.	sogenannt
SoldG	Gesetz über die Rechtsstellung der Soldaten
S/S-	Schönke-Schröder, Strafgesetzbuch *(-Bearbeiter)*
S/S/W-StGB	Satzger/Schluckebier/Widmaier, Strafgesetzbuch *(-Bearbeiter)*
st.	ständig
StGB	Strafgesetzbuch
St-K	Studienkommentar
StPO	Strafprozessordnung
str.	strittig
StraFo	Strafverteidiger-Forum (Zeitschrift)

StrÄndG	Gesetz zur Änderung des Strafrechts
StRR	Strafrechtsreport (Zeitschrift)
StrRG	Gesetz zur Reform des Strafrechts
StudZR	Studentische Zeitschrift für Rechtswissenschaft Heidelberg
StV	Strafverteidiger (Zeitschrift)
StVG	Straßenverkehrsgesetz
StVO	Straßenverkehrsordnung
StVollzG	Strafvollzugsgesetz
subj.	subjektiv
TMG	Telemediengesetz
TPG	Transplantationsgesetz
u.	unten
ua	und andere/unter anderem
Uabs	Unterabsatz
UN	United Nations
u.U.	unter Umständen
usw	und so weiter
v. a.	vor allem
Var.	Variante
vert.	vertiefend
vgl	vergleiche
Voraufl.	Vorauflage
Vorbem.	Vorbemerkung
vorgänge	Zeitschrift für Bürgerrechte und Gesellschaftspolitik
VRS	Verkehrsrechts-Sammlung (Band, Seite)
vs.	versus
VStGB	Völkerstrafgesetzbuch
WaffG	Waffengesetz
wistra	Zeitschrift für Wirtschafts- und Steuerstrafrecht
WStG	Wehrstrafgesetz
zB	zum Beispiel
ZDG	Zivildienstgesetz
ZfJ	Zentralblatt für Jugendrecht (Zeitschrift)
ZfL	Zeitschrift für Lebensrecht
ZIP	Zeitschrift für Wirtschaftsrecht
ZIS	Zeitschrift für Internationale Strafrechtsdogmatik (Online Zeitschrift)
zit.	zitiert
ZJJ	Zeitschrift für Jugendkriminalrecht und Jugendhilfe
ZJS	Zeitschrift für das Juristische Studium (Online Zeitschrift)
ZPO	Zivilprozessordnung
ZRP	Zeitschrift für Rechtspolitik
ZStW	Zeitschrift für die gesamte Strafrechtswissenschaft
zT	zum Teil
zust.	zustimmend
zutr.	zutreffend
ZWH	Zeitschrift für Wirtschaftsstrafrecht und Haftung im Unternehmen

Soweit nicht anders gekennzeichnet, sind alle §§ solche des StGB.

Literaturverzeichnis

Achenbach/Ransiek/ Rönnau (Hrsg)	Handbuch Wirtschaftsstrafrecht, 4. Aufl. 2015 (zit.: Achenbach/Ransiek/Rönnau-*Bearbeiter*)
AG Medizinrecht im DAV/ IMR (Hrsg)	Brennpunkte des Arztstrafrechts, 2012 (zit.: *Bearbeiter*, AG Medizinrecht)
Ahlbrecht/Böhm/Esser/ Eckelmanns (Hrsg)	Internationales Strafrecht, 2. Aufl. 2018 (zit.: Ahlbrecht ua-*Bearbeiter*)
AK-StGB	Alternativkommentar zum Strafgesetzbuch, Band 1, 1990, herausgegeben von *Wassermann* (zit.: AK-*Bearbeiter*)
Albrecht	Begründung von Garantenstellungen in familiären und familienähnlichen Beziehungen, 1998
Ambos	Internationales Strafrecht, 5. Aufl. 2018
Ambos (Hrsg)	Europäisches Strafrecht post-Lissabon, 2011 (zit.: *Bearbeiter*, in: Ambos)
Amelung	Irrtum und Täuschung als Grundlage von Willensmängeln bei der Einwilligung des Verletzten, 1998
Amelung (Hrsg)	Individuelle Verantwortung und Beteiligungsverhältnisse bei Straftaten in bürokratischen Organisationen des Staates, der Wirtschaft und der Gesellschaft, 2000 (zit.: Amelung-*Bearbeiter*)
AnwK-StGB	Anwaltkommentar StGB, 2. Aufl. 2015, herausgegeben von Leipold/Tsambikakis/Zöller (zit.: AnwK-StGB-*Bearbeiter*)
Artkämper/Esders/Jakobs/ Sotelsek	Praxiswissen Strafverfahren bei Tötungsdelikten, 2012 (zit.: *Artkämper* ua)
Arzt	Willensmängel bei der Einwilligung, 1970 (zit.: Willensmängel); Die Strafrechtsklausur, 7. Aufl. 2006
Arzt/Weber/Heinrich/ Hilgendorf	Strafrecht, Besonderer Teil, 3. Aufl. 2015 (zit.: *Arzt/Weber/Heinrich/Hilgendorf*)
Baumann/Weber/Mitsch/ Eisele	Strafrecht, Allgemeiner Teil, 12. Aufl. 2016 (zit.: Baumann/Weber/Mitsch/Eisele-*Bearbeiter*, AT)
BeckOK-Kommunikation	Beck'scher Online-Kommentar Informations- und Medienrecht, herausgegeben von *Gersdorf/Paal*, 23. Edition, Stand: 1.2.2019 (zit.: BeckOK- Kommunikation-*Bearbeiter*)
BeckOK-StGB	Beck'scher Online Kommentar Strafgesetzbuch, herausgegeben von *v. Heintschel-Heinegg*, Edition 41, Stand: 1.2.2019 (zit.: BeckOK-StGB-*Bearbeiter*)
Bernsmann/Ulsenheimer	Bochumer Beiträge zu aktuellen Strafrechtsthemen, 2003 (zit.: Geilen-Symp.)
Berz	Formelle Tatbestandsverwirklichung und materieller Rechtsgüterschutz, 1986

Beulke	Klausurenkurs im Strafrecht I, 7. Aufl. 2016 (zit.: Klausurenkurs I); Klausurenkurs im Strafrecht III, 5. Aufl. 2018 (zit.: Klausurenkurs III)
Beulke/Lüderssen/Popp/ Wittig (Hrsg)	Das Dilemma des rechtsstaatlichen Strafrechts, 2009 (zit.: *Bearbeiter*, in: Beulke ua, Dilemma)
Beulke/Ruhmannseder	Die Strafbarkeit des Verteidigers, 2. Aufl. 2010
Beulke/Swoboda	Strafprozessrecht, 14. Aufl. 2018 (zit.: StPO)
Beulke/Zimmermann	Klausurenkurs im Strafrecht II, 4. Aufl. 2019 (zit.: Klausurenkurs II)
Blei	Strafrecht I, Allgemeiner Teil, 18. Aufl. 1983 (zit.: AT)
Bloy	Die Beteiligungsform als Zurechnungstypus im Strafrecht, 1985
Bockelmann/Volk	Strafrecht, Allgemeiner Teil, 4. Aufl. 1987
Böse (Hrsg)	Europäisches Strafrecht mit polizeilicher Zusammenarbeit, 2013 (zit.: *Bearbeiter*, in: Böse)
Borchardt	Die rechtlichen Grundlagen der Europäischen Union, 6. Aufl. 2015
Braun	Einführung in die Rechtswissenschaft, 4. Aufl. 2011
Bülte	Vorgesetztenverantwortlichkeit im Strafrecht, 2015
Bung	Wissen und Wollen im Strafrecht. Zur Theorie und Dogmatik des subjektiven Tatbestands, 2009
Burgstaller	Das Fahrlässigkeitsdelikt im Strafrecht, 1974
Bussmann	Verbot familialer Gewalt gegen Kinder, 2000
Coester-Waltjen ua	Zwischenprüfung, 2004 (zit.: Coester-Waltjen-*Bearbeiter*, Zwischenprüfung)
Coester-Waltjen ua (Hrsg)	Examensklausurenkurs, 2000 (zit.: Coester-Waltjen-I-*Bearbeiter*); Examensklausurenkurs, 2. Aufl. 2004 (zit.: Coester-Waltjen-II-*Bearbeiter*); Examensklausurenkurs, 3. Aufl. 2008 (zit.: Coester-Waltjen-III-*Bearbeiter*) Examensklausurenkurs, 4. Aufl. 2011 (zit.: Coester-Waltjen-IV-*Bearbeiter*)
Dederer/Schweitzer	Staatsrecht III, 11. Aufl. 2016
Dencker	Kausalität und Gesamttat, 1996
Detlefsen	Grenzen der Freiheit – Bedingung des Handelns – Perspektiven des Schuldprinzips, 2006
Dölling/Duttge/König/ Rössner (Hrsg)	Gesamtes Strafrecht, Handkommentar, 4. Aufl. 2017 (zit.: HK-GS-*Bearbeiter*)
Duttge	Zur Bestimmtheit des Handlungsunwerts von Fahrlässigkeitsdelikten, 2001
Ebert	Strafrecht, Allgemeiner Teil, 4. Aufl. 2001 (zit.: AT); Strafrecht, Allgemeiner Teil, 16 Fälle mit Lösungen, 2008 (zit.: Fallbuch)
Eidam	Der Organisationsgedanke im Strafrecht, 2015 (zit.: Organisationsgedanke)

Eisele — Strafrecht, Besonderer Teil I, 4. Aufl. 2017 (zit.: BT I); Strafrecht, Besonderer Teil II, 4. Aufl. 2017 (zit.: BT II)

Engländer — Grund und Grenzen der Nothilfe, 2008 (zit.: Nothilfe)

Engländer/Fahl/Satzger/ Swoboda (Hrsg) — Strafverteidigung – Grundlagen und Stolpersteine, 2012 (zit.: *Bearbeiter*, in: Engländer ua, Strafverteidigung)

Eser/Burkhardt — Strafrecht I, II, Juristischer Studienkurs, 4. Aufl. 1992

Fahl/Winkler — Definitionen und Schemata zum Strafrecht, 8. Aufl. 2019 (zit.: Definitionen)

Fischer — Strafgesetzbuch, 66. Aufl. 2019 (zit: *Fischer*)

Frank — Strafgesetzbuch, 18. Aufl. 1931 (zit.: StGB)

Freund — Strafrecht, Allgemeiner Teil, 2. Aufl. 2008 (zit.: AT)

Frisch — Vorsatz und Risiko, 1983 (zit.: Vorsatz); Tatbestandsmäßiges Verhalten und Zurechnung des Erfolgs, 1988 (zit.: Zurechnung); Der Irrtum als Unrechts- und/oder Schuldausschluss, in: Eser/ Perron (Hrsg), Rechtfertigung und Entschuldigung III, 1991, S. 217 (zit.: Irrtum)

Frister — Strafrecht, Allgemeiner Teil, 8. Aufl. 2018 (zit.: AT)

Fuchs — Strafrecht, Allgemeiner Teil I, 10. Aufl. 2018 (zit.: AT I)

Gössel — Strafrecht, Fälle und Lösungen, 8. Aufl. 2001

Gössel/Dölling — Strafrecht, Besonderer Teil 1, 2. Aufl. 2004 (zit.: BT/1)

Graf/Jäger/Wittig (Hrsg) — Wirtschafts- und Steuerstrafrecht, Kommentar, 2. Aufl. 2017 (zit.: G/J/W-*Bearbeiter*)

Gropp — Strafrecht, Allgemeiner Teil, 4. Aufl. 2015 (zit.: AT)

Grünewald — Das vorsätzliche Tötungsdelikt, 2010

Haft — Strafrecht, Allgemeiner Teil, 9. Aufl. 2004

Hardtung — Versuch und Rücktritt bei den Teilvorsatzdelikten des § 11 Abs. 2 StGB, 2002

Hardtung/Putzke — Examinatorium Strafrecht AT, 2016 (zit.: AT)

Hauf — Strafrecht, Allgemeiner Teil, 2. Aufl. 2001

Hecker — Europäisches Strafrecht, 5. Aufl. 2015

Hefendehl — Kollektive Rechtsgüter im Strafrecht, 2002

Hefendehl (Hrsg) — Empirische und dogmatische Fundamente, kriminalpolitischer Impetus, Symposium für Bernd Schünemann zum 60. Geburtstag, 2005 (zit.: Hefendehl, Schünemann-Symposium)

Heghmanns — Grundzüge einer Dogmatik der Straftatbestände zum Schutz von Verwaltungsrecht oder Verwaltungshandeln, 2000; Strafrecht für alle Semester, Besonderer Teil, Grund- und Examenswissen kritisch vertieft, 2009 (zit.: BT)

Heinrich, Bernd — Strafrecht, Allgemeiner Teil, 5. Aufl. 2016

Heinrich, Manfred	Rechtsgutszugriff und Entscheidungsträgerschaft, 2002
v. Heintschel-Heinegg	Prüfungstraining Strafrecht, Band 1, 1992 (zit.: Prüfungstraining)
Hellmann	Wirtschaftsstrafrecht, 5. Aufl. 2018 (zit.: Wirtschaftsstrafrecht)
Herzberg	Täterschaft und Teilnahme, 1977
Hilgendorf	Fälle zum Strafrecht für Anfänger, Klausurenkurs I, 3. Aufl. 2015 (zit.: KK I); Fälle zum Strafrecht für Fortgeschrittene, Klausurenkurs II, 2. Aufl. 2014 (zit.: KK II); Fälle zum Strafrecht für Examenskandidaten, Klausurenkurs III, 2. Aufl. 2016 (zit.: KK III); Strafrechtliche Produzentenhaftung in der „Risikogesellschaft", 1993 (zit.: Produzentenhaftung)
Hilgendorf (Hrsg)	Aktuelle Herausforderungen des chinesischen und deutschen Strafrechts, 2015 (zit.: *Bearbeiter*, in: Hilgendorf, Herausforderungen); Das Gesetzlichkeitsprinzip im Strafrecht: Ein deutsch-chinesischer Vergleich, 2013 (zit.: *Bearbeiter*, in: Hilgendorf, Gesetzlichkeitsprinzip)
Hilgendorf/Valerius	Strafrecht, Allgemeiner Teil, 2. Aufl. 2015 (zit.: AT)
Hilgendorf/Weitzel (Hrsg)	Der Strafgedanke in seiner historischen Entwicklung, 2007 (zit.: Hilgendorf/Weitzel-*Bearbeiter*)
Hillenkamp/Cornelius	32 Probleme aus dem Strafrecht, Allgemeiner Teil, 15. Aufl. 2017 (zit.: AT)
Hilpert/Schroth	Politik – Recht – Ethik, Vergewisserungen aus der Vergangenheit und Perspektiven für die Zukunft, 2011 (zit.: *Bearbeiter*, in: Hilpert/Schroth)
Hirsch/Seelmann/Wohlers (Hrsg)	Mediating Principles – Begrenzungsprinzipien bei der Strafbegründung, 2006 (zit.: *Bearbeiter*, in: Hirsch/Seelmann/Wohlers)
Höland (Hrsg)	Wirkungen der Rechtsprechung des Europäischen Gerichtshof für Menschenrechte im deutschen Recht, 2012 (zit.: *Bearbeiter*, in: Höland)
Hörnle	Kriminalstrafe ohne Schuldvorwurf, 2013 (zit.: Kriminalstrafe); Kultur, Religion, Strafrecht – Neue Herausforderungen in einer pluralistischen Gesellschaft, Gutachten C zum 70. Deutschen Juristentag, 2014 (zit. DJT-Gutachten)
Hoffmann-Holland	Strafrecht, Allgemeiner Teil, 3. Aufl. 2015 (zit.: AT)
Hohmann/Sander	Strafrecht, Besonderer Teil I, 3. Aufl. 2011 (zit.: BT I) u. II, 2. Aufl. 2011 (zit.: BT II)
Hoyer	Strafrecht, Allgemeiner Teil I, 1996 (zit.: AT I)
Hruschka	Strafrecht nach logisch-analytischer Methode, 2. Aufl. 1988
Ipsen	Völkerrecht, 7. Aufl. 2018
Jäger	Examens-Repetitorium Strafrecht, Allgemeiner Teil, 9. Aufl. 2019 (zit.: AT); Examens-Repetitorium Strafrecht, Besonderer Teil, 8. Aufl. 2019 (zit.: BT); Zurechnung und Rechtfertigung als Kategorialprinzipien im Strafrecht, 2006 (zit.: Zurechnung)

Jahn/Nack (Hrsg)	Rechtsprechung, Gesetzgebung, Lehre: Wer regelt das Strafrecht?, 2010 (zit.: Jahn/Nack-*Bearbeiter*); Gegenwartsfragen des europäischen und deutschen Strafrechts, 2012 (zit.: Jahn/Nack II-*Bearbeiter*)
Jakobs	Strafrecht, Allgemeiner Teil, 2. Aufl. 1993 (zit.: AT); System der strafrechtlichen Zurechnung, 2012 (zit.: Zurechnung)
Jescheck/Weigend	Lehrbuch des Strafrechts, Allgemeiner Teil, 5. Aufl. 1996 (zit.: AT)
Joecks	Studienkommentar StGB, 12. Aufl. 2018 (zit.: St-K)
Kasiske	Strafrecht I: Grundlagen und Allgemeiner Teil, 2. Aufl. 2015 (zit.: AT)
Kaspar	Verhältnismäßigkeit und Grundrechtsschutz im Präventionsstrafrecht, 2014 (zit.: Verhältnismäßigkeit); Strafrecht, Allgemeiner Teil, 2. Aufl. 2017 (zit.: AT)
Kaufmann, Armin	Die Dogmatik der Unterlassungsdelikte, 1959 (zit.: Unterlassungsdelikte)
Kaufmann, Arthur	Schuld und Strafe, 2. Aufl. 1983 (zit.: Schuld)
Kaufmann/Renzikowski (Hrsg)	Zurechnung als Operationalisierung von Verantwortung, 2004 (zit.: Kaufmann/Renzikowski-*Bearbeiter*)
Kienapfel/Höpfel/Kert	Grundriss des Strafrechts, Allgemeiner Teil, 15. Aufl. 2016 (zit.: AT)
Kindhäuser	Gefährdung als Straftat, 1989 (zit.: Gefährdung); Strafrecht, Allgemeiner Teil, 8. Aufl. 2017 (zit.: AT); Besonderer Teil I, 8. Aufl. 2017 (zit.: BT/I); Strafgesetzbuch, Lehr- und Praxiskommentar, 7. Aufl. 2017 (zit.: LPK)
Kindhäuser/Schumann/ Lubig	Klausurtraining Strafrecht, 3. Aufl. 2016
Klesczewski	Strafrecht, Allgemeiner Teil, 2. Aufl. 2012 (zit.: AT); Strafrecht, Besonderer Teil, Teil 2, 2011 (zit.: BT/II)
Köhler	Strafrecht, Allgemeiner Teil, 1997
Körner/Patzak/Volkmer	Betäubungsmittelgesetz, Arzneimittelgesetz, 9. Aufl. 2019 (zit.: Körner/Patzak/Volkmer, BtMG)
Kohlhof	Die Legitimation einer originären Verbandsstrafe, 2019 (zit.: Verbandsstrafe)
Krey/Esser	Deutsches Strafrecht, Allgemeiner Teil, 6. Aufl. 2016 (zit.: AT)
Krey/Hellmann/Heinrich	Strafrecht, Besonderer Teil, Band 1, 16. Aufl. 2015 (zit.: BT/1); Strafrecht, Besonderer Teil, Band 2, 17. Aufl. 2015 (zit.: BT/2)
Kudlich	Die Unterstützung fremder Straftaten durch berufsbedingtes Verhalten, 2004; Prüfe dein Wissen, Rechtsfälle in Frage und Antwort, Strafrecht, Allgemeiner Teil, 5. Aufl. 2016 (zit.: PdW); Fälle zum Strafrecht, Allgemeiner Teil, 3. Aufl. 2018 (zit.: Fälle)

Kühl	Strafrecht, Allgemeiner Teil, 8. Aufl. 2017 (zit.: AT); Höchstrichterliche Rechtsprechung zum Besonderen Teil des Strafrechts, 2002 (zit.: HRR)
Küper	Versuchsbeginn und Mittäterschaft, 1978 (zit.: Versuchsbeginn); Grund- und Grenzfragen der rechtfertigenden Pflichtenkollision, 1979 (zit.: Pflichtenkollision); Der „verschuldete" rechtfertigende Notstand, 1983 (zit.: Notstand); Darf sich der Staat erpressen lassen? Zur Problematik des rechtfertigenden Nötigungsnotstandes, 1986 (zit.: Nötigungsnotstand)
Küper/Zopfs	Strafrecht, Besonderer Teil, Definitionen mit Erläuterungen, 10. Aufl. 2018 (zit.: Definitionen)
Küpper	Grenzen der normativierenden Strafrechtsdogmatik, 1990
Kuhlen	Die Unterscheidung von vorsatzausschließendem und nichtvorsatzausschließendem Irrtum, 1987 (zit.: Irrtum); Die verfassungskonforme Auslegung von Strafgesetzen, 2006 (zit.: Auslegung)
Kuhlen/Kudlich/Ortiz de Urbina (Hrsg.)	Compliance und Strafrecht, 2013 (zit.: *Bearbeiter*, in: Kuhlen ua, Compliance)
Lackner/Kühl	Strafgesetzbuch, 29. Aufl. 2018 (zit.: Lackner/Kühl-*Bearbeiter*)
Lagodny	Strafrecht vor den Schranken der Grundrechte, 1996 (zit.: Grundrechte)
Lampe/Pauen/Roth (Hrsg)	Willensfreiheit und rechtliche Ordnung, 2008 (zit.: Lampe ua-*Bearbeiter*)
Leipziger Kommentar	Strafgesetzbuch, 10. Aufl. 1978 ff; 11. Aufl. 1992 ff; 12. Aufl. 2006 ff (zit.: LK-*Bearbeiter*)
Lesch	Der Verbrechensbegriff, 1999
Lexikon des Rechts	Ergänzbares Lexikon des Rechts, Loseblatt, herausgegeben von Winkler/Reifferscheid, 1955 ff (zit.: LdR-*Bearbeiter*)
Löwe/Rosenberg	Die Strafprozessordnung und das Gerichtsverfassungsgesetz mit Nebengesetzen, herausgegeben von Erb/Esser/Franke/Graalmann-Scheerer/Hilger/Ignor, 27. Aufl. 2017 f (zit.: LR-*Bearbeiter*)
Magnus	Patientenautonomie im Strafrecht, 2015 (zit.: Patientenautonomie)
Malek/Popp	Strafsachen im Internet, 2. Aufl. 2015
Marxen	Kompaktkurs Strafrecht, Allgemeiner Teil, 2003 (zit.: AT)
Matt	Strafrecht, Allgemeiner Teil I, 1996
Matt/Renzikowski (Hrsg)	Strafgesetzbuch, 2013 (zit.: Matt/Renzikowski-*Bearbeiter*)
Maurach/Zipf	Strafrecht, Allgemeiner Teil, Teilband 1, 8. Aufl. 1992 (zit.: AT/1)
Maurach/Gössel/Zipf	Strafrecht, Allgemeiner Teil, Teilband 2, 8. Aufl. 2014 (zit.: Maurach/Gössel/Zipf-*Bearbeiter*, AT/2)

Maurach/Schroeder/ Maiwald	Strafrecht, Besonderer Teil, Teilband 1, 10. Aufl. 2009 (zit.: BT/1); Strafrecht, Besonderer Teil, Teilband 2, 10. Aufl. 2013 (zit.: BT/2)
Meier	Strafrechtliche Sanktionen, 4. Aufl. 2014
Meurer	Grundkurs Strafrecht II, Allgemeiner Teil, 4. Aufl. 1999
Meyer (Hrsg)	Charta der Grundrechte der Europäischen Union, 4. Aufl. 2014 (zit.: *Bearbeiter*, in: Meyer (Hrsg), Charta)
Meyer-Goßner/Schmitt	Strafprozessordnung, 62. Aufl. 2019 (zit.: Meyer-Goßner/ Schmitt)
Meyer-Ladewig	EMRK, Europäische Menschenrechtskonvention, 4. Aufl. 2017
Mezger	Strafrecht, 3. Aufl. 1949 (zit.: Lb)
Mitsch	Strafrecht, Besonderer Teil 2, Teilband 1, 3. Aufl. 2015 (zit.: BT 2/1); Strafrecht, Besonderer Teil 2, Teilband 2, 2001 (zit.: BT 2/ 2); Rechtfertigung und Opferverhalten, 2004 (zit.: Rechtferti- gung)
MK-StGB	Münchener Kommentar zum Strafgesetzbuch, 3. Aufl. 2016 f (zit.: MK-StGB-*Bearbeiter*)
Momsen	Die Zumutbarkeit als Begrenzung strafrechtlicher Pflichten, 2006 (zit.: Zumutbarkeit)
Murmann	Grundkurs Strafrecht, 4. Aufl. 2017 (zit.: Grundkurs); Versuchs- unrecht und Rücktritt, 1999 (zit.: Versuchsunrecht)
Naucke	Strafrecht (Einführung), 10. Aufl. 2002
Neubacher	Kriminologische Grundlagen einer internationalen Strafgerichts- barkeit, 2005
NK	Nomos-Kommentar zum Strafgesetzbuch, herausgegeben von Kindhäuser, Neumann, Paeffgen, 5. Aufl. 2017 (zit.: NK-*Bear- beiter*)
Otto	Grundkurs Strafrecht, Allgemeine Strafrechtslehre, 7. Aufl. 2004 (zit.: Grundkurs AT)
Otto/Bosch	Übungen im Strafrecht, 7. Auflage 2010 (zit.: Übungen)
Paeffgen	Der Verrat in irriger Annahme eines illegalen Geheimnisses (§ 97b StGB) und die allgemeine Irrtumslehre, 1979 (zit.: Irrtumslehre)
Pawlik	Der rechtfertigende Notstand, 2002 (zit.: Notstand); Person, Subjekt, Bürger – Zur Legitimation von Strafe, 2004 (zit.: Legitimation von Strafe)
Peters/Altwicker	Europäische Menschenrechtskonvention, 2. Aufl. 2012
Pösl	Das Verbot der Folter in Art. 3 EMRK – Grundlegung und Fort- wirkung auf dem Gebiet des Strafrechts, 2015 (zit.: Verbot der Folter)

Puppe	Die Erfolgszurechnung im Strafrecht, 2000 (zit.: Erfolgszurechnung); Strafrecht Allgemeiner Teil im Spiegel der Rechtsprechung, 4. Aufl. 2019 (zit.: AT)
Rath	Das subjektive Rechtfertigungselement, 2002
Rengier	Erfolgsqualifizierte Delikte und verwandte Erscheinungsformen, 1986 (zit.: Erfolgsqualifizierte Delikte); Strafrecht, Allgemeiner Teil, 10. Aufl. 2018 (zit.: AT); Strafrecht, Besonderer Teil I, 21. Aufl. 2019 (zit.: BT I); Besonderer Teil II, 20. Aufl. 2019 (zit.: BT II)
Renzikowski	Restriktiver Täterbegriff und fahrlässige Beteiligung, 1997 (zit.: Täterbegriff)
Rönnau	Willensmängel bei der Einwilligung im Strafrecht, 2001
Rotsch	Strafrechtliche Klausurenlehre, 2. Aufl. 2016 (zit.: Klausurenlehre)
Roxin	Strafrecht, Allgemeiner Teil, Band 1, Grundlagen, Aufbau der Verbrechenslehre, 4. Aufl. 2006 (zit.: AT I); Band 2, Besondere Erscheinungsformen der Straftat, 2003 (zit.: AT II); Täterschaft und Tatherrschaft, 9. Aufl. 2015 (zit.: Täterschaft)
Roxin/Arzt/Tiedemann	Einführung in das Strafrecht und Strafprozessrecht, 6. Aufl. 2014
Roxin/Schroth (Hrsg)	Handbuch des Medizinstrafrechts, 4. Aufl. 2010 (zit.: Roxin/Schroth-*Bearbeiter*)
Rudolphi	Fälle zum Strafrecht, Allgemeiner Teil, 5. Aufl. 2000 (zit.: Fälle)
Safferling	Vorsatz und Schuld, 2008; Internationales Strafrecht, 2011
Samson	Strafrecht I, 7. Aufl. 1988
Satzger	Die Europäisierung des Strafrechts, 2001 (zit.: Europäisierung); Internationales und Europäisches Strafrecht, 8. Aufl. 2018 (zit.: International); International and European Criminal Law, 2. Aufl. 2017
Satzger/Schluckebier/ Widmaier (Hrsg)	StGB – Strafgesetzbuch, 4. Aufl. 2019 (zit.: S/S/W-StGB-*Bearbeiter*)
Schild	Sportstrafrecht, 2002
Schlehofer	Vorsatz und Tatabweichung, 1996 (zit.: Vorsatz)
Schlüchter	Irrtum über normative Tatbestandsmerkmale im Strafrecht, 1983 (zit.: Irrtum)
Schmidhäuser	Strafrecht, Allgemeiner Teil, Studienbuch, 2. Aufl. 1984 (zit.: AT)
Schmidt	Strafrecht, Allgemeiner Teil, Grundlagen der Strafbarkeit, Aufbau des strafrechtlichen Gutachtens, 20. Aufl. 2018 (zit.: AT)
Schönke/Schröder	Strafgesetzbuch, 30. Aufl. 2019, fortgeführt von Eser/Perron/ Sternberg-Lieben/Eisele/Hecker/Kinzig/Bosch/Schuster/Weißer (zit.: S/S-*Bearbeiter*)

Schomburg/Lagodny/ Gleß/Hackner	Internationale Rechtshilfe in Strafsachen, 5. Aufl. 2012
Schramm	Ehe und Familie im Strafrecht, 2011
Schroth	Vorsatz und Irrtum, 1998
Schumann, Eva (Hrsg)	Das strafende Gesetz im sozialen Rechtsstaat, 2010 (zit.: *Bearbeiter*, in: Schumann (Hrsg), Gesetz)
Schumann, Heribert	Strafrechtliches Handlungsunrecht und das Prinzip der Selbstverantwortung der Anderen, 1986 (zit.: Handlungsunrecht)
Sieber/Satzger/v. Heintschel-Heinegg (Hrsg)	Europäisches Strafrecht, 2. Aufl. 2014 (zit.: *Bearbeiter*, in: Sieber ua)
Sinn/Gropp/Nagy (Hrsg)	Grenzen der Vorverlagerung in einem Tatstrafrecht, 2011 (zit.: *Bearbeiter*, in: Sinn/Gropp/Nagy, Vorverlagerung)
SK-StGB	Systematischer Kommentar zum Strafgesetzbuch, herausgegeben von Rudolphi/Horn/Samson, 9. Aufl. 2016 ff (zit.: SK-*Bearbeiter*)
Steinberg/Valerius/Popp (Hrsg)	Das Wirtschaftsstrafrecht des StGB, 2011 (zit.: Steinberg ua-*Bearbeiter*)
Sternberg-Lieben	Die objektiven Schranken der Einwilligung im Strafrecht, 1997
Stratenwerth/Kuhlen	Strafrecht, Allgemeiner Teil, Die Straftat, 6. Aufl. 2011 (zit.: AT)
Streinz	Europarecht, 10. Aufl. 2016
Streinz (Hrsg)	EUV/AEUV, 2. Aufl. 2012 (zit.: *Bearbeiter*, in: Streinz EUV/ AEUV)
Streng	Strafrechtliche Sanktionen, 3. Aufl. 2012
Tag	Der Körperverletzungstatbestand im Spannungsfeld zwischen Patientenautonomie und Lex artis, 2000
Tiedemann	Die Anfängerübung im Strafrecht, 4. Aufl. 1999 (zit.: Anfängerübung); Wirtschaftsstrafrecht, 5. Aufl. 2017 (zit.: Wirtschaftsstrafrecht)
Tofahrn	Strafrecht, Allgemeiner Teil I, 4. Aufl. 2017 (zit.: AT I)
Triffterer (Hrsg)	Österreichisches Strafrecht, Allgemeiner Teil, 2. Aufl. 1994 (zit.: AT)
Tsambikakis (Hrsg)	Freiheit, Gesetz und Toleranz. Symposium zum 75. Geburtstag von Prof. Dr. Karl Heinz Kunert, 2006 (zit.: *Bearbeiter*, in: Tsambikakis, Kunert-Symposium)
Ulsenheimer	Arztstrafrecht in der Praxis, 5. Aufl. 2015 (zit.: Arztstrafrecht); Grundfragen des Rücktritts vom Versuch, 1976 (zit.: Rücktritt)
Uwer (Hrsg)	Bitte bewahren Sie Ruhe. Leben im Feindstrafrecht, 2006 (zit.: Feindstrafrecht)
Valerius	Einführung in den Gutachtenstil, 4. Aufl. 2017; Kultur und Strafrecht. Die Berücksichtigung kultureller Wertvorstellungen in der deutschen Strafrechtsdogmatik, 2011 (zit.: Kultur)
Venzlaff/Foerster	Psychiatrische Begutachtung, herausgegeben von Klaus Foerster/ Harald Dreßing, 6. Aufl. 2015

Vogel	Juristische Methodik, 1998
Walter	Der Kern des Strafrechts, 2006 (zit.: *T. Walter*)
Welzel	Das deutsche Strafrecht, 11. Aufl. 1969 (zit.: Lb)
Werle/Jeßberger	Völkerstrafrecht, 4. Aufl. 2016 (zit.: Völkerstrafrecht)
Wessels/Hettinger/ Engländer	Strafrecht, Besonderer Teil 1, 43. Aufl. 2019 (zit.: BT/1)
Wessels/Hillenkamp/ Schuhr	Strafrecht, Besonderer Teil 2, 42. Aufl. 2019 (zit.: BT/2)
Wittig	Wirtschaftsstrafrecht, 4. Aufl. 2017
Wohlers	Deliktstypen des Präventionsstrafrechts – zur Dogmatik „moderner" Gefährdungsdelikte, 2000
Wolter	Objektive und personale Zurechnung von Verhalten, Gefahr und Verletzung in einem funktionalen Straftatsystem, 1981 (zit.: Zurechnung); Objektive Zurechnung und modernes Strafrechtssystem, in: Internationale Dogmatik der objektiven Zurechnung und der Unterlassungsdelikte, 1995 (zit.: Strafrechtssystem)
Wolters	Fälle mit Lösungen für Fortgeschrittene im Strafrecht, 2. Aufl. 2006
Zieschang	Strafrecht, Allgemeiner Teil, 5. Aufl. 2017 (zit.: AT)
Zimmermann, Frank	Strafgewaltkonflikte in der Europäischen Union, 2013 (zit.: Strafgewaltkonflikte)
Zimmermann, Till	Rettungstötungen, 2009

Fest- und Gedächtnisschriftenverzeichnis

Im Text zitiert sind Beiträge aus den Festschriften für

Hans Achenbach	Heidelberg 2011
Nikolaos Androulakis	Athen 2003
Arbeitsgemeinschaft Strafrecht	Strafverteidigung im Rechtsstaat, 25 Jahre Arbeitsgemeinschaft Strafrecht des Deutschen Anwaltvereins, Baden-Baden 2009 (zit.: AG Strafrecht)
Knut Amelung	Grundlagen des Straf- und Strafverfahrensrechts, Berlin 2009
Jürgen Baumann	Bielefeld 1992
Anna Benakis	Strafrechtswissenschaften. Theorie und Praxis, Athen 2008
Werner Beulke	Ein menschengerechtes Strafrecht als Lebensaufgabe, Heidelberg 2015
BGH	FS aus Anlass des fünfzigjährigen Bestehens von Bundesgerichtshof, Bundesanwaltschaft und Rechtsanwaltschaft beim Bundesgerichtshof, Köln, Berlin, Bonn, München 2000 (zit. BGH-Prax-FS)
BGH	50 Jahre Bundesgerichtshof – Festgabe aus der Wissenschaft Bd IV 2000 (zit.: BGH-Wiss-FS)
Günter Blau	Berlin, New York 1985
Dieter Blumenwitz	Iustitia et Pax, Gedächtnisschrift für Dieter Blumenwitz, Berlin 2008
Paul Bockelmann	München 1979
Reinhard Böttcher	Recht gestalten – dem Recht dienen, Berlin 2007
Gerd Brudermüller	Familie – Recht – Ethik, München 2014
Manfred Burgstaller	Wien, Graz 2004
Friedrich Dencker	Tübingen 2012
Jörn Eckert	Baden-Baden 2008
Ulrich Eisenberg	München 2009
Karl Engisch	Frankfurt a.M. 1969
Albin Eser	München 2005
Hanns Feigen	Strafverteidigung im Wirtschaftsleben, Köln 2014
Gerfried Fischer	Jurisprudenz zwischen Medizin und Kultur, Frankfurt a.M. 2010
Thomas Fischer	München 2018
Wolfgang Frisch	Grundlagen und Dogmatik des gesamten Strafrechtssystems, Berlin 2013
Helmut Fuchs	Wien 2014

Wilhelm Gallas	Berlin, New York 1973
Klaus Geppert	Berlin, New York 2011
Helmut Goerlich	Tübingen 2015
Karl Heinz Gössel	Heidelberg 2002
Gerald Grünwald	Baden-Baden 1999
Ernst-Walter Hanack	Berlin, New York 1999
Winfried Hassemer	Heidelberg, München 2010
Bernd v. Heintschel-Heinegg	München 2015
Wolfgang Heinz	Baden-Baden 2012
Rolf Dietrich Herzberg	Tübingen 2008
Hans Joachim Hirsch	Berlin, New York 1999
Alexander Hollerbach	Verfassung – Philosophie – Kirche, Berlin 2001
Richard M. Honig	Göttingen 1970
Joachim Hruschka	Philosophia Practica Universalis, Berlin 2005
Renate Jäger	Grundrechte und Solidarität, Durchsetzung und Verfahren, Kehl am Rhein 2011
Günther Jakobs	Berlin 2007
Hans-Heinrich Jescheck	Berlin 1985
Wolfgang Joecks	Strafrecht – Wirtschaftsstrafrecht – Steuerrecht, Gedächtnisschrift, München 2018
Heike Jung	Baden-Baden 2007
Walter Kargl	Berlin 2015
Armin Kaufmann	Gedächtnisschrift, Köln, Berlin, Bonn, München 1989
Arthur Kaufmann	Strafgerechtigkeit, Heidelberg 1993
Rolf Keller	Gedächtnisschrift, Tübingen 2003
Paul Kirchhof	Leitgedanken des Rechts, Heidelberg 2013
Theodor Kleinknecht	Strafverfahren im Rechtsstaat, München 1985
Ulrich Klug	Köln 1983
Günter Kohlmann	Köln 2003
Eduard Kohlrausch	Probleme der Strafrechtserneuerung, Berlin 1944
Friedrich-Wilhelm Krause	Recht und Kriminalität, Köln, Berlin, Bonn, München 1990
Volker Krey	Stuttgart 2010
Kristian Kühl	München 2014
Hans-Heiner Kühne	Heidelberg 2013
Wilfried Küper	Heidelberg 2007

Karl Lackner	Berlin, New York 1987
Ernst-Joachim Lampe	Jus humanum – Grundlagen des Rechts und Strafrecht, Berlin 2003
Richard Lange	Berlin, New York 1976
Theodor Lenckner	München 1998
Fritz Loos	Grundfragen des Strafrechts, Rechtsphilosophie und die Reform der Juristenausbildung, Göttingen 2010
Klaus Lüderssen	Baden-Baden 2002
Werner Maihofer	Rechtsstaat und Menschenwürde, Frankfurt a.M. 1988
Manfred Maiwald	Fragmentarisches Strafrecht, Frankfurt a.M. 2003 (zit.: Maiwald-FS)
Manfred Maiwald	Gerechte Strafe und legitimes Strafrecht, Berlin 2010 (zit.: Maiwald II-FS)
Georgios-Alexandros Mangakis	Athen 1999
Giorgio Marinucci	Studi in onore di Giorgio Marinucci, Mailand 2006
Reinhart Maurach	Karlsruhe 1972
Hellmuth Mayer	Beiträge zur gesamten Strafrechtswissenschaft, Berlin 1966
Dieter Meurer	Gedächtnisschrift, Berlin 2002
Karlheinz Meyer	Gedächtnisschrift, Berlin, New York 1991
Lutz Meyer-Goßner	Strafverfahrensrecht in Theorie und Praxis, München 2001
Edmund Mezger	München 1954
Koichi Miyazawa	Baden-Baden 1995
Egon Müller	Baden-Baden 2008
Heinz Müller-Dietz	Grundfragen staatlichen Strafens, München 2001
Kay Nehm	Strafrecht und Justizgewährung, Berlin 2006
Ulfrid Neumann	Rechtsstaatliches Strafrecht, Heidelberg 2017
Peter Noll	Gedächtnisschrift, Zürich 1984
Dietrich Oehler	Köln, Berlin, Bonn, München 1985
Heribert Ostendorf	Strafrecht – Jugendstrafrecht – Kriminalprävention in Wissenschaft und Praxis, Baden-Baden 2015
Harro Otto	Berlin, New York 2007
Hans-Ullrich Paeffgen	Strafe und Prozess im freiheitlichen Rechtsstaat, Berlin 2015
Rainer Paulus	Festgabe, Würzburg 2009
Karl Peters	Einheit und Vielfalt des Strafrechts, Tübingen 1974
Ingeborg Puppe	Strafrechtswissenschaft als Analyse und Konstruktion, Berlin 2010
Anton Rauscher	Die personale Struktur des gesellschaftlichen Lebens, Berlin 1993

Jörg Rehberg	Strafrecht und Öffentlichkeit, Zürich 1996
Rudolf Rengier	München 2018
Christian Richter II	Verstehen und Widerstehen, Baden-Baden 2006
Peter Rieß	Berlin, New York 2002
Ruth Rissing-van Saan	Berlin, New York 2011
Klaus F. Röhl	Recht – Gesellschaft – Kommunikation, Baden-Baden 2003
Klaus Rogall	Systematik in Strafrechtswissenschaft und Gesetzgebung, Berlin 2018
Claus Roxin	Berlin, New York 2001 (zit.: Roxin I-FS)
Claus Roxin	Berlin, New York 2011 (zit.: Roxin II-FS)
Imme Roxin	Heidelberg, 2012 (zit.: I. Roxin-FS)
Hans-Joachim Rudolphi	Neuwied 2004
Hannskarl Salger	Köln, Berlin, Bonn, München 1995
Erich Samson	Recht – Wirtschaft – Strafe – Resozialisierung, Berlin, New York 2010
Friedrich Schaffstein	Göttingen 1975
Wolf Schiller	Baden-Baden 2014
Ellen Schlüchter	Gedächtnisschrift, Köln, Berlin, Bonn, München 2002
Niklaus Schmid	Wirtschaft und Strafrecht, Zürich 2001
Eberhard Schmidt	Göttingen 1961
Rudolf Schmitt	Tübingen 1992
Heinz Schöch	Verbrechen – Strafe – Resozialisierung, Berlin, New York 2010
Hans-Ludwig Schreiber	Strafrecht, Biorecht, Rechtsphilosophie, Heidelberg 2003
Friedrich-Christian Schroeder	Heidelberg 2006
Horst Schüler-Springorum	Köln, Berlin, Bonn, München 1993
Bernd Schünemann	Streitbare Strafrechtswissenschaft, Baden-Baden 2015
Hans-Dieter Schwind	Kriminalpolitik und ihre wissenschaftlichen Grundlagen, Heidelberg, München, Landsberg, Berlin 2006
Manfred Seebode	Berlin 2008 (zit.: Seebode-FS)
Manfred Seebode	Im Zweifel für die Freiheit, Gedächtnisschrift für Manfred Seebode, Berlin 2015 (zit.: Seebode-GS)
Günter Spendel	Berlin, New York 1992
Dionysios Spinellis	Die Strafrechtswissenschaften im 21. Jahrhundert, Athen 2001
Erich Steffen	Berlin, New York 1995
Heinz Stöckel	Berlin 2010
Hans-Wolfgang Strätz	Regenstauf 2009

Walter Stree/Johannes Wessels	Beiträge zur Rechtswissenschaft, Heidelberg 1993
Franz Streng	Heidelberg 2017
Andrzej J. Szwarc	Vergleichende Strafrechtswissenschaft. Frankfurter Festschrift, Berlin 2009
Klaus Tiedemann	Köln 2008
Stefan Trechsel	Strafrecht, Strafprozessrecht und Menschenrechte, Zürich 2002
Otto Triffterer	Wien 1996
Herbert Tröndle	Berlin, New York 1989
Uni Berlin	Festschrift 200 Jahre Juristische Fakultät der Humboldt-Universität zu Berlin, Berlin, New York 2010
Uni Gießen	Rechtswissenschaft im Wandel: Festschrift des Fachbereichs Rechtswissenschaft zum 400jährigen Gründungsjubiläum der Justus-Liebig-Universität Gießen, Tübingen 2007
Uni Köln	Festschrift der Rechtswissenschaftlichen Fakultät zur 600-Jahr-Feier der Universität zu Köln, Köln, Berlin, Bonn, München 1988
Uni Leipzig	Festschrift der Juristenfakultät zum 600jährigen Bestehen der Universität Leipzig, Berlin 2009
Uni Würzburg	Festschrift 600 Jahre Würzburger Juristenfakultät 2002
Joachim Vogel	Die Verfassung moderner Strafrechtspflege: Erinnerung an Joachim Vogel, Baden-Baden 2016
Theo Vogler	Gedächtnisschrift, Heidelberg 2004
Klaus Volk	In dubio pro libertate, München 2009
Michael Walter	Kriminologie – Jugendkriminalrecht – Strafvollzug, Gedächtnisschrift, Berlin 2014
Ulrich Weber	Bielefeld 2004
Hans Welzel	Berlin, New York 1974
Jürgen Wessing	Unternehmensstrafrecht, München 2015
Gunter Widmaier	Strafverteidigung, Revision und die gesamten Strafrechtswissenschaften, Köln, München 2008
Gerhard Wolf	Berlin 2018
Manfred Wolf	Gedächtnisschrift, München 2011
Ernst A. Wolff	Berlin 1998
Jürgen Wolter	Gesamte Strafrechtswissenschaft in internationaler Dimension, Berlin 2013
Thomas Würtenberger	Kultur, Kriminalität, Strafrecht, Berlin 1977
Keiichi Yamanaka	Rechtsstaatliches Strafen, Berlin 2017
Heinz Zipf	Gedächtnisschrift, Heidelberg 1999
Andrzej Zoll	Krakau 2012

Teil I
Strafrecht und Strafgesetz.
Der Mensch als Rechtssubjekt

§ 1 Aufgabe und Grundbegriffe des Strafrechts. Die Einteilung der Delikte

Fall 1 (Allgemeine Grundfragen): **a)** Der Kunstfreund K möchte den Eigentümer E zum Verkauf einer antiken Uhr bewegen. Als seine Bemühungen scheitern, wirft er die ihm zur Besichtigung ausgehändigte Uhr verärgert zu Boden, sodass sie beschädigt wird. Welche Rechtsfolgen hat das Verhalten des K? **Rn 4, 7, 60**   1

b) A hat B vorsätzlich getötet. Welche Bedeutung hat es für den Unrechts- und Schuldgehalt seiner Tat, wenn A   2

(1) bei Ausführung der Tötung heimtückisch oder sonst aus niedrigen Beweggründen gehandelt hat?

(2) sich (wegen einer ihm von B zugefügten schweren Ehrenkränkung) im Zorn zur Tat hat hinreißen lassen?

(3) nur durch das ernsthafte Verlangen des unheilbar an Krebs erkrankten B zu dessen Tötung bestimmt worden ist? **Rn 30, 60**

c) S hat durch eine geheimdienstliche Tätigkeit den Tatbestand des § 99 I Nr 1 verwirklicht. Würde sich die Deliktsnatur seiner Tat ändern, wenn ein besonders schwerer Fall vorläge und ein Regelbeispiel iSd § 99 II erfüllt wäre? **Rn 35, 60**   3

I. Aufgabe und Grundbegriffe des Strafrechts

1. Rechtfertigung der Existenz des Strafrechts als Teilgebiet des Öffentlichen Rechts

Das Strafrecht bildet dasjenige Teilrechtsgebiet unserer Rechtsordnung, das an in der Vergangenheit liegende Rechtsverletzungen anknüpft und diese mit einer Strafe ahndet, durch die ein **sozialethisches Unwerturteil** gegenüber dem Täter zum Ausdruck gebracht wird. Als Kehrseite des Gewaltmonopols des Staates, welches private Vergeltungsmaßnahmen für erlittenes Unrecht ausschließt, fällt dem Staat die Strafverfolgung als hoheitliche Aufgabe zu. Da das Strafrecht somit aus dem Über-Unterordnungsverhältnis zwischen Staat und Bürger erwächst, handelt es sich um ein **Teilgebiet des Öffentlichen Rechts**[1]. Demgegenüber regelt das Privatrecht das Verhältnis der Bürger untereinander, welches grundsätzlich durch ein Gleichordnungsverhältnis gekennzeichnet ist.   4

---

1   MK-StGB-*Joecks*, Einl. Rn 7; *Kindhäuser*, LPK, Vorbem. § 1 Rn 4.

Im **Fall 1a** hat K durch die Beschädigung der Uhr in das Eigentum des E eingegriffen. Aus dem tatsächlichen Geschehen (Herunterwerfen der Uhr) ist ein Rechtsvorgang geworden, der Beziehungen zum Zivilrecht wie zum Strafrecht aufweist. Das Privatrecht gewährt E einen Anspruch auf Ersatz des Schadens, den K ihm durch die widerrechtliche Eigentumsverletzung zugefügt hat (§§ 311 II Nr 1, 280 I, 241 II BGB; § 823 I BGB; § 823 II BGB iVm § 303 I).

5   Mit der bloßen Verpflichtung zum Schadensersatz lässt sich ein ausreichender Rechtsgüterschutz nicht immer sicherstellen. Zumindest bei der Verletzung wichtiger Freiheitsrechte trifft den Staat eine aus den Grundrechten ableitbare Schutzpflicht, die sich – bei fundamentalen Rechtsgütern – zu einem verfassungsrechtlichen **Kriminalisierungsgebot** verdichtet[2].

6   Überdies unterscheiden sich die Wirkungen einer Strafe auf den Täter von denen des zivilrechtlichen Schadensersatzes: Wen etwa die Verpflichtung zum Schadensersatz „kalt lässt", weil er sich aufgrund seiner finanziellen Verhältnisse „alles erlauben kann" oder weil bei ihm wegen Unpfändbarkeit „nichts zu holen ist" (§§ 811, 850 ff ZPO), wird die im Strafgesetz angedrohte Freiheitsstrafe – und generell der mit einer Strafe verbundene Tadel – möglicherweise doch von Rechtsverletzungen abhalten[3].

7   Im **Fall 1a** hat K sich über die dem § 303 I vorgelagerte Verhaltensnorm („Du darfst nicht fremdes Eigentum beschädigen.") hinweggesetzt. Auf Antrag des E (§§ 303c, 77 ff) kann er wegen Sachbeschädigung bestraft werden. Im Wege des **Strafurteils** würde K einen **sozialethischen Tadel** und die **missbilligende Antwort der Rechtsgemeinschaft** auf sein **schuldhaft begangenes Unrecht** erfahren.

8   Durch die Strafbewehrung wird die Durchsetzungskraft der als gesellschaftlich besonders wichtig angesehenen Verhaltensregeln verstärkt. In den Worten des BVerfG ist „[d]ie Sicherung des Rechtsfriedens in Gestalt der Strafrechtspflege […] seit jeher eine zentrale Aufgabe staatlicher Gewalt. Bei der Aufgabe, ein geordnetes menschliches Zusammenleben durch Schutz der elementaren Werte des Gemeinschaftslebens auf der Grundlage einer Rechtsordnung zu schaffen, zu sichern und durchzusetzen, ist das Strafrecht ein unverzichtbares Element zur Sicherung der Unverbrüchlichkeit dieser Rechtsordnung"[4]. Die **Rechtfertigung für die Existenz des Strafrechts** liegt somit in seiner Notwendigkeit für ein friedliches und gedeihliches Zusammenleben in einer Gesellschaft, die dem Staat das Gewaltmonopol eingeräumt hat[5].

---

2   Grundlegend BVerfGE 39, 1 (Schwangerschaftsabbruchsurteil: Schutzpflicht des Staates zugunsten des werdenden Lebens); s. auch *Frisch*, Beulke-FS, S. 103; *Krey/Esser*, AT, Rn 25.
3   Zur Appellfunktion des Strafrechts *Gaßner/Strömer*, HRRS 15, 122.
4   BVerfGE 123, 267, 408.
5   Vgl auch HK-GS-*Rössner*, Vorbem. § 1 Rn 7.

2

2. Die Schutzfunktion des Strafrechts

Durch den **Schutz von Rechtsgütern**[6] dient das Strafrecht der Verwirklichung des **9** Gemeinwohls und der Wahrung des Rechtsfriedens. Es ist eine Schutz- und Friedensordnung, die auf der sozialethischen Wertordnung unserer Verfassung beruht und sich an deren Zielsetzung orientiert. Aus dieser Bindung an das Grundgesetz folgt für das Strafrecht die **Aufgabe**, die **elementaren Grundwerte** des Gemeinschaftslebens zu **sichern**, die Erhaltung des **Rechtsfriedens** im Rahmen der sozialen Ordnung zu gewährleisten und das Recht im Konfliktfall gegenüber dem Unrecht durchzusetzen[7].

Ein verfassungsrechtlich garantierter **Anspruch des Verletzten auf Strafverfolgung** **10** besteht jedoch trotz dieser dem Staat zugewiesenen Schutzpflicht grds nicht; nur ausnahmsweise kann ein Anspruch auf effektive Strafverfolgung aus Art. 2 II 1 und 2 iVm Art. 1 I 2 GG verlangt werden[8]. Dies setzt voraus, dass der Verzicht auf Strafverfolgung das Vertrauen in das staatliche Gewaltmonopol bzw die Integrität staatlichen Handelns erschüttern und ein Klima der Rechtsunsicherheit herbeiführen würde. Dies gilt namentlich, wenn erhebliche Straftaten gegen höchstpersönliche Rechtsgüter betroffen sind, der Staat gegenüber dem Verletzten in spezifischer Weise fürsorge- bzw obhutsverpflichtet ist oder wenn Straftaten von Amtsträgern im Raum stehen[9].

Als **Rechtsgüter** bezeichnet man die Lebensgüter, Sozialwerte und rechtlich aner- **11** kannten Interessen des Einzelnen oder der Allgemeinheit, die wegen ihrer besonderen Bedeutung für die Gesellschaft Rechtsschutz genießen. Rechtsgüter des Einzelnen sind zB das Leben, die körperliche Unversehrtheit, die persönliche Freiheit, die Ehre, das Eigentum, das Vermögen (**Individualrechtsgüter**)[10]. Rechtsgüter der Allgemeinheit sind zB der Bestand des Staates und seiner freiheitlich-demokratischen Grundordnung, die Wahrung von Staatsgeheimnissen, die Rechtspflege, die Unbestechlichkeit von Amtsträgern, die Sicherheit des Straßenverkehrs, die Zuverlässigkeit von Urkunden im Rechtsverkehr (**Universalrechtsgüter**).

---

6 Zur Diskussion über den Rechtsgutsbegriff und dessen Bedeutung im Strafrecht vgl *Beckemper*, ZIS 11, 318; *Demko*, Brudermüller-FS, S. 115; *Engländer*, Neumann-FS, S. 547; *Gimbernat Ordeig*, GA 2011, 284; *ders./Roxin*, Hassemer-FS, S. 573; *Greco*, Roxin II-FS, S. 199; *Hassemer*, Androulakis-FS, S. 207; *Hefendehl*, GA 2002, 21; *ders.*, ZIS 12, 506; *M. Heinrich*, Roxin II-FS, S. 131; *Jahn*, GA 2007, 579, 581; *Jakobs*, Frisch-FS, S. 81; *Krüger*, Die Entmaterialisierungstendenz beim Rechtsgutsbegriff, 2000; *Kühl*, Heinz-FS, S. 766; *Müssig*, Fischer-FS, S. 171; *U. Neumann*, Fischer-FS, S. 183; *Paeffgen*, Wolter-FS, S. 125; *Stuckenberg*, ZStW 129 [2017], 349; *Swoboda*, ZStW 122 [2010], 24; *Vogel*, StV 96, 110; *Volk*, Roxin II-FS, S. 215; *Wohlers*, GA 2002, 15; *Zabel*, ZStW 122 [2010], 833; eine ausführliche Darstellung findet sich bei *Roxin*, AT I, § 2 Rn 2 ff und *ders.*, EuCLR 13, 3; zur Diskussion über die Rechtsgutslehre im Rahmen der 36. Strafrechtslehrertagung 2015 in Augsburg umfassend *Brodowski*, ZStW 127 [2015], 691; im Einzelnen *Engländer*, ZStW 127 [2015], 616 sowie *Kudlich*, ZStW 127 [2015], 635.

7 BVerfGE 51, 324, 343; vert. *Hefendehl*, S. 5; MK-StGB-*Joecks*, Einl. Rn 26; *Roxin*, ZStW 116 [2004], 929; *ders.*, JBÖNF 59 [2011], 1.

8 BVerfG StV 15, 203 („*Gorch Fock*“), wonach dieser Anspruch im Todesfall nach Art. 6 I GG auch auf die Familienangehörigen übergehen kann; vgl auch BVerfG HRRS 14 Nr 671 („*Tennessee Eisenberg*“); BVerfG NStZ-RR 2015, 347 („*Münchner Lokalderby*“) und BVerfG StV 17, 373 („*Kunduz*“) m. Bespr. *Esser/Lubrich*, StV 17, 418.

9 Vgl BVerfG StV 15, 203 („*Gorch Fock*“).

10 Zur Diskussion um die Menschenwürde als strafrechtliches Schutzgut vgl *F. Knauer*, ZStW 126 [2014], 305; zum strafrechtlichen Gefühlsschutz s. *Kargl*, NJ 17, 94.

3

12 Das von einer Strafnorm geschützte Rechtsgut bildet anerkanntermaßen eine wichtige Leitlinie bei der Auslegung eines Straftatbestands (dazu Rn 84). Dem Rechtsgutsbegriff wird darüber hinaus jedenfalls in der Lehre überwiegend eine **„kritische Funktion"** beigemessen, die dem Strafgesetzgeber eine Inkriminierung von Verhaltensweisen verbieten soll, die keine Rechtsgüter gefährden oder verletzen. Insbes. wird daraus gefolgert, dass bloße Moralwidrigkeiten nicht zum Gegenstand strafrechtlicher Tatbestände gemacht werden dürfen.

13 In seinem bekannten (und zu Recht kritisierten) **„Inzesturteil"** hat das BVerfG (mit Billigung des EGMR[11]) entschieden, dass die Strafdrohung für den Beischlaf zwischen erwachsenen leiblichen Geschwistern (vgl § 173 II 2) verfassungsgemäß ist. Das BVerfG hebt zwar das Übermaßverbot als besonders wichtigen Maßstab für die Überprüfung einer Strafnorm hervor, weshalb sich die Entscheidung durchaus so verstehen lässt, dass dem Strafrecht die Funktion des Rechtsgüterschutzes zukommt[12]. Jedoch soll es allein die Aufgabe des demokratisch legitimierten Gesetzgebers (und nicht einer strafrechtlichen „Rechtsgutslehre") sein, die mit den Mitteln des Strafrechts zu schützenden Güter festzulegen[13]. Wenig einsichtig ist jedoch, wie eine Strafnorm den Verhältnismäßigkeitstest bestehen können soll, wenn sie nicht ausschließlich elementar wichtige Werte schützt, zu denen Moralwidrigkeiten eben von vornherein nicht gehören[14].

14 Vom Rechtsgut ist das **Handlungsobjekt** zu unterscheiden: Rechtsgüter sind ideelle Sozialwerte (bei §§ 211 ff: das Leben; bei § 242: Eigentum und Gewahrsam). Handlungsobjekt ist dagegen der konkrete Gegenstand, der das **Objekt der Tat** bildet und an dem die Tathandlung vollzogen wird (bei §§ 211 ff: ein anderer Mensch; bei § 242: eine fremde bewegliche Sache)[15].

15 Die **Wurzeln des Strafrechts** liegen somit in den **sozialethischen Wertvorstellungen** der Rechtsgemeinschaft; sie bilden die Grundlage für die Entstehung von Rechtsgütern, Rechtsnormen und Straftatbeständen[16], sind mit diesen jedoch nicht identisch. Sozialethisch geboten sind all diejenigen Verhaltensnormen, die für ein gedeihliches Zusammenleben der Menschen unerlässlich sind. Strafbewehrte Ver- und Gebote sind damit zwar zugleich solche der Sozialethik; andererseits sind nicht alle Verhaltensnormen der Sozialethik auch strafbewehrt und damit Bestandteil der Strafrechtsordnung. Der Schutz durch das Strafrecht bleibt so stets **fragmentarisch**[17]. Strafvor-

---

11 BVerfGE 120, 224; EGMR FamRZ 12, 937 *(Stubing vs. Deutschland)* m. Anm. *Kubiciel*, ZIS 12, 282; *Androulakis*, Hassemer-FS, S. 271; *Duttge*, Roxin II-FS, S. 227; *Greco*, ZIS 08, 234; *Hörnle*, NJW 08, 2085; *Hufen/Jahn*, JuS 08, 550; *Jung*, GA 2012, 617; *Noltenius*, ZJS 09, 15; *Otto*, Jura 16, 373; *Roxin*, StV 09, 544; *Scheinfeld*, Roxin II-FS, S. 183; *Schubarth*, Dencker-FS, S. 273; *Zabel*, JR 08, 453.

12 *Murmann*, Grundkurs, § 8 Rn 14; zur Interpretation im Sinne eines „verhältnismäßigen Rechtsgüterschutzes" s. *Kaspar*, Verhältnismäßigkeit und Grundrechtsschutz, 2014, S. 241 ff, 515 ff.

13 S. BVerfGE 120, 224, 242; vgl aber auch das Sondervotum von *Hassemer* (S. 255 ff) sowie *Greco*, ZIS 08, 234 ff; *Hörnle*, NJW 08, 2085 ff.

14 So auch *Ellbogen/Bonnin*, JR 19, 11, 15, die mangels bestimmbaren Rechtsguts bereits die Geeignetheit des § 173 StGB im Rahmen der Verhältnismäßigkeitsprüfung verneinen.

15 *Amelung*, in: Hefendehl/v. Hirsch/Wohlers (Hrsg), Die Rechtsgutstheorie, 2003, S. 167; *ders.*, Eser-FS, S. 3; *Rönnau*, JuS 09, 209.

16 *Günther*, JuS 78, 8; *Jung*, GA 2005, 377; *Kühl*, Otto-FS, S. 63; *Renzikowski*, ZRP 05, 213.

17 Zur Einführung *Hefendehl*, JA 11, 401; *Kertai*, JuS 11, 976; *Vormbaum*, ZStW 123 [2011], 661; *Zaczyk*, ZStW 123 [2011], 691; über die Grenzen strafrechtlicher Verantwortung s. *Großmann*, Liberales Strafrecht in der komplexen Gesellschaft, 2016.

schriften sind als „schärfstes Schwert des Staates" nur dort gerechtfertigt, wo weniger einschneidende Mittel (etwa des [sonstigen] öffentlichen Rechts oder des bürgerlichen Rechts) im Interesse eines wirksamen Rechtsgüterschutzes nicht ausreichen (***Ultima-ratio*-Funktion des Strafrechts**)[18].

So darf bspw im Sexualbereich **unmoralisches und sittlich anstößiges** Verhalten (wie etwa sexuelle Handlungen mit Tieren) nicht schon wegen dessen angeblicher Moralwidrigkeit und Anstößigkeit mit Kriminalstrafe bedroht werden. Wie könnte sich hierfür auch ein nur einigermaßen sicherer Maßstab finden lassen? Ebenso problematisch wurde die strafrechtliche Bewertung eines Verstoßes gegen die in § 10 I und III RiFlEtikettG niedergelegten Etikettierungsvorschriften eingeordnet, soweit hier ein **„reines Formaldelikt"** vorliegt, ohne dass ein Rechtsgutsbezug erkennbar ist. Insoweit erscheint der Einsatz des Strafrechts jedenfalls unverhältnismäßig, ein Verstoß gegen die *Ultima-ratio*-Funktion liegt nahe[19].

Der Gesetzgeber hat also stets sorgsam zu prüfen, ob und inwieweit der Erlass von Strafvorschriften wegen der sozialschädlichen Wirkung des Verhaltens notwendig ist[20]. Hier jeweils das rechte Maß für eine sinnvolle **Begrenzung der Strafgewalt** des Staates zu finden, ist Aufgabe einer ausgewogenen und verantwortungsbewussten **Kriminalpolitik**[21]. **16**

Aktuell umstrittene Beispiele hierfür sind der oben (Rn 13) angesprochene Inzesttatbestand (§ 173), die Einbeziehung von „Scheinjugendlichen" (Erwachsene, die wie Jugendliche aussehen) in den Begriff der jugendpornographischen Schriften (deren Verbreitung etc nach § 184c I strafbar ist)[22], die Kriminalisierung des Eigendopings im Sport[23], die Strafbarkeit einer Präimplantationsdiagnostik in Fällen extrakorporaler Befruchtung nach Maßgabe des Embryonenschutzgesetzes[24] oder die nunmehr in § 217 normierte Strafbarkeit der geschäftsmäßigen Förderung der Selbsttötung[25].

---

18 *Gärditz*, JZ 16, 641; *Hamm*, NJW 15, 1537; NK-*Hassemer/Neumann*, Vorbem. § 1 Rn 72, 74 mwN; *Jahn/Brodowski*, JZ 16, 969.

19 Vgl hierzu die DAV-Stellungnahme 8/2016 zum Aussetzungs- und Vorlagebeschl. des LG Berlin NZWiSt 16, 112; das BVerfG hat § 10 I und III RiFlEtikettG mittlerweile wegen Unvereinbarkeit mit Art. 103 II iVm Art. 104 I 1 sowie mit Art. 80 I 2 GG für nichtig erklärt, vgl BVerfG StV 17, 72.

20 Zur Notwendigkeit des § 184: *Köhne*, JR 12, 325.

21 Vgl *Beulke*, Eisenberg-FS, S. 245; *Frisch*, Stree/Wessels-FS, S. 69; *Günther/Prittwitz*, Hassemer-FS, S. 331; *Hefendehl*, JA 11, 401; *Hillenkamp*, Eisenberg-FS, S. 301; *Kubiciel*, JZ 18, 171; *Kühl*, Maiwald II-FS, S. 433; *ders.*, Stöckel-FS, S. 117; *Neumann*, Jakobs-FS, S. 435; *Saliger*, Hassemer-FS, S. 599; *Schmoller*, in: Fischer/Strasser (Hrsg), Rechtsethik, 2007, S. 203; *Schünemann*, in: Hirsch/Seelmann/Wohlers, S. 18; *Stratenwerth*, Hassemer-FS, S. 639; *Streng*, Neumann-FS, S. 725; *Trendelenburg*, Ultima ratio?, 2011; *T. Walter*, ZIS 11, 636; *Zabel* (Hrsg), Strafrechtspolitik, 2018; s. auch *Eicker*, Die Proceduralisierung des Strafrechts, 2010.

22 S/S-*Eisele*, § 184c Rn 4; *Gropp*, Kühne-FS, S. 679; *Satzger*, in: Engländer ua, Strafverteidigung, S. 99 ff.

23 BT-Drucks. 18/294; *Kargl*, NStZ 07, 489; *Kreuzer*, ZRP 13, 181; *Schlöter*, Bekämpfung des Dopings im professionellen Sport mithilfe des Strafrechts, 2017; krit. *Steiner*, ZRP 15, 51.

24 BGHSt 55, 206 m. Anm. *Brunhöber*, HRRS 10, 412; *Kubiciel*, NStZ 13, 382; *Kudlich*, JA 10, 833; *Reiß*, HRRS 10, 418; *Schroth*, NJW 10, 2676; vert. *Frister/Lehmann*, JZ 12, 659; *Frommel*, Hassemer-FS, S. 831; *dies.*, JZ 13, 488; *Günther*, Krey-FS, S. 105; *Kreß*, ZRP 10, 201 und 11, 68; *Kunz-Schmidt*, NJ 11, 231.

25 BT-Drucks. 18/5373; ausf. dazu *Neumann*, medstra 17, 141; *Wessels/Hettinger/Engländer*, BT/1, Rn 137 ff.

3. Voraussetzungen und Rechtsfolgen der Straftat

17 Entsprechend der bislang aufgezeigten Aufgaben und Funktionen des Strafrechts ist dieses dadurch gekennzeichnet, dass nicht nur die Voraussetzungen der Strafbarkeit und somit die einzelnen Merkmale des strafwürdigen Verhaltens definiert werden. Vielmehr enthält der Besondere Teil des Strafrechts – und ihn ergänzend der Allgemeine Teil – Sanktionsnormen, die verschiedene Sanktionen als Rechtsfolgen einer Straftat festlegen, wozu sowohl bestimmte **(Kriminal-)Strafen** als auch sonstige Rechtsfolgen, insbes. Maßregeln der Besserung und Sicherung, gehören.

Der **Besondere Teil** des Strafrechts, insbes. §§ 80–358 des Strafgesetzbuchs, enthält die einzelnen Straftatbestände und Deliktsgruppen. Weitere Straftatbestände finden sich auch außerhalb des StGB, man fasst diese unter dem Begriff des **Nebenstrafrechts** zusammen. Der **Allgemeine Teil**, v. a. §§ 1–79b, ergänzt den Besonderen Teil und enthält – gleichsam „vor die Klammer gezogen" – die Vorschriften allgemeinen Charakters, insbes. die gemeinsamen Wesenszüge der mit Strafe bedrohten Handlungen, ihre Begehungsformen und Rechtsfolgen. Der AT des StGB findet auch auf Tatbestände des Nebenstrafrechts Anwendung (Art. 1 EGStGB).

18 Alle Rechtsfolgen der Straftat müssen dem Rechtsstaatsprinzip und dem Grundsatz der Verhältnismäßigkeit entsprechen (vgl §§ 1, 46, 62), weshalb – wie gesehen – nur Rechtsgüter Gegenstand strafrechtlichen Schutzes sein können (s. Rn 12). Auch Art. 1 I GG („Die Würde des Menschen ist unantastbar.") muss beachtet werden. Das eng hiermit zusammenhängende Schuldprinzip verbietet Strafen ohne Schuld sowie Strafen, die das Maß der Schuld überschreiten[26]. Entsprechend dem sogleich näher zu betrachtenden Sinn von Strafe steht gleichberechtigt neben dem **Schuldprinzip** auch das **Resozialisierungsprinzip** als Grundlage des strafrechtlichen Sanktionensystems.

19 Nach dem sog. **System der Zweispurigkeit** stellt das StGB neben die Strafen sog. **Maßregeln der Besserung und Sicherung**[27]. Da letztere keine repressive Reaktion auf Vergangenes darstellen sollen, setzt das Gesetz insoweit auch nicht das Vorhandensein von Schuld voraus; vielmehr geht es allein um präventive Ziele, sodass ausschließlich an die Sozialgefährlichkeit des Täters angeknüpft wird[28]. Die Begehung einer Straftat ist also nicht Grund, sondern Anlass der Maßregel[29]. Ihre Anordnung ist somit auch bei fehlender Schuld zulässig (s. §§ 20, 63 ff).

Der EGMR hat die deutsche Sicherungsverwahrung, die im StGB als eine solche Maßregel ausgestaltet ist (vgl § 61 Nr 3), wegen deren Verhängung im Anschluss an ein Strafverfahren und v. a. wegen der Schwere des Eingriffs in die Rechte der Betroffenen als „Strafe" iSd Art. 7 I EMRK eingeordnet[30]. Zu den Konsequenzen für das deutsche Recht s. Rn 77.

---

26 BVerfGE 20, 323, 325; 95, 96, 131; BVerfG StraFo 07, 369 m. Bespr. *Kahlo/Zabel*, in: HRRS-Festgabe für Gerhard Fezer, 2008, S. 87; s. auch *B. Heinrich*, AT, Rn 41; *Roxin*, AT I, § 3 Rn 52.

27 Krit. dazu *Ostendorf*, StV 14, 766 ff (zum Jugendstrafrecht); *Hoyer*, Ostendorf-FS, S. 435 ff (zum Erwachsenenstrafrecht); s. ebenso *Feltes/Alex*, Streng-FS, S. 213 ff.

28 BGH NStZ-RR 14, 273 zur Gefährlichkeitsprognose und Verhältnismäßigkeitsprüfung bei der Anordnung obligatorischer Sicherungsverwahrung.

29 *Murmann*, Grundkurs, § 9 Rn 2.

30 Vgl EGMR StV 10, 181, 185 *(M. vs. Deutschland)*; s. auch EGMR NJW 11, 3423 *(Haidn vs. Deutschland)* sowie EGMR EuGRZ 12, 383 *(B. vs. Deutschland)*; zusammenfassend hierzu *Pösl/Dürr*, EuCLR 12, 158, 168; *Satzger*, StV 13, 243 ff.

Auch in anderen Rechtsgebieten können Sanktionen verhängt werden, allerdings **20** nicht in Form von Kriminalstrafen. Dabei ergeben sich Abgrenzungserfordernisse insbes. im Hinblick auf das **Ordnungswidrigkeitenrecht**, welches nicht die Begehung kriminellen Unrechts, sondern bloßes Verwaltungsunrecht ahndet[31]. Das rechtswidrige Verhalten verdient hier mangels erheblicher Sozialschädlichkeit keinen sozialethischen Tadel, sondern es soll vielmehr nur ein „Denkzettel" erteilt werden, welcher zur künftigen Pflichterfüllung mahnen soll[32]. Formal unterscheidet sich das Ordnungswidrigkeitenrecht vom Kriminalstrafrecht dadurch, dass dessen Hauptsanktion im Gesetz explizit als „Geldbuße" bezeichnet wird (vgl § 1 I OWiG). Diese kann je nach Spezialgesetz ganz erhebliche Höhen erreichen, so etwa im Kartellrecht bis zu 1 Mio Euro (vgl § 81 IV 1 GWB).

4. Sinn und Zweck der Strafe

Seit jeher wird der Frage nachgegangen, was der Zweck des Bestrafens ist. Dabei ste- **21** hen sich absolute und relative Strafzwecktheorien gegenüber[33].

a) Nach den **absoluten Strafzwecktheorien** soll die Strafe rein **repressiv** wirken. **22** Strafzweck ist danach allein die Wiederherstellung der Rechtsordnung, indem auf die Tat mit der Zufügung eines gerechten Übels durch den Staat reagiert wird. Der Begriff „absolut" (lat. *absolutus* = losgelöst) soll verdeutlichen, dass die Rechtfertigung der Bestrafung allein in der begangenen Tat liegt und losgelöst von jeder in der Zukunft liegenden gesellschaftlichen Wirkung ist.

Innerhalb der absoluten Strafzwecktheorien wird zwischen der Sühne- und der Vergeltungstheorie unterschieden. Die **Sühnetheorie** basiert auf dem Gedanken, dass der Täter sich wegen der begangenen Tat mit der Rechtsordnung wieder versöhnt. Ihr wird vorgeworfen, dass Versöhnung einen freiwilligen Akt voraussetzt, Strafe aber ein aufgezwungenes Übel ist. Die Anhänger der **Vergeltungstheorie** (insbes. *Immanuel Kant* [1724-1804] und *Georg Wilhelm Friedrich Hegel* [1770-1831]) gehen davon aus, dass (dem sog. *Talionsprinzip* entsprechend) auf Unrecht eine in Dauer, Härte und nach *Kant* auch der Art nach, bei *Hegel* nur dem Wert nach, gleiche Strafe folgen müsse, um die Gerechtigkeit wiederherzustellen. Es findet demnach ein – wie auch immer gearteter – Ausgleich der Schuld des Täters statt. Plakativ verdeutlicht diese Vorstellung die – *Hegel* zugeschriebene[34] – Formel, Strafe sei die „Negation der [in der Tat lie-

---

31 Zur Abgrenzung s. BVerfGE 22, 49, 79; *Achenbach*, GA 2008, 1; *Frister*, AT, 1. Kap., Rn 12 f; *Mitsch*, JA 08, 241 und 409.

32 *Krey/Esser*, AT, Rn 20.

33 Näher dazu *Achenbach*, StraFo 11, 422; *Braun*, S. 54 ff; *Dölling*, Lampe-FS, S. 597; *ders.*, Kirchhof-FS, Bd II, S. 1329; *Duttge*, in: Schumann (Hrsg), Gesetz, S. 1; *Frisch*, GA 19, 185; *Greco*, Lebendiges und Totes in Feuerbachs Straftheorie, 2009; NK-*Hassemer/Neumann*, Vorbem. § 1 Rn 268 ff; *Hörnle*, Neumann-FS, S. 593; *Hörnle*, Straftheorien, 2011; *Hoerster*, Muss Strafe sein? Positionen der Philosophie, 2012; *Jescheck/Weigend*, AT, § 8; *Arthur Kaufmann*, Rechtsphilosophie, 2. Aufl. 1997, S. 161; Hilgendorf/Weitzel-*Koch*, S. 127; *Köhler*, AT, S. 37; *Lampe*, Strafphilosophie, 1999; *Meier*, S. 18; *Montenbruck*, Rogall-FS, S. 235; *Naucke*, § 1 Rn 122; *Pawlik*, Zur Legitimation von Strafe, 2004; *Pérez Barberá*, GA 2014, 504; *Roxin*, AT I, § 3; *ders.*, GA 2015, 185; *Saliger*, Neumann-FS, S. 689; *Stratenwerth/Kuhlen*, AT, § 1 Rn 3 ff; *Streng*, Rn 10; *ders.*, Heinz-FS, S. 677; *Wittig*, in: Beulke ua, Dilemma, S. 13; zur Wiedergutmachung des „Opferschadens" als selbstständigem Strafzweck vgl *Hassemer/Reemtsma*, Verbrechensopfer – Gesetz und Gerechtigkeit, 2002; *Heger*, JA 07, 244; *Hörnle*, JZ 06, 950; *Lüderssen*, Hirsch-FS, S. 879; *T. Walter*, ZIS 11, 636; *Walther*, ZStW 111 [1999], 123; *Weigend*, RW 10, 39; *Zabel*, JZ 11, 617.

34 *Hegel*, Grundlinien der Philosophie des Rechts, Zusatz (von *Eduard Gans*) zu § 97.

genden] Negation des Rechts". Sehr anschaulich werden die Konsequenzen der Ansicht von *Kant* in seinem Inselbeispiel, wonach selbst dann, wenn das eine Insel bewohnende Volk beschlösse, auseinander zu gehen und sich in alle Welt zu zerstreuen, der letzte im Gefängnis befindliche Mörder vorher hingerichtet werden müsste, damit jedermann widerfahre, was seine Taten wert seien[35].

23 **b)** Nach den **relativen Strafzwecktheorien** soll Strafe allein **präventiv** wirken. Der Bestrafungsakt ist auf die Aufgabe der Verhinderung zukünftiger Straftaten bezogen (lat. *relatus* = bezogen auf). Dabei lassen sich zwei Zielrichtungen unterscheiden: Die präventive Wirkung auf die Allgemeinheit (sog. **Generalprävention**) und auf den Täter selbst (sog. **Spezialprävention**).

Die relativen Strafzwecktheorien unterscheiden bei der Generalprävention weiter zwischen der **positiven Generalprävention**, wonach die Strafe eine Stärkung des Rechtsbewusstseins sowie des Vertrauens der Allgemeinheit in die Rechtsordnung bezwecke (zB *Günther Jakobs*), und der **negativen Generalprävention**, derzufolge durch die Androhung von Strafe und durch die Bestrafung des Täters die Abschreckung anderer bezweckt sei (insbes. *Paul Johann Anselm v. Feuerbach* [1775-1833]). Bei der Spezialprävention (insbes. *Franz v. Liszt* [1851-1919])[36] lassen sich die **positive Spezialprävention** (Besserung des Täters) und die **negative Spezialprävention** (Sicherung der Gesellschaft vor dem Täter durch dessen Einschließung) unterscheiden.

24 Den relativen Strafzwecktheorien wird vorgeworfen, dass sie keine Begrenzung für das Strafmaß vorsehen und damit unverhältnismäßige Sanktionen ermöglichen, wo der Präventionszweck dies fordert. Überdies geraten präventive Ansätze (mit Ausnahme der positiven Spezialprävention) in die Gefahr, den Täter zur Erreichung gesellschaftlicher Bedürfnisse zu instrumentalisieren („Sündenbock") und damit seine Menschenwürde zu verletzen.

25 Beiden Einwänden entgehen die absoluten Theorien, deren Konzeption von Strafe jedoch selbst kein geeignetes Mittel der Verbrechensbekämpfung sein kann. Denn die Sozialisationsschäden, die häufig Ursachen der Kriminalität sind, sind durch sie nicht heilbar[37]. Der wichtigen Aufgabe des Strafrechts, die in der Sicherung des Allgemeinwesens besteht (vgl Rn 8, 9), werden sie nicht gerecht. Schließlich lassen sich diese Theorien angesichts des Erfordernisses eines verfassungslegitimen Zwecks des Eingriffs im Rahmen des Verhältnismäßigkeitsgrundsatzes nur schwer rechtfertigen.

26 **c)** Da somit alle Ansätze für sich betrachtet Schwachstellen haben, hat sich in Rspr und Lit. weitgehend eine Verbindung zu sog. **Vereinigungstheorien** durchgesetzt[38].

Dafür spricht, dass das StGB nicht auf eine der Strafzwecktheorien festgelegt ist und auch das Grundgesetz insoweit keine klaren Vorgaben macht[39]. Das StGB geht viel-

---

35 *Kant*, Metaphysik der Sitten, Werkausgabe Bd 8, 1977, S. 455.
36 Zur spezialpräventiven Kriminalpolitik *Liszts* und der Entstehung des modernen Strafrechts s. *Koch/Löhnig*, Die Schule Franz von Liszts, 2016.
37 So v. a. *Roxin*, AT I, § 3 Rn 9; krit. *Murmann*, Grundkurs, § 8 Rn 26.
38 BVerfGE 45, 187, 253 f; BGHSt 28, 318, 326; vert. *Roxin*, AT I, § 3 Rn 33 ff; krit. – aus österr. Sicht – *Fuchs*, AT I, 2. Kap., Rn 8, 17.
39 Vgl BVerfGE 45, 187, 253 f.

8

mehr selbst von einer Vereinigungstheorie aus: Während in § 46 I 1 die Schuld als Bemessungsfaktor für die Strafe genannt wird und somit eher der Vergeltungsgedanke zum Ausdruck kommt, enthält § 46 I 2 spezialpräventive Kriterien. Ziel der Bestrafung ist die Wiedereingliederung des Täters in die Rechtsgemeinschaft; er soll dazu angehalten werden, künftig in sozialer Verantwortung ein Leben ohne Straftaten zu führen[40]. Die Generalprävention hat zB in § 47 bei der Wendung „Verteidigung der Rechtsordnung" Eingang in das Gesetz gefunden.

5. Strafrechtliche Grundbegriffe

Im juristischen Sprachgebrauch wird zum einen zwischen Sachverhalt, Tatbestand und Rechtsfolge unterschieden: **27**

Aus dem Tatsachenstoff des zu beurteilenden Geschehens filtert man den **Sachverhalt** heraus (etwa: das heimliche Einstecken eines Buches im Kaufhaus). Dann wird untersucht, ob dieser Sachverhalt die gesetzlich normierten Voraussetzungen (= den **Tatbestand**) eines Deliktes ausfüllt (hier § 242: „Wer eine fremde bewegliche Sache einem anderen in der Absicht wegnimmt, die Sache sich oder einem Dritten rechtswidrig zuzueignen"). Diesen Vorgang bezeichnet man als **Subsumtion**. Schließlich wird nach erfolgter Subsumtion die **Rechtsfolge** betrachtet (bei § 242: Freiheitsstrafe bis zu fünf Jahren oder Geldstrafe).

Zum anderen wird im StGB zwischen **rechtswidriger Tat** (vgl §§ 11 I Nr 5, 26, 27) und **Straftat** (vgl §§ 44, 66) differenziert. Verständlich werden diese Begrifflichkeiten erst vor dem Hintergrund des dem StGB zugrunde liegenden dreigliedrigen Deliktsaufbaus (dazu s. Rn 133 f), wonach drei Wertungsstufen zu unterscheiden sind: der Tatbestand, die Rechtswidrigkeit und die Schuld. **28**

Als **rechtswidrige Tat** bezeichnet das StGB ein Verhalten, das den Tatbestand eines Strafgesetzes verwirklicht und – mangels Deckung durch Rechtfertigungsgründe (s. hierzu Rn 395 ff) – rechtswidrig ist, auch wenn es im Einzelfall an einem schuldhaften Handeln fehlt.

Unter einer **Straftat** versteht das Gesetz ein Verhalten, das nicht nur den Tatbestand eines Strafgesetzes verwirklicht, sondern auch rechtswidrig und schuldhaft ist.

Da die rechtswidrige Verwirklichung des Tatbestandes ein **Unrecht** darstellt, lässt sich die Straftat auch als schuldhaft verwirklichtes Unrecht definieren. Die „rechtswidrige Tat" umfasst demgegenüber auch das schuldlos begangene Unrecht (s. §§ 17, 20).

6. Erfolgs-, Handlungs- und Gesinnungsunwert der Tat

Ihrem Wesen nach ist die Straftat **Rechtsguts- und Pflichtverletzung**[41]. Ihr **Unrechtsgehalt** wird durch den Erfolgsunwert der Tat (die Verletzung oder Gefährdung des jeweiligen Schutzobjekts) und deren Handlungsunwert (die Art und Weise des **29**

---

40 Zum Resozialisierungsgebot beim Strafvollzug vgl § 2 StVollzG, Art. 2 S. 2 BayStVollzG, § 2 S. 1 HmbStVollzG, § 5 S. 1 NJVollzG; BVerfGE 98, 169; 116, 69; 117, 71; zur Resozialisierung als Strafzweck s. *Jahn/Schmitt-Leonardy*, Streng-FS, S. 499 ff.

41 BGHSt 2, 364, 368.

Handlungsvollzuges, zB die vorsätzliche Zerstörung fremden Eigentums) bestimmt, die wiederum beide objektive und subjektive Elemente enthalten[42]. Der **Schuldgehalt** der Tat ergibt sich hingegen aus dem in ihr zum Ausdruck kommenden, auf die konkrete Tatbestandsverwirklichung bezogenen, Gesinnungsunwert. Schuld bedeutet – kurz gesagt – individuelle Vorwerfbarkeit, wobei sich der Vorwurf gegen den Täter richtet, der sich gegen das Recht und für das Unrecht entschieden hat. Die der Entscheidung des Täters zugrunde liegende fehlerhafte Einstellung zu den Verhaltensnormen der Rechtsordnung und die in ihr dabei zum Ausdruck kommende mangelnde Rechtsgesinnung spiegeln sich so im Gesinnungsunwert wider (näher Rn 638 f)[43].

30 Im **Fall 1b** sind Unrechts- und Schuldgehalt der von A begangenen Straftat wie folgt zu beurteilen: Bei den **Tötungsdelikten** wird der „Erfolgsunwert" in allen Fällen durch die Vernichtung fremden Menschenlebens bestimmt. Maßgebend für den „Handlungsunwert" ist in erster Linie die vorsätzliche oder (bei § 222) die fahrlässige Begehungsweise. Im Vorsatzbereich tritt eine Steigerung des „Handlungsunwertes" bei der Verwendung gemeingefährlicher Mittel und bei heimtückischen oder grausamen Ausführungshandlungen (§ 211 II 2. Gruppe = Verwerflichkeit der Begehungsweise) ein. Schuldgehalt und „Gesinnungsunwert" werden beim Vorsatz-Schuldvorwurf durch die **bewusste** Missachtung des Tötungsverbots und beim Fahrlässigkeits-Schuldvorwurf durch die **nachlässige** oder **sorglose** Einstellung des Täters zu den Sorgfaltsanforderungen der Rechtsordnung geprägt. Aufgrund der besonderen Motivationslage liegt innerhalb der 1. und 3. Gruppe des § 211 II (= Verwerflichkeit des Beweggrundes bzw des Handlungszwecks) eine wesentliche **Steigerung**, dagegen im Fall des § 213 (= begreifliche Gemütserregung infolge einer Provokation) und des § 216 (= Mitleid des Täters mit dem Lebensmüden) eine deutliche **Minderung** des „Gesinnungsunwertes" vor. Das StGB trägt dieser Abstufung im Unrechts- und Schuldbereich durch entsprechend modifizierte Strafrahmen Rechnung.

II. Die Einteilung der Delikte

1. Verbrechen und Vergehen

31 Nach der Schwere der Strafdrohung werden alle rechtswidrigen Taten gem. § 12 in **Verbrechen** und **Vergehen** eingeteilt.

Verbrechen sind rechtswidrige Taten, die im Mindestmaß mit Freiheitsstrafe von einem Jahr oder darüber bedroht sind (§ 12 I). So ist etwa die „Besonders schwere Brandstiftung (§ 306b I) ein Verbrechen, weil die zu verhängende Strafe „nicht unter zwei Jahren" Freiheitsstrafe betragen darf.

Vergehen sind demgegenüber rechtswidrige Taten, die im Mindestmaß mit einer geringeren Freiheitsstrafe oder mit Geldstrafe bedroht sind (§ 12 II). Somit sind Vergehen alle Straftaten, die nicht Verbrechen sind. Hierzu zählt bspw der Diebstahl nach § 242 I, der „mit Freiheitsstrafe bis zu fünf Jahren oder mit Geldstrafe" bestraft wird,

---

42 *Kudlich*, Benakis-FS, S. 265; zum Handlungsunwert s. *A. Sancinetti*, GA 2016, 411.
43 Vgl dazu BGH JZ 88, 367; S/S-*Eisele*, Vorbem. §§ 13 ff Rn 8–22, 43–65, 103–123; *Hirsch*, Meurer-GS, S. 3; *Jescheck/Weigend*, AT, § 24 III; *T. Walter*, S. 81 ff; *Wolter*, Zurechnung, S. 46–51; generell zur Obliegenheit des Selbstschutzes *Hörnle*, GA 2009, 626.

also eine Mindeststrafdrohung von einem Monat Freiheitsstrafe (vgl § 38 II Hs. 2) bzw Geldstrafe enthält (und somit kein Verbrechen iSd § 12 I ist).

Maßgebend für die Deliktsnatur[44] ist dabei nicht die im Einzelfall verwirkte, sondern die im Normalstrafrahmen abstrakt angedrohte Strafe. Eine **Änderung der Delikts-natur** kommt dann in Betracht, wenn ein Straftatbestand durch das Hinzutreten qualifizierender oder privilegierender Merkmale in der Weise abgewandelt wird, dass ein **neuer Tatbestand** mit einem strengeren oder milderen Strafrahmen entsteht. Ein neuer Tatbestand liegt vor, wenn die Abwandlung den **Unwertgehalt der Tat** berührt, abschließenden Charakter hat und eine zwingende Regelung in dem Sinne darstellt, dass bei ihrem Eingreifen **immer**, aber auch **nur dann** der modifizierte Strafrahmen gilt. Es darf sich also nicht nur um eine Strafzumessungsregel iSd § 12 III handeln (s. Rn 166 ff). **32**

Beispiele: § 212 (Totschlag) ist ein Verbrechen, die Abwandlung in § 216 (Tötung auf Verlangen) ist gem. § 12 II nur ein Vergehen. Die Körperverletzungsdelikte der §§ 223–225 sind Vergehen, während § 226 (schwere Körperverletzung) und § 227 (Körperverletzung mit Todesfolge) Verbrechen sind.

Schärfungen oder Milderungen, die nach den Vorschriften des AT (vgl §§ 21, 23 I, 27 II, 49) oder für besonders schwere (zB § 253 IV) oder minder schwere Fälle (zB § 249 II) vorgesehen sind, bleiben gemäß § 12 III für die Einteilung der Delikte in Verbrechen und Vergehen **außer Betracht**. Das gilt auch bei **Regelbeispielen** für besonders schwere Fälle (zB § 243), die keine Tatbestandsqualität haben, sondern nur zu den Strafzumessungsregeln gehören (s. Rn 171)[45]. **33**

Erhebliche praktische Bedeutung hat die Deliktsnatur der Tat v. a. **34**
– für den Versuch (§ 23 I): ein Versuch ist – ohne explizite Anordnung des Gesetzgebers im BT – nur dann strafbar, wenn es sich um ein Verbrechen handelt;
– für die versuchte Teilnahme (§ 30): eine versuchte Anstiftung oder eine Verabredung einer Straftat ist – soweit gesetzlich nichts anderes geregelt ist (s. etwa § 159) – nur strafbar im Hinblick auf ein Verbrechen;
– für die Verfahrenseinstellung (§§ 153 ff StPO): eine Einstellung nach Opportunitätsgrundsätzen scheidet bei Strafverfahren, die ein Verbrechen zum Gegenstand haben, grds aus.

Im **Fall 1c** ist die von S begangene Straftat in ihrer Grundform (§ 99 I) ein **Vergehen**. Beim Vorliegen eines besonders schweren Falles und bei der Erfüllung eines Regelbeispiels iSd § 99 II Nr 2 bliebe die Tat gem. § 12 III trotz der verschärften Strafdrohung von mindestens einem Jahr Freiheitsstrafe ebenfalls ein **Vergehen**. **35**

2. Erfolgs- und Tätigkeitsdelikte

Nach der Beziehung zwischen Handlung und Erfolg werden **Erfolgsdelikte** und schlichte **Tätigkeitsdelikte** unterschieden[46]. **36**

---

44 Übersicht zur Systematik und zu Deliktstypen s. *Baur*, ZJS 18, 529 (Teil 1), 625 (Teil 2); *Brinkmann*, Ad Legendum 16, 338.
45 Zur Regelbeispielsmethodik s. *Jäger*, Streng-FS, S. 285 ff.
46 Vgl *Krey/Esser*, AT, Rn 218 f; *Rönnau*, JuS 10, 961; abl. *T. Walter*, Beulke-FS, S. 327.

37 **a)** Bei den **Erfolgsdelikten** (zB Totschlag nach § 212) wird im gesetzlichen Tatbestand der Eintritt eines von der Tathandlung gedanklich abgrenzbaren Erfolges in der Außenwelt vorausgesetzt, sodass nach dem ursächlichen Zusammenhang zwischen Handlung und Erfolg gefragt werden muss.

38 Eine Sondergruppe der Erfolgsdelikte bilden die **erfolgsqualifizierten Delikte**, bei denen das Gesetz eine Strafschärfung vorsieht, wenn durch die Verwirklichung eines bestimmten Grunddelikts (zB Aussetzung, vorsätzliche Körperverletzung, Raub) zusätzlich zumindest fahrlässig (§ 18) eine **„besondere Folge der Tat"** herbeigeführt wird, wie etwa der Tod des Verletzten (näher dazu Rn 1148 ff).

Beispiel: Körperverletzung mit Todesfolge (§ 227 I; ähnlich auch §§ 221 III, 226 I, 239 IV, 239a III, 251, 306c). Wie die hohe Strafdrohung erkennen lässt, erschöpfen sich erfolgsqualifizierte Delikte nicht in einer schlichten Kumulierung der Strafe für das Grunddelikt und derjenigen für die mindestens fahrlässige Herbeiführung der besonderen Tatfolge. Ihr besonderer Unrechtsgehalt liegt vielmehr nur vor, wenn sich im Eintritt der schweren Folge ein für den jeweiligen Grundtatbestand eigentümliches Risiko verwirklicht hat **(tatbestandsspezifischer Gefahrzusammenhang)**[47]. Mit der Anhebung der Strafrahmen für erfolgsqualifizierte Delikte durch das 6. StRG hat ihre restriktive Auslegung noch an Bedeutung gewonnen[48].

39 **b)** Schlichte **Tätigkeitsdelikte** setzen dagegen keinen Außenwelterfolg voraus; ihr Unrechtstatbestand wird schon durch das im Gesetz umschriebene Tätigwerden als solches erfüllt[49].

Tätigkeitsdelikte sind zB die Aussagedelikte (§§ 153, 154). Deshalb ist es gleichgültig, ob es dem Täter gelungen ist, das Gericht durch seine Falschaussage zu täuschen.

3. Verletzungs- und Gefährdungsdelikte

40 Auf die Intensität der Beeinträchtigung des betroffenen Handlungsobjekts stellt die Einteilung in **Verletzungs-** und **Gefährdungsdelikte** ab[50].

41 **a)** Zum Tatbestand der **Verletzungsdelikte** gehört eine Schädigung des Handlungsobjekts, dh ein realer Eingriff in Rechtsgüter (wie etwa eine Tötung, Körperverletzung, Sachbeschädigung bei §§ 211 ff, 223 ff, 303).

---

47 Näher BGHSt 31, 96; 33, 322; BGH NJW 71, 152 *(Fall Rötzel)*; NStZ 97, 341 m. Bespr. *Fahl*, JA 98, 9; NStZ 08, 686; 09, 92; 16, 211, 214; NJW 17, 418 *(GBL-Fall II)* m. Bespr. *Satzger*, Jura (JK) 17, 992 (zur Frage des erfolgsqualifizierten Delikts durch Unterlassen im *GBL-Fall II* s. *Eisele*, Rengier-FS, S. 3); *Altenhain*, GA 1996, 19; *Duttge*, Herzberg-FS, S. 309; *Engländer*, GA 2009, 669; *Freund*, Frisch-FS, S. 677; *B. Heinrich/Reinbacher*, Jura 05, 743; *Jäger*, BT, Rn 87; *Kahlo*, Puppe-FS, S. 581; *Kühl*, Jura 02, 810; *Küpper*, ZStW 111 [1999], 785; *Rengier*, Erfolgsqualifizierte Delikte, 1986; *Sowada*, Jura 95, 644; *Steinberg*, NStZ 10, 72; *Wessels/Hettinger/Engländer*, BT/1, Rn 267 ff.
48 Näher *Bussmann*, GA 1999, 21, 28.
49 Krit. *T. Walter*, Beulke-FS, S. 327; zur Daseinsberechtigung der Tätigkeitsdelikte vgl auch *Hölzel*, Gibt es „Tätigkeitsdelikte"?, 2016.
50 Vert. zum Ganzen *Arzt/Weber/Heinrich/Hilgendorf*, § 35; *Fischer*, Vorbem. § 13 Rn 18 ff; *Göttl*, JuS 17, 306; *Graul*, Abstrakte Gefährdungsdelikte und Präsumtionen im Strafrecht, 1991; S/S-*Heine/Bosch*, Vorbem. §§ 306 ff Rn 2 ff; *Hirsch*, Arthur Kaufmann-FS, S. 545; *Kindhäuser*, Gefährdung, S. 189 ff; *ders.*, Krey-FS, S. 249; *Koriath*, GA 2001, 51; *Kuhlen*, in: Hirsch/Seelmann/Wohlers, S. 148 ff; *Küper/Zopfs*, Definitionen, S. 160 f; *Wohlers*, S. 281.

12

b) Bei den **Gefährdungsdelikten** genügt dagegen die Herbeiführung einer Gefahrenlage für das im Tatbestand vorausgesetzte Schutzobjekt, wobei das StGB zwischen konkreten und abstrakten Gefährdungsdelikten differenziert: **42**

Die **konkreten Gefährdungsdelikte** beruhen auf der Erwägung, dass ein normwidriges Verhalten für das geschützte Objekt gefährlich sein kann und strafwürdig ist, sofern die Gefahr im Einzelfall konkret in Erscheinung tritt, wenn also der Täter eine Situation herbeiführt, in der es **nur noch vom Zufall abhängt**, ob die Gefährdung in eine Schädigung umschlägt (zB §§ 221, 308, 315–315c). Der Eintritt einer konkreten Gefahr ist hier Tatbestandsmerkmal iS eines **Gefahrerfolgs** (zB „Beinahe-Unfall" bei § 315c I Nr 1a). Konkrete Gefährdungsdelikte sind somit Erfolgsdelikte, weshalb der Eintritt der konkreten Gefahr als Voraussetzung für eine Bestrafung durch den Richter festgestellt werden muss. **43**

Die **abstrakten Gefährdungsdelikte** beruhen dagegen auf der gesetzlichen Vermutung, dass bestimmte Verhaltensweisen für das Schutzobjekt **generell gefährlich** sind (zB §§ 231, 241, 306a I, 316, 326, 328 I, II). Die Gefährlichkeit der Tathandlung ist hier **nicht** Tatbestandsmerkmal, sondern nur das gesetzgeberische **Motiv für die Existenz der Vorschrift**, sodass der Richter im Regelfall nicht zu prüfen hat, ob eine Gefährdung im Einzelfall wirklich eingetreten ist oder nicht[51]. **44**

Als Untergruppe der abstrakten Gefährdungsdelikte werden verschiedentlich die sog. „potenziellen Gefährdungsdelikte"[52] abgegrenzt, bei denen zwar keine konkrete Gefahr eingetreten, die Tathandlung aber zur Herbeiführung einer solchen konkreten Gefahr zumindest geeignet sein muss. Zum Teil wird insoweit auch von **Eignungs-** oder **abstrakt-konkreten Gefährdungsdelikten** gesprochen[53]. Ein Beispiel sind die Volksverhetzungstatbestände nach § 130 I, III, die die Eignung der Äußerung zur Störung des öffentlichen Friedens voraussetzen[54]. Ebenso setzt § 238 I StGB seit seiner Änderung vom 10.3.2017 keinen Erfolgseintritt mehr voraus, sondern die Eignung des Nachstellens zur schwerwiegenden Beeinträchtigung der Lebensgestaltung. **45**

4. Dauer- und Zustandsdelikte

Die bloße Herbeiführung eines widerrechtlichen Zustandes einerseits sowie dessen willentliches Aufrechterhalten andererseits bilden die Anknüpfungspunkte für die Unterscheidung zwischen **Zustands-** und **Dauerdelikt**. **46**

a) Bei den **Dauerdelikten** (zB § 123) hängt die Aufrechterhaltung des widerrechtlichen Zustandes vom Willen des Täters ab, sodass nicht nur sein Herbeiführen, sondern auch sein Fortdauernlassen den gesetzlichen Tatbestand verwirklicht[55]. Die Straftat, die sich hier gewissermaßen fortwährend erneuert, ist bereits mit dem Eintritt des widerrechtlichen Zustandes „vollendet", jedoch erst mit seiner Aufhebung „beendet"[56]. Vgl allgemein zur Unterscheidung Vollendung/Beendigung Rn 61 ff. **47**

---

51 S. dazu BGHSt 26, 121; *Bohnert*, JuS 84, 182; *Hauck*, ZIS 11, 919; *Hirsch*, Tiedemann-FS, S. 145; *Hoyer*, AT I, S. 30; *Wessels/Hettinger/Engländer*, BT/1, Rn 995; zu § 241 ausf. *Satzger*, Jura 15, 156.
52 OLG Braunschweig NStZ-RR 01, 42; BayObLG JR 01, 475; *Schall*, NStZ-RR 98, 356 und 02, 35; *Zieschang*, Die Gefährdungsdelikte, 1998, S. 158; *ders.*, Wolter-FS, S. 557.
53 BGHSt 46, 212, 218.
54 BeckOK-StGB-*Rackow*, § 130 Rn 8.
55 Umfassend *Schmitz*, Unrecht und Zeit, 2001.
56 BGHSt 42, 215; *Mitsch*, Jura 09, 534.

48 **b)** Bei den **Zustandsdelikten** (zB § 223) erschöpft sich der tatbestandliche Unwert dagegen in der Herbeiführung des widerrechtlichen Zustandes, sodass die Tat mit dem Eintritt des tatbestandlichen Erfolges „vollendet" und in aller Regel zugleich auch „beendet" ist[57].

5. Begehungs- und Unterlassungsdelikte

49 Von den Grundformen des menschlichen Verhaltens ausgehend, unterscheidet man ferner Begehungs- und Unterlassungsdelikte, je nachdem, ob der gesetzliche Tatbestand durch ein aktives Tun oder ein Untätigbleiben verwirklicht wird. Entsprechend der Einteilung in Erfolgs- und Tätigkeitsdelikte gibt es unechte und echte Unterlassungsdelikte.

50 Wenn der Vater V sein Kind K dadurch tötet, dass er es auf einem Spaziergang in einen Bergsee mit steilen Felsufern stößt, liegt ein Begehungsdelikt vor (= vorsätzliche Tötung durch aktives Tun, §§ 212, 211).

51 **a)** Ein **unechtes Unterlassungsdelikt** wäre gegeben, wenn das Kind beim Spielen ins Wasser gefallen wäre und V es willentlich ertrinken ließe, obwohl er es retten könnte (= vorsätzliche Tötung durch pflichtwidriges Unterlassen im Rahmen einer sog. „Garantenstellung", §§ 212, 211, 13). Die unechten Unterlassungsdelikte bilden eine Komplementärerscheinung der Begehungsdelikte, sodass deren Tatbestände und Strafrahmen auch für sie gelten. Unter den Voraussetzungen des § 13 steht die Nichtabwendung des tatbestandlichen Erfolges durch einen Garanten der Erfolgsbewirkung durch aktives Tun gleich (näher Rn 1155 f).

52 **b)** **Echte Unterlassungsdelikte** (zB §§ 138, 323c) sind dagegen Straftaten, deren Unrechtsgehalt sich in dem Verstoß gegen eine Gebotsnorm und im bloßen Unterlassen einer bestimmten, gesetzlich geforderten Tätigkeit erschöpft[58]. Mangels einer Garantenpflicht bliebe daher nur für eine unterlassene Hilfeleistung gem. § 323c (nicht dagegen für §§ 212, 211 iVm § 13) Raum, wenn im vorerwähnten Unglücksfall nicht das eigene Kind des V, sondern ein fremdes Kind in die Gefahr des Ertrinkens geraten wäre (s. dazu Rn 1154, 1232 ff).

6. Allgemeindelikte, Sonderdelikte und eigenhändige Delikte

53 Nach der Abgrenzung des möglichen Täterkreises richtet sich die Einteilung in Allgemeindelikte, (echte/unechte) Sonderdelikte und eigenhändige Delikte.

54 **a)** Tauglicher Täter eines **Allgemeindelikts** kann jedermann sein (vgl etwa §§ 212, 223, 242, bei denen das Gesetz den namenlosen „Wer" als Täter nennt).

55 **b)** Als **Sonderdelikte** bezeichnet man solche Straftaten, bei denen die im gesetzlichen Tatbestand umschriebene Eigenschaft des Handlungssubjekts den Täterkreis begrenzt (zB „Arzt" in § 203 oder „Amtsträger" in §§ 331 ff)[59]. Wer dieses besondere Merkmal in seiner Person nicht aufweist, kann somit nicht Täter, Mittäter oder mittel-

---

57 LG Frankfurt NStZ 90, 592.
58 BGHSt 14, 280.
59 *Schall*, Schöch-FS, S. 619.

14

barer Täter dieses Sonderdelikts sein. Eine Bestrafung als Teilnehmer (Anstifter oder Gehilfe) bleibt jedoch möglich[60].

Ist von *echten* Sonderdelikten die Rede, handelt es sich um solche, bei denen die besondere Subjektqualität des Täters strafbegründend ist (so etwa bei § 339). Bei den *unechten* Sonderdelikten gibt es demgegenüber ein Grunddelikt, das jedermann verwirklichen kann (zB § 258), wohingegen den qualifizierten Tatbestand nur derjenige, der die besondere Subjektqualität aufweist, verwirklichen kann (zB § 258a)[61]. Relevanz hat diese Unterscheidung etwa bei der Anwendung des § 28 im Bereich der Teilnahme (Rn 875 ff).

Unter die Sonderdelikte werden häufig auch die sog. **Pflichtdelikte** gefasst[62], bei denen der Tatbestand eine besondere Pflichtenstellung (wie etwa eine Vermögensbetreuungspflicht bei § 266 oder die Garantenstellung nach § 13 bei den unechten Unterlassungsdelikten) voraussetzt.

c) Bei den **eigenhändigen Delikten** setzt der Tatbestand die unmittelbar eigenhändige Vornahme der Tathandlung voraus, weil der **besondere Verhaltensunwert** des betreffenden Delikts nur auf diese Weise zu realisieren ist. Wer die Ausführungshandlung nicht persönlich vornimmt, kann auch hier nicht (Allein-, Mit- oder mittelbarer) Täter, sondern allenfalls Teilnehmer sein. **56**

Wann ein Delikt eigenhändig ist, ist nicht einfach zu ermitteln. Teilweise legt bereits der klare **Wortlaut** eine derartige Interpretation nahe (zB § 323a, der nur denjenigen erfasst, der „*sich* […] in einen Rausch versetzt")[63]. Darüber hinaus sind solche Delikte nur eigenhändig begehbar, bei denen dem Täter eine **nicht delegierbare Zentralstellung** für das vom Tatbestand geschützte Rechtsgut in der konkreten Situation zufällt[64]. Das ist etwa bei den Aussagedelikten (§§ 153 ff), beim Beischlaf zwischen Verwandten (§ 173), beim unerlaubten Entfernen vom Unfallort (§ 142), bei der Nachstellung (jedoch nur in Form des § 238 I Nr 1) sowie bei der Rechtsbeugung (§ 339) zu bejahen. **57**

Nicht unproblematisch ist die vielfach angenommene Eigenhändigkeit der Verkehrsdelikte (§§ 315a, 315c, 316)[65]. Welche Tatbestände sonst noch eigenhändig sind, ist umstritten[66]. Nicht eigenhändig sind jedenfalls die Tatbestände der sexuellen Nötigung und der Vergewaltigung (§ 177), sodass auch eine Vergewaltigung in mittelbarer Täterschaft, also „durch einen anderen" (vgl § 25 I Alt. 2) möglich ist.

7. Unternehmensdelikte

Nach dem Grad der Tatbestandsverwirklichung werden **Vollendung** und **Versuch** einer Straftat unterschieden (näher Rn 929 ff)[67]. Wo das Gesetz das **Unternehmen** einer Tat mit Strafe bedroht, sind Vollendung und Versuch gleichgestellt, sog. **Unter-** **58**

---

60 Vgl *Krey/Esser*, AT, Rn 227 ff.
61 *B. Heinrich*, AT, Rn 174 f; *Rengier*, AT, § 10 Rn 26 f; *Roxin*, AT I, § 10 Rn 129 ff.
62 S. *Krey/Esser*, AT, Rn 227; vgl zu dieser Deliktskategorie *Kühl*, AT, § 20 Rn 14; *Roxin*, AT II, § 25 Rn 267 ff; *Schünemann*, GA 2017, 678.
63 Auf den Wortlaut abstellend etwa BGHSt 6, 226, 227; krit. LK-*Schünemann*, § 25 Rn 47.
64 *Satzger*, Jura 11, 103, 109; ähnl. *Roxin*, AT II, § 25 Rn 303, der auf eine „Schlüsselstellung für das Rechtsgut" abstellt.
65 Für Eigenhändigkeit etwa S/S/W-StGB-*Ernemann*, § 315a Rn 1; § 315c Rn 1, 2; § 316 Rn 1 mwN; ausf. zur Kritik: *Gerhold/Kuhne*, ZStW 124 [2012], 943; *Satzger*, Jura 11, 103, 109 f.
66 *Satzger*, Jura 11, 103; *Schall*, JuS 79, 104; *Schünemann*, Jung-FS, S. 881; *Wohlers*, SchwZStr 116 [1998], 95.
67 Normtheoretische Betrachtung dazu bei *Kindhäuser*, Fischer-FS, S. 125.

nehmensdelikte (vgl § 11 I Nr 6). Ein Beispiel ist § 307 I („Wer es *unternimmt*, durch Freisetzen von Kernenergie eine Explosion herbeizuführen [...]"), daneben auch §§ 81, 82, 184b IV, 309.

Bei den Unternehmensdelikten entfällt die für den Versuch vorgesehene Möglichkeit der Strafmilderung (§ 23 II), ebenso das Rücktrittsprivileg (§ 24)[68]. Insoweit gelten Sonderregelungen (vgl §§ 83a, 314a)[69].

8. Vorsatz- und Fahrlässigkeitsdelikte

59 Abhängig davon, in welcher **subjektiven Beziehung** der Täter zur Verwirklichung des gesetzlichen Tatbestandes steht, insbes. ob er den Erfolg bewusst und gewollt herbeigeführt hat oder ob ihm nur eine ungewollte Verwirklichung durch eine pflichtwidrige Vernachlässigung der im Verkehr erforderlichen Sorgfalt vorzuwerfen ist, kann zwischen **Vorsatz- und Fahrlässigkeitsdelikten** unterschieden werden. Bedeutsam ist diese Differenzierung ua für die Strafbarkeit des Versuchs, welcher Tatentschluss voraussetzt und daher nur bei einem Vorsatzdelikt denkbar ist, und für die Strafbarkeit von Teilnehmern. Denn wegen des in §§ 26 f verankerten Akzessorietätserfordernisses ist eine Teilnahme nur an einem Vorsatzdelikt möglich.

60 Im **Fall 1a** stellt also die Beschädigung der Uhr eine Sachbeschädigung dar, für die K gem. § 303 I bestraft werden kann. Außerdem ist er zivilrechtlich zum Schadensersatz verpflichtet, s. Rn 6.

Im **Fall 1b** gilt:

(1) A hat einen Totschlag (§ 212) begangen. Der Handlungsunwert seiner Tat wird gesteigert durch die heimtückische Begehungsweise (§ 211 II 2. Gruppe), der Gesinnungsunwert wird gesteigert durch den niedrigen Beweggrund (§ 211 II 1. Gruppe), s. Rn 30.

(2) Die Provokation durch B mindert den Gesinnungsunwert der Tötungshandlung (§§ 212, 213), s. Rn 30.

(3) Aufgrund des Verlangens seitens des B ist der Gesinnungsunwert der Tötungshandlung stark herabgesetzt; es greift nur der privilegierende Tatbestand des § 216 ein, s. Rn 30.

In **Fall 1c** bleibt § 99 auch bei Erfüllung eines Regelbeispiels nach Abs. 2 ein Vergehen (§ 12 III), s. Rn 35.

III. Die Verwirklichungsstadien einer Straftat *(iter criminis)*

61 Jede Deliktsverwirklichung durchläuft verschiedene Stadien. Beim Vorsatzdelikt führt der Weg vom ersten allgemeinen Gedanken des Täters an die Begehung der Straftat, über die Konkretisierung des Tatentschlusses, die Erbringung der Tathandlung bis zum (erfolgreichen) Abschluss des Delikts.

---

68 Insoweit abw. *Lampe*, Rogall-FS, S. 223, 227 f.
69 Vert. *Berz*, S. 125; *Mitsch*, Jura 12, 526; MK-StGB-*Radtke*, § 11 Rn 133 ff; *Wolters*, Das Unternehmensdelikt, 2001, S. 33 ff.

Unmittelbares Ansetzen	Vollendung	Beendigung
Vorbereitungsstadium	Versuchsstadium	Beendigungsstadium

Verwirklichungsstadien einer Straftat

Beispiel: A will ein wertvolles Gemälde aus der Villa des V an sich bringen. Hierzu erarbeitet er einen Plan und spioniert den Tatort tagelang aus. Am Tattag begibt er sich zur Villa des V, betritt diese und schlägt den Wachmann W nieder. Sodann bringt er das Gemälde an sich, verlässt die Villa des V und fährt nach Hause.

Die nur gedankliche Planung einer künftigen Straftat sowie das Fassen eines Tatentschlusses ist per se nicht ausreichend, um eine Strafbarkeit zu begründen (Verbot des sog. Gesinnungsstrafrechts). Dieses **Vorbereitungsstadium** ist grds straffrei, auch wenn der Täter Vorbereitungsmaßnahmen ergreift, die – allerdings noch recht vage und entfernt – eine künftige Rechtsgutsverletzung befürchten lassen[70]. Nur in ausdrücklich vom Gesetzgeber geregelten Ausnahmefällen wird bereits die Vorbereitung einer Straftat mit Strafe bedroht (zB §§ 89a, 83, 98, 149, 234a III, 310). Speziell bei mehreren Beteiligten stehen in diesem Stadium im Hinblick auf Verbrechen die versuchte Anstiftung (§ 30 I) bzw Fälle der Verbrechensverabredung (§ 30 II) unter Strafe. **62**

Im **Beispielsfall** befindet sich A beim Erarbeiten des Tatplans sowie dem Ausspionieren der Villa im für ihn straflosen Vorbereitungsstadium. Würde er sich aber mit B dazu verabreden, das Gemälde unter Anwendung von Gewalt zu rauben, stünde schon zu diesem Zeitpunkt die Verabredung zu einem Verbrechen (§ 249 I) und somit eine Strafbarkeit nach § 30 II Var. 3 im Raum.

Sobald der Täter unmittelbar zur Verwirklichung des Tatbestandes ansetzt, überschreitet er die Schwelle vom Vorbereitungs- zum **Versuchsstadium**. Der Versuch ist bei Verbrechen stets, bei Vergehen nur dann strafbar, wenn das Gesetz dies ausdrücklich vorsieht (vgl § 23 I), was aber häufig der Fall ist. **63**

Da der Raub ein Verbrechen im Sinne des § 12 I ist und der Versuch gem. § 23 I Alt. 2 somit mit Strafe bedroht ist, hätte A mit Betreten der Villa (= unmittelbares Ansetzen) die Schwelle zum strafbaren Versuchsstadium überschritten.

Hat der Täter alle im gesetzlichen Tatbestand angeordneten objektiven und subjektiven Tatbestandsmerkmale verwirklicht, ist das Delikt **formell vollendet**[71]. **64**

---

70 S/S/W-StGB-*Kudlich/Schuhr*, § 22 Rn 2; *Kühl*, AT, § 14 Rn 15; *Rengier*, AT, § 33 Rn 8.
71 BGHSt 3, 40, 43; S/S-*Eser/Bosch*, Vorbem. § 22 Rn 2; *Jescheck*, Welzel-FS, S. 683, 685; S/S/W-StGB-*Kudlich/Schuhr*, § 22 Rn 3; *Kühl*, JuS 82, 110.

Im **Beispielsfall** ist der Raub mit der Wegnahme des Gemäldes formell vollendet. Dies ist bei dem Gemälde der Fall als A die Villa verlassen hat.

65 Von der tatbestandlich-formellen Vollendung ist die **materielle Beendigung** zu unterscheiden, die erst dann eintritt, wenn das strafbare Unrecht seinen Abschluss gefunden hat[72]. Die Anerkennung dieses der Tatbestandsverwirklichung nachgelagerten Zeitraums erweitert den Begriff der Straftat und hat insoweit vor allem für die Frage nach der Möglichkeit einer sukzessiven Beteiligung (s. Rn 831 ff zur sukzessiven Mittäterschaft, Rn 910 ff zur sukzessiven Beihilfe) sowie für die Bestimmung der Verjährung (vgl § 78a) erhebliche Relevanz.

66 Auch wenn die formelle Vollendung nicht selten mit der materiellen Beendigung der Tat zusammentrifft (zB wenn T den O mit einem Messerstich ins Herz tötet), sind diese Deliktsphasen auseinander zu halten. Wann ein der Tatbestandsvollendung nachfolgendes „**Beendigungsstadium**" in Betracht kommt, hängt von der jeweiligen Deliktsstruktur, der konkreten Handlungsgestaltung und dem einschlägigen Straftatbestand ab, mit dessen Sinn und Zweck der Beendigungsbegriff in Einklang stehen muss[73].

67 Trotz seiner rechtlich erheblichen Bedeutung, lässt sich der Beendigungszeitpunkt nur unscharf bestimmen. Dies ist der Grund für die vielfache Kritik unter dem Blickwinkel des Art. 103 II GG[74]. Verfassungsrechtliche Bedenken lassen sich jedoch vermeiden, wenn man das „Beendigungsstadium" restriktiv handhabt und ihm nicht alle beliebigen und völlig tatbestandsfernen Geschehensakte und Tatfolgen zuordnet. Allerdings darf (und kann) man der Beendigungslehre letztlich aber auch keine ganz starren Grenzen setzen, weil das Beendigungsstadium im Straftatbestand gar nicht formell beschrieben werden soll, sondern lediglich durch den ihm zugrunde liegenden Verbotssinn materiell erfasst wird und so als Bestandteil der tatbestandlich vertypten Unrechtsverwirklichung erscheint[75].

Im **Beispielsfall** ist der Raub beendet, wenn A seine Beute endgültig sichern kann, also spätestens dann, wenn er mit dem Gemälde zu Hause eintrifft.

Aktuelle Rechtsprechung zu § 1:
– BVerfG StV 15, 203 (*„Gorch Fock"*) m. Bespr. *Sachs*, JuS 15, 376: zu den Voraussetzungen eines nur in Ausnahmefällen gegebenen Anspruchs auf Strafverfolgung; vgl Rn 10.

---

72 BGHSt 3, 40, 43 f; S/S/W-StGB-*Kudlich/Schuhr*, § 22 Rn 5; vert. *Mitsch*, JA 17, 407, 408 ff.
73 Vert. *Küper*, JuS 86, 862; *Lotz/Reschke*, JR 13, 59.
74 Ausf. *Kühl*, AT, § 14 Rn 21 ff.
75 BGH wistra 16, 277; Einzelheiten str., näher LK-*Hillenkamp*, Vorbem. § 22 Rn 19 ff; *Kühl*, AT, § 14 Rn 21 ff; *ders.*, JuS 02, 729; NK-*Zaczyk*, § 22 Rn 6.

18

§ 2 Das Strafgesetz und seine Anwendung. Analogie und Auslegung. Internationale Bezüge

Fall 2: a) Der Junggeselle J hat ein neues Hobby entdeckt. Er züchtet heimische Singvögel, die er an Liebhaber verkauft. Als er wegen einer schweren Grippe das Bett hüten muss und von der Krankenpflegerin K betreut wird, öffnet K während eines Besuchs aus Tierliebe die Käfigtüren, damit die Vögel davonfliegen können. K ist der Ansicht, dass Singvögel in die freie Natur und nicht in einen Käfig gehören.

Ist das Verhalten der K als Diebstahl (§ 242) oder als Sachbeschädigung (§ 303) strafbar? **Rn 90 f, 130**

b) Ist andernfalls eine analoge Anwendung dieser Strafvorschriften zulässig? **Rn 92, 130**

68

I. Die Garantiefunktion des Strafgesetzes

Nach Art. 103 II GG, § 1 StGB, Art. 7 I EMRK kann eine Tat nur bestraft werden, wenn die Strafbarkeit gesetzlich bestimmt war, bevor die Tat begangen wurde. Dieses **Gesetzlichkeitsprinzip** enthält der Sache nach einen strengen strafrechtsspezifischen Gesetzesvorbehalt, der den Schutz des Bürgers vor willkürlicher Ausübung und Ausdehnung der staatlichen Strafgewalt garantiert und gewährleistet, dass er das strafrechtliche Verbot seines Handelns vorhersehen kann[1]. Daraus wird erkennbar, dass die Strafnormen nicht nur zur Legitimation für die Verhängung von Strafe gegenüber dem Bürger dienen. Vielmehr trifft das notwendig fragmentarische Strafrecht (s. Rn 15) eine wichtige Aussage auch dort, wo ein Verhalten keinem Straftatbestand unterfällt: Hierfür darf der Handelnde nicht bestraft werden! In diesem Sinn trifft die Aussage *v. Liszts* zu, wonach das Strafgesetz die **„Magna Charta des Verbrechers"** ist[2].

69

Diese limitierende Wirkung des Gesetzlichkeitsprinzips hat Geltung gegenüber jedermann. Die von *Jakobs* ausgelöste Diskussion dahingehend, dass Personen, die sich gänzlich von der geltenden Rechtsordnung gelöst haben (zB Terroristen[3], Mafiosi, etc), mittels eines zumindest teilweise von rechtsstaatlichen Bindungen befreiten **Feindstrafrechts** „bekämpft" werden dürften, geht an der Menschenwürdegarantie und dem Gleichbehandlungsrecht des Grundgesetzes vorbei und ist als Rechtfertigung derartiger „Bekämpfungsmaßnahmen" daher inakzeptabel[4].

70

---

1   BVerfGE 28, 175, 183; 48, 48, 56; s. auch *Kargl*, Strafrecht, 2019; *Kuhlen*, in: Hilgendorf, Gesetzlichkeitsprinzip, S. 45 ff und *Satzger*, Jura 16, 154.
2   *v. Liszt*, Strafrechtliche Vorträge und Aufsätze, Bd. 2 (1892-1904), 1905 (Nachdruck 1970), S. 75 ff, 80.
3   Zur Terrorismusbekämpfung: OLG München NJW 07, 2786; *Griesbaum/Wallenta*, NStZ 13, 396; *Neubacher*, Jura 10, 744; *Pawlik*, Der Terrorist und sein Recht, 2008; *Steinsiek*, Terrorabwehr durch Strafrecht?, 2012; *Zöller*, StV 12, 364.
4   *Jakobs*, ZStW 97 [1985], 751; *ders.*, ZStW 117 [2005], 839; *ders.*, HRRS 06, 289; *Muñoz Conde*, Über das „Feindstrafrecht", 2007; *Schick*, ZIS 12, 46; *Uwer*, Feindstrafrecht; zur Kritik: *Asholt*, ZIS 11, 180; *Bung*, HRRS 06, 63 und 317; *Demetrio Crespo*, ZIS 06, 413; *Fahl*, StraFo 06, 178; *Greco*, GA 2006, 96; *Hörnle*, GA 2006, 80; *Jäger*, Roxin II-FS, S. 71; *Kindhäuser*, Schroeder-FS, S. 81; *Paeffgen*, Amelung-FS, S. 81; *Saliger*, JZ 06, 756; *Scheffler*, Schwind-FS, S. 123 ff; *Sinn*, ZIS 06, 107; *Streng*, in: Vormbaum (Hrsg), Kritik des Feindstrafrechts, 2009, S. 181 ff; vgl auch *Wittig*, Roxin II-FS, S. 113.

71 Das Gesetzlichkeitsprinzip beinhaltet **zum Schutz des Täters**, dass nur ein geschriebenes, hinreichend bestimmtes Gesetz die Strafbarkeit einer Handlung begründen und Strafe als Rechtsfolge androhen kann. Ferner müssen die einzelnen Strafbarkeitsvoraussetzungen und Straffolgen schon vor Begehung der Tat im Gesetz festgelegt gewesen sein[5].

Im Einzelnen ergibt sich aus der **Garantiefunktion des Strafgesetzes** Folgendes:

1.   Der Bestimmtheitsgrundsatz

72 Der **Bestimmtheitsgrundsatz** wendet sich in erster Linie an den Gesetzgeber. Strafgesetze müssen, damit sie dem Zweck des Gesetzlichkeitsgrundsatzes gerecht werden können, hinsichtlich ihrer Tatbestände und Rechtsfolgen ein hinreichendes Maß an Bestimmtheit aufweisen *(nulla poena sine lege certa)*. Weder lässt sich – schon wegen der Grenzen sprachlicher Genauigkeit – eine hundertprozentige Präzision fordern, noch kann ein exakter „Mindestwert" an Bestimmtheit angegeben werden. Der Gesetzgeber ist aber gehalten, sich um höchstmögliche Präzision zu bemühen (**Optimierungsgebot**)[6]. Die Verwendung von Generalklauseln (zB § 228[7], s. Rn 574) und wertausfüllungsbedürftigen Begriffen ist nicht von vorneherein unzulässig, da die Pflicht des Gesetzgebers zur Schaffung bestimmter Straftatbestände nicht zu Anforderungen führen darf, die sich nicht umsetzen lassen oder zu praktisch nicht mehr handhabbaren Strafvorschriften führen würden. Gleichzeitig müssen jedoch Tragweite und Anwendungsbereich der Strafvorschriften für den Normadressaten hinreichend erkennbar sein. Die Gesetzesfassung muss dem Bürger Klarheit darüber verschaffen, was verboten ist, damit er sein Verhalten danach richten kann. Demgemäß sind die einzelnen Merkmale des Straftatbestandes so konkret zu umschreiben, dass sich ihr Sinn- und Bedeutungsgehalt durch Auslegung ermitteln lässt[8].

73 Wegen dieser Relevanz der Auslegung für die Beurteilung der Bestimmtheit soll sich das Bestimmtheitsgebot auch an die **Strafgerichte** wenden. Jedenfalls für Tatbestände, die verhältnismäßig unscharf gefasst sind, hat das BVerfG in seiner neuesten Rechtsprechung auch den Strafgerichten aufgegeben, an der Gewährleistung der Tatbestandsbestimmtheit mitzuwirken: Danach dürfen die Strafgerichte die Rechtsunsicherheit nicht durch fernliegende oder konturlose Interpretationen erhöhen, sondern müssen im Gegenteil, soweit möglich, verbleibende Unklarheiten im Wege der Aus-

---

5   BVerfGE 45, 363; 78, 374; *Brodowski*, JuS 12, 892; *Dannecker*, Otto-FS, S. 25; *Frister*, AT, 4. Kap., Rn 3; Kudlich/Montiel/Schuhr (Hrsg), Gesetzlichkeit und Strafrecht, 2012.

6   Vgl BVerfGE 92, 1, 12; LK-*Dannecker*, § 1 Rn 195; S/S/W-StGB-*Satzger*, § 1 Rn 24; vgl auch *Duttge*, JZ 14, 261, 264 f; *Fuchs*, AT I, 4. Kap., Rn 48 („Richtschnur"); aA *Eschelbach/Krehl*, Kargl-FS, S. 81, 90.

7   *Kühl*, Richter II-FS, S. 341, 347.

8   BVerfGE 45, 363, 371; 71, 108, 114; 117, 71 m. Anm. *Kinzig*, JR 07, 165; BVerfGE 126, 170; BVerfG StV 17, 71 (zu Blankettstrafgesetzen) m. Bespr. *Brand/Kratzer*, JR 18, 422 und *Kingreen*, Jura (JK) 17, 747 sowie *Sinn*, ZJS 18, 381;; BGHSt 50, 105, 114; NStZ-RR 15, 40 (zur echten Wahlfeststellung); StV 17, 110; *Dannecker*, Roxin II-FS, S. 285; *Gropp*, Goerlich-FS, S. 105; *Herzberg*, in: Hefendehl, Schünemann-Symposium, S. 31; *Kuhlen*, in: Murmann (Hrsg), Recht ohne Regeln, 2011, S. 19; zu Blankettstrafgesetzen *Saliger/v. Saucken/Graf*, ZRP 16, 54; aus vergleichender Perspektive mit dem Völkerstrafrecht s. auch *Erne*, Das Bestimmtheitsgebot im nationalen und internationalen Strafrecht am Beispiel des Straftatbestands der Verfolgung, 2016.

legung ausräumen (sog. **Präzisierungsgebot**)[9]. Richtigerweise darf dieses Präzisierungsgebot nicht überbewertet werden. Insbes. kann eine entsprechende Auslegung erst dann zur Vorhersehbarkeit für den Bürger beitragen, wenn sich die Rspr gefestigt hat (was einige Zeit dauert); zudem kann die Rspr nicht generell Versäumnisse des Gesetzgebers „heilen". Daher kann dieses an die Gerichte adressierte Präzisierungsgebot gegenüber der – vorrangigen – Verpflichtung des Gesetzgebers, die Entscheidung über die Strafbarkeit so weit wie möglich selbst im Gesetzestext festzulegen, allenfalls eine **subsidiäre** Bedeutung erlangen[10].

Im Hinblick auf den Bestimmtheitsgrundsatz werden bspw (ganz oder bzgl einzelner Merkmale) als nicht unproblematisch angesehen: die Regelung der Unterlassungsstrafbarkeit (§ 13, s. Rn 1152 ff) sowie die Straftatbestände der Beleidigung (§ 185)[11], des Vorbereitens des Ausspähens von Daten (§ 202c I Nr 2 iVm § 202a)[12], der Nötigung (§ 240)[13], der Geldwäsche (§ 261)[14], des Betrugs (§ 263)[15] und der Untreue (§ 266)[16].

2. Das Rückwirkungsverbot

Strafbegründenden wie strafschärfenden Gesetzen darf weder vom Gesetzgeber noch **74** vom Richter rückwirkende Kraft beigelegt werden *(nulla poena sine lege praevia)*. Dieses **Rückwirkungsverbot** umfasst das Ob und das Wie der Strafbarkeit[17].

Das Rückwirkungsverbot gilt im gesamten Bereich des materiellen Strafrechts[18], allerdings nicht im Strafverfahrensrecht. Eine rückwirkende Beseitigung des Strafantragserfordernisses als Strafverfolgungsvoraussetzung ist daher zulässig[19], ebenso die rückwirkende Verlängerung noch nicht abgelaufener Verjährungsfristen sowie die Abschaffung der Verjährung für noch nicht verjährte Morde[20]. Dabei ist jedoch zu beachten, dass das **Rechtsstaatsprinzip** für bereits abgeschlossene Sachverhalte die Rückwirkung von Gesetzesänderungen zum Nachteil des Betroffenen ausschließt[21].

---

9 BVerfGE 126, 170, 198; dazu *Eschelbach/Krehl*, Kargl-FS, S. 81, 84 ff; *Neumann*, Beulke-FS, S. 197, 205 ff.
10 Ähnl. auch S/S-*Hecker*, § 1 Rn 20; sehr krit. MK-StGB-*Schmitz*, § 1 Rn 49; zu Konflikten mit einer „normativ orientierten Auslegung" vgl *Engländer*, in: Engländer ua, Strafverteidigung, S. 85, 86.
11 Dazu *Ignor*, Der Straftatbestand der Beleidigung, 1995, S. 158.
12 BVerfG JR 10, 79; hierzu *Holzner*, ZRP 09, 177; *Kudlich*, JA 09, 739.
13 Dazu BVerfGE 73, 206; 92, 1; 105, 135; BVerfG JZ 11, 685 m. Anm. *Offenloch* und Bespr. *Jäger*, JA 11, 553; *Jahn*, JuS 11, 562 und *Sinn*, ZJS 11, 283; Lackner/Kühl-*Heger*, § 240 Rn 2; *Wessels/Hettinger/Engländer*, BT/1, Rn 430.
14 BGH NJW 08, 2516, 2517.
15 BVerfGE 130, 1 m. Anm. *Jahn*, JuS 12, 266; *Kraatz*, JR 12, 329; *Kudlich*, JA 12, 230; *Peglau*, wistra 12, 368; *Schlösser*, NStZ 12, 473; *ders.*, NStZ 13, 629; *Steinsiek/Vollmer*, ZIS 12, 586 und *Waßmer*, HRRS 12, 368.
16 BVerfGE 126, 170; dazu *Böse*, Jura 11, 617; BVerfG JR 09, 290; NJW 13, 365; *Hüls*, NZWiSt 12, 12; *Krüger*, NStZ 11, 369; *Kuhlen*, JR 11, 246; *Mitsch*, JA 14, 1, 4 f; *Safferling*, NStZ 11, 376; *Saliger*, NJW 10, 3195; *Schulz*, Roxin II-FS, S. 305; *Wessels/Hillenkamp/Schuhr*, BT/2, Rn 750; s. auch *Bott/Krell*, ZJS 10, 694, 695.
17 BGHSt 39, 1, 29.
18 Ebenso im Ordnungswidrigkeitenrecht, §§ 3, 4 OWiG, dazu sowie allgemein zum Rückwirkungsverbot *Blaue*, ZJS 14, 371.
19 BGHSt 6, 155; *Ruppert*, JA 18, 107, 110.
20 Zur Problematik *Beulke/Swoboda*, StPO, Rn 8, 14.
21 BVerfGE 25, 269, 289; 46, 188, 192.

75 Die Strafbarkeitsvoraussetzungen wie auch die Straffolgen müssen somit schon vor Begehung der Tat gesetzlich festgelegt gewesen sein. Begangen ist eine Tat gem. § 8 zu der Zeit, zu welcher der Täter oder der Teilnehmer gehandelt hat oder im Fall des Unterlassens hätte handeln müssen, unabhängig davon, wann der Erfolg eintritt[22].

76 Die Strafe und ihre Nebenfolgen bestimmen sich demnach grds nach dem Gesetz, das **zur Zeit der Tat** gilt (§ 2 I), es sei denn eine Sonderregelung der § 2 II-IV ist einschlägig. Insbes. dann, wenn es nach Tatbegehung und vor Aburteilung zu einer Rechtsänderung kommt, darf nur das aus Tätersicht mildeste Gesetz zur Anwendung gelangen (***Lex-mitior*-Grundsatz**, § 2 III)[23]. Entsprechendes gilt für Verfall, Einziehung und Unbrauchbarmachung (§ 2 V).

77 Über **Maßregeln** der Besserung und Sicherung ist demgegenüber grds nach demjenigen Gesetz zu entscheiden, das im **Zeitpunkt der Entscheidung** gilt (§ 2 VI). Nach dieser gesetzgeberischen Entscheidung ist es demnach möglich, dass aus Anlass einer Straftat eine Maßregel verhängt wird, die im Tatzeitpunkt gar nicht oder nur in anderer Form gesetzlich vorgesehen war[24]. Im Hinblick auf Art. 103 II GG ist dies freilich nicht unproblematisch. Für die Verfassungskonformität des § 2 VI wird der vom repressiven Strafcharakter abweichende Präventionszweck der Maßregeln angeführt[25]; nach aA ist die Vorschrift verfassungswidrig[26].

Der **EGMR** hat aufgrund der erheblichen Eingriffstiefe der (deutschen) **Sicherungsverwahrung** und des in der Praxis nur geringen Abstands ihres Vollzugs im Vergleich zum Strafvollzug diese Maßregel als Strafe iSd Art. 7 I EMRK angesehen und in der nachträglichen, rückwirkenden Aufhebung der (ursprünglich auf 10 Jahre begrenzten) maximalen Dauer der Sicherungsverwahrung einen Konventionsverstoß gesehen[27]. Das BVerfG rückt allerdings auch nach diesem EGMR-Urteil (dem ein autonomer, konventionseigener Strafbegriff zugrunde liegt) nicht von seiner Ansicht ab, wonach es sich bei der Sicherungsverwahrung nicht um eine Strafe iSd Art. 103 II GG handelt. Es hat aber – entgegen seiner früheren Rspr[28] – sämtliche Vorschriften über Anordnung und Dauer der Sicherungsverwahrung für unvereinbar mit dem (konventionskonform ausgelegten) Grundgesetz erklärt und dem Gesetzgeber eine Reform der betreffenden Regelungen aufgegeben[29]. Inzwischen wurde in Umsetzung dieses Auftrages das Gesetz zur bundeseinheitlichen Umsetzung des Abstandsgebotes im Recht der Sicherungsverwahrung erlassen, das am 1. Juni 2013 in Kraft getreten ist[30]. Auch wenn hierdurch der präven-

---

22 Anders § 9 für den Begehungsort und § 78a für den Beginn der Verjährung.
23 BGH wistra 15, 148; umfassend *Satzger*, Jura 06, 746; zu § 2 III und zur Problematik von Zeitgesetzen iSd § 2 IV *Blaue*, ZJS 14, 371; *S/S-Hecker*, § 2 Rn 34; *Gaede*, wistra 11, 365; NK-*Hassemer/Kargl*, § 2 Rn 46 ff; *Satzger*, Kühl-FS, S. 407; MK-StGB-*Schmitz*, § 2 Rn 33.
24 Vgl dazu BVerfGE 109, 133, 167 ff; BGHSt 5, 168, 173; 24, 103.
25 S/S-*Hecker*, § 2 Rn 40.
26 NK-*Hassemer/Kargl*, § 2 Rn 60 ff; wohl SK-*Jäger*, § 2 Rn 18 f.
27 EGMR NJW 10, 2495 (*M. vs. Deutschland*); hierzu *Eschelbach*, NJW 10, 2499; *Esser/Gaede/Tsambikakis*, NStZ 11, 78, 79 ff; *Hörnle*, Rissing-van Saan-FS, S. 239; *Jung*, GA 2010, 639; *Kinzig*, NStZ 10, 233; *Klesczewski*, HRRS 10, 394; *Laue*, JR 10, 298; *Payandeh/Sauer*, Jura 12, 289; *Radtke*, NStZ 10, 537; vert. *Renzikowski*, Krey-FS, S. 407; *ders.*, ZIS 11, 531.
28 Vgl BVerfGE 109, 133.
29 BVerfGE 128, 326, 372 ff und 404; bestätigt durch BVerfG EuGRZ 12, 458, 463 f; dazu: *Eisenberg*, StV 11, 480; *Esser*, JA 11, 727; *Kreutzer/Bartsch*, StV 11, 472; *Peglau*, JA 11, 727; *Renzikowski*, Ad Legendum 11, 401; *Satzger*, StV 13, 243; *Schöch*, GA 2012, 14; *Streng*, JZ 11, 827; *Voßkuhle*, Frisch-FS, S. 1359; *Zabel*, JR 11, 467; s. auch BGH NStZ-RR 12, 205.
30 S. dazu *Köhne*, KJ 13, 336; *Pollähne*, StV 13, 249; *Renzikowski*, NJW 13, 1638; *Streng*, JZ 17, 507; *T. Zimmermann*, HRRS 13, 164.

tive Charakter der Sicherungsverwahrung somit nun auch praktisch umgesetzt wurde, erachtet der EGMR die deutsche Sicherungsverwahrung weiterhin im Grundsatz als „Strafe" iSv Art. 7 I EMRK. Wenn das Präventionsbedürfnis jedoch auf einer psychischen Störung beruhe – und deshalb der medizinisch-therapeutische Charakter im Zentrum der Sicherungsverwahrung stehe –, ändere sich deren Wesen; sie sei nicht mehr „Strafe" iSv Art. 7 I EMRK, weshalb eine nachträgliche, rückwirkende Verlängerung in diesen Fällen möglich sei[31].

Die **Änderung einer gefestigten höchstrichterlichen Rspr** infolge eines Wandels in der Rechtsauffassung oder aufgrund neuerer Erkenntnisse unterliegt grds keinem Rückwirkungsverbot. Denn nur der Wortlaut der Strafvorschrift ist Anknüpfungspunkt des Rückwirkungsverbotes, dessen Inhalt bei Rechtsprechungsänderungen nicht umgestaltet, sondern lediglich richtig erkannt wird[32]. **78**

Hier könnte die Betonung der richterlichen Auslegung für die Bestimmtheit des Tatbestands durch das Präzisierungsgebot allerdings einen Meinungswandel einläuten: So hat das BVerfG selbst angedeutet, dass bei gesetzlich besonders unscharf gefassten Strafvorschriften der **Vertrauensschutz** bei Rechtsprechungsänderungen eine gesteigerte Bedeutung erlangen könne[33]. Aus dem Schutzzweck des Art. 103 II GG und dem Grundsatz der Völkerrechtsfreundlichkeit des Grundgesetzes (Art. 25 GG) folgt, dass das Rückwirkungsverbot, das auf die Normalsituation eines Rechtsstaats zugeschnitten ist, staatlichen Machthabern keinen Schutz vor späterer strafrechtlicher Verfolgung von schweren Menschenrechtsverletzungen gewährt (NS-Verbrechen oder DDR-Unrecht an der Mauer). Zurückgegriffen wird insofern zumeist auf die sog. **„Unerträglichkeitsformel"** des Rechtsphilosophen *Gustav Radbruch* (1878-1949), nach der das Gesetz als „unrichtiges Recht" der Gerechtigkeit zu weichen hat, wenn der Widerspruch zur Gerechtigkeit ein unerträgliches Maß erreicht[34].

3. Gewohnheitsrecht und Analogie

Sowohl an den Gesetzgeber als auch an den Richter wendet sich das Verbot eines Rückgriffs auf Gewohnheitsrecht und Analogie, soweit sich dies zum Nachteil des Betroffenen auswirken würde („Keine Analogie zu Lasten des Täters"). Es dürfen auf diese Weise also weder neue Straftatbestände gebildet noch vorhandene Straftatbestände verschärft oder erweitert werden *(nulla poena sine lege scripta et stricta)*. **79**

Gewohnheitsrecht entsteht durch eine langdauernde und von allgemeiner Rechtsüberzeugung getragene Übung der an der rechtlichen Regelung interessierten Bevölkerungsteile[35]. **Analogie** ist die Ausdehnung eines Rechtssatzes auf einen im Gesetz nicht geregelten oder vom Gesetzeswortlaut nicht mehr erfassten Fall[36]. **80**

---

31 EGMR HRRS 16 Nr 101 *(Bergmann vs. Deutschland)*.
32 BVerfG NStZ 90, 537; BGHSt 21, 157; *Krey/Esser*, AT, Rn 72 ff; S/S/W-StGB-*Satzger*, § 1 Rn 58; krit. *Hettinger/Engländer*, Meyer-Goßner-FS, S. 145; *Neumann*, ZStW 103 [1991], 331; diff. *Ranft*, JuS 92, 468.
33 BVerfGE 126, 170, 198 f; BVerfG BeckRS 2011, 52468, Rn 29 ff; vgl dazu *Kuhlen*, HRRS 12, 114; *Leite*, GA 2014, 220; *Neumann*, Beulke-FS, S. 197; S/S/W-StGB-*Satzger*, § 1 Rn 60, § 2 Rn 8.
34 *Radbruch*, SJZ 46, 105; zu ihm: *Hillenkamp*, in: Baldus/Kronke/Mager (Hrsg), Heidelberger Thesen zu Recht und Gerechtigkeit, 2013, S. 401; vgl auch *Schünemann*, Kühl-FS, S. 457.
35 BVerfGE 22, 114, 121.
36 BVerfGE 82, 6.

Das **Analogieverbot** umfasst alle Merkmale eines Strafgesetzes, von denen die Strafbarkeit des Verhaltens abhängt, sowie die Rechtsfolgen der Tat unter Einschluss von Maßregeln der Besserung und Sicherung[37].

81 Ebenfalls unzulässig ist die Einschränkung tätergünstiger Vorschriften (zB eines gesetzlich geregelten Rechtfertigungsgrundes) jenseits des Wortlauts (näher vgl Rn 405 ff). Eine Analogie **zugunsten** des Täters oder Teilnehmers ist hingegen zulässig (Beispiel: Ausdehnung von Strafausschließungs-, Strafaufhebungs- oder Strafmilderungsgründen auf ähnlich liegende Fälle[38]). Das Gleiche gilt für die Bildung strafeinschränkenden Gewohnheitsrechts (Beispiel: Anerkennung des damals noch nicht geregelten unvermeidbaren Verbotsirrtums als Schuldausschließungsgrund durch BGHSt 2, 194). Im Wege der Analogie können freilich nur **unbeabsichtigte Gesetzeslücken** geschlossen werden; wo eine gesetzliche Regelung abschließenden Charakter hat, ist für eine Analogie von vornherein kein Raum. So ist zB § 248a in Fällen der Jagdwilderei (§ 292) nicht entsprechend anwendbar[39].

82 Für den **Allgemeinen Teil** des StGB, der letztlich nur „vor die Klammer gezogene" allgemeine Regeln enthält, muss das Verbot von Richter- und Gewohnheitsrecht zulasten des Täters ebenfalls gelten[40]. Zwar hat der Gesetzgeber angesichts der Komplexität der Materie hier zahlreiche Einzelfragen (wie etwa die Rechtsfolgen der irrigen Annahme rechtfertigender Tatumstände oder die Abgrenzung zwischen Vorsatz und Fahrlässigkeit) bewusst nicht geregelt, ihre Klärung wurde vielmehr der systemgerechten und strafrechtsdogmatisch stimmigen Auslegung der vorhandenen Normen durch Rspr und Wissenschaft überlassen. Die Komplexität der Regelungen im AT rechtfertigt jedoch lediglich einen höheren Abstraktionsgrad der Normen, zu deren Konkretisierung die Gerichte durch das Präzisierungsgebot (s. Rn 73) dann verpflichtet sind. Ein Rückgriff auf Gewohnheitsrecht im Bereich des AT mit Wirkung zulasten des Täters (wie zB zur Begründung der Rechtsfigur der *actio libera in causa*, s. Rn 654 ff) ist daher ausgeschlossen.

II.   Analogie und Auslegung

1.   Abgrenzung zwischen Analogie und Auslegung

83 Jede Rechtsnorm bedarf der Auslegung. Die Grenzen zwischen zulässiger Auslegung und verbotener Analogie sind wegen ihrer fließenden Übergänge jedoch häufig nur schwer zu bestimmen. Während die Auslegung lediglich den maßgeblichen Bedeutungsgehalt der Rechtsnormen oder Rechtsbegriffe klarzustellen sucht und sich auf deren Sinndeutung beschränkt, verlässt die Analogie den vom Rechtssatz abgesteckten Rahmen seines unmittelbaren Anwendungsbereichs. **Ziel der Auslegung** ist die

---

37   BGHSt 18, 136, 140; BGH NJW 07, 524; *Krey/Esser*, AT, Rn 97; näher *Androulakis*, Neumann-FS, S. 511; *Krey*, Studien zum Gesetzesvorbehalt im Strafrecht, 1977, S. 215; *Fitting*, Analogieverbot und Kontinuität, 2016; vgl auch *Greco*, GA 2012, 452; *ders.*, zum Analogieverbot und dem europarechtlichen Strafgesetz GA 2016, 138; vgl auch zum vereinsrechtlichen Kennzeichenverbot BGH NJW 15, 3590 m. Anm. *Eisele*.
38   BGHSt 6, 85; 11, 324.
39   LK-*Schünemann*, § 292 Rn 3 und § 294 Rn 1.
40   Vgl LK-*Dannecker*, § 1 Rn 82 ff; *Jakobs*, AT, 4/9; S/S/W-StGB-*Satzger*, § 1 Rn 35; *ders.*, Jura 16, 154, 156; MK-StGB-*Schmitz*, § 1 Rn 1, 28.

Klarstellung des Gesetzessinns und ggf die Anpassung des Gesetzes an die veränderten Bedürfnisse und Anschauungen der Gegenwart. **Ziel der Analogie** ist dagegen die **Ausfüllung von Gesetzeslücken** durch Erweiterung und Weiterentwicklung eines Rechtssatzes (Rechtsneuschöpfung).

Auslegung und Analogie sind hiernach nur im Prinzip und von ihrer Funktion her gegeneinander abgrenzbar, da beide sich in methodischer Hinsicht ähneln und sich der gleichen Hilfsmittel bedienen, wenn es darum geht, die Beziehung zwischen einer Rechtsnorm und einem bestimmten Sachverhalt herzustellen[41]. Als formaler Orientierungspunkt dieser häufig schwierigen Abgrenzung dient letztlich der Wortsinn des Gesetzes[42].

2. Die Methoden der Auslegung

Jede Auslegung beginnt beim Wortlaut des Gesetzes anhand des natürlichen und besonderen juristischen Sprachgebrauchs, sog. **grammatische Auslegung**[43]. Ist der Wortlaut mehrdeutig, kommen als weitere Hilfsmittel der Auslegung die Entstehungsgeschichte des Gesetzes, sog. **historische Auslegung**[44], und der Systemzusammenhang im Gesetzesganzen in Betracht, sog. **systematische Auslegung**[45]. Des Weiteren kommt der Frage nach der besonderen Schutzfunktion und dem objektiven Sinn und Zweck des Gesetzes, sog. **objektiv-teleologische Auslegungsmethode**[46], spezielle Bedeutung zu. Insoweit ist das von dem jeweiligen Straftatbestand geschützte Rechtsgut zu ermitteln und diejenige Auslegung vorzuziehen, die dessen Schutz am besten erreicht[47]. Ein starres Rangverhältnis zwischen den verschiedenen Auslegungsmethoden besteht nicht, sie stehen vielmehr gleichrangig nebeneinander und ergänzen sich[48]. Dies hat zur Folge, dass ein und dasselbe Tatbestandsmerkmal innerhalb eines Gesetzes u. U. unterschiedlich ausgelegt wird[49]. **84**

Darauf, wie der historische Gesetzgeber den auslegungsbedürftigen Begriff ursprünglich verstanden hat (so die subjektive Theorie), kommt es bei veränderten Verhältnissen nicht an, da nicht der Wille des Gesetzgebers, sondern der objektivierte Wille des Gesetzes für den Richter verbindlich ist (objektive Theorie[50]). Ob nach Sinn und Zweck des Gesetzes eine ausdehnende (extensive) oder einschränkende (restriktive) Auslegung in Betracht kommt, hängt vom Einzelfall ab. So bedürfen § 238 sowie **85**

---

41 AnwK-StGB-*Gaede*, § 1 Rn 33; *Kuhlen*, Otto-FS, S. 89, 96; *Maurach/Zipf*, AT/1, § 9 Rn 24; SK-*Jäger*, § 1 Rn 22, 35.

42 *Krey/Esser*, AT, Rn 80; SK-*Jäger*, § 1 Rn 35; weiterführend *Klatt*, in: Kudlich/Montiel/Schuhr (Hrsg), Gesetzlichkeit und Strafrecht, 2012, S. 121.

43 BGHSt 14, 116, 118; 52, 89, 92; *Kudlich*, Puppe-FS, S. 123.

44 BGHSt 11, 47; 41, 219; *Schroth*, in: Insel der Vernunft, Liber Amicorum für Jochen Schneider, S. 14.

45 BGHSt 5, 263; 15, 28; NK-*Hassemer/Kargl*, § 1 Rn 107.

46 BVerfGE 1, 299; 11, 126, 130; BGHSt 17, 21, 23; 24, 40; BGH JZ 15, 152; anschaulich zu § 265a: *Exner*, JuS 09, 990; zu § 315d I Nr. 1: *Nestler*, JA 18, 568; vgl ferner *Kudlich*, ZStW 115 [2003], 1 (strafrahmenorientiert); *Simon*, Gesetzesauslegung im Strafrecht, 2005, S. 401 ff.

47 S. nur *Murmann*, Grundkurs, § 8 Rn 10.

48 S/S/W-StGB-*Satzger*, § 1 Rn 54; nach *Jescheck/Weigend*, AT, § 17 IV 1b misst die hM der teleologischen Auslegung die größte Bedeutung zu; aA MK-StGB-*Schmitz*, § 1 Rn 93 f: Vorrang der subjektiv-historischen Auslegung.

49 Vgl zum Tatbestandsmerkmal „Gift" im StGB *Satzger*, Jura 15, 580.

50 BGHSt 10, 157, 159; 26, 156, 159; OLG Dresden NJW 06, 1013; AnwK-StGB-*Gaede*, § 1 Rn 35; krit. *Duttge*, Krey-FS, S. 39, 54 f.

§ 266 einer restriktiven Auslegung[51]; § 184b IV sowie § 259 werden von der Rspr hingegen extensiv ausgelegt[52]. Auch die Verfassung sowie das Recht der Europäischen Union können eine bestimmte Auslegung verlangen, wenn jedes andere Auslegungsergebnis im Widerspruch zum GG bzw zum Unionsrecht stünde („**verfassungskonforme**"[53] bzw „**unionsrechtskonforme**"[54] Auslegung). Über den möglichen Wortsinn als äußerste Grenze der Wortbedeutung darf sich auch eine extensive Auslegung in keinem Fall hinwegsetzen[55].

Dieser Wortsinn ist grds dem allgemeinen Sprachverständnis zu entnehmen, auf eine abweichende (engere) Bedeutung in einer wissenschaftlichen Fachsprache kann es allenfalls im Bereich eines reinen Expertenstrafrechts, nicht jedoch im allgemeinen Strafrecht, ankommen (Beispiel: Pilze sind auch dann „Pflanzen" iSd Betäubungsmittelstrafrechts, wenn diese in der Biologie als Gruppe *sui generis* behandelt werden)[56].

86 Weiterhin verlangt das BVerfG, dass die Auslegung der Begriffe, mit denen der Gesetzgeber das unter Strafe gestellte Verhalten bezeichnet hat, nicht dazu führen dürfe, dass die dadurch bewirkte Eingrenzung der Strafbarkeit iE wieder aufgehoben wird: „Einzelne Tatbestandsmerkmale dürfen also auch innerhalb ihres möglichen Wortsinns nicht so weit ausgelegt werden, dass sie […] zwangsläufig mit diesen mitverwirklicht werden"[57] (sog. **Verschleifungs- bzw Entgrenzungsverbot**)[58].

Beispiel: Bei der Untreue (§ 266) darf nicht bereits aus der Bejahung einer Pflichtverletzung ohne Weiteres der Eintritt eines (Gefährdungs-)Schadens gefolgert werden[59].

87 Auch die soziale Adäquanz eines Verhaltens wird als Prinzip einer tatbestandseinschränkenden und am Deliktstyp orientierten Gesetzesauslegung herangezogen (s. Rn 268)[60].

---

51 Zu § 266: BVerfGE 126, 170; BGHSt 22, 190; zu § 238: BGHSt 54, 189 und *Jahn*, JuS 10, 81.
52 Zu § 259: BGHSt 27, 45; zu § 184b IV: OLG Hamburg NJW 10, 1893 m. Bespr. *Hecker*, JuS 10, 928.
53 Vgl zu § 211: BVerfGE 45, 187; zu § 130 IV: BVerfG JZ 10, 298 m. Anm. *Hörnle*; zu § 86a *(Anti-Nazi-Aufkleber)*: BGHSt 51, 244, 249; *Kudlich*, JZ 03, 127; *Kuhlen*, Auslegung.
54 EuGH EuZW 2010, 227 *(Spector Photo Group und Van Raemdonck)*, Slg. 2009 I, 12073 m. Bespr. *Begemeier*, HRRS 13, 179; EuGH EuZW 2005, 369 *(Kolpinghuis Nijmegen)*, Slg. 1987, 3969; BGHSt 37, 333; 54, 216, 223 ff; BGH NStZ 08, 146; vgl auch BGH NJW 14, 2595, 2596 ff m. Bspr. *Hecker*, JuS 14, 385 und *Rönnau/Wegner*, JZ 14, 1064 sowie krit. Anm. *Satzger*, v. Heintschel-Heinegg-FS, S. 391, 393 f; vert. dazu insgesamt *Satzger*, International, § 9 Rn 89 ff.
55 BVerfGE 92, 1; BVerfG NJW 07, 1666 (zu § 142 II); dazu *Kudlich*, Stöckel-FS, S. 93; *Mitsch*, NZV 08, 217; BVerfG JR 09, 206 (zu § 113) m. Bespr. *Kudlich* und *v. Heintschel-Heinegg*, JA 09, 68; BGHSt 22, 235; 29, 129, 133; 52, 89, 92; OLG Nürnberg NJW 10, 2071 und OLG Bamberg NJW 08, 1543 (zu § 168; *Zahngoldfälle*) m. Bespr. *Kudlich/Christensen*, JR 11, 146 und *Rudolph*, JA 11, 346; krit. NK-*Hassemer/Kargl*, § 1 Rn 81 ff; MK-StGB-*Schmitz*, § 1 Rn 74; zur normativen Auslegung: *Engländer*, in: Engländer ua, Strafverteidigung, S. 85 ff; *Schroeder*, JZ 11, 187 und besonders krit. *Saliger*, JZ 12, 723.
56 BVerfG StraFo 09, 526; BGH NJW 07, 524 m. Bespr. *Montiel/Ramírez*, ZIS 10, 618 ff; *Satzger*, JK 5/07, GG Art. 103/2; *Scheffler*, Puppe-FS, S. 217; vgl auch *Simon*, Gesetzesauslegung im Strafrecht, 2005, S. 111 ff.
57 BVerfG NJW 10, 3209, 3211, Rn 79.
58 BVerfGE 126, 170, 198; BVerfG NJW 13, 365, 366; im Ansatz bereits in BVerfGE 92, 1, 16 ff; methodologisch zum Verschleifungsverbot *Kuhlen*, Neumann-FS, S. 943; *Saliger*, Neumann-FS, S. 523; nach BGH NStZ-RR 15, 40, 41 ist das Verschleifungsverbot bei der echten Wahlfeststellung nicht verletzt; s. dazu aber die Divergenzvorlage des 2. Strafsenates an den Großen Senat für Strafsachen in HRRS 16 Nr 71, die der Senat allerdings nach Zweifeln an der Zulässigkeit zurückgenommen hat.
59 S. nur BVerfG NJW 13, 365, 366.
60 OLG München NStZ 85, 549; *Dölling*, Otto-FS, S. 219; *Eser*, Roxin I-FS, S. 199; *Hillenkamp*, Vorsatztat und Opferverhalten, 1981, S. 155; *Otto*, Amelung-FS, S. 225; *Park*, JuS 99, 887, 891; *Roxin*, AT I, § 10 Rn 33 ff; zur „Sportadäquanz" *Hirsch*, Szwarc-FS, S. 559; *Schild*, S. 118.

Bisweilen stützt sich die Auslegung im Strafrecht auf den Normenkomplex anderer 88
Rechtsgebiete und den dort maßgebenden Sprachgebrauch. So sind „Sachen" iSd
§§ 242 ff nur körperliche Gegenstände (wie in § 90 BGB; zum Sonderfall der Tiere
s. Rn 90); ihre „Fremdheit" für den Täter richtet sich nach den zivilrechtlichen Vorschriften über den Erwerb und Verlust des Eigentums (§§ 929 ff BGB[61]). Das ist jedoch keineswegs die Regel, sondern stets eine Frage des Einzelfalls. Im Prinzip ist die
strafrechtliche Begriffsbildung von Natur aus **eigenständig**, sodass es bei der Auslegung von Strafgesetzen allein auf deren Schutzfunktion, nicht aber darauf ankommt,
welche rechtliche Bedeutung das betreffende Tatbestandsmerkmal außerhalb des
Strafrechts besitzt.

Beispiele: „Mensch" iSd strafrechtlichen Lebensschutzes wird eine Leibesfrucht erst bzw be- 89
reits mit dem *Beginn* der Geburt, bei regulärem Geburtsverlauf also mit dem Einsetzen der
Eröffnungswehen[62]. Demgegenüber ist nach § 1 BGB die Vollendung der Geburt maßgebend.
Ähnliches gilt für eine Vielzahl anderer Begriffe, wie etwa den der Wälder iSd § 306 I Nr 5,[63]
des Gifts (zB in §§ 89a II Nr 1, 224 I Nr 1, 326 I Nr 1)[64] oder des Vermögens in den §§ 253,
263, 266[65].

Im **Fall 2a** waren die im Eigentum des J stehenden Singvögel für K „fremde bewegliche Sa- 90
chen" iSd § 242.

Im Rahmen des strafrechtlichen Eigentumsschutzes erscheint es unbedenklich, Tiere als
„Sachen" zu behandeln, da sie der menschlichen Sachherrschaft unterliegen und die Rechtsordnung ihrer Eigenart als belebte Wesen durch das Tierschutzgesetz und andere Sonder-
vorschriften Rechnung trägt (vgl dazu § 90a BGB; *Wessels/Hillenkamp/Schuhr*, BT/2,
Rn 18).

Hier fehlt es jedoch an einer *Wegnahmehandlung* der K. Wegnahme iSd § 242 bedeutet
Bruch fremden und Begründung neuen Gewahrsams. Gewahrsam ist das vom Beherr-
schungswillen getragene tatsächliche Herrschaftsverhältnis über eine Sache (näher *Wessels/
Hillenkamp/Schuhr*, BT/2, Rn 82). K hat zwar den bisherigen Gewahrsam des J gebrochen;
sie hat aber keinen neuen (weder eigenen noch fremden) Gewahrsam an den in die Freiheit
entlassenen Singvögeln begründet. Eine Bestrafung wegen Diebstahls (§ 242) scheidet daher aus.

Fraglich ist, ob sich das Fliegenlassen fremder (heimischer) Singvögel als „Sachbeschädi- 91
gung" (§ 303) auffassen lässt:

Heimische Singvögel sind fähig, in der Freiheit zu überleben. Folglich sieht die hM in dem
Fliegenlassen der Singvögel nur eine straflose (reine) **Besitzentziehung**[66], während eine
Mindermeinung jede Vereitelung der vom Berechtigten festgelegten Zweckverwendung für
den Begriff des Zerstörens oder Beschädigens genügen lässt[67].

Richtig ist zwar, dass § 303 nicht notwendig eine Sachsubstanzverletzung voraussetzt
(RGSt 74, 14; BGHSt 13, 207; 29, 129). Die zitierte Mindermeinung überschreitet jedoch

---

61 BGHSt 6, 377; *Wessels/Hillenkamp/Schuhr*, BT/2, Rn 79 f.
62 BGHSt 31, 348; vert. *Sowada*, GA 2011, 389.
63 Vgl zu § 308 aF: BGHSt 31, 83.
64 S. ausf. zur Auslegung *Bosch*, Jura (JK) 15, 1393 (Tatbestandsmerkmal: „Asche") oder *Satzger*, Jura
    15, 580 (Tatbestandsmerkmal: „Gift").
65 BGHSt 34, 199, 203; *Wessels/Hillenkamp/Schuhr*, BT/2, Rn 530 ff.
66 RGSt 20, 182, 185; LK-*Wolff*, § 303 Rn 15; S/S-*Hecker*, § 303 Rn 8, 12.
67 *Maurach*, BT, 5. Aufl. 1969, S. 191.

schon die durch den Gesetzeswortlaut gezogene Grenze einer extensiven Auslegung, wenn sie beim Beschädigungsbegriff von jeder unmittelbaren oder mittelbaren Einwirkung des Täters auf die Sache selbst absehen will.

Somit hat K auch keine Sachbeschädigung (§ 303) begangen.

92 **Fall 2b:** Das **Analogieverbot** (Art. 103 II GG, § 1) schützt K vor einer Bestrafung in *entsprechender* Anwendung der genannten Strafvorschriften. Vor diesem Hintergrund ist J auf den Rechtsschutz beschränkt, den ihm das Zivilrecht in Form von Schadensersatz gewährt (§§ 823 I, 249 bzw 280 I, 241 II, 249 BGB).

III. Der Geltungsbereich des deutschen Strafrechts

1. Der internationale Geltungsbereich

93 a) Über den Geltungsbereich des deutschen materiellen Strafrechts für Taten, die Beziehungen zum Ausland aufweisen, geben die §§ 3–7, 9 Aufschluss. Im Gegensatz zu den Kollisionsnormen des deutschen Internationalen Privatrechts, die sich in den Art. 3 ff EGBGB mit der Frage befassen, welches nationale Recht der konkreten Sachentscheidung zugrunde zu legen ist, gehen die §§ 3 ff StGB davon aus, dass deutsche Gerichte im Rahmen ihrer Strafgewalt **stets deutsches Strafrecht** anwenden. In welchem Umfang ein Staat seine eigene Strafgewalt in Anspruch nehmen und ausdehnen darf, wird durch die Regeln des Völkerrechts bestimmt, die in Fällen mit Auslandsberührung voraussetzen, dass der strafandrohende bzw bestrafende Staat über einen legitimierenden **Anknüpfungspunkt** *(genuine link)* zu dem Sachverhalt verfügt[68].

94 Als völkerrechtlich anerkannte Anknüpfungspunkte kommen v. a. der Begehungsort (Territorialitätsprinzip), die Staatsangehörigkeit des Täters oder des Opfers (aktives bzw passives Personalitätsprinzip), der Schutz bestimmter inländischer Rechtsgüter (Schutzprinzip) oder von Interessen universalen Charakters (Weltrechtsprinzip) sowie das Prinzip der stellvertretenden Strafrechtspflege in Betracht. Die konkrete Ausgestaltung des Strafanwendungsrechts eines Staates stützt sich zumeist (wie in §§ 3 ff) auf eine Kombination dieser verschiedenen Anknüpfungspunkte[69].

95 aa) Nach dem **Territorialitätsprinzip** (Gebietsgrundsatz) darf ein Staat seiner Strafgewalt alle Taten unterwerfen, die innerhalb seines Staatsgebietes begangen werden. Auf die Staatsangehörigkeit des Täters oder des Opfers kommt es dabei nicht an. Dieser allgemein anerkannte und international vorherrschende Grundsatz beruht auf der Erwägung, dass jedermann die Gesetze desjenigen Staates zu beachten hat, in dem er sich aufhält. Im deutschen Recht sind die §§ 3, 9 Ausprägungen des Territorialitätsprinzips.

---

68 BGHSt 27, 30; 34, 334.
69 MK-StGB-*Ambos*, Vorbem. § 3 Rn 17 ff; *Pawlik*, ZIS 06, 274; *T. Walter*, JuS 06, 870 und 967; krit. zu den Konsequenzen einer Überdehnung der nationalen Strafgewalt anhand aktueller Bsp *Kudlich/Hoven*, ZIS 16, 345 ff; zu strafanwendungsrechtlichen Fragen des Germanwings-Absturzes in den französischen Alpen 2015 s. *Mitsch*, JuS 15, 884, 885 f.

Hinsichtlich des Begehungsortes normiert § 9 den wegen seiner Weite nicht unbedenklichen **Ubiquitätsgrundsatz**: Begangen ist die Tat an jedem Ort, an dem der Täter (oder ein Mittäter[70]) gehandelt hat[71] oder im Fall des Unterlassens hätte handeln müssen oder an welchem der zum Tatbestand gehörende Erfolg eingetreten ist oder nach der Vorstellung des Täters eintreten sollte (§ 9 I)[72]. Die Teilnahme ist sowohl am Ort der Haupttat als auch an jedem Ort begangen, an dem der Teilnehmer gehandelt hat oder im Fall des Unterlassens hätte handeln müssen oder an welchem nach seiner Vorstellung die Haupttat begangen werden sollte (§ 9 II 1). Hat der sich an einer Auslandstat beteiligende Teilnehmer im Inland gehandelt, so gilt für die Teilnahme das deutsche Strafrecht, auch wenn die Haupttat nach dem Recht des Tatorts nicht mit Strafe bedroht ist (§ 9 II 2)[73]. **96**

bb) Eng verwandt mit dem Gebietsgrundsatz ist das **Flaggenprinzip**. Es besagt, dass der Staat, dessen Flagge ein Schiff oder dessen Staatszugehörigkeitszeichen ein Luftfahrzeug führt, seine Strafgewalt für alle Taten in Anspruch nehmen darf, die an Bord des Schiffes oder des Luftfahrzeugs begangen werden (vgl für das deutsche Recht § 4). **97**

cc) Nach dem **aktiven Personalitätsprinzip** darf ein Staat Handlungen der eigenen Staatsangehörigen seiner Strafgewalt auch dann unterwerfen, wenn sie im Ausland begangen werden. Hergeleitet wird dieser (im früheren Stammesrecht verwurzelte) Anknüpfungspunkt aus der Bindung des Einzelnen an die heimatliche Rechtsordnung und aus der Personalhoheit des Staates über seine Bürger. **98**

In uneingeschränkter Form findet sich das aktive Personalitätsprinzip heute im StGB nur noch hinsichtlich bestimmter Delikte, etwa in § 5 Nr 8, 9 lit. a, 15 lit. a, 17[74]. Daneben gilt es allgemein gem. § 7 II Nr 1 unter der zusätzlichen Voraussetzung, dass die Tat auch am Tatort mit Strafe bedroht ist[75]. Die letztgenannte Regelung ist auch im Kontext des in Art. 16 II 1 GG statuierten Auslieferungsverbots für deutsche Staatsangehörige zu sehen: Sie verhindert die Straflosigkeit eines Deutschen, der nach einer im Ausland begangenen Tat nach Deutschland flieht und nicht ausgeliefert werden darf.

dd) Das **Schutzprinzip** lässt die Ausdehnung der eigenen Strafgewalt auf Taten zu, die im Ausland begangen werden, jedoch inländische Rechtsgüter gefährden oder verletzen. Insoweit wird weiter differenziert: Das **Staatsschutzprinzip** (oder Real- **99**

---

70 BGHSt 39, 88; vert. *Rotsch*, ZIS 10, 168, 172 f.

71 Für den Mittäter kann insoweit auch ein „die Tatbestandsverwirklichung fördernder Beitrag, der sich auf eine Vorbereitungs- oder Unterstützungshandlung beschränkt" ausreichend sein, soweit sich der Beitrag als „Teil der Tätigkeit aller" darstellt, vgl BGH NStZ 18, 650 und Rn 810 ff.

72 BGHSt 45, 97, 100 m. abl. Anm. *Neumann*, StV 00, 425; KG NJW 06, 3016; *Duesberg*, Der Tatbegriff in §§ 3 und 9 Abs. 1 StGB, 2016; zur Problematik bei Gefährdungsdelikten KG NJW 99, 3500; *B. Heinrich*, Weber-FS, S. 91; *Satzger*, NStZ 98, 113; *Velten*, Rudolphi-FS, S. 329; speziell zu Internetstraftaten: BGHSt 46, 212 m. Anm. *Jeßberger* JR 01, 432; BGH NStZ 15, 81 (zu „reinen" abstrakten Gefährdungsdelikten) m. Anm. *Becker* und *Busching*, MMR 15, 295 und Bespr. *Satzger*, Jura (JK) 15, 1011 sowie *F. Zimmermann*, HRRS 15, 441; BGH NStZ 17, 146 (zu abstrakt-konkreten Gefährdungsdelikten) m. Bespr. *Satzger*, Jura (JK) 17, 361; *Kudlich*, StV 01, 397; krit. *Heghmanns*, JA 01, 276; *Hilgendorf*, ZStW 113 [2001], 650; *Koch*, JuS 02, 123; *Park*, GA 2001, 23; *Sieber*, ZRP 01, 97; AnwK-StGB-*Zöller*, § 9 Rn 18; zum „intertemporalen Strafanwendungsrecht" im Fall „*Demjanjuk*" vgl *Burchard*, HRRS 10, 132.

73 Vert. MK-StGB-*Ambos*, § 9 Rn 36 ff; *Keller*, Kargl-FS, S. 241; *Miller/Rackow*, ZStW 117 [2005], 379; *Valerius*, NStZ 09, 121; krit. *Magnus*, NStZ 15, 57, 61 ff.

74 Übersicht bei *Satzger*, International, § 5 Rn 66.

75 HK-GS-*Hartmann*, § 7 Rn 1.

prinzip) gestattet es einem Staat, mittels seines Strafrechts gegen alle Handlungen Selbstverteidigung zu üben, die sich gegen seine existenziellen Interessen richten. Das Individualschutz- oder **passive Personalitätsprinzip** besagt, dass ein Staat sein Strafrecht auch auf solche Handlungen erstrecken darf, die gegen seine Staatsbürger begangen werden.

Im StGB beruhen die in § 5 Nr 1–5 und Nr 10–16 getroffenen Regelungen im Wesentlichen auf dem Staatsschutzprinzip bzw dem dieses auf die EU erweiternden Unionsschutzprinzip. Das passive Personalitätsprinzip wird bei einigen Delikten unter der Einschränkung, dass das Opfer seinen Wohnsitz oder gewöhnlichen Aufenthalt im Inland hat (etwa § 5 Nr 6 lit. a), in ähnlicher Form auch in Nr 7 herangezogen, darüber hinaus aber auch allgemein gem. § 7 I unter der Voraussetzung der Strafbarkeit am Tatort.

100   **ee)** Der **Weltrechtsgrundsatz**[76] (Universalitätsprinzip) ermächtigt zur Ahndung von Auslandstaten, die sich gegen übernationale Kulturwerte und Rechtsgüter richten, an deren Schutz ein gemeinsames Interesse aller Staaten besteht.

In § 6 findet sich ein Katalog von Straftaten, für die deutsches Strafrecht nach dem Gesetzeswortlaut ohne zusätzliche Anknüpfungspunkte gilt. Zumindest in den meisten der erfassten Fälle beruht die Regelung nach hM auf dem Weltrechtsprinzip[77]. Für die Völkerstraftaten Völkermord, Verbrechen gegen die Menschlichkeit und Kriegsverbrechen (nicht jedoch für das jüngst in das Völkerstrafgesetzbuch aufgenommene Verbrechen der Aggression[78]) normiert § 1 VStGB den Weltrechtsgrundsatz. Für diese Verbrechen wird deshalb – abweichend von der früheren Rspr zu § 6 I Nr 1 aF – ausdrücklich kein zusätzlicher legitimierender Anknüpfungspunkt verlangt[79]. Jedoch ermöglicht § 153f StPO auf prozessualer Ebene Einschränkungen der Verfolgungspflicht deutscher Ermittlungsbehörden[80].

101   **ff)** Der **Grundsatz der stellvertretenden Strafrechtspflege** besagt, dass ein Staat seine Strafgewalt auf im Ausland begangene Taten erstrecken darf, um anstelle eines anderen Staates, der seinen Strafanspruch nicht selbst durchsetzen kann, die Strafverfolgung zu übernehmen. Auf diesem Weg soll gewährleistet werden, dass flüchtige Straftäter nicht allein deshalb straflos bleiben, weil das Zufluchtsland über keinen eigenen Anknüpfungspunkt zu dem Sachverhalt verfügt.

Eine Ausprägung dieses Stellvertretungsprinzips ist § 7 II Nr 2, wonach deutsches Strafrecht gilt, wenn der Täter zur Zeit der Tat Ausländer war, im Inland betroffen wird und aus den in § 7 II Nr 2 genannten Gründen von der Auslieferung verschont bleibt. Nach richtiger Ansicht beruht auch § 7 II Nr 1 Alt. 2 auf dem Stellvertretungsgedanken; dieser ordnet die Geltung des StGB an, wenn der Täter nach der Tat Deutscher geworden ist (sog. Neubürgerklausel)[81].

102   **b)** Eine wichtige Einschränkung der deutschen Strafgewalt besteht in allen Fällen des § 7 darin, dass die Tat **am Tatort mit Strafe bedroht** sein muss oder dass der

---

76   Hierzu ausf. *Schiemann*, JR 17, 339; *Weißer*, GA 2012, 416.
77   Im Einzelnen hierzu S/S/W-StGB-*Satzger*, § 6 Rn 1 mwN.
78   S. hierzu unterstützend *Greßmann/Staudigl*, ZIS 16, 798, 801; *Jeßberger*, ZIS 15, 514, 519 f.
79   Zum Verhältnis von Völkerstrafrecht und Weltrechtsgrundsatz MK-StGB-*Ambos*, § 6 Rn 3 ff; *Hilgendorf*, Uni-Würzburg-FS, S. 346; *Keller*, GA 2006, 25; *Kreß*, ZStW 114 [2002], 818; *Weiß*, JZ 02, 696; *Wilhelmi*, Das Weltrechtsprinzip im internationalen Privat- und Strafrecht, 2007.
80   S. LR-*Beulke* [Nachtrag], § 153f StPO Rn 14; *Geneuss*, Völkerrechtsverbrechen und Verfolgungsermessen, 2013; S/S/W-StGB-*Satzger*, § 7 Rn 14.
81   *Satzger*, International, § 5 Rn 80 mwN; zur verfassungsrechtlichen Problematik zB S/S-*Eser/Weißer*, § 7 Rn 13; S/S/W-StGB-*Satzger*, § 7 Rn 9.

Tatort als sog. Niemandsland keiner Strafgewalt unterliegen darf. Dieses Erfordernis soll verhindern, dass die eigene Strafgewalt über Gebühr auf Sachverhalte ausgedehnt wird, bei denen der an sich zuständige fremde Staat eine Strafsanktion nicht für geboten hält.

Nicht notwendig ist, dass die ausländische Strafvorschrift und der einschlägige deutsche Straftatbestand deckungsgleich sind. Vielmehr reicht es aus, wenn die Tat am Begehungsort unter irgendeinem rechtlichen Gesichtspunkt mit Strafe bedroht ist. Es genügt aber nicht, dass die Tat nach dem Recht des Tatorts lediglich als Ordnungswidrigkeit einzustufen wäre[82]. Rechtfertigungs- und Entschuldigungsgründe des ausländischen Rechts dürfen zugunsten des Täters berücksichtigt werden, soweit sie nicht elementare Prinzipien der Rechtsstaatlichkeit missachten und allgemein anerkannten Rechtsgrundsätzen widersprechen[83]. Nach richtiger Ansicht gilt dies auch für prozessuale Verfolgungshindernisse (zB Amnestie, Verjährung) und muss sogar im Falle einer rein faktischen Nichtverfolgung der Tat am Tatort gelten[84].

c) Erst wenn hiernach feststeht, dass der Sachverhalt überhaupt der deutschen Strafgewalt unterliegt, ist in einem zweiten Schritt durch Auslegung des konkret einschlägigen Tatbestandes zu untersuchen, ob dieser den Schutz ausländischer Rechtsgüter umfasst oder eine **tatbestandsimmanente Inlandsbeschränkung** aufweist.

103

So ist zB § 170 I bei Verletzung der Unterhaltspflicht durch einen im Inland lebenden Ausländer gegenüber einem im Ausland lebenden Ausländer nicht anwendbar, da eine solche Tat deutsche Rechtsgüter nicht berührt und die Norm nicht den Schutz ausländischer Sozialbehörden vor ungerechtfertigter Inanspruchnahme bezweckt[85]. Ist dagegen ein im Ausland lebender Deutscher als Unterhaltsberechtigter betroffen, bleibt für § 170 I Raum[86]. Im Übrigen lässt sich allgemein sagen, dass Tatbestände, die **öffentliche Rechtsgüter** schützen (zB §§ 331 ff), nur inländische Rechtsgüter erfassen. Tatbestände, die **Individualrechtsgüter** schützen (zB § 242), erfassen die Rechtsgüter sowohl inländischer wie ausländischer Rechtsträger.

---

82 BGHSt 27, 5.
83 Vgl BVerfGE 95, 96; BGHSt 42, 275; 45, 270; zum Irrtum im Bereich des internationalen Strafrechts: *Böse*, Maiwald II-FS, S. 61, 72 ff; *Neumann*, Müller-Dietz-FS, S. 589.
84 Näher *Satzger*, International, § 5 Rn 97 ff mwN auch zur (wohl noch herrschenden) Gegenansicht; vgl auch *Buchholz*, NJ 13, 113 f zur Problematik, dass am Tatort aus Opportunitätsgründen keine Verfolgung stattfindet.
85 BGHSt 29, 85 m. Anm. *Oehler*, JR 08, 381; abw. *Kunz*, NJW 95, 1519.
86 Vgl KG JR 85, 516; S/S-*Bosch/Schittenhelm*, § 170 Rn 1b.

2. Zusammenfassender Überblick zum Geltungsbereich des deutschen Strafrechts[87]

104

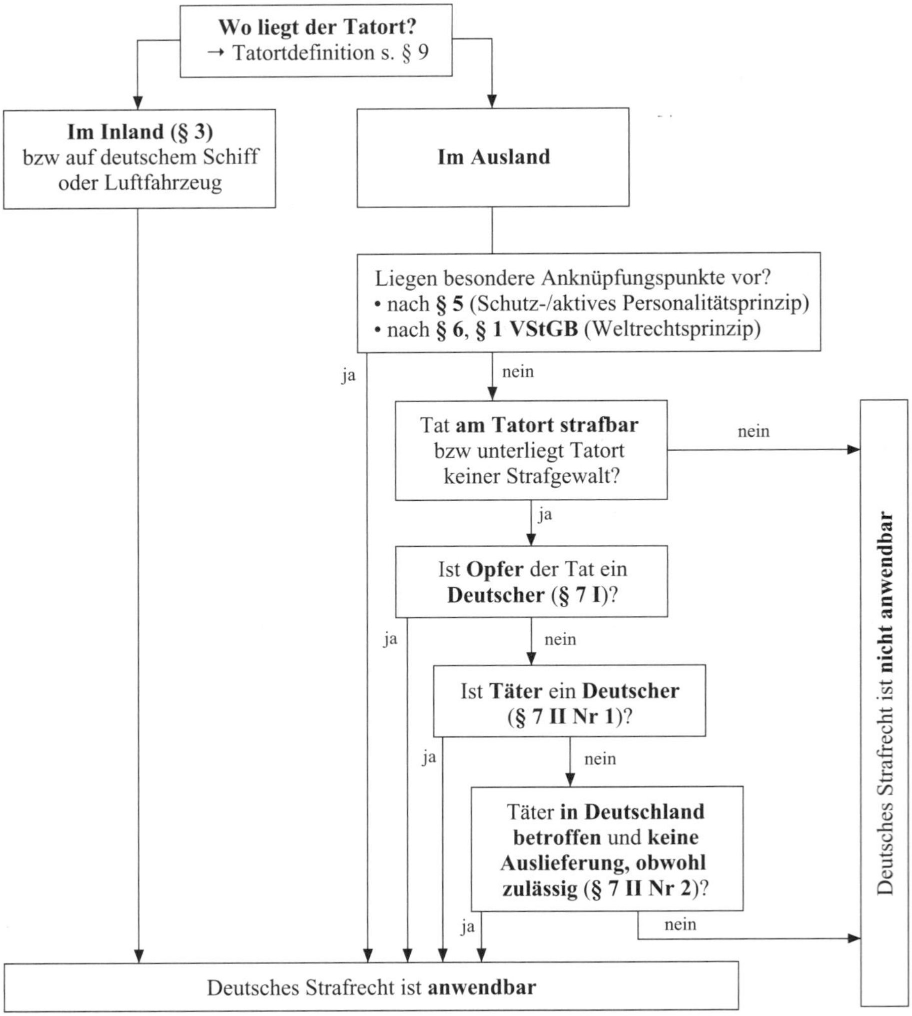

```
                    ┌──────────────────────────┐
                    │    Wo liegt der Tatort?   │
                    │ → Tatortdefinition s. § 9 │
                    └──────────────────────────┘
```

Im Inland (§ 3)
bzw auf deutschem Schiff
oder Luftfahrzeug

Im Ausland

Liegen besondere Anknüpfungspunkte vor?
• nach § 5 (Schutz-/aktives Personalitätsprinzip)
• nach § 6, § 1 VStGB (Weltrechtsprinzip)

ja — nein

Tat **am Tatort strafbar**
bzw unterliegt Tatort
keiner Strafgewalt? — nein

ja

Ist **Opfer** der Tat ein
Deutscher (§ 7 I)?

ja — nein

Ist **Täter** ein **Deutscher**
(§ 7 II Nr 1)?

ja — nein

Täter **in Deutschland**
betroffen und **keine**
Auslieferung, obwohl
zulässig (§ 7 II Nr 2)?

ja — nein

Deutsches Strafrecht ist **nicht anwendbar**

Deutsches Strafrecht ist **anwendbar**

105 Weist ein Sachverhalt Auslandsbezug auf, so ist in Prüfungsarbeiten die Anwendbarkeit des deutschen Strafrechts bei jedem Straftatbestand noch vor Eintritt in die eigentliche Tatbestandsprüfung festzustellen bzw zu erörtern[88]. Es handelt sich inso-

---

87 Grafik entstammt *Satzger*, International, § 5 Rn 5; Grundfälle bei *Hombrecher*, JA 10, 637; *Werle/ Jeßberger*, JuS 01, 35 ff, 141 ff; Prüfungsschemata bei *Rath*, JA 06, 435; 07, 26; vert. *Satzger*, Jura 10, 108 ff, 190 ff.

88 Gleiches gilt für die Regelungen des interlokalen und des intertemporalen Strafrechts, vgl *Altenhain*, Puppe-FS, S. 343, 349 ff.

32

weit um eine **„objektive Vor-Bedingung der Strafbarkeit"** (dazu Rn 218), auf die sich der Vorsatz nicht zu beziehen braucht[89].

Sofern ein ausländisches Rechtsgut betroffen ist, ist nach der Feststellung der grundsätzlichen Anwendbarkeit des deutschen Strafrechts im Rahmen der **Auslegung des objektiven Tatbestands** zu untersuchen, ob der Schutzbereich der Norm auch dieses erfasst.

3. Verfahrensrechtliche Fragen

Verfahrensrechtlich ist von Bedeutung, dass **§ 153c StPO** bei Auslandssachen den Verfolgungszwang wesentlich einschränkt. Der Grundsatz *Ne bis in idem* (Art. 103 III GG), der eine Doppelbehandlung derselben Sache durch **verschiedene deutsche** Gerichte untersagt, schützt einen im Ausland verurteilten Deutschen nicht vor einer nochmaligen Bestrafung im Inland (s. dazu auch § 153c II StPO[90]).   **106**

§ 51 III schreibt insoweit nur eine Anrechnung der im Ausland verhängten und vollstreckten Strafe oder einer sonstigen Freiheitsentziehung auf die im Inland zu erkennende neue Strafe vor[91]. Aufgrund völkerrechtlicher Vereinbarungen gilt der *Ne-bis-in-idem*-Grundsatz ausnahmsweise auch im Verhältnis zu ausländischen bzw internationalen Urteilen, so zB für die Vertragsstaaten des Römischen Statuts (s. Rn 110) nach dessen Art. 20 und insbes. für die Mitgliedstaaten der EU aufgrund von Art. 54 SDÜ und Art. 50 GRC[92].

IV. Das Völkerstrafrecht[93]

1. Grundlagen des Völkerstrafrechts

Besonders schwerwiegende und systematische Menschenrechtsverletzungen durch staatliche Machthaber gaben in der jüngeren Geschichte Anlass zur Entwicklung eines Völkerstrafrechts, das gravierende Verstöße gegen zwingende Normen des Völ-   **107**

---

89 S. dazu *Murmann*, Grundkurs, § 14 Rn 11; *Satzger*, Jura 10, 111; diff. *Böse*, Maiwald II-FS, S. 61 ff.
90 Vert. LR-*Beulke*, §§ 153c, 153f StPO (zT im Nachtragsband).
91 Näher BGHSt 29, 63.
92 Dazu *Beulke/Swoboda*, StPO, Rn 10o; *Hecker*, § 13; *Radtke*, Seebode-FS, S. 297; *Satzger*, International, § 10 Rn 51 ff; speziell zum Verhältnis der beiden Vorschriften BGHSt 56, 11 *(Partisanenfall)* m. Bespr. *Hecker*, JuS 12, 261 (gebilligt durch BVerfG NJW 12, 1202); *Böse*, GA 2011, 504; *Burchard/Brodowski*, StraFo 10, 179; *Heger*, ZIS 09, 408; *Kerner/Karnowski*, Kühl-FS, S. 777; *Koch/Dorn*, Jura 11, 690; *Merkel/Scheinfeld*, ZIS 12, 206; *Nestler*, HRRS 13, 337; *Satzger*, International, § 10 Rn 57 ff; *Swoboda*, JICJ 11, 243; *Vogel*, StRR 11, 135, 137; *Walther*, ZJS 13, 16; *Weißer*, ZJS 14, 589; *F. Zimmermann*, Strafgewaltkonflikte, S. 254 ff; *Zöller*, GA 2016, 325.
93 Literatur zum Völkerstrafrecht und zur internationalen Strafgerichtsbarkeit: *Ambos*, Der allgemeine Teil des Völkerstrafrechts, 2. Aufl., 2003; *ders.*, Internationales Strafrecht, §§ 5 ff; Ahlbrecht ua-*Eckelmanns*, Rn 1503 ff; Ahlbrecht ua-*Esser*, Rn 561 ff; Hasse/Müller/Schneider (Hrsg), Humanitäres Völkerrecht, 2001; *Hoyer*, GA 2004, 321; *Ipsen*, Völkerrecht, S. 749 ff; *Merkel*, ZStW 114 [2002], 437; *Neubacher*, S. 1 ff; *ders.*, NJW 06, 966; Neubacher/Klein (Hrsg), Vom Recht der Macht zur Macht des Rechts?, 2006; *Safferling*, Internationales Strafrecht, §§ 4 ff; *Satzger*, International, §§ 12 ff; *Stuckenberg*, GA 2007, 80; *Vogel*, ZStW 114 [2002], 403; *Werle/Jeßberger*, Völkerstrafrecht; *Werle*, Uni-Berlin-FS, S. 1219; s. auch Beiträge in Jeßberger/Geneuss (Hrsg), Zehn Jahre Völkerstrafgesetzbuch, 2013.

kerrechts als internationale Verbrechen ächtet und unmittelbar unter Strafe stellt[94]. Die Anfänge markierten dabei insbes. die Prozesse gegen die Hauptkriegsverbrecher des 2. Weltkriegs vor den Internationalen Militärgerichtshöfen in Nürnberg und To-kio. Die Charta des Nürnberger Militärgerichtshofes formulierte drei Haupttatbestän-de: **Verbrechen gegen den Frieden** (Planung, Vorbereitung, Einleitung oder Durch-führung eines Angriffskriegs), **Kriegsverbrechen** (schwerwiegende Verletzungen des humanitären Völkerrechts, zB Mord oder Misshandlungen von Kriegsgefange-nen) und **Verbrechen gegen die Menschlichkeit** (schwerwiegende Verletzungen der Mindestgarantien der Menschenwürde aus Gründen der Staatsangehörigkeit des Op-fers oder seiner Rasse, Religion, Volkszugehörigkeit usw[95]).

108 Nach Ende des „Kalten Kriegs" eröffneten sich ungeahnte Möglichkeiten für eine Fortentwicklung des Völkerstrafrechts. Zur Ahndung der gravierenden Kriegs- und Menschlichkeitsverbrechen, die Anfang der 90er Jahre des letzten Jahrhunderts in Ex-Jugoslawien und Ruanda in großem Ausmaß begangen worden waren, ließ sich international die Einsetzung jeweils eines *Ad-hoc*-**Strafgerichtshofs** durchsetzen. Durch Resolutionen des UN-Sicherheitsrats wurde einerseits der Internationale Straf-gerichtshof für das ehemalige Jugoslawien (JStGH; gebräuchlicher ist die engl. Ab-kürzung ICTY[96]) in Den Haag sowie andererseits der Internationale Strafgerichtshof für Ruanda (RStGH; gebräuchlicher ist die engl. Abkürzung ICTR[97]) in Arusha (Tan-sania) errichtet[98]. Die in die Zuständigkeit dieser Tribunale fallenden Straftatbestände entsprechen (mit Abweichungen im Einzelnen, insbes. bzgl der Anerkennung des Tatbestands des Völkermordes als eigenständiges Delikt) jenen der Statute von Nürn-berg und Tokio und werden aufgrund dieser abermaligen Anerkennung und auch auf-grund vorheriger anderweitiger Bestätigung heute weitgehend als Teil des Völkerge-wohnheitsrechts verstanden[99]. Als Nachfolgeorgan hat am 1.7.2013 (bzgl des ICTY) und am 1.7.2012 (bzgl des ICTR) der Residualmechanismus für die *Ad-hoc*-Strafge-richtshöfe (*Mechanism for International Criminal Tribunals*, **MICT**) seine Arbeit aufgenommen. Dieser soll insbes. unerledigte Fälle – jedoch nicht solche, bei denen die Verhaftung des Angeklagten mehr als zwölf Monate vor Arbeitsaufnahme erfolg-te – abarbeiten; neue Anklagen sind dem MICT jedoch verwehrt[100]. Das Mandat des ICTR endete am 31.12.2015, die des ICTY am 31.12.2017[101].

---

94 Vert. *Ahlbrecht*, Geschichte der völkerrechtlichen Strafgerichtsbarkeit im 20. Jahrhundert, 1999; *En-gelhart*, Jura 04, 734; s. zur historischen Entwicklung des Völkerstrafrechts *Satzger*, International, § 13 Rn 1 ff; zur Funktion des Völkerstrafrechts *Ambos*, Wolter-FS, S. 1285.

95 Einzelheiten bei *Ambos*, Archiv des Völkerrechts, Bd 37 [1999], 318; *Robertson*, Crimes against Hu-manity, 1999; *Triffterer*, Roxin I-FS, S. 1415; *Vest*, ZStW 113 [2001], 457; s. auch *Werle/Burghardt*, ZIS 12, 271.

96 Näheres unter www.icty.org (Stand Juli 2019).

97 Näheres unter http://unictr.unmict.org/ (Stand Juli 2019).

98 Statute in deutscher Übersetzung zB abgedruckt bei Esser (Hrsg), Europäisches und Internationales Strafrecht, Vorschriftensammlung, 3. Aufl., 2017, Nr 110 bzw 113, oder bei *Schomburg/Lagodny/Gleß/Hackner*, Hauptteil VI.

99 *Werle*, ZStW 109 [1997], 808, 813; krit. *Dencker*, ZIS 08, 298; *Jescheck/Weigend*, AT, § 14 II; vgl auch *Breitegger*, ZIS 10, 712; vert. *Swoboda*, Verfahrens- und Beweisstrategien vor den UN-ad hoc Tribunalen, 2013.

100 Näheres unter http://www.unmict.org/ (Stand Juli 2019); die Errichtung des MICT basiert auf der Si-cherheitsratsresolution 1966 (2010), abrufbar unter http://www.un.org/ga/search/view_doc.asp?sym-bol=S/RES/1966(2010) (Stand Juli 2019).

101 http://www.unmict.org/en/about (Stand Juli 2019).

2. Internationaler Strafgerichtshof

Mit der Gründung des **Internationalen Strafgerichtshofs** (IStGH; gebräuchlicher ist die engl. Abkürzung ICC[102]) mit Sitz in Den Haag durch das Statut von Rom ist eine neue Ära des Völkerstrafrechts eingeläutet worden, da erstmalig ein ständiger, nahezu universal anerkannter Strafgerichtshof geschaffen wurde, dem im Vorhinein die Zuständigkeit für die Aburteilung bestimmter schwerster Verbrechen gegen das Völkerrecht zuerkannt ist[103].   **109**

Das **Römische Statut** vom 17.7.1998[104], welches am 1.7.2002 in Kraft trat, hat derzeit (Stand: Juli 2019) 122 Mitgliedstaaten (darunter Deutschland und alle EU-Staaten). Es enthält erstmalig einen AT des materiellen Völkerstrafrechts[105] sowie grundlegende Regeln für das Verfahren vor dem IStGH. Die zentralen Vorschriften des Statuts behandeln die vier Deliktsgruppen – Völkermord (Art. 6), Verbrechen gegen die Menschlichkeit (Art. 7), Kriegsverbrechen (Art. 8) und den (von der Vertragsstaatenversammlung 2010 ergänzten[106] und zum 17.7.2018 aktivierten[107]) Tatbestand der Aggression (Art. 8 *bis*) – sowie die Frage der grundsätzlichen Zuständigkeit des IStGH (Art. 12) und der Beschränkung der Gerichtsbarkeit gegenüber den Staaten gem. dem Grundsatz der Komplementarität (Art. 17).   **110**

Am IStGH sind 18 Richter tätig. Dem Gerichtshof wurden bislang elf „Situationen" (= Gesamtheit aller rechtlichen und tatsächlichen Geschehnisse in einem Land, die die Grundlage für einen Verdacht bilden, dass Verbrechen iSd IStGH-Statuts begangen wurden) unterbreitet[108]. Sein erstes Urteil hat der IStGH am 14.3.2012 in der Rechtssache *Lubanga* (Situation „Demokratische Republik Kongo")[109] erlassen.

Der IStGH darf nicht mit dem (ebenfalls in Den Haag ansässigen) Internationalen Gerichtshof (IGH) verwechselt werden. Während am IStGH Strafsachen gegen Individualpersonen verhandelt werden, ist der IGH das zentrale Rechtsprechungsorgan der Vereinten Nationen und insbes. für Streitigkeiten zwischen Staaten zuständig[110].

3. Deutsches Völkerstrafgesetzbuch

Der deutsche Gesetzgeber hat 2002 ein eigenständiges **Völkerstrafgesetzbuch** (**VStGB**) geschaffen. Es soll sicherstellen, dass Deutschland weitgehend in der Lage ist, ein in die Zuständigkeit des IStGH fallendes Verbrechen selbst zu verfolgen.   **111**

---

102   Näheres unter www.icc-cpi.int (Stand Juli 2019).

103   Ausf. dazu *Ambos*, ZStW 111 [1999], 175; *Lagodny*, ZStW 113 [2001], 800; *Meyer*, DRiZ 11, 19; *Neubacher*, S. 444 ff; Klausur bei Coester-Waltjen-II-*Safferling*, S. 56.

104   In deutscher Übersetzung zB abgedruckt bei Esser (Hrsg), Europäisches und Internationales Strafrecht, Vorschriftensammlung, 3. Aufl., 2017, Nr 108.

105   Vgl ua *Ambos*, Der allgemeine Teil des Völkerstrafrechts, 2. Aufl. 2002; *Stuckenberg*, Vorstudien zu Vorsatz und Irrtum im Völkerstrafrecht, 2007.

106   Kampala Resolution RC/Res.6 vom 11.6.2010, welche mittlerweile von 37 Mitgliedstaaten ratifiziert wurde (zum Stand der Ratifikation s. http://crimeofaggression.info/the-role-of-states/status-of-ratification-and-implementation/ [Stand Juli 2019]); zum Beschluss von Kampala s. *Ambos*, ZIS 10, 649 ff; *Barriga*, ZIS 10, 644.

107   Resolution ICC-ASP16Res.5 vom 14.12.2017; s. hierzu *Kreß*, JICJ 16, 1; *Zimmermann*, JICJ 16, 19.

108   Eine aktuelle Aufzeichnung der Situationen und Fälle (= Verfahren gegen konkrete Personen) findet sich unter https://www.icc-cpi.int/pages/situations.aspx (Stand Juli 2019) sowie bei *Satzger*, International, S. 441 ff (Stand Februar 2018).

109   Vgl dazu *Barthe*, JZ 13, 88; *Stoffels*, StraFo 14, 4; *Vogel*, ZIS 12, 313.

110   Vgl hierzu Ahlbrecht ua-*Eckelmanns*, Rn 1503 ff.

Letzteres ist Folge des zentralen Grundsatzes der **Komplementarität** iSv Art. 17 des Römischen Statuts[111]. Der IStGH kann seine Gerichtsbarkeit danach nur dann ausüben, wenn ein Staat nicht willens oder nicht in der Lage ist, die fragliche Straftat selbst zu verfolgen. Eine direkte Anwendung des Römischen Statuts oder eine wortgleiche Umsetzung der darin enthaltenen Tatbestände wäre wegen verfassungsrechtlicher Vorgaben, insbes. des Bestimmtheitsgebotes aus Art. 103 II GG, nicht möglich gewesen[112].

112 Im Ergebnis gibt es somit heute für den Bereich der Völkerstraftaten eine zweifache Durchsetzungsmöglichkeit: einerseits die grds vorrangige nationale Strafverfolgung nach dem VStGB (sog. **indirekte Durchsetzung**; „indirect enforcement model") und andererseits die Verfolgung durch den IStGH selbst auf der Basis des Römischen Statuts (sog. **direkte Durchsetzung**; „direct enforcement model")[113]. In der Bundesrepublik wurde bislang ein Verfahren – gegen zwei ruandische Staatsangehörige vor dem OLG Stuttgart – wegen Verbrechen nach dem VStGB durchgeführt[114]; dabei traten jedoch die Schwierigkeiten beim Umgang mit derartigen Verfahren unter den gegenwärtigen strafprozessualen Rahmenbedingungen deutlich zutage[115].

113 Zentrale Vorschrift im AT ist die Umschaltnorm des § 2 VStGB, die den AT des StGB zur Anwendung kommen lässt, soweit keine Sonderregelung des VStGB eingreift. Eine solche existiert nur für vier Aspekte: § 1 VStGB für den Anwendungsbereich (Weltrechtsprinzip, s. Rn 100), § 3 VStGB für Fragen hinsichtlich des Handelns auf Befehl, § 4 VStGB für die Verantwortlichkeit militärischer Befehlshaber und anderer Vorgesetzter[116] und schließlich § 5 VStGB für die Verjährung. Alle weiteren Fragen des AT wie Schuldfähigkeit, Vorsatz, Irrtum oder Täterschaft[117] und Teilnahme sind somit nach den Vorschriften des StGB zu lösen.

114 Der BT des VStGB enthält eigenständige Straftatbestände, die sich zwar an den Vorgaben des Römischen Statuts orientieren, darüber hinaus aber auch weitere Regelungen des humanitären Völkerrechts, insbes. die Kriegsverbrechenstatbestände des 1. Zusatzprotokolls (1977) zu den vier Genfer Konventionen von 1949, integrieren. Im Detail sind nach § 6 VStGB der Völkermord, nach § 7 VStGB Verbrechen gegen die Menschlichkeit und nach §§ 8-12 VStGB Kriegsverbrechen unter Strafe gestellt. Zudem trat zum 1.1.2017 eine Novellierung des VStGB in Kraft[118], welche im neu eingefügten § 13 VStGB die Strafbarkeit des Verbrechens der Aggression anordnet.

---

111 Vert. *Ambos*, Internationales Strafrecht, § 8 Rn 10 ff; grundlegend *Lafleur*, Der Grundsatz der Komplementarität, 2010.

112 S. dazu *Jähnke*, ZIS 10, 463; *Satzger*, International, § 17 Rn 18 ff; *ders.*, JuS 04, 944.

113 *Satzger*, International and European Criminal Law, § 10 Rn 7 ff.

114 OLG Stuttgart, Urt. v. 28.9.2015 – Az. 5-3 StE 6/10; zu weiteren Verfahren s. *Basak*, HRRS 10, 513; *Kaleck/Schüller/Steiger*, KJ 10, 270; *Safferling/Kirsch*, JA 10, 81; zur Einstellung des Verfahrens Abu Ghuraib s. Beschluss des Generalbundesanwalts, JZ 05, 312; OLG Stuttgart NStZ 06, 117; LR-*Beulke*, § 153f StPO Rn 5, 31; krit. *Gierhake*, ZStW 120 [2008], 375; *Singelnstein/Stolle*, ZIS 06, 118.

115 So leitete der Vorsitzende Richter am OLG Stuttgart *Jürgen Hettich* die Urteilsbegründung mit den Worten „So geht es nicht!" ein, um auf diese Schwierigkeiten hinzuweisen, s. FAZ v. 28.9.2015, abrufbar unter http://www.faz.net/aktuell/politik/inland/lange-haftstrafen-im-ruanda-prozess-13827722.html (Stand Juli 2019).

116 Vgl hierzu BGHSt 55, 157; *Burghardt*, Die Vorgesetztenverantwortlichkeit im völkerrechtlichen Straftatsystem, 2008; *ders.*, ZIS 10, 695; *Safferling*, ZIS 13, 447.

117 Zur mittäterschaftlichen Begehung des Völkermordes BGH HRRS 15, 874.

118 S. das Gesetz zur Änderung des Völkerstrafgesetzbuchs vom 22.12.2016, BGBl 2016 I, S. 3150.

Dies soll – gerade in Hinblick auf den Grundsatz der Komplementarität – den jüngsten Entwicklungen zur Anwendung des Aggressionstatbestandes des Rom-Statuts durch den IStGH Rechnung tragen[119].

Im Zuge der Errichtung des IStGH und des Erlasses des VStGB waren weitere Gesetzesanpassungen erforderlich. Ua wurde Art. 16 II 2 GG eingefügt, um eine Überstellung von deutschen Staatsangehörigen gem. dem Gesetz über die Zusammenarbeit mit dem IStGH (IStGHG) an den IStGH zu ermöglichen. Die umfassende Verfolgungsbefugnis der deutschen Justiz nach § 1 VStGB wird durch den neu eingeführten § 153f StPO und die darin zugrunde gelegte Verfolgungsverpflichtung ergänzt. Daneben gewährt diese Vorschrift aber auch die Möglichkeit des Absehens von einem Verfahren bzw seiner Einstellung, zB wenn kein Inlandsbezug ersichtlich ist (s. Rn 100)[120]. **115**

V. Europarecht und Strafrecht[121]

1. Grundlagen der Europäisierung

Traditionell wird das Strafrecht wie kaum ein anderes Rechtsgebiet als in der nationalen Kultur verwurzelt angesehen. Als „Inbegriff nationaler Souveränität"[122] wurde ein europäischer Einfluss hierauf lange kaum für möglich gehalten und jedenfalls nicht wahrgenommen. Angesichts der fortschreitenden europäischen Integration, die ua mit der Schaffung eines einheitlichen Binnenmarktes, der Wirtschafts- und Währungsunion und v. a. der Öffnung der Grenzen zwischen den (noch) 28 Mitgliedstaaten der EU einherging, hat sich dieses Verständnis heute grundlegend gewandelt. Mit der zunehmenden „Europäisierung der Kriminalität"[123] hat im Rahmen der Europäischen Gemeinschaft bzw **Europäischen Union** eine Bewegung eingesetzt, die auf die Harmonisierung der mitgliedstaatlichen Strafrechtssysteme und in Zukunft möglicherweise auch die Schaffung eines europäischen supranationalen Strafrechts (Erlass europäischer Straftatbestände) abzielt. Auf verfahrensrechtlicher Ebene wurde mit der EuStA-VO vom 11.10.2017[124] nunmehr eine Europäische Staatsanwaltschaft – jedoch lediglich im Rahmen einer verstärkten Zusammenarbeit von 20 Mitgliedstaaten – errichtet[125]. **116**

Am 1.12.2009 begann für das Europäische Strafrecht mit dem Inkrafttreten des **Vertrags von Lissabon**[126] eine neue Ära. Die für strafrechtliche Belange besonders wichtige „Polizeiliche und Justitielle Zusammenarbeit in Strafsachen" (PJZS), die bis **117**

---

119   S. hierzu *Glauch*, HRRS 17, 85; *Greßmann/Staudigl*, ZIS 16, 798; *Jeßberger*, ZIS 15, 514.
120   Näher dazu LR-*Beulke*, §§ 153c, 153f StPO; *ders.*, StPO, Rn 11d; *Geneuss*, Völkerrechtsverbrechen und Verfolgungsermessen, 2013; s. auch *Weißer*, GA 2012, 416.
121   Die Darstellung muss sich an dieser Stelle auf die wesentlichsten Grundlagen beschränken. Für ein vertieftes Studium steht spezielle Ausbildungsliteratur zur Verfügung, genannt seien: *Ambos*, Internationales Strafrecht, §§ 9 ff; *Hecker*, Europäisches Strafrecht; *Safferling*, Internationales Strafrecht, §§ 9 ff; *Satzger*, International, §§ 7 ff; *Schramm*, Internationales Strafrecht, S. 95 ff.
122   *Perron*, in: Dörr/Dreher (Hrsg), Europa als Rechtsgemeinschaft, 1997, S. 267; *ders.*, Küper-FS, S. 429.
123   *Satzger*, Europäisierung S. 7; zum Einfluss des EU-Rechts auf das deutsche Strafrecht *Heger*, ZIS 13, 289; s. auch *Rönnau/Wegner*, GA 2013, 561.
124   VO (EU) 2017/1939.
125   Weiterführend hierzu *Satzger*, International, § 10 Rn 21 ff; *Satzger/von Maltitz*, Jura 18, 153.
126   ABl 2007 C 306/1; für einen allgemeinen Überblick über den Vertrag s. *Mayer*, JuS 10, 189.

37

dahin im Wesentlichen völkerrechtlichen Grundsätzen (v. a. dem Einstimmigkeitsprinzip zwischen den Vertretern der Mitgliedstaaten im Rat) folgte, wurde im Zuge der Vertragsreform auf die **supranationale** Ebene gehoben. Dies hat insbes. zur Folge, dass nun einzelne Mitgliedstaaten bei Maßnahmen im Bezug auf das Strafrecht überstimmt werden können. Die nach altem EU-Recht erlassenen Rechtsakte behalten ihre Gültigkeit freilich auch nach Inkrafttreten des Vertrags von Lissabon bei[127].

118 Da die **Charta der Grundrechte der Europäischen Union** (GRC) mit dem Vertrag von Lissabon (über den Verweis in Art. 6 I EUV) rechtsverbindlich geworden ist[128], müssen nun nicht nur Rechtsakte der Union die straf- und strafverfahrensrechtlichen Garantien der Charta (insbes. Art. 47 ff GRC) beachten, sondern auch die Mitgliedstaaten sind hieran gebunden, wenn sie EU-Recht durchführen[129]. Bedeutsam wäre darüber hinaus, gerade auch für das Strafrecht, der geplante – allerdings durch ein überraschenderweise negatives Gutachten des EuGH vom 18.12.2014[130] auf unabsehbare Zeit aufgeschobene – **Beitritt der EU zur Europäischen Menschenrechtskonvention**[131].

2. Rechtsangleichung im materiellen Strafrecht

119 Der Vertrag von Lissabon hat die Kompetenzen der EU zur **Rechtsangleichung** im materiellen Strafrecht erheblich ausgedehnt. Die EU darf nun in ausgewählten Bereichen besonders schwerer Kriminalität von grenzüberschreitender Dimension per Richtlinie Mindestvorschriften auf Tatbestands- und Rechtsfolgenseite erlassen (Art. 83 I AEUV). Art. 83 II AEUV begründet darüber hinaus eine Annexkompetenz der EU zum Erlass strafrechtlicher Richtlinien auf allen Gebieten, auf denen Harmonisierungsmaßnahmen erfolgt sind. Zwar sind diese Kompetenzen stets darauf ausgerichtet, ganz bestimmte Handlungen unter Strafe zu stellen. Dennoch beschränkt sich die Regelungsbefugnis des Unionsgesetzgebers nicht auf Tatbestandsmerkmale des BT. Er kann auch Vorgaben zu spezifischen Fragen des AT treffen, die mit dem harmonisierten Tatbestand verbunden sind, zB zu Elementen des subjektiven Tatbestands, zur Strafbarkeit des Versuchs und des Unterlassens oder zur Kriminalisierung von Teilnahmehandlungen[132].

120 Für diese Richtlinienkompetenz ist aber der **Notbremse-Mechanismus** in Art. 83 III AEUV zu beachten: Ist ein Mitgliedstaat der Auffassung, dass die geplante Rechtsangleichung grundlegende Aspekte seiner Strafrechtsordnung berührt, kann er verhin-

---

127 Art. 9 des Protokolls Nr 36 über die Übergangsbestimmungen; Einzelheiten bei *Brodowski*, ZIS 10, 377.

128 Allerdings nicht für das Vereinigte Königreich, Polen und Tschechien, die sich ein sog. *opt-out* vorbehalten haben, vgl *Herrmann*, Jura 10, 161, 166.

129 Vgl zur weiten Auslegung des Anwendungsbereichs der GRC durch den EuGH: EuGH NJW 13, 1415 *(Åkerberg Fransson)* m. Bespr. *Eckstein*, ZIS 13, 220; *Rabe*, NJW 13, 1407; s. auch *Kingreen*, Jura 14, 295; *Risse*, HRRS 14, 93 und *Wegner*, HRRS 13, 126.

130 EuGH Gutachten 2/13 über die Übereinkunft über den Beitritt der EU zur EMRK (Plenum) v. 18. Dezember 2014; s. dazu *Streinz*, JuS 15, 567.

131 S. dazu *Brodowski*, ZIS 11, 940; *Leutheusser-Schnarrenberger*, Jäger-FS, S. 135.

132 *Böse*, ZIS 10, 86; *Grünewald*, JZ 11, 972; *Stuckenberg*, in: Böse, § 10; krit. zu Eingriffen in den StGB-AT *Satzger*, International, § 9 Rn 44, 50; *ders.*, ZIS 16, 771; vgl auch *Maiwald*, Frisch-FS, S. 1375.

dern, dass die Richtlinie für ihn insoweit verbindlich wird[133]. Finden sich mindestens neun Mitgliedstaaten, die an dem Rechtsakt festhalten wollen, können sie ihn – allerdings nur untereinander – im Wege einer sog. verstärkten Zusammenarbeit in Kraft setzen. Gerade wenn sich die EU zu detaillierten Vorgaben im Bereich des AT entschließen sollte, bestünde ein beträchtliches Risiko, dass ein Mitgliedstaat tatsächlich von dieser Notbremse Gebrauch macht. Da dies letztlich zu einem „Europa der zwei (oder sogar mehreren) Geschwindigkeiten" führen und das Ziel einer Rechtsangleichung ggf gefährden würde, sollte schon bei der Ausgestaltung von Rechtsaktsvorschlägen auf Vorbehalte einzelner Mitgliedstaaten Rücksicht genommen werden.

Als weitere Rechtsgrundlagen für eine Harmonisierung des nationalen Strafrechts **121** und darüber hinaus für den Erlass unmittelbar in den Mitgliedstaaten anwendbarer **supranationaler Straftatbestände** – samt eines dazugehörigen europäischen AT – kommen in erster Linie Art. 325 IV AEUV (Betrugsbekämpfung), daneben auch Art. 33, 79 II c und d AEUV in Betracht; Einzelheiten hinsichtlich der Reichweite und Grenzen dieser Befugnis sind allerdings noch ungeklärt[134]. Die Ausübung aller Kompetenzen der Union zur Strafrechtssetzung und -harmonisierung sind jedenfalls durch die Grundsätze der Subsidiarität und der Verhältnismäßigkeit begrenzt (Art. 5 III, IV EUV)[135].

Eine in sich stimmige und aus rechtsstaatlicher Perspektive unproblematische Harmo- **122** nisierung des Strafrechts wird der europäische Gesetzgeber nur erzielen, wenn er sich bei der Ausübung seiner Kompetenzen an klaren kriminalpolitischen Leitlinien orientiert, zB an dem von der europäischen Wissenschaftlergruppe „European Criminal Policy Initiative" vorgelegten **„Manifest zur Europäischen Kriminalpolitik"**[136]. Zudem muss die Union – auch wenn sie mittlerweile in erheblichem Umfang das Strafrecht der Mitgliedstaaten beeinflussen kann – doch weiterhin auf die starke Verwurzelung dieses Rechtsgebiets in nationalen Wertvorstellungen Rücksicht nehmen. Dieser **„strafrechtsspezifische Schonungsgrundsatz"**[137] lässt sich rechtlich in Art. 4 II EUV verankern und wurde mittlerweile im **Lissabon-Urteil des BVerfG**[138] bestätigt.

---

133 Die Geltendmachung des Notbremse-Mechanismus kann wiederum in einem Vertragsverletzungsverfahren gem. Art. 258 ff AEUV einer Missbrauchskontrolle unterzogen werden; *F. Zimmermann*, Jura 09, 844, 848.

134 Hierzu näher *Böse*, ZIS 10, 78 f; *Grünewald*, JR 15, 245; *Heger*, ZIS 09, 416; *Krüger*, HRRS 12, 311; *Mansdörfer*, HRRS 10, 18; *Meyer*, NStZ 09, 658; *Noltenius*, ZStW 122 [2010], 604, 618; *Renzikowski*, Achenbach-FS, S. 491, 496; *Satzger*, International, § 8 Rn 25 ff; *ders.*, in: Streinz EUV/AEUV, § 325 AEUV Rn 17; *Sturies*, HRRS 12, 276; *Vogel*, in: Ambos, S. 41, 47 ff; *F. Zimmermann*, Jura 09, 844, 845 f.

135 *Hecker*, § 8 Rn 48 ff; *Satzger*, International, § 8 Rn 28.

136 Abgedruckt in ZIS 09, 697 und EuCLR 11, 86 ff, abrufbar auch im Internet unter www.crimpol.eu (Stand Juli 2019); einleitend dazu *Satzger*, ZIS 09, 691 ff; *ders.*, ZRP 10, 137; s. nun auch das Manifest zum Europäischen Strafverfahrensrecht, abgedruckt in ZIS 13, 412 und ebenfalls abrufbar unter www.crimpol.eu (Stand Juli 2019).

137 Grundlegend *Satzger*, Europäisierung, S. 166 ff; *ders.*, International, § 9 Rn 9; *ders.*, in: Sieber ua, § 9 Rn 8 ff; zustimmend etwa *Hecker*, § 8 Rn 55; *Heger*, ZIS 09, 409, 410; der EuGH ignoriert den Schonungsgrundsatz bisher, *Folz*, ZIS 09, 428.

138 BVerfGE 123, 267, insbes. 406 ff m. Bespr. *Ambos/Rackow*, ZIS 09, 397; *Böse*, ZIS 10, 76; *Mansdörfer*, HRRS 10, 16; *Meyer*, NStZ 09, 657; *F. Zimmermann*, Jura 09, 844; vgl auch *Polzin*, JuS 12, 1; *Schorkopf*, in: Ambos, S. 111.

123 Danach ist das Strafrecht als besonders sensibler Bereich für die demokratische Selbstgestaltungsfähigkeit eines Verfassungsstaates anzusehen, da sich die Kriminalisierung sozialen Verhaltens wesentlich an den Werten und sittlichen Prämissen einer jeden Gesellschaft orientiert. Die Strafrechtspflege ist daher in besonderem Maß dem demokratischen Entscheidungsprozess überantwortet. Hoheitsbefugnisse im Bereich der Strafrechtspflege dürfen deshalb nach Ansicht des BVerfG niemals generell, sondern nur für bestimmte grenzüberschreitende Sachverhalte auf die EU übertragen werden – und auch das nur unter sehr restriktiven Voraussetzungen[139].

124 Hieraus leitet das BVerfG auch ab, dass die im AEUV enthaltenen Kompetenzen auf dem Gebiet des Strafrechts „strikt – keinesfalls extensiv – auszulegen" seien[140]. So sei die besondere Notwendigkeit einer unionsweiten Rechtsangleichung im Bereich der grenzüberschreitenden Kriminalität (Art. 83 I AEUV) dezidiert zu begründen. Allein ein auf Rechtsangleichung zielender politischer Wille genüge nicht[141]. Die Annexkompetenz in Art. 83 II AEUV hält das BVerfG zudem – mit Recht – für besonders problematisch, weil danach Strafrecht zu einem reinen Durchsetzungsmechanismus für sonstige Unionspolitiken zu werden droht, was einen bedenklichen Pönalisierungsschub in Europa auslösen könnte[142]. Die Harmonisierung von Straftatbeständen solle möglichst auch nur einzelne Tatbestandsvarianten, nicht aber vollständige Deliktsbereiche erfassen[143]. Schließlich sei bei der Auslegung der Zuständigkeiten der EU immer das Schuldprinzip zu berücksichtigen, das wegen Art. 79 III GG zur unverfügbaren Verfassungsidentität zähle. Das BVerfG akzeptiert hier also keinen Vorrang des EU-Rechts; es behält sich für die Zukunft nicht nur ein Recht zur *Ultra-vires*-Kontrolle von Rechtsakten der EU-Organe (= Prüfung einer Überschreitung der den EU-Organen eingeräumten Hoheitsrechte) vor[144], sondern auch ein Recht, zu prüfen, „ob der unantastbare Kerngehalt der Verfassungsidentität des Grundgesetzes nach Art. 23 I 3 iVm Art. 79 III GG gewahrt ist"[145].

3. Assimilierung und Neutralisierung des deutschen Strafrechts

125 Abgesehen von direkten Vorgaben an die nationalen Strafgesetzgeber entfaltet EU-Recht in noch größerem Maße **indirekten Einfluss auf das Strafrecht der Mitgliedstaaten**. So müssen diese aufgrund ihrer Loyalitätspflicht gegenüber der Union (vgl Art. 4 III EUV) Rechtsgüter der EU im selben Umfang wie nationale Rechtsgüter schützen (**Assimilierungsprinzip**). Daraus wurde vom EuGH die Pflicht der Mitgliedstaaten zur wirksamen, verhältnismäßigen und abschreckenden Sanktionierung der Verletzung von Interessen der EU, insbes. von Betrügereien zulasten der EU, abgeleitet[146]. Dieser Pflicht kann entweder der nationale Gesetzgeber durch die Schaffung spezieller Straftatbestände genügen oder sie wird durch die Strafgerichte erfüllt,

---

139 BVerfGE 123, 267, 408 ff.
140 Krit. *Meyer*, NStZ 09, 660: für die gebotene enge Auslegung lassen sich kaum fundierte Kriterien finden.
141 Vgl dazu *Ambos/Rackow*, ZIS 09, 402; *Heger*, ZIS 09, 412; *Kubiciel*, ZIS 10, 742; *Satzger*, International, § 9 Rn 36 f; *F. Zimmermann*, Jura 09, 844, 849 f.
142 BVerfGE 123, 267, 411 f; *Ambos/Rackow*, ZIS 09, 401, 403; *F. Zimmermann*, Jura 09, 844, 850.
143 BVerfGE 123, 267, 413; ausf. *F. Zimmermann*, Jura 09, 844, 850.
144 BVerfGE 75, 223, 235, 242; 89, 155, 188.
145 BVerfGE 123, 267, 354; krit. *Böse*, ZIS 10, 90; *Meyer*, NStZ 09, 660; *Reiling/Reschke*, wistra 10, 51 f; nun BVerfG NJW 16, 1149 m. Anm. *Kühne*, StV 16, 299.
146 EuGH NJW 90, 2245 (*Griechischer Maisskandal*); dazu *Gröblinghoff*, Die Verpflichtung des deutschen Strafgesetzgebers zum Schutz der Interessen der EG, 1996; *Hecker*, § 7 Rn 24 ff; zu Art. 30 Satzung des EuGH s. *Satzger*, International, § 8 Rn 11 ff.

wenn diese – soweit der Gesetzeswortlaut dies zulässt – eine **unionsrechtskonforme Auslegung**[147] der bestehenden Strafgesetze vornehmen. Nach ständiger Rspr des EuGH sind die nationalen Gerichte verpflichtet, diejenige Auslegungsvariante eines (Straf-)Gesetzes zu wählen, die keine Kollision mit EU-Recht zur Folge hat (vgl Rn 85)[148]. Dadurch wird aber die Strafbarkeit nicht nur ausgedehnt (auf den Schutz von EU-Rechtsgütern), sondern in vielen Fällen auch (stark) eingeschränkt. Insbes. müssen Strafvorschriften so ausgelegt werden, dass sie die Bürger nicht in ihren europarechtlichen Grundfreiheiten verletzen. Scheidet eine solche Auslegung wegen des entgegenstehenden Wortlauts aus, führt der Anwendungsvorrang des Unionsrechts[149] sogar zu einer **„Neutralisierung"** des nationalen Strafgesetzes. Damit ist gemeint, dass der Straftatbestand (ggf auch eine Verjährungsregelung[150]) im konkreten Fall unangewendet bleiben muss, wenn sich nur so ein Widerspruch zu Unionsrecht vermeiden lässt. Ein wichtiges Anwendungsgebiet dieses Grundsatzes ist etwa das Lebensmittel- und das sonstige Nebenstrafrecht[151].

4. Europäische Menschenrechtskonvention

Das Recht der Europäischen Union erfasst den Begriff des Europarechts jedoch keinesfalls vollständig, zumindest dann nicht, wenn man diesen in einem weiteren Sinn versteht. Gerade aus strafrechtlicher Sicht erlangt insbes. die **Europäische Menschenrechtskonvention (EMRK)**, die im Rahmen des Europarates am 4.11.1950 als völkerrechtlicher Vertrag geschlossen wurde, erhebliche Bedeutung. Sie eröffnet als erstes Instrument des völkerrechtlichen Menschenrechtsschutzes effektive Durchsetzungsmechanismen auf internationaler Ebene im Rahmen eines justizförmigen Verfahrens in Form von Individual- und Staatenbeschwerden zum **Europäischen Gerichtshof für Menschenrechte (EGMR)** in Straßburg[152].   **126**

Formal hat die EMRK in Deutschland, umgesetzt durch ein Transformationsgesetz nach Art. 59 II GG, den Rang eines einfachen Gesetzes. Probleme können allerdings entstehen, wenn es im GG einerseits und in der EMRK andererseits zu unterschiedlichen Ergebnissen in der Bewertung der grundrechtlichen Garantien kommt. In einem solchen Fall ist – auch nach der Rspr des BVerfG – zur Vermeidung von Kollisionen eine konventionskonforme Auslegung geboten, wonach die Grundrechte sowohl im Einklang mit der EMRK als auch mit der Rspr des EGMR auszulegen sind[153]. Dies führt zu einem faktischen Vorrang der EMRK vor dem gesam-   **127**

---

147 Hierzu ausf. *Heger*, in: Böse, § 5 Rn 101 ff; s. auch *Hecker*, JuS 14, 385; *Leenen*, Jura 12, 753.

148 EuGH NJW 84, 2021 *(von Colson* und *Kamann)*; weitere Beispiele bei *Folz*, ZIS 09, 427 f; zu den Grenzen dieser Auslegung: EuGH EuZW 05, 369 *(Berlusconi ua)* mit Anm. *Satzger*, JZ 05, 998; *Hecker*, JuS 14, 385; zum Europarecht in der strafrechtlichen Fallbearbeitung s. *Brand/Blatter*, JuS 16, 983.

149 EuGH NJW 1964, 2371 *(Costa/ENEL)*; EuGH NJW 84, 1291 *(Prantl)*; BGHSt 37, 168; LG Hechingen StraFo 06, 64; *Borchardt*, Rn 141 ff; *Dannecker*, Jura 06, 173; *Ehlers*, Jura 11, 187; *Zehetgruber*, ZJS 16, 52; zum Prüfungsstandort: *Altenhain*, Puppe-FS, S. 343, 356 ff.

150 Aktuell EuGH HRRS 15 Nr 1007 *(Taricco ua)* mit Anm. *Gaede*, wistra 16, 89.

151 Vgl zB EuGH NJW 87, 1133 *(Reinheitsgebot für Bier)*; ausf. *Hecker*, § 9 Rn 13.

152 Einzelheiten bei *Braasch*, JuS 13, 602; Ahlbrecht ua-*Esser*, Rn 66 ff; *Hecker*, § 3 Rn 18 ff; *Renzikowski*, in: Höland, S. 25; *Safferling*, Internationales Strafrecht, § 13; *Swoboda*, in: Höland, S. 83; Jahn/Nack-II-*Vogel*, S. 23; s. auch *Baier*, Blumenwitz-GS, S. 293.

153 BVerfGE 74, 358; BVerfG NJW 07, 204; BGHSt 46, 93; Ahlbrecht ua-*Esser*, Rn 10 f.

ten deutschen Recht[154]. Hiervon möchte das BVerfG eine Ausnahme machen, falls es zu einem Verstoß gegen „tragende Grundsätze" des GG kommen sollte[155].

128 Außerdem zieht der EuGH die EMRK zur Herleitung der Unionsgrundrechte und zur Auslegung der Grundfreiheiten heran, obwohl sie für die EU (noch) nicht verbindlich ist. Art. 52 III GRC erklärt die durch die EMRK garantierten Grundfreiheiten und Menschenrechte für maßgebend, wenn es darum geht, die Bedeutung und Tragweite der entsprechenden Rechte der Charta zu bestimmen[156]. Mittelbar gewinnt die EMRK über den Anwendungsvorrang des Unionsrechts auch stärkeren Einfluss auf das nationale Recht (Art. 6 II EUV)[157].

129 Die EMRK entfaltet ihre Bedeutung v. a. im Bereich des Strafprozessrechts, dahinter bleibt ihre Bedeutung in materiell-rechtlicher Hinsicht zurück. Wichtig ist jedoch, um nur stichpunktartig einige wesentliche Garantien und Problemfelder herauszugreifen, das in Art. 7 I EMRK garantierte Gesetzlichkeitsprinzip, die Frage, ob das deutsche Notwehrrecht aus § 32 StGB von Art. 2 II lit. a EMRK so eingeschränkt wird, dass eine Tötung nur zur Abwehr von Angriffen auf Leben, Gesundheit und allenfalls die Freiheit gerechtfertigt sein kann (dazu Rn 526 ff)[158], und das Verbot von Folter und erniedrigenden Strafen in Art. 3 EMRK[159].

130 Im **Fall 2a** liegt iE weder Diebstahl noch Sachbeschädigung vor. Für § 242 fehlt es an der Wegnahmehandlung; für § 303 fehlt es an der Beschädigung bzw Zerstörung, s. Rn 90 f.

Im **Fall 2b** ist eine analoge Anwendung des § 303 zu Ungunsten des Täters unzulässig, s. Rn 92.

Aktuelle Rechtsprechung zu § 2:
– BGH StV 16, 212 (zwischenzeitlich zurückgenommen) und BGH HRRS 17 Nr 258: Divergenzvorlage des 2. Strafsenates vom 2.11.2016 an den Großen Strafsenat hinsichtlich der Vereinbarkeit der Rechtsfigur der ungleichartigen (echten) Wahlfeststellung mit Art. 103 II GG; s. zur konträren Auffassung ua des 4. Strafsenates: BGH NStZ-RR 15, 40; vgl Rn 72, 86.
– BGH wistra 15, 148: § 2 III gebietet die Anwendung des bei Vergleichsbetrachtung im konkreten Fall günstigsten Gesetzes in seiner Gesamtheit, also auch bzgl des Schuldspruches, nicht nur hinsichtlich der Strafzumessung; vgl Rn 76.
– BGH NStZ 15, 81 m. Bespr. *Satzger*, Jura (JK) 15, 1011: Fehlende Inlandstat beim Einstellen von Kennzeichen verfassungsfeindlicher Organisationen in das Internet vom Ausland aus; vgl Rn 95 f.
– BGH NJW 15, 3590 m. Bespr. *Eisele*, NJW 15, 3593: Die Einbeziehung wesentlich gleicher Kennzeichen im Rahmen des § 20 I 1 Nr 5 VereinsG stellt eine verbotene, weil zulasten des Täters strafbarkeitserweiternde, Analogie dar; vgl Rn 80 f.

---

154 *Dederer/Schweitzer*, Rn 1171.
155 BVerfGE 111, 307 (Fall *Görgülü*); s. auch BGH JR 05, 247 m. Anm. *Esser*; *Kilian*, in: Höland, S. 119; *Paeffgen*, ZStW 118 [2006], 275, 319; I. *Roxin*, AG Strafrecht, 1076 ff.
156 Dazu *Borowsky*, in: Meyer (Hrsg), Charta, Art. 52 Rn 29 ff; *Ziegenhorn*, Der Einfluss der EMRK im Recht der EU-Grundrechtecharta, 2009.
157 Vgl EuGH NJW 13, 1415, *(Åkerberg Fransson)*; DVBl 2001, 716 *(Conolly)*; *Hummrich*, DRiZ 05, 72; *Kühne*, GA 2005, 195, 199; *Streinz*, Rn 777 ff.
158 *Satzger*, International, § 11 Rn 29 ff; zum wesentlich stärkeren Einfluss auf das Strafverfahrensrecht v. a. durch die Art. 5-7 EMRK *Beulke/Swoboda*, StPO, Rn 9 ff.
159 EGMR NStZ 08, 699 und EGMR GrK NJW 10, 3145 *(Gäfgen vs. Deutschland)*; s. auch *Satzger*, International, § 11 Rn 35 ff.

– EuGH HRRS 15 Nr 1007 *(Taricco ua)* mit Anm. *Gaede*, wistra 16, 89: Unanwendbarkeit nationaler Verjährungsregelungen, wenn diese dazu führen, dass in einer beträchtlichen Anzahl von Fällen Taten, die einen schweren Betrug begründen, entgegen Art. 325 AEUV nicht strafrechtlich geahndet werden können, weil sie im Allgemeinen verjährt sind, bevor die vom Gesetz vorgesehene strafrechtliche Sanktion durch eine endgültige gerichtliche Entscheidung verhängt werden kann; vgl Rn 125.

– BVerfG StV 17, 71 *(Rindfleischetikettierungsgesetz)* m. Bespr. *Kingreen*, Jura (JK) 17, 747: Ergibt sich bei einem sog. Blankettstrafgesetz die Strafbarkeit erst durch das „Hineinlesen" einer EU-Verordnung in das nationale Blankettstrafgesetz und legt erst eine (nationale) Rechtsverordnung fest, welche konkreten Artikel der EU-Verordnung in die nationale Blankettnorm „hineinzulesen" sind (Rückverweisungsklausel), liegt ein Verstoß gegen Art. 80 I 2, 103 II GG vor, wenn das formelle (Blankett-)Gesetz das strafbare Verhalten entgegen dem strengen Gesetzesvorbehalt des Art. 103 II GG selbst nicht hinreichend umschreibt (im Fall: pauschaler Verweis auf Verstoß gegen Norm des Unionsrechts). Überlässt der Gesetzgeber vielmehr nur der Exekutive anhand einer Rückverweisungsklausel die Entscheidung über das „Ob" der Sanktionierung mittels der nationalen Rechtsverordnung und erfolgt diese Ermächtigung (wie regelmäßig) ohne hinreichende Vorgaben über „Inhalt, Zweck und Ausmaß" der Ermächtigung, liegt zudem ein Verstoß gegen Art. 80 I 2 GG vor; vgl Rn 72.

– BGH StV 17, 110: Art. 103 II GG verpflichtet den Gesetzgeber, die Strafbarkeitsvoraussetzungen so konkret zu umschreiben, dass der Bürger als Normadressat anhand des gesetzlichen Tatbestands voraussehen kann, ob ein Verhalten strafbar ist; dies sorgt zudem dafür, dass der Gesetzgeber und nicht die Exekutive bzw Rspr über die Strafbarkeit eines Verhalten entscheidet. Zu starre und kasuistische Gesetze werden jedoch der Vielgestaltigkeit des Lebens und dem Wandel der Verhältnisse nicht gerecht, weshalb weder Generalklauseln, noch unbestimmte Rechtsbegriffe vor vornherein zu beanstanden sind. Obwohl § 20a I 1 Nr 3 WpHG mit dem Tatbestandsmerkmal der „sonstigen Täuschungshandlungen" einen derartigen unbestimmten Begriff beinhaltet, ist dieser – da dessen Inhalt durch einen Rückgriff auf eine Richtlinie des Unionsrechts (RL 2003/6/EG) hinreichend erfasst werden kann – als verfassungskonform einzuordnen; vgl Rn 72.

§ 3 Der Mensch als Rechtssubjekt. Die strafrechtliche Handlungslehre

Fall 3: A und B schlendern über den Jahrmarkt. Am Stand des Händlers H versetzt B dem A im Verlauf eines Wortwechsels unversehens einen heftigen Stoß gegen die Brust. A stürzt in die von H zum Verkauf ausgestellten Keramikvasen, von denen mehrere zu Bruch gehen. Hat A sich strafbar gemacht? **Rn 135, 144, 154, 160**   **131**

I. Das menschliche Verhalten als Grundlage der Straftat

Jede strafrechtliche Untersuchung geht von der Frage aus, ob ein bestimmtes Geschehen die Merkmale einer Straftat erfüllt und ob es einer bestimmten Person als ihr freies Willenswerk zuzurechnen ist. Im Mittelpunkt des Rechtsgeschehens steht der **Mensch als Rechtssubjekt**. Auf sein Verhalten beziehen sich die Strafvorschriften.   **132**

43

Indem der Gesetzgeber für die Verwirklichung eines Straftatbestandes eine Strafe androht, nimmt er Bezug auf die den Strafnormen vorgelagerten (außerstrafrechtlichen) **Verbote** und **Gebote**.

So basiert etwa § 212 auf der **Verbotsnorm** „Du sollst nicht töten!", § 242 auf dem Verbot „Du sollst nicht stehlen!". Dem § 323c liegt die **Gebotsnorm** zugrunde „Du sollst bei Unglücksfällen und gemeiner Not in den Grenzen der Zumutbarkeit Hilfe leisten!".

133 Eine **Straftat** ist eine tatbestandsmäßige, rechtswidrige und schuldhafte Handlung. Aus dem funktionalen Zusammenhang der Wertungsstufen **Tatbestandsmäßigkeit, Rechtswidrigkeit** und **Schuld** ergibt sich das Grundmodell für den dem deutschen StGB zugrunde liegenden dreigliedrigen Deliktsaufbau und dementsprechend auch für die Fallprüfung.

134 Dieser **dreistufige Deliktsaufbau** hat eine Filterfunktion: Ausgangspunkt sind alle Handlungen, weshalb als Vorfrage der Handlungsbegriff zu klären ist. Durch die Formulierung der Tatbestände (ieS) greift der Strafgesetzgeber diejenigen Verhaltensweisen heraus, die seiner Ansicht nach strafwürdig und strafbedürftig sind. Auf der Stufe der Rechtswidrigkeit werden sodann alle tatbestandsmäßigen Verhaltensweisen ausgeschieden, die (ausnahmsweise) nicht im Widerspruch zur Gesamtrechtsordnung stehen. In der Regel wird die Rechtswidrigkeit durch die Erfüllung eines Tatbestandes indiziert. Nähere Ausführungen zur Rechtswidrigkeit sind demnach – außer bei den sog. offenen Tatbeständen wie zB § 240 – nur erforderlich, wenn im konkreten Fall Rechtfertigungsgründe (zB Notwehr) eingreifen (näher Rn 423 ff). Schließlich darf nur für eine schuldhaft begangene Tat eine Strafe verhängt werden[1]; dies setzt zum einen die Schuldfähigkeit des Täters, zum anderen die Vorwerfbarkeit der Willensbildung und -betätigung voraus.

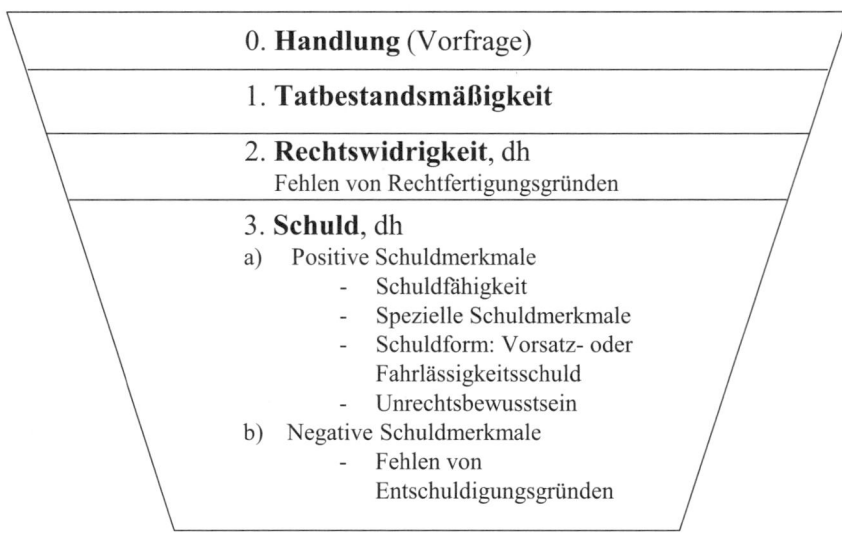

0. **Handlung** (Vorfrage)

1. **Tatbestandsmäßigkeit**

2. **Rechtswidrigkeit**, dh
   Fehlen von Rechtfertigungsgründen

3. **Schuld**, dh
   a) Positive Schuldmerkmale
      - Schuldfähigkeit
      - Spezielle Schuldmerkmale
      - Schuldform: Vorsatz- oder Fahrlässigkeitsschuld
      - Unrechtsbewusstsein
   b) Negative Schuldmerkmale
      - Fehlen von Entschuldigungsgründen

---

1 BGHSt 2, 194; BVerfGE 9, 167; 95, 96, 131.

In **Fall 3** könnte A eine Sachbeschädigung, § 303, begangen haben. Der Sturz des A in die Keramikvasen ist dabei zunächst auf seine Handlungsqualität zu überprüfen. **135**

II. Der strafrechtliche Handlungsbegriff

1. Kausale, finale und soziale Handlungslehre

Dem **Handlungsbegriff** werden zweierlei Funktionen zugeschrieben: Zum einen soll **136** er als Grundlage für alle Erscheinungsformen strafrechtlich relevanten Verhaltens (Tun, Unterlassen; Vorsatz- und Fahrlässigkeitstat) gleichermaßen dienen können (**Basisfunktion** des Handlungsbegriffs). Die praktisch wichtigere Frage besteht darin, derartige Verhaltensweisen auszusortieren, die der Willensbeherrschung entzogen und daher nicht als spezifisch menschlich anzusehen sind (**Abgrenzungsfunktion** des Handlungsbegriffs)[2].

Welche Anforderungen an den Handlungsbegriff des Strafrechts zu stellen sind, war **137** und ist stark umstritten. In der wissenschaftlichen Auseinandersetzung um den allgemeinen Handlungsbegriff haben drei Lehrmeinungen größere Bedeutung gewonnen:

a) Die ältere **naturalistisch-kausale Handlungslehre** erblickte in der menschli- **138** chen Handlung einen Kausalvorgang, für den es allein auf die durch einen Willkürakt verursachte Körperbewegung mit ihren Folgen in der Außenwelt, nicht jedoch auf den sozialen Sinngehalt des Geschehens ankommen sollte. Handlung wäre hiernach „gewillkürtes Körperverhalten" *(Beling)* oder die „auf menschliches Wollen zurückführbare Bewirkung einer Veränderung in der Außenwelt" *(v. Liszt)*.

b) Nach der **finalen Handlungslehre** (*Welzel, Maurach, Armin Kaufmann, Hirsch,* **139** *Rudolphi, Stratenwerth, Kuhlen* ua) ist Handeln Ausübung der Zwecktätigkeit, also finales und nicht lediglich kausales Geschehen. Finales Handeln meint dabei ein bewusst vom Ziel her gelenktes Wirken: Der das Kausalgeschehen lenkende Wille ist das „Rückgrat der finalen Handlung"[3] mit der Folge, dass der Vorsatz als Teil des (subjektiven) Tatbestandes angesehen wird.

Die finale Lehre versucht also, das menschliche Verhalten in seiner **konkreten, inhaltlich bestimmten Wesensart** zu erfassen (etwa als Tötungs-, Wegnahme- oder Sachbeschädigungshandlung). Im Gegensatz dazu begnügen sich die Vertreter der kausalen Lehre im Handlungsbereich mit der Feststellung, *dass* der Handelnde willentlich tätig geworden ist. *Was* er damit gewollt und bezweckt hat, soll hingegen erst im Schuldbereich berücksichtigt werden[4].

Der **intentionale Handlungsbegriff** *(Kindhäuser, Schmidhäuser)* knüpft insoweit an die finale **140** Handlungslehre an, als auch er nur ein solches Verhalten als Handeln versteht, das sich im Lichte einer Absicht (Intention) interpretieren lässt. Er lehnt es aber ab, auch die Verwirklichung des Deliktstatbestands als finales Verhalten zu deuten. Vielmehr soll lediglich entschei-

---

2 Zu den Funktionen des Handlungsbegriffs s. zB S/S/W-StGB-*Kudlich*, Vorbem. §§ 13 Rn 12.
3 *Welzel*, Lb, S. 34; instruktiv *Welzel*, JuS 66, 421; *ders.*, NJW 68, 425; dazu *Jakobs*, Schreiber-FS, S. 949; zusammenfassend *Küpper*, S. 44 ff sowie *Zaczyk*, GA 2014, 73, 76 f.
4 Vgl Baumann/Weber/Mitsch/Eisele-*Eisele*, AT, § 8 Rn 5; *Mezger*, Lb, § 14 III.

dend sein, dass der Handelnde physisch und intellektuell in der Lage ist, die Tatbestandsverwirklichung durch sein Verhalten (intentional) zu vermeiden[5].

141 c) Die **soziale Handlungslehre** (*Jescheck/Weigend, Kienapfel, Maihofer, R. Lange, Oehler, E.A. Wolff*; ihr nahe stehend auch *Arthur Kaufmann*) sieht das allen Verhaltensformen gemeinsame Kriterium des Handlungsbegriffs in der sozialen Relevanz des menschlichen Tuns oder Unterlassens[6].

Der Begriff der Handlung wird umschrieben als „das willkürliche Bewirken objektiv bezweckbarer sozialerheblicher Folgen"[7], „das objektiv von Menschen beherrschbare Verhalten mit Richtung auf einen objektiv voraussehbaren sozialen Erfolg"[8], „willensgetragenes Verhalten, das durch seine Auswirkungen die Lebenssphäre von Mitmenschen berührt und sich unter normativen Aspekten als soziale Sinneinheit darstellt"[9] oder als „sinnhafte Gestaltung der Wirklichkeit mit vom Willen beherrschbaren kausalen Folgen"[10].

142 d) Nicht weit davon entfernt ist die **personale Handlungslehre** *Roxins*. Dieser erblickt in jeder Handlung eine „Persönlichkeitsäußerung" und qualifiziert damit alles als Handlung, was sich einem Menschen als seelisch-geistiges Aktionszentrum zuordnen lässt[11].

2. Stellungnahme

143 Die kritische Würdigung der verschiedenen Auffassungen hat sich an der eingangs aufgezeigten Basis- und Abgrenzungsfunktion des Handlungsbegriffs (s. Rn 136) zu orientieren:

a) Die **kausale Handlungslehre** kann – mangels realer Kausalität – das Unterlassen nicht erklären[12]. Überdies scheitert sie an ihrem Unvermögen, den personalen und sozialen Bedeutungsgehalt menschlicher Betätigung sachgerecht zur Geltung zu bringen, was deshalb elementar ist, weil sich der Mensch gerade von anderen Lebewesen dadurch unterscheidet, dass er zur sinnhaften Gestaltung seiner Umwelt durch schöpferische Leistung fähig ist.

b) Dieser Kritik entgeht zwar im Ausgangspunkt die **finale Lehre**; jedoch ist ihr gegenüber einzuwenden, dass menschliches Handeln nicht stets in den relativ engen Bahnen der permanenten Antizipation abzulaufen pflegt. Man wird schwerlich sagen können, dass der Mensch sich bei *jeder* Betätigung zunächst das Ziel seines Verhaltens vorstellt, um es dann durch überlegten Einsatz der Kausalfaktoren planmäßig anzusteuern. Neben derart bewusst-finalen Handlungen stehen die vom Unterbewusst-

---

5 *Kindhäuser*, AT, § 5 Rn 13 f; *ders.*, in: Puppe-FS, S. 39, 59 ff; *ders.*, Ostendorf-FS, S. 483 ff; *Schmidhäuser*, AT, 5/6 ff; s. auch NK-*Puppe*, Vorbem. §§ 13 ff Rn 49.
6 Näher dazu *Bloy*, ZStW 90 [1978], 609.
7 So zB *Engisch*, Kohlrausch-FS, S. 141, 164.
8 *Maihofer*, Eb. Schmidt-FS, S. 156, 178.
9 *Eb. Schmidt*, JZ 56, 190; *ders.*, Engisch-FS, S. 339.
10 *Arthur Kaufmann*, H. Mayer-FS, S. 79, 116.
11 *Roxin*, AT I, § 8 Rn 44 ff; krit. *Gössel*, GA 2006, 279 ff; *Zaczyk*, GA 2014, 73 ff.
12 *Kaspar*, AT, § 4 Rn 3; *Krey/Esser*, AT, Rn 288 mwN.

sein bestimmten Verhaltensweisen, sodass die Finalisten vor allem bei der Erfassung von Konstellationen unbewusster Fahrlässigkeit Inkonsistenzen aufweisen.

Beispiel: Wenn eine Mutter in unbewusst-fahrlässiger Verkennung der Gefahrenlage untätig bleibt und nicht verhindert, dass ihr Kind infolge einer Verwechslung zu einer tödlich wirkenden Flüssigkeit greift, um den Durst zu löschen, mangelt es an der Finalität, nicht jedoch an der Sozialerheblichkeit des Verhaltens. Von einem zielbewussten, den Kausalablauf steuernden Willen der Mutter kann hier keine Rede sein.

c) Den Vorzug verdient die **soziale Handlungslehre**, die eine vermittelnde Lösung   **144**
darstellt. Handlung iSd Strafrechts ist nach der hier vertretenen Auffassung **das vom menschlichen Willen beherrschte oder beherrschbare sozialerhebliche Verhalten**.

Sozialerheblich ist jedes Verhalten, das die Beziehungen des Einzelmenschen zu seiner Umwelt berührt und nach seinen erstrebten oder unerwünschten Folgen im sozialen Bereich Gegenstand einer wertbezogenen Beurteilung sein kann[13].

> In **Fall 3** ist das Verhalten des A „sozialerheblich", da es das Eigentum des Händlers H und damit fremde Interessen berührt. Fraglich ist nur, ob es auch vom Willen des A beherrschbar war (näher Rn 150).

Der soziale Handlungsbegriff knüpft beim Handlungswillen und seiner Verwirkli-   **145**
chung an die Personalstruktur des Verhaltens und damit an die tatsächlichen Gegebenheiten an. Zugleich bietet er die Möglichkeit, den sozialen Sinngehalt des Geschehens in seiner vollen objektiven Bedeutung unter Berücksichtigung der subjektiven Zielsetzung des Täters und der normativen Verhaltenserwartungen der Rechtsgemeinschaft zu erfassen.

Der Oberbegriff des „Verhaltens" umschließt so **aktives Tun** wie **Unterlassen**. Anders als in ontologischer (allein auf die äußeren Umstände abstellender) Hinsicht sind Tun und Unterlassen bei *normativer* Betrachtung nicht unvereinbare Gegensätze, sondern lediglich unterschiedliche Erscheinungsformen des willensgetragenen Verhaltens (näher Rn 1158 ff)[14].

Im Ergebnis schließt die soziale Handlungslehre die kausalen und finalen Handlungs-   **146**
elemente nicht aus, sondern ein.

Während die Finalisten jedoch aus der ontologischen Struktur des Handelns zwingende Schlussfolgerungen für die aus dem Handlungsbegriff entwickelte Verbrechenslehre ziehen wollen, vermeidet die soziale Handlungslehre jede vorzeitige Festlegung in dieser Richtung. Ihre Überlegenheit zeigt sich gerade darin, dass sie **den für das Strafrecht relevanten Sinngehalt des menschlichen Verhaltens** in seinen vielfältigen Erscheinungsformen zu erfassen vermag, ohne den daran anknüpfenden Aufbau der Verbrechenslehre von vornherein in ein bestimmtes System zu zwängen[15].

Anders als der zu einseitig orientierte kausale Handlungsbegriff entspricht der soziale Handlungsbegriff schon von seiner Natur her der besonderen Zwecksetzung und dem fragmentarischen Charakter des Strafrechts, da er sich mit dem Kriterium der Sozialerheblichkeit auf den Verhaltensbereich beschränkt, der überhaupt für eine strafrechtliche Beurteilung in Frage kommt.

---

13   Krit. *Herzberg*, Jakobs-FS, S. 147, 151 f.
14   S. dazu auch NK-*Puppe*, Vorbem. §§ 13 ff Rn 51 ff.
15   Vgl *Jescheck*, Eb. Schmidt-FS, S. 139 ff.

3.   Handlungsfähigkeit und Fehlen einer Handlung

147 Praktische Bedeutung kommt dem Handlungsbegriff letztlich nur in zwei Hinsichten zu: Nämlich bei der Frage, wer handlungsfähig ist, und bei der Ausscheidung bestimmter (willensunabhängiger) Verhaltensweisen[16].

148 **a)** **Handlungsfähig** ist jeder, der zu Handlungen iSd Strafrechts (Rn 144) im Stande ist; dh jedenfalls alle natürlichen Personen ohne Rücksicht auf Lebensalter und Geisteszustand. Zu unterscheiden ist diese alleine von natürlichen Willenskräften abhängende Handlungsfähigkeit somit von der konkret-individuellen Schuldfähigkeit iSd § 20, bei der es um die Einsichts- und Steuerungsfähigkeit im Zeitpunkt der Tatbegehung geht (vgl Rn 641 ff).

149 **Juristische Personen** und rechtsfähige Personengesellschaften (OHG, KG, BGB-Außengesellschaft[17]) betrachtet man (noch) als im natürlichen Sinn nicht handlungsfähig; sie können daher auch nicht mit Kriminalstrafe belegt werden. Der Anknüpfungspunkt für eine strafrechtliche Verantwortung kann daher immer nur das Verhalten Einzelner innerhalb der überindividuellen Einheit sein. Entsprechende Regelungen der Organ- und Vertreterhaftung finden sich in §§ 14 StGB, 9, 29, 30 OWiG[18]. Dem Trend in ausländischen Rechtsordnungen[19] und auf EU-Ebene folgend wird allerdings in zunehmendem Maße auch in Deutschland gefordert, die Unternehmen selbst zu bestrafen **(Verbandsstrafe)**[20]. Hintergrund hiervon sind die Schwierigkeiten, die ein reines Individualstrafrecht mit sich bringt, wenn die verantwortlichen Menschen innerhalb eines arbeitsteilig tätigen Kollektivs identifiziert werden sollen[21]. Gegner der Ver-

---

16 *Fuchs*, AT I, 7. Kap., Rn 8 spricht deswegen von einem „formal-abstrakten" Handlungsbegriff.

17 Zur Rechtsfähigkeit der BGB-Gesellschaft: BGHZ 146, 341.

18 Näher Achenbach/Ransiek/Rönnau-*Achenbach*, 1. Teil 2. Kap. Rn 1 ff und 3. Kap. Rn 6 ff; *Eidam*, Unternehmen und Strafe, 3. Aufl. 2008, Rn 597 ff; *Fischer*, § 14 Rn 1b ff; *Frisch*, Wolter-FS, S. 349; *Hellmann*, Wirtschaftsstrafrecht, Rn 1020 ff und 1141 ff; SK-*Hoyer*, § 14 Rn 2 ff; *Hoyer*, Rogall-FS, S. 159; *Kudlich/Oğlakcıoğlu*, Wirtschaftsstrafrecht, 2. Aufl. 2014, Rn 85 ff; *Laue*, Jura 10, 339; MK-StGB-*Radtke*, § 14 Rn 2; *Rogall*, Ad Legendum 17, 1; *Schneider*, Die Organ- und Vertreterhaftung im deutschen Strafrecht, 2015; AnwK-StGB-*Tsambikakis/Kretschmer*, § 14 Rn 41 f; instruktiv *Theile/Petermann*, JuS 11, 496.

19 V. a. in den USA, Großbritannien (dazu *Engelhart*, Ad Legendum 17, 8), Kanada und Australien, aber auch in Frankreich, Spanien, Dänemark, der Schweiz und Österreich (dazu *Cantón*, Wolter-FS, S. 1371; *García Conlledo*, GA 2016, 238; *Kelker*, Krey-FS, S. 221; *Schmoller*, Küper-FS, S. 519; *Walther*, GA 2015, 682).

20 Inwiefern und ggf wann es – auch im Hinblick auf den Koalitionsvertrag der Bundesregierung von 2018, nach dem das Sanktionsrecht für Unternehmen neu geregelt werden soll, zu einer solchen Verbandsstrafe kommt, bleibt abzuwarten; vgl zu dem Streitpunkt insgesamt *Kohlhof*, Verbandsstrafe; *Leitner*, Fischer-FS, S. 1101.

21 Zum Gesetzentwurf des Landes Nordrhein-Westfalen zur Einführung eines Unternehmensstrafrechts: *Fischer/Hoven*, ZIS 15, 32; *Jahn/Pietsch*, ZIS 15, 1; *Löffelmann*, JR 14, 185; *Mitsch*, NZWiSt 14, 1; *Rogall*, GA 15, 261; *Schmitt-Leonardy*, ZIS 15, 11; *Schünemann*, GA 15, 274 ff; *Zieschang*, GA 2014, 91; zur Reformdiskussion: *Achenbach*, wistra 02, 441; *Bärlein/Englerth*, Wessing-FS, S. 33 ff; *Böse*, Jakobs-FS, S. 15; *Dannecker*, GA 2001, 101; *Eidam*, Organisationsgedanke, S. 240 ff; *Frister*, Wessing-FS, S. 3 ff; *Heine*, Die strafrechtliche Verantwortung von Unternehmen, 1995; Hettinger (Hrsg), Reform des Sanktionenrechts, Band 3, Verbandsstrafe, 2002; *Jäger*, I. Roxin-FS, S. 43; *Jahn/Schmitt-Leonardy/Schoop*, wistra 18, 27; *Leipold*, ZRP 13, 34; *ders.*, StraFo 17, 217; *Odenthal*, Wessing-FS, S. 19 ff; *Pelz/Salditt*, DRiZ 06, 139; MK-StGB-*Radtke*, § 14 Rn 128; *Ransiek*, Unternehmensstrafrecht, 1996; *Roxin*, AT I, § 8 Rn 61 ff; *Rübenstahl/Graf*, Ad Legendum 17, 20; *Schröder*, NZWiSt 16, 452; *Seelmann*, Schmid-FS, S. 169; *Trüg*, wistra 10, 241; *Vogel*, StV 12, 427; *Wehnert*, Rieß-FS, S. 811; *Weigend/Hoven*, ZRP 18, 30; zu dogmatischen Folgefragen bei Einführung der Verbandsstrafe *Kulhanek*, ZStW 127 [2015], 303.

48

bandsstrafe machen neben der fehlenden Handlungsfähigkeit eine Unvereinbarkeit mit dem Schuldprinzip geltend, da Schuld individuelle Vorwerfbarkeit voraussetze[22] (vgl Rn 627).

b) **An einer Handlung fehlt es** von vornherein bei bloßem menschlichen **Denken** **150** **und Wollen**, wenn mit einer Willensbetätigung nach außen gar nicht begonnen wird; beim Unterlassen ist insoweit auf das Ausbleiben derjenigen Wirkungen abzustellen, die das rechtlich erwartete Tätigwerden gehabt hätte. **Reflexbewegungen** (wie etwa Krampfanfälle, Bewegungen im Schlaf oder während der Bewusstlosigkeit) sowie **rein instinktive**, der Willensbeherrschung entzogene **Schreckreaktionen** sind daher keine Handlungen im strafrechtlichen Sinn.

Der Grund hierfür liegt darin, dass bei Reflexbewegungen ein physiologischer Reiz **ohne** Mitwirkung des Bewusstseins von einem Empfindungszentrum auf ein Bewegungszentrum übertragen wird, also unmittelbar in eine **willensunabhängige** Bewegung umgesetzt wird.

Dagegen ist die Handlungsqualität zu bejahen bei **beherrschbaren Spontanreaktio-** **151** **nen**, die aus einer bestehenden Handlungsbereitschaft hervorgehen (Beispiel: Abwehren einer Wespe, blitzschnelle Ausweichbewegungen beim Autofahren), bei Affekt- und Kurzschlusshandlungen sowie bei Tätigkeiten, die auf eingeübten Verhaltensmustern beruhen (Beispiel: Kuppeln und Schalten beim Autofahren). Dies ist der Fall, da hier die Verhaltensweisen zentral gesteuert – wenn auch nicht im Einzelfall bewusst geplant – sind[23].

An der Handlungsqualität fehlt es schließlich bei einem Verhalten, das durch **äußere** **152** **unwiderstehliche Gewalt unmittelbar erzwungen** wird *(vis absoluta)*. Den Gegensatz dazu bildet die lediglich den Willen beugende Gewalt *(vis compulsiva)*, deren Anwendung den Handlungscharakter der erzwungenen Willensbetätigung unberührt lässt.

Vis absoluta liegt zB vor, wenn der Hauseigentümer E den zum Verlassen des Hauses aufgeforderten Stiefsohn S mit einem Faustschlag bewusstlos schlägt, um so den regungslosen S vor die Tür schleppen zu können. *Vis compulsiva* ist dagegen gegeben, wenn E den S so lange schikaniert und prügelt, bis dieser seinen Widerstand aufgibt, sich dem Verlangen des E beugt und das Haus verlässt.

Verhaltensweisen, die im **Schlaf** oder in einem Zustand der **Bewusstlosigkeit** erfol- **153** gen, sind keine Handlungen, da diese nicht willentlich gesteuert werden (Beispiel: Die Mutter erdrückt ihr Baby im Schlaf)[24]. Dies gilt auch für Bewegungen beim Schlafwandeln sowie im Zustand tiefer **Hypnose**, da diese der geistigen Kontrolle des Betroffenen entzogen sind[25]. Nach aA soll hier eine tiefgreifende Bewusstseinsstörung iSd § 20 vorliegen[26].

---

22 *Frister*, AT, 3. Kap., Rn 14–17; *Greco*, GA 2015, 503; *Köhler*, AT, S. 557; *Krey/Esser*, AT, Rn 111; *Ransiek*, NZWiSt 12, 45; vgl auch *Knothe*, Joecks-GS, S. 259.
23 IE ebenso *Kaspar*, AT, § 4 Rn 10; *Merkel*, ZStW 119 [2007], 214.
24 S. nur *Kühl*, AT, § 2 Rn 6.
25 Vgl LK-*T. Walter*, Vorbem. § 13 Rn 38; fallbezogen *Kaspar*, JA 06, 855.
26 So ua *Maurach/Zipf*, AT/1, § 16 Rn 19; *Roxin*, AT I, § 8 Rn 72.

154   In **Fall 3** war der Sturz des A in die Keramikvasen des H eine zwangsläufige Folge der von B ausgehenden Stoßbewegung. Das Hinfallen als solches war vom Willen des A weder beherrscht noch beherrschbar; dieses Ereignis kann zwar dem Veranlasser B, nicht jedoch dem A als Handlung zugerechnet werden. Infolge der auf ihn einwirkenden äußeren Gewalt wurde A zum Werkzeug in der Hand des B; praktisch liegt es nicht anders, als wenn B einen leblosen Gegenstand in die Vasen des H gestoßen hätte. Da das Verhalten des A durch *vis absoluta* erzwungen wurde und auch nichts dafür ersichtlich ist, dass ein vorausgegangenes, vom Willen des A getragenes Verhalten als Anknüpfungspunkt für eine strafrechtliche Haftung aus § 303 in Betracht kommt, scheidet eine Bestrafung des A wegen Sachbeschädigung mangels einer ihm zurechenbaren Handlung aus.

155   Wenn **Zweifel an der Handlungsqualität** bestehen, ist in Strafrechtsarbeiten folgende Reihenfolge der Untersuchung zu empfehlen:

1. Liegt überhaupt ein **menschliches Verhalten** vor? Den Gegensatz bilden reine Naturereignisse (Bergrutsch, Unwetter usw) und das Verhalten von Tieren.
2. War dieses Verhalten **vom Willen** des betreffenden Menschen **beherrscht oder beherrschbar**? Fällt diese Prüfung – wie im Ausgangsfall – negativ aus, bedarf die Frage der Sozialerheblichkeit keiner Erörterung mehr.
3. Ist dieses willensgetragene menschliche Verhalten auch **sozial relevant**?

Wo – wie in den meisten Fällen – an der Handlungsqualität des Verhaltens **kein Zweifel** besteht, ist es zulässig und angebracht, die Frage des Handelns gar nicht anzusprechen, sondern sogleich mit der Prüfung der Tatbestandsverwirklichung zu beginnen.

156   c)   Wo auf den ersten Blick die Handlungsqualität nicht vorzuliegen scheint, kann die Wahl eines anderen (zeitlich vorgelagerten) **Anknüpfungspunkts** zu einem anderen Ergebnis führen.

Beispiel: Nach dem Zubettgehen greift Frau F zu einem Kriminalroman. Neben ihrem Bett schlummert in einer Wiege ihr 5 Monate altes Kind. Plötzlich fällt der Strom aus. Da F das begonnene Kapitel unbedingt zu Ende lesen möchte, zündet sie eine Kerze an, die sie auf das Nachtschränkchen stellt. Während des Lesens schläft sie ein. Bei einer Armbewegung im Schlaf stößt sie die brennende Kerze um, sodass sich ein Schwelbrand entwickelt. Als F erwacht, ist ihr Kind bereits erstickt. F kommt mit dem Leben davon. F meint, dass sie mangels Handlung für den Tod des Kindes nicht verantwortlich sei. Trifft ihre Ansicht zu?

Vorsatzdelikte scheiden bei diesem Sachverhalt aus. F kann sich jedoch der fahrlässigen Tötung (§ 222) schuldig gemacht haben. Das **Umstoßen der brennenden Kerze** durch die im Schlaf (dh außerhalb des Bewusstseins) erfolgte Armbewegung scheidet bei der Frage nach dem Vorliegen einer Handlung als geeigneter Anknüpfungspunkt aus. Zu prüfen ist aber, ob nicht ein vorangegangenes Verhalten der F als Grundlage für die strafrechtliche Beurteilung in Betracht kommt: Das **Anzünden der Kerze** (= aktives Tun) war Handlung im oben erläuterten Sinn, erfüllt den Tatbestand des § 222 jedoch deshalb nicht, weil es für sich allein keinen Verhaltensfehler und keinen Sorgfaltsmangel erkennen lässt (vgl Rn 1115). Einen weiteren tauglichen Anknüpfungspunkt bildet das **Nichtauslöschen der Kerze** beim Auftreten der ersten Ermüdungserscheinungen (= pflichtwidriges Unterlassen). Als ein vom menschlichen Willen beherrschtes oder beherrschbares sozialerhebliches Verhalten erfüllt dieses Unterlassen alle Voraussetzungen des Handlungsbegriffs. Da es auch auf einem Sorgfaltsmangel beruht[27] und die

---

27   BGHSt 23, 156 zum Einschlafen am Steuer eines Kraftwagens bei Missachtung der die Ermüdung anzeigenden Begleiterscheinungen.

50

im Unterlassungsbereich erforderliche Garantenstellung der F iSd § 13 unschwer zu bejahen ist (= Verantwortlichkeit für eine bestimmte Gefahrenquelle, Schutzpflicht für das Leben ihres Kindes; vgl Rn 1175 ff), führt dieser Anknüpfungspunkt zur sachgerechten Lösung des Falles (fahrlässige Tötung gem. §§ 222, 13 in Form des unechten Unterlassungsdelikts).

4. Verbindungslinien zur allgemeinen Verbrechenslehre

Die Handlungslehre hat in Deutschland einen beherrschenden Einfluss auf die **allgemeine Verbrechenslehre** ausgeübt. Einerseits bestand eine besonders stark ausgeprägte Beziehung zwischen der kausalen Handlungslehre (s. o. Rn 138) und dem älteren klassischen Verbrechenssystem.   **157**

Begründet wurde das klassische Verbrechenssystem durch *Franz v. Liszt* (1851-1919) und *Ernst v. Beling* (1866-1923). Der Tatbestand beschränkte sich danach auf die wertfreie Feststellung, dass der tatbestandliche Erfolg verursacht wurde. Die subjektive Einstellung des Täters zu diesem Vorgang wurde als Vorsatz erst im Rahmen der Schuld geprüft.

Andererseits war und ist auch eine sehr enge Verbindung erkennbar zwischen finalem Handlungsbegriff und dem aus ihm abgeleiteten Verbrechenssystem der Finalisten, das zu einer **personalen Unrechtslehre** ausgebaut worden ist (vgl Rn 207).   **158**

Diese auf *Hans Welzel* (1904-1977) zurückgehende Lehre ordnete – was heute ganz herrschender Ansicht entspricht – den Vorsatz dem Unrechtstatbestand zu; für die Anhänger der finalen Handlungslehre ist dies zwingend, weil der das Geschehen lenkende Wille das Rückgrat der Handlung bildet.

Erst die soziale Handlungslehre hat jedoch zu der richtigen Erkenntnis geführt, dass die **begrenzte Funktion** des Handlungsbegriffs im Deliktsgefüge eine vorzeitige Festlegung des Systemdenkens für die ihm nachgeordneten Wertungsstufen (Tatbestandsmäßigkeit, Rechtswidrigkeit und Schuld) ausschließt und es nicht gestattet, die Unrechts- und Schuldlehre schon vom Handlungsbegriff her in ein bestimmtes System zu zwängen. Darauf aufbauend vertritt die hM heute eine **teleologische Verbrechenslehre**, wonach die Begriffe „Vorsatz" und „Fahrlässigkeit" neben der Verhaltensform auch die jeweilige Schuldform beschreiben, sodass beide Merkmale im Deliktsaufbau eine Doppelfunktion (im Unrecht wie in der Schuld) erfüllen.   **159**

Dieser hM lassen sich bspw *Eser, Gropp, Haft, Jäger, Jescheck, Köhler, Kühl, Roxin, Rudolphi* und *Wolter* zuordnen.

In **Fall 3** hat sich A also mangels Handlungsqualität seines Verhaltens nicht nach § 303 strafbar gemacht (s. Rn 154).   **160**

Teil II

Die vorsätzlichen Begehungsdelikte

§ 4 Die Bildung von Straftatbeständen und Deliktsgruppen im Gesetz

161 **Fall 4: a)** A hat erfahren, dass seine Braut B von ihren tödlich verunglückten Eltern einen hohen Geldbetrag geerbt hat, der sich im Wandtresor ihres Buchladens befindet. Da er ohnehin mit einer baldigen Auflösung des Verlöbnisses durch B rechnet, steigt A nachts – mit einer geladenen Pistole bewaffnet – in das Geschäft der B ein, öffnet den Tresor mit einem Nachschlüssel und entwendet das vorgefundene Geld, um es für sich zu verwenden.

Rechtliche Beurteilung der von A begangenen Straftat? **Rn 162, 177**

b) Bedarf es zur Strafverfolgung gegen A eines Strafantrags der B? **Rn 177**

I. Tatbestandsbildung und Gesetzessystematik

162 In **Fall 4** verwirklicht das Verhalten des A den Tatbestand des Diebstahls (§ 242) in seiner Grundform, die in § 243 I 2 Nr 1 und 2 für einen „besonders schweren Fall" genannten Regelbeispiele sowie die qualifizierenden Merkmale des § 244 I Nr 1a. Da B als Verlobte zu den Angehörigen des A zählt (§ 11 I Nr 1a), liegen außerdem die privilegierenden Voraussetzungen des § 247 vor. Fraglich ist, welche rechtlichen Konsequenzen das gleichzeitige **Zusammentreffen** von **qualifizierenden** und **privilegierenden Umständen** bei der Verwirklichung eines Straftatbestandes hat und ob die Strafverfolgung gegen A hier **von Amts wegen** oder (im Hinblick auf § 247) **nur auf Antrag** der B betrieben werden darf.

163 Bildung und Aufbau der Straftatbestände unterliegen bestimmten Gesetzmäßigkeiten, die für ihre Einordnung und ihren Anwendungsbereich von Bedeutung sind. **Grundlage** und Ausgangspunkt der Tatbestandsbildung ist das zu **schützende Rechtsgut** (dazu s. Rn 9 ff). Der jeweiligen Schutzrichtung entsprechend unterscheidet man beispielsweise Tötungs-, Körperverletzungs-, Eigentums- und Vermögensdelikte. Kernstück der Tatbestandsbildung ist jedoch die abschließende und den besonderen Delikttyp kennzeichnende Umschreibung der Strafbarkeitsvoraussetzungen, von deren Verwirklichung die angedrohte und im Strafrahmen umgrenzte Straffolge abhängt.

164 Die meisten, aber nicht alle Vorschriften im Besonderen Teil, haben die Bildung von Straftatbeständen zum Gegenstand. Es gibt auch Vorschriften ohne „Tatbestands"-charakter, die nur **Strafzumessungsregeln** (vgl §§ 213, 243) oder **prozessuale Regelungen** (vgl §§ 230, 247, 248a) enthalten (näher Rn 171 f).

165 Neben abschließend ausformulierten Straftatbeständen, die man als **Vollstrafgesetze** bezeichnet (Beispiele: §§ 242, 246, 249), gibt es im StGB und im Nebenstrafrecht auch **Blankettvorschriften**, die bzgl ihres Verbotsinhalts auf andere Gesetze, Rechtsverordnungen oder Verwaltungsakte verweisen (Beispiele: §§ 184d, 315a I Nr 2). Bei

52

ihnen ergibt sich der komplette Tatbestand erst aus dem Zusammenlesen von Blankettgesetz und ausfüllender Norm (**Inkorporationstheorie**), wobei der verfassungsrechtliche Bestimmtheitsgrundsatz des Art. 103 II GG (s. Rn 72) für beide gilt, was insbesondere beim Verweis auf EU-Recht bisweilen missachtet wird[1].

II. Tatbestandsabwandlungen und ihre Bedeutung

1. Unselbstständige und verselbstständigte Abwandlungen

Innerhalb der Strafvorschriften, die den Schutz eines bestimmten Rechtsgutes bezwecken, finden sich vielfach **zusammenhängende Gruppen**, die aus dem Grundtatbestand des betreffenden Delikts und daran anknüpfenden qualifizierenden und/oder privilegierenden Abwandlungen tatbestandlicher oder nicht-tatbestandlicher Art bestehen. Daneben gibt es die gesetzliche Weiterbildung zu eigenständigen Delikten, die im Verhältnis zu ihrem Ausgangstatbestand verselbstständigt sind und rechtlich ihren eigenen Regeln folgen, also aus sich heraus zu beurteilen sind. **166**

a) Der **Grundtatbestand** bildet die Grundform des Deliktstyps. Er enthält die Mindestvoraussetzungen der Strafbarkeit, die dem Delikt (wie etwa dem Diebstahl in § 242 oder dem Betrug in § 263) sein typisches Gepräge geben und seinen Unrechtsgehalt bestimmen. **167**

b) **Qualifizierende** und **privilegierende Abwandlungen** entstehen dadurch, dass der Gesetzgeber den Grundtatbestand um spezielle Merkmale erweitert (zB hinsichtlich der zeitlichen oder räumlichen Umstände, der Begehungsweise, der Verwendung bestimmter Tatmittel, der Beziehung zwischen Täter und Verletztem usw). „Tatbestands"-Qualität haben solche Abwandlungen nur dann, wenn sie den Unwertgehalt der Tat berühren und wenn sie (wie etwa § 244 oder §§ 250, 251) eine **abschließende und zwingende Regelung** in dem Sinne treffen, dass bei ihrem Vorliegen immer, aber auch nur dann ein strengerer oder milderer Strafrahmen Platz greift (s. Rn 32). **168**

aa) Von einer **unselbstständigen Abwandlung** spricht man, wenn die Veränderung der Deliktsform die Abhängigkeit der Qualifizierung oder Privilegierung vom Grundtatbestand nicht aufhebt, sondern verwandte Erscheinungsformen des Delikts mit einem sie rechtlich verbindenden **„Stufenverhältnis"** schafft (Beispiel: §§ 224–227 im Verhältnis zu § 223). Hier spricht man von einem „Qualifikations-" bzw von einem „Privilegierungstatbestand". **169**

bb) Eine **verselbstständigte Abwandlung** liegt dagegen vor, wenn die speziellere Rechtsnorm vom Ausgangstatbestand gelöst und zu einem **neuen Delikt mit eigenständigem Unwert** *(delictum sui generis)* ausgestaltet worden ist (Beispiel: § 252 im Verhältnis zu § 242; § 237 [Zwangsheirat][2] zu § 240). Ob diese Voraussetzung gege- **170**

1 BGHSt 59, 11; BGH NJW 14, 1029; BVerfG StV 17, 71; *Böse*, Krey-FS, S. 7; *Bülte*, JuS 15, 769; *ders.*, Joecks-GS, S. 365 ff; *Hecker*, § 7 Rn 76 ff; *ders.*, JuS 14, 458 ff; *Heger*, Kühl-FS, S. 669; *Krey/Esser*, AT, Rn 128; *Oğlakcıoğlu*, ZWH 14, 104; S/S/W-StGB-*Satzger*, § 1 Rn 61 ff.

2 Dazu *Busch*, NJ 10, 18; *Bülte/Becker*, ZIS 12, 61; *Eisele/Majer*, NStZ 11, 546; *Ensenbach*, Jura 12, 507; *Haas*, JZ 13, 72; *Kubik/T. Zimmermann*, JR 13, 192; *Letzgus*, Puppe-FS, S. 1231; *Schramm*, Kühl-FS, S. 603; *Schumann*, JuS 11, 789; *Sering*, NJW 11, 2161; *Valerius*, JR 11, 430; zur „Genitalverstümmelung" s. den neuen § 226a (BT-Drs. 17/13707); ferner *Hahn*, ZRP 10, 37; *Rittig*, JuS 14, 499; *Valentiner*, StudZR 12, 461; *Zöller/Thörnich*, JA 14, 167.

ben ist oder nicht, muss im Einzelfall entsprechend dem Sinn und Zweck der abgewandelten Vorschrift durch Auslegung ermittelt werden.

171 **c)** Vorschriften, die gegenüber dem Grundtatbestand zusätzliche Merkmale enthalten, die aber – anders als bei Qualifikations- und Privilegierungstatbeständen – keine zwingende und abschließende Regelung treffen, insbes. einen modifizierten Strafrahmen nur „in der Regel" an das Vorliegen dieser zusätzlichen Merkmale knüpfen (sog. Regelbeispielsmethode), sind lediglich **Strafzumessungsregeln**. Sie sind keine Tatbestände und auch nicht als solche zu prüfen. Die Verwirklichung eines sog. Regelbeispiels indiziert nur das Eingreifen der modifizierten Straffolge (etwa in Form eines „besonders schweren Falls" des Grunddelikts).

172 **d)** Daneben existieren (verfahrensrechtliche) Privilegierungen, die ihre Grundlage in kriminalpolitischen Erwägungen haben (zB bzgl eines Strafantragserfordernisses) und sich nicht auf den Unwertgehalt der Tat, sondern allein auf die **Zulässigkeit der Strafverfolgung**[3] (also auf Prozessvoraussetzungen) beziehen. Diese Vorschriften haben keinen Tatbestandscharakter, was bei Irrtumsfragen Bedeutung gewinnt (näher Rn 791)[4].

Die nachfolgende Übersicht verdeutlicht das hier Gesagte anhand der §§ 242–252.

173 **e)** **Schaubild zum Verhältnis von § 242 zu seinen Abwandlungen:**

Aus dieser Übersicht ergibt sich, dass zwischen dem Grundtatbestand des Diebstahls (§ 242) und seinen unselbstständigen Abwandlungen (§§ 243, 244, 244a, 247, 248a) ein sog. **Stufenverhältnis** besteht. Die Anwendung der §§ 243, 244, 244a, 247, 248a setzt daher stets voraus, dass der Grundtatbestand des § 242 erfüllt ist.

§ 244 bildet (ebenso wie § 244a) eine den Handlungsunwert der Tat steigernde Abwandlung **tatbestandlicher Art**, deren Regelung für den Strafrichter **abschließend** und **zwingend** ist; als Qualifikationstatbestand greift er immer, aber auch nur dann ein, wenn seine speziellen Merkmale neben denen des § 242 verwirklicht sind.

---

3 Zu strafrechtlichen Aufgabenzuweisungen an die Bundesregierung s. *Kaiser*, JR 16, 679.
4 Vgl auch BGHSt 18, 123: Unbeachtlichkeit des Irrtums über das Angehörigenverhältnis; vert. zum Strafantrag *Ruppert*, JA 18, 107.

54

Im Gegensatz dazu enthält § 243 I weder eine zwingende noch eine abschließende Regelung, es handelt sich um eine bloße **Strafzumessungsregel**[5] ohne tatbestandlichen Charakter[6]. Die Verwirklichung eines der dort genannten **Regelbeispiele** indiziert nur einen besonders schweren Fall des Diebstahls.

Die in §§ 247, 248a getroffene Privilegierung betrifft nur die **Zulässigkeit der Strafverfolgung**, die von einem Strafantrag als Prozessvoraussetzung abhängig gemacht wird. Aus diesem Grunde fehlt beiden Regelungen der Tatbestandscharakter[7].

Bei der Entziehung elektrischer Energie (§ 248c), beim Raub (§ 249) und beim räuberischen Diebstahl (§ 252) handelt es sich um **eigenständige Delikte**, die vom Ausgangstatbestand des § 242 gelöst und verselbstständigt sind. Hier scheidet ein Rückgriff auf Abwandlungen des Ausgangstatbestands (§§ 243, 244, 244a, 247, 248a) aus[8], es sei denn das Gesetz erklärt ihn (wie in § 248c III) ausdrücklich für zulässig.

Die Unterschlagung (§ 246) ist gegenüber dem Diebstahl ein **Auffangtatbestand**, der alle Zueignungsakte erfassen soll, die nicht bereits in anderen Vorschriften mit schwererer Strafe bedroht sind (s. zur Konkurrenzproblematik Rn 1268)[9].

2. Zusammentreffen qualifizierender und privilegierender Umstände

Begeht jemand eine Straftat, bei der neben einer Verwirklichung des Grundtatbestands **qualifizierende und privilegierende** Umstände zusammentreffen, so ist zu fragen, ob die Privilegierung nach ihrem Sinn und Zweck eine **Sperrwirkung** gegenüber der Qualifikation entfaltet oder ob beide im Sinne eines **Ergänzungsverhältnisses** nebeneinander bestehen können:

174

a) Sind sowohl die Voraussetzungen eines Qualifikations- als auch eines Privilegierungstatbestands erfüllt, so entfaltet die Privilegierung eine **Sperrwirkung** gegenüber der Qualifikation.

175

Beispiel: Tötet A den O auf dessen ausdrückliches und ernsthaftes Verlangen, erfüllt er den Privilegierungstatbestand der Tötung auf Verlangen (§ 216). Handelt er dabei aber grausam, erfüllt er auch die Tatbestandsvoraussetzung des Mordes (§ 211). Nach der *ratio legis* kann der A nur wegen § 216 bestraft werden[10].

b) Eine verfahrensrechtliche Privilegierung kann hingegen **ergänzend** neben tatbestandliche Abwandlungen samt Strafzumessungsregeln treten.

176

---

5 BGHSt 23, 254; 26, 104; 33, 370; BGH JZ 02, 512 m. Anm. *Sternberg-Lieben*; dazu auch BGH wistra 03, 297; *Rengier*, BT I, § 3 Rn 1; *Wessels/Hillenkamp/Schuhr*, BT/2, Rn 207 ff.
6 Anders *Calliess*, NJW 98, 929; *Eisele*, Die Regelbeispielsmethode im Strafrecht, 2004, S. 354; *Jakobs*, AT, 6/99; *Krahl*, Tatbestand und Rechtsfolge, 1999, S. 146; vert. *Hettinger*, Maiwald II-FS, S. 293, 317.
7 BVerfGE 50, 205, 211.
8 Vgl RGSt 66, 354; *Maurach/Zipf*, AT/1, § 20 Rn 46.
9 Einzelheiten BGHSt 47, 243; *Fahl*, Jura 14, 382; *Jahn*, JuS 00, 1167; *Kudlich*, JuS 01, 767; *Wessels/Hillenkamp/Schuhr*, BT/2, Rn 327, 440.
10 *Bornemann*, Das Zusammentreffen vertatbestandlichter Strafmilderungs- und Strafschärfungsgründe, 2002, S. 152 f; *Küpper*, Meurer-GS, S. 123; iE trotz Ablehnung der Sperrwirkung ebenso *Herzberg*, JZ 00, 1093; *Seiler*, Die Sperrwirkung im Strafrecht, 2002, S. 281 f; Klausur bei *Gerhold/El-Ghazi*, JuS 14, 524.

§§ 243 I, 244 und § 247 schließen sich daher nicht gegenseitig aus, sondern ergänzen sich. Ein unter den Voraussetzungen der §§ 243 I, 244 begangener Haus- und Familiendiebstahl ist somit Antragsdelikt.

177 In **Fall 4a** wird also der verwirklichte Diebstahl (§ 242) unter Erfüllung von Regelbeispielen gem. § 243 I 2 Nr 1 und 2 als besonders schwerer Fall des Diebstahls und durch den Diebstahl mit Waffen gem. § 244 I Nr 1a qualifiziert. Die Strafe wird nur dem § 244 entnommen (näher *Wessels/Hillenkamp/Schuhr*, BT/2, Rn 264 ff). § 242 iVm § 243 I 2 Nr 1 und 2 gehen in § 244 I Nr 1a auf.

In **Fall 4b** ist gem. § 247 ein Strafantrag erforderlich, s. Rn 173.

§ 5 Die Tatbestandslehre. Begriff und Struktur des Unrechtstatbestandes

178 **Fall 5: a)** E hat seinen Pkw kurz vor Schalterschluss vor der Postfiliale abgestellt, um ein Einschreiben aufzugeben. In der Eile hat er vergessen, den Zündschlüssel abzuziehen und den Wagen zu verschließen. A nimmt die günstige Gelegenheit wahr und entwendet den Wagen für eine Spritztour. Auf der Fahrt wird er von der Polizei gestellt, durch deren Eingreifen E sein Auto zurückerhält.

Ermöglicht der objektive Teil des Vorganges schon für sich allein die Feststellung, welchen Unrechtstatbestand A verwirklicht hat? **Rn 206, 220**

b) In einer Hamburger Seemannskneipe kommt es zu einer Massenschlägerei. Der anwesende A will nicht als Feigling erscheinen und teilt deshalb auch einige leichte Hiebe aus. Parallel dazu verpasst der X dem Y einen harten Schlag an die Schläfe, sodass Y tot zusammenbricht. Welche Stellung im Deliktssystem nimmt die in § 231 (Beteiligung an einer Schlägerei) vorausgesetzte Folge (Tod bzw schwere Körperverletzung) ein? Kann A wegen § 231 bestraft werden, obwohl er solch schwere Folgen weder vorhergesehen noch irgendwie gewollt hat? **Rn 220**

I. Die Grundstruktur des Strafunrechts

179 Im Rahmen des herrschenden dreistufigen Deliktsaufbaus (dazu – mit Grafik – Rn 133 ff) ist die Grundlage des Strafunrechts die **Verwirklichung des gesetzlichen Tatbestandes**. Der Unrechtsgehalt der Tat findet seinen Ausdruck in den Tatbestandsmerkmalen, die den deliktstypischen Handlungs- und Erfolgsunwert (s. Rn 29) des Geschehens beschreiben. Tatbestandsmäßig ist ein Verhalten, wenn es mit der deliktstypischen Unrechtsbeschreibung im gesetzlichen Tatbestand übereinstimmt.

180 Wer einen solchen Straftatbestand verwirklicht, handelt aber nicht zwangsläufig rechtswidrig. Die **Rechtswidrigkeit** ist durch die Verwirklichung des Tatbestandes zwar regelmäßig indiziert (mit Ausnahme sog. „offener Tatbestände" wie zB § 240, bei denen die Rechtswidrigkeit stets gesondert positiv festgestellt werden muss)[1], das

---

1 Vgl BGHSt 35, 270, 275 zu § 240 II.

Verhalten kann jedoch ausnahmsweise gerechtfertigt sein, wenn es in der konkreten Tatsituation durch einen Rechtfertigungsgrund (Erlaubnissatz) gedeckt ist, dessen Voraussetzungen man als **Erlaubnistatbestand** bezeichnet.

Beispiel: Die vorsätzliche Tötung eines anderen Menschen verwirklicht den Tatbestand des Totschlags (§ 212). Dieses tatbestandsmäßige Verhalten ist rechtswidrig, wenn kein Rechtfertigungsgrund eingreift; es ist aber erlaubt und rechtmäßig, wenn die Voraussetzungen der Notwehr (§ 32) gegeben sind.

Das **endgültige Unwerturteil** der Rechtsordnung über die konkrete Tat fällt somit nicht schon mit der Feststellung der Tatbestandsmäßigkeit, sondern erst mit Bejahung der Rechtswidrigkeit. Die Bewertung eines Geschehens als **Unrecht** hat jeweils zwei Wertungsstufen zu durchlaufen: die Prüfung der **Tatbestandsmäßigkeit des Verhaltens** (Wertung anhand des gesetzlichen Tatbestandes) und die Feststellung des **Nichteingreifens von Rechtfertigungsgründen** (Wertung anhand der Gesamtrechtsordnung)[2]. **181**

II.   Die Lehre vom Tatbestand

Jede Strafbestimmung fasst die tat- und täterbezogenen Merkmale zusammen, deren Vorliegen **Voraussetzung für die Strafbarkeit** des Verhaltens ist. Was genau mit Tatbestand gemeint ist, hängt von der funktionalen Bedeutung der Begriffsbildung im jeweiligen Kontext ab. **182**

§ 16 I 1 spricht beim Vorsatzausschluss von den Tatumständen, die zum **gesetzlichen Tatbestand** gehören, lässt aber offen, was mit diesem Begriff gemeint ist. Ähnlich liegt es bei § 22, wo das Gesetz für den Versuch ein unmittelbares Ansetzen zur Verwirklichung des Tatbestandes verlangt.

1.   Der Tatbestand im weiteren Sinne

Den **Inbegriff aller Voraussetzungen der Strafbarkeit** bezeichnet man herkömmlicherweise als den **Tatbestand iwS**: **183**

Dieser weite Tatbestandsbegriff umspannt die Merkmale des Unrechtstatbestandes, der Rechtswidrigkeit und der Schuld sowie die objektiven Bedingungen der Strafbarkeit (sog. *Annex*; bei § 231 also auch die schwere Folge). Er hat Bedeutung für die **Garantiefunktion des Strafgesetzes** (vgl Rn 69), weil er alle gesetzlich normierten Voraussetzungen der Strafbarkeit einschließt, die zuungunsten des Täters weder durch Gewohnheitsrecht noch durch Analogie begründet oder erweitert werden können (sog. Garantietatbestand).

2.   Der Tatbestand im engeren Sinne (Unrechtstatbestand)

Einen Ausschnitt hiervon bildet der **Tatbestand ieS**[3], der sich in der Beschreibung derjenigen Merkmale erschöpft, die dem jeweiligen Delikt das individuelle Gepräge geben und seinen **typischen Unrechtsgehalt** charakterisieren. **184**

---

2   Lehrreich zum Ganzen *Jäger*, Zurechnung, S. 3; krit. *Lesch*, Der Verbrechensbegriff; *Maiwald*, Puppe-FS, S. 695 ff.

3   *Beling*, Die Lehre vom Verbrechen, 1906; *ders.*, Die Lehre vom Tatbestand, 1930; dazu auch *Ambos*, JA 07, 1; *Hillenkamp*, Kirchhof-FS, Bd II, § 124; krit. *Pawlik*, Otto-FS, S. 133.

185 Aufgabe des Strafgesetzgebers ist es, aus der Vielzahl wertwidriger Handlungsmöglichkeiten diejenigen Verhaltensweisen auszuwählen, die er wegen ihrer Sozialschädlichkeit und sozialethischen Verwerflichkeit bei Strafe verbietet; sog. **Auslesefunktion** des Tatbestandes (s. Rn 15).

186 Die damit verbundene Tatbestandsbildung erfüllt einen doppelten Zweck: Einmal gibt sie jedem Bürger die Möglichkeit der Selbstorientierung darüber, was unerlaubt ist und wie weit das generelle Verbot die soziale Handlungsfreiheit einschränkt, indem das **missbilligte Verhalten genau beschrieben wird**. Zum anderen formt sie einen fest umrissenen **Deliktstyp**, der die für das jeweilige Delikt (zB Mord, Diebstahl, Betrug) typische Rechtsgutverletzung verkörpert.

187 Die Tatbestandsmäßigkeit ieS ermöglicht nur ein generell-vorläufiges und noch **kein endgültiges Urteil** über die Rechtswidrigkeit und den materiellen Unrechtscharakter der Tat; das **Indiz** der Rechtswidrigkeit kann vielmehr durch das Eingreifen eines Rechtfertigungsgrundes (Erlaubnissatzes) ausgeräumt werden (s. Rn 395 ff).

3. Der Gesamt-Unrechtstatbestand

188 Umfassender als der Tatbestand ieS, jedoch enger als der Tatbestand iwS, ist der (von einer Mindermeinung entwickelte) Begriff des **Gesamt-Unrechtstatbestandes**, der unter Ausschluss der objektiven Bedingungen der Strafbarkeit und der Schuldelemente **alle unrechtsbegründenden und unrechtsausschließenden Merkmale** in sich vereinigen soll, von denen in positiver wie in negativer Hinsicht die Unrechtsqualität des Verhaltens abhängt[4]. Seine Funktion wird darin erblickt, die Grenzen von Recht und Unrecht im konkreten Einzelfall abschließend zu bestimmen.

Hiernach würde zB der Gesamt-Unrechtstatbestand eines Totschlags nicht nur die in § 212 umschriebenen Tatbestandsmerkmale (dh die Tötung eines anderen Menschen), sondern auch die in § 32 normierten Merkmale der Notwehr umfassen, da erst deren Vorliegen oder Fehlen ein abschließendes Urteil darüber ermöglicht, ob der Täter rechtmäßig gehandelt oder Tötungsunrecht verwirklicht hat.

189 Der so verstandene Begriff des Gesamt-Unrechtstatbestandes stützt sich überwiegend auf die **Lehre von den negativen Tatbestandsmerkmalen**[5]. Nach dieser Theorie werden Tatbestandsmäßigkeit und Rechtswidrigkeit zu einer einheitlichen Wertungsstufe verschmolzen (**zweistufiger Deliktsaufbau**: 1. Gesamt-Unrechtstatbestand und 2. Schuld)[6]. Dabei werden die Voraussetzungen der Rechtfertigungsgründe in negativer Form („[…] und wenn die Voraussetzungen der Notwehr *nicht* vorliegen […]") gleichberechtigt neben die positiven Tatbestandsmerkmale in den Gesamt-Unrechtstatbestand hineingelesen („negative Tatbestandsmerkmale").

190 Tatbestand und Rechtfertigungsgründe stehen sich bei dieser Betrachtungsweise nicht als **generelles Verbot** und **selbstständige Erlaubnisnorm** gegenüber, vielmehr erscheinen die Unrechtsausschließungsgründe als bloße **Einschränkung der Verbotsnorm**. Statt „Du sollst

---

4 Zur Lehre des Gesamt-Unrechtstatbestands s. *Kaspar*, AT, § 5 Rn 6 ff; *Silva Sanchez*, ZIS 14, 546, 549 f.

5 Vgl zur Heranziehung dieser Lehre zur Fundierung des vorsatzausschließenden Irrtums über rechtfertigende Tatumstände in der Rspr RGSt 21, 189; 64, 101; BGHSt 3, 105.

6 *Arthur Kaufmann*, Schuld, S. 102; *Kindhäuser*, LPK, Vorbem. §§ 32–35 Rn 39; MK-StGB-*Hoffmann-Holland*, § 22 Rn 154 f.

nicht töten!", würde das hinter § 212 stehende Verbot hier lauten: „Töte andere nicht vorsätzlich, außer im Fall der Notwehr, als Soldat im Krieg usw!" Jedes gerechtfertigte Verhalten wäre danach von vornherein nicht verboten und gar nicht tatbestandsmäßig iSd Gesamt-Unrechtstatbestandes.

Die hM lehnt die Lehre von den negativen Tatbestandsmerkmalen zu Recht ab: Dadurch, dass diese Theorie die Selbstständigkeit der Erlaubnisnormen leugnet und in ihnen lediglich Einschränkungen der Verbotsnormen erblickt, verkennt sie den **Wertunterschied** zwischen einem von vornherein tatbestandslosen und einem zwar tatbestandsmäßigen, aber durch einen Rechtfertigungsgrund gedeckten Verhalten. Ein tatbestandsloses Verhalten kann ein Unrecht darstellen (zB das „Ausleihen" eines Buches ohne Willen des Eigentümers), welches ein Notwehrrecht (§ 32) des Betroffenen begründet. Ein von einem Rechtfertigungsgrund gedecktes Verhalten (zB die Gebrauchsanmaßung an einem Kfz (§ 248b), welche durch Notstand (§ 34) gerechtfertigt ist) ist legal und vom Betroffenen zu dulden; ein Notwehrrecht darf dieser nicht haben. Würde man mit der Lehre von den negativen Tatbestandsmerkmalen das tatbestandsmäßige, jedoch gerechtfertigte Verhalten als von vornherein nicht verboten ansehen, so ließe sich gar nicht begründen, dass und warum der davon Betroffene zur Duldung des Eingriffs in seine Rechtsgüter verpflichtet ist. Diese Duldungspflicht des Betroffenen lässt sich nur aus dem selbstständigen Charakter der Erlaubnisnormen herleiten, die in den darin umschriebenen atypischen Situationen Eingriffsrechte gewähren.

191

Im Übrigen gibt auch das **Gesetz selbst** zu erkennen, dass es in den Rechtfertigungsgründen **keine negativen Tatbestandsmerkmale** erblickt. Denn wenn es die durch Notwehr gedeckte oder im rechtfertigenden Notstand begangene Tat in den §§ 32, 34 als „nicht rechtswidrig" bezeichnet, bringt es zum Ausdruck, dass Rechtfertigungsgründe nicht schon den Tatbestand als solchen entfallen lassen, sondern nur die Rechtswidrigkeit des tatbestandsmäßigen Verhaltens ausschließen[7].

192

Ein **zweistufiger Deliktsaufbau** (Unrecht/Schuld) ist indes nicht unbedingt an die Lehre von den negativen Tatbestandsmerkmalen gebunden; er kann auch auf dem Boden der herrschenden Verbrechenslehre vertreten werden, wenn man den übergeordneten Begriff des „Unrechts" als gegliederte Einheit, bestehend aus Tatbestandsmäßigkeit und Rechtswidrigkeit versteht, letztlich also doch drei Wertungsvorgänge mit jeweils unterschiedlicher Fragestellung beibehält[8].

193

Für diese Aufbauform wird angeführt, **Rechtswidrigkeit** und **Schuld** seien die **eigentlich maßgebenden „Wertkategorien"** des Strafrechts. Die Tatbestandsmäßigkeit als solche bilde für sich keine eigene rechtliche Wertungsstufe, weil sie erst im Zusammenspiel mit den Rechtfertigungsgründen zu der Beurteilung **rechtmäßig** bzw **rechtswidrig** führe. Dem lässt sich zwar entgegenhalten, dass tatbestandslose Verhaltensweisen per se strafrechtlich irrelevant sind und sich durch das Fehlen jeglicher strafbewehrter Rechtsgutsbeeinträchtigung von den

194

---

7 Eingehend zur Kritik: *Hirsch*, Die Lehre von den negativen Tatbestandsmerkmalen, 1960, S. 275; *Jakobs*, AT, 6/54; *Jescheck/Weigend*, AT, § 25 III; *Schwarzer*, Die Rechtswidrigkeit im Tatbestand, 2013, S. 19 ff.

8 Vgl etwa S/S-*Eisele*, Vorbem. §§ 13 ff Rn 17-19; *Rinck*, Der zweistufige Deliktsaufbau, 2000; *Roxin*, AT I, § 10 Rn 16 ff, 23; ähnl. *Wolter*, Zurechnung, S. 143 ff, der von einem „dreistufigen" Deliktsaufbau mit zwei Wertkategorien spricht; s. dazu auch *Otto*, Jura 95, 468; NK-*Puppe*, Vorbem. §§ 13 ff Rn 14; *dies.*, Otto-FS, S. 389; *Streng*, Beulke-FS, S. 313.

tatbestandsmäßigen, aber durch einen besonderen Erlaubnissatz gerechtfertigten Handlungen unterscheiden, was für die Eigenständigkeit der darauf bezogenen Wertungsvorgänge spricht. Jedoch sollte man die auf diesen Punkt beschränkte Kontroverse um den drei- oder zweistufigen Deliktsaufbau nicht zu hoch bewerten, solange Einigkeit in den grundlegenden Sachfragen besteht. Rein aufbaumäßig sind jedenfalls beide Wege gangbar.

195 Die nachfolgende Darstellung hält am herkömmlichen **dreistufigen Aufbau** fest. Soweit im Text ohne nähere Differenzierung vom Tatbestand oder von der Tatbestandsmäßigkeit gesprochen wird, ist damit stets der Tatbestand ieS als Unrechtstatbestand gemeint.

III. Die einzelnen Merkmale des Unrechtstatbestandes

196 Innerhalb des Unrechtstatbestandes ist zwischen deskriptiven und normativen sowie zwischen objektiven und subjektiven Tatbestandsmerkmalen zu unterscheiden.

1. Deskriptive und normative Merkmale

197 **a)** **Deskriptive** Merkmale sind solche, die durch einfache Beschreibung zum Ausdruck bringen, was sachlich-gegenständlich zum tatbestandlichen Verbot oder Gebot gehört.

Darunter fallen zB die Merkmale „Sache", „beweglich" und „wegnehmen" in § 242.

198 **b)** Von **normativen** (wertausfüllungsbedürftigen) Merkmalen spricht man bei Tatumständen, die nur unter der logischen Voraussetzung einer Norm gedacht und vom Richter nur im Wege eines ergänzenden Werturteils festgestellt werden können, wie zB die „Fremdheit" der Sache oder die „Zueignungsabsicht" in §§ 242, 249[9].

Ob eine **Sache fremd** ist oder nicht, richtet sich nach den Normen des bürgerlichen Rechts (wie etwa nach den §§ 929 ff BGB)[10]; bei diesem Tatumstand handelt es sich somit um ein normatives Merkmal.

199 Unverkennbar ist indessen, dass eine **feste Grenzziehung zwischen deskriptiven und normativen Merkmalen nicht möglich** ist. Praktisch alle beschreibenden Merkmale enthalten auch einen gewissen normativen Einschlag. Schon die Frage, ob ein Tier eine Sache iSd §§ 242, 303 oder ab wann ein in der Geburt befindliches Kind ein Mensch iSd §§ 211 ff ist, lässt sich ohne wertende Betrachtung nicht beantworten (weitere Einzelheiten Rn 363).

2. Objektive und subjektive Merkmale

200 **a)** Als **objektive** (äußere) Tatbestandsmerkmale bezeichnet man diejenigen Umstände, die das äußere Erscheinungsbild der Tat bestimmen; sie können deskriptiv oder normativ, tat- oder täterbezogen sein.

---

9 Vgl *Bülte*, JuS 15, 769 zur Abgrenzung zwischen normativem Tatbestandsmerkmal und Blankettverweisung; *ders.*, Joecks-GS, S. 365 ff.
10 Näher *Wessels/Hillenkamp/Schuhr*, BT/2, Rn 79 f.

60

Entsprechend der Vielgestaltigkeit der Deliktstypen variieren Art und Anzahl der Merkmale des objektiven Tatbestands von Delikt zu Delikt. Zu ihm gehören die Beschreibung des Tatsubjekts, des Tatobjekts und der Ausführungshandlung einschließlich etwaiger besonderer Begehungsweisen, Tatmittel und sonstiger Tatumstände und -modalitäten. Zumeist wird im objektiven Tatbestand der Eintritt eines bestimmten Erfolges als Außenwirkung der Handlung vorausgesetzt. Bei solchen Erfolgsdelikten bildet der ursächliche Zusammenhang zwischen Tathandlung und Erfolg ebenfalls ein (ungeschriebenes bzw in der tatbestandlichen Handlungsbeschreibung enthaltenes) Merkmal des objektiven Tatbestandes (vgl Rn 227 ff).

Bei den Vorsatzdelikten liegt die herausragende Bedeutung des objektiven Tatbestandes vornehmlich darin, dass **alle seine Einzelmerkmale vom Tatbestandsvorsatz umfasst** sein müssen (vgl § 15); jeder Irrtum in dieser Beziehung schließt den Tatbestandsvorsatz aus (§ 16 I 1). Dabei ist es gleichgültig, ob dieser sog. Tatbestandsirrtum vermeidbar oder unvermeidbar war. **201**

Die **Rechtswidrigkeit** der Tat als solche ist ein **allgemeines Verbrechensmerkmal**, aber kein Tatbestandsmerkmal. **202**

Taucht das Wort „rechtswidrig" in einer Strafbestimmung auf, so ist zu unterscheiden:

Wenn dieser Begriff als **Attribut eines einzelnen Tatumstandes** erscheint, handelt es sich um ein **echtes Tatbestandsmerkmal**, auf das sich der Vorsatz erstrecken muss (zB §§ 242 I, 249 I, 253 I, 263 I bzgl der „Rechtswidrigkeit" der beabsichtigten Zueignung bzw des erstrebten Vorteils)[11].

Wo der Begriff „rechtswidrig" sich dagegen auf die **Bewertung der Gesamttat** beziehen soll (wie zB in §§ 240 II, 123 I), liegt darin nur ein (eigentlich überflüssiger) Hinweis auf das **allgemeine Verbrechensmerkmal** der Rechtswidrigkeit, verbunden mit der Mahnung des Gesetzgebers an den Richter, das eventuelle Eingreifen von Rechtfertigungsgründen als besonders nahe liegend zu bedenken. Diese Rechtswidrigkeit braucht vom Tatbestandsvorsatz nicht umfasst zu sein; sie bildet aber einen Anknüpfungspunkt für das zur Schuld gehörende Unrechtsbewusstsein (vgl § 17)[12]. Näher Rn 680 ff.

b) **Subjektive** (innere) Tatbestandsmerkmale sind Umstände, die dem psychisch-seelischen Bereich und der Vorstellungswelt des Täters angehören. Wie gesehen ist heute weitgehend anerkannt, dass all diejenigen subjektiven Tatbestandselemente zum Unrechtstatbestand zu rechnen sind, die den Handlungsunwert (Verhaltensunwert) der Tat charakterisieren und die besondere Art und Weise der Verletzungs- oder Gefährdungshandlung näher kennzeichnen[13]. **203**

Als **spezielle Schuldmerkmale** lassen sich dagegen diejenigen delikttypischen Elemente des Tatbestandes iwS ansehen, die **unmittelbar** und **ausschließlich** den in der Tat zum Ausdruck kommenden **Mangel an Rechtsgesinnung** beschreiben (zB die „Böswilligkeit" bei §§ 90a I Nr 1, 130 I Nr 2, II, 225 oder die „Rücksichtslosigkeit" in § 315c I Nr 2), vgl Rn 675. **204**

---

11 Vgl BGH StV 09, 357; *Wessels/Hillenkamp/Schuhr*, BT/2, Rn 200, 585, 719.
12 Ähnl. bei „unbefugt" (zB § 238), dazu AnwK-StGB-*Küpper*, § 238 Rn 5; Lackner/Kühl-*Kühl*, § 238 Rn 6; *Mitsch*, Jura 07, 401.
13 S/S-*Eisele*, Vorbem. §§ 13 ff Rn 52 ff; s. auch *Stübinger*, Puppe-FS, S. 263.

205 **Subjektive Tatbestandsmerkmale** als Unrechtselemente finden sich vor allem bei den sog. **Absichtsdelikten**, wo zur tatbestandlichen Ausführungshandlung eine besondere Erfolgs- oder Zielvorstellung als **„überschießende Innentendenz"** hinzutreten muss, wie etwa die Zueignungsabsicht des Diebes oder Räubers (§§ 242, 249), die Bereicherungsabsicht des Erpressers, Betrügers oder Hehlers (§§ 253, 263, 259), die Absicht der Vorteilssicherung bei der Begünstigung (§ 257) usw.

206 Im **Fall 5a** zeigt sich die **Bedeutung der subjektiven Tatbestandsmerkmale** für den **Unrechtstatbestand** besonders klar bei einem Vergleich zwischen § 242 und § 248b:

Diebstahl (§ 242) und Gebrauchsanmaßung (§ 248b) sind dem Unrechtstyp nach grundverschieden. Während der Dieb den Eigentümer **auf Dauer** aus seiner Sachherrschaftsposition verdrängen will, um sich oder einen Dritten als „Pseudo-Eigentümer" an dessen Stelle zu setzen, will der Täter im Fall des § 248b die Herrschaftsbeziehung des Berechtigten zur Sache **nur vorübergehend** beeinträchtigen, sie nach dem unbefugten Gebrauch aber alsbald wiederherstellen.

A hat das Auto weggenommen und unbefugt in Gebrauch genommen. Dieser **objektive** Befund gibt indessen nicht den geringsten Aufschluss darüber, ob die Tat dem Deliktstyp des § 242 oder des § 248b zuzuordnen ist; das folgt erst aus dem Vorhandensein oder Fehlen der (subjektiven) **Zueignungsabsicht** bei A **im Augenblick der Wegnahme**. Wollte A den Wagen nach Beendigung der geplanten Spritztour in eine Lage zurückführen, die es dem E ohne besondere Mühe und ohne die Hilfe des bloßen Zufalls ermöglichte, seine ursprüngliche Sachherrschaft über den Pkw wieder auszuüben, so ist mangels Zueignungsabsicht **schon der subjektive Unrechtstatbestand des § 242 zu verneinen** und nur Raum für § 248b. Wollte A das Auto dagegen später irgendwo stehen lassen, wo es dem beliebigen Zugriff Dritter preisgegeben war und seine Rückführung an E dem Zufall anheim gestellt blieb, ist der objektive und subjektive Unrechtstatbestand des **§ 242** verwirklicht (vgl BGHSt 22, 45; *Wessels/Hillenkamp/Schuhr*, BT/2, Rn 156).

207 Der **Vorsatz** wird heute ebenfalls zu Recht als subjektives Tatbestandsmerkmal dem Bereich des **Handlungsunrechts** zugeordnet und nicht – entsprechend dem früher herrschenden klassischen Verbrechenssystem (s. Rn 157) – lediglich als Schuldform eingestuft:

Für die **finale Handlungslehre** (s. Rn 139) ergibt sich die Einordnung des Vorsatzes in den Unrechtstatbestand von selbst, weil der das Geschehen lenkende Wille das Rückgrat der Handlung bildet und bei dieser Betrachtung das Kernstück eines personalen Handlungsunrechts ist (personale Unrechtslehre[14]; vgl auch Rn 158).

Aber auch vom Standpunkt der **sozialen Handlungslehre** (s. Rn 141) aus, die in der tatbestandsmäßigen Handlung eine vom menschlichen Willen beherrschte rechtlich-soziale Sinneinheit erblickt, sprechen gewichtige Gründe dafür, den Tatbestandsvorsatz als psychischen Sachverhalt (Wissen und Wollen hinsichtlich der Verwirklichung des objektiven Tatbestandes) dem

---

14 Zum Stand der Lehre vom personalen Unrecht vgl *Duttge*, Otto-FS, S. 227; MK-StGB-*Freund*, Vorbem. § 13 Rn 24 ff, 127 ff; *Hirsch*, Uni-Köln-FS, S. 399; *Armin Kaufmann*, Strafrechtsdogmatik zwischen Sein und Wert, 1982, S. 151; *Lampe*, Das personale Unrecht, 1967; *Otto*, ZStW 87 [1975], 539; LK-*Rönnau*, Vorbem. § 32 Rn 315; *Sánchez*, GA 2013, 611; *Zaczyk*, Otto-FS, S. 191; zur Bedeutung des Erfolges für Unrecht und Schuld s. *Dencker*, Armin Kaufmann-GS, S. 441; *Hoyer*, Strafrechtsdogmatik nach Armin Kaufmann, 1997, S. 164; *Roxin*, AT I, § 10 Rn 67.

subjektiven Unrechtstatbestand zuzuordnen. Dies zeigen bereits diejenigen Tatbestände, die zweckgerichtete Handlungsbeschreibungen enthalten, die sich – ohne Rückgriff auf den Vorsatz – gar nicht bestimmen lassen, ohne dass der eigentliche Handlungssinn verloren geht (Beispiel: „zueignen" in § 246). Auch ist es zwingend, bei einem Versuch den Tatbestandsvorsatz als subjektives Unrechtselement anzusehen, da es entscheidend vom Vorsatz abhängt, welcher Unrechtstatbestand überhaupt in Betracht kommt. Wieso sich an dieser systematischen Einordnung etwas ändern soll, wenn eine Tat vom Versuch in das Stadium der Vollendung übergeht, ist nicht einzusehen.

3. Die „Doppelfunktion" des Vorsatzes

Die Zuordnung zum subjektiven Unrechtstatbestand hat aber nicht notwendig zur Folge, dass der Vorsatz im Schuldbereich nunmehr jede Bedeutung verliert. Vielmehr ist mit dem herrschenden teleologischen Verbrechensaufbau (s. Rn 159) davon auszugehen, dass er als **Verhaltensform** und als **Schuldform** letztlich eine Doppelfunktion im Deliktssystem zu erfüllen hat. **208**

Das deutsche Strafrecht wird vom **Schuldprinzip** beherrscht, wonach Schuld und Strafe einander entsprechen müssen. Darin, dass die gesetzlichen Strafdrohungen bei Fahrlässigkeitstaten wesentlich niedriger sind als bei Vorsatztaten, drückt sich die Vorstellung des Gesetzgebers aus, dass zwischen vorsätzlichen und fahrlässigen Straftaten nicht nur ein Unterschied im Verhaltensunrecht, sondern auch eine die Strafhöhe betreffende **Schulddifferenz** besteht. Daraus ist zu entnehmen, dass mit den Begriffen „Vorsatz" und „Fahrlässigkeit" im Gesetz nicht nur zwei unterschiedliche Verhaltensformen, sondern zugleich zwei verschiedene Schuldformen bezeichnet werden sollen, von denen „Vorsätzlichkeit" iSv **Vorsatzschuld** die höhere und „Fahrlässigkeit" iSv **Fahrlässigkeitsschuld** die geringere Schuldstufe darstellt. So wie der Fahrlässigkeitsbegriff anerkanntermaßen Unrechts- und Schuldelemente in sich vereinigt (vgl Rn 1102 ff), fällt auch dem Vorsatzbegriff eine **doppelte Funktion** zu: **209**

Im **Unrechtstatbestand** ist der Vorsatz **als Verhaltensform Träger des rechtlichsozialen Handlungssinns**, der die psychischen Beziehungen des Täters zum äußeren Tatgeschehen umfasst. **210**

Im **Schuldbereich** ist der Vorsatz **als Schuldform Träger des Gesinnungsunwertes**, der die mit der vorsätzlichen Tatbestandsverwirklichung typischerweise verbundene mangelnde Rechtsgesinnung zum Ausdruck bringt.

Während es innerhalb der **Tatbestandsebene** nur darauf ankommt, die vorsätzliche Begehungsweise vom fahrlässigen Verhalten abzugrenzen und festzustellen, **ob** der Handlungswille auf die Realisierung aller objektiven Tatbestandsmerkmale gerichtet war, geht es im **Schuldbereich** um die Frage, **warum** es zu diesem Verwirklichungswillen gekommen ist und ob die Willensentschließung des Täters auf einer rechtlich tadelnswerten Gesinnung beruht, die den Wertentscheidungen der Rechtsordnung widerspricht. So wie die Tatbestandsmäßigkeit des Verhaltens die Rechtswidrigkeit der Tat indiziert (vgl Rn 187), liefert der **Tatbestandsvorsatz** als subjektives Unrechtsmerkmal ein **Indiz** für das Vorliegen von **Vorsatzschuld**. Dieses Indiz kann in atypi- **211** schen Situationen widerlegt werden, wie zB bei der irrigen Annahme rechtfertigender Tatumstände; näher Rn 740, 748 ff[15].

212 Die Frage, wie sich die Doppelnatur des Vorsatzes als Verhaltens- und Schuldform im **Deliktsaufbau** auswirkt, lässt sich wie folgt verdeutlichen:

Beispiel: Wenn A den B durch einen Steinwurf verletzt, so ist im Rahmen des § 223 bei der **Tatbestandsmäßigkeit** des Verhaltens innerhalb des subjektiven Tatbestandes zu prüfen, ob A den Verletzungserfolg bei B vorsätzlich (wissentlich und willentlich) oder bloß fahrlässig (ungewollt, aber unter Außerachtlassen der im Verkehr erforderlichen Sorgfalt) hervorgerufen hat. Bejaht man das Vorliegen einer **vorsätzlichen** Körperverletzung, die (was hier unterstellt werden soll) mangels eines Rechtfertigungsgrundes auch als rechtswidrig zu bewerten ist, bleibt im **Schuldbereich** zu erwägen, ob ein Vorsatz-Schuldvorwurf gegen A zu erheben ist. In der Regel liefert der Tatbestandsvorsatz dafür ein entsprechendes Indiz, sodass die Vorsatzschuld nicht gesondert festgestellt werden muss. Ausgeräumt und widerlegt wäre das erwähnte Indiz dagegen, wenn A mit dem Steinwurf einen vermeintlich bevorstehenden Angriff auf sein Leben abwehren wollte, weil er irrig davon ausging, dass B im Begriff sei, ihn mit einer Pistole zu erschießen (Fall der sog. Putativnotwehr; vgl Rn 548 und 748 ff). In einem solchen Fall würde der Tatbestandsvorsatz des A nicht auf einer rechtsfeindlichen oder rechtsgleichgültigen Gesinnung beruhen und infolgedessen gegen ihn keinen Vorsatz-Schuldvorwurf begründen. Mangels Vorsatzschuld würde A hier nach der hM (in sinngemäßer Übernahme der in § 16 I getroffenen Gesetzesregelung) nicht wegen vorsätzlicher Körperverletzung bestraft. Zu prüfen bliebe jedoch, ob A die konkrete Sachlage beim Zustandekommen seines Irrtums **fahrlässig** verkannt hat und ein Fahrlässigkeitsvorwurf (§ 229) gegen ihn erhoben werden kann. Zu den damit verbundenen weiteren **Aufbaufragen** s. Rn 1357 ff.

213 Auch der **Rspr** ist die Unterscheidung zwischen dem Vorsatz als Verhaltensform und als Schuldform keineswegs fremd. So hat der BGH nie bezweifelt, dass ein Schuldunfähiger (§ 20) oder ein Volltrunkener bei der Begehung einer Rauschtat iSd § 323a vorsätzlich handeln, den objektiven Unrechtstatbestand eines bestimmten Delikts also „wissentlich und willentlich" verwirklichen kann. Selbst der volltrunkene Täter muss bspw bei § 263 als Rauschtat seine unrichtigen Tatsachenangaben für unwahr gehalten haben[16]. Den insoweit im Gesetz vorausgesetzten Vorsatz als Verhaltensform (Tatbestandsvorsatz) pflegt der BGH als „natürlichen Vorsatz" zu bezeichnen, um ihn vom Vorsatz als Schuldform (Gegenstand des Vorsatz-Schuldvorwurfs) abzugrenzen[17].

IV. Besondere Voraussetzungen der Strafbarkeit und der Verfolgbarkeit

1. Objektive Bedingungen der Strafbarkeit (sog. Tatbestandsannex)

214 Außerhalb des Unrechtstatbestandes stehen die **objektiven Bedingungen der Strafbarkeit**, die als **„Tatbestandsannex"** zwar zu den materiellen Voraussetzungen der Strafbarkeit gehören, auf die sich der Tatbestandsvorsatz aber nicht zu erstrecken

---

15 Grundlegend *Herzberg*, BGH-Wiss-FS, S. 51; *Jescheck/Weigend*, AT, § 24 III 5, § 39 IV 4; *Wolter*, Zurechnung, S. 152; abl. *Freund*, AT, § 7 Rn 30 f; zu den Vertretern der Vorsatztheorie s. *Langer*, GA 1976, 193, 214; *Otto*, Grundkurs AT, § 7 Rn 47, 62 und § 15 Rn 4 ff.
16 BGHSt 18, 235.
17 Vgl BGH StV 94, 304; BGHSt 23, 356.

64

braucht[18]. Sie sind dem Anwendungsbereich des § 16 I 1 entzogen, sodass es allein auf ihr objektives Vorliegen im konkreten Fall ankommt. Im Rahmen der Fallprüfung ist es daher ratsam, die objektiven Bedingungen der Strafbarkeit im Tatbestand, und zwar im Anschluss an die Bejahung des objektiven und des subjektiven Tatbestands zu prüfen (s. Rn 221).

Während der Gesetzgeber bei der Schaffung von Unrechtstatbeständen diejenigen Merkmale zusammenfasst, die den jeweiligen Deliktstyp verkörpern und dessen arteigenen Unwert näher kennzeichnen (s. Rn 184), bringt er durch das Hinzufügen einer **objektiven Strafbarkeitsbedingung** zum Ausdruck, dass er ein **Strafbedürfnis** nur dort für gegeben hält, wo (neben Tatbestandsmäßigkeit, Rechtswidrigkeit und Schuld) zusätzlich auch die Voraussetzungen dieser Strafbarkeitsbedingung erfüllt sind. Die meist schwierige Feststellung, ob ein im Gesetz genannter Umstand zu den Tatbestandsmerkmalen gehört oder lediglich eine objektive Bedingung der Strafbarkeit darstellt, lässt sich nur im Wege der Gesetzesauslegung treffen.

Zu den **objektiven Bedingungen der Strafbarkeit** zählen nach hM zB die in § 231 umschriebene schwere Folge bei der Beteiligung an einer Schlägerei[19], die Begehung einer rechtswidrigen Tat im Vollrausch (§ 323a)[20], die Nichterweislichkeit der Wahrheit der behaupteten oder verbreiteten ehrenrührigen Tatsache (§ 186)[21] und die Zahlungseinstellung, Insolvenzeröffnung oder Abweisung des Eröffnungsantrages mangels Masse in §§ 283 VI, 283d IV[22].   **215**

Im Einzelnen sind **Rechtsnatur** und Existenzberechtigung der objektiven Strafbarkeitsbedingungen **umstritten**. Zum Teil wird ihre Daseinsberechtigung ganz geleugnet[23], zum Teil wird nur bei einigen Strafbarkeitsbedingungen die Unvereinbarkeit mit dem Schuldprinzip gerügt[24]. Sie seien nur „scheinbar" objektiv, während es sich in Wirklichkeit um Unrechts- oder Schuldmerkmale handele, bezüglich derer zumindest Fahrlässigkeit vorliegen müsse[25]. Richtig ist, dass der Gesetzgeber bei den betreffenden Tatbeständen jeweils abstrakt gefährliche Verhaltensweisen formuliert, die er für grundsätzlich **strafwürdig** erachtet. Wegen der Ultima-Ratio-Funktion des Strafrechts wird Strafe allerdings nur dann angedroht, wenn das erfasste Verhalten auch **strafbedürftig** ist. Diese strafbarkeitseinschränkende Funktion erfüllen die Strafbarkeitsbedingungen, die in rechtsstaatlich unbedenklicher Weise rein objektiv verstanden werden können, da sie sich – so interpretiert – rein **täterfreundlich** auswirken[26]. So erschöpft sich der Unrechtsgehalt des § 231 als abstraktes Gefährdungsdelikt im vorsätzlichen Beteiligen an einer Schlägerei bzw an einem von mehreren verübten Angriff, weil Massenschlägereien häufig schwere Folgen nach sich ziehen, bei denen sich im Nachhinein nicht mehr ermitteln lässt, wer für sie ursächlich geworden ist. Wer das für jedermann erkennbare Risiko des Eintritts der schweren Folge auf sich nimmt, kann, wenn sich dieses realisiert, dafür bestraft werden, ohne   **216**

---

18 Ausf. zum Ganzen *Rönnau*, JuS 11, 697 ff; *Satzger*, Jura 06, 108 ff.
19 BGHSt 14, 132; 16, 130.
20 Vgl BGHSt 16, 124; 20, 284.
21 BGHSt 11, 273, 274.
22 Vgl BGHSt 28, 231, 234.
23 *Bemmann*, Zur Frage der objektiven Bedingungen der Strafbarkeit, 1957.
24 Zum Vorschlag einer verfassungskonformen Reduktion (nur) des § 323a s. *Kaspar*, AT, § 5 Rn 159.
25 Vgl nur *Roxin*, AT I, § 23 Rn 7 ff; s. auch *Jescheck/Weigend*, AT, § 53 I 2, die von „echten" und „unechten" Strafbarkeitsbedingungen sprechen.
26 *Satzger*, NStZ 98, 112, 116; *ders.*, Jura 06, 108, 111.

dass er bzgl dieser objektiven Bedingung der Strafbarkeit vorsätzlich (oder fahrlässig) gehandelt haben muss[27].

217 Von den **persönlichen Strafausschließungs-** (vgl § 218 IV 2 oder § 258 VI) und **Strafaufhebungsgründen** (wie etwa § 24), die nur demjenigen Tatbeteiligten zugute kommen, in dessen Person sie vorliegen (näher Rn 779 ff), unterscheiden sich die objektiven Strafbarkeitsbedingungen dadurch, dass bei ihrem Nichtvorliegen die Tat für jedermann straflos ist (s. dazu auch die Übersicht Rn 1320).

Im Strafverfahren führt das Fehlen einer objektiven Bedingung der Strafbarkeit zum **Freispruch**.

218 Richtiger Ansicht zufolge stellt auch die **Anwendbarkeit deutschen Strafrechts** eine objektive Bedingung der Strafbarkeit dar, die jedoch bereits im Rahmen einer Vorprüfung anzusprechen ist, weshalb man von einer objektiven „**Vor-Bedingung der Strafbarkeit**" sprechen sollte[28].

2. Strafverfolgungsvoraussetzungen

219 Von den objektiven Strafbarkeitsbedingungen sind die **Strafverfolgungsvoraussetzungen** und **Strafverfolgungshindernisse** zu unterscheiden, die teilweise (wie zB Strafantrag, §§ 77 ff, und Verjährung, §§ 78 ff[29]) im StGB geregelt sind, ihrer Natur nach aber zum Strafprozessrecht gehören (**sog. Prozessvoraussetzungen**). Sie stehen gänzlich außerhalb aller Tatbestandsbegriffe, da sie nicht die Strafbarkeit des Verhaltens, sondern nur die **Zulässigkeit der Strafverfolgung** betreffen.

Beim Fehlen einer Prozessvoraussetzung oder beim Vorliegen eines Strafverfolgungshindernisses endet das Verfahren deshalb auch nicht mit einem Freispruch; vielmehr wird das **Strafverfahren eingestellt** (vgl §§ 170 II 1, 206a, 260 III StPO[30]).

220 Im **Fall 5a** lässt sich also aus dem objektiven Geschehen allein nicht entnehmen, welchen Unrechtstatbestand der A verwirklicht hat: § 242 ist erfüllt, wenn A den E auf Dauer aus seiner Sachherrschaft verdrängen will. Geht es ihm nur um den vorübergehenden Gebrauch, so ist § 248b gegeben (s. Rn 206).

Im **Fall 5b** greift § 231 ein, wenn A in vorwerfbarer Weise an der Schlägerei teilgenommen hat. Davon ist hier auszugehen. Bei der schweren Folge (hier: Tod des Y) handelt es sich um eine objektive Bedingung der Strafbarkeit, bezüglich derer weder Vorsatz noch Fahrlässigkeit vorauszusetzen ist (s. Rn 214).

---

27 *Geisler*, GA 2000, 166; *Hohmann/Sander*, BT II, § 10 Rn 15; *Wessels/Hettinger/Engländer*, BT/1, Rn 319; *Zopfs*, Jura 99, 172; aA *Rönnau*, JuS 11, 697, 698 und *Roxin*, AT I, § 23 Rn 12 f, die verlangen, dass der Täter im Einzelfall den Tod usw voraussehen konnte.

28 S. dazu *Satzger*, Jura 10, 111; *Murmann*, Grundkurs, § 14 Rn 11; diff. *Böse*, Maiwald II-FS, S. 61 ff.

29 Zur str. Rechtsnatur der Verjährung s. *Satzger*, Jura 12, 433, 442 mwN; vert. zur Verjährung des erfolgsqualifizierten Delikts bei spätem Eintritt der schweren Folge *Wagner*, GA 2017, 474.

30 Einzelheiten bei *Beulke/Swoboda*, StPO, Rn 290 ff.

V. Aufbau des vollendeten vorsätzlichen Begehungsdelikts

Das vollendete vorsätzliche Begehungsdelikt ist wie folgt aufzubauen: 221

Aufbauschema zum vollendeten vorsätzlichen Begehungsdelikt

I.   Tatbestandsmäßigkeit
    1. Objektiver Tatbestand (Rn 222 ff)
       a) Eintritt des tatbestandlichen Erfolges
       b) Kausalität
       c) Objektive Zurechenbarkeit
    2. Subjektiver Tatbestand (Rn 312 ff)
       – Vorsatz und ggf weitere subjektive Tatbestandsmerkmale
    3. ggf Tatbestandsannex (v. a. objektive Bedingungen der Strafbarkeit)

II. Rechtswidrigkeit (Rn 395 ff)

III. Schuld (Rn 619 ff)

---

§ 6   Der objektive Unrechtstatbestand. Erfolgsverursachung und objektive Zurechnung

Fall 6: a) M und T werben als Rivalen um die Gunst der Wirtin W, in deren Gaststätte es   222
zwischen ihnen zu einer Eifersuchtsszene und schweren Tätlichkeiten kommt. Als T in die
Privaträume der W zu flüchten sucht, versetzt M ihm in rasender Wut mit Tötungsvorsatz
einen zur Herzgegend zielenden Messerstich in die Brust. T erleidet eine Verletzung, die bei
zu erwartender schneller Hilfeleistung problemlos behandelt werden kann, weil das Messer
zunächst seine Brieftasche trifft und daher nicht übermäßig tief in den Brustkorb eindringt.
Wie ist die Frage der Verursachung und der Erfolgszurechnung zu beurteilen, wenn T im
Krankenhaus nach gelungener Operation an einer bösartigen Wundinfektion stirbt? **Rn 224,
254, 308**

b) Würde sich das Ergebnis in Fall **a)** ändern, wenn der Rettungswagen auf der Fahrt zum
Krankenhaus von dem verkehrswidrig einbiegenden Lastzug des L gerammt und T hierbei
tödlich verletzt wird? **Rn 224, 254, 309**

c) V möchte gerne einmal mit einem Gleitschirm durch die Lüfte schweben. Er bittet seinen
Freund F, einen erfahrenen Drachenflieger, ihm einen Schirm zu überlassen und ihm behilflich zu sein. Dieser ist dazu gerne bereit. Als V dem F aber mitteilt, er werde seinen Flug
noch am selben Tag vom Arber aus starten, rät F dem V eindringlich von dem Vorhaben ab,
da die momentanen Wetterverhältnisse für einen Anfänger zu gefährlich seien. Obwohl V
sich von seinem Plan nicht abbringen lässt, übergibt F ihm den gewünschten Gleitschirm, da
V selbst wissen müsse, was er tue. V zerschellt nach kurzem Flug an einem Felsen des Ber-
ges. Kann F der Tod des V zugerechnet werden? **Rn 224, 254, 310**

d) A fährt mit stark überhöhter Geschwindigkeit durch die Spielstraße eines Wohngebiets.
N, die gerade am Fenster steht, muss mit ansehen, wie A nicht mehr bremsen kann, als ein
Kleinkind die Straße betritt. N erleidet daraufhin einen derart schweren Schock, dass sie
verstirbt. Ist A der Tod von N zuzurechnen? **Rn 224, 254, 311**

I. Die Grundlagen der strafrechtlichen Haftung[1]: Der Zusammenhang zwischen Handlung und Erfolg

223 Bei den **Erfolgsdelikten** (Rn 37), bei denen das Strafgesetz neben der Tathandlung den Eintritt eines bestimmten Erfolges voraussetzt (wie etwa in § 212 den Tod eines anderen Menschen) ist der Unrechtstatbestand nur verwirklicht, wenn zwischen Handlung und Erfolg eine Verbindung besteht, die den konkret eingetretenen Erfolg als vom Täter herbeigeführt erscheinen lässt[2].

Diese Voraussetzung besteht nicht nur bei den hier interessierenden Vorsatzdelikten, sondern ebenso bei den Fahrlässigkeitsdelikten (s. dazu Rn 1101 ff). Innerhalb der schlichten Tätigkeitsdelikte (Rn 39) kann dieses Problem nicht auftauchen, da dort zur Tatbestandserfüllung die Vornahme der gesetzlich umschriebenen Handlung genügt (wie in § 154 das „falsche Schwören").

224 Im **Fall 6** hängt es dementsprechend von der Verursachungs- und Zurechnungsfrage ab, ob eine **vollendete** oder nur eine **versuchte** vorsätzliche Tötung vorliegt (in Fall **a)** und **b)**) bzw ob (in Fall **c)** und **d)**) eine Strafbarkeit überhaupt, nämlich wegen fahrlässiger Tötung, in Betracht kommt (Eine Fahrlässigkeitsstrafbarkeit ohne zurechenbar verursachten Erfolg – quasi ein „versuchtes Fahrlässigkeitsdelikt" – gibt es von vornherein nicht [s. **Rn 940**]!).

225 Der notwendige Zusammenhang zwischen Handlung und Erfolg ist an zwei Voraussetzungen geknüpft: Zunächst wird nach der **Kausalität** der Handlung für den Erfolg gefragt. Es handelt sich dabei um eine im Kern **empirische Frage**. Eine derartige Verbindungslinie kann zumeist unschwer gezogen werden. Anschließend wird gefragt, ob der konkret eingetretene Erfolg nicht nur irgendwie auf den Täter zurückgeführt werden kann, sondern wirklich als das **Werk des Täters** erscheint, ihm also **zuzurechnen** ist. Durch diesen zweiten Filter gelingt es, anhand **normativer**, also wertender Zurechnungskriterien die Weite des Kausalitätsbegriffs und die entsprechende Verantwortlichkeit des Täters sinnvoll einzuschränken[3].

226 Zusammenfassend lässt sich sagen, dass ein ursächlicher Zusammenhang zwischen Handlung und Erfolg eine notwendige, aber keine hinreichende Voraussetzung der Erfolgszurechnung ist. Vielmehr bedarf es folgender **zweistufiger Prüfung**:

– **Kausalität** zwischen Handlung und Erfolg (dazu II.),
– **objektive Zurechnung** des Erfolgs (dazu III.).

II. Die Kausalität zwischen Handlung und Erfolg

227 Das StGB sagt über die Verursachungsfrage (und ebenso über die Erfolgszurechnung) nichts aus; die Lösung dieser Fragen wurde der Wissenschaft und der Rspr überlassen. Von den verschiedenen Kausalitätstheorien werden heute (im Strafrecht)

---

1 Zur Frage, ob im Strafrecht von „Haftung" gesprochen werden darf *Achenbach*, I. Roxin-FS, S. 11 (contra) und *Kuhlen*, NZWiSt 15, 121 (pro).
2 Vgl *Kühl*, JA 09, 321, 325 ff.
3 *Hübner*, Die Entwicklung der objektiven Zurechnung, 2004; *Koriath*, Kausalität und objektive Zurechnung, 2007; s. auch *Kretschmer*, NStZ 12, 177.

68

im Wesentlichen nur noch zwei vertreten, die sich weniger in den Ergebnissen als vielmehr in der Art der Begründung unterscheiden: Die ***Conditio-sine-qua-non*-Formel** der Rspr (und eines Teils der Lehre) sowie die in der Literatur stark vertretene **Lehre von der gesetzmäßigen Bedingung.** Beide Ansätze gehen davon aus, dass alle Ursachen eines Erfolgs gleichwertig sind, dass also hinsichtlich der Kausalitätsfrage keine Wertung zwischen nahen und entfernten oder typischen und bloß zufälligen Kausalfaktoren vorgenommen wird. Dementsprechend könnte man beide Theorien als „Äquivalenztheorien" bezeichnen[4]; allerdings hat sich dieser Begriff für den Ansatz der Rspr durchgesetzt.

1.   Die *Conditio-sine-qua-non*-Formel der sog. Bedingungs- oder Äquivalenztheorie

a)   Insbesondere die Rspr folgt bei der Feststellung des ursächlichen Zusammenhangs der schon vom RG anerkannten **Äquivalenz- bzw Bedingungstheorie**, die von der Gleichwertigkeit aller Erfolgsbedingungen ausgeht. Die Rspr wendet auf dieser Grundlage die sog. ***Conditio-sine-qua-non*-Formel** (wörtlich: „Bedingung, ohne die nicht") an: Ursächlich ist danach jede Bedingung eines Erfolges, die nicht hinweggedacht werden kann, ohne dass der Erfolg in seiner konkreten Gestalt entfiele[5].   **228**

b)   Für eine **physisch vermittelte Kausalität** bedeutet dies, dass anhand eines bekannten Naturgesetzes ermittelt werden können muss, was passiert wäre, wenn man das Täterverhalten hinwegdenkt.   **229**

Beispiel: Injiziert T dem O eine bestimmte Menge einer Substanz und stirbt der O unmittelbar später, so lässt sich beurteilen, ob – bei Hinwegdenken der Injektion – der O ebenfalls zu dieser Zeit und unter diesen Umständen ums Leben gekommen wäre, wenn man über die Wirkung der injizierten Substanz Bescheid weiß. Ist – aufgrund naturwissenschaftlicher Erkenntnisse – die beigebrachte Substanz in dieser Menge und bei dieser Anwendung unmittelbar tödlich, so lässt sich die (physische) Kausalität nach der *Conditio*-Formel bejahen.

Für nur **psychisch vermittelte Kausalität** kann demgegenüber von vornherein nicht auf strikte Naturgesetze zurückgegriffen werden. Hier stellt die Bedingungstheorie ausnahmsweise auf allgemeine Erfahrungssätze ab. Mit deren Hilfe kann darauf geschlossen werden, dass ein bestimmtes Täterverhalten tatsächlich dazu beigetragen hat, die Willensbildung des Handelnden hinsichtlich der konkreten Entscheidung zu beeinflussen[6].   **230**

Beispiel: Wenn A dem bisher keine bösen Absichten hegenden B rät, dieser solle seine zänkische Schwiegermutter S töten und B diese wenig später erschlägt, so ist der Tatentschluss des B zwar keine naturgesetzlich vorgeschriebene Reaktion auf den Ratschlag des A, die allgemeine Erfahrung spricht jedoch dafür, dass die Motivation des B zur Tatbegehung durch A hervorgerufen wurde (Anstiftung, § 26).

---

4   Vgl *Satzger*, Jura 14, 186.
5   RGSt 1, 373; BGHSt 1, 332; krit. *Haas*, Kirchhof-FS, Bd II, § 125 Rn 7 ff; NK-*Puppe*, Vorbem. §§ 13 ff Rn 90; *dies.*, Erfolgszurechnung, S. 71; *dies.*, RW 11, 400; s. auch *Frisch*, Gössel-FS, S. 51; *Hilgendorf*, Weber-FS, S. 33; *Tavares*, Hassemer-FS, S. 805; krit. *Kindhäuser*, Paeffgen-FS, S. 129; *ders.*, Kargl-FS, S. 253.
6   *Roxin*, AT I, § 11 Rn 31 ff, 35 ff; krit. NK-*Puppe*, Vorbem. §§ 13 ff Rn 125 f; *Renzikowski*, Puppe-FS, S. 201; *Staffler*, ZIS 17, 125, 135 ff.

231 c) Offensichtlich – und ganz unbestritten – sind die **Schwächen der *Conditio*-Formel**. Einerseits sind die Ergebnisse **uferlos**. So ist auch die Zeugung eines zukünftigen Mörders eine für den später begangenen Mord ursächliche Handlung in diesem Sinne. Andererseits stößt sie – sehr schnell – an ihre Grenzen, wenn **kein sicheres Wissen über zugrunde liegende Naturgesetze** oder nur **unsicheres Erfahrungswissen** vorliegt, sodass keine eindeutige Antwort auf die Frage möglich ist, „ob" ein bestimmter Faktor den Eintritt des Erfolges beeinflusst hat.

So fehlte etwa im Streit um die Ursächlichkeit des Medikaments „Contergan" für embryonale Missbildungen[7] eine hinreichende naturwissenschaftliche Grundlage. Bedeutsam wurde diese Problematik auch im Bereich der sog. **strafrechtlichen Produkthaftung**, insbes. im *Lederspray-Fall*: Der BGH ließ dort die sog. „generelle Kausalität" genügen, indem er – obwohl nicht geklärt werden konnte, welcher Inhaltsstoff des Produkts die Gesundheitsschädigung beim Verbraucher ausgelöst hatte – die Ursächlichkeit allein deshalb bejahte, weil andere in Betracht kommende Schadensursachen auszuschließen waren. Diese Vorgehensweise ist zwar vom Ergebnis her verständlich[8], dogmatisch ist die Lösung gleichwohl nicht „sauber"[9], denn der BGH konnte ja nur die nach damaligem naturwissenschaftlichen Erkenntnisstand bekannten Alternativursachen hinwegdenken, nicht aber die unbekannten[10]. Im *Holzschutzmittelfall*[11] geht der BGH sogar noch weiter, indem er für die Kausalitätsfeststellung nicht einmal mehr fordert, dass alle anderen möglichen Ursachen einer Erkrankung aufgezählt und ausgeschlossen werden. Er lässt genügen, dass nach einer Gesamtbewertung der naturwissenschaftlichen Erkenntnisse und anderer Indiztatsachen die Mitursächlichkeit des Holzschutzmittels für die eingetretenen Gesundheitsschäden zweifelsfrei festgestellt wird.

Die *Conditio*-Formel kann demnach Verursachungszusammenhänge nicht aus sich selbst heraus erklären. Vielmehr muss bereits im Vorhinein ein allgemeines Kausalgesetz formulierbar sein, das einen Schluss von einer Voraussetzung auf eine bestimmte Folge erlaubt.

232 d) Unzureichend ist die *Conditio*-Formel auch dort, wo mehrere unabhängig voneinander gesetzte Bedingungen zeitlich zusammentreffen und jede für sich allein zur Erfolgsherbeiführung ausgereicht hätte (sog. Mehrfach- oder **alternative Kausalität**).

Beispiel: Wenn A und B unabhängig voneinander je eine tödliche Dosis Gift gleicher Art in ein Getränk des C geben, kann man sowohl das Verhalten des A als auch das des B „hinwegdenken", ohne dass der Erfolg entfällt. Das Ergebnis wäre ein Erfolg ohne Ursache und eine Tat ohne Täter. Beide könnten dann offensichtlich nur wegen Versuchs bestraft werden, obwohl A und B ihr Ziel durch die Giftbeibringung doch jeweils zur Gänze erreicht haben. Dies erscheint unstimmig[12].

---

7   LG Aachen JZ 71, 507; ausf. *Wessels/Hettinger/Engländer*, BT/1, Rn 15.
8   Zust. zB Baumann/Weber/Mitsch/Eisele-*Eisele*, AT, § 10 Rn 53 ff; *Erb*, JuS 94, 453; *Fischer*, Vorbem. § 13 Rn 32a; *Frister*, AT, 9. Kap., Rn 38; *Hilgendorf*, Produzentenhaftung S. 112 ff; *ders.*, NStZ 93, 15 f; *ders.*, Weber-FS, S. 38 ff; *Jescheck/Weigend*, AT, § 28 II; *Kuhlen*, NStZ 90, 566; *ders.*, JZ 94, 1145 f; ausf. *ders.*, in: Hilgendorf, Herausforderungen, S. 189 ff; Lackner/Kühl-*Kühl*, Vorbem. §§ 13 ff Rn 11; *Otto*, Grundkurs AT, § 6 Rn 34 ff; *Roxin*, AT I, § 11 Rn 17.
9   Krit. dagegen zB *Brammsen*, Jura 91, 533; *Puppe*, Erfolgszurechnung, S. 33; *Samson*, StV 91, 182; *Volk*, NStZ 96, 108 f.
10 S. nur S/S-*Eisele*, Vorbem. §§ 13 ff Rn 75a; zum Problem, ob die generelle Kausalität eine materiellrechtliche oder nur prozessuale Frage ist, zusammenfassend *Satzger*, Jura 14, 186, 189.
11 BGHSt 41, 206, 214 ff; *Wittig*, Wirtschaftsstrafrecht, § 6 Rn 43.
12 Für eine Versuchsstrafbarkeit aber etwa *Frister*, AT, 9. Kap., Rn 9 ff; S/S/W-StGB-*Kudlich*, Vorbem. §§ 13 Rn 42; *Roxin*, AT I, § 11 Rn 25; krit. hierzu *Satzger*, Jura 14, 186, 190.

70

In derartigen Fällen muss daher die ***Conditio*-Formel in modifizierter Form** angewandt werden: Von mehreren Bedingungen, die zwar *alternativ*, aber *nicht kumulativ* hinweggedacht werden können, ohne dass der Erfolg in seiner konkreten Gestalt entfiele, ist jede erfolgsursächlich[13] (zur objektiven Zurechenbarkeit s. Rn 256 ff, 1127 ff und insbes. 1141).

Abzugrenzen sind diese Fälle von den Konstellationen der sog. **kumulativen Kausalität**, die ohne jede Modifikation nach der ursprünglichen *Conditio*-Formel lösbar sind. Bei dieser Fallgestaltung führen mehrere voneinander unabhängig gesetzte Bedingungen, die den Erfolg jeweils für sich betrachtet nicht erzielen könnten, diesen erst durch ihr Zusammenwirken herbei.   **233**

Beispiel: A und B geben dem C unabhängig voneinander eine isoliert betrachtet nicht tödlich wirkende Giftdosis, wobei die Gesamtmenge den Tod des C herbeiführt. Keine Tathandlung – weder die des A noch die des B – kann hinweggedacht werden, ohne dass der konkrete Todeserfolg entfiele. Schon nach der allgemeinen *Conditio*-Formel ist hier also unproblematisch jede Handlung für den Tod des C kausal (zur Zurechenbarkeit s. Rn 286 und 299 f).

e) Bei **Mehrheitsbeschlüssen in Gremien** ist im Hinblick auf die Ursächlichkeit einzelner Stimmen zweifelhaft, ob ein Fall alternativer oder kumulativer Kausalität vorliegt.   **234**

Beispiel: Die Geschäftsführer einer GmbH beschließen den Vertrieb eines Ledersprays, das – wie ihnen bekannt ist – nachweislich Gesundheitsschäden beim Verwender herbeiführen kann[14]. Verbraucher V erleidet infolge der Verwendung des Sprays Atemwegserkrankungen. Wird jeder der Geschäftsführer kausal für die Verletzung des V? Hier gilt es zwei Stufen der Kausalitätsfeststellung zu unterscheiden[15]: Unproblematisch feststellbar ist in der Regel die zweite Stufe, nämlich die Kausalität des Beschlusses als solcher („Wir vertreiben das Produkt") für die Gesundheitsschädigung beim Verbraucher. Problematisch ist aber die erste Stufe: Wird jeder einzelne an der Mehrheitsentscheidung beteiligte Gesellschafter für sich kausal für den Beschluss?

Bei nur **einer Stimme Mehrheit**, kann keine Stimme hinweggedacht werden, ohne dass der Beschluss (hier: für den Vertrieb des Sprays) entfiele. Da aber jede Stimme nur in Kombination mit den Stimmen der anderen (ebenfalls kausalen) Stimmen wirkt, liegt hier ein Fall **kumulativer** Kausalität aller Gremienmitglieder, die für den Vertrieb gestimmt haben, vor.   **235**

Bei einer **Mehrheit von mehr als einer Stimme**[16] ist die Lösung dagegen schwieriger: Sie kann – so der BGH im *Ledersprayfall* – auf dem Gebiet der Beteiligungslehre gefunden werden, allerdings nur sofern jedem Geschäftsführer das Verhalten der   **236**

---

13 Vgl BGHSt 39, 195; *Jäger*, Maiwald II-FS, S. 345, 354; *Kindhäuser*, GA 2012, 134; *Kühl*, AT, § 4 Rn 19 ff; *Rogall*, JZ 93, 1066; krit. *Frister*, AT, 9. Kap, Rn 13; *Merkel*, Puppe-FS, S. 151; *Neumann*, GA 2008, 463; *Puppe*, ZIS 12, 267; *Rotsch*, Roxin II-FS, S. 377; *Toepel*, JuS 94, 1009.

14 Vgl BGHSt 37, 106, 131 *(Ledersprayfall)* m. Anm. *Brammsen*, Jura 91, 533; *Puppe*, JR 92, 30; BGHSt 48, 77, 87 *(Politbürofall)*; Amelung-*Dencker*, S. 63, 67; ausf. *Corell*, I. Roxin-FS, S. 117; *Jäger*, AT, Rn 365; *Knauer*, Die Kollegialentscheidung im Strafrecht, 2001, S. 84 ff; *Mansdörfer*, Frisch-FS, S. 315; *Rotsch*, wistra 99, 321, 324.

15 Vgl *Hilgendorf*, NStZ 94, 561, 565; *Satzger*, Jura 14, 186, 194.

16 Ausf. zum Problem der Kausalität bei überbedingten Mehrheiten (mit Lösungsvorschlägen) *Narjes*, ZJS 19, 97.

Mehrheit, die für das Inverkehrbringen gestimmt hat, aufgrund bestehender Mittäterschaft (s. Rn 816 ff) gem. § 25 II zugerechnet werden kann[17]. Gerade für Fahrlässigkeitsdelikte wird dies in Zweifel gezogen, denn die Möglichkeit einer fahrlässigen Mittäterschaft wird bislang – entgegen einer im Vordringen befindlichen Auffassung – zumeist verneint (dazu aber Rn 796). Allerdings lässt sich die Kausalität durchaus mit dem bekannten und unstreitigen Instrumentarium begründen: Dass zwar jede Einzelstimme, jedoch (zusätzlich) keine weitere Stimme hinweggedacht werden kann, ohne dass der Erfolg entfiele, zeigt auf, dass wir es mit einer der **alternativen** Kausalität vergleichbaren Konstellation zu tun haben[18]. Da aber insoweit jede der Stimmen nur in Kombination mit den anderen Ja-Stimmen den Beschluss trägt, bedarf es zusätzlich des Rückgriffs auf die Regeln der **kumulativen** Kausalität[19]. Jedes Gremiumsmitglied, das für den Vertrieb gestimmt hat, ist (alternativ-kumulativ) kausal geworden und kann nicht einwenden, auch eine andere Stimme habe den Erfolg getragen.

Zur (noch problematischeren) Konstellation der Kausalität eines sich der **Stimme enthaltenden** Gremiumsmitglieds vgl das „Mannesmann-Verfahren", BGH NJW 06, 522, 527 (insoweit in BGHSt 50, 331 ff nicht abgedruckt)[20].

237 **f)** **Zusammenfassend** lässt sich sagen, dass die *Conditio*-Formel, trotz der berechtigterweise an ihr geübten Kritik, in Rspr und Lehre aufgrund ihrer Griffigkeit verständlicherweise gerne zur Begründung der Kausalität herangezogen wird. Ihre Verwendung ist aber nur dann zu rechtfertigen, wenn man sie lediglich als **notwendiges Zurechnungsminimum**, nicht aber als bereits hinreichende Bedingung für die Erfolgszurechnung ansieht. Die dargestellten Schwächen der Formel müssen dann durch entsprechende Anwendungsregeln (Rn 238 ff) berichtigt werden; teilweise sind sie anschließend auf der Ebene der **objektiven Zurechnung** zu korrigieren (dazu Rn 256 ff). Die Lehre von der gesetzmäßigen Bedingung (dazu Rn 249) führt regelmäßig zu denselben Ergebnissen. Diese lassen sich somit – zB in Klausuren und Hausarbeiten, bei denen die Kausalitätsfrage Schwierigkeiten bereitet – auf zwei Wegen (nebeneinander) begründen.

2. Probleme und Anwendungsregeln der *Conditio*-Formel

238 Zutreffende Ergebnisse liefert die *Conditio*-Formel nur, wenn folgende Anwendungsregeln beachtet werden:

239 **a)** **Hypothetische Reserveursachen bleiben außer Betracht**. Maßgebend für die Beurteilung der Kausalität ist allein die ursächliche Verbindung zwischen dem wirklichen Geschehen und dem Erfolg in seiner konkreten Gestalt. Hypothetische Kausalverläufe können grundsätzlich nicht berücksichtigt werden[21]. Der Umstand, dass der

---

17 *Beulke/Bachmann*, JuS 92, 737; Matt/Renzikowski-*Renzikowski*, Vorbem. § 13 Rn 90; krit. *Puppe*, GA 2004, 129, 133.
18 Ebenso: *Kindhäuser*, AT, § 10 Rn 41; für kumulative Kausalität: *Roxin*, AT I, § 11 Rn 19; s. auch *Hohmann*, NJ 07, 5, 8.
19 Näher *Kaspar*, AT, § 5 Rn 74 ff; *Satzger*, Jura 14, 186, 193; so auch S/S/W-StGB-*Kudlich*, Vorbem. §§ 13 Rn 48 ff.
20 Weiterführend *Satzger*, Jura 14, 186, 194; *Wittig*, Wirtschaftsstrafrecht, § 6 Rn 48 ff mwN.
21 BGHSt 10, 369.

sozialschädliche Erfolg später aufgrund anderer Ereignisse und in anderer Weise ebenfalls eingetreten wäre, beseitigt die Ursächlichkeit der realen Bewirkungshandlung nicht. Ein „Hinzudenken" derartiger Reserveursachen, die an Stelle der wegzudenkenden Handlung wirksam geworden wären, ist unzulässig, da ein tatsächlicher Geschehensablauf sein Dasein und seine Wirkung nicht dadurch einbüßt, dass ein anderer an seine Stelle hätte treten können, aber nicht getreten ist[22].

Beispiel: A verfolgt B, der ins Ausland fliehen will, bis zum Flugplatz, wo er ihn erschießt. Das Flugzeug, in dem B einen Platz gebucht hatte, stürzt nach dem Start ins Meer; niemand überlebt das Unglück. Die Kausalitätsfrage darf hier nicht dahingehend gestellt werden, ob B überhaupt (irgendwie) den Tod gefunden hätte. Da jeder Mensch ohnehin irgendwann sterben muss, wäre kein Mörder ursächlich für den durch ihn herbeigeführten unnatürlichen Tod. Entscheidend ist vielmehr, ob der konkrete Erfolg (Erschießungstod) entfallen würde, wenn man die Abgabe des Schusses durch A hinwegdenkt. Bei richtiger Fragestellung steht die Ursächlichkeit außer Zweifel, da B auf diese Weise und in diesem Augenblick ohne die Tötungshandlung des A nicht gestorben wäre.

Aus der Unbeachtlichkeit der Reserveursachen folgt unmittelbar, dass die bloße **Beschleunigung des Erfolgseintritts** genügt, um eine Ursächlichkeit für den konkreten Erfolg anzunehmen (zB Vergiftung eines sterbenskranken Krebspatienten)[23]. Denn der frühere Erfolgseintritt (hier: Vergiftungstod) ist dann gegenüber dem später eintretenden (hier: Krebstod) ein *aliud*, welches – als Reserveursache – nicht berücksichtigt werden darf.   **240**

Desgleichen ist dies auch der Grund dafür, dass die bloße **Mitursächlichkeit des Täters** genügt: Dass weitere Beteiligte auch eine Ursache für den konkreten Erfolgseintritt setzen, ist eine (unbeachtliche) Reserveursache, die der Kausalität nicht im Wege steht.

Ausnahmsweise dürfen hypothetische Geschehnisse allerdings dann nicht ausgeblendet werden, wenn es sich um **„hypothetisch rettende Kausalverläufe"** handelt[24].   **241**

Beispiel: Der schwerreiche N ist Nichtschwimmer. Beim Baden im Meer ist er ins tiefe Wasser abgetrieben worden, er droht zu ertrinken. Rettungsschwimmer R stürzt sich in die Fluten, um N zu retten. E, der Alleinerbe des N, will auf keinen Fall, dass N überlebt, deshalb zielt er mit seiner Pistole auf R und tötet diesen, noch bevor er N erreicht. N ertrinkt.

Denkt man hier – der *Conditio*-Formel folgend – den Schuss des E hinweg, so wäre damit das Überleben des N noch nicht festgestellt. Hinzugedacht werden muss das Gelingen der Rettungsaktion durch R, ein hypothetisch rettender Kausalverlauf. Im Ergebnis kann es nicht zweifelhaft sein, dass E hier kausal für den Tod des N wird, ein gewisser Widerspruch ergibt sich mit der manchmal absolut gesetzten Regel, wonach hypothetische Kausalverläufe niemals hinzugedacht werden dürfen.

Bei richtiger Betrachtung handelt es sich hier allerdings weniger um eine Ausnahme von der *Conditio*-Formel als vielmehr um eine Präzisierung derselben, da der Sachverhalt hier nicht durch einen hypothetischen ersetzt, sondern lediglich ergänzt   **242**

---

22 BGHSt 2, 20; 13, 13; 49, 1 *(Psychiatriefall)*; *Kühl*, AT, § 4 Rn 11 ff.
23 BGH NStZ 81, 218 m. Anm. *Wolfslast*; BGH NStZ 02, 253.
24 S/S/W-StGB-*Kudlich*, Vorbem. §§ 13 ff Rn 45.

wird[25]. Wollte man im Sachverhalt bereits angelegte, hypothetische Vorgänge, die mit an Sicherheit grenzender Wahrscheinlichkeit zu einer Rettung des verletzten Rechtsguts geführt hätten, ausblenden, würde dies den Sachverhalt verfälschen. Das Verbot, hypothetische Kausalverläufe zu berücksichtigen, soll demgegenüber nur verhindern, dass auf Reserveursachen – also niemals nach außen in Erscheinung getretene Umstände, die den rechtsgutsverletzenden Erfolg auf anderem Weg herbeigeführt hätten – abgestellt wird.

243 **b) Eine abnormale Konstitution des Opfers und ein atypischer Kausalverlauf sind unbeachtlich.** Grundlage der Beurteilung der Kausalität ist das reale Geschehen, ob dieses atypisch abläuft oder ob das Opfer in irgendeiner Weise vom durchschnittlichen Menschen abweicht, ist irrelevant (zur objektiven Zurechnung s. aber Rn 299).

Beispiel: Arzt Dr. A verabreicht dem 16-jährigen Leichtathleten L über einen längeren Zeitraum ein Muskelaufbaupräparat zur Leistungssteigerung. Bei gesunden Sportlern verursacht dieses Medikament keinerlei Nebenwirkungen. L leidet allerdings an einer unerkannten Allergie und zeigt daher nach einigen Wochen Ausfallerscheinungen. Da der Täter nun einmal mit dem konkreten Opfer konfrontiert ist, muss auch die Kausalitätsfrage im Rahmen der vom Täter vorgefundenen Realität beurteilt werden. Was jenseits des konkreten Falles „normal" ist, führt zu hypothetischen Erwägungen, die hier keine Rolle spielen können. Dr. A wird also kausal für den bei L eingetretenen Körperverletzungserfolg.

244 **c) Der Kausalverlauf wird durch Eingreifen des Verletzten oder eines Dritten nicht unterbrochen, wenn die ursprüngliche Bedingung fortwirkt.** Wirkt der Verletzte an der Erfolgsherbeiführung mit oder greift ein Dritter fahrlässig oder vorsätzlich in das Kausalgeschehen ein, so ändert dies nichts an der Kausalität, vorausgesetzt, dass die früher gesetzte Bedingung bis zum Eintritt des Erfolges fortwirkt[26] (s. aber Rn 269, 286 ff, 299 f zur objektiven Zurechnung). Das ist immer dann der Fall, wenn derjenige, der später eingreift, an die vorausgehende Bedingung **anknüpft** (insbes. die dadurch geschaffene Lage ausnutzt).

Beispiele: Im sog. *Gnadenschussfall*[27] hatte A den X aus kurzer Entfernung durch einen Schuss in die Brust niedergestreckt. Als B hinzukam, gab er „dem röchelnden X den Gnadenschuss". Der BGH hat die Verurteilung von A und B wegen **vollendeter** vorsätzlicher Tötung des X zu Recht bestätigt: Der „Gnadenschuss" des B wurde erst durch den vorhergehenden Schuss des A veranlasst, weshalb auch Letzterer den Tod des X verursacht hat.

Im *Pflegemutterfall*[28] hatte die Pflegetochter R im Konkurrenzkampf um die Liebe der Pflegemutter die weitere Pflegetochter J mit einem Klappmesser niedergestochen. R hielt J irrtümlich für tot. Zur Beseitigung der Spuren schickte R ihren Freund W an den Tatort. W fand J röchelnd vor und schlug ihr mit Tötungsvorsatz beidhändig mehrfach mit einer Wasserflasche auf den Kopf. Zwar ließ sich nicht feststellen, ob J letztlich infolge der Messerstiche oder durch die Schläge mit der Flasche zu Tode kam; unabhängig hiervon (Fall der Tatsachenalternativität, s. Rn 1314) bejahte der BGH in jedem Fall die Kausalität der Messerstiche; denn selbst wenn erst die Schläge des W tödlich wirkten, so wäre es zu diesen ohne die Messerstiche der R nicht gekommen, weil W mit seinen Schlägen an das Handeln seiner Freundin **anknüpfte**.

---

25 *Rengier*, AT, § 13 Rn 19 f; *Roxin*, AT I, § 11 Rn 34; vgl auch *Kühl*, AT, § 4 Rn 18 („Gebot des Hinzudenkens von rettenden Kausalverläufen").
26 RGSt 61, 318; 64, 316; 64, 370; BGHSt 39, 322, 324; vert. *Hoyer*, Jakobs-FS, S. 175.
27 BGH MDR/D 56, 526.
28 BGH NStZ 01, 29.

Demgegenüber kann W nur wegen eines versuchten Tötungsdelikts bestraft werden, es lässt sich ja nicht klären, ob sein Verhalten wirklich den Tod der R herbeigeführt hat. Sind Sachverhaltszweifel unausräumbar, so muss das Gericht nach dem Grundsatz *in dubio pro reo* im Zweifel für den Angeklagten entscheiden (s. Rn 1298 ff), hier also zugunsten des W davon ausgehen, dass die Messerstiche der R allein kausal für den Tod der J waren (zur Zurechenbarkeit des Erfolges s. Rn 287).

Im *Bratpfannenfall*[29] beurteilte der BGH die Kausalitätsfrage allerdings unzutreffend: M, ein **245** „hünenhafter Wüterich", hatte seine Frau F und seine Stieftochter S lange Zeit in unmenschlicher Weise tyrannisiert. Eines Tages versetzte S dem M von hinten mit einer schweren Bratpfanne mehrere Schläge auf den Kopf. Als M bewusstlos zu Boden gesunken war, lief S fort, um die Polizei zu rufen. Unabhängig und ohne Wissen vom Handeln der S kam F nach Hause, ergriff die Bratpfanne und schlug sie dem am Boden liegenden M „mindestens einmal" auf den Kopf. Ob ihr Verhalten den (alsbald eingetretenen) Tod des M **beschleunigt** hatte, ließ sich nicht klären. Nach dem Grundsatz *in dubio pro reo* war zugunsten der F davon auszugehen, dass ihr Schlag den Tod des M nicht beschleunigt hatte; ihr konnte daher nur ein Totschlagsversuch zur Last gelegt werden. Zugunsten der S musste nach ebendiesem Zweifelsgrundsatz aber gerade umgekehrt angenommen werden, dass F dem M mehrere Schläge versetzt hatte und dass dessen Tod dadurch beschleunigt worden war. Daraus hat der BGH den Schluss gezogen, dass auch S lediglich wegen **versuchter** Tötung zur Rechenschaft gezogen werden könne, da der Tod des M (basierend auf dieser Annahme) „seine Ursache nicht in den Handlungen der S, sondern in den Schlägen der F gehabt habe".

Dem kann jedoch **nicht zugestimmt** werden, weil F die von S geschaffene Lage ausgenutzt und an deren Verletzungshandlung **angeknüpft** hat. Ohne den von S unternommenen Angriff hätte F den M ihrerseits nicht angegriffen. Am ursächlichen Zusammenhang zwischen dem Handeln der S und dem Tod des M würde sich daher selbst dann nichts ändern, wenn feststünde, dass der Tod des M durch die Schläge der F beschleunigt worden war. Es läge dann ein Fall der kumulativen Kausalität vor (zur Zurechenbarkeit des Erfolges s. Rn 287).

Ein **Regressverbot**, wonach im Falle einer Vorsatztat ein (fahrlässiges) Vorverhalten **246** des Täters oder eines Dritten, das die Vorsatztat erst ermöglicht hat, nicht Anknüpfungspunkt für die Kausalität sein kann[30], lässt sich mit der Bedingungstheorie und der Gleichwertigkeit aller Ursachen nicht erklären und wird daher von der hM zu Recht nicht anerkannt[31]. Denkbar ist hingegen eine Unterbrechung des **Zurechnungszusammenhanges** (Einzelheiten dazu s. Rn 269, 286, 299 f).

d) „Überholende" Zweitereignisse bewirken einen Abbruch des Kausalver- **247** **laufs.** Anders ist die Kausalitätsfrage dort zu beurteilen, wo die Erstbedingung nicht bis zum Erfolgseintritt fortwirkt und daher von vornherein nicht ursächlich wird. So liegt es, wenn ein späteres Ereignis völlig unabhängig von der früher gesetzten Bedingung eine **neue Ursachenreihe** eröffnet, die ganz allein den Erfolg herbeiführt[32]. Man spricht hier (bildhaft) von einem „Abbrechen" der ersten Kausalreihe durch ein „überholendes" Zweitereignis.

Beispiel: A hat erfahren, dass seine Braut B ihn mit C betrügt. Er bringt B ein langsam wirkendes, aber mit Sicherheit zum Tode führendes Gift bei, das keine Spuren hinterlassen soll. Ehe

---

29 BGH NJW 66, 1823 m. Anm. *Hertel*, NJW 66, 2418 und *Kion*, JuS 67, 449.
30 *Ebert/Kühl*, Jura 79, 561, 569 f; *Otto*, Maurach-FS, S. 91, 96 ff.
31 BGH JZ 01, 661, 666; OLG Stuttgart NStZ 97, 190; *Roxin*, Tröndle-FS, S. 177.
32 Vgl dazu BGH NStZ 89, 431; NStZ 16, 721 m. Anm. *Hehr/Scharbius*, HRRS 16, 550; LG Nürnberg-Fürth NZV 06, 433.

die Giftwirkung einsetzt, erscheint C und erschießt B, weil auch er sich von ihr hintergangen fühlt: Von zwei konkurrierenden Kausalreihen mit gleicher Angriffsrichtung ist hier die erste fehlgeschlagen und absolut wirkungslos geblieben, weil das Zweitereignis schneller Wirkung entfaltete. Da C nicht an die von A gesetzte Bedingung anknüpfte, sondern unabhängig davon eine neue Ursachenreihe in Gang setzte, kann A lediglich wegen eines Tötungsversuchs bestraft werden[33].

248 e) Über **Beweisschwierigkeiten** bei Feststellung der Kausalität vermag die *Conditio*-Formel nicht hinwegzuhelfen[34].

Beispiel[35]: Im Gebirge schießen die Wilderer A und B kurz hintereinander, aber ohne voneinander zu wissen, auf den Förster F. Der eine Schuss trifft F in den Kopf, der andere ins Herz. Jeder Schuss wäre sofort tödlich gewesen; es ist aber nicht zu klären, wer welchen Schuss abgegeben und wer zuerst geschossen hat. Hier ist bei keinem von beiden erwiesen, dass sein Schuss für den Tod des F ursächlich war. Da beide Wilderer unabhängig voneinander tätig wurden (anders bei Mittäterschaft, s. Rn 816 ff), ist nach dem Grundsatz *in dubio pro reo* zugunsten eines jeden davon auszugehen, dass sein Schuss zu einem Zeitpunkt getroffen hat, als F bereits durch den anderen Schuss getötet war. A und B können daher (mangels Beweises) nur wegen versuchter vorsätzlicher Tötung bestraft werden (s. auch Rn 232).

3. Die Lehre von der gesetzmäßigen Bedingung

249 Die auf *Karl Engisch* (1899-1990) zurückgehende **Lehre von der gesetzmäßigen Bedingung** betrachtet – wie gesehen (s. Rn 227) – insoweit übereinstimmend mit der Bedingungstheorie alle Ursachen als gleichwertig. Die Schwächen der *Conditio*-Formel versucht sie methodisch dadurch zu beheben, dass sie nicht lediglich den Anfangs- und Endpunkt des rechtsgutsverletzenden Verlaufs in den Blick nimmt, sondern den gesamten Verlauf vom Täterverhalten bis zum Erfolg im Auge behält.

Freund fasst den Vorteil dieser Lehre anschaulich zusammen: Nach der Bedingungstheorie fahre „der schadensträchtige Zug, der durch das Verhalten in Gang gesetzt worden ist, durch einen Tunnel […], in dem er nicht mehr beobachtet wird, sodass an dessen Ausgang nur noch der Enderfolg festgestellt werden kann. Demgegenüber fordert die Lehre von der gesetzmäßigen Bedingung sozusagen auf, die gesamte Fahrt zu begleiten. Auf diese Weise kann geprüft werden, was im Tunnel tatsächlich geschehen ist"[36].

250 Dementsprechend soll es auf ein Hinwegdenken der Tathandlung und dementsprechend hypothetische Erwägungen nicht ankommen. Vielmehr ist ein Verhalten dann ursächlich für einen Erfolg, **wenn dieser Erfolg mit dem Verhalten durch eine Reihe von Veränderungen (natur-)gesetzmäßig verbunden ist**[37]. Gefragt wird also

---

33 Vgl RGSt 69, 44, 47; gute Schaubilder zur gesamten Kausalitätsproblematik bei *Hauf*, S. 18 ff.
34 Zur Frage der richterlichen Überzeugungsbildung bei Zweifeln am ursächlichen Zusammenhang s. BGHSt 37, 106 *(Ledersprayfall)*; 41, 206 *(Holzschutzmittelfall)* m. krit. Anm. *Puppe*, JZ 96, 318; s. auch BGH NJW 17, 3249 *(Göttinger Organspendefall)* m. Anm. *Sternberg-Lieben/Sternberg-Lieben*, JZ 18, 32, 35 f; *Frisch*, Maiwald II-FS, S. 239, 253; *Hoyer*, GA 1996, 161; *Jähnke*, Jura 10, 582; *Kühl*, AT, § 4 Rn 6 f; *Schulz*, JA 96, 185; *Volk*, NStZ 96, 105; *Wohlers*, JuS 95, 1019.
35 Nach *Arthur Kaufmann*, Eb. Schmidt-FS, S. 211.
36 MK-StGB-*Freund*, Vorbem. § 13 Rn 340.
37 S. nur S/S-*Eisele*, Vorbem. §§ 13 ff Rn 75; MK-StGB-*Freund*, Vorbem. § 13 Rn 334, 340; *Hilgendorf*, Jura 95, 514; *Kühl*, AT, § 4 Rn 22; Matt/Renzikowski-*Renzikowski*, Vorbem. § 13 Rn 77 ff; *Roxin*, AT I, § 11 Rn 15; SK-*Jäger*, Vorbem. § 1 Rn 41 f; *Schulz*, Lackner-FS, S. 39; ähnl. *Jescheck/Weigend*, AT, § 28 II 4; vgl auch zur Lehre von der hinreichenden Minimalbedingung *Kindhäuser*, LPK, Vorbem. § 13 Rn 72 sowie dazu *Puppe*, ZIS 15, 426; hierzu erwidernd *Kindhäuser*, ZIS 15, 574.

danach, ob die konkrete Handlung im konkreten Erfolg tatsächlich wirksam geworden ist[38].

Beispiel: Injiziert A dem B eine Substanz, woraufhin B tot umfällt, so ist nach der Lehre von der gesetzmäßigen Bedingung nicht das hypothetische Geschehen bei Hinwegdenken der Injektion entscheidend. Vielmehr gilt es ein Naturgesetz zu benennen, aufgrund dessen die injizierte Substanz die tödliche Wirkung entfaltet.

Die Lehre von der gesetzmäßigen Bedingung geht im Vergleich zur *Conditio*-Formel **251** von der besseren Methode und einer präziseren Fragestellung aus; sie kommt insbes. weitgehend ohne unsichere hypothetische Überlegungen aus. Sie führt indessen kaum jemals zu anderen Ergebnissen als die Rspr und gelangt ebenfalls an ihre Grenzen, wenn das notwendige Erfahrungswissen (wie etwa im erwähnten *Conterganfall*, vgl Rn 231) fehlt. Die Fallkonstellationen, die bei Anwendung der *Conditio*-Formel besondere Anwendungsregeln nötig machen, sind auf Basis der Lehre von der gesetzmäßigen Bedingung zumeist ebenfalls nicht völlig unproblematisch und bedürfen zumindest klarstellender Erörterung[39].

Klausurhinweis: In strafrechtlichen Gutachten sollte man die durch Anwendung der *Conditio*-Formel gefundenen Ergebnisse, insbes. dann, wenn hier besondere Probleme liegen, zusätzlich auf die Lehre von der gesetzmäßigen Bedingung stützen. Eine Festlegung auf eine der beiden Ansichten ist in der Regel angesichts der übereinstimmenden Ergebnisse überflüssig[40].

4. Sonstige Kausalitätstheorien

a) Die im Zivilrecht weit verbreitete **Adäquanztheorie**, die gerade nicht von der **252** Gleichwertigkeit der Ursachen ausgeht, wird im Strafrecht heute nicht mehr vertreten. Ursache im Rechtssinn ist nach dieser Auffassung jede tatbestandsadäquate Bedingung.

Ein Tun oder Unterlassen ist dann adäquate Bedingung des konkreten Erfolges, wenn es die objektive Möglichkeit seines Eintritts **generell** (nach allgemeiner Lebenserfahrung) **in nicht unerheblicher Weise erhöht** hat.

Verneint wird der adäquate Kausalzusammenhang, wenn der Erfolgseintritt auf einem **regelwidrigen, atypischen Kausalverlauf**, dh auf einer ganz ungewöhnlichen Verkettung von Umständen beruht, mit denen nach der Erfahrung des täglichen Lebens nicht zu rechnen war[41].

Aus strafrechtlicher Sicht kann diese Ansicht deshalb nicht überzeugen, weil sie die beiden Kategorien der im Grundsatz empirisch zu beurteilenden Verursachung und der normativ-wertenden Zurechnung miteinander vermischt und die Ergebnisse somit wenig transparent bleiben. Überdies ist sie nicht in der Lage, die Schwächen der anderen Kausalitätstheorien zu vermeiden. Richtig erscheint es vielmehr, den Adäquanzgedanken mit der Lehre von der objektiven Zurechnung erst bei Prüfung der (normativen) Frage aufzugreifen, ob sich die vom Täter geschaffene Gefahr im konkreten Taterfolg realisiert hat (vgl Rn 299); die Rspr berücksichtigt derartige Erwägungen hingegen erst im Rahmen des subjektiven Tatbestands (Rn 387).

---

38 S/S-*Eisele*, Vorbem. §§ 13 ff Rn 75.
39 Ausf. dazu *Kühl*, AT, § 4 Rn 24 ff.
40 Vgl *Kühl*, AT, § 4 Rn 8.
41 Näher BGHSt 3, 62; *Maurach/Zipf*, AT/1, § 18 Rn 32.

77

253 **b)** Demgegenüber unterscheidet die – so heute allerdings im Strafrecht ebenfalls nicht mehr vertretene – **Relevanztheorie** streng zwischen der Verursachungsfrage und der objektiven Zurechenbarkeit des Erfolges.

Bei der Feststellung des **ursächlichen Zusammenhanges** stützt sie sich auf die Bedingungstheorie (Äquivalenztheorie). Bezüglich der Erfolgszurechnung stellt sie dagegen auf die sog. **strafrechtliche Relevanz** des Kausalgeschehens ab, wobei sie (ähnlich wie die Adäquanztheorie) nur die tatbestandsadäquaten Bedingungen innerhalb des Kausalverlaufs als haftungsbegründend anerkennt, sich darüber hinaus jedoch den Blick für den **Schutzzweck der Norm** und die Besonderheiten des einzelnen Straftatbestandes offen hält[42].

In dogmatischer Hinsicht vermeidet die Relevanztheorie durch die exakte Trennung zwischen Erfolgsverursachung und Erfolgszurechnung die Schwäche der reinen Adäquanztheorie. Diese richtige Erkenntnis öffnet den Weg für die heute überwiegend anerkannte Lehre von der objektiven Zurechnung (s. Rn 259).

254 In den **Fällen 6a und 6b** hat M jeweils eine Bedingung gesetzt, die für den Tod des T in seiner konkreten Gestalt **mitursächlich** geworden ist: Hätte M den T nicht verletzt, hätte dieser zur fraglichen Zeit nicht zum Krankenhaus transportiert und dort behandelt werden müssen. T hätte dann weder auf dem Weg zum Krankenhaus als Opfer eines Verkehrsunfalls noch im Krankenhaus infolge einer Wundinfektion den Tod gefunden.

Von der **Äquivalenztheorie** aus ließen sich noch zahlreiche weitere Erfolgsursachen ermitteln: Alle Personen, die an der Herstellung und Weitergabe des von M zur Tat benutzten Messers beteiligt waren, haben in der grenzenlosen Kausalkette einen Kausalbeitrag geliefert. Sogar die Eltern des M haben eine Bedingung für den Tod des T gesetzt, denn wenn M von ihnen nicht gezeugt worden wäre, hätte er den T nicht verletzen und das weitere Geschehen auslösen können.

Zur Kausalität gelangt man auch mit der **Lehre von der gesetzmäßigen Bedingung**, da alle einzelnen Veränderungen zwischen Messerstich und Tod empirisch bzw naturgesetzlich erklärbar sind (… durch Messerstich entsteht Wunde, Verwundeter wird idR ins Krankenhaus transportiert, eine derartige Wunde wird regelmäßig operiert, durch Operation kann es zur Wundinfektion kommen, an Wundinfektion kann ein Patient sterben).

Auch in den **Fällen 6c und 6d** ist die Kausalität nicht zweifelhaft: Hätte F dem V nicht den Gleitschirm geliehen und wäre er ihm nicht behilflich gewesen, so hätte V – zumindest nicht unter den konkreten Umständen – den Tod gefunden. Ebenso wäre bei N der tödliche Schock ausgeblieben, wenn A das Kind nicht überfahren hätte. Da alle tatsächlichen Veränderungen empirisch/naturgesetzlich nachvollziehbar sind, ergibt auch die Lehre von der gesetzmäßigen Bedingung kein anderes Ergebnis.

255 Auch wenn die beiden herrschenden Ansätze – *Conditio*-Formel und Lehre von der gesetzmäßigen Bedingung – richtigerweise von der kausalen Gleichwertigkeit (= Äquivalenz) aller Bedingungen ausgehen, folgt daraus aber **nicht** etwa ihre **rechtliche Gleichwertigkeit**, vielmehr muss ihre tatbestandliche Relevanz im Rahmen der **Zurechnungsfrage** gesondert untersucht werden.

---

42 Näher *Blei*, AT, § 28 IV, V; ähnl. *Bockelmann/Volk*, AT, S. 63 ff; *Jescheck/Weigend*, AT, § 28 I, III, IV.

III. Die objektive Zurechnung des Handlungserfolgs

1. Grundlagen und allgemeine Voraussetzungen der objektiven Zurechnung

a) Nach dem bisher Gesagten erfüllt das Kriterium der Kausalität eine Funktion als **256** **Mindest**voraussetzung der Erfolgszurechnung auf Tatbestandsebene. Dass der konkrete Erfolg ohne das Täterverhalten nicht (so) eingetreten wäre bzw dass die vom Täter gesetzte Bedingung im konkreten Erfolg (irgendwie) wirksam geworden ist, stellt jedoch noch keine hinreichende Grundlage für eine Erfolgszurechnung dar. Die Filterwirkung der Kausalität ist gering. Eine deutlich präzisere Filterung kann aber durch **Einbeziehungen der Wertungen des Strafrechts** erreicht werden. Denn die Tatbestände der Erfolgsdelikte fordern vom Täter implizit, ein Verhalten zu unterlassen, welches zu einer Verletzung des von diesem Tatbestand geschützten Rechtsguts führt[43].

Beispiel: Der Totschlagstatbestand, § 212, setzt implizit eine Verhaltensnorm voraus, wonach jedermann es zu unterlassen hat, einen anderen Menschen zu töten („Du sollst nicht töten").

Im Rahmen der Zurechnung muss es also darum gehen, nicht nur diejenigen Hand- **257** lungen zu markieren, die zum Ausbleiben des konkreten Erfolgs geführt hätten, wenn der Täter sie unterlassen hätte. Vielmehr gilt es, gerade diejenigen Verhaltensweisen herauszufiltern, die **um der Erfolgsvermeidung willen** zu unterlassen waren[44]. Anders herum formuliert lässt sich danach fragen, ob der eingetretene Erfolg in den Verantwortungsbereich des Täters fällt, indem er gerade **als *sein* Werk** (und nicht als das Werk eines Dritten, des Opfers selbst oder des Zufalls) erscheint.

b) Zwar darf davon ausgegangen werden, dass es heute zum gesicherten Bestand **258** der Strafrechtsdogmatik gehört, dass die uferlose Weite der Bedingungstheorie einer **haftungseinschränkenden Korrektur** bedarf. Die Ansichten gehen nur darüber auseinander, auf welchem Wege die gebotene Haftungsbegrenzung durchzuführen ist.

Denkbar wäre hier eine Vielzahl von Ansätzen, zB die Änderung der Kausalitätsbestimmung, die Verwendung eines Zusatzfilters im objektiven Tatbestand, Einschränkungen erst auf der Ebene des subjektiven Tatbestandes oder schließlich im Rahmen der Prüfung der Rechtfertigungsgründe[45].

Einen einheitlichen Ansatz zur Haftungsbeschränkung jenseits der Kausalität hat v. a. **259** die **Lehre von der objektiven Zurechnung** herausgebildet. Objektiv ist diese Zurechnungslehre, weil sie ihre Ergebnisse ohne Blick auf subjektive Elemente (insbes.

---

43 Ausf. und krit. zur Verhaltensnorm *Zaczyk*, GA 2014, 73.
44 Vgl *Kindhäuser*, LPK, Vorbem. § 13 Rn 101.
45 Grundlegend *Hilgendorf*, Weber-FS, S. 33; *Kahlo*, Küper-FS, S. 249; *Mitsch*, GA 2006, 11, 17; *Roxin*, ZStW 116 [2004], 929; *ders.*, Maiwald II-FS, S. 715; *Schumann*, Jura 08, 408; s. auch *Frisch*, Zurechnung, S. 50 ff; *ders.*, Roxin I-FS, S. 213; *ders.*, GA 2003, 719, der – ähnl. wie *Freund*, AT, § 2 Rn 46 ff und Anhang 1 – die Schaffung einer rechtlich missbilligten Gefahr zur Lehre vom tatbestandsmäßigen Verhalten (Handlungslehre) zählt und die Zurechnungslehre auf die Frage beschränken will, ob der eingetretene Erfolg die spezifische Folge dieses Handelns ist („Realisierungszusammenhang"); vgl dazu die Beiträge von *Seher*, *Hoyer* und *Schmoller*, in: Frisch-FS, S. 207 ff, 223 ff und 237 ff; zu objektiver Zurechnung und Rechtfertigungsgründen *Silva Sánchez*, ZIS 14, 546; s. auch *Robles Planas*, GA 2016, 284.

den Vorsatz) erzielt und somit die strafrechtliche Haftung – bei den Vorsatzdelikten – schon im objektiven Tatbestand begrenzt. Weitgehende Anerkennung hat die Lehre von der objektiven Zurechnung der Sache nach im Bereich der Fahrlässigkeitsdelikte erfahren (wo von vornherein keine Unterscheidung in objektiven und subjektiven Tatbestand vorgenommen wird, s. Rn 1115 ff), wohingegen ihre Notwendigkeit bzw Relevanz bei den Vorsatztaten nach wie vor umstritten ist[46].

260 Kritisiert wird, dass es sich bei den hier angesprochenen Problemen in Wahrheit um Fragen des subjektiven Tatbestandes handele. Dieser Einwand überzeugt letztlich nicht. Er versagt ganz offensichtlich beim Fahrlässigkeitsdelikt (das einen subjektiven Tatbestand gar nicht kennt), darüber hinaus aber auch dort, wo es – auch beim Vorsatzdelikt – klar vorsatzunabhängige, rein objektive Zurechnungskriterien gibt, wie etwa den Schutzzweck der Norm, die Abschichtung von Verantwortungsbereichen und Fälle der eigenverantwortlichen Selbstgefährdung. Ebenfalls ist der Vorwurf, dass ein einheitliches Zurechnungskriterium bereits auf Ebene des objektiven Tatbestandes zu unbestimmt und willkürlich sei in dieser Pauschalität nicht stichhaltig. Mit der sogleich zu besprechenden Grundformel und den diese ergänzenden Kriterien liefert sie ein nützliches Argumentationsinstrumentarium, um die normative Korrektur der Kausalitätserwägungen gerade nachvollziehbar und berechenbar zu machen[47].

261 Die Lehre von der objektiven Zurechnung lässt sich auf folgende zweigliedrige **Grundformel**[48] zurückführen. Sie ist – im Rahmen der Fallprüfung im (objektiven) Tatbestand – unmittelbar an die Kausalitätsfeststellung anzuschließen. Sie lautet:

Objektiv zurechenbar ist ein Erfolg dann, wenn durch das Verhalten des Täters

(1) **eine rechtlich relevante Gefahr geschaffen** worden ist und

(2) **sich genau diese Gefahr im tatbestandsmäßigen Erfolg realisiert** hat.

Bei der Anwendung dieser Grundformel lassen sich – bzgl beider Elemente – Fallgruppen unterscheiden, die auch bei der Fallbearbeitung hilfreich sein können:

262 Bei der Klärung der Frage, ob eine **rechtlich relevante Gefahr geschaffen** worden ist, können insbes. folgende Fallgruppen Bedeutung erlangen[49]:
- Schutzzweck der verletzten Verhaltensnorm (dazu u. 2.),
- allgemeines Lebensrisiko und die Reichweite des erlaubten Risikos (dazu u. 3.),
- freiverantwortliche Selbstschädigung und -gefährdung des Opfers (dazu u. 4.),
- eigenverantwortliches Dazwischentreten eines Dritten (dazu u. 5.),
- Risikoverringerung (dazu u. 6.).

Geht es darum festzustellen, ob sich die so begründete **Gefahr im tatbestandsmäßigen Erfolg realisiert** hat, werden vor allem folgende Fallgruppen relevant:

---

46 Krit. insbes. *Hirsch*, Lenckner-FS, S. 119; die Lehre der objektiven Zurechnung ablehnend *Gössel*, GA 2015, 18; *ders.*, Lampe-FS, S. 523; *Armin Kaufmann*, Jescheck-FS, S. 251; *Küpper*, S. 83 ff; *Lampe*, Armin Kaufmann-GS, S. 189; *Puppe*, GA 2015, 203; Matt/Renzikowski-*Renzikowski*, Vorbem. § 13 Rn 99 f; *Schild*, Jakobs-FS, S. 601, 613; *Schumann/Schumann*, Küper-FS, S. 543.

47 So insbes. auch *Rengier*, AT, § 13 Rn 44.

48 Vgl *Kühl*, AT, § 4 Rn 43; Lackner/Kühl-*Kühl*, Vorbem. §§ 13 ff Rn 14; krit. *Puppe*, GA 2015, 203; die Grundformel durch Elemente personalen Charakters vervollständigend *Sánchez Lázaro*, ZStW 126 [2014], 277.

49 Lehrreich dazu *Frisch*, JuS 11, 19 ff, 116 ff, 205 ff; *Kindhäuser*, Gefährdung, S. 41 ff; *Kudlich*, JA 10, 681.

80

- atypischer Kausalverlauf (dazu u. 7.),
- Pflichtwidrigkeitszusammenhang, insbes. beim Fahrlässigkeitsdelikt (dazu u. 8.).

Beide Aspekte dieser Grundformel sind eng miteinander verzahnt und überschneiden sich häufig. Nur unter diesem Vorbehalt ist die hier vorgenommene und für das Ergebnis nicht relevante Zuordnung zu den einzelnen Fallgruppen zu verstehen[50].

c) Die **Rspr** vermeidet bislang eine (allgemeine) Anerkennung der Kategorie der objektiven Zurechnung. Sie hat eine Haftungsbegrenzung im Unrechtsbereich durch Heranziehung objektiver Zurechnungskriterien bisher nur bei den Fahrlässigkeitsdelikten und in Einzelfällen befürwortet, insbes. bei der Abgrenzung von Verantwortungsbereichen in Fällen der „eigenverantwortlichen Selbstgefährdung"[51]. Bei den Vorsatzdelikten verlegt sie die Lösung der Zurechnungsprobleme in der Regel auf die Vorsatzebene, indem sie bei atypischen Geschehensabläufen das Vorliegen eines Irrtums über den Kausalverlauf (vgl Rn 385 ff) prüft und dabei auf Adäquanzgesichtspunkte zurückgreift. **263**

In der älteren Rspr erfolgte die Korrektur auf der Ebene der Schuld[52], da – dem klassischen Verbrechenssystem folgend – damals die Vorhersehbarkeit des Erfolges erst in der Schuld geprüft wurde (s. Rn 157)[53].

2. Die Fallgruppe „Schutzzweck der Norm"

Für die Schaffung einer rechtlich relevanten, dh rechtlich missbilligten Gefahr im Sinne der Grundformel (Rn 261) genügt nicht jeder Verstoß gegen eine Verhaltensnorm. Abzustellen ist vielmehr auf deren **Schutzzweck**: Nur dann, wenn die verletzte Verhaltensnorm gerade dem Schutz des betreffenden Rechtsguts zu dienen bestimmt ist, kann von einer rechtlich relevanten Gefahrschaffung gesprochen werden. **264**

Beispiel: A überschreitet in München mit seinem Pkw die erlaubte Höchstgeschwindigkeit. In Nürnberg rennt ihm ein Kind unvermittelt vor das Fahrzeug. Es kommt zu einem für A unvermeidbaren Unfall, der den Tod des Kindes zur Folge hat. Kann A vorgehalten werden, er sei zwar in Nürnberg korrekt gefahren, hätte er jedoch in München die Geschwindigkeitsbegrenzung eingehalten, wäre er einen Sekundenbruchteil später an der Unfallstelle angekommen, sodass das Kind diese bereits passiert hätte? **265**

Dies ist zu verneinen. A wird kausal für den Tod des Kindes, dieser ist ihm aber nicht objektiv zurechenbar. Er hat durch sein Verhalten zwar gegen die in München vorgesehene Geschwindigkeitsbegrenzung und damit gegen die StVO (vgl § 41 I StVO) verstoßen. Dadurch hat er allerdings keine – für den konkreten Fall – relevante Gefahr geschaffen. Der Schutzzweck der

---

50 Vert. *Ebert*, Jura 79, 561; *Erb*, JuS 94, 449; *Hilgendorf*, Weber-FS, S. 47; *Jakobs*, Hirsch-FS, S. 45; *Küper*, Lackner-FS, S. 247; *Maiwald*, Miyazawa-FS, S. 465; *Otto*, Wolff-FS, S. 395; *Sánchez Lázaro*, Wolter-FS, S. 465; *Schmoller*, Triffterer-FS, S. 223; *Schünemann*, GA 1999, 207; *Seher*, Jura 01, 814; *Wolter*, Strafrechtssystem, S. 10 ff.

51 Vgl BGHSt 32, 262; 49, 34, 39 zur Beteiligung an einer eigenverantwortlichen Selbstgefährdung; BGHSt 11, 1 zu § 222; BGHSt 33, 61 zu § 229; BGH NJW 71, 152 zu § 227.

52 RGSt 29, 218, 220; 56, 343, 348; Baumann/Weber/Mitsch/Eisele-*Eisele*, AT, § 10 Rn 56; s. auch *Hettinger*, JuS 91, L 10, 25, 33, 49.

53 Im Zivilrecht ist über die Adäquanzformel hinausgehend die Lehre von der objektiven Zurechnung unter der Rubrik „Schutzzweck der Norm" bzw „Rechtswidrigkeitszusammenhang" seit langem anerkannt: s. dazu etwa BGHZ 27, 138; 57, 137; 132, 164; BGH NJW 00, 947.

Geschwindigkeitsbegrenzung geht insbes. dahin, die Verkehrsteilnehmer im konkreten Straßenbereich vor den durch die höhere Geschwindigkeit gesteigerten Gefahren zu schützen; dass Fahrzeuge bestimmte Orte später erreichen, entspricht nicht Sinn und Zweck einer Geschwindigkeitsbegrenzung.

266 **Beispiel** (nach RGSt 63, 392, *Radleuchtenfall*): J und P befahren mit ihren Fahrrädern nachts eine unbeleuchtete Straße. Beide Fahrräder sind unbeleuchtet. P fährt rechts, J schräg links hinter ihm, etwa in der Mitte der Straße. J stößt mit dem entgegenkommenden Fahrrad des K zusammen, das ebenso unbeleuchtet ist. K erleidet beim Sturz vom Rad tödliche Kopfverletzungen.

J hat sich gemäß § 222 strafbar gemacht; der Tod des K ist ihm objektiv zuzurechnen. Die in § 17 StVO vorgesehene Pflicht zur ordnungsgemäßen Beleuchtung des Fahrrads dient dazu, Unfälle zu vermeiden, die darauf zurückzuführen sind, dass der Radfahrer andere Verkehrsteilnehmer oder Hindernisse nicht erkennt oder dass er selbst nicht erkannt wird. Anders ist hingegen bzgl einer Strafbarkeit des P gem. § 222 zu entscheiden. Zwar ist es nicht auszuschließen, dass J – hätte P sein Fahrrad vorschriftsgemäß beleuchtet – den K im Scheinwerferlichtkegel des P rechtzeitig hätte erkennen können. Jedoch reicht dies nicht aus, um den Todeserfolg auch dem P objektiv zuzurechnen, da es nicht dem Schutzzweck der Beleuchtungspflicht entspricht, entgegenkommenden Verkehr für andere Verkehrsteilnehmer zu beleuchten[54].

▶ Beispielsfall zum Schutzzweck bei *Beulke/Zimmermann*, Klausurenkurs II, Rn 215

3. Die Fallgruppe „allgemeines Lebensrisiko" und „erlaubtes Risiko"

267 **a)** Von der Schaffung einer rechtlich relevanten Gefahr kann auch dann keine Rede sein, wenn der Grad der bewirkten Gefährdung so gering ist, dass er das **allgemeine Lebensrisiko** nicht übersteigt. In diesen Kontext gehören insbes. **ganz entfernte Bedingungen** (zB die Zeugung eines späteren Mörders) und **unbeherrschbare Kausalverläufe** (insbes. Naturgewalten).

Beispiel: Schickt A den B bei einem heraufziehenden Gewitter nach draußen, damit dieser vom Blitz erschlagen werde, und tritt dieser – wenig wahrscheinliche – Fall tatsächlich ein, ist die Kausalität iSd Äquivalenztheorie zweifellos gegeben. Da der Eintritt des Todeserfolges jedoch auf dem unbeherrschbaren Wirken der Naturkräfte beruht, verwirklicht sich hier letztlich das allgemeine Lebensrisiko. Es handelt sich um ein Unglück, nicht um ein Unrecht (zum hier zusätzlich bedeutsamen Aspekt der freiverantwortlichen Selbstgefährdung vgl Rn 269 ff).

268 **b)** Rechtlich relevant ist eine Gefahr darüber hinaus auch dann nicht, wenn der Täter zwar ein signifikantes Verletzungsrisiko hervorruft, sein Verhalten aber vom **erlaubten Risiko** gedeckt ist. Dies ist immer dann der Fall, wenn bestimmte Verhaltensweisen trotz ihrer Gefährlichkeit aufgrund ihres sozialen Nutzens allgemein erlaubt sind (Lehre von der **Sozialadäquanz**[55]). Ein typisches Beispiel ist die Teilnahme am öffentlichen (Straßen-)Verkehr.

---

54 Zum Schutzzweck der Norm als Zurechnungskriterium vgl auch BGHSt 21, 59 *(Zahnarztfall)*; 33, 61 *(Geschwindigkeitsüberschreitungsfall)*; weitere Kasuistik bei *Puppe*, Erfolgszurechnung, S. 103 f; *Roxin*, AT I, § 11 Rn 84 ff; krit. *Degener*, Die Lehre vom Schutzzweck der Norm und die strafgesetzlichen Erfolgsdelikte, 2001; schönes Fallbeispiel bei *Mitsch*, JA 06, 509.

55 Vgl *Kaspar*, JuS 04, 409; *Rönnau*, JuS 11, 311; *von der Meden*, JuS 15, 22, 23; *Valerius*, JA 14, 561; zT wird zwischen dem Begriff des „erlaubten Risikos" und dem des „sozialadäquaten Handelns" stärker differenziert: *Roxin*, AT I, § 10 Rn 33 ff; zur Begründung eines Strafbarkeitsfreiraumes für sportliche Wettkämpfe mit Hilfe der sog. „Sportadäquanz" s. *Schild*, Paeffgen-FS, S. 153.

Beispiel: Der vom Neffen zu einer Flugreise überredete Erbonkel findet – wie vom Neffen erhofft – durch einen Flugzeugabsturz den Tod. Abgesehen davon, dass sich der Onkel mit Besteigen des Flugzeugs freiverantwortlich selbst gefährdet (zu diesem Aspekt vgl Rn 269 ff), schafft der Rat zur Teilnahme an einer Flugreise beim heutigen Stand der Technik keine rechtlich missbilligte Gefahr. Angesichts der geringen Wahrscheinlichkeit eines Unfalls und der generellen sozialen Nützlichkeit des Flugverkehrs wird die verbleibende Gefahr vom erlaubten Risiko gedeckt. Wäre dagegen im Flugzeug eine Bombe versteckt und dem Neffen dieser Umstand bekannt gewesen, müsste bei einem explosionsbedingten Absturz aufgrund des überlegenen Sonderwissens des Neffen und der daraus folgenden Steuerung des Kausalgeschehens die objektive Zurechnung bejaht werden (vgl Rn 279)[56].

Ob eine geschaffene Gefahr hinter der Erheblichkeitsschwelle zurückbleibt und deshalb als rechtlich irrelevant zu betrachten ist oder ob die Gefahr bereits signifikant ist, aber aufgrund von Sozialadäquanz rechtlich unerheblich ist, lässt sich natürlich nicht immer klar voneinander abgrenzen. In Anbetracht des identischen Ergebnisses ist dies jedoch auch nicht nötig.

4. Die Fallgruppe „freiverantwortliche Selbstschädigung und -gefährdung"

Ein wichtiges Zurechnungskriterium stellt das **Prinzip der Eigenverantwortlichkeit** dar. Danach ist jeder grundsätzlich nur für sein eigenes Verhalten verantwortlich. Der Nutzen dieses Prinzips für die Beurteilung der objektiven Zurechnung liegt darin, verschiedene **Verantwortungsbereiche voneinander abzuschichten**. Dabei geht es in erster Linie darum, dem Täter diejenigen Erfolge nicht als sein Werk zuzurechnen, die allein vom Opfer zu verantworten sind. Es handelt sich hierbei namentlich um die Fallkonstellation der freiverantwortlichen (= eigenverantwortlichen) Selbstgefährdung bzw Selbstschädigung (Rn 270). Daneben kann das Prinzip aber auch zur Lösung derjenigen Fälle beitragen, in denen Dritte vorsätzlich oder fahrlässig in das Geschehen eingreifen (dazu u. 5.). **269**

a) Schädigt oder gefährdet sich das Opfer freiverantwortlich selbst, so folgt aus dem Prinzip der Eigenverantwortlichkeit, dass der eingetretene Rechtsgutsverletzungserfolg beim Opfer nur diesem zugerechnet werden kann, auch wenn sich Dritte daran beteiligt haben. **270**

Bereits nach der klaren Konzeption des StGB ist das Verhalten desjenigen, der sich selbst eine Körperverletzung zufügt oder sich selbst tötet, strafrechtlich irrelevant, da nur die Fremdverletzung (vgl nur § 223 I: „Wer eine *andere Person* körperlich misshandelt [...].") tatbestandlich erfasst ist. Um Wertungswidersprüche zu vermeiden, muss dann aber das Verhalten desjenigen, der einen anderen nur dazu veranlasst bzw ihm dabei behilflich ist, sich aus eigener Verantwortung heraus selbst zu verletzen, ebenfalls als strafrechtlich irrelevant betrachtet werden[57]. Denn er trägt letztlich nur

---

56 Anders *Kindhäuser*, GA 2007, 466; s. auch *Duttge*, Maiwald II-FS, S. 133; *Kindhäuser*, Maiwald II-FS, S. 397.

57 Es sei denn, der Gesetzgeber trifft explizit eine andere Entscheidung, wie dies namentlich in Österreich (§ 78 des österreichischen StGB) und der Schweiz (Art. 115 des schweizerischen StGB) der Fall ist.

zu einem aus seiner Sicht „fremden Werk" bei, welches – da tatbestandslos – strafrechtlich bedeutungslos ist. Dass somit keine Zurechnung erfolgt, liegt darin begründet, dass der Schutzbereich der Normen wie etwa §§ 212, 222 oder §§ 223, 229 den Rechtsgutinhaber nur **vor Eingriffen Dritter bewahren** soll. Er endet aber dort, wo der eigene Verantwortungsbereich des Betroffenen eröffnet ist.

271 Ist die Schutzrichtung des jeweiligen Tatbestandes eine andere, so kann auch das Prinzip der Eigenverantwortlichkeit bei der objektiven Zurechnung nicht herangezogen werden. So hat etwa BGHSt 37, 179 hervorgehoben, dass §§ 29 I Nr 1, 6b, 30 I Nr 3 BtMG den Schutz der Allgemeinheit (Schutz der „Volksgesundheit") bezwecken, sodass auch die Selbstgefährdung des einzelnen Drogenkonsumenten vom Schutzzweck erfasst ist[58].

272 Im Ergebnis wird in Fällen der Selbstschädigung oder -gefährdung also bereits keine rechtlich relevante Gefahr iSd obigen Grundformel der objektiven Zurechnung (Rn 261) geschaffen.

Beispiel: A spritzt sich Heroin, das er von B bekommen hat. Trotz tödlicher Wirkung des Rauschgifts kann B nicht wegen § 222 bestraft werden. Er hat A nur dabei unterstützt, sich bewusst und eigenverantwortlich selbst zu gefährden. Als problematischer erweist sich die Situation jedoch, wenn A nicht sofort stirbt und – was B erkennt – noch gerettet werden kann. Unterlässt B das Ergreifen von Rettungshandlungen (und stirbt A daraufhin) steht eine Strafbarkeit des B wegen Totschlags durch Unterlassen gem. §§ 212, 13 I im Raum (s. hierzu Rn 1200)[59].

273 Diese Grundsätze akzeptiert inzwischen auch die Rspr, die früher eine Strafbarkeit des Mitwirkenden aus dem entsprechenden Fahrlässigkeitsdelikt bejaht hat, ohne den Aspekt der Selbstgefährdung zu problematisieren[60].

Weiterer Beispielsfall: Der Pkw-Fahrer A gibt durch sein „blockademäßiges" und zu schnelles Fahren dem hinter ihm fahrenden B zu verstehen: „Du überholst mich hier nicht!" Um dieses „Kräftemessen" doch zu seinen Gunsten zu entscheiden, überholt B in einer Kurve, verliert die Kontrolle über das Fahrzeug, prallt gegen einen Baum und verstirbt. Hier entfällt eine Strafbarkeit des A wegen § 222, denn B hat in eigener Verantwortung gehandelt, sodass A dessen Tod nicht zugerechnet werden kann[61].

274 Eine die Zurechnung ausschließende eigenverantwortliche Selbstverletzung bzw Selbstgefährdung setzt aber stets zweierlei voraus:

(1) Der Verantwortungsbereich des Opfers ist nur dann eröffnet, wenn dieses tatsächlich **eigenverantwortlich** handelt (Rn 275).

Damit ist die Frage nach dem Maßstab der Eigenverantwortlichkeit aufgeworfen.

---

58 Ebenso BGHSt 46, 279, 284 m. insoweit zust. Anm. *Duttge*, NStZ 01, 546 und *Sternberg-Lieben*, JZ 02, 153; s. auch *Beulke/Schröder*, NStZ 91, 393; Körner/*Patzak*/Volkmer, BtMG, § 30 Rn 97; *Weber*, Betäubungsmittelgesetz, 4. Aufl. 2013, § 30 Rn 143 ff; krit. *Paeffgen*, BGH-Wiss-FS, S. 696 ff.

59 S. hierzu BGH NJW 16, 176 *(GBL-Fall)* m. krit. Anm. *Schiemann*; s. auch die krit. Bespr. von *Eisele*, JuS 16, 276 und *Jäger*, JA 16, 392 sowie die Anm. von *Bosch*, Jura (JK) 16, 450; s. auch BGH NJW 17, 418 *(GBL-Fall II)* m. Bespr. *Eisele*, JuS 17, 561; *Satzger*, Jura (JK) 17, 992; krit. dazu *Fahl*, GA 2018, 418, 430 ff.

60 Vgl BGHSt 32, 262 *(1. Heroinspritzenfall)*; BGH NStZ 85, 25 *(Stechapfelteefall)* m. Bespr. *Fahl*, JA 98, 105; BGH NStZ 01, 205 *(Heroinabgabefall)* m. Anm. *Renzikowski*, JR 01, 246, 248; BGH NStZ 17, 219 *(Magersuchtfall)* m. Anm. *Satzger*, Jura (JK) 17, 1124; näher dazu *Wessels/Hettinger/Engländer*, BT/1, Rn 161 mwN.

61 Vgl OLG Stuttgart JR 12, 163 *(Kraftprobefall)* m. krit. Anm. *Puppe*; krit. auch *Mitsch*, JuS 13, 20, der eine Zurechnung mit Blick auf den Schutzzweck des § 29 I StVO (Verbot von Wettrennen) bejaht.

(2) Das Opfer muss sich wirklich **selbst verletzen**, es darf nicht durch den Täter verletzt werden (Rn 278).

Hier gilt es also, Selbst- und Fremdgefährdung/-schädigung voneinander abzugrenzen.

b) Der **Maßstab** für die Frage, ob das Opfer **eigenverantwortlich** gehandelt hat, ist umstritten. Eine weit verbreitete Ansicht betrachtet das Opfer als „Täter" gegen sich selbst und greift daher sinngemäß auf die Kriterien der rechtlichen Verantwortlichkeit eines Täters im Falle einer Beeinträchtigung fremder Rechtsgüter und die hierfür geltenden **Exkulpationsregeln** zurück (§§ 20, 35 StGB, § 3 JGG). Danach ist die Eigenverantwortlichkeit nur ausnahmsweise zu verneinen, nämlich bei unreifen Jugendlichen, geistig Erkrankten, seelisch Gestörten oder Personen, die sich in einer unter § 35 fallenden Notlage befinden und denen deshalb kein schuldhaftes Verhalten vorgeworfen werden könnte, wenn sie einen anderen statt sich selbst verletzt hätten. In allen anderen Fällen ist von Eigenverantwortlichkeit auszugehen, mit der Folge, dass die Zurechnung entfällt[62]. **275**

Demgegenüber vertritt die Gegenauffassung eine Orientierung an den Regeln der **Einwilligungslehre**. Diese Ansicht stellt nicht auf die Täterrolle des sich selbst Verletzenden/Gefährdenden ab, sondern auf dessen Rolle als „Opfer" seiner selbst. Konsequenterweise verneint sie eine Eigenverantwortlichkeit dann, wenn das Opfer auch gegenüber einem Dritten als Täter nicht wirksam auf Rechtsgüter verzichten kann. Folgerichtig werden die Kriterien, die sonst für die Wirksamkeit einer rechtfertigenden Einwilligung gelten (dazu Rn 564 ff), herangezogen. Diese Ansicht stellt höhere Anforderungen an die Bejahung der Eigenverantwortlichkeit und führt daher im Ergebnis häufiger zur strafrechtlichen Verantwortlichkeit des Dritten[63]. **276**

Sind somit die Voraussetzungen der Exkulpationsregeln in der Person des Betreffenden erfüllt (zB Schuldlosigkeit aufgrund Alkoholkonsums), so kommt es auf den geschilderten Streit nicht mehr an; es entspricht in diesem Fall allgemeiner Ansicht, dass eine eigenverantwortliche Selbstschädigung/-gefährdung ausgeschlossen ist. Im Übrigen ist jedenfalls bei einer Gefährdung oder Preisgabe des eigenen Lebens der zweiten Ansicht zu folgen, da hinsichtlich der Verfügung über das eigene Leben an die Mangelfreiheit der Willensbildung keine geringeren Anforderungen als bei der Einwilligung in eine Körperverletzung und bei der in § 216 geforderten Ernstlichkeit des Todeswillens gestellt werden dürfen[64]. **277**

c) Darüber hinaus ist zu klären, ob sich das Opfer wirklich **selbst gefährdet** hat. Von der eigenverantwortlichen Selbstgefährdung, die regelmäßig zum Ausschluss der Zurechnung führt, ist nämlich die **einverständliche Fremdgefährdung** abzu- **278**

---

62 *Hirsch*, JR 79, 429, 432; *Roxin*, AT I, § 11 Rn 114; Fallbeispiel: *Norouzi*, JuS 06, 531.

63 BGH NStZ 12, 319 *(Reinigungsmittelfall)* m. Anm. *Brüning*, ZJS 12, 691 sowie *Kuhli*, HRRS 12, 331 und *Rengier*, Kühl-FS, S. 383; *Herzberg*, Neumann-FS, S. 839; *Kindhäuser*, BT/I, § 4 Rn 15; Lackner/Kühl-*Kühl*, Vorbem. §§ 211 ff Rn 13a; *Rönnau*, JuS 19, 119, 120; *Wessels/Hettinger/Engländer*, BT/1, Rn 117.

64 S. dazu auch *Amelung*, in: Schünemann, Bausteine des europäischen Strafrechts, 1995, S. 247; AnwK-StGB-*Mitsch*, Vorbem. §§ 211 ff Rn 16.

85

grenzen, deren Rechtsfolge weitaus problematischer ist (s. Rn 283).[65] Welche der beiden Konstellationen vorliegt, hängt davon ab, **wer das Geschehen beherrscht**, wobei die Grundsätze der Abgrenzung von Täterschaft und Teilnahme (vgl Rn 804 ff) analog heranzuziehen sind[66].

Liegt die (alleinige) **Tatherrschaft** beim Opfer selbst, handelt es sich um eine Selbstgefährdung, ansonsten (auch bei „Quasi-Mittäterschaft"[67]) um eine Fremdgefährdung.

279 Die Tatherrschaft des Täters kann sich dabei – trotz grundsätzlich freiverantwortlichen Handelns des Opfers – auch aus einem **überlegenen Wissen** ergeben (vgl die Konstellation der mittelbaren Täterschaft, s. Rn 847). Dementsprechend ist der Verantwortungsbereich des Täters dann eröffnet, wenn seine tatsächliche Risikoerkenntnis über die des eigenverantwortlich handelnden Opfers hinausgeht.

Beispiel 1 („verunreinigtes Heroin"): A ist drogenabhängig und bittet den B, ihm weiteren „Stoff" zu verschaffen, koste es, was es wolle. B besorgt von einem Händler Heroin, wobei er weiß, dass es sich um eine minderwertige Qualität handelt, was er dem A jedoch nicht offenbart. A verabreicht sich das von B beschaffte Heroin und stirbt wegen der starken Verunreinigung des Heroins.

Zwar hat A hier die Tatherrschaft im Zeitpunkt der Injektion, er spritzt sich das Heroin selbst. Gleichwohl unterliegt er einem Irrtum über die Gefährlichkeit des injizierten Stoffes, der darauf beruht, dass B ihn nicht über die Verunreinigung ins Bild gesetzt hat. A erscheint hier daher als das „Werkzeug" des B, der die „Tatherrschaft kraft überlegenen Wissens" innehat. Es verletzt sich somit nicht A selbst, sondern B verletzt A „durch Einsatzes des Werkzeugs A" gegen sich selbst.

280 Darüber hinaus wird eine **Fahrlässigkeitshaftung** des Mitwirkenden teils auch dann befürwortet, wenn er lediglich die **Möglichkeit** hatte, die Reichweite der Gefahr besser zu erfassen als das Opfer selbst es getan hat[68]. Ob er tatsächlich über eine bessere Risikokenntnis verfügt, soll demnach ohne Bedeutung sein.

Beispiel 2 („vertauschtes Kokain")[69]: Ü will Kokain konsumieren und wendet sich zu diesem Zweck an den bekannten Rauschgifthändler R. Dieser übergibt dem Ü eine Portion, wobei er davon ausgeht, dass es sich um Kokain handelt. In Wirklichkeit hat R seine Vorräte ver-

---

65 Zur Entwicklung der einverständlichen Fremdgefährdung in der Rspr. s. *Lotz*, Die einverständliche, beidseitig bewusst fahrlässige Fremdschädigung, 2017, S. 72 ff; anwendungsorientierter Überblick bei *Rönnau*, JuS 19, 119.

66 BGHSt 53, 55, 60 *(Autorennenfall I)*; OLG Celle StV 13, 27 *(Autorennenfall II)* m. iE zust. Anm. *Rengier*; *Hecker/Witteck*, JuS 05, 397; *L. Neumann*, Jura 17, 160, 161 ff; *Rönnau*, JuS 19, 119, 120; *Roxin*, AT I, § 11 Rn 105 ff; *Wessels/Hettinger/Engländer*, BT/1, Rn 121 ff; abl. *Hauck*, GA 2012, 202; SK-*Hoyer*, Anhang zu § 16 Rn 50; *Murmann*, Puppe-FS, S. 767; fallbezogen *Hinderer/Brutscher*, JA 11, 907; *Jäger*, Schünemann-FS, S. 421; ausf. *Timpe*, JR 14, 52; *von der Meden*, JuS 2015, 22; zur Selbst- oder Fremdgefährdung beim Doping vgl *Corsten/Kuse*, ZJS 13, 453, 456; s. zum Ganzen auch *Lotz*, Die einverständliche, beidseitig bewusst fahrlässige Fremdschädigung, 2017, S. 154 ff.

67 BGHSt 49, 34, 39 f *(2. Heroinspritzenfall)*; BGH NJW 03, 2326, 2327 *(Zivilfall)*; aA *Eisele*, JuS 12, 577, 579; *ders.*, Kühl-FS, S. 159, 165; S/S-*Sternberg-Lieben*, Vorbem. § 32 Rn 107.

68 BGHSt 53, 288 *(Kokainfall)*; dazu *Eisele*, JuS 12, 577, 583; *Frisch*, Zurechnung, S. 154 ff; *Haas*, Yamanaka-FS, S. 71 ff; MK-StGB-*Hardtung*, § 222 Rn 23; *ders.*, NStZ 01, 206; Lackner/Kühl-*Kühl*, Vorbem. §§ 211 ff Rn 12; LK-*Rönnau*, Vorbem. § 32 Rn 167; *Weißer*, Wolter-FS, S. 541, 545 ff; zur Verantwortlichkeit im Arzt-Patienten-Verhältnis *Oğlakcıoğlu*, HRRS 13, 344, 346 ff.

69 Nach BGHSt 53, 288 *(Kokainfall)*.

tauscht und dem Ü reines Heroin übergeben. Ü stirbt nach dem ohne fremde Hilfe erfolgenden Heroinkonsum. Bei pflichtgemäßem und sorgfältigem Handeln hätte R – nicht aber Ü – die Vertauschung (und die daraus folgende Gefährlichkeit für das Leben des Ü) erkennen und vermeiden können. R hat sich dieser Meinung zufolge nach § 222 strafbar gemacht.

Richtiger Ansicht nach ist jedoch zu differenzieren: Nur dann, wenn dem Rechtsguts-**281** inhaber und dem an der Selbstgefährdung Mitwirkenden eine **weitgehend vergleichbare Informationsgrundlage** zur Verfügung stand, um das eingegangene **Risiko zu erfassen**, steckt in der Einwilligung des Opfers in den (Gefährdungs-)Erfolg auch das Einverständnis mit dem Restrisiko eines nicht in jeder Beziehung erfassten Misserfolgs[70]. Es handelt sich dann trotz des beiderseitigen Nichtausschöpfens aller Erkenntnismöglichkeiten um eine straflose eigenverantwortliche Selbstgefährdung[71].

Beispiel 3 („Psycholyse")[72]: Arzt A verteilt an die Teilnehmer von Gruppensitzungen im Rahmen einer wissenschaftlich nicht anerkannten Methode (sog. Psycholyse) illegale Drogen, die es ermöglichen sollen, an den unbewussten Inhalt der Psyche zu gelangen. Patient P erleidet infolge der Einnahme der Droge (wie bereits bei früheren Sitzungen) schwere Halluzinationen und Spasmen.

Eine dem Arzt zurechenbare Körperverletzung ist hier zu verneinen. Alle Patienten, die die freie Entscheidung bzgl der Einnahme der Droge hatten, wussten um deren Illegalität sowie um die fehlende wissenschaftliche Anerkennung der Psycholyse. Mit besonderen medizinischen Risiken musste also auch P rechnen, zumal bei ihm ähnliche Erscheinungen bereits früher aufgetreten waren. Dass A als Arzt das Risiko womöglich leichter oder besser erfassen konnte als die Patienten, begründet für sich – wegen der vergleichbaren Informationsgrundlage – noch keine strafrechtlich relevante Handlungsherrschaft[73]. Ließe man hier zur Bejahung der Fremdschädigung/-gefährdung eine nur „potenzielle" Tatherrschaft des A genügen, hätte dies eine nicht sachgerechte, stärkere Inpflichtnahme des Fahrlässigkeitstäters gegenüber dem Vorsatztäter zur Folge, bei dem erst eine tatsächlich vorliegende Sachherrschaft die Fremdgefährdung begründet[74].

Eine eigenverantwortliche Selbstgefährdung liegt hingegen nur dann nicht vor, wenn **282** beim Rechtsgutsinhaber ein **erheblicher Irrtum** über das tatsächlich eingegangene Risiko besteht und es **nur dem Täter möglich** wäre, das konkrete Risiko vollständig zu erfassen. Wenn der Täter in diesem Fall fahrlässig seine besseren Erkenntnismöglichkeiten nicht ausschöpft, so ist der Erfolg sein Werk und er ist wegen fahrlässiger Erfolgsherbeiführung strafbar[75].

So liegt es im obigen **Beispiel 2** („vertauschtes Kokain"), da R fahrlässig seine besseren Erkenntnismöglichkeit bzgl der Art des Rauschgifts nicht nutzt. Er ist daher wegen fahrlässiger

---

70 BGH NJW 14, 1680 *(Substitutionsfall)* m. Bespr. *Kudlich*, JA 14, 392; vgl auch BGH StV 14, 601 *(Schmerzpflasterfall II)* m. Anm. *Kaspar*, HRRS 14, 436; dazu auch *Arzt*, Geppert-FS, S. 1, 12; *Bosch*, JK 7/14, StGB § 227/10.

71 Zutr. Freispruch des AG Garmisch-Partenkirchen SpuRt 2011, 128 *(Zugspitzlauffall)*; hierzu *Albrecht/Kaspar*, JuS 10, 1071; *Jahn*, JuS 11, 844; AnwK-StGB-*Mitsch*, § 222 Rn 7; s. auch BGH NJW 2014, 1618.

72 Nach BGH NStZ 11, 341.

73 So iE auch BGH NStZ 11, 341.

74 Ebenso *Roxin*, AT I, § 11 Rn 113; im Grundsatz so auch BGHSt 32, 262, 264; 53, 288, 290.

75 Vgl BGH NStZ 11, 341, 343 *(Drogenarztfall)* m. Bespr. *Jahn*, JuS 11, 372; *Jäger*, JA 11, 474; *Kotz*, JR 11, 267; *Puppe*, JZ 11, 911; *Stam*, StV 11, 536; s. auch *Beulke*, Zoll-FS, Bd 2, S. 735; HK-GS-*M. Heinrich*, Vorbem. § 13 Rn 139 mwN.

Tötung (§ 222) zu bestrafen. Dieses Ergebnis ist auch im Vergleich zu dem Fall stimmig, in dem der Rauschgifthändler R das Kokain mit Heroin vorsätzlich vertauscht hätte: Dann wäre dem R unproblematisch Tatherrschaft kraft überlegenen Sachwissens zugefallen und er wäre aus dem vorsätzlichen Tötungsdelikt zu bestrafen.

283 Während der eigenverantwortliche Entschluss zur Selbstgefährdung unbegrenzt akzeptiert wird und eine Bestrafung des Mitwirkenden – wie gesehen – ausschließt, sollen bei der **Fremdgefährdung auf Verlangen oder mit Einwilligung des Betroffenen** die Schranken der Autonomie, die die §§ 216, 228 der Disposition des Opfers über sein eigenes Leben bzw über seine Körperintegrität setzen (s. Rn 566, 574 f), wieder relevant werden[76], sodass die hM dem Täter den beim Opfer eintretenden Erfolg **objektiv zurechnet**. Die strafrechtliche Behandlung der einverständlichen Fremdgefährdung, bei der sich das Opfer bewusst den Wirkungen von gefährlichen Handlungen eines anderen aussetzt, ist allerdings nicht unproblematisch.

Beispiel[77]: A lässt sich von B Heroin spritzen, A verstirbt an den Folgen des Rauschgifts. Da B die Tatherrschaft innehat, liegt eine Fremdgefährdung vor, sodass nach hL B – trotz der Einwilligung des A – nach § 222 bestraft werden kann.

284 Allerdings ist der Sinn einer Unterscheidung zwischen strafloser eigenverantwortlicher Selbstgefährdung und u. U. strafbarer einverständlicher Fremdgefährdung durchaus nicht unzweifelhaft[78]. Die Schwierigkeit der Abgrenzung, zB beim einverständlichen ungeschützten Geschlechtsverkehr mit einem HIV-infizierten Partner[79] spricht dafür, die **beiden Fallgruppen zumindest im Ergebnis parallel zu behandeln**.

Roxin[80] schließt die Zurechnung und damit den Tatbestand aus, wenn die einverständliche Fremdgefährdung einer Selbstgefährdung unter allen relevanten Aspekten gleichsteht. Vorzugswürdig erscheint es in diesem besonderen Fall der einverständlichen Fremdgefährdung zwar den Tatbestand zu bejahen, jedoch der Einwilligung **rechtfertigende** Kraft beizumessen[81]. Zumindest iE hat also das OLG Zweibrücken zu Recht die Strafbarkeit in einem eindeutigen Fall von Fremdgefährdung auf Wunsch des Opfers (Mitnehmen einer Person im Laderaum eines Pkw-Kombi, in dem sich keine Sicherheitsgurte befanden) abgelehnt[82]. Die über-

---

76 BGHSt 49, 166 *(Sadomasofall)*; 53, 55 *(Autorennenfall I)* m. iE zust. Anm. *Brüning*, ZJS 09, 194; *Duttge*, NStZ 09, 690; *Jahn*, JuS 09, 370; instruktiv *Jäger*, Schünemann-FS, S. 421; *Kudlich*, JA 09, 389; *Renzikowski*, HRRS 09, 347; *Roxin*, JZ 09, 399; krit. *Kühl*, NJW 09, 1158; BGH NJW 03, 2326 *(Zivifall)* m. Bspr. *Martin*, JuS 03, 1137.

77 Nach BGHSt 49, 34 *(2. Heroinspritzenfall)* m. Bespr. *Trüg*, JA 04, 597.

78 Abl. NK-*Puppe*, Vorbem. §§ 13 ff Rn 182 ff; *Schünemann*, JA 75, 715, 723; *Stratenwerth*, Puppe-FS, S. 1017, 1019.

79 Vgl einerseits *Brand/Lotz*, JR 11, 513; *Helgerth*, NStZ 88, 262; *Schünemann*, JR 89, 89, 90; andererseits *Herzog/Nestler-Tremel*, StV 87, 360, 368; *Meier*, GA 1989, 207, 219; diff. *Prittwitz*, JA 88, 427.

80 *Roxin*, AT I, § 11 Rn 123 sowie *ders.*, GA, 2018, 250; ebenso *Geppert*, Jura 01, 490; HK-GS-*M. Heinrich*, Vorbem. § 13 Rn 141 f; *Hellmann*, Roxin I-FS, S. 271; *Rönnau*, JuS 19, 119, 121; *Schild*, S. 87; s. auch *Luzón Peña*, GA 2011, 295.

81 *Beulke*, Otto-FS, S. 207; *Eisele*, BT I, Rn 230; *Grünewald*, GA 2012, 364; *B. Heinrich*, AT, Rn 473; SK-*Hoyer*, Anhang zu § 16 Rn 93; *Kaspar*, JuS 12, 112, 115; *Kindhäuser*, LPK, Vorbem. § 13 Rn 224; *Kühl*, NJW 09, 1158; S/S-*Sternberg-Lieben*, Vorbem. §§ 32 ff Rn 103–105; *T. Walter*, NStZ 13, 673; zT auch *Dölling*, Gössel-FS, S. 214; *Duttge*, Otto-FS, S. 227; *Murmann*, Die Selbstverantwortung des Opfers im Strafrecht, 2005, S. 432, 535 f; aA OLG Koblenz BA 02, 483 m. abl. Anm. *Heghmanns*; OLG Nürnberg NJW 03, 454 *(Russisches Roulette)* m. abl. Anm. *Engländer*, JZ 03, 747; *Stefanopoulou*, ZStW 124 [2012], 689; Coester-Waltjen-I-*Wittig*, S. 48.

82 JR 94, 518 m. Anm. *Dölling*.

wiegende Rspr bejaht hingegen in diesen Fallgruppen die Strafbarkeit (s. auch u. Rn 582 und 1135)[83].

Für Fälle, in denen sich jemand eigenverantwortlich auf einen ungeschützten Sexualverkehr mit einem HIV-Infizierten einlässt, geht BayObLG NStZ 90, 81 zutreffend bereits von einer straflosen Mitwirkung des Virusträgers an einer fremden Selbstgefährdung aus.

d) Eine Unterbrechung des Zurechnungszusammenhanges kommt ferner in Be- **285** tracht bei einem ganz ungewöhnlichen Verhalten des Verletzten nach der Tat, das dieser selbst zu verantworten hat (**eigenverantwortliches Dazwischentreten des Opfers**, s. auch Rn 286 zu Dazwischentreten eines Dritten). Diese Fälle lassen sich – mit demselben Ergebnis – auch unter dem Aspekt des atypischen Kausalverlaufs würdigen (s. Rn 299 ff).

Beispiel: Das vom Täter niedergestochene und ins Krankenhaus gebrachte Opfer stirbt nur deshalb, weil es sich der rettenden Bluttransfusion widersetzt. Hier hat das Opfer selbst den Todeserfolg zu verantworten[84], ein solcher Kausalverlauf ist zudem völlig atypisch und dem Täter daher nicht in Rechnung zu stellen.

Etwas anderes gilt aber, wenn der Täter etwa durch fahrlässiges Verhalten im Straßenverkehr dem Opfer lebensgefährliche Verletzungen beigebracht hat und das Opfer stirbt, weil es im Krankenhaus aus noch nachvollziehbaren, jedenfalls nicht völlig unvernünftigen Gründen (etwa wegen einer 5-15%igen Mortalitätsquote) eine Operation ablehnt[85].

▶ Weitere Beispielsfälle bei *Beulke/Zimmermann*, Klausurenkurs II, Rn 219 und *Beulke*, Klausurenkurs III, Rn 342

5. Die Fallgruppe „eigenverantwortliches Dazwischentreten eines Dritten"

a) Jenseits der Fälle der Selbstschädigung/-gefährdung ermöglicht eine Abschich- **286** tung von Verantwortungsbereichen im Rahmen der objektiven Zurechnung grundsätzlich auch eine Lösung von Dreipersonen-Konstellationen, in denen das (vorsätzliche oder fahrlässige) Verhalten eines Dritten an das Ausgangsverhalten des (Erst-)Täters anknüpft und so den tatbestandlichen Erfolg herbeiführt[86]. Liegt kein Fall „überholender Kausalität" (s. Rn 247) vor, wird der Ersttäter zwar **kausal** für den vom Dritten herbeigeführten Taterfolg. Ob es aber zu einer **Unterbrechung des Zurechnungszusammenhangs** kommt, richtet sich danach, in wessen Verantwortungsbereich der Taterfolg fällt, wobei die Verantwortung des Erstverursachers grundsätzlich dann **endet**, wenn der Erfolg ausschließlich dem Dritten zugerechnet werden muss, wenn also (entsprechend der Grundformel, Rn 261) der Dritte **vollverantwortlich**

---

83   OLG Düsseldorf NStZ-RR 97, 325; zust. *Trüg*, JA 02, 214; zur Vertiefung s. ferner BayObLG JZ 97, 521 m. Anm. *Otto*; *Beulke/Mayer*, JuS 87, 125; *Dölling*, JR 90, 474 und 94, 520; *Frisch*, NStZ 92, 1 und 62; *Herzberg*, JA 85, 131; *Kargl*, JZ 02, 389; *Otto*, Tröndle-FS, S. 157; *Roxin*, NStZ 84, 411; *Sternberg-Lieben*, JuS 98, 428; *T. Walter*, NStZ 13, 673; *Wessels/Hettinger/Engländer*, BT/1, Rn 1033; *Zaczyk*, Strafrechtliches Unrecht und die Selbstverantwortung des Verletzten, 1993.

84   Ebenso *Otto*, Wolff-FS, S. 398; *Rengier*, AT, § 13 Rn 86; anders BGH NStZ 94, 394.

85   OLG Celle StV 02, 366 m. krit. Anm. *Walther*.

86   Vgl *Geppert*, Jura 01, 490; *Gropp*, AT, § 5 Rn 48; *Kindhäuser*, LPK, Vorbem. § 13 Rn 135; zum Dazwischentreten des Täters selbst *B. Heinrich*, Geppert-FS, S. 171.

eine neue, selbstständig auf den Erfolg hinwirkende Gefahr begründet, die sich dann **allein im Erfolg realisiert**[87].

287 **b)** Nicht unumstritten ist dabei die genaue Abgrenzung der Verantwortungsbereiche. Richtiger Ansicht nach wird man auch bei Eingreifen eines Dritten **ausnahmsweise** dann eine objektive Zurechnung bejahen müssen, wenn die vom (Erst-)Täter gesetzte Gefahr gerade das Risiko des Eingreifens des Dritten beinhaltet, also

– entweder der Täter die rechtlich relevante Gefahr durch Verletzung von **Sicherheitsvorschriften** schafft, **die gerade dem Schutz vor Vorsatz- oder Fahrlässigkeitstaten Dritter dienen** (zB § 36 WaffG [Umgang mit Waffen], § 5 AtomG [Verwahrung spaltbaren Materials])[88].

Deshalb ist der Vater wegen fahrlässiger Tötung zu bestrafen, der in der Wohnung entgegen § 36 I 1 WaffG („Wer Waffen oder Munition besitzt, hat die erforderlichen Vorkehrungen zu treffen, um zu verhindern, dass diese Gegenstände abhandenkommen oder Dritte sie unbefugt an sich nehmen.") offen eine Schusswaffe liegen lässt, mit der sein minderjähriger Sohn im Zuge eines Amoklaufes andere tötet[89].

– oder das Verhalten des Dritten so spezifisch mit der Ausgangsgefahr verbunden ist, dass es bereits als **typischerweise in der Ausgangsgefahr begründet** erscheint[90].

So wird im *Gnadenschussfall* (Rn 244) der Ersttäter A wegen vollendeter Tötung zu bestrafen sein; ebenso ist im *Pflegemutterfall* (Rn 244) das Pflegekind R zu bestrafen[91]. Im *Bratpfannenfall* (Rn 245) ist S hingegen wohl nur wegen Versuchs zu belangen.

▶ Weiterer Beispielsfall bei *Beulke*, Klausurenkurs III, Rn 32

288 Die herkömmliche Auffassung rückt insoweit den Adäquanzzusammenhang in den Vordergrund. Die Zurechnung soll danach nur dann entfallen, wenn das Dazwischentreten eines eigenverantwortlich handelnden Dritten so sehr **außerhalb der allgemeinen Lebenserfahrung** liegt, dass mit ihm **vernünftigerweise** nicht mehr zu rechnen ist[92]. Durchaus ähnlich ist die Argumentation derjenigen, die darauf abstellen, ob die Tatgeneigtheit des Zweittäters für den (fahrlässig handelnden) Ersttäter erkennbar war[93].

289 **c)** Besondere Aufmerksamkeit verdienen Fälle, die **sowohl Elemente der Selbstgefährdung** (Rn 269 ff) **als auch des Dazwischentretens eines Dritten in sich vereinen**. Dies ist dann der Fall, wenn ein Dritter in den vom Ersttäter eröffneten Kausalverlauf eingreift und sich dabei selbst gefährdet. Umstritten ist dabei insbesondere, ob demjenigen, der eine tatbestandsspezifische Gefahr schafft, auch die Rechtsgutsver-

---

87 OLG Rostock NStZ 01, 199; *Kühl*, AT, § 4 Rn 49 ff, 83, 98.
88 *Mitsch*, ZJS 11, 128, 131; *Otto*, Wolff-FS, S. 412 ff; *Schünemann*, GA 1999, 207, 224.
89 BGH NStZ 13, 238 *(Amoklauf von Winnenden)* m. abl. Anm. *Berster*, ZIS 12, 624 und *Braun*, JR 13, 37 und Bespr. *Jäger*, JA 12, 634; *ders.*, Kühne-FS, S. 3, 9 ff.
90 *Baier*, JA 02, 843; *Otto*, Grundkurs AT, § 6 Rn 50; s. auch *Gimbernat Ordeig*, I. Roxin-FS, S. 137; *Kretschmer*, Jura 08, 265; fallbezogen *Fahl*, JuS 12, 1104, 1110.
91 Abw. insofern *Otto*, Lampe-FS, S. 502.
92 Übersicht bei *B. Heinrich*, AT, Rn 1050 ff; *Hillenkamp/Cornelius*, AT, S. 268 ff mwN.
93 So etwa *Roxin*, AT I, § 24 Rn 26 ff mwN; vgl dazu *Jäger*, Kühne-FS, S. 3, 9 ff.

90

letzung zuzurechnen ist, die ein freiwillig eingreifender Retter erleidet (sog. *Retter-fälle*)[94].

Beispiel: A setzt das Haus des B in Brand. Um den schlafenden Sohn des B vor dem drohenden Erstickungstod zu retten, dringt a) Feuerwehrmann F bzw b) Nachbar N in das brennende Haus ein. Hierbei wird F bzw N von einem herabfallenden Balken erschlagen.

Zum Teil wird die Verantwortlichkeit des Erstverursachers für den Erfolg grundsätzlich verneint, da der Retter freiwillig eingreife und der Erstverursacher somit nur eine bewusste, eigenverantwortliche Selbstgefährdung veranlasse[95]. Andere rechnen die aus der Rettung resultierenden Erfolge dagegen stets der Risikosphäre des Erstverursachers zu[96]. Überzeugen kann allerdings nur eine differenzierende Lösung[97]: **290**

– Ist der Retter aufgrund einer privaten Garantenstellung (zB als naher Angehöriger des Opfers) oder aufgrund öffentlich-rechtlicher Normen (zB als Feuerwehrmann) im konkreten Fall **zum Eingreifen rechtlich verpflichtet**, handelt er – bei gebotener normativer Betrachtung – nicht „freiwillig". Ihm wird die Entscheidung zum Tätigwerden durch die gesetzliche Vorschrift quasi „abgenommen"[98]. Darüber hinaus wendet ein solcher Rettender – in Erfüllung seiner Pflicht – weitere Schäden, für die der Ersttäter verantwortlich wäre, ab. So bewirkt der erfolgreiche Löscheinsatz, dass ein Mensch (hier: der Sohn des B) in einem vom Täter angezündeten Haus gerettet wird, sodass sich der Erstverursacher zumindest bezüglich dieses Menschen nicht nach §§ 222, 306c strafbar macht. Die Kehrseite dieser dem Täter günstigen Schadensverhinderung muss dann aber sein, dass ihm unvermeidliche Verletzungen des Retters im Zuge der Rettungsmaßnahmen grundsätzlich zugerechnet werden[99], auch wenn diese riskant sind[100]. Einzig **von vornherein sinnlose und offensichtlich unverhältnismäßig riskante Rettungshandlungen** müssen einen Zurechnungsausschluss bewirken[101]. Denn derartige Rettungsmaßnahmen können nicht mehr als in der vom Ersttäter gesetzten Ausgangsgefahr typischerweise angelegt angesehen werden[102]. **291**

– Handelt es sich um einen rechtlich ungebundenen und in diesem Sinn **freiwillig handelnden Retter**, so überwiegt in erster Linie der Aspekt der eigenverantwortlichen Selbstgefährdung, da der Retter „auf eigene Gefahr" handelt. Das kann jedoch nicht allgemein gelten, schon deshalb nicht, weil – wie beim Berufsretter – **292**

---

94 Vert. *Kindhäuser*, LPK, Vorbem. § 13 Rn 152 ff; S/S/W-StGB-*Kudlich*, Vorbem. § 13 Rn 64; *Radtke/Hoffmann*, GA 2007, 201; *Strasser*, Die Zurechnung von Retter-, Flucht- und Verfolgerverhalten im Strafrecht, 2008.

95 *Roxin*, AT I, § 11 Rn 115, 137 ff; nunmehr ebenfalls differenzierend *ders.*, Puppe-FS, S. 909, 914; für Zurechnungsausschluss *qua* „Risikoabnahme" *Stuckenberg*, Roxin II-FS, S. 411.

96 *Jescheck/Weigend*, AT, § 28 IV 4; ähnl. auch *Amelung*, NStZ 94, 338.

97 Vertiefend zur Gesamtproblematik *Satzger*, Jura 14, 695 ff.

98 S/S-*Eisele*, Vorbem. §§ 13 ff Rn 101 f; *Satzger*, Jura 14, 695, 702.

99 *Kindhäuser*, LPK, Vorbem. § 13 Rn 156; so auch BGHSt 39, 322, 325 f im Fall eines „freiwilligen Retters".

100 MK-StGB-*Duttge*, § 15 Rn 157; S/S-*Eisele*, Vorbem. §§ 13 ff, Rn 101 f; *Reinbacher*, Jura 07, 382, 385.

101 OLG Stuttgart NStZ 09, 331 *(Feuerwehrfall)* m. abl. Anm. *Puppe*; zust. *Kudlich*, JA 08, 740; *Radtke/Hoffmann*, NStZ-RR 09, 52; vert. hierzu *Beckemper*, Roxin II-FS, S. 397; *Radtke*, Puppe-FS, S. 831, 842.

102 *Satzger*, Jura 14, 695, 704.

eine erfolgreiche Rettungsmaßnahme dem Ersttäter ja zugutekäme. Auch hier muss man – den allgemeinen Kriterien der objektiven Zurechnung entsprechend – danach unterscheiden, ob das Retterverhalten typischerweise in der Ausgangsgefahr begründet liegt[103]. Dem entspricht es, die objektive Zurechnung dann zu bejahen, wenn der Erstverursacher durch seine deliktische Handlung eine **nahe liegende Möglichkeit** und ein **einsichtiges Motiv für eine Rettungshandlung** schafft[104].

293 Vergleichbares gilt für die sog. *Verfolgerfälle*, bei denen die Verantwortlichkeit eines Fliehenden für Schäden eines diesen berechtigterweise Verfolgenden (zB Festnahme durch Polizeibeamten, § 127 StPO) diskutiert wird[105].

6. Die Fallgruppe „Risikoverringerung"

294 Auch das Kriterium der **Risikoverringerung** kann die objektive Zurechnung von Erfolgen ausschließen, deren konkrete Gestalt jemand in der Weise beeinflusst und mitverursacht, dass er durch sein Eingreifen einen bereits drohenden schwereren Erfolg **abschwächt**.

Fraglich ist hier vor allem, wann eine solche Erfolgsmodifizierung und Risikoverringerung durch einen Rettungswilligen schon auf der **Tatbestandsebene** unter dem Blickwinkel der **objektiven Zurechenbarkeit** des konkreten Erfolges Bedeutung gewinnt und in welchen Fällen der Rettungszweck des Handelns erst an anderer Stelle, v. a. auf der **Rechtswidrigkeitsebene** bei der Prüfung von Rechtfertigungsgründen (zB nach den Grundsätzen der mutmaßlichen Einwilligung des Verletzten oder des rechtfertigenden Notstandes) zu berücksichtigen ist[106].

295 **a)** Die objektive Zurechnung entfällt, wenn jemand bei einem bereits angelegten Kausalverlauf das Verletzungsrisiko für den Betroffenen oder den Umfang des drohenden Schadens dadurch mindert, dass er Angriffe Dritter oder Schadensereignisse sonstiger Art in ihren nachteiligen Wirkungen **abschwächt**, ohne zugleich eine eigenständige, andersartige Gefahr für den Betroffenen zu begründen.

Beispiel 1: A holt mit einem Knüppel zum Schlag auf den Kopf des vor ihm hergehenden B aus. Um B zu retten, fällt R dem A in den Arm und lenkt den Schlag ab, sodass B nur an der Schulter getroffen und lediglich leicht verletzt wird.

Beispiel 2: Von einem Baugerüst fällt ein Ziegelstein herab. Dass C nicht am Kopf, sondern am Oberarm getroffen und nur leicht verletzt wird, ist allein dem beherzten Eingreifen des R zu verdanken, der blitzschnell seine Kollegmappe zum Schutz des C über dessen Kopf hält und so den Stein ablenkt.

296 In Fällen dieser Art ist der konkrete Verletzungserfolg dem bloßen „Risikoverringerer" (trotz Mitursächlichkeit seines Eingreifens[107]) schon objektiv nicht zuzurechnen,

---

103 In diese Richtung auch S/S/W-StGB-*Kudlich*, Vorbem. §§ 13 ff Rn 64.

104 So auch BGHSt 39, 322 m. krit. Anm. *Günther*, StV 95, 78; dazu auch *Alwart*, NStZ 94, 84; *Bernsmann/Zieschang*, JuS 95, 775; *Puppe*, AT, § 6 Rn 10 ff; *Sowada*, JZ 94, 663.

105 Näher dazu *Rengier*, AT, § 52 Rn 51 ff; für grds Straflosigkeit aufgrund des Selbstbegünstigungsprivilegs *Krey/Esser*, AT, Rn 368; *Roxin*, AT I, § 11 Rn 140; *Stuckenberg*, Puppe-FS, S. 1039.

106 Vert. *Kindhäuser*, ZStW 120 [2008], 481, 490; *Otto*, NJW 80, 417; *Roxin*, Maiwald II-FS, S. 715, 730 ff; *Schmidhäuser*, AT, 5/64; mit vielen Beispielen *Pest/Merget*, Jura 14, 166.

107 AA insoweit *Frister*, AT, 9. Kap., Rn 22 f.

weil sein Verhalten für den Betroffenen (hier B bzw C) **keine rechtlich missbilligte** Gefahr geschaffen hat. Es ist nicht Sinn der Strafrechtsnormen, Handlungen zu verbieten, die darauf abzielen, drohende Rechtsgutsverletzungen bei fehlender Abwendungsmöglichkeit wenigstens abzumildern und das Schadensrisiko zu verringern. Der konkrete, in seiner Wirkung nur abgeschwächte Erfolg bleibt hier das Werk des Angreifers A **(Beispiel 1)** bzw des schicksalhaften Zufalls **(Beispiel 2)**[108].

b) Strikt abzugrenzen hiervon sind die Konstellationen, in denen der Rettungswillige durch sein Eingreifen die konkrete, dem Opfer drohende Gefahr abwendet, dabei jedoch eine neue, **eigenständige** (rechtlich relevante) **Gefahr begründet**, die sich in dem von ihm verursachten Verletzungserfolg niederschlägt. Es geht hier nicht um eine Verringerung eines bereits angelegten Risikos, sondern um eine Risikoersetzung[109], und daher um eine Schaffung einer neuen rechtlich relevanten Gefahr.

297

Beispiel 3: Mit Knüppeln bewaffnet lauert A dem B auf, um ihn während seines Abendspazierganges schwer zu misshandeln. Weil R das verhindern will, streckt er B vor dem Erreichen des Hinterhalts mit einem Kinnhaken nieder, sodass B vor dem vermutlich gravierenderen Angriff des A bewahrt bleibt.

Beispiel 4: R eilt in das Obergeschoss eines brennenden Hauses, wo ein Kleinkind von den Flammen eingeschlossen ist. Er findet das Kind, sieht aber zu seinem Entsetzen, dass ihm das Feuer den Rückweg versperrt. R kann in letzter Minute sein eigenes Leben retten, indem er sich an der Dachrinne herunterlässt. Da er das Kind auf diesem Wege aber nicht mitnehmen kann, wirft er es zuvor einem auffangbereit zuschauenden Nachbarn in die Arme. Außer einem Schlüsselbeinbruch erleidet das Kind dabei keinen Schaden.

In diesen beiden Beispielsfällen hat R durch sein Eingreifen Schlimmeres verhindert und von dem jeweils Betroffenen das Risiko, weitaus schwerere Verletzungen oder gar den Tod zu erleiden, abgewendet. Gleichwohl ist nicht zu bezweifeln, dass der konkrete Verletzungserfolg, den er **allein durch sein Handeln** herbeigeführt hat, ihm als sein Werk objektiv zuzurechnen ist. Da selbst ein in Lebensgefahr Schwebender uneingeschränkt unter dem Schutz der Strafrechtsordnung steht und es nicht angebracht ist, die von R **begründete** Gefahr gegen die durch ihn **abgewendete** Gefahr „aufzurechnen", muss eine sachgerechte Lösung dieser Beispielsfälle unter einem anderen Aspekt als dem der Erfolgszurechnung gesucht werden.

298

So ist im **Beispiel 3** nach Bejahung der Tatbestandsmäßigkeit des § 223 das Eingreifen von Rechtfertigungsgründen (mutmaßliche Einwilligung des B; rechtfertigender Notstand nach § 34) zu prüfen, wobei sich die Frage ergibt, ob R die dem B durch A drohende Gefahr nicht auf eine andere Weise hätte abwenden können. Im **Beispiel 4** dürfte der Tatbestand des § 223 am Vorsatzerfordernis scheitern (zu denken wäre zwar an *dolus eventualis*, der sich indessen unter Hinweis auf den Rettungswillen des R verneinen lässt, vgl Rn 333 ff), während für den Tatbestand der fahrlässigen Körperverletzung (§ 229) dann kein Raum bleibt, wenn im Hinabwerfen des Kindes durch R keine objektive Sorgfaltspflichtverletzung zu erblicken ist (vgl Rn 1115 ff). Notfalls ermöglicht auch hier der Rückgriff auf § 34 eine sachgerechte Lösung. Im Einzelnen hängt es in den erwähnten Beispielsfällen somit von den jeweils gegebenen Umständen ab, ob ein strafbares Verhalten vorliegt und auf welcher Wertungsstufe die Sachentscheidung zu treffen ist.

---

108 Näher S/S-*Eisele*, Vorbem. §§ 13 ff Rn 94; SK-*Jäger*, Vorbem. § 1 Rn 101 ff; zT krit. *Schroeder*, in: Hefendehl, Schünemann-Symposium, S. 151; fallbezogen *Brand/Kanzler*, JA 12, 37, 41 f.
109 Vgl *Frisch*, JuS 11, 117.

7. Die Fallgruppe „atypischer Kausalverlauf"

299 Von **atypischen Kausalverläufen** spricht man, wenn der eingetretene Erfolg völlig außerhalb dessen liegt, was nach dem gewöhnlichen Verlauf der Dinge und nach der allgemeinen Lebenserfahrung noch in Rechnung zu stellen ist[110].

Beispiel 1: Der durch den in Tötungsabsicht abgegebenen Schuss des A lebensgefährlich verletzte B kommt durch Genickbruch zu Tode, da er von der Trage fällt, als einer der herbeigerufenen Sanitäter einen Herzschlag erleidet.

Beispiel 2: A und B verabreichen dem C unabhängig voneinander eine allein nicht tödlich wirkende Giftdosis, wobei erst die Gesamtmenge des Giftes den Tod des C herbeiführt (zur Kausalität s. Rn 233).

300 a) Zwar schließt eine Ungewöhnlichkeit des Geschehens nicht bereits die Kausalität aus (s. Rn 243), jedoch realisiert sich in derartigen Fällen im Erfolg nicht die Gefahr, die der Täter geschaffen hat. Wenn es niemandem in der sozialen Rolle des Täters möglich ist, den Erfolg in seiner konkreten Gestalt – im **Beispiel 1** den Tod durch Genickbruch, im **Beispiel 2** den Tod auf Basis der Gesamtgiftmenge – vorherzusehen, ist dieser Erfolg ein **Werk des Zufalls**, nicht aber das Werk des Täters. Völlig atypische Folgen sind so lose mit dem Grundgeschehen verknüpft, dass sie nicht Folgen strafbaren Unrechts, sondern eben Unglücksfälle darstellen. Vor diesem Hintergrund kann – angesichts des völlig atypischen Kausalverlaufs – in den **Beispielen 1 und 2** nur wegen Versuchs bestraft werden. Ein vollendetes Fahrlässigkeitsdelikt läge hingegen vor in folgendem Fall:

Beispiel 3: Der Testfahrer A nähert sich auf der Autobahn dem Fahrzeug der B mit sehr hoher Geschwindigkeit und unterschreitet dabei deutlich den erforderlichen Sicherheitsabstand. B erschrickt und lenkt ihr Fahrzeug ruckartig auf die rechte Fahrspur. Dabei verliert sie die Kontrolle über den Wagen, schleudert von der Fahrbahn gegen einen Baum und verstirbt infolge ihrer schweren Verletzungen. Da der Kausalverlauf nicht völlig außer jeder Lebenserfahrung liegt, greift § 222 ein[111].

301 b) Im Einzelfall kann es allerdings größte Probleme bereiten, die atypischen von den typischen Kausalverläufen abzugrenzen. Wie schwierig dies sein kann, zeigen diejenigen Fälle, die durch eine **abnormale Konstitution des Opfers** gekennzeichnet sind.

Beispiel 4: A wirft mit einem kleinen Stein nach B. Als Folge erleidet B eine an und für sich unbedeutende Schnittverletzung, die allerdings – weil B Bluter ist – zu dessen Tod führt. Hier ist heftig umstritten, ob die objektive Zurechnung unterbrochen wird[112]. Zwar lässt sich – auf tatsächlicher Ebene – argumentieren, dass die Bluterkrankheit zwar selten, aber eben doch nicht völlig außergewöhnlich sei[113]. Auch lässt sich – als normative Erwägung – anführen, dass eben jeder Täter das Opfer so nehmen muss, wie es ist. Überzeugender erscheint jedoch die Verneinung der Zurechnung mit dem Argument, dass sich im Tod des Bluters letztlich nicht die

---

110 Vgl BGHSt 3, 62; OLG Stuttgart JZ 80, 618.
111 Vgl LG Karlsruhe NJW 05, 915 *(Autobahndrängelfall)*.
112 Für Zurechnung BGH NStZ 08, 686; *Haft*, S. 56; *B. Heinrich*, AT, Rn 249; *Jescheck/Weigend*, AT, § 28 IV 6; iE auch RGSt 54, 349; gegen Zurechnung *v. Heintschel-Heinegg*, Prüfungstraining, Rn 205; *Rengier*, Geppert-FS, S. 479, 488 f.
113 So zB *B. Heinrich*, AT, Rn 249.

Lebensgefahr des Steinwurfs, sondern die latente krankheitsbedingte Lebensgefahr eines Bluters im alltäglichen Leben realisiert[114].

c) Ebenfalls problematisch sind die Fälle der **psychisch vermittelten Kausalität**, bei welchen schon die Feststellung der Kausalität Schwierigkeiten bereitet (s. Rn 230). Insbes. bei einem nicht den gewöhnlichen Mustern folgenden Verhalten ist eine Ablehnung der Zurechnung in Erwägung zu ziehen. Der Erfolg bleibt aber jedenfalls dann das Werk des Täters, wenn das Verhalten des Betroffenen nach der allgemeinen Lebenserfahrung eine **nachvollziehbare Reaktion** darstellt.

302

Beispiel 5: Ein Asylbewerber springt auf der Flucht vor einer bewaffneten und ihm massiv drohenden Gruppe Rechtsextremer durch eine geschlossene Glastür und zieht sich dabei tödliche Schnittwunden zu. Der Sprung ist eine „naheliegende und nachvollziehbare Reaktion" auf die akute Bedrohung. Der Erfolg ist den Rechtsextremen deshalb objektiv zurechenbar[115].

In diesen Fallgruppen begegnet uns also das Adäquanzkriterium, das in der Literatur teilweise bereits bei der Kausalität herangezogen wird (s. Rn 252 ff). Da es hierbei allerdings um einen Gesichtspunkt geht, der für die wertende Abgrenzung von Verantwortungsbereichen maßgeblich ist, gehört dieser Aspekt auf die (normative) Ebene der objektiven Zurechnung[116].

303

▶ Weiterer Beispielsfall bei *Beulke/Zimmermann*, Klausurenkurs II, Rn 193

8. Die Fallgruppe „Pflichtwidrigkeitszusammenhang"

Bei Fahrlässigkeitsdelikten spielt der **Pflichtwidrigkeitszusammenhang** eine zentrale Rolle, um die objektive Zurechnung bejahen zu können. Das durch das pflichtwidrige Täterverhalten begründete Risiko schlägt sich nicht im Erfolg nieder, wenn dieser auch bei **pflichtgemäßem Alternativverhalten** mit an Sicherheit grenzender Wahrscheinlichkeit eingetreten wäre.

304

Beispiel 1: A fährt seinen Pkw mit erhöhter Geschwindigkeit durch eine geschlossene Ortschaft. Plötzlich taumelt ihm der betrunkene B vor das Fahrzeug. B kommt durch den Unfall zu Tode. A hätte auch bei Einhaltung der zulässigen Geschwindigkeit nicht rechtzeitig bremsen können. Da sich das Risiko des zu schnellen Fahrens nicht im Erfolg niedergeschlagen hat, kann A nicht wegen § 222 bestraft werden[117].

Beispiel 2: Klinikarzt A gewährt dem erkennbar noch immer tatgeneigten zwangsuntergebrachten Patienten P Ausgang, was dieser zur Begehung eines Tötungsdelikts gegenüber O missbraucht. Die Gewährung von Freigang verstößt hier gegen die Sorgfaltsregeln, weil bei früheren Ausgängen bereits versuchte Vergewaltigungen stattgefunden haben. Der Arzt hat somit seinen Beurteilungsspielraum überschritten (vgl Rn 1120). A meint jedoch, er sei nicht nach § 222 zur Verantwortung zu ziehen, da P andernfalls durch ein Auseinanderbiegen der maroden Gitterstäbe der Klinik hätte flüchten und so die Tötung begehen können. Dieser Ein-

---

114 So zB *Rengier*, AT, § 13 Rn 72.
115 BGHSt 48, 34 *(Gubener Verfolgungsfall)*; abw. *Heghmanns*, BT, Rn 441; generell zu Schockschäden im Strafrecht *Sowada*, Beulke-FS, S. 283.
116 Ausf. zur Gesamtproblematik *Schünemann*, GA 1999, 207 ff.
117 Vgl auch *Aselmann/Krack*, Jura 99, 254; s. hierzu auch OLG Hamm NZV 16, 242 m. Bespr. *Eisele*, JuS 16, 80 und *Satzger*, Jura (JK) 16, 1456.

wand ist jedoch irrelevant, weil einerseits die Kausalität nicht dadurch in Frage gestellt werden kann, dass andere Reserveursachen hinzugedacht werden (s. Rn 239). Andererseits kann auch der Zurechnungszusammenhang für A nicht etwa wegen eigenverantwortlichen Dazwischentretens eines vorsätzlich handelnden Dritten (hier P) entfallen. Es ist gerade die Aufgabe des A, im Rahmen der Zwangsunterbringung dafür Sorge zu tragen, dass P nicht rückfällig werden kann, sodass das Verhalten des P so spezifisch mit der Ausgangsgefahr der unzulässigen Freigangsgewährung verbunden ist, dass es als typischerweise in dieser ursprünglichen Gefahr begründet erscheint (s. Rn 287). Auch der Pflichtwidrigkeitszusammenhang ist – wie der BGH[118] zu Recht festgestellt hat – zu bejahen, denn es ist nicht davon auszugehen, dass O auch gestorben wäre, wenn A den Ausgang versagt hätte.

305 Die hM fragt danach, ob der Erfolg vermeidbar war (**Vermeidbarkeitstheorie**). Wenn es darum geht, ob der Erfolg bei pflichtgemäßem Alternativverhalten ebenso eingetreten wäre, wendet sie den Grundsatz *in dubio pro reo* (im Zweifel für den Angeklagten, Rn 1298) an. Das bedeutet, dass dem Täter der Erfolg als solcher schon dann nicht angelastet werden kann, wenn bzgl der Vermeidbarkeit Zweifel im Tatsächlichen verbleiben, also konkrete Anhaltspunkte[119] dafür vorliegen, dass es bei pflichtgemäßem Verhalten möglicherweise zum gleichen Erfolg gekommen wäre.

Beispiel (nach BGHSt 11, 1 – *Radfahrerfall*; s. auch Rn 1127 ff): Der Radfahrer R kommt zu Tode, als ihn der Lastzugfahrer L mit zu geringem Seitenabstand überholt. Da R (für L nicht erkennbar) erheblich angetrunken war, besteht Grund zu der Annahme, dass er auch dann unter den Anhänger geraten wäre, wenn L den erforderlichen Sicherheitsabstand eingehalten hätte. Aufgrund der verbleibenden Zweifel am Pflichtwidrigkeitszusammenhang ist L – der hM zufolge – der Tod des R nicht zuzurechnen.

306 Demgegenüber bejaht die **Risikoerhöhungslehre** den Pflichtwidrigkeitszusammenhang bereits dann, wenn das pflichtwidrige Verhalten verglichen mit dem rechtmäßigen Alternativverhalten das Risiko des Erfolgseintritts erhöht hat[120]. Umstritten ist dabei aber insbes., nach welchen Maßstäben das Vorliegen einer solchen Risikoerhöhung festzustellen ist, wann der Grundsatz *in dubio pro reo* eingreift und ab welchem Grad der Risikoerhöhung davon gesprochen werden kann, dass sich die Gefahr durch Erhöhung der Chance des Erfolgseintritts realisiert hat[121].

Beispiel: Am Nordseestrand hindert B den A daran, dem Ertrinkenden E einen Rettungsring zuzuwerfen. Bald darauf versinkt E im Wasser. Wegen der Entfernung zwischen A und E, der starken Strömung sowie des Wellenganges lässt sich nicht ausschließen, dass E den Rettungsring ohnehin nicht mehr erreicht hätte, also auf jeden Fall ertrunken wäre. Abweichend von der hM akzeptieren die Vertreter der Risikoerhöhungslehre den Grundsatz *in dubio pro reo* nur bei Zweifeln, die den aufklärungsbedürftigen Sachverhalt, dh die reale Tatsituation betreffen (im obigen Beispiel die Entfernung zwischen A und E), lehnen es aber ab, dem Täter auch Zweifel zugute zu halten, die mit dem hypothetischen Geschehensablauf verbunden sind (so etwa, ob die Kräfte des E ausgereicht hätten, den Rettungsring trotz der Strömung und des Wellengan-

---

118 BGHSt 49, 1 (*Psychiatriefall*) m. zust. Bspr. *Neubacher*, Jura 05, 857; *Ogorek*, JA 04, 356; *Roxin*, StV 04, 485; *Saliger*, JZ 04, 977; zT krit. *Pollähne*, JR 04, 429; s. zum Ganzen ausf. *Magnus*, JuS 15, 402 ff.

119 BGH NJW 10, 1087 (*Bad Reichenhaller Eissporthalle*) m. Anm. *Kühl* und *Puppe*, JR 10, 355; LG Gießen SVR 14, 390; *Rengier*, Wolter-FS, S. 199, 208 ff.

120 Umfassend *Valverde*, Wolter-FS, S. 333; ausf. zum Streitstand *Gimbernat*, GA 2018, 65, 66 ff und 127 ff.

121 *Arthur Kaufmann*, Jescheck-FS, S. 279.

ges zu erreichen). Sie bejahen im Zweifelsfall die objektive Zurechenbarkeit des Erfolges bereits dann, wenn die Wahrscheinlichkeit seines Eintritts bei pflichtgemäßem Täterverhalten geringer gewesen wäre[122].

Deshalb sieht die Risikoerhöhungslehre auch im obigen *Radfahrerfall* (Rn 305) allein im nicht eingehaltenen Sicherheitsabstand ein risikosteigerndes Element, das ausreicht, um L trotz der verbleibenden Zweifel über das hypothetische Geschehen den Tod des R zuzurechnen.

Das kriminalpolitische Anliegen der Anhänger der **Risikoerhöhungslehre**, wonach die Fahrlässigkeitsstrafbarkeit durch die hM gerade in besonders rechtsgutskritischen Situationen, bei denen sich die Vermeidbarkeit nur selten hinreichend sicher nachweisen lässt (zB Arztfehler), zu stark eingeschränkt sei, ist zwar einsichtig. Allerdings kann ihr auf Basis des geltenden Rechts nicht gefolgt werden: Sie hebelt nämlich letztlich den Grundsatz *in dubio pro reo* mit nicht einleuchtenden Differenzierungen aus und deutet zudem die Verletzungsdelikte *contra legem* in konkrete Gefährdungsdelikte um[123]. **307**

Klausurhinweis: Bei den vorsätzlichen Begehungsdelikten ist die praktische Bedeutung der speziellen Zurechnungsvoraussetzungen wesentlich geringer als im Bereich der Fahrlässigkeitsdelikte (vgl dazu Rn 1127 ff). Wenn in den erstgenannten Fällen an der objektiven Zurechenbarkeit des Erfolges nicht der geringste Zweifel besteht, sollte auf sie überhaupt nicht eingegangen werden.

Im **Fall 6a** hat M eine rechtlich erhebliche Gefahr geschaffen. Zu entscheiden bleibt, ob sich im konkret eingetretenen Erfolg gerade diese Gefahr verwirklicht hat. Im konkreten Todeserfolg (Tod durch Wundinfektion) hat sich letztlich die von M durch den Messerstich geschaffene **Gefahr** für das Leben des T **realisiert**. Zwar erschien die T zugefügte Stichverletzung zunächst nicht lebensgefährlich; zum tödlichen Ausgang ist es erst durch das Hinzutreten von Komplikationen gekommen. Wer einen anderen körperlich verletzt, haftet grundsätzlich auch für die sich daraus entwickelnden weiteren Schäden, wenn und soweit sie an das vorausgegangene Kausalgeschehen anknüpfen und nicht völlig atypisch sind, weil er die Gefahr für ihren Eintritt in rechtlich messbarer Weise erhöht hat (s. Rn 299 f). Dass ein Verletzter durch Wundinfektion nach einer Stichverletzung stirbt, ist nicht völlig ungewöhnlich, gerade die Verletzung hat das Infektionsrisiko erhöht (vgl RGSt 70, 257, 259). Der darauf beruhende Tod des T ist dem M als Verursacher **objektiv zuzurechnen**. **308**

Im **Fall 6b** ist anders zu entscheiden: Hier hat ein **ganz ungewöhnlicher, atypischer Geschehensablauf** zum Eintritt des Todeserfolges geführt. In dem konkreten Erfolg hat sich nicht die von M durch den Messerstich geschaffene Gefahr, sondern ein **andersartiges Risiko** realisiert, dessen Entstehung keinen sachlichen Zusammenhang mit der Verletzungshandlung des M aufweist. Die – zum allgemeinen Lebensrisiko gehörende – Gefahr, einem Verkehrsunfall zu erliegen, wird durch die Beibringung einer Stichverletzung weder ge- **309**

---

122 *Burgstaller*, S. 133 ff; *Stratenwerth/Kuhlen*, AT, § 8 Rn 37, § 13 Rn 54 ff; vgl ferner *Dehne-Niemann*, GA 2012, 89; HK-GS-*M. Heinrich*, Vorbem. § 13 Rn 121 ff; *Roxin*, AT I, § 11 Rn 88 ff; *ders.*, AT II, § 31 Rn 46; SK-*Stein*, Vorbem. § 13 Rn 32; *Schmoller*, Wolter-FS, S. 479.
123 Lehrreich dazu OLG Koblenz OLGSt § 222 StGB, S. 63, 67; vgl ferner BGHSt 37, 106, 127; BGH NStZ 87, 505; Baumann/Weber/Mitsch/Eisele-*Eisele*, AT, § 10 Rn 90; *Dencker*, JuS 80, 210, 212; MK-StGB-*Hardtung*, § 222 Rn 52; *Jakobs*, AT, 7/98 ff; *Koriath*, Grundlagen strafrechtlicher Zurechnung, 1994, S. 491; vermittelnd *Küper*, Lackner-FS, S. 247, 282; abl. *Eisele*, JA 03, 48; *Freund*, AT, § 2 Rn 49; *Frisch*, Zurechnung, S. 537 ff; *Jäger*, AT, Rn 37; *Murmann*, Grundkurs, § 23 Rn 109; *Samson*, Lüderssen-FS, S. 587; zum Ganzen *Hillenkamp/Cornelius*, AT, S. 259.

schaffen noch in messbarer Weise erhöht (s. Rn 267 f, 299). Schließlich ist zu beachten, dass durch das Dazwischentreten des eigenverantwortlich handelnden L der Zurechnungszusammenhang unterbrochen wird, da das Risiko eines (tödlich verlaufenden) Verkehrsunfalls auf dem Weg ins Krankenhaus nicht typischerweise in der durch M geschaffenen Gefahr angelegt war (s. Rn 286). Der Unfalltod des T ist daher nicht dem Messerstecher M, sondern dem Lastzugfahrer L als sein Werk zuzurechnen. Der objektive Tatbestand des § 212 ist also mangels objektiver Zurechnung nicht gegeben und M ist lediglich wegen des von ihm an T begangenen **Tötungsversuchs** zur Verantwortung zu ziehen.

Die **Rspr** würde im **Fall 6b** nicht auf Zurechnungserwägungen im Rahmen des objektiven Tatbestands eingehen, sondern bei der Frage nach dem Vorsatz (§ 15) eine wesentliche Abweichung zwischen dem **vorgestellten** und dem **wirklichen** Kausalverlauf annehmen, weswegen gem. § 16 I 1 die subjektive Zurechnung des konkreten Erfolges zu verneinen wäre. Sie käme aber zum gleichen Endergebnis (versuchtes Tötungsdelikt) (vgl dazu Rn 385, 387).

310 Im **Fall 6c** sind die Beiträge des F (Ausleihen des Gleitschirms, Hilfestellungen) kausal für den konkreten Todeserfolg geworden (*conditio sine qua non*; s. Rn 254). Allerdings ist ihm der Tod des V nicht objektiv zuzurechnen, da F bereits keine rechtlich erhebliche Gefahr für das Leben des V geschaffen hat. Vielmehr hat V diese Todesgefahr **freiverantwortlich** selbst bewirkt (s. Rn 269 ff). Anhaltspunkte für eine fehlende Eigenverantwortlichkeit seines Entschlusses, den Flug zu wagen, sind weder nach den Kriterien der Einwilligungs- noch der Exkulpationslehre (s. Rn 275 f) ersichtlich. Da F den V über die Risiken des Fluges voll aufgeklärt hat, kann – trotz des Erfahrungsvorsprungs des F – auch nicht von einer überlegenen Risikokenntnis des F gegenüber V ausgegangen werden (s. Rn 279). Somit ist der Tod des V allein seinem eigenen Verantwortungsbereich, nicht aber dem des F zuzurechnen. F kann daher nicht bestraft werden.

311 Im **Fall 6d** hat A den Tod der N verursacht. Objektiv zuzurechnen ist ihm dieser Erfolg aber nicht, da sich darin nicht die geschaffene Gefahr verwirklicht hat. Dies folgt zum einen daraus, dass die Geschwindigkeitsbegrenzung davor schützen soll, dass Unfälle aufgrund der der erhöhten Geschwindigkeit innewohnenden Gefahren (zB längerer Bremsweg) eintreten. Dass Unbeteiligte – insbes. solche ohne nähere Beziehung zum Unfallopfer – einen tödlichen Schock erleiden, ist vom **Schutzzweck** einer solchen Begrenzung jedoch nicht erfasst (vgl *Roxin*, AT I, § 24 Rn 42 f; zur Zurechenbarkeit von Schockschäden im Strafrecht s. *Sowada*, Beulke-FS, S. 283; zum fehlenden Schutzzweckzusammenhang s. Rn 264). Die von A geschaffene Gefahr realisiert sich zum anderen nicht im Schockschaden der N, weil es außerhalb jeglicher Wahrscheinlichkeit liegt, dass ein bloßer Unfallzeuge ohne emotionale Beziehung zum Opfer einen Schock mit Todesfolge erleidet. Es handelt sich also auch um einen ganz **atypischen** Kausalverlauf, der eine Zurechnung ausschließt (s. Rn 299).

Aktuelle Rechtsprechung zu § 6:
– BGH NJW 16, 176 *(GBL-Fall)* m. Bespr. *Bosch*, Jura (JK) 16, 450: Wer den lebensbedrohlichen Konsum des Putzmittels GBL als Rauschgift zunächst ermöglicht, dabei aber auf die Lebensgefahr hinweist, begeht keine fahrlässige Tötung (§ 222) durch aktives Tun, wenn ein anderer das Putzmittel trinkt, daraufhin ins Koma fällt und verstirbt, weil es sich nur um die straflose Mitwirkung an fremder Selbstgefährdung handelt; ggf aber Tötung durch Unterlassen (§§ 211 ff, 13); vgl Rn 270 ff, 1199.
– BGH NJW 17, 418 *(GBL-Fall II)* m. Bespr. *Satzger*, Jura (JK) 17, 992: Die Annahme einer eigenverantwortlichen Selbstgefährdung setzt voraus, dass der sich selbst Gefährdende das eingegangene Risiko für das betroffene eigene Rechtsgut jedenfalls in seinem

wesentlichen Grad zutreffend erkannt hat. Geht das Opfer irrigerweise davon aus, eine konsumfähige Menge des berauschenden, hochgiftigen Putzmittels GBL konsumiert zu haben, fehlt es an der Komponente der Eigenverantwortlichkeit. Ein – Rettungsmaßnahmen unterlassener – Garant kann deshalb (sofern ein dahingehender Vorsatz festgestellt werden kann) wegen Körperverletzung durch Unterlassen (§§ 223 I, 13 I) und – im Falle des Todes – nach §§ 227, 13 I bestraft werden; vgl Rn 236.

- BGH NJW 14, 1680 *(Substitutionsfall)*; StV 14, 601 *(Schmerzpflasterfall II)*: freiverantwortliche Selbstgefährdung und keine Strafbarkeit gem. § 222 bei zutreffender Risikoeinschätzung und Entscheidungsfähigkeit des Geschädigten; vgl Rn 273, 281.
- BGH NStZ 17, 219 *(Magersuchtfall)* m. Bespr. *Satzger*, Jura (JK) 17, 1124: Eine eigenverantwortlich gewollte und verwirklichte Selbstgefährdung (im Fall: in Form der Verweigerung der Nahrungsaufnahme über einen längeren Zeitraum) unterfällt grundsätzlich nicht den Tatbeständen eines Körperverletzungs- oder Tötungsdelikts, wenn sich das mit vom Opfer bewusst eingegangene Risiko realisiert. Wer eine solche Gefährdung veranlasst, ermöglicht oder fördert, kann daher nicht wegen eines Körperverletzungs- oder Tötungsdelikts verurteilt werden, da dieser an einem Geschehen teilnimmt, welches kein tatbestandsmäßiger und damit strafbarer Vorgang ist; vgl Rn 269 ff; zur Strafbarkeit eines Garanten bei Entstehung einer akuten Gefahrenlage s. die aktuelle Rspr bei § 19.

§ 7 Der subjektive Unrechtstatbestand. Tatbestandsvorsatz, Tatbestandsirrtum und subjektive Zurechnung

Fall 7: a) Während die Dorfbevölkerung beim Kirchweihfest versammelt ist, zündet der **312** Eigentümer E seine Feldscheune an, um die Versicherungssumme aus der Brandschutzversicherung zu kassieren und dem an seiner Ehre nagenden Ruf zu entrinnen, er sei „finanziell am Ende". Eine Schadensmeldung an die Versicherung unterbleibt später allerdings.

In den Flammen findet der Landstreicher L den Tod, der mit Wissen des E gelegentlich in der Scheune übernachtet hat und der sich an diesem Tage mit einem Alkoholrausch frühzeitig vom Kirchweihfest zurückgezogen hatte. Hat E den L *vorsätzlich* getötet, wenn er gewusst oder zumindest damit gerechnet hat, dass L sich zur Tatzeit in der Scheune aufhält? **Rn 322, 328, 329, 332, 349, 394**

b) Der Wilderer W hat dem Förster F blutige Rache geschworen und sich vor dessen Jagdhütte auf die Lauer gelegt. Dort erschießt W den mit F verabredeten Jagdgast J, den er in der Dämmerung für F gehalten hat. Welche Rechtsfolge hat der Irrtum des W? **Rn 374, 394**

c) Ändert sich die Beurteilung, wenn der Schuss des W den F verfehlt, die Kugel jedoch das Fenster der Jagdhütte durchschlägt und den am Tisch sitzenden J tödlich verletzt? **Rn 379, 394**

d) Wie läge es, wenn W am Rande des Waldsees auf F geschossen, ihn für tot gehalten und die vermeintliche Leiche im See versenkt hätte? Der Tod des nur bewusstlosen F tritt erst im Wasser durch Ertrinken ein; hätte W den F nicht im See versenkt, wäre F an den Folgen der Schussverletzung gestorben. **Rn 394**

I. Die Merkmale des subjektiven Unrechtstatbestands

313 Der subjektive Unrechtstatbestand des vorsätzlichen Begehungsdelikts wird aus zwei Elementen gebildet: Dem Tatbestandsvorsatz, wie er jedem Vorsatzdelikt eigen ist, und ggf – abhängig vom jeweiligen Straftatbestand – den sonstigen subjektiven Tatbestandsmerkmalen.

1. Der Tatbestandsvorsatz

314 a) Bei den Vorsatzdelikten bestimmt der **Tatbestandsvorsatz** Richtung und Ziel des Handelns. Als Kern des personalen Handlungsunrechts bildet er das allgemeine Merkmal des subjektiven Unrechtstatbestandes und die Grundlage für die **subjektive Zurechnung** des tatbestandlichen Erfolges[1]. Strafbar ist nur vorsätzliches Handeln, wenn nicht das Gesetz fahrlässiges Handeln ausdrücklich mit Strafe bedroht (§ 15).

315 b) Was unter Vorsatz zu verstehen ist, sucht man im deutschen StGB allerdings vergeblich. In § 16 hat sich der Gesetzgeber nur mit der Kehrseite des Vorsatzes, nämlich dem Irrtum über Tatumstände, die zum gesetzlichen Tatbestand gehören, und mit der irrigen Annahme privilegierender Tatbestandsmerkmale, befasst. Welche Voraussetzungen im Einzelnen zum Vorsatz gehören, regelt § 16 hingegen nicht.

Das schweizerische StGB definiert demgegenüber in seinem Art. 12, dass „[v]orsätzlich… ein Verbrechen oder Vergehen [begeht], wer die Tat mit Wissen und Willen ausführt. Vorsätzlich handelt bereits, wer die Verwirklichung der Tat für möglich hält und in Kauf nimmt." Auch das österreichische StGB enthält in Art. 5 eine Bestimmung, wonach „[v]orsätzlich handelt, wer einen Sachverhalt verwirklichen will, der einem gesetzlichen Tatbild entspricht; dazu genügt es, dass der Täter diese Verwirklichung ernstlich für möglich hält und sich mit ihr abfindet."

316 Durchaus auf dieser Linie vertritt die hA in Deutschland, dass **Vorsatz** der **Wille zur Verwirklichung eines Straftatbestandes in Kenntnis aller seiner objektiven Tatumstände** ist[2]. Sprachlich ungenauer, aber sachlich mehr oder minder gleichbedeutend ist die vielfach gebrauchte Kurzformel „Wissen und Wollen der Tatbestandsverwirklichung". Wesentlich für alle Umschreibungen ist, dass der Tatbestandsvorsatz ein **Willens-** und ein **Wissenselement** enthält[3].

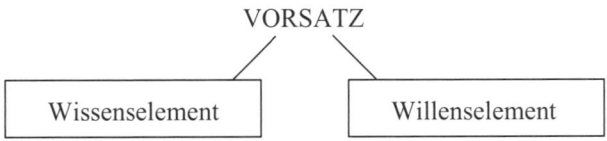

---

1 Allgemein zur subjektiven Tatseite *Meliá*, Wolter-FS, S. 293.
2 Lesenswert BGHSt 19, 295, 298.
3 BGHSt 36, 1, 10; 51, 100, 119 *(Kantherfall)*; 52, 182, 189 f; BGH NStZ 13, 159 *(Brandbeschleuniger-fall)*; ZIP 13, 1382; *Bung*, S. 2, 127 ff, 270; Matt/Renzikowski-*Gaede*, § 15 Rn 22; *Hoffmann-Holland*, AT, Rn 152; *Sternberg-Lieben/Sternberg-Lieben*, JuS 12, 976; krit. *Freund*, AT, § 7 Rn 41; *Grünewald*, S. 153; *Henn*, JA 08, 699; S/S/W-StGB-*Momsen*, § 15 Rn 7; *Ransiek/Hüls*, NStZ 11, 678; zur Umsetzung in der Klausurlösung vgl *Putzke*, Jura 09, 147, 148; *Rönnau*, JuS 10, 675.

Im Gegensatz zur Rspr und zur hL möchte ein Teil der Rechtslehre den Vorsatzbegriff unab- **317** hängig von einem Willenselement verstanden wissen[4].

Zwar steht das StGB – im Gegensatz zum insoweit eindeutigen österreichischen und schweize- **318** rischen Gesetzeswortlaut – einer solchen Ansicht nicht von vornherein entgegen. Sie vermag im Ergebnis gleichwohl nicht zu überzeugen. Auf das **Willenselement** kann schon deshalb **nicht verzichtet** werden, weil andernfalls keine sachgerechte Abgrenzung zwischen Eventual- vorsatz und bewusster Fahrlässigkeit möglich wäre. Ein Mensch kann sich den Eintritt einer Rechtsgutsverletzung als mögliche Konsequenz seines Handelns vorstellen, ohne diese Folge zu wollen. Wer fest darauf vertraut, dass alles gut geht und dass es ihm gelingt, eine Schädi- gung anderer zu vermeiden, will den – letztlich wider Erwarten doch eintretenden – Erfolg nicht. Der entscheidende Unterschied zwischen dem Vorsatz- und dem Fahrlässigkeitstäter liegt darin, dass nur ersterer eine bewusste Entscheidung gegen das geschützte Rechtsgut trifft. Das „Wollen" in der Vorsatzdefinition bringt nichts anderes als diesen Akt des „Wählens" zum Ausdruck[5]. Wird der Erfolgseintritt lediglich **für möglich gehalten**, genügt dies – ohne Ent- scheidung gegen das geschützte Rechtsgut – nicht, um ein Handeln mit Eventualvorsatz zu be- jahen. Sonst würde letztlich auch der Bereich einer Strafbarkeit wegen vorsätzlicher Tatbege- hung **zu weit** ausgedehnt (vgl dazu auch Rn 335 ff)[6].

c)   Nach dem klaren Wortlaut des § 16 muss der Tatbestandsvorsatz bei „Begehung **319** der Tat" vorliegen, wobei § 8 den Zeitpunkt der Begehung definiert. Maßgeblich ist also ausschließlich der Moment der tatbestandlichen Ausführungshandlung; wann der Erfolg eintritt, ist irrelevant (**Koinzidenz- oder Simultaneitätsprinzip**)[7].

Daraus ergibt sich, dass ein nachträglich erlangter Vorsatz (sog. *dolus subsequens*) dem im Au- **320** genblick der Tathandlung unwissenden bzw gutgläubigen Täter nicht schadet. Andererseits entlastet es den Täter nicht, wenn er seinen Verwirklichungswillen zwischen dem Abschluss der Tathandlung und dem Erfolgseintritt aufgibt. So entfällt zB eine Strafbarkeit wegen vor- sätzlicher vollendeter Beleidigung (§ 185) nicht, wenn der Täter sich nach dem Absenden des beleidigenden Briefes vergeblich darum bemüht hat, die Zustellung an den Adressaten zu ver- hindern[8].

An der Koinzidenz zwischen tatbestandlichem Handeln und Vorsatz fehlt es auch, wenn zwar **321** irgendwann einmal ein Vorsatz zur Deliktsverwirklichung gefasst wurde, dieser jedoch zum Zeitpunkt der Tat nicht mehr bestand (sog. *dolus antecedens*)[9]. Keine vorsätzliche Tötung be- geht also etwa A, der sich auf den Weg zu X gemacht hat, um diesen zu töten, wenn er kurz vor Erreichen der Wohnung den Tötungsplan aufgibt, wenig später aber den die Straße überqueren- den X aus Versehen überfährt, sodass dieser verstirbt.

---

4   So ua *Freund*, AT, § 7 Rn 61; *ders.*, Küper-FS, S. 63; *Frisch*, Vorsatz, S. 255 ff; *Frister*, AT, 11. Kap., Rn 25; *Grünewald*, JZ 17, 1069, 1071; *Herzberg*, BGH-Wiss-FS, S. 51; *ders.*, JZ 18, 122; *Kindhäuser*, AT, § 14 Rn 15 ff, 29; *Lesch*, JA 97, 802; NK-*Puppe*, § 15 Rn 23 ff; *Schlehofer*, NJW 89, 2017.
5   S. *Otto*, Grundkurs AT, § 7 Rn 26; *Satzger*, Jura 08, 112, 115 f.
6   Näher zum Ganzen *Brammsen*, JZ 89, 71; *Jakobs*, RW 10, 283; *ders.*, Zurechnung, S. 53 ff; *Küper*, GA 1987, 479; *Küpper*, ZStW 100 [1988], 758; *Otto*, Jura 96, 468; *Prittwitz*, StV 89, 123.
7   BGH NStZ 04, 386; 18, 27; SK-*Hoyer*, § 8 Rn 4; *Sternberg-Lieben/Sternberg-Lieben*, JuS 12, 976, 979; zum Koinzidenzprinzip *Streng*, FS-Beulke, S. 313.
8   Instruktiv dazu RGSt 57, 193; vgl auch *Herzberg*, Oehler-FS, S. 163.
9   BGH NStZ 10, 503 (*Zündholzfall*); näher *Jäger*, AT, Rn 73 f; *Satzger*, Jura 08, 112, 118.

2. Sonstige subjektive Merkmale

322 Zum Vorsatz treten nach Maßgabe der einzelnen Strafvorschriften häufig **besondere subjektive Tatbestandsmerkmale** hinzu, die – wie etwa die **Zueignungsabsicht** beim Diebstahl (§ 242)[10] oder die **Bereicherungsabsicht** beim Betrug (§ 263)[11] – den typischen Verhaltensunwert der Tat kennzeichnen und dadurch das Handlungsunrecht mitbestimmen. Subjektive Unrechtselemente dieser Art sind nach allgemeiner Auffassung Bestandteil des subjektiven Unrechtstatbestandes. Als Merkmale eigenständigen Charakters stehen sie selbstständig neben dem Tatbestandsvorsatz.

Im **Fall 7a** hat E zugleich mit der Brandstiftung (§§ 306 ff) den objektiven Tatbestand des Versicherungsmissbrauchs (§ 265) erfüllt. Zum subjektiven Tatbestand des § 265 gehört neben dem **Tatbestandsvorsatz** als eigenständiges subjektives Tatbestandsmerkmal die bei E ebenfalls gegebene **Absicht** („um"), **sich oder einem Dritten Leistungen aus der Versicherung zu verschaffen**. Da es zu einer Schadensmeldung an die Versicherung nicht mehr gekommen ist, scheidet ein Betrug gem. § 263 I, III 2 Nr 5 zu deren Lasten aus. Auch ein Betrugsversuch liegt hier noch nicht vor.

3. Die Beziehung zum objektiven Tatbestand

323 **a)** Nach dem bereits Gesagten sind der objektive und der subjektive Tatbestand nicht bei allen Delikten in dem Sinne deckungsgleich, dass der subjektive Tatbestand stets das genaue Spiegelbild des objektiven Tatbestands in der Vorstellung des Täters darstellt. Verlangt der Tatbestand „sonstige subjektive Merkmale" (Rn 322), so stehen diese neben dem Tatbestandsvorsatz, gehen also über diesen hinaus, sodass im subjektiven mehr als im objektiven Tatbestand verlangt wird. Man spricht hier anschaulich von Tatbeständen mit **überschießender Innentendenz**.

324 **b)** Abgesehen hiervon gibt es von der grundsätzlichen Anforderung, dass **objektiver Unrechtstatbestand** und **Tatbestandsvorsatz** deckungsgleich sein müssen (da gem. § 16 I 1 der Vorsatz entfällt, wenn er nicht **sämtliche** Umstände des objektiven Tatbestands erfasst[12]), weitere Ausnahmen: So stellt die hM unter Berufung auf die *ratio legis* in einigen Fällen **zusätzliche** Anforderungen an den Vorsatz, die über das erwähnte Mindestmaß an Übereinstimmung mit dem objektiven Unrechtstatbestand hinausgehen. So genügt es im Teilnahmebereich für den objektiven Tatbestand einer Anstiftung (§ 26) oder Beihilfe (§ 27), dass die in Betracht kommende Haupttat (wie etwa ein Diebstahl, Raub oder Betrug) das **Stadium des mit Strafe bedrohten Versuchs erreicht**. In subjektiver Hinsicht hängt die Bejahung des Anstifter- oder Gehilfenvorsatzes jedoch davon ab, dass Vorstellung und Wille des Teilnehmers (über das objektiv Erreichte hinaus) **auf die Vollendung** der Haupttat durch deren Täter gerichtet waren (vgl Rn 891, 906).

325 Ausnahmen vom Kongruenzerfordernis sind darüber hinaus auch in anderer Richtung möglich, in dem Sinn also, dass der subjektive Tatbestand hinter den objektiven An-

---

10 Vgl dazu BGH NStZ 12, 627 m. Anm. *Hecker*, JuS 13, 468 und *Jäger*, JA 12, 709; BGH StV 13, 435, 437; *Kudlich/Oğlakcıoğlu*, JA 12, 321.
11 Dazu *Wittig*, JA 13, 401.
12 Abw. *Tsai*, Frisch-FS, S. 281, der die Kongruenz als eigenständigen Prüfungspunkt betrachtet.

forderungen eines Tatbestands zurückbleiben darf. So enthalten einige Straftatbestände – wie bereits gesehen (vgl Rn 214 ff) – sog. **„objektive Bedingungen der Strafbarkeit"**. Es wird also die Bestrafung eines Täters vom Eintritt einer, vom Wissen und Willen des Täters unabhängigen, Bedingung abhängig gemacht[13].

II. Die Erscheinungsformen des Tatbestandsvorsatzes

Je nach Intensität des Willens- und des Wissenselements lassen sich drei Erscheinungsformen des Tatbestandsvorsatzes unterscheiden: die **Absicht**, der **direkte Vorsatz** und der **Eventualvorsatz**.   **326**

Grundsätzlich gilt jedoch, dass jede dieser drei Vorsatzformen genügt, um „vorsätzliches" Handeln iSv § 15 zu begründen[14]. Wenn der Straftatbestand, wie beispielsweise § 226 II, eine gesteigerte Form des Vorsatzes (iSv Wissentlichkeit oder Absicht) erfordert, muss die Intensität des Vorsatzes näher erörtert werden, s. auch Rn 348.

1. Die Absicht als Vorsatzform

Absicht (als gesteigerte Form des direkten Vorsatzes; auch *dolus directus* ersten Grades genannt) ist dann gegeben, wenn es dem Täter gerade **darauf ankommt**, den Eintritt des tatbestandlichen Erfolges herbeizuführen oder den Umstand zu verwirklichen, für den das Gesetz absichtliches Handeln voraussetzt[15]. Das Willenselement dominiert, an das Wissenselement werden nur minimale Anforderungen gestellt.   **327**

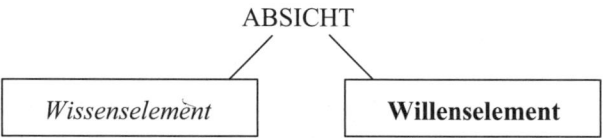

Unter Absicht ist der **zielgerichtete Erfolgswille** zu verstehen, der zugleich Beweggrund (Motiv) des Handelns sein kann, damit jedoch nicht zwangsläufig identisch ist. Begrifflich ist daher zwischen der Zielvorstellung des Täters und dem Beweggrund oder Motiv seines Handelns zu unterscheiden[16].   **328**

> Im **Fall 7a** war die Absicht des E auf das Inbrandsetzen der Scheune und auf die Erlangung der Versicherungssumme gerichtet. Dies war das **Ziel**, aber nicht der **Beweggrund** seines Handelns. Beweggrund (Motiv) zur Tat war der Wunsch des E, seine vermeintlich gekränkte Ehre zu retten und dem Ruf zu entgehen, er sei „finanziell am Ende".

Der erstrebte Erfolg braucht nicht das Endziel des Täters zu sein; es genügt, dass er ihn als *Nahziel* erreichen will, weil er ihm auf dem Weg zum *Fernziel* weiterhilft.   **329**

---

13   S. hierzu etwa *Satzger*, Jura 08, 112, 120.
14   Für Klausuren wird trotzdem zu einer präzisen Feststellung der einschlägigen Vorsatzform geraten.
15   Vgl BGHSt 16, 1 *(Fahrkartenfall)*; 18, 246.
16   Zutr. BGH GA 1985, 321.

> Im **Fall 7a** hat E nicht nur die Erlangung der Versicherungssumme (Endziel), sondern auch das Inbrandsetzen der Scheune (Nahziel) beabsichtigt, denn nur so war der von ihm erstrebte Enderfolg erreichbar.

330 Kommt es dem Täter auf den Erfolgseintritt an, so ist es ohne Bedeutung, ob er sich die Tatbestandsverwirklichung **als sicher** oder **nur als möglich** vorstellt. Wie BGHSt 21, 283 zutreffend ausführt, ist ein Erfolg, auf den es dem Täter bei seiner Handlung ankommt, immer auch beabsichtigt, gleichgültig, ob er „die Verwirklichung für sicher oder nur für möglich hält, ob er sie wünscht oder innerlich bedauert". Notwendig ist bei Ungewissheit des Erfolgseintritts nur, dass der Täter sich überhaupt eine Einwirkungsmöglichkeit auf das reale Geschehen zuschreibt.

331 Das Gesetz verwendet den Ausdruck „Absicht" oder die gleichbedeutende Wendung „um zu" nicht einheitlich, sodass die jeweilige Bedeutung in jedem Einzelfall durch Auslegung zu ermitteln ist[17].

Mit der Absicht als **Vorsatzform** sind die in einigen Strafvorschriften genannten **besonderen Absichten** (wie zB die Zueignungsabsicht in § 242 oder die Bereicherungsabsicht in §§ 253, 259, 263) nicht identisch. Letztere sind subjektive Tatbestandsmerkmale **eigenständigen Charakters**. Hinsichtlich der Zielvorstellung werden aber beide Absichtsarten gleich behandelt[18].

Stets ist zu fragen, worauf sich die Absicht konkret erstrecken muss. So braucht sich zB die in § 242 genannte „Absicht" nur auf die Aneignungskomponente im Rahmen der Zueignung der fremden Sache zu beziehen; bzgl der Enteignung sowie der objektiven Rechtswidrigkeit der erstrebten Zueignung genügt dagegen einfacher Vorsatz *(dolus directus* oder *dolus eventualis)*[19].

2. Der direkte Vorsatz

332 **Direkter Vorsatz** *(dolus directus*; auch *dolus directus* zweiten Grades genannt) ist zu bejahen, wenn der Täter **weiß oder als sicher voraussieht**, dass sein Handeln zur Verwirklichung des gesetzlichen Tatbestandes führt. Bei dieser Vorsatzform dominiert das Wissenselement.

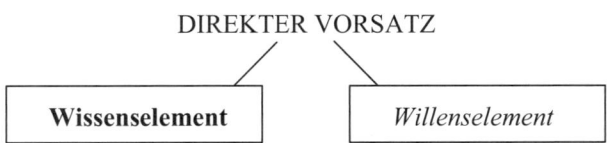

Wer trotz dieser Kenntnis oder Voraussicht willentlich tätig wird, nimmt in seinen Verwirklichungswillen alles auf, was er sich als die **notwendige und sichere Folge** seines Verhaltens vorstellt, mag ihm der Eintritt dieser Folge auch „an sich unerwünscht" sein[20].

---

17 Vgl BGHSt 9, 142; 13, 219; 41, 358 m. Bespr. *Mitsch*, JuS 97, 788; vert. *Witzigmann*, JA 09, 488.
18 Vgl BGH NStZ 92, 540.
19 RGSt 55, 257; *Wessels/Hillenkamp/Schuhr*, BT/2, Rn 164 und 203.
20 Vgl BGHSt 21, 283; *Maurach/Zipf*, AT/1, § 22 Rn 15.

Im **Fall 7a** ist direkter Tötungsvorsatz zu bejahen, wenn E beim Legen des Brandes **gewusst** hat, dass L sich in der Scheune befand, denn dann sah E den Tod des L als die sichere Folge des Inbrandsetzens voraus.

3. Der Eventualvorsatz

a) **Eventualvorsatz** *(dolus eventualis)* liegt vor, wenn der Täter es **ernstlich für möglich hält und sich damit abfindet**, dass sein Verhalten zur Verwirklichung des gesetzlichen Tatbestandes führt. Von den anderen Vorsatzformen unterscheidet er sich dadurch, dass sowohl die Wissens- als auch die Willensseite nur schwach ausgeprägt sind[21].   **333**

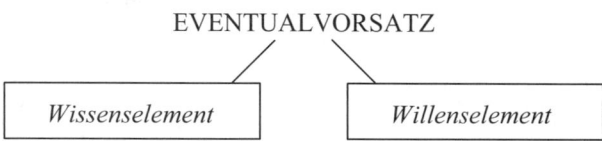

Der *dolus eventualis* wird auch **„bedingter Vorsatz"** genannt. Diese – völlig gebräuchliche – Bezeichnung darf nicht missverstanden werden: Auch der nur eventualvorsätzlich Handelnde muss zur Tat fest entschlossen sein, denn derjenige, der innerlich unentschlossen ist, hat noch gar keinen Vorsatz[22]. Anders ist es nur dann, wenn der Täter die Ausführung vom Eintritt bestimmter, von seinem Willen unabhängiger Umstände abhängig macht – dann liegt ein für den Vorsatz erforderlicher fester, aber eben von gewissen objektiven Bedingungen abhängiger Tatentschluss vor (zB: A will die von ihm gefangengehaltene O töten, wenn sie schreit)[23].   **334**

b) In welcher Weise der **Eventualvorsatz** sich von der **bewussten Fahrlässigkeit** (sog. *luxuria*; vgl Rn 1107) abgrenzen lässt, ist äußerst streitig. Beide Fallgruppen liegen im Grenzbereich eng beieinander. In beiden **rechnet der Täter mit der Möglichkeit**, dass die im Gesetz genannten Umstände gegeben sind und dass sein Verhalten den Eintritt des tatbestandlichen Erfolges bewirkt. Der Unterschied liegt allein darin, dass er diese Folge beim *dolus eventualis* hinnimmt und **sich mit dem Risiko der Tatbestandsverwirklichung abfindet**, während er bei bewusst fahrlässigem Handeln auf das Nichtvorliegen des betreffenden Tatumstandes oder sonst **auf das Ausbleiben des Erfolges vertraut**.   **335**

Nach der **Möglichkeitstheorie** soll *dolus eventualis* schon dann zu bejahen sein, wenn der Täter die **konkrete Möglichkeit** der Rechtsgutverletzung erkannt und dennoch gehandelt hat (s. Rn 318)[24]. Diese Auffassung ist abzulehnen, weil sie den Vorsatz zu weit in den Bereich der bewussten Fahrlässigkeit ausdehnt und auf der Fiktion beruht, dass im Festhalten am Tatentschluss zwangsläufig eine Entscheidung für die als möglich erkannte Rechtsgutverletzung zu erblicken sei. Die Möglichkeitstheorie verkennt vor allem, dass es beim Vorsatz nicht nur um das Wissen, sondern **auch um das Wollen** geht und dass es nicht gleichgültig sein kann, wel-   **336**

---

21 Zur Frage, ob es sich bei dem bedingten Vorsatz um einen Tatsachen- oder Rechtsbegriff handelt, vgl *Leitmeier*, HRRS 16, 243.
22 RGSt 70, 201.
23 Vgl BGHSt 5, 149, 152; 21, 14, 17.
24 LG Potsdam BA 04, 540; s. auch *Frister*, AT, 11. Kap., Rn 24; *Jakobs*, AT, 8/21; *Kindhäuser*, LPK, § 15 Rn 113; *R. Schmidt*, AT, Rn 238 ff.

105

che Erwägung den Täter zum Durchhalten des Handlungsentschlusses bestimmt hat (die bewusste Hinnahme des Erfolgsrisikos oder das Vertrauen, den drohenden Erfolg vermeiden zu können). Ein Autofahrer, der pünktlich zum Dienst erscheinen will, deshalb auf einer schmalen Landstraße während des Berufsverkehrs im dichten Nebel einen Lastzug überholt und dabei einen entgegenkommenden Rad- oder Motorradfahrer tödlich verletzt, hat zweifellos die **konkrete Möglichkeit** (= Gefahr) einer solchen Kollision erkannt; jede andere Deutung wäre lebensfremd. Gleichwohl wäre es sachwidrig, seinen offenbar vorliegenden Leichtsinn in einen Verletzungsvorsatz umzudeuten und ihn (abgesehen von § 315c) schon deshalb wegen Totschlags statt wegen fahrlässiger Tötung zu bestrafen, weil er „dennoch gehandelt" und sich auf das waghalsige Überholmanöver eingelassen habe.[25]

337 Wesentlich enger als die Möglichkeitstheorie ist die **Wahrscheinlichkeitstheorie**, die *dolus eventualis* annimmt, wenn der Täter die Rechtsgutverletzung für **wahrscheinlich gehalten** hat. Wahrscheinlich soll dabei mehr als „möglich" und weniger als „überwiegend wahrscheinlich" bedeuten[26]. Auch diese Theorie geht fehl, da sie zu einer klaren Grenzziehung außer Stande ist – wie lässt sich ermitteln, was mehr als „möglich" und weniger als „überwiegend wahrscheinlich" ist? Der Grad der Wahrscheinlichkeit kann allenfalls ein Indiz für das Inkaufnehmen der Tatfolgen bilden.

338 Nicht zu befriedigen vermag auch die **Gleichgültigkeitstheorie**, die *dolus eventualis* für gegeben hält, wenn der Täter die Tatbestandsverwirklichung **aus Gleichgültigkeit** gegenüber dem geschützten Rechtsgut in Kauf genommen hat[27]. Sie erweist sich als zu einseitig und zu eng, da sie unter dem Blickwinkel des Gesinnungsunwertes nur einen **Teilaspekt** des Problemkomplexes erfasst.

339 Die hL bejaht **Eventualvorsatz** zutreffend dann, wenn der Täter sich auch durch die nahe liegende Möglichkeit des Erfolgseintritts nicht von der Tatausführung abhalten ließ und sein Verhalten den Schluss rechtfertigt, dass er sich um des von ihm erstrebten Zieles willen **mit dem Risiko der Tatbestandsverwirklichung abgefunden** hat, also eher zur Hinnahme dieser Folge bereit war als zum Verzicht auf die Vornahme der Tathandlung. Seine innere Haltung zur Tat wird griffig durch die Formulierung **„na wenn schon"** gekennzeichnet.

340 Im Gegensatz dazu ist (nur) **bewusste Fahrlässigkeit** anzunehmen, wenn der Täter fest darauf **vertraut** hat, dass es ihm gelingen werde, den drohenden Erfolgseintritt und die Verwirklichung des gesetzlichen Tatbestandes **zu vermeiden**. Kennzeichnend hierfür ist die Vorstellung des Täters: **„es wird schon gut gehen"**[28].

---

25 AA *Walter*, NJW 17, 1350, 1352, wonach die Grenze zwischen Vorsatz und Fahrlässigkeit durch eine solche Betrachtung manipulierbar sei.

26 *H. Mayer*, Strafrecht AT, 1967, S. 121.

27 *Engisch*, NJW 55, 1688; *Schroth*, JR 03, 250; S/S-*Sternberg-Lieben/Schuster*, § 15 Rn 84.

28 Der *Berliner Raser-Fall* (BGHSt 63, 88) hat wieder Bewegung in die Diskussion um die Abgrenzung zwischen Eventualvorsatz und bewusster Fahrlässigkeit gebracht. Lehrreich zur Abgrenzung unter Bezugnahme auf die aktuelle Rspr des BGH *Gründel*, ZJS 19, 211; *Nicolai*, JA 19, 31. Ausführlicher *Vavra/Holznagel*, ZJS 18, 559. Zur Abgrenzung unter Berücksichtigung der prozessualen Erfordernisse und herangezogenen Indizien *Bosch*, Jura 18, 1225. In Raser-Fällen den Eventualvorsatz grds zugunsten der bewussten Fahrlässigkeit verneinend (in dieser Pauschalität wohl die MM) *Herzog*, Rogall-FS, S. 147, 157. Eine normative Bestimmung des Eventualvorsatzes fordernd und das demnach zu unbestimmte Kriterium des billigenden Inkaufnehmens ablehnend *Puppe*, JR 18, 323. Kritisch zur normativen Vorsatzfeststellung *Schweiger*, HRRS 18, 407. Das voluntative Vorsatzelement in seiner Konkretisierung durch die BGH-Rspr anzweifelnd *Kubiciel/Wachter*, HRRS 18, 332.

Bei Verhaltensweisen, aus denen für andere Gefahren erwachsen, gehört zum Eventu- **341** alvorsatz somit ein Dreifaches: Der Täter muss erstens die konkret drohende Gefahr einer Rechtsgutsverletzung **erkannt**, zweitens diese Gefahr **ernst genommen** und sich drittens mit dem Risiko der Tatbestandsverwirklichung **abgefunden** haben. Wer die von ihm erkannte Gefahr in dieser Weise hinnimmt, hat die Möglichkeit ihrer Realisierung zur Grundlage seines Handlungsentschlusses gemacht und damit in seinen **Verwirklichungswillen** einbezogen[29].

Hängt die in Betracht kommende Tatbestandserfüllung nicht von einem drohenden Verlet- **342** zungserfolg, sondern vom Vorliegen gegenwärtiger Umstände ab (wie etwa von der Fremdheit der Sache bei § 246 oder vom Alter des Opfers bei sexuellen Handlungen im Bereich des § 176), gilt zumindest sinngemäß das Gleiche: Der Täter muss das Vorliegen des betreffenden Tatumstandes in Rechnung gestellt, die daraus resultierende Möglichkeit der Tatbestandsverwirklichung ernst genommen und sich wenigstens mit ihr abgefunden haben. Mit einem „Wollen" hat dies letztlich nicht mehr viel zu tun[30].

In den praktischen Ergebnissen deckt sich die hL im Wesentlichen mit der von der **343** Rspr vertretenen **Einwilligungs-** oder **Billigungstheorie**. Diese verlangt vom eventualvorsätzlich handelnden Täter, dass dieser den für möglich gehaltenen Erfolg „**gebilligt**" oder „**billigend in Kauf genommen**" hat[31]. Ein Billigen „im Rechtssinne" soll nach BGHSt 7, 363 *(Lederriemenfall)* selbst dann zu bejahen sein, wenn der Erfolg dem Täter höchst unerwünscht ist, dieser sich jedoch mit ihm **abgefunden** hat[32]. Erst recht könne auch bei **Gleichgültigkeit** gegenüber der Erfolgsherbeiführung auf eine Billigung geschlossen werden[33].

c) Neben der demnach bereits dogmatisch schwierigen Abgrenzung zur bewussten **344** Fahrlässigkeit bereitet mitunter auch die **beweismäßige Feststellung des Eventualvorsatzes im Strafprozess** Probleme. Es ist sauber zwischen seinen materiell-rechtlichen Voraussetzungen und den Grundsätzen der prozessualen Beweiswürdigung (§ 261 StPO) zu trennen[34]. Insbesondere dürfen Beweisschwierigkeiten nicht durch eine faktische Verschiebung der Anforderungen an den Vorsatz überwunden werden.

---

29 Näher zum Ganzen *Jescheck/Weigend*, AT, § 29 III 3; MK-StGB-*Joecks*, § 16 Rn 31 ff; *Köhler*, Hirsch-FS, S. 65, 77; *Küpper*, ZStW 100 [1988], 758; NK-*Puppe*, § 15 Rn 14 ff; *Roxin*, AT I, § 12 Rn 21 ff; *Schlehofer*, Vorsatz, S. 32 ff, 55; *Schünemann*, Hirsch-FS, S. 363; *Toepel*, Paeffgen-FS, S. 177; Überblick über die verschiedenen Theorien bei *Fahl*, Jura 95, 654; *Hillenkamp/Cornelius*, AT, S. 1 ff; *Meurer*, AT, S. 89 ff.

30 S. dazu *Satzger*, Jura 08, 112, 113.

31 RGSt 76, 115; BGHSt 36, 1; 44, 99 m. Anm. *Roxin*, NStZ 98, 616; BGHSt 51, 18 *(Kochsalzfall)*; BGH wistra 00, 177; NStZ-RR 15, 91; NStZ-RR 17, 142; ZIP 13, 1382; NZV 05, 538 *(Autobahn-Spurwechselfall)*; NZV 14, 400 (zum Vorsatz bei Trunkenheit im Verkehr); StraFo 16, 420; Baumann/Weber/Mitsch/Eisele-*Eisele*, AT, § 11 Rn 27; *Maurach/Zipf*, AT/1, § 22 Rn 36.

32 Ebenso BGH JR 99, 205, 207; NStZ 07, 700; NStZ 07, 704; vgl auch BGH NStZ 12, 160; NStZ-RR 15, 109 (zu geringe kognitive Leistungsfähigkeit des Täters); HRRS 16 Nr 256; OLG Braunschweig NStZ 13, 593, 595 *(Spenderorganfall)*; ausf. Bespr. *Rissing-van Saan*, NStZ 14, 233; lehrreich dazu *Roxin*, AT I, § 12 Rn 39; krit. *Pérez Barberá*, GA 2013, 454; SK-*Stein*, § 16 Rn 27; *Schlehofer*, Vorsatz, S. 165 ff; vgl aber zur vom OLG Braunschweig abweichenden höchstrichterlichen Rspr Rn 347.

33 BGHSt 50, 1, 6; BGH NStZ-RR 07, 43; 17, 345; *Jakobs*, RW 10, 283, 306 ff; abw. *Kindhäuser*, Eser-FS, S. 345; zurückhaltender auch BayObLG JR 03, 428 m. zust. Anm. *Freund/Klapp*.

34 Näher BGHSt 38, 345; 46, 30, 35; 46, 53, 59; 56, 277; 60, 227; BGH StV 15, 300; vert. *Koriath*, Loos-FS, S. 103; *Mylonopoulos*, Frisch-FS, S. 349; s. auch AnwK-StGB-*Schaefer*, § 15 Rn 40 ff.

345 Derartige Tendenzen hat die Rspr jedoch teils im Bereich der Tötungsdelikte gezeigt. Den Hintergrund dazu bildet die sog. **„Hemmschwellentheorie"** des BGH. Dieser postulierte bislang in ständiger Rspr – etwa im berühmten *Aids-Urteil*[35] – eine besonders hohe Hemmschwelle vor Bildung eines Tötungsvorsatzes[36], um der allzu raschen Bejahung vorsätzlicher Tatbegehung durch die Tatgerichte entgegenzuwirken. Dies führte in der Praxis vielfach dazu, dass in Grenzfällen der Tötungsvorsatz nicht nach sorgfältiger und umfassender Beweiswürdigung, sondern mit einem pauschalen Hinweis auf jene Hemmschwelle verneint wurde.

346 Nach teils heftiger Kritik im Schrifttum[37] hat der 4. Strafsenat in einer Leitentscheidung vom 22. März 2012 nunmehr den Bedeutungsgehalt dieser „Hemmschwellentheorie" **deutlich eingeschränkt** und klargestellt, dass sie als bloßer Hinweis auf den Grundsatz der freien richterlichen Beweiswürdigung zu verstehen sei[38]. Der BGH erlaubt bei Tötungsdelikten demnach nicht etwa eine zugunsten des Angeklagten verkürzte Beweisführung. Der Tatrichter darf den Beweiswert der offensichtlichen Lebensgefährlichkeit einer Handlungsweise nicht so gering veranschlagen, dass auf eine eingehende Würdigung weiterer Beweisanzeichen verzichtet wird[39]. Vielmehr verlangt der BGH – ganz im Gegenteil – eine besonders genaue Prüfung anhand einer **Gesamtschau aller relevanten objektiven und subjektiven Tatumstände**[40]. Die Annahme einer Hemmschwelle kann dabei freilich als Indiz einfließen, soweit der Einzelfall das nahe legt[41]. Es ist ferner zulässig, einen objektiven Tatumstand als Indiz für die subjektive Tatseite zu würdigen.[42] So ist in der Regel das Vertrauen auf das Ausbleiben des tödlichen Erfolges bei äußerst gefährlichen Gewalthandlungen zu verneinen, wenn aufgrund des vorgestellten Tatablaufs der tödliche Ausgang so nahe liegt, „dass nur noch ein glücklicher Zufall diesen verhindern kann" (zB beim Stich ins Herz)[43]. Diese (starke) Indizwirkung tritt aber zurück, wenn im Rahmen der Be-

---

35 BGHSt 36, 1; dazu *Frisch*, Meyer-GS, S. 533; *Puppe*, AT, § 9 Rn 22 ff; s. auch *Canestrari*, GA 2004, 210.
36 BGH NStZ 83, 407 *(Vollgasfall)*; 83, 365 *(Aufhängespiel nach Art des russischen Roulettes)*; 04, 330 *(Strangulationsfall)*; 05, 629 m. Anm. *Schneider (U-Bahn-Schacht-Fall)*; 06, 98 und 169; 06, 444 *(Karolina-Fall)*; 09, 264 *(Babyschüttelfall)*; 12, 46; *(Messerstichfälle)*.
37 *Geppert*, Jura 01, 55, 59; *Puppe*, GA 2006, 65; *Rissing-van Saan*, Geppert-FS, S. 497; *Verrel*, NStZ 04, 309.
38 BGHSt 57, 183, 186; vgl auch 49, 166 *(Sadomasofall)*; 56, 277 *(Schönheitsoperationsfall)* m. Anm. *Beckemper*, ZJS 12, 132; *Kudlich*, NJW 11, 2856; *Sternberg-Lieben/Reichmann*, MedR 12, 97; BGH NStZ 01, 475 m. Anm. *Trüg*, JA 02, 102; BGH NStZ 11, 158; zust. MK-StGB-*Schneider*, § 212 Rn 6 ff; BGH NStZ 15, 216.
39 BGHSt 57, 183, 186.
40 BGH NStZ 15, 241 m. Anm. *Artkämper/Dannhorn*; BGH NStZ 16, 25 *(Mitbewohner-Fall)* m. Bespr. *Satzger*, Jura (JK) 17, 116; BGH NStZ-RR 16, 111; NStZ 16, 668; NStZ-RR 16, 204; NStZ 17, 22; StV 17, 535; 17, 536, 537; NStZ 18, 37, 38; 18, 206; NStZ-RR 18, 174; 371; 373; BGHSt 63, 88 *(Berliner Raser-Fall)* m. zust. Anm. *Jäger*, JA 18, 468; *Eisele*, JZ 18, 549; *Hörnle*, NJW 18, 1576; *Schroth*, Widmaier-FS, S. 779; *Steinberg*, JZ 10, 712; BGH StV 19, 162; bei Körperverletzungsvorsatz BGH StV 15, 300; s. auch die Rechtsprechungsübersicht bei *Steinberg/Stam*, NStZ 11, 177.
41 *Streng*, Kühne-FS, S. 53.
42 So zB die objektive Gefährlichkeit der Tathandlung, BGH StV 17, 535; 18, 743; NStZ-RR 18, 154 *(Bremer Raser-Fall)*.
43 BGH NStZ 07, 331 m. krit. Bespr. *Edlbauer*, JA 08, 725; BGH NStZ-RR 10, 373 *(Autobahnbrückenfall)* m. Anm. *Jahn*, JuS 10, 456; BGH NStZ 11, 210 *(Machetenfall)*; 12, 207; 16, 341 (Tritte gegen Kopf); 19, 208. Ebenso für das Leben Dritter in hohem Maße gefährdende Taten BGH NJW 18, 1411 m. Anm. *Jäger*, JA, 18, 789.

108

weiswürdigung entlastende Momente innerhalb der konkreten Tatsituation zu Tage treten (zB Gefährdung des eigenen Lebens des Täters durch die Tat[44], Affekthandlung oder starke Alkoholisierung[45])[46]. Der Handlungsantrieb, dem Tatopfer einen „Denkzettel" zu verpassen, kann ebenfalls gegen das Vorliegen des voluntativen Elements iRd *dolus eventualis* sprechen, weil das Denkzettel-Motiv ein Überleben des Opfers gerade voraussetzt.[47]

Maßgeblich ist letztlich aber stets der konkrete Einzelfall.

Beispiele: Im „*Gullydeckelfall*"[48] hat der Täter einen mindestens 20 kg schweren Gullydeckel **347** wuchtig aus Brusthöhe in Richtung des Kopfes des am Boden liegenden Opfers geworfen. Zutreffend stellte das LG fest, dass aus der Lebensgefährlichkeit dieses Verhaltens noch nicht auf einen bedingten Tötungsvorsatz geschlossen werden könne. Die vorsätzliche Herbeiführung einer Lebensgefahr könne auch nur eine besonders qualifizierte Form der Körperverletzung gemäß § 224 I Nr 5 darstellen, die allein noch nichts darüber besagt, dass sich der Täter auch mit der Herbeiführung des Todes abgefunden hat.

Im „*Göttinger Organspendefall*"[49] machte ein Transplantationsmediziner ggü der für die Vermittlung von Leber-Spenderorganen zuständigen Stelle falsche Angaben, um die Zuteilungsreihenfolge zugunsten seines Patienten zu beeinflussen. Diesem Patienten wurde daraufhin ein Organ zugeteilt und transplantiert, welches er ohne die Falschangaben des Arztes nicht erhalten hätte. Mangels der Möglichkeit, die Kausalität der Manipulationshandlung für den Tod eines „übergangenen" Patienten nachzuweisen, steht lediglich ein versuchtes Tötungs- bzw Körperverletzungsdelikt im Raum. Der BGH hat einen bedingten Tötungsvorsatz verneint, da dieser voraussetzen würde, dass der Arzt in der Vorstellung gehandelt hat, ein wegen der Manipulation benachteiligter Patient würde bei ordnungsgemäßem Verlauf und Zuteilung sowie Übertragung des konkreten Organs (hier: Leber) mit an Sicherheit grenzender Wahrscheinlichkeit überleben und ohne die Transplantation versterben (Totschlag) bzw eine Verschlimmerung oder Verlängerung seiner Leiden erfahren (Körperverletzung). Hiervon könne aufgrund der Vielzahl an Unwägbarkeiten (Operationsrisiken, Nichteignung des Organs für den „übergangenen" Patienten, fehlende Operationsmöglichkeiten im jeweiligen Transplantationszentrum, Instabilität des Patienten, etwaige Abstoßung der übertragenen Leber) aber nicht ausgegangen werden.

▶ Beispielsfälle bei *Beulke*, Klausurenkurs I, Rn 107 und Klausurenkurs III, Rn 339

Eventualvorsatz genügt überall, wo das Gesetz nicht eine gesteigerte Vorsatzform, al- **348** so insbes. ein Handeln „wider besseres Wissen" (§§ 145d, 164, 187, 278), ein „wissentliches" Handeln (§§ 134, 145, 258) oder gar eine Absicht im technischen Sinn (zB § 226 II) voraussetzt.

---

44 So in den drei Raser-Fällen aus dem Jahr 2018: *Berliner Raser-Fall*, BGHSt 63, 88; *Bremer Raser-Fall*, BGH NStZ-RR 18, 154 und *Frankfurter Raser-Fall*, BGH NStZ 18, 460 m. zust. Anm. *Puppe*, JR 18, 323; s. dazu auch *Preuß*, NZV 18, 345, 347 ff.
45 BGH NStZ 12, 151 (Würgen unter Alkoholeinfluss); NStZ-RR 18, 332; StV 18, 742.
46 BGH NStZ 09, 629 m. Anm. *Jahn*, JuS 09, 956; BGH NStZ 11, 338; StV 12, 89; NStZ 12, 151; NStZ-RR 13, 341 *(Schlüsselsucherfall)*; NStZ 15, 266 m. Anm. *Lohmann*, NStZ 15, 580; BGH NStZ-RR 13, 75 m. Bespr. *Kudlich*, JA 13, 152; BGH NStZ-RR 13, 169, 242; StV 15, 293; NStZ 15, 516; NStZ 16, 670; NJW 17, 1765; StV 17, 532; s. dazu auch *Vavra/Holznagel*, HRRS 18, 467.
47 BGH StV 17, 536, 537.
48 LG Rostock NStZ 97, 391 m. krit. Anm. *Fahl*.
49 BGH NJW 17, 3249 m. zust. Anm. *Schroth/Hofmann*, medstra 18, 3; krit. dazu *Sternberg-Lieben/Sternberg-Lieben*, JZ 18, 32 sowie *Luís Greco*, GA 18, 539 und *Sowada*, Joecks-GS, S. 163; für die aA iRd vorhergehenden Haftbeschwerde vgl OLG Braunschweig NStZ 13, 593, 595.

349   Im **Fall 7a** ließe Tötungsvorsatz in der Form des *dolus eventualis* sich nicht schon damit begründen, dass E die Anwesenheit des L in der Feldscheune für möglich gehalten habe: Das „**Inkaufnehmen**" des Erfolges darf **nicht** aus dem bloßen „**Fürmöglichhalten**" hergeleitet werden (BGH NStZ 88, 175). Wenn E darauf vertraut hätte, dass L sich nicht in der Scheune befinde (etwa deshalb, weil L Kirchweihfeste nie zu versäumen und nie vor ihrem Ende zu verlassen pflegte), käme nur bewusste Fahrlässigkeit (§ 222) in Betracht.

4.   Alternativer Vorsatz

350   Mehrere Vorsatzformen können in der bisweilen auftretenden Gestalt des **Alternativvorsatzes** zusammentreffen. Eine solche Konstellation ist insbes. dann gegeben, wenn der Täter bei der Vornahme einer bestimmten Handlung nicht sicher weiß, ob er dadurch von zwei **sich gegenseitig ausschließenden** Tatbeständen oder Erfolgen den einen oder den anderen verwirklicht, jedoch beide Möglichkeiten in Kauf nimmt. Im Schrifttum werden dazu die nachfolgenden Beispiele erörtert:

Beispiel 1: Der Spaziergänger A findet im Jagdrevier des Jägers J ein vom Wilderer W erschossenes und zum Abtransport bereitgelegtes Reh. Er weiß jedoch nicht, wer das Reh erlegt hat. Ihm ist gleichgültig, ob J oder W das Reh geschossen hat. In ersterem Fall wäre J Eigentümer des Rehs geworden, sodass das Verhalten des A einen Diebstahl (§ 242) darstellen würde; in letzterem Fall unterläge das Reh weiterhin dem Jagdrecht, sodass eine Zueignung durch A den Straftatbestand der Jagdwilderei (§ 292 I Nr 2) erfüllen würde.

Beispiel 2: Kurz nach Einbruch der Dunkelheit ist der Förster F mit seinem Jagdhund dem Wilderer W auf der Spur. Dieser feuert seine letzte Kugel in Richtung seiner Verfolger, um F zu töten (Vorsatz bzgl Totschlag bzw Mord nach §§ 212, 211) oder wenigstens dessen Hund zur Strecke zu bringen (Vorsatz bzgl Sachbeschädigung nach § 303 I). Die Kugel trifft den Hund.

Der Tatvorsatz deckt hier jeweils beide Möglichkeiten ab, wenngleich nur eine davon verwirklicht werden kann. Darüber, wie der Alternativvorsatz bei Sachverhalten der geschilderten Art strafrechtlich zu beurteilen ist, gehen die Meinungen weit auseinander.

351   Nach einer Auffassung soll hier nur der **Vorsatz bzgl des schwereren Delikts** strafrechtliche Berücksichtigung finden[50].

In **Beispiel 2** (allein der Hund wird getroffen), findet danach nur das versuchte Tötungsdelikt Berücksichtigung, die vollendete Sachbeschädigung am Hund wäre eine mitabgegoltene Begleittat.

Andere stellen hier vorrangig auf den **objektiv verwirklichten Tatbestand** (und beim Ausbleiben aller Erfolge auf den Vorsatz zur Verwirklichung der schwereren Alternative) ab[51].

In **Beispiel 2** wäre W nach dieser Ansicht wegen vollendeter Sachbeschädigung am Hund, nicht aber auch wegen versuchter Tötung zu verurteilen.

---

50   *Kühl*, AT, § 5 Rn 27a/b; Lackner/Kühl-*Kühl*, § 15 Rn 29; LK-*Vogel*, § 15 Rn 136; iE ebenso S/S-*Sternberg-Lieben/Schuster*, § 15 Rn 91.
51   Vgl dazu NK-*Zaczyk*, § 22 Rn 20 (bei gleichrangigen Delikten sei Wahlfeststellung möglich).

Die wohl hM will dagegen unter Bejahung von Idealkonkurrenz wegen **aller konstruktiv erfassbaren Delikte** bestrafen[52].

In **Beispiel 2** wird W danach wegen versuchten Totschlages/Mordes in Tateinheit mit vollendeter Sachbeschädigung bestraft[53].

Jede dieser Lösungen sieht sich Einwänden ausgesetzt. Der Vorschlag, allein den Vorsatz bzgl des schwereren Delikts zu berücksichtigen, überzeugt nicht, wenn gerade das leichtere Delikt voll verwirklicht ist. Auch beim Alternativvorsatz geht es nämlich in erster Linie um eine konsequente Anwendung der Regeln über die **Kongruenz** zwischen **objektivem** und **subjektivem Tatbestand**. An der hM befriedigt nicht, dass die Annahme von Tateinheit unter Zugrundelegung aller einschlägigen Delikte zu einer Bestrafung führt, die den Unterschied zwischen alternativem und kumulativem Vorsatz (sog. *dolus cumulativus*, bei dem der Täter zumindest in Kauf nimmt, dass er nebeneinander mehrere Tatbestände verwirklicht bzw alle in Betracht kommenden Erfolge herbeiführt) einebnet. Am Vorliegen zweier oder mehrerer Vorsätze, die auf der Tatbestandsebene dem einen wie dem anderen Delikt zugeordnet werden können, ist beim *dolus alternativus* zwar nicht zu zweifeln, da jeder Erfolg (für sich betrachtet) vom Täter zumindest in bedingter Form gewollt ist. Das schließt aber nicht aus, dem geringeren Gewicht des Alternativvorsatzes im Vergleich zum *dolus cumulativus* im **Konkurrenzbereich** dadurch Rechnung zu tragen, dass man den nicht über das Versuchsstadium hinausgelangten Vorsatz als mitbestrafte Begleittat im Rahmen des sachlich Vertretbaren durch die Bestrafung des schwereren Delikts als **mitabgegolten** (konsumiert) ansieht[54]. Dies spricht für die folgende Differenzierung:

352

a) Tritt einer der beiden Erfolge ein, ist der Täter angesichts der Kongruenz zwischen Tat und Tatvorsatz wegen des **objektiv verwirklichten Delikts** zu bestrafen (= vollendete Vorsatztat). Damit ist die Versuchsstrafbarkeit bzgl des anderen Delikts abgegolten, wenn es sich um Tatbestände mit **annähernd gleicher Schutzrichtung und Tatschwere handelt** (wie im Beispiel 1 zwischen § 292 I Nr 2 und § 242).

353

b) **Tateinheit** zwischen der vollendeten Vorsatztat und dem Versuch des anderen Delikts ist anzunehmen, wenn dieses im **Unrechtsgehalt wesentlich schwerer wiegt** als die vollendete Vorsatztat (so ist W im Beispiel 2 bei Tötung des Jagdhundes nach § 303 in Tateinheit mit versuchter Tötung des F zu bestrafen). Das Gleiche gilt immer dann, wenn und soweit höchstpersönliche Rechtsgüter verschiedener Rechtsgutsträger betroffen sind.

354

c) Wird kein Delikt vollendet, ist wegen Versuchs lediglich nach dem **schwersten Delikt** zu bestrafen, sofern dadurch der Unrechtsgehalt der Tat hinreichend erfasst werden kann; im Übrigen ist Tateinheit anzunehmen.

355

---

52 Tateinheit zwischen vollendeter und versuchter Vorsatztat bzw dem Versuch beider Delikte: vgl LK-*Hillenkamp*, § 22 Rn 37; *Jakobs*, AT, 8/33; *Jeßberger/Sander*, JuS 06, 1065; *Rengier*, AT, § 14 Rn 52; *Roxin*, AT I, § 12 Rn 93 f.

53 Zu weiteren Lösungsansätzen s. *Haft*, S. 160; *Hoffmann-Holland*, AT, Rn 171; *Joerden*, ZStW 95 [1983], 565.

54 S. *Maurach/Zipf*, AT/1, § 22 Rn 27; *B. Heinrich*, AT, Rn 294; *Jäger*, AT, Rn 71; krit. dazu *Joerden*, JZ 90, 298.

356 d) Dass **alle** denkbaren Erfolge nebeneinander eintreten, dürfte kaum vorkommen. Theoretisch denkbar wäre es allenfalls im Bereich des zweiten Beispiels. Dann muss aber offensichtlich ein Tathergang vorgelegen haben, der die Frage nahe legt, ob der Täter mit einem solchen Ergebnis nicht schon von vornherein einverstanden war, also mit kumulativem Vorsatz bzw mit generellem Verletzungswillen gehandelt hat, oder ob sonst Umstände in Betracht zu ziehen sind, die gerade gegen die Annahme eines Alternativvorsatzes sprechen, sodass dessen Problematik sich gar nicht stellt. Denn was sich jemand **vorgestellt** und **gewollt** hat, hängt von den **realen Gegebenheiten** und seinen Tatantrieben ab, kann ihm also nicht rein theoretisch „unterstellt" werden. Nur eine unvoreingenommene Sachverhaltsanalyse kann den Weg zu der im Einzelfall sachgerechten Lösung weisen; allein auf dieser Basis lässt sich (ggf unter Heranziehung des Grundsatzes *in dubio pro reo*) entscheiden, zu welchem Ergebnis die maßgebenden Kriterien der subjektiven Zurechnung führen.

III. Das Wissenselement des Tatbestandsvorsatzes

1. Der Bezugspunkt des Vorsatzes

357 a) Im **Wissensbereich** setzt vorsätzliches Handeln voraus, dass der Täter **im Zeitpunkt der Begehung der Tat** (s. Rn 319) alle strafbegründenden und strafschärfenden Umstände des objektiv verwirklichten Straftatbestandes gekannt hat. Seine Vorstellung muss die konkrete Tat in ihren Grundzügen, die tatbestandsrelevanten Besonderheiten der Ausführungshandlung, den von ihm ins Auge gefassten Eintritt des tatbestandlichen Erfolges, den Kausalverlauf in seinen wesentlichen Umrissen sowie alle sonstigen Merkmale des objektiven Unrechtstatbestandes umfassen[55]. Dabei **genügt** es, dass der Täter das Tatobjekt nur gattungsmäßig bestimmt, dass ihm bspw **gleichgültig** ist, **welchen** Menschen er bei einem wahllosen Schuss in eine Menschenansammlung tötet, **welche** fremde Sache er trifft oder **wer** der Sacheigentümer ist[56].

358 Wo das Gesetz **Erschwerungsgründe nicht-tatbestandlicher Art** (wie etwa die Regelbeispiele für besonders schwere Fälle in §§ 240 IV, 243 I, 263 III; s. Rn 171) zu Vorsatzdelikten enthält und in subjektiver Hinsicht nicht ausdrücklich etwas anderes vorsieht, ist § 16 I 1 zugunsten des Täters **analog** anzuwenden[57] (s. Rn 81).

359 b) Ein die Tathandlung fortwährend begleitendes „Daran-Denken" im Sinne eines voll reflektierten Bewusstseins ist nicht erforderlich. **Vorsatzwissen** als **aktuelle Kenntnis** der Tatumstände kann es auch in Gestalt des **sachgedanklichen Mitbewusstseins** und des ständig verfügbaren **Begleitwissens** geben[58]. Fehlende Kenntnis lässt sich im Vorsatzbereich jedoch nicht dadurch ersetzen, dass der Täter zu der ent-

---

55 RGSt 70, 257; *Jescheck/Weigend*, AT, § 29 II 3; *Struensee*, ZStW 102 [1990], 21; anders *Frisch*, Vorsatz, S. 57; LK-*Vogel*, § 15 Rn 23.

56 *Hillenkamp*, Die Bedeutung von Vorsatzkonkretisierungen bei abweichendem Tatverlauf, 1971, S. 88; vgl auch BGHSt 21, 381; 22, 350.

57 S/S-*Sternberg-Lieben/Schuster*, § 15 Rn 31; *Wessels*, Maurach-FS, S. 295, 300.

58 BayObLG NJW 77, 1974; *Kudlich*, PdW, S. 37; *Kühl*, AT, § 5 Rn 100; AnwK-StGB-*Schaefer*, Vorbem. §§ 15 ff Rn 14 f; S/S-*Sternberg-Lieben/Schuster*, § 15 Rn 51; krit. dazu *Gaede*, ZStW 121 [2009], 239; *Schild*, Stree/Wessels-FS, S. 241.

sprechenden Vorstellung hätte gelangen können. Früheres Wissen genügt selbst dann nicht, wenn es bei Anspannung des Erinnerungsvermögens reproduzierbar wäre.

c) Auf die **objektiven Bedingungen der Strafbarkeit** braucht der Vorsatz sich nicht zu beziehen (s. Rn 214, 325). Das Gleiche gilt für die **Rechtswidrigkeit** der Tat, denn das gesetzliche Verbot einer Handlung ist selbst kein „Tatumstand" iSd § 16 I 1; „es gehört nicht zum Inhalt des gesetzlichen Tatbestandes, sondern hat ihn zum Inhalt"[59]. Nach der durch § 17 anerkannten „Schuldtheorie" ist das Bewusstsein der Rechtswidrigkeit (Unrechtsbewusstsein) nicht Bestandteil des Vorsatzes, sondern ein Element der **Schuld**; fehlt es, so ist nicht der Bestand, sondern nur die **Vorwerfbarkeit** des Vorsatzes in Frage gestellt (näher Rn 680 ff). Bei den erfolgsqualifizierten Delikten (vgl Rn 1148) braucht sich der Vorsatz nur auf das Grunddelikt zu beziehen, hinsichtlich der besonderen Folge der Tat muss dem Täter aber wenigstens Fahrlässigkeit zur Last fallen (§ 18).
360

2. Tatumstands- und Bedeutungskenntnis

Vorsatzkenntnis heißt **Tatumstands- und Bedeutungskenntnis**. Es wird nicht verlangt, dass der Täter den ihm bekannten Sachverhalt juristisch exakt unter das Gesetz subsumiert; andernfalls könnten nur Juristen vorsätzlich handeln.
361

a) Bei **deskriptiven Merkmalen** (zB „Beschädigen" oder „Zerstören" einer „Sache" in § 303; s. Rn 197) muss deren natürlicher Sinngehalt erfasst worden sein.
362

Wenn A dem B die Luft aus den Reifen seines Kraftwagens lässt, würde die irrige Ansicht, dass dies mangels Substanzverletzung keine Beschädigungshandlung iSd § 303 sei, den Vorsatz nicht in Frage stellen. Ein solcher **Subsumtionsirrtum** wäre kein Tatbestandsirrtum iSd § 16 I 1, weil A richtig erkannt hat, dass er **die bestimmungsgemäße Brauchbarkeit des Kraftwagens beeinträchtigt**[60]. Auch die Vorstellung, sich „nicht strafbar zu machen", ist für § 16 I 1 belanglos, da es auf die Kenntnis der Strafbarkeit als solche im Strafrecht nicht ankommt. Bedeutung kann ein **Subsumtionsirrtum** außerhalb des Vorsatzbereichs gewinnen, wenn er dem Täter die „Einsicht nimmt, Unrecht zu tun", sodass dieser einem Verbotsirrtum iSd § 17 erliegt[61].

b) Bei **normativen Merkmalen** (zB „fremd", „zueignen" in § 246; s. Rn 198) ist eine juristisch exakte Subsumtion durch den Täter nicht erforderlich[62]. Indes genügt – anders als im Schrifttum teils behauptet[63] – die bloße Kenntnis der den Begriff erfüllenden Tatsachen nicht, vielmehr muss der Täter den **rechtlich-sozialen Bedeutungsgehalt des Tatumstandes** nach Laienart richtig erfasst haben (sog. **Parallelwertung in der Laiensphäre**[64]).
363

---

59 So BGHSt 19, 295, 298.
60 Vgl BGHSt 13, 207.
61 BGH NStZ 10, 337 m. Anm. Steinberg ua-*Popp*, S. 114; *Kindhäuser*, LPK, § 16 Rn 14 f.
62 *Kühl*, AT, § 5 Rn 93.
63 Statt aller *B. Heinrich*, Roxin II-FS, S. 449; vgl auch *ders.*, AT, Rn 1087; *Knobloch*, JuS 10, 865.
64 BGHSt 3, 248; 4, 347; 8, 321; OLG Köln StraFo 04, 282 m. Bespr. *Kudlich*, JuS 04, 1015; näher MK-StGB-*Joecks*, § 16 Rn 70 f; *Arthur Kaufmann*, Die Parallelwertung in der Laiensphäre, 1982; *Kretschmer*, Der strafrechtliche Parteiverrat, 2005, S. 282 ff; *Krey/Esser*, AT, Rn 415 ff; *Papathanasiou*, Roxin II-FS, S. 467; *Satzger*, Jura 08, 112, 114; *Schroth*, Vorsatz und Irrtum, S. 65; *Stratenwerth/Kuhlen*, AT, § 8 Rn 71.

Die Lehre von der Parallelwertung in der Laiensphäre ist nach wie vor lebhaft umstritten. Insbes. wird ihr entgegengehalten, dass Wertungen des juristischen Laien die gesetzgeberischen Entscheidungen nicht ersetzen können[65]. Wegen der problematischen Grenzziehung wird im Schrifttum vereinzelt geraten, auf die Verwendung des Begriffs gänzlich zu verzichten und Fehlvorstellungen über den „Unrechtssachverhalt" (menschliches Tun und rechtliche Regelung) stets zum Vorsatzausschluss führen zu lassen[66] bzw den Begriff durch die sog. WGVT-Formel („Widerspiegelung der gesetzgeberischen Grundentscheidung im Verständnishorizont des Täters") zu ersetzen[67]. Diese Positionen haben sich allerdings ebenfalls noch nicht durchgesetzt. Mangels vorzugswürdigerer Konzeption ist es daher trotz aller Bedenken ratsam, sich der hL anzuschließen[68].

Für die Kenntnis der „Fremdheit" einer Sache (§§ 242, 246) genügt danach das Bewusstsein, dass die Sache einem anderen „gehört"; die Einzeltatsachen, aus denen sich das fremde Eigentum ergibt, braucht der Täter nicht zu kennen. Diebstahlsvorsatz (§ 242) würde dagegen fehlen, wenn der Verkäufer V die Erfüllung eines Kaufvertrages verweigert und der Käufer K die Kaufsache eigenmächtig in der irrigen Vorstellung an sich bringt, er sei schon mit Abschluss des obligatorischen Kaufvertrages Eigentümer geworden. Hier kennt K zwar alle Tatsachen, aus denen das Fortbestehen des Eigentums von V folgt (vgl §§ 433, 929 ff BGB). Gleichwohl fehlt ihm infolge unrichtiger Wertung „nach Laienart" die unerlässliche Tatumstandskenntnis, da er im Tatobjekt eine „eigene" und nicht etwa eine „fremde" Sache erblickt. Wer einen anderen durch Drohung zur Zahlung eines Geldbetrages veranlasst, auf den er zwar keinen Anspruch hat, dies aber aufgrund seiner laienhaften rechtlichen Bewertung irrtümlich glaubt, erfüllt nur den objektiven Tatbestand der Erpressung (§ 253), hinsichtlich der Rechtswidrigkeit der beabsichtigten Bereicherung befindet er sich hingegen in einem Tatbestandsirrtum[69].

▶ Beispielsfälle bei *Beulke/Zimmermann*, Klausurenkurs II, Rn 83 und *Beulke*, Klausurenkurs III, Rn 155

364 c) Im Schrifttum werden in diesem Zusammenhang häufig die sog. **gesamttatbewertenden Tatbestandsmerkmale** gesondert behandelt. Es handelt sich um rechtswidrigkeitsumschließende Merkmale, die nicht nur das tatbestandsmäßige Verhalten als solches umschreiben, sondern infolge ihres hohen normativen Gehalts zugleich die sonst dem allgemeinen Rechtswidrigkeitsurteil vorbehaltene Gesamtbewertung der Tat in sich bergen.

Ein wichtiges Beispiel ist die **Verwerflichkeit iSv § 240 II** (vgl Rn 398). Zu unterscheiden sind hier die tatsächlichen Bewertungsgrundlagen des Merkmals und das durch sie zum Ausdruck kommende Werturteil. Erstere fungieren als Ergänzung des Unrechtstatbestandes und müssen daher vom Vorsatz umfasst sein, während das Werturteil als solches allein die Rechtswidrigkeit betrifft. Dementsprechend entfällt bei der Nötigung der Vorsatz gem. § 16 I 1, wenn der Täter die tatsächlichen Umstän-

---

65 NK-*Puppe*, § 16 Rn 45 ff; *dies.*, AT, § 8 Rn 14; *Kindhäuser*, GA 1990, 407; SK-*Stein*, § 16 Rn 15a; s. ferner *Schlüchter*, Irrtum, S. 116.

66 *Herzberg*, JuS 08, 385, 390; s. auch *ders./Hardtung*, JuS 99, 1073 ff; *Herzberg*, Otto-FS, S. 265.

67 *Papathanasiou*, HRRS 18, 156, 158 ff.

68 Zur neueren Diskussion BGHSt 50, 331 *(Mannesmann)*; LG Düsseldorf NJW 04, 3275; dazu statt aller *Jakobs*, NStZ 05, 276; *Puppe*, AT, § 8 Rn 15 ff; *Ransiek*, NJW 06, 814; *Zech*, Untreue durch Aufsichtsratsmitglieder einer Aktiengesellschaft, 2007, S. 219; zu den Fallgruppen BeckOK-StGB-*Kudlich*, § 16 Rn 15.1-15.5.

69 BGHSt 48, 322, 328; BGH NStZ 08, 214; 08, 626; 03, 663 (zu § 263); BeckOK-StGB-*Wittig*, § 253 Rn 18; vert. *Gropp*, Weber-FS, S. 127; *Jäger*, BT, Rn 245; *Küpper*, Kühl-FS, S. 329, 333; *Wessels/Hillenkamp/Schuhr*, BT/2, Rn 719.

de nicht kennt, auf denen das Verwerflichkeitsurteil beruht. Irrt er dagegen in Kenntnis aller sie begründenden Umstände über die Verwerflichkeit als solche, nimmt er also eine abweichende Wertung vor, so handelt es sich um einen Verbotsirrtum iSd § 17[70]. Parallel zu § 240 II enthält § 253 II ein ebensolches Verwerflichkeitsmerkmal. Ob es noch weitere gesamttatbewertende Tatbestandsmerkmale gibt, ist in der wissenschaftlichen Diskussion noch nicht geklärt[71] (zu den gesamttatbewertenden Rechtfertigungselementen vgl Rn 766).

d) Vereinzelt finden sich im Strafgesetzbuch Tatbestände mit Merkmalen, die zur Bestimmung des Inhalts der strafrechtlichen Verbotsnorm auf andere, zumeist außerstrafrechtliche Normen verweisen (vgl Rn 165). So verlangt zB der Subventionsbetrug in der Variante des § 264 I Nr 3, dass der Subventionsgeber „entgegen den Rechtsvorschriften über die Subventionsvergabe" über bestimmte Tatsachen in Unkenntnis gelassen wird. Der Vorsatz muss sich bei solchen **Blankettstrafgesetzen** nach hM regelmäßig nur auf die Tatbestandsmerkmale der Ausfüllungsnorm beziehen, nicht jedoch auf deren Bestehen, Gültigkeit, Inhalt und Anwendbarkeit[72]. Einzelheiten sind hier nach wie vor weitgehend ungeklärt, insbes. die Abgrenzung zu den normativen Tatbestandsmerkmalen[73]. **365**

IV. Der Tatbestandsirrtum und seine Abgrenzung

1. Überblick

Kennt der Täter **bei Begehung der Tat** einen Umstand nicht, der zum gesetzlichen Tatbestand gehört, so handelt er hinsichtlich dieses Tatbestandes nicht vorsätzlich (§ 16 I 1). Der **Tatbestandsirrtum** schließt die Zurechnung des objektiv gegebenen Tatumstandes zum Vorsatz ohne Rücksicht darauf aus, ob der Irrtum vermeidbar oder unvermeidbar war und ob er durch schlichtes „Nichtwissen" oder durch eine konkrete Fehlvorstellung tatsächlicher[74] oder rechtlicher[75] (s. Rn 363) Art entstanden ist. Entscheidend ist allein, dass der im Tatbestandsirrtum Handelnde von der **„Appell- und Warnfunktion"** des Tatbestandes nicht erreicht wird. Er **weiß nicht, was er tut**, weil er infolge seines Irrtums den wirklichen Sinngehalt des Tatgeschehens im rechtlich-sozialen Raum nicht erfasst. **366**

---

70 Matt/Renzikowski-*Gaede*, § 16 Rn 16; *Kühl*, AT, § 13 Rn 59b; *Roxin*, AT I, § 10 Rn 45, § 12 Rn 105; SK-*Stein*, § 16 Rn 16; AnwK-StGB-*Schaefer*, § 15 Rn 24.
71 Abl. *Lüdersen*, Richter II-FS, S. 373; *T. Walter*, S. 105; vert. *Puppe*, Herzberg-FS. S. 275; LK-*Vogel*, § 16 Rn 51.
72 BGH wistra 13, 153; *Frister*, AT, 11. Kap., Rn 36 f; *Sternberg-Lieben/Sternberg-Lieben*, JuS 12, 884, 885 f; aA *Bülte*, NStZ 13, 65, 71 f; NK-*Puppe*, § 16 Rn 67; *dies.*, AT, § 8 Rn 34; LK-*Vogel*, § 16 Rn 40.
73 *Böse*, Puppe-FS, S. 1353; *Bülte*, JuS 15, 769; *Fakhouri Gómez*, GA 2010, 259; *Ransiek*, wistra 12, 365; *Roxin*, Tiedemann-FS, S. 375, 381; umfassend *Dietmeier*, Blankettstrafrecht, 2002; S/S/W-StGB-*Momsen*, § 15 Rn 14; *Schuster*, Das Verhältnis von Strafnormen und Bezugsnormen aus anderen Rechtsgebieten, 2012, S. 92 ff, 115 ff.
74 Lehrreich dazu: *Hettinger*, JuS 88, L 71; 89, L 17, L 41; *Rath*, Jura 98, 539; *Sternberg-Lieben/Sternberg-Lieben*, JuS 12, 289.
75 BGH NStZ 12, 160 m. Bespr. *Adick*, ZWH 12, 154 und *Duttge*, HRRS 12, 359; OLG Braunschweig NStZ-RR 98, 175; BayObLG NStZ-RR 00, 122; *Bülte*, NStZ 13, 65.

So fehlt es gem. § 16 I 1 an einer vorsätzlichen Tötung iSd § 212, wenn jemand einen Schuss auf eine vermeintlich leere Regentonne abgibt, in welcher sich ein spielendes Kind versteckt hält, das tödlich getroffen wird.

367 Nach **§ 16 I 2** bleibt die Strafbarkeit des Irrenden wegen **fahrlässiger Begehung** aber unberührt; nur in dieser Hinsicht spielen dann Vermeidbarkeit und Vorwerfbarkeit des Irrtums eine Rolle. Vorausgesetzt wird dabei aber, dass auch die fahrlässige Verwirklichung des betreffenden Delikts mit Strafe bedroht ist.

368 Die **entlastende** Regelung in § 16 I 1, die sich hier **zugunsten des Irrenden** auswirkt, hat im Bereich der §§ 22, 23 eine **belastende** Kehrseite, wenn der Täter sich **zu seinen Ungunsten** irrt und ein in Wirklichkeit nicht vorliegendes Tatbestandsmerkmal für gegeben hält (**Beispiel:** A schießt mit Tötungsvorsatz auf den im Bett liegenden B, ohne zu ahnen, dass B kurz zuvor einen tödlichen Herzinfarkt erlitten hat). Soweit der Versuch des betreffenden Delikts mit Strafe bedroht ist, führt ein solcher **umgekehrter Tatbestandsirrtum** zum strafbaren **untauglichen Versuch**[76] (vgl Rn 980).

369 Ob ein Auseinanderfallen von Vorstellung und Wirklichkeit den Vorsatz auch dann ausschließt, wenn der Irrtum sich auf **vergleichbare Varianten** eines Straftatbestandes bezieht (sog. doppelter Tatumstandsirrtum oder Variantenirrtum. **Beispiel:** Der Täter des § 274 hält die Urkunde irrtümlich für eine technische Aufzeichnung, ähnlich bei §§ 123, 304), hängt weitgehend von der Ausgestaltung des betreffenden Tatbestandes durch den Gesetzgeber ab. Eine allgemeingültige Antwort auf diese Frage ist daher nicht möglich[77]. Maßgeblich ist insbes., ob es sich um Varianten mit gleichwertigem Unrechtsgehalt, um solche mit einer generalisierenden Auffangklausel oder aber um die erschöpfende Umschreibung bestimmter Angriffsmodalitäten handelt.

370 Die Fehlvorstellung des Täters, dass tatsächliche Umstände vorliegen, die – bei wirklichem Vorliegen – den Tatbestand eines privilegierenden Tatbestands erfüllen würden, erfasst **§ 16 II**. Der Täter kann dann – obwohl insoweit der objektive Tatbestand der Privilegierung nicht erfüllt ist – aus diesem Tatbestand bestraft werden.

Bei der Prüfung ist § 16 II also – gänzlich anders als Abs. 1 – nicht im subjektiven, sondern im objektiven Tatbestand anzusprechen; letztlich wird hier aufgrund der fehlerhaften Vorstellung des Täters zu seinen Gunsten **fingiert**, dass der objektive Tatbestand der Privilegierung erfüllt ist. Anwendungsfälle sind jedoch selten; hauptsächlich wird § 16 II bei einer irrigen Annahme eines Tötungsverlangens iSv § 216 diskutiert[78], wobei es sich beim Tötungsverlangen genau genommen aber um ein spezielles Schuldmerkmal handelt, weshalb sich das richtige Ergebnis (Bestrafung nur aus § 216) bereits aus den allgemeinen Regeln ergibt (s. Rn 1327). Praktische Bedeutung erlangt die Vorschrift v. a. aufgrund ihrer entsprechenden Anwendbarkeit auf benannte minder schwere Fälle (etwa bei § 213)[79].

2. Der Irrtum über das Handlungsobjekt *(error in persona vel obiecto)*

371 a)   Von einem **Irrtum über das Handlungsobjekt** *(error in persona vel obiecto)*[80] spricht man bei Fehlvorstellungen, die sich auf die Identität oder sonstige Eigenschaften der betroffenen Person oder des Tatobjekts beziehen.

---

76 BGHSt 42, 268 m. Anm. *Arzt*, JR 97, 469 und *Kudlich*, NStZ 97, 432.
77 Näher RGSt 35, 285; Matt/Renzikowski-*Gaede*, § 16 Rn 25; *Matejko*, ZIS 06, 205; *Mitsch*, Keller-GS, S. 165; *Rengier*, AT, § 15 Rn 66 f.
78 Vgl *Küper*, Jura 07, 263.
79 Weiterführend S/S-*Sternberg-Lieben/Schuster*, § 16 Rn 27; vgl auch MK-StGB-*Joecks*, § 16 Rn 108; *Roxin*, AT I, § 12 Rn 140.
80 Vert. *Koriath*, JuS 98, 215; *Rath*, Zur Unerheblichkeit des error in persona vel obiecto, 1996.

In Abgrenzung zu der sogleich zu besprechenden *aberratio ictus* (s. Rn 375 ff) trifft der Täter aber genau das von ihm anvisierte Objekt, nur dessen Identität entspricht nicht den Vorstellungen, die sich der Täter hiervon im Angriffszeitpunkt gemacht hat.

Für die Behandlung des *error in persona vel obiecto* kommt es darauf an, ob sich die **372** strafrechtliche Bewertung ändern würde, wenn die Vorstellung des Täters zutreffend wäre[81]. Nach § 16 I 1 wirkt sich ein solcher Irrtum auf den Vorsatz nur aus, wenn es an der **tatbestandlichen Gleichwertigkeit** zwischen dem vorgestellten und dem tatsächlich angegriffenen Objekt **fehlt**, dh wenn diese beiden Objekte nicht unter dasselbe Tatbestandsmerkmal subsumiert werden können.

Beispiel: A will den Hund seines Nachbarn N erschießen und tötet dabei das beim Spiel in die Hundehütte gekrochene Kind K, weil er es im Zwielicht für den Hund gehalten hat. Bei dieser Sachlage scheidet eine Bestrafung wegen vorsätzlicher Tötung gem. § 16 I 1 aus, da die Objekte „Sache" (§ 303) und „Mensch" (§ 212) tatbestandlich nicht gleichwertig sind und A nicht wusste, dass er den Schuss in Wirklichkeit auf einen Menschen abfeuerte. Infolgedessen kommt nur eine fahrlässige Tötung (§ 222) in Tateinheit mit versuchter Sachbeschädigung (§§ 303 I, III, 22, 23 I) in Betracht. Anknüpfungspunkt für den Fahrlässigkeitsvorwurf ist dabei die Erwägung, dass man nicht auf Objekte schießen darf, die man wegen der Sichtverhältnisse nicht einwandfrei identifizieren konnte (vgl Rn 1115 ff). Bei der versuchten Sachbeschädigung handelt es sich um einen untauglichen Versuch, denn ein Mensch ist kein taugliches Tatobjekt iSd § 303 (vgl Rn 980).

b) Sind die Objekte, um die es geht, **tatbestandlich gleichwertig**, ist die Objekts- **373** verwechslung für die Strafbarkeit des Irrenden ohne Bedeutung, weil sie (wie ein Motivirrtum) die Existenz des Tatbestandsvorsatzes nicht in Frage stellt. Bezugspunkte des Vorsatzes sind nämlich nur die in § 16 I 1 erwähnten äußeren Tatumstände, nicht aber die mit der Tat verbundenen Beweggründe oder Fernziele[82]. **Vorsätzliches Handeln** darf somit schon dann (aber auch nur dann) bejaht werden, wenn **das, was objektiv geschehen ist**, in seinen **wesentlichen Grundzügen mit dem übereinstimmt**, was im Augenblick der Tatausführung nach der Vorstellung des Täters in tatbestandlicher Hinsicht **geschehen sollte** oder von ihm in Kauf genommen wurde.

c) Die jeweilige Gleichwertigkeit der Objekte darf dabei immer nur **im Hinblick** **374** **auf den konkret in Frage stehenden Tatbestand** beurteilt werden.

Erschießt also etwa A den auf Staatsbesuch in Deutschland weilenden nigerianischen Staatspräsidenten S bei einem privaten Einkaufsbummel in der Frankfurter Innenstadt, weil A den S mit seinem Todfeind E verwechselt, so ist wie folgt zu differenzieren[83]: Für die Prüfung der §§ 211, 212 kommt es darauf an, dass das Tatobjekt jeweils ein Mensch ist – S und E sind insoweit tatbestandlich gleichwertig. Im Hinblick auf § 102 (Angriff gegen Organe und Vertreter ausländischer Staaten) ist das vom Tatbestand geforderte Tatobjekt ein „ausländisches Staatsoberhaupt", ein Tatbestandsmerkmal, unter welches man S, nicht aber E subsumieren kann. Hier liegt also tatbestandliche Ungleichwertigkeit vor, der Irrtum ist somit beachtlich, sodass gemäß

---

81 *Warda*, Blau-FS, S. 159, 162.
82 Vgl BGHSt 11, 268; 37, 214; *Hettinger*, JuS 92, L 65.
83 Beispielsfall nach *Krey/Esser*, AT, Rn 433.

§ 16 I 1 der Vorsatz entfällt (eine Fahrlässigkeitsstrafbarkeit, s. § 16 I 2, gibt es bei § 102 nicht).

Im **Fall 7b** hat W den Jagdgast J vorsätzlich getötet, da sich das äußere Geschehen im maßgeblichen Zeitpunkt vollauf mit der Vorstellung des W deckte: Der gewollte Todeserfolg ist bei **dem** Menschen eingetreten, den W gezielt angegriffen hat. W hat **den** Menschen getötet, **auf den er mit Tötungswillen angelegt und geschossen** hat (also den J); Angriffs- und Verletzungsobjekt sind hier identisch. Der Umstand, dass W den J mit F verwechselt hat, war nur der Grund für die Ausführung der vorsätzlichen Tötungshandlung am falschen Objekt. Bei diesen Gegebenheiten liegt in dem Schuss auf J auch nicht zusätzlich ein Tötungsversuch an F, denn als die Tat des W das Stadium des Versuchs erreichte, richteten sich dessen Vorsatz, Angriff und Ausführungshandlung allein gegen den fälschlich für den F gehaltenen J. W hatte immer nur den Vorsatz, **eine** Person zu töten. Dieser Tötungsvorsatz hatte sich aber auf J konkretisiert. Würde man zusätzlich auch noch die Versuchsstrafbarkeit bzgl F bejahen, käme es demgegenüber zu einer (unzulässigen) „Vorsatzverdopplung".

Zu den Rechtsfolgen der Objektsverwechslung bei mittelbarer Täterschaft und Anstiftung vgl Rn 863 und 896 ff.

▶ Beispielsfall bei *Beulke*, Klausurenkurs I, Rn 153 und Klausurenkurs III, Rn 265

3. Das Fehlgehen der Tat *(aberratio ictus)*

375 **a)** Von der Objektsverwechslung ist das **Fehlgehen der Tat** (*aberratio ictus*; lat. für Fehlgehen des Schlages) zu unterscheiden[84]. So bezeichnet man Sachverhalte, bei denen der Täter seinen Angriff auf ein bestimmtes, von ihm **individualisiertes Tatobjekt** lenkt, dieser Angriff jedoch fehlgeht und ein anderes Objekt trifft, das der Täter nicht anvisiert hatte und gar nicht verletzen wollte.

Beispiel: A zieht ein Messer, um es – mit Tötungsvorsatz – dem ihm verhassten X, der ihn gerade beleidigt hat, in die Brust zu rammen. Der gewandte X kann rechtzeitig ausweichen, sodass der Messerstich den unmittelbar hinter ihm stehenden Y am Arm trifft und diesem eine stark blutende, jedoch nicht lebensgefährliche Wunde am rechten Oberarm zufügt. Gegen Y hat A nichts, ihm wollte er nichts antun.

376 Angriffs- und Verletzungsobjekt sind hier – anders als beim Irrtum über das Handlungsobjekt – gerade nicht identisch: Bei der *aberratio ictus* tritt der Verletzungserfolg an einem **anderen Objekt** als demjenigen ein, welches bei Vornahme der tatbestandlichen Ausführungshandlung (= maßgebender Vorsatzzeitpunkt) das Ziel der Tathandlung bildet. Die gewollte Verletzung (am Zielobjekt, hier: X) bleibt aus, während der tatsächlich eintretende Verletzungserfolg (am versehentlich getroffenen Zweitobjekt, hier: Y) nicht gewollt war.

---

84 Instruktiv zur Abgrenzung von *error in persona vel obiecto* und *aberratio ictus Bode*, Ad Legendum 18, 142; *El-Ghazi*, JuS 16, 303.

118

Überblick zur Abgrenzung aberratio ictus – error in persona vel obiecto:

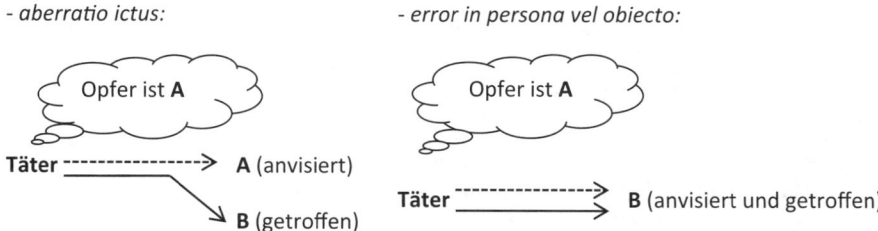

- *aberratio ictus:*

- *error in persona vel obiecto:*

b) Nach **hM**[85] kann der Täter in derartigen Konstellationen – unabhängig davon, ob beide Objekte tatbestandlich gleichwertig sind – hinsichtlich der beabsichtigten Tat am Zielobjekt nur wegen **Versuchs** und (tateinheitlich) hinsichtlich der ungewollt-versehentlichen Verletzung des Zweitobjekts lediglich wegen **fahrlässiger Tatbegehung** bestraft werden. Voraussetzung ist selbstverständlich, dass der Versuch überhaupt mit Strafe bedroht ist bzw dass ein entsprechender Fahrlässigkeitstatbestand existiert.

377

Im Beispiel bedeutet dies, dass A wegen versuchten Totschlags (bzw Mordes) in Tateinheit mit fahrlässiger Körperverletzung (§§ 212, 52, 229) zu bestrafen wäre.

Anders ist zu entscheiden, wenn der Täter das Fehlgehen seines Angriffs für möglich gehalten und sich mit einer evtl Verletzung des Zweitobjekts abgefunden, insoweit also mit *dolus eventualis* (alternativ oder kumulativ vgl oben Rn 350 ff) gehandelt hat (= Versuch am Zielobjekt und vollendete Vorsatztat am Zweitobjekt)[86].

378

Beispiel: Terrorist T will Politiker P erschießen, trifft aber nur den daneben stehenden Sicherheitsbeamten S, der tot zu Boden sinkt. T hatte diesen Erfolg bei Abgabe des Schusses in Kauf genommen.

Im **Fall 7c** deutet nichts darauf hin, dass W den Tod des J billigend in Kauf genommen hat. W ist daher wegen versuchter Tötung des F (§§ 212, 211, 22, 23 I) in Tateinheit mit fahrlässiger Tötung des J (§ 222) zu bestrafen, sofern dessen Verletzung voraussehbar war und ein Fahrlässigkeitsvorwurf gegen W erhoben werden kann.

379

c) Die **Gegenmeinung** will in Fällen eines (nach allgemeiner Lebenserfahrung objektiv voraussehbaren) Fehlgehens der Tat wegen vorsätzlicher Tatbegehung bestrafen, wenn beide Objekte tatbestandlich gleichwertig sind. Denn der Täter wolle – im eben (Rn 379) geschilderten Beispielsfall – „einen anderen" (nämlich den F) töten und hat letztlich auch den Tod „eines anderen" (nämlich den des J) bewirkt[87]. Diese Ansicht kann allerdings nicht überzeugen. Denn der Täter hat durch die Individualisierung des Angriffsobjekts seinen Vorsatz auf ein ganz bestimmtes Tatobjekt kon-

380

---

85 Überblick über die verschiedenen Meinungen bei *Hillenkamp/Cornelius*, AT, S. 73 ff; dazu instruktiv die Falllösung bei *Böhringer/Wagner*, ZJS 14, 413, 416.
86 Vgl BGHSt 34, 53, 55; BGH NStZ 09, 210 *(Schlafsofafall)*.
87 *Frister*, AT, 11. Kap., Rn 60; *Heuchemer*, JA 05, 275 ff; *ders.*, v. Heintschel-Heinegg-FS, S. 189; *Kuhlen*, Irrtum, S. 480 ff; *Puppe*, GA 1981, 1, 14 ff; *dies.*, AT, § 10 Rn 41; SK-*Stein*, § 16 Rn 32; weitgehend auch *Schroth*, Vorsatz und Irrtum, S. 106; abw. *Koriath*, JuS 97, 901; vgl dazu auch *Beulke*, Jura 14, 639.

kretisiert. Er will gerade nicht irgendein Objekt „aus der Gattung" (zB Gattung Mensch) verletzen. Bezüglich des aus Versehen getroffenen Objekts fehlt ihm daher auch jeglicher Verletzungsvorsatz, denn dieser bezieht sich eben nur auf das zuvor ausgewählte alleinige Angriffsziel. Wollte man anders entscheiden, so hieße das, die Bewertungsfaktoren so zu verändern, dass sie in Widerspruch zu den realen Gegebenheiten des zu beurteilenden Sachverhalts stehen.

Zwar ist es richtig, dass der Vorsatz im Allgemeinen nicht zwingend auf ein ganz bestimmtes Objekt konkretisiert sein muss (sodass zB auch ein genereller Tötungsvorsatz genügen kann, s. Rn 357). Umgekehrt gilt aber, dass immer dann, wenn der Täter seinen Vorsatz auf ein bestimmtes Angriffsobjekt konkretisiert hat, nicht so getan werden darf, als hätte diese Individualisierung nicht stattgefunden[88].

381 Bei Straftatbeständen, die ausschließlich oder vorrangig **vermögensrechtliche Rechtsgüter** schützen, möchte *Hillenkamp*[89] einer „Objektsindividualisierung" in der Tätervorstellung **nur Motivbedeutung beimessen** und mit dieser Begründung eine *aberratio ictus* im vermögensrechtlichen Bereich als bedeutungslos ansehen (sog. materielle Gleichwertigkeitstheorie).

▶ Beispielsfall bei *Beulke*, Klausurenkurs I, Rn 169 und Klausurenkurs III, Rn 271

382 d) Wenn der Täter das **Opfer nicht sinnlich wahrgenommen** hat, ist auch auf Grundlage der hL oft fraglich, auf welches Objekt sich der Vorsatz des Täters bezieht. Bei „mittelbarer" Individualisierung erstreckt sich der Vorsatz nämlich auf jedes Objekt, das den „Programmvorgaben" entspricht. Deshalb ist keine *aberratio ictus*, sondern ein unbeachtlicher *error in persona* anzunehmen, wenn der Täter am Auto eine Sprengfalle installiert, um den Fahrzeughalter zu töten, während tatsächlich zufällig ein anderer als Erster den Wagen benutzt und deshalb zu Tode kommt[90]. Erst recht liegt ein *error in persona* vor, wenn der Täter bereits die Autos verwechselt und zB die Bombe irrtümlich am Pkw des Nachbarn anbringt[91].

383 e) Innerhalb der hM wird vereinzelt erwogen, bei einem Fehlgehen der Tat in besonderen Ausnahmefällen wegen **vollendeten Vorsatzdelikts** zu bestrafen, sofern es dem Täter nicht auf die konkrete Objektsindividualisierung ankam und ihr **nur eine zufällige, unmotivierte Auswahl des Angriffsobjekts** zugrunde lag[92].

Das Vorhandensein oder Fehlen eines Auswahlmotivs kann jedoch für die Abgrenzung zwischen vorsätzlicher und fahrlässiger Tatbegehung nicht entscheidend sein. Maßgebend ist vielmehr, ob überhaupt eine Auswahl iS einer Objektsindividualisierung erfolgt ist und ob das, was objektiv eingetreten ist, wenigstens in den wesentlichen Grundzügen mit dem übereinstimmt, was nach der Vorstellung des Täters bei Vornahme der tatbestandlichen Ausführungshandlung geschehen sollte, oder von ihm in Kauf genommen wurde.

---

88 Ebenso *Burchard*, „Irren ist menschlich", 2008, S. 464; *Dürre/Wegerich*, JuS 06, 712; *Hettinger*, GA 1990, 531; *Jescheck/Weigend*, AT, § 29 V 6 c; *Köhler*, Hirsch-FS, S. 80.
89 *Hillenkamp*, Die Bedeutung von Vorsatzkonkretisierungen bei abweichendem Tatverlauf, 1971, S. 108, 116 ff; krit. dazu *Hettinger*, JuS 92, L 73; *Rath*, Zur strafrechtlichen Behandlung der aberratio ictus und des error in obiecto des Täters, 1993, S. 166 ff; *Schreiber*, JuS 85, 873, 875.
90 *Stratenwerth*, Baumann-FS, S. 57; s. auch *Geppert*, Jura 92, 163; *Gropp*, Lenckner-FS, S. 65; *Hoyer*, AT I, S. 63; S/S/W-StGB-*Momsen*, § 16 Rn 8; *Prittwitz*, GA 1983, 110; *Toepel*, JA 96, 886; 97, 556, 948; abw. *Erb*, Frisch-FS, S. 389, 396 f; *Herzberg*, NStZ 99, 217; *Schlehofer*, Vorsatz, S. 174; zur Abgrenzung *Hoyer*, Wolter-FS, S. 419, 421 ff.
91 BGH NStZ 98, 294 m. Bespr. *Herzberg*, JuS 99, 224; diesem zust. *Kudlich*, JuS 02, 1074.
92 *Herzberg*, JA 81, 470, 473; *Mitsch*, Puppe-FS, S. 729; *Roxin*, AT I, § 12 Rn 166.

Beispiel: Der nach Einbruch der Dunkelheit von Polizeibeamten verfolgte Schwerverbrecher S erkennt die Aussichtslosigkeit seines Fluchtversuchs. Er bleibt stehen und zieht seine Pistole, um mit der letzten Kugel den erstbesten Verfolger ins Jenseits zu befördern, ehe er sich ergeben will. Sein Schuss trifft nicht den die Verfolgergruppe anführenden Beamten B, sondern dessen Kollegen C, der hinter B um die Ecke stürmt und tödliche Verletzungen erleidet. Der Strafrichter, der mit einem solchen Fall zu tun hat, muss zunächst einmal klären, ob S **gezielt** auf B geschossen hat und wie seine Tatvorstellung im Einzelnen beschaffen war. Hat S nur auf die Verfolgergruppe als solche bzw in deren Richtung gefeuert, um **irgendeinen** der ihm nacheilenden Beamten zu töten, deckt seine Vorstellung den Tod des C, weshalb er wegen vorsätzlicher Tötung bestraft werden kann. Hat S dagegen B anvisiert und **gerade auf ihn** gezielt geschossen, handelt es sich um eine versuchte Tötung des B und eine vollendete vorsätzliche Tötung des C, sofern S dessen Verletzung oder die eines anderen Verfolgers an Stelle des B für möglich gehalten und in Kauf genommen hat. Lässt sich Letzteres nicht klären, greift der Grundsatz *in dubio pro reo* (Rn 1298 ff) ein: Zugunsten des S muss dann angenommen werden, dass ihm bzgl des C nur eine fahrlässige Tötung zur Last fällt.

f) Mit den Lösungskriterien der hM lassen sich auch die Fälle bewältigen, in denen **384**
eine **Personenverwechslung** mit einem **Fehlgehen der Tat** zusammentrifft.

Beispiel: A lauert C auf, um ihn zu erschießen. Als B sich dem Versteck nähert, hält A ihn im Dämmerlicht für C und feuert auf ihn. Der Schuss verfehlt B, prallt an einer Mauer ab und tötet den hinter der Straßenecke herankommenden C. Mit einem solchen Geschehensablauf hatte A nicht gerechnet; den C hatte er gar nicht wahrgenommen. Die Lösung dieses Falles (versuchter Mord an B in Tateinheit mit fahrlässiger Tötung des C) mag auf den ersten Blick zweifelhaft erscheinen, ist jedoch sachgerecht: Bei Abgabe des Schusses war der Tötungsvorsatz des A allein auf B, dh auf den Menschen gerichtet, der sich dem Versteck näherte und den A in der irrigen Annahme angriff, es handele sich um C. Dass der Schuss B verfehlen und einen anderen Menschen jenseits der Straßenecke treffen würde, hatte A sich weder vorgestellt noch in Kauf genommen. Daran ändert auch der Umstand nichts, dass die getötete Person (also C) zufälligerweise mit der Person identisch ist, die nach dem Mordplan des A erschossen werden sollte. Denn wie § 16 I 1 zeigt, hängt der Tatbestandsvorsatz nicht von den Vorstellungen des Täters im Planungsstadium, sondern ausschließlich davon ab, was der Täter sich „bei Begehung der Tat" vorgestellt hat. Maßgebender Vorsatzzeitpunkt ist demnach die Vornahme der tatbestandlichen Ausführungshandlung. In diesem Augenblick, dh beim Abfeuern des Schusses, bezog die vom Tötungswillen beherrschte Objektvorstellung des A sich aber einzig und allein auf B, den er mit C verwechselt und deshalb zum Ziel seines Angriffs bestimmt hatte. Für die rechtliche Beurteilung des Falles ist es somit bedeutungslos, dass ausgerechnet C und nicht etwa ein beliebiger Dritter der fehlgehenden Kugel zum Opfer gefallen ist.

4. Der Irrtum über den Kausalverlauf

a) Da auch der ursächliche Zusammenhang zwischen Handlung und Erfolg Teil des **385**
objektiven Tatbestandes ist, muss sich der Vorsatz – gem. § 15 – grundsätzlich auch hierauf beziehen. Da aber nie alle Einzelheiten des Geschehensablaufs exakt voraussehbar sind, muss der Tatbestandsvorsatz nur den **Kausalverlauf in seinen wesentlichen Umrissen** umfassen[93]. Insbesondere ist keine Kenntnis von Einzelheiten der (zB todes-) ursächlichen physischen Prozesse vonnöten[94]. Diese Einschränkung hat

---

93 Anders *Wolter*, ZStW 89 [1977], 649; krit. auch *Puppe*, GA 2009, 569; *dies.*, ZStW 129 [2017], 1.
94 BGH, Urt. v. 19.10.2017 – 3 StR 158/17.

121

zur Folge, dass Abweichungen gegenüber dem vorgestellten Verlauf den Vorsatz nicht sofort und ohne Weiteres ausschließen. Vielmehr stellt sich die Frage, wann ein **Irrtum über den Kausalverlauf** so wesentlich ist, dass der Vorsatz entfällt (§ 16 I 1). Nach hM sind Abweichungen zwischen dem vorgestellten und dem wirklichen Kausalverlauf „unwesentlich" und für den Tatbestandsvorsatz damit irrelevant, wenn sie sich noch in den Grenzen des nach allgemeiner Lebenserfahrung Voraussehbaren halten und keine andere Bewertung der Tat rechtfertigen[95].

386 Bevor dieses Irrtumsproblem auftaucht, ist im Rahmen des objektiven Unrechtstatbestandes zu prüfen, ob nicht schon die **objektive Zurechnung** des Erfolges zu verneinen ist, sofern dessen Eintritt auf einem **ganz ungewöhnlichen, atypischen Kausalverlauf** beruht (vgl Rn 299). Fehlt es an der objektiven Zurechenbarkeit des Erfolges, entfällt bereits der objektive Tatbestand des Delikts, sodass es auf § 16 I 1 nicht mehr ankommt. Für die Vorsatzfrage bleibt erst nach Bejahung der objektiven Zurechenbarkeit des Erfolges Raum, also namentlich dann, wenn der Täter nicht mit Verlaufsabweichungen gerechnet hatte, die objektiv voraussehbar waren[96].

▶ Beispielsfall bei *Beulke*, Klausurenkurs I, Rn 124 ff und Klausurenkurs II, Rn 194

387 Die **Rspr** verlegt die Prüfung des regelwidrigen Kausalverlaufs zumeist in den Vorsatzbereich, greift dort bei der **subjektiven Zurechnung** aber auf die **Maßstäbe der Adäquanzbeurteilung** und damit auf die Kriterien der objektiven Zurechenbarkeit zurück (zB allgemeine Lebenserfahrung, generelle Vorhersehbarkeit, fehlende Risikoverwirklichung bei atypischen Geschehensabläufen)[97].

388 „Unwesentlich" ist die Abweichung vom vorgestellten Kausalverlauf zB dann, wenn das Opfer durch Beilhiebe getötet werden soll, die beabsichtigte Zertrümmerung des Schädels aber ausbleibt und der Tod als Folge einer Wundinfektion eintritt[98], wenn das von der Brücke in den Fluss geworfene Kleinkind entgegen der Vorstellung des Täters nicht ertrinkt, sondern am Bug eines unter der Brücke hervorschnellenden Segelbootes zerschmettert und getötet wird[99], wenn ein Fußtritt statt das Opfer ein Fahrrad trifft, das daraufhin umstürzt und das Opfer verletzt[100] oder wenn der Täter das von ihm bereits durch Schläge mit einer Metallstange tödlich verletzte Opfer im Bemühen um Tatverschleierung durch Messerstiche tötet, weil er die Tödlichkeit seines Schlages nicht erkannt hat[101].

---

95 BGHSt 7, 325 *(Blutrauschfall)*; 9, 240 *(Fangbrieffall)*; 14, 193 *(Jauchegrubenfall)*; 23, 133; 56, 162 *(Wanduhrfall)*; BGH NStZ 01, 29 *(Pflegemutterfall)*; 02, 475 *(Luftinjektionsfall)*; 16, 721 *(Metallstangenfall)*; Baumann/Weber/Mitsch/Eisele-*Eisele*, AT, § 11 Rn 69; S/S-*Sternberg-Lieben/Schuster*, § 15 Rn 55; *Valerius*, JA 06, 261; *Zieschang*, AT, Rn 163; enger *Freund*, Maiwald II-FS, S. 211, 218 f; vert. *Rohnfelder*, Probleme der Diskongruenz von Kausalverlauf und Vorsatz, 2012.
96 Vgl *Frister*, AT, 11. Kap., Rn 47 f; *Jescheck/Weigend*, AT, § 29 V 6 b; s. dazu auch BGHSt 38, 32; 48, 34, 37 *(Gubener Verfolgungsfall)*; *Bechtel*, JA 16, 906; *Block*, Atypische Kausalverläufe in objektiver Zurechnung und subjektivem Tatbestand, 2008; *Roxin*, AT I, § 12 Rn 151.
97 Vgl BGHSt 23, 133, 135; strikt gegen diese Problemverschiebung *Wolter*, ZStW 89 [1977], 649; *ders.*, Strafrechtssystem, S. 15; krit. auch *Hettinger*, JuS 90, L 73, 91, L 9, 25, 33, 49.
98 RGSt 70, 257.
99 *Dold*, ZStW 122 [2010], 785, 801; *Roxin*, Würtenberger-FS, S. 109; abw. *Herzberg*, ZStW 85 [1973], 867; modifiziert in JA 81, 374, Fn 31.
100 OLG Hamm NStZ-RR 2014, 109.
101 BGH NStZ 16, 721 *(Metallstangenfall)* m. abl. Anm. *Eisele*, JuS 16, 369; s. dazu auch *Bechtel*, JA 16, 906, 907 ff; *Jäger*, JA 16, 548; *Hehr/Scharbius*, HRRS 16, 550; *Hinz*, JR 16, 276.

Tritt der Erfolg hingegen bereits während der **Vorbereitungshandlung** ein, liegt noch kein strafrechtlich relevanter Vorsatz vor, sodass eine Bestrafung wegen vorsätzlicher Tatbegehung ausscheidet. Die Frage nach einer Abweichung des tatsächlichen vom vorgestellten Kausalverlauf stellt sich dann konsequenterweise gar nicht. Vielmehr kommt nur eine Bestrafung wegen fahrlässiger Tatbegehung in Betracht, solange der Täter noch nicht die Schwelle zum strafbaren Versuch überschritten hat (vgl Rn 945 ff)[102].

b) Ein Sonderfall des Irrtums über den Kausalverlauf liegt dort vor, wo sich ein Geschehen in **zwei Akten** vollzieht und der Täter den Handlungsablauf in der Weise falsch beurteilt, dass er den gewollten **Erfolg schon durch den ersten Akt erreicht zu haben glaubt** (zB im Fall 7d durch Niederschießen des F), während er erst durch den zur Verdeckung der Tat vorgenommenen zweiten Akt (Versenken des für tot gehaltenen F im Waldsee) eingetreten ist: **389**

Vielfach wird in derartigen Fällen bereits die **objektive Zurechenbarkeit des Erfolgs** verneint, da sich im Erfolgseintritt nicht die vorsätzlich geschaffene tatbestandsrelevante Gefahr der Ersthandlung realisiert habe[103]. Eine andere Beurteilung sei allenfalls dann geboten, wenn der Täter – im Beispiel des Versenkens des für tot gehaltenen Opfers – von vornherein vorhatte, die Leiche später zu beseitigen. Richtiger Ansicht nach kann der Erfolg dem Täter in Fällen der geschilderten Art regelmäßig objektiv zugerechnet werden, da sich in ihm diejenige Gefahr verwirklicht, die er durch den Erstakt geschaffen hat. Fraglich ist jedoch, ob die Erfolgsherbeiführung vorsätzlich erfolgte.

Die früher herrschende, heute aber praktisch nicht mehr vertretene **Lehre vom *dolus generalis*** sieht in beiden Akten ein einheitliches Handlungsgeschehen, das auch im zweiten Teil noch vom Tötungsvorsatz getragen wird[104]. Aus dieser Sicht liegt eine vollendete Vorsatztat vor. **390**

Die **Gegenmeinung** sieht in den Teilakten des Geschehens **zwei selbstständige Handlungen** und hält den Tötungsvorsatz bei Vornahme der Zweithandlung für erloschen[105]. In der Todesherbeiführung durch die Zweithandlung realisiere sich gerade nicht die Gefährlichkeit der vorsätzlichen Ersthandlung, weshalb bezüglich der Ersthandlung nur eine Versuchsstrafbarkeit in Frage komme (§§ 212, 22, 23 I). Bei Vornahme der Zweithandlung befände sich der Täter dann in einem Tatbestandsirrtum, sodass insoweit nur eine Strafbarkeit wegen fahrlässiger Tötung möglich sei (§ 222 iVm § 16 I 2). Im Ergebnis bejahen die Anhänger dieser Auffassung also eine Bestrafung wegen versuchter Tötung in Tatmehrheit mit fahrlässiger Tötung (§§ 212, 22, 23 I, 53, 222). **391**

Beide Auffassungen vermögen nicht zu befriedigen, da weder ein Fortwirken des Tötungsvorsatzes bejaht werden kann noch isoliert an die Zweithandlung anzuknüpfen ist. Den entscheidenden **Anknüpfungspunkt** bildet vielmehr die mit Tötungsvorsatz begangene **Ersthandlung**. Die durch sie ausgelöste Zweithandlung mit ihren weite- **392**

---

102 BGH NStZ 02, 309 m. Anm. *Gaede*, JuS 02, 1058 und *Jäger*, JR 02, 38; BGH NStZ 02, 475; *Herrmann/Heyer*, JA 12, 190; *Roxin*, AT I, § 12 Rn 184; *ders.*, GA 2003, 257, 260; *Sowada*, Jura 04, 814.
103 *Jakobs*, AT, 8/77–79; SK-*Stein*, § 16 Rn 36.
104 Vgl *Welzel*, Lb, S. 74.
105 *Freund*, AT, § 7 Rn 143; *Hettinger*, Spendel-FS, S. 237; *Kindhäuser*, AT, § 27 Rn 50 ff; *Kühl*, AT, § 13 Rn 48; *Maiwald*, ZStW 78 [1966], 30 ff, 54; *Schlehofer*, Vorsatz, S. 177; iE auch *Jäger*, Schroeder-FS, S. 241, 255; *Oğlakcıoğlu*, JR 11, 103.

ren Folgen bewirkt innerhalb des als Einheit erscheinenden Lebensvorganges nur eine Abweichung zwischen dem realen und dem vorgestellten Geschehensablauf, die dann als **unwesentlich** anzusehen ist, wenn der Eintritt des Enderfolges sich in den Grenzen des Vorhersehbaren hält und auch im Hinblick auf den Verwirklichungswillen des Täters kein inadäquates Ereignis darstellt[106].

▶ Beispielsfall bei *Beulke*, Klausurenkurs I, Rn 111 ff

393 Daneben gibt es zahlreiche weitere Lösungsvorschläge. So differenziert ua *Roxin*[107] unter dem Blickwinkel der „Planverwirklichung" zwischen den Fällen des **absichtlichen** Handelns, bei denen eine vollendete Vorsatztat gegeben sein soll, und des **schlicht-vorsätzlichen** Handelns, bei denen er nur einen Versuch annimmt. *Vogel* stellt darauf ab, ob dem Täter der von ihm nicht bedachte Kausalverlauf in dem Sinne **gleichgültig** war, dass er, hätte er ihn bedacht, gleichwohl gehandelt hätte[108]. *Schroeder* bejaht den Vorsatz nur, wenn die Ersthandlung nach Kenntnis des Täters bereits **konkret erfolgstauglich** war, also zB das Opfer schon durch diese tödlich verletzt wurde[109].

394 Im **Fall 7a** gilt also: Weiß E, dass sich L in der Scheune aufhält, ist direkter Tötungsvorsatz gegeben. Wenn E dessen Anwesenheit nur für möglich hält, liegt bedingter Vorsatz vor, sofern er sich um des von ihm erstrebten Zieles willen (Versicherungssumme) mit dem Tötungsrisiko abfindet, hingegen bewusste Fahrlässigkeit, sofern E letztendlich doch fest darauf vertraut, dass sich L nicht in der Scheune aufhält; s. Rn 332, 349.

Im **Fall 7b** ist der Irrtum des W ein unbeachtlicher *error in persona*. W wird wegen eines vollendeten Tötungsdelikts zulasten des J bestraft, s. Rn 374.

Im **Fall 7c** liegt dagegen eine *aberratio ictus* vor. W wird wegen versuchter Tötung des F in Tateinheit mit einer fahrlässigen Tötung des J bestraft, s. Rn 379.

Im **Fall 7d** kam es dem W auf die Tötung des F an. Ohne die zu Verdeckungszwecken vorgenommene „Zweithandlung" (Versenken der vermeintlichen Leiche im See) wäre F an den Folgen der Schussverletzung gestorben. Der Umstand, dass W sich im zweiten Akt des Tatherganges unbewusst zum Werkzeug der Vollendung seines Vorsatzdelikts gemacht hat, hindert die objektive wie die subjektive Zurechenbarkeit des Todeserfolges nicht und erfordert „keine anderweitige rechtliche Bewertung" zu seinen Gunsten (vgl BGHSt 14, 193; 23, 133). Jedenfalls kann es insoweit keinen Unterschied machen, ob ein Dritter oder der Täter selbst die vermeintliche Leiche ins Wasser geworfen hat. Da es auch nicht notwendig ist, dass der Tatbestandsvorsatz im Zeitpunkt des Erfolgseintritts noch fortbesteht (RGSt 57, 193), hat W sich wegen **vollendeter** vorsätzlicher Tötung des F strafbar gemacht, s. Rn 392.

Aktuelle Rechtsprechung zu § 7:
–   BGH NStZ 16, 25 *(Mitbewohner-Fall)* m. Besp. *Satzger*, Jura (JK) 17, 116: Die Bewertung des bedingten Vorsatzes hat auf einer Gesamtbetrachtung aller objektiven und subjektiven Umstände zu erfolgen, wobei neben der (dem Täter bekannten) objektiven Gefährlichkeit der Tathandlung, die konkrete Angriffsweise, die Persönlichkeit des Täters, dessen psychischer Zustand zum Tatzeitpunkt und seine Motivation entscheidend sind.

---

106   Näher dazu *Jescheck/Weigend*, AT, § 29 V 6 d; Lackner/Kühl-*Kühl*, § 15 Rn 11; S/S-*Sternberg-Lieben/Schuster*, § 15 Rn 58; fallbezogen *Kalkofen/Sievert*, Jura 11, 229, 230 f.
107   *Roxin*, AT I, § 12 Rn 184 ff; ebenso *Gropp*, AT, § 5 Rn 67a.
108   LK-*Vogel*, § 16 Rn 72.
109   LK-*Schroeder*, 11. Aufl., § 16 Rn 31; ähnl. NK-*Puppe*, § 16 Rn 85; *dies.*, AT, § 10 Rn 26.

Bei äußerst gefährlichen Gewalthandlungen liegt die Annahme eines bedingten Tötungsvorsatzes zwar nahe; liegen jedoch Umstände vor (zB Alkoholisierung, Affektsituation), die darauf hindeuten, dass der Täter die Gefahr der Tötung nicht erkannte oder auf dessen Ausbleiben vertraute, muss sich der Tatrichter damit auseinander setzen; vgl Rn 346.

– BGH JR 16, 274 *(Metallstangenfall)* m. Bespr. *Eisele*, JuS 16, 368: Unwesentlicher Irrtum über den Kausalverlauf, wenn das Opfer nicht durch Schläge mit einer Metallstange stirbt, sondern der Tod aufgrund von zeitlich nachfolgenden und im Rahmen einer Tatverschleierung ausgeführten Messerstichen eintritt; vgl Rn 385, 388.

– BGH NJW 17, 3249: Macht ein Transplantationsmediziner ggü der für die Vermittlung von Leber-Spenderorganen zuständigen Stelle falsche Angaben, um die Zuteilungsreihenfolge zugunsten seines Patienten zu beeinflussen, liegt nur dann ein Tötungs- bzw Körperverletzungsvorsatz vor, wenn der „manipulierende" Mediziner in der Vorstellung gehandelt hat, ein wegen der Manipulation benachteiligter Patient würde bei ordnungsgemäßem Verlauf und Zuteilung sowie Übertragung des konkreten Organs mit an Sicherheit grenzender Wahrscheinlichkeit überleben und ohne die Transplantation versterben, wovon aufgrund einer Vielzahl an Unwägbarkeiten einer Organtransplantation nicht ausgegangen werden kann; vgl Rn 347.

– BGHSt 63, 88 *(Berliner Raser-Fall)*: Die Abgrenzung zwischen (bewusster) Fahrlässigkeit und bedingtem Vorsatz hat aufgrund einer Gesamtschau aller objektiven und subjektiven Tatumstände zu erfolgen. Eine generalisierende Betrachtung in Bezug auf eine bestimmte Personengruppe (zB „Raser") kommt nicht in Betracht. Nach den tatsächlichen Feststellungen des Tatgerichts scheidet eine Verurteilung wegen vorsätzlich begangener Tat deshalb aus, weil die Fahrzeugführer ab dem Entstehen des Tatentschlusses (nach den Ausführungen des Tatgerichts war dies erst ab Einfahrt in den relevanten Kreuzungsbereich und Erkennen des entgegenkommenden Autos) keine Handlung mehr vorgenommen haben, die den Todeserfolg herbeiführen konnte, und auch keine Handlung mehr unterlassen haben, die eine Kollision hätte verhindern können. Eine Verurteilung wegen Mordes ist aber allgemein dann denkbar, wenn der Fahrzeugführende den Tod einer anderen Person als Folge der Fahrweise bereits vor dem Einfahren in den Kreuzungsbereich als möglich erkennt und in Kauf nimmt. Siehe vertiefend auch *L. Neumann*, Jura 17, 160 ff; *Eisele*, JZ 18, 549 ff; *Krell*, HRRS 18, 237.

§ 8 Die Rechtswidrigkeit. Unrechts- und Erlaubnistatbestand. Grundgedanken und Struktur der Rechtfertigungsgründe

Fall 8: A will seinen verhassten Erzfeind E durch einen gezielten Kopfschuss ins Jenseits befördern. Daher lauert er dem E auf dessen Heimweg von der Uni vermeintlich unauffällig am Straßenrand auf. Als A den E näherkommen sieht, zielt er auf seinen Feind und trifft diesen tödlich. Was A nicht weiß: Der E wollte A ebenso töten. Auch er hatte seinen Feind erkannt und – von derselben Feindschaft getrieben – exakt in diesem Moment zu seiner geladenen Waffe gegriffen und auf A gezielt. Nur war A dem E einen Sekundenbruchteil zuvor gekommen. Ist A wegen eines vorsätzlichen Tötungsdelikts (§§ 211, 212) strafbar? (Rn 396, 399, 418, 442)

395

I. Die Wertungsstufe der Rechtswidrigkeit im Deliktsaufbau

396 Im **Fall 8** hat A den Tod des E verursacht; dieser Erfolg ist ihm auch objektiv zurechenbar, sodass er den objektiven Tatbestand des Totschlags erfüllt hat. Er handelte mit Tötungsvorsatz und erfüllt somit auch den subjektiven Tatbestand des § 212. Da die Tötung durch Hass motiviert ist, liegt darüber hinaus ein (subjektives) Mordmerkmal der 1. Gruppe („niedrige Beweggründe") vor, sodass A auch den Tatbestand des Mordes erfüllt hat.

Fraglich ist, ob A in der konkreten Situation rechtswidrig gehandelt hat.

1. Das Verhältnis von Tatbestand und Rechtswidrigkeit

397 a)   Eine Handlung ist **rechtswidrig**, wenn sie den **Tatbestand eines Strafgesetzes verwirklicht** und **nicht durch einen Rechtfertigungsgrund gedeckt** ist. Beide Aspekte gehören zusammen, um abschließend eine Aussage darüber treffen zu können, ob der Täter Unrecht verwirklicht und somit rechtswidrig gehandelt hat. Denn mit der Formulierung des Straftatbestandes, so wie wir ihn im StGB (oder in Strafvorschriften außerhalb des StGB) vorfinden, umschreibt der Gesetzgeber nur **abstrakt und allgemein**, welche Verhaltensweisen er zum Zweck des Rechtsgüterschutzes (vgl Rn 9 ff) verbietet (bzw bei den Unterlassungsdelikten: gebietet) und zuwiderlaufendes Verhalten wegen seiner Strafwürdigkeit und Strafbedürftigkeit unter Strafe stellt. Somit besteht auch zunächst nicht mehr als eine Vermutung dafür, dass derjenige, der ein tatbestandlich umschriebenes Verhalten an den Tag legt, **in der Regel** auch rechtswidrig handelt, sodass die Tatbestandsmäßigkeit die Rechtswidrigkeit „indiziert" (s. Rn 187).

Deshalb ist der die Prüfung der Rechtswidrigkeit einleitende Satz „Die Tatbestandsmäßigkeit indiziert die Rechtswidrigkeit" zwar durchaus richtig, sollte aber in Klausuren allenfalls einmal gebracht und nicht gebetsmühlenartig wiederholt werden.

398 Grundlegend anders ist dies jedoch bei den sog. **„offenen"** oder **„ergänzungsbedürftigen" Tatbeständen**. Bei diesen ist die Tatbestandsbeschreibung so weit gefasst, dass hierunter auch ein rechtlich an und für sich völlig „neutrales" Verhalten subsumiert werden kann. Daher wird die Rechtswidrigkeit nicht durch die Erfüllung des Tatbestands indiziert. Die im Gesetz vorgesehene selbstständige Rechtswidrigkeitsprüfung ist daher ein unverzichtbares Korrektiv dieser Tatbestandsweite, mit dessen Hilfe die Strafbarkeit des Verhaltens auf ein adäquates, der *Ultima-ratio*-Funktion des Strafrechts (s. Rn 15) entsprechendes Maß begrenzt werden kann[1].

Als wichtigstes **Beispiel** eines offenen Tatbestandes ist die Nötigung (§ 240) zu nennen[2] (s. Rn 180). Gem. § 240 II ist eine Nötigung nur dann rechtswidrig, wenn die Anwendung der Gewalt oder die Androhung des Übels zu dem angestrebten Zweck **verwerflich** ist[3]. Das Rechtswidrigkeitsurteil wird hier also nicht durch den vorsätzlichen Einsatz eines Nötigungsmittels zur Erreichung eines Nötigungszwecks indiziert; sonst wäre auch die – völlig sozialadäquate und per se rechtlich neutrale – Mahnung des Lehrers an seine Schüler, wonach jeder, der

---

1   Vgl BGHSt 31, 195, 200.
2   Näher BVerfGE 73, 206; 92, 1; 104, 92.
3   Näher *Wessels/Hettinger/Engländer*, BT/1, Rn 407 ff; s. auch *Haas*, Puppe-FS, S. 93, 102.

126

die Vokabeln der letzten Lektion nicht beherrscht, eine schlechte Note bekommen werde, *prima facie* rechtswidrig. Greift jedoch ein Rechtfertigungsgrund ein, lässt sich unabhängig von der oft komplexen, stark normativ aufgeladenen Verwerflichkeitsprüfung die Rechtswidrigkeit verneinen, weshalb die Rechtfertigungsgründe bei offenen Tatbeständen innerhalb der Stufe der Rechtswidrigkeit stets an erster Stelle zu prüfen sind[4]. Ein gerechtfertigtes Verhalten kann nicht verwerflich sein, sodass dieser Prüfungsschritt dann entfällt.

b)   Bei der **Anerkennung von Rechtfertigungsgründen** geht es – anders als bei der   **399** Prüfung der Tatbestandsmäßigkeit – um die Frage, ob von dem generellen Verbot (bzw Gebot) unter den in Rechtfertigungsgründen näher umschriebenen **konkreten Voraussetzungen im Einzelfall** Ausnahmen gemacht werden. Mit den Rechtfertigungsgründen stehen den Straftatbeständen somit **Erlaubnistatbestände** gegenüber, die das rechtsgutsverletzende, tatbestandliche Verhalten ausnahmsweise gestatten.

> Die in **Fall 8** relevant werdenden Tötungsdelikte bewehren das allgemeine Tötungsverbot („Du sollst nicht töten") mit Strafe. Dieses Verbot gilt nach dem Willen des Gesetzgebers als allgemeine Regel für jedermann und überall. Nur für besondere Konstellationen wird im Einzelfall eine Ausnahme zugelassen, nämlich insbesondere dann, wenn ein Mensch nur durch Tötung eines anderen sein Leben retten kann. Diese Situation wird vom Rechtfertigungsgrund der Notwehr erfasst, welcher unter den engen, in § 32 geregelten Umständen die Tötung eines Menschen erlaubt.

c)   Diese Erlaubnis für den Täter löst bei dem von der Tat Betroffenen eine **Dul-**   **400** **dungspflicht** aus; er hat die gerechtfertigte Handlung des Täters mit ihren Eingriffsfolgen hinzunehmen und darf sich hiergegen nicht zur Wehr setzen[5].

Daher setzt etwa der Rechtfertigungsgrund der Notwehr (§ 32) einen „rechtswidrigen" Angriff voraus. Ist der Angriff durch einen Rechtfertigungsgrund gedeckt, fehlt es somit an einer Notwehrlage, die dem Verteidiger erlauben würde, seinerseits die Rechtsgüter des rechtmäßig Angreifenden zu beeinträchtigen. Er muss den Angriff also dulden. Wehrt er sich gleichwohl, handelt er rechtswidrig (was wiederum den anderen zur Notwehr berechtigen würde). Die Verletzung von Rechtsgütern unbeteiligter Dritter wird durch § 32 freilich nicht gerechtfertigt[6], doch kann sich insoweit aus anderen Vorschriften (zB aus §§ 904, 228 BGB) eine Rechtfertigung des Eingriffs und damit wiederum eine entsprechende Duldungspflicht ergeben. Eventuell aber bleibt auch dem Duldungspflichtigen die Möglichkeit, sich für eine gleichwohl vorgenommene Abwehrhandlung auf entschuldigenden Notstand (§ 35) zu berufen[7].

d)   Da eine strafbare **Teilnahme** (§§ 26, 27) nur an einer rechtswidrigen Tat mög-   **401** lich ist, scheiden Anstiftung und Beihilfe zu einem Verhalten aus, welches durch einen Rechtfertigungsgrund gedeckt ist.

Bei rechtmäßigem Handeln des unmittelbar Tätigwerdenden kann aber eine mittelbare Täterschaft des Hintermannes in Betracht kommen (näher Rn 841 ff).

---

4   Für eine Integration der allgemeinen Rechtfertigungsgründe in § 240 II *Küper*, JZ 13, 449, 451 f.
5   BGH NStZ 03, 599.
6   RGSt 58, 27; BGHSt 5, 245, 248.
7   BGH NStZ 89, 431; krit. zum Ganzen *Graul*, JuS 95, 1049; vert. *Planas*, Wolter-FS, S. 439.

2. Rechtsquellen und verfassungsrechtliche Grenzen der Rechtfertigungsgründe

402 **a)** Bei der Beurteilung der Rechtswidrigkeit fließen die **Wertungen der gesamten Rechtsordnung** mit ein. Ein Verhalten, welches also, gemessen an der Gesamtrechtsordnung, rechtmäßig ist, kann – auch wenn es einen Straftatbestand erfüllt – nicht bestraft werden. Auf diese Weise wird dem Postulat der **Einheit und Widerspruchsfreiheit der Rechtsordnung** Rechnung getragen[8]. Rechtfertigungsgründe können deshalb nicht nur dem Strafgesetzbuch, sondern der gesamten Rechtsordnung entnommen werden.

403 **b)** Eine Quelle möglicher Rechtfertigungsgründe ist damit insbesondere das (geschriebene) **Gesetzesrecht**, unabhängig vom Rechtsgebiet.

Beispiele: Die **zivilrechtlichen** Notstands- und Selbsthilferechte (§§ 904, 228 BGB sowie §§ 229, 230, 859 BGB), die nach den Regeln des bürgerlichen Rechts ausnahmsweise Eingriffe in Rechtspositionen eines anderen erlauben, sind auch im Strafrecht zu beachten (vgl Rn 443 ff). Auch ein zivilrechtlicher Vertrag kann die für die Strafbarkeit erforderliche Rechtswidrigkeit ausschließen, etwa der mit der Bahn geschlossene Beförderungsvertrag im Hinblick auf die Freiheitsberaubung des Fahrgasts während der Fahrt (§ 239)[9]. Unzulässig ist hingegen der Umkehrschluss: Ein Verhalten, das – etwa aufgrund der Verletzung einer vertraglichen Pflicht – zivilrechtlich rechtswidrig ist, kann aus strafrechtlicher Sicht gleichwohl wertneutral sein[10], also nicht die Schwelle zur Strafbarkeit (zB als Untreue) überschreiten.

Auch Normen des **öffentlichen Rechts** können rechtfertigende Wirkung entfalten. So werden tatbestandsmäßige Zwangseingriffe der Strafverfolgungsbehörden regelmäßig durch strafprozessuale Normen (zB §§ 81a, 81c, 112 ff StPO) legitimiert.

404 **c)** Daneben können auch **gewohnheitsrechtlich** oder **durch Analogie begründete Rechtfertigungsgründe** einer Strafbarkeit entgegenstehen (zB die Einwilligung). Zwar gilt auch für die Rechtfertigungsgründe grds das Gesetzlichkeitsprinzip des Art. 103 II GG, § 1 StGB (s. u. Rn 405). Dieses bildet aber deshalb kein Hindernis, weil danach Gewohnheitsrecht und Analogien nur nicht strafbegründend bzw -schärfend herangezogen werden dürfen. Geht es um die Begründung von Rechtfertigungsgründen wirkt dies jedoch stets **zugunsten des Täters**.

Nicht zu verkennen ist freilich, dass sich eine gewohnheitsrechtliche Anerkennung (ebenso die auf Analogieschluss beruhende Begründung) eines Rechtfertigungsgrundes **mittelbar** strafbarkeitsbegründend oder -erweiternd für denjenigen auswirken kann, dessen Rechtsgüter vom Täter auf Grundlage einer solchen Erlaubnisnorm in Mitleidenschaft gezogen werden. Denn der so Geschädigte müsste den Eingriff dulden. Wehrt er sich gleichwohl, so handelt er rechtswidrig und macht sich daher möglicherweise strafbar. Eine nur derart mittelbare Begründung bzw Ausdehnung der Strafbarkeit wird richtiger Ansicht nach von Art. 103 II GG jedoch nicht erfasst, da sonst grds jede täterfreundliche Auslegung im Hinblick auf die Strafbarkeit Dritter problematisch wäre[11].

---

8 Vgl BGHSt 11, 241, 244; HK-GS-*Duttge*, Vorbem. zu §§ 32 ff Rn 4; LK-*Rönnau*, Vorbem. § 32 Rn 21; für Vorrang der §§ 32, 34 hingegen SK-*Hoyer*, Vorbem. § 32 ff Rn 6.
9 *Mitsch*, NZV 13, 417, 420.
10 *Beulke*, Eisenberg-FS, S. 245, 252; *Günther*, Spendel-FS, S. 189; *Roxin*, AT I, § 14 Rn 36; *Wedler*, Kirchhof-FS, Bd II, § 126 Rn 8 ff.
11 MK-StGB-*Schmitz*, § 1 Rn 30; S/S/W-StGB-*Satzger*, § 1 Rn 37; ausf. *Satzger*, Jura 16, 154.

d) Deutlich problematischer ist die Bedeutung des Art. 103 II GG, wenn es um eine **405** **(teleologische) Einschränkung anerkannter Rechtfertigungsgründe** geht. Da dieses Vorgehen im Ergebnis ebenso wie eine analoge Anwendung eines Straftatbestandes zur Ausweitung der Strafbarkeit führt, ist ein Konflikt mit dem Gesetzlichkeitsprinzip vorgezeichnet; jedenfalls dann, wenn man richtigerweise anerkennt, dass das Gesetzlichkeitsprinzip grundsätzlich auch im Allgemeinen Teil[12], und insbesondere auch im Hinblick auf die Rechtfertigungsgründe[13] zu beachten ist.

Dafür spricht bereits, dass das Gesetzlichkeitsprinzip gewährleisten soll, dass der Bürger das strafrechtlich Verbotene seines Handelns vorhersehen können soll. Damit ist Gegenstand dieser Garantiefunktion nicht nur der Umfang des vom Tatbestand Erfassten, sondern auch der Bereich derjenigen Verhaltensweisen, die durch Rechtfertigung aus dem Verbot ausgenommen werden. Zudem ist – wie bereits ausgeführt (Rn 82) – die Einteilung in einen Allgemeinen und einen Besonderen Teil nur dem gesetzestechnischen „Vor-die-Klammer-Ziehen" geschuldet, bedeutet aber keine qualitative Differenzierung. Dies zeigt sich im Bereich der Rechtfertigungsgründe gerade auch daran, dass das StGB solche Erlaubnissätze sowohl im Allgemeinen Teil (zB §§ 32, 34) als auch im Besonderen Teil (zB § 193) bereithält[14].

Gleichsam als Spiegelbild des Analogieverbots auf Tatbestandsebene darf somit ein **406** rechtfertigender Erlaubnissatz nicht jenseits seines Wortlauts eingeschränkt werden. Entsprechend der beim Analogieverbot auf Tatbestandsebene gezogenen Trennlinie zwischen (zulässiger) Auslegung und (unzulässiger) Analogie, muss daher auch auf der Ebene der Rechtfertigung die **Wortlautgrenze** entscheidend dafür sein, ob Art. 103 II GG verletzt ist. Ein Verstoß gegen das Gesetzlichkeitsprinzip liegt daher vor, wenn sich der Rechtsanwender durch die Restriktion des Erlaubnissatzes über den im Gesetzestext objektiv manifestierten Willen des Gesetzgebers hinwegsetzt[15]. Es dürfen also insbes. keine zusätzlichen, den Wortlaut der Erlaubnisnorm überschreitenden Anforderungen an die Rechtfertigung gestellt werden.

Unzulässig ist es daher, zusätzliche beschränkende Merkmale in den Rechtferti- **407** gungstatbestand hineinzulesen **(teleologische Reduktion)**.

So wäre zB das Hineinlesen des Erfordernisses einer allgemeinen Güterabwägung in den Rechtfertigungsgrund der Notwehr (§ 32) zusätzlich zu den dort enthaltenen Merkmalen unzulässig. Zur ebenfalls unzulässigen Ergänzung der Voraussetzungen des § 34 durch eine „pflichtgemäße Prüfung" vgl Rn 489.

Zulässig ist demgegenüber eine nur **restriktive Auslegung**, die sich also **in den** **408** **Grenzen des Wortlauts** des Rechtfertigungsgrunds hält[16].

Die Entwicklung von Fallgruppen hinsichtlich der normativen Schranken des Notwehrrechts zur näheren Ausgestaltung dessen, was der Gesetzgeber in § 32 als „geboten" betrachtet hat, ist

---

12 S. Rn 82 sowie S/S/W-StGB-*Satzger*, § 1 Rn 35; aA aber zB *Schroeder*, JZ 92, 990, 991.
13 Abw. etwa *Krey*, JZ 79, 702, 711 f; umfassend zu Gesetzlichkeitsprinzip und Rechtfertigungsgründen *Satzger*, Jura 16, 154.
14 S. auch *Engels*, GA 1982 109, 119; NK-*Hassemer/Kargl*, § 1 Rn 72b; LK-*Rönnau*, Vorbem. § 32 Rn 64.
15 *Engels*, GA 1982, 109, 119; *Frister*, GA 1988, 315; S/S/W-StGB-*Satzger*, § 1 Rn 36; aA *Roxin*, AT I, § 5 Rn 42.
16 LK-*Dannecker*, § 1 Rn 177; S/S-*Hecker*, § 1 Rn 18; S/S/W-StGB-*Satzger*, § 1 Rn 36; aA MK-StGB-*Schmitz*, § 1 Rn 14.

daher eine noch zulässige Auslegung des Erlaubnissatzes[17], auch wenn die Grenzen – wie allgemein bei Abgrenzung von Auslegung und Analogie – in Randbereichen fließend (und daher problematisch) sind.

409 Dem steht nicht entgegen, dass **strafgesetzlich geregelte Rechtfertigungsgründe**, die jedenfalls in ihrem strafrechtlichen Anwendungsbereich dem Gesetzlichkeitsprinzip unterworfen sind[18], in einem anderen Rechtsgebiet (zB dem Zivilrecht oder dem öffentlichen Recht) nach der dortigen Methodik und angesichts der dort fehlenden Geltung des Art. 103 II GG teleologisch reduziert werden können. Die daraus folgende Möglichkeit, dass ein Verhalten im Strafrecht unter den konkreten Umständen dem (strafrechtlichen) Rechtfertigungsgrund unterfiele, wegen derselben Erlaubnisnorm im außerstrafrechtlichen Anwendungsbereich jedoch nicht zu einer Rechtfertigung führt, mag auf den ersten Blick dem Postulat der Einheit der Rechtsordnung widersprechen. Bei genauer Betrachtung wird die Unterschiedlichkeit aber durch die explizit für das Strafrecht etablierten Garantien ausgelöst und ist daher rechtsordnungskonform; hierdurch kommt ja letztlich nur der der Rechtsordnung insgesamt zugrunde liegende Gedanke zum Ausdruck, dass das Strafrecht fragmentarisch ist, also nicht jedes außerstrafrechtlich als rechtswidrig eingestufte Verhalten auch strafbar sein muss[19].

410 Darüber hinaus muss – richtiger Ansicht nach[20] – das aus Art. 103 II GG fließende Verbot einer teleologischen Reduktion von Erlaubnisnormen auch für **außerstrafrechtlich geregelte Rechtfertigungsgründe** (zB öffentlich-rechtliche Befugnisnormen oder zivilrechtliche Eingriffsrechte) gelten, wenn sie zur Rechtfertigung einer Straftat herangezogen werden sollen. Da über die Rechtswidrigkeitsprüfung sämtliche Rechtsgebiete in die Prüfung der Strafbarkeit einfließen, wäre es willkürlich, zwischen strafrechtlichen und außerstrafrechtlichen Rechtfertigungsgründen zu unterscheiden. Eine hierdurch verursachte Uneinheitlichkeit des Verständnisses der Rechtfertigungsgründe je nach Anwendungsbereich bedeutet allerdings keine systemfremde Widersprüchlichkeit der Rechtsordnung; vielmehr muss dieser Effekt – wegen der unterschiedlichen Rahmenbedingungen für die einzelnen Rechtsbereiche – als bereits in der Rechtsordnung selbst angelegt akzeptiert werden (vgl Rn 409).

3. Grundgedanken der Rechtfertigungsgründe

411 Die Rechtfertigungsgründe lassen sich – nach überwiegender Ansicht – nicht auf eine einzige allgemeine Grundidee zurückführen[21]. Vielmehr sind es mehrere Gedanken, die – allerdings nicht bei jedem Rechtfertigungsgrund gleichermaßen – eine Rolle

---

17 So auch BGHSt 26, 143; S/S-*Hecker*, § 1 Rn 14.
18 S. BVerfGE 95, 96, 132 f *(Mauerschützen)*; BGHSt 41, 101, 105, 111; *Erb*, ZStW 108 [1996], 266, 284 ff; LK-*Rönnau*, Vorbem. § 32 Rn 64.
19 Ebenso LK-*Rönnau*, Vorbem. § 32 Rn 63: es kommen nur „rechtsgebietsspezifische Gründe" zum Tragen; für eine Verletzung der Einheit der Rechtsordnung *Günther*, Grünwald-FS, S. 213, 216; *Roxin*, AT I, § 5 Rn 42.
20 NK-*Paeffgen/Zabel*, Vorbem. §§ 32 ff Rn 59, 67; LK-*Rönnau*, Vorbem. § 32 Rn 64; MK-StGB-*Schmitz*, § 1 Rn 15.
21 So aber die sog. monistische Theorie, vgl etwa *Otto*, AT, § 8 Rn 5; NK-*Paeffgen/Zabel*, Vorbem. §§ 32 ff Rn 46.

spielen[22]: Zentral ist das **Prinzip des überwiegenden Interesses**, wonach das Opfer zum Schutz höherrangiger Interessen bestimmte Eingriffe hinnehmen muss. Bricht der in einer Winternacht in einsamer Gegend ausgesetzte T etwa in die Hütte des E ein, um sich vor dem Erfrierungstod zu retten, so sind die beeinträchtigten Interessen des E (Eigentum, Hausrecht) deutlich weniger bedeutsam, als die Rettung des Lebens des T. Dass E sich dabei nicht auf den Standpunkt stellen darf, er habe mit der Lebensgefährdung nichts zu tun, vielmehr handle es sich allein um ein Problem des Täters, folgt aus einem weiteren wichtigen Prinzip, nämlich dem der **Solidarität**. Danach trifft jedes Mitglied der Gesellschaft die Pflicht, bei erheblichen Gefahren für die Rechtsgüter anderer in gewissem Umfang Eingriffe in die eigenen Rechtsgüter zu dulden[23]. Schließlich spielt – allein oder in Kombination mit den oben genannten Gedanken – noch das **Autonomie-** oder **Verantwortungsprinzip** eine Rolle, wonach der freie Entschluss des Opfers die Grundlage für das Eingreifen eines Rechtfertigungsgrundes darstellen kann. Dies trifft insbes. für die Einwilligung zu. Aber auch bei der Begründung der Notwehr, die letztlich auf weiteren notwehrspezifischen Grundgedanken fußt (Individualrechtsschutz und Rechtsbewährung, vgl Rn 493), ist das Autonomieprinzip von Bedeutung, da der Angreifer hier regelmäßig freiverantwortlich handelt und alle in seiner Person als Folge der Verteidigung des Angegriffenen entstehenden Schäden letztlich in seinen Verantwortungsbereich fallen[24].

4. Struktur der Rechtfertigungsgründe als Erlaubnissätze

a) Nach heute fast einhelliger Ansicht gleicht die Struktur der Rechtfertigungsgründe derjenigen des Tatbestands ieS: Deshalb enthalten sie als Erlaubnissätze nicht lediglich **objektive Rechtfertigungsmerkmale**, sondern auch ein **subjektives Rechtfertigungselement**[25]. Die Notwendigkeit eines subjektiven Elements ergibt sich letztlich aus der **personalen Unrechtslehre** (s. Rn 158), wonach der Unrechtsgehalt einer Tat einerseits durch ihren **Erfolgsunwert** und andererseits durch ihren **Handlungsunwert** bestimmt wird (s. Rn 29): Das Vorliegen der objektiven Voraussetzungen des jeweiligen Rechtfertigungsgrundes kompensiert den Erfolgsunwert, denn die eingetretene Rechtsgutsverletzung wird unter den im Erlaubnistatbestand objektiv umschriebenen Umständen nicht rechtlich missbilligt. Der in der vorsätzlichen Tatbegehung liegende Handlungsunwert ist damit aber noch nicht beseitigt. Vielmehr muss hierzu zwingend ein subjektives Rechtfertigungselement hinzutreten.

412

---

22 Zu der sog. pluralistischen Theorie s. den Überblick bei S/S/W-StGB-*Rosenau*, Vorbem. § 32 Rn 8 mwN.
23 Dazu umfassend *Frisch*, GA 2016, 122 ff.
24 S. *Murmann*, Grundkurs, § 16 Rn 8.
25 Anders noch LK-*Spendel*, 11. Aufl. 2003, § 32 Rn 138 ff; *ders.*, Oehler-FS, S. 199 ff; *Rohrer*, JA 86, 363; s. zum Streitstand *Hillenkamp*, Fischer-FS, S. 244 ff.

Dass das Vorliegen der objektiven Rechtfertigungselemente allein noch nicht zu einer Straflosigkeit führen kann, zeigt ein Vergleich mit dem **untauglichen Versuch** (s. Rn 980 f): Denn auch bei Letzterem fehlt es am Erfolgsunwert, weil der Erfolg aus objektiven Gründen gar nicht eintreten kann (zB Erschießungsversuch mit ungeladenem Gewehr); gleichwohl wird der Täter wegen des Handlungsunwerts (hier: wegen des Handelns mit Tötungsvorsatz) bestraft (vgl § 23 III).

413 **b)** Umstritten ist jedoch die **Qualität des subjektiven Rechtfertigungselements**[26]; insbes., ob das Wissen des Täters um das Vorliegen der objektiven Rechtfertigungsvoraussetzungen ausreicht, oder ob zudem ein Wollenselement hinzutreten muss:

414 Als **Wissenselement** wird – parallel zum Eventualvorsatz (s. Rn 333 ff) – überwiegend für ausreichend erachtet, dass der Täter das Vorliegen der Rechtfertigungsvoraussetzungen **für möglich hält** und **im Vertrauen hierauf handelt**[27]. Andere fordern demgegenüber, der Täter müsse positives Wissen bzw **sichere Kenntnis** vom Vorliegen der Rechtfertigungsvoraussetzungen haben[28]. Weitergehend wird erwogen, insbes. im Hinblick auf die Rechtfertigungshandlung zusätzliche subjektive Anforderungen zu stellen[29].

415 Als **Wollenselement** wird zusätzlich von der Rspr und Teilen der Lehre vorausgesetzt, dass der Täter **zum Zwecke der Rechtfertigung** handelt, sein Verhalten also auf einer dem Erlaubnistatbestand entsprechenden Motivation beruht. In der Regel bedeutet dies, dass der Täter retten oder verteidigen will[30]. Viele Autoren lehnen ein derartiges Wollenselement jedoch ab. Denn – so das Hauptargument – würde man etwa den in Kenntnis der Notwehrvoraussetzungen Handelnden für Rechtsgutsverletzungen bestrafen, nur weil er sich letztlich gar nicht verteidigen will, sondern maß-

---

26 Zum Meinungsstand: *B. Heinrich*, AT, Rn 387 ff; *Hillenkamp/Cornelius*, AT, S. 32 ff; NK-*Paeffgen/Zabel*, Vorbem. §§ 32 ff Rn 91 ff; *Rönnau*, JuS 09, 594; fallbezogen *Mitsch*, ZJS 14, 192, 194.
27 BGH HRRS 17 Nr 450 m. Anm. *Jäger*, JA 17, 629, 631; OLG Naumburg NStZ 13, 718 m. Bespr. *Jahn*, JuS 13, 1139; *Kühl*, AT, § 7 Rn 132; S/S-*Sternberg-Lieben*, Vorbem. §§ 32 ff Rn 14; S/S/W-StGB-*Rosenau*, Vorbem. § 32 Rn 13; MK-StGB-*Schlehofer*, Vorbem. § 32 Rn 95; *Stratenwerth/Kuhlen*, AT, § 9 Rn 151.
28 LK-*Rönnau*, Vorbem. § 32 Rn 84 ff; ähnl. MK-StGB-*Erb*, § 32 Rn 241.
29 Vgl *Berster*, GA 2016, 36.
30 BGHSt 56, 11, 22 *(Partisanenfall)*, BGH NJW 13, 2133, 2135 m. Bespr. *Satzger*, JK 12/13, StGB § 33/5; krit. hierzu *Brüning*, ZJS 13, 511; *Engländer*, HRRS 13, 389; *Erb*, NStZ-RR 13, 371; *Jäger*, JA 13, 708; *Grosse-Wilde*, ZIS 11, 83; *Krey/Esser*, AT, § 13 Rn 457 ff; *Rengier*, AT, § 17 Rn 12; abgeschwächt *Alwart*, GA 1983, 453.

geblich andere Motive (zB Rache, Hass) verfolgt, so würde man den bloßen Gesinnungsunwert seines Verhaltens unter Strafe stellen und damit unzulässigerweise reinem Gesinnungsstrafrecht Vorschub leisten[31]. Dabei wird jedoch übersehen, dass derjenige, der nicht willens ist, das bedrohte Rechtsgut zu verteidigen, nicht nur böse Absichten und verwerfliche Gesinnungen hegt, die sozusagen selbstständig und losgelöst von einem Handeln bestraft würden. Vielmehr stellt sich das so motivierte rechtsgutsverletzende Verhalten des Täters schon nicht als „Verteidigung" oder „Rettung" dar. Der auf Tatbestandsebene vorhandene Handlungsunwert lässt sich daher ohne ein Wollenselement auf der Rechtfertigungsebene nicht kompensieren[32].

Zur Notwehr gehört somit subjektiv ein „Verteidigungswille" (vgl Rn 546), zum rechtfertigenden Notstand ein „Rettungswille", zur rechtfertigenden Einwilligung ein Handeln auf Grundlage des Rechtsgutsverzichts, zum Festnahmerecht gehört gem. § 127 StPO die Absicht, den Täter der Strafverfolgung zuzuführen usw. Andere Motive wie Hass, Rache oder Eifersucht stehen einer Rechtfertigung allerdings nicht entgegen, sofern sie den Willen, das bedrohte Rechtsgut zu bewahren, nicht völlig in den Hintergrund drängen[33]. **416**

c) Welche Folge das **Fehlen des subjektiven Rechtfertigungselements** hat, ist umstritten. Nach dem bisher Gesagten (Rn 412) kann die Ansicht der höchstrichterlichen Rspr und eines Teils der Lehre, die eine Strafbarkeit wegen **vollendeter** rechtswidriger Tat annehmen[34], nicht überzeugen. Vielmehr ist – mit der hL[35] und der auch in der obergerichtlichen Rspr im Vordringen befindlichen Meinung[36] – lediglich wegen **Versuchs** zu bestrafen: Da der mit der Tatbestandsverwirklichung verknüpfte Erfolgsunwert durch die objektiv gegebene Rechtfertigungslage kompensiert wird, beschränkt sich der Unwertgehalt der Tat – ebenso wie beim untauglichen Versuch (s. Rn 412) – auf den subjektiven Handlungsunwert. Ein Rückgriff auf die Versuchsregeln erscheint daher sachgerecht[37]. Wo der Versuch nicht mit Strafe bedroht ist, führt das zur Straflosigkeit[38]. **417**

---

31 Matt/Renzikowski-*Engländer*, Vorbem. § 32 Rn 7; *Kindhäuser*, AT, § 15 Rn 9; *Loos*, Oehler-FS, S. 227, 235 f; *Murmann*, Grundkurs, § 25 Rn 105; *Puppe*, AT, § 13 Rn 5; *Roxin*, AT I, § 14 Rn 97 ff; MK-StGB-*Schlehofer*, Vorbem. § 32 Rn 100 ff; diff. *Frister*, Rudolphi-FS, S. 45, 52 ff; Baumann/Weber/Mitsch/Eisele-*Mitsch*, AT, § 14 Rn 47 f.

32 Zu weiteren Einwänden der Gegenansicht vgl *Gaede*, Rengier-FS, S. 27, 30 ff.

33 OLG Koblenz StV 11, 622 m. Bespr. *Jahn*, JuS 11, 655; *Hilgendorf/Valerius*, AT, § 5 Rn 54.

34 RGSt 62, 138; BGHSt 2, 111, 114; BGH NStZ 05, 332, 334; 16, 333 m. abl. Anm. *Eisele* JuS 16, 366, 367 und *Bosch*, Jura (JK) 16, 702 sowie *Rückert*, NStZ 16, 334; *B. Heinrich*, AT, Rn 392; *Zieschang*, AT, Rn 232.

35 HK-GS-*Duttge*, Vorbem. § 32 Rn 13; *Ernst*, ZJS 11, 382; LK-*Hillenkamp*, § 22 Rn 200; *Hoffmann-Holland*, AT, Rn 274; SK-*Hoyer*, Vorbem. § 32 ff Rn 80; *Hoven*, GA 2016, 16; *Jäger*, AT, Rn 129c; *Jescheck/Weigend*, AT, § 31 IV 2; *Kretschmer*, Jura 98, 248; *Rengier*, AT, § 17 Rn 18; LK-*Rönnau*, Vorbem. § 32 Rn 90; *Roxin*, AT I, § 14 Rn 102; *Stratenwerth/Kuhlen*, AT, § 9 Rn 153; *Streng*, Otto-FS, S. 469, 474; für Straflosigkeit *Gropp*, Kühl-FS, S. 247, 256 f; *Rath*, S. 640; fallbezogen *Eisele*, JuS 16, 366.

36 Vgl OLG Celle NdsRpfl 13, 253 m. Bespr. *Jahn*, JuS 13, 1042; dazu auch *Kuhlen*, Beulke-FS, S. 153 ff; OLG Naumburg NStZ 13, 718 m. Bespr. *Jahn*, JuS 13, 1139; OLG Naumburg NStZ 18, 472 m. Bespr. *Felde/Ort*, ZJS 18, 468; iRd rechtfertigenden Einwilligung wurde die sog. Versuchslösung nun auch vom 1. Strafsenat angewandt, vgl BGH NJW 17, 1186 m. Anm. *Mitsch*.

37 Zu Folgefragen hinsichtlich der Unterlassensstrafbarkeit s. *Hoven*, GA 2016, 16, 18 ff.

38 Da es keinen fahrlässigen Versuch gibt, scheidet auch eine Bestrafung wegen fahrlässiger Tat aus, *Kindhäuser*, LPK, Vorbem. §§ 32-35 Rn 20.

418 In **Fall 8** erfüllt A die objektiven Voraussetzungen des Rechtfertigungsgrundes der Notwehr: es lag eine Notwehrlage in Form eines gegenwärtigen rechtswidrigen Angriffs auf sein Leben vor, da E zum tödlichen Schuss auf ihn angesetzt hatte. Dass A von der Notwehrsituation aber nichts wusste und somit die subjektiven Voraussetzungen des Erlaubnistatbestands nicht gegeben sind, darf nicht dazu führen, dass § 32 ohne jede Wirkung bleibt. Vielmehr ist er nur wegen eines versuchten Tötungsdelikts, hier im Ergebnis wegen eines versuchten Mordes (§§ 211, 22, 23 I) zu bestrafen.

419 **Klausurhinweis:** Da es sich nicht um einen Versuch im technischen Sinn handelt, sondern nur die Versuchsregeln angewendet werden, ist der Aufbau nicht ganz einfach. Man sollte daher schon im Rahmen des vollendeten Delikts auf der Stufe der Rechtswidrigkeit darlegen, dass die Versuchsregeln eingreifen. Bei der anschließenden Versuchsprüfung wird die Feststellung, dass der Erfolg ausgeblieben ist, durch den Hinweis auf das fehlende Erfolgsunrecht ersetzt. Im Übrigen sind Tatbestandsmäßigkeit und Rechtswidrigkeit nur ganz kurz zu prüfen, da die einschlägigen Erwägungen bereits beim vollendeten Delikt angestellt wurden. Ausführlicher ist lediglich noch auf die Schuld und die sonstigen Strafbarkeitsvoraussetzungen einzugehen[39].

▶ Beispielsfälle bei *Beulke*, Klausurenkurs I, Rn 307 und Klausurenkurs III, Rn 652

420 **d)** Denkbar ist auch der **umgekehrte Fall**: Liegt zwar das subjektive Rechtfertigungselement (also etwa der Verteidigungswille bei der Notwehr) vor, sind aber die objektiven Voraussetzungen des jeweiligen Rechtfertigungsgrundes nicht erfüllt, so handelt der Täter in einem Irrtum, der – wenn dieser allein im Tatsächlichen wurzelt – sich als sog. **Erlaubnistatbestandsirrtum** darstellt (zB die irrige Annahme einer Notwehrlage) bzw – wenn es sich um rechtliche Fehlvorstellungen handelt – als **Erlaubnisirrtum** zu charakterisieren ist (zB Fehlvorstellungen über die rechtlichen Grenzen der Notwehr).

Beispiel: Bei einem nächtlichen Spaziergang durch eine enge Gasse in München hört die ängstliche A schnelle, sie verfolgende Schritte. Sie glaubt, ein Vergewaltiger nähere sich ihr. Ohne lange zu überlegen, greift sie schnell zum Pfefferspray in ihrer Handtasche, dreht sich blitzschnell um und sprüht es dem sie verfolgenden X in die Augen. X wollte A jedoch nur das Halstuch hinterhertragen, das diese verloren hatte. Hier fehlt es mangels Angriff bereits an einer objektiven Notwehrlage. Die tatsächlichen Voraussetzungen des § 32 sind nicht gegeben, A handelt im sog. Erlaubnistatbestandsirrtum, welcher richtiger Ansicht zufolge den Vorsatzschuldvorwurf entfallen lässt. A kann hier also mangels Schuld nicht wegen einer vorsätzlichen Körperverletzung, wohl aber wegen einer fahrlässigen Körperverletzung bestraft werden.

Zu den Rechtsfolgen eines Erlaubnistatbestandsirrtums (bzw eines Erlaubnisirrtums) s. im Einzelnen Rn 742 ff, 764.

5. Terminologie: Rechtswidrigkeit vs. Unrecht

421 Die Begriffe **Rechtswidrigkeit** und **Unrecht** werden im Schrifttum meistens synonym gebraucht. Dies ist zwar nicht falsch. Beide Begriffe können aber durchaus etwas Unterschiedliches zum Ausdruck bringen: Denn während mit der Charakterisierung eines Verhaltens als „rechtswidrig" nur gesagt ist, **dass** dieses im Widerspruch zur (Gesamt-)Rechtsordnung steht, ermöglicht der Begriff des Unrechts eine Quanti-

---

39 Abw. hält *Kudlich*, JA 14, 587, 590, – ohne Versuchsprüfung – die bloße Feststellung, dass eine Bestrafung „nach Versuchsgrundsätzen zu erfolgen hat", für ausreichend.

fizierung: So lässt sich sagen, dass etwa das Tötungsunrecht erheblich schwerer wiegt als das Unrecht einer Sachbeschädigung. Letztlich fließt eben (nur) in den Begriff des „Unrechts" der mit der rechtswidrigen Tat verbundene sozialethische Unwert ein.

Die Rechtfertigungsgründe werden im Schrifttum auch **„Unrechtsausschließungsgründe"** genannt. Beide Bezeichnungen sind nach überwiegender Ansicht gleichbedeutend. Nach einer Mindermeinung[40] soll zwischen **allgemeinen Rechtfertigungsgründen** (§§ 32, 34) und besonderen **„Strafunrechtsausschließungsgründen"** (zB §§ 193, 218a II, notstandsähnliche Lage) unterschieden werden. Letztere sollen nicht zur Rechtmäßigkeit, sondern nur zum Ausschluss der Strafwürdigkeit sowie zum Verzicht der strafrechtlichen Missbilligung des tatbestandsmäßigen Verhaltens führen. **422**

II. Überblick über die wichtigsten Rechtfertigungsgründe

1. Zusammenstellung der (weitgehend) anerkannten Erlaubnissätze

Wegen des Postulats der Einheit und Widerspruchsfreiheit der Rechtsordnung können Rechtfertigungsgründe jedwedem Rechtsbereich entnommen werden. Es ist daher nicht möglich, die Erlaubnissätze in einen abschließenden Katalog zusammenzufassen. Die folgende Aufzählung enthält aber die wichtigsten Rechtfertigungsgründe, und zwar in der für den Regelfall empfohlenen Prüfungsreihenfolge in Klausuren. Aus didaktischen Gründen weicht die Behandlung der Rechtfertigungsgründe in diesem Lehrbuch jedoch von dieser Reihenfolge ab: **423**

Überblick über die wichtigsten Rechtfertigungsgründe

a) rechtfertigende **Einwilligung** und **mutmaßliche Einwilligung** (Verzicht auf Rechtsgüterschutz),

b) **Notwehr** (§ 32 StGB, § 227 BGB),

c) erlaubte **Selbsthilfe** (§§ 229, 562b I, 859, 1029 BGB),

d) **zivilrechtlicher Notstand** (§§ 228, 904 BGB),

e) **allgemeiner rechtfertigender Notstand** (§ 34 StGB, § 16 OWiG),

f) **rechtfertigende Pflichtenkollision,**

g) **Wahrnehmung berechtigter Interessen bei Ehrverletzungen** (§ 193[41]),

h) **Erziehungsrecht** der Eltern,

i) **Festnahmerecht** nach § 127 StPO und § 87 StVollzG,

j) **Amtsbefugnisse, Dienstrechte, besondere Rechtspflichten von Amtsträgern** (zB nach §§ 81 ff StPO, §§ 758, 808, 909 ZPO),

k) **politisches Widerstandsrecht** nach Art. 20 IV GG.

---

40 Matt/Renzikowski-*Engländer*, Vorbem. §§ 32 ff Rn 3; *Günther*, Strafrechtswidrigkeit und Strafunrechtsausschluss, 1983, S. 255; krit. *Beulke*, Hanack-FS, S. 544; S/S-*Sternberg-Lieben*, Vorbem. § 32 Rn 8.
41 Hierzu näher *Swoboda*, Jura 07, 224; *Wessels/Hettinger/Engländer*, BT/1, Rn 508.

2. Umstrittene Rechtfertigungsgründe

424 **a)** Umstritten ist, ob auch das **erlaubte Risiko** als Rechtfertigungsgrund in Betracht kommt. Als eigenständige Rechtsfigur ist das erlaubte Risiko jedoch nicht anzuerkennen; vielmehr bildet es nur einen Sammelbegriff für strukturell unterschiedliche Fallgestaltungen, in denen es (wie zB im Fahrlässigkeitsbereich mangels Missachtung der im Verkehr erforderlichen Sorgfalt) zumeist schon an einem strafrechtlich relevanten Verhaltensunwert fehlt[42] (s. Rn 267 ff; vgl auch Rn 1110 ff).

425 **b)** Dem klassischen Erlaubnissatz, wonach jemandem ein Recht zu einem bestimmten Verhalten eingeräumt wird, entspricht auch **§ 241a BGB** nicht. Dort wird letztlich nur die zivilrechtliche Folgenlosigkeit der Vernichtung sowie des Ge- oder Verbrauchs einer **unbestellt zugesandten Sache** angeordnet. Der Empfänger der unbestellten Ware wird in dieser Vorschrift zwar nicht zur Zerstörung oder zum Verbrauch der Sache berechtigt. Wegen des Postulats der Einheit der Rechtsordnung muss diese Vorschrift jedoch auch im Strafrecht dazu führen, dass ein solches Verhalten des Verbrauchers straflos bleibt. Denn § 241a BGB sieht im Verhältnis des Unternehmers zum Verbraucher einen völligen Rechtsverlust vor. Daraus folgt, dass den Verbraucher keine Pflichten mehr treffen – auch nicht die Pflicht, das weiterhin beim Unternehmer verbleibende Eigentum zu beachten. Dies kann aber nur so verstanden werden, dass das Verhalten des Verbrauchers vom generellen Unwerturteil der Rechtsordnung befreit ist. Sofern also zB die Straftatbestände der Sachbeschädigung oder der Unterschlagung (§§ 303, 246) verwirklicht sind, greift der Rechtfertigungsgrund des § 241a BGB ein[43].

426 **c)** Ein Rechtfertigungsgrund lässt sich nach umstrittener Ansicht im Hinblick auf die grds strafbare „unbefugte Verwertung oder Mitteilung von Geschäftsgeheimnissen" (vgl § 17 II Nr 2 UWG) auch dem **§ 158 StPO** entnehmen. Dies wurde zB in den Fällen relevant, in denen private Informanten auf CDs gespeicherte schweizerische Bankdaten für Millionenbeträge an deutsche Strafverfolgungsbehörden verkauften, um Steuersünder zu enttarnen. Da dem § 158 StPO die **Befugnis jedes Bürgers** zugrunde liegt, **eine Straftat anzuzeigen**[44], dh den Strafverfolgungsbehörden einen Sachverhalt mitzuteilen, der nach Meinung des Anzeigenden Anlass für Strafverfolgung bietet, kann diese Vorschrift grds auch die ansonsten rechtswidrige Offenlegung von geheimen Bankdaten rechtfertigen[45].

Dass der Täter mit der Offenlegung der Daten – realistischerweise sogar in erster Linie – eine Gewinnerzielungsabsicht verfolgt, nimmt dem Verhalten nicht den Charakter einer rechtmäßigen Strafanzeige, da sonst neben der Kenntnis der objektiven Rechtfertigungselemente und dem Willen zur Einleitung eines Strafverfahrens ein moralisierendes Element (kein wirtschaftliches Interesse) eingeführt würde, welches unzulässigerweise Gesinnungsaspekten entscheidende Kraft für die Frage der Rechtfertigung einräumen würde[46].

42 Zutr. *B. Heinrich*, AT, Rn 518; *Herzberg*, JR 86, 6; *Jescheck/Weigend*, AT, § 36 I 1; *Kindhäuser*, GA 1994, 197; *Maiwald*, Jescheck-FS, S. 405; *Schürer-Mohr*, Erlaubte Risiken, 1998, S. 161.

43 *Bülte/Becker*, Jura 12, 319, 325; *Hoffmann-Holland*, AT, Rn 350; SK-*Hoyer*, § 303 Rn 19; LK-*Rönnau*, Vorbem. § 32 Rn 307; für Ausschluss des Tatbestandes: *Jäger*, Zurechnung, S. 29; vert. *Haft/Eisele*, Meurer-GS, S. 257; *Wessels/Hillenkamp/Schuhr*, BT/2, Rn 20, 320.

44 Zum Recht auf Strafanzeige als Befugnis s. *Satzger*, Achenbach-FS, S. 451 f mwN.

45 Ausf. *Satzger*, Achenbach-FS, S. 447, 451 f; ebenso *Ostendorf*, ZIS 10, 304; eine solche Befugnis wird auch von *Schroth*, in: Hilpert/Schroth, S. 191 erwogen; aA *Ignor/Jahn*, JuS 10, 392; *Sieber*, NJW 08, 884; nicht eindeutig ablehnend *Kelnhofer/Krug*, StV 08, 661, wonach der Informant im Liechtensteiner Fall „jedenfalls gegenüber dem BND" keine Berechtigung zur Offenbarung gehabt habe.

46 *Satzger*, Achenbach-FS, S. 447, 453.

d) Dass **Tötungen feindlicher Kombattanten im Krieg** rechtmäßig sind, wird zumeist als selbstverständlich unterstellt. Sucht man nach einer tragfähigen Begründung für dieses – angesichts des sonst so sehr betonten absoluten Lebensschutzes – keinesfalls eindeutige Ergebnis, wird man enttäuscht. Oft begnügt man sich mit dem Verweis auf Gewohnheitsrecht oder allgemein auf Kriegs(völker)recht[47]. Auch wenn das Völkerrecht natürlich Erlaubnisnormen bereithalten kann, die im nationalen Strafrecht rechtfertigende Wirkung entfalten[48]: Eine explizite völkerrechtliche Norm, die zum Töten im Krieg befugt, sucht man vergebens. Am ehesten lässt sich argumentieren, dass das in Friedenszeiten umfassend geltende Tötungsverbot durch das Kriegsrecht zumindest in weiten Teilen (insbes. soweit nicht humanitäreres Völkerrecht eingreift) außer Kraft gesetzt wird. Aber selbst dann bleiben Zweifel: Begründet die **Aufhebung des Verbots** zu töten gleichzeitig wirklich eine Tötungs**erlaubnis**? Diese Frage ist noch nicht abschließend geklärt[49].

427

e) Inwieweit die Berufung auf **Grundrechte** zu einer Rechtfertigung führen kann, ist ebenfalls noch nicht abschließend geklärt. Unproblematisch sind Grundrechte heranzuziehen, um eine verfassungskonforme Auslegung anerkannter Rechtfertigungsgründe zu bewirken. Ob darüber hinaus eine unmittelbare Rechtfertigungswirkung durch Grundrechte allgemein oder in Einzelfällen möglich ist, ist heftig umstritten[50]. IdR wird eine solche jedoch an der zu großen Unbestimmtheit der Grundrechte scheitern[51].

428

f) Nur auf den ersten Blick kommen **zivilrechtliche Herausgabepflichten** (insbesondere nach § 985 BGB) als Rechtfertigungsgründe für eine strafrechtlich relevante Besitzveränderung in Betracht. Relevant wird dies vor allem in Konstellationen der Beihilfe:

429

Beispiel: A und B geraten vor einer Diskothek in Streit. A wird dabei so wütend, dass er seine Freundin F bittet, ihm das in seinem Eigentum stehende und bloß in der Handtasche der F verwahrte Klappmesser herauszugeben. F, die erkennt, was A mit dem Messer vorhat, gibt dem A das Messer in der Meinung heraus, er könne schließlich mit seinem Eigentum tun, was er wolle.

Der Gesichtspunkt der Einheit der Rechtsordnung – in Bezug auf die Herausgabepflicht – spricht insoweit dafür, die Unterstützungshandlung des Gehilfen zu rechtfertigen. Jedoch ist zu beachten, dass in solchen Fällen wegen des strafrechtlichen Verbots der Unterstützung einer Straftat gem. § 27 eine Herausgabepflicht wegen § 134 BGB schon gar nicht besteht[52]. „Denn auch das bürgerliche Recht versagt einer von ihm verliehenen Befugnis jede Anerkennung, sobald sie mit dem Strafgesetz in Widerspruch tritt."[53] Damit scheidet folglich auch im Beispielsfall nach ganz überwie-

---

47 Vgl nur BGHSt 23, 103; 49, 139; zust. etwa *Gribbohm*, NStZ 05, 38 f.

48 S. nur LK-*Rönnau*, Vorbem. § 32 Rn 302.

49 Weiterführend und lesenswert *Eser*, Schöch-FS, S. 461; insbes. zu den sog. Kollateraltötungen s. *Merkel*, JZ 12, 1137 und *T. Zimmermann*, JZ 14, 388.

50 Vgl nur S/S-*Sternberg-Lieben*, Vorbem. § 32 Rn 65a; S/S/W-StGB-*Rosenau*, Vorbem. § 32 Rn 29 mwN.

51 Zu Art. 4 GG vgl etwa OLG Jena NJW 06, 1892 f; *Böse*, ZStW 113 [2001], 40, 42; *Tiedemann*, Verfassungsrecht und Strafrecht, 1991, S. 36 f.

52 BGH HRRS 18 Nr 671; LK-*Rönnau*, Vorbem. § 32 Rn 121 mwN.

53 RGSt 56, 168, 170 f.

gender Ansicht eine Rechtfertigung der A wegen Beihilfe zur gefährlichen Körperverletzung nach § 224 I Nr 2 aus.

3. Rechtfertigungsgründe und hoheitliches Handeln

430 **a)** Sehr umstritten ist, ob sich auch Amtsträger im Bereich des hoheitlichen Handelns auf die allgemeinen Rechtfertigungsgründe, insbes. auf §§ 32, 34 berufen können[54].

Beispiel: Der Polizeibeamte P wird als verdeckter Ermittler in der Drogenszene eingesetzt (vgl § 110a II StPO). Er kann nach und nach das Vertrauen der Drogendealer gewinnen. Will er nicht als „Schnüffler" auffliegen, muss er sich an einem Einbruchsdiebstahl bei einem säumigen Schuldner beteiligen. P lässt sich, in Angst um sein Leben, darauf ein und beteiligt sich an dem Einbruch. Fraglich ist hier, ob sich P – als Polizist im Dienst – zur Rechtfertigung seiner Beteiligung an der „milieubedingten Straftat" wegen der ihm drohenden Lebensgefahr auf § 34 berufen kann.

431 Hoheitliche Eingriffe bedürfen stets einer besonderen gesetzlichen Ermächtigung (Vorbehalt des Gesetzes), die gegenüber einem Beschuldigten v. a. in der StPO, ansonsten insbes. in den Polizeigesetzen der Länder enthalten sein kann. Da Rechtfertigungsgründe keine derartigen öffentlich-rechtlichen Ermächtigungsnormen seien und eine private, durch Rechtfertigungsgründe gedeckte Abwehr solange nicht geboten sei, wie der Amtsträger hoheitlich handele, will eine verbreitete Ansicht dem Amtsträger eine Berufung auf die allgemeinen Rechtfertigungsgründe generell verwehren[55].

432 Teilweise wird eine einzige Ausnahme dahingehend gemacht, dass sich der Amtsträger zu **Selbstverteidigungszwecken** auf den Rechtfertigungsgrund der Notwehr (§ 32 II Alt. 1) berufen könne (nicht aber auf sonstige Rechtfertigungsgründe, insbes. auch nicht auf die Nothilfe gem. § 32 II Alt. 2), da die reine Selbstverteidigung nicht zu den polizeilichen/staatlichen Aufgaben zähle[56].

433 Eine **differenzierende Ansicht** hält dem die *Ultima-ratio*-Funktion des Strafrechts entgegen und will daher die Rechtswidrigkeit nach Polizeirecht und die nach Strafrecht streng trennen: Das Vorliegen der Voraussetzungen eines allgemeinen Rechtfertigungsgrundes könne zwar nicht ausschließen, dass das Handeln des Amtsträgers aus polizeirechtlicher Sicht rechtswidrig, aus strafrechtlicher Sicht jedoch rechtmäßig sei[57]. Ein Auseinanderfallen von Polizei- und Strafrechtswidrigkeit stünde jedoch im Widerspruch zum Postulat der Einheit der Rechtsordnung und ist daher abzulehnen. Vielmehr ist im Ausgangspunkt nicht einzusehen, warum ein Amtsträger – auch bei dienstlichem Tätigwerden – von vornherein nicht in den Genuss der allgemeinen

---

54 Den Streitstand zusammenfassend *Hillenkamp/Cornelius*, AT, S. 43 ff; fallbezogen *Ambos/Rackow*, Jura 06, 943, 945.
55 *Jahn*, Das Strafrecht des Staatsnotstandes, 2004, S. 247 ff; *Jakobs*, AT, 12/42 ff; NK-*Kindhäuser*, § 32 Rn 84; NK-*Paeffgen/Zabel*, Vorbem. §§ 32 ff Rn 151; LK-*Rönnau/Hohn*, § 32 Rn 220; S/S/W-StGB-*Rosenau*, § 34 Rn 4.
56 *Amelung*, JuS 86, 329, 329, 332; *Fahl*, Jura 07, 743, 744 f, 749; *B. Heinrich*, AT, Rn 398; *Hoffmann-Holland*, AT, Rn 276.
57 *Böse/Kappelmann*, ZJS 08, 290, 295 f; *Ellbogen*, Jura 05, 339, 341 f; *Erb*, Jura 05, 24, 29; *Otto*, AT, § 8 Rn 57; SK-*Hoyer*, § 32 Rn 17; § 24 Rn 15 f; *Klose*, ZStW 89 [1977], 61, 78; Lackner/Kühl-*Kühl*, § 32 Rn 17; *Reinhardt*, ZJS 13, 493, 496.

Rechtfertigungsgründe kommen können soll. Er ist „Bürger in Uniform", der ohne Grund nicht schlechter gestellt werden darf als ein Privater, zumal er besonders häufig in Gefahrensituationen gerät.

Richtigerweise dürfen die Rechtfertigungsgründe nur nicht als Umgehung des öffentlichen Kompetenzgefüges verstanden werden, sie sind keine Eingriffsbefugnisse des Staates und erweitern diese auch nicht. Wo der Gesetzgeber also eine **abschließende Regelung** der öffentlich-rechtlichen Eingriffsbefugnisse getroffen hat – aber auch nur insoweit –, bleibt der Amtsträger hieran gebunden und darf sich nicht auf weitergehende allgemeine Rechtfertigungsgründe berufen. Dies entspricht auch der **hM**[58]. **434**

Im obigen Beispiel sind die **milieubedingten Straftaten des verdeckten Ermittlers** nach den beiden zuerst genannten restriktiven Ansichten mangels genereller Anwendbarkeit des § 34 nicht zu rechtfertigen. Nach der differenzierenden Theorie, die die Rechtswidrigkeit im Hinblick auf das Polizeirecht bejahen müsste (da der Gesetzgeber keine öffentlich-rechtliche Befugnis zur Begehung derartiger Taten vorgesehen hat), kommt es im Ergebnis – ebenso wie nach der hM – darauf an, ob die Voraussetzungen des § 34 erfüllt sind (was sehr zweifelhaft ist), wobei mit der auch hier bevorzugten hM zusätzlich noch danach gefragt werden muss, ob der Gesetzgeber in §§ 110a ff StPO insoweit eine abschließende Regelung getroffen hat. Dies könnte wegen der Formulierung in § 110c S. 3 StPO („Im übrigen richten sich die Befugnisse des verdeckten Ermittlers nach diesem Gesetz *und anderen Rechtsvorschriften*") zweifelhaft erscheinen; im Ergebnis handelt es sich gleichwohl um eine auf öffentlich-rechtliche Befugnisnormen bezogene abschließende Regelung; die allgemeinen Rechtfertigungsgründe verleihen demgegenüber gerade keine Befugnisse im Sinne dieser Vorschrift[59]. **435**

Sehr umstritten ist weiter, ob für den **polizeilichen Schusswaffengebrauch** § 32 herangezogen werden kann. Nach der auch hier vertretenen Meinung ist dies sowohl zur Selbstverteidigung als auch zum Zwecke der Nothilfe zulässig[60]; die landesrechtlichen Polizeigesetze stellen insoweit keine abschließende engere Regelung dar, sondern enthalten – im Gegenteil – regelmäßig Notrechtsvorbehalte (zB für Bayern Art. 77 II PAG: „Die zivil- und strafrechtlichen Wirkungen nach den Vorschriften über Notwehr und Notstand bleiben unberührt."). Der zur Waffe greifende Polizist ist aber – anders als sonst bei § 32 – an den für alles staatliche Handeln geltenden Verhältnismäßigkeitsgrundsatz gebunden[61]. **436**

Ebenso findet § 193 für ehrenrührige Äußerungen im Bereich hoheitlichen Tätigwerdens Anwendung und auch auf **§ 127 I StPO** können sich nicht nur Privatpersonen, sondern auch Amtsträger berufen. **437**

b) Zu beachten ist, dass das Strafverfahrensrecht in **§ 161 StPO** eine **weitreichende (generalklauselartige) Eingriffsgrundlage für hoheitliches Handeln** in Bezug auf **438**

---

58 Vgl BGHSt 27, 260, 262 f; BGH NJW 58, 1405; NStZ 05, 31; BayObLG JZ 91, 936 m. Bespr. *Rogall*, JuS 92, 551; *Joecks*, St-K, § 32 Rn 60; *Kasiske*, JA 07, 509, 513; *Kühl*, AT, § 7 Rn 153; *ders.*, Jura 93, 233, 238; *Norouzi*, JA 05, 306, 308; *Radtke/Schwer*, JuS 03, 580, 584 f; *Rengier*, AT, § 18 Rn 96; *Roxin*, AT I, § 15 Rn 112 f; *Stratenwerth/Kuhlen*, § 9 Rn 94 f; einschränkend *Béguelin*, GA 2013, 473; aA *Amelung*, JuS 86, 329, 336 f; für Strafbarkeitsausschluss Matt/Renzikowski-*Engländer*, § 32 Rn 41; *ders.*, Nothilfe, S. 228 ff.
59 S. *Beulke/Swoboda*, StPO, Rn 267.
60 *Hoffmann-Holland*, AT, Rn 276; *Kühl*, Jura 93, 233, 236; *Paeffgen*, FS-Beulke S. 213, 221; S/S-*Perron/Eisele*, § 32 Rn 42b f; *Roxin*, AT I, § 15 Rn 112.
61 S. nur *Stratenwerth/Kuhlen*, § 9 Rn 94.

139

nicht schwerwiegende Grundrechtseingriffe enthält[62]. Dementsprechend ist ein Rückgriff auf allgemeine Rechtfertigungsgründe, insbes. auf § 34 zB im Zusammenhang mit dem Ankauf von im Ausland rechtswidrig erlangten Steuer-CDs zum Zweck der Enttarnung von „Steuersündern" (Liechtenstein-Affäre) nicht möglich, aber auch nicht nötig. Angesichts der Grundsätze von Vorrang und Vorbehalt des Gesetzes darf § 34, soweit eine spezialgesetzliche Ermächtigungsgrundlage fehlt, nicht zu einer noch über § 161 StPO hinausreichenden allgemeinen Ermittlungsbefugnis umgedeutet werden[63].

439 c) In diesen Zusammenhang gehört schließlich auch die Diskussion um die sog. **Rettungsfolter**, dh die Frage, ob im Rahmen von Vernehmungssituationen die Androhung von Folter durch Hoheitsträger ausnahmsweise durch Nothilfe gerechtfertigt werden kann, um ein höchstpersönliches Rechtsgut zu schützen – vorausgesetzt natürlich, man lehnt die Anwendung der allgemeinen Rechtfertigungsgründe auf dienstlich tätige Amtsträger nicht generell ab (s. Rn 430 ff):

Beispiel (nach Fall *Daschner*[64]): G war verdächtig, den Frankfurter Bankierssohn J entführt zu haben. Er verweigerte gegenüber den polizeilichen Vernehmungsbeamten jedoch jegliche Aussage über den Aufenthaltsort. In Sorge um das Leben des J wies Polizeipräsident D den Vernehmungsbeamten V an, dem G extreme körperliche Schmerzen anzudrohen, wenn er den Aufenthaltsort nicht verrate. Aufgrund dieser Drohung legte G ein Geständnis ab. Hier stellt sich die Frage, ob die als Folter einzustufende Nötigung des G durch Nothilfe (§ 32 II Alt. 2) gerechtfertigt ist. Im Originalfall war J zum Zeitpunkt der Vernehmung bereits tot, sodass nur die Situation einer Putativnothilfe vorlag (Fall eines Erlaubnistatbestandsirrtums, s. dazu Rn 548, 740 ff).

Das geltende Recht enthält ein absolutes (!) Folterverbot: Grundgesetz, Völkerrecht und einfaches Recht sehen in Art. 1 I 1 (iVm 79 III), 104 I 2 GG, Art. 3 EMRK, der UN-Antifolterkonvention, § 136a StPO sowie im Polizeirecht **Folterverbote** vor, die ausdrücklich auch Extremfälle erfassen[65]. Zudem erklärt Art. 1 I GG die Menschenwürde für unantastbar und entzieht sie somit jeglicher Abwägung[66]. Es kann auch nicht zwischen (zulässiger) Androhung und (unzulässiger) Durchführung der Folter unterschieden werden; ebenso verbietet sich eine Differenzierung zwischen geringfügiger und erheblicher Schmerzzufügung[67].

---

62 Grundlegend BVerfG NJW 09, 2876.
63 Vgl zu diesem Problemkreis insgesamt: *Ignor/Jahn*, JuS 10, 390; *Ostendorf*, ZIS 10, 301; *Schünemann*, NStZ 08, 305; *Sieber*, NJW 08, 881, 884; zumindest entfällt die „Angemessenheit" (s. Rn 483): *Heine*, Roxin II-FS, S. 1087; fallbezogen *Fahl*, ZJS 09, 63; aA *Kölbel*, NStZ 08, 214; diff. *Erb*, Roxin II-FS, S. 1103; s. auch *Satzger*, Achenbach-FS, S. 447; zur strafprozessualen Verwertung: BVerfG JZ 11, 249 m. Anm. *Wohlers*; *Beulke/Swoboda*, StPO, Rn 481; *Satzger*, Roxin I-FS, S. 421.
64 LG Frankfurt/M. NJW 05, 692 *(Fall Daschner)* m. Bespr. *Jeßberger*, Jura 03, 711; *Kudlich*, JuS 05, 376; *Neuhaus*, GA 2004, 521; iE wie hier *Beutler*, Strafbarkeit der Folter zu Vernehmungszwecken, 2006; *Fahl*, Jura 09, 234; *Hassemer*, Maihofer-FS, S. 181, 202; *Jäger*, JA 08, 678; LK-*Rönnau*, Vorbem. § 32 Rn 259; *Roxin*, Nehm-FS, S. 205; *Saliger*, ZStW 116 [2004], 35, 48; s. auch *Beulke/Swoboda*, StPO, Rn 134a; *Kühl*, Jung-FS, S. 433; vert. *Merkel*, Jakobs-FS. S. 375.
65 EGMR NStZ 08, 699 und EGMR GrK NJW 10, 3145 *(Gäfgen vs. Deutschland)* m. Anm. *Weigend* StV 11, 325; zu den geschichtlichen Hintergründen s. nur *Pösl*, Verbot der Folter, S. 79 ff.
66 *v. Bernstorff*, JZ 13, 905; *Greco*, GA 2007, 628; *Kahlo*, Hassemer-FS, S. 383, 414 f; *Stern*, Kirchhof-FS, Bd I, § 16 Rn 9 ff; aA *Brugger*, JZ 00, 165; *Wagenländer*, Zur strafrechtlichen Beurteilung der Rettungsfolter, 2006, S. 199 f; iS eines einzelfallbezogenen Entschuldigungsgrundes *Ambos*, Loos-FS, S. 5, 13.
67 AA hinsichtlich der Androhung *Herzberg*, JZ 05, 321; *ders.*, Kargl-FS, S. 181; *Schünemann*, GA 2007, 644, 647 Fn 8; *Stratenwerth/Kuhlen*, AT, § 9 Rn 95; hinsichtlich geringfügiger Verstöße *Hilgendorf*, JZ 04, 331; Lackner/Kühl-*Kühl*, § 32 Rn 17a; *Otto*, JZ 05, 473; zT auch *Fahl*, JR 04, 182.

140

Im Beispiel scheitert eine strafrechtliche Rechtfertigung des folternden Amtsträgers bei § 32 (Nothilfe) an der Gebotenheit (vgl Rn 521) und bei § 34 (Notstandshilfe) jedenfalls an der Angemessenheit (vgl Rn 483). Auch eine angebliche naturrechtliche Begründung des Nothilferechts darf die Folterverbote keinesfalls überlagern[68].

Aus der Strafbarkeit der Folter folgt im Gegenschluss, dass die unterlassene Opferrettung mittels Folter nicht gem. §§ 212, 13 bzw § 323c strafbar ist (s. auch Rn 510)[69]. Ob und in welchem Ausmaß das Verbot der Rettungsfolter auch auf Private erstreckt werden muss[70], befindet sich derzeit noch im wissenschaftlichen Diskurs[71]. **440**

4. Konkurrenz mehrerer Rechtfertigungsgründe

Mehrere Rechtfertigungsgründe, die auf denselben Sachverhalt zutreffen, sind zumeist unabhängig voneinander und ggf nebeneinander anwendbar (wie etwa §§ 229, 859 BGB neben § 32 StGB); nur in Ausnahmefällen wird der eine durch den anderen verdrängt. Bedeutung hat das vor allem beim rechtfertigenden Notstand: Hier enthält das Gesetz mit §§ 228, 904 BGB spezielle Vorschriften, die die Rechtfertigung der Einwirkung auf (fremde) Sachen regeln. Als *leges speciales*[72] gehen diese dem allgemeinen § 34 StGB, der als *ultima ratio* für Konfliktlagen außergewöhnlicher Art fungiert, vor[73]. **441**

Klausurhinweis: Dieser Tatsache sollte im strafrechtlichen Gutachten Rechnung getragen werden, indem die §§ 228, 904 BGB vor § 34 geprüft werden.

Im **Fall 8** hat A den E vorsätzlich getötet und, da er aus Hass gehandelt hat, auch das Mordmerkmal der niedrigen Beweggründe erfüllt. A hat somit den Tatbestand des Mordes (§ 211) verwirklicht. Eine vollständige Rechtfertigung scheidet aus: Gleichwohl ist er nicht wegen vollendeten Mordes, sondern wegen versuchter Tat zu bestrafen (§§ 211, 22, 23 I). Denn das Erfolgsunrecht seiner Tat wird durch das Vorliegen der objektiven Voraussetzungen des Rechtfertigungsgrunds der Notwehr (§ 32) kompensiert; dem verbleibenden Handlungsunwert wird nach zutreffender Ansicht eine Bestrafung wegen Versuchs gerecht. **442**

Aktuelle Rechtsprechung zu § 8:
- OLG Naumburg NStZ 13, 718: Fehlt bei einem objektiv im Notstand (§ 34) handelnden Täter die Kenntnis der Notstandslage, ist er – entgegen der Rspr des BGH – lediglich wegen Versuchs zu bestrafen; vgl Rn 417.

---

68 *Bott,* In dubio pro Straffreiheit?, 2011, S. 124; LK-*Rönnau,* Vorbem. § 32 Rn 254; aA *Erb,* NStZ 05, 593; *ders.,* Seebode-FS, S. 99; *Eser,* Hassemer-FS, S. 713; iE ähnl. *Jerouschek,* JuS 05, 296.
69 AA *Kühl,* AT, § 7 Rn 156a; vert. *Mitsch,* Roxin I-FS, S. 639 ff.
70 Dafür *v. Scherenberg,* Die sozialethischen Einschränkungen der Notwehr, 2009, S. 256; dagegen *Engländer,* Nothilfe, S. 331 ff – zu ihm *Jäger,* RW 10, 12; *Reschke,* JuS 11, 50, 55; vert. *Greve,* ZIS 14, 236.
71 Ausf. und mit beachtlichen Gründen die Gebotenheit der Notwehr ablehnend *Pösl,* Verbot der Folter, S. 261 ff, 285 f.
72 Zum Grundsatz *lex specialis derogat legi generali* s. *Vogel,* Juristische Methodik, S. 63.
73 Vgl *Erb,* JuS 10, 17, 19; Lackner/Kühl-*Kühl,* § 34 Rn 14; *Seelmann,* Das Verhältnis des § 34 StGB zu anderen Rechtfertigungsgründen, 1978, S. 75; *Thiel,* Die Konkurrenz von Rechtfertigungsgründen, 2000, S. 225 ff; anders *Fahl,* JA 17, 674; *Hellmann,* Die Anwendbarkeit der zivilrechtl. Rechtfertigungsgründe im Strafrecht, 1987, S. 106 ff; s. auch *Gropengießer,* Jura 00, 262; *Heger,* JA 00, 188; *Roxin,* AT I, § 14 Rn 47.

– OLG Celle BeckRS 13, 07170 m. Bespr. *Jahn*, JuS 13, 1042: Liegen die objektiven Voraussetzungen der Notwehr vor und fehlt es allein an den subjektiven Voraussetzungen des § 32, so entfällt das Erfolgsunrecht der begangenen Tat und es bleibt bei einer Strafbarkeit wegen Versuchs; vgl Rn 417.
– BGHSt 56, 11 *(Partisanenfall)* und BGH NJW 13, 2133 sowie BGH NStZ 16, 333 *(Fluchtfall)*: Verteidigungsmotivation bei der Notwehr erforderlich; vgl Rn 415.

§ 9 Rechtfertigungsgründe I: Der rechtfertigende Notstand (§§ 228, 904 BGB; § 34 StGB)

443 **Fall 9: a)** Die bei der Tierärztin T beschäftigte Köchin K ist mit dem Krankenhauspatienten P verabredet. Da es regnet, benutzt K ohne zu fragen den Schirm der T. Auf dem Weg zum Treffpunkt wird K von dem bissigen Hund Rex des abwesenden S angegriffen. Als sie keinen anderen Ausweg sieht, erheblichen Verletzungen zu entgehen, schlägt sie Rex mit dem Schirm in die Flucht und dem Hund dabei zwei Zähne aus. Ts Schirm zerbricht. Ist das Verhalten der K rechtmäßig oder rechtswidrig? **Rn 448 f, 451, 453 f, 490**

b) V wird schwer verletzt ins Krankenhaus eingeliefert. Zum Überleben benötigt er sofort eine Bluttransfusion. Allerdings hat er eine äußerst seltene Blutgruppe. Der einzige, der als Blutspender in Betracht kommt, ist der gesundheitlich robuste P. Obwohl die Assistenzärzte A und B dem P erläutern, dass V auf das Blut des P angewiesen sei und kein anderer Spender dieser Blutgruppe zur Verfügung stehe, verweigert P seine Mitwirkung. Um das Leben des V zu retten, entnehmen A und B dem sich heftig sträubenden P unter Anwendung von Gewalt die für eine erste Bluttransfusion benötigte Menge Blut. Ist das Verhalten von A und B als rechtmäßig oder als rechtswidrig zu bewerten[1]? **Rn 456, 485, 487, 490**

444 Als **Notstand** bezeichnet man einen Zustand gegenwärtiger Gefahr für rechtlich geschützte Interessen, deren Abwendung nur auf Kosten fremder Interessen möglich ist.

445 Das geltende Recht unterscheidet zwischen dem rechtfertigenden und dem entschuldigenden Notstand:

446 Die Fälle des **rechtfertigenden Notstandes** (§§ 228, 904 BGB, § 34 StGB, § 16 OWiG)[2] beruhen auf dem **Prinzip des überwiegenden Interesses**. Hier erscheint die Rettungshandlung aufgrund der Güter- und Interessenabwägung als das angemessene Mittel zur Erreichung eines berechtigten Zwecks.

Allerdings variiert der gesetzlich vorgesehene Abwägungsmaßstab: Hat der Geschädigte zur Entstehung der Gefahrenlage beigetragen, wiegen seine Interessen weniger schwer als die eines Geschädigten, der an der Entstehung der Situation gänzlich unbeteiligt war:

---

1 Beispiel nach *Gallas*, Mezger-FS, S. 311, 325.
2 Ein guter Überblick über die rechtfertigenden Notstände findet sich bei *Nestler*, Jura 19, 153.

142

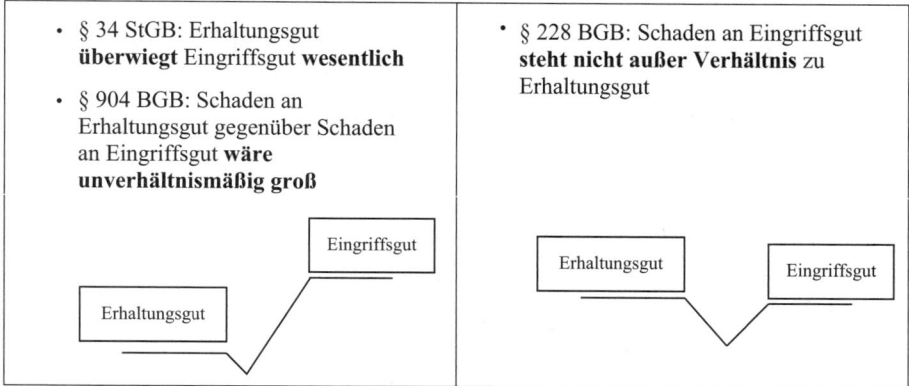

- § 34 StGB: Erhaltungsgut **überwiegt** Eingriffsgut **wesentlich**

- § 904 BGB: Schaden an Erhaltungsgut gegenüber Schaden an Eingriffsgut **wäre unverhältnismäßig groß**

- § 228 BGB: Schaden an Eingriffsgut **steht nicht außer Verhältnis** zu Erhaltungsgut

Im Gegensatz dazu handelt es sich beim **entschuldigenden Notstand** (§ 35) um die Kollision *gleichwertiger* Interessen und um Konflikte, bei denen dem Täter trotz Fortgeltung der Sollensgebote ein **normgemäßes Verhalten nicht zugemutet wird**[3]. Die Rechtsordnung übt dort in der Weise Nachsicht, dass sie (trotz rechtlicher Missbilligung der Tat) auf die Erhebung eines Schuldvorwurfs verzichtet[4]. **447**

I.   Der zivilrechtliche Notstand

Im **Fall 9a** hat K den Schirm der T zwar nicht gestohlen (§ 242 I), da sie im Zeitpunkt der Wegnahme den Willen zur Rückgabe hat und ihr somit die für einen Diebstahl unverzichtbare Zueignungsabsicht fehlt (dazu *Wessels/Hillenkamp/Schuhr*, Rn 156 ff). Die bloße Gebrauchsanmaßung eines Schirms ist – anders als bei einem Kfz oder bei einem Fahrrad (s. § 248b I) – straflos. Die Beschädigung des Schirmes bei seiner Verwendung als Verteidigungswaffe erfüllt allerdings objektiv und subjektiv den Tatbestand der Sachbeschädigung (§ 303 I); als Vorsatzform liegt bei K zumindest *dolus eventualis* vor. Ebenso erfüllt die Verletzung des Hundes den Tatbestand des § 303 I, da es sich bei dem Hund aus rechtlicher Sicht ebenfalls um eine Sache handelt (s. Rn 90). Fraglich ist, ob K in der konkreten Situation **rechtswidrig** gehandelt hat. **448**

Im Zivilrecht finden sich zwei Notstandsregelungen, die die schädigende Einwirkung auf fremde Sachen zum Gegenstand haben. Es handelt sich daher um **spezielle Rechtfertigungsgründe für eine Sachbeschädigung** (§ 303)[5].

1.   Defensiver Notstand (§ 228 BGB)

Im **Fall 9a** befand K sich gegenüber dem sie angreifenden Rex nicht in einer Notwehrlage, da ein als rechtswidrig zu bewertender Angriff nur von Menschen ausgehen kann (vgl Rn 495). Bei einer Gefährdung durch Tiere oder leblose Gegenstände tritt § 228 BGB an die **449**

---

3   Vert. *Momsen*, Zumutbarkeit, S. 252 ff.
4   Lehrreich *Küper*, JuS 87, 81; *Roxin*, JuS 88, 425.
5   S. nur *B. Heinrich*, AT, Rn 482, 489.

Stelle des § 32 StGB (RGSt 34, 295). Demnach sind hier die zivilrechtlichen Notstandsregeln anzuwenden. Für § 32 bleibt aber Raum, wenn ein menschlicher Angreifer Hunde auf Menschen hetzt (BGHSt 14, 152).

450 Die Rechtfertigung der **Sachwehr** im **defensiven Notstand** (§ 228 BGB) geht auf den Grundgedanken zurück, dass die Schutzinteressen des Bedrohten höher zu bewerten sind als das Interesse des Eigentümers an der Erhaltung einer Sache, deren Zustand andere gefährdet und zu Abwehrmaßnahmen zwingt.

Die Beschädigung oder Zerstörung fremder Sachen ist hiernach nicht widerrechtlich, wenn sie erforderlich ist, um eine **durch sie** drohende Gefahr für schutzwürdige Interessen jedweder Art abzuwenden, und der Schaden nicht außer Verhältnis zu der Gefahr steht. § 228 BGB sieht davon ab, ein wertmäßiges Überwiegen des bedrohten Rechtsgutes zu verlangen, weil die Abwehrhandlung sich **gegen die gefahrsetzende Sache als solche** richtet. Eine Schadensersatzpflicht trifft den Notstandstäter nur, wenn er die Gefahr verschuldet hat (§ 228 S. 2 BGB); die Rechtmäßigkeit seiner Abwehr bleibt davon nach hM unberührt[6].

451 Im **Fall 9a** war die Verletzung des Hundes Rex daher gem. § 228 BGB gerechtfertigt (eines Rückgriffs auf § 34 StGB bedarf es insoweit nicht; s. Rn 441). Damit liegt keine strafbare Sachbeschädigung vor.

---

452 | **Überblick über die Voraussetzungen des defensiven Notstands, § 228 BGB**
1. Objektive Voraussetzungen
   a) Notstandslage (**„durch sie drohende Gefahr"**)
      – drohende gegenwärtige Gefahr für ein Rechtsgut
      – durch eine fremde Sache
   b) Notstandshandlung
      – Erforderlichkeit („zur Abwendung […] erforderlich")
      – Geeignetheit
      – relativ mildestes Mittel
      – Interessenabwägung (**„nicht außer Verhältnis"**)
2. Subjektive Voraussetzungen (= subj. Rechtfertigungselement)
   a) in Kenntnis der Notstandslage
   b) mit Rettungswillen (str.)

---

2. Aggressiver Notstand (§ 904 BGB)

453 Im **Fall 9a** könnte die Zerstörung des als Abwehrwaffe benutzten Schirmes der T durch K (§ 303 I) gem. § 904 BGB gerechtfertigt sein.

Im Gegensatz zu § 228 BGB erlaubt § 904 BGB in Fällen des **aggressiven Notstandes** die Einwirkung auf solche Sachen, die zu der Gefahrenquelle in keinerlei Beziehung stehen.

Nach dieser Vorschrift darf der Eigentümer den **Zugriff auf seine Sache** nicht verbieten, wenn die Einwirkung zur **Abwendung einer gegenwärtigen Gefahr notwendig** und der **drohende**

---

6 Vert. *Pawlik*, GA 2003, 12.

144

Schaden gegenüber dem aus der Einwirkung entstehenden Schaden **unverhältnismäßig groß** ist.

Der Grundgedanke dieser Regelung liegt in der **Solidarität der Rechtsgemeinschaft**, die von dem Einzelnen in bestimmten Fällen der Not ein gewisses Maß an Opferbereitschaft fordert.

Allerdings wird dem unbeteiligten Eigentümer die **Aufopferung** seiner Sache im Fremdinteresse nur unter Zubilligung eines Schadensersatzanspruchs (§ 904 S. 2 BGB) und unter der Voraussetzung zugemutet, dass die **Güterabwägung eindeutig zugunsten des von der Gefahr Bedrohten** ausfällt[7].

> Im **Fall 9a** sah K sich durch den Angriff des bissigen Hundes einer erheblichen Gefahr für ihre körperliche Unversehrtheit ausgesetzt. Da sich das Tier nicht verscheuchen ließ und ihr andere Abwehrmöglichkeiten nicht zur Verfügung standen, greift § 904 BGB. Eine rechtswidrige Sachbeschädigung (§ 303 I) liegt daher in Bezug auf den Schirm nicht vor; K ist gegenüber T allerdings schadensersatzpflichtig.

454

Überblick über die Voraussetzungen des aggressiven Notstands, § 904 BGB

1. Objektive Voraussetzungen
   a) Notstandslage (**„gegenwärtige Gefahr"**)
      – gegenwärtige Gefahr für ein Rechtsgut
   b) Notstandshandlung
      – Erforderlichkeit (**„zur Abwendung… notwendig"**)
      – Geeignetheit
      – relativ mildestes Mittel
      – Interessenabwägung (**„drohender Schaden… unverhältnismäßig groß"**)
2. Subjektive Voraussetzungen (= subj. Rechtfertigungselement)
   a) in Kenntnis der Notstandslage
   b) mit Rettungswillen (str.)

455

II. Der allgemeine rechtfertigende Notstand

> Im **Fall 9b** zwangen A und B den P mit Gewalt, die Entnahme von Blut zur Rettung des V zu dulden. Für die Dauer des Eingriffs nahmen sie ihm zugleich die Möglichkeit, von seiner persönlichen Bewegungsfreiheit Gebrauch zu machen. Ihr Vorgehen verwirklicht objektiv und subjektiv den Tatbestand der Nötigung (§ 240 I), der Freiheitsberaubung (§ 239 I) und der Körperverletzung (§ 223). Eine Strafbarkeit gem. § 224 I Nr 2, Nr 4 erscheint jedenfalls denkbar. Als Erlaubnisnorm für A und B könnte allerdings § 34 (rechtfertigender Notstand) in Betracht kommen. § 34 ist bei der Nötigung vor der allgemeinen Verwerflichkeit zu prüfen (s. Rn 202).

456

Der **allgemeine rechtfertigende Notstand** wurde in der Rspr als „übergesetzlicher Notstand" aus dem Prinzip der Güter- und Pflichtenabwägung entwickelt. Früher

457

---

7   Vgl BGHZ 92, 357.

wurde er vornehmlich bei medizinisch indizierten Schwangerschaftsabbrüchen anerkannt[8], gilt aber heute für Interessenkollisionen aller Art[9]. Seine Voraussetzungen sind inzwischen gesetzlich in § 34 StGB festgehalten.

1. Die Notstandslage

458 Die erforderliche **Notstandslage** setzt eine gegenwärtige Gefahr für Leben, Leib, Freiheit, Ehre, Eigentum oder ein anderes Rechtsgut voraus, die nicht anders abgewendet werden kann als durch die Einwirkung auf ebenfalls rechtlich anerkannte Interessen.

459 **a)** Notstandsfähig sind hiernach **Rechtsgüter des Einzelnen und der Allgemeinheit**, soweit sie in der konkreten Situation **schutzbedürftig** und **schutzwürdig** sind.[10]

460 Da der Schutz von **Allgemeinrechtsgütern** grundsätzlich den Staatsorganen obliegt, können sich Privatpersonen nach richtiger Ansicht insoweit nicht auf den Rechtfertigungsgrund der **Nothilfe** (§ 32 II Alt. 2) zugunsten des Staates (sog. „Staatsnothilfe") berufen[11]. Dagegen kann das **Notstandsrecht** des § 34 in eng begrenzten Ausnahmefällen ein Verhalten zum Schutz von Rechtsgütern der Allgemeinheit legitimieren, wenn staatliche Stellen nicht rechtzeitig eingreifen können.

Beispiel[12]: Ein Bürger, der einen anderen durch Schlüsselwegnahme an einer Trunkenheitsfahrt hindert, weil keine sofortige polizeiliche Hilfe erreichbar ist, ist durch Notstand gerechtfertigt.

Der Hintergrund dieser Differenzierung liegt insbes. darin, dass das Merkmal „einem anderen" bei § 32 II Ausdruck einer interpersonalen Beziehung sein soll, während es bei § 34 als schlichte Abgrenzung zu den Rechtsgütern des Täters verstanden wird (vgl Rn 496)[13].

461 Demgegenüber sind die **Individualrechtsgüter** des Staates **sowohl notwehr- als auch notstandsfähig**.

Beispiel: Bürger X wehrt den Angreifer Y ab, der gerade den Pkw des städtischen Bauamts beschädigen will.

▶ Beispielsfall bei *Beulke*, Klausurenkurs III, Rn 709 und 711

462 An der **Schutzbedürftigkeit** der Rechtsgüter fehlt es zB bei drohenden Schäden für solche Güter, die ihr Inhaber in rechtlich zulässiger Weise preisgegeben hat. Die **Schutzwürdigkeit** entfällt, wenn die in Betracht kommende Werteinbuße von Rechts wegen hinzunehmen ist (wie etwa bei dem Verlust der Fortbewegungsfreiheit im Strafvollzug).

---

8 RGSt 61, 242; 62, 137; BGHSt 2, 111; 14, 1; Hilgendorf/Weitzel-*Zieschang*, S. 173.
9 BGHSt 12, 299; *Küper*, JZ 05, 105; *ders.*, Notstand, S. 101.
10 So ist zB auch der Tierschutz im Hinblick auf Art. 20a GG als „anderes Rechtsgut" notstandsfähig, vgl OLG Naumburg NStZ 18, 472 m. Bespr. *Felde/Ort*, ZJS 18, 468; *Fahl*, JA 19, 161, 164 f; zur Notstandsfähigkeit des Interesses an der Arbeit s. *Richter*, Rechtfertigender Notstand zur Erhaltung von Arbeitsplätzen?, 2019.
11 *Jescheck/Weigend*, AT, § 32 II 1 b; LK-*Rönnau/Hohn*, § 32 Rn 80; *Roxin*, AT I, § 15 Rn 36 ff; aA RGSt 63, 220; Lackner/Kühl-*Kühl*, § 32 Rn 3; S/S-*Perron*, § 32 Rn 6.
12 Vgl OLG Frankfurt NStZ-RR 96, 136.
13 Vgl S/S-*Perron*, § 34 Rn 10; *Roxin*, AT I, § 16 Rn 13; aA *Arzt*, Rehberg-FS, S. 29; Matt/Renzikowski-*Engländer*, § 34 Rn 17; SK-*Hoyer*, § 34 Rn 23 f.

b) Unter einer **gegenwärtigen Gefahr** ist ein Zustand zu verstehen, dessen Weiter- 463
entwicklung den Eintritt oder die Intensivierung eines Schadens **ernstlich befürchten lässt,** sofern nicht alsbald Abwehrmaßnahmen ergriffen werden[14].

Die **Bejahung einer solchen Gefahr** ergibt sich jeweils aus einem Wahrscheinlichkeitsurteil, 464
das an die im Handlungszeitpunkt vorliegenden Umstände anknüpft und die zu erwartende Ge-
schehensentwicklung prognostiziert. Bei dieser Sachverhaltsdiagnose und Prognose kommt es
nicht lediglich auf das Wissen und die Sicht des (möglicherweise irrenden) Notstandstäters,
sondern auf den Standpunkt eines **objektiven Betrachters** an. Maßgebend für die Einschätzung der konkreten Situation und die daraus resultierende Gefahr ist das *ex ante* zu bestimmen-
de Urteil eines sachkundigen Dritten, dem neben dem einschlägigen generellen Erfahrungswissen auch ein etwaiges Sonderwissen des Notstandstäters zugrunde zu legen ist[15].

Umstände, die allein in der Einbildung des Notstandstäters vorhanden sind, begründen keine 465
Gefahrenlage iSd § 34, können aber zur Annahme eines **Putativnotstandes** führen, dessen
Rechtsfolgen sich nach den insoweit geltenden **Irrtumsregeln** richten (vgl Rn 761 ff).

c) Gefahr iSd § 34 kann auch eine **Dauergefahr** sein. Gemeint ist damit ein gefahr- 466
drohender Zustand von längerer Dauer, der (wie etwa die Baufälligkeit eines Gebäu-
des oder der Hang eines Trinkers zur Misshandlung seiner Ehefrau nach jedem Alko-
holmissbrauch) **jederzeit** in eine Rechtsgutsbeeinträchtigung umschlagen kann, ohne
aber die Möglichkeit auszuschließen, dass der Eintritt des Schadens noch eine Weile
auf sich warten lässt. **Gegenwärtig** ist eine solche Dauergefahr, wenn sie so dringend
ist, dass sie nur durch unverzügliches Handeln wirksam abgewendet werden kann[16].

Die Gegenwärtigkeit einer **Gefahr** reicht hiernach weiter als die Gegenwärtigkeit des 467
Angriffs iSd § 32. Dies hängt mit dem Unterschied zwischen **Gefahr** und **Angriff** zusammen. Das Angriffsstadium der Notwehr setzt eine akute Zuspitzung der Gefahr,
dh wenigstens ein **unmittelbares Bevorstehen** des rechtsgutsbeeinträchtigenden
Verhaltens voraus (vgl Rn 499).

2. Die Notstandshandlung

Die **Notstandshandlung** als Mittel der Gefahrabwendung muss **objektiv erforder-** 468
lich („nicht anders abwendbar") und **subjektiv vom Rettungswillen** (s. Rn 412 ff)
getragen sein. Ob der Handelnde die Gefahr von sich oder einem anderen abwenden
will, ist gleichgültig; das Gesetz hebt die Zulässigkeit der **Notstandshilfe** ausdrücklich hervor.

Erforderlich kann nur sein, was zur Abwendung der Gefahr **geeignet** ist[17] und unter 469
Berücksichtigung aller aus der *Ex-ante*-Sicht eines sachkundigen objektiven Be-

---

14 RGSt 66, 222; BGH NStZ 88, 554; *Otto,* Jura 99, 552.
15 Näher dazu BayObLG StV 96, 484; *Jescheck/Weigend,* AT, § 33 IV 3 a; *J. Kretschmer,* Jura 05, 662;
Rengier, AT, § 19 Rn 9; LK-*Zieschang,* § 34 Rn 29; s. dazu auch S/S-*Perron,* § 34 Rn 27, der das *Ex-
ante*-Urteil auf die Prognose beschränken und es nur auf tatsächlich gegebene Umstände stützen will;
ebenso MK-StGB-*Erb,* § 34 Rn 62 ff; ein neuerlicher Versuch der Konkretisierung des herrschenden
Gefahrbegriffs findet sich bei *Rotsch,* Neumann-FS, S. 1009, 1017 ff.
16 BGHSt 48, 255, 258 *(Familientyrann II);* BGH JR 80, 113 *(Spannerfall)* m. Bespr. *Koch,* JA 06, 806;
BGH NStZ-RR 06, 200; AnwK-StGB-*Hauck,* § 34 Rn 5; *Hillenkamp,* Miyazawa-FS, S. 141, 154;
ders., JZ 04, 48; *Küper,* Rudolphi-FS, S. 151; krit. *Dencker,* Frisch-FS, S. 477.
17 OLG Düsseldorf NZV 08, 470 *(Stuhldrangfall).*

147

trachters erkennbaren Umstände mit gewisser Wahrscheinlichkeit zur Erhaltung des gefährdeten Gutes führt[18]. Unter mehreren geeigneten Mitteln ist das **relativ mildeste** zu wählen[19]. Besteht eine Ausweichmöglichkeit oder ist obrigkeitliche Hilfe rechtzeitig erreichbar, so ist davon Gebrauch zu machen. Der hier erkennbare deutliche Unterschied gegenüber § 32 folgt daraus, dass im Fall der Notwehr das Recht dem Unrecht nicht zu weichen braucht[20].

3. Interessenabwägung und Angemessenheitsklausel

470 Die Rechtfertigung der Notstandshandlung hängt von einer **zweifachen** Wertung ab, bei welcher erstens das **Rangverhältnis der kollidierenden Interessen** und zweitens die **sozialethische Angemessenheit der Tat** erfasst wird. Die objektiv erforderliche und subjektiv vom Rettungswillen beherrschte Notstandshandlung ist nicht rechtswidrig, wenn

a) bei Abwägung der widerstreitenden Interessen, namentlich der betroffenen Rechtsgüter und des Grades der ihnen drohenden Gefahren, das vom Täter geschützte Interesse das beeinträchtigte **wesentlich überwiegt** (= Interessenabwägung)[21]

b) und die Tat ein **angemessenes Mittel** ist, die Gefahr abzuwenden (= Angemessenheitsklausel)[22].

471 In die Interessenabwägung sind alle schutzwürdigen Interessen einzubeziehen, die im konkreten Fall als Erhaltungs- oder als Eingriffsgut durch den Konflikt unmittelbar oder mittelbar betroffen sind. Dabei sind **insbes. zu berücksichtigen**:

- Art und Ursprung sowie Intensität und Nähe der Gefahr,
- Art und Umfang der drohenden Werteinbußen,
- das Rang- und Wertverhältnis der kollidierenden Rechtsgüter,
- besondere Gefahrtragungspflichten (zB bei Polizeibeamten, Soldaten und Feuerwehrleuten),
- spezielle Schutzpflichten (etwa aufgrund einer Garantenstellung; vgl Rn 1175 ff),
- der vom Täter verfolgte Endzweck,
- die etwaige Unersetzlichkeit des eintretenden Schadens sowie
- die Größe der Rettungschancen (je weniger Erfolg die Rettungshandlung verspricht, desto mehr Zurückhaltung ist beim Eingriff in fremde Interessen geboten).

▸ Vert. *Beulke*, Klausurenkurs I, Rn 134

472 Wie der Vergleich mit § 35 I 2 Alt. 1 zeigt, wird die Anwendbarkeit des § 34 nicht dadurch ausgeschlossen, dass der Notstandstäter oder der Inhaber des bedrohten Rechtsguts die Notstandslage **verschuldet** hat. Dieser Umstand hat jedoch – ähnlich wie beim zivilrechtlichen De-

---

18 BGHSt 2, 242; eine Rechtfertigung des unerlaubten Umgangs mit Betäubungsmitteln scheitert regelmäßig an der Erforderlichkeit, BGH NJW 16, 2818.
19 OLG Düsseldorf NJW 06, 630.
20 Vgl dazu BGHSt 39, 133 m. Anm. *Roxin*, NStZ 93, 335; AnwK-StGB-*Hauck*, § 34 Rn 21; krit. *Pelz*, NStZ 95, 305; zu den Unterschieden bei der Erforderlichkeitsprüfung s. *Petersen*, JA 17, 502 ff.
21 *Arzt*, Rehberg-FS, S. 25; *Beulke*, Herzberg-FS, S. 605; *Hilgendorf*, JuS 93, 97, 100.
22 Näher *Joerden*, GA 1991, 411.

fensivnotstand – Auswirkungen auf den Abwägungsmaßstab bei der **Interessenabwägung** (s. Rn 450).

Die Gegenmeinung will das Verschulden des Notstandstäters demgegenüber nicht zulasten des Erhaltungsguts bei der Abwägung berücksichtigen und hält damit zwar die konkrete Tat für gerechtfertigt, sieht dann aber Raum für einen Strafvorwurf, indem dieser an das Vorverhalten, also die schuldhafte Verursachung der Notstandslage, angeknüpft wird, sog. *actio illicita in causa* (vgl Rn 540)[23].

4. Einzelprobleme der Interessenabwägung und der Angemessenheitsklausel

a) Auch beim allgemeinen Notstand lassen sich – wie beim zivilrechtlichen Notstand – die Situationen des **Agressiv- und des Defensivnotstandes** unterscheiden. Bei einer Abwehrhandlung im Defensivnotstand, die allein in die Gütersphäre dessen eingreift, **von dem die Gefahr ausgeht**, sind qualitativ und quantitativ weitergehende Beeinträchtigungen zulässig (notfalls sogar eine körperliche Verletzung des Gefahrverursachers) als bei einem **aggressiven** Notstand, der **unbeteiligte Dritte** in Mitleidenschaft zieht. Dies folgt aus dem Grundgedanken des § 228 BGB, der einen allgemeinen Rechtsgrundsatz normiert und über die dortige Regelungsmaterie der Sachwehr hinaus sinngemäß in die Interessenabwägung des § 34 einzubeziehen ist[24]. **473**

So erwog der BGH im *Spannerfall* zu Recht, ob nicht eine Körperverletzung (Pistolenschuss in das Gesäß und die linke Flanke ohne dauerhafte Körperschäden) ausnahmsweise durch Notstand gerechtfertigt sein könnte, weil der vom Ehemann angeschossene Spanner das Ehepaar durch sein wiederholtes mysteriöses Auftauchen im Schlafzimmer über Monate hinweg terrorisiert hatte und keine polizeiliche Hilfe zu erlangen war[25].

b) Richtiger Ansicht nach ist dies auch der entscheidende Grund dafür, dass der im sog. **Nötigungsnotstand** Handelnde nicht durch § 34 gerechtfertigt sein kann. **474**

Ein Nötigungsnotstand liegt vor, wenn der Täter zugleich Opfer einer Nötigung (§ 240) ist, dh durch Gewalt oder Drohung mit einer gegenwärtigen, nicht anders abwendbaren Gefahr für Leben, Leib oder Freiheit seiner selbst, eines Angehörigen oder einer ihm nahe stehenden Person zu einer rechtswidrigen Tat genötigt wird[26].

Hier tritt der Notstandstäter letzlich – wenn auch unfreiwillig – auf die Seite des Unrechts, er bedarf deshalb nicht der Solidarität der Rechtsgemeinschaft (Rn 411). Würde man sein Handeln gleichwohl rechtfertigen, würde überdies dem Opfer das Notwehrrecht genommen, da es an einem rechtswidrigen Angriff fehlen würde. Die

---

23 Dazu BayObLG NJW 78, 2046; *Beck*, ZStW 124 [2012], 660, 667 ff; *Gropp*, AT, § 6 Rn 138 ff; S/S-*Perron*, § 34 Rn 42; *Rengier*, AT, § 19 Rn 36; *Roxin*, AT I, § 16 Rn 51.

24 So die hM, vgl S/S-*Perron*, § 34 Rn 30; S/S/W-StGB-*Rosenau*, § 34 Rn 2; *Roxin*, AT I, § 16 Rn 74; *Zieschang*, JA 07, 679, 683; für einen eigenständigen Rechtfertigungsgrund gem. § 228 BGB analog Matt/Renzikowski-*Engländer*, § 34 Rn 5 und 47 ff; *Frister*, AT, 17. Kap., Rn 21; NK-*Neumann*, § 34 Rn 86; krit. MK-StGB-*Erb*, § 34 Rn 152 ff; s. auch *Frisch*, Puppe-FS, S. 425.

25 Leider offen gelassen von BGH JR 80, 113 m. insoweit krit. Anm. *Hirsch/Tenckhoff*, JR 81, 225; wie hier auch *Küper*, Notstand, S. 15; *Roxin*, Jescheck-FS, S. 457; zweifelnd *Pawlik*, Notstand, S. 312; vgl ferner BGH NStZ 89, 431.

26 Dies gilt freilich nur, wenn er dennoch zumindest dem Grunde nach die Voraussetzungen des § 34 erfüllt, s. dazu *Kudlich/Oğlakcıoğlu*, JA 15, 426, 427.

Zwangslage, in der sich der Täter beim Nötigungsnotstand befindet, kann daher auch bei relativ geringwertigen Rechtsgutsverletzungen nur im Rahmen des entschuldigenden Notstands berücksichtigt werden (ausf. dazu Rn 697).

475 **c)** Die bei § 34 vorzunehmende Interessenabwägung lässt eine Rechtfertigung am ehesten bei der **Verletzung von formalen Ordnungsbelangen oder ähnlich geringfügigen Beeinträchtigungen** zu (zB Geschwindigkeitsüberschreitung zur Rettung eines Schwerverletzten[27]). Wegen der relativen Bedeutungslosigkeit des Verstoßes gegen die Pflicht zur Offenbarung des Personenstandes der Mutter (vgl § 169) lässt sich auch die anonyme Ablage eines Neugeborenen in der **Babyklappe** rechtfertigen, wenn nur so das Leben des Kindes gerettet werden kann[28]. Demgegenüber sind an die Rechtfertigung des Verhaltens umso höhere Anforderungen zu stellen, je persönlichkeitsnäher das betroffene Rechtsgut ist und je nachhaltiger die Notstandshandlung in die Freiheit der personalen Selbstbestimmung eingreift. Gleichwohl kommt auch nach diesen Kriterien zB eine Rechtfertigung durch Notstand in Betracht, wenn der Arzt sein Schweigegebot durchbricht, um den von ihm ebenfalls ärztlich betreuten Sexualpartner von der Aids-Erkrankung des anderen zu unterrichten[29].

476 **d)** Die **Tötung anderer durch aktives Tun** kann hingegen selbst in Notstandslagen **niemals** gerechtfertigt, sondern allenfalls gem. § 35 entschuldigt werden[30]. Dies entspricht jedenfalls in Fällen des **aggressiven Notstandes**, bei denen in das Rechtsgut eines Unbeteiligten eingegriffen wird, der ganz hL.

So scheitert eine Rechtfertigung etwa in dem klassischen Fall des *Brett des Karneades* – zwei Schiffsbrüchige sitzen auf einer Planke, die nur eine Person trägt, einer von beiden stößt den anderen ins Wasser – bzw im sog. *Mignonettefall* – Schiffsbrüchige ohne Trinkwasser und Lebensmittel töten und verzehren den bereits bewusstlosen Schiffsjungen, um so ihr Überleben zu sichern[31].

477 Nicht anders darf die Wertung aber auch in den Fällen des **defensiven Notstands** ausfallen, in denen Rechtsgüter desjenigen geopfert werden, der als Gefahrenquelle einzustufen ist, so zB in den sog. „Familientyrannenfällen", bei denen ein Familienangehöriger getötet wird, von dem eine akute Lebensgefahr für andere Familienmitglieder ausgeht[32]. Wenn hier demgegenüber die wohl schon hL in Extremfällen sogar eine

---

27 BayObLG NJW 91, 1626; OLG Düsseldorf NStZ 90, 396.
28 *Beulke*, Herzberg-FS, S. 605; MK-StGB-*Ritscher*, § 169 Rn 22; SK-*Schall*, § 169 Rn 24; angesichts der Identität von Täterin und Gefahrenquelle ist die Lösung dieser Fälle sehr streitig; aA *Wiesner-Berg*, Anonyme Kindesabgabe in Deutschland und der Schweiz, 2009, S. 198; s. auch *Hamper*, Babyklappe und anonyme Geburt, 2010; *Hassemer/Eidam*, Babyklappen und Grundgesetz, 2011; *Jancker*, Die anonyme Geburt, 2012; *Teubel/Käßmann*, ZRP 10, 63; das am 1.5.2014 in Kraft getretene Gesetz zur vertraulichen Geburt (BGBl I, S. 3458; dazu *Becker*, Brudermüller-FS, S. 1) soll an der Existenz von Babyklappen (vorerst) nichts ändern, vgl BT-Drucks. 17/12814, S. 2.
29 OLG Frankfurt NStZ 01, 149 m. zust. Anm. *Wolfslast*.
30 Vgl BGHSt 46, 279 m. Anm. *Rigizahn*, JR 02, 427; AnwK-StGB-*Hauck*, § 34 Rn 9.
31 *Jäger*, ZStW 115 [2003], 765; *Lenckner*, Der rechtfertigende Notstand, 1965, S. 27; *Roxin*, AT I, § 16 Rn 33; LK-*Zieschang*, § 34 Rn 74; anders SK-*Hoyer*, § 34 Rn 43; *Koriath*, JA 98, 250; *Pawlik*, Notstand, S. 326; *ders.*, Jura 02, 26; *Renzikowski*, JR 01, 470; einschränkend für den „freiwilligen Opfertod" *Mitsch*, Weber-FS, S. 61 ff.
32 BGHSt 48, 255 *(Familientyrann II)* m. Anm. *Hillenkamp*, JZ 04, 48 und *Rengier*, NStZ 04, 233.

Tötung für rechtmäßig hält[33], widerspricht dies dem **Grundsatz des absoluten Lebensschutzes**[34], der den Rückgriff auf § 34 ausnahmslos verbietet, weil die Rechtsordnung jedes Menschenleben unabhängig von der Person schon aufgrund seiner realen Existenz und ohne Rücksicht auf das Alter und die voraussichtlich verbleibende Lebensdauer in völlig gleicher Weise schützt[35].

Entsprechendes gilt in den Fällen der sog. „Gefahrengemeinschaft", in denen das **Le-** **478** **ben des Betroffenen ohnedies verloren** gewesen wäre und die ihm verbleibende Lebensspanne lediglich verkürzt wird, um andere zu retten.

Beispiel: Bei einer winterlichen Hochgebirgstour wählen A und B auf Drängen des A eine gefährliche Abkürzung mit der Folge, dass beide abstürzen und am Seil, das sie miteinander verbindet, über einer tiefen Schlucht hängen. In dieser Lage droht beiden der sichere Tod. A könnte sich noch aus eigener Kraft hocharbeiten und sein Leben retten, wenn er das Seil durchschneiden würde, an welchem B (verletzt und vorübergehend bewusstlos) unter ihm hängt. Ehe auch seine Kräfte schwinden, kappt A das Seil und rettet sich auf Kosten des B, der beim Aufprall in der Schlucht den Tod findet.

Hier stellt sich die Frage, ob das Tötungsverbot ausnahmsweise entfällt, weil nur seine Missachtung die Möglichkeit bietet, wenigstens *ein* Menschenleben zu erhalten und es dem sonst unabwendbaren Tod zu entreißen[36]. Der Grundsatz des absoluten Lebensschutzes lässt aber auch in derartigen Konstellationen keine Ausnahme zu. Im vorstehend erwähnten *Bergsteigerfall* darf nicht davon ausgegangen werden, dass der tiefer hängende B sein Lebensrecht verwirkt hat. Selbst eine einzige Sekunde des Überlebens des totgeweihten B ist nicht weniger wert als ein möglicherweise noch jahrelang währendes Leben des geretteten A. Deshalb steht A kein Recht zu, das Leben des B im Rahmen des defensiven Notstands durch Kappen des Seiles zu beenden. Dem B darf auch nicht das Recht abgesprochen werden, seine (auch noch so geringe) Restlebenszeit zB durch einen Schuss auf den über ihm hängenden A zu verteidigen (sog. **Notwehrprobe**).

Auch im Falle der **Entführung eines Flugzeuges durch Terroristen** dürfen unbeteiligte Flug- **479** zeugpassagiere nicht geopfert werden, um eine größere Anzahl anderer Menschen zu retten. Zwar hat sogar der Gesetzgeber in § 14 III LuftSiG den Bundesverteidigungsminister ausdrücklich dazu ermächtigt, ein Luftfahrzeug abschießen zu lassen, wenn es (wie im Fall der Terroranschläge auf das World Trade Center am 11. September 2001 in New York) gegen das Leben anderer Menschen eingesetzt wird. Das BVerfG hat die Vorschrift jedoch *ex tunc* für nichtig erklärt[37]. In Übereinstimmung mit der hier zum *Bergsteigerfall* vertretenen Ansicht leitet auch das BVerfG aus Art. 1 GG (Menschenwürde) den Grundsatz der Unabwägbarkeit menschlichen Lebens ab, und zwar unabhängig von der Anzahl der aufgeopferten bzw gerette-

---

33 Matt/Renzikowski-*Engländer*, § 34 Rn 51; *Günther*, Amelung-FS, S. 147; *Renzikowski*, Notstand und Notwehr, 1994, S. 246 f; *Roxin*, AT I, § 16 Rn 78.
34 *Wessels/Hettinger/Engländer*, BT/1, Rn 2.
35 *Küper*, JuS 81, 785; S/S-*Perron*, § 34 Rn 24; S/S/W-StGB-*Rosenau*, § 34 Rn 23.
36 *Erb*, JuS 10, 108, 111; *Günther*, Neumann-FS, S. 825; *Hirsch*, Küper-FS, S. 149; *Jäger*, Rogall-FS, S. 172, 177 ff; *Koch*, GA 2011, 129; NK-*Neumann*, § 34 Rn 76 ff; *Prittwitz*, Neumann-FS, S. 999; *T. Zimmermann*, Rettungstötungen, S. 422.
37 BVerfGE 115, 118 m. Anm. *Starck*, JZ 06, 417; zust. *Schenke*, NJW 06, 736; krit. *Isensee*, Jakobs-FS, S. 205; *Merkel*, JZ 07, 373; zur Gesetzgebungskompetenz sowie zur Vereinbarkeit mit Art. 35 II 2, III GG BVerfGE 132, 1 m. Anm. *Fastenrath*, JZ 12, 1128; *Ladiges*, NVwZ 12, 1225 und *Sachs*, JuS 13, 283.

ten Personen. Dabei wird zu Recht auch dem Argument keine Bedeutung beigemessen, dass es sich im Einzelfall um die Preisgabe quasi ohnehin verwirkten Lebens handeln kann. Der Flugzeugabschuss kann also weder durch eine spezielle Ermächtigungsnorm noch durch den allgemeinen **rechtfertigenden Notstand** nach § 34 gerechtfertigt werden[38]. Denkbar – wenngleich auch nicht unproblematisch – ist für derartige Extremfälle aber eine Lösung auf Schuldebene, und zwar durch Bejahung eines **übergesetzlichen entschuldigenden Notstands**; dies hat das BVerfG ausdrücklich offen gelassen (näher dazu Rn 717).

Wiederum anders zu beurteilen ist die Situation eines selbstfahrenden Autos (vgl hierzu Rn 1123), das entweder mit einer Person auf seinem Fahrweg tödlich kollidieren oder beim Ausweichen einen unbeteiligten Dritten töten wird, da für die in diesem Fall ausgewählte Steuerung des Fahrzeugs der Programmierer der Software verantwortlich ist. Die Entscheidung über Leben und Tod wird dabei bereits bei der Erstellung des Algorithmus ohne Vorliegen einer Notstandslage getroffen[39].

480 e) Auch bei der aktiven Einflussnahme auf den Prozess des Sterbens (sog. **aktive Sterbehilfe**[40]) wird eine Rechtfertigung des Sterbehelfers – idR des behandelnden Arztes – nach § 34 diskutiert; allerdings nur soweit es sich um **indirekte** Sterbehilfe handelt, es also um eine Verkürzung des Lebens des todkranken Patienten als unvermeidbare Nebenfolge einer schmerzlindernden Behandlung geht[41].

Demgegenüber ist die **direkte** Sterbehilfe, also die zielgerichtete Verkürzung des Lebens des Patienten (zB die Erlösung des leidenden Patienten durch Verabreichung einer tödlichen Spritze), auf der Grundlage des geltenden Rechts nach nahezu einhelliger Meinung strafbar (vgl Rn 566). In Abgrenzung hierzu erfasst der Begriff der **passiven Sterbehilfe** nur das Absehen von lebensverlängernden Maßnahmen.

481 In einer Leitentscheidung aus dem Jahre 2009 hat der 2. Strafsenat des **BGH** die Fälle indirekter sowie passiver Sterbehilfe unter dem Oberbegriff des **Behandlungsabbruchs** zusammengefasst. Dieser umschreibt alle Handlungen, die in Fällen lebensbedrohlicher Erkrankung mit der Beendigung oder Begrenzung einer ärztlichen Behandlung in Zusammenhang stehen, welche zur Erhaltung oder Verlängerung des Lebens geeignet ist[42]. Eine Rechtfertigung eines Behandlungsabbruchs kann diesem Ur-

---

38 IE ebenso *Dreier*, JZ 07, 261; *Mitsch*, GA 2006, 11; *Roxin*, ZIS 11, 552; *Streng*, Stöckel-FS, S. 135; *Stübinger*, ZStW 123 [2011], 403; aA *Hörnle*, Herzberg-FS, S. 555, 570; *Ladiges*, JuS 11, 879; *ders.*, Die Bekämpfung nicht-staatlicher Angreifer im Luftraum, 2007; *Rogall*, NStZ 08, 1.

39 Siehe dazu *Weigend*, ZIS 17, 599, der vorschlägt, die Programmierung an der Anzahl der potentiellen Opfer auszurichten. Bei der Betroffenheit gleich vieler möglicher Opfer soll einem Zufallsmechanismus die Entscheidung überlassen bleiben, wobei die Insassen des Autos bestmöglich geschützt werden sollen. Vgl auch *Hörnle/Wohlers*, GA 2018, 12, die bestimmte „Cluster von Präferenzregeln" vorschlagen, anhand derer ein selbstfahrendes Auto programmiert werden sollte; weitere Stellungnahmen finden sich bei *Erb*, Neumann-FS, S. 785; *Fahl*, Joecks-GS, S. 67; *Neumann*, in: Rotsch (Hrsg), Zehn Jahre ZIS, 2018, S. 393 ff; *Wörner*, ZIS 19, 41; klausurmäßige Behandlung dieser Frage bei *Wolf/Langlitz*, Jura 19, 417.

40 Zum Ganzen *Arzt*, Schreiber-FS, S. 583; *Brunhöber*, JuS 11, 401; *Dreier*, JZ 07, 317, 320; *Fischer*, Roxin II-FS, S. 557; *Hillenkamp*, in: Anderheiden/Eckart (Hrsg), Handbuch Sterben und Menschenwürde, Bd 1, 2012, S. 349; *Ingelfinger*, Grundlagen und Grenzbereiche des Tötungsverbots, 2004, S. 260 ff; *Kahlo*, Frisch-FS, S. 711; *Lilie*, Steffen-FS, S. 275; *Merkel*, Schroeder-FS, S. 297; *Schöch*, Hirsch-FS, S. 693; *Tag*, in: Fuchs/Kruse/Schwarzkopf (Hrsg), Menschenbild und Menschenwürde am Ende des Lebens, Heidelberg 2010, S. 153; *Wessels/Hettinger/Engländer*, BT/1, Rn 148 ff; *Wolfslast*, Schreiber-FS, S. 913.

41 Zu einer gegenüberstellenden Darstellung der Sterbehilfe in den EU-Mitgliedsstaaten und der Schweiz s. den Überblick von *Jacob*, vorgänge Nr 210/211, 79 ff.

42 BGHSt 55, 191, 204 *(Fall Putz)*; *Fischer*, Vorbem. §§ 211–217 Rn 62.

teil zufolge weder auf § 32 (Nothilfe, s. Rn 510)[43] noch auf § 34[44] gestützt werden, sondern ist ausschließlich nach den Grundsätzen der rechtfertigenden Einwilligung möglich (vgl Rn 589).

Anzumerken ist jedoch, dass die Argumentation des 2. Senats über einen gerechtfertigten Behandlungsabbruch schon begrifflich nicht die indirekte Sterbehilfe erfassen kann. Denn diese ist dadurch gekennzeichnet, dass der Tod nicht Folge des Abbruchs, sondern der vorgenommenen Behandlung (Schmerzlinderung) ist[45]. Im Ergebnis ist die Strafbarkeit der **indirekten** Sterbehilfe jedoch – in Übereinstimmung mit der ganz überwiegenden Literatur – zu verneinen, die dogmatische Begründung ist allerdings höchst umstritten (zB Tatbestand der §§ 212, 216 nicht erfüllt[46], Rechtfertigung durch [mutmaßliche] Einwilligung[47]). Am überzeugendsten erscheint der Weg über eine Rechtfertigung nach § 34[48], wobei für die Angemessenheit der Notstandshandlung spricht, dass das Interesse des (mutmaßlich) einwilligenden Patienten an Schmerzlinderung das Interesse an längstmöglicher Lebenserhaltung eines Sterbenden überwiegt. Das **Recht auf einen menschenwürdigen Tod** muss als höherwertiges Rechtsgut gegenüber der Aussicht, unter qualvollen Schmerzen noch eine geringe Zeit länger zu leben, betrachtet werden[49]. Dabei scheitert die Anwendbarkeit des § 34 nicht daran, dass diese beiden Interessen in der Person desselben Rechtsgutsträgers kollidieren (s. Rn 488); vielmehr liegt gerade hierin die Begründung dafür, warum der absolute Lebensschutz einer solchen Lösung nicht im Wege steht. **482**

▶ Beispielsfall bei *Beulke/Zimmermann*, Klausurenkurs II, Rn 303

f) Mit dem Korrektiv der **Angemessenheit** der Tat als Mittel der Gefahrabwendung (§ 34 S. 2) soll sichergestellt werden, dass allgemeine Rechts- und Verfahrensgrundsätze vor einer Relativierung durch eine rein einzelfallbezogene, nicht verallgemeinerungsfähige Interessenabwägung geschützt werden[50]. Unangemessen ist demnach nicht nur der Einsatz der Folter zur Lebensrettung (s. Rn 439), sondern auch die Notstandshandlung eines mittellosen Schwerstkranken, der einem Millionär das für eine lebensnotwendige Operation oder Kur erforderliche, legal nicht beschaffbare Geld entwendet. Die Behebung einer solchen Notlage ist allein Aufgabe der Sozialgemeinschaft. Versagt sie ihre Hilfe, dürfen auch dem Einzelnen keine weitergehenden Duldungspflichten als Sonderopfer auferlegt werden[51]. **483**

Da auch die Ergebnisse rechtsstaatlicher Verfahren von den Betroffenen hingenommen werden müssen, darf eine angemessene Gegenwehr in der Regel nur im Rahmen der zulässigen Rechtsbehelfe stattfinden. Sind diese erschöpft, erscheinen weitere Handlungen unangemessen iSd **484**

---

43 So aber *Duttge*, MedR 11, 36, 38; *Mandla*, NStZ 10, 698; zu Recht abl. *Lanzrath/große Deters*, HRRS 11, 161.
44 So aber *Bosch*, JA 10, 398; vgl auch *Rosenau*, Rissing-van Saan-FS, S. 547, 560; *ders.*, Roxin II-FS, S. 577, 584 (§ 34 analog).
45 So zu Recht *Wessels/Hettinger/Engländer*, BT/1, Rn 34.
46 Indirekte Sterbehilfe als vom Schutzbereich des Tatbestands nicht erfasst: LK-*Jähnke*, Vorbem. § 211 Rn 16; für Begrenzung durch Sozialadäquanz zB *Herzberg*, NJW 96, 3043.
47 *Verrel*, JZ 96, 224, 226 f.
48 BGHSt 42, 301, 305; 46, 279, 285; *Hirsch*, Lackner-FS, S. 608 f; *Merkel*, Schroeder-FS, S. 297; Matt/Renzikowski-*Safferling*, § 212 Rn 43; MK-StGB-*Schneider*, Vorbem. § 211 Rn 103; *Schreiber*, NStZ 86, 340; fallbezogen *Kubiciel/Wachter*, JA 13, 112; eine Rechtfertigung durch Kombination von (erklärter oder mutmaßlicher) Einwilligung und rechtfertigendem Notstand vertritt *Erb*, Schünemann-FS, S. 337, 346.
49 *Kühl*, Jura 09, 881, 884; krit. *Fischer*, Vorbem. §§ 211–217 Rn 65.
50 *Joerden*, GA 1991, 411 ff; *Stratenwerth/Kuhlen*, AT, § 9 Rn 116.
51 Zutr. *Lenckner*, Noll-GS, S. 243, 255.

§ 34 S. 2. Deshalb dürfen zu Unrecht Angeklagte zur Abwendung der Gefahr einer drohenden Verurteilung keine Straftaten (zB eine Urkundenfälschung) begehen[52]. Auch können Gewaltanwendungen von Ausländern bei Abschiebemaßnahmen nicht über § 34 gerechtfertigt werden[53].

485 Im **Fall 9b** wäre bei rein individueller Betrachtung das Lebensinteresse des V höher zu bewerten als die körperliche Unversehrtheit und das Freiheitsinteresse des P. Fraglich ist aber, ob die Erzwingung der Blutspende mit den fundamentalen Wertprinzipien der Rechtsgemeinschaft vereinbar ist und aus dieser Sicht noch als „angemessenes Mittel" zur Erreichung des Rettungszwecks erscheint.

Ausgangspunkt der Entscheidung, ob eine **zwangsweise Blutentnahme** zum Zwecke der Lebensrettung gem. § 34 gerechtfertigt sein kann, ist die Erwägung, dass eine soziale Gemeinschaft auf ein Mindestmaß an personeller Opferbereitschaft nicht verzichten kann, jedoch zu gewährleisten hat, dass der **essenzielle Kern der Grundrechte des Menschen** unangetastet bleibt. Im Rahmen des rechtfertigenden Notstandes bietet vielfach erst das Regulativ der „Angemessenheitsklausel" die Möglichkeit, das Rangverhältnis zwischen dem **Recht des Menschen auf freie Selbstbestimmung** und dem **Solidaritätsprinzip** richtig zu bestimmen und die Belastungsgrenze für den Betroffenen unter Zumutbarkeitsgesichtspunkten zu ermitteln[54].

486 Ob das persönliche Opfer einer Blutspende erbracht wird oder nicht, muss in einem freiheitlichen Rechtsstaat grds der eigenen sittlichen Entscheidung des Einzelnen überlassen bleiben, kann also nicht (etwa im Rahmen des § 323c) Gegenstand einer „allgemeinen Hilfspflicht" sein.

Andererseits ist die Annahme einer Rechtspflicht zur Blutspende innerhalb engster Schutz- und Beistandspflichten nicht von vornherein ausgeschlossen. Sie wäre zB zu bejahen zwischen Ehegatten, Eltern und Kindern, ggf auch unter Soldaten im gemeinsamen Fronteinsatz, sofern die Blutspende das einzige Mittel zur Lebensrettung ist, dem Spender keinen ernsthaften gesundheitlichen Nachteil bringt und unter ausreichenden Schutzvorkehrungen für ihn entnommen werden kann[55].

487 Im **Fall 9b** bestanden zwischen P und V keinerlei engere Beziehungen iS einer Garantenverpflichtung. P war daher befugt, die ihm mögliche Blutspende zu verweigern. Unter den gegebenen Umständen war die gewaltsame Entnahme von Blut zwecks Rettung des V somit kein „angemessenes" Mittel zur Behebung der Notstandslage.

Mangels Garantenstellung lag in der Weigerung des P auch kein durch Unterlassen erfolgender „Angriff" iSd § 32 auf das Leben des V, sodass A und B sich auch nicht auf Nothilfe zugunsten des V berufen können (vgl dazu Rn 497, 510).

---

52 *Paglotke*, Notstand und Notwehr bei Bedrohungen innerhalb von Prozesssituationen, 2006; *Theile*, Jura 07, 463, 466; s. auch Fall bei *T. Zimmermann*, JuS 11, 629.
53 *Abramenko*, NStZ 01, 71; zweifelnd hinsichtlich der Möglichkeit, den allein zum Zweck der schmerzlindernden Eigenbehandlung erfolgenden Anbau von Betäubungsmitteln – trotz Genehmigungsmöglichkeit nach § 3 II BtMG – durch § 34 zu rechtfertigen, OLG Braunschweig StV 13, 708; abl. hinsichtlich der Rechtfertigung des unerlaubten Umgangs mit Betäubungsmitteln zum Zweck der Eigentherapie BGH NJW 16, 2818.
54 Umfassend zum Solidaritätsprinzip *Frisch*, GA 2016, 121.
55 *Hruschka*, S. 147; *Rengier*, AT, § 19 Rn 60 f; weitergehend *Roxin*, AT I, § 16 Rn 48 f, 92; vert. *Pawlik*, Notstand, S. 251; vgl auch *Otto*, Kühl-FS, S. 341, 358 ff.

A und B haben somit **rechtswidrig** gehandelt, wobei der Einsatz von körperlicher Gewalt zum Erzwingen einer Blutspende auch sozialethisch unerträglich und daher verwerflich iSd § 240 II ist (vgl BGHSt 23, 46, 54; *Wessels/Hettinger/Engländer*, BT/1, Rn 426).

Ob ein Schuldvorwurf gegen sie zu erheben ist, mag dagegen fraglich sein (vgl zur Irrtumsproblematik Rn 730 ff).

5. Interessenkollisionen im Bereich ein und desselben Rechtsgutsträgers

Der Grundgedanke des § 34 kann auch dann Bedeutung gewinnen, wenn es darum **488** geht, höherwertige Interessen **ein und desselben Rechtsgutsträgers** auf Kosten eines weniger wertvollen Gutes zu retten oder unterschiedliche Risiken für ein bedrohtes Rechtsgut gegeneinander abzuwägen. Dies gilt zumindest in den Fällen, in denen der Rechtsgutsträger einwilligungsunfähig oder aus Rechtsgründen (insbes. aufgrund des Rechtsgedankens der §§ 216, 228) nicht zur Disposition über das gefährdete Rechtsgut in der Lage ist[56].

So kann es erlaubt und u. U. sogar geboten sein, bei einem Wohnungsbrand den sonst sicheren Flammentod eines Kleinkindes dadurch abzuwenden, dass man es aus dem Obergeschoss eines brennenden Hauses einem auffangbereiten Retter auf der Straße in die Arme wirft, obwohl die Gefahr besteht, dass das Kind dabei Verletzungen erleidet[57]. Zur indirekten Sterbehilfe s. Rn 480 ff.

6. Subjektives Rechtfertigungselement: Kenntnis und Rettungswille

Der Täter muss zudem in **Kenntnis** der objektiven Notstandslage sowie mit dem Wissen, dass seine Handlung der Gefahrenabwendung dient, handeln[58]. Zu diesem Wissenselement muss nach richtiger und vorherrschender Ansicht aber auch ein **Rettungswille** hinzutreten, wie sich aus dem Wortlaut des § 34 eindeutig entnehmen lässt („um ... abzuwenden")[59]. Unschädlich ist es, wenn neben dem Willen zur Rettung weitere Motive vorliegen (sog. Motivbündel)[60]. **489**

Die Rspr hat früher **zusätzlich** eine **„pflichtgemäße Prüfung"** der objektiven Notstandsvoraussetzungen durch den Täter gefordert[61]. Streng genommen wäre es demnach zB möglich, einen Täter zu bestrafen, der in einer Notstandslage zwar aus der Sicht eines sachkundigen, objektiven Beobachters das relativ mildeste Mittel zur Beseitigung der Gefahr gewählt, es jedoch unterlassen hat, zuvor mögliche Alternativen zu prüfen. Die Auferlegung einer derartigen zusätzlichen, im Gesetz nicht vorgesehenen Prüfpflicht verstößt indes – wie bereits dargelegt (s. o. Rn 407) – gegen das Gesetzlichkeitsprinzip[62], welches, gewissermaßen als „Spiegelbild"

---

56 *Roxin*, AT I, § 16 Rn 102; *Dörr*, Dogmatische Aspekte der Rechtfertigung bei Binnenkollision von Rechtsgütern, 2006; aA *Engländer*, GA 2010, 15; *ders.*, JZ 11, 513, 517.

57 Vgl BGH JZ 73, 173; *Ulsenheimer*, JuS 72, 252, 255; s. auch BGHSt 42, 301, 305.

58 S. nur *B. Heinrich*, AT, Rn 429 ff.

59 BGHSt 2, 111, 114; *Kindhäuser*, LPK, § 34 Rn 42; *Zieschang*, AT, Rn 253; dazu und zu den Folgen eines fehlenden Willens s. Rn 415 ff; nur auf die Kenntnis abstellend etwa *Murmann*, Grundkurs, § 25 Rn 44; S/S/W-StGB-*Rosenau*, § 34 Rn 35.

60 *B. Heinrich*, AT, Rn 432.

61 RGSt 62, 138; BGHSt 2, 111; BGH NStZ 92, 487; KG StV 03, 167; zust. *Gössel*, Triffterer-FS, S. 99.

62 Näher *Küper*, Notstand, S. 115; *Roxin*, AT I, § 14 Rn 81; LK-*Zieschang*, § 34 Rn 77.

des Analogieverbots, auch Einschränkungen tätergünstiger Vorschriften jenseits des Wortlauts untersagt, und ist daher mit der heute hM abzulehnen[63].

490 Im **Fall 9a** hat K also den Unrechtstatbestand einer Sachbeschädigung (§ 303 I) erfüllt, indem sie dem Rex mehrere Zähne ausgeschlagen hat. Da von Rex eine erhebliche Gesundheitsgefahr für K ausging, war die vergleichsweise geringe Beeinträchtigung der Sache jedoch durch § 228 BGB gerechtfertigt. Die Zerstörung des Schirmes (§ 303 I), von dem keine Gefahr ausging, ist durch § 904 BGB gerechtfertigt. § 34 wird durch die §§ 228, 904 BGB verdrängt; s. Rn 443 ff.

Im **Fall 9b** haben A und B jedenfalls die Tatbestände der §§ 223, 239, 240 erfüllt. Eine Rechtfertigung wegen Notstandes (§ 34) scheidet aus. Um eine gegenwärtige Gefahr für das Leben eines Menschen abzuwenden, beeinträchtigen sie zwar „nur" die körperliche Integrität eines anderen Menschen, jedoch ist der Eingriff wegen der überragenden Bedeutung des Selbstbestimmungsrechts nicht angemessen. Aus diesem Grund ist auch die Verwerflichkeit iSv § 240 II gegeben; s. Rn 456, 485 ff. Im Übrigen scheidet eine Strafbarkeit des P, der sich für eine Blutspende nicht zur Verfügung gestellt hat, gem. § 323c (unterlassene Hilfeleistung) aus, da die Rechtsordnung ein solches Opfer von ihm unter den gegebenen Umständen nicht verlangt, s. Rn 486.

7. Zusammenfassender Überblick

491 **Zusammenfassend** sind also folgende **Voraussetzungen des rechtfertigenden Notstandes** gem. § 34 zu unterscheiden:

1. Objektive Merkmale
   a) Notstandslage
      – Notstandsfähiges Rechtsgut
      – Gefahr für das Rechtsgut
      – Gegenwärtigkeit
   b) Notstandshandlung
      – Rettung eines Rechtsguts durch Aufopferung eines anderen Rechtsguts
      – Erforderlichkeit („nicht anders abwendbar")
         • Geeignetheit
         • relativ mildestes Mittel
      – Interessenabwägung
         • insbes. Rang- und Wertverhältnis der kollidierenden Rechtsgüter, Nähe und Ursprung der Gefahr
      – Angemessenheit
2. Subjektives Rechtfertigungselement
   – Kenntnis der objektiven Notstandsvoraussetzungen
   – Rettungswille („um … abzuwenden", str.)

Aktuelle Rechtsprechung zu § 9:
– OLG Naumburg NStZ 13, 718: Fehlt bei einem objektiv im Notstand (§ 34) handelnden Täter die Kenntnis der Notstandslage, ist er – entgegen der Rspr des BGH – lediglich wegen Versuchs zu bestrafen; vgl Rn 417, 489.

---

63 Vgl nur MK-StGB-*Erb*, § 34 Rn 208; *Fischer*, § 34 Rn 29; S/S/W-StGB-*Rosenau*, § 34 Rn 38.

156

- BGH NJW 16, 2818 m. Bespr. *Bosch*, Jura (JK) 17, 114: Ein Verstoß gegen das BtMG ist regelmäßig nicht nach § 34 gerechtfertigt, wenn der Täter die Betäubungsmittel zur eigenen Schmerzlinderung verwenden will; vgl Rn 469, 484.
- OLG Naumburg NStZ 18, 472 m. Bespr. *Felde/Ort*, ZJS 18, 468; eine klausurmäßige Darstellung findet sich bei *Wolf/Langlitz*, Jura 19, 417: Der Tierschutz ist ein notstandfähiges Rechtsgut im Sinne von § 34. Zur Abwendung von Gefahren für das Rechtsgut „Tierschutz" sind zunächst die zuständigen Behörden berufen. Ebenso ist es grundsätzlich allein deren Aufgabe, Beweismittel zur Dokumentation von Rechtsverstößen zu sichern. Das kann aber nicht gelten, wenn die Einschaltung der Behörden von vornherein aussichtslos ist; vgl Rn 459, 469.

§ 10 Rechtfertigungsgründe II: Die Notwehr (§ 32)

Fall 10: a) Juwelier J wird von A in seinem Geschäft überwältigt. Die gesamten Tageseinnahmen sowie Schmuck im Wert von mehreren hunderttausend Euro nimmt A an sich und flieht mit der Beute. J, der erstaunlich schnell wieder auf die Beine kommt, greift nach einem für diesen Zweck bereitgelegten geladenen Revolver und schießt aus größerer Entfernung auf den fliehenden A. Ein gezielter Schuss auf ein bestimmtes Körperteil ist ihm so nicht möglich, er nimmt daher auch in Kauf, dass A tödlich verletzt wird. Tatsächlich wird A am Kopf getroffen und stirbt an Ort und Stelle. Ist das Verhalten des A durch Notwehr gerechtfertigt? **Rn 500, 516, 530, 549**   **492**

b) P benutzt für die 20-minütige Heimfahrt den Zug. In dem Abteil der 1. Klasse befindet sich der alkoholisierte Mitfahrer M, der keinen Fahrschein 1. Klasse besitzt und deshalb bereits kurz zuvor vom Schaffner des Abteils verwiesen wurde. Wegen des störenden Alkoholgeruchs fordert nun auch P den M zum Gehen auf. Nachdem auch dies nicht fruchtet, öffnet P das Fenster, um den dürftig bekleideten M mittels der kalten Winterluft „hinauszuekeln". M schließt das Fenster, P öffnet es erneut, M schließt es wieder, usw. Schließlich droht M dem P für den Fall des erneuten Öffnens Prügel an. Der körperlich deutlich unterlegene P zeigt drohend sein Fahrtenmesser. Im Glauben, den M damit genügend eingeschüchtert zu haben, öffnet er das Fenster abermals. Daraufhin stürzt sich M auf P. Als M beginnt, ihm ins Gesicht zu schlagen, stößt ihm P zum Zwecke der Verteidigung das Messer von unten in den Bauch. Vom Gang aus beobachten mehrere Mitreisende den Vorfall. M stirbt an der Stichverletzung. Kann sich P auf Notwehr berufen? **Rn 516, 542, 549**

I. Grundgedanken des Notwehrrechts

Das in § 32 gewährte Notwehrrecht wird von zwei Prinzipien getragen, dem Interesse des Individuums an einem effektiven **Rechtsgüterschutz** und dem Gedanken der **Rechtsbewährung**[1]. Beide Aspekte haben Eingang in die geltende Gesetzesfassung gefunden und sind für die Interpretation der Rechtfertigungsvoraussetzungen heran-   **493**

---

1 BGHSt 48, 207, 212; *Kühl*, AT, § 7 Rn 8 ff; *Jäger*, GA 2016, 258; *Roxin*, Kühl-FS, S. 391; krit. zu letzterem *Kaspar*, RW 13, 40, 46 ff; *Pawlik*, ZStW 114 [2002], 259.

zuziehen. Bis in das 19. Jahrhundert stand die stark individualistisch-liberalistisch geprägte Notwehrauffassung mit einem möglichst umfassenden Rechtsgüterschutz im Vordergrund, während in der späteren Diskussion gerade das Prinzip der Rechtsbewährung, das im Einzelfall ein schneidiges Notwehrrecht begrenzen kann, an Bedeutung gewonnen hat. Inzwischen stößt man wieder vermehrt auf rein individualistische Notwehrkonzeptionen[2].

II. Die Notwehrlage

494 Die **Notwehrlage** wird durch einen **gegenwärtigen rechtswidrigen Angriff** begründet.

1. Vorliegen eines Angriffs

495 **a)** Ein Angriff ist jede durch menschliches Verhalten drohende Verletzung rechtlich geschützter Güter oder Interessen. Eine „gezielte" Verletzungshandlung braucht dabei nicht vorzuliegen[3]. Das die akute Gefahr schaffende Verhalten des Angreifers muss allerdings **Handlungsqualität** besitzen, also willensmäßig beherrschbar sein (s. Rn 150).

Fällt ein Schornsteinfeger vom Dach und besteht die Gefahr, dass er (dem Gesetz der Schwerkraft machtlos ausgeliefert) in eine Gruppe spielender Kinder stürzt, so liegt mangels Handlungsqualität kein Angriff (§ 32), sondern eine Notstandslage iSd §§ 34, 35 vor[4].

Eine nur sozialübliche Belästigung löst aufgrund ihres Bagatellcharakters jedoch keine Notwehrlage aus[5]. Da auch allein **menschliches Verhalten** Angriffsqualität haben kann, sind ausschließlich von **Tieren** ausgehende Attacken nicht erfasst. Nur dann, wenn etwa ein Hund von seinem „Herrchen" auf einen Menschen gehetzt wird, liegt ein Angriff vor; allerdings dann ein menschlicher Angriff durch das „Herrchen"[6].

496 **Notwehrfähig** ist jedes dem Angegriffenen oder Dritten zustehende Gut und jedes rechtlich anerkannte Interesse, unabhängig davon, ob sie durch strafrechtliche Normen geschützt sind. Gegenstand eines Angriffs kann daher nicht nur das Leben, die körperliche Unversehrtheit, die Freiheit, die Ehre[7], das Eigentum oder das Vermögen sein, sondern auch das allgemeine Persönlichkeitsrecht oder das Recht am eigenen Bild[8]. Die Abwehr von Angriffen auf die öffentliche Ordnung, auf die Rechtsordnung

---

2 Statt aller MK-StGB-*Erb*, § 32 Rn 18; *Freund*, AT, § 3 Rn 89 ff; *Frister*, AT, 16. Kap. Rn 1 ff; *Puppe*, AT, § 12 Rn 1; vert. *Greco*, GA 2018, 665; *Kargl*, ZStW 110 [1998], 38; *Frisch*, Yamanaka-FS, S. 49, 51 ff.

3 *Geilen*, Jura 81, 200, 202; *Sternberg-Lieben*, JA 96, 299; vgl auch OLG Hamburg StraFo 12, 278 m. Bespr. *Hecker*, JuS 12, 1039 (Angriff in Form rechtswidriger Bildaufnahmen eines Pressefotografen); AG Erfurt NStZ 14, 160 m. abl. Bespr. *Jahn*, JuS 14, 176 und *Jäger*, JA 14, 472 (Angriff in Form des „Anpustens" mit Zigarettenrauch); fallbezogen *Reinhardt*, ZJS 13, 493, 496 ff.

4 NK-*Kindhäuser*, § 32 Rn 28; LK-*Rönnau/Hohn*, § 32 Rn 100; *Roxin*, AT I, § 15 Rn 8; aA *Kaspar*, JA 06, 855, 857.

5 Zum „Anrauchen" als Angriff vgl AG Erfurt NStZ 14, 160; dazu *Reinhardt*, ZJS 15, 222, 223.

6 Vgl BGHSt 14, 152, 155; zur ähnlich gelagerten Frage der Notwehr gegen autonome Fahrzeuge, vgl *Mitsch*, JR 18, 606.

7 Vgl dazu etwa BGH NStZ-RR 18, 272.

8 S. nur S/S/W-StGB-*Rosenau*, § 32 Rn 7 mwN.

als solche und auf **Rechtsgüter der Allgemeinheit** insgesamt unterfällt indes nicht § 32, denn bei diesen handelt es sich nicht um von § 32 allein erfasste Individualrechtsgüter; hierfür sind der Staat und seine Organe zuständig[9] (s. o. Rn 460).

Fraglich ist, ob auch ein **Angriff auf Rechte von Tieren** als „Angriff" betrachtet werden kann, sodass letztlich auch Tierschutzrechte nothilfefähig wären. Während vereinzelte Stimmen dies unter Rückgriff auf Art. 20a GG und durch Verweis auf die Verpflichtung des Menschen aus § 1 TierSchG, das Leben und Wohlbefinden des Tieres als Mitgeschöpf zu schützen, bejahen[10] bzw jedenfalls das menschliche Mitgefühl gegenüber vernachlässigten Tieren als notwehrfähiges Recht einstufen[11], erkennt die hL den Tierschutz nicht als notwehrfähiges Interesse an[12]. Das allgemeine Interesse am Tierschutz ist jedoch allenfalls ein Rechtsgut der Allgemeinheit und scheidet schon deshalb aus § 32 aus. Im Übrigen verlangt der Wortlaut des § 32 II stets einen Angriff auf menschliche Individualrechte, was der Wortlaut klar festlegt („von *einem anderen* abzuwenden")[13]. Art. 20a GG enthält zudem nur ein allgemeines Staatsziel des Art. 20a GG, aus dem sich die konkrete Rechtsfolge, die Rechte eines Tieres dem Nothilferegime des § 32 zu unterstellen, nicht ableiten lässt.

Beispiel: Die Tierschützer F und M dringen in die umzäunte Schweinestallung des G ein, in der die Haltungsbedingungen eklatant gegen die Vorgaben der TierSchNutztV verstoßen. Sie wollen so vor Ort die Rechtsverstöße dokumentieren. Es liegt tatbestandsmäßig ein Hausfriedensbruch (§ 123) vor, der mangels Angriff auf menschliche Individualrechtsgüter nicht nach § 32 gerechtfertigt werden kann.

b) Ein Angriff kann auch in einem **Unterlassen** bestehen, richtiger Ansicht nach allerdings nur dann, wenn den Unterlassenden eine **Garantenpflicht** iSd § 13 I im Hinblick auf den Rettungsbedürftigen trifft[14].

497

Beispiel: Stellt die Mutter die Ernährung ihres Säuglings ein, liegt darin ein Angriff auf das Baby, welcher dann die Möglichkeit zur Nothilfe zugunsten des Kindes eröffnet[15].

Die in § 13 I angeordnete Gleichstellung des Unterlassens mit dem aktiven Tun findet hier im Rahmen des Erlaubnistatbestandes ihre Entsprechung. Demgegenüber genügt die bloße Missachtung einer – unterhalb der Garantenpflicht angesiedelten – „Jedermann-Hilfspflicht", die in dem echten Unterlassungsdelikt des § 323c strafbewehrt ist, nicht, um die unterlassene Hilfeleistung einem Angriff durch aktives Tun gleichzusetzen[16]. Die echten Unterlassungsdelikte schützen zwar durchaus auch die Rechts-

9 BGHSt 5, 245; BGHZ 64, 178.
10 LG Magdeburg BeckRS 17, 130506; OLG Naumburg NStZ 18, 472; so auch *Greco*, JZ 19, 390; aA *Hecker*, JuS 2018, 83, 84; *Ritz*, JuS 2018, 333, 335 f.
11 So wohl S/S-*Perron/Eisele*, § 32 Rn 8; aA *Ritz*, JuS 2018, 333, 334, da Mitleid als Emotion kein geschütztes Rechtsgut darstellen könne.
12 MK-*Erb*, § 32 Rn 100; *Fahl*, JA 19, 161, 163; *Hecker*, JuS 2018, 83; LK-*Rönnau/Hohn*, § 32 Rn 82; S/S/W-StGB-*Rosenau*, § 32 Rn 8.
13 *Ritz*, JuS 2018, 333, 335 f.
14 So die hM, s. nur *B. Heinrich*, AT, Rn 343; *Jäger*, AT, Rn 106; *Kühl*, Jura 93, 57, 59; *Murmann*, Grundkurs, § 25 Rn 78; *Roxin*, AT I, § 15 Rn 11.
15 Vgl BayObLG NJW 63, 824 Nr 17; im Einzelnen str., näher dazu Matt/Renzikowski-*Engländer*, § 32 Rn 10; *Haurand*, Kriminalistik 14, 94, 96 ff; *Schumann*, Dencker-FS, S. 287.
16 So aber etwa NK-*Kindhäuser*, § 32 Rn 33 f; *Krey/Esser*, AT, Rn 476; S/S/W-StGB-*Rosenau*, § 32 Rn 6; LK-*Rönnau/Hohn*, § 32 Rn 101.

güter des Rettungsbedürftigen[17]. Da die echten Unterlassungsdelikte aber maßgeblich auf dem Solidaritätsgedanken fußen, schuldet „Jedermann" eine Hilfeleistung nur im Rahmen des Zumutbaren (vgl § 323c: „… und ihm den Umständen nach zuzumuten … ist"). Dieser qualitative Minderwert der Jedermann-Hilfspflicht würde überspielt, wenn der Täter im Rahmen der Verteidigung nach § 32 Eingriffe hinnehmen müsste, die weit über das in diesem Sinn „Zumutbare" hinausgehen[18].

Beispiel: Weigert sich der an einem Unfall unbeteiligte Autofahrer A, den Verletzten in seinem Auto in das Krankenhaus zu fahren, so liegt darin nach der hM kein Angriff iSd § 32, der einem rettungswilligen Dritten erlauben würde, A niederzuschlagen und dessen Auto für den Krankentransport zu nutzen. Eine Rechtfertigung kommt nur in den (engeren) Grenzen des § 34 in Betracht.

498 c) Ein **schuldhaftes Angriffsverhalten** setzt die Notwehr nach zutreffender hM nicht voraus[19]. § 32 verlangt nach seinem klaren Wortlaut nur einen rechtswidrigen Angriff; eine darüber hinausgehende Beschränkung der Erlaubnisnorm würde einen Verstoß gegen den Gesetzlichkeitsgrundsatz bedeuten (s. o. Rn 406). Zudem ist das Individualschutzinteresse gleich groß, unabhängig davon, ob der Angreifer schuldhaft oder schuldlos handelt. Das zugegebenermaßen geringere Interesse an Rechtsbewährung gegenüber dem schuldlos Handelnden kann auf Ebene der Gebotenheit angemessen berücksichtigt werden, indem man dessen größtmögliche Schonung verlangt (s. Rn 531).

Ein Geisteskranker, der in eine Schule eindringt und die ihm hilflos ausgelieferten Kinder mit einem selbstgebauten Flammenwerfer umzubringen droht, darf dementsprechend gem. § 32 II Alt. 2 (Nothilfe) niedergeschossen werden, wenn man sich seines Angriffs nicht anders erwehren kann.

2. Gegenwärtigkeit des Angriffs

499 a) **Gegenwärtig** ist ein Angriff, der **unmittelbar bevorsteht, begonnen hat oder noch fortdauert**[20]. Zu einer Rechtsverletzung muss es somit noch nicht gekommen sein. Vielmehr ist es ausreichend, dass ein Verhalten unmittelbar in eine Verletzungshandlung umschlagen kann, sodass ein Abwarten nach den jeweiligen Umständen ein erhöhtes Risiko für den Abwehrenden bedeuten würde[21]. Für die Gegenwärtigkeit des Angriffs ist mithin nicht erst die Vornahme der Verletzungshandlung, „sondern bereits der Zeitpunkt der durch den bevorstehenden Angriff geschaffenen bedrohlichen Lage"[22] entscheidend, wobei auf die objektive Sachlage und nicht auf Befürchtungen des Angegriffenen abzustellen ist[23]. Der bereits begonnene Angriff dauert nicht nur

---

17 Maßgeblich hierauf abstellend etwa S/S/W-StGB-*Rosenau*, § 32 Rn 6; LK-*Rönnau/Hohn*, § 32 Rn 103.
18 So zu Recht etwa *Murmann*, Grundkurs, § 25 Rn 78.
19 So auch *Fischer*, § 32 Rn 5; *Jescheck/Weigend*, AT, § 32 II 1 a; S/S/W-StGB-*Rosenau*, § 32 Rn 5; *Roxin*, JuS 88, 425, 428; aA *Frister*, GA 1988, 291, 305; *Hruschka*, S. 141; *Jakobs*, AT, 12/16; *Otto*, Grundkurs AT, § 8 Rn 21 f; *Renzikowski*, Notstand und Notwehr, 1994, S. 99.
20 Vgl BGH NJW 73, 255; JZ 03, 50 m. krit. Anm. *Walther*.
21 BGH NStZ-RR 17, 270; NStZ 18, 84; StV 18, 730.
22 BGH NStZ-RR 17, 271.
23 BGH NStZ-RR 17, 270.

bis zur Vollendung der Verwirklichung eines Straftatbestandes durch den Angreifer fort, sondern so lange eine Wiederholung unmittelbar zu befürchten ist[24]. Vielmehr besteht er auch danach weiter, solange die Gefahr für das bedrohte Rechtsgut noch abgewendet werden kann. Erst wenn der Angriff vollständig abgewehrt oder aber ein endgültiger Verlust des Rechtsgutes eingetreten ist, scheidet Notwehr aus[25]. Der Begriff des gegenwärtigen Angriffs iSv § 32 ist enger als der der gegenwärtigen Gefahr iSd § 34. Insbes. wird die Dauergefahr nicht erfasst (s. Rn 466 f; 545).

Im **Fall 10a** ist der Angriff des A auf das Eigentum des J **so lange gegenwärtig**, wie der fliehende Dieb die Beute bei sich trägt[26]. **Beendet** und damit nicht mehr gegenwärtig wäre der Angriff, wenn er fehlgeschlagen, endgültig aufgegeben oder vollständig durchgeführt worden wäre. Denn dann kann die Rechtsgutverletzung durch die Gegenwehr nicht mehr abgewendet werden. **500**

Bei einer **erpresserischen Drohung** liegt beispielsweise ein Angriff auf die Freiheit der Willensentschließung und Willensbetätigung vor, der mit dem Ausspruch der Drohung idR weder vollständig abgeschlossen noch beendet ist. Er dauert vielmehr fort und ist weiterhin gegenwärtig, solange der Erpresser den von seiner Drohung ausgehenden psychischen Zwang aufrechterhält und der Bedrohte in der Lage ist, eine Intensivierung der bereits in Gang gesetzten Rechtsgutsverletzung abzuwehren[27]. Fraglich ist allein, ob bei entsprechenden Gegenmaßnahmen die sonstigen Voraussetzungen des § 32 (Erforderlichkeit und Geeignetheit des Verteidigungsmittels, Gebotensein etwaiger Trutzwehr) gegeben sind (vgl Rn 509 ff, 543).

b) **Präventive Notwehrmaßnahmen** gegen künftige, noch nicht gegenwärtige Angriffe werden durch § 32 nicht gedeckt. Sie sollen ja – schon begrifflich – verhindern, dass es zu einem Angriff überhaupt kommt oder dieser das Stadium der Gegenwärtigkeit erreicht. Einer Mindermeinung zufolge soll es sich hier um eine sog. „notwehrähnliche Lage" handeln, auf die § 32 *analog* anwendbar sei[28]. Dabei wird übersehen, dass es bereits an einer vergleichbaren Sachlage fehlt, und zwar selbst dann, wenn ein Abwarten des Angriffs die Abwehrchancen erheblich verschlechtern würde. Zudem darf dem Handelnden das extrem scharfe Notwehrrecht nur in der zugespitzten Situation des Angriffs zugestanden werden[29]. **501**

Denkbar ist hier jedoch eine Rechtfertigung gem. § 34, sofern die vorbeugende Abwehr die Grenzen der Verhältnismäßigkeit wahrt und schwere Verletzungen des davon Betroffenen vermeidet. Wer denjenigen, der gerade zu einem Mord aufbrechen will, in seinem Zimmer einschließt, oder wer den Männern, die ihn im Laufe der Nacht berauben wollen, ein Betäubungsmittel in den Wein schüttet, kann sich auf § 34 stützen, wenn andere Möglichkeiten der Gefahrabwendung fehlen. Dabei fällt zu seinen Gunsten ins Gewicht, dass die Entstehung der Gefahr in der Sphäre dessen liegt, gegen den sich die Präventivmaßnahme richtet[30].

---

24 BGH NStZ 06, 152; NStZ-RR 17, 38; HRRS 17 Nr 365 und Nr 450.
25 BGHSt 48, 207 m. Bespr. *Widmaier*, NJW 03, 2788.
26 Vgl auch RGSt 55, 82; BGH MDR/H 79, 985.
27 Zutr. *Amelung*, GA 1982, 381, 385; *Eggert*, NStZ 01, 225; NK-*Kindhäuser*, § 32 Rn 59; abw. KG JR 81, 254; *Arzt*, JZ 01, 1052; *Müller*, NStZ 93, 366.
28 Etwa *Jakobs*, AT, 12/27; *Krey*, ZStW 90 [1978], 173, 188 f.
29 *B. Heinrich*, AT, Rn 349.
30 BGHSt 39, 133 m. Anm. *Roxin*, NStZ 93, 335; lehrreich dazu S/S-*Perron/Eisele*, § 32 Rn 16 f; *Rengier/Brand*, JuS 08, 514, 517; *Roxin*, Jescheck-FS, S. 457, 478.

502 c) Von der präventiven Notwehr abzugrenzen ist die sog. **antizipierte Notwehr** in Form „automatisierter Gegenwehr" mit **selbsttätig wirkenden Schutz- und Abwehrvorrichtungen**.

Beispiel: Millionär M bewohnt eine große Villa in einer Gegend, in der in letzter Zeit vermehrt eingebrochen wurde. Zum Schutz seines Hauses installiert er eine Selbstschussanlage und stromführende Drähte sowie Fußangeln, wobei er durch gut sichtbare Hinweistafeln hiervor warnt. Einbrecher E glaubt den Warnschildern nicht, begibt sich auf das Grundstück des M und wird von einer Kugel aus der Selbstschussanlage in den Bauch getroffen.

Hier handelt es sich nicht um die nur vorbeugende Verhinderung eines künftigen Angriffes. Auch wenn der M im obigen Beispiel die Vorrichtungen zu einem Zeitpunkt anbringt, in dem der Angriff des E noch nicht gegenwärtig ist, so sollen die Schutzvorrichtungen erst in dem Augenblick ihre schützende/verletzende Funktion entfalten, in dem es tatsächlich zu einem gegenwärtigen Angriff kommt. Bei Bejahung der übrigen Voraussetzungen der Notwehr kommt eine Rechtfertigung nach § 32 also durchaus in Betracht[31].

503 Problematisch ist dann aber die Erforderlichkeit der Verteidigungshandlung im konkreten Fall, da durch die notwendige vorherige Festlegung auf ein automatisiertes Abwehrprogramm im Angriffszeitpunkt keine Abstufung in Abhängigkeit zum konkreten Angriff mehr möglich ist (Warnschuss, Schuss in Bein oder Arm als potentiell mildere Mittel). Hätte dieser auch durch ein milderes Mittel abgewehrt werden können, fehlt es an der Erforderlichkeit, sodass eine Rechtfertigung durch Notwehr ausscheiden muss.

504 Ob ein gegenwärtiger Angriff iSd § 32 vorliegt, richtet sich nach der **objektiven Sachlage** zur Zeit der Tat, also nicht etwa nach der Vorstellung dessen, der sich bedroht fühlt oder andere für bedroht hält[32].

Wer trotz objektiv fehlender Angriffssituation irrig vom Vorhandensein einer Notwehrlage ausgeht, handelt bei Abwehrmaßnahmen gegen den vermeintlichen Angreifer nicht rechtmäßig, sondern rechtswidrig (sog. Putativnotwehr). Ob er sich strafbar macht, ist nach den einschlägigen **Irrtumsregeln** zu beurteilen (s. Rn 723 ff).

3. Rechtswidrigkeit des Angriffs

505 a) **Rechtswidrig** ist der Angriff, wenn er objektiv im Widerspruch zur Rechtsordnung steht. Einen Straftatbestand muss das Angriffsverhalten aber nicht erfüllen. An der Rechtswidrigkeit fehlt es jedenfalls dann, wenn der Angriff seinerseits durch einen Rechtfertigungsgrund (zB durch Notwehr)[33] gedeckt ist.

506 b) Problematisch und umstritten ist jedoch, ob ein Verhalten bereits dann rechtswidrig iSv § 32 ist, wenn sich in ihm ein **Erfolgsunrecht** verwirklicht oder ob stets auch ein **Handlungsunrecht** in dem Sinn vorliegen muss, dass der Handelnde zumindest objektiv sorgfaltswidrig handelt.

---

31 S. OLG Braunschweig MDR 47, 205; MK-StGB-*Erb*, § 32 Rn 115, 173 ff; *M. Heinrich*, ZIS 10, 183; *Herzog*, Schlüchter-GS, S. 209; *Hilgendorf/Valerius*, AT, § 5 Rn 32; Lackner/Kühl-*Kühl*, § 32 Rn 10; *Müssig*, ZStW 115 [2003], 224; S/S-*Perron/Eisele*, § 32 Rn 18a; näher *Kunz*, GA 1984, 540; *Trentmann*, JuS 18, 944; fallbezogen: *Jäger*, AT, Rn 119 f. sowie *Trentmann*, Jura 19, 330.

32 BGH NStZ-RR 17, 271; 17, 270; OLG Stuttgart NJW 92, 850; SK-*Hoyer*, § 32 Rn 22; S/S-*Perron/Eisele*, § 32 Rn 27.

33 Vgl nur BGH JZ 01, 661.

Beispiel: Der objektiv völlig sorgfaltsgemäß fahrende Autofahrer A droht, das urplötzlich auf die Straße laufende Kind K zu überfahren. Ist der Dritte D, der zufällig eine geladene Pistole in der Hand hat, in einer Nothilfelage, die einen (u. U. tödlichen) Schuss auf A rechtfertigt, wenn K hierdurch voraussichtlich gerettet werden könnte?

Nach teils vertretener Ansicht ist die Rechtswidrigkeit eines Angriffs bereits zu bejahen, wenn eine Rechtsgutsverletzung in Gestalt des **Erfolgsunwerts** einzutreten droht[34]. Im obigen Beispiel hätte A trotz Einhaltung der objektiven Sorgfaltspflicht wegen der drohenden Verletzung des K rechtswidrig gehandelt, was die Berufung auf § 32 II Alt. 2 eröffnen würde. Dies überzeugt jedoch bereits deshalb nicht, weil gegenüber einem sich sorgfaltsgemäß verhaltenden Bürger keinerlei Rechtsbewährungsinteresse besteht. Deshalb kommt es – mit der hL – maßgeblich auf den **Handlungsunwert** an. Ein **objektiv sorgfaltsgemäßes** Verhalten – wie das des A im Beispiel – stellt somit keinen iSd § 32 rechtswidrigen Angriff dar[35]. **507**

c)   Umstritten ist, ob dieser Rechtswidrigkeitsbegriff auch für den von einem Polizisten oder sonstigen **staatlichen Hoheitsträger** ausgehenden Angriff Anwendung findet. Um den Hoheitsträger, der letztlich zur Sicherung der Rechtsordnung tätig wird, zu schützen, legt die Rspr und ein Teil der Lit. einen (weiten) **strafrechtlichen Rechtmäßigkeitsbegriff** zugrunde[36]. Der Hoheitsträger stehe nämlich in der konkreten Situation typischerweise bei der Beurteilung der Rechtmäßigkeit seines Verhaltens unter erheblichem Druck. Dem betroffenen (angegriffenen) Bürger drohe bei Beschneidung seines Notwehrrechts angesichts der Möglichkeit nachträglichen Rechtsschutzes kein unwiederbringlicher Rechtsverlust[37]. Im Gleichlauf mit § 113 III soll das hoheitliche Verhalten daher bereits dann rechtmäßig sein, wenn die **äußeren Voraussetzungen zum Eingreifen** des Beamten gegeben sind, was voraussetzt, dass er örtlich und sachlich zuständig ist, er die vorgeschriebenen wesentlichen Förmlichkeiten einhält und er sein – ihm ggf eingeräumtes – Ermessen pflichtgemäß ausübt. Demgegenüber ist das Verhalten des Hoheitsträgers auch nach diesem weiten Maßstab rechtswidrig, wenn er in einem schuldhaften Irrtum über die Erforderlichkeit der Amtsausübung, willkürlich oder unter Missbrauch seines Amtes handelt[38]. **508**

In der Lit. wird ein derartiges Privileg zum Teil für Hoheitsträger unter Verweis auf die Einheit der Rechtsordnung überzeugend abgelehnt[39]. Die Rechtmäßigkeit des Hoheitsakts wird dann teilweise in Abhängigkeit von der materiell-rechtlichen Wirksamkeit gemäß dem zugrunde liegenden Rechtsgebiet bestimmt. Bei verwaltungsrechtlichen Maßnahmen sind daher idR nur nichtige (vgl § 44 I VwVfG), nicht aber lediglich aufhebbare Verwaltungsakte notwehrfähig

---

34   Vgl *Jescheck/Weigend*, AT, § 32 II 1 c; *Köhler*, AT, S. 268.
35   Vgl *Gropp*, AT, § 6 Rn 71 ff; S/S-*Perron/Eisele*, § 32 Rn 21; LK-*Rönnau/Hohn*, § 32 Rn 109; S/S/W-StGB-*Rosenau*, § 32 Rn 19; *Roxin*, AT I, § 15 Rn 14 f; *Sinn*, GA 2003, 104; s. zum Ganzen auch MK-StGB-*Erb*, § 32 Rn 41; SK-*Hoyer*, § 32 Rn 27, 57; *Hillenkamp*, Herzberg-FS, S. 483; NK-*Kindhäuser*, § 32 Rn 61 f; *Kühl*, Jura 93, 57, 63.
36   Vgl BGHSt 4, 161, 164; 21, 334, 365 f; zuletzt, wenngleich weniger eindeutig BGHSt 60, 253 m. krit. Anm. *Engländer*, NStZ 15, 574; ähnl. auch *Börner*, JZ 18, 870; *Erb*, JR 16, 29, 30; *Rönnau/Hohn*, StV 16, 313, 315; abl. *Rückert*, JA 17, 33; zum Ganzen Lackner/Kühl-*Heger*, § 113 Rn 7, 10 f; *Wessels/Hettinger/Engländer*, BT/1, Rn 641 ff; verfassungsrechtlich wurde der strafrechtliche Rechtmäßigkeitsbegriff (bzgl § 113 III) durch BVerfG NVwZ 07, 1180 gebilligt.
37   S. BGHSt 21, 334, 336; 60, 253.
38   BGHSt 60, 253.
39   *T. Zimmermann*, JR 10, 363, 365.

(sog. **Wirksamkeitslehre**)[40]. Eine aA stellt auf die Rechtmäßigkeit nach dem für den Vollzugsakt maßgeblichen Vollstreckungsrecht ab (sog. **Vollstreckungstheorie**)[41]. Damit wird dem angegriffenen Bürger jedoch nicht dasselbe schneidige Notwehrrecht wie gegenüber dem Angriff eines Privaten eröffnet. Vielmehr ergeben sich – wegen des stark verminderten Individualschutzinteresses (nachträglicher Rechtsschutz ist möglich) und des reduzierten Rechtsbewährungsinteresses (gesamtgesellschaftliche Bedeutung funktionsfähig handelnder Hoheitsträger) – erhebliche Beschränkungen im Rahmen der „Gebotenheit" (s. Rn 544)[42].

III. Die Notwehrhandlung

509 Die **Notwehrhandlung** muss sich **gegen den Angreifer** richten, objektiv **erforderlich** und normativ **geboten** sein.[43] Schließlich muss sie auch von einem **Verteidigungswillen getragen** sein (= subjektives Rechtfertigungselement, s. Rn 412 ff).

1. Notwehrhandlung als nur gegen den Angreifer gerichtete Verteidigung

510 Als Verteidigungshandlung darf sich die Notwehr **nur gegen den Angreifer**[44] und nicht gegen Rechtsgüter Dritter richten[45]. Dabei ist es belanglos, ob der Verteidiger den Angriff von sich **(Notwehr, § 32 II Alt. 1)** oder einem anderen **(Nothilfe, § 32 II Alt. 2)** abwenden will[46]. § 32 sieht beide Möglichkeiten vor (zur polizeilichen Nothilfe s. Rn 430).

§ 32 trifft keine Aussage dazu, ob jemand gehalten ist, einen Dritten gegen einen Angriff zu verteidigen. Geregelt ist nur das Recht, nicht aber die Pflicht zur Nothilfe. Eine derartige Pflicht kann aber für den Garanten aus der Strafbarkeit wegen eines unechten Unterlassungsdelikts (s. u. Rn 1175 ff) und im Übrigen aus der Strafbarkeit wegen unterlassener Hilfeleistung nach § 323c erwachsen (vgl Rn 1232)[47].

Die Nothilfe ist unzulässig, wenn sie sich gegen den ausdrücklich erklärten oder aus den Umständen erkennbaren Willen des Angegriffenen richtet (sog. **aufgedrängte Nothilfe**)[48].

---

40 Vgl *Erb*, Gössel-FS, S. 217, 228 ff; *ders.*, JR 16, 24; *Lüke*, Arthur Kaufmann-FS, S. 567 f; *T. Zimmermann*, JR 10, 363, 365.
41 Vgl MK-StGB-*Bosch*, § 113 Rn 34 ff; *ders.*, Jura (JK) 15, 1392; NK-*Paeffgen*, § 113 Rn 40 ff; LK-*Rönnau/Hohn*, § 32 Rn 124; *dies.*, StV 16, 313, 317.
42 Zur Lösung über die Gebotenheit s. auch OLG Hamm JR 10, 361 f; *Amelung* JuS 86, 329, 337; LK-*Rönnau/Hohn* § 32 Rn 134.
43 Zu der (zu verneinenden) Frage, ob auch juristische Personen eine Notwehrhandlung vornehmen können *Robles Planas*, ZIS 18, 14 f.
44 Zur Frage, ob Notwehr auch gegen einen „Angriff", der von einer juristischen Person ausgeht, möglich ist *Robles Planas*, ZIS 18, 14, 15 ff.
45 BGHSt 5, 245, 248; s. auch *Fahl*, JA 16, 805.
46 Zur Nothilfe zugunsten von Tieren *Herzog*, JZ 16, 190. Zur Nothilfe zugunsten einer juristischen Person *Robles Planas*, ZIS 18, 14, 15.
47 Hierzu *Engländer*, Roxin II-FS, S. 657; *Mitsch*, Roxin II-FS, S. 639, 641.
48 Diesbzgl *Engländer*, Nothilfe, S. 99 ff; *Kasiske*, Jura 04, 832; *Kaspar*, JuS 14, 769; *Rengier*, AT, § 18 Rn 113; *Seuring*, Die aufgedrängte Nothilfe, 2004, S. 246 f; *Sternberg-Lieben/Sternberg-Lieben*, JuS 99, 444.

2. Erforderlichkeit der Notwehrhandlung

Die Notwehrhandlung muss **erforderlich** sein, dh sie muss zum einen zur Angriffs- **511** abwehr **geeignet** sein und zum anderen das **mildeste zur Verfügung stehende Gegenmittel** darstellen.

a) Geeignet ist eine Maßnahme, die grds dazu in der Lage ist, den Angriff entweder **512** ganz zu beenden oder ihm wenigstens ein Hindernis in den Weg zu legen[49]. Ein hinreichendes Hindernis kann in einer Abschwächung des Angriffs oder in der zeitlichen Verzögerung des Erfolgseintritts liegen[50]. An die Effektivität der Abwehr dürfen nur minimale Anforderungen gestellt werden, um auch unterlegenen Angegriffenen das Notwehrrecht nicht zu nehmen[51].

b) Der Angegriffene muss das **mildeste (= schonendste) Mittel** einsetzen[52]. Stets **513** ist also dasjenige Verteidigungsmittel zu wählen, das bei gleicher Wirksamkeit den geringsten Schaden anrichtet[53]. Die Wirksamkeit eines Mittels zur sofortigen Beendigung des Angriffs und zur endgültigen Beseitigung der Gefahr beurteilt sich nach der Stärke des Angriffs, der Gefährlichkeit des Angreifers und der zur Verfügung stehenden Abwehrmittel[54]. Bestehen **Unsicherheiten** über die Effektivität einzelner Gegenwehrmaßnahmen, muss sich der Angegriffene nicht auf das Risiko einer nur unzureichenden Abwehrhandlung und des Eintritts eines mehr als belanglosen Schadens an seinen Rechtsgütern einlassen[55]. Auf weniger gefährliche Verteidigungsmittel muss sich der Angegriffene nur einlassen, wenn deren Abwehrwirkung unzweifelhaft ist und genügend Zeit zur Abschätzung der Lage zur Verfügung steht[56]. Da ursprünglich die Aggression vom Angreifer ausgeht, sind Rspr und Lit. bei den Anforderungen an die Erforderlichkeit der Abwehr insgesamt recht großzügig[57].

Vorsicht ist allerdings geboten, wenn lebensgefährliche Waffen, insbes. **Schusswaf-** **514** **fen** oder **Messer** als Verteidigungsmittel angewandt werden, denn die Zufügung einer tödlichen Verletzung kann zwar grundsätzlich vom Notwehrrecht gedeckt sein (Rn 520), muss aber stets *ultima ratio* bleiben[58]. In der Regel ist der Einsatz solcher Verteidigungsmittel daher zunächst **anzudrohen**[59] (zB in Form eines Warnschusses); reicht dies nicht aus, muss der Versuch unternommen werden, **weniger sensible Kör-**

---

49 SK-*Hoyer*, § 32 Rn 91; S/S/W-StGB-*Rosenau*, § 32 Rn 23.
50 S. BGH NStZ 83, 117; 06, 152, 153; *Fischer*, § 32 Rn 29; *Kühl*, AT, § 7 Rn 96; *Warda*, Jura 90, 344, 346.
51 Vgl OLG Düsseldorf NJW 94, 1971, 1972; zur Behandlung nur noch symbolischer Gegenwehr s. S/S/W-StGB-*Rosenau*, § 32 Rn 24 mwN.
52 BGHSt 42, 97, 100; BGH HRRS 17 Nr 753; NStZ-RR 18, 69.
53 BGHSt 3, 217.
54 BGH NStZ 81, 138; OLG Hamm BeckRS 13, 13245 m. Bespr. *Jahn*, JuS 14, 80.
55 BGH NStZ 09, 626; StV 14, 337; NStZ 16, 593 m. Bespr. *Satzger*, Jura (JK) 17, 494; BGH NStZ 19, 136.
56 BGH NStZ 15, 151 m. Bespr. *Eisele*, JuS 15, 465; s. auch BGH HRRS 16 Nr 671 Rn 10; HRRS 17 Nr 753; NStZ-RR 18, 69, 70; NStZ 19, 136 m. Bespr. *Nestler*, Jura (JK) 19, 558.
57 *Joecks*, St-K, § 32 Rn 13 ff; Fall bei Coester-Waltjen-II-*Grunewald*, S. 52.
58 BGH NStZ 06, 152; MK-StGB-*Erb*, § 32 Rn 165 ff; *ders.*, NStZ 11, 186; *Hoffmann-Holland*, AT, Rn 237 f.
59 Eine Androhung soll allerdings nur gegenüber einem unbewaffneten Angreifer verpflichtend sein, BGH NStZ 16, 526; NStZ-RR 18, 170.

perteile zu treffen (zB Schuss in die Beine)[60]. Zwingend sind derartige weniger gefährliche Einsatzformen aber wiederum nur, wenn sie im konkreten Fall eine so hohe Erfolgsaussicht haben, dass dem Angegriffenen das Risiko eines Fehlschlags und die damit verbundene Verkürzung seiner Verteidigungsmöglichkeiten zugemutet werden kann[61]. Entscheidend für die Beurteilung ist die konkrete „Kampflage"[62]. Ist der Waffeneinsatz durch Notwehr gerechtfertigt, so entfällt auch die Strafbarkeit wegen eines u. U. tatbestandlich erfüllten unerlaubten Führens einer Waffe (§ 52 I Nr 1 WaffG)[63].

515 **c)** Die Erforderlichkeit der Verteidigung (Geeignetheit und Wahl des mildesten Mittels) ist im Wege einer *Ex-ante*-Betrachtung **objektiv** zu bestimmen. Maßgebend ist, wie ein besonnener Dritter in der Lage des Angegriffenen die im Zeitpunkt des Angriffs gegebenen und objektiv erkennbaren Umstände beurteilt hätte[64].

516 Im **Fall 10a** hat J sofort einen tödlich wirkenden Kopfschuss abgegeben, ohne zuvor einen Warnschuss abzufeuern oder auf nicht lebenswichtige Körperteile zu zielen. In der konkreten Situation war der Dieb aber bereits so weit entfernt, dass dem J bei objektiver *Ex-ante*-Betrachtung keine Zeit für Warnschüsse blieb und ein genaueres Zielen auf bestimmte Körperteile nicht möglich war. Auch ein anderes gleich geeignetes Mittel, um den Angriff auf das Eigentum ebenso wie durch einen Schuss zu beenden, ist nicht ersichtlich. Der tödliche Schuss auf A war somit erforderlich.

Auch im **Fall 10b** lag eine Notwehrlage vor, als M begann, den P zu schlagen. Angesichts der körperlichen Überlegenheit des M blieb dem P nur der sofortige Einsatz des Messers. Auch hier war für ein Androhen oder eine bewusste Entscheidung für eine möglichst wenig schwerwiegende Verletzung kein Raum mehr. Grundsätzlich verteidigte sich also auch P im Rahmen des Erforderlichen.

517 Werden zB bei einem Banküberfall oder einer räuberischen Erpressung **Scheinwaffen** eingesetzt, deren mangelnde Gefährlichkeit in der konkreten Situation objektiv nicht erkennbar ist, so deckt § 32 jede Verteidigungsmaßnahme, die aus der *Ex-ante*-Sicht eines besonnenen Beobachters erforderlich ist, um den als gefährlich erscheinenden Angriff wirkungsvoll abzuwenden, ggf also auch Scharfschüsse gegen die oder den Angreifer. Denn wer wirklich, dh nicht lediglich zum Schein angreift und sich dabei einer Drohung bedient, die der Bedrohte ernst nehmen soll, muss sich beim Wort nehmen lassen, wenn sein Verhalten ernst genommen wird und entsprechende Abwehrmaßnahmen auslöst. Insofern liegt es hier anders als bei einem (aus Scherz unternommenen) bloßen **Scheinangriff**, der keinerlei Rechtsgutsverletzung bezweckt und bei dessen Abwehr lediglich die Regeln der Putativnotwehr gelten[65].

518 Die Maßgeblichkeit der objektiven *Ex-ante*-Beurteilung hat eine wichtige Konsequenz: Wählt der Verteidiger nach diesen Grundsätzen das mildeste Mittel, so steht

---

60 BGH NStZ 01, 530; NStZ 14, 147; NStZ 17, 276; NStZ-RR 15, 303; NStZ 16, 333 *(Fluchtfall)* m. Bespr. *Rückert, Bosch*, Jura (JK) 16, 702 und *Eisele*, JuS 16, 366; Matt/Renzikowski-*Engländer*, § 32 Rn 28; S/S/W-StGB-*Rosenau*, § 32 Rn 27.
61 BGH NStZ 12, 272 *(Hells Angels-Fall)* m. Bespr. *Satzger*, JK 06/12, StGB § 32/37; BGH StV 13, 503 m. zust. Bespr. *Erb*, HRRS 13, 113 und *v. Heintschel-Heinegg*, JA 13, 69; BGH HRRS 16 Nr 115 m. zust. Bespr. *Hecker*, JuS 16, 564; BGH NStZ 18, 84 m. zust. Anm. *Kudlich*, JA 18, 149, 151; BGH NStZ-RR 18, 69; OLG Frankfurt NStZ-RR 13, 107.
62 BGHSt 27, 336, 337; BGH StV 13, 506 m. Bespr. *Hecker*, JuS 13, 563; BGH NStZ-RR 17, 271.
63 BGH NStZ 11, 82 m. Anm. *Hecker*, JuS 11, 272 und *Kretschmer*, Jura 12, 189; BGH StV 12, 338.
64 Vgl BGH NJW 89, 3027; StV 13, 503; NStZ 17, 276; *Schröder*, JuS 00, 235.
65 Vgl *Amelung*, Jura 03, 93 ff; *Kühl*, AT, § 7 Rn 22, 22a; *Otto*, Jura 88, 330; S/S-*Perron/Eisele*, § 32 Rn 27 f.

die Rechtmäßigkeit der Verteidigung in diesem Moment fest. **Ungewollte Auswirkungen** der Abwehrhandlung, die sich aus der **typischen Gefährlichkeit** des (in zulässiger Weise eingesetzten) **Abwehrmittels** im weiteren Verlauf ergeben und den Angreifer über das gewollte Maß hinaus verletzen, können der Notwehr- oder Nothilfehandlung nicht quasi rückwirkend die Rechtmäßigkeit nehmen.

Beispiel: A greift B widerrechtlich mit gezücktem Messer an. Der bewaffnete B versucht vergeblich, den Angreifer mittels eines Warnschusses und eines Schusses in die Beine, der jedoch nur dessen Wade streift, abzuwehren. Als A im Nahkampf zum endgültigen, tödlichen Stich ansetzen will, weiß sich B, der den Tod des A vermeiden möchte, nicht anders zu helfen, als (zur Schonung des A) seine Pistole nicht als Schuss-, sondern lediglich als Schlagwaffe einzusetzen. Bei dem zweiten Schlag, den B gegen die Schulter des hartnäckig auf ihn einstechenden A führt, löst sich aus der Pistole ungewollt ein Schuss, der den A am Kopf trifft und tödlich verletzt. Hier war die konkrete Verteidigungshandlung des B gem. § 32 erlaubt und gerechtfertigt. Daran ändert auch der (ungewollt herbeigeführte) Todeserfolg nichts. Die Risiken, die sich aus der von ihm veranlassten Abwehrhandlung und aus der typischen Gefährlichkeit des Verteidigungsmittels ergeben, gehen zulasten des Angreifers A und sind nicht etwa von dem Angegriffenen oder dessen Nothelfer zu tragen[66].

d) Die Erforderlichkeit scheitert nicht bereits daran, dass der Angegriffene die **519** Möglichkeit hat, sich dem Angriff **durch Flucht zu entziehen**[67]. Nach dem der Notwehr zugrunde liegenden Rechtsbewährungsprinzip (s. Rn 493) braucht **das Recht dem Unrecht nicht zu weichen**[68]; der in Notwehr Handelnde tritt zugleich für den Bestand der Rechtsordnung ein; hingegen werden ein schnelles Beiseitetreten oder Ducken sowie die Wahrnehmung unmittelbar zur Verfügung stehender Hilfe etc vom Angegriffenen zu fordern sein, sofern dies nicht als generelle Preisgabe des Rechtsguts interpretiert werden kann[69].

e) Das Rechtsbewährungsprinzip hat auch zur Folge, dass in § 32 ein „**schneidiges** **520** Notwehrrecht"** verankert ist, welches – anders als die Notstandsregelungen (§ 34 StGB, §§ 228, 904 BGB)[70] und die Notwehrregelungen vieler ausländischer Rechtsordnungen[71] – im Prinzip **keine Güterabwägung** kennt[72]. Im Rechtsbewusstsein der Bevölkerung findet eine so weitreichende Notwehrbefugnis jedoch kaum Widerhall[73]. Gleichwohl kann nach dem Gesetzeswortlaut bei der Notwehr die Tötung des Angreifers entsprechend der Intensität seines Angriffs nicht nur zum Schutz von Leib oder Leben, sondern beim Versagen aller sonst in Betracht kommenden Abwehrmöglichkeiten als *ultima ratio* auch zur Verteidigung von Sachwerten zulässig sein[74].

---

66 BGHSt 27, 313; BGH JR 00, 297 m. Anm. *Ingelfinger*; BGH NStZ 05, 31; s. ferner *Kretschmer*, Jura 02, 114; *Kühl*, Jura 93, 118.

67 Vgl BGH NJW 13, 2133, 2135 m. Bespr. *Brüning*, ZJS 13, 511.

68 Vert. *Kindhäuser*, Frisch-FS, S. 493; krit. *Krauß*, Puppe-FS, S. 635.

69 Vgl SK-*Hoyer*, § 32 Rn 119; *Sengbusch*, Die Subsidiarität der Notwehr, 2007.

70 Zur Gegenüberstellung der Voraussetzungen von § 32 und § 34 s. Rn 545 sowie *Petersen*, JA 17, 502 ff.

71 Vgl LK-*Rönnau/Hohn*, § 32 Rn 6 ff; *Wittemann*, Grundlinien und Grenzen der Notwehr in Europa, 1997.

72 BGHSt 48, 207; dazu auch *Maiwald*, Marinucci-FS, S. 1579; abw. *Kaspar*, RW 13, 40, 59 f *(de lege ferenda)*.

73 *Amelung/Kilian*, Schreiber-FS, S. 5.

74 Vgl BGH StV 82, 219 (Eigentum und Hausrecht); BGHSt 48, 207 (€ 2500); abw. *Bernsmann*, ZStW 104 [1992], 290; *Bülte*, GA 2011, 145; NK-*Kindhäuser*, § 32 Rn 100; *Koriath*, Müller-Dietz-FS, S. 361; *Lilie*, Hirsch-FS, S. 288.

Denkbar ist allerdings eine Einschränkung des Notwehrrechtes zur Verteidigung von Sachwerten unter dem Aspekt der Gebotenheit (vgl Rn 521 ff).

3. Gebotenheit der Notwehr

521 Auch wenn das deutsche Recht grds ein „schneidiges Notwehrrecht" ohne Verhältnismäßigkeitskorrektiv einräumt, findet dieses Recht seine Schranke im allgemeinen **Verbot des Rechtsmissbrauchs**. Im Wortlaut des § 32 I wird dies daran festgemacht, dass die Notwehr „geboten" sein muss[75].

522 a) Die „Gebotenheit" der Notwehr hängt von **normativen** und **sozialethischen** Erwägungen ab[76], wohingegen sich die „Erforderlichkeit" der Verteidigungshandlung allein nach den tatsächlichen Gegebenheiten, insbes. nach der Art und Stärke des Angriffs richtet[77]. Beide Kriterien können zwar ineinander übergehen, sie decken sich aber nicht.

Soweit allerdings das Rechtsbewährungsinteresse nicht ausnahmsweise gemindert ist, wird dieser Grundgedanke des § 32 auch nicht durch die Gebotenheit überspielt. Daher entfällt die Gebotenheit der Notwehrhandlung zB nicht nur deshalb, weil eine Ausweichmöglichkeit besteht (zur Erforderlichkeit s. Rn 511). Eine **„schimpfliche Flucht"** ist dem Angegriffenen im Regelfall nicht zuzumuten. Die Hinzuziehung staatlicher Organe unter Verzicht auf die Ausübung des Notwehrrechts ist nur zumutbar, wenn deren Hilfe sofort zur Verfügung steht[78].

523 Sozialethisch begründete Einschränkungen der Notwehr (ggf auch der Nothilfe[79]) kommen im Hinblick auf deren Zweckbestimmung dann in Betracht, wenn dem Angegriffenen aus besonderen Gründen an Stelle rigoroser Trutzwehr ein anderes Verhalten (Hinnahme des Angriffs, Ausweichen, Anrufung der Polizei, Beschränkung auf eine rein defensive Schutzwehr usw) **ohne Preisgabe berechtigter Interessen zuzumuten** ist und **die Rechtsordnung der Bewährung** durch ein nachdrückliches Niederschlagen des Angriffs **nicht bedarf**[80]. Ein Verstoß gegen Art. 103 II GG liegt darin nicht, da sich die erwähnten Einschränkungen im Rahmen des Wortlauts des § 32 halten (s. bereits Rn 408) und letztlich nur verfassungsimmanente Schranken des Notwehrrechts darstellen[81].

524 b) Die normativen Einschränkungen der Gebotenheit der Notwehr können – je nach Fallgruppe – zu einem gänzlichen Wegfall des Notwehrrechts oder aber zu einer Beschränkung des Verteidigungsrechts nach der **Drei-Stufen-Theorie**[82] führen. Danach muss der Verteidiger zunächst **ausweichen**, ist dies nicht möglich, wird er auf **Schutzwehr** verwiesen. Nur wenn auch dies nichts hilft, darf er – allerdings unter größtmöglicher Schonung des Angreifers – zur **Trutzwehr** übergehen[83].

---

75 *Fahl*, Jura 07, 743, 745; *Roxin*, AT I, § 15 Rn 56; s. auch *Sinn*, Beulke-FS, S. 271.
76 BGHSt 39, 374, 378.
77 Näher *Eser/Burkhardt*, Strafrecht I, S. 122; *Roxin*, ZStW 93 [1981], 68, 79.
78 BGH VRS 30, 281; krit. *Pelz*, NStZ 95, 305; vert. Matt/Renzikowski-*Engländer*, § 32 Rn 34.
79 *Kuhlen*, GA 2008, 282; *Norouzi*, JuS 04, 494; Einzelheiten insoweit noch ungeklärt.
80 Vgl BGHSt 42, 97; *Berz*, JuS 84, 340; *Kaspar*, RW 13, 40, 42 ff.
81 *Jescheck/Weigend*, AT, § 32 III 1; *Wohlers*, JZ 99, 434, 437; aA Matt/Renzikowski-*Engländer*, § 32 Rn 42; *Seebode*, Krause-FS, S. 375; *Sinn*, Wolter-FS, S. 503; *ders.*, Beulke-FS, S. 271 ff.
82 *Jahn*, JuS 06, 466; *Kühl*, StV 97, 298; für eine Berücksichtigung im Rahmen des § 34 *Otto*, Frisch-FS, S. 589, 605 ff.
83 Vgl *Murmann*, Grundkurs, § 25 Rn 95; s. auch S/S/W-StGB-*Rosenau*, § 32 Rn 30: „Eskalationstrias".

Die Gebotenheit wird vor allem in folgenden **Fallgruppen** problematisiert[84]: **525**

aa) Krasses Missverhältnis: Eine Abwehr, deren Folgen in krassem Missverhältnis zum drohenden Schaden stehen, ist missbräuchlich und daher selbst dann unzulässig, wenn die Maßnahme das einzig mögliche Mittel darstellt, um das Rechtsgut zu schützen[85]. Dieser Fall der Gebotenheitsprüfung ist nicht zu verwechseln mit einer generellen Verhältnismäßigkeitsprüfung, die bei § 32 gerade nicht durchgeführt wird (s. Rn 520). Die durch die Verteidigung bewirkten Beeinträchtigungen der Rechtsgüter des Angreifers dürfen in Anbetracht der durch den Angriff drohenden Schäden und Verletzungen durchaus unverhältnismäßig stark in Mitleidenschaft gezogen werden, die Notwehr ist nur dann nicht geboten, wenn diese Disproportionalität ausnahmsweise gänzlich unerträglich ist.

Beispiel: Der an den Rollstuhl gefesselte Gartenbesitzer G, der mit einem Luftgewehr die Stare von seinen Kirschbäumen fern hält, darf den Schuljungen S, der in einen Baum steigt und sich einige Kirschen schmecken lässt, auch dann nicht mit einem gezielten Körpertreffer vom Baum holen, wenn S auf Warnschüsse nicht reagiert und andere Abwehrmöglichkeiten nicht zur Verfügung stehen. An einem gegenwärtigen rechtswidrigen Angriff des S auf das Eigentum des G ist hier zwar nicht zu zweifeln, selbst dann nicht, wenn S altersbedingt schuldunfähig ist (vgl § 19), da es für den Begriff des Angriffs nicht auf die Schuld ankommt (s. Rn 498); auch die Erforderlichkeit des gezielten Schusses als der einzigen Möglichkeit zur sofortigen Niederschlagung des Angriffs lässt sich schwerlich leugnen. Bei dem geringen Gewicht, das Angriffen von Kindern beizumessen ist, und dem Bagatellcharakter des dem G drohenden materiellen Schadens (**Bagatellangriff**) wäre eine so drastische Abwehrmaßnahme jedoch weder mit dem **Schutzprinzip** noch mit dem **Rechtsbewährungsgedanken** als den beiden Grundpfeilern des Notwehrrechts (s. Rn 493) zu vereinbaren[86].

bb) Art. 2 II lit. a EMRK: Umstritten ist insbes., ob – wegen des Einflusses des Art. 2 II lit. a EMRK auf § 32 – die **zur Verteidigung von Sachwerten erfolgende Tötung eines Menschen** niemals geboten sein kann[87]. **526**

Die grundsätzliche Beachtlichkeit der EMRK ergibt sich daraus, dass diese in Deutschland im Rang eines einfachen Bundesgesetzes gilt und darüber hinaus nach dem BVerfG das gesamte deutsche Recht, einschließlich des Verfassungsrechts, im Lichte der EMRK auszulegen ist (s. o. Rn 126).

Art. 2 II lit. a EMRK sieht eine Ausnahme vom in Absatz 1 enthaltenen Verbot der „absichtlichen Tötung" vor, wenn diese „durch eine Gewaltanwendung verursacht wird, die unbedingt erforderlich ist, um jemanden gegen rechtswidrige Gewalt zu verteidigen". Ein Teil der Lehre[88] leitet hieraus ab, dass die EMRK eine Tötung nur zur **527**

---

84 *Jäger*, GA 2016, 258; *Rönnau*, JuS 12, 404; *Sowada*, Herzberg-FS, S. 459, 468; vert. *Fasten*, Die Grenzen der Notwehr im Wandel der Zeit, 2011; zum Verhältnis von Garantenlehre und Notwehreinschränkung *Jäger*, GA 2016, 258.
85 RGSt 23, 116, 117; BayObLG NJW 54, 1377; OLG Braunschweig MDR 47, 205; *Fahl*, JA 00, 460; *Kühl*, Jura 90, 244; vert. *Nusser*, Notwehr zur Verteidigung von Sachwerten, 2012; s. auch BGH NStZ 16, 333 (*Fluchtfall*) im Hinblick auf die Verteidigung des Hausrechts; vgl auch BGH HRRS 16 Nr 671, Rn 21.
86 *Roxin*, AT I, § 15 Rn 56, 73 ff; vgl auch *Klesczewski*, Wolff-FS, S. 225, 244.
87 Instruktiv zur Gesamtproblematik *Hillenkamp/Cornelius*, AT, S. 25 ff; *Kühl*, ZStW 100 [1988], 406, 601.
88 *Frister*, GA 1985, 553; *Koriath*, in: Ranieri (Hrsg), Die Europäisierung der Rechtswissenschaft, 2002, S. 47; *Marxen*, Die „sozialethischen" Grenzen der Notwehr, 1979, S. 61.

169

Abwehr von Gewalt **gegen eine Person** („... um *jemanden* ... zu verteidigen"), nicht aber zur Abwehr von Angriffen auf Sachwerte erlaubt, was in den allein authentischen englischen und französischen Sprachfassungen tatsächlich durchaus klar zum Ausdruck kommt (engl.: „of any *person*"; franz.: „de toute *personne*"). Das Problem liegt aber darin, dass die EMRK Menschenrechte enthält, die den Einzelnen gegenüber dem Staat schützen. Bei § 32 geht es jedoch um das Verhältnis Bürger gegen Bürger, weshalb die bislang hL der EMRK insoweit keine auf die Gebotenheit der Notwehr durchschlagende Bedeutung beimisst[89].

528 Zu beachten ist allerdings, dass die Garantien der Konvention durchaus **mittelbare Drittwirkungen** im Verhältnis der Privaten untereinander entfalten können, da die EMRK eine „objektive Wertordnung" etabliert[90]. Jedoch kann der Konvention nicht generell eine mittelbare Drittwirkung unterstellt werden, vielmehr hängt eine solche von der Reichweite des jeweils betroffenen Rechts ab[91]. Dass sich Art. 2 II lit. a EMRK in dem Sinn interpretieren lässt, dass hierdurch der Vertragsstaat Deutschland verpflichtet wird, seine interne Notwehrregelung so restriktiv zu fassen und anzuwenden, dass die Tötung zum Schutz von Sachwerten nicht erlaubt wird, erscheint nach dem derzeitigen Stand der Rechtsentwicklung zweifelhaft[92].

529 Im Ergebnis muss diese schwierige Frage aber nicht abschließend geklärt werden. Denn das Tötungsverbot des Art. 2 I EMRK erfasst nur die **„absichtliche"** (engl.: *„intentionally"*; franz.: *„intentionnellement"*) Tötung, womit nur die mit direktem Vorsatz (Absicht oder Wissentlichkeit) erfolgende Tötung gemeint ist[93]; bei der Verteidigung von Sachwerten kommt es dem Notwehrübenden aber regelmäßig nur auf die Wiedererlangung der Sache an, bzgl der Tötung handelt er dann allenfalls mit *dolus eventualis*. Sollte er ausnahmsweise doch einmal mit direktem Vorsatz töten, dann sind richtigerweise bereits Zweifel an der Erforderlichkeit seines Handelns angebracht[94]. Somit entfaltet Art. 2 II lit. a EMRK zumindest *de facto* keine beschränkende Wirkung auf die Gebotenheit der Notwehr.

530 Die Gebotenheit der Notwehr war in **Fall 10a** nicht bereits wegen eines „krassen Missverhältnisses" ausgeschlossen. Zwar erfährt ein Menschenleben in unserer Rechtsordnung eindeutig einen höheren Schutz als das Eigentum und das Vermögen, jedoch verleiht § 32 aufgrund des Rechtsbewährungsgedankens ein besonders schneidiges Notwehrrecht, dem Verhältnismäßigkeitserwägungen grundsätzlich fremd sind. Erkennt man allerdings an, dass Art. 2 II lit. a EMRK zu einer Auslegung des § 32 dahingehend zwingt, dass eine Verteidigung von Sachwerten durch Tötung eines Menschen niemals geboten sein kann, dann lässt sich an einer Rechtfertigung zweifeln. Höchst problematisch ist jedoch, ob die EMRK-Vorschrift auf das Verhältnis zwischen Privaten überhaupt (mittelbare) Anwendung finden darf. Jedenfalls führt sie hier nicht zu einer Verneinung der Notwehr, weil Art. 2 II lit. a EMRK nur die absichtliche (= mit direktem Vorsatz erfolgende) Tötung erfasst, J aber – wie typi-

---

89 Vgl *Hoffmann-Holland*, AT, Rn 250 f; *Jescheck/Weigend*, AT, § 32 V; *Kühl*, Jung-FS, S. 440; *Rönnau*, JuS 2012, 406; S/S/W-StGB-*Rosenau*, § 32 Rn 37.
90 Sog. *„constitutional instrument"*, s. *Satzger*, International, § 11 Rn 25.
91 Vgl hierzu *Meyer-Ladewig*, EMRK, Art. 1 Rn 10; *Peters/Altwicker*, EMRK, § 2 Rn 33.
92 Dazu *Satzger*, International, § 11 Rn 33.
93 S. hierzu Meyer-Goßner-*Schmitt*, Art. 2 MRK Rn 3; *Roxin*, AT I, § 15 Rn 88; aA *Ambos*, Internationales Strafrecht, § 10 Rn 113.
94 Vgl *Roxin*, AT I, § 15 Rn 88.

scherweise bei der tödlich verlaufenden Verteidigung von Sachwerten – nur eventualvorsätzlich bzgl des Todes des A handelte.

▶ Beispielsfall bei *Beulke*, Klausurenkurs I, Rn 232

cc) Angriffe von schuldlos Handelnden: Ein Angriff liegt auch vor, wenn er von einem Schuldunfähigen geführt wird (s. Rn 498). Ungezielten Angriffen und solchen von Kindern[95], Volltrunkenen, ersichtlich Irrenden[96] oder sonst schuldlos Handelnden (in Ausnahmefällen auch von vermindert Schuldfähigen) vermag der Betroffene jedoch vielfach auszuweichen, ohne sich in seiner Ehre etwas zu vergeben. Da die Rechtsordnung diesen „Angreifern" gegenüber keinen Schuldvorwurf erhebt, ist auch das Rechtsbewährungsinteresse deutlich reduziert. Daraus folgt auch eine **Beschränkung des Notwehrrechts**: Nach der Drei-Stufen-Theorie (s. Rn 524) muss der Angegriffene zunächst ausweichen. Wo keine Ausweichmöglichkeit besteht, ist eine defensive Schutzwehr immer, die zurückschlagende Trutzwehr dagegen nur unter größtmöglicher Schonung des Angreifers zulässig[97]. **531**

dd) Enge familiäre Beziehung: Sozialethische Einschränkungen des Notwehrrechts kommen auch unter Personen mit engen familiären Beziehungen (insbes. unter Ehegatten) in Betracht; eine soziales Näheverhältnis wie eine Wohngemeinschaft reicht hingegen nicht aus[98]. Tätlichkeiten von geringerer Intensität, die keine ernsthafte Gefahr für Leib oder Leben begründen, rechtfertigen hier nicht sogleich den Griff zu Abwehrmitteln, die den Tod des Angreifers zur Folge haben können. Aus dem Spannungsverhältnis zwischen dem **Recht zur Selbstverteidigung** und der **Beschützergarantenstellung** (§ 13; vgl Rn 1180 ff) gegenüber dem Angreifer folgt vielmehr – gemäß der Drei-Stufen-Theorie (Rn 524) – zunächst die Pflicht, dem Angriff auszuweichen, wenn die Umstände es zulassen. Besteht keine Ausweichmöglichkeit, ist im Rahmen der gebotenen Verteidigung notfalls das Risiko einer leichteren Misshandlung hinzunehmen, bevor als *ultima ratio* von möglicherweise tödlich wirkenden Trutzwehrmaßnahmen Gebrauch gemacht wird[99]. **532**

Zu Recht wird dieser Standpunkt im Schrifttum zunehmend in Zweifel gezogen[100], weil er dazu führen kann, dass sich drangsalierte (Ehe-)Partner bzw sonstige Fami- **533**

---

95 Ist mit der Beendigung des Angriffs durch Flucht nicht ohne Weiteres zu rechnen, kann eine Ohrfeige gegenüber einem Kind durch Notwehr gerechtfertigt sein, s. OLG Düsseldorf BeckRS 16, 14622 m. Anm. *Eisele*, Jus 17, 81; allg. zur Notwehr gegen Kinder *Mitsch*, Jura 17, 792, 803 f.

96 Handelt der Angreifer im Erlaubnistatbestandsirrtum, entfällt nach hM der Vorsatzschuldvorwurf, s. Rn 761 f; wer in diesen Fällen aber bereits das Vorsatzunrecht des auf Irrtum beruhenden Angriffs ausschließt (s. Rn 760), muss konsequenterweise bereits eine Notwehrlage mangels rechtswidrigen Angriffs verneinen, vgl hierzu OLG Hamm (Zivilsenat) NJOZ 15, 1863 m. Bespr. aus strafrechtlicher Perspektive *Kudlich*, JA 16, 150.

97 BGHSt 3, 217; BSG JZ 00, 96 m. Anm. *Roxin*; BayObLG NStZ 91, 433 m. krit. Anm. *Vormbaum*, JR 92, 163; BayObLG StV 99, 147; *Mitsch*, JuS 92, 289.

98 BGH NStZ 16, 526 m. Anm. *Engländer*.

99 Vgl BGH NJW 75, 62; *Amelung/Boch*, JuS 00, 261, 264; AnwK-StGB-*Hauck*, § 32 Rn 14; *Kretschmer*, JR 08, 51, 53; *Mitsch*, Jura 17, 792, 799; S/S/W-StGB-*Rosenau*, § 32 Rn 33; *Roxin*, AT I, § 15 Rn 83 ff.

100 Matt/Renzikowski-*Engländer*, § 32 Rn 48; *Mitsch*, Rechtfertigung, S. 389; *Montaner/Ortiz de Urbina*, GA 2013, 641, 649; *Voß*, Die Notwehrsituation innerhalb sozialer Näheverhältnisse, 2013, S. 79 ff; *Zieschang*, Jura 03, 527.

lienangehörige nicht angemessen zur Wehr setzen dürfen, sodass *de facto* ein Freibrief für Misshandlungen ausgestellt wird. Notwehreinschränkungen sind jenseits grds intakter Beziehungen – allein aufgrund ihres rein formellen Bestehens – jedenfalls abzulehnen[101]. Der BGH hat zwischenzeitlich ausdrücklich offen gelassen, ob er an dieser Einschränkung des Notwehrrechtes festhalten wird[102], hat dies aber jüngst – sogar im Verhältnis zweier Cousins zueinander – wieder in Erwägung gezogen[103]. Unabhängig davon müssen jedenfalls Misshandlungen intensiver Art keinesfalls geduldet werden.

Kommt es bspw zu massiven Tätlichkeiten gegen eine schwangere Ehefrau und holt deren Mann trotz der Warnung, sich gegen die Fortsetzung des Angriffs mit einem Messer zu verteidigen, erneut zu einem Schlag gegen ihren Kopf aus, so kann von der Frau nicht erwartet werden, dass sie auf die **allein Erfolg versprechende** Verteidigung mit dem Messer nur deshalb verzichtet, weil diese zum Tod des Ehemannes führen kann[104].

534 **ee) Notwehrprovokation:** Eine besonders wichtige Einschränkung des Notwehrrechts stellen nach hier vertretener Ansicht die Fälle der sog. Notwehrprovokation dar. Rspr und hL unterscheiden hier vor allem danach, ob der Angegriffene den Angriff **absichtlich** oder **sonst vorwerfbar** provoziert hat[105].

535 Wer einen **Angriff absichtlich provoziert**, um den Angreifer unter dem Deckmantel der Notwehr verletzen zu können, handelt rechtsmissbräuchlich und kann sich auf Notwehr **nicht berufen**[106]: In Wirklichkeit ist er nämlich selbst der Angreifer, und zwar unabhängig davon, ob sein Vorverhalten rechtswidrig oder nur sozialethisch missbilligenswert war[107]. Dementsprechend fehlt ihm auch ein relevanter Verteidigungswille[108]. Wer das Notwehrrecht gezielt missbrauchen will, hat das Recht nicht auf seiner Seite, sodass der Ausschluss des Notwehrrechts auch keine Preisgabe schützenswerter Positionen beinhaltet. Vielmehr liegt das Risiko einer Verletzung der Rechtsgüter des „Verteidigers" in seinem eigenen Verantwortungsbereich, er hat hierzu letztlich „eingewilligt", um seinen Plan einer Angriffsprovokation realisieren zu können.

Abzulehnen ist deshalb die Gegenmeinung, die auch dem absichtlich Provozierenden das (volle oder zumindest eingeschränkte) Notwehrrecht zubilligt, weil der Absichtsprovokateur beim provozierten Angriff nicht schutzlos gestellt werden dürfe und die Rechtsordnung vom Provozierten verlangen könne, der Provokation zu widerstehen[109]. Zur umstr. Möglichkeit einer Begründung der Strafbarkeit des Provokateurs über die Figur der *actio illicita in causa* s. Rn 540.

---

101   *Bosch*, JK 8/14, StGB § 32/39; MK-StGB-*Erb*, § 32 Rn 221; *Schramm*, JA 13, 881, 886.
102   BGH JZ 03, 50 m. Anm. *Walther*.
103   BGH NStZ 14, 451 m. krit. Bespr. *Bosch*, JK 8/14, StGB § 32/39; s. zur Wohngemeinschaft aber BGH HRRS 16 Nr 671 Rn 18.
104   BGH NJW 84, 986; NStZ 94, 581; JZ 03, 50.
105   Vgl dazu *Hillenkamp/Cornelius*, AT, S. 15 ff; *Joecks*, St-K, § 32 Rn 29 ff; fallbezogen *Nestler*, JA 13, 262, 264; zur provozierten Nothilfe *Kuhlen*, GA 2008, 282; *Norouzi*, JuS 04, 494.
106   BGHSt 48, 207; BGH StV 11, 588.
107   S/S-*Perron/Eisele*, § 32 Rn 55; aA SK-*Hoyer*, § 32 Rn 125; *Kühl*, AT, § 7 Rn 215; LK-*Rönnau/Hohn*, § 32 Rn 253; *Roxin*, AT I, § 15 Rn 65.
108   S. RGSt 60, 261, 262; BGH NStZ 03, 425, 427; *Fischer*, § 32 Rn 42.
109   Baumann/Weber/Mitsch/Eisele-*Mitsch*, AT, § 15 Rn 55; *Hassemer*, Bockelmann-FS, S. 225, 243; *Mitsch*, Rechtfertigung, S. 406; NK-*Paeffgen/Zabel*, Vorbem. §§ 32 ff Rn 146; *Renzikowski*, Notstand und Notwehr, 1994, S. 112, 302; für eine Einschränkung des Notwehrrechts etwa *Jescheck/Weigend*, S. 346 f; SK-*Hoyer*, § 32 Rn 125.

Die eben dargestellte Angriffsprovokation darf jedoch nicht mit der sehr umstrittenen **536** sog. **Abwehrprovokation**[110] verwechselt werden. Hinter diesem Schlagwort verbergen sich diejenigen Fälle, in denen sich jemand in eine erwartete Notwehrsituation begibt, sich dazu aber bewusst übertrieben „aufrüstet", sodass später in der konkreten Kampfsituation eine Verteidigung mithilfe dieser (gefährlichen) Mittel als einzig möglich und daher erforderlich erscheint.

Beispiel: V weiß, dass er, sobald er sich in der Nacht in der nahegelegenen Diskothek zeigt, wegen eines Streits um die schöne F von dem körperlich überlegenen A tätlich attackiert werden wird. Deshalb baut er vor und nimmt statt des sonst von ihm mitgeführten Pfeffersprays und des Schlagrings ein Springmesser mit in die Diskothek. Er möchte das Messer, sobald es zu dem erwarteten lebensgefährlichen Angriff des A kommt, als einziges ihm zur Verfügung stehendes effektives Verteidigungsmittel einsetzen und dem A unter dem Schutz der Rechtsordnung so Verletzungen mit dem Messer zufügen (und sich eben nicht auf den Einsatz eines milder wirkenden Schlagrings oder eines Pfeffersprays verweisen lassen).

Hier ergeben sich richtiger Ansicht nach selbst dann keine Einschränkungen im Rahmen der Gebotenheit, wenn der Angegriffene, wie im Beispielsfall, bewusst und absichtlich zu gefährlicheren Mitteln greift und auf andere, mildere Mittel von vornherein verzichtet[111]. Solange der Angegriffene nicht seinerseits zumindest auf sozialethisch missbilligenswerte Weise den Angriff (mit-)herbeigeführt hat (dazu s. unten Rn 537), trägt der Angreifer die alleinige Verantwortung für den Angriff, was durch die vorherige Aufrüstung des später Attackierten nicht verändert wird. Der Verteidigungswille des letzteren steht im Übrigen in der konkreten Situation außer Frage. Schließlich ist in diesen Fällen auch kein Rechtsmissbrauch durch den Verteidiger zu erkennen; vielmehr dürfen dem Notwehrrecht keine derart umfangreichen Vorwirkungen zukommen, dass jemand – allein weil ein anderer ihn möglicherweise in eine Notwehrsituation bringt – Vorsicht und Zurückhaltung bei der Wahl seiner Kleidung und der mitgeführten Gegenstände walten lassen muss[112].

Wer **nicht absichtlich, aber sonst vorwerfbar** eine Notwehrsituation herbeiführt, **537** dem steht das Notwehrrecht nur in dem nach der Drei-Stufen-Theorie beschränkten Umfang zu (s. Rn 524): Er hat daher dem von ihm mitverschuldeten Angriff tunlichst auszuweichen. Bei fehlender Ausweichmöglichkeit muss er sich bis zur Grenze des noch Zumutbaren auf defensive Verteidigungshandlungen beschränken. Solange diese Schutzwehr (ggf iVm Hilferufen) zur Abwehr des Angriffs ausreicht, darf er nicht zur Trutzwehr übergehen. Andererseits ist ihm die Hinnahme erheblicher eigener Verletzungen nicht zuzumuten. Wo andere Möglichkeiten – einschließlich des Rückgriffs auf fremde, auch private Hilfe[113] – nicht mehr zur Verfügung stehen oder keine ausreichende Verteidigung gewährleisten, ist je nach der Stärke des Angriffs auch der

---

110 Vgl dazu OLG Stuttgart NJW 92, 850, wo dieser Begriff aber in einem anderen Sinn als hier – und sonst üblich – verwendet wird; insgesamt zur Problematik *Küpper*, JA 01, 440.
111 So aber etwa *Krey/Esser*, AT, Rn 564; *Lindemann/Reichling*, JuS 09, 496; S/S-*Perron/Eisele*, § 32 Rn 61b; *Rengier*, AT, § 18 Rn 101 f; diff. *Küpper*, JA 01, 438, 440.
112 So iE auch MK-StGB-*Erb*, § 32 Rn 236; *Fischer*, § 32 Rn 43; NK-*Kindhäuser*, § 32 Rn 119; *Murmann*, Grundkurs, § 25 Rn 102; LK-*Rönnau/Hohn*, § 32 Rn 189 f.
113 BGH NStZ 14, 451, 452 .

Griff zur Waffe und im äußersten Notfall sogar die Tötung des Angreifers erlaubt[114] (vgl aber auch Rn 540).

538 Umstritten ist, wann die Herbeiführung der Notwehrlage „vorwerfbar" erfolgt. Es herrscht Einigkeit darüber, dass in einem sozialadäquaten Vorverhalten keine Provokation zu erblicken ist, selbst wenn vorhersehbar ist, dass dieses zu einer Notwehrlage führt. Während die wohl hL stets ein **rechtswidriges Vorverhalten** verlangt[115], da demjenigen, der sich rechtmäßig verhält, das Recht zur Verteidigung kaum unter Berufung auf das Rechtsbewährungsprinzip versagt werden könne[116], lässt die Rspr bereits **sozialethisch missbilligenswertes Verhalten** genügen[117].

539 Einschränkungen des Notwehrrechts aufgrund vorwerfbaren Vorverhaltens haben stets zur Voraussetzung, dass zwischen dem provozierenden Vorverhalten und dem daraus resultierenden Angriff iSd § 32 ein enger räumlicher und zeitlicher Zusammenhang besteht und letzterer eine adäquate und voraussehbare Folge der Provokationshandlung darstellt (**objektiver Provokationszusammenhang**)[118], sowie dass durch das Vorverhalten die Rechtssphäre des Angreifers bzw einer ihm nahe stehenden Person berührt wird, sodass gerade er sich individuell provoziert fühlen darf (**subjektiver Provokationszusammenhang**)[119].

540 Die Behandlung der Notwehrprovokation wäre nicht komplett, wenn man nicht berücksichtigen würde, dass einige Autoren[120], die auch in den Fällen der absichtlichen oder sonst vorwerfbar herbeigeführten Notwehrlage § 32 bejahen, gleichwohl zu einer Strafbarkeit des Provokateurs wegen vorsätzlichen oder fahrlässigen Delikts kommen. Dabei kommt die Figur der *actio illicita in causa (aiic)*, dh die Handlung, die im Ursprung unerlaubt ist, zur Anwendung. Diese weist konstruktiv deutliche Parallelen mit der *actio libera in causa* (dazu Rn 654 ff) und der *omissio libera in causa* (dazu Rn 1218) auf[121].

Beispiel: A beschädigt den fabrikneuen Porsche des immer leicht aufbrausenden, ihm körperlich stark überlegenen B, um diesen dazu zu bringen, ihn – den A – anzugreifen. Das will A dann zum Anlass nehmen, sich kräftig, aber im Rahmen des Erforderlichen, mit seinem Messer zur Wehr zu setzen, sodass B durch die Narbe ein langanhaltendes Souvenir von diesem Zweikampf behält. Dieser Plan geht auf.

---

114 BGHSt 24, 356; 26, 143; 26, 256; 39, 374; BGH JZ 01, 661 m. Anm. *Roxin*; BGH NStZ 02, 425 m. Bespr. *Heger*, JA 03, 8; BGH NStZ 14, 451; NStZ 16, 84 m. Bespr. *Hecker*, JuS 16, 177; BGH NStZ-RR 16, 272; 18, 170; NStZ 19, 263 m. Anm. *Putzke/Putzke*, ZJS 19, 237; BGH HRRS 18 Nr 919 m. Bespr. *Brüning*, ZJS 18, 640 und *Nestler*, Jura (JK) 19, 226; generell krit. *Matt*, NStZ 93, 271.

115 MK-StGB-*Erb*, § 32 Rn 232; *Freund*, AT, § 3 Rn 117; *Grünewald*, ZStW 122 [2010], 51, 79; *Köhler*, AT, S. 273; *Krack*, JR 96, 468; BeckOK-StGB-*Momsen/Savić*, § 32 Rn 42; *Roxin*, AT I, § 15 Rn 72; LK-*Rönnau/Hohn*, § 32 Rn 255; *Roxin*, AT Rn 72.

116 *Kühl*, Jura 91, 57, 61; *Lenckner*, JZ 73, 253, 254 ff; vgl auch *Murmann*, Grundkurs, § 25 Rn 102.

117 BGHSt 42, 97; BGH StV 06, 234 m. Anm. *Roxin* und *Bosch*, JA 06, 490; BGH HRRS 18 Nr 919 m. Bespr. *Brüning*, ZJS 18, 640 und *Nestler*, Jura (JK) 19, 226; *Eidam*, HRRS 16, 380; *Kühl*, AT, § 7 Rn 223a; *Schünemann*, JuS 79, 279.

118 BGH StV 06, 234 m. Anm. *Roxin*; BGH NStZ 09, 626 m. Bespr. *Hecker*, JuS 10, 172; BGH StV 11, 223 m. zust. Bespr. *Kudlich*, JA 11, 233; BGH NStZ-RR 15, 303; NStZ 16, 84 m. Bespr. *Hecker*, JuS 16, 177; BGH HRRS 18 Nr 919 m. Bespr. *Brüning*, ZJS 2018, 640 und *Nestler*, Jura (JK) 19, 226; *Engländer*, Wolter-FS, S. 319, 326 f; *Oğlakcıoğlu*, HRRS 10, 106; *Mitsch*, JuS 17, 19.

119 *Zaczyk*, JuS 04, 750, 754.

120 Etwa *Baumann*, MDR 1962, 349; *Bertel*, ZStW 84 [1972], 14 ff; auf den Fall einer fehlenden Ausweichmöglichkeit des Provokateurs beschränkt S/S-*Sternberg-Lieben*, Vorbem. § 32 Rn 23; s. zur *actio illicita in causa* auch *Ebert*, AT, S. 80; *ders.*, Fallbuch, S. 84 (Fall 4); *Haft*, S. 91.

121 Ausf. hierzu *Satzger*, Jura 06, 513 ff.

Die Verteidigungshandlung wird zunächst isoliert und unabhängig von der Entstehung der Notwehrlage betrachtet; § 32 lässt sich so unproblematisch bejahen. Der Ansatzpunkt für eine Strafbarkeit wird vielmehr – getrennt davon – im Vorverhalten, also in der provozierenden Sachbeschädigung, gesehen. Diese stellt dann nicht nur die Tathandlung des § 303, sondern gleichzeitig den tatbestandsmäßigen und (sofern nicht gerechtfertigt) rechtswidrigen Beginn der Ausführung der später von § 32 gedeckten (gefährlichen) Körperverletzung an B dar. Da dieses Gesamtgeschehen im Ausgangspunkt (abgesehen von der eigentlichen Kampfsituation) rechtswidrig war, wird A nach dieser Ansicht aus §§ 223, 224 bestraft.

Ungeachtet möglicher sinnvoller Anwendungsbereiche der *aiic*, kann die Heranziehung dieser Figur bei der Lösung der Notwehrprovokationsfälle nicht überzeugen[122]. Hier ist sie nicht nur überflüssig, vielmehr steht ihr der gewichtige Einwand entgegen, dass der Provozierte aufgrund freien Entschlusses tätig wird, sodass ein hinreichender Zurechnungszusammenhang zwischen Vorverhalten und den in der Notwehrlage verursachten Folgen beim provozierten Angreifer fehlt[123]. **541**

Deshalb darf derjenige, der in einer schuldhaft herbeigeführten Notwehrlage zulässigerweise Trutzwehr ausübt (s. Rn 537), auch nicht aufgrund dieses Vorverhaltens wegen fahrlässiger Tat bestraft werden[124].

Im **Fall 10b** war das Vorverhalten des P (Öffnen des Fensters) letztlich nicht rechtswidrig, auch wenn der BGH in dem zugrunde liegenden Fall (BGHSt 42, 97, 100) dieses als „seinem Gewicht nach einer schweren Beleidigung" gleichkommend einstufte. Es war aber jedenfalls sozialethisch zu missbilligen, was zumindest nach der Rspr genügt, um eine Notwehrprovokation mit Auswirkungen auf die Gebotenheit der Notwehr anzunehmen. Daran ändert auch der Umstand nichts, dass auch das Verhalten des M nicht korrekt war. P hat nicht zuletzt angesichts der Kürze der Fahrtdauer unangemessen reagiert, als er das Fenster öffnete und somit die Notwehrlage vorwerfbar mitverursacht. Deshalb hätte er sich beim anschließenden Kampf auf Schutzwehr und Hilferufe beschränken müssen. **542**

▶ Beispielsfall bei *Beulke*, Klausurenkurs I, Rn 213

ff) Schweigegelderpressung (Chantage): Zum Teil wird in der Literatur als weitere Fallgruppe der Einschränkung des Notwehrrechtes die sog. Schweigegelderpressung (Chantage) diskutiert. Der die Notwehrlage begründende Angriff liegt hier darin, dass der Erpresser mit der Enthüllung kompromittierender Tatsachen, vor allem einer Strafanzeige wegen einer vom Erpressungsopfer seinerseits begangenen Straftat, droht. Wehrt sich der Erpresste (durch Gewalttaten gegen den Erpresser, durch Vernichtung von Fotos etc) dagegen, so ist er allerdings nur bedingt schutzwürdig. Denn er tritt hier nicht offen zum Zweck der Rechtsbewährung auf, dazu müsste er sich vielmehr den Strafverfolgungsbehörden offenbaren. Dass diese dann natürlich von den Straftaten des Erpressten erführen, macht den Schritt für den Erpressten allerdings nicht stets unzumutbar. Werden Verfahren gegen ihn eingeleitet, kommt **543**

---

122 Näher BGH NStZ 83, 452; 88, 450; SK-*Hoyer*, § 32 Rn 122; *Roxin*, AT I, § 15 Rn 68, 74; lehrreich zum Ganzen *Beulke*, Jura 88, 641; *ders.*, JR 90, 380; *Kühl*, Jura 91, 57, 175; *Satzger*, Jura 06, 513, 518; krit. *Arzt*, JZ 94, 314; *Mitsch*, GA 1986, 533; NK-*Paeffgen/Zabel*, Vorbem. §§ 32 ff Rn 146; *Puppe*, Küper-FS, S. 443; *Stuckenberg*, JA 02, 172; *Voigt/Hoffmann-Holland*, NStZ 12, 362.

123 Vgl *Mitsch*, GA 1986, 533, 543; *Satzger*, Jura 06, 513, 520; *Stuckenberg* JA 01, 894, 902 ff.

124 AA BGH JZ 01, 661 m. insoweit zutr. abl. Anm. *Roxin*; *Jäger*, JR 01, 512; offengelassen in BGH StV 11, 156 m. krit. Bespr. *Hecker*, JuS 11, 272; iE auch *Eisele*, NStZ 01, 416; *Engländer*, Jura 01, 534; *Hruschka*, ZStW 113 [2001], 870; zweifelnd *Mitsch*, JuS 01, 751.

u. U. eine Einstellung gem. § 154c StPO in Betracht[125]. Die Offenbarung des kompromittierenden Geheimnisses ist dadurch allerdings zumeist nicht vermeidbar. Angesichts dieser besonderen und komplexen Situation erscheint nur eine Kompromisslösung angemessen: **Leichte bis mittelschwere Gegenwehrmaßnahmen** (zB Hausfriedensbruch beim Erpresser, Diebstahl der belastenden Urkunde) sind als durch Notwehr gerechtfertigt einzustufen. Bei **schweren Beeinträchtigungen**, insbes. bei Gewalthandlungen gegenüber dem Erpresser bis hin zu dessen Tötung ist hingegen zumeist die Erforderlichkeit nicht zu bejahen, da die Polizei den Angriff effektiver und einfacher abwehren kann; zumindest ist insoweit die Gebotenheit der Notwehrhandlung zu verneinen[126].

544 **gg) Abwehr rechtswidriger Polizeimaßnahmen:** Sind polizeiliche Maßnahmen rechtswidrig, so soll es nach der zustimmungswürdigen Ansicht, die den Rechtswidrigkeitsbegriff insoweit nicht „strafrechtsspezifisch" modifiziert[127], den hiergegen gerichteten Verteidigungshandlungen an der Gebotenheit fehlen, wenn der Vollstreckungsbeamte nicht offensichtlich bösgläubig oder amtsmissbräuchlich gehandelt hat und durch die Vollstreckungshandlung kein irreparabler Schaden droht, durch die Abwehrhandlung andererseits aber erhebliche Verletzungen oder der Tod des Amtsträgers zu befürchten sind. Aus dem Rechtsgedanken des § 113 III, IV 2 folge, dass der Angegriffene insoweit auf den Rechtsweg zu verweisen sei[128].

545

		Notwehr (§ 32)	Rechtfertigender Notstand (§ 34)	
1. Objektive Voraussetzungen				
a)	**Notwehr- bzw Notstands- lage**	– notwehrfähiges Rechtsgut (nur **Individualrechtsgüter**)	– notstandsfähiges Rechtsgut (auch **Allgemeinrechtsgüter**)	
		– nur **rechtswidriger Angriff** (Verletzung droht durch menschliches Verhalten)	– **jegliche Gefahr** (Ursprung irrelevant)	§ 34 **weiter** als § 32
		– gegenwärtig (nur **unmittelbar drohende** Rechtsgutseinbuße)	– gegenwärtig (auch **Dauergefahr**)	
b)	**Notwehr- bzw Notstands- handlung**	– Erforderlichkeit • Geeignetheit • relativ mildestes Mittel, aber **Recht braucht Unrecht nicht zu weichen**	– Erforderlichkeit • Geeignetheit • relativ mildestes Mittel, ggf ausweichen/obrigkeitliche Hilfe einholen	§ 34 **enger** als § 32
		– Gebotenheit **(keine allg. Interessenabwägung!)**	– **Interessenabwägung**	
2. Subjektive Voraussetzung		– Kenntnis bzw Verteidigungs-/ Rettungswille	– Kenntnis bzw Rettungswille	

---

125 Einzelheiten LR-*Beulke*, § 154c StPO.
126 *Hoffmann-Holland*, AT, Rn 263 f; *H.E. Müller*, Schroeder-FS, S. 323; S/S/W-StGB-*Rosenau*, § 32 Rn 47; *Roxin*, AT I, § 15 Rn 89; ausdrücklich offen gelassen BGHSt 48, 207 m. Bespr. *Erb*, NStZ 04, 369; abw. *Kaspar*, GA 2007, 36; für Notstandslösung: *Morbach*, Die Chantage – Rechtfertigungs- und Entschuldigungsgründe des sich wehrenden Opfers einer Schweigegelderpressung, 2007.
127 Zur Frage, unter welchen Voraussetzungen ein hoheitlicher Angriff als rechtswidrig einzustufen ist, s. Rn 508.
128 OLG Hamm JR 10, 361; S/S-*Eser*, § 113 Rn 37; LK-*Rosenau*, § 113 Rn 63; krit. hierzu *T. Zimmermann*, JR 10, 363 ff.

4. Der Verteidigungswille

In subjektiver Hinsicht ist nach zutreffender Auffassung schließlich ein Zweifaches **546** erforderlich: Der Täter muss erstens das Vorliegen einer Notwehrlage **erkannt** haben und zweitens in der **Absicht** handeln, dem Angriff Einhalt zu gebieten und das bedrohte Rechtsgut zu bewahren (s. Rn 412 ff).

Der **Verteidigungswille** muss dabei nicht das einzige Handlungsmotiv sein; Begleit- **547** motive wie Hass oder das Streben nach Rache dürfen ihn jedoch nicht vollständig in den Hintergrund drängen (s. Rn 415). Fraglich kann das Vorliegen des subjektiven Rechtfertigungselements etwa bei einverständlichen Schlägereien sein, da hier Angriffs- und Verteidigungswille ineinander übergehen, es sei denn, einer der Kontrahenten hat zu erkennen gegeben, dass er den Kampf nicht fortsetzen möchte[129].

5. Notwehrüberschreitung und Putativnotwehr

Überschreitet der Angegriffene bewusst oder unbewusst die Grenzen der erlaubten **548** Notwehr, so handelt er widerrechtlich, kann aber nach § 33 entschuldigt sein (**Notwehrüberschreitung**; vgl Rn 700 ff). Rechtswidrig ist auch die Abwehr eines nur vermeintlichen Angriffs (**Putativnotwehr**), für deren Rechtsfolgen die **Irrtumsregeln** gelten (vgl Rn 742 ff).

Im **Fall 10a** hat J den objektiven wie subjektiven Tatbestand des Totschlags (§ 212) ver- **549** wirklicht. Sein Verhalten war aber nicht rechtswidrig, da es durch den Rechtfertigungsgrund der Notwehr gedeckt ist. Insbesondere war der tödliche Schuss aus objektiver *Ex-ante*-Betrachtung erforderlich. Ein Ausschluss der Gebotenheit einer Tötung zum Zweck der Rettung von Sachwerten wird im Ergebnis auch nicht durch Art. 2 II lit. a EMRK bewirkt. J ist daher straflos.

Im **Fall 10b** hat P den Tatbestand des Totschlags (§ 212) verwirklicht; Notwehr (§ 32) scheidet aus. Zwar hat M den P in rechtswidriger Weise angegriffen, wegen des sozialethisch zu missbilligenden Vorverhaltens des P ist jedoch die Abwehrhandlung rechtsmissbräuchlich und somit nicht „geboten"; s. Rn 534 ff.

6. Zusammenfassender Überblick

Zusammenfassend sind also folgende **Voraussetzungen der Notwehr** gem. § 32 zu unter- **550** scheiden:

1. Objektive Merkmale
    a) Notwehrlage
       – Angriff auf rechtlich geschütztes Interesse
       – Gegenwärtigkeit des Angriffs
       – Rechtswidrigkeit des Angriffs
    b) Notwehrhandlung
       – gegenüber Angreifer

---

129 BGH NStZ 90, 435; NJW 13, 2133; NStZ 14, 147.

- Erforderlichkeit der Notwehrhandlung
  - Geeignetheit
  - Notwehrhandlung als relativ mildestes Mittel
- Gebotenheit (nur bei Anhaltspunkten zu prüfen)
  - krasses Missverhältnis der Rechtsgüter
  - Angriff von Kindern, Irrenden, Schuldlosen
  - enge familiäre Beziehungen
  - Notwehrprovokation, vorwerfbares Vorverhalten
2. Subjektives Rechtfertigungselement (= Verteidigungswille)

Aktuelle Rechtsprechung zu § 10:
- BGHSt 60, 253 m. Bespr. *Bosch*, Jura (JK) 15, 1392: Die Rechtmäßigkeit des Handelns von staatlichen Hoheitsträgern bestimmt sich im Rahmen des § 32 II (wie auch hinsichtlich des § 113 III) nach einem eigenständigen strafrechtlichen Rechtmäßigkeitsbegriff. Maßgeblich ist, ob „die äußeren Voraussetzungen zum Eingreifen des Beamten" gegeben sind; vgl Rn 508, 544.
- BGH NStZ 16, 333 *(Fluchtfall)* m. Anm. *Rückert* und m. Bespr. *Bosch*, Jura (JK) 16, 702 sowie *Eisele*, JuS 16, 366: (1) Schießt der Täter ohne Vorankündigung auf einen flüchtenden Räuber und nimmt dabei an, dass der Flüchtende keine Beute bei sich habe, fehlt es am erforderlichen Verteidigungswillen des Täters, sodass Notwehr ausscheidet. (2) Zur Verteidigung des Eigentums gegen einen flüchtenden Täter sind sofortige Schüsse in den Oberkörper nicht das relativ mildeste Mittel (s. Rn 514). (3) Zwar kann grds auch das Hausrecht mit scharfen Mitteln verteidigt werden. Steht indes die mit der Verteidigung verbundene Beeinträchtigung des Angreifers in einem groben Missverhältnis zu Art und Umfang der aus dem Angriff drohenden Rechtsverletzung, ist die Notwehr unzulässig. Dies ist unter anderem dann der Fall, wenn die Beendigung der Hausrechtsverletzung unmittelbar bevorsteht; vgl Rn 514, 525.
- BGH HRRS 17 Nr 365: Ein Angriff ist so lange gegenwärtig iSv § 32 wie eine Wiederholung einer bereits begangenen Verletzungshandlung – und damit ein erneutes Umschlagen in eine Verletzung – unmittelbar zu befürchten ist; entscheidend sind die Absichten des Angreifers und die von ihm ausgehende Gefahr einer Rechtsgutsverletzung; § 33 findet auf einen Putativnotwehrexzess keine Anwendung; vgl Rn 499, 705 f.
- BGH HRRS 18 Nr 919 m. Bspr. *Brüning*, ZJS 18, 640 und *Nestler*, Jura (JK) 19, 226: Bei zeitlich aufeinanderfolgenden, wechselseitigen Angriffen der Beteiligten bedarf es zur Prüfung der Notwehrlage einer Gesamtbetrachtung unter Einschluss des der Tathandlung vorausgegangenen Geschehens. Das Notwehrrecht erfährt u.a. dann eine Einschränkung, wenn nach einem pflichtwidrigen Vorverhalten des Verteidigers gegenüber dem Angreifer dessen folgender Angriff als adäquate und voraussehbare Folge jenes Vorverhaltens angesehen werden kann. Dabei muss jedoch zwischen dem zu missbilligenden Vorverhalten und dem rechtswidrigen Angriff ein enger zeitlicher und räumlicher Ursachenzusammenhang bestehen. Die bloße Kenntnis oder Annahme, ein bestimmtes eigenes Verhalten werde eine andere Person zu einem rechtswidrigen Angriff provozieren, kann für sich allein nicht zu einer Einschränkung des Rechts führen, sich gegen einen solchen Angriff mit den erforderlichen und gebotenen Mitteln zur Wehr zu setzen; vgl Rn 538 f.
- BGH NStZ 19, 136 m. Bespr. *Nestler*, Jura (JK) 19, 558: Ob eine Verteidigungshandlung im Sinne des § 32 II erforderlich ist, hängt im Wesentlichen von Art und Maß des Angriffs ab. Dabei darf sich der Angegriffene nach gefestigter Rechtsprechung grundsätzlich des Abwehrmittels bedienen, welches er zur Hand hat und welches eine sofortige und endgültige Beseitigung der Gefahr erwarten lässt. Das Notwehrrecht schließt den

Einsatz lebensgefährlicher Tatmittel nicht aus. Zwar kann dieser nur in Ausnahmefällen als letztes Mittel der Verteidigung in Betracht kommen. Doch ist der Angegriffene nicht gehalten, auf die Anwendung weniger gefährlicher Verteidigungsmittel zurückzugreifen, wenn deren Wirkung für die Abwehr zweifelhaft ist. Auf einen Kampf mit ungewissem Ausgang braucht er sich nicht einzulassen; vgl Rn 513.

§ 11   Rechtfertigungsgründe III: Die Einwilligung

Fall 11: a) Der Museumsdirektor M befindet sich auf einer Trekkingtour in Nepal. Auftragsgemäß legt seine Ehefrau F die für ihn eingehende Post ungeöffnet auf seinen Schreibtisch. Ein an M adressiertes Schreiben des Finanzamtes öffnet sie nach einigem Zögern in der Besorgnis, dass M eine wichtige Frist versäumen könnte. Zu ihrer Überraschung enthält dieser Brief aber nur die Mitteilung über eine Steuerrückvergütung, auf die M schon seit geraumer Zeit wartet und von der F nichts erfahren sollte. Ist das Verhalten der F durch einen Rechtfertigungsgrund gedeckt? **Rn 552, 604**   **551**

b) Der 13-jährige S lässt sich im Rahmen einer freiwilligen „Mutprobe" zwecks Aufnahme in eine „Jugendgang" vom Bandenführer B ein glühendes Eisen auf den Oberschenkel drücken, was neben der Brandwunde eine schmerzhafte Entzündung zur Folge hat. Hat sich B wegen eines Körperverletzungsdelikts strafbar gemacht? **Rn 604**

I.   Abgrenzung: Tatbestandsausschließendes Einverständnis und rechtfertigende Einwilligung

Im **Fall 11a** könnte F den Straftatbestand des § 202 I Nr 1 verwirklicht und sich einer **Verletzung des Briefgeheimnisses** schuldig gemacht haben (Antragsdelikt gem. § 205). Sie hat einen verschlossenen Brief, der an M gerichtet und nicht zu ihrer Kenntnisnahme bestimmt war, vorsätzlich geöffnet.   **552**

„**Unbefugt**" ist eine Tathandlung iSd § 202, wenn sie ohne vorherige Zustimmung des Verfügungsberechtigten erfolgt und nicht kraft Gesetzes (vgl §§ 99, 100 StPO; § 1631 BGB) erlaubt oder durch Handeln im mutmaßlichen Interesse des Adressaten gedeckt ist. Umstritten ist insoweit, ob diese vorherige Zustimmung des Berechtigten schon die Tatbestandsmäßigkeit des Verhaltens ausschließt oder nur die Rechtswidrigkeit der Tat entfallen lässt (vgl dazu LK-*Schünemann*, § 202 Rn 38; *Wessels/Hettinger/Engländer*, BT/1, Rn 621).

Stimmt das Tatopfer der Preisgabe seiner durch den Straftatbestand geschützten Interessen zu, so kann hierdurch die Strafbarkeit entfallen. Bei genauer Betrachtung erkennt man, dass diese Zustimmung – je nach Eigenart des Tatbestands – eine unterschiedliche Bedeutung hat: Sie kann **tatbestandsausschließende** oder **rechtfertigende** Wirkung entfalten[1]. Diese Unterscheidung wird von der hM sinnvollerweise bereits begrifflich dahingehend zum Ausdruck gebracht, dass im ersten Fall von einem   **553**

---

1   Grundlegend *Gropp*, GA 2015, 5 ff.

(tatbestandsausschließenden) **Einverständnis**, im zweiten Fall von einer (rechtfertigenden) **Einwilligung** gesprochen wird[2].

554 Herkömmlich trifft man folgende **tatbestandsspezifische Unterscheidung**:

Beruht der deliktische Charakter einer Straftat gerade darauf, dass sie **gegen den Willen** oder **ohne Zustimmung** des Betroffenen vorgenommen wird (wie etwa die Anwendung von „Gewalt" iSd § 177 I Nr 1), so hindert das Vorliegen der Zustimmung des Opfers bereits rein **faktisch** die Erfüllung des Tatbestands. Derjenige, der vom Hausrechtsinhaber in die Wohnung gebeten wird, kann von vornherein nicht in selbige „eindringen" – das Tatbestandsmerkmal des „Eindringens" impliziert bereits begrifflich ein Willensbruchselement.

Bei allen anderen Tatbeständen lässt sich die Zustimmung des Opfers als **freiwillige Preisgabe seiner Rechtsgüter** werten. Der zustimmende Wille des Opfers ändert zwar nichts daran, dass der Straftatbestand erfüllt ist, jedoch kann das Verhalten des Täters durch die Einwilligung des Opfers gerechtfertigt sein. Dies hängt freilich davon ab, ob die Zustimmung anhand normativer Kriterien als beachtlich bewertet wird. Daher kommt es für die Wirksamkeit der Einwilligung etwa auf die Verstandesreife des Einwilligenden an; Willensmängel desselben führen idR zur Unwirksamkeit der Einwilligung[3].

555 Eine zunehmend vertretene Auffassung lehnt diese Unterscheidung ab und misst der **Einwilligung – ebenso wie dem Einverständnis – bereits tatbestandsausschließende Wirkung** bei[4]. Dem liegt die Vorstellung zugrunde, dass sich die tatbestandlich geschützten Rechtsgüter gerade dadurch definieren, dass sie der freien Entfaltung des Einzelnen dienen. Von einer Rechtsgutsverletzung lasse sich daher nicht sprechen, wenn der Betreffende mit dem Eingriff einverstanden sei.

Dies ist jedoch nicht der entscheidende Punkt: Denn dass kraft Zustimmung des Opfers im Ergebnis eine Rechtsgutsverletzung fehlt, bedingt nicht die Annahme eines Tatbestandsausschlusses. Vielmehr kann eine fehlende Rechtsgutsverletzung ebenso dadurch zum Ausdruck kommen, dass ein Rechtfertigungsgrund eingreift. Entscheidend für die – zumindest im Ausgangspunkt – grundlegende Unterscheidung zwischen (tatbestandsausschließendem) Einverständnis und (rechtfertigender) Einwilligung spricht vielmehr, dass derjenige, der einen vom Wortlaut des Tatbestandes erfassten und somit gesetzlich abstrakt-generell verbotenen Eingriff in fremde Rechtsgüter (wie etwa in die körperliche Unversehrtheit oder in das Eigentum) vornimmt, jedenfalls zunächst einmal einen abstrakten Unwert verwirklicht. Zu dessen Beseitigung bedarf es dann in einem zweiten Schritt eines Rechtfertigungsgrundes[5]. Die herkömmliche Unterscheidung kann sich überdies auf den klaren Wortlaut des § 228 stützen, der die Folgen der Einwilligung explizit auf Rechtswidrigkeitsebene ansiedelt („handelt nur dann **rechtswidrig**, wenn").

556 Mit der hM ist daher davon auszugehen, dass die abweichende systematische Einordnung der beiden Rechtsfiguren und die damit einhergehenden Unterschiede in Funkti-

---

2 Zur Abgrenzung BGHSt 23, 1, 3; *Beckert*, JA 13, 507; *Brammsen*, Yamanaka-FS, S. 3 ff; *Geppert*, ZStW 83 [1971], 947; *Gropp*, GA 2015, 5 ff; *Jakobs*, AT, 7/111; *Mitsch*, Rechtfertigung, S. 79; LK-*Rönnau*, Vorbem. § 32 Rn 146 ff; *ders.*, JuS 07, 18.
3 BGHSt 16, 309, 310.
4 *Gössel/Dölling*, BT/1, § 38 Rn 42; *Jäger*, Zurechnung, S. 22; *Rönnau*, S. 116 ff; *Roxin*, AT I, § 13 Rn 11 ff; MK-StGB-*Schlehofer*, Vorbem. § 32 Rn 150 ff; *ders.*, Einwilligung und Einverständnis, 1985; *Weigend*, ZStW 98 [1986], 45, 61; s. auch *Holznagel*, Zustimmung als negatives Tatbestandsmerkmal, 2019; *Schild*, S. 61 ff.
5 Zutr. *Gropp*, AT, § 6 Rn 57; *Jescheck/Weigend*, AT, § 34 I 3; *Kargl*, GA 2001, 538; *Köhler*, AT, S. 245; *Krey/Hellmann/Heinrich*, BT/2, Rn 31 ff; *Kubink*, JA 03, 262; *Otto*, Jura 04, 679.

on und Natur des tatbestandsausschließenden Einverständnisses einerseits und der rechtfertigenden Einwilligung andererseits bedingen, dass auch für deren Voraussetzungen **grundsätzlich andere Prüfungsmaßstäbe** gelten müssen.

Dies übersieht der Teil der Lehre, der – unabhängig von der Einordnung von Einverständnis und Einwilligung in den Prüfungsaufbau – die jeweiligen Wirksamkeitsvoraussetzungen generell nach einheitlichen Grundsätzen beurteilen möchte[6].

Der hieran geäußerten Kritik ist aber zuzugeben, dass ausnahmsweise – je nach Tatbestand – auch im Bereich des tatbestandsausschließenden Einverständnisses Fallgestaltungen existieren, bei denen die Wirksamkeit des Einverständnisses anhand **normativer Kriterien** und damit in ähnlicher Weise wie bei einer rechtfertigenden Einwilligung zu bestimmen ist.

Beispiel: Beim Missbrauchstatbestand der Untreue (§ 266) lässt die Zustimmung des Vermögensinhabers zu Risikogeschäften u. U. bereits das Merkmal der „Pflichtverletzung" bzw des „Missbrauchs" entfallen und wirkt insoweit also **tatbestandsausschließend**. Von einem wirksamen Einverständnis kann aber dann keine Rede sein, wenn der Vermögensinhaber geschäftlich unerfahren war und seine Zustimmung durch Täuschung über risikorelevante Faktoren erschlichen worden ist[7].

Hinweis: Eine zusammenfassende Gegenüberstellung von Einverständnis und Einwilligung findet sich bei Rn 603.

II. Das tatbestandsausschließende Einverständnis

1. Anwendungsbereich des Einverständnisses

Das **Einverständnis** des Betroffenen stellt keinen Rechtfertigungsgrund dar, sondern schließt bereits die Tatbestandsmäßigkeit der Tathandlung aus, wenn diese ihren Unwert gerade daraus herleitet, dass sie nach der gesetzlichen Verhaltensbeschreibung **gegen** oder **ohne den Willen des Verletzten** erfolgt[8].   **557**

Das trifft zB für §§ 248b, 235, 266 sowie für diejenigen Straftaten zu, die einen **Angriff auf die Freiheit der Willensentschließung oder Willensbetätigung** enthalten, wie etwa §§ 177, 239, 240, 249, 252, 253, 255. Für die Überwindung eines entgegenstehenden Willens durch „Gewalt" (§ 177 I Nr 1) oder im Wege des „Einsperrens" (§ 239) ist naturgemäß kein Raum, wenn der Betroffene mit der Vornahme der entsprechenden Tathandlung einverstanden ist[9]. Ähnlich liegt es beim Hausfriedensbruch und beim Diebstahl, wo das Merkmal des „Eindringens" (§ 123) bzw der „Wegnahme" (§ 242) durch das Einverständnis des Hausrechts- bzw Gewahrsamsinhabers ausgeschlossen wird.

Bei der Sachbeschädigung (§ 303) ist inzwischen zweifelhaft, ob die Zustimmung des Eigentümers zur Beschädigung bzw Vernichtung der Sache den Tatbestand ausschließt (Einverständnis) oder rechtfertigend wirkt (Einwilligung). Bei der „normalen" Sachbeschädigung nach   **558**

---

6   So zB *Jescheck/Weigend*, AT, § 34 I 2 a; *Kindhäuser*, AT, § 12 Rn 6; s. auch *Arzt*, Willensmängel; aA *Bernsmann*, NZV 89, 52; *Kühl*, AT, § 9 Rn 42 ff; *Stratenwerth/Kuhlen*, AT, § 9 Rn 11.

7   Vgl Matt/Renzikowski-*Matt*, § 266 Rn 93; LK-*Schünemann*, § 266 Rn 100; *Wessels/Hillenkamp/Schuhr*, BT/2, Rn 758.

8   Näher BGHSt 23, 1; zum bedingten Einverständnis *Rönnau*, Roxin II-FS, S. 487.

9   BGH NZV 05, 541 (zu § 239).

§ 303 I wurde der Zustimmung des Eigentümers früher fast einhellig lediglich rechtfertigende Wirkung beigemessen. Nach der im Jahr 2005 in Kraft getretenen Neufassung des § 303 II (Graffitigesetz) sind Veränderungen im Erscheinungsbild einer fremden Sache nur strafbar, wenn „unbefugt" gehandelt wird[10]. Die Zustimmung des Eigentümers schließt hier bereits eine Verletzung des Gestaltungswillens aus und stellt insoweit ein tatbestandsausschließendes Einverständnis dar; Befugnisse, die sich aus öffentlich-rechtlichen Befugnisnormen ergeben, haben allerdings auch hier nur die Wirkung eines Rechtfertigungsgrundes. Was die Zustimmung des Eigentümers im Hinblick auf § 303 I angeht, so muss diese nach wie vor als rechtfertigende Einwilligung verstanden werden, auch wenn die Möglichkeit von sich überschneidenden Tathandlungen nach Abs. 1 und 2 besteht. Denn § 303 II ist nur ergänzend neben den – unberührt gebliebenen – § 303 I getreten[11].

2. Voraussetzungen des Einverständnisses

559 Die Voraussetzungen des Einverständnisses, die dem jeweiligen Straftatbestand im Wege der Auslegung zu entnehmen sind, weichen wegen dessen **rein tatsächlichen Charakters** in mehrfacher Hinsicht von denen der rechtfertigenden Einwilligung ab.

560 a) Beim Einverständnis kommt es allein auf die **natürliche Willensfähigkeit** des Betroffenen an, während bei der Einwilligung auf die Verstandesreife des Einwilligenden abzustellen ist[12].

So scheidet zB eine „Wegnahme" iSd § 242 aus, wenn ein Minderjähriger seinen Gewahrsam freiwillig aufgibt. Da der Gewahrsam zu seiner Begründung nur einen **tatsächlichen Herrschaftswillen** voraussetzt[13], genügt auch der „natürliche Wille" zu seiner Aufgabe.

Mit Rücksicht auf seine **rein tatsächliche Natur** ist das Einverständnis auch bei Willensmängeln **beachtlich**. Es spielt vor allem keine Rolle, ob es durch Täuschung erschlichen ist[14] oder auf sittenwidrigen Erwägungen beruht (wichtig bei § 177), **es muss nur freiwillig zustande gekommen sein.** Ein erschlichenes Einverständnis ist freilich dann unbeachtlich, wenn das Gesetz (wie in § 235 I Nr 1) „listiges" Verhalten unter Strafe stellt.

561 b) Das Einverständnis braucht – im Gegensatz zur rechtfertigenden Einwilligung – **weder ausdrücklich erklärt noch konkludent** zum Ausdruck gebracht werden. Entscheidend ist allein, dass es bei Beginn der Tatausführung faktisch vorliegt. Allerdings muss es den Erfordernissen einer **bewussten Zustimmung** entsprechen; erhöhte Anforderungen an die Konkretisierung dieser Zustimmung dürfen nicht gestellt werden. Ein bloßes Geschehenlassen oder passives Erdulden fremder Handlungen aus Furcht vor dem Täter ist noch kein Einverständnis[15]. Ein nur mutmaßliches Einverständnis gibt es nicht[16].

---

10 Dazu *Hillenkamp*, Schwind-FS, S. 927 ff.
11 Ausf. *Satzger*, Jura 06, 428, 433; ebenso S/S/W-StGB-*Saliger*, § 303 Rn 19; LK-*Wolff*, § 303 Rn 23, 25; aA Matt/Renzikowski-*Altenhain*, § 303 Rn 19; *Thoss*, StV 06, 160; *Wüstenhagen/Pfab*, StraFo 06, 190.
12 BGHSt 23, 1.
13 S/S-*Bosch*, § 242 Rn 36; *Wessels/Hillenkamp/Schuhr*, BT/2, Rn 119.
14 BGH VRS 48, 175; *B. Heinrich*, AT, Rn 447; *Mitsch*, BT 2/1, § 1 Rn 74; vgl auch *Rönnau*, Roxin II-FS, S. 487.
15 RGSt 68, 306.
16 Zum „generalisierten" (im Gegensatz zum mutmaßlichen) Einverständnis bzgl § 248b bei verspäteter Mietwagenrückgabe s. BGH NStZ 15, 156 m. zust. Anm. *Kudlich*, JA 14, 873; dazu auch *Floeth*, NZV 15, 95; *Jahn*, JuS 15, 82; *Mitsch*, NZV 15, 423.

c) **Willensmängel** auf Seiten des Zustimmenden sind – wiederum im Gegensatz zur 562
rechtfertigenden Einwilligung – unbeachtlich.

3. Wirkung des Einverständnisses

Liegt ein Einverständnis im vorgenannten Sinn vor, ist bereits der Tatbestand nicht 563
erfüllt. Ging der Täter irrtümlich vom Einverständnis des Rechtsgutsinhabers aus,
fehlt es am Tatbestandsvorsatz (§ 16 I 1). Hat er vom wirklich vorliegenden Einverständnis keine Kenntnis, ist er wegen untauglichen Versuchs zu bestrafen, falls der
Versuch des betreffenden Delikts mit Strafe bedroht ist.

III. Die rechtfertigende Einwilligung

Gehört ein Handeln gegen oder ohne den Willen des Rechtsgutsinhabers nicht bereits 564
zum Tatbestand ieS, kann dessen Zustimmung jedoch als **Rechtfertigungsgrund** fungieren[17]. Dieser fußt auf dem Autonomieprinzip (s. Rn 411), denn er ist Ausfluss des
allgemeinen Selbstbestimmungsrecht des Art. 2 I GG. Es handelt sich um einen unge-
schriebenen, gewohnheitsrechtlich entwickelten Rechtfertigungsgrund[18], der aber in
§ 228 explizit vorausgesetzt ist.

1. Anwendungsbereich der rechtfertigenden Einwilligung

Anders als das tatbestandsausschließende Einverständnis ist die rechtfertigende Ein- 565
willigung ihrem Wesen nach ein **Verzicht auf Rechtsschutz.** Ihr Wirkungsbereich
beschränkt sich daher auf Fälle, in denen die Rechtsordnung dem Betroffenen die
Möglichkeit einräumt, durch Preisgabe seiner Güter von seinem **Selbstbestimmungsrecht** Gebrauch zu machen.

2. Voraussetzungen der rechtfertigenden Einwilligung

a) Der verwirklichte Tatbestand muss folglich in erster Linie dem Schutz eines ver- 566
zichtbaren (disponiblen) Individualrechtsguts dienen (**Disponibilität des geschützten Rechtsgutes**).

Über **Rechtsgüter der Allgemeinheit** (zB Sicherheit des Straßenverkehrs; Funktionstüchtigkeit der staatlichen Rechtspflege) kann der Einzelne nicht wirksam verfügen[19]. Unverzichtbar
ist ferner das höchstpersönliche Rechtsgut des **Lebens,** da hier zugleich fundamentale öffentliche Interessen mitberührt werden (vgl § 216)[20]. Die aktive Tötung eines Schwerstkranken oder
Sterbenden (**aktive Sterbehilfe**) ist also nach geltendem Recht selbst dann strafbar, wenn sie
auf ausdrücklichen Wunsch des Betroffenen erfolgt, um diesem unerträgliches Leid zu erspa-

---

17 Vert. *Rönnau*, Jura 02, 665.
18 S. nur S/S/W-StGB-*Rosenau*, Vorbem. §§ 32 ff Rn 31.
19 BGHSt 23, 261; *Hilgendorf/Valerius*, AT, § 5 Rn 116.
20 BGHSt 50, 80 *(Kannibalenfall)*; *Stratenwerth*, Amelung-FS, S. 355; krit. *Neumann*, Kühl-FS, S. 569;
    zu § 216 *Steinhilber*, JA 10, 430.

ren (zur Abgrenzung zum „Behandlungsabbruch" s. Rn 480 f)[21]. Die Einwilligung in eine Verletzung der **körperlichen Unversehrtheit** unterliegt wichtigen Beschränkungen (§ 228 StGB; §§ 2, 3 KastrG; §§ 8 I 2, III, 19 TPG[22]). Verzichtet werden kann hingegen grundsätzlich auf Eigentum und Vermögen (Ausnahmen ergeben sich zB aus §§ 304, 306f II).

567 **b)** Der Einwilligende muss auch **verfügungsberechtigt**, dh alleiniger Träger des geschützten Interesses oder als dessen Vertreter (u. U. auch als Organ einer juristischen Person)[23] zur Disposition über das Rechtsgut befugt sein.

568 **c)** Des Weiteren muss der Zustimmende **einwilligungsfähig**, dh nach seiner geistigen und sittlichen Reife im Stande sein, Bedeutung und Tragweite des Rechtsgutsverzichtes zu erkennen und sachgerecht zu beurteilen[24]. Wo die Grenze im Einzelnen gezogen werden muss, ist bis heute umstritten[25].

Nach ganz hM ist ein bestimmtes Alter nicht erforderlich; es kommt insbes. nicht darauf an, ob der Einwilligende im zivilrechtlichen Sinn voll geschäftsfähig ist[26].

Mit der Begründung, dass die Beurteilung im Strafrecht nicht anders ausfallen dürfe als im Zivilrecht, verlangt eine Mindermeinung für die Einwilligung in die **Verletzung von Vermögensrechten** (so etwa bei §§ 242, 246, 303) analog §§ 107 ff BGB die volle Geschäftsfähigkeit bzw die Einwilligung durch den gesetzlichen Vertreter[27]. Diese Auffassung überzeugt nicht, da Zivil- und Strafrecht in bestimmten Punkten durchaus unterschiedliche Zielsetzungen aufweisen können. Im Strafrecht kommt es für die Einwilligung allein darauf an, ob sie Ausdruck der persönlichen Entscheidungsfreiheit ist.

569 Entscheidend ist somit, dass der Einwilligende nach seiner Verstandesreife und Urteilsfähigkeit das Wesen, die Tragweite und die Auswirkungen des seine Interessen berührenden Eingriffs voll erfasst. Er muss eine zutreffende Vorstellung vom voraussichtlichen Verlauf und den Folgen des zu erwartenden Eingriffs haben[28]. Bei mangelnder Einsichtsfähigkeit bedarf es der Zustimmung seines gesetzlichen Vertreters.

570 Heftig diskutiert wurde in diesem Zusammenhang, ob die religiös motivierte Beschneidung eines einwilligungsunfähigen Knaben (**Zirkumzision**)[29], die unzweifelhaft den Tatbestand der Körperverletzung (§ 223) erfüllt[30], durch die Einwilligung der vertretungs- und sorgeberechtig-

---

21 Vgl *Hauck*, GA 2012, 202; *Kubiciel*, JA 11, 86; *Kutzner*, Rissing-van Saan-FS, S. 337; *Lüderssen*, JZ 06, 689; *Pawlik*, Wolter-FS, S. 627; *Rosenau*, Roxin II-FS, S. 577; MK-StGB-*Schneider*, Vorbem. § 211 Rn 88 ff.

22 Dazu BVerfG NJW 99, 3399; *Schroth*, Hassemer-FS, S. 787; *ders.*, MedR 12, 570.

23 BGH NJW 03, 1824; zur Organuntreue *Tiedemann*, BT, Rn 210 ff.

24 So auch BGH HRRS 18 Nr 227.

25 Grundlegend *Amelung*, ZStW 104 [1992], 525, 821; *ders.*, JR 99, 45; *ders./Eymann*, JuS 01, 937, die darauf abstellen, ob die Entscheidung subjektiv vernünftig erscheint und ob die Fähigkeit zur einsichtsgemäßen Selbstbestimmung vorhanden ist; s. dazu ferner BGHSt 4, 88; BGH NJW 78, 1206 *(Zahnextraktionsfall)*; krit. dazu *Roxin*, AT I, § 13 Rn 85 f; BayObLG NJW 99, 372 *(Aufnahmeritual in Jugendbande)* m. Anm. *Amelung*, NStZ 99, 458; *Otto*, JR 99, 124; fallbezogen *Hillenkamp*, JuS 01, 159.

26 BGHSt 12, 379.

27 MK-StGB-*Schlehofer*, Vorbem. § 32 Rn 164 ff; umfassend zum Streit *Hillenkamp/Cornelius*, AT, S. 54 ff.

28 BGH NStZ 00, 87; *Exner*, Jura 13, 103, 104 f; *Mitsch*, Jura 17, 792, 802 f.

29 Auslöser war die Entscheidung des LG Köln NJW 12, 2128 m. krit. Bespr. *Jahn*, JuS 12, 850; *Muckel*, JA 12, 636; *Rox*, JZ 12, 806 und 1061 und zust. Bespr. *Krüper*, ZJS 12, 547.

30 Anders *Exner*, Sozialadäquanz im Strafrecht, 2011, S. 188, 190 (Tatbestandsausschluss aufgrund Sozialadäquanz); ähnl. *Goerlich/Zabel*, JZ 12, 1058 (teleologische, verfassungskonforme Reduktion des § 223); *Rohe*, JZ 07, 801, 805; *Schwarz*, JZ 08, 1125, 1128.

ten Eltern gerechtfertigt werden kann.[31] Denn nach § 1627 S. 1 BGB ist diese Entscheidung auf das Kindeswohl auszurichten, wobei hier umstritten war, wie die Interessen des Kindes an körperlicher Unversehrtheit (Art. 2 II 1 GG), sein Selbstbestimmungsrecht (Art. 2 I iVm 1 I GG), das (positive wie negative) Recht auf freie Religionsausübung (Art. 4 I, II GG) und das elterliche Erziehungsrecht (Art. 6 II GG) in Ausgleich zu bringen sind[32]. Angesichts starken politischen Drucks und um die nötige Rechtssicherheit zu gewährleisten, hat der Gesetzgeber in aller Eile eine gesetzliche Regelung geschaffen: Gemäß **§ 1631d I BGB**, der am 28.12.2012 in Kraft getreten ist, umfasst die elterliche Personensorge auch das Recht, in eine medizinisch nicht erforderliche Beschneidung eines nicht einsichts- und urteilsfähigen männlichen Kindes einzuwilligen, sofern diese nach den Regeln der ärztlichen Kunst durchgeführt werden soll und das Kindeswohl durch die Zirkumzision nicht gefährdet wird[33]. Dabei dürfen in den ersten sechs Monaten nach der Geburt des Kindes gem. § 1631d II BGB nicht nur Ärzte, sondern auch von einer Religionsgemeinschaft dazu vorgesehene Personen (etwa jüdische „Mohels" oder türkisch-islamische „Sünnetci") Beschneidungen durchführen, wenn sie dafür besonders ausgebildet und vergleichbar einem Arzt befähigt sind. Diese im Grundsatz begrüßenswerte Neuregelung hat allerdings nicht alle Zweifelsfragen abschließend lösen können und ist im Schrifttum teils auf Zustimmung[34], teils auf Kritik gestoßen[35], wobei nicht selten auch ihre Verfassungskonformität in Frage gestellt wird[36].

d) Die Einwilligung darf nicht an **wesentlichen Willensmängeln** leiden.　　　　**571**

Diese Voraussetzung hat v. a. für ärztliche Eingriffe in die körperliche Integrität des Patienten, die nach hM den Tatbestand der Körperverletzung verwirklichen, eine überragende – rechtliche wie rechtspolitische – Bedeutung. Nur wenn der Patient pflichtgemäß aufgeklärt wird, ist er frei von relevanten Willensmängeln und kann den Eingriff durch Einwilligung rechtfertigen (vgl § 630d I BGB)[37].

31　Trotz der sprachlich identischen Begrifflichkeit ist die regelmäßig weit gravierendere „Beschneidung" von Mädchen von der Knabenbeschneidung strikt zu trennen; letztere ist nun in § 226a StGB (Verstümmelung weiblicher Genitalien) unter Strafe gestellt.

32　Zusammenfassend *Hörnle*, DJT-Gutachten, C45 ff; für eine Rechtfertigung zB *Bartsch*, StV 12, 604; *Beulke/Dießner*, ZIS 12, 338; *Brocke/Weidling*, StraFo 12, 450; *Fateh-Moghadam*, RW 10, 115; *Schild*, Brudermüller-FS, S. 653; *Schramm*, S. 224 ff; *Valerius*, Kultur, S. 149 ff; vgl auch *Alwart*, Walter-GS, S. 671; zur Gegenansicht s. *Fischer*, § 223 Rn 43 ff, 50a; *Herzberg*, MedR 12, 169; *Jerouschek*, Dencker-FS, S. 171; *Kempf*, JZ 12, 436; *Kreß*, MedR 12, 682; S/S-*Sternberg-Lieben*, Vorbem. §§ 32 ff Rn 41; NK-*Paeffgen/Zabel*, § 228 Rn 103a ff; *Putzke*, Herzberg-FS, S. 699; *ders.*, MedR 12, 621; MK-StGB-*Schlehofer*, Vorbem. § 32 Rn 166; *Sonnekus* (auch rechtsvergleichend), JR 2015, 1 ff.

33　Vert. OLG Hamm NJW 13, 3662; *Schumann*, Brudermüller-FS, S. 729.

34　*Büscher*, DRiZ 12, 330; *Germann*, MedR 13, 412; *Hörnle/Huster*, JZ 13, 328; *Köhler*, Kühl-FS, S. 295; *Pekárek*, ZIS 13, 514; *Rixen*, NJW 13, 257; *Spickhoff*, FamRZ 13, 337.

35　*Alatovic/Helmken*, NK 13, 120; *Antomo*, Jura 13, 425; *Fahl*, Beulke-FS, S. 81 ff (der das Kriterium der Sozialadäquanz einer gesetzlichen Regelung vorzieht); *Großmann*, HRRS 13, 515; *Herzberg*, ZIS 12, 486; *ders.*, ZIS 14, 56; *Mandla*, FPR 13, 244; *Peschel-Gutzeit*, NJW 13, 3617; *dies.*, Brudermüller-FS, S. 517; *Prittwitz*, Kühne-FS, S. 121; *Sonnekus*, JR 2015, 1, 11 ff; vgl auch *Hassemer*, ZRP 12, 179 sowie die Beiträge in Franz (Hrsg), Die Beschneidung von Jungen: Ein trauriges Vermächtnis, 2014.

36　BeckOK-StGB-*Eschelbach*, § 223 Rn 9 ff und 35; *Isensee*, JZ 13, 317, 324 ff; *Scheinfeld*, HRRS 13, 268; *T. Walter*, JZ 12, 1110; vert. zum Ganzen *Steiner*, Die religiös motivierte Knabenbeschneidung im Lichte des Strafrechts, 2014; *Wohlers/Godenzi*, Die Knabenbeschneidung – ein Problem des Strafrechts, 2014.

37　Vert. *Frister/Lindemann/Peters*, Arztstrafrecht, 2011, Rn 20 ff; *Kraatz*, Arztstrafrecht, 2013, Rn 41 ff; Roxin/Schroth-*Schöch*, S. 51; *Tag*, S. 285 ff; *Ulsenheimer*, Arztstrafrecht, Rn 60 ff.

185

572 Durch die Aufnahme des Behandlungsvertrags als neuen Vertragstypus ins BGB im Jahr 2013[38] haben die **ärztlichen Aufklärungspflichten** im Zivilrecht eine gesetzliche Regelung erfahren. Der Behandelnde ist demnach verpflichtet, den Patienten über sämtliche für die Einwilligung wesentliche Umstände aufzuklären, also insbes. über Art, Umfang, Dauer und zu erwartende Folgen und Risiken der Maßnahme sowie ihre Notwendigkeit, Dringlichkeit, Eignung und Erfolgsaussichten im Hinblick auf die Diagnose und Therapie (vgl **§ 630e I BGB**)[39]. Da die Neuregelung keinen abschließenden Charakter hat, auslegungsbedürftig ist und zudem im Strafrecht nicht zwingend identisch wie im Zivilrecht zu handhaben ist (vgl zur hypothetischen Einwilligung unten Rn 594), bedarf es weiterhin eines Rückgriffs auf die bisherige – stark einzelfallbezogene – Rechtsprechung[40]. Eine Einwilligung, die auf einer Verletzung der ärztlichen Aufklärungspflicht beruht, ist regelmäßig[41] unwirksam (vgl § 630d II BGB), namentlich dann, wenn sie durch Nötigung erzwungen oder durch Täuschung erschlichen wurde.

573 Jedoch kann nach zutreffender Ansicht nicht jeder Willensmangel der Einwilligung ihre rechtfertigende Kraft nehmen[42]. Irrelevant sind solche Fehlvorstellungen, die sich nicht auf die Bedeutung und Tragweite des Eingriffs, sondern lediglich auf Randfragen oder Begleitumstände beziehen, die also nicht **rechtsgutsbezogen** und daher nicht einwilligungserheblich sind[43].

574 e) Bei Eingriffen in die körperliche Unversehrtheit darf die **Tat nicht gegen die guten Sitten verstoßen** (§ 228)[44]. Entscheidend ist – nach dem insoweit klaren Wortlaut der Vorschrift – die Sittenwidrigkeit **der Tat** als solcher, nicht die der Einwilligung[45]. In diesem Sinne sittenwidrig soll eine Körperverletzung nach gängiger – gleichwohl wenig hilfreicher – Formulierung dann sein, wenn sie dem „Anstandsgefühl aller billig und gerecht Denkenden" widerspricht[46]; zu Recht bezeichnet der BGH demgegen-

---

38 Gesetz zur Verbesserung der Rechte von Patientinnen und Patienten, in Kraft getreten am 26.2.2013 (BGBl I, S. 277); dazu *Katzenmeier*, NJW 13, 817; *Olzen/Kaya*, Jura 13, 661.

39 Vert. *Iversen*, HRRS 18, 475; *Lechner*, MedR 13, 429.

40 Vgl nur BGHSt 43, 306, 309; 45, 219, 221; 56, 277 *(Schönheitsoperationsfall)* mit Anm. *Beckemper*, ZJS 12, 132; *Kudlich*, NJW 11, 2856; *Lindemann*, AG Medizinrecht, S. 21; *ders./Wostry*, HRRS 12, 138; *Sternberg-Lieben/Reichmann*, MedR 12, 97; BGH NStZ 11, 343 *(Zitronensaftfall)* m. Bespr. *Hardtung*, NStZ 11, 635; *Jahn*, Jus 11, 468; *Kraatz*, NStZ-RR 15, 97 ff; *Neumann*, NJ 11, 218; *Schiemann*, NJW 11, 1046; *Widmaier*, Roxin II-FS, S. 439; *Ziemann/Ziethen*, HRRS 11, 394 und *Zöller*, ZJS 11, 173.

41 Ein neuerlicher Versuch zur Unterscheidung von beachtlichen und unbeachtlichen Aufklärungsmängeln findet sich bei *Iversen*, HRRS 18, 475.

42 AA *Frister*, AT, 15. Kap., Rn 17 ff; *Kindhäuser*, LPK, Vorbem. § 13 Rn 182; Baumann/Weber/ Mitsch/Eisele-*Mitsch*, AT, § 15 Rn 141; LK-*Rönnau*, Vorbem. § 32 Rn 199.

43 *Arzt*, Willensmängel, S. 15 ff; *Krey/Esser*, AT, Rn 661; zT einschränkend *Gropp*, AT, § 6 Rn 44; Lackner/Kühl-*Kühl*, § 228 Rn 8; *Roxin*, AT I, § 13 Rn 98; eingehend *Rönnau*, S. 410, 453; *ders./ Hohn*, JuS 03, 998; s. auch *Amelung*, S. 36 ff; *ders.*, ZStW 109 [1997], 490, der vor allem auf Zurechenbarkeitskriterien abstellt; ferner *Kuhlen*, Müller-Dietz-FS, S. 431; umfassend zum Streit *Hillenkamp/Cornelius*, AT, S. 59 ff.

44 Zum immer wieder geführten Streit, ob § 228 überhaupt verfassungskonform (auslegbar) ist, s. *Morgenstern*, JZ 17, 1146.

45 Zum Überblick *Frisch*, Hirsch-FS, S. 485; MK-StGB-*Hardtung*, § 228 Rn 15; *Heger*, JA 03, 79; *Kühl*, Jakobs-FS, S. 293.

46 *Gössel/Dölling*, BT/1, § 12 Rn 44; *Kargl*, NStZ 07, 489, 490; *Kindhäuser*, LPK, § 228 Rn 10; *Kühl*, Puppe-FS, S. 653, 658 ff; krit. *Joecks*, St-K, § 228 Rn 2.

186

über das Merkmal der guten Sitten in einer neueren Entscheidung als „konturenlos"[47]. Orientiert man sich hieran, so fließen in die Bewertung wohl nahezu unvermeidbar die aktuell gültigen Moralvorstellungen der Gesellschaft bzw des jeweiligen Gesetzesanwenders ein, die nur wenig bestimmt und notwendigerweise dem Wandel der Zeit unterworfen sind[48]. Kaum verwunderlich ist daher, dass die **Kriterien** zur Bestimmung der Sittenwidrigkeit umstritten sind. Geht man nach richtiger Ansicht davon aus, dass es von vornherein nicht Aufgabe des Rechts sein kann, den Bürger bei der Disposition über ein ihm zustehendes Rechtsgut (hier: die körperliche Unversehrtheit) zu bevormunden und dass im Strafrecht grundsätzlich kein Raum für moralisierende Betrachtungen ist, muss der strenge Ausnahmecharakter des § 228 gewahrt bleiben und dieser daher **eng und objektiv nachvollziehbar** ausgelegt werden[49]. Der Begriff der guten Sitten ist deshalb in § 228 „strikt auf das Rechtsgut der Körperverletzungsdelikte (zu beziehen) und auf seinen Kerngehalt" zu reduzieren[50].

Die früher herrschende Ansicht, wonach vor allem auf die **Beweggründe und Ziele** der Beteiligten und ferner auf die angewandten Mittel und die Art der Verletzungen abgestellt wurde[51], wird daher heute zu Recht äußerst kritisch betrachtet. **575**

So hat sich bspw inzwischen in der Rspr die Erkenntnis durchgesetzt, dass eine mit Einwilligung durchgeführte Körperverletzung nicht schon deshalb sittenwidrig ist, weil sie auf einer sexuellen, insbes. **sadomasochistischen Motivation** beruht[52]. Die ursprüngliche Absage des BGH an die Heranziehung eines Verstoßes gegen (andere) Strafnormen zur Begründung der Sittenwidrigkeit iSd § 228 (zB illegales Verabreichen von Betäubungsmitteln)[53], hat der BGH in einer neuen Entscheidung relativiert[54].

Richtigerweise ist daher vorrangig auf **Art und Gewicht des bei *Ex-ante*-Betrachtung drohenden Körperverletzungserfolgs** sowie den damit einhergehenden **Gefahrengrad für Leib und Leben** des Opfers abzustellen. Nach inzwischen gefestigter Rspr ist eine Körperverletzung jedenfalls dann sittenwidrig, wenn eine objektive Betrachtung aus der *Ex-ante*-Perspektive ergibt, dass die einwilligende Person durch die entsprechende Handlung in **konkrete Todesgefahr** gebracht wird[55]. **576**

Teile der Literatur betrachten demgegenüber § 226 als maßgebliche Schwelle[56]. Wenn derart gravierende Verletzungen drohten, sei der Staat berechtigt (und verpflichtet), generalpräventivfürsorglich in die Dispositionsbefugnis des Rechtsgutsinhabers einzugreifen.

---

47 BGH NStZ 15, 270, 273.
48 Die Verfassungsmäßigkeit aus diesem Grund in Zweifel ziehend etwa NK-*Paeffgen/Zabel*, § 228 Rn 53; *Sternberg-Lieben*, S. 136; *ders.*, Amelung-FS, S. 325, 332 ff; *ders.*, ZIS 11, 583, 587.
49 So auch *Murmann*, Grundkurs, § 22 Rn 50 ff.
50 BGH NStZ 15, 270, 273 *(Hooliganschlägereifall)*.
51 BGHSt 4, 24, 31; Lackner/Kühl-*Kühl*, § 228 Rn 10; *Murmann*, Puppe-FS, S. 767, 787 f.
52 BGHSt 49, 166, 172 m. Anm. *Arzt*, JZ 05, 103; *Bott/Volz*, JA 09, 421; *Duttge*, NJW 05, 260; *Gropp*, ZJS 12, 602; *Hirsch*, JR 04, 475; *Jakobs*, Schroeder-FS, S. 521; *Stree*, NStZ 05, 40; anders noch RG JW 28, 2229, 2231; 29, 1015, 1017.
53 BGHSt 49, 34 m. krit. Bespr. *Sternberg-Lieben*, JuS 04, 954.
54 BGH NStZ 15, 270, 273 ff; dazu sogleich Rn 578.
55 BGHSt 49, 34, 44; 49, 166, 173 *(Sadomasofall)*; 53, 55 *(Autorennenfall I)*; BeckOK-StGB-*Eschelbach*, § 228 Rn 24; *Dölling*, Geppert-FS, S. 53; AnwK-StGB-*Zöller*, § 228 Rn 6; fallbezogen: *Gerhold/El-Ghazi*, JuS 14, 524; instruktiv zur Entwicklung *Hardtung*, Jura 05, 40 ff.
56 *Jäger*, JA 13, 634, 636; S/S-*Sternberg-Lieben*, § 228 Rn 5; anders MK-StGB-*Hardtung*, § 228 Rn 24.

577 Für die Berücksichtigung des **mit der Tat verfolgten Zwecks** ist nur ausnahmsweise Raum, nämlich dann, wenn eine gravierende Verletzung aus positiven oder jedenfalls nachvollziehbaren Zwecken zugefügt wird[57]. Deshalb ist etwa anerkannt, dass bei **lebensgefährlichen ärztlichen Eingriffen** das damit verfolgte Ziel der Lebenserhaltung von maßgeblicher Bedeutung ist[58]. Auch bei **Kampfsportarten** (zB Boxen), welche auf die (sogar schwerwiegende) Verletzung des Gegners angelegt sind, lässt sich bis zu einem gewissen Grad ein gesellschaftlich anerkanntes Interesse an der Ausübung dieses Sports bejahen und so die Wirksamkeit der Einwilligung begründen. § 228 greift erst dann, wenn die Verletzungen aus einem absichtlichen oder zumindest grob fahrlässigen Verstoß gegen die Wettkampfregeln resultieren[59].

578 Der BGH (3. Senat) hat jüngst dort zur Präzisierung der bisherigen Grundsätze aufgerufen, wo § 228 durch anderweitige gesetzliche Wertungen ergänzt werden kann: Dass Körperverletzungshandlungen, durch die das Opfer in eine konkrete Todesgefahr gebracht wird, nicht einwilligungsfähig seien, ergebe sich aus der dem § 216 zugrunde liegenden Wertung. Ebenso lasse sich für die Art und Weise der Begehung der Körperverletzung § 231 heranziehen, weshalb bei Beteiligten an einer konsentierten tätlichen Auseinandersetzung zwischen rivalisierenden Hooligangruppen, die bei *Ex-ante*-Betrachtung in die Gefahr einer schweren Gesundheitsschädigung gerieten, die Einwilligung nach § 228 unwirksam sei, weil der Gesetzgeber in § 231 bereits die bloße Beteiligung an einer Schlägerei missbilligt und nur die Strafbarkeit an den Eintritt der schweren Folgen (als objektive Bedingung der Strafbarkeit) geknüpft habe[60].

579 Unabhängig von derartigen gesetzlichen Wertungen, die bei der Anwendung des § 228 hilfreich sein können, wird in der Regel – wie auch schon nach früherer Rspr – eine **Gesamtwertung** vorzunehmen sein, wobei sich mittlerweile allerdings die Kriterien und deren Gewicht deutlich hin zu einer streng rechtsgutsbezogenen Betrachtung verschoben haben.

In diesem Sinne hatte auch der 1. Senat in einer früheren Entscheidung zu **konsentierten tätlichen Auseinandersetzungen** zwischen rivalisierenden Gruppen als entscheidend angesehen, ob Absprachen, Vorkehrungen oder Regelungen existierten, die den Gefährlichkeitsgrad beschränken und eine Eskalation verhindern sollten, und ob deren Einhaltung gewährleistet wurde[61].

580 **f)** Die Einwilligung muss **vor der Tat** entweder **ausdrücklich erklärt** oder **konkludent** zum Ausdruck gebracht worden sein[62]. Eine nachträgliche Genehmigung ist im Strafrecht bedeutungslos[63]. Bis zur Tatbegehung ist die Einwilligung grundsätzlich[64] frei widerruflich.

---

57 *Murmann*, Grundkurs, § 22 Rn 52.
58 BGHSt 49, 166, 171; zu lebensgefährlichen Operationen, die weder zur Lebensrettung erforderlich sind noch der Heilung dienen s. *Krell*, medstra 17, 3 und 90.
59 BGHSt 4, 88, 92; Matt/Renzikowski-*Engländer*, § 228 Rn 8; vert. *Kubink*, JA 03, 257.
60 BGH NStZ 15, 270, 273 ff *(Hooliganschlägereifall)* m. Bespr. *Satzger*, Jura (JK) 15, 1138 und Anm. *Mitsch*, NJW 15, 1545 sowie *Zabel*, JR 15, 619.
61 BGHSt 58, 140 m. zust. Bespr. *Jäger*, JA 13, 634 und *Jahn*, JuS 13, 945 und krit. Bespr. *Hardtung*, NStZ 14, 267 sowie *Bosch*, JK 8/13, StGB § 228/6; *von der Meden*, HRRS 13, 158; *Sternberg-Lieben*, JZ 13, 953 und *Zöller/Lorenz*, ZJS 13, 429.
62 OLG Frankfurt/M. NStZ-RR 05, 237; MK-StGB-*Joecks*, § 223 Rn 71; aA die Willensrichtungstheorie: Matt/Renzikowski-*Engländer*, Vorbem. §§ 32 ff Rn 20; *Frister*, AT, 15. Kap., Rn 7; MK-StGB-*Schlehofer*, Vorbem. § 32 Rn 185.
63 BGHSt 17, 359 *(Pockenarztfall)*; dazu *Gimbernat*, Frisch-FS, S. 291.
64 Zu möglichen Ausnahmen *Bergmann/Kroke*, ZIS 13, 234, 240 ff; *Fahl*, JR 09, 103.

g) In subjektiver Hinsicht muss der Täter **in Kenntnis**[65] und **aufgrund** der Einwilligung gehandelt haben. 581

Den allgemeinen Überlegungen zum fehlenden subjektiven Rechtfertigungselement (s. Rn 417 ff) entsprechend, darf bei einer in Unkenntnis der Einwilligung erfolgten Handlung nicht wegen vollendeter, sondern nur wegen **versuchter** Tat bestraft werden[66]. Nimmt der Täter irrig an, es liege eine – in Wirklichkeit fehlende – Einwilligung vor, so handelt er im Erlaubnistatbestandsirrtum, sodass entsprechend § 16 I 1 die Vorsatzschuld entfällt (vgl Rn 756 f).

h) Eine rechtfertigende Einwilligung kann auch bei **Fahrlässigkeitsdelikten** in Betracht kommen[67], und zwar sogar dann, wenn sich die Einwilligung auf ein hochriskantes Verhalten bezieht, welches letztlich zum Tod des Einwilligenden führt. Dass der Einwilligende seinen Tod nicht will, sondern gerade auf den guten Ausgang vertraut, steht dem nicht entgegen. Mit der Einwilligung suspendiert der Rechtsgutsinhaber das zur Erfolgsvermeidung bestehende Verhaltensverbot (nicht das Verbot, einen bestimmten Erfolg herbeizuführen), sodass der Täter bereits kein Handlungsunrecht verwirklicht[68]. Allein der Eintritt des Todeserfolges kann dann keine Strafbarkeit begründen. 582

Ansätze gleicher Art enthalten die in Rn 269 ff dargestellten Leitlinien zur **Eigenverantwortlichkeit** in Fällen der **Selbstgefährdung**. Nach hiesiger Ansicht gibt es auch eine rechtfertigende Einwilligung in lebensgefährliche Fremdgefährdungen, wenn die **einverständliche Fremdgefährdung** wertungsmäßig der Mitwirkung an fremder Selbstgefährdung gleichsteht[69] (s. Rn 284).

Das Zivilrecht hat sich für diesen Bereich vom Gesichtspunkt der Einwilligung ganz gelöst und über §§ 254, 242, 828 BGB neue Lösungswege entwickelt (Handeln auf eigene Gefahr[70]).

IV. Die mutmaßliche Einwilligung

1. Anwendungsbereich der mutmaßlichen Einwilligung

In Fällen rechtlich zulässiger, aber aus tatsächlichen Gründen fehlender Einwilligung bleibt Raum für eine **mutmaßliche Einwilligung**[71]. Dieser Rechtfertigungsgrund ist ebenfalls ungeschrieben, er ist – wie die Einwilligung – nur gewohnheitsrechtlich anerkannt; seine Grundlage findet er jedoch im verfassungsrechtlich verankerten Selbstbestimmungsrecht des Betroffenen. Weil hier eine Einwilligung nicht oder nicht mehr 583

---

65 Allein auf die Kenntnis abstellend etwa *Kühl*, AT, § 9 Rn 41; S/S/W-StGB-*Rosenau*, Vorbem. §§ 32 ff Rn 42.

66 Vgl nun für den Fall der rechtfertigenden Einwilligung auch BGH NJW 17, 1186 m. Anm. *Mitsch*.

67 *Geppert*, ZStW 83 [1971], 947; BayObLG VRS 53, 349.

68 *Kaspar*, JuS 12, 112, 115; *Murmann*, Puppe-FS, S. 767, 776 ff; *ders.*, Grundkurs, § 25 Rn 139; *Stratenwerth*, Puppe-FS, S. 1017, 1022 ff; aA *Geppert*, ZStW 83 [1971], 974 f; LK-*Rönnau*, Vorbem. § 32 Rn 165 ff; *Roxin*, GA 2012, 660 ff.

69 Ebenso *Frister*, AT, 15. Kap., Rn 14; *Heghmanns*, BA 02, 484.

70 Vgl BGHZ 34, 355.

71 *Siqueira*, medstra 18, 153 will die Grundsätze der mutmaßlichen Einwilligung auch dann anwenden, wenn eine reelle Einwilligung zwar faktisch einholbar ist, aber aus normative Gründen (wie zB bei der „Gefahr einer auf Dauer angelegten, ernsten Beeinträchtigung der körperlichen oder seelischen Gesundheit des Patienten" durch die Offenlegung bestimmter Informationen durch den Arzt) nicht eingeholt werden kann.

eingeholt werden kann, gewinnen insbes. zwei durchaus verschiedenartige Grundgedanken der Rechtfertigung an Bedeutung: das **Handeln im materiellen Interesse des Betroffenen** und das **Prinzip des mangelnden Interesses**.

2.   Handeln im materiellen Interesse des Betroffenen

584   **a)**   Das Handeln im materiellen Interesse des Betroffenen spielt vor allem im Arztrecht eine Rolle, wenn **Gefahr im Verzug** ist und die **Einwilligung** des Betroffenen **nicht oder nicht rechtzeitig eingeholt werden kann**.

Beispiele: Operation eines bewusstlosen Unfallopfers; Erweiterung des mit dem Patienten vereinbarten operativen Eingriffs[72] aufgrund eines neuen, erst nach dem Öffnen der Bauchdecke erkennbar gewordenen und keinen Aufschub duldenden Befundes.

585   **b)**   Richtschnur zur Lösung solcher Fälle ist, dass es beim Rechtfertigungsgrund der mutmaßlichen Einwilligung nicht um eine an objektiven Maßstäben orientierte Güter- und Interessenabwägung, sondern um ein **Wahrscheinlichkeitsurteil über den wahren Willen** des Rechtsgutinhabers im Tatzeitpunkt geht[73]. Ausschlaggebend sind die individuellen Interessen, Bedürfnisse, Wünsche und Wertvorstellungen des Betroffenen. Objektive Kriterien, wie etwa die Maßstäbe eines vernünftig Handelnden, haben insoweit nur indizielle Bedeutung.

586   **c)**   Bei ärztlichen Eingriffen in die körperliche Integrität **einwilligungsunfähiger Patienten** misst das 2009 in Kraft getretene Gesetz über die Neuregelung der Patientenverfügung[74] dem vorweg in einer schriftlichen Patientenverfügung niedergelegten Willen des Patienten besondere Beweisbedeutung bei. Hat eine volljährige einwilligungsfähige Person schriftlich frei von wesentlichen Willensmängeln Vorsorge für den Eintritt der Einwilligungsunfähigkeit getroffen, verpflichtet § 1901a I BGB den für den Fall der Einwilligungsunfähigkeit bestellten Betreuer oder Bevollmächtigten zu prüfen, ob die Festlegungen in der Patientenverfügung auf die konkrete Lebens- und Behandlungssituation des Patienten zutreffen. Ist dies der Fall – und hat der Betreuer keine konkreten Anhaltspunkte dafür, dass der Patient seine Entscheidung zwischenzeitlich geändert hat – muss er dem in der Patientenverfügung niedergelegten Willen Geltung verschaffen. Insoweit kann man von einer **Bindungswirkung der schriftlichen Patientenverfügung** sprechen. Der Betroffene selbst kann seine Patientenverfügung natürlich jederzeit formlos widerrufen (§ 1901a I 3 BGB). Fehlt es an einer Patientenverfügung, trifft die schriftlich niedergelegte Verfügung nicht auf die konkrete Lebens- und Behandlungssituation zu oder gibt es Hinweise darauf, dass der Betroffene seinen Willen nachträglich geändert hat, muss der Betreuer gemäß § 1901a II 1 und 2 BGB den mutmaßlichen Willen des Patienten ermitteln und diesem zur Durchsetzung verhelfen[75].

---

72   Siehe zur mutmaßlichen Einwilligung im Rahmen einer Operationserweiterung im Speziellen *Vicente Remesal*, GA 2017, 689.
73   GenStA Nürnberg NStZ 08, 343; *Hilgendorf*, Kühl-FS, S. 509, 514; *Hillenkamp*, Küper-FS, S. 123; *Mitsch*, ZJS 12, 38; abw. *Puppe*, AT, § 11 Rn 12 ff.
74   Dazu *Höfling*, NJW 09, 2849; *Reus*, JZ 10, 80.
75   Vgl BGHZ 154, 205; dazu *Jäger*, Küper-FS, S. 209; *Kutzer*, ZRP 08, 197; NK-*Neumann*, Vorbem. § 211 Rn 112 ff; *Olzen*, JR 09, 354; MK-StGB-*Schneider*, Vorbem. § 211 Rn 88 ff, 123; *Ulsenheimer*, Arztstrafrecht, Rn 290 ff; zur Vereinbarkeit des Behandlungsabbruchs mit Art. 2 EMRK vgl EGMR medstra 16, 32 *(Lambert ua vs. Frankreich)*.

d) Als Anhaltspunkte für die **Ermittlung dieses mutmaßlichen Willens** können dabei   **587**
insbes. frühere mündliche oder schriftliche Äußerungen, ethische oder religiöse Überzeugungen und sonstige persönliche Wertvorstellungen des Betroffenen dienen (§ 1901a II 3 BGB). Auch das Schmerzempfinden des Patienten sowie allgemeine Wertvorstellungen dürfen ergänzend berücksichtigt werden, letztere jedoch nur mit äußerster Zurückhaltung, sofern die unmittelbare Sterbephase noch nicht begonnen hat[76].

Fehlen konkrete Anhaltspunkte für die Ermittlung des mutmaßlichen Willens, hat der Betreuer   **588**
nach den in § 1901 BGB niedergelegten allgemeinen Grundsätzen für die Wahrnehmung der Betreuung zu entscheiden. Maßgeblich ist demnach das Wohl des Patienten, wobei im Zweifel dem Lebensschutz Vorrang zu gewähren ist[77]. Bis zur Gesetzesänderung im Jahr 2009 bedurfte die Einwilligung des Betreuers in einen ärztlicherseits angebotenen Behandlungsabbruch der Genehmigung des Vormundschaftsgerichts. Nach aktueller Rechtslage muss das Betreuungsgericht den Behandlungsabbruch nur noch dann genehmigen, wenn zwischen Betreuer und behandelndem Arzt kein Einvernehmen über den Willen des Betreuten besteht (§ 1904 IV BGB; sog. **Konfliktmodell**)[78].

Auch in Fällen der **Sterbehilfe** befürwortet der 2. Strafsenat des **BGH**[79] nunmehr eine Lösung   **589**
über die Rechtsfigur der **rechtfertigenden Einwilligung**; und zwar sowohl dann, wenn der eigentliche Sterbevorgang noch nicht eingesetzt hat (sog. Hilfe *zum* Sterben) als auch in der unmittelbaren Sterbephase (sog. Hilfe *beim* Sterben). Hierfür wurde die neue Kategorie des **Behandlungsabbruchs** geschaffen (s. Rn 481 f). Danach rechtfertigt die (zB in einer Patientenverfügung enthaltene) Einwilligung in die Einstellung lebenserhaltender Maßnahmen jegliche Handlung, die objektiv und subjektiv darauf gerichtet ist, eine medizinisch indizierte, der Lebenserhaltung oder -verlängerung dienende Behandlungsmaßnahme in Fällen lebensbedrohlicher Erkrankung[80] entsprechend dem Willen des Patienten zu verhindern oder zu beenden. Ein gerechtfertigter Behandlungsabbruch kann sowohl durch **aktives Tun** als auch durch **Unterlassen** erfolgen (zur Abgrenzung vgl Rn 1164 ff). Als Handelnder kommt dabei nicht nur der Arzt, Betreuer oder Bevollmächtigte des Patienten, sondern auch jeder Dritte in Betracht, der als für die Behandlung oder Betreuung zugezogene Hilfsperson tätig wird[81]. Nicht verkannt werden darf indes, dass die **Beachtung der in §§ 1901a, 1901b, 1904 BGB enthaltenen verfahrensrechtlichen Vorgaben** nach Ansicht des BGH stets Voraussetzung für den Eintritt der rechtfertigenden Wirkung der Einwilligung ist[82]. Ferner sind gezielte Eingriffe in das Leben eines Menschen, die nicht im Zusammenhang mit dem Abbruch einer medizinischen Behandlung stehen, einer Rechtfertigung durch Einwilligung angesichts der Regelung des § 216 nach wie vor nicht zugänglich. Insoweit bleibt die aktive Sterbehilfe also strafbar (s. Rn 566).

---

76   Vgl *Verrel*, Jakobs-FS, S. 715.
77   *Dölling*, Puppe-FS, S. 1365, 1374.
78   Vgl bereits BGHSt 40, 257; BGHZ 154, 205; dazu *Otto*, NJW 06, 2217; *Popp*, ZStW 118 [2006], 639; *Verrel*, NStZ 03, 449; s. auch *Albrecht*, Schreiber-FS, S. 565; *Arzt*, Wolf-GS, S. 609; *Kühl*, Jura 09, 881, 885 f; *Putz*, Widmaier-FS, S. 701; *Schöch*, Hirsch-FS, S. 693, 701; *Sternberg-Lieben*, Seebode-FS, S. 401.
79   BGHSt 55, 191 *(Fall Putz)* m. Bespr. *Dölling*, ZIS 11, 345; *Eidam*, GA 2011, 232; *Hecker*, JuS 10, 1027; *Joerden*, Roxin II-FS, S. 593; *Kubiciel*, ZJS 10, 656; *Mandla*, NStZ 10, 698.
80   Aus betreuungsrechtlicher Sicht kommt es auf Art und Stadium der Erkrankung nicht an, vgl § 1901a III BGB; dazu *Kutzner*, Rissing-van Saan-FS, S. 337, 345 ff.
81   *Rissing-van Saan*, ZIS 11, 544, 550.
82   Insofern noch unklar BGHSt 55, 191, 199 f m. Anm. *Verrel*, NStZ 10, 674; eindeutig nunmehr BGH NStZ 11, 274 m. abl. Anm. *Verrel* und *Jäger*, JA 11, 309; krit. auch *Engländer*, JZ 11, 513, 519; *Rosenau*, Rissing-van Saan-FS, S. 547, 563; *Sternberg-Lieben*, Roxin II-FS, S. 537, 544 ff; zust. *Dölling*, ZIS 11, 345, 348; vgl auch *Kraatz*, NStZ-RR 12, 33; zu §§ 1901a, b, 1904 BGB: *Coeppicus*, NJW 11, 2085; *Dölling*, Puppe-FS, S. 1365.

Unter den Behandlungsabbruch fasst der 2. Senat allerdings auch die sog. indirekte (aktive) Sterbehilfe, also die Verkürzung des Lebens des todkranken Patienten als unvermeidbare Nebenfolge einer schmerzlindernden Behandlung. Dies ist aber inkonsequent, eine Rechtfertigung lässt sich hier nur über § 34 begründen (s. Rn 482).

590 In der **Literatur** wurde die Rechtsprechungsänderung, die letztlich eine moderate Ausweitung zulässiger Sterbehilfe beinhaltet, im Ergebnis überwiegend befürwortet. In der rechtspolitischen Tendenz verdient die Rspr Zustimmung, allerdings erscheint die dogmatische Verankerung problematisch[83]. Entscheidungen von derartiger Tragweite gehen über bloße, der Rechtsprechung übertragene Rechtsanwendung weit hinaus. Hier ist der demokratisch legitimierte Gesetzgeber zu einem Tätigwerden aufgerufen[84].

▶ Beispielsfall bei *Beulke/Zimmermann*, Klausurenkurs II, Rn 303

591 e) Entspricht das *ex ante* **zu treffende Wahrscheinlichkeitsurteil** des Handelnden bei der mutmaßlichen Einwilligung den vorstehend genannten Anforderungen, bleibt die darauf beruhende Tat auch dann rechtmäßig, wenn sich nachträglich herausstellt, dass trotz pflichtgemäßer Prüfung und gewissenhaften Vorgehens der wahre Wille des Betroffenen verfehlt wurde[85]. Im Übrigen gelten für **Fehlvorstellungen** des Täters die allgemeinen Irrtumsregeln. Sorgfalt erfordert hier vor allem die Unterscheidung zwischen Erlaubnistatbestandsirrtum und bloßem Erlaubnisirrtum (vgl Rn 727)[86].

592 Im Übrigen müssen bei der mutmaßlichen Einwilligung grundsätzlich die gleichen Voraussetzungen erfüllt sein, wie sie auch bei der wirklichen Einwilligung zu deren Wirksamkeit verlangt werden[87].

3. Prinzip des mangelnden Interesses

593 Auf dem **Prinzip des mangelnden Interesses** beruht die mutmaßliche Einwilligung dort, wo es – unter Respektierung der persönlichen Einstellung des Betroffenen – an einem schutzwürdigen Erhaltungsinteresse fehlt.

Beispiel: Der Bote B zahlt bei der Post nicht den ihm von A übergebenen neuen Geldschein ein, den er gern behalten möchte, sondern erledigt den ihm erteilten Auftrag mit einem verschmutzten Geldschein aus seinem eigenen Bestand.

---

83 Für eine Rechtfertigung gem. § 32 (Nothilfe) *Duttge*, MedR 11, 36, 38; *Mandla*, NStZ 10, 698; ähnl. *Streng*, Frisch-FS, S. 739, 751 ff; für eine Rechtfertigung gem. § 34 *Bosch*, JA 10, 908; vgl auch *Rosenau*, Rissing-van Saan-FS, S. 547, 560; *ders.*, Roxin II-FS, S. 577, 584 (§ 34 analog); für eine Lösung auf Tatbestandsebene *Gaede*, NJW 10, 2927 (tatbestandsausschließende Wirkung der Einwilligung); *Rissing-van Saan*, ZIS 11, 544, 550 (Verneinung der objektiven Zurechenbarkeit des Erfolgs aufgrund pflichtgemäßen Verhaltens des Arztes; anknüpfend an *Engländer*, JZ 11, 513, 518); *T. Walter*, ZIS 11, 76 (teleologische Reduktion des § 216 StGB); zu den Beteiligungsfragen *Schumann*, JR 11, 142; fallbezogen *Kubiciel/Wachter*, JA 13, 112; *M. Vormbaum*, Jura 12, 652.

84 S. auch *Wessels/Hettinger/Engländer*, Rn 156; vgl auch die Beschlüsse der strafrechtlichen Abteilung des 66. Deutschen Juristentags 2006.

85 Vgl *Jescheck/Weigend*, AT, § 34 VII 3; zum Verhältnis zwischen mutmaßlicher Einwilligung und Geschäftsführung ohne Auftrag s. *Kühl*, AT, § 9 Rn 47; *Schroth*, JuS 92, 476; vert. *Yoshida*, Roxin I-FS, S. 401.

86 BGHSt 35, 246 m. Anm. *Geppert*, JZ 88, 1024 und *Hoyer*, StV 89, 245; BGHSt 45, 219, 225.

87 Für Tatbestandslösung SK-*Hoyer*, Vorbem. § 32 ff Rn 34; fallbezogen *Mitsch*, JA 99, 388, 396.

V. Die hypothetische Einwilligung

1. Diskutierter Anwendungsbereich

Eine **hypothetische Einwilligung** wird derzeit v. a. im Bereich des Arztstrafrechts[88] diskutiert. Sie soll die Strafbarkeit des Arztes ausschließen, wenn der Einwilligende zwar nicht ordnungsgemäß aufgeklärt worden ist, jedoch bei wahrheitsgemäßer Aufklärung eingewilligt hätte. **594**

Die hypothetische Einwilligung darf dabei nicht mit der mutmaßlichen Einwilligung verwechselt werden. Letztere greift, wenn eine Einwilligung **vor dem Eingriff nicht erreichbar ist**, der Patient zu diesem Zeitpunkt aber eingewilligt hätte, wenn es möglich gewesen wäre, ihn zu fragen (s. Rn 583). Bei der hypothetischen Einwilligung wird darauf abgestellt, ob der Patient, dessen Einwilligung vor dem Eingriff nicht eingeholt wurde, **obwohl dies möglich war**, eingewilligt hätte, wenn man ihn gefragt hätte. In dieser faktischen Möglichkeit der vorherigen Einholung einer wirksamen Einwilligung liegt der wesentliche Unterschied zur mutmaßlichen Einwilligung. **595**

Beispiel (nach BGH NStZ-RR 04, 16[89]: O erleidet einen Bandscheibenvorfall an einem Halswirbel. Arzt T operiert versehentlich einen ihrer gesunden Lenden-Wirbel. Um den Kunstfehler nicht eingestehen zu müssen, erklärt er der O, die Operation sei zwar erfolgreich gewesen, ihre bleibenden Schmerzen seien aber auf einen Vorfall an einem Brust-Wirbel zurückzuführen. O willigt daraufhin in eine Operation des Brust-Wirbels ein; tatsächlich operiert T bei diesem zweiten Eingriff nunmehr den Halswirbel. Für den zweiten Eingriff lag – wegen der Täuschung durch T – keine wirksame Einwilligung vor; durch ordnungsgemäße Aufklärung wäre eine solche aber einzuholen gewesen, sodass kein Fall der mutmaßlichen Einwilligung vorliegt. Erfährt O später von den Vorgängen und erteilt im Nachhinein ihre Zustimmung für die zweite (korrigierende) Operation, stellt sich die Frage nach der rechtfertigenden oder strafausschließenden Wirkung einer hypothetischen Einwilligung.

2. Meinungsstand

a) Nach Ansicht der Rspr[90] und der ihr zustimmenden Autoren[91] wird der hypothetischen Einwilligung unter Hinweis auf den gleichnamigen zivilrechtlichen Haftungsausschluss (vgl nunmehr § 630h II 2 BGB[92]) **rechtfertigende Wirkung** beigemessen. **596**

---

88 Zur Übertragbarkeit auf andere Bereiche, etwa § 266, *Böse*, ZIS 16, 495 ff (§§ 203, 218); *Edlbauer/Irrgang*, JA 10, 786, 789; *Rönnau*, StV 11, 753, 756 ff; *Walischewski*, Feigen-FS, S. 293, 311 ff; dagegen *Beulke*, medstra 15, 67, 76; *Saliger*, Beulke-FS, S. 257, 268; zurückhaltend *Krüger*, Beulke-FS, S. 137, 148 ff; krit. hinsichtlich der Entwicklung eines allgemeinen Rechtsgedankens und insbes. der Erweiterung auf richterliche und behördliche Genehmigungen *F. Zimmermann/Linder*, ZStW 128 [2016], 713, 730 ff.

89 S. dazu *Eisele*, JA 2005, 252; *Geppert*, JK 12/04, StGB § 223/3.

90 BGH NStZ 96, 34 *(Surgibonefall)*; BGH JZ 04, 799 *(Bandscheibenfall)* m. zust. Anm. *Rönnau* und *Kuhlen*, JR 04, 227; BGH JR 04, 469 m. abl. Anm. *Puppe*; BGH NStZ 12, 205 *(Gastroskopiefall)* m. Anm. *Jäger*, JA 12, 70 und *Satzger*, JK 5/12, StGB § 223/6; BGH NJW 13, 1688 *(Neulandmethodenfall)* m. Anm. *Beckemper*, NZWiSt 13, 230 und *Valerius*, HRRS 14, 22; anders hingegen AG Moers BeckRS 15, 18722 m. zust. Anm. *Jäger*, JA 16, 472 ff.

91 *Kühl*, AT, § 9 Rn 47a; LK-*Rönnau*, Vorbem. § 32 Rn 230 f; differenzierend (Zurechnungsausschluss nur bei leichten Aufklärungsfehlern) *Krüger*, Beulke-FS, S. 137, 143 ff; *ders.*, medstra 17, 12 (hypothetische Einwilligung als Fall des Vorverschuldens).

92 Dazu *Conrad/Koranyi*, JuS 13, 979; *Merkel*, JZ 13, 975.

193

Die Rechtswidrigkeit entfällt demnach selbst dann, wenn sich nach Maßgabe des Grundsatzes *in dubio pro reo* nicht ausschließen lässt, dass der Patient auch bei ordnungsgemäßer Aufklärung eingewilligt hätte. Allerdings begrenzt die Rspr die rechtfertigende Wirkung allein auf *lege artis* **durchgeführte Heilbehandlungen**[93]. Zudem finden sich Hinweise darauf, dass der BGH bei **gezielten Täuschungen** im Rahmen der Aufklärung keine hypothetische Einwilligung akzeptieren will[94].

597 **Für die Beachtlichkeit** der hypothetischen Einwilligung werden gewichtige Argumente angeführt: Zunächst wird das kriminalpolitische Bedürfnis genannt, der ausufernden strafrechtlichen Verantwortung der Ärzte für die mittlerweile unüberschaubar gewordenen ärztlichen Aufklärungspflichten entgegenzuwirken[95]. Verwiesen wird auf die in diese Richtung weisende gesetzliche Anerkennung der hypothetischen Einwilligung in § 630h II 2 BGB; da sich die Rspr im Arztstrafrecht seit jeher an das Zivilrecht anlehne, sei hier ein Gleichlauf geboten. Insbes. widerspräche es der *Ultima-ratio*-Funktion des Strafrechts, wenn der Mediziner wegen der zivilrechtlich relevanten hypothetischen Einwilligung einerseits nicht zum Schadensersatz verpflichtet wäre, andererseits aber gleichwohl strafrechtlich zur Verantwortung gezogen werden könnte[96]. Hierdurch sei die Einheit der Rechtsordnung tangiert[97]. Eine erhebliche Gefahr der Nichtbeachtung des Selbstbestimmungsrechts des Patienten bestehe nicht; eine Ermittlung seines hypothetischen Willens sei den Gerichten durchaus möglich, insbes. dann, wenn – wie regelmäßig – konkrete Anhaltspunkte dafür existierten, dass er bei ordnungsgemäßer Aufklärung auch tatsächlich eingewilligt hätte[98].

598 Die Diskussion um die dogmatische Verortung der hypothetischen Einwilligung ist allerdings bei den Befürwortern noch nicht abgeschlossen. Wird die hypothetische Einwilligung von einigen als neuer, durch richterliche Rechtsfortbildung geschaffener **Rechtfertigungsgrund** gesehen[99], argumentieren die meisten Befürworter mit der **Parallele zur objektiven Zurechnung auf Einwilligungsebene**[100]. Danach soll im Ergebnis das Erfolgsunrecht der Tat entfallen, wenn trotz pflichtwidrigen Verhaltens des Arztes derselbe Erfolg auch bei pflichtgemäßem Alternativverhalten (s. Rn 304), dh bei pflichtgemäßer Aufklärung vor dem Eingriff, eingetreten wäre. Wegen des in gezielten Täuschungsfällen verbleibenden Handlungsunrechts sei der Arzt dann nur wegen versuchter Körperverletzung zu bestrafen[101]. Dasselbe Ergebnis erzielt, wer das subjektive Rechtfertigungselement bei der hypothetischen Einwilli-

---

93 BGH NStZ 08, 150 *(Turboentzugsfall)* m. zust. Anm. *Rönnau*, StV 08, 466.
94 S. dazu BGH NJW 13, 1688, 1689 *(Neulandmethodenfall)*.
95 *Beulke*, medstra 15, 67, 72 f; *Rosenau*, Maiwald-FS, S. 683; zur Entwicklung der ärztlichen Aufklärungspflicht *Burgert*, JA 16, 246.
96 *Beulke*, medstra 15, 67, 73; *Eisele*, Strätz-FS, S. 163, 180.
97 ZB *Beulke*, medstra 15, 67, 73; *Rosenau*, Maiwald-FS, S. 683.
98 Insoweit restriktiv BGH StV 08, 189 *(Fettschürzenfall)* m. Anm. *Sternberg-Lieben* und *Bosch*, JA 08, 70; BGH NStZ 08, 150; vert. S/S/W-StGB-*Rosenau*, Vorbem. §§ 32 Rn 51; *ders.*, Maiwald II-FS, S. 683, 695 ff.
99 Vgl v. a. BGH NStZ 12, 205; so insbes. auch *Beulke*, medstra 15, 67, 73.
100 V. a. auf Basis der (hier nicht vertretenen) Lehre von den negativen Tatbestandsmerkmalen ist diese Übertragung im Ausgangspunkt völlig konsistent.
101 *Kuhlen*, JR 04, 227, 229 f; LK-*Rönnau*, Vorbem. § 32 Rn 230 f; ebenso *Beulke*, medstra 15, 67, 75 unter zust. Verweis auf die Ausführungen des BGH NJW 13, 1688 *(Neulandmethodenfall)* anders *Roxin*, AT I, § 13 Rn 120; *Schöch*, GA 2016, 295, 299 (Fallgruppe des Ausschlusses der objektiven Zurechnung).

gung darin sieht, dass der Täter in dem Willen handelt, „das Selbstbestimmungsrecht des Rechtsgutsträgers zu wahren"; fehlt dieses (wie in den Fällen bewusster Täuschung), ist – wie auch bei den sonstigen Rechtfertigungsgründen – wegen Versuchs zu bestrafen[102] (s. Rn 412 ff). Unterlaufen Aufklärungsfehler aus Fahrlässigkeit, befinde sich der Arzt, der ja an eine wirksame Einwilligung glaube, in einem Erlaubnistatbestandsirrtum. Folglich komme allenfalls eine Bestrafung aus § 229 in Betracht (zu den Folgen des Erlaubnistatbestandsirrtums s. Rn 742 ff). Diese scheitere aber, wenn die objektiven Voraussetzungen des Rechtfertigungsgrunds „hypothetische Einwilligung" vorlägen. Denn dann werde das von ihm verwirklichte Handlungsunrecht (fahrlässige Missachtung der Patientenautonomie) durch den gegenläufigen, rechtstreuen Willen, sich selbstbestimmungskonform zu verhalten, kompensiert[103].

b) Gegen diese Position sind im Schrifttum grundlegende und bedenkenswerte **599** Einwände erhoben worden: Zunächst wird der **notwendige Gleichlauf mit dem Zivilrecht infrage** gestellt. Abgesehen davon, dass die in § 630 S. 2 BGB geregelte hypothetische Einwilligung im Zivilrecht allein die haftungsausfüllende Kausalität betreffe, welche im Strafrecht keine Entsprechung besitze[104], beinhalte die Vorschrift darüber hinaus nur eine zivilrechtliche Beweislastregel, die ein *aliud* gegenüber der Rechtfertigung oder einem Zurechnungsausschluss im Strafrecht darstelle[105]. Auch sei die **dogmatische Verortung** bislang **nicht überzeugend gelungen**[106]. Insbes. wird der Vergleich mit der objektiven Zurechnung kritisiert, eine echte Parallele bestehe nicht: Bei der hypothetischen Einwilligung müsse nicht nur – wie beim Pflichtwidrigkeitszusammenhang sonst (dazu Rn 304) – ein hypothetisch pflichtgemäßes Verhalten des Arztes (hier: die wirksame Aufklärung), sondern zusätzlich noch ein positives Opferverhalten (hier: die wirksame Einwilligungserklärung) hinzugedacht werden, auf welches der Arzt jedoch keinerlei Einfluss besitze[107]. Zudem **missachte** die Gegenmeinung das **Selbstbestimmungsrecht des Patienten**[108]. Dies zeige sich insbes. in den besonders schwerwiegenden Fällen, in denen die Operation, in die der Patient nicht wirksam eingewilligt hat, tödlich verlaufe. Hier lasse sich gerade nicht mehr klären, ob der Patient vor dem Eingriff (hypothetisch) eingewilligt hätte. Auf Grundlage des Zweifelssatzes (s. Rn 1298) könnte in diesen Fällen sogar ein Arzt, der sich über die fehlende Zustimmung des Patienten bewusst hinwegsetzt, nicht bestraft werden. Schließlich überlagerten in diesen Konstellationen unbestimmte nachträgli-

---

102 *Beulke*, medstra 15, 67, 75.
103 *Beulke*, medstra 15, 67, 75.
104 *Sternberg-Lieben*, Beulke-FS, S. 299, 304.
105 *Conrad/Koranyi*, JuS 2013, 979, 984 f; *Saliger*, Beulke-FS, S. 257, 266 f; aA S/S/W-StGB-*Rosenau*, Vorbem. § 32, Rn 53.
106 Umfassend *Böse*, ZIS 16, 495; *Haas*, GA 2015, 147 ff; *Mitsch*, JZ 05, 279; zu ihm *Kuhlen*, JZ 05, 713; vgl zu den unterschiedlichen Prüfungspositionen im Gutachten *Kindhäuser*, AT, Rn 18.
107 Vgl *Jäger*, Jung-FS, S. 345, 350 f; *Sternberg-Lieben*, Beulke-FS, S. 299, 302 f.
108 *Duttge*, Schroeder-FS, S. 179; *Eisele*, BT I, Rn 315; *Gropp*, Schroeder-FS, S. 197; AnwK-StGB-*Hauck*, Vorbem. §§ 32 ff Rn 19; *Hoffmann-Holland*, AT, Rn 338; *Jäger*, Jung-FS, S. 345; *ders.*, JA 16, 472, 474; *Jansen*, ZJS 11, 482; *Otto*, Grundkurs AT, § 8 Rn 134; NK-*Paeffgen/Zabel*, Vorbem. §§ 32 ff Rn 168a; *Puppe*, GA 2003, 764; *dies.*, AT, § 11 Rn 22; *dies.*, ZIS 16, 366; *Renzikowski*, Fischer-FS, S. 365; *Rönnau*, JuS 14, 882, 885; *Schlehofer*, Puppe-FS, S. 953; *Sickor*, JR 08, 179; *Sowada*, NStZ 12, 1; *Weber*, Puppe-FS, S. 1059, 1062 ff; *Yamanaka*, Maiwald II-FS, S. 865; krit. auch *Zabel*, GA 2015, 219; umfassend *Edlbauer*, Die hypothetische Einwilligung als arztstrafrechtliches Haftungskorrektiv, 2009; so auch AG Moers BeckRS 15, 18722.

che Wertungen die Entscheidung über die Strafbarkeit im Zeitpunkt des ärztlichen Tätigwerdens: Die Antwort eines Patienten nach seiner hypothetischen Zustimmung sei in der Regel davon abhängig, ob die Operation aus Sicht des Patienten erfolgreich war. Will man den tatsächlichen Willen des Patienten nach der Operation nicht für irrelevant erklären – was mit dem Autonomieprinzip kaum vereinbar wäre –, so hinge die Strafbarkeit des Arztes *de facto* von dessen nachträglicher Genehmigung der Rechtsgutsverletzung ab[109], was – wie jede *Ex-tunc*-Wirkung im Strafrecht – im Hinblick auf den Bestimmtheitsgrundsatz problematisch sei.

600 c) Die Diskussion dieses aktuellen und zudem prüfungsrelevanten Problembereichs ist noch nicht abgeschlossen[110]. Dass ein **praktisches Bedürfnis** besteht, nicht jede Verletzung der ärztlichen Aufklärungspflicht als Körperverletzung zu bestrafen, lässt sich wohl kaum leugnen.

601 Überdenkenswerte Vorschläge einer Abmilderung in diese Richtung auf Basis des geltenden Rechts gehen dahin, die kraft Rechtsprechung ausgeformte Aufklärungspflicht auf demselben Weg strafrechtsautonom zu begrenzen, sodass am Ende **nur schwerwiegende Verstöße gegen die (zivilrechtliche) Aufklärungspflicht** als strafrechtlich relevant betrachtet werden[111]. In eine ähnliche Richtung weist der Vorschlag, eine ärztliche Aufklärung nur insoweit zu fordern, als dies erforderlich ist, um dem Patienten eine eigenverantwortliche Entscheidung zu ermöglichen[112]. *Roxin* will im Anschluss an BGHZ 90, 103 eine hypothetische Einwilligung nur dann zulassen, wenn der Patient bei sachgerechter Aufklärung nicht vor einem Entscheidungskonflikt gestanden hätte, was regelmäßig jedenfalls bei *lege artis* durchgeführten Eingriffen der Fall sein soll[113].

602 d) Wegen der verbleibenden Unsicherheiten bleibt der Gesetzgeber jedoch nachdrücklich aufgefordert, in Anlehnung etwa an die österreichische Strafrechtsordnung eine straftatbestandliche Trennung zwischen dem Schutz der Rechtsgüter „körperliche Integrität" und „Selbstbestimmungsrecht des Patienten" vorzunehmen und im Hinblick auf letzteres einen **neuen Straftatbestand der „eigenmächtigen Heilbehandlung" zu schaffen**[114]. Dies würde es erlauben, die bisherigen Körperverletzungstatbestände auf den eigentlichen Körperintegritätsschutz zu reduzieren und nicht – wie bisher – über die Kopplung der Einwilligung an eine korrekte Aufklärung einen Schutz des Selbstbestimmungsrechts im Windschatten dieser Tatbestände zu bewirken[115].

---

109 So auch *Hoffmann-Holland*, AT, Rn 338; *Saliger*, Beulke-FS, S. 257, 265; *Swoboda*, ZIS 13, 18, 26; aA S/S/W-StGB-*Rosenau*, Vorbem. §§ 32 Rn 53.

110 S. dazu insbes. die Diskussionsbeiträge der 36. Strafrechtslehrertagung 2015, zusammengefasst von *Brodowski*, ZStW 127 [2015], 691 sowie *Tag*, ZStW 127 [2015], 523; ausf. zum Selbstbestimmungsrecht *Magnus*, Patientenautonomie.

111 So *Edlbauer*, Die hypothetische Einwilligung, 2009, S. 473 f; s. auch *Zabel*, GA 2015, 219 ff.

112 ZB *Saliger*, Beulke-FS, S. 257, 270.

113 *Roxin*, medstra 17, 129, 135.

114 Vgl zu einem entsprechenden Tatbestand in § 110 öStGB; zu den gesetzgeberischen Bestrebungen in Deutschland s. nur RefE des BMJ zum 6. StrRG aus dem Jahr 1996; dazu LK-*Lilie*, Vorbem. § 223 Rn 6; entsprechende Appelle an den Gesetzgeber finden sich auch bei *Böcker*, JZ 05, 925; *Duttge*, Schroeder-FS, S. 179, 193 ff; *Gropp*, Schroeder-FS, S. 197, 207; *Rönnau*, JuS 14, 882, 885; für eine Verwerflichkeitsklausel in § 223 demgegenüber *Swoboda*, NStZ 12, 18, 31.

115 Sehr krit. *Beulke*, medstra 15, 67, 69, 76 bzgl eines – seiner Ansicht nach sogar *contra legem* erfolgenden – Schutzes eines „apokryphen" Schutzguts in Gestalt der Patientenautonomie in § 223.

VI. Gegenüberstellung von tatbestandsausschließendem Einverständnis und rechtfertigender Einwilligung

Das **Einverständnis** des von der Tat Betroffenen	Die **Einwilligung** des Rechtsgutsinhabers	**603**
wirkt **tatbestandsausschließend**, wenn der gesetzliche Tatbestand ein Handeln **gegen** oder **ohne** seinen Willen voraussetzt, wie etwa in §§ 177, 235, 239, 240, in § 123 beim „Eindringen" oder in § 242 bzgl der „Wegnahme";	wirkt als Verzicht auf Rechtsschutz **rechtfertigend**, wenn die Rechtsordnung die Preisgabe des geschützten Gutes durch ihn respektiert, wie etwa im Bereich der körperlichen Unversehrtheit (§ 228) oder des Schutzes vermögenswerter Güter;	
braucht nicht unbedingt „erklärt" zu werden, muss aber **bei Tatbeginn vorgelegen** haben;	muss **vor der Tat erklärt** oder zumindest konkludent zum Ausdruck gebracht worden sein;	
ist in den genannten Fällen rein **tatsächlicher Natur** und setzt nur die „natürliche Willensfähigkeit" des Betroffenen mit folgenden Konsequenzen voraus: Der Betroffene braucht die Bedeutung des beeinträchtigten Gutes nicht erfasst zu haben; sein Einverständnis braucht **nicht frei von sittlichen Mängeln** und idR auch **nicht frei von irrtümlichen Vorstellungen** zu sein (ein erschlichenes Einverständnis ist nur dort unbeachtlich, wo das Gesetz „listiges" Handeln unter Strafe stellt, wie zB in § 235); das Einverständnis muss indessen **frei von Zwang**, also freiwillig zustande gekommen sein (ein *abgenötigtes* Einverständnis ist unbeachtlich).	hat **normativen** Charakter und unterliegt hinsichtlich ihrer **Wirksamkeit** Einschränkungen in Bezug auf: a) die **Dispositionsbefugnis** (vgl §§ 216, 228 StGB, § 2 KastrG) und die **Verfügungsberechtigung**, b) die **Einwilligungsfähigkeit**, dh der Einwilligende muss eine ausreichende **Urteils-** und **Einsichtsfähigkeit** besitzen, um Wesen, Bedeutung und Tragweite des Rechtsgutsverzichts erkennen zu können, c) die Auswirkung von **Willensmängeln**, dh die Einwilligung ist regelmäßig **unwirksam**, wenn sie erzwungen oder erschlichen ist; das Gleiche gilt, wenn ihre Erteilung auf einer Verletzung der ärztlichen Aufklärungspflicht beruht.	
Unkenntnis des Täters vom Vorliegen des Einverständnisses führt (mangels Tatvollendung) zum (untauglichen) **Versuch** des betreffenden Delikts (soweit dessen Versuch mit Strafe bedroht ist).	**Unkenntnis** des Täters vom Vorliegen der (wirksam erklärten) Einwilligung führt nach bislang hM zur Bestrafung wegen **vollendeter Tat**, nach neuerer Auffassung jedoch zur *analogen* Anwendung der **Versuchsregeln** (s. dazu Rn 581).	
Bei **irriger Annahme** des Einverständnisses liegt ein vorsatzausschließender **Tatbestandsirrtum** vor (§ 16 I 1).	Bei **irriger Annahme** der Einwilligung entfällt analog § 16 I 1 nach den Regeln, die für den **Erlaubnistatbestandsirrtum** gelten, der Vorsatz-Schuldvorwurf und damit eine Bestrafung wegen vorsätzlich begangener Tat (näher Rn 756).	

Im **Fall 11a** hat M in die Öffnung der für ihn eingehenden Post weder ausdrücklich noch **604** stillschweigend eingewilligt. Eine gesetzlich begründete Öffnungsbefugnis stand der F nicht zu; die Ehe als solche gibt keinem Gatten das Recht, die an den anderen Teil adressierten

Briefe eigenmächtig zu öffnen. Im Hinblick darauf, dass die Öffnung eines **behördlichen** Schreibens **unter Ehegatten** idR keine schwerwiegende Werteinbuße für den Adressaten darstellt und nichts auf einen entgegenstehenden Willen des M hindeutete, im Gegenteil u. U. eine Fristversäumung zu befürchten war, lag das Verhalten der F aber aus objektiver *Ex-ante*-Sicht im Interesse des M. Da F die **Interessenlage gewissenhaft geprüft** und dabei **die Überzeugung gewonnen** hatte, ihr Tätigwerden entspreche dem mutmaßlichen Willen des M, war das Öffnen des Briefes kraft mutmaßlicher Einwilligung gerechtfertigt. Darauf, dass die Tat dem wahren Willen des M nicht entsprach, weil er die Steuerrückzahlung vor F verheimlichen wollte, kommt es mangels Erkennbarkeit nicht an[116].

Im **Fall 11b** hat B den S körperlich misshandelt und durch die besondere Begehungsweise den Tatbestand der gefährlichen Körperverletzung erfüllt (§§ 223, 224 I Nr 2). Die freiwillig und ernsthaft erteilte Einwilligung des S vermag die Tat nicht zu rechtfertigen. Es ist schon kaum anzunehmen, dass der 13-jährige S die Tragweite seiner Zustimmung voll erfasst hatte. Dagegen spricht einerseits sein sehr junges Alter, andererseits die Schwere und Dauerhaftigkeit der akzeptierten Verletzung (Nähe zu § 226 I Nr 3). Unabhängig davon wird man die **Tat** aber trotz der Einwilligung auch als **sittenwidrig** iSv § 228 einstufen müssen. Es handelt sich um einen gravierenden und insbes. auch hinsichtlich der potenziellen Entzündungsfolgen wenig überschaubaren Eingriff in die körperliche Integrität, der mangels ersichtlich positiven Zwecks nur als nach Art und Gewicht dem Anstandsgefühl aller vernünftig und gerecht denkenden Menschen widersprechend angesehen werden kann[117] (s. Rn 574). B hat somit rechtswidrig gehandelt.

Aktuelle Rechtsprechung zu § 11:
- BGH NStZ 15, 156 m. Bespr. *Kudlich*, JA 14, 873: Verspätete Rückgabe eines Mietautos an den Vermieter und („generalisiertes") Einverständnis bzgl § 248b; vgl Rn 561.
- BGH NStZ 15, 270 *(Hooliganschlägereifall)* m. Bespr. *Satzger*, Jura (JK) 15, 1138: Eine Strafbarkeit wegen einer im Rahmen einer vereinbarten körperlichen Auseinandersetzung zwischen Hooligans begangenen Körperverletzung ist auch dann nicht aufgrund erteilter Einwilligungen der Kontrahenten ausgeschlossen, wenn sich die Teilnehmer im Rahmen der zuvor aufgestellten „Regeln" bewegen. Vielmehr sind derartige Taten wegen der aus *Ex-ante*-Sicht bestehenden erheblichen Gefahren für Leib und Leben (Tritte mit dem beschuhten Fuß auch gegen den Kopf, Überzahlsituationen) und mit Blick auf die Wertungen des § 216 (Rechtsgut „Leben" als nicht disponibel) und des § 231 (besondere abstrakte Gefährlichkeit von „Schlägereien") als sittenwidrig im Sinne des § 228 zu bewerten; vgl Rn 578.

---

116 Vgl S/S-*Sternberg-Lieben*, Vorbem. §§ 32 ff Rn 54–60; LK-*Rönnau*, Vorbem. § 32 Rn 223.
117 RGSt 74, 91; BGHSt 4, 88; BayObLG NJW 99, 372.

§ 12 Rechtfertigungsgründe IV: Züchtigungs- und Erziehungsrecht sowie Festnahmerechte

Fall 12: Vater M erfährt davon, dass sich sein 13-jähriger Sohn S im Rahmen einer freiwilligen „Mutprobe" zwecks Aufnahme in eine „Jugendgang" vom Bandenführer B ein glühendes Eisen auf den Oberschenkel hat drücken lassen (s. Fall 11b). M reagiert darauf, indem er dem S eine Ohrfeige verpasst und diesen „zur Strafe" für drei Stunden im Kinderzimmer einsperrt. **Rn 606, 610, 614**
Ist das Verhalten des M durch einen Rechtfertigungsgrund gedeckt?

605

I. Züchtigungs- und Erziehungsrecht

Im **Fall 12** verpasste M seinem Sohn S als Strafe für die „Mutprobe" eine Ohrfeige. Darin könnte eine Körperverletzung gem. § 223 liegen. Der zusätzlich vollzogene Stubenarrest stellt möglicherweise eine Freiheitsberaubung gem. § 239 dar. Der Umstand, dass beide Maßnahmen einen Erziehungszweck verfolgen, könnte die Taten allerdings rechtfertigen.

606

1. Das Recht zur körperlichen Züchtigung

Früher wurden alle körperlichen Züchtigungen der Eltern gegenüber ihren Kindern als tatbestandsmäßig iSd § 223 eingestuft[1]. Dem lag der Gedanke zugrunde, dass eine als Erziehungsstrafe gedachte Züchtigung vom Betroffenen gerade als „Übel" empfunden und so Einfluss auf sein künftiges Verhalten haben würde. Als **Rechtfertigungsgrund** kam jedoch das **elterliche Züchtigungsrecht** in Betracht. Die Befugnis zu einer maßvollen körperlichen Züchtigung wurde aus dem in §§ 1626, 1631 BGB normierten Sorge- und Erziehungsrecht gefolgert (für den Vormund aus § 1800 BGB). Mittlerweile hat sich die Rechtslage jedoch geändert. § 1631 II BGB besagt nunmehr ausdrücklich: „Kinder haben ein Recht auf **gewaltfreie Erziehung**. Körperliche Bestrafungen, seelische Verletzungen und andere entwürdigende Maßnahmen sind unzulässig." Auf diese Weise wollte der Gesetzgeber zumindest zivilrechtlich körperliche Bestrafungen gänzlich ächten. Die derzeit hM hält deshalb auch unter strafrechtlichen Aspekten jede körperliche Züchtigung für unzulässig und verweist lediglich auf die Möglichkeit der Einstellung des Strafverfahrens aus Opportunitätsgründen (§§ 153, 153a StPO) bzw einer Strafmilderung[2]. Die Gegenmeinung verweist darauf, dass § 1631 II BGB nur körperliche Bestrafungen, **die gleichzeitig entwürdigend sind**, für unzulässig erklärt, sodass die zivilrechtliche Neuregelung jen-

607

---

1 BGHSt 11, 241; 12, 62.
2 AG Burgwedel JAmt 05, 50; *Bohnert*, Jura 99, 533, 534; *Bussmann*, S. 379 ff; AnwK-StGB-*Hauck*, Vorbem. §§ 32 ff Rn 23; *B. Heinrich*, AT, Rn 520 ff; *Hennes*, Das elterliche Züchtigungsrecht – Ein derogierter Rechtfertigungsgrund, 2009; *Herzberg*, JZ 09, 333; *Hillenkamp*, JuS 01, 159, 165; *Kargl*, NJ 03, 59; *Noack*, JR 02, 406, 408 (der allerdings deshalb § 1631 II BGB für verfassungswidrig hält); *Otto*, Jura 01, 670; *Riemer*, ZJJ 05, 403; *ders.*, FPR 06, 387; *Roxin*, JuS 04, 177; instruktiv *M. Heinrich*, ZIS 11, 431 ff.

seits dieser, auf krasse Körperstrafen zugeschnittenen Grenze keine Bedeutung für das Strafrecht habe. Vielmehr komme nach wie vor ein Rechtfertigungsgrund der körperlichen Erziehung in Betracht[3].

608 Sachgerecht erscheint eine vermittelnde Position. Eine einfachgesetzliche Regelung vermag nämlich das durch Art. 6 GG garantierte Erziehungsrecht der Eltern nicht zu beseitigen[4]. Sinnvolle Erziehungsmaßnahmen müssen daher zulässig sein. So muss zB eine Mutter die Möglichkeit haben, ihrem auf die viel befahrene Straße zueilenden Kleinkind durch eine spontane Züchtigung zu verdeutlichen, dass Derartiges nicht geduldet wird. Bei der Unterbindung gefährlicher Verhaltensweisen des Kindes darf die situationsbezogene Züchtigung durchaus auch intensiv spürbar ausfallen, so zB in Form einer schmerzhaften „Backpfeife". Dass demgegenüber ein leichter „Klaps auf den Po" mangels Erheblichkeit ohnehin bereits die tatbestandlichen Voraussetzungen des § 223 nicht erfüllt, entspricht nahezu einhelliger Meinung. Die zweifelsohne erstrebenswerte Gewaltfreiheit der Kindererziehung muss sich am Gesamtziel der Sicherung des Kindeswohls messen lassen. Dies ist interpretatorisch auf dem Wege einer verfassungskonformen Gesetzesauslegung sowohl des § 1631 II BGB als auch des § 223 umsetzbar. Im Rahmen des § 1631 II BGB ist die körperliche Bestrafung nur als Unterfall der entwürdigenden Maßnahmen anzusehen. Einer maßvollen, die Bagatellgrenze nur unwesentlich überschreitenden und im konkreten Fall angemessenen körperlichen Züchtigung der eigenen Kinder fehlt der „entwürdigende" Charakter, sodass sie mit § 1631 II BGB im Einklang steht. Konsequenterweise ist eine derartige Erziehungsmaßnahme daher auch nicht als „üble unangemessene Behandlung" und somit nicht als körperliche Misshandlung iSv § 223 einzustufen. Das **Problem** des elterlichen Züchtigungsrechts hat sich insoweit also **von der Rechtfertigungs- auf die Tatbestandsebene verlagert.** Allerdings kann der Neufassung des § 1631 II BGB entnommen werden, dass körperliche Züchtigungen im Regelfall auch „entwürdigend" und deshalb verboten sind. Wenn daher mit einer körperlichen Züchtigung wesentliche Beeinträchtigungen des körperlichen Wohlbefindens einhergehen, so ist dies **im Regelfall** auch eine unangemessene Behandlung und somit als „körperliche Misshandlung" gem. § 223 **strafbar**[5].

609 Für eine durch das Erziehungsrecht gedeckte körperliche Züchtigung verbleibt als *ultima ratio* Raum nur in diesem engen Rahmen. In Anlehnung an die früher zur Rechtfertigung entwickelten Grundsätze, die angesichts des gesetzgeberischen Leitbilds der gewaltfreien Erziehung jedoch restriktiv zu interpretieren sind, ist der **Tatbestand** des § 223 dann nicht erfüllt,

---

3 *Kindhäuser*, AT, § 20 Rn 18; Lackner/Kühl-*Kühl*, § 223 Rn 11; *Marxen*, AT, S. 99; *Mitsch*, Jura 17, 792, 803; *Schmidt*, Grundrechte als verfassungsunmittelbare Strafbefreiungsgründe, 2008, S. 216; iE ebenso *v. Bock*, Das elterliche Recht auf körperliche Züchtigung, 2011; Matt/Renzikowski-*Engländer*, Vorbem. §§ 32 ff Rn 36 (Strafunrechtsausschließungsgrund); *M. Heinrich*, ZIS 11, 431, 440 ff; *Murmann*, Grundkurs, § 25 Rn 153 (der § 1631 II BGB für verfassungswidrig hält).

4 HK-GS-*Duttge*, Vorbem. § 32 Rn 23; vgl *Roellecke*, NJW 99, 337.

5 Einzelheiten bei *Beulke*, Hanack-FS, S. 539 ff; *ders.*, Schreiber-FS, S. 29; *Wessels/Hettinger/Engländer*, BT/1, Rn 217; weitgehend zust. *Maurach/Schroeder/Maiwald*, BT/1, § 8 Rn 19; ähnl. LK-*Lilie*, § 223 Rn 10; diff. MK-StGB-*Joecks*, § 223 Rn 63 ff; zu anderen Harmonisierungsvorschlägen s. *Günther*, Lange-FS, S. 877; SK-*Wolters*, § 223 Rn 13 ff; umfassend zum Ganzen mit empirischem Material *Bussmann*, S. 33 ff; *ders.*, ZJJ 13, 120; *Kreuzer*, Böttcher-FS, S. 303, 312 ff; fallbezogen *Knauer*, Jura 14, 254, 256.

– wenn die Erziehungsmaßnahme bei **hinreichendem Züchtigungsanlass** objektiv zur Erreichung des Erziehungszwecks **geboten** und subjektiv **vom Erziehungsgedanken beherrscht** ist, und

– wenn die Züchtigung in Art und Intensität maßvoll bleibt und in einem **angemessenen Verhältnis** zur Verfehlung und zum Lebensalter des Kindes steht, dessen körperliche Verfassung und seelische Entwicklung in die Abwägung einzubeziehen sind.

Eine quälerische, gesundheitsschädliche, unnötig demütigende oder das Anstandsgefühl gröblich verletzende Züchtigung ist immer unzulässig[6].

▶ Beispielsfall bei *Beulke*, Klausurenkurs III Rn 356

Im **Fall 12** lag für M gegenüber S ein ausreichender Züchtigungsanlass vor: „Mutproben" der von S unternommenen Art ist aus erzieherischen Gründen entgegenzutreten. Die von M gewählte Form der körperlichen Zurechtweisung steht in einem angemessenen Verhältnis zur Verfehlung des S und zu seinem Lebensalter. Bei aller Skepsis gegenüber dem pädagogischen Wert von Körperstrafen wird man zugestehen müssen, dass M sich bei der Bestrafung des S mittels einer maßvollen Züchtigung im Rahmen des rechtlich Zulässigen gehalten hat. Da Ärger und Erregung ein Handeln aus erzieherischen Gründen nicht ausschließen (BGH GA 1963, 82), war die geringfügige Beeinträchtigung des körperlichen Wohlbefindens des S keine üble, unangemessene, entwürdigende Behandlung und somit keine körperliche Misshandlung iSv § 223.   **610**

Das Züchtigungsrecht als solches ist ebenso wie das Erziehungsrecht nicht übertragbar; im Rahmen eines besonderen Betreuungs- oder Erziehungsverhältnisses kann seine Ausübung jedoch einem anderen überlassen werden[7]. Grundsätzlich steht Dritten gegenüber fremden Kindern kein Züchtigungsrecht zu (u. U. aber ein Notwehrrecht)[8].   **611**

Kraft Gewohnheitsrechts wurde früher auch **Lehrern** ein aus ihrer Erziehungsaufgabe abgeleitetes Züchtigungsrecht zuerkannt[9]. In dieser Hinsicht hat sich inzwischen jedoch zu Recht ein Anschauungswandel vollzogen, da ein solches Recht mit der verfassungsrechtlich garantierten Würde und Unversehrtheit der jungen Menschen nicht vereinbar wäre[10]. Dies kommt auch in denjenigen Landesgesetzen eindeutig zum Ausdruck, die den Lehrern eine körperliche Züchtigung explizit für unzulässig erklärt haben[11].   **612**

2. Das Recht zu sonstigen Erziehungsmaßnahmen

Auch bei anderen Erziehungsmaßnahmen jenseits der körperlichen Züchtigung sind die sich aus dem Recht auf gewaltfreie Erziehung ergebenden Grenzen zu beachten.   **613**

---

6 Vgl BGHSt 11, 241, 260.
7 BGHSt 12, 62, 67.
8 Näher *Mitsch*, JuS 92, 289.
9 BGHSt 11, 241; 14, 52 und selbst noch BayObLG NJW 79, 1371.
10 Vgl *Kindhäuser*, AT, Rn 19; s. auch BGH NJW 76, 1949 m. Anm. *Schall*, NJW 77, 113; *Jescheck/Weigend*, AT, § 35 III.
11 Vgl zB BGH NStZ 93, 591 für Baden-Württemberg.

Da aber nach dem Sinn des § 1631 II BGB nur diejenigen Handlungen als verbotene Gewalt (S. 1) eingestuft werden sollen, die „entwürdigenden" Charakter haben (S. 2), ist die Erziehung durch elterliche Maßnahmen wie das Einsperren im Kinderzimmer oder das Festhalten bzw Wegtragen des Kindes nicht zwangsläufig verboten. Vielmehr kann das Erziehungsrecht angemessene Erziehungsmaßnahmen auch nach neuer Gesetzeslage legitimieren, was zB bei den Tatbeständen der Beleidigung (§ 185), der Freiheitsberaubung (§ 239)[12] oder der Nötigung (§ 240) relevant wird. Teilweise lässt sich – parallel zur „körperlichen Misshandlung" iSv § 223 – eine Tatbestandslösung begründen (zB bei der Beleidigung); ansonsten entfaltet das Erziehungsrecht rechtfertigende Wirkung, jedenfalls sofern die in Rn 609 genannten Kriterien (hinreichender Züchtigungsanlass und objektiv aus Erziehungsgründen gebotene, maßvolle Züchtigung sowie subjektiv vom Erziehungsgedanken getragen), erfüllt sind[13].

614   Im **Fall 12** ist die Ohrfeige des M gegenüber S eine vom Erziehungsrecht gedeckte „angemessene" Behandlung, die deshalb nicht tatbestandsmäßig iSv § 223 ist. Der Stubenarrest ist tatbestandsmäßig iSv § 239 (Einsperren), jedoch durch das elterliche Erziehungsrecht gerechtfertigt; s. Rn 608 f, 613.

II. Festnahmerechte gem. § 127 StPO und Selbsthilfe gem. § 228 BGB

615   Wird jemand bei Begehung einer Straftat oder einer rechtswidrigen Tat (§ 11 I Nr 5) **auf frischer Tat** betroffen oder verfolgt, so ist, wenn er der Flucht verdächtig ist oder seine Identität nicht sofort festgestellt werden kann, **jedermann** befugt, ihn **vorläufig festzunehmen** (§ 127 I 1 StPO). Die **Staatsanwaltschaft** und die **Beamten des Polizeidienstes** haben darüber hinaus besondere Festnahmerechte nach §§ 127 II, 127b I StPO[14].

616   Ob § 127 I 1 StPO eine **wirklich begangene** Straftat bzw eine rechtswidrige Tat voraussetzt oder ob dort – wie im Bereich des § 127 II StPO – ein **dringender Tatverdacht** genügt, ist umstritten. In der Rspr herrscht die letztgenannte Auffassung vor[15]. Dies überzeugt jedoch nicht. Dem privaten Festnehmenden, der im Gegensatz zu Amtsträgern keiner disziplinarischen Verantwortung unterliegt und den insbes. keine Pflicht zum Eingreifen trifft, dürfen keine derart weit reichenden Festnahmebefugnisse zugestanden werden. Irrt der Private über das Vorliegen einer Tat, unterliegt er einem Erlaubnistatbestandsirrtum (s. Rn 740 ff). Da er somit nicht wegen vorsätzlicher Tat bestraft werden kann, ist er hinreichend geschützt; beruhte sein Irrtum auf

---

12   Vert. zur Rechtfertigung von Freiheitsberaubungen durch das elterliche Erziehungsrecht *Buchholz/ Schmidt*, JA 19, 197, 201 f.

13   Enger *Hoyer*, FamRZ 01, 521, der zwischen erlaubter Pflege und Beaufsichtigung einerseits und verbotener Züchtigung andererseits unterscheidet.

14   Dazu *Beulke/Swoboda*, StPO, Rn 238; *Wagner*, ZJS 11, 465.

15   BGH (6. Zivilsenat) NJW 81, 745; OLG Zweibrücken NJW 81, 2016; BayObLG MDR 86, 956 f; OLG Koblenz VR 2009, 32; AG Grevenbroich NJW 02, 1060; zust. – wenn auch iE offen lassend – OLG Celle StV 16, 295 m. Bspr. *Satzger*, Jura (JK) 15, 1259 und *Jahn*, JuS 15, 565; ebenso *Arzt*, Kleinknecht-FS, S. 1; *Herzberg/Putzke*, JuS 08, 884; *Kargl*, NStZ 00, 8; *Roxin*, AT I, § 17 Rn 24.

einer Sorgfaltspflichtverletzung, ist die Bestrafung aus dem Fahrlässigkeitsdelikt hingegen sachgerecht[16].

▶ Beispielsfall bei *Beulke*, Klausurenkurs III, Rn 391

§ 127 I 1 StPO rechtfertigt Eingriffe in die persönliche Freiheit des Betroffenen oder **617** weniger einschneidende Maßnahmen, wie etwa die Wegnahme des Personalausweises oder des Zündschlüssels zum Kraftfahrzeug[17]. Zum Durchsetzen der Festnahme darf u. U. auch Gewalt angewendet werden. Wer sich einer berechtigten Festnahme widersetzt oder sich ihr gewaltsam zu entziehen sucht, muss bei der Überwindung seines Widerstandes auch Eingriffe in seine körperliche Unversehrtheit (zB Hämatome durch Festhalten am Arm oder Schürfwunden durch zu Boden reißen des Flüchtigen) hinnehmen[18].

Ein **Schusswaffengebrauch** zum Zwecke der Festnahme ist nichtstaatlichen Organen **618** wegen der besonderen Gefährlichkeit eines solchen Vorgehens nur in Form von Warnschüssen gestattet. Im Übrigen kann § 127 I StPO bei Privaten auch im Falle besonders schwerwiegender Rechtsgutverletzungen den Einsatz von Schusswaffen nicht legitimieren[19].

Wenig praktische Bedeutung hat das Recht zur Festnahme nach § 229 BGB. In den dort abgesteckten engen Grenzen der erlaubten **Selbsthilfe** darf der Berechtigte eine Sache wegnehmen[20], zerstören oder beschädigen bzw den Verpflichteten festnehmen, falls dieser der Flucht verdächtig ist und die Voraussetzungen vorliegen, unter denen der persönliche Sicherheitsarrest angeordnet werden kann[21]. Die Festnahme darf jedoch nicht nur dem Ziel dienen, die Identität des Festgenommenen festzustellen[22].

Aktuelle Rechtsprechung zu § 12:
- OLG Celle StV 16, 295 m. Bespr. *Satzger*, Jura (JK) 15, 1259: Für die Ausübung des Festnahmerechts nach § 127 I StPO ist mindestens dringender Tatverdacht erforderlich, ein leichter Verdacht genügt hingegen nicht; vgl Rn 616.
- OLG Hamm (Zivilsenat) NJOZ 15, 1863 m. Bespr. aus strafrechtlicher Perspektive *Kudlich*, JA 16, 150: Für § 127 I StPO genügt es, dass sich aus Sicht des Festnehmenden ohne vernünftigen Zweifel ein hoher Verdachtsgrad bzgl der begangenen Tat ergibt (vgl Rn 616). Irrt sich der Festnehmende über die tatsächlichen Voraussetzungen des Festnahmerechts, so ist das Verteidigungsrecht des zu Unrecht Festgenommenen dahingehend eingeschränkt, dass dieser grds statt sofortiger Trutzwehr gegen die (unberechtigte) Festnahmehandlung zunächst über den Irrtum aufklären bzw ggf auf das Eintreffen der Polizei warten muss (vgl auch Rn 531).

---

16 Näher OLG Hamm NJW 72, 1826; *Beulke/Swoboda*, StPO, Rn 235; *Günther*, Kühl-FS, S. 885; LK-*Rönnau*, Vorbem. § 32 Rn 243; *Satzger*, Jura 09, 110; zum Überblick: *Bülte*, ZStW 121 [2009], 377; *Hillenkamp/Cornelius*, AT, S. 67 ff; *Sickor*, JuS 12, 1074; fallbezogen *Kudlich*, JA 16, 151.
17 OLG Saarbrücken NJW 59, 1190, 1191.
18 BGHSt 45, 378 m. Anm. *Baier*, JA 00, 630; *Kargl/Kirsch*, NStZ 00, 604; *Mitsch*, JuS 00, 848; instruktiv *ders.*, JA 16, 161; *Trüg/Wentzell*, Jura 01, 30; vgl auch BGH JR 00, 297 m. Anm. *Ingelfinger*.
19 *Jakobs*, AT, 16/19; *Krey/Esser*, AT, Rn 652; *Roxin*, AT I, § 17 Rn 28; anders BGH MDR/H 79, 985; LR-*Hilger*, § 127 Rn 29.
20 BGH NStZ 12, 144 m. Bespr. *Grabow* und *Hecker*, JuS 11, 940; fallbezogen *Puschke*, JA 14, 348, 349 f.
21 Näher BayObLG NJW 91, 934; *Duttge*, Jura 93, 416; *Kindhäuser*, LPK, Vorbem. §§ 32-35 Rn 71; *Schauer/Wittig*, JuS 04, 107.
22 S. *Mitsch*, NZV 14, 545, 547 unter Verweis auf § 230 III BGB.

§ 13 Schuld und Entschuldigungsgründe

619 **Fall 13: a)** Nachdem W zufällig erfahren hat, dass ihn seine Freundin E über Jahre mit einem anderen betrogen hat, fasst er den Entschluss, ihr aus Rache einen dauerhaften Schaden zuzufügen. In Erinnerung an seine sehr rudimentären Strafrechtskenntnisse möchte er besonders clever vorgehen, um eine Strafe zu vermeiden. Er will sich daher vor der Tat in einen schuldausschließenden Zustand versetzen. Dafür trinkt der nicht alkoholgewöhnte W eine Flasche Doppelkorn sehr zügig leer und, als er kaum mehr klar denken und sich nur noch schwankend auf den Beinen halten kann, mixt der E – wie von Anfang an geplant – einen Caipirinha, ihren Lieblingscocktail, mit einem starken Nervengift. Als E nach Hause kommt, reicht ihr W mit einem Lächeln das Getränk. Die nichts ahnende E nimmt einen großen Schluck und bricht sofort zusammen. Wie von W beabsichtigt, verursacht das Gift bei E eine dauerhafte Lähmung des Unterkörpers. In dem Zeitpunkt, in dem W der E das Getränk anbot, wies er eine BAK von 3,5 ‰ auf.

Wie ist das Verhalten des W strafrechtlich zu beurteilen? **Rn 624, 650, 654, 657, 664, 667**

b) Rockerboss R will sich an seinem Kontrahenten K rächen. Um nicht selbst Hand anlegen zu müssen, begibt er sich zu A und erklärt diesem, dass er den Sohn des A „kalt machen" werde, wenn er den K nicht ordentlich auspeitsche. Aus Angst um seinen Sohn begibt sich A zu K und versetzt diesem einige Schläge mit der Peitsche.

Wie ist das Verhalten des A strafrechtlich zu beurteilen? **Rn 698**

I. Schuld und Verantwortlichkeit im Strafrecht

1. Das Schuldprinzip

620 In Übereinstimmung mit dem Menschenbild des Grundgesetzes beruht das deutsche Strafrecht auf dem **Schuldprinzip:** Strafe setzt Schuld voraus (s. Rn 18)[1]. Diesem verfassungsrechtlich in der Menschenwürdegarantie des Art. 1 I GG sowie im Rechtsstaatsprinzip verankerten Prinzip kann je nach Funktion, die der Schuld im Strafrecht zugeschrieben wird, allerdings ein unterschiedlicher Bedeutungsgehalt zukommen. Thesenartig lassen sich jedenfalls folgende drei Funktionen des Schuldbegriffs identifizieren[2]:

„*Keine Strafe ohne Schuld*": Neben Tatbestandsmäßigkeit und Rechtswidrigkeit ist die Schuld ein **strafbegründendes** und **strafbegrenzendes** Verbrechensmerkmal.

„*Die Strafe darf das Maß der Schuld nicht übersteigen*": Jede im Einzelfall verhängte Strafe muss **schuldangemessen** sein[3].

„*Unrecht und Schuld sind aufeinander bezogen*": Die Schuld des Täters muss **alle Elemente des verwirklichten Unrechts umfassen**.

---

1 BVerfGE 95, 96, 131; 96, 245, 249; 133, 168, 197; BVerfG NJW 16, 1149, 1152 f; BGHSt GrS 2, 194, 200.
2 Vgl *Achenbach*, Historische und dogmatische Grundlagen der strafrechtssystematischen Schuldlehre, 1974, S. 2 ff.
3 Zur Bedeutung des Grundsatzes der Verhältnismäßigkeit in diesem Kontext s. *Frisch*, NStZ 13, 249.

2. Die Bedeutung der Schuld im Strafrechtssystem

Das StGB unterscheidet scharf zwischen **Unrecht** und **Schuld** (s. zB §§ 17, 20)[4]. **621**
Während die mit Strafe bedrohte Handlung im Unrechtsbereich auf ihr Abweichen
von den Sollensnormen unserer Rechtsordnung, dh auf ihre Rechtswidrigkeit hin
überprüft wird, geht es im Schuldbereich – nach dem hier zugrunde liegenden Konzept (s. Rn 626) – um die Frage, ob dem Täter eine rechtswidrige Tat persönlich vorzuwerfen ist[5]. Anders als bei der Feststellung des tatbestandlichen Unrechts steht
folglich nicht die Tat, sondern der Täter, dem das verwirklichte Unrecht auf dieser
Ebene subjektiv zugerechnet werden soll, im Mittelpunkt der Schuldprüfung.

Es gilt also zu unterscheiden: Ein Verhalten, welches den Tatbestand einer Strafnorm **622**
erfüllt, stellt dann kein Unrecht dar, wenn man bei der Prüfung der Rechtswidrigkeit
zum Ergebnis gelangt, dass es durch eine Erlaubnisnorm gedeckt ist (vgl Rn 412). Ergibt sich auf Ebene der Schuld, dass dem Täter die Tat nicht persönlich vorwerfbar
ist, lässt dies das Unrecht der Tat demgegenüber unberührt. Die **Relevanz dieser Unterscheidung** zeigt sich an mehreren Stellen in der Strafbarkeitsprüfung: So wirkt
sich die fehlende Schuld des Angreifers bei der **Notwehr oder Nothilfe** nicht aus, da
eine Notwehr- bzw -hilfelage lediglich einen gegenwärtigen *rechtswidrigen* (und somit nicht notwendigerweise schuldhaften) Angriff voraussetzt. Ebenso verhält es sich
bei der **Teilnahme**: Nach dem Grundsatz der limitierten Akzessorietät (vgl Rn 871)
genügt für eine Bestrafung als Anstifter oder Gehilfe, dass der Haupttäter eine vorsätzliche *rechtswidrige* Tat begeht; ist diese Tat dem Haupttäter aus irgendwelchen
Gründen nicht persönlich vorwerfbar und damit von ihm nicht schuldhaft begangen,
so bleibt eine Bestrafung eines Dritten wegen Teilnahme an dieser – rechtswidrigen –
Tat gleichwohl möglich[6].

Auch auf **Rechtsfolgenebene** ist die Unterscheidung zwischen einem lediglich **623**
rechtswidrigen und einem schuldhaften Handeln von zentraler Bedeutung: Im Gegensatz zur „Strafe" knüpfen die „Maßregeln der Besserung und Sicherung" (§ 61) nicht
an die Schuld, sondern an die Sozialgefährlichkeit des Täters an. Ihre Anordnung ist
somit auch bei schuldlosem Handeln zulässig, setzt aber – als Mindestschwelle für
eine präventive Sanktion im Bereich des Strafrechts – das Vorliegen einer „rechtswidrigen Tat" iSd § 11 I Nr 5 voraus. Kommt man somit zu dem Ergebnis, dass dem
Täter ein tatbestandliches und rechtswidriges Verhalten nicht vorgeworfen werden
kann, so ist nur eine Bestrafung – nicht aber die Verhängung einer Maßregel der Besserung und Sicherung – ausgeschlossen.

Im **Fall 13a** hat W tatbestandlich und rechtswidrig eine schwere Körperverletzung gem. **624**
§ 226 I Nr 3, II (ggf iVm § 25 I Alt. 2 durch Einsatz der E als „Tatmittlerin gegen sich
selbst", s. Rn 850) begangen, indem er E den mit Nervengift versetzten Caipirinha zu trinken gab. Allerdings war W zu diesem Zeitpunkt völlig betrunken und daher möglicherweise
nicht mehr fähig, das Unrecht seiner Tat einzusehen. Dies könnte den persönlichen Schuldvorwurf entfallen lassen. Unberührt bliebe demgegenüber die Strafbarkeit eines etwaigen

---

4 Vert. hierzu *de Sousa Mendes*, Wolter-FS, S. 271; *Frisch*, GA 2014, 489; *B. Heinrich*, Ad Legendum
   15, 89.
5 Zur ersten Übersicht: *Heghmanns*, Ad Legendum 15, 96; s. hierzu auch Rn 29.
6 Instruktiv m. Bsp *B. Heinrich*, Ad Legendum 15, 89, 90.

Gehilfen (etwa des Apothekers G, der dem W das Gift in Kenntnis des Plans besorgt hatte); auch ein Notwehrrecht der E wäre grds nicht ausgeschlossen, da das Verhalten des W rechtswidrig ist und eine Notwehrlage begründet.

3. Schuldlehre und normativer Schuldbegriff

625 Die funktionale Einordnung der Schuld sowie deren Bedeutung im Strafrechtssystem helfen jedoch nur wenig bei der Bestimmung des materiellen Gehalts des Schuldbegriffs. Das StGB schweigt hierzu ebenfalls und begnügt sich in § 29 lediglich mit dem Hinweis, dass bei mehreren Tatbeteiligten **jeder nach seiner Schuld** strafbar ist[7].

626 **a) Der normative Schuldbegriff:** Die durch *Frank*[8] begründete „normative Schuldlehre" sieht das Wesen der Schuld in der **Vorwerfbarkeit der Willensbildung und Willensbetätigung**, also in der normativen Bewertung eines psychischen Sachverhalts. Eine derartige wertende Betrachtung kann – im Gegensatz zum psychologischen Schuldbegriff (s. Rn 628) – ein Absehen von Strafe erklären, wenn der Täter zwar eine Entscheidung gegen das Recht trifft (psychologische Komponente), die Rechtsgemeinschaft aber im konkreten Einzelfall ein Verständnis hierfür aufbringt (normative Komponente). Nach der überwiegend vertretenen Auffassung umfasst der komplexe Begriff der Strafrechtsschuld normativ fassbare **positive wie negative Schuldelemente**[9]. Die positiven Schuldmerkmale umschreiben hierbei die Grundvoraussetzungen für die Erhebung eines individuellen Schuldvorwurfs. Liegt ein negatives Schuldmerkmal vor, so kommt darin das beschriebene Einzelfallverständnis für die Entscheidung des Täters „gegen das Recht" zum Ausdruck.

Positive Schuldmerkmale	Negative Schuldmerkmale
Schuldfähigkeit (s. Rn 641 ff)	Fehlen von Entschuldigungsgründen (s. Rn 684 ff)
Spezielle Schuldmerkmale (s. Rn 675 ff)	
Schuldform (Vorsatz- oder Fahrlässigkeitsschuld; s. Rn 678 f)	
Unrechtsbewusstsein (Möglichkeit der Unrechtseinsicht; s. Rn 680 ff)	

627 Nach klassischem Verständnis folgt aus dem Erfordernis einer individuellen Vorwerfbarkeit eine Beschränkung der Schuld auf natürliche Personen, was in Deutschland – neben dem Argument, dass nur letztere handlungsfähig seien (s. Rn 148 ff) –

---

7 Zur Diskussion über den Schuldbegriff: *Beck*, Ad Legendum 15, 102; *Burkhardt*, Maiwald II-FS, S. 79; *Dölling*, FPPK 07, 59; *Frister*, JuS 13, 1057; *Gropp*, Puppe-FS, S. 483; *Herzberg*, GA 2015, 250; *Hörnle*, Kriminalstrafe; *Küpper*, S. 148 ff; *Lesch*, Der Verbrechensbegriff; *ders.*, JA 02, 602; *Loos*, Maiwald II-FS, S. 469; *Schünemann*, Lampe-FS, S. 537; *Sinn*, Uni-Gießen-FS, S. 321; *Streng*, Rn 12 ff; LK-*T. Walter*, Vorbem. § 13 Rn 159 ff; *Zabel*, Schuldtypisierung als Begriffsanalyse, 2007, S. 242 ff.
8 *Frank*, Aufbau des Schuldbegriffs, 1907; dazu auch *Duru*, ZJS 12, 734 und *Kaspar*, AT, § 5 Rn 336 ff.
9 Näher *Achenbach*, Historische und dogmatische Grundlagen der strafrechtssystematischen Schuldlehre, 1974; *Krümpelmann*, GA 1983, 337; *Momsen*, Jung-FS, S. 569; LK-*T. Walter*, Vorbem. § 13 Rn 163 ff.

von der (noch) hM[10] gegen eine Verbandsstrafbarkeit eingewandt wird. Jedoch eröffnet gerade ein normativ verstandener Schuldbegriff (wie in vielen anderen Staaten) ein „juristisch-weites" Verständnis von Schuld, welches jedenfalls *de lege ferenda* auch eine Strafbarkeit juristischer Personen nicht von vornherein ausschließt[11].

b) Die **„psychologische Schuldauffassung"** erblickte das Wesen der Schuld in der subjektiv-seelischen Beziehung des Täters zur Tat. Sie identifizierte den Schuldbegriff mit dem psychischen Sachverhalt (Wissen/Nichtwissen, Wollen/Nichtwollen), sah Vorsatz und Fahrlässigkeit demzufolge als „Schuldarten" an[12]. Diese Lehre ließ jedoch wesentliche Elemente der Schuld unberücksichtigt und vermochte nicht zu erklären, warum die Schuld eines vorsätzlich Handelnden unter den Voraussetzungen des entschuldigenden Notstandes entfällt. **628**

c) Der **funktionale Schuldbegriff** definiert die Schuld über die Funktion der Strafe[13]. Schuld wird als „Derivat" der Generalprävention (s. Rn 23)[14] bezeichnet und der Schuldbegriff vorrangig von den Präventionszwecken der Strafe her bestimmt. Ein schuldhaftes Verhalten wird nur bejaht, wenn Strafe für die Stärkung des allgemeinen Rechtsbewusstseins erforderlich erscheint (positive Generalprävention). Dieser Betrachtungsweise ist entgegenzuhalten, dass der Schuldbegriff hierdurch jede Kontur verliert. Denn niemand kann wissen, ob in der jeweiligen Konstellation für die Stärkung der Rechtstreue der Bürger iS positiver Generalprävention eine Bestrafung unbedingt notwendig ist[15]. **629**

d) Eine vermittelnde Position im Meinungsstreit iS eines **normativen Verantwortlichkeitsbegriffs** nimmt *Roxin*[16] ein, indem er sich für eine Synthese iS einer **wechselseitigen Beschränkung von Schuld und Prävention** einsetzt. Danach soll die Systemkategorie der Schuld um das Element der „präventiven Sanktionsnotwendigkeit" ergänzt und als Verantwortlichkeit bezeichnet werden. Für das von ihm begangene Unrecht soll der Täter nur dann verantwortlich gemacht werden, wenn er erstens schuldhaft gehandelt hat und zweitens eine präventive Notwendigkeit zur Bestrafung des schuldhaften Verhaltens besteht. **630**

e) *Kindhäuser*[17] vertritt einen sog. **diskursiven Schuldbegriff**. Ausgangsgedanke ist, dass Normen in einer demokratisch verfassten Gesellschaft Ausdruck der rechtsförmigen Verständigung autonomer Personen über einen (möglichst) gerechten Ausgleich ihrer Interessen sind. Wer eine Norm bricht, negiert die ihr zugrunde liegende Verständigung. Demnach ist materielle Schuld ein sich in der Straftat zeigender Mangel an Rechtstreue. **631**

---

10 So insbes. *Frister*, AT, 3. Kap., Rn 13 ff; *Greco*, GA 2015, 503 ff; *Köhler*, AT, S. 557; *Krey/Esser*, AT, Rn 111; *Ransiek*, NZWiSt 12, 45.
11 Zum Gesetzentwurf des Landes Nordrhein-Westfalen s. Rn 149.
12 Vgl *Mezger*, Lb, § 33.
13 So ua *Achenbach*, in: Schünemann, Grundfragen des modernen Strafrechtssystems, 1974, S. 135 mit dem Vorschlag, den Begriff der Schuld durch „individuelle Zurechnung" zu ersetzen; s. auch *Streng*, ZStW 101 [1989], 273 ff; hierzu *Müller-Dietz*, Streng-FS, S. 115, 116 ff.
14 *Jakobs*, AT, 17/18 ff; *ders.*, Kühl-FS, S. 281; vgl auch *Demetrio Crespo*, Roxin II-FS, S. 689.
15 Zutr. *Hirsch*, ZStW 106 [1994], 746; *Maiwald*, Lackner-FS, S. 149; LK-T. *Walter*, Vorbem. § 13 Rn 172 ff.
16 Vgl *Roxin*, AT I, § 19 Rn 3; *ders.*, Arthur Kaufmann-FS, S. 519; *ders.*, ZStW 96 [1984], 641; *ders.*, SchwZStr 104 [1986], 356; *ders.*, Mangakis-FS, S. 237; *ders.*, Lampe-FS, S. 423; aber auch *Kaspar*, AT, § 5 Rn 339 ff; *ders.*, Verhältnismäßigkeit, S. 257 f; dazu: *Hoyer*, Roxin II-FS, S. 723; *R. Merkel*, Roxin II-FS, S. 737; *Sánchez Lázaro*, GA 2013, 655, 659 ff; *T. Walter*, Roxin II-FS, S. 763.
17 Vgl *Kindhäuser*, ZStW 107 [1995], 701, 725 ff; *ders.*, Hassemer-FS, S. 761; *ders.*, AT, § 21 Rn 9.

4. Die Willensfreiheit als Problem des normativen Schuldbegriffs

632 Wenn nach der normativen Schuldtheorie die Willensbetätigung dem Täter vorwerfbar sein muss, so bedeutet dies, dass ein Schuldvorwurf nur erhoben werden kann, wenn sich der Täter für das Unrecht und gegen das Recht entschieden hat. Als zentraler Ausgangspunkt in der Diskussion um die Legitimierung staatlichen Strafens steht demnach die Diskussion, ob **Willensfreiheit**, also die Fähigkeit, sich frei zwischen Recht und Unrecht zu entscheiden, überhaupt besteht. Nur wenn diese Entscheidungsfreiheit existiert, macht es Sinn, von einer strafrechtlichen Verantwortung des Täters zu sprechen und ihm gegenüber einen Schuldvorwurf zu erheben[18].

a) Determinismus vs. Indeterminismus

633 Von der Prämisse der Indeterminiertheit menschlichen Handelns geht der BGH im Grundsatz aus: „Schuld ist Vorwerfbarkeit. Mit dem Unwerturteil der Schuld wird dem Täter vorgeworfen, daß er sich nicht rechtmäßig verhalten, daß er sich für das Unrecht entschieden hat, obwohl er sich rechtmäßig verhalten, sich für das Recht hätte entscheiden können. Der innere Grund des Schuldvorwurfes liegt darin, daß der Mensch auf freie, verantwortliche, sittliche Selbstbestimmung angelegt und deshalb befähigt ist, sich für das Recht und gegen das Unrecht zu entscheiden, sein Verhalten nach den Normen des rechtlichen Sollens einzurichten und das rechtlich Verbotene zu vermeiden"[19].

Aus der Sicht des klassischen **Indeterminismus**[20], der „absoluten Willensfreiheit" postuliert, ist der Standpunkt der Rspr konsequent. Die Gegenposition des **Determinismus**[21] mit dem Erklärungsprinzip der „Kausalgesetzlichkeit" menschlichen Verhaltens, wonach jedes Verbrechen ein zwangsläufiges Produkt von Anlage und Umwelt sei, lehnt mangels empirischer Nachweisbarkeit eines freien Willens die Geltung des Schuldprinzips ab und stellt damit die Legitimation des Schuldstrafrechts generell in Frage[22]. Freilich lässt sich fast jede Handlung bei rückschauender Betrachtung als eine Folge von anlage- und umweltbedingten Bestimmungskräften erklären. Ebenso sicher ist jedoch auch, dass der Mensch diesen Antrieben nicht wehrlos ausgeliefert ist. Die Möglichkeit zur Verhaltenssteuerung beruht auf der Fähigkeit des Menschen, seine anlage- und umweltbedingten Antriebe zu kontrollieren und seine Entscheidung nach sozialethisch verpflichtenden Normen und Wertvorstellungen auszurichten[23].

---

18 Abw. *Demetrio Crespo*, GA 2013, 15; *Herzberg*, ZStW 124 [2012], 12 ff; *ders.*, Kühl-FS, S. 259; *Sánchez*, Frisch-FS, S. 555; *Schiemann*, Unbestimmte Schuldfähigkeitsfeststellungen, 2012, S. 158 ff; *dies.*, ZJS 12, 774.
19 BGHSt GrS 2, 194, 200.
20 NK-*Paeffgen/Zobel*, Vorbem. §§ 32 ff Rn 230c mwN.
21 Hierzu NK-*Paeffgen/Zobel*, Vorbem. §§ 32 ff Rn 230g; *Prinz*, in: Geyer (Hrsg), Hirnforschung und Willensfreiheit, 2004, S. 22; *Roth*, Lampe-FS, S. 56.
22 Ausf. *Hassemer*, ZStW 121 [2009], 829 ff und *Kargl*, Kritik des Schuldprinzips, 1982, S. 198 ff.
23 Näher dazu S/S-*Eisele*, Vorbem. §§ 13 ff Rn 107 ff; *Frister*, Frisch-FS, S. 533; *Jescheck/Weigend*, AT, § 37; *Arthur Kaufmann*, Jura 86, 225; *Lampe*, Heinz-FS, S. 778; *Lüderssen*, Puppe-FS, S. 65; *Neumann*, BGH-Wiss-FS, S. 83; *Otto*, GA 1981, 481; *Rath*, Aufweis der Realität der Willensfreiheit, 2009; s. auch *Keil*, Willensfreiheit, 2. Aufl. 2013; *Spranger*, JZ 09, 1033.

b) Neuere Hirnforschung

Durch neuere neurowissenschaftliche Forschung ist die Determinismus-Indeterminis- **634**
mus-Debatte, in der es um den Beweis bzw die Wiederlegung eines freien Willens
geht, wieder in Bewegung geraten[24]. Hiernach werde die letzte Handlungsentschei-
dung durch das unbewusst arbeitende emotionale Erfahrungsgedächtnis (das limbi-
sche System) messbar in ein bis zwei Sekunden gefällt, bevor der Mensch dies als seine Entscheidung bewusst wahrnimmt. Ergebnis dieser neurowissenschaftlichen Untersuchungen sei – kurz gefasst –, dass wir nicht „tun […], was wir wollen (und schon
gar nicht, weil wir es wollen), sondern[, dass] wir wollen, was wir tun"[25]. Diese For-
schungsergebnisse lassen sich methodologisch und in grundsätzlicher Art anzweifeln.
Die sterilen Laborbedingungen, unter denen solche Untersuchungen stattfinden, können die Komplexität der Zusammenhänge menschlichen Lebens und dessen Entschei-
dungsprozesse nicht abbilden[26]. Zudem ist es fraglich, ob die Willensfreiheit als solche überhaupt gemessen und mittels der angewandten Forschungsmethoden erfasst
werden kann[27]. Zugespitzt formuliert muss – unter Zugrundelegung der Annahme
einer solch starken Abhängigkeit des Bewussten vom Unterbewussten – selbst infrage
gestellt werden, welches menschliche Wesen dann überhaupt noch in der Lage sein
soll, eine sinnvolle und verantwortliche Erforschung der Willensfreiheit durchzuführen.

Die Naturwissenschaften haben bislang jedenfalls weder den Beweis für, noch gegen **635**
die Willensfreiheit erbringen können. Dem Strafrecht kann es schon deshalb nicht
verwehrt sein, nach wie vor das „Anders-Handeln-Können" dem eigenen System zugrunde zu legen[28].

Wie bereits angedeutet ist die Hypothese der Determiniertheit der Entscheidungsfrei- **636**
heit möglicherweise gänzlich unbeweisbar; dann bietet sich alternativ auch eine vermittelnde Lösung an, für die sich *Roxin* und andere Teile der Lit. stark machen: Es
komme auf die **„normative Ansprechbarkeit"** des Täters an, die vorliege, wenn der
Täter „bei der Tat seiner geistigen und seelischen Verfassung nach für den Anruf der
Norm disponiert war, wenn ihm ‚Entscheidungsmöglichkeiten zu norm-orientiertem

---

24 Siehe im Überblick *Hirsch*, ZIS 10, 62 ff; tiefergehend *R. Merkel*, Willensfreiheit und rechtliche
Schuld, 2008, S. 240 ff; *Mosch*, Schuld, Verantwortung und Determinismus im Strafrecht, 2018;
Roth, Lampe-FS, S. 43; *Singer*, Ein neues Menschenbild?, 2003; *ders.*, in: Elsner/Schreiber (Hrsg),
Was ist der Mensch?, 2. Aufl. 2003, S. 143; *Spilgies*, ZIS 07, 155.
25 *Prinz*, in: von Cranach ua (Hrsg), Freiheit des Entscheidens und Handelns, 1996, S. 98.
26 *Hillenkamp*, JZ 05, 313, 319; *ders.*, ZStW 127 [2015], 10, 78; *G. Merkel*, Herzberg-FS, S. 7; so auch
S/S-*Eisele*, Vorbem. §§ 13 ff Rn 110a und LK-*Schöch*, § 20 Rn 26 jeweils mwN.
27 So etwa *Burkhardt*, Eser-FS, S. 81; *Hassemer*, ZStW 121 [2009], 829, 847 f und *T. Walter*, Schroeder-FS, S. 141.
28 Ebenso *Alwart*, Hruschka-FS, S. 357; *Braun*, JZ 04, 610; *Bung*, S. 5 ff; Lampe ua-*Dölling*, S. 371; *Er-
ber-Schropp*, Schuld und Strafe, 2016, S. 163; *Frisch*, Kühl-FS, S. 187; *Hassemer*, Kirchhof-FS, Bd
II, § 123; *Hillenkamp*, JZ 05, 313 und 15, 391; *ders.*, ZStW 127 [2015], 10 ff; *Hirsch*, ZIS 10, 62; *Jäger*, GA 2013, 3; *Krauß*, Jung-FS, S. 411; *Kudlich*, HRRS 05, 43; *Luzón Peña*, GA 2017, 669; *Schrei-
ber/Rosenau*, in: Venzlaff/Foerster, S. 80 ff; *Streng*, Jakobs-FS, S. 675; *T. Walter*, Schroeder-FS,
S. 131; *Weißer*, GA 2013, 26; vgl auch *Duttge* ua (Hrsg), Das Ich und sein Gehirn, 2009; *Jakobs*,
ZStW 117 [2005], 247; *Marlie*, ZJS 08, 41; Roth/Hubig/Bamberger (Hrsg), Schuld und Strafe, 2012;
Ruske, Ohne Schuld und Sühne, 2011; *Stompe/Schanda* (Hrsg), Der freie Wille und die Schuldfähig-
keit, 2010; S/S-*Eisele*, Vorbem. §§ 13 ff Rn 110a f.

Verhalten, psychisch (noch) zugänglich waren, wenn die […] psychische Steuerungsmöglichkeit, die dem gesunden Erwachsenen in den meisten Situationen gegeben ist, im konkreten Fall vorhanden war"[29]. Unter Annahme dieses erfahrungswissenschaftlichen Befundes mithilfe einer wertenden Zuschreibung kann die Frage nach dem Bestehen der Willensfreiheit als Voraussetzung von Schuld dann gänzlich offen gelassen werden.

5. Resümee: Der Gegenstand des Schuldvorwurfs

637 Legt man auf Grundlage des normativen Schuldbegriffs berechtigterweise die Prämisse vom „Anders-Handeln-Können" zugrunde, so lässt sich der Inhalt des Schuldvorwurfs folgendermaßen fassen: „Schuld" bedeutet Vorwerfbarkeit der Tat im Hinblick auf die rechtlich tadelnswerte Gesinnung, die der vom Täter **im Tatzeitpunkt** getroffenen Entscheidung für das Unrecht und gegen das Recht zugrunde liegt[30]. Da die Bewertungsgrundlage somit ausschließlich die konkrete Tat ist, geht es bei der Schuld im strafrechtlichen Sinne also keinesfalls um eine Lebensführungs- oder Charakterschuld[31] in Form des Vorwurfs einer generell tadelnswerten Gesinnung, sondern allein um die **konkrete Einzeltatschuld**[32]. Eine das Vorleben des Täters prägende allgemeine rechtsfeindliche oder -freundliche Gesinnung kann für diese Bewertung demzufolge keine Rolle spielen. Nur das Vorverhalten, das sich unmittelbar auf die Tat bezieht, darf für die Begründung des Schuldvorwurfs herangezogen werden[33]. Gem. § 46 II kann aber das Vorleben des Täters – ebenso wie sein Nachtatverhalten – bei der Strafzumessung Berücksichtigung finden[34].

638 So wie der Unrechtsgehalt der Tat von ihrem Handlungs- und Erfolgsunwert abhängt, wird ihr Schuldgehalt durch den auf die konkrete Tatbestandsverwirklichung bezogenen Gesinnungsunwert bestimmt. Davon geht auch das Gesetz aus, wenn es in § 46 II „die Gesinnung, die aus der Tat spricht", als wichtigen Einzelumstand der Strafzumessungsschuld hervorhebt. Was dem Täter vorgeworfen wird, ist – das sei nochmals betont – nicht etwa seine Gesinnung als solche, sondern immer die von ihr geprägte Straftat. Der in der Tat zum Ausdruck kommende (mehr oder weniger große) Mangel an Rechtsgesinnung ist lediglich der Grund, weswegen dem Täter das, was er begangen hat, nach dem Maß seiner Schuld zum Vorwurf gemacht wird.

639 Trotz vorsätzlicher Tatbestandsverwirklichung kann es am Gesinnungsunwert fehlen, wenn infolge geistig-seelischer Defekte oder wegen eines außergewöhnlichen Motivationsdrucks die Fähigkeit aufgehoben ist, die Gebote des Rechts zu befolgen.

---

29 *Roxin*, AT I, § 19 Rn 36; *ders.*, ZStW 96 [1984], 641, 652 f; ähnl. auch Lackner/Kühl-*Kühl*, Vorbem. §§ 13 ff Rn 23: „normale[r] Motivierbarkeit durch soziale Normen"; zu ähnlichen, im Einzelnen jedoch stark differierenden Ansätzen siehe bspw auch *Herzberg*, Achenbach-FS, S. 178 ff; *Hoyer*, Roxin-II-FS, S. 723; *R. Merkel*, Roxin-II-FS, S. 737; *Neumann*, ZStW 99 [1987], 587 ff.

30 *Gallas*, ZStW 67 [1955], 1, 45; *Jescheck/Weigend*, AT, § 39 II 1; vgl auch *Greco*, GA 2009, 636.

31 Abl. insofern auch *Ebert*, Kühl-FS, S. 137.

32 S/S-*Eisele*, Vorbem. §§ 13 ff Rn 105 f; *B. Heinrich*, AT, Rn 528; *Krey/Esser*, AT, Rn 265; ausf. Baumann/Weber/Mitsch/Eisele-*Eisele*, AT, § 16 Rn 16.

33 Vert. *Streng*, Beulke-FS, S. 320, 325.

34 Näher S/S/W-StGB-*Eschelbach*, § 46 Rn 107 ff; *Schäfer/Sander/van Gemmeren*, Praxis der Strafzumessung, 5. Aufl. 2012, Rn 646 ff; S/S-*Kinzig*, § 46 Rn 29 ff; vert. *von Heintschel-Heinegg*, StrengFS, S. 229 ff; zum Nachtatverhalten s. nur *Torka*, Nachtatverhalten und Nemo tenetur, 2000.

Schuldhaftes Handeln ist nur im Rahmen des konkret-individuellen Könnens möglich, setzt also die subjektive Vermeidbarkeit der Rechtspflichtverletzung voraus. Vorwerfbar ist nur das, wofür der Täter willentlich etwas kann, nicht dagegen das, was er von Natur aus ist[35].

6. Maßstab des Schuldvorwurfs

Maßgeblicher Inhalt des Schuldvorwurfs ist die Entscheidung des Täters gegen die 640 sozialethischen Wertvorstellungen der Rechtsordnung. Durch den Verstoß gegen das gesetzte – positive – Recht iSd Art. 20 III GG lädt der Täter somit **„Rechtsschuld"** auf sich. Eine allein gegen moralische oder sittliche Vorstellung der Gesellschaft verstoßende Tat (**„sittliche Schuld"**) begründet damit keinen Schuldvorwurf im strafrechtlichen Sinne. Rechtsnormen und Normen der Sittlichkeit stimmen zwar weitgehend überein, doch sind Erstere auch dann rechtlich bindend, wenn der Einzelne sie nicht als sittlich verpflichtend anerkennt. Der Strafrichter, der seine rechtsprechende Gewalt vom Volk ableitet (Art. 20 II GG), hat als Repräsentant der pluralistischen Gesellschaft die Schuld des Täters nach rechtlichen Maßstäben zu messen und nicht darüber zu befinden, ob und inwieweit daneben auch ein moralisch-sittlicher Schuldvorwurf begründet sein könnte[36]. Im Ausspruch der Kriminalstrafe ist daher nichts anderes zu sehen als die namens der Rechtsgemeinschaft erklärte Missbilligung des schuldhaften Verhaltens in der Form eines „rechtlichen" Tadels.

II. Die Schuldfähigkeit

1. Schuldunfähigkeit

Als positives Schuldmerkmal setzt ein schuldhaftes Handeln voraus, dass der Täter 641 im Zeitpunkt der Tatbegehung schuldfähig ist. Beim erwachsenen Täter wird das Vorhandensein der Schuldfähigkeit vermutet, solange nicht Anhaltspunkte für das Gegenteil vorliegen[37]. Dies ergibt sich *e contrario* aus den Regelungen der §§ 19, 20, 21 in denen positiv-rechtlich die **Schuldunfähigkeit** bzw die verminderte Schuldfähigkeit normiert sind. Schuldunfähig sind hiernach Kinder bis zum vollendeten 14. Lebensjahr (§ 19)[38] sowie Personen, die aus den in § 20 genannten Gründen unfähig sind, das Unrecht der Tat einzusehen oder nach dieser Einsicht zu handeln (Fehlen der Einsichts- oder Steuerungsfähigkeit).

Schuldunfähige bleiben grundsätzlich straflos. Möglich ist allerdings die Unterbringung in einem psychiatrischen Krankenhaus oder in einer Entziehungsanstalt (§§ 63, 64 StGB, § 7 JGG). Hat sich der Täter im Zustand der Schuldfähigkeit fahrlässig oder vorsätzlich in den Alkoholrausch versetzt und begeht er sodann im Zustand der (zu-

---

35 *Welzel*, Lb, S. 139; anders *Herzberg*, Willensunfreiheit und Schuldvorwurf, 2010, S. 45 ff; *ders.*, Achenbach-FS, S. 157, 184 ff.

36 Zur Frage abweichender Wertvorstellungen einer kulturellen Minderheit siehe statt aller *Greco*, ZIS 14, 309; *Krais*, Blutrache und Strafrecht: Einfluss des Blutrachemotivs auf Unrecht, Schuld und Strafzumessung, 2009; *Renzikowski*, NJW 14, 2539.

37 RGSt 21, 131; krit. *Schroth*, Roxin II-FS, S. 705, 719 ff.

38 Ausf. *Mitsch*, Jura 17, 792, 793 f.

mindest nicht auszuschließenden) Schuld*un*fähigkeit eine rechtswidrige Tat, ist jedoch eine Bestrafung nach § 323a (Vollrausch) und den Grundsätzen der *actio libera in causa* möglich (s. Rn 654 ff)[39].

642 Nach dem **Koinzidenzprinzip** müssen für eine Straftat zum Tatzeitpunkt zugleich Tatbestandsmäßigkeit, Rechtswidrigkeit und Schuld vorliegen (vgl Rn 319 ff). So wie auf Vorsatzebene weder ein *dolus antecedens* noch ein *dolus subsequens* ausreicht (s. Rn 320 f), muss die Schuldfähigkeit im Zeitpunkt der Begehung der Tat vorliegen, also zu der Zeit, zu welcher der Täter gehandelt hat oder im Falle des Unterlassens hätte handeln müssen (s. § 8 S. 1). Falls ein Umstand im Raum steht, der zum Ausschluss der Schuldfähigkeit führt, muss dieser somit durchgehend während der gesamten Tatbegehung vorliegen[40].

643 Agiert der Täter demgegenüber nach Eintritt in das Versuchsstadium schuldhaft und tritt der Zustand der Schuldunfähigkeit erst danach ein (**sukzessive Schuldunfähigkeit**)[41], so bleibt der Täter wegen einer vollendeten Tat strafbar, wenn der Tatablauf im Wesentlichen der Vorstellung entspricht, die sich der Täter bereits im schuldfähigen Zustand gemacht hat (unwesentliche Abweichung vom vorgestellten Kausalverlauf, s. Rn 385).

Beispiel (Blutrausch-Fall[42]): A, die sich an K rächen wollte, schlug dieser mit einem Hammer in Körperverletzungsvorsatz mehrmals auf den Kopf. Aus Furcht, K werde sie anzeigen, fasste A darauf den Entschluss, die bereits schwer verletzte K zu töten. Deshalb versetzte sie ihr erneut Hammerschläge auf Kopf und Gesicht. Hierdurch geriet sie in einen Blutrausch, in dem sie, ohne die folgenden Handlungen in ihr Bewusstsein aufzunehmen, ein zufällig dastehendes Bergmannsbeil ergriff und damit auf Gesicht und Kopf der K einschlug. Durch fünf von insgesamt dreißig Schlägen mit Hammer und Beil wurde K so schwer getroffen, dass sie an diesen Verletzungen alsbald starb. Die während der Tat eintretende Schuldunfähigkeit infolge Blutrausches steht einer Bestrafung der A wegen vollendeter Tötung nicht entgegen. Der vor Schuldunfähigkeit getroffene Tatentschluss zur Tötung der K weicht jedenfalls nicht wesentlich von dem Verhalten ab, welches A im Zustand der Schuldunfähigkeit begangen hat.

644 Die Schuldunfähigkeit nach § 20 kombiniert bei der Umschreibung der Schuldunfähigkeit psychisch-biologische Faktoren und psychologisch-normative Aspekte. Dementsprechend erfolgt die Überprüfung der Schuldfähigkeit in **zwei Stufen** („Stockwerken")[43]:

a) Psychologisch-biologisches Stockwerk

645 Zunächst ist zu prüfen, ob als sog. biologisches Merkmal eine krankhafte seelische Störung (zB alkoholbedingter Vollrausch [str.], hirnorganisch bedingte Zustände, endogene Psychosen, Schizophrenie, Zyklothymie), eine tiefgreifende Bewusstseinsstörung (zB Erschöpfung, Ermüdung, hochgradiger Affekt), Schwachsinn (zB Intelli-

---

39 BGH StV 15, 214; *Fischer*, § 20 Rn 68.
40 BGH NJW 16, 728, 729; s. auch NStZ-RR 15, 275, 276; StV 19, 101.
41 S/S/W-StGB-*Kaspar*, § 20 Rn 98.
42 Nach BGHSt 7, 325; s. auch BGH NStZ 03, 535; vgl hierzu auch *Jerouschek/Kölbel*, JuS 01, 416, 417 ff und *Streng*, FS-Beulke, S. 313, 316 ff.
43 S. BGH NStZ-RR 18, 69; StV 19, 239; eingehend zur zweistufigen Prüfung bei Alkoholintoxikation *Stollenwerk*, JuS 17, 988.

genzminderung[44]) oder eine andere schwere seelische Abartigkeit (zB Pädophilie[45], eine besonders schwere Persönlichkeitsstörung/gravierende Persönlichkeitsänderung, Triebstörung, die in ihrem Schweregrad den krankhaften seelischen Störungen gleichwertig ist) vorliegt. In Anbetracht der stigmatisierenden – nicht mehr zeitgemäßen – Wirkung des Gesetzeswortlautes ist eine Anpassung an die gängige naturwissenschaftliche Terminologie längst überfällig[46].

b) Psychologisch-normatives Stockwerk

Sodann ist bei positivem Befund festzustellen, ob der Täter aufgrund des biologischen Merkmals unfähig war, das Unrecht der Tat einzusehen (fehlende Einsichtsfähigkeit) oder nach dieser Einsicht zu handeln (fehlende Steuerungsfähigkeit)[47]. **646**

c) Alkoholrausch

Von besonderer Praxis- (und Klausur-)Relevanz ist der Alkoholrausch[48]. Maßgebliches Eingangsmerkmal für die Behandlung des Alkoholrausches ist die krankhafte seelische Störung, eine Beschreibung für alle psychischen Anomalien, die nicht mehr im Rahmen eines verstehbaren Erlebniszusammenhangs liegen und somatisch-pathologisch bedingt sind[49]. **647**

Auf Grundlage der Kenntnisse der forensischen Psychiatrie hat der BGH die pauschale Nutzung von Grenzwerten zur Feststellung der Schuldfähigkeit in den letzten Jahren zunehmend relativiert. Auch wenn die einzelnen Strafsenate des BGH der Bedeutung der BAK unterschiedliche Gewichtung beimessen[50], besteht nach gegenwärtigem Stand der Rspr zumindest Einigkeit darüber, dass es keinen Rechts- bzw Erfahrungssatz gibt, wonach ab einer bestimmten Tatzeit-BAK die Schuldfähigkeit regelmäßig aufgehoben ist[51]. Allerdings sind die BAK-Werte gewichtige Beweisanzeichen. Ihnen kommt eine **erhebliche Indizwirkung** im Rahmen einer Gesamtschau zu, bei der auch all diejenigen wesentlichen objektiven und subjektiven Umstände der Tat in Betracht zu ziehen sind, die sich auf das Erscheinungsbild und das Verhalten des Täters vor, während und nach der Tat beziehen; wie bspw die Alkoholgewöh- **648**

---

44 Eine solche Feststellung bedarf allerdings grds einer Bewertung im Einzelfall, s. BGH NStZ-RR 15, 71; 17, 270; StV 19, 239.

45 BGH StV 17, 29; 17, 31; NStZ-RR 18, 39 will die Pädophilie nur im Einzelfall als „andere schwere seelische Abartigkeit" einstufen, wenn nach einer Gesamtschau der Umstände deutlich wird, dass Sexualpraktiken zu einer „eingeschliffenen Verhaltensschablone" geworden sind, die dazu führt, dass die sexuelle Befriedigung ab- und Raffinement sowie die gedankliche Einengung des Täters auf diese Praktik zunimmt; so auch BGH NStZ-RR 18, 69.

46 So auch die Forderung von *Kaspar*, AT, § 5 Rn 349; aus forensischer Sicht *Nedopil*, FPPK 15, 171 ff. Zur Schuldfähigkeit des Suizidenten s. S/S-*Eser/Sternberg-Lieben*, Vorbem. § 211 Rn 34; *Fahl*, JA 16, 401, 405 f; *Witteck*, JA 09, 292, 298.

47 Vgl BGH NStZ 13, 53 und 519; NStZ-RR 15, 137; NStZ-RR 15, 273; NStZ-RR 17, 165; Kurzüberblick bei *Keiser*, Jura 01, 376; vert. *Boetticher/Nedopil/Bosinski/Saß*, NStZ 05, 57; S/S/W-StGB-*Kaspar*, § 20 Rn 1; *Nedopil/Müller*, Forensische Psychiatrie, 4. Aufl. 2012; S/S-*Perron/Weißer*, § 20 Rn 1 f; *Rasch/Konrad*, Forensische Psychiatrie, 2013, S. 224 ff; Matt/Renzikowski-*Safferling*, § 20 Rn 12 ff; *Schreiber/Rosenau*, in: Venzlaff/Foerster, S. 90 ff; MK-StGB-*Streng*, § 20 Rn 48 ff.

48 Zum Ganzen ausf. s. *Satzger*, Jura 13, 345, 347 ff.

49 *Fischer*, § 20 Rn 8; S/S/W-StGB-*Kaspar*, § 20 Rn 28 ff mwN.

50 Dazu ausf. NK-*Schild*, § 20 Rn 71 ff.

51 BGH NStZ-RR 03, 71; NStZ-RR 04, 204; NStZ 05, 329.

nung, die körperliche und seelische Befindlichkeit des Täters und die Art des Delikts[52]. Diese sog. psychodiagnostischen Beweiszeichen können Aufschluss darüber geben, ob die Einsichtsfähigkeit und das Hemmungsvermögen trotz der erheblichen alkoholischen Beeinflussung vorhanden waren[53].

649 Der BAK kommt umso geringere Bedeutung zu, je mehr sonstige aussagekräftige psychodiagnostische Beweiszeichen zur Verfügung stehen.[54] BAK-Werte ab 3,0 ‰ veranlassen regelmäßig zur Prüfung des § 20. Bei alkoholungewöhnten Tätern wird zwar idR von Schuldunfähigkeit auszugehen sein, jedoch kann die Schuldfähigkeit, wenngleich auch eingeschränkt, erhalten oder aber bereits bei einem geringeren Wert ausgeschlossen sein[55]. Insbes. bei alkoholgewöhnten Tätern ist das indizielle Gewicht der BAK-Werte geringer als bei Gelegenheitstrinkern[56]; selbiges gilt für das Fehlen von Ausfallerscheinungen[57]. Außerdem können äußeres Leistungsverhalten und innere Steuerungsfähigkeit bei hoher Alkoholgewöhnung durchaus auseinanderfallen, was dazu führt, dass auch ein Täter, der „weder getorkelt noch (…) gelallt oder Denkstörungen" aufgewiesen hat, u. U. schuldunfähig sein kann[58]. Je größer das Unrecht der Tat ist, desto höhere Anforderungen sind an die Prüfung der Einsichtsfähigkeit zu stellen, weswegen die Rspr die Beweisanforderungen hinsichtlich der Schuldfähigkeit bei Tötungsdelikten höher ansetzt, sodass idR erst eine BAK von 3,3 ‰ ein Indiz für eine Schuldunfähigkeit begründet[59].

Wo es auf die **Höhe des Blutalkoholgehalts** zur Tatzeit ankommt, ist zu berücksichtigen, dass der entsprechende Wert sich idR bis zur Entnahme der Blutprobe (falls diese erfolgt ist) verändert hat, weil er entweder aufgrund der fortschreitenden Resorption weiter angestiegen oder weil er infolge des bereits stattfindenden Alkoholabbaus geringer geworden ist. In diesen Fällen muss das Gericht vom Entnahmewert auf den Tatzeitwert zurückrechnen. Fällt die **Rückrechnung** in die Zeit der **Abbauphase** und lässt der individuelle Abbauwert sich nicht feststellen, sind im Zweifel zugunsten des Angeklagten diejenigen Werte zugrunde zu legen, die für ihn bei der Beurteilung seiner strafrechtlichen Verantwortlichkeit am vorteilhaftesten sind. Wenn die Schuldfähigkeit in Frage steht, ist ein möglichst hoher Grad der Alkoholisierung im Tatzeitpunkt am günstigsten. Geht es hingegen zB um die (strafbegründende) BAK bei der Trunkenheitsfahrt (§ 316), ist ein möglichst niedriger Alkoholisierungsgrad für den Täter am besten. Der niedrigste mögliche Abbauwert wird von der Rspr mit 0,1 ‰ je Stunde angenommen. Der höchstmögliche und somit bei der Bestimmung der Schuld(un)fähigkeit zu veranlagende Abbauwert beträgt 0,2 ‰ je Stunde zuzüglich eines einmaligen Sicherheitsabschlags von 0,2 ‰. Bei einem längeren Rückrechnungszeitraum ist der errechnete Höchstwert mit den sonstigen Indizien, die Aufschluss über die Schuldfähigkeit geben können, in eine **Gesamtwürdigung** einzubeziehen[60].

---

52 BGH NStZ 05, 329; NStZ-RR 13, 272; NStZ-RR 15, 367, 368; NStZ-RR 16, 103; *Maatz/Wahl*, BGH-Prax-FS, S. 531; krit. *Fahl*, Jahrbuch Verkehrsrecht 1999, S. 197.
53 S. dazu die umfassende Rechtsprechungsübersicht des BGH bei *Theune*, NStZ-RR 03, 193, 194 ff und *Pfister*, NStZ-RR 12, 161, 162 ff; S/S-*Perron/Weißer*, § 20 Rn 16c ff.
54 BGH NJW 12, 2672 m. zust. Anm. *Satzger*, JK 4/13, StGB § 21/3 und *ders.*, JK 4/14, StGB § 21/4.
55 Vgl BayObLG NJW 74, 1432; OLG Düsseldorf NJW 66, 1175.
56 BGH NStZ 97, 591; NStZ-RR 99, 359.
57 BGH NStZ 15, 634; NStZ 16, 634.
58 BGH NStZ 07, 696; NStZ-RR 15, 367; 18, 136; 18, 367.
59 BGHSt 37, 235; BGH NStZ-RR 00, 265; LK-*Schöch*, § 20 Rn 100; zur Hemmschwellentheorie des BGH s. Rn 345 f.
60 Näher BGHSt 37, 231; BGH NStZ 98, 457; NStZ 02, 532; *Burmann ua*, Straßenverkehrsrecht, 23. Aufl. 2014, § 316 StGB Rn 14 ff; *Freyschmidt/Krumm*, Verteidigung in Straßenverkehrssachen, 10. Aufl. 2013, Rn 196 ff; *Hentschel/König/Dauer*, Straßenverkehrsrecht, 43. Aufl. 2015, § 316 StGB Rn 88 ff; LK-*König*, § 316 Rn 17 ff; *Satzger*, Jura 13, 345; LK-*Schöch*, § 20 Rn 109.

Im **Fall 13a** war W, als er den Caipirinha mit dem Nervengift vermischte und E anschließend zum Trinken anbot, völlig betrunken. Die Blutentnahme nach der Tat hat ergeben, dass er zum Tatzeitpunkt eine BAK von 3,5 ‰ aufwies. Das Indiz für eine Schuldunfähigkeit des W wird dadurch erhärtet, dass er sich nur noch schwankend auf den Beinen halten konnte und zudem nicht alkoholgewöhnt war. Nach einer gebotenen Gesamtwürdigung aller tatbegleitenden Umstände ist somit von einer Schuldunfähigkeit gem. § 20 auszugehen. Natürlich macht sich W – da er sich vorsätzlich durch alkoholische Getränke in einen Rausch versetzt hat – wegen Vollrauschs gem. § 323a strafbar. Für eine Strafbarkeit hinsichtlich § 323a kommt es nämlich auf den schuldfähigen Zustand zum Zeitpunkt des Sichbetrinkens an. **650**

d) Drogenkonsum

Bei der Frage der Schuldfähigkeit nach Drogenkonsum ist es notwendig, zu differenzieren. **Bloße Drogenabhängigkeit** kann als „andere seelische Abartigkeit" zählen, soweit sie wegen körperlicher Abhängigkeit nicht zu den „krankhaften seelischen Störungen" zu rechnen ist. Allerdings wird durch sie die Steuerungsfähigkeit als solche nicht beeinflusst[61]. Wenn eine durch langjährigen **Betäubungsmittelmissbrauch** verursachte schwerwiegende Persönlichkeitsveränderung vorliegt, kann dies als „krankhafte seelische Störung" die Schuldfähigkeit ausschließen[62]. Außerdem können Drogen zur Schuldunfähigkeit führen, wenn der Täter unter schweren **Entzugserscheinungen** leidet und durch sie oder die Angst vor ihnen dazu getrieben wird, sich durch eine Straftat Drogen zu verschaffen[63]. Beim Vorliegen eines **akuten Drogenrauschs** ist die Bestimmung der Schuldfähigkeit ungemein schwieriger, da im Unterschied zur BAK beim Drogenkonsum von vornherein keine verlässlichen wissenschaftlich validierten Werte bestehen, die als Indiz für die Schuldunfähigkeit dienen können. Für die Bestimmung der Schuldunfähigkeit bedarf es bestimmter Umstände, die zuverlässige Rückschlüsse auf einen akuten Rausch zulassen[64]. Dabei muss beachtet werden, dass nicht jede Droge die gleichen Rauschfolgen hat. Bei der Beurteilung kommt es also auf stoff-spezifische Indizien an[65]. **651**

2. Verminderte Schuldfähigkeit

Vermindert schuldfähig sind Personen, deren Einsichts- oder Steuerungsfähigkeit bei Begehung der Tat aus einem der in § 20 genannten Gründen erheblich vermindert ist. Über die Frage, ob die Beeinträchtigung erheblich ist, hat das Gericht zu befinden[66]. § 21 ist ebenso wie § 20 durch eine zweistufige Struktur geprägt[67]. Die verminderte Schuldfähigkeit bildet einen fakultativen Strafmilderungsgrund und wirkt sich somit nur auf strafzumessungsrechtlicher Ebene aus. In der gutachterlichen Fallprüfung werden daher idR keine vertieften Ausführungen hierzu verlangt[68]. **652**

---

61 S/S/W-StGB-*Kaspar*, § 20 Rn 47.
62 Zu § 21 s. BGH StV 88, 198; dies auf § 20 übertragend S/S/W-StGB-*Kaspar*, § 20 Rn 47.
63 BGH NStZ 13, 53 und 519; *Franke/Wienroeder*, Betäubungsmittelgesetz, 3. Aufl. 2008, Vorbem. §§ 29 ff Rn 17.
64 Vgl nur BGH NStZ 01, 83.
65 *Fischer*, § 20 Rn 26a, s. auch BGH StV 13, 693 m. zust. Anm. *Satzger*, JK 4/14, StGB § 21/4.
66 BGH wistra 16, 357; NStZ-RR 17, 37; StV 19, 275.
67 S/S/W-StGB-*Kaspar*, § 21 Rn 4.
68 *Hoffmann-Holland*, AT, Rn 366; *Kaspar*, AT, § 5 Rn 353.

Parallel zur Problematik bei § 20 (s. Rn 648 f) gibt es auch bei § 21 keinen gesicherten Erfahrungssatz, dass bei einer BAK von 2 ‰ – bei Tötungsdelikten 2,2 ‰[69] – an aufwärts zumindest von einer verminderten Steuerungsfähigkeit auszugehen ist, vielmehr kommt es auch hier auf die Gesamtwürdigung aller äußeren und inneren Aspekte an[70]. Die festgestellte BAK kann zwar nach wie vor ein gewichtiges Beweisanzeichen im Rahmen dieser Gesamtwürdigung sein; ihr kommt jedoch umso geringere Bedeutung zu, je mehr sonstige aussagekräftige psychodiagnostische Beweisanzeichen zur Verfügung stehen[71].

Hinsichtlich des **Drogenkonsums** gilt das bereits bei § 20 Gesagte mit der Einschränkung, dass hier freilich nur eine verminderte Einsichts- oder Steuerungsfähigkeit verlangt wird (s. Rn 651).

3. Bedingte Schuldfähigkeit

653 **Bedingt schuldfähig** sind Jugendliche, sprich Personen die zur Zeit der Tat 14, aber noch nicht 18 Jahre alt sind (§§ 3 iVm § 1 II JGG). Hiernach ist der betroffene Jugendliche nur dann strafrechtlich verantwortlich, wenn er zur Zeit der Tat nach seiner sittlichen und geistigen Entwicklung reif genug ist, das Unrecht der Tat einzusehen und nach dieser Einsicht zu handeln. Dies muss stets sorgfältig geprüft und im Urteil positiv festgestellt werden[72]. Ebenso wie bei § 20 wird für § 3 JGG an die Einsichtsfähigkeit einerseits und die Steuerungsfähigkeit andererseits angeknüpft.

4. Herbeiführung der Schuldunfähigkeit in vorwerfbarer Weise: Die *actio libera in causa*

654 Im **Fall 13a** war W in dem Moment, als er der E das Giftgemisch überreichte, schuldunfähig. Eine Bestrafung gem. § 226 I Nr 3, II ist demnach grds nicht möglich. Das Gesetz sieht allerdings für derartige Konstellationen, in welchen der Täter im fahrlässig oder vorsätzlich herbeigeführten Rauschzustand eine rechtswidrige Tat begangen hat, eine Bestrafung nach § 323a I wegen „Vollrauschs" vor. Angesichts der Begrenzung der Höchststrafe auf fünf Jahre Freiheitsstrafe besteht nach überwiegender Auffassung in Fällen wie dem hiesigen, in denen sich der Täter vorsätzlich in einen schuldunfähigen Zustand versetzt, um einer Bestrafung (hier wegen § 226 I Nr 3, II; Freiheitsstrafe nicht unter drei Jahren, aber bis maximal 15 Jahre Freiheitsstrafe, vgl § 38 II) zu entgehen, Korrekturbedarf.

655 Trotz Schuldunfähigkeit des Täters im Zeitpunkt der Tatbestandsverwirklichung wird nach weit verbreiteter Ansicht eine Bestrafung nach den Grundsätzen der *actio libera in causa* (*alic*, lat. für: eine in der Ursache freie Handlung) für möglich erachtet. Diese soll greifen, wenn es sich um einen selbstverschuldeten Defekt handelt (Volltrunkenheit, Drogenrausch usw) und der Täter die Ursachenreihe zu einer bestimmten Straftat, mit deren Ausführung er erst nach dem Verlust seiner Schuldfähigkeit be-

---

69 Ständige Rspr, s. nur BGH NStZ 15, 634.
70 BGHSt 43, 66, 75; BGH NStZ 12, 262; NStZ-RR 15, 8; StV 19, 277.
71 BGHSt 57, 247 m. Bespr. *Fahl*, JZ 13, 314; *Kudlich*, JA 12, 871 und *Schiemann*, NJW 12, 2675; zur selbstverschuldeten Trunkenheit s. BGH NStZ 16, 203.
72 So schon RGSt 58, 128; s. dazu ausf. *Schaffstein/Beulke/Swoboda*, Jugendstrafrecht, 2014, § 7.

ginnt, noch im Zustand der strafrechtlichen Verantwortlichkeit vorsätzlich oder fahrlässig in Gang gesetzt hat.

Zur **dogmatischen Begründung** der *alic* existieren im Wesentlichen zwei Lösungsansätze, das Ausnahmemodell und das Tatbestandsmodell:

a) Das Ausnahmemodell

Nach diesem Modell[73] wird allein der **Schuldvorwurf** auf ein Verhalten **vorverlagert**, mit dem sich der Täter – noch schuldfähig – in einen Defektzustand versetzt (sog. *actio praecedens*) und sodann – im so hervorgerufenen Zustand der (zeitweiligen) Schuldunfähigkeit – die eigentliche Tathandlung (sog. *actio subsequens*) begeht. Unrecht und Schuldvorwurf fallen insoweit zeitlich auseinander und werden – wie sich aus unten stehender Grafik ergibt – entgegen dem Koinzidenzprinzip des § 20 StGB „zusammengesetzt"; dem Täter wird auf diese Weise die Rechtsgutsverletzung ungeachtet seines Rauschzustands im Zeitpunkt der Tathandlung vorgeworfen.

656

Begründet wird die Zulässigkeit dieses Vorgehens damit, dass es rechtsmissbräuchlich sei, dem Täter zu erlauben, sich auf seine Schuldunfähigkeit im Zeitpunkt der *actio subsequens* zu berufen, da er sich gerade im Hinblick auf die Rechtsgutsverletzung seiner Steuerungsfähigkeit beraubt habe. Die *alic* sei gewohnheits- und richterrechtlich anerkannt; dies sei auch dem Gesetzgeber bekannt gewesen, als er § 20 in der heutigen Form formuliert habe. § 20 müsse daher so verstanden werden, dass der Täter unter den dort genannten Voraussetzungen „ohne Schuld" handelt, sofern ihm die Tat nicht nach den Regeln der *alic* vorzuwerfen sei.

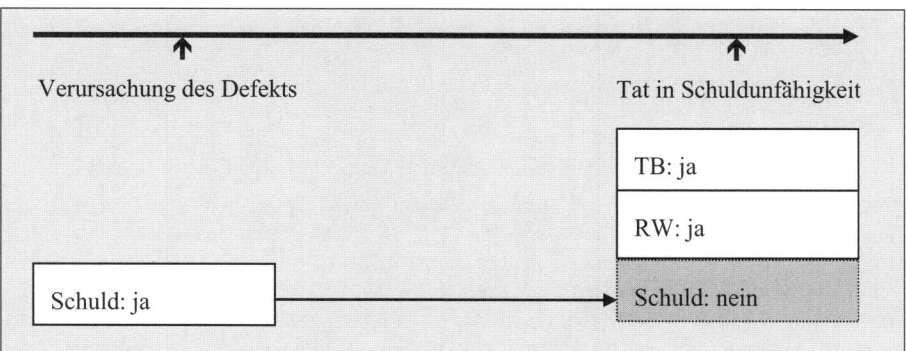

Im **Fall 13a** hätte sich W somit gem. § 226 I Nr 3, II strafbar gemacht, indem er der E den vergifteten Caipirinha gab. Dass er in diesem Moment schuldunfähig war, ist nach dem Ausnahmemodell irrelevant, da insoweit für den Schuldvorwurf auf den Zeitpunkt abgestellt wird, in dem sich W in den Rauschzustand versetzt hat; die Berauschung erfolgte aber in schuldfähigem Zustand.

657

---

73 Dazu *Hruschka*, Gössel-FS, S. 145; *Jerouschek*, Hirsch-FS, S. 241; *Jescheck/Weigend*, AT, § 40 VI 1; *Krey/Esser*, AT, Rn 710; *Kühl*, AT, § 11 Rn 8 ff; *Otto*, Grundkurs AT, § 13 Rn 15 ff; S/S-*Perron/ Weißer*, § 20 Rn 35a f; LK-*Schöch*, § 20 Rn 194 ff; dem nahestehend noch die 45. Aufl. Rn 634.

658 Mag man dieser Ansicht zwar zugestehen, dass die Fälle der *alic* idR ein Element des Rechtsmissbrauchs enthalten und das Ausnahmemodell insoweit eine als „gerecht" empfundene Lösung bieten könnte, so sind die dogmatischen Hindernisse – zumindest *de lege lata*[74] – kaum überwindbar. Der heutige Wortlaut des § 20 verlangt eine Koinzidenz von Schuld und Unrecht und erlaubt eine Vorverlagerung des Schuldvorwurfs nach Art des Ausnahmemodells nicht. Die Heranziehung von Gewohnheitsrecht jenseits des Wortlauts des § 20 widerspricht dem Gesetzlichkeitsprinzip. Dieses schließt die Strafbegründung durch Gewohnheitsrecht kategorisch aus. Der Geltung von Art. 103 II GG darf auch nicht entgegengehalten werden, dass § 20 eine Vorschrift aus dem Allgemeinen Teil darstellt (dazu Rn 82); allenfalls lässt sich bei AT-Vorschriften ein höherer Abstraktionsgrad (und daher eine geringere Bestimmtheit) rechtfertigen. Eine Ausnahme vom Verbot strafbegründenden und -verschärfenden Gewohnheitsrechts kann jedoch nicht anerkannt werden[75]. Richtiger Ansicht nach **verstößt das Ausnahmemodell daher gegen Art. 103 II GG**[76].

b) Die Tatbestandsmodelle

659 Anders gestaltet sich die Lösung nach den Tatbestandsmodellen. Hiernach ist die Rechtsfigur der *alic* keine Ausnahme von dem in § 20 verankerten Koinzidenzprinzip. Vielmehr soll schon das **Herbeiführen des Defektzustandes** – also die *actio praecedens* – Teil der **„Begehung der Tat" iSv § 20** sein, die dann das Gesamtgeschehen von Defektherbeiführung bis Tatverwirklichung im schuldunfähigen Zustand erfasst. Innerhalb dieses Lösungsansatzes existieren wiederum verschiedene Argumentationsstränge, wobei jedoch, anders als beim Ausnahmemodell, stets darauf geachtet wird, das Koinzidenzprinzip des § 20 zu respektieren:

660 – Nach einer Ansicht gehört die *actio praecedens* bereits tatbestandlich zur „Begehung der Tat" iSv § 20. Das Berauschen ist danach das erste Glied der zur Tatbestandsverwirklichung führenden Kausalkette. Der Unrechtstatbestand und der Schuldvorwurf knüpfen daher gleichermaßen schon am Herbeiführen des Defektzustandes an (sog. **Vorverlagerungstheorie**)[77].

Bei einem Erfolgsdelikt wie dem Totschlag bedeutet dies konsequenterweise, dass der Täter durch das Sich-Berauschen einen Menschen tötet. Dies ist auf den ersten Blick sprachlich „schief", bei genauerer Betrachtung jedoch nicht anders als bei Fahrlässigkeitsdelikten, bei denen der Täter durch einen ggf weit im Vorfeld liegenden Sorgfaltspflichtverstoß (zB Fehlplanung bei der Erstellung einer Halle) einen Menschen töten kann (im Beispiel: wenn die Halle aufgrund des Planungsfehlers zusammenbricht und einen Menschen unter sich begräbt). Wichtig ist nur, dass der Zurechnungszusammenhang besteht (s. dazu auch Rn 674).

661 – Ähnlich argumentieren diejenigen, die davon ausgehen, dass das in den Tatbeständen direkt umschriebene Verhalten nicht nur den gesamten materiellen Un-

---

74 Weitgehende Einigkeit herrscht, dass eine gesetzliche Regelung der *alic* schon aus Klarstellungsgründen wünschenswert wäre, s. nur *Streng*, JZ 00, 20, 26; s. auch die 45. Aufl. Rn 416.

75 So auch *Jakobs*, AT, 94/9; LK-*Dannecker*, § 1 Rn 82 ff; *ders.*, Otto-FS, S. 30 ff; MK-StGB-*Schmitz*, § 1 Rn 1; *Murmann*, Grundkurs, § 26 Rn 29; S/S/W-StGB-*Satzger*, § 1 Rn 12.

76 So die heute wohl überwiegende Meinung, s. BGHSt 42, 235, 241; *B. Heinrich*, AT, Rn 606; *ders./Wissmann*, Ad Legendum 16, 146, 150; S/S/W-StGB-*Kaspar*, § 20 Rn 103; *Rönnau*, JA 97, 707; *Satzger*, Jura 06, 513, 515; *Swoboda*, Jura 07, 224, 227.

77 BGHSt 17, 259; 17, 333; BGH NStZ 97, 230; *Hoyer*, GA 2008, 711; dazu auch *Artkämper ua*, Teil 6, Rn 21; *Fischer*, § 20 Rn 52; *Freund*, GA 2014, 137.

rechtsgehalt erfasse, sondern auch jedes vorhergehende Tun oder Unterlassen – wie hier die *actio praecedens* –, das den Achtungsanspruch des geschützten Rechtsgutes verletze (sog. **Unrechtstheorie**)[78].

– Nach einer anderen Unteransicht wird vertreten, dass die *actio praecedens* zwar nicht bereits Teil des „Unrechtstatbestands" der Rauschtat sei; sie müsse aber – weil der Täter bereits in einem frühen Stadium pflichtwidrig das Risiko für die spätere Ausführung der Tat gesetzt habe – zum „Schuldtatbestand" gezählt werden, welchen der Begriff der „Begehung der Tat" iSv § 20 erfasse. Demnach beziehe die „Tatbegehung" iSd § 20 auch schuldrelevantes Vorverhalten mit ein (sog. **Ausdehnungsmodell**)[79]. **662**

– Hilfreich ist schließlich der – teilweise nur ergänzend herangezogene – Verweis auf die **Parallelität zwischen der *alic*** und **der mittelbaren Täterschaft**. Die *alic* sei quasi ein Sonderfall der mittelbaren Täterschaft. Indem der Täter die Tat im selbstverursachten schuldunfähigen Zustand begehe, nutze er sich selbst als schuldlos handelndes Werkzeug, um die Tat auszuführen[80]. Auch wenn es sich hier nicht im strengen Sinn um eine mittelbare Täterschaft handelt – § 25 I Alt. 2 verlangt die Tatbegehung durch einen „anderen" –, so kann der hinter dieser Täterschaftsform stehende Rechtsgedanke zur Klärung dogmatischer Probleme der *alic* (v. a. Versuchsbeginn, Irrtum, Anwendung auf verhaltensgebundene Delikte) durchaus herangezogen werden[81]. **663**

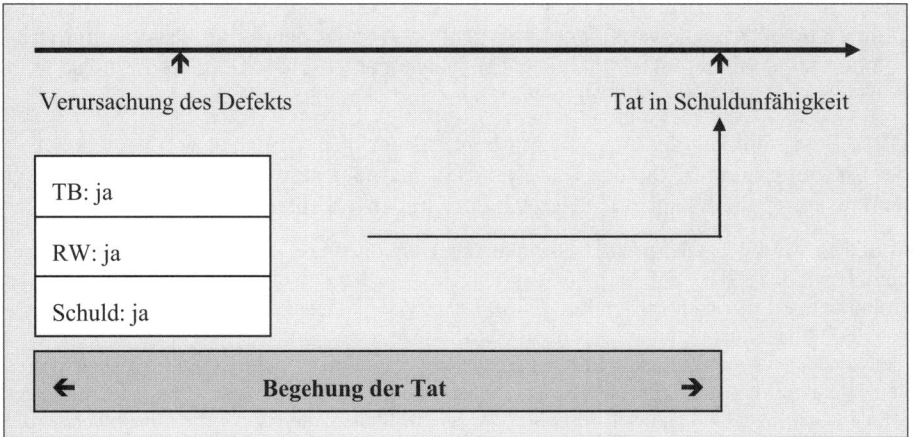

---

78 *Schmidhäuser*, Die actio libera in causa: ein symptomatisches Problem der deutschen Strafrechtswissenschaft, 1992, S. 27 ff; ähnl. *Freund*, GA 2014, 137.

79 Matt/Renzikowski-*Safferling*, § 20 Rn 79; MK-StGB-*Streng*, § 20 Rn 128; *ders.*, JZ 00, 20; *ders.*, JuS 01, 540; ähnl. *Frister*, AT, 18. Kap., Rn 18; *Herzberg*, Spendel-FS, S. 203, 207.

80 *Dold*, GA 2008, 427; *Hirsch*, Geppert-FS, S. 233; *Jakobs*, AT, 17/64; *Puppe*, AT, § 16 Rn 8; *Rengier*, AT, § 25 Rn 15; *Roxin*, AT I, § 20 Rn 58 ff; *Satzger*, Jura 06, 513, 515 f; *Schild*, Triffterer-FS, S. 206; *Schünemann*, Lampe-FS, S. 537, 554 ff; krit. S/S/W-StGB-*Kaspar*, § 20 Rn 104; *Mitsch*, Küper-FS, S. 347; NK-*Paeffgen*, Vorbem. § 323a Rn 7; *ders.*, ZStW 97 [1985], 513, 518 f.

81 Wegen der bloßen Heranziehung des Rechtsgedankens liegt deshalb kein Verstoß gegen das Analogieverbot vor, s. dazu überzeugend *Jäger*, AT, Rn 177.

664 Im **Fall 13a** hätte sich W somit gem. § 226 I Nr 3, II strafbar gemacht, indem er sich – mit dem Vorsatz, die E im Rauschzustand zu vergiften – betrank. Im Gegensatz zum Ausnahmemodell wird bei den Tatbestandsmodellen auf eine Handlung abgestellt, in der W noch schuldfähig war. Indem sowohl für den Unrechtstatbestand wie auch für die individuelle Vorwerfbarkeit (mit unterschiedlichen Begründungen) auf „das Betrinken" abgestellt wird, wahren die Tatbestandsmodelle das Koinzidenzprinzip des § 20.

665 Der **Vorteil der Tatbestandslösung** ist nicht nur, dass sie (im Gegensatz zum Ausnahmemodell) mit dem in § 20 verankerten Koinzidenzprinzip vereinbar ist, sondern auch, dass sie – besonders bei schwerwiegenden Delikten – nicht auf den unzureichenden Strafrahmen des § 323a I beschränkt ist. Die innerhalb der Tatbestandsmodelle diskutierten Schwierigkeiten betreffen v. a. den Beginn der Versuchsstrafbarkeit und die Behandlung einer Personenverwechslung im Zustand der Schuldunfähigkeit. Insbes. hier erweist sich die Heranziehung des Rechtsgedankens der mittelbaren Täterschaft als hilfreich, um jeweils eine tragfähige Lösung zu begründen (s. Rn 673 u. 672). Diese Parallele zeigt jedoch auch die **Grenzen der Tatbestandslösung** auf: Wo eine mittelbare Täterschaft nicht möglich ist, muss auch der Rückgriff auf die *alic* unterbleiben. Dies betrifft die eigenhändigen wie auch die verhaltensgebundenen Delikte. Anders als bei reinen Erfolgsdelikten genügt es hier nicht, dass der tatbestandlich vorausgesetzte Erfolg – durch wen auch immer – zurechenbar verursacht wird. Diese Tatbestände stellen zudem Anforderungen an das tatbestandliche Verhalten (verhaltensgebundene Delikte, zB § 315c: Versetzen in den Rauschzustand kann nicht als „Führen eines Kfz" gewertet werden; vgl Rn 666) oder den in der Tatsituation Handelnden (eigenhändige Delikte, zB § 153: Zeugeneigenschaft bei Gericht, diese fehlt noch, wenn der Täter sich in den Rauschzustand versetzt).

Diese Beschränkung des Anwendungsbereichs der *alic* wird auch von weiten Teilen der Lit. befürwortet[82], die der Tatbestandslösung nahe stehende Rspr des BGH folgt dem bislang jedenfalls für den Bereich der Straßenverkehrsdelikte.

666 In BGHSt 42, 235 hat der 4. Strafsenat den Standpunkt vertreten, auf eine Straßenverkehrsgefährdung iSd §§ 315c, 316 und auf das Fahren ohne Fahrerlaubnis (§ 21 StVG) seien die Grundsätze der *alic* nicht anwendbar. Diese Tatbestände könnten nicht als Verursachung eines von der Tathandlung trennbaren Erfolges begriffen werden. „Führen" eines Fahrzeugs sei nicht gleichbedeutend mit Verursachen einer Bewegung; es beginne vielmehr erst mit dem Bewegungsvorgang des Anfahrens selbst. Der 3. Strafsenat[83] bekräftigte aber, dass er jenseits der Straßenverkehrsdelikte an der Rechtsfigur der *alic* festhalte. Auch der 2. Strafsenat wendet die *alic* weiterhin an[84]. Welchen Weg der BGH in Zukunft gehen wird, bleibt abzuwarten[85].

---

82 *B. Heinrich/Wissmann*, Ad Legendum 16, 146, 149; *Rengier*, AT, § 25 Rn 18 ff; *Roxin*, AT I, § 20 Rn 61; SK-*Wolters*, § 323a Rn 30; anders etwa *Freund*, GA 2014, 137; *Hirsch*, NStZ 97, 230; so auch die Rspr BGHSt 42, 235.
83 BGH JR 97, 391.
84 BGH NStZ 99, 448; 00, 584.
85 S. dazu *Deiters*, in: Schneider/Frister (Hrsg), Alkohol und Schuldfähigkeit, 2002, S. 121; *Duttge*, S. 33; *Fahl*, JA 99, 842; *Hardtung*, NZV 97, 97; *Leupold*, Die Tathandlung der reinen Erfolgsdelikte und das Tatbestandsmodell der „actio libera in causa" im Lichte verfassungsrechtlicher Schranken, 2005; *Neumann*, StV 97, 23; *Rönnau*, JA 97, 599 und 707.

c) Die Unvereinbarkeitslehre

Eine im Vordringen begriffene Ansicht nimmt die konstruktiven Schwierigkeiten der **667** dargestellten Ansichten zum Anlass, die Rechtsfigur der *alic* gänzlich als mit geltendem Recht unvereinbar abzulehnen. Es bleibt dann nur eine Strafbarkeit nach § 323a I[86].

Diese Ansicht schöpft jedoch die dogmatischen Möglichkeiten der *lex lata* nicht aus. Ihr ist allerdings zuzugeben, dass eine gesetzgeberische Klarstellung, die sich – nach dem Vorbild anderer Rechtsordnungen – unschwer bewerkstelligen ließe, wünschenswert wäre[87].

> Im **Fall 13a** kommt die Unvereinbarkeitslehre nur zu einer Bestrafung des W wegen Vollrauschs nach § 323a I. Im Gegensatz zu § 226, der einen Strafrahmen von 3 bis 15 Jahren vorgibt, wäre das Strafmaß in diesem Fall Freiheitsstrafe bis zu fünf Jahre oder Geldstrafe.

▶ Beispielsfall auf Grundlage des Ausnahmemodells bei *Beulke*, Klausurenkurs I, Rn 409

d) Anforderungen an den Vorsatz

Eine Bestrafung wegen vorsätzlicher Tatbegehung unter Annahme einer (vorsätzli- **668** chen) *alic* ist nach hM jedoch nur bei bestehendem **„Doppelvorsatz"** möglich: Nur wenn der Täter seinen Defektzustand vorsätzlich (zumindest mit Eventualvorsatz) herbeigeführt hat und sein Vorsatz bereits zu diesem Zeitpunkt auf die Begehung einer (wenigstens ihrer Art nach) **bestimmten Straftat** gerichtet war, zu deren Verwirklichung es sodann im Zustand der Schuldunfähigkeit gekommen ist, besteht die notwendige doppelte Schuldbeziehung, die die für ein Schuldstrafrecht unverzichtbare innere Verknüpfung zwischen der *actio praecedens* und der späteren Tatbestandsverwirklichung herstellt; fehlt es daran, ist lediglich Raum für § 323a I.

Wer sich nur mit dem vorgefassten Entschluss, im Zustand des Vollrausches **irgend- 669 eine Gewalttätigkeit** zu begehen, dem Alkoholgenuss hingibt, hat keinen hinreichend bestimmten Vorsatz[88]. Begeht er hiernach einen Raub oder ein Sexualdelikt, ist nur für § 323a I Raum. Denn Tatvorsatz und Tatablauf müssen sich auch bei der *alic* in den wesentlichen Grundzügen decken. Ob das der Fall ist, ergibt sich aus einem Vergleich zwischen den Planvorstellungen des Täters und dem späteren Tatgeschehen. Die Heranziehung der *alic* setzt dabei voraus, dass sich der Täter im noch verant-

---

86 AnwK-StGB-*Conen*, § 20 Rn 104; *Hettinger*, Die „actio libera in causa", 1988, S. 436 ff; *ders.*, Schroeder-FS, S. 209; *ders.*, Rengier-FS, S. 39; *Kaspar*, Jura 07, 69; S/S/W-StGB-*ders.*, § 20 Rn 106; *ders.*, AT, Rn 441 ff; *Kindhäuser*, AT, § 23 Rn 20; *Neumann*, Zurechnung und „Vorverschulden", 1985, S. 52; NK-*Paeffgen*, Vorbem. § 323a Rn 29; *Sydow*, Die actio libera in causa nach dem Rechtsprechungswandel des BGH, 2002, S. 225; *Zenker*, Actio libera in causa, 2003, S. 121 und 198; *Zieschang*, AT, Rn 338 f; für das Unterlassungsdelikt *Baier*, GA 1999, 272; zum Ganzen *Kindhäuser*, LPK, § 20 Rn 14 ff; *Rönnau*, JuS 10, 300 und *Tofahrn*, AT I, Rn 249 mit Aufbauhinweisen; fallbezogen B. *Heinrich/Wissmann*, Ad Legendum 16, 146; *Klesczewski/Hawickhorst*, JA 13, 589, 591; *Oğlakcıoğlu*, ZJS 13, 482, 489.
87 Vgl auch *Ambos*, NJW 97, 2296; *Paeffgen*, in: Egg/Geisler (Hrsg), Alkohol, Strafrecht und Kriminalität, 2000, S. 49 ff; *Streng* ebenda, S. 69, insbes. S. 93 ff; s. zB die Regelung in Art. 19 S. 4 des Schweizerischen StGB oder Art. 31 I lit. b des Rom-Statuts des Internationalen Strafgerichtshofs.
88 Vgl BGH StV 93, 356.

wortlichen Zustand die spätere Ausführung einer Tat vorstellt, die alle Merkmale eines bestimmten gesetzlichen Straftatbestands erfüllt. Nimmt sich der Täter also etwa vor, im Zustand der Schuldunfähigkeit *irgendeine* Frau zu vergewaltigen, so ist er unter Rückgriff auf die *alic* gemäß § 177 II zu bestrafen, wenn er im Rausch irgendeine Frau vergewaltigt[89] (zum Sonderfall des Irrtums über das Tatobjekt im Rauschzustand s. Rn 670 ff).

Bei einem **Vorsatzwechsel** nach Eintritt des Defektzustandes greift § 323a I ein; das Gleiche gilt bei sonstigen Abweichungen wesentlicher Art zwischen dem ursprünglichen Tatvorsatz und der konkreten Tatgestaltung.

Beispiel: Der Gast G fühlt sich von Kellnerin K sexuell angezogen. Sollte sie seine Gefühle nicht erwidern, will er sie notfalls mit Gewalt zu sexuellen Handlungen zwingen. Um aber einer möglichen Bestrafung zu entgehen, versetzt er sich vorsätzlich in einen Vollrausch. Auf die Avancen des G nach Dienstschluss reagiert K abweisend, weshalb G zu sexueller Gewalt greift. Während des Überfalls bewirkt das Flehen der K, ihr doch nichts anzutun, einen Sinneswandel bei G. Er gibt seine sexuellen Absichten auf und entreißt der K lediglich die Handtasche, um sich ihre Tageseinnahmen zuzueignen. Hier ist G vom Versuch der Vergewaltigung strafbefreiend zurückgetreten (§ 24 I 1 Alt. 1). Das Berauben der K fällt unter § 323a I, da G den Raubvorsatz erst im Zustand der Schuldunfähigkeit gefasst hat.

e) Irrtum über das Tatobjekt

670 Umstritten ist, wie sich ein *error in persona vel obiecto* (s. Rn 371) im Rahmen der *alic* auswirkt. Es geht also um Situationen, in denen sich der Vorsatz des Täters bei Herbeiführung des Defektzustandes zwar auf eine bestimmte Tat, aber nicht auf die Person oder das Objekt bezieht, welche(s) durch die Rauschtat letztlich verletzt wird.

Beispiel (Abwandlung zu Fall 13a): Nachdem W die Flasche Doppelkorn konsumiert und das Caipirinha-Gift-Gemisch für E vorbereitet hat, kommt plötzlich deren Schwester F nach Hause. W hält diese für E und gibt ihr das Giftgemisch zu trinken, woraufhin F sofort zusammenbricht und eine dauerhafte Lähmung erleidet. Grds bezieht sich der Vorsatz des W bei Ausführung der Tathandlung (hier: Konsum des Doppelkorns) auf die Herbeiführung einer Lähmung bei E. Eine Strafbarkeit nach § 226 I Nr 3, II bzgl F kommt somit nur in Betracht, wenn die Personenverwechslung rechtlich irrelevant wäre.

671 Die **Rspr** hält – auch im Zusammenhang mit der *alic* – einen Irrtum des Täters über das Tatobjekt nach den allgemeinen Regeln (s. Rn 371 ff) – dh bei tatbestandlicher Gleichwertigkeit – für **unbeachtlich**[90]. Anders als im Regelfall des Irrtums über das Tatobjekt unterläuft dem Täter die Verwechslung jedoch hier erst nach Verlust der Schuldfähigkeit. Weite Teile der Lit. wollen daher eine *aberratio ictus* annehmen, da die den Schuldvorwurf tragende Verbindung zwischen Tatplan und Tatgestaltung beseitigt sei[91].

---

89 BGHSt 21, 381, 382 f.
90 BGHSt 21, 381, 384; s. auch MK-StGB-*Streng*, § 20 Rn 144.
91 Vgl Baumann/Weber/Mitsch/Eisele-*Eisele*, AT, § 17 Rn 46 f; S/S/W-StGB-*Kaspar*, § 20 Rn 108; *Mitsch*, Jura 89, 485, 486; S/S-*Perron/Weißer*, § 20 Rn 37; SK-*Rogall*, § 20 Rn 31; vom Ausnahmemodell aus: *B. Heinrich*, AT, Rn 610; *Kindhäuser*, LPK, § 20 Rn 32; Lackner/Kühl-*Kühl*, § 20 Rn 26; ebenso noch die 45. Aufl. Rn 638.

Die **Parallele zur mittelbaren Täterschaft** kann auch hier fruchtbar gemacht wer-   **672**
den. Auf Basis der hM, wonach ein *error in persona* des Tatmittlers sich für den Hintermann generell wie eine *aberratio ictus* auswirkt (s. Rn 863), ist es konsequent, den
Täter stets nur wegen Versuchs (bzgl des ursprünglich anvisierten Tatobjekts) und –
soweit strafbar – wegen Fahrlässigkeit (bzgl des tatsächlich verletzten Objekts) zu bestrafen[92]. Nach der hier vertretenen Ansicht ist der Irrtum des Tatmittlers jedoch immer dann als unbeachtlicher *error in persona* zu behandeln, wenn der Hintermann
dem Tatmittler die Individualisierung des Tatopfers überlassen hat (s. Rn 863). Konsequenterweise ist dann auch in den Fallgestaltungen der *alic* ein unbeachtlicher *error
in persona* anzunehmen, wenn sich der Täter vorbehalten hat, das Opfer – als sein eigener „Tatmittler" – im schuldlosen Zustand erst noch zu identifizieren[93]. In den
Konstellationen der *alic* gibt sich der (schuldfähige) Täter, gerade dann, wenn er die
Bestrafung wegen einer bestimmten Tat zu vermeiden sucht, regelmäßig einen klaren
Plan, sodass die Gestaltung eines Individualisierungsspielraums eher die Ausnahme
sein dürfte. Zumindest im Regelfall ist daher davon auszugehen, dass der Irrtum des
schuldunfähigen Täters beachtlich und als *aberratio ictus* zu behandeln ist[94].

Im **Fallbeispiel** hätte sich W nach Ansicht der Rspr angesichts der tatbestandlichen Gleichwertigkeit von E und F gem. § 226 I Nr 3, II strafbar gemacht. Die vorzugswürdige Behandlung
diese Konstellation hätte eine Strafbarkeit des W gem. § 229 (bzgl F) und §§ 226 I Nr 3, II, 22,
23 I Alt. 1 (bzgl E) zur Folge (vgl zur *aberratio ictus* Rn 375 ff).

f) Versuch und Rücktritt

Die Tatbestandsmodelle führen grds dazu, dass das Versuchsstadium in einem sehr   **673**
frühen Stadium eintritt. Denn: Ist die Tathandlung das Berauschen, so beginnt bereits
mit dem Versetzen in den schuldunfähigen Zustand der Versuch, und zwar unabhängig davon, ob das durch den Tatbestand geschützte Rechtsgut zu diesem Zeitpunkt
bereits nennenswert gefährdet ist[95]. Das Heranziehen des Rechtsgedankens der mittelbaren Täterschaft stützt und konkretisiert jedoch die Haltbarkeit dieses Ergebnisses: Denn bei § 25 I Alt. 2 beginnt die Versuchsphase in dem Zeitpunkt, in dem der
Täter das Geschehen in der Weise aus der Hand gibt, dass der Angriff auf das Opfer
nach der Tätervorstellung unmittelbar in die Tatbestandsverwirklichung einmünden
soll (s. Rn 976). Übertragen auf die *alic* bedeutet dies, dass der Versuch dann (aber
auch erst dann) beginnt, wenn der Täter sich durch die Berauschung in den Zustand
der Schuldunfähigkeit gebracht hat.

Wegen der nicht zu leugnenden Vorverlagerung ist es jedoch besonders wichtig, dass
der Täter – trotz seiner dann gegebenen Schuldunfähigkeit – mit strafbefreiender Wirkung vom Versuch **zurücktreten kann** (s. Rn 1069)[96].

---

92 S. *Roxin*, AT I, § 20 Rn 74; LK-*Schöch*, § 20 Rn 203.
93 Richtig insoweit *Kühl*, AT, § 11 Rn 23
94 Ähnl. *Rengier*, AT, § 25 Rn 23 f.
95 Krit. hierzu etwa MK-StGB-*Streng*, § 20 Rn 146.
96 So auch die Rspr, s. nur BGHSt 23, 356, 359; BGH NStZ 04, 324, 325; s. auch MK-StGB-*Streng*,
    § 20 Rn 147; S/S-*Eser/Bosch*, § 24 Rn 46; LK-*Hillenkamp*, § 24 Rn 254 ff; aA NK-*Zaczyk*, § 24
    Rn 76, der eine entsprechende Anwendung von § 23 III befürwortet.

223

g) Die (überflüssige) fahrlässige alic

674 Die vorsätzliche *actio libera in causa* erfasst nur die Fälle, in denen der Täter sich mit dem umschriebenen Doppelvorsatz bzgl Berauschung und Tatbegehung in den Defektzustand versetzt und die Tat später vorsätzlich begeht bzw zu begehen versucht[97]. Für eine „fahrlässige *alic*" verbliebe also nur Raum, wenn der Täter den maßgeblichen Defekt vorsätzlich oder fahrlässig herbeiführt und dabei in fahrlässiger Weise nicht bedenkt oder nicht damit rechnet, dass er im schuldunfähigen Zustand eine bestimmte Straftat verwirklichen werde und er im Zustand der Schuldunfähigkeit dann diese vorsätzliche oder fahrlässige Straftat begeht[98].

Im Fahrlässigkeitsbereich ist die Figur der *alic* jedoch überflüssig, da die Strafbarkeit wegen einer fahrlässigen Tat nach den allgemeinen Regeln an die u. U. weit im Vorfeld liegende Defektsherbeiführung **als sorgfaltswidriges Verhalten** anknüpft. Einer Vorverlagerung mithilfe der *alic* bedarf es deshalb bei fahrlässig begangenen Erfolgsdelikten nicht[99].

▶ Beispielsfall bei *Beulke*, Klausurenkurs I, Rn 409 und 421

III. Die speziellen Schuldmerkmale

675 Vereinzelt sind in Strafvorschriften neben Unrechtsmerkmalen auch **„spezielle"** **Schuldmerkmale** enthalten, bei deren Vorliegen die Einstellung des Täters zum Recht mehr oder weniger tadelnswert erscheint. Ihre Eigenart besteht darin, dass sie den Schuldgehalt der Tat nicht lediglich als Reflex des Unrechts bestimmen, sondern **„unmittelbar und ausschließlich"** den in der Tat zum Ausdruck kommenden **Gesinnungsunwert näher charakterisieren**[100]. Systematisch sind sie daher dem Bereich der „Schuld" zuzuordnen.

So zählen zu den reinen Schuldgesinnungsmerkmalen die **„Böswilligkeit"** bei der Verunglimpfung des Staates und seiner Symbole (§ 90a I Nr 1), der Volksverhetzung (§ 130 I Nr 2, II Nr. 1 lit. c) sowie die **„Rücksichtslosigkeit"** bei der Gefährdung des Straßenverkehrs (§ 315c I Nr 2)[101].

Entgegen der hier früher vertretenen Ansicht sind die **täterbezogenen Mordmerkmale**, also diejenigen der 1. und 3. Gruppe (vgl § 211 II), nicht als spezielle Schuldmerkmale anzusehen. Vielmehr sind sie subjektive Unrechtsmerkmale, mit der Folge, dass es im Rahmen der Teilnahmeproblematik – im Einklang mit der hL – zu einer Anwendung des § 28 II kommt (vgl Rn 878; zum Aufbau in der Klausur Rn 1375)[102]. Zwar kennzeichnen etwa die „niedrigen Beweggründe" die verwerfliche, auf tiefster Stufe stehende Gesinnung des Täters. Hieraus zu ent-

---

97 Vgl BGH NStZ 02, 28.
98 Vgl *Hruschka*, JZ 97, 22; abl. *Hettinger*, GA 1989, 1.
99 Vgl auch *Frisch*, ZStW 101 [1998], 608 ff; *Hoffmann-Holland*, AT, Rn 386; S/S/W-StGB-*Kaspar*, § 20 Rn 109; *Krey/Esser*, AT, Rn 713; *Otto*, BGH-Wiss-FS, S. 111, 126; OLG Nürnberg NStZ-RR 06, 248; BGHSt 42, 235, 236 f; *Hilgendorf/Valerius*, AT, § 6 Rn 25; *Rengier*, AT, § 25 Rn 27.
100 *Jescheck/Weigend*, AT, § 42 I; *Kelker*, Zur Legitimität von Gesinnungsmerkmalen im Strafrecht, 2007.
101 Krit. NK-*Puppe*, § 29 Rn 21 ff und LK-*T. Walter*, Vorbem. § 13 Rn 179.
102 S/S-*Eisele*, Vorbem. §§ 13 ff Rn 122; diff. *Klesczewski*, Uni-Leipzig-FS, S. 490; zu den aus der Einordnung unter § 29 folgenden Aufbaufragen *Wessels/Hettinger/Engländer*, BT/1, Rn 135 und zu Irrtumsfragen *Grunst*, Jura 02, 252.

nehmen, dass sich eine Tötung aus niedrigen Beweggründen überhaupt nur mit Schulderwägungen erklären lasse, ginge hingegen zu weit, da bereits das Tatunrecht von inneren Umständen, wie Absichten und Begleitumständen mitbestimmt werden kann[103].

Die (tatbezogenen) Mordmerkmale „heimtückisch" und „grausam" (§ 211 II 2. Gruppe) gehören jedenfalls anerkannter Weise zum Handlungsunrecht, weil sie in erster Linie die Verwerflichkeit der Begehungsweise betreffen und nur mittelbar Rückschlüsse auf die in der Tat zum Ausdruck kommende Gesinnung des Täters zulassen. Ähnlich liegt es bei der „Rohheit" des Misshandelns in § 225, wo die gefühllose Gesinnung des Täters sich in Art und Schwere des körperlichen Eingriffs äußern muss[104].

Für „spezielle" Schuldmerkmale gilt im **Teilnahmebereich** der Grundsatz, dass jeder Tatbeteiligte ohne Rücksicht auf die Schuld des anderen **allein nach seiner Schuld** bestraft wird (§ 29). Straflos bleibt somit bspw derjenige, der den Fahrer dazu anstiftet, „rücksichtslos" den Straßenverkehr zu gefährden, während er selbst aus verständlichen Beweggründen handelt[105].   **676**

Besonderheiten gelten ferner im **Irrtumsbereich**: Bei den **objektiv gefassten Schuldmerkmalen**, die nur als Schuldminderungsgründe auftreten, braucht der Täter sich ihres Vorliegens lediglich bewusst gewesen zu sein; ihre motivierende Wirkung für die Willensbildung wird dann unwiderleglich vermutet. Demnach ist bei der irrigen Annahme eines in Wirklichkeit fehlenden Privilegierungsgrundes allein auf die Vorstellung des Täters abzustellen. Bei den **subjektiv gefassten Schuldmerkmalen** (zB Tötung auf Verlangen, § 216) genügt es dagegen nicht, dass der Täter sich den betreffenden Umstand vorgestellt hat, vielmehr muss dieser für die Willensbildung bei ihm tatsächlich motivierend gewesen sein. Im Übrigen ist für den Irrtum aber auch hier auf die Tätervorstellung abzustellen: **677**

Geht zB der Täter irrtümlich davon aus, dass das todkranke Opfer ihn um den Gnadentod durch Gift gebeten habe, so ist bei entsprechender Motivation die Tötungshandlung nur gem. § 216 zu bestrafen. Das ergibt sich nach herrschender Ansicht, die das ernstliche Tötungsverlangen als Tatbestandsmerkmal einstuft, aus § 16 II[106], folgt aber nach hiesiger Auslegung schon aus dem **schuldbezogenen Charakter** des § 216.

Im umgekehrten Fall (Verlangen liegt vor, Täter weiß davon aber nichts) fehlen sowohl die Kenntnis des privilegierenden Umstands als auch die erforderliche Motivation. Der Täter ist entsprechend seiner Vorstellung aus dem allgemeinen Tötungstatbestand (§ 212, ggf § 211) zu bestrafen.

IV. Die Schuldform

Von den „speziellen" Schuldmerkmalen abgesehen wird der **Schuldgehalt** einer Straftat stets durch ihren **Unrechtsgehalt** mitbestimmt, da jede Steigerung oder Minderung des Unrechts mittelbar die Schwere des Schuldvorwurfs beeinflusst[107].   **678**

---

103   SK-*Sinn*, § 211 Rn 4; vgl. BGH NStZ-RR 18, 76 f; ausf. S/S-*Eser/Steinberg-Lieben*, § 211 Rn 6; LK-*Jähnke,* Vor. § 211 Rn 46.
104   Vgl BGHSt 25, 277.
105   Vgl *Kühl*, AT, § 20 Rn 156.
106   BGH NStZ 12, 85 m. Anm. *Hecker*, JuS 12, 365; s. auch *Gierhake*, GA 2012, 291.
107   Anders LK-*T. Walter*, Vorbem. § 13 Rn 176.

So wie „Unrecht" und „Schuld" einander entsprechen, besteht eine Wechselbeziehung zwischen der **Verhaltensform** und der **Schuldform** des strafbaren Geschehens. Die vorsätzliche oder fahrlässige Verwirklichung des Unrechtstatbestandes bildet als Verhaltensform das Korrelat für die von Vorwerfbarkeitserwägungen geprägte Schuldform; der vorsätzlichen oder fahrlässigen Begehungsweise entspricht die Schuldform der Vorsatz- oder Fahrlässigkeitsschuld.

Aufgrund seiner Doppelfunktion (s. Rn 208 ff) ist der „Vorsatz" im Schuldbereich Träger des in der Tat zum Ausdruck kommenden **Gesinnungsunwertes**[108]. Charakteristisch für ihn als Schuldform ist die sich im Zeitpunkt seiner Entscheidung für das Unrecht und gegen das Recht manifestierende **rechtsfeindliche** oder **gleichgültige** Einstellung des Täters gegenüber den Verhaltensnormen des Rechts.

Kennzeichnend für die **Fahrlässigkeitsschuld** ist dagegen die **nachlässige** oder **sorglose** Einstellung des Täters gegenüber den Sorgfaltsanforderungen der Rechtsordnung (vgl Rn 1144 f)[109].

679 Der Tatbestandsvorsatz als **Verhaltensform** und **subjektives Unrechtselement** liefert für den ihm entsprechenden Schuldtypus der vorsätzlich-fehlerhaften Einstellung zur Rechtsordnung (Vorsatzschuld) nur ein widerlegbares „Indiz": Wie die Verwirklichung des Tatbestandes für die endgültige Bewertung der Tat als „Unrecht" ein Indiz bildet, das beim Eingreifen eines Rechtfertigungsgrundes entfällt (s. Rn 187), wird die „Vorsatzschuld" durch den Tatbestandsvorsatz lediglich „indiziert". Dieses Indiz wird hinfällig, wenn der Täter bei Vornahme der Handlung die **tatsächlichen Voraussetzungen eines anerkannten Rechtfertigungsgrundes irrig annimmt**, dh eine Sachlage für gegeben hält, die im Falle ihres wirklichen Vorliegens sein Verhalten rechtfertigen würde (sog. Erlaubnistatbestandsirrtum). In einem solchen Fall ist die vorsätzliche Tatbestandsverwirklichung nicht Ausdruck der ihr im Regelfall entsprechenden schuldtypischen Gesinnung, dh einer Abweichung von den Wertvorstellungen des Gesetzgebers, sodass (wie bei § 16 I) nur für einen **Fahrlässigkeitsschuldvorwurf** Raum bleibt (näher Rn 742 ff).

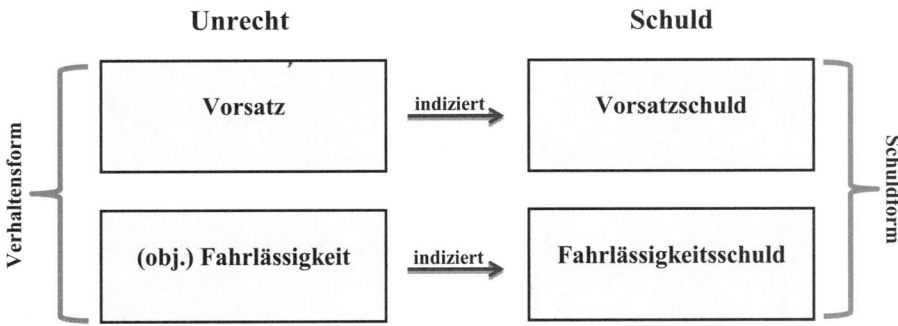

---

108 Krit. *Hirsch*, Otto-FS, S. 307.
109 Ausf. hierzu auch *Kröger*, Der Aufbau der Fahrlässigkeitsstraftat, 2016, S. 253 ff.

226

V. Das Unrechtsbewusstsein

Inhalt des Unrechtsbewusstseins ist nicht die Kenntnis der Strafvorschrift oder der „Strafbarkeit" der Tat, sondern die Einsicht des Täters, dass sein Verhalten rechtlich verboten ist[110]. Das Unrechtsbewusstsein muss tatbestandsbezogen sein, also den spezifischen Unrechtsgehalt der in Betracht kommenden Deliktsart erfassen[111]; bei tateinheitlicher Verwirklichung mehrerer Straftatbestände ist es somit teilbar[112]. **680**

Wer wissentlich und willentlich einen Unrechtstatbestand verwirklicht, ohne eine die Tat rechtfertigende Sachlage anzunehmen, weiß als Schuldfähiger regelmäßig, dass er Unrecht tut. Dieses Unrechtsbewusstsein bildet neben der Schuldform des Verhaltens ein selbstständiges Schuldelement[113]. Wo keine besonderen Anhaltspunkte auf sein Fehlen hindeuten, wird das Vorhandensein des Unrechtsbewusstseins vermutet. **681**

In der Regel wird dem Täter das Unrecht einer vorsätzlichen Tat klar vor Augen stehen (**aktuelles** Unrechtsbewusstsein)[114]. Nach hM genügt es aber auch, dass er bei dem ihm zumutbaren Einsatz seiner Erkenntniskräfte und Wertvorstellungen die Einsicht in das Unrecht der Tat gewinnen konnte (**potenzielles** Unrechtsbewusstsein)[115]. **682**

Fehlt dem Täter bei Begehung der Tat infolge eines **unvermeidbaren Verbotsirrtums** die Einsicht, Unrecht zu tun, so handelt er ohne Schuld (§ 17 S. 1; vgl Rn 734 ff); dies gilt für Vorsatz- wie für Fahrlässigkeitstaten (vgl Rn 1147). **683**

VI. Die Entschuldigungsgründe

Innerhalb derjenigen Umstände, die den Schuldvorwurf entfallen lassen, ist zwischen „Schuldausschließungs-" und „Entschuldigungsgründen" zu unterscheiden. Ein **Schuldausschließungsgrund** ist zum einen die Schuldunfähigkeit: Hier fehlt eine Schuldvoraussetzung; zum anderen der unvermeidbare Verbotsirrtum: Insoweit mangelt es an einem schuldbegründenden Merkmal. Die **Entschuldigungsgründe** bewirken dagegen nur eine so starke Herabsetzung des Unrechts- und Schuldgehalts der Tat, dass die untere Grenze der Strafwürdigkeit nicht mehr erreicht wird und der Gesetzgeber in Anbetracht der außergewöhnlichen Motivationslage auf die Erhebung eines Schuldvorwurfs verzichtet, also Nachsicht übt[116]. Teilweise werden Entschuldigungsgründe auch auf den Grundgedanken der Unzumutbarkeit normgemäßen Verhaltens zurückgeführt[117]. **684**

---

110 BGH NStZ 11, 336 m. Bespr. *Sinn*, ZJS 11, 402; s. auch *Küper*, JZ 89, 617, 621; *Neumann*, JuS 93, 793; *Safferling*, Vorsatz und Schuld, 2008.
111 BGHSt 42, 123.
112 BGHSt 10, 35.
113 BGHSt 2, 194; s. auch *Heger*, Ad Legendum 11, 398.
114 BGHSt 15, 377; zur Kritik am potenziellen Unrechtsbewusstsein im Speziellen und an der Lehre vom Unrechtsbewusstsein im Allgemeinen *Frisch*, GA 2017, 699.
115 BGHSt 21, 18, 20.
116 *B. Heinrich*, AT, Rn 563; *Kühl*, AT, § 12 Rn 2 f; S/S-*Perron*, § 35 Rn 2; *Rudolphi*, ZStW 78 [1966], 67, 81 ff.
117 In diese Richtung insbes. MK-StGB-*Müssig*, § 35 Rn 1 ff m. übersichtlicher und zugleich krit. Darstellung des Streitstandes.

Unterschieden werden besonders folgende Entschuldigungsgründe:

1. **Entschuldigender Notstand** (§ 35)
2. **Notwehrüberschreitung** (§ 33)
3. Handeln aufgrund einer **für verbindlich gehaltenen rechtswidrigen dienstlichen Anordnung/eines Befehls** (ua §§ 63 II 3 BBG, 36 II 3 BeamtStG, 5 I WStG, 3 VStGB)
4. **Unzumutbarkeit normgemäßen Verhaltens**
5. **Übergesetzlicher entschuldigender Notstand**

1. Der entschuldigende Notstand

685 Der entschuldigende Notstand greift für solche Tatkonstellationen ein, in denen sich der Täter in einer außergewöhnlichen psychischen Zwangslage befindet, in der ihm ein normgemäßes Verhalten nicht zugemutet werden kann (s. Rn 447). Insofern wirkt sich sein Handeln – trotz Rechtswidrigkeit der Tat – **unrechts- und schuldmindernd** aus. So wird der Erfolgsunwert der Tat um den Wert des vom Täter geschützten Gutes und der Handlungsunwert durch den Rettungszweck des Handelns herabgesetzt. Aber auch der Schuldgehalt der Tat ist erheblich geringer als unter normalen Umständen, weil sich der Täter einem außergewöhnlichen Motivationsdruck ausgesetzt sieht, der ihm die Befolgung der Sollensnormen der Rechtsordnung unmöglich macht oder zumindest sehr erschwert. Der Grund für die „Entschuldigung" liegt darin, dass die Entscheidung des Täters gegen das Recht und für das Unrecht nicht in dem Maße auf einer rechtsfeindlichen, tadelnswerten Gesinnung beruht wie ohne Bestehen einer Konfliktlage[118].

Anhand dieser Betrachtungsweise wird auch verständlich, warum der Schuldvorwurf trotz des Notstandes gegenüber solchen Personen bestehen bleibt, die zum Ertragen von Lebens- und Leibesgefahren rechtlich verpflichtet sind, wie etwa Polizeibeamte, Soldaten, Seeleute, Angehörige der Feuerwehr oder des Bergrettungsdienstes usw (vgl § 35 I 2)[119]. Die sozialethische Pflichtbindung, auf deren Bewährung die Rechtsgemeinschaft gerade in den pflichttypischen Gefahrenlagen vertraut, steht in diesen Fällen einer Minderung des Unrechts- und Schuldgehalts entgegen.

a) Notstandslage

686 Der entschuldigende Notstand (§ 35 I 1) setzt eine bestimmte Notstandslage voraus, und zwar eine gegenwärtige, nicht anders abwendbare Gefahr für Leben, Leib oder Freiheit des Täters selbst, eines Angehörigen iSd § 11 I Nr 1 oder einer anderen ihm „nahe stehenden Person" (Freund, Lebensgefährte usw).

---

118 Näher *Bosch*, JA 15, 347; *Hörnle*, JuS 09, 847; *Jescheck/Weigend*, AT, § 43 III; *Kühl ua*, Einführung, § 36 Rn 17; *Leite*, Notstand und Strafe, 2019, S. 131 ff; NK-*Neumann*, § 35 Rn 30; *Rönnau*, JuS 16, 786; *Roxin*, AT I, § 22 Rn 4; *ders.*, ZStW 96 [1984], 641, 655 und JA 90, 97, 137; mit anderer Konturierung *Kaspar*, AT, § 5 Rn 382 iVm 340 f: „fehlende[s] präventive[s] Bedürfnis".

119 RGSt 72, 246 m. Bespr. *Fahl*, JA 13, 274 und *Puppe*, AT, § 17 Rn 1 ff; BGH NJW 64, 730; s. auch *Esser/Bettendorf*, NStZ 12, 233; *Fahl*, JA 12, 161.

Grundsätzlich nimmt § 35 I 1 (im Gegensatz zu § 34, dazu s. Rn 459 ff) allein die für **687** das menschliche Leben elementarsten Rechtsgüter in den Blick, weshalb eine restriktive Auslegung des Kreises der **geschützten Rechtsgüter** grds geboten ist. Hinsichtlich des Lebens besteht jedoch eine besonders hohe Schutzwürdigkeit und -bedürftigkeit; verfassungsrechtlich geboten ist dieser besondere Schutz bereits in der Phase vor der Geburt, sodass auch das Leben des ungeborenen Kindes – entgegen der hM – in den Kreis der Rechtsgüter des § 35 I 1 einzubeziehen ist[120]. Da das in § 35 I 1 genannte Rechtsgut „Leib" in einem Zug und auf einer Stufe mit dem „Leben" aufgezählt ist, bedarf es einer besonders erheblichen Gefahr für die körperliche Unversehrtheit, um in den Anwendungsbereich des § 35 I 1 zu gelangen[121]. Auch die „Freiheit" ist nach ganz hM nur insoweit einschlägig, als dass die Fortbewegungsfreiheit iSd § 239 in Rede steht. Bei Gefährdung der allgemeinen Handlungsfreiheit iSd § 240 ist § 35 I 1 hingegen nicht anwendbar[122]. Die Aufzählung der geschützten Rechtsgüter ist abschließend und bietet angesichts der klaren gesetzgeberischen Vorgabe keinen Raum für eine analoge Anwendung auf andere Rechtsgüter[123].

Zum **Gefahrbegriff** gilt das zu § 34 Gesagte sinngemäß (s. Rn 463 ff)[124] mit der Ein- **688** schränkung, dass bei der Notstandshilfe – anders als bei § 34 – der Personenkreis, auf den sich die Rettungshandlung beziehen kann, enumerativ begrenzt ist[125]. Erforderlich ist eine besondere objektive Beziehung zum Täter. Im Kern ist diese formal umschrieben (Angehöriger iSv § 11 I Nr 1). Erheblich erweitert wird der Kreis durch das Auffangmerkmal der „anderen nahestehenden Person", dessen Auslegung sich an der Angehörigeneigenschaft orientiert. Daher verlangt das Kriterium des „Nahestehens" eine objektiv bestehende, grds auf Gegenseitigkeit beruhende persönliche Bindung von gewisser Dauer zum Täter[126]. Nur dann lässt sich davon ausgehen, dass beim Täter ein Motivationsdruck tatsächlich besteht, wie er bei Rettung eines Angehörigen vom Gesetz unwiderleglich vermutet wird[127]. Welchen Ursprung die Gefahr hat, ist gleichgültig; in Betracht kommen zB Naturereignisse, gefährliche Zustände von Sachen sowie von Menschen ausgehende Gefahren.

Schließlich muss die Gefahr **gegenwärtig** sein, wobei hier das bereits zu § 34 Gesag- **689** te entsprechend gilt (s. Rn 466 f).

b) Notstandshandlung

Die Notstandshandlung muss als *ultima ratio* den einzigen und letzten Ausweg aus **690** der Notlage bilden, dh geeignet und erforderlich sein, die gegenwärtige Gefahr abzuwenden.

---

120 SK-*Rogall*, § 35 Rn 15; *Satzger*, JuS 97, 800, 804; für Beschränkung auf geborenes Leben s. S/S/W-StGB-*Rosenau*, § 35 Rn 5; LK-*Zieschang*, § 35 Rn 12 mwN.
121 Lackner/Kühl-*Kühl*, § 35 Rn 3; S/S/W-StGB-*Rosenau*, § 35 Rn 6 mwN.
122 Vgl S/S-*Perron*, § 35 Rn 8; für die Einbeziehung der Freiheit der sexuellen Selbstbestimmung Matt/ Renzikowski-*Engländer*, § 35 Rn 5; dagegen LK-*Zieschang*, § 35 Rn 12.
123 Matt/Renzikowski-*Engländer*, § 35 Rn 5; S/S/W-StGB-*Rosenau*, § 35 Rn 4.
124 Näher RGSt 60, 318; 66, 222; BGHSt 5, 371; teils strenger Matt/Renzikowski-*Engländer*, § 35 Rn 4.
125 *B. Heinrich*, AT, Rn 567; *ders.*, Ad Legendum 15, 89, 93.
126 MK-StGB-*Müssig*, § 35 Rn 19.
127 S/S/W-StGB-*Rosenau*, § 35 Rn 11; *B. Heinrich*, AT, Rn 567; *Kühl*, AT, § 12 Rn 36.

691 Lässt sich die Gefahr nicht anders als durch einen Verstoß gegen Strafrechtsnormen abwenden, ist vom Täter das relativ mildeste Mittel zu wählen (**Erforderlichkeit**). Außerdem ist stets der **Grundsatz der Verhältnismäßigkeit** zu beachten; der angerichtete Schaden darf nicht in einem offensichtlichen Missverhältnis zur Schwere der Gefahr stehen. Wer zur Abwendung einer nur geringfügigen Freiheitsbeeinträchtigung einen Unbeteiligten schwer verletzt oder gar tötet, ist nicht entschuldigt[128]. Je gravierender die mit der Rettungshandlung verbundene Rechtsgutsverletzung ist, desto sorgfältiger muss der Täter die Möglichkeiten eines anderen Auswegs prüfen[129]. Die Prüfung, ob die in Rede stehende Gefahr nicht auch auf andere Weise abwendbar ist, wird also bereits durch Zumutbarkeitserwägungen mitgeprägt[130]. Eine Interessenabwägung – wie bei § 34 – findet hier nicht statt.

In Extremfällen kann auch die Tötung eines anderen Menschen entschuldigt sein, so zB wenn ein Schiffbrüchiger den anderen von der rettenden Planke stößt, die nur einen trägt (**„Brett des Karneades"/Mignonette-Fall**; s. Rn 476)[131].

Auch die sog. **„Familientyrannen-Fälle"** entscheiden sich idR an dieser Stelle. Sie sind dadurch gekennzeichnet, dass die immer wiederkehrenden extremen Gewalttätigkeiten eines kräftemäßig überlegenen, äußerst brutalen Familienmitglieds eine Notstandslage in Form einer Dauergefahr (dazu Rn 466) begründen. Die Tötung des „Tyrannen" erscheint als einziger Ausweg aus dem Martyrium. Dabei muss sorgfältig geprüft werden, dass keine anderen Möglichkeiten zur Beendigung der Dauergefahr bestehen und sämtliche staatlichen und karitativen Hilfeleistungen in Anspruch genommen wurden. Wenn jedoch deren Inanspruchnahme ausnahmsweise keine Gewähr für eine effektive Gefahrenabwehr bietet, kann die Tötung entschuldigt sein. Bei einer Ablehnung der Entschuldigung ist wiederum zu prüfen, ob der Täter irrig von dem Vorliegen der sachlichen Voraussetzungen eines entschuldigenden Notstandes ausgegangen ist, sodass ein Irrtum gem. § 35 II in Betracht kommt (vgl Rn 770 ff)[132].

c) Zumutbarkeit der Gefahrhinnahme

692 Nach der Ausnahmeregelung des § 35 I 2 entfällt der Schuldvorwurf nicht, wenn dem Täter den Umständen nach zugemutet werden konnte, die Gefahr hinzunehmen. Dies gilt namentlich – aber nicht schlechthin zwingend – dann, wenn der Täter die **Gefahr selbst verursacht** hatte oder in einem **besonderen Rechtsverhältnis** mit erhöhten Gefahrtragungspflichten stand, wie etwa als Soldat (vgl dazu § 6 WStG), Polizeibeamter, Feuerwehrmann, Arzt usw. Daneben können sonstige Zumutbarkeitserwägungen treten, wie der Gesetzgeber dies durch den entwicklungsoffenen Wortlaut („namentlich") zum Ausdruck gebracht hat[133].

693 Wann ein „Verursachen" vorliegt, ist im Einzelnen umstritten. Man könnte hierfür mit einem Teil der Lehre ein **schuldhaftes Vorverhalten** verlangen[134]. Allerdings ist der historische Ge-

---

128 RGSt 66, 397.
129 BGHSt 18, 311; BGH NStZ 92, 487.
130 Ebenso *Kühl*, AT, § 12 Rn 50 f; abl. *Bernsmann*, „Entschuldigung" durch Notstand, 1989, S. 73, 107; LK-*Zieschang*, § 35 Rn 46.
131 Vert. *Heghmanns*, Ad Legendum 15, 96, 100; *Kaspar*, AT, § 5 Rn 379 f; *Koriath*, JA 98, 250; *Renzikowski*, JbRE 11 (2003), 269; *Ziemann*, ZIS 14, 479.
132 ZT enger BGHSt 48, 255, 257 *(Familientyrann II)*; wie hier *Haverkamp*, GA 2006, 586; *Hillenkamp*, JZ 04, 48; *Rotsch*, JuS 05, 12; krit. *Otto*, NStZ 04, 142; *Rengier*, NStZ 04, 233.
133 *Kaspar*, AT, § 5 Rn 390, 399.
134 *Ebert*, AT, S. 108; *Kaspar*, AT, Rn 395; S/S-*Perron*, § 35 Rn 20; SK-*Rogall*, § 35 Rn 33.

setzgeber vom Verschuldenskriterium, welches noch in § 54 aF zu finden war, abgerückt und hat in seiner Gesetzesbegründung den klaren Willen zum Ausdruck gebracht, dass nicht erst ein schuldhaftes Vorverhalten als solches zur Einschränkung des entschuldigenden Notstandes führt[135]. Aus ähnlichen Erwägungen ist die hM abzulehnen, die darauf abstellt, ob der Täter „**obliegenheitswidrig**" gehandelt hat, dh sich ohne zureichenden Grund in eine Gefahr begeben hat, die voraussehbarerweise zu einer Notstandslage führen konnte[136]. Ein Abstellen auf die Verletzung einer Obliegenheit kommt dem Verschuldenskriterium allerdings bereits sehr nahe; v. a. aber bleibt es im hiesigen Kontext inhaltlich konturschwach. Nach der *ratio legis* wird man insofern ein **objektiv pflichtwidriges** Vorverhalten fordern müssen[137].

Bei Notstandshandlungen **zur Rettung von Angehörigen oder Nahestehenden** stellt das Gesetz in § 35 I 2 nicht auf deren Vorverhalten, sondern auf die Gefahrverursachung durch den **Täter** ab. Bei strenger Auslegung kann es deshalb allein auf sein Vorverhalten ankommen[138]. Letztlich entscheidend ist hier aber die übergeordnete Frage, ob es dem Täter gerade wegen der in § 35 I 2 erwähnten Besonderheiten zuzumuten war, die Gefahr hinzunehmen und den Notstand zu bestehen. Bei eigener Gefahrverursachung ist das bzgl einer ihm selbst drohenden Gefahr eher zu bejahen als dort, wo die Rettungshandlung zugunsten eines gefährdeten Angehörigen erfolgt. Zu dessen Rettung wird der Täter sich nämlich besonders gedrängt fühlen, wenn er selbst für den Eintritt der Gefahrenlage verantwortlich ist[139]. Ist der in Not geratene Angehörige für die Gefahrverursachung verantwortlich, so wird es dem ihm nahe stehenden Retter trotz dieses Vorverhaltens des anderen in der Regel ebenfalls nicht zumutbar sein, zugunsten eines Dritten von der Rettung Abstand zu nehmen[140].

▶ Beispielsfall bei *Beulke*, Klausurenkurs I, Rn 131

In einem Fall der **Tötung eines Flüchtenden durch einen Grenzpolizisten an der Berliner Mauer** zur Ermöglichung einer Flucht aus der DDR bejaht der BGH aufgrund „sonstiger Zumutbarkeitserwägungen" eine besondere Gefahrtragungspflicht iSv § 35 I 2: Trotz des Risikos einer nach der Grenzkontrolle zu erwartenden Freiheitsentziehung sei für den Fluchtwilligen eine Entschuldigung gem. § 35 I 1 ausgeschlossen[141].

d) Subjektives Element

In subjektiver Hinsicht setzt § 35 I 1 voraus, dass der Täter zum Zwecke der Gefahrabwendung bzw mit **Rettungswillen** tätig wird, da die Erhaltung des bedrohten Rechtsgutes eine nicht völlig untergeordnete Rolle spielen darf. Die bloße Kenntnis der Notstandslage genügt demnach nicht[142]. Als weiteres subjektives Erfordernis findet sich in der Rspr teilweise eine dem Täter aufgebürdete Pflicht, andere zumutbare Abwendungsmöglichkeiten zu prüfen[143]. Ein solch weitgehendes subjektives Ver-

694

---

135 BT-Drucks. V/4095, S. 16; näher LK-*Zieschang*, § 35 Rn 49.
136 Matt/Renzikowski-*Engländer*, § 35 Rn 9; NK-*Neumann*, § 35 Rn 35 f; S/S/W-StGB-*Rosenau*, § 35 Rn 14; vert. hierzu *Beck*, ZStW 124 [2012], 660, 680 ff.
137 Insgesamt dazu LK-*Zieschang*, § 35 Rn 49 ff.
138 So *Maurach/Zipf*, AT/1, § 34 Rn 6.
139 Ebenso *Jescheck/Weigend*, AT, § 44 III 2 a; *Roxin*, JA 90, 137, 140; aA SK-*Rogall*, § 35 Rn 35.
140 *Kindhäuser*, AT, § 24 Rn 15; BeckOK-StGB-*Momsen/Savić*, § 35 Rn 33. 3; aA *Bosch*, JA 15, 347, 354; *Kudlich*, PdW, S. 161; LK-*Zieschang*, § 35 Rn 65.
141 BGH JR 01, 467 m. insoweit zutr. krit. Anm. *Renzikowski*.
142 *Roxin*, AT I, § 22 Rn 32; *B. Heinrich*, Ad Legendum 15, 89, 95; Matt/Renzikowski-*Engländer*, § 35 Rn 16; anders aber *Jakobs*, AT, 20/10 f.
143 BGHSt 18, 311; BGH NStZ 92, 487.

ständnis kann § 35 allerdings nicht entnommen werden und ist mit der hL abzulehnen[144].

e) Rechtfertigender vs. entschuldigender Notstand

695 Die Unterschiede zwischen dem rechtfertigenden Notstand (§ 34) und dem entschuldigenden Notstand (§ 35) sind erheblich. Sie betreffen nicht nur die gesetzlichen Voraussetzungen (siehe nachfolgend Rn 696); sie zeigen sich außerdem im Teilnahme-, Notwehr- und Irrtumsbereich: Im Fall des § 34 handelt der Notstandstäter nicht rechtswidrig, sondern rechtmäßig; Notwehr gegen sein Verhalten scheidet folglich ebenso aus wie die Möglichkeit einer strafbaren Teilnahme durch andere. Demgegenüber geht § 35 als bloßer Entschuldigungsgrund vom Vorliegen einer rechtswidrigen Tat seitens des Notstandstäters aus, die gem. §§ 26, 27 teilnahmefähig ist[145] und dem von ihr Betroffenen das Recht zur Notwehr lässt, soweit diese im Einzelfall *geboten* erscheint (s. Rn 521 ff). Nimmt der Täter irrig Umstände an, die seine Tat nach § 34 rechtfertigen würden, falls sie wirklich vorlägen, sind nach hM jedenfalls die Rechtsfolgen des § 16 I zu seinen Gunsten anwendbar (zum Erlaubnistatbestandsirrtum vgl Rn 740 ff); hält er dagegen die in § 35 I genannten Umstände für gegeben, während sie in Wirklichkeit fehlen, greift lediglich § 35 II ein (s. Rn 770 ff).

696

	Rechtfertigender Notstand (§ 34)	Entschuldigender Notstand (§ 35)	
1. Objektive Voraussetzungen			
a) Notstands-lage	- notstandsfähiges Rechtsgut • **irgendein** Rechtsgut • **irgendeines** Rechtsgutsträgers	- notstandsfähiges Rechtsgut • **nur** Leben, Leib oder Freiheit • **nur** des Täters/diesem nahestehender Personen	§ 35 **enger** als § 34
	- Gefahr	- Gefahr	
	- gegenwärtig	- gegenwärtig	
b) Notstands-handlung	- Erforderlichkeit • Geeignetheit • relativ mildestes Mittel	- Erforderlichkeit • Geeignetheit • relativ mildestes Mittel	§ 35 **weiter** als § 34
	- **Interessenabwägung**	- grds **keine Interessenabwägung**, aber u. U. Zumutbarkeit der Hinnahme der Gefahr (vgl § 35 I 2)	
2. Subjektive Voraussetzung	- Kenntnis bzw Rettungswille	- Kenntnis bzw Rettungswille	

f) Spezialfall „Nötigungsnotstand"

697 Der früher (in § 52 aF) besonders geregelte Nötigungsnotstand (s. dazu bereits Rn 474) ist ein Spezialfall des entschuldigenden Notstandes. Ein solcher liegt vor,

---

144 Ebenso *Kühl*, AT, § 12 Rn 58; *B. Heinrich*, Ad Legendum 15, 89, 95; SK-*Rogall*, § 35 Rn 25.
145 Einschränkend hierzu *Jäger*, Beulke-FS, S. 127.

wenn der Täter zugleich Opfer einer Nötigung durch einen Dritten (§ 240) ist, dh vom Dritten durch Gewalt oder Drohung mit einer gegenwärtigen, nicht anders abwendbaren Gefahr für Leben, Leib oder Freiheit seiner selbst, eines Angehörigen oder einer ihm nahe stehenden Person zu der rechtswidrigen Tat genötigt wird.

Problematisch sind insbes. jene Fälle, in denen das vom nötigenden Dritten dem Täter angedrohte Übel gravierend, die vom genötigten Täter abverlangte Rechtsgutsverletzung beim Opfer im Vergleich dazu jedoch relativ weniger schwerwiegend erscheint. Obwohl hier angesichts der bei § 34 zentralen Abwägung sogar Raum für eine Rechtfertigung des genötigten Täters bestehen könnte, kommt hier richtiger Ansicht nach im Ergebnis nur eine Entschuldigung über § 35 in Betracht.

Im **Fall 13b** könnte die durch die Peitschenhiebe verursachte Körperverletzung des A wegen Notstands gem. § 34 gerechtfertigt sein, da A durch die Drohung des R für seinen Sohn eine „gegenwärtige" Lebensgefahr – und zwar in Form der Dauergefahr – sah. Da das Leben unter den Rechtsgütern den höchsten Rang einnimmt und es bei § 34 (bzw § 904 BGB) bedeutungslos ist, ob die Gefahr von Naturgewalten oder von Menschen herrührt, scheint hier alles dafür zu sprechen, die Peitschenhiebe des A als gerechtfertigt anzusehen. **698**

Eine Lösung des Nötigungsnotstands im Wege des **rechtfertigenden Notstandes** ist allerdings **abzulehnen**. Dies hätte nämlich zur Folge, dass K gegen A keine Notwehr üben dürfte. A wäre ein gerechtfertigt handelndes Werkzeug des nötigenden R, der als mittelbarer Täter für die dem K durch A zugefügte Körperverletzung verantwortlich wäre (vgl dazu Rn 847). Gegen eine solche Lösung, die den K ins Unrecht setzt, wenn er sich gleichwohl gegen A verteidigt, bestehen jedoch grundsätzliche Bedenken: A tritt iE auf die Seite des Unrechts, wenn er sich dem Druck beugt und sich zum „verlängerten Arm" des R macht. Der Umstand, dass R die Peitschenhiebe nicht selbst ausführt, sondern sich dazu eines gefügig gemachten „menschlichen Werkzeugs" bedient, darf nicht dazu führen, dass die Rechtsposition des K ausgehöhlt wird. Hinzu kommt, dass es bei § 34 nicht allein um den Rang der kollidierenden Rechtsgüter, sondern vornehmlich darum geht, wessen Interessen im Rahmen der Gesamtabwägung schutzwürdiger sind und ob die Tat ein angemessenes Mittel zur Bereinigung des Konflikts ist. Trotz des auf A lastenden Drucks erscheint das, was A tut, aber nicht als das rechte Mittel zum rechten Zweck. Dem wird man nur gerecht, wenn man das Notwehrrecht des K nicht gänzlich verneint, sondern lediglich soweit einschränkt, wie es die Regeln über die sozialethischen Grenzen der Notwehr gegenüber einem ersichtlich schuldlos Handelnden vorsehen (s. Rn 531).

In Übereinstimmung mit der früheren gesetzlichen Regelung (§ 52 aF) und der ihr zugrunde liegenden gesetzgeberischen Wertung ist daher daran festzuhalten, dass ein Nötigungsnotstand das Verhalten des Genötigten nicht rechtfertigt, sondern nur **entschuldigt**, sofern die Voraussetzungen des entschuldigenden Notstandes vorliegen[146].

Die Peitschenhiebe waren geeignet und erforderlich, die Gefahr für Leib und Leben des Sohnes von A abzuwenden. Diese Gefahr war auch nicht anders abwendbar, da insbes. staatlicher Schutz nicht zur Beseitigung der dauerhaften Gefährdung für As Sohn geführt

---

146 Ebenso *Hassemer*, Lenckner-FS, S. 115; *Hilgendorf/Valerius*, AT, § 6 Rn 51; *Jäger*, AT, Rn 161; *F. Meyer*, GA 2004, 356, 368; S/S-*Perron*, § 34 Rn 41b; krit. MK-StGB-*Müssig*, § 35 Rn 21; diff. *Bünemann/Hömpler*, Jura 10, 184 (§ 35 analog); *Kaspar*, AT, § 5 Rn 252 ff; Baumann/Weber/ Mitsch/Eisele-*Mitsch*, AT, § 15 Rn 104; BeckOK-StGB-*Momsen/Savić*, § 34 Rn 17; *Rengier*, AT, § 19 Rn 54; *Roxin*, AT I, § 16 Rn 69; LK-*Zieschang*, § 35 Rn 25; fallbezogen *Müller*, Jura 05, 641; *Swoboda*, Jura 07, 224; weiterführend zur Strafbarkeit des Erpressungsopfers *Arzt*, JZ 01, 1052.

hätte. Versagungsgründe iSd § 35 I 2 sind nicht ersichtlich. Insbes. war es dem A nicht zuzumuten, eine Tötung seines Sohnes hinzunehmen. Demnach kommt dem A der Entschuldigungsgrund des § 35 I 1 in Form des sog. Nötigungsnotstandes zugute.

699

Überblick über die Voraussetzung des entschuldigenden Notstandes, § 35

1. Objektive Merkmale
   a) Notstandslage
      - Gefahr für Leben, Leib oder Freiheit
      - Gegenwärtigkeit der Gefahr
      - persönliche Nähebeziehung
   b) Notstandshandlung
      - Geeignetheit
      - Erforderlichkeit („nicht anders abwendbar"; relativ mildestes Mittel)
      - Verhältnismäßigkeit (kein offensichtliches Missverhältnis)
   c) keine Zumutbarkeit iSd § 35 I 2, dh keine Gefahrtragungspflicht wegen
      - objektiv pflichtwidriger Herbeiführung der Notstandslage
      - eines besonderen Rechtsverhältnisses
      - sonstiger Zumutbarkeitserwägungen
2. Subjektive Merkmale
   a) Kenntnis der Notstandslage
   b) Rettungswille
   c) Intensive Prüfungspflicht hinsichtlich anderweitiger Abwendungsmöglichkeit (str.)

2. Der Notwehrexzess gem. § 33

700 Die **Notwehrüberschreitung** iSd § 33 wird von der hM zu Recht als Entschuldigungsgrund eingestuft, obwohl der Wortlaut („… nicht bestraft.") insoweit keine dogmatische Festlegung enthält[147]. Der Grund für die Entschuldigung liegt darin, dass das Opfer eines widerrechtlichen Angriffs in besonderem Maße Nachsicht verdient, weil einerseits der Unrechtsgehalt seiner Tat durch den Verteidigungszweck des Handelns erheblich vermindert und ihr Schuldgehalt angesichts der von § 33 vorausgesetzten asthenischen Affekte die unterste Grenze der Strafwürdigkeit nicht erreicht[148]. Im Wesentlichen wird zwischen intensivem und extensivem Notwehrexzess unterschieden.

a) Intensiver Notwehrexzess

701 Verteidigt sich der Angegriffene im Rahmen der Notwehr intensiver als „erforderlich", so handelt er widerrechtlich[149]. Sein Verhalten ist jedoch nach § 33 entschuldigt, wenn er die Grenzen der Notwehr aus Verwirrung, Furcht oder Schrecken (sog.

---

147 Vgl BGHSt 3, 194, 198; BGH NJW 95, 973; s. auch *A. H. Albrecht*, GA 2013, 369, 370 ff; *Engländer*, JuS 12, 408; *Geppert*, Jura 07, 33, 38; *Heghmanns*, Ad Legendum 15, 96, 100; *Rogall*, Weßlau-GS, S. 529.
148 Ähnl. *Rengier*, AT, § 27 Rn 1; MK-StGB-*Erb*, § 33 Rn 2; anders *Kaspar*, AT, § 5 Rn 408: Fehlendes Präventionsbedürfnis; dagegen auch *T. Zimmermann*, ZIS 15, 57, 58 (im Übrigen auch instruktiv zum Notwehrexzess im Völkerstrafrecht).
149 RGSt 66, 288.

asthenische[150] **Affekte**) überschritten hat. Dabei genügt es, dass die in § 33 genannten Affekte – neben anderen gefühlsmäßigen Regungen – mitursächlich für die Notwehrüberschreitung waren[151]. Bei sog. sthenischen[152] Affekten (Wut, Rache oder Zorn) findet § 33 hingegen keine Anwendung[153].

Problematisch sind jene Fälle, in denen die Notwehr nicht nur an der Erforderlichkeit, sondern darüber hinaus an der **Gebotenheit der Handlung** (s. Rn 521 ff) gescheitert wäre. So ist die Anwendung des § 33 im Fall einer Notwehrprovokation (s. Rn 534) umstritten. Sinnvoll ist es, zwischen der Absichtsprovokation und der sonst vorwerfbaren Provokation zu differenzieren. Steht – wie in den Fällen der **Absichtsprovokation** – dem Provozierenden von vornherein kein Notwehrrecht zu, kann bereits begrifflich kein Notwehrrecht überschritten werden. § 33 ist deshalb nicht anzuwenden. Bei **sonst in vorwerfbarer Weise herbeigeführter Notwehrsituation** erfährt die Intensität der zulässigen Verteidigungshandlung im Rahmen der Gebotenheit Einschränkungen. Verteidigt sich der Angegriffene aufgrund asthenischer Affekte intensiver als „geboten", so ändert dies nichts daran, dass dem sich Verteidigenden ein (wenn auch eingeschränktes) Notwehrrecht verbleibt. Der grds Anwendbarkeit des § 33 steht somit nichts im Wege[154]. Der BGH sieht dies im Prinzip zwar ebenso[155], verneint die Anwendbarkeit des § 33 aber dann, wenn sich der Täter planmäßig in eine tätliche Auseinandersetzung mit seinem Gegner eingelassen hat[156]. Gegen dieses Abstellen auf die Gefahrverursachung durch den Täter vor Eintritt der Notwehrlage spricht aber, dass der Gesetzgeber nur bei § 35 eine Entschuldigung für den Fall ausgeschlossen hat, dass der Täter die Gefahr selbst verursacht hat (§ 35 I 2), während eine solche Einschränkung bei § 33 gerade fehlt[157].

702

Im Fall der fehlenden Gebotenheit der Notwehr wegen eines **krassen Missverhältnisses** zwischen verteidigtem und zu beschützendem Rechtsgut (s. Rn 525) ist der Notwehrexzess ausgeschlossen, da es in jenen Konstellationen schon an einer hinreichenden Unrechtsminderung, die eine völlige Straflosigkeit begründen könnte, mangelt[158].

▶ Beispielsfall bei *Beulke*, Klausurenkurs I, Rn 400

b) Extensiver Notwehrexzess

Überschreitet der Täter nicht die Grenzen einer zulässigen Notwehrhandlung, sondern bezieht sich der Exzess auf die Notwehrlage, so spricht man von einem extensiven Notwehrexzess: Ist der Angriff nämlich nicht gegenwärtig, greift der zur Verteidigung Entschlossene in Kenntnis dieser Situation aber gleichwohl zur Notwehrhand-

703

---

150   Aus dem Griechischen für „auf Schwäche beruhend".
151   BGH NStZ 01, 591 m. Anm. *Otto*; BGH NJW 13, 2133, 2136 m. Bespr. *Satzger*, JK 12/13, StGB § 33/5.
152   Gegenteil zu asthenisch (vgl Fn 148), also „auf Stärke beruhend".
153   *Heghmanns*, Ad Legendum 15, 96, 100.
154   Wie hier zB *Kühl*, AT, § 12 Rn 151 ff; iE auch *Renzikowski*, Lenckner-FS, S. 250 ff.
155   S. BGH NStZ 16, 84, 86.
156   BGHSt 39, 133; zust. *Rosenau*, Beulke-FS, S. 225, 236.
157   *Haft/Eisele*, Jura 00, 313; *Roxin*, NStZ 93, 336.
158   Ebenso Matt/Renzikowski-*Engländer*, § 33 Rn 13; *Kühl*, AT, § 12 Rn 150; *Roxin*, AT I, § 22 Rn 79.

lung, so ist äußerst strittig, ob und unter welchen Voraussetzungen § 33 zur Anwendung gelangt. Die hM verneint die Einschlägigkeit des § 33 unter Verweis auf den Wortlaut, der eben ein bestehendes Notwehrrecht voraussetzt[159]. Demgegenüber erkennt eine abweichende Ansicht den extensiven Notwehrexzess uneingeschränkt als Entschuldigungsgrund an[160]. Richtiger Ansicht nach ist zu differenzieren:

Erfolgt die Verteidigung zu einem Zeitpunkt, zu dem der Angriff noch nicht begonnen hat (**vorzeitiger** extensiver Notwehrexzess), steht der klare Wortlaut, der jedenfalls eine Notwehrsituation voraussetzt, der Anwendung des § 33 entgegen. Die Privilegierung des Täters folgt eben nicht allein aus dem Vorliegen eines asthenischen Affekts. Vielmehr ist das Zusammentreffen mit einer Notwehrlage für die dem § 33 auch zugrundeliegende Unrechtsminderung entscheidend[161].

Hat hingegen eine Notwehrlage einmal objektiv vorgelegen und erfolgt eine Verteidigungshandlung nach dem Abschluss des Angriffs, also zu einem Zeitpunkt, in dem die Notwehrlage nicht mehr gegeben ist (sog. **nachzeitiger** extensiver Notwehrexzess), entspricht nicht nur die psychische Situation der des intensiven Notwehrexzesses. Auch der Wortlaut des § 33 steht nunmehr einer Anwendbarkeit auf diese Fallgruppe nicht entgegen, da eine Notwehrlage ursprünglich tatsächlich bestanden hat[162].

Beispiel: Fußtritte gegen den kampfunfähig geschlagenen und bewusstlos am Boden liegenden Angreifer. Auch wer sich der Beendigung des Angriffs bewusst ist, den (früheren) Angreifer aber zu verletzen fortfährt, ist nicht aus dem entsprechenden Vorsatztatbestand (zB §§ 223, 224) zu bestrafen, sofern er aus Verwirrung, Furcht oder Schrecken handelt. Es kann keinen Unterschied machen, ob der Notwehrübende einmal zu fest zutritt oder mehrmals nacheinander, wobei der Angreifer bereits nach den ersten Tritten aufgegeben hat[163].

▶ Beispielsfall bei *Beulke*, Klausurenkurs I, Rn 222

---

159 RGSt 54, 36; 61, 216; BGH StV 87, 60; *Fischer*, § 33 Rn 5; *Jäger*, AT, Rn 196; *Jescheck/Weigend*, AT, § 45 II 4.
160 S/S-*Perron/Eisele*, § 33 Rn 2; *Roxin*, AT I, § 22 Rn 85 ff.
161 *Kühl*, AT, § 12 Rn 141; *Rengier*, AT, § 27 Rn 18; fallbezogen: *ders./Jesse*, JuS 08, 47.
162 Ebenso *Beulke*, Jura 88, 643; *Motsch*, Der straflose Notwehrexzess, 2003, S. 92; Coester-Waltjen-Noak, Zwischenprüfung, S. 22; *Otto*, Grundkurs AT, § 14 Rn 23; *Rengier*, AT, § 27 Rn 19; *Rosenau*, Beulke-FS, S. 225, 233; *Trüg/Wentzell*, Jura 01, 30, 33 f; aA BGH NStZ 02, 141; SK-*Rogall*, § 33 Rn 4.
163 S/S-*Perron/Eisele*, § 33 Rn 7.

236

c) Subjektives Element

Nach zutreffender hM kommt es für § 33 nicht darauf an, ob der Täter die Grenzen der Notwehr **bewusst** oder unbewusst überschritten hat. Der Wortlaut sieht keine Begrenzung auf eine unbewusste Überschreitung vor; zudem ist die Einbeziehung der bewussten Überschreitung angemessen, da auch derjenige, der weiß, was er tut, sich in einer so starken psychischen Ausnahmesituation befinden kann, dass ihm letztlich kein Vorwurf zu machen ist[164]. Ob § 33 auch dann eingreift, wenn dem Verhalten des Täters gar kein **Verteidigungswille** zugrunde liegt, ist strittig. Schon für die Notwehr nach § 32 ist – über die Kenntnis der die Notwehrlage begründenden Umstände hinaus – richtigerweise ein Verteidigungswille zu fordern (s. Rn 546 f). Auch bei der Notwehrüberschreitung ist es nicht erforderlich, dass die Verteidigung das alleinige Motiv des Angegriffenen ist. Eine Minderung des persönlichen Schuldvorwurfs kann aber nur dann eintreten, wenn der Verteidigungszweck ein nicht völlig untergeordnetes Motiv darstellt[165].

704

d) Putativnotwehrexzess

Ist eine Notwehrlage in Wirklichkeit überhaupt nicht gegeben, stellt der Täter sich eine solche jedoch vor, so spricht man von Putativnotwehr. Der Notwehrausübende befindet sich in einem sog. Erlaubnistatbestandsirrtum, der nach den allgemeinen Irrtumsregeln zu behandeln ist (s. Rn 740 ff). Überschreitet der Täter bei einer in Wirklichkeit nicht gegebenen Notwehrlage die Grenzen der Verteidigung, die einzuhalten gewesen wären, wenn der Angriff tatsächlich in der Intensität stattgefunden hätte, so spricht man von einem **intensiven Putativnotwehrexzess.**

705

Beispiel: A geht im Dunkeln auf einem Forstweg im Bayerischen Wald spazieren. Plötzlich kommt ihm B entgegen, der wild gestikulierend und unverständlich auf A einredet. A denkt, der B wolle ihn überfallen, ist – weil er völlig allein im Wald unterwegs ist – aus Furcht mit der Situation überfordert und schießt B mit einer beigeführten Pistole unvermittelt und ohne Vorwarnung in den Kopf, um sich zu schützen. B stirbt. Tatsächlich wollte B, der sich verirrt hatte, lediglich nach dem Weg fragen, konnte sich aber wegen seines starken niederbayerischen Dialekts nicht verständlich machen.

Hier wird eine analoge Anwendung des § 33 zwar erwogen. Allerdings bleibt in Fällen des Putativnotwehrexzesses nach zutreffender Ansicht für § 33 kein Raum. § 33 baut auf § 32 auf und setzt daher einen **tatsächlichen** (nicht nur einen vermeintlichen) Angriff voraus[166]. Im Übrigen ergäbe sich ein dogmatischer Bruch: Der Putativnotwehrübende, der hierbei aus asthenischen Affekten auch noch die Grenzen des vermeintlichen Notwehrrechts überschreitet, würde – bei Anwendung des § 33 –

706

---

164 S. dazu BGHSt 39, 133 m. Anm. *Roxin*, NStZ 93, 335; BGH NStZ 89, 474 m. insoweit zust. Anm. *Beulke*, JR 90, 381; BGH StV 06, 688; *Theile*, JuS 06, 965; krit. S/S-*Perron/Eisele*, § 33 Rn 6 (nur unbewusster Exzess erfasst).

165 BGH NJW 13, 2133, 2134 m. Bespr. *Satzger*, JK 12/13, StGB § 33/5; BGH NStZ 16, 333 *(Fluchtfall)* m. Bespr. *Bosch*, Jura (JK) 16, 702 und *Eisele*, JuS 16, 366 sowie *Rückert*, NStZ 16, 334; s. auch *Engländer*, HRRS 13, 389, 392; LK-*Zieschang*, § 33 Rn 48; anders *Jäger*, JA 13, 708, 710.

166 BGH NJW 62, 308; NStZ 83, 453; NStZ 03, 599, 600; NStZ 11, 630; NStZ 16, 333 *(Fluchtfall)*; HRRS 17 Nr 365; s. außerdem *Berster*, JuS 14, 998; *Engländer*, JuS 12, 408, 409; *B. Heinrich*, AT, Rn 593; *Momsen/Sydow*, JuS 01, 1197; SK-*Rogall*, § 33 Rn 5; abw. S/S-*Perron/Eisele*, § 33 Rn 8; diff. MK-StGB-*Erb*, § 33 Rn 18; *Roxin*, AT I, § 22 Rn 96.

gänzlich straflos ausgehen. Der ohne asthenische Affekte in Putativnotwehr Handelnde müsste sich nach der hM zu den Rechtsfolgen eines Erlaubnistatbestandsirrtums (s. Rn 752 ff) ggf wegen einer Fahrlässigkeitstat verantworten (vgl § 16 I 2)[167]. Der Putativnotwehrexzess ist vielmehr mit einem sog. Doppelirrtum vergleichbar, welcher als **indirekter Verbotsirrtum** zu behandeln ist (s. Rn 767 ff). Bei der im Rahmen des § 17 anzustellenden Vermeidbarkeitsprüfung ist aber zu berücksichtigen, ob einem etwaigen Affektzustand des Täters Bedeutung zukommt[168].

707 Hält der Verteidiger den Angriff irrtümlich **für schon oder noch gegenwärtig**, so liegt auch ein Fall der **Putativnotwehr** vor, bei dem aber wiederum (vgl Rn 703) zu differenzieren ist:

Liegt (erst später oder niemals) eine Notwehrlage vor, die der Notwehrausübende nur **irrtümlich für schon gegenwärtig** hält, greift § 33 nicht ein. Denn selbst wenn die tatsächlichen Umstände gegeben wären, die er sich vorstellt, läge nur ein vorzeitiger Notwehrexzess (s. Rn 703), vor, sodass § 33 nicht einschlägig wäre. Sein (zusätzlicher) Irrtum kann hieran nichts ändern.

Hat demgegenüber (zunächst) eine Notwehrlage vorgelegen, die jedoch inzwischen schon abgeschlossen, dh nicht mehr gegenwärtig ist, hält der Notwehrausübende diese jedoch **irrtümlich für noch gegenwärtig**, so liegt ein Erlaubnistatbestandsirrtum vor, der die Vorsatzschuld entfallen lässt (s. Rn 756)[169]. Lediglich für die dann noch offen bleibende Fahrlässigkeitshaftung kann § 33 von Bedeutung sein[170]: Gegenüber demjenigen, der das Ende des Angriffs erkannt hat, kann derjenige nicht schlechter gestellt werden, der noch von einem bestehenden Angriff ausgeht.

708 Liegt ein Angriff tatsächlich vor, irrt der Angegriffene aber über das Ausmaß des Angriffs, der Verteidigungshandlung oder der Gebotenheit (zB: Angegriffener hält Räuber fälschlicherweise für bewaffnet), so greifen ebenfalls die Regeln des Erlaubnistatbestandsirrtums ein, wenn die irrig angenommenen Umstände im Falle ihres wirklichen Gegebenseins die Tat rechtfertigen würden[171] (gegen bewaffneten Räuber wäre Schusswaffeneinsatz nach Warnschuss zulässig). Bzgl des Vorsatzdelikts entfällt nunmehr also die Vorsatzschuld. Im Rahmen des Fahrlässigkeitsdelikts (§ 16 I 2) kommt es bei der Beurteilung der Sorgfaltspflichtwidrigkeit dann auf die Vermeidbarkeit des Irrtums an; bei Unvermeidbarkeit entfällt ein Sorgfaltspflichtverstoß, bei Vermeidbarkeit greift die Strafbarkeit im Regelfall ein, es sei denn, es liegen die besonderen Voraussetzungen des § 33 vor[172].

---

167 *B. Heinrich*, AT, Rn 593.
168 BGH NJW 68, 1885.
169 BGH NJW 14, 1121 m. Bespr. *Brüning*, ZJS 14, 206 und *Kudlich*, JA 14, 153.
170 *Jescheck/Weigend*, AT, § 45 II 3; *Köhler*, AT, S. 425; S/S-*Perron/Eisele*, § 33 Rn 7; *Roxin*, AT I, § 22 Rn 84.
171 BGH StV 99, 143, 145.
172 BGH NStZ 11, 630 m. Anm. *Hecker*, JuS 12, 465 und *Sinn*, ZJS 12, 124; vert. *A. H. Albrecht*, GA 2013, 369; *Engländer*, JuS 12, 408.

Überblick über die Voraussetzung der Notwehrüberschreitung, § 33

1. Vorliegen einer Notwehrlage (str. beim extensiven Notwehrexzess)
2. Asthenischer Affekt, der (mit-)kausal für konkrete Handlung ist
3. Überschreiten der Grenzen der Notwehr: Mangelnde Erforderlichkeit
4. Einschränkungen hinsichtlich der Gebotenheit (str.)
5. Verteidigungswille (str.)

3. Handeln auf dienstliche Weisung

Beamte und Soldaten handeln in vielen Fällen aufgrund einer dienstlichen Anwei- **709** sung. Sollte sich die Anordnung bzw der Befehl im Nachhinein als rechtswidrig erweisen, ist die Feststellung einer strafrechtlichen Verantwortlichkeit des anordnenden/befehlenden Vorgesetzten regelmäßig kein Problem. Beim Untergebenen wird allerdings diskutiert, ob und wie dieser bei rechtswidriger dienstlicher Weisung strafrechtlich zur Verantwortung gezogen werden kann. Hierbei muss zwischen **verbindlichen** und **unverbindlichen** Weisungen unterschieden werden.

Die **verbindliche** Weisung bildet für den Untergebenen im Rahmen seiner Befol- **710** gungspflicht einen **Rechtfertigungsgrund**. Dabei kann selbst eine rechtswidrige Weisung, die die Begehung einer Straftat oder Ordnungswidrigkeit zur Folge hat, verbindlich sein und somit rechtfertigende[173] Kraft entfalten. Rechtswidrigkeit und Verbindlichkeit der Weisung sind daher zu unterscheiden[174].

Hat der Angewiesene Bedenken bzgl der Rechtmäßigkeit, so hat er im Regelfall diese zunächst gegenüber dem Vorgesetzten vorzubringen (vgl §§ 63 II 1, 2 BBG, 36 II 1, 2 BeamtStG). Bestätigen die Vorgesetzten die Anordnung, muss der Beamte sie nach Maßgabe der allgemeinen Beamtengesetze ausführen, dh sie ist verbindlich, auch wenn sie rechtswidrig ist. Jedoch ist sie dann **unverbindlich**, wenn es für den Angewiesenen erkennbar ist, strafbar oder ordnungswidrig zu handeln oder wenn das weisungsgemäße Verhalten die Menschenwürde verletzt (§§ 63 II 3, 4 BBG; 36 II 3, 4 BeamtStG). Nunmehr scheidet mangels Verbindlichkeit eine Rechtfertigung aus.

Eine **abweichende Regelung** enthalten jene Vorschriften, die insbes. Justizvollzugsbedienstete und Soldaten betreffen. Danach ist eine rechtswidrige Weisung diesen Personen gegenüber immer unverbindlich, sodass eine Rechtfertigung ausscheidet. Jedoch trifft den Angewiesenen eine Schuld nur, wenn er erkennt oder es nach den Umständen für ihn offensichtlich ist, dass er eine Straftat begeht (§§ 5 I WStG, 11 II SG; 97 II StVollzG; 7 II UZwG) oder ordnungswidrig handelt (§ 30 II, III ZDG), bzw dass der Befehl oder die Anordnung rechtswidrig ist (§ 3 VStGB)[175].

---

173 *Lenckner*, Stree/Wessels-FS, S. 224; *Roxin*, AT I, § 17 Rn 19; aA *F. Meyer*, GA 2012, 556; LK-*Rönnau*, Vorbem. § 32 Rn 298; für Schuldausschließung oder Entschuldigungsgrund *Fischer*, Vorbem. § 32 Rn 16.
174 Anders *Amelung*, JuS 86, 329, 337; Baumann/Weber/Mitsch/Eisele-*Mitsch*, AT, § 15 Rn 171; NK-*Paeffgen*, Vorbem. § 32 Rn 192.
175 BGHSt 53, 145, 161 ff *(Coesfeld-Fall)*; *Schwartz*, Handeln aufgrund eines militärischen Befehls, 2007; *T. Walter*, JR 05, 279.

4. Unzumutbarkeit normgemäßen Verhaltens

711 Auch die Unzumutbarkeit normgemäßen Verhaltens kann schuldausschließend wirken, wobei die generelle Anerkennung eines derart vagen, in Voraussetzungen und Grenzen unbestimmten Entschuldigungsgrundes der Rechtsunsicherheit Tür und Tor öffnen würde[176]. Insofern wird lediglich bei den **Fahrlässigkeits- und Unterlassungsdelikten** eine Notwendigkeit gesehen, im Rahmen einer Zumutbarkeitsprüfung die Reichweite der Sorgfalts- und Handlungspflichten zu begrenzen[177]. So gehört zum subjektiven Fahrlässigkeitsvorwurf der Nachweis, dass der Täter nach seinen persönlichen Fähigkeiten und dem Maß seines individuellen Könnens im Stande war, die objektive Sorgfaltspflicht zu erkennen und insbes., dass es ihm subjektiv zumutbar war, diese Sorgfaltspflichten einzuhalten[178]. Eine ähnliche regulative Wirkung wird bei den Unterlassungsdelikten vorgenommen, wobei die „Zumutbarkeit" teilweise nicht erst auf Schuldebene zu prüfen ist, sondern bereits ein (einschränkendes) Merkmal des objektiven Tatbestands darstellt. So ist etwa bei § 323c die Zumutbarkeit der Hilfeleistung eine tatbestandliche Begrenzung der sonst viel zu weiten Jedermannspflicht[179].

712 Dass **Überzeugungstäter**, die sich aufgrund einer sittlichen, religiösen oder politischen Anschauung zu einem Tun für berechtigt oder gar verpflichtet halten, unter dem Aspekt einer Unzumutbarkeit normgemäßen Verhaltens straflos ausgehen sollen, erscheint letztlich nicht überzeugend[180]. Der Täter darf jedenfalls seine private Überzeugung nicht gegen das allgemeinverbindliche Recht setzen und diesem bewusst zuwiderhandeln[181]. Einem Strafverzicht für bestimmte Fälle steht entgegen, dass sich die Motivationen einer objektiven Bewertung entziehen und somit eine Grenzziehung nicht möglich erscheint. Allein in der Strafzumessung kann versucht werden, die Ziele und Motive des Täters zu berücksichtigen[182].

5. Übergesetzlicher entschuldigender Notstand

713 § 35 I enthält keine abschließende Regelung für den (entschuldigenden) Notstand. Im 2. StrRG wurde vielmehr bewusst auf eine weitergehende gesetzliche Regelung verzichtet, um der weiteren Entwicklung nicht vorzugreifen[183]. Ein übergesetzlicher entschuldigender Notstand wird für ganz **außergewöhnliche Konfliktsituationen** erwogen, die weder unter dem Aspekt des § 34 eine Rechtfertigung noch nach § 35 eine

---

176 Vgl RGSt 66, 397; AnwK-StGB-*Hauck*, Vorbem. §§ 32 ff Rn 35; *Kröpil*, JR 11, 283; LK-*Rönnau*, Vorbem. § 32 Rn 327; aA *Jäger*, AT, Rn 204 ff.
177 Vgl ferner BGHSt 6, 46; 11, 135 und 11, 353; BGH NStZ 84, 164; zum Spezialfall der Unzumutbarkeit aus religiösen Gründen s. Rn 636 und *Kühl*, AT, § 12 Rn 109.
178 S. hierzu auch Rn 1145.
179 Vgl S/S/W-StGB-*Schöch*, § 323c Rn 17.
180 So unter Hinweis auf Art. 4 GG und BVerfGE 32, 98 unter engen Voraussetzungen *Roxin*, Maihofer-FS, S. 389; *ders.*, GA 2011, 1; ebenso *Jung*, JZ 12, 926, 927 f; *Luzón Peña*, Wolter-FS, S. 431; *Böse* erwägt bei Glaubens- und Gewissensentscheidungen eine Rechtfertigung gem. § 34, vgl *Böse*, ZStW 113 [2001], 40.
181 Zutr. *B. Heinrich*, AT, Rn 530; *Hirsch*, Strafrecht und Überzeugungstäter, 1996, S. 27; diff. *Ebert*, Der Überzeugungstäter in der neueren Rechtsentwicklung, 1975, S. 52, 66, 84; *Radtke*, GA 2000, 19; MK-StGB-*Schlehofer*, Vorbem. § 32 Rn 259 f; *Tenckhoff*, Rauscher-FS, S. 437.
182 *B. Heinrich*, AT, Rn 530.
183 *Horstkotte*, Protokolle des Sonderausschusses des Deutschen Bundestages für die Strafrechtsreform, V S. 1849 f; vgl auch S/S-*Sternberg-Lieben*, Vorbem. §§ 32 ff Rn 115; MK-StGB-*Schlehofer*, Vorbem. § 32 Rn 270; *T. Zimmermann*, Rettungstötungen, S. 268 f.

240

Entschuldigung erlauben. Es handelt sich v. a. um die Frage, ob zur Rettung von vielen Menschenleben wenige Menschenleben aufgeopfert werden dürfen.

Beispiel (sog. „Euthanasiefälle"): In der NS-Zeit standen Ärzte von Heilanstalten vor der unentrinnbaren Alternative, sich entweder durch Auswahl einzelner Geisteskranker (dh durch deren Aufnahme in sog. Verlegungslisten) in begrenztem Umfange an der von Hitler befohlenen „Euthanasieaktion" zu beteiligen, um dadurch die Mehrzahl ihrer geisteskranken Patienten zu retten, oder jede Mitwirkung an dieser rechtswidrigen Geheimaktion abzulehnen mit der mutmaßlichen Folge, dass dann regimetreue Ärzte ihre Stelle eingenommen und dem Vernichtungswerk freien Lauf gelassen hätten. Ein Teil dieser Ärzte hat damals in echter Gewissensnot den erstgenannten Weg gewählt[184].

Am ehesten lässt sich eine entschuldigende Wirkung auch hier durch eine **Unrechts- und (sogar doppelte) Schuldminderung** erklären (zu § 35 vgl Rn 685)[185]. Die Tötung von Menschen zur Rettung einer erheblich größeren Anzahl anderer Menschen beseitigt – wie gesehen – den Erfolgsunwert nicht, muss diesen jedoch reduzieren. Angesichts des verfolgten Rettungszwecks vermindert sich auch der Verhaltensunwert. Dem somit reduzierten Unwertgehalt entspricht daher eine (erste) Reduzierung des Schuldmaßes. Dieses wird zweitens noch dadurch verringert, dass sich der Täter hier in einem geradezu unauflösbaren Gewissenskonflikt befindet, weil er – ließe er den Dingen seinen Lauf – (jedenfalls vor sich selbst) einen quantitativ ungleich größeren Lebensverlust zu verantworten hätte. Unter diesen Umständen kommt in der Entscheidung, (wenige) zu töten um (viele) zu retten, gerade keine tadelnswerte Gesinnung zum Ausdruck. Ein Schuldvorwurf wäre fehl am Platz[186].

a) „Übergesetzliche Notstandslage"

Der übergesetzliche Entschuldigungsgrund erlangt seine Bedeutung v. a. dort, wo das Leben eines oder mehrerer Menschen einer **gegenwärtigen Gefahr** ausgesetzt ist und diese Gefahr nur durch den Eingriff in das Leben anderer abgewendet werden kann. Dass diese Konstellation im Regelfall nur „außerhalb des Gesetzes" gelöst werden kann, liegt daran, dass eine Rechtfertigung gem. § 34 in solchen Konstellationen am Grundsatz des absoluten Lebensschutzes – der weder eine qualitative noch eine quantitative Abwägung des Lebens zulässt (s. Rn 476 ff) – scheitert und eine Entschuldigung nach § 35 I 1 regelmäßig wegen des fehlenden Näheverhältnisses ausscheiden wird. **714**

Der übergesetzliche Notstand muss jedoch für **absolute Ausnahmefälle** reserviert sein. Anders als bei § 35 I 1 fehlt eine Eingrenzung durch die Einschränkung in personeller Hinsicht, sodass es erforderlich erscheint, zur Wahrung des Ausnahmecharakters den Kreis der Schutzgüter eng zu ziehen und diese ausschließlich auf den **Schutz von Leben** zu begrenzen[187].

---

184 Vgl BGH NJW 53, 513; dazu auch *Koch*, JA 05, 745.
185 S. auch S/S-*Sternberg-Lieben*, Vorbem. § 32 Rn 116; LK-*Rönnau*, Vorbem. § 32 Rn 346; *Kühl*, AT, § 12 Rn 98 mit zusätzlichem Verweis auf das fehlende „präventive Strafbedürfnis"; letzteres als Begründung anführend *Kaspar*, AT, § 5 Rn 406 sowie *Roxin*, AT I, § 22 Rn 148 (dieser befürwortet einen übergesetzlichen Verantwortungsausschluss).
186 So treffend S/S-*Sternberg-Lieben*, Vorbem. § 32 Rn 116; übersichtlich zu weiteren Erklärungsansätzen NK-*Neumann*, § 35 Rn 56 ff.
187 So auch *Kühl*, AT, § 12 Rn 99; S/S-*Sternberg-Lieben*, Vorbem. § 32 Rn 117; weiter demgegenüber LK-*Rönnau*, Vorbem. § 32 Rn 352 (auch „Leib oder Freiheit") und *Jakobs*, AT, 20/42 (andere Rechtsgüter von „existenziellem Gewicht"); noch weitergehend OLG Hamm NJW 76, 721 f.

b) Notstandshandlung

715 In Anlehnung an § 35 I 1 muss die Notstandshandlung das **relativ mildeste Mittel** zur Abwendung der gegenwärtigen Lebensgefahr sein (vgl Rn 690 f). Zudem müssen in entsprechender Anwendung des § 35 I 2 die dortigen **Gefahrtragungspflichten** als Einschränkungskriterien beachtet werden (vgl Rn 692 f). Um dem absoluten Ausnahmecharakter des übergesetzlichen entschuldigenden Notstandes gerecht zu werden und die Beschränkung auf außergewöhnliche Konfliktsituationen zu erreichen, ist zudem folgendes zu berücksichtigen:

716 **aa) Gefahrengemeinschaft von Eingriffs- und Schutzgut.** Die Aufopferung eines Menschenlebens zum Schutz eines anderen lässt sich dem Täter nur dann nicht vorwerfen, wenn sowohl das Schutz- als auch das Eingriffsgut bereits „aneinander gekoppelt sind", also jeweils einer Lebensgefahr ausgesetzt sind und der Täter nur noch vor der Entscheidung steht, ob er die sowieso verlorenen Menschen zugunsten einer quantitativ deutlich überwiegenden Anzahl zu rettender Leben aufopfert. Bislang nicht gefährdete Personen dürfen zur Konfliktlösung nicht geopfert werden.

In den „**Euthanasiefällen**" (s. Rn 713) zeigt sich eine derartige ungewöhnliche Lebens-Gefahrengemeinschaft. Ohne das Agieren der Ärzte hätten regimetreue Ärzte ihre Stelle eingenommen und dem Vernichtungswerk freien Lauf gelassen, wohingegen durch das Aufopfern des Lebens eines kleinen Teils an Patienten ein Großteil der sich in einer „Gefahrengemeinschaft" befindenden Patienten gerettet werden konnte. Wenn der Täter seine Entscheidung nach bestem Gewissen trifft und sein vom Rettungszweck bestimmtes Handeln unter den gegebenen Umständen das einzige Mittel darstellt, eine noch größere Zahl an Leben zu retten, vermag die Rechtsordnung somit keinen Schuldvorwurf zu erheben. In der Lit.[188] – und vereinzelt in der Rspr[189] – wird in dieser Fallkonstellation daher zu Recht ein übergesetzlicher entschuldigender Notstand anerkannt.

717 Selbige Aspekte sind auch im Zusammenhang mit dem staatlicherseits angeordneten **Abschuss eines von Terroristen entführten Flugzeugs** einschlägig, wenn dieses gegen das Leben einer Vielzahl anderer Menschen eingesetzt werden soll:

Beispiel: Terrorist T hat ein mit 250 Passagieren besetztes Flugzeug in seine Gewalt gebracht und lässt sich weder durch Funksprüche noch durch Abdrängmanöver der Luftwaffe von seinem Vorhaben abbringen, das Flugzeug in eine Konzerthalle zu steuern, die mit 2200 Besuchern besetzt ist. Da eine Evakuierung der Halle nicht rechtzeitig möglich ist, entscheidet der über diese Umstände voll informierte Pilot P eines Kampfjets, das Passagierflugzeug wenige Minuten vor dem Einschlag in die Halle abzuschießen. Hierbei sterben alle Insassen des Flugzeugs. Von den Besuchern der Konzerthalle wird niemand verletzt.

---

188 *Gallas*, Beiträge zur Verbrechenslehre, 1968, S. 59; *Jescheck/Weigend*, AT, § 47 I; *Krey/Esser*, AT, Rn 774; *Küper*, Pflichtenkollision, S. 30, 62 ff; *ders.*, JuS 81, 785, 793; *ders.*, JZ 89, 617; abl. *Mitsch*, JA 06, 515; *Roxin*, AT I, § 22 Rn 147 (Verneinung der Verantwortlichkeit, vgl oben Rn 643); für lediglich schuldmindernde Wirkung: MK-StGB-*Schlehofer*, Vorbem. § 32 Rn 292; andere halten zwar an der rechtlichen Vorwerfbarkeit der Tötung fest, gelangen aber gleichfalls zur Straflosigkeit, indem sie in diesen Fällen des sog. quantitativen Lebensnotstandes einen persönlichen Strafaufhebungsgrund für möglich erachten, s. *Oehler*, JR 51, 492 und *Peters*, JR 49, 497.

189 OLG Hamm NJW 76, 721, 722; geprüft (jedoch abgelehnt) von LG Frankfurt/M NJW 05, 692, 695 *(Daschner-Fall)*; s. auch OGHSt 1, 321 (Annahme eines persönlichen Strafaufhebungsgrundes); offengelassen in BVerfG NJW 06, 751, 759 *(Luftsicherheitsgesetz)*; BGHSt 35, 347, 350 *(Katzenkönigfall)*.

Die Tötung der Passagiere und der Besatzung an Bord des Verkehrsflugzeugs lassen sich **nicht rechtfertigen**. Zwar handelt P in Nothilfe (§ 32) zugunsten der durch das Flugzeug bedrohten Personen in der Konzerthalle. Ein Angriff geht allerdings nur von T aus, nur ihm gegenüber liegt also eine Notwehrlage vor. Der rechtfertigende Notstand (§ 34) greift ebenfalls nicht ein, da das menschliche Leben – auch das todgeweihte – absolut geschützt ist und sich damit einer Abwägung gegenüber anderem Leben entzieht (Rn 478 f). Da schließlich der für diese Fallgruppen extra geschaffene Rechtfertigungsgrund des § 14 III LuftSiG vom BVerfG für verfassungswidrig erklärt worden ist (auch dazu Rn 479), kann die Lösung nur noch auf der **Schuldebene** gesucht werden. Das Eingreifen des entschuldigenden Notstandes iSv § 35 scheitert dabei an der fehlenden Nähebeziehung zwischen P und den Konzerthallenbesuchern. Für die Begründung von Straflosigkeit kommt deshalb nur die Annahme eines übergesetzlichen entschuldigenden Notstandes in Betracht[190]. Die bedrohten Besucher der Konzerthalle und die aufgeopferten unschuldigen Passagiere (inkl. Besatzung) bilden eine „Gefahrengemeinschaft", wobei die Menschen im Flugzeug ohnehin den Tod finden. Unter diesen Umständen kann kein Schuldvorwurf erhoben werden, wenn in extremen Ausnahmefällen das Leben weniger „todgeweihter" Menschen geopfert wird, um eine sehr große Menschenmenge zu retten. Im konkreten Fall der Flugzeugentführung durch Terroristen ergeben sich allerdings zusätzliche **Prognoseprobleme**. Wer kann – u. U. in wenigen Minuten – eine verlässliche Aussage darüber treffen, wie die weitere Entwicklung verlaufen wird und wie viele Menschen im Flugzeug oder in den möglicherweise angesteuerten Gebäuden zu Tode kommen werden? Sollte sich nach einer Abschussentscheidung nachträglich herausstellen, dass in Wirklichkeit gar keine „alternativlose Notsituation" für die Flugzeugpassagiere gegeben war, kann ein Irrtum über die tatsächlichen Voraussetzungen eines Entschuldigungsgrundes in entsprechender Anwendung des § 35 II eingreifen (vgl Rn 770 ff)[191].

718 Lebhaft diskutiert wird das Eingreifen eines übergesetzlichen Entschuldigungsgrundes auch in Fällen der **Rettungsfolter**, bei denen eine Rechtfertigung nach hier vertretener Auffassung aber ausscheidet (s. Rn 439)[192]. Mangels Gefahrengemeinschaft zwischen dem von der Folter Betroffenen und den zu Rettenden sind die Voraussetzungen einer übergesetzlichen Entschuldigung richtiger Ansicht zufolge von vornherein nicht gegeben[193].

719 **bb) Keine Gefahrumleitung auf bislang nicht Gefährdeten.** Der übergesetzliche Notstand greift dann nicht, wenn der Täter zur Lösung eines Konflikts nicht durch das Schicksal bereits verlorene Leben auslöscht, sondern „quasi gottgleich" bislang Ungefährdete (nicht in Gefahrengemeinschaft zu den Geschützten Stehende) einbezieht.

Die bisher unter dem Aspekt des übergesetzlichen entschuldigenden Notstandes diskutierten „Aufopferungsfälle" haben alle zur Voraussetzung, dass die getöteten Menschen „ohnehin schon verloren" waren. Abzulehnen ist hingegen ein übergesetzlicher entschuldigender Notstand, wenn ein oder mehrere bisher völlig **ungefährdete Menschenleben** aufgeopfert werden, um eine größere Menschenmenge zu retten[194]. An-

---

190 In diesem Sinne auch *Jäger*, JA 08, 684; *Jakobs*, Krey-FS, S. 207; Lackner/Kühl-*Kühl*, § 34 Rn 8; *Roxin*, ZIS 11, 552 (Verneinung der Verantwortlichkeit, vgl Rn 643); dagegen *Bott*, In dubio pro Straffreiheit?, 2011, S. 272.

191 S/S-*Sternberg-Lieben/Schuster*, § 16 Rn 31; abl. *Kaspar*, AT, § 5 Rn 404.

192 Vgl *Ambos*, Loos-FS, S. 5, 13; *Roxin*, AT I, § 22 Rn 168.

193 S. auch NK-*Neumann*, § 35 Rn 62b; zur Diskussion – auch zu den sog. „ticking bomb"-Fällen – *Roxin*, AT I, § 22 Rn 166 ff.

194 Wie hier *Steinberg/Lachenmaier*, ZJS 12, 649, 652; *Zieschang*, JA 07, 675, 685; iE auch *Roxin*, AT I, § 22 Rn 162; aA *Kaspar*, AT, § 5 Rn 405 f; *Kühl*, AT, § 12 Rn 105; LK-*Rönnau*, Vorbem. § 32 Rn 347; SK-*Rogall*, Vorbem. § 19 Rn 8; *Stratenwerth/Kuhlen*, AT, § 10 Rn 129.

gesichts der Gleichwertigkeit allen Lebens ist die Setzung einer völlig neuen Gefahr für einen Menschen ein vorwerfbares „Schicksal-Spielen", das die Gemeinschaft nicht straflos lassen sollte.

Beispiel („Weichenstellerfall"): Der Weichensteller W beobachtet, wie ein Zug auf eine Gruppe von 100 Personen zurast. Um den sicheren Tod dieser Personen zu verhindern, leitet W den Zug auf ein anderes Gleis um, auf dem nunmehr „nur" ein bisher ungefährdeter Gleisarbeiter zu Tode kommt[195]. Da das Leben des Gleisarbeiters in dieser Konstellation (anders als im Beispiel zuvor, s. Rn 717) noch nicht gefährdet war – eine Gefahrengemeinschaft mit den Geretteten somit nicht vorlag –, scheidet eine Entschuldigung nach hier vertretener Auffassung aus[196].

720 cc) **Entscheidung für das „kleinere Übel".** Schließlich muss der Täter bei Auflösung der Konfliktlage das objektiv (dh zahlenmäßig) „kleinere Übel" gewählt haben. Dies zeigt insbes. die Konstellation des Flugzeugabschusses (s. Rn 717), bei der P im Vergleich zum Untätigbleiben die (sonst verlorenen) Konzerthallenbesucher vom sicheren Tod bewahrt. Selbiges gilt für die Euthanasiefälle, in welchen das Handeln der Ärzte den Tod einer Vielzahl anderer Kranker verhinderte.

c) **Subjektive Komponente**

721 In subjektiver Hinsicht muss der Täter – wie bei § 35 (s. Rn 694) – mit Gefahrabwendungswille handeln.

722
> **Überblick über die Voraussetzungen des übergesetzlichen entschuldigenden Notstands**
> 1. Objektive Voraussetzungen
>   a) Notstandslage: gegenwärtige Gefahr für das Leben
>   b) Notstandshandlung:
>   – Erforderlichkeit
>   – Wahl des objektiv „kleineren Übels"
>   – Gefahrengemeinschaft: Gefahr darf nicht auf einen bislang nicht Gefährdeten umgeleitet werden
>   – Keine Gefahrtragungspflichten des Geretteten, § 35 I 2 entsprechend
> 2. Subjektive Voraussetzung: Gefahrabwendungswille

Aktuelle Rechtsprechung zu § 13:
– BGH NStZ 16, 84 m. Bespr. *Hecker*, JuS 16, 177: Für die Anwendung des § 33 ist grundsätzlich auch dann Raum, wenn infolge der von dem Angegriffenen schuldhaft mitverursachten Notwehrlage (sonst vorwerfbare Notwehrprovokation) ein nur eingeschränktes Notwehrrecht nach § 32 besteht; vgl Rn 702.
– BGH NStZ 16, 203: Zur Versagung einer Strafmilderung nach den §§ 21, 49 I, wenn die erhebliche Verminderung der Schuldfähigkeit des Täters allein auf einer selbstverschuldeten Trunkenheit beruht; vgl Rn 652.

---

195 Nach *Welzel*, ZStW 63 [1951], 51; dazu auch *Jäger*, AT, Rn 207 f; *ders.*, ZStW 115 [2003], 779; *Koch*, JA 05, 745; *Mitsch*, GA 2006, 11; *Zieschang*, JA 07, 679, 685.
196 Wie hier *Steinberg/Lachenmaier*, ZJS 12, 649, 652; *Wörner*, ZIS 19, 41; *Zieschang*, AT, Rn 389; *ders.*, JA 07, 679, 685; iE auch *Roxin*, AT I, § 22 Rn 162; aA *Kaspar*, AT, § 5 Rn 405 f; *Kühl*, AT, § 12 Rn 105; LK-*Rönnau*, Vorbem. § 32 Rn 347; SK-*Rogall*, Vorbem. § 19 Rn 8; *Stratenwerth/Kuhlen*, AT, § 10 Rn 129.

- BGH NStZ 16, 333 *(Fluchtfall)* m. Bespr. *Bosch*, Jura (JK) 16, 702, *Eisele*, JuS 16, 366 sowie *Rückert*, NStZ 16, 334: **(1)** Eine Entschuldigung gem. § 33 setzt das Bestehen einer objektiv gegebenen Notwehrlage voraus. Auf Fälle der Putativnotwehr, also unter anderem in einer irrtümlich angenommenen Notwehrlage, ist die Vorschrift des § 33 nicht anwendbar. **(2)** Zudem müssen die asthenischen Affekte dafür ursächlich sein, dass der den Angriff wahrnehmende Täter die Grenzen der Notwehr überschreitet, wobei er gleichsam mit Verteidigungswillen handeln muss; vgl Rn 705 f.
- BGH StV 19, 237: Bei alkoholgewöhnten/alkoholabhängigen Angeklagten können das äußere Leistungsverhalten und die innere Steuerungsfähigkeit auseinanderfallen, so dass bei einem hohen Tatzeit-BAK eine Schuldunfähigkeit oder eine verminderte Schuldfähigkeit nicht zwangsläufig allein aufgrund des feststellbaren äußeren Leistungsverhaltens verneint werden kann. Dem Nachtatverhalten kommt in solchen Fällen wegen möglicher Ernüchterung nur geringe Bedeutung zu; vgl Rn 649.

§ 14 Irrtumslehre

Fall 14: Auf dem Grundstück des E steht ein hoher Baum, dessen Laub bei starkem Herbstwind in den angrenzenden Garten des A getragen wird. A hat den (sich bislang ablehnend verhaltenden) E mehrfach darum gebeten, den Baum auf eigene Kosten entfernen zu dürfen. Während einer Urlaubsreise des E beseitigt und zersägt A den umstrittenen Baum, dessen Holz er wohlgeordnet zu den Vorräten des E legt. Die dazu benötigte Motorsäge hat ihm sein Bekannter B in Kenntnis des Verwendungszwecks zur Verfügung gestellt. Während B annahm, dass A eigenmächtig zur Selbsthilfe greifen wolle, weil E dem Vorgehen des A nicht zugestimmt habe, war A selbst davon überzeugt, mit Einwilligung des E zu handeln. Ihm war nämlich vor Es Abreise eine mit dessen Unterschrift versehene Notiz („Bin mit Ihrem Vorschlag einverstanden; erledigen Sie bitte alles während meiner Abwesenheit!") zugegangen. Diese Nachricht hatte mit der Fällung des Baums jedoch gar nichts zu tun, der Überbringer hatte den nicht adressierten Briefumschlag nur aufgrund eines Missverständnisses in den Briefkasten des A geworfen. E ist entsetzt, als er bei seiner Rückkehr feststellt, was geschehen ist.

Hat sich A einer Sachbeschädigung und B einer Beihilfe hierzu schuldig gemacht? **Rn 724, 741, 744, 747, 749, 758**

723

I. Überblick

Im **Fall 14** erfüllt das Fällen des Baumes durch A den Tatbestand der Sachbeschädigung (§ 303 I). Diese Handlung war auch rechtswidrig, da eine wirksame Einwilligung des E fehlte. Fraglich ist demgegenüber, welche Bedeutung es hat, dass A irrtümlich von einer Einwilligung des E ausging.

724

Im richtigen Leben wie auch in strafrechtlichen Klausursachverhalten unterliegt der Täter häufig Fehlvorstellungen. Ob und inwieweit ein solcher Irrtum Auswirkungen auf die strafrechtliche Beurteilung hat, ist eine Frage der Irrtumslehre. Verschiedenste

725

Irrtumskonstellationen lassen sich unterscheiden[1]. Fehlvorstellungen können Aspekte auf allen Deliktsstufen betreffen, darüber hinaus sogar die Voraussetzungen der Strafverfolgung erfassen. Zudem kann grob danach differenziert werden, ob die Fehlvorstellung des Täters auf seiner irrigen Wahrnehmung der **tatsächlichen Umstände** beruht oder ob sie **im Rechtlichen** wurzelt. Diese Differenzierung ist in Grenzfällen freilich schwierig (s. Rn 767 ff zum Doppelirrtum, Rn 739 zum Irrtum über normative Tatbestandsmerkmale).

Die nachfolgende Übersicht soll einen ersten Überblick über die denkbaren Bezugspunkte möglicher Irrtümer geben:

Bezugspunkt des Irrtums	Irrtum über Tatsachen	Irrtum über Normen
Tatbestand	Tatbestandsirrtum (vgl Rn 366 ff)	Direkter Verbotsirrtum (vgl Rn 730 ff)
Rechtswidrigkeit	Erlaubnistatbestandsirrtum (vgl Rn 740 ff)	Indirekter Verbotsirrtum/Erlaubnisirrtum (vgl Rn 761 ff)
Schuld	Entschuldigungssachverhaltsirrtum (vgl Rn 770 ff)	Entschuldigungsnormirrtum (vgl Rn 776 f)
Persönliche Strafausschließungsgründe	Strafausschließungsumstandsirrtum (vgl Rn 784 ff)	Irrtum über Existenz oder rechtliche Grenzen der Strafausschließungsgründe (vgl Rn 790)
Strafverfolgungsvoraussetzungen	Irrtum über das tatsächliche Nichtvorliegen der Strafverfolgungsvoraussetzungen (vgl Rn 791)	Irrtum über die Existenz oder die rechtlichen Grenzen von Strafverfolgungsvoraussetzungen (vgl Rn 791)

1. Irrtümer in Bezug auf den Tatbestand: Tatbestandsirrtum vs. direkter Verbotsirrtum

726 Kennt der Täter bei Begehung der Tat einen tatsächlichen Umstand nicht, der zum gesetzlichen Tatbestand gehört, liegt ein **Tatbestandsirrtum**, auch Tatumstandsirrtum genannt, vor (§ 16 I 1). Dieser lässt die Vorsatzstrafbarkeit entfallen. Eine Bestrafung aus dem Fahrlässigkeitsdelikt – falls gesetzlich vorgesehen – bleibt hiervon aber gem. § 16 I 2 unberührt (s. Rn 366 ff).

Weiß der Täter hingegen, was er (tatbestandlich) tut, glaubt er jedoch irrtumsbedingt, sein Verhalten sei nicht von dem im Straftatbestand zum Ausdruck kommenden Verbot erfasst, unterliegt er einem **(direkten) Verbotsirrtum** (§ 17). Dieses „Für-erlaubt-Halten" des Handelns trotz vollständiger Kenntnis der Tatumstände kann sich daraus ergeben, dass der Täter die Verbotsnorm nicht kennt, sie für ungültig hält oder sie in der Weise falsch auslegt, dass er sein in Wahrheit verbotenes Handeln als rechtlich zulässig ansieht (s. Rn 730 ff).

Beispiele: Wenn Jäger J irrigerweise denkt, dass das von ihm anvisierte und getroffene Zielobjekt ein Hirsch sei, obwohl es sich um den Landstreicher O handelt, liegt ein Tatbestandsirrtum

---

1 S. zur Unterscheidung auch Rn 1321 ff.

iSv § 16 I vor *(error in obiecto)*. Anderes gilt, wenn Vandale V davon ausgeht, die von ihm beschmierte Hauswand sei kein taugliches Tatobjekt einer Sachbeschädigung, da der § 303 I nur bewegliche Sachen umfasse. In der ersten Konstellation unterliegt J einem Tatsachenirrtum bezüglich des Tatobjekts „Mensch" iSv § 212 I; V hingegen erfasst in der zweiten Konstellation die Tatumstände zwar vollständig, subsumiert diese aber falsch unter die Verbotsnorm des § 303 I, weshalb lediglich ein direkter Verbotsirrtum gem. § 17 vorliegt.

2. Irrtum über das Eingreifen von Rechtfertigungsgründen: Erlaubnistatbestands- vs. Erlaubnisirrtum

Der Täter kann sich auch darüber täuschen, dass sein tatbestandliches Tun durch einen Rechtfertigungsgrund gedeckt und somit in der konkreten Situation ausnahmsweise erlaubt sei. Dabei können Fehlvorstellungen auch auf dieser Ebene entweder auf tatsächliche Umstände, nämlich auf die sachlichen Voraussetzungen eines Rechtfertigungsgrundes (den Rechtfertigungs*sachverhalt*) bezogen sein oder die normativen Voraussetzungen des Rechtfertigungsgrundes (das Rechtfertigungs*recht*) betreffen. **727**

Wenn der Täter irrig Umstände für gegeben hält, die im Fall ihres wirklichen Gegebenseins die Tat rechtfertigen würden, unterliegt er einem **Erlaubnistatbestandsirrtum**. Diese auf einer Fehlvorstellung über die tatsächlichen Voraussetzungen eines anerkannten Rechtfertigungsgrundes basierende Irrtumskonstellation wirft – mangels gesetzlicher Regelung – schwierige Fragen im Hinblick auf die Rechtsfolge auf (s. Rn 740 ff).

Hiervon abzugrenzen ist der Irrtum, der sich auf die normativen Voraussetzungen der Rechtfertigungsgründe bezieht. Diesen bezeichnet man als **indirekten Verbotsirrtum** oder plastischer, da es um die normativen Voraussetzungen eines Rechtfertigungsgrundes als „Erlaubnisnorm" geht, als **Erlaubnisirrtum**, welcher in § 17 geregelt ist. Irrt der Täter dabei über die rechtliche Existenz des Rechtfertigungsgrundes, so spricht man von einem Erlaubnisnormirrtum; verkennt er dessen rechtliche Grenzen, spricht man von einem Erlaubnisgrenzirrtum (s. Rn 761 ff).

Beispiele: A erblickt in der Fußgängerzone den schäbig aussehenden P, der hastig aus einem teuren Modeladen läuft. Um den vermeintlichen „Ladendieb" aufzuhalten, wirft A den P zu Boden. In Wirklichkeit hatte P nichts gestohlen und wollte nur die nächste Straßenbahn erreichen. In dieser Konstellation irrt sich A über die tatsächliche Voraussetzung des Jedermann-Festnahmerechts aus § 127 I StPO, das nach hM eine wirklich begangene Tat voraussetzt (s. Rn 616) und unterlag somit – da § 127 I StPO bei einer tatsächlich begangenen Tat eine solche Festnahmehandlung erlaubt – einem Erlaubnistatbestandsirrtum. Im Gegensatz hierzu läge ein Erlaubnis(grenz)irrtum vor, wenn P zwar in Wirklichkeit den Ladendiebstahl begangen hätte, A dem P zum Zweck der Festnahme jedoch in den Oberschenkel geschossen hätte und davon überzeugt gewesen wäre, dies aufgrund des Festnahmerechts nach § 127 I StPO tun zu dürfen. Dies trifft jedoch nicht zu, A hätte dann § 127 I StPO – der einen Schusswaffengebrauch zur Festnahme nicht umfasst (Rn 618) – irrig überschritten.

3. Irrtum über das Eingreifen von Entschuldigungsgründen

Parallele Fehlvorstellungen können auch im Bereich der Entschuldigungsgründe relevant werden. Zu differenzieren ist hier einerseits zwischen dem – lediglich für den entschuldigenden Notstand in § 35 II ausdrücklich geregelten – **Entschuldigungs-** **728**

247

sachverhaltsirrtum, bei dem sich der Täter über die tatsächlichen Voraussetzungen eines anerkannten Entschuldigungsgrundes irrt (s. Rn 770 ff).

Andererseits kann sich die Fehlvorstellung auch hier wiederum auf die Existenz oder Reichweite eines Entschuldigungsgrundes erstrecken, wobei es sich dann um einen (im StGB nicht geregelten und nach hM bedeutungslosen) **Entschuldigungsnormirrtum** handelt (s. Rn 776 f).

Beispiel: Als sich V mit seinem Auto auf der Heimfahrt befindet, läuft vor ihm plötzlich ein Kind auf die Straße, das V irrigerweise für seinen Sohn S hält, da das Kind so groß wie S ist, ebenso lange rote Haare hat und – wie S – eine FC Bayern-Jacke und die dazu passende Mütze trägt. Um den vermeintlichen S zu retten, lenkt V sein Auto mangels anderer Rettungsmöglichkeiten in eine danebenstehende Menschenmenge und tötet hierdurch mehrere Menschen. In dieser Konstellation liegt wegen der im Tatsächlichen wurzelnden Personenverwechslung im Hinblick auf das von § 35 I umfasste Merkmal „Angehöriger" ein Entschuldigungssachverhaltsirrtum vor (§ 35 II). Im Gegensatz hierzu läge ein Entschuldigungsnormirrtum vor, wenn auf der Straße der von V innig geliebte Hund „Calli" säße und V davon ausginge, dass er ein derartiges Rettungsmanöver auch zugunsten seines Haustiers durchführen dürfe.

4. Irrtum über persönliche Strafausschließungsgründe/ Strafverfolgungsvoraussetzungen

729 Fehlvorstellungen des Täters können in bestimmten Konstellationen auch jenseits der Deliktsstufen Tatbestand, Rechtswidrigkeit und Schuld auftreten.

Irrt sich der Täter etwa über das Vorliegen der sachlichen Voraussetzungen von **persönlichen Strafausschließungsgründen** (zB die Angehörigenstellung in § 258 VI) oder über deren Existenz bzw rechtliche Grenzen, stellt sich die Frage, ob diesen Fehlvorstellungen rechtliche Relevanz beizumessen ist (s. Rn 784 ff).

Beispiel: Der mit der F Verlobte V hilft dieser, sich nach einem Bankraub ins Ausland abzusetzen. Nach der Tat erfährt V, dass das Verlöbnis zum Zeitpunkt seiner Unterstützungshandlung unwirksam war und er damit kein „Angehöriger" iSd § 258 VI ist; in diesem Fall liegt ein Irrtum über das Gegebensein strafausschließender Umstände vor. Ein Irrtum über die rechtlichen Grenzen eines Strafausschließungsgrundes ist hingegen gegeben, wenn V seinem besten Freund B nach einem Bankraub ins Ausland abzusetzen hilft, da er meint, „Angehöriger" iSd § 258 VI umfasse jede dem Täter „nahe stehende Person".

Ein **Irrtum über Strafverfolgungsvoraussetzungen** liegt vor, wenn sich der Täter über Umstände irrt, die die Zulässigkeit der Strafverfolgung betreffen oder wenn er einem Irrtum über die Existenz oder die rechtlichen Grenzen einer Strafverfolgungsvoraussetzung oder eines Verfahrenshindernisses unterliegt (s. Rn 791).

Beispiel: M entwendet 5000 € aus dem Kleiderschrank seiner Ehefrau F. Er geht davon aus, es handle sich um einen verbliebenen Lottogewinn der F und ist sich dabei sicher, dass F niemals den gem. § 247 für eine Strafverfolgung erforderlichen Strafantrag stellen würde. In Wirklichkeit gehört das Geld der Nachbarin N. M nimmt hier irrigerweise einen Umstand an, der ein Strafantragserfordernis als Strafverfolgungsvoraussetzung begründen würde.

II. Direkter Verbotsirrtum

1. Voraussetzungen

Geht der Täter irrig davon aus, dass sein tatbestandliches Verhalten deshalb erlaubt sei, weil es nicht von dem im unmittelbar einschlägigen Straftatbestand zum Ausdruck kommenden Verbot erfasst sei, unterliegt er einem (**direkten**) **Verbotsirrtum**. Verbotsirrtum iSd § 17 ist aber nicht nur die positive Vorstellung, dass die Tat erlaubt sei, sondern auch das auf einem Vorstellungsmangel beruhende **Fehlen der Unrechtseinsicht**. Die Einsicht, Unrecht zu tun, darf aber nicht mit der Kenntnis der Strafbarkeit eines bestimmten Verhaltens gleichgesetzt werden; erforderlich ist lediglich, dass der Täter die vom Straftatbestand umfasste spezifische Rechtsgutsverletzung als Unrecht erkennt[2]. **730**

a) Ein derartiger Irrtum über das rechtliche Verbot als solches kann unter anderem dann vorliegen, wenn der Täter die seine Tat unmittelbar betreffende **Verbotsnorm nicht kennt**. **731**

Beispiel: A betrieb in den 90er-Jahren in München ein florierendes Geschäft zur Förderung der Selbsttötung, das darin bestand, Sterbewilligen die hierfür notwendigen Medikamente zu überlassen. Nachdem A zwischenzeitlich längere Zeit im Ausland gelebt hat, kehrt er im Jahr 2016 nach München zurück und führt den Betrieb – in Unkenntnis des zwischenzeitlich in Kraft getretenen § 217, wonach nunmehr die geschäftsmäßige Förderung der Selbsttötung unter Strafe gestellt ist – fort.

b) Ferner sind Fehlvorstellungen, bei welchen der Täter eine bestehende **Verbotsnorm für ungültig hält**, als direkter Verbotsirrtum einzuordnen. **732**

Beispiel: Der ahnungslose A ist erfreut über die Aussagen der Bundeskanzlerin, wonach die Beleidigung von Organen und Vertretern ausländischer Staaten (§ 103 aF) nicht mehr unter Strafe stehen solle. In der Annahme der hierdurch erfolgten „Änderung der Rechtslage" verfasst er im Sommer 2016 – und damit noch vor der Aufhebung der Strafnorm – auf einer öffentlichen Internetplattform beleidigende Texte über einen ausländischen Staatspräsidenten.

c) Die relevanteste Konstellation des direkten Verbotsirrtums betrifft Fälle, in welchen der Täter infolge unrichtiger Auslegung der Verbotsnorm zu Fehlvorstellungen über ihren Geltungsbereich gelangt und aus diesem Grund sein Verhalten als rechtlich zulässig ansieht[3]. Man spricht insoweit von einem **Subsumtionsirrtum**[4]. **733**

Beispiel (s. bereits Rn 726): Vandale V geht davon aus, dass eine von ihm beschmierte Hauswand kein taugliches Tatobjekt einer Sachbeschädigung sei, da § 303 I nur bewegliche Sachen umfasse. V erfasst zwar die Tatumstände vollständig (und erkennt auch die einschlägige Verbotsnorm), subsumiert aber falsch, sodass er irrig glaubt, keine Sachbeschädigung zu begehen.

---

2 BGHSt 15, 377, 383; 45, 97, 101 m. Anm. *Dölling*, JR 00, 379; BGH HRRS 16 Nr 553 Rn 24; s. auch *Cornelius*, GA 2015, 101; *Laubenthal/Baier*, GA 2000, 205, 212; *Neumann*, BGH-Wiss-FS, S. 83, 95 ff; *ders.*, StV 00, 425; *Renzikowsky*, Yamanaka-FS, S. 185 ff; allg. *Silva Sánchez*, GA 2016, 309.

3 Nicht ausreichend ist hingegen der bloße Irrtum über die strafrechtliche Relevanz des als rechtswidrig erkannten Verhaltens, s. *Kudlich/Oğlakcıoğlu*, JA 15, 426, 429.

4 Zur Abgrenzung zwischen Subsumtions- und Tatbestandsirrtum bei den sog. „normativen Tatbestandsmerkmalen" s. Rn 363, 739.

2. Rechtsfolge (insbes. Vermeidbarkeit des Verbotsirrtums)

734 Nach § 17 hat der Verbotsirrtum, anders als der Tatbestandsirrtum (s. § 16), keinen Einfluss auf den Tatbestandsvorsatz, vielmehr handelt der Täter lediglich **ohne Schuld**, wenn ihm bei Begehung der Tat (unvermeidbar) die Einsicht fehlt, Unrecht zu tun.

735 Damit wird das vom Verbotsirrtum betroffene (aktuelle oder potenzielle) **Unrechtsbewusstsein** – in Abkehr von der früher vertretenen Vorsatztheorie[5] – als ein vom Tatbestandsvorsatz losgelöstes **selbstständiges Schuldelement** klassifiziert. Deshalb wird diese Konzeption auch als **Schuldtheorie** bezeichnet.

736 Diese Gegenüberstellung und völlig unterschiedliche Behandlung von **Tatbestands-** und **Verbotsirrtum** hat sich erst in den 1950er Jahren durchgesetzt.

Von dem Grundsatz ausgehend, dass es für den Schuldvorwurf auf das Bewusstsein der Rechtswidrigkeit nicht ankomme, unterschied das RG zwischen dem **Tatirrtum** (= Irrtum über Tatsachen) und dem **Rechtsirrtum** (= Verkennung von Rechtsbegriffen). Die Anwendbarkeit des § 59 aF (= § 16 I nF) wurde auf den Tatirrtum beschränkt; ein Rechtsirrtum sollte grds unbeachtlich sein. Aus Billigkeitsgründen machte das RG jedoch eine Ausnahme für den **„außerstrafrechtlichen" Rechtsirrtum**, den es analog § 59 aF dem vorsatzausschließenden Tatirrtum gleichstellte[6]. Gänzlich unberücksichtigt blieb daher nur der **„strafrechtliche" Rechtsirrtum**, dieser freilich auch dann, wenn er sich auf die im Unrechtstatbestand enthaltenen Rechtsbegriffe bezog[7]. In der Wissenschaft wurde diese Unterscheidung fast einhellig als willkürlich und undurchführbar abgelehnt[8]. Nach 1945 begannen mehrere Gerichte sich von der Rspr des RG zu lösen[9]. Den Abschluss dieser Entwicklung bildete die Grundsatzentscheidung des GrS beim BGH[10], die (der „Schuldtheorie" folgend) das **Unrechtsbewusstsein** als **selbstständiges Schuldelement** anerkannte und im Irrtumsbereich zwischen Tatbestands- und Verbotsirrtum unterschied.

737 Nur der **unvermeidbare Verbotsirrtum** lässt die Vorwerfbarkeit der Tatbestandsverwirklichung aber vollständig entfallen und ist somit ein Schuldausschließungsgrund. War der Verbotsirrtum hingegen vermeidbar, sieht § 17 S. 2 nur eine fakultative Strafmilderung nach Maßgabe des § 49 I vor. Die Kriterien, anhand derer sich die „Vermeidbarkeit" des Irrtums bemisst, sind noch nicht abschließend geklärt. Jedenfalls im Bereich des **Kernstrafrechts**[11] stellt die Rspr aber strenge Anforderungen an die Unvermeidbarkeit eines Irrtums[12]: Entscheidend ist, ob der Täter aufgrund seiner sozialen Stellung, nach seinen individuellen Fähigkeiten und bei dem ihm zumutba-

---

5 Zur „strengen" Vorsatztheorie s. *Baumann*, Strafrecht Allgemeiner Teil, 5. Aufl. 1968, S. 420 ff; *Schröder*, ZStW 65 [1953], 178, 192; zur „eingeschränkten" Vorsatztheorie s. *Mezger*, NJW 51, 500; 53, 2; *Schönke*, StGB, 4. Aufl., § 53 Anm. VI 1 b.
6 Vgl RGSt 1, 368; 10, 234; 72, 305, 309.
7 Vgl RGSt 34, 418; 57, 235 *(Testamentserrichtungsfall)*.
8 Dazu mit gegenteiliger Sichtweise *Kuhlen*, Irrtum, S. 35 ff.
9 So zB OLG Oldenburg MDR 50, 690; OGHSt 2, 117, 129.
10 BGHSt 2, 194; s. auch *Heger*, Ad Legendum 11, 398.
11 Anders für das Nebenstrafrecht, vgl OLG Oldenburg NStZ-RR 99, 122; s. auch BGH HRRS 16 Nr 553 Rn 21.
12 Krit. *Eidam*, ZStW 127 [2015], 120; *Gaede*, Seebode-FS, S. 85; *Nestler*, Jura 15, 562; s. aber auch *Timpe*, HRRS 16, 541.

ren Einsatz seiner Erkenntniskräfte und seiner rechtlich-sittlichen Wertvorstellungen das Unrecht der Tat hätte einsehen können, sog. **Gewissensanspannung**[13].

Verbleiben Zweifel, ob das Verhalten verboten ist, besteht eine **Erkundigungspflicht**[14]. Der **Rechtsunkundige** muss sich vor dem Eingriff in geschützte Rechtsgüter im Rahmen des Zumutbaren über die Rechtslage vergewissern[15]; er darf sich nicht einfach auf sein unsicheres eigenes Urteil verlassen[16].

738

Ob eine Erkundigung zur Klärung der Rechtslage und zur Beseitigung des Irrtums geführt hätte, bedarf im Einzelfall sorgfältiger Prüfung[17]. Eine unrichtige Rechtsauskunft entlastet den Beschuldigten nicht ohne Weiteres; maßgebend ist vielmehr, ob er auf ihre Richtigkeit vertraut hat und sie als vertrauenswürdig ansehen durfte. Verlässlich ist nach der Rspr nur eine zuständige, sachkundige und unvoreingenommene Person oder Stelle, welche die Gewähr für eine objektive, verantwortungsbewusste Auskunftserteilung bietet, so zB ein im jeweiligen Rechtsgebiet versierter Rechtsanwalt, der in einem detaillierten, bei schwierigen Rechtsfragen schriftlichen Gutachten ohne Gefälligkeitscharakter das Erlaubtsein des Tuns bestätigt[18]. Bei einer unsicheren Rechtslage, die erst durch eine entsprechende Entscheidung der Justiz beseitigt werden kann, darf das verbleibende Risiko, ob ein Verhalten strafbar ist, nicht einseitig dem Normadressaten aufgebürdet werden[19].

3. Abgrenzung Tatbestandsirrtum und direkter Verbotsirrtum

Abgrenzungsprobleme zwischen dem Subsumtionsirrtum als Unterfall des direkten Verbotsirrtums und dem vorsatzausschließenden Tatbestandsirrtum können sich insbesondere bei den sog. **normativen Tatbestandsmerkmalen** (zB „fremd", „zueignen", vgl Rn 198) ergeben, da hier die bloße Kenntnis der den Begriff erfüllenden Tatsachen nicht genügt, sondern zudem zu deren Verständnis – zumindest im Ansatz – eine rechtliche Wertung erfolgen muss. Um den Tatbestandsvorsatz zu begründen, ist es zwar nicht erforderlich, dass der Täter die rechtliche Wertung exakt vornimmt; sonst könnten regelmäßig nur juristisch Fachkundige überhaupt Vorsatz im Hinblick

739

13 BGHSt 3, 357; 4, 1; 4, 236; NStZ 18, 215; NJW 18, 3467; LdR-*Wolters* (8/740), S. 7 f; ein Irrtum über das Bestehen eines Schutzgesetzes, das für den Arbeitsbereich eines im Geschäftslebens Stehenden erlassen wurde, ist selten unvermeidbar, weil jeder verpflichtet ist, sich im Rahmen seines Wirkungskreises über Schutzgesetze zu informieren, s. BGH NJW 17, 2463.
14 BGH NJW 17, 2463; NStZ 18, 215; NJW 18, 3467; *Gaede*, Seebode-GS, S. 85, 97 ff; *Horn*, Verbotsirrtum und Vorwerfbarkeit, 1969; MK-StGB-*Joecks*, § 17 Rn 52 ff; *Manso Porto*, Normunkenntnis aus belastenden Gründen, 2010; *Puppe*, Rudolphi-FS, S. 231; *Schroth*, Vorsatz und Irrtum, 1998; s. auch SK-*Rogall*, § 17 Rn 24 ff.
15 OLG Hamm NJW 06, 245; OLG Stuttgart StV 08, 193; NZWiSt 14, 301 m. Anm. *Nestler*.
16 BGHSt 5, 111 und 284; 21, 18; diff. *Lesch*, JA 96, 607; zu interkulturellen Wertkonflikten Hilgendorf/Weitzel-*Valerius*, S. 217.
17 BGH HRRS 16 Nr 553 Rn 20 ff; OLG Celle NJW 77, 1644; *Neumann*, JuS 93, 793.
18 Näher BGHSt 40, 257, 264; 50, 331 *(Mannesmann)*; 58, 15, 27 ff m. Bespr. *Raschke*, NZWiSt 13, 18, *Rübenstahl*, ZWH 13, 193 und *Dahs*, StV 14, 13; BGH NStZ 13, 461 m. Bespr. *Bosch*, JK 10/13, StGB § 17/5; BGH NJW 17, 2463; NStZ 17, 284 m. Anm. *Wittig*; NJW-RR 17, 1004; NStZ 18, 215; vert. *Gaede*, HRRS 13, 449; *Kirchheim/Samson*, wistra 08, 81; *Kudlich/Wittig*, ZWH 13, 253, 256 ff; *Zaczyk*, JuS 90, 889.
19 Matt/Renzikowski-*Gaede*, § 17 Rn 23; *Jahn*, JuS 12, 79; MK-StGB-*Joecks*, § 17 Rn 42 s. auch *Naukke*, Neumann-FS, S. 955; *Pawlik*, Neumann-FS, S. 985; *Welke*, NZWiSt 14, 339.

auf solche Merkmale besitzen. Umgekehrt bedeutet dies aber, dass nicht jede Fehlvorstellung über normative Tatbestandsmerkmale automatisch einen Tatbestandsirrtum begründet. Es gilt insofern ein anderer Maßstab: Zur Bejahung des Tatbestandsvorsatzes ist es erforderlich, aber auch ausreichend, dass der Täter wenigstens den rechtlich-sozialen Gehalt des Merkmals auf Basis einer **Parallelwertung in der Laiensphäre** erkennt (vgl Rn 363). Ist dies der Fall, handelt der Täter mit Vorsatz. Hält er sein Verhalten gleichwohl für erlaubt, ist lediglich Raum für einen Verbotsirrtum. Nur wenn der Täter den rechtlich-sozialen Gehalt eines normativen Tatbestandsmerkmals nicht erfasst, handelt er bzgl dieses Merkmals ohne Vorsatz; er unterliegt insoweit einem Tatbestandsirrtum nach § 16 I 1[20].

Beispiel (Abwandlung zu Rn 726, 733): Vandale V beschmiert nun die Wand seiner Doppelhaushälfte ohne das Einverständnis seiner Ehefrau E, die Miteigentümerin des Hauses ist. V geht jedoch davon aus, dass er keine Sachbeschädigung begehe, da er mit dem „Ehegatteneigentum" machen könne, was er wolle. Zwar verkennt V die rechtlichen Wertungen, die zur Einordnung des Hauses als eine für ihn fremde Sache führen. Aus seiner Laienperspektive erkennt er aber, dass die Sache zumindest auch einem anderen (hier: der E) gehört, was für den Tatbestandsvorsatz ausreichend ist. Somit unterliegt er lediglich einem Verbotsirrtum in Form des Subsumtionsirrtums, der gem. § 17 S. 1 nur im Fall der Unvermeidbarkeit zum Schuldausschluss führt.

III. Erlaubnistatbestandsirrtum

1. Voraussetzungen

740 Hat der Täter bei voller Tatbestandskenntnis an das Eingreifen eines Rechtfertigungsgrundes geglaubt und basiert diese Annahme auf einer Fehlvorstellung über die **sachlichen Voraussetzungen** eines anerkannten Rechtfertigungsgrundes, so liegt ein Erlaubnistatbestandsirrtum vor. Grundvoraussetzung ist somit, dass der Täter irrig Umstände für gegeben hält, die im Fall ihres wirklichen Gegebenseins die Tat rechtfertigen würden. Diese **hypothetische Prüfung der Voraussetzungen des Rechtfertigungsgrundes** auf Basis der Vorstellung des Täters dient also überhaupt erst dazu, darzulegen, dass ein Erlaubnistatbestandsirrtum vorliegt[21]. Nur dann, wenn ein solcher Irrtum beim Täter besteht, lässt sich die Frage nach den Rechtsfolgen des Irrtums stellen.

741 So etwa im **Fall 14**, wo A angesichts der ihm überbrachten Notiz irrtümlich davon ausgeht, E habe in das Fällen des Baumes eingewilligt. A irrt hier über die tatsächlichen Voraussetzungen des Rechtfertigungsgrundes der Einwilligung. Ein Erlaubnistatbestandsirrtum liegt deshalb vor, weil – auf Basis der Vorstellung des A, wonach E ihn durch die Notiz zum Fällen des Baumes ermächtigt habe – alle Voraussetzungen für eine (wirksame) rechtfertigende Einwilligung vorgelegen hätten.

---

20 Vgl zum Ganzen BGH NJW 18, 3467; StV 19, 38 m. Bspr. *Eisele*, JuS 2018, 1106; *Kaspar*, AT, § 7 Rn 10 ff; S/S/W-StGB-*Momsen*, § 17 Rn 18 ff; *Roxin*, Neumann-FS, S. 1023.
21 S. hierzu *Kaspar*, AT, § 7 Rn 51 ff.

2. Rechtsfolge

Angesichts der fehlenden gesetzlichen Regelung der Rechtsfolge eines Erlaubnistatbestandsirrtums ist dessen Behandlung sehr streitig (vgl zur Verortung im Deliktsaufbau Rn 1357 ff). Im Kern geht es um die Frage, ob dem Täter die günstige Rechtsfolge des § 16 zugutekommen soll, wonach die Vorsatzstrafbarkeit ausgeschlossen wäre oder ob auf den strengeren § 17 zurückzugreifen ist, der nur im (Ausnahme-)Fall der Unvermeidbarkeit des Irrtums den Schuldvorwurf entfallen lässt. **742**

a) Strenge Vorsatztheorie

Nach der – mit dem heutigen Recht allerdings nicht mehr vereinbaren[22] – strengen Vorsatztheorie soll das Unrechtsbewusstsein Teil des Vorsatzes sein. Geht der Täter irrtümlich vom Vorliegen der tatsächlichen Voraussetzungen eines Rechtfertigungsgrundes aus, erliegt er auf Grundlage dieser Prämisse also einem Tatbestandsirrtum, welcher den **Vorsatz entfallen** lässt (vgl die heutige Regelung des § 16 I 1). Allerdings steht dem § 17 entgegen, welcher klar davon ausgeht, dass das Unrechtsbewusstsein gerade nicht Teil des Vorsatzes, sondern (als positives Schuldmerkmal) der Schuld zuzuordnen ist (s. Rn 680 ff). **743**

> Im **Fall 14** entfällt nach der **strengen Vorsatztheorie** bei A somit gem. § 16 I 1 der Vorsatz und damit insgesamt dessen Strafbarkeit, da eine fahrlässige Sachbeschädigung nicht unter Strafe steht (vgl § 15). Für eine Bestrafung des B wegen Beihilfe zur Sachbeschädigung bleibt kein Raum, weil bereits keine *vorsätzlich* begangene Haupttat iSd § 27 I vorliegt. **744**

b) Lehre von den negativen Tatbestandsmerkmalen

Nach der Lehre von den negativen Tatbestandsmerkmalen **entfällt** in unmittelbarer Anwendung des § 16 I 1 **der Vorsatz**. Dem liegt die Auffassung zugrunde, dass die Tatbestandsmerkmale der Verbotsnormen gemeinsam mit den Voraussetzungen der Rechtfertigungsgründe einen „Gesamt-Unrechtstatbestand" auf Basis eines zweistufigen Deliktsaufbaus bilden (dazu bereits Rn 189 ff). Hierzu wird das Nichtvorliegen der Rechtfertigungsvoraussetzungen als negatives Merkmal in den Tatbestand hineingelesen. Dies hat zur Folge, dass der Tätervorsatz auch das Fehlen von Rechtfertigungsgründen umfassen muss. Geht der Täter somit aufgrund einer falschen Bewertung der Sachlage irrigerweise davon aus, dass ein Rechtfertigungsgrund vorliegt, ist das negative Tatbestandsmerkmal „Nichtvorliegen von Rechtfertigungsgründen" objektiv zwar erfüllt. In subjektiver Hinsicht schließt der Sachverhaltsirrtum aber gem. § 16 I 1 den Vorsatz aus[23]. **745**

Die Lehre von den negativen Tatbestandsmerkmalen ist den schon oben erörterten Einwendungen ausgesetzt (s. Rn 191 f). Sie geht aber auch insofern zu weit, als sie dem Irrtum über den Erlaubnistatbestand ebenso wie dem Irrtum über den Unrechts- **746**

---

22 Anders *Schmidhäuser*, JZ 79, 361; 80, 396 und *Langer*, GA 1976, 193, nach denen nur die Vorsatztheorie dem Schuldgrundsatz gerecht werden könne.

23 *Arthur Kaufmann*, JZ 54, 653; 56, 353, 393; *ders.*, Lackner-FS, S. 185; ähnl. *Kindhäuser*, Gefährdung, S. 111; *Koriath*, Egon-Müller-FS, S. 357; *Samson*, S. 122 ff; *Schünemann/Greco*, GA 2006, 777, 792.

tatbestand vorsatzausschließende Wirkung beimisst, was wegen der akzessorischen Natur von Anstiftung und Beihilfe für die strafrechtliche Haftung eines bösgläubigen Teilnehmers zu bedenklichen Konsequenzen führt[24]. Strafbarkeitslücken wären hier nur zu vermeiden, wenn man bösgläubige Tatbeteiligte stets als mittelbare Täter zur Verantwortung ziehen könnte (was indessen aus dogmatischen Gründen nicht möglich ist; vgl Rn 843 ff) oder wenn man innerhalb der §§ 26, 27 mit einem anderen (= engeren) Vorsatzbegriff als im Bereich des § 16 I arbeiten würde[25], was jedoch ebenfalls nicht befriedigt[26].

747   Im **Fall 14** bliebe A nach der **Lehre von den negativen Tatbestandsmerkmalen** straffrei, weil er den Gesamt-Unrechtstatbestand der Sachbeschädigung (§ 303 I mit allen in Betracht kommenden Rechtfertigungsgründen) nicht vorsätzlich verwirklicht hat. Die irrige Annahme, dass E seine Einwilligung zur Beseitigung des Baumes erteilt habe, würde hiernach in direkter Anwendung des § 16 I 1 den „Vorsatz" entfallen lassen. Für eine Teilnehmerstrafbarkeit des B ist – zumindest bei konsequenter Anwendung – auch nach diesem Lösungsansatz kein Raum.

c) Strenge Schuldtheorie

748   Die strenge Schuldtheorie stuft das Unrechtsbewusstsein als selbstständiges Schuldelement ein. Diese Sichtweise wird heute durch § 17 bestätigt. Da dort keine Ausnahme für den Fall vorgesehen ist, dass sich der Irrtum speziell auf die tatsächlichen Voraussetzungen eines Rechtfertigungsgrundes bezieht, ließe sich damit gut vereinbaren, auch den Erlaubnistatbestandsirrtum als einen **Verbotsirrtum iSv § 17** anzusehen. Die „strenge Schuldtheorie" zeichnet sich dabei dadurch aus, dass sie keine Ausnahme von der Regel zulässt, dass fehlendes Unrechtsbewusstsein nur im Rahmen der Schuld von Bedeutung sein kann. Sie sieht also jeden Irrtum über die Rechtswidrigkeit der Tat als Verbotsirrtum mit den in § 17 normierten (strengen) Rechtsfolgen an und fragt nicht danach, ob der Täter seine Handlung generell für nicht verboten gehalten hat oder ob er infolge eines Irrtums über Bestehen, Art oder Umfang eines Rechtfertigungsgrundes erst indirekt zu der Ansicht gelangt ist, dass sein Verhalten erlaubt sei. Dementsprechend wird der Täter nach der strengen Schuldtheorie nur dann von der Strafbarkeit befreit, wenn sich der Irrtum als unvermeidbar erweist[27].

749   Im **Fall 14** hat A nach der **strengen Schuldtheorie** § 303 I vorsätzlich (und rechtswidrig) verwirklicht. Die irrige Annahme der Einwilligung des E begründet lediglich einen Verbotsirrtum iSd § 17, der jedoch nur im Falle der Unvermeidbarkeit zum Schuldausschluss führt (§ 17 S. 1). Da sich E gegenüber A zuvor vehement gegen das Fällen des Baumes aussprach und sich die nur aus dritter Hand stammende Notiz nicht eindeutig auf das Baumfällen bezog, war dieser Irrtum jedoch vermeidbar. A kann somit gem. § 303 I bestraft werden; es besteht lediglich die Möglichkeit der Strafmilderung (§ 17 S. 2 iVm § 49 I). Keine Proble-

---

24   Näher zur Kritik *Armin Kaufmann*, JZ 55, 37; LK-*Rönnau*, Vorbem. § 32 Rn 11 ff.
25   Hierzu SK-*Stein*, § 16 Rn 11 iVm SK-*Hoyer*, Vorbem. § 26 Rn 36.
26   Für direkte Anwendung des § 16 gleichwohl SK-*Hoyer*, Vorbem. § 32 ff Rn 50 f.
27   Näher *Erb*, Rengier-FS, S. 15; *Gössel*, Fälle und Lösungen, S. 161 ff; NK-*Paeffgen/Zabel*, Vorbem. §§ 32 ff Rn 108 ff; *Paeffgen*, Frisch-FS, S. 403; *Zieschang*, AT, Rn 355, 359; diff. *Heuchemer*, Der Erlaubnistatbestandsirrtum, 2005, S. 320 ff; *ders.*, JuS 12, 795; vert. hierzu auch *Erb*, FS-Paeffgen, S. 205 ff.

me bestehen deshalb nach dieser Ansicht, den (bösgläubigen) B gem. §§ 303 I, 27 I zu bestrafen.

d) Eingeschränkte Schuldtheorien

Gegen die einheitliche Behandlung aller Irrtümer über die Rechtswidrigkeit nach § 17 wenden sich die eingeschränkten Schuldtheorien. Begründet wird die eigenständige Natur des Erlaubnistatbestandsirrtums gegenüber dem Verbotsirrtum iSv § 17 damit, dass der Täter sich jeweils in einer völlig anderen Lage befindet: **750**

Wer einem Erlaubnistatbestandsirrtum erliegt, setzt sich – wenn dieser vermeidbar war – allenfalls dem Vorwurf mangelnder Aufmerksamkeit und nachlässiger Einstellung zu den Sorgfaltsanforderungen des Rechts aus, nicht jedoch dem Vorwurf rechtsfeindlicher Gesinnung, da er sich bei der Tat von Wertvorstellungen leiten lässt, die mit denen des Gesetzgebers übereinstimmen. Denn hätten die tatsächlichen Voraussetzungen des Erlaubnistatbestandes so wie er sich das vorgestellt hat, wirklich vorgelegen, hätte er sich ja voll und ganz in Übereinstimmung mit den Wertungen der Rechtsordnung verhalten. In einer solchen Lage ist sein Tatbestandsvorsatz gerade nicht Ausdruck einer Auflehnung gegen die Wertentscheidungen der Rechtsordnung, wie dies bei einem Täter der Fall ist, der sich in einem Verbotsirrtum befindet. Dies meint der BGH mit dem Hinweis, der im Erlaubnistatbestandsirrtum Handelnde sei „an sich rechtstreu"[28]. Der Täter ist beim vermeidbaren Erlaubnistatbestandsirrtum (ebenso wie beim Tatbestandsirrtum) ein „Schussel" und nicht wie beim vermeidbaren Verbotsirrtum ein „Schurke". Trifft den vermeidbar Irrenden aber nur ein Schuldvorwurf, der qualitativ einem Fahrlässigkeitsschuldvorwurf entspricht[29] ist es sachgerecht, den Erlaubnistatbestandsirrtum **hinsichtlich seiner Rechtsfolgen dem echten Tatbestandsirrtum gleichzustellen**. **751**

Unter Zugrundelegung dieses Gedankens wendet daher die heute hM die Schuldtheorie insoweit eingeschränkt an, als dass der Irrtum über die tatsächlichen Voraussetzungen eines Rechtfertigungsgrundes aus dem Anwendungsbereich des § 17 herausgenommen und in seinen Rechtsfolgen dem Tatbestandsirrtum gleichgestellt wird (deshalb „eingeschränkte" Schuldtheorie). Es entfällt also – zumindest iE – die Bestrafung wegen vorsätzlicher Tatbegehung (wie bei § 16 I 1). Beruht der Irrtum auf Fahrlässigkeit, wird der Täter wegen fahrlässiger Tatbegehung bestraft, soweit diese im konkreten Fall mit Strafe bedroht ist (§ 16 I 2)[30]. In der Begründung dieses richtigen Ergebnisses lassen sich folgende Meinungen unterscheiden: **752**

aa) Nach der **rechtsgrundverweisenden eingeschränkten Schuldtheorie** ist bei einem Erlaubnistatbestandsirrtum lediglich Raum für eine **analoge** Anwendung des § 16 I 1 **auf Ebene der Rechtswidrigkeit.** Diese Theorie verneint im Wege eines sol- **753**

---

28 BGHSt 3, 105, 107.
29 Krit. dazu *Paeffgen*, Armin Kaufmann-GS, S. 411.
30 Näher zur insoweit hM BGHSt 3, 105 und 194; BGH NStZ 83, 500; *Jescheck/Weigend*, AT, § 41 III; Lackner/Kühl-*Kühl*, § 17 Rn 10 ff; so auch § 8 öStGB, dazu *Schmoller*, Fuchs-FS, S. 453. Die Rspr macht jedoch Einschränkungen für solche Rechtfertigungsgründe, bei denen sie das Merkmal „pflichtgemäßer Prüfung" aufstellt, vgl BGHSt 3, 7; 14, 48, 51.

chen Analogieschlusses in nicht ganz einheitlicher Formulierung den Vorsatz, das Vorsatzunrecht oder den Handlungsunwert einer vorsätzlichen Tat[31].

754 Begründet wird dieser Standpunkt damit, dass zwischen Tatbestandsmerkmalen und Rechtfertigungsgründen unter dem Blickwinkel der Unrechtsvoraussetzungen kein qualitativer Unterschied bestehe. Infolgedessen müsse ein Erlaubnistatbestandsirrtum zu den gleichen Konsequenzen führen wie ein Tatbestandsirrtum iSd § 16 I 1. Der sonst durch den Vorsatz begründete Handlungsunwert werde aufgehoben, wenn der Täter von einer rechtfertigenden Sachlage ausgehe. Die – gerade in Abgrenzung zu den anderen Spielarten der eingeschränkten Schuldtheorie – wichtige Frage, ob mit einer solchen Verneinung vorsätzlichen Unrechts auch die Grundlage für eine strafbare Teilnahme iSd §§ 26, 27 entfällt, wird leider nicht einheitlich beurteilt[32].

755 Gegen diese Variante der eingeschränkten Schuldtheorie, die bei einem Erlaubnistatbestandsirrtum bereits das Vorsatzunrecht verneint und somit zu einer Rechtfertigung des Verhaltens des Irrenden kommt, sprechen mehrere Gründe: Wie auch bereits bei der Lehre von den negativen Tatbestandsmerkmalen moniert, kann die – in der Konsequenz dieser Ansicht liegende – Ablehnung der Strafbarkeit der Teilnehmer (mangels rechtswidriger Haupttat) nicht überzeugen. Zudem erscheint die (zwingende) Folge, dass es für die Rechtfertigung gar nicht mehr auf das objektive Vorliegen der Voraussetzungen der Rechtfertigungsgründe, sondern allein auf die Rechtfertigung in der Vorstellung des Täters ankommt, nicht sachgerecht. Auch wertungsmäßig kann der Erlaubnistatbestandsirrtum nicht ohne Weiteres dem Tatbestandsirrtum gleichgestellt werden. Im Vergleich zum „echten Tatbestandsirrtum" beruht die **eigenständige Natur** des „**Erlaubnistatbestandsirrtums**" nämlich darauf, dass der Täter nur im letztgenannten Fall von der **Warnfunktion des gesetzlichen Tatbestandes erreicht** wird, die ihm anzeigt, dass er die Grenze zwischen dem schlechthin erlaubten und dem generell verbotenen Verhalten überschreitet: Wer weiß, dass sein Verhalten einen Unrechtstatbestand erfüllt, insbes. Dritte verletzt, ist zur Prüfung aufgerufen, ob ein **besonderer Erlaubnissatz** seine Tat rechtfertigt. Wenn er jetzt einem vermeidbaren Irrtum unterliegt, so trifft ihn ein größerer Vorwurf als denjenigen, der aus Nachlässigkeit nicht erkannt hat, dass er einen Unrechtstatbestand verwirklicht. Es ist zweifelhaft, ob die irrige Annahme rechtfertigender Tatumstände den Handlungsunwert einer vorsätzlichen Rechtsgutsverletzung völlig aufzuheben vermag, statt ihn bloß zu mindern[33].

756 **bb)** Die **rechtsfolgenverweisende eingeschränkte Schuldtheorie** (auch bezeichnet als „rechtsfolgenbeschränkte" oder „rechtsfolgeneinschränkende" Schuldtheorie)

---

31 Vgl BGHSt 49, 34, 44; BGH NStZ 12, 205; StV 13, 503, 505; *Frister*, AT, 14. Kap., Rn 30; Matt/Renzikowski-*Gaede*, § 16 Rn 35; *Herzberg*, Stree/Wessels-FS, S. 203; *Jäger*, AT, Rn 212 ff; *Kraatz*, Jura 14, 787; *Kühl*, AT, § 13 Rn 71 ff; *ders./Hinderer*, Jura 12, 490; *Kuhlen*, Irrtum, S. 330; *Momsen/Peter*, JA 06, 550 und 654; *Puppe*, AT, § 13 Rn 17 ff; LK-*Rönnau/Hohn*, § 32 Rn 281; *Roxin*, AT I, § 14 Rn 64 ff; *Schroth*, Arthur Kaufmann-FS, S. 595; S/S-*Sternberg-Lieben/Schuster*, § 16 Rn 18; LK-*Vogel*, § 16 Rn 116 ff; zusammenfassend *Frisch*, Irrtum, S. 217, 245 ff.

32 Bejahend S/S-*Heine/Weißer*, Vorbem. §§ 25 ff Rn 32; *Herzberg*, JA 89, 294, 299; SK-*Hoyer*, Vorbem. § 26 Rn 37; verneinend *Jakobs*, AT, 11/59 und 22/11; iE ebenso *Streng*, Otto-FS, S. 479; *ders.*, Paeffgen-FS, S. 242 f (§ 28 II analog); *Ziegert*, Vorsatz, Schuld und Vorverschulden, 1987, S. 171.

33 Vgl dazu auch die Kritik von *Paeffgen*, Armin Kaufmann-GS, S. 405; *ders.*, Frisch-FS, S. 401.

strebt nach einer vermittelnden Lösung, die im Schuld- und Strafausspruch zu einem ähnlichen Ergebnis gelangt wie die anderen an § 16 orientierten Lehrmeinungen, dies jedoch anders und konsistent begründet: Im Rahmen des Tatbestandsvorsatzes und in der Schuld wurde bereits dargelegt (Rn 208 ff, 678), dass dem Vorsatz im Deliktssystem eine Doppelfunktion zukommt. Die vorsätzliche Verwirklichung des Unrechtstatbestandes bildet als Verhaltensform das Korrelat für die von Vorwerfbarkeitserwägungen geprägte Schuldform. So wie die „subjektive Fahrlässigkeit" als Schuldtypus der im Tatbestand festgestellten fahrlässigen Verhaltensform entspricht, so steht der vorsätzlichen Begehungsweise beim Vorsatzdelikt der Schuldtypus der Vorsatzschuld gegenüber. Die irrige Annahme einer rechtfertigenden Sachlage berührt dabei eben nicht den Tatbestandsvorsatz als Verhaltensform, sondern **schließt vielmehr nur die Vorsatzschuld und eine Bestrafung wegen vorsätzlicher Tat aus.** Der Erlaubnistatbestandsirrtum wird somit lediglich in seinen Rechtsfolgen dem in § 16 I 1 geregelten Tatbestandsirrtum gleichgestellt. Beruht die Fehlvorstellung des Täters auf einem Sorgfaltsmangel, kommt analog § 16 I 2 eine Bestrafung wegen fahrlässiger Tatbegehung in Betracht,[34] sofern ein diesbzgl Fahrlässigkeitstatbestand im Gesetz existiert (zur Fahrlässigkeitsprüfung in Fällen dieser Art vgl Rn 1361 f).

Die Lehre von der Rechtsfolgenverweisung verdient den Vorzug im Streit der Meinungen[35] und wird auch vom BGH – so zumindest im viel beachteten „*Hells Angels-Fall*" – so vertreten[36].   **757**

Im **Fall 14** entfällt **nach beiden Varianten der eingeschränkten Schuldtheorie** iE in analoger Anwendung des § 16 I 1 eine Strafbarkeit des A gem. § 303 I. Eine nach § 16 I 2 grds in Betracht kommende Fahrlässigkeitsstrafbarkeit ist im Rahmen der Sachbeschädigung nicht vorgesehen, weshalb A straflos ist.   **758**

Ein wichtiger **Unterschied** ergibt sich jedoch im Hinblick auf die Strafbarkeit des B nach §§ 303 I, 27 I:

Da nach der **rechtsgrundverweisenden** eingeschränkten Schuldtheorie das Vorsatzunrecht entfällt – und somit bereits keine rechtswidrige Tat vorliegt – scheidet eine Teilnehmerstrafbarkeit des B aus. Eine Bestrafung des B wegen Sachbeschädigung in mittelbarer Täterschaft (§§ 303 I, 25 I Alt. 2) käme ebenfalls nicht in Betracht, da ihm der dafür erforderliche Tatherrschaftswille fehlte. B hat lediglich eine für ihn fremde Tat unterstützen wollen, weil er den A für bösgläubig hielt und von einer vorsätzlichen Verwirklichung des § 303 I durch den Haupttäter A ausging.

Die **rechtsfolgenverweisende** eingeschränkte Schuldtheorie führt nur zum Entfallen des Vorsatzschuldvorwurfs. Damit fehlt bei A ein positives Schuldmerkmal (s. Rn 678 f), weshalb der persönliche Schuldvorwurf entfällt. Eine Teilnahmestrafbarkeit des bösgläubigen B

---

34 Zur Bestimmung des dabei geltenden Fahrlässigkeitsmaßstabs s. *Erb*, Rengier-FS, S. 15.
35 Statt aller *Blei*, AT, § 59 II 3; *Fischer*, § 16 Rn 22d; *Gallas*, Bockelmann-FS, S. 170; *B. Heinrich*, AT, Rn 1133 f; *Hoffmann-Holland*, AT, Rn 449; *Jescheck/Weigend*, AT, § 41 IV 1 d; *Krey/Esser*, AT, Rn 743 ff; *Maurach/Zipf*, AT/1, § 37 Rn 19 ff, 43; *Schlüchter*, Irrtum, S. 172; *R. Schmidt*, AT, Rn 378, 543; LdR-*Wolters* (8/740), S. 5.
36 BGH NStZ 12, 272 m. Anm. *Engländer*; *Erb*, JR 12, 207; *ders.*, Wolter-FS, S. 19; *Hecker*, JuS 12, 263; *Jäger*, JA 12, 227; *Mandla*, StV 12, 334; *van Rienen*, ZIS 12, 377; *Rotsch*, ZJS 12, 109; *Satzger*, JK 6/12, StGB 32/37; krit. *Burchard*, HRRS 12, 421; *Paeffgen*, Frisch-FS, S. 413 ff; zu Folgenfragen hinsichtlich der Teilnehmerstrafbarkeit s. *Streng*, Paeffgen-FS, S. 238 ff; fallbezogen *Geisler/Meyer*, Jura 10, 390; *Zenger*, Ad Legendum 13, 48.

bleibt möglich, da eine vorsätzliche, rechtswidrige Haupttat vorliegt (und gemäß § 29 jeder Beteiligte alleine nach seiner Schuld bestraft wird).

e) Sonstige Ansätze

759 Dass die Diskussion über die Rechtsfolgen des Erlaubnistatbestandsirrtums jedoch noch nicht abgeschlossen ist, zeigen exemplarisch weitere eigenständige Lösungsansätze:

So will *Jakobs* in den einschlägigen Fällen, soweit eine Strafdrohung für Fahrlässigkeit existiert, bei Vermeidbarkeit des Irrtums wegen vorsätzlicher Tat verurteilen, den Vorsatzstrafrahmen jedoch auf den Rahmen des Fahrlässigkeitstatbestandes reduzieren. Er bezeichnet diesen Lösungsvorschlag als „unselbstständige", dh von der Fahrlässigkeitsstrafe abhängige Schuldtheorie[37]. Nach einem Vorschlag von *Hirsch* ist in derartigen Fällen wegen in „Erlaubnisfahrlässigkeit" begangenem Vorsatzdelikt zu bestrafen. Die Strafe soll jedoch nach §§ 17 S. 2, 49 II gemildert und die Tat stets als Vergehen eingestuft werden[38].

760 **Klausurhinweis:** Die Verortung des Erlaubnistatbestandsirrtums erweist sich in der Fallbearbeitung als schwierig, da die vorgenannten Lösungsansätze jeweils an unterschiedlichen Stellen im Prüfungsaufbau relevant werden und somit grds immer am jeweiligen Prüfungspunkt abgehandelt werden müssten. Um die Streitdarstellung jedoch einheitlich (und somit übersichtlich) zu handhaben, bietet es sich an – wenn man der hier vertretenen hM (s. Rn 756 f) folgt –, den Meinungsstreit auf Ebene der Schuld unter dem Punkt „Entfallen der Vorsatzschuld wegen eines Erlaubnistatbestandsirrtums" zu erörtern[39] (zu Darstellungsfragen hinsichtlich der verschiedenen Ansichten s. ausf. Rn 1357 ff).

▶ Beispielsfälle bei *Beulke*, Klausurenkurs I, Rn 256 und Klausurenkurs III, Rn 45

IV. Erlaubnisirrtum (indirekter Verbotsirrtum)

1. Voraussetzungen

761 Nachdem es beim direkten Verbotsirrtum um eine Fehlvorstellung im Hinblick auf den Bestand bzw die Reichweite einer Verbotsnorm ging und beim Erlaubnistatbestandsirrtum Fehlvorstellungen über die sachlichen Voraussetzungen eines anerkannten Erlaubnissatzes im Raum standen, geht es beim indirekten Verbotsirrtum (Erlaubnisirrtum) um Konstellationen, in welchen der Täter **über die normativen Voraussetzungen eines Erlaubnissatzes irrt** und sein Verhalten daher für rechtmäßig hält.

762 a) Zunächst sind hiervon Fälle des **Erlaubnisgrenzirrtums** erfasst, bei welchem der Täter die rechtlichen Grenzen eines anerkannten Rechtfertigungsgrundes verkennt.

Beispiel (nach BGHSt 45, 378; BGH NStZ 03, 596): Der Angegriffene A ist der (unzutreffenden) Ansicht, er dürfe im Fall der Notwehr jedes beliebige Verteidigungsmittel benutzen (zB

---

37 *Jakobs*, AT 11/43–11/58; s. nun auch *ders.*, Paeffgen-FS, S. 221.
38 *Hirsch*, Schroeder-FS, S. 223; lehrreich zum Ganzen: *Freund*, AT, § 10 Rn 19; *Frisch*, Irrtum, S. 217 ff; *Hruschka*, Roxin I-FS, S. 441; Überblick bei *Hillenkamp/Cornelius*, AT, S. 81 ff; *Kelker*, Jura 06, 591; fallbezogen *Berster/Yenimazman*, JuS 14, 329; *Seier/Hembach*, JuS 14, 35.
39 Vgl *Beulke*, Klausurenkurs I, Rn 255 ff mit umfassenden Nachweisen; Alternative: *Kaspar*, AT, § 7 Rn 51 und *Rengier*, AT, § 30 Rn 9 befürworten einen eigenständigen Prüfungspunkt zwischen Rechtswidrigkeit und Schuld.

einen sofortigen Kopfschuss trotz Möglichkeit einer vorherigen Androhung, s. Rn 514) oder den Angreifer auch nach endgültiger Beendigung des Angriffs noch weiter verletzen.

b) Im Gegensatz hierzu liegt ein sog. **Erlaubnisnormirrtum** vor, wenn der Täter   **763** an das Bestehen eines von der Rechtsordnung nicht anerkannten Rechtfertigungsgrundes glaubt.

Beispiel: Lehrer L denkt (fälschlich, s. Rn 612), seine erzieherisch motivierten Stockhiebe gegen seine Schüler im Unterricht seien von einem Züchtigungsrecht gedeckt.

2. Rechtsfolgen

Der **Erlaubnisirrtum** folgt als „indirekter Verbotsirrtum" den in § 17 normierten Re   **764** geln des direkten Verbotsirrtums, schließt also bei dessen Vermeidbarkeit die Vorsatzschuld nicht aus. Die Einstellung des Täters zur Rechtsordnung ist eher mit der des direkten Verbotsirrtums vergleichbar, da der im Erlaubnisirrtum Handelnde sich bei zutreffender Erfassung der Sachlage von Vorstellungen leiten lässt, die denen des Gesetzgebers widersprechen, also eine Abweichung von den Wertprinzipien der Rechtsordnung enthalten[40]. Wer die Tatsituation und den sozialen Sinngehalt des Geschehens richtig erfasst, aber gleichwohl zu der irrigen Ansicht kommt, sein Verhalten sei gerechtfertigt, muss bei Vermeidbarkeit des Irrtums für seine fehlerhafte Wertentscheidung einstehen: Im engen Bereich des Strafrechts dürfen von jedem Einsichtsfähigen sozialethisch richtige Entscheidungen gefordert werden. Hier kommt allenfalls eine Schuldminderung und demgemäß eine ihr angepasste Milderung der Vorsatzstrafe in Betracht.

Deshalb darf der „Erlaubnisirrtum" auch nicht wie der „Erlaubnistatbestandsirrtum" behandelt werden. Nur im letztgenannten Fall ist aufgrund der Fehlvorstellung über die Tatsituation und den rechtlich-sozialen Bedeutungsgehalt schon der Verhaltensunwert der Tat erheblich vermindert (s. Rn 751). Vom Standpunkt der sozialen Handlungslehre aus darf die Vorsatzstrafe als schwerste Strafsanktion unter dem Aspekt des Schuldvorwurfs aber nur den treffen, der den rechtlich-sozialen Bedeutungsgehalt seines Handelns richtig erfasst hat, also hinsichtlich aller Tatumstände, von denen die Unrechtsbewertung abhängt, voll „im Bilde war".

3. Abgrenzungsfragen

a) Abgrenzung zum Erlaubnistatbestandsirrtum

Die Abgrenzung zwischen dem Erlaubnistatbestandsirrtum und dem Erlaubnisirrtum   **765** kann bisweilen schwierig sein.

Bei der **Putativnotwehr** ist die Bejahung eines Erlaubnistatbestandsirrtums zB nicht auf den Fall beschränkt, dass der Täter sich irrig angegriffen fühlt. Um die irrige Annahme rechtfertigender Tatumstände handelt es sich auch, wenn er Art oder Stärke des wirklichen oder vermeintlichen Angriffs falsch beurteilt und sich daher intensiver als „erforderlich" verteidigt[41] oder wenn er aufgrund konkreter Umstände (dh nicht rein abstrakt) einen rechtmäßigen Angriff für „rechtswidrig" hält. Daran zeigt sich,

---

40   Vgl BGH MDR/H 78, 108.
41   Vgl BGH NStZ 96, 29; StV 13, 503, 505.

259

dass der Erlaubnistatbestandsirrtum keineswegs mit einem reinen „Tatsachenirrtum" identisch ist, sondern bei **normativen Rechtfertigungselementen** (parallel zu den normativen Tatbestandsmerkmalen; s. Rn 363) in gewissen Grenzen auch Irrtümer bei der Bewertung umfassen kann[42]. Wo es zu Überschneidungen kommt, ist im Zweifel der für den Täter günstigere Erlaubnistatbestandsirrtum anzunehmen.

766 Auch wenn sich der Irrtum des Täters auf den Spezialfall eines **gesamttatbewertenden Rechtfertigungselementes** normativen Charakters bezieht, wie etwa auf die „Sittenwidrigkeit" einer Körperverletzung, in die das Opfer eingewilligt hat (§ 228), oder auf die „Angemessenheit" der Tat als Mittel der Gefahrabwendung beim rechtfertigenden Notstand (§ 34 S. 2), ist entsprechend den oben erörterten Regeln zu unterscheiden: Berührt der Irrtum allein die tatsächlichen **Bewertungsgrundlagen**, etwa in der Weise, dass der Täter irrtümlich rechtmäßigkeitsbegründende Umstände für gegeben hält, die im Fall ihres wirklichen Vorliegens allen Anforderungen des Rechtfertigungsgrundes standhalten würden, so handelt es sich um einen **Erlaubnistatbestandsirrtum**. Dies wäre etwa der Fall, wenn der Täter einer Körperverletzung die Sittenwidrigkeit der in Aussicht genommenen Tat schon deshalb nicht erkennt, weil ihm die erhebliche Lebensgefahr verborgen bleibt (s. Rn 574 ff). Betrifft der Irrtum dagegen das **Bewertungsurteil** als solches, weil der Täter zB trotz richtiger Erkenntnis der Sachlage aufgrund einer fehlerhaften Gesamtbewertung zu der irrigen Annahme gelangt, die Körperverletzung sei nicht „sittenwidrig" bzw seine Tat sei ein „angemessenes" Mittel der Gefahrabwendung, liegt ein nach § 17 zu behandelnder **Erlaubnisirrtum** vor (= Irrtum über die Grenzen des betreffenden Rechtfertigungsgrundes)[43].

Beispiel: Um Mitglied einer Rockergruppe zu werden, ist A damit einverstanden, dass ihm Rockerboss R im Rahmen des Aufnahmerituals einige Rutenschläge auf den Rücken versetzt; A verschweigt dem R aber, dass er an einer schweren Form der Bluterkrankheit leidet. Die (gefährliche) Körperverletzung verstößt trotz Einwilligung des A angesichts der potentiell lebensbedrohlichen Folgen gegen die guten Sitten. Die Einwilligung kann wegen § 228 keine rechtfertigende Wirkung entfalten. Da R die Krankheit des A – und somit eine tatsächliche Bewertungsgrundlage für die Sittenwidrigkeit – nicht kennt, die Einwilligung auf Basis seiner Vorstellung von der Tat jedoch wirksam wäre, unterliegt er einem Erlaubnistatbestandsirrtum. Anders liegt die Situation, wenn R zwar von der Krankheit des A weiß und A um die Aufnahme bettelt. Wenn hier R die Schläge vornimmt, weil er davon ausgeht, dass die Mitgliedschaft in der Rockergruppe als „höchstes Glück für jedermann" betrachtet werden muss und er A seinen Wunsch nicht abschlagen möchte, wenn dieser bereit ist, das Risiko gesundheitlicher Folgen auf sich zu nehmen, unterliegt er in Kenntnis des Sachverhalts einem Irrtum über die rechtlichen Bewertungsmaßstäbe der „Sittenwidrigkeit", was iE lediglich einen Erlaubnis(grenz)irrtum begründen kann.

b) Abgrenzung zum sog. „Doppelirrtum"

767 Wenn der Täter nicht nur irrtümlich vom Vorliegen der tatsächlichen Voraussetzungen eines Rechtfertigungsgrundes ausgeht, sondern auch auf der Basis dieser Vorstellung sein vermeintliches Recht noch überschreitet, so liegt eine Konstellation vor, die man herkömmlicherweise als **Doppelirrtum** bezeichnet. Am Ende der für die Be-

---

42 Näher *Herzberg*, JZ 93, 1017, 1020; *Jescheck/Weigend*, AT, § 41 IV 1 d; *Kühl*, AT, § 13 Rn 78 f.
43 Vgl BGHSt 49, 166, 176 *(Sadomasofall)* m. zust. Anm. *Hirsch*, JR 04, 477; Lackner/Kühl-*Kühl*, § 228 Rn 11a; s. auch SK-*Stein*, § 16 Rn 17.

gründung eines Erlaubnistatbestandsirrtums erforderlichen hypothetischen Prüfung des jeweiligen Rechtfertigungsgrundes (s. Rn 740) steht hier das Ergebnis, dass der Täter selbst auf Basis seiner unzutreffenden Vorstellung nicht durch die Erlaubnisnorm gerechtfertigt wäre. Vielmehr konnte der Täter nur deshalb davon ausgehen, etwas Erlaubtes getan zu haben, weil er zusätzlich auch noch die normativen Voraussetzungen bzw Grenzen des Rechtfertigungsgrunds verkannt hat.

Beispiel[44]**:** Kurz nach einem ehelichen Streit hört A ihren Ehemann B aus dem Keller kommen. Irrtümlich geht sie davon aus, dass B dort eine Axt geholt hat, um sie zu erschlagen („Irrtum 1" – betrifft die sachlichen Voraussetzungen des § 32). Als B die Tür öffnet, schießt die A in vermeintlicher Notwehr diesem direkt ins Herz, ohne dies vorher anzudrohen oder auf die Beine zu zielen. Sie glaubt jedoch, auch zum sofortigen gezielten Todesschuss berechtigt zu sein („Irrtum 2" – betrifft die rechtlichen Intensitätsgrenzen der zulässigen Verteidigung, s. Rn 514).

Ein solcher Doppelirrtum wird **nach den Regeln des Verbotsirrtums** behandelt[45]. Das Vorliegen eines Erlaubnistatbestandsirrtums ist nicht schon deshalb zu bejahen, weil A einen Angriff auf ihr Leben und damit ein Merkmal des betreffenden Rechtfertigungsgrundes für gegeben hält. Da die Rechtsordnung selbst bei einem wirklichen Angriff sofortige tödliche Schüsse hier mangels Erforderlichkeit nicht gestatten würde, kann A der Umstand, dass sie nur irrtümlich von einem Angriff ausgeht, nicht zugutekommen. Sie muss sich deshalb so behandeln lassen, als wäre der Angriff tatsächlich gegeben, und dann läge wegen ihrer Fehlvorstellungen bzgl des Merkmals der Erforderlichkeit ihrer Notwehrhandlung ein Erlaubnisirrtum vor. Es wäre also nicht richtig zu sagen, A habe sich hier im Erlaubnistatbestandsirrtum *und* im Erlaubnisirrtum befunden. Vielmehr liegt nur *eine* Fehlvorstellung vor, und dies ist ein Erlaubnisirrtum, weil die Rechtsordnung kein Notwehrrecht kennt, das so weit geht, wie A glaubte. Deshalb ist der Begriff „Doppelirrtum" eigentlich missverständlich[46]. **768**

Für die **Falllösung** hat das die Konsequenz, dass bei der irrtümlichen Annahme der Voraussetzungen eines Merkmals eines Rechtfertigungsgrundes stets geprüft werden muss, ob auf der Basis dieser irrtümlich angenommenen Tatumstände auch alle sonstigen Voraussetzungen des Rechtfertigungsgrundes gegeben sind. Nur dann darf der Erlaubnistatbestandsirrtum bejaht werden (s. Rn 740). Im Übrigen ist von einem Erlaubnisirrtum auszugehen[47]. **769**

► Beispielsfall bei *Beulke*, Klausurenkurs I, Rn 270 und *Beulke/Zimmermann*, Klausurenkurs II, Rn 303, 346

V. Entschuldigungssachverhaltsirrtum

1. Voraussetzungen

Irrt sich der Täter über die tatsächlichen Voraussetzungen eines anerkannten Entschuldigungsgrundes, liegt ein Entschuldigungssachverhaltsirrtum vor. Gemeint sind Fehlvorstellungen im Hinblick auf die die Entschuldigung begründende Situation; **770**

---

44 Vgl BGH NStZ 87, 322.
45 Vgl auch BGHSt 3, 105, 108; s. auch *Hoffmann-Holland*, AT, Rn 459; *Zieschang*, AT, Rn 361.
46 So zu Recht *Kaspar*, AT, § 7 Rn 65; hierzu auch *Gropp*, ZIS 16, 601; *Kuhlen*, Paeffgen-FS, S. 247 ff.
47 S. auch BGH NJW 78, 1206; *Jäger*, AT, Rn 219; *Kraatz*, Jura 14, 787, 791; *Momsen/Sydow*, JuS 01, 1197; *Neubacher/Bachmann*, JA 10, 711, 718 f.

möglich erscheinen aber auch Irrtümer über das Vorliegen von tatsächlichen Umständen, die die Zumutbarkeit der Hinnahme einer Gefahr begründen (zB bzgl § 35 I 2). Ausdrücklich ist dieser Irrtum für den entschuldigenden Notstand in § 35 II normiert. Eine analoge Anwendung des § 35 II ist jedoch zu befürworten, wenn der Täter irrigerweise vom Vorliegen der tatsächlichen Voraussetzungen eines übergesetzlichen entschuldigenden Notstandes (s. dazu Rn 717) oder der Unzumutbarkeit normgemäßen Verhaltens (s. dazu Rn 711) ausgeht[48].

2. Rechtsfolgen

a) Unvermeidbarer Irrtum

771 Einigkeit besteht darüber, dass der unvermeidbare Irrtum über das Vorliegen der tatsächlichen Voraussetzungen eines anerkannten Entschuldigungsgrundes den Täter gem. § 35 II 1 (ggf analog) entschuldigt[49]. Dies ist sachgerecht, weil es für die psychische Zwangslage des Handelnden gleichgültig ist, ob die betreffende Gefahr tatsächlich oder, wie etwa beim Putativnotstand, nur in seiner Vorstellung existiert; der Motivationsdruck ist im einen wie im anderen Fall gleich groß[50]. **Unvermeidbar** ist der Irrtum für den Täter, wenn dieser auch bei gewissenhafter Prüfung nicht erkennen konnte, dass kein Notstand vorliegt. Die Anforderungen an diese Prüfungspflicht hängen hierbei von den konkreten Tatumständen ab und sind umso strenger, je schwerer die Tat wiegt und je mehr Zeit für die Entscheidung zur Verfügung steht[51].

Beispiel (s. bereits Rn 728): Mit Blick auf die sehr kurze Reaktionszeit und wegen der deutlichen Ähnlichkeiten des vor sein Auto laufenden Kindes mit seinem Sohn S (Körpergröße, Haarfarbe, Kleidung) ist der Irrtum des V über die sachlichen Voraussetzungen des Merkmals „Angehöriger" trotz der schwerwiegenden Tatfolgen als unvermeidbar zu bewerten, weshalb V nach § 35 II 1 straflos ist.

b) Vermeidbarer Irrtum

772 Dagegen war lange umstritten, wie der vermeidbare Irrtum über entschuldigende Tatumstände zu behandeln ist:

773 Nach verbreiteter Auffassung sollte hier analog § 59 aF die Vorsatzschuld entfallen und nur wegen fahrlässiger Tat bestraft werden (sog. **Fahrlässigkeitslösung**)[52].

774 Die Gegenansicht wollte die für den Verbotsirrtum geltenden Grundsätze sinngemäß anwenden und den Täter bei Vermeidbarkeit seines Irrtums wegen vorsätzlicher Tatbegehung, jedoch mit der Möglichkeit der **Strafmilderung** zur Verantwortung ziehen[53].

---

48 Vgl Baumann/Weber/Mitsch/Eisele-*Eisele*, AT, § 18 Rn 34 f; *Kaspar*, AT, § 7 Rn 68; S/S/W-StGB-*Rosenau*, § 35 Rn 24; S/S-*Sternberg-Lieben/Schuster*, § 16 Rn 31; diff. Lackner/Kühl-*Kühl*, § 35 Rn 13 und *T. Walter*, Roxin II-FS, S. 774 ff.
49 Vgl nur S/S/W-StGB-*Rosenau*, § 35 Rn 24; S/S-*Sternberg-Lieben/Schuster*, § 16 Rn 31.
50 RGSt 64, 30; BGHSt 5, 371.
51 BGHSt 48, 255.
52 RGSt 64, 30; 66, 222; BGHSt 5, 371, 374; 18, 311.
53 *Vogler*, GA 1969, 103.

Für die letztgenannte Auffassung spricht, dass die irrige Annahme entschuldigender **775** Tatumstände einen Irrtum eigener Art darstellt, für den die „Fahrlässigkeitslösung" schon deshalb nicht passt, weil der Täter die Rechtswidrigkeit seines Verhaltens unter den gegebenen Umständen kennt, also weiß, dass er Unrecht tut. Dieser Besonderheit kann durch eine *sinngemäße* Anwendung der Verbotsirrtumsregeln am besten Rechnung getragen werden. In § 35 II 2 hat der Gesetzgeber sich diesem Standpunkt für den entschuldigenden Notstand mit der Maßgabe angeschlossen, dass die Strafe bei Vermeidbarkeit des Irrtums zu mildern ist (vgl auch Rn 691)[54].

Beispiel (Abwandlung zu Rn 728, 771): Wenn das Kind, das vor das Auto des V läuft eine völlig andere Statur als Vs Sohn S hat und es für V somit auch unter den Umständen möglich gewesen wäre, zu erkennen, dass es sich nicht um S handelt, wäre V wegen Totschlags zu bestrafen; seine Strafe könnte jedoch gem. § 35 II 2 iVm § 49 I gemildert werden.

VI. Entschuldigungsnormirrtum

Der Irrtum über die **Existenz** oder die **rechtlichen Grenzen** eines Entschuldigungs- **776** grundes ist nach hA bedeutungslos, da allein die Rechtsordnung zu entscheiden hat, wann sie von der Erhebung eines Schuldvorwurfs absehen will[55]; er kann allenfalls im Rahmen der Strafzumessung (§ 46 II) berücksichtigt werden.

Beispiel: Wenn W glaubt, er dürfe den X durch Umleitung eines Zuges opfern, um seinen auf **777** der ursprünglichen Strecke spielenden Hund vor dem sicheren Tod zu retten, ist dieser Irrtum über den Anwendungsbereich des § 35 (der zugunsten des Eigentums nicht eingreift, s. Rn 687) unbeachtlich.

Aktuelle Rechtsprechung zu § 14:
- BGH NJW 14, 1121 m. Bespr. *Kudlich*, JA 14, 153: Erkennt der Täter nicht, dass ein Angriff gegen ihn beendet und die zunächst gegebene Notwehrlage somit im Verlauf des Kampfgeschehens entfallen ist, weil er irrtümlich glaubt, der Angreifer täusche die Kampfunfähigkeit lediglich vor, liegt ein Erlaubnistatbestandsirrtum vor; vgl Rn 740; ferner Rn 499 und Rn 707.
- BGH NStZ 17, 284 m. Bespr. *Wittig*: Holt der Täter im Vorfeld der Tat anwaltlichen Rat ein, begründet dies nur dann die Unvermeidbarkeit eines Verbotsirrtums, wenn der Täter auf die Richtigkeit der Auskunft nach den für ihn erkennbaren Umständen vertrauen durfte. Ist für ihn die Unerlaubtheit des Tuns allein bei mäßiger Gewissensanspannung erkennbar, scheidet die Unvermeidbarkeit aus. Verlassen darf sich der Täter auf ein detailliertes, bei schwierigen Rechtsfragen schriftliches Gutachten ohne Gefälligkeitscharakter, welches als Ergebnis sorgfältiger Prüfung die Straflosigkeit des vom Täter beabsichtigten Verhaltens bestätigt, sofern es von einem im jeweiligen Fachgebiet versierten Rechtsanwalt erstellt wurde; vgl Rn 738.

---

54 Vgl BGHSt 48, 255.
55 *Bachmann*, JA 09, 510; *B. Heinrich*, AT, Rn 1157; aA *Frister*, Die Struktur des „voluntativen Schuldelements", 1993, S. 239 f; *Joecks*, St-K, § 17 Rn 12.

§ 15 Persönliche Strafausschließungs- und Strafaufhebungsgründe sowie Strafverfolgungsvoraussetzungen

778 **Fall 15: a)** M hat im Wäscheschrank seiner Ehefrau F ein Versteck mit einem größeren Geldbetrag entdeckt. Er entwendet hiervon 5000 €, mit denen er dem wegen Bandenhehlerei (§ 260 I Nr 2) gesuchten B die Flucht ins Ausland ermöglicht. M und B sind bei Pflegeeltern aufgewachsen, die sie in dem Glauben gelassen haben, dass sie Geschwister seien. In Wirklichkeit besteht zwischen ihnen kein Verwandtschaftsverhältnis. Von dem entwendeten Geld nahm er irrig an, es gehöre der Nachbarin N, für die F es lediglich verwahre.

b) Das entwendete Geld war Eigentum der Nachbarin N; M glaubte jedoch, es gehöre als Rest eines früheren Lottogewinns seiner Ehefrau F.

Wie ist das Verhalten des M strafrechtlich zu beurteilen? **Rn 787, 792**

I. Persönliche Ausnahmen von der Strafbarkeit

779 Zur Strafbarkeitsbegründung genügt idR das Vorliegen von Unrecht und Schuld. Es gibt aber Ausnahmefälle, in denen die Strafbarkeit des Verhaltens von zusätzlichen Voraussetzungen wie zB von „objektiven Bedingungen der Strafbarkeit" (s. Rn 214 ff) abhängt oder bei denen **streng personenbezogene Gründe**, die jenseits von Unrecht und Schuld stehen, kraft gesetzlicher Sonderregelung strafausschließend oder strafaufhebend wirken. Solche Ausnahmen von der Strafbarkeit bewirken die **persönlichen Strafausschließungs- und Strafaufhebungsgründe**, denen gemeinsam ist, dass sie nur demjenigen Täter oder Teilnehmer zugutekommen, in dessen Person sie gegeben sind (§ 28 II).

1. Persönliche Strafausschließungsgründe

780 Als **persönliche Strafausschließungsgründe** werden die gesetzlich normierten Umstände bezeichnet, deren Gegebensein **von vornherein** zur Straflosigkeit führt und die schon **bei Begehung der Tat** vorgelegen haben müssen.

Zum Teil verdanken sie ihre Existenz kriminalpolitischen Zweckmäßigkeitserwägungen; in anderen Fällen hat der Gesetzgeber sich hingegen durch die Rücksichtnahme auf eine **notstandsähnliche** Konfliktsituation dazu bewegen lassen, dem verminderten Schuldgehalt der Tat durch Schaffung eines persönlichen Strafausschließungsgrundes Rechnung zu tragen (zB bei der Strafvereitelung zugunsten von Angehörigen nach § 258 VI).

Zu den persönlichen Strafausschließungsgründen zählen insbes. die **Indemnität von Abgeordneten** (§ 36), das **jugendliche Alter** von Abkömmlingen und Geschwistern beim Beischlaf zwischen Verwandten (§ 173 III), das **Angehörigenverhältnis** im Fall der Strafvereitelung (§ 258 VI), die **Beteiligung an der Vortat** bei Begünstigungs- (§ 257 III) und Strafvereitelungshandlungen (§ 258 V) sowie die **Schwangereneigenschaft** bei §§ 218 IV 2, 218a IV 1, 218b I 3 und 218c II. Auch bei § 217 II handelt es sich um einen persönlichen Strafausschließungsgrund, wobei dieser nur eingreift, wenn der **Angehörige des Suizidwilligen oder ein diesem sonst Naheste-hender nicht geschäftsmäßig** handelt[1].

2. Persönliche Strafaufhebungsgründe

Persönliche Strafaufhebungsgründe sind dagegen Umstände, die erst **nach Bege-hung** einer Straftat eintreten und die bereits begründete Strafbarkeit rückwirkend wieder beseitigen.   **781**

Hierzu gehören vor allem der **Rücktritt vom Versuch** (§ 24) und vom **Versuch der Verbrechensbeteiligung** (§ 31), die rechtzeitige Berichtigung der falschen Angaben im Fall des § 161 II, die **„tätige Reue"** nach Vollendung bestimmter Delikte (vgl §§ 98 II 2, 306e II, 314a III, 320 III, 330b I 2) sowie die Selbstanzeige bei der Steuer-hinterziehung (§ 371 AO)[2].

II. Strafeinschränkungsgründe und Zulässigkeit der Strafverfolgung

1. Strafmilderung und Absehen von Strafe

In einigen Fällen steht es im pflichtgemäßen Ermessen des Gerichts, ob es aufgrund bestimmter gesetzlicher Voraussetzungen **von Strafe absehen** oder die **Strafe mil-dern** will (zB §§ 46a, 46b I 4, 83a, 86 IV, 87 III, 98 II 1, 139 I, 142 IV, 157, 158, 218a IV 2, 306e I, 314a I, II, 320 I, II, 330b I 1)[3]. Beim **Absehen von Strafe** handelt es sich um einen **Strafverzicht**, der auf einer Verneinung der Strafbedürftigkeit be-ruht.   **782**

2. Strafverfolgungsvoraussetzungen und -hindernisse

Verfahrensrechtlichen Charakter[4] haben die **Strafverfolgungsvoraussetzungen** (zB Strafantrag, § 77, Ermächtigung gem. §§ 104a[5], 129b I 3, 194 IV und Genehmigung des Bundestages iSd Art. 46 II GG) sowie die **Strafverfolgungshindernisse** (zB Ver-jährung[6], § 78, Exterritorialität, §§ 18, 19 GVG, und Abgeordnetenimmunität, Art. 46 II GG). Diese betreffen insbes. die Zulässigkeit des Strafverfahrens als solches[7].   **783**

---

1   So BeckOK-StGB-*Oğlakcıoğlu*, § 217 Rn 39; zu den Folgen hinsichtlich einer etwaig konstruierbaren Strafbarkeit des Suizidenten s. BeckOK-StGB-*ders.*, § 217 Rn 43.
2   *Wittig*, Jura 14, 567.
3   Zur Strafmilderung *Streng*, Kühl-FS, S. 489.
4   Wie weit einzelnen Umständen dieser Art (insbes. der Verjährung) zugleich materiell-rechtliche Be-deutung zukommt, ist str., s. hierzu BVerfGE 25, 269; *Beulke/Swoboda*, StPO, Rn 8 ff; *Meyer-Goßner*, Prozessvoraussetzungen und Prozesshindernisse, 2011, S. 56 f; *Volk*, Prozessvoraussetzungen im Straf-recht, 1978, S. 225.
5   Zu einer diesbzgl krit. Auseinandersetzung und Änderungsvorschlägen *de lege ferenda* s. *F. Zimmer-mann*, in: Schuhr/Oğlakcıoğlu/Rückert (Hrsg), Axiome des nationalen und internationalen Strafverfah-rensrechts, 2017, S. 11 ff.
6   Dazu *Meyer*, JA 14, 342.
7   Vgl hierzu bereits Rn 219.

III. Der Irrtum über persönliche Strafausschließungsgründe

1. Tatsachenirrtum

784 Die Auffassungen darüber, ob und inwieweit ein **Irrtum über strafausschließende Umstände** beachtlich ist, sind geteilt:

Die **hM** stellt allein auf die objektive Lage ab und ordnet derartige Tatsachenirrtümer als irrelevant ein. Begründet wird dies damit, dass die persönlichen Strafausschließungsgründe jenseits von Unrecht und Schuld stünden und vom Vorsatz des Täters nicht umfasst zu werden brauchen. Maßgebend sei nur ihr objektives Vorhandensein im Zeitpunkt der Tat; ein Irrtum in dieser Hinsicht sei unbeachtlich[8].

Die **entgegengesetzte Auffassung** will auch der Tätervorstellung Rechnung tragen, sofern im Rahmen des betreffenden Strafausschließungsgrundes privilegierende Schuldgesichtspunkte eine Rolle spielen[9].

785 Die zuletzt genannte Auffassung zeigt in die richtige Richtung. Eine pauschale Lösung verbietet sich. Den Besonderheiten der einzelnen Strafausschließungsgründe und den sehr unterschiedlichen Erwägungen des Gesetzgebers für ihre Aufnahme in das StGB wird nur eine **differenzierende Lösung** gerecht[10]:

Auf die rein **objektive Lage** ist nur dort abzustellen, wo die gesetzliche Regelung ausschließlich oder überwiegend **staatspolitischen** Belangen dient (zB § 36) oder auf **kriminalpolitischen** Zweckmäßigkeitserwägungen beruht (zB §§ 36, 173 III).

Auf das Vorstellungsbild des Täters ist dagegen Rücksicht zu nehmen, wenn der Strafausschließungsgrund in erster Linie einer **notstandsähnlichen Motivationslage** und dem verminderten Schuldgehalt der Tat Rechnung tragen will (zB §§ 257 III 1, 258 VI).

786 § 258 VI (Strafvereitelung zugunsten eines Angehörigen), welcher der letzteren Fallgruppe zuzuordnen ist, zeigt die Notwendigkeit einer differenzierenden Betrachtung besonders deutlich. In dieser Vorschrift kommt vorrangig die **Privilegierung einer schuldmindernden notstandsähnlichen Konfliktlage** zum Ausdruck. Das Gesetz respektiert das natürliche Gefühl der Solidarität unter nahen Angehörigen. Dem Täter wird darüber hinaus auch deshalb Nachsicht gewährt, weil er die Strafvereitelung häufig als eine Art „Selbstschutz" mit dem Ziel bewirkt, den drohenden Folgen wirtschaftlicher oder gesellschaftlicher Art vorzubeugen, die sich für ihn oder seine Familie aus der Strafverfolgung gegen den Angehörigen ergeben könnten. Dieser persönliche Strafausschließungsgrund wurzelt somit auch im Schuldbereich und nähert sich bereits den Entschuldigungsgründen[11]. Wer eine Strafvereitelung zugunsten eines vermeintlichen Angehörigen begeht, befindet sich in der gleichen seelischen Konfliktlage wie derjenige, der einem wirklichen Angehörigen zur (endgültigen, zeitweiligen oder teilweisen) Vereitelung des staatlichen Strafanspruchs verhilft. Nach dem Sinn und Zweck des § 258 VI verdient er ebenfalls die dort vorgesehene „Nachsicht", sodass es

---

8 Vgl RGSt 61, 270; *Welzel*, Lb, S. 357.
9 Vgl *Horn*, MDR 71, 8; S/S-*Sternberg-Lieben/Schuster*, § 16 Rn 34.
10 So auch *Exner*, ZJS 09, 516, 523; *B. Heinrich*, AT, Rn 1163; *Rengier*, AT, § 32 Rn 6 f; *Satzger*, Jura 17, 649, 654 f; *Warda*, Jura 79, 286, 294.
11 Vgl *Bloy*, JuS 93, L 33; *Jescheck/Weigend*, AT, § 42 II 1; *Roxin*, JuS 88, 425, 432.

geboten erscheint, einem Irrtum dieser Art **strafausschließende Wirkung** zuzubilligen[12]. Das Abstellen auf das wirkliche Bestehen eines Angehörigenverhältnisses ist mit dem der Vorschrift zugrunde liegenden Gedanken daher nicht zu vereinbaren[13].

Im **Fall 15a** hat M dem B die Flucht ins Ausland ermöglicht und dadurch den Tatbestand des § 258 I verwirklicht. Die Voraussetzungen für einen Strafausschluss nach § 258 VI sind objektiv nicht gegeben, da M und B blutsmäßig nicht miteinander verwandt sind und zwischen ihnen kein „Angehörigenverhältnis" iSd §§ 258 VI, 11 I Nr 1 besteht. Ein Pflegekindschaftsverhältnis begründet anders als eine Adoption zwischen den familienzugehörigen Kindern kein „Geschwisterverhältnis"[14]. M hat jedoch angenommen, dass B sein leiblicher Bruder sei. Da der Strafausschließungsgrund des § 258 VI in erster Linie der notstandsähnlichen Motivationslage Rechnung tragen will und diese auch bei irriger Annahme des Angehörigenverhältnisses gegeben ist, bleibt M hinsichtlich der Strafvereitelung – unabhängig von der Vermeidbarkeit der Fehlvorstellung – straffrei (§ 258 I, VI); s. Rn 785 f.   **787**

Bei einem **vermeidbaren Irrtum** stellt sich die Frage, ob **§ 35 II entsprechend** anzuwenden und statt Strafbefreiung nur eine Strafmilderung (§ 49 I) zu gewähren ist[15]. Dafür könnte sprechen, dass ein Irrtum über das Angehörigenverhältnis auch beim entschuldigenden Notstand möglich ist (**Beispiel:** Der Täter glaubt, bei dem Gefährdeten handele es sich um einen Angehörigen)[16]. Dies würde allerdings bedeuten, dass ein Irrtum im Fall des § 258 VI anders zu beurteilen wäre als eine Fehlvorstellung im Bereich des § 258 V, wo es ebenfalls um die Berücksichtigung einer notstandsähnlichen Lage geht und wo aufgrund der subjektivierten Gesetzesfassung („vereiteln will") Straffreiheit auch dann gewährt wird, wenn der Täter mit der Strafvereitelungshandlung nur eine ihm vermeintlich drohende Gefahr hat abwenden wollen. Ob sein Irrtum vermeidbar oder unvermeidbar war, wird dort als unerheblich betrachtet[17]. Das legt es nahe, auch innerhalb des § 258 VI allein auf die innere Zwangslage des Täters, nicht aber zusätzlich auf die Vermeidbarkeit der Fehlvorstellung abzustellen[18].   **788**

Im umgekehrten Irrtumsfall, in dem der Täter **keine Kenntnis** von der Angehörigeneigenschaft des Begünstigten hat, ist der Strafausschließungsgrund des § 258 VI konsequenterweise nicht anwendbar, da es an der erforderlichen Konfliktlage in der Person des Täters fehlt.   **789**

2. Normirrtum

Ferner kommt in Betracht, dass sich der Täter über **die Existenz oder die rechtlichen Grenzen eines Strafausschließungsgrundes irrt.** Dieser gesetzlich gleichfalls nicht geregelte Irrtum ist unbeachtlich, da ein bloßer „Strafbarkeitsirrtum" die Vorwerfbarkeit der Tat unberührt lässt (s. auch Rn 1338)[19].   **790**

---

12 *Satzger,* Jura 17, 649, 654.
13 So aber RGSt 61, 270, 271; 71, 152, 155; *Jahn/Palmers,* JuS 09, 411; S/S/W-StGB-*Jahn,* § 258 Rn 52.
14 Vgl S/S/W-StGB-*Satzger,* § 11 Rn 10.
15 So *Preisendanz,* Strafgesetzbuch, 30. Aufl. 1978, § 258 VIII 3.
16 Vgl S/S-*Perron,* § 35 Rn 42.
17 S/S-*Hecker,* § 258 Rn 37.
18 Ebenso BeckOK-StGB-*Ruhmannseder,* § 258 Rn 44; S/S-*Hecker,* § 258 Rn 41; krit. dazu *Roxin,* AT I, § 22 Rn 141; zum Ganzen *Hillenkamp/Cornelius,* AT, S. 92 ff.
19 *B. Heinrich,* AT, Rn 1166; *Satzger,* Jura 17, 649, 653.

IV. Der Irrtum über Strafverfolgungsvoraussetzungen

791 Bei den dem Verfahrensrecht angehörenden **Strafverfolgungsvoraussetzungen** und **Strafverfolgungshindernissen** ist allgemein anerkannt, dass es allein auf die **tatsächlichen Gegebenheiten** und nicht auf die Vorstellung des Täters über ihr Vorliegen oder Nichtvorliegen ankommt. Im Fall des Haus- und Familiendiebstahls (§ 247) ist ein Irrtum über das Angehörigenverhältnis daher unbeachtlich, weil dieser Umstand dort nur für das Antragserfordernis als Strafverfolgungsvoraussetzung Bedeutung hat[20].

Vgl auch die **Übersicht** zur Irrtumslehre Rn 1321 ff, insbes. Rn 1340.

792 Im **Fall 15a** lag hinsichtlich der entwendeten 5000 € objektiv ein Diebstahl unter Angehörigen vor (§§ 242, 247). Ein Strafantrag der F ist daher Strafverfolgungsvoraussetzung. Die diesbezügliche Unkenntnis des M ist ein unbeachtlicher Irrtum; s. Rn 791.

Im **Fall 15b** waren die entwendeten 5000 € Eigentum der Nachbarin N. Deshalb greift nur § 242 ein. Die irrige Annahme des M, dass die Voraussetzungen des § 247 gegeben seien, ist belanglos. Die Strafverfolgung ist von Amts wegen zu betreiben (vgl §§ 160, 152 II StPO; s. Rn 791).

§ 16 Täterschaft und Teilnahme

793 **Fall 16:** B will sein Organisationstalent zu Geld machen und beschließt daher, als Kopf einer Bande durch Auftragsmorde seinen Lebensunterhalt zu verdienen. Eines Tages bietet ihm die A eine Prämie dafür, dass er dafür sorgt, dass ihr verhasster Ehemann O möglichst lautlos „erledigt" wird. Daraufhin entwirft B einen in allen Einzelheiten ausgearbeiteten Plan und instruiert das Bandenmitglied X mit der Ausführung der Tat. Am Tattag begibt sich X zu O und erschießt diesen entsprechend den Anweisungen des B von hinten mit einer Pistole.

Wie haben sich X, B und A strafbar gemacht? **Rn 807, 808, 810, 824, 825, 878, 882, 884, 892, 927**

I. Beteiligungsformen und Täterbegriff

1. Dualistisches Beteiligungssystem und Einheitstäterprinzip

794 Das deutsche Strafrecht unterscheidet bei der Beteiligung mehrerer Personen an einem Vorsatzdelikt zwischen **Täterschaft** und **Teilnahme**. Gesetzlich ist diese Differenzierung in § 28 II vorgegeben. Gleichwohl sind die Übergänge zwischen beiden Beteiligungsformen fließend, eine Abgrenzung daher nicht unproblematisch. Der

---

20 Vgl insbes. BGHSt 18, 123, 125; Matt/Renzikowski-*Gaede*, § 247 Rn 5; *B. Heinrich*, AT, Rn 1159; *Mitsch*, JA 14, 1, 3 f; *Ruppert*, JA 18, 107, 110.

268

Sinn der Unterscheidung zwischen Täterschaft und Teilnahme liegt vor allem darin, jeden Tatbeitrag so zu erfassen, wie es seinem sachlichen Gewicht und seinem besonderen Verhaltensunwert entspricht.

Als **Täter** wird bestraft, wer die Straftat selbst (unmittelbare Täterschaft, § 25 I Alt. 1, s. Rn 810) oder durch einen anderen (mittelbare Täterschaft, § 25 I Alt. 2, s. Rn 841 ff) begeht. Begehen mehrere die Straftat gemeinschaftlich, so wird jeder als Täter bestraft (Mittäterschaft, § 25 II, s. Rn 811 ff). Hinzu kommt die als solche gesetzlich nicht ausdrücklich geregelte Nebentäterschaft (s. Rn 864).

Teilnehmer ist demgegenüber, wer einen anderen zu dessen vorsätzlich begangener rechtswidriger Tat vorsätzlich bestimmt (Anstiftung, § 26, s. Rn 881 ff) oder ihm zu einer solchen Tat vorsätzlich Hilfe leistet (Beihilfe, § 27, s. Rn 900 ff).

Den Gegensatz zu diesem dualistischen Beteiligungssystem (= Täterschaft und Teilnahme) bildet das **Einheitstäterprinzip**, wonach jeder, der einen ursächlichen Beitrag zur Tatbestandsverwirklichung geleistet hat, ohne Rücksicht auf das sachliche Gewicht seines Tatbeitrags gleichermaßen als Täter angesehen wird. Maßgebliches Kriterium der Einheitstäterschaft ist allein die Kausalität; Art und Bedeutung des Tatbeitrags kommen erst im Bereich der Strafzumessung zur Geltung. Für das Strafrecht mit seinen einschneidenden Rechtsfolgen ist dieses Einheitstäterprinzip wegen seines vergröbernden Maßstabes allerdings wenig geeignet. Die Unterschiede in Unrechts- und Schuldgehalt sollten vielmehr bereits im Urteilstenor und nicht erst „versteckt" im Strafausspruch zum Ausdruck kommen[1]. **795**

Im **Völkerstrafrecht** findet sich im Römischen Statut (s. Rn 110) nun – entgegen früherer Tendenzen (v. a. durch die *Ad-hoc*-Gerichtshöfe [ICTY, ICTR]) – ein dem deutschen Strafrecht ähnliches dualistisches Beteiligungssystem (Art. 25 III lit. a-c IStGH-Statut)[2]. Demgegenüber hat der Gesetzgeber aus Vereinfachungsgründen den Einheitstäterbegriff in das **Ordnungswidrigkeitenrecht** übernommen (§ 14 OWiG[3]). Auch das österreichische Strafrecht behandelt jeden an einer Straftat Beteiligten – unabhängig vom Gewicht des Tatbeitrags – als Täter (§ 12 öStGB: „Nicht nur der unmittelbare Täter begeht die strafbare Handlung, sondern auch jeder, der [...] sonst zu ihrer Ausführung beiträgt").

Bereits aus den gesetzlichen Voraussetzungen der Teilnahme – wonach hierfür eine *vorsätzlich* begangene Haupttat erforderlich ist – wird deutlich, dass eine Unterscheidung zwischen Täterschaft und Teilnahme bei den **Fahrlässigkeitsdelikten** nicht erfolgen kann. Täter eines Fahrlässigkeitsdelikts ist bereits jeder, der durch eine Sorgfaltspflichtverletzung in objektiv zurechenbarer Weise zur Tatbestandsverwirklichung beiträgt (vgl Rn 1102 ff). **796**

---

1 Vgl auch *Rengier*, AT, § 40 Rn 1.
2 Ausf. hierzu *Satzger*, International, § 15 Rn 50 ff; s. vert. *Kreß*, Vogel-GS, S. 259 ff.
3 *Bloy*, Schmitt-FS, S. 33; *Bock*, Jura 05, 673; *Krey/Esser*, AT, Rn 781; *Seier*, JA 90, 342, 382; vgl auch *Kienapfel/Höpfel/Kert*, AT, E 2, Rn 25; *Mitsch*, NZWiSt 14, 1; *Rehaag*, Prinzipien von Täterschaft und Teilnahme in europäischer Rechtstradition, 2010; *Rotsch*, „Einheitstäterschaft" statt Tatherrschaft, 2009, S. 131 ff; *ders.*, ZIS 15, 577, 580; *Schmoller*, GA 2006, 365; *Volk*, Roxin I-FS, S. 563; *Weißer*, Täterschaft in Europa, 2011, S. 131 ff.

269

2. Der tatbestandsbezogene Täterbegriff

797 Beim dualistischen Beteiligungssystem dient alleine der gesetzliche Tatbestand als Grundlage für die Bestimmung desjenigen, der Täter sein kann, weshalb auch von einem **tatbestandsbezogenen Täterbegriff** gesprochen wird[4]. Dementsprechend kann Täter nur sein, wer sowohl die im Tatbestand des Besonderen Teils normierten Merkmale, als auch die in diesen hineinzulesenden Vorgaben des Allgemeinen Teils (etwa § 15) in eigener Person erfüllt. Wer also die mit Strafe bedrohte tatbestandsmäßige Handlung selbst vornimmt und in seiner Person sämtliche Merkmale des objektiven und subjektiven Unrechtstatbestandes erfüllt, ist ohne weiteres „Täter". Dies bringt § 25 I Alt. 1 – der von *Tatbegehung* und nicht (lediglich) Erfolgsverursachung spricht – auch im Gesetz zum Ausdruck[5].

Gemäß dieses **restriktiven Täterbegriffs** ist also nur derjenige Täter, der die tatbestandsmäßige Handlung selbst vornimmt bzw dem diese (v. a. über §§ 25 I Alt. 2, 25 II) zugerechnet werden kann. Anders als nach dem extensiven Täterbegriff[6] – wonach ein Teilnehmer den Tatbestand dem Grunde nach selbst erfüllt, die Strafbarkeit aber über die Teilnahmeregelungen eingeschränkt wird – regeln die §§ 26, 27 die Strafbarkeit des Teilnehmers mit strafbegründender Wirkung[7]; würde man diese Regelungen aus dem StGB entfernen, wäre die Teilnahme an einer Straftat straflos.

a) Grundsatz: Jeder kann Täter sein

798 Aus der Tatbestandsbezogenheit der Täterlehre folgt, dass sich die Kriterien des Täterbegriffs nach der Eigenart des jeweiligen Straftatbestandes richten. Im Regelfall kann somit jedermann einen Straftatbestand erfüllen, und zwar unabhängig von bestimmten Eigenschaften oder Pflichten. Im Gesetz sind solche Tatbestände anhand der Formulierung: „wer…" erkennbar.

b) Ausnahme: Besondere Anforderungen an die Täterperson

799 Für eine Reihe von Delikten gilt jedoch, dass Täterqualität nur derjenige Handelnde hat, der die besonderen Anforderungen des Straftatbestandes an die Täterperson erfüllt. Ein Außenstehender *(extraneus)* kann dann nicht Täter, Mittäter oder mittelbarer Täter, sondern allenfalls Teilnehmer sein. Ob es für die Frage der Täterschaft auf spezielle Kriterien ankommt, muss primär aus der Fassung und Struktur des einzelnen Straftatbestandes ermittelt werden[8].

800 So ist bei den **echten Sonderdelikten** (s. Rn 55) der in Betracht kommende Täterkreis von vornherein durch den im gesetzlichen Tatbestand vorausgesetzten Sonderstatus des Täters begrenzt (zB in §§ 203, 331 ff durch die Eigenschaft als Arzt, Rechtsanwalt, Notar, Amtsträger, Richter usw).

---

4 *Krey/Esser*, AT, Rn 791 ff; *Kühl*, AT, § 20 Rn 5 f; ausf. *Rudolphi*, Bockelmann-FS, S. 369 ff.
5 BGHSt 38, 315; LK-*Schünemann*, § 25 Rn 53; krit. *Hillenkamp*, Schünemann-FS, S. 407; dazu *Roxin*, Täterschaft, S. 552.
6 Dagegen *Roxin*, AT II, § 25 Rn 4 mwN; vgl auch *Kühl*, AT, § 20 Rn 5.
7 *B. Heinrich*, AT, Rn 1181; SK-StGB-*Hoyer*, Vorbem. § 25 Rn 3; S/S/W-StGB-*Murmann*, Vorbem. §§ 25 Rn 3 f; *Roxin*, AT II, § 25 Rn 5.
8 *Roxin*, JZ 66, 293; s. auch BGHSt 58, 115 m. Anm. *Kraatz*, JR 13, 466 (zu § 283 I, II); BGHSt 58, 218 m. Bespr. *Höll*, wistra 13, 455 (zu § 370 I AO); *Kudlich*, Schroeder-FS, S. 201.

Beispiel: Nimmt der Nichtbeamte N vorsätzlich eine falsche Grundbucheintragung vor, kann er mangels „Täterqualität" selbst dann nicht Täter, sondern nur Teilnehmer einer Falschbeurkundung im Amt (§ 348) sein, wenn er den Eintragungsvorgang beherrscht.

Bei den **eigenhändigen Delikten** (s. Rn 56) ist allein die Eigenhändigkeit der Tatausführung maßgebend. Wer die Tatbestandshandlung nicht selbst vornimmt, kann hier nicht Täter, sondern lediglich Teilnehmer (= Anstifter oder Gehilfe) sein[9]. 801

Beispiel: Täter eines Aussagedelikts iSd §§ 153, 154 kann somit nur der Aussagende, nicht jedoch ein anderer Beteiligter sein, der die betreffende Falschaussage vorsätzlich herbeiführt oder sonst fördert.

▶ Beispielsfall bei *Beulke*, Klausurenkurs III, Rn 517

Bei den sog. **„Pflichtdelikten"**, deren Tatbestand eine besondere Pflichtenstellung voraussetzt, hängt die Möglichkeit der Täterschaft davon ab, ob den Handelnden (oder Untätigbleibenden) eine tatbestandsspezifische Sonderpflicht trifft[10]. 802

Beispiel: Die Pflichtenstellung folgt bei der Untreue (§ 266) aus der Vermögensbetreuungspflicht. Weitere „Pflichtdelikte" sind bspw die Verkehrsunfallflucht (§ 142) und auch die unechten Unterlassungsdelikte, bei denen die Pflichtenstellung aus der Garantenstellung (§ 13) resultiert. Tauglicher Täter eines unechten Unterlassungsdelikts ist folglich nur, wer Garant ist. Aus diesem Grund erfolgt die Abgrenzung von Täterschaft und Teilnahme in diesem Bereich nur dann nach den allgemeinen Regeln, wenn der Unterlassende überhaupt eine Garantenstellung innehat (weiterführend Rn 1209 ff)[11].

3. Zurechnung eines täterbezogenen Merkmals über § 14

Die Tatbestandsbezogenheit des Täterbegriffs führt vor allem in einem von Arbeitsteilung geprägten Wirtschaftsleben zu Problemen. Derjenige, der die besondere Pflichtenstellung bzw den für eine Tätereigenschaft erforderlichen Sonderstatus innehat und daher selbst Täter sein könnte, handelt nicht selbst, sondern lässt andere, die diese Eigenschaften nicht in eigener Person aufweisen – und daher eigentlich nicht Täter sein können –, für sich handeln. Deutlich wird dies etwa im Verhältnis von juristischen Personen und deren Organen, da hier regelmäßig die juristische Person (die sich selbst nicht strafbar machen kann) das besondere persönliche Merkmal aufweist (zB Arbeitgeber bei § 266a, Schuldner bei den §§ 283 ff)[12], wohingegen die tatbestandsmäßige Handlung von deren Organ vorgenommen wird. 803

Beispiel: G schafft als Geschäftsführer der zahlungsunfähigen A-GmbH wertvolle Baumaschinen aus deren Bestand fort, damit diese nicht Teil der Insolvenzmasse werden können. Einer Strafbarkeit des G nach § 283 I Nr 1 wegen Bankrotts könnte entgegenstehen, dass lediglich die A-GmbH – und nicht G selbst – zahlungsunfähig ist und somit das besondere persönliche Merkmal als „Gemeinschuldner" innehat.

---

9   BGH NStZ 10, 456 (zu §§ 51, 52 WaffG); *Roxin*, AT II, § 25 Rn 288 ff; *Satzger*, Jura 11, 103, 106; LK-*Schünemann*, § 25 Rn 45 ff.
10 Vert. *Roxin*, Schünemann-FS, S. 509 sowie *Pariona*, Schünemann-FS, S. 469; zur Tatherrschaft bei Pflichtdelikten s. *Rotsch*, Joecks-GS, S. 149.
11 Abw. *Roxin*, Täterschaft, S. 352 ff, 772 ff; LK-*Schünemann*, § 25 Rn 32 ff, 162.
12 Nach hM ist der Begriff des besonderen persönlichen Merkmals bei § 14 enger als im Rahmen des § 28 (s. dazu Rn 873 f) zu verstehen, vgl *Wittig*, Wirtschaftsstrafrecht, § 6 Rn 80.

Um diese drohenden Strafbarkeitslücken bei Sonder- und Pflichtdelikten zu vermeiden, eröffnet § 14 unter engen Voraussetzungen[13] die Möglichkeit, dem unmittelbar Handelnden (Organ, Vertreter oder Beauftragter) ein **besonderes persönliches Merkmal**, das bei diesem fehlt, beim Vertretenen aber vorhanden ist, **zuzurechnen**[14].

Im **Beispielsfall** handelt G als Geschäftsführer und somit als vertretungsberechtigtes Organ der A-GmbH (vgl § 35 GmbHG). Da die Zahlungsunfähigkeit also beim von G Vertretenen vorliegt, kann ihm dieses besondere persönliche Merkmal über § 14 I Nr 1 zugerechnet werden. G ist daher – als Täter – strafbar nach §§ 283 I Nr 1, 14 I Nr 1.

II. Die Abgrenzung zwischen Täterschaft und Teilnahme

804 Infolge der dualistischen Beteiligungslehre ist es erforderlich, Kriterien für die Abgrenzung von Täterschaft und Teilnahme zu entwickeln. Denn das Erfüllen der tatbestandsspezifischen Anforderungen an die Tätereigenschaft ist – wie gesehen (s. Rn 797) – lediglich ein notwendiges, aber kein hinreichendes Eingangskriterium, um von einer Täterschaft(sform) iSd § 25 auszugehen.

Diese Abgrenzungsfrage ist äußerst wichtig. Sie wirkt sich auf verschiedenen Ebenen aus:

– Bei den Täterschaftsformen der §§ 25 I Alt. 2, 25 II geht es um eine Zurechnung objektiver Tatbeiträge, wohingegen sich die Strafbarkeit des Teilnehmers akzessorisch an der des Haupttäters orientiert. Ohne eine teilnahmefähige (= vorsätzliche und rechtswidrige) Haupttat ist eine Anstiftung oder Beihilfe daher nicht denkbar (s. Rn 865).

– Während sich die Versuchsstrafbarkeit bei der Täterschaft nach den allgemeinen Regeln der §§ 22, 23 richtet, ist die versuchte Beihilfe stets straflos und die versuchte Anstiftung nur ausnahmsweise – unter den strengen Voraussetzungen des § 30 I (s. Rn 913 ff) – strafbewehrt.

– Auf Strafzumessungsebene ergeben sich nur für den Gehilfen Besonderheiten, für den in § 27 II 2 eine obligatorische Strafmilderung vorgesehen ist; der Anstifter wird ausweislich des § 26 „gleich einem Täter" bestraft.

1. Früher vertretene Abgrenzungsansätze

a) Die formal-objektive Theorie

805 Nach der älteren formal-objektiven Theorie ist Täter, wer die tatbestandliche **Ausführungshandlung ganz oder teilweise selbst vornimmt**. Teilnehmer ist demgegenüber, wer zur Tatbestandsverwirklichung nur durch eine Vorbereitungs- oder Unterstützungshandlung beiträgt.

Diese bis etwa 1930 in der Rechtslehre vorherrschende Theorie ist jedoch zu eng und wird heute nur noch vereinzelt vertreten[15]. Ihre Schwäche liegt darin, dass sie die gesetzlich vorgesehe-

---

13 Vert. *Wittig*, Wirtschaftsstrafrecht, § 6 Rn 76 ff.
14 Vgl *Valerius*, Jura 13, 15, 16; *Wittig*, Wirtschaftsstrafrecht, § 6 Rn 76 f.
15 *Freund*, AT, § 10 Rn 35; zu diesem *Roxin*, Täterschaft, S. 684 ff.

ne Rechtsfigur der mittelbaren Täterschaft (s. Rn 841 ff) nicht zu erklären vermag und außerstande ist, bei der gemeinschaftlichen Tatbegehung zB den im Hintergrund bleibenden Bandenchef als Mittäter zu fassen (s. Rn 821).

b) Die subjektive Theorie

Die vornehmlich in der (älteren) Rspr vertretene streng subjektive Theorie knüpft an die Willensrichtung und an die innere Einstellung der Beteiligten zur Tat an: Täter ist, wer mit **Täterwillen** *(animus auctoris)* handelt und die Tat „als eigene" will. Bloßer Teilnehmer ist, wer mit **Teilnehmerwillen** *(animus socii)* tätig wird und die Tat „als fremde" veranlassen oder fördern will. 806

Diese subjektive Theorie wurde in der Rspr allerdings ganz unterschiedlich angewandt. Neben Entscheidungen, die eine subjektive Abgrenzung letztlich ganz verwarfen[16], wurde in Ausnahmefällen eine „extrem-subjektive Theorie" praktiziert, die es erlaubte bei „Unterordnungsverhältnissen" und mangelndem Eigeninteresse des Ausführenden auch denjenigen nur als Gehilfen zu bestrafen, der in eigener Person den gesetzlichen Tatbestand voll verwirklicht hatte[17]. Der „extrem-subjektiven Theorie" ist heute durch § 25 I Alt. 1 die Grundlage entzogen[18]. Dies ist zu begrüßen, weil sie die sog. „*animus*-Formel" zu einem leeren Schlagwort verfälscht und der Rspr die Möglichkeit gegeben hat, Täterschaft und Teilnahme zu beliebig austauschbaren Begriffen zu machen, wenn dies zur Durchsetzung einer anders nicht erreichbaren Strafmilderung für erwünscht gehalten wurde[19].

2. Tatherrschaftslehre

In der Rechtslehre hat sich in unterschiedlicher Ausprägung die Lehre von der Tatherrschaft durchgesetzt, die den aus objektiven und subjektiven Kriterien bestehenden Begriff der „Tatherrschaft" zum Leitprinzip erhoben hat, wenn es um die Abgrenzung zwischen Täterschaft und Teilnahme geht. Tatherrschaft in diesem Sinne bedeutet **„das vom Vorsatz umfasste In-den-Händen-Halten des tatbestandsmäßigen Geschehensablaufs"**[20]. Täter ist hiernach, wer als **„Zentralgestalt"** (= Schlüsselfigur) des Geschehens die planvoll-lenkende oder mitgestaltende Tatherrschaft besitzt, die Tatbestandsverwirklichung somit nach seinem Willen hemmen oder ablaufen lassen kann. Teilnehmer ist, wer ohne eigene Tatherrschaft als **„Randfigur"** des realen Geschehens die Begehung der Tat veranlasst oder sonst för- 807

---

16 So BGHSt 19, 135 für § 216.

17 So RGSt 74, 84 *(Badewannenfall)*; BGHSt 18, 87 *(Staschynskijfall)*; ferner BGH NJW 51, 323.

18 Vgl BGHSt 38, 315; offen gelassen bei BGH wistra 87, 106; für „Vorbehalt" zugunsten der früheren Rspr auch *Hillenkamp*, Schünemann-FS, S. 407.

19 Zu den Hintergründen *Hartung*, JZ 54, 430; zur Kritik *Bloy*, S. 99 ff; *Roxin*, Täterschaft, S. 559 ff, 617 ff.

20 *Maurach*, AT, 4. Aufl., 1971, § 49 II C 2; hierzu ausf. Maurach/Gössel/Zipf-*Renzikowski*, AT/2, § 47 Rn 85 ff; anders *Stein*, Die strafrechtliche Beteiligungsformenlehre, 1988, S. 221 f, der eine „funktionale Systematisierung" auf Ebene der Verhaltensnormen befürwortet; berechtigte Einwände dagegen bei *Küper*, ZStW 105 [1993], 445; *Roxin*, AT I, § 25 Rn 36; LK-*Schünemann*, § 25 Rn 12; auf das – der Tatherrschaft gleichende – Kriterium der „Entscheidungsträgerschaft" abstellend *M. Heinrich*, S. 8, 183; zu diesem *Roxin*, Täterschaft, S. 687; zur Tatherrschaft bei Pflichtdelikten s. *Rotsch*, Joecks-GS, S. 149.

dert[21]. Je nach Täterschaftsform tritt die Tatherrschaft in unterschiedlichen Formen in Erscheinung:

– Im Rahmen der unmittelbaren Täterschaft gemäß § 25 I Alt. 1 spricht man von der **„Handlungsherrschaft".**

Beispiel: Verursacht A durch einen Schuss auf B dessen Tod, so ist A angesichts der Herrschaft über seine eigene todesursächliche Handlung (Pistolenschuss) Zentralgestalt des Geschehens.

– Bei der in § 25 I Alt. 2 geregelten mittelbaren Täterschaft erscheint die Tatherrschaft – je nach Art des „Defekts" beim Tatmittler (s. dazu Rn 843 ff) – als **„Willens-, Wissens- oder Organisationsherrschaft"** des Hintermannes.

Beispiel: Bringt A den gutgläubigen B dazu, der C eine scheinbar heilbringende Substanz zu spritzen, obwohl die Spritze eine in Wirklichkeit tödliche Substanz beinhaltet, hat A aufgrund seiner überlegenen Kenntnisse über den Inhalt der Spritze Wissensherrschaft über B als vorsatzlos handelndes Werkzeug.

– Die Mittäterschaft zeichnet sich durch eine **„funktionelle Tatherrschaft"** der arbeitsteilig handelnden Mittäter aus[22].

Beispiel: Tun sich A und B zusammen, um gemeinsam einen Raub zu begehen, so kommt ihnen beiden eine funktionelle Tatherrschaft über das gesamte Geschehen zu, wenn A auf Basis eines gemeinsamen Tatplans die qualifizierte Nötigungshandlung vornimmt und B unter Ausnutzung dieser Nötigung den Inhalt des Safes entwendet.

> In **Fall 16** liegt bei X, der den tötungsursächlichen Schuss abgegeben hat, Tatherrschaft in Form von Handlungsherrschaft vor. Bei A, die lediglich den Anstoß zur Tatbegehung gegeben hat und auf deren Ausführung keinerlei Einfluss hat, liegt demgegenüber – mangels arbeitsteiligen Vorgehens mit B bzw X – keine (funktionelle) Tatherrschaft vor. Zur Frage, wie B zu behandeln ist, der zwar bei der Tatausführung nicht mitgewirkt hat, jedoch eine zentrale Stellung im Planungsstadium eingenommen hat, s. sogleich Rn 821 ff.

3. Rechtsprechung: Die subjektive Theorie auf objektiv-tatbestandlicher Grundlage

808 Die neuere Rspr hält zwar an der subjektiv orientierten Abgrenzung (s. Rn 806) grundsätzlich fest. Diese erfährt aber nunmehr eine deutliche Objektivierung, indem die subjektive Einstellung zur Tat aufgrund einer **wertenden Gesamtbetrachtung** beurteilt wird. Wesentliche Anhaltspunkte sind dabei neben dem Grad des eigenen Interesses am Erfolg, der Tat und dem Umfang der Tatbeteiligung auch die Tatherr-

---

21 Näher *Beulke/Ruhmannseder*, Volk-FS, S. 45; S/S-*Heine/Weißer*, Vorbem. §§ 25 ff Rn 72 ff; *Herzberg*, S. 7; SK-*Hoyer*, Vorbem. § 25 Rn 11, 15; *Jakobs*, AT, 21/35; *Jescheck/Weigend*, AT, § 61 V; MK-StGB-*Joecks*, § 25 Rn 33; *Krey/Esser*, AT, Rn 825 ff, 844 ff; *Kühl*, JA 14, 668; *Murmann*, Die Nebentäterschaft im Strafrecht, 1993, S. 180 ff; *Renzikowski*, Täterbegriff, S. 50 ff; *ders.*, Schünemann-FS, S. 495; *Roxin*, AT II, § 25 Rn 10 ff; LK-*Schünemann*, § 25 Rn 32 ff; *Stratenwerth/Kuhlen*, AT, § 12 Rn 15; krit. *Haas*, Die Theorie der Tatherrschaft und ihre Grundlagen, 2008; *ders.*, ZStW 119 [2007], 519; NK-*Schild*, § 25 Rn 23 ff; *ders.*, Täterschaft als Tatherrschaft, 1994; *Sinn*, Straffreistellung aufgrund von Drittverhalten, 2007, S. 143.

22 Grundlegend *Roxin*, Täterschaft, S. 107 ff.

schaft oder wenigstens der Wille zur Tatherrschaft (= subjektive Theorie auf objektiv-tatbestandlicher Grundlage)[23].

In **Fall 16** käme auch die Rspr bzgl A zu einer Strafbarkeit (lediglich) als Teilnehmerin am Tötungsdelikt. Zwar kann bei A, der es gerade darum geht, dass ihr Ehemann getötet wird, ein erhebliches Interesse am Taterfolg festgestellt werden. Da die Tatherrschaft (die bei A, wie gesehen, nicht vorhanden ist) im Rahmen der wertenden Gesamtbetrachtung jedoch eine (immer) wichtigere Rolle einnimmt, scheidet die Annahme von Täterschaft bei A auch nach der Rspr aus.

4. Stellungnahme

Eine rein **subjektive** Betrachtungsweise, welche auf das sachliche Gewicht des objektiven Tatbeitrags der Beteiligten im Rahmen der Tatbestandsverwirklichung keinerlei Rücksicht nimmt, **verfehlt die gesetzliche Grundlage der Täterschaft**, weil sie den „Täterwillen" von seiner Tatbestandsgebundenheit ablöst, ihn sachwidrig isoliert und dabei gerade diejenigen Sachbezüge vernachlässigt, denen das Gesetz (wie § 25 I Alt. 1 klar zum Ausdruck bringt) maßgebliche Bedeutung beimisst[24].

809

Auf der anderen Seite stünde einer rein **objektiven** Sichtweise die Erkenntnis entgegen, dass sich das Wesen der Täterschaft nicht in der „objektiven Beherrschbarkeit" des konkreten Geschehensablaufs erschöpft. Denn wie § 25 II für die gemeinschaftliche Begehung der Tat aufgrund eines bewussten und gewollten Zusammenwirkens zeigt, entscheidet auch die Willensrichtung der Beteiligten mit der im Tatplan festgelegten Rollenverteilung darüber, inwieweit dem einzelnen Mittäter Ausführungsakte zugerechnet werden können, die ein anderer Beteiligter objektiv allein beherrscht. Das Kriterium der „eigenen" Tatherrschaft verliert hier gegenüber dem mitplanenden und mitgestaltenden Willen hinsichtlich des „Ob" und „Wie" der Tat an Gewicht. So ist der Bandenchef, der den Verbrechensplan entwirft und seine Durchführung organisiert, nach zutreffender hM auch dann als Mittäter verantwortlich, wenn er nicht selbst am Tatort anwesend ist und seine Komplizen die Tat verabredungsgemäß allein ausführen (vgl Rn 821 ff).

So wie jede Straftat eine aus objektiven und subjektiven Elementen bestehende Sinneinheit bildet, sind Täterschaft und Teilnahme auf der Grundlage des gesetzlichen Tatbestandes nur durch eine **Synthese objektiver und subjektiver Kriterien** sachgerecht gegeneinander abzugrenzen. Den überzeugendsten Weg zur Bewältigung die-

---

23 Vgl BGHSt 35, 347; 40, 218, 236; 45, 270, 296; 49, 166 *(Sadomasofall)*; 51, 219, 221 m. Anm. *Puppe*, JR 07, 299; BGH wistra 01, 420 *(Bernsteinzimmerfall)*; NJW 04, 3051 *(La Belle-Anschlag)*; NStZ 08, 273 m. Bespr. *Kudlich*, JA 08, 310; BGH NStZ 10, 445, 447 *(Mord des GBA durch RAF)* m. Anm. *Verrel*, NStZ 11, 87; BGH StV 16, 648 m. Bespr. *Hecker*, JuS 16, 658; BGH HRRS 16 Nr 436; NStZ-RR 16, 335; StV 16, 738 *(Völkermord in Ruanda)* m. Bespr. *Ambos/Penkuhn*, StV 16, 760; BGH NStZ-RR 17, 5 m. Anm. *Eisele*, JuS 17, 367; *Jäger*, JA 17, 150; BGH wistra 17, 481; NStZ 18, 144 m. Bespr. *Hecker*, JuS 18, 298; BGH HRRS 18 Nr 568; NStZ 18, 650; NStZ-RR 19, 72 und 73; 19, 117; HRRS 19 Nr 157; Darstellung der Rspr bei *Roxin*, BGH-Wiss-FS, S. 177; *ders.*, AT II, § 25 Rn 22 ff; NK-*Schild*, § 25 Rn 33 ff.

24 Vgl auch *Hardtung/Putzke*, AT, Rn 1329 ff, 1376, die für einen streng normativen Tatherrschaftsbegriff plädieren.

275

ser Aufgabe eröffnet das **Leitprinzip der Tatherrschaft**. Auch wenn sich die Rspr diesem Ansatz begrüßenswerterweise immer weiter annähert[25], erweist sich ihr auf eine Gesamtwürdigung – ohne klare Gewichtung der einzelnen Bewertungskriterien – angelegter Lösungsansatz als (zu) wertungsoffen und wenig tauglich, eine rechtssichere Abgrenzung zwischen Täterschaft und Teilnahme vorzunehmen[26].

Entscheidend für die **Täterschaft** ist demnach, ob und inwieweit der einzelne Beteiligte nach Art und Gewicht seines objektiven Tatbeitrags sowie aufgrund seiner inneren Einstellung zur Tat das „Ob" und „Wie" der Tatbestandsverwirklichung in einer Weise beherrscht oder mitbeherrscht, dass der Erfolg als das Werk (auch) seines zielstrebig lenkenden oder die Tat mitgestaltenden Willens erscheint. Seinem Tatbeitrag muss also eine wesentliche Funktion zukommen[27].

Teilnahme ist dagegen die ohne diese Tatherrschaft bewirkte Veranlassung oder Förderung fremden Tuns oder Unterlassens.

Klausurhinweis: Die Abgrenzung von Täterschaft und Teilnahme ist in der Klausurprüfung *keinesfalls* im Rahmen einer isolierten „Vorprüfung" vorzunehmen. Ob die Voraussetzungen der Täterschaft vorliegen, ist vielmehr eine im Rahmen des objektiven Tatbestandes abzuhandelnde Zurechnungsfrage (als Merkmal des in den Tatbestand hineinzulesenden § 25). Allerdings: eine Entscheidung der Streitfrage um die genauen Abgrenzungskriterien wird zumeist entbehrlich sein. Denn die Tatherrschaftslehre und die subjektive Theorie auf objektiv-tatbestandlicher Grundlage führen idR – auch weil die Rspr das Kriterium der Tatherrschaft immer stärker in den Mittelpunkt rückt – zu demselben Ergebnis.

▶ Beispielsfälle bei *Beulke*, Klausurenkurs I, Rn 88 ff, 159, Klausurenkurs II, Rn 20 und Klausurenkurs III, Rn 285

III. Unmittelbare und mittelbare Täterschaft, Mittäterschaft und Nebentäterschaft

1. Die unmittelbare Täterschaft (§ 25 I Alt. 1)

810 **Unmittelbarer Täter** ist, wer die Straftat in eigener Person **selbst begeht** (§ 25 I Alt. 1). Kommt es also zur eigenhändigen Verwirklichung des Tatbestandes liegt stets Täterschaft vor, sofern der unmittelbar Handelnde die ggf geregelten besonderen Anforderungen an die Täterperson erfüllt.

Auf dem Boden der streng subjektiven Theorie (s. Rn 806) wurden Beteiligte, die den Tatbestand eigenhändig verwirklichten, gleichwohl (unter Verweis auf den fehlenden Täterwillen) als Gehilfen bestraft[28]. Die in diesen Fällen gegebene Handlungsherrschaft und der Wortlaut des § 25 I Alt. 1 stehen einer solchen Einordnung freilich entgegen.

---

25 Etwa BGH NStZ-RR 17, 5 m. Anm. *Eisele*, JuS 17, 367; *Jäger*, JA 17, 150; ebenso *Küpper*, GA 1986, 437; skeptisch *Bode*, JA 18, 37; *Krey/Esser*, AT, Rn 854 ff; LK-*Schünemann*, § 25 Rn 28 f.

26 S. auch *Kaspar*, AT, § 6 Rn 8.

27 BGH NStZ 08, 273; *Kühl*, JA 14, 668, 671; *Rengier*, AT, § 44 Rn 40; krit. Maurach/Gössel/Zipf-*Renzikowski*, AT/2, § 49 Rn 39.

28 BGH NJW 53, 355, 356 ff; RGSt 74, 84 *(Badewannenfall)*; s. hierzu MK-StGB-*Joecks*, § 25 Rn 37.

In **Fall 16** nimmt X die tatbestandliche Handlung in Form des Pistolenschusses vor. Da dieser somit die Herrschaft über seine eigene tatbestandliche Handlung hat – und § 212 keine besonderen Anforderungen an die Täterperson stellt („*Wer* [...] tötet") –, ist X unmittelbarer Täter iSd § 25 I Alt. 1.

2. Die Mittäterschaft (§ 25 II)

a) Charakteristika und Rechtsfolgen der Mittäterschaft

Als Ausnahme vom strengen tatbestandsbezogenen Täterbegriff (s. Rn 797) ist bei gemeinschaftlicher Tatbegehung iSv § 25 II unter den dort normierten Voraussetzungen eine Täterschaft auch ohne die vollständige Tatbestandsverwirklichung in eigener Person möglich[29].   **811**

aa) Charakteristika der Mittäterschaft. Die in § 25 II geregelte Mittäterschaft ist die gemeinschaftliche Begehung einer Straftat durch bewusstes und gewolltes Zusammenwirken. Die Mittäterschaft beruht insofern auf dem Prinzip des arbeitsteiligen Handelns und der funktionellen Rollenverteilung. Jeder Beteiligte ist hier als „gleichberechtigter Partner" Mitträger des gemeinsamen Tatentschlusses (**gemeinsamer Tatplan**) und der gemeinschaftlichen Tatbestandsverwirklichung (**gemeinsame Tatausführung**), sodass die einzelnen Tatbeiträge sich zu einem einheitlichen Ganzen vervollständigen und der Gesamterfolg jedem Mitwirkenden – aufgrund einer „funktionellen Tatherrschaft" – voll zuzurechnen ist[30].   **812**

bb) Tätertauglichkeit. Für die gemeinschaftliche Begehung einer Straftat müssen die Voraussetzungen des gesetzlichen Tatbestandes in der Person jedes Mittäters erfüllt sein. Dies ist Ausfluss der insoweit auch bei § 25 II geltenden Tatbestandsbezogenheit der Täterschaft. Mittäter kann daher nur sein, wer als tauglicher Täter des betreffenden Delikts in Betracht kommt[31] und bei der Tatbestandsverwirklichung ggf erforderliche strafbegründende besondere persönliche Merkmale aufweist (s. Rn 799 ff).   **813**

Beispiel: A ist Polizeibeamter und will gemeinsam mit dem Rentner D den beiden verhassten C verprügeln. Während seiner Dienstzeit begibt sich A gemeinsam mit D zu C und nimmt bei diesem eine Personenkontrolle vor. Wie zuvor besprochen hält D den C unvermittelt fest und A führt drei kräftige Schläge gegen den Körper des C aus. A hat sich nach § 340 I (Körperverletzung im Amt) strafbar gemacht. Eine Strafbarkeit des D gem. §§ 340 I, 25 II – durch Zurechnung der Schläge des A auf C – scheidet hier aus, da dem D als Privatperson die für § 340 I erforderliche Tätereigenschaft (Amtsträger) fehlt; es verbleibt eine Strafbarkeit des D gem. §§ 223 (224 I Nr 4), 25 II. Diese Konstellation wird auch als solche der „teilweisen Mittäterschaft" eingeordnet (s. Rn 837).

---

29 Vgl *Kühl*, AT, § 20 Rn 6, 100.
30 BGHSt 24, 286; 34, 124; 37, 289; *Küpper*, ZStW 105 [1993], 295; krit. *Dencker*, S. 120, 148 ff; abw. *Lesch*, ZStW 105 [1993], 271 und JA 00, 73, der einen gemeinsamen Tatentschluss für entbehrlich hält und mit den Kriterien der objektiven Zurechnung auszukommen glaubt; *Puppe*, AT, § 22 Rn 6 und GA 2013, 514, 521 ff, die von einer gegenseitigen Anstiftung der Mittäter ausgeht; zu dieser *Jakobs*, Puppe-FS, S. 547 ff.
31 BGHSt 14, 123, 129; 15, 1; 37, 106, 114 ff.

814 **cc) Rechtsfolge: Gegenseitige Zurechnung der Tatbeiträge.** Da die Mittäterschaft ihren Unrechtsgehalt in sich selbst trägt und ihn nicht von einer fremden Tat ableitet, gilt für sie nicht das bei der Teilnahme maßgebende Akzessorietätsprinzip (vgl Rn 865 ff), sondern der Grundsatz der unmittelbaren wechselseitigen Zurechnung aller Tatbeiträge, die im bewussten und gewollten Zusammenwirken erbracht werden. Auch qualifikationsbegründende tatbezogene Merkmale[32] (wie das Mitführen einer Waffe gem. § 224 I Nr 2 Alt. 1) werden den übrigen Mittätern zugerechnet, sofern nicht dem Wortlaut der Vorschrift ausnahmsweise zu entnehmen ist, dass ein bestimmtes Merkmal von jedem Mittäter, auf den die Strafvorschrift angewendet werden soll, persönlich erfüllt werden muss.

§ 25 II bewirkt somit, dass ein Tatbeitrag, den nur einer der Mittäter in eigener Person verwirklicht hat, **sämtlichen Mittätern zugerechnet** werden kann. Da die Mittäter insofern als „rechtliche Einheit" betrachtet werden, kann dieser Zurechnungsmechanismus auch über Beweisschwierigkeiten hinweghelfen, solange zumindest feststeht, dass einer der Mittäter einen Tatbeitrag verwirklicht hat. Nicht zuletzt deshalb wird eine Anwendung im Bereich der Fahrlässigkeitsdelikte diskutiert (s. dazu Rn 836).

Beispiel: A und B wollen dem C eine „Abreibung" verpassen. Hierzu begebenen sie sich in das Haus des C, wo A diesen festhält und B drei kräftige Schläge gegen den Körper des C ausführt. Auch wenn A den tatbestandlichen Erfolg des § 223 I hier nicht durch eine eigene Handlung vornimmt, können ihm die verletzungsursächlichen Schläge des B wegen des gemeinsamen Tatplans und der gemeinsamen Tatausführung gemäß § 25 II wie eigene zugerechnet werden. Eine Strafbarkeit von A und B gem. §§ 223 I, 224 I Nr 4, 25 II ist schließlich auch möglich, wenn sich (lediglich) nicht klären lässt, wer von beiden die Schläge ausgeführt hat.

815 Die **Grenze der wechselseitigen Zurechnung** bildet zum einen der gemeinsame Tatplan (s. Rn 816 ff) und zum anderen die §§ 28, 29. Täterbezogene Merkmale und Schuldmerkmale werden ebenso wie subjektive Tatbestandsmerkmale nicht wechselseitig zugerechnet. Abweichungen vom geplanten Geschehen gelten als vom Tatplan mit abgedeckt, soweit mit ihnen bei der Tatausführung gerechnet werden muss und sie den Schwere- und Gefährlichkeitsgrad der Tat nicht wesentlich verändern[33] (s. zum Mittäterexzess Rn 827 f).

Wird eine Tat unter Erfüllung eines **Regelbeispiels** (s. Rn 171) begangen, ist zu differenzieren: Für tatbezogene Regelbeispiele (zB Einbruchsdiebstahl, §§ 242, 243 I 2 Nr 1) gilt § 25 II analog, beim täterbezogenen (zB gewerbsmäßiger Diebstahl, §§ 242, 243 I 2 Nr 3) ist § 28 II analog anzuwenden (Einzelheiten str.)[34].

b) Gemeinsamer Tatplan

816 Der gemeinsame Tatplan bezeichnet das notwendige Einvernehmen über die Tatbegehung zwischen den Mittätern; es kann ausdrücklich oder stillschweigend (konkludent) hergestellt werden[35]. Erforderlich ist jedenfalls ein Kommunikationsakt zwi-

---

32 BGHSt GrS 48, 189 m. zust. Anm. *Altenhain*, NStZ 03, 437; dazu auch *Nestler*, StV 02, 504; BGH NStZ 04, 263.
33 BGH NStZ 03, 662; NStZ 12, 563.
34 Wie hier: LK-*Vogel*, § 243 Rn 76; die Rspr verweist überwiegend auf eine Gesamtwürdigung im Rahmen der Strafzumessung; vgl BGHSt 43, 237, 240; zust. *Fischer*, § 46 Rn 105; vert. SK-*Hoyer*, § 243 Rn 56; MK-StGB-*Schmitz*, § 243 Rn 82.
35 BGH NStZ 85, 70; NStZ 03, 85; NStZ 13, 400; *Kasiske*, AT, Rn 179.

schen den Mittätern, was jedoch nicht dahingehend zu verstehen ist, dass es zu einer gemeinsamen Ausarbeitung eines detaillierten Planes kommen muss. Vielmehr kann sich einer der Beteiligten den Tatplan eines anderen – im Einvernehmen mit diesem – zu eigen machen[36]. Eine lediglich einseitige „Einmischung" in ein Tatgeschehen – ohne jeglichen Kontakt zu den übrigen Beteiligten und ohne deren Billigung – ist jedoch nicht ausreichend; es handelt sich dann vielmehr um einen Fall der Nebentäterschaft (s. Rn 864)[37].

Beispiel: Am Rande eines Stadtderbys zwischen FC Bayern München II und 1860 München kommt es zwischen Bayern-Fan M und 1860-Fan L zum Streit. Der deutlich unterlegene L winkt den S als Unterstützung herbei, um dem M nunmehr gemeinsam eine „Abreibung" zu verpassen. Daraufhin schlagen beide auf den M ein und verletzen ihn schwer. Dem Handeln von L und S liegt ein gemeinsamer – konkludent durch „Herbeiwinken" gefasster – Tatplan (Verprügeln des M) zugrunde, sodass eine Mittäterschaft zu bejahen wäre.

Abwandlung: Anders wäre dies zu beurteilen, wenn S lediglich vom Streit zwischen M und L mitbekommen und gegen den Willen des L – dessen „Fan-Ehre" keine Überzahlsituation zulässt – aus eigenen Stücken auf M eingeschlagen hätte. Hier läge lediglich ein Fall der Nebentäterschaft vor.

In **zeitlicher Hinsicht** kann das Einvernehmen auch noch während der Tatausführung erzielt werden. Unzweifelhaft ist dies zwischen dem Eintritt in das Versuchsstadium und der Vornahme der tatbestandlichen Handlung möglich. Umstritten – und gesondert zu behandeln (s. Rn 831 ff) – sind die Fälle der sukzessiven Mittäterschaft, in denen die Voraussetzungen der Mittäterschaft erst nach diesem Zeitpunkt vorliegen.

817

Eine **Aufkündigung** des gemeinsam gefassten Tatentschlusses ist entgegen der Rspr[38] bis zum Eintritt in das Versuchsstadium möglich; ab dem Zeitpunkt des unmittelbaren Ansetzens gilt demgegenüber die Rücktrittsregelung des § 24 II (s. Rn 1073 ff). Will ein Beteiligter den gemeinsamen Tatplan im Vorbereitungsstadium wirksam aufkündigen, setzt dies nach hL voraus, dass die übrigen Mittäter hiervon **Kenntnis erlangen**[39]. Als Rechtsfolge scheidet dann eine Bestrafung als Mittäter aus, nicht hingegen die als Teilnehmer.

818

Beispiel (nach BGH NStZ 87, 364): A und B begeben sich gemeinsam zu einem Supermarkt, den sie ausrauben wollen. Während der Autofahrt kommen B aber Gewissensbisse, die er dem A offenbart und aufgrund derer er an der nächsten roten Ampel das Auto verlässt. A führt die Tat daraufhin alleine aus.

B kann hier nicht wegen Raubes in Mittäterschaft (§§ 249 I, 25 II) bestraft werden, da er bereits im Vorbereitungsstadium den gemeinsamen Tatplan ausdrücklich ggü A aufgekündigt hat. Allerdings kann eine Teilnehmerstrafbarkeit (Anstiftung oder Beihilfe) in Betracht kommen, je nachdem, ob der von B im Vorbereitungsstadium erbrachte Tatbeitrag bis zur Tatvollendung des A noch fortwirkt (vgl Rn 1082 ff). Zudem ist an §§ 30 II Var. 3, 249 I (Verbrechensverabredung) zu denken.

---

36 *Roxin*, AT II, § 25.
37 Vgl *Rengier*, AT, § 44 Rn 12; *Roxin*, AT II, § 25 Rn 192, 229.
38 BGH NStZ 99, 449, 450 m. Bespr. *Otto*, JK 3/00, StGB § 30/6; BGH NStZ 87, 364; BGHSt 28, 346; anders BGHSt 37, 289; s. dazu *Rengier*, AT, § 44 Rn 16a ff; ausf. *Roxin*, Frisch-FS, S. 613 ff.
39 *Graul*, Meurer-GS, S. 98 f; S/S/W-StGB-*Murmann*, § 25 Rn 41; *Rengier*, AT, § 44 Rn 16; *ders.*, JuS 10, 281, 286 f; vgl auch *Eisele*, ZStW 112 [2000], 745, 755 ff.

819 Anders ist dies zu beurteilen, soweit die Aufkündigung des Tatplans den übrigen Mittätern **nicht zur Kenntnis** gelangt. Denn ein auf einem gemeinschaftlichen Einverständnis fußender Tatplan kann grds nicht allein dadurch neutralisiert werden, dass ein Mittäter, ohne dies offenzulegen, von der Tat Abstand nimmt[40]. Andernfalls könnte derjenige, der im Vorbereitungsstadium einen besonders erheblichen Planungsbeitrag erbracht hat und insoweit ein die funktionelle Tatherrschaft begründendes „Plus" im Vorbereitungsstadium (vgl Rn 823) aufweist, der Bestrafung als Mittäter durch ein stilles inneres Lossagen von der Tat unverhältnismäßig leicht entgehen.

Klausurhinweis: Auch wenn es sich beim Erfordernis eines gemeinsamen Tatplans um ein im Kern subjektives Merkmal handelt, ist dessen **Prüfung im objektiven Tatbestand** konsequent, da es sich neben der gemeinsamen Tatausführung um eine Voraussetzung des § 25 II handelt, dessen Rechtsfolge gerade in der Zurechnung objektiver Tatbestandsmerkmale besteht[41].

c) Gemeinsame Tatausführung

820 In objektiver Hinsicht setzt die Mittäterschaft voraus, dass jeder Beteiligte aufgrund und im Rahmen des gemeinsamen Tatentschlusses einen für die Deliktsbegehung förderlichen Tatbeitrag leistet, wodurch die Tatbegehung den Charakter eines arbeitsteiligen Vorgehens erhält (funktionelle Tatherrschaft). Als objektiver Tatbeitrag iSd § 25 II kommt v. a. die Beteiligung an der Ausführungshandlung selbst in Betracht.

821 Ob eine Mittäterschaft auch ohne jegliche Beteiligung im Ausführungsstadium möglich ist, ist umstritten. Relevanz hat dies vor allem im Hinblick auf die Behandlung eines „Bandenchefs", der zwar die Planung und Organisation im Vorfeld der Tat steuert, die eigentliche Tat gleichwohl von anderen ausführen lässt.

822 Die sog. **„strenge Tatherrschaftslehre"**[42] fordert im Rahmen des § 25 II von jedem Mittäter eine für den Erfolg der Tat wesentliche Mitwirkung im Ausführungsstadium. Mittäterschaft soll freilich dann möglich sein, wenn der im Hintergrund Agierende (ohne Anwesenheit am Tatort) durch Telekommunikationsmittel mit seiner Bande in Verbindung bleibt und so deren Einsatz leitet – quasi so, als sei er vor Ort[43].

823 Nach der **hM** genügt auf der Grundlage gemeinsamen Wollens u. U. aber auch die Vornahme einer bloßen Vorbereitungs- oder Unterstützungshandlung[44]. Dabei sei jedoch besonders sorgfältig zu prüfen, ob das „Beteiligungsminus" bei der realen Tat-

---

40 *B. Heinrich*, AT, Rn 1234 f; *Rengier*, AT, § 44 Rn 20 f; *ders.*, JuS 10, 281, 287; aA *Kühl*, AT, § 20 Rn 105, S/S/W-StGB-*Murmann*, § 25 Rn 41; *ders.*, Grundkurs, § 27 Rn 62; *Puppe*, NStZ 91, 571.

41 Vgl auch *Kaspar*, AT, § 6 Rn 19; zu Aufbaualternativen s. *Putzke*, ZJS 18, 293, 296 f; *Rengier*, AT, § 44 Rn 10.

42 *Becker*, Das gemeinschaftliche Begehen und die sogenannte additive Mittäterschaft, 2008, S. 54; *Bloy*, GA 1996, 424; *Erb*, JuS 92, 197; *M. Heinrich*, S. 291; *Herzberg*, S. 65; *ders.*, JZ 91, 856; *Köhler*, AT, S. 518; Maurach/Gössel/Zipf-*Renzikowski*, AT/2, § 49 Rn 40 ff; *Puppe*, GA 2013, 514, 522 ff; *Rudolphi*, Bockelmann-FS, S. 369; NK-*Schild*, § 25 Rn 139; LK-*Schünemann*, § 25 Rn 180 ff; *Stein*, StV 93, 411; *Zieschang*, ZStW 107 [1995], 361; einschränkend auch SK-*Hoyer*, § 25 Rn 119, der zumindest den Plan verlangt, im Ausführungsstadium einen wesentlichen Tatbeitrag zu leisten.

43 *Roxin*, JA 79, 519, 522; *ders.*, AT II, § 25 Rn 200, 210.

44 BGHSt 14, 123; 37, 289; 40, 299 m. krit. Anm. *Küpper*, NStZ 95, 331; BGH wistra 12, 433 m. zust. Bespr. *Hecker*, JuS 13, 177; BGH NStZ 13, 104; 18, 650; HRRS 18 Nr 568; NStZ-RR 18, 40; 18, 271 m. Bespr. *Bosch*, Jura (JK) 18, 1299; BGH HRRS 19 Nr 308; NStZ-RR 19, 73.

ausführung durch ein „Plus" bei der mitgestaltenden Deliktsplanung ausgeglichen werde und ob hinsichtlich des Anteils an der gemeinsamen Tatherrschaft zumindest der untere Schwellenwert der sog. „funktionellen Tatherrschaft" noch erreicht werde[45]. Allein der Wille des am Tatort nicht anwesenden Beteiligten, die Tat als „gemeinsame" anzusehen, begründe auch bei einem eigenen Interesse am Taterfolg noch keine Mittäterschaft[46].

Die restriktive Handhabung durch die **strenge Tatherrschaftslehre überzeugt nicht**. Auch der Bandenchef, der die Planung und die Organisation effektiv übernimmt, gestaltet den Tatablauf wesentlich mit, sodass der Erfolg in jedem Fall auch das Werk seines zielstrebig lenkenden und mitgestaltenden Willens ist. Trotz fehlender Mitwirkung am Kerngeschehen veranlasst er nicht Dritte zu einer für ihn „fremden" Tat, sondern begeht in bewusstem und gewolltem Zusammenwirken mit seinen Komplizen eine gemeinschaftliche Tat, die (zumindest auch) sein eigenes Werk ist. Angesichts seiner leitenden Rolle und Funktion sowie der wesentlichen Auswirkungen seines Tatbeitrags ist eine – dem § 25 II entsprechende – erhöhte Gefährlichkeit gegeben, die durch eine Behandlung lediglich als Randfigur des Geschehens und eine Bestrafung wegen Anstiftung nicht hinreichend zum Ausdruck gebracht werden kann[47]. Auch vom Standpunkt der Tatherrschaftslehre aus besteht kein Anlass, die gemeinschaftliche Begehung iSd § 25 II auf die tatsächliche oder zumindest geplante Mitwirkung im Ausführungsstadium zu beschränken. Wesentlich ist nur, dass der vorher geleistete Beitrag während des nachfolgenden Tatgeschehens als Teil der Tätigkeit aller fortwirkt[48] und dieses vom ursprünglichen Tatentschluss gedeckt ist[49]. Ein solches Fortwirken lässt sich jedoch nicht allein aus dem Umstand ableiten, dass der Beteiligte in einen gemeinsam gefassten Tatplan eingebunden war[50]. Entsprechend kann auch allein die Zugehörigkeit zu einer Bande unabhängig vom konkreten Tatbeitrag noch nicht die Annahme einer mittäterschaftlichen Deliktsbegehung durch ein Bandenmitglied begründen[51].

824

> Dieses Problem stellt sich in **Fall 16**, da B keinen Beitrag bei der unmittelbaren Tatausführung leistete und auch keinerlei unmittelbaren Einfluss auf das Vorgehen des X (etwa anhand telefonischer Anweisungen) hatte.
>
> Nach der **strengen Tatherrschaftslehre** wäre B nicht als Mittäter, sondern lediglich als Teilnehmer (Anstifter) hinsichtlich des von X begangenen Tötungsdelikts zu bestrafen, da es an der von dieser Auffassung geforderten Mitwirkung im Ausführungsstadium fehlt.

---

45 Vgl BGH NStZ 14, 81; JZ 16, 103 (*Völkermord in Ruanda*); HRRS 16 Nr 194 m. Bespr. *Hecker*, JuS 16, 658; BGH NStZ 18, 650; NStZ-RR 18, 271 m. Bspr. *Bosch*, Jura (JK) 18, 1299; S/S-*Heine/Weißer*, § 25 Rn 67.

46 BGH NStZ-RR 16, 6; 18, 271 m. Bespr. *Bosch*, Jura (JK) 18, 1299.

47 Wie hier BGHSt 33, 50, 53; BGH wistra 99, 386 m. abl. Anm. *Krack*, JR 00, 423; BGH NStZ 03, 253; *Beulke*, JR 80, 423; *Gaede*, JuS 03, 777; *Gropp*, AT, § 10 Rn 85 f; S/S-*Heine/Weißer*, § 25 Rn 67; *v. Heintschel-Heinegg*, Prüfungstraining, Rn 150; *Jakobs*, AT, 21/52; *ders.*, Puppe-FS, S. 547; *Jescheck/Weigend*, AT, § 63 III 1; MK-StGB-*Joecks*, § 25 Rn 203; S/S/W-StGB-*Murmann*, § 25 Rn 43; *Otto*, Jura 98, 410; *Rengier*, JuS 10, 281; *Stratenwerth/Kuhlen*, AT, § 12 Rn 94.

48 BGHSt 37, 289; BGH StV 13, 387.

49 BGH NStZ 09, 25 m. zust. Anm. *Roxin*, NStZ 09, 7.

50 BGH BeckRS 14, 19208.

51 Vgl BGHSt 46, 321, 338; BGH wistra 13, 307; *Altenhain*, ZStW 113 [2001], 112; *Toepel*, ZStW 115 [2003], 60; zum Problem der Vorfeldstrafbarkeit: *Flemming/Reinbacher*, NStZ 13, 136.

Nach der herrschenden und auch hier vertretenen **weiten Tatherrschaftslehre** kann das wegen der fehlenden Mitwirkung bei der Tatausführung bestehende „Minus" im Ausführungsstadium durch das bei B vorhandene „Plus" im Vorbereitungsstadium, kompensiert werden. Die funktionelle Tatherrschaft resultiert hier aus der Erarbeitung eines detaillierten Tatplans, der das Handeln des X im Ausführungsstadium entscheidend prägt. Hiernach ist B als Mittäter zu bestrafen. Der Tatbeitrag des X (Pistolenschuss) kann dem B somit über § 25 II zugerechnet werden.

▶ Beispielsfälle bei *Beulke*, Klausurenkurs I, Rn 378, *Beulke/Zimmermann*, Klausurenkurs II, Rn 236 und *Beulke*, Klausurenkurs III, Rn 285

d) Subjektiver Tatbestand

825 Der gemäß § 15 erforderliche **Tatbestandsvorsatz** muss auch die die Mittäterschaft konstituierenden Voraussetzungen des § 25 II erfassen. Darüber hinaus muss jeder Mittäter die im Gesetz genannten **besonderen Absichten** in seiner Person aufweisen (zB Zueignungsabsicht bei §§ 242, 249 oder Besitzerhaltungsabsicht bei § 252[52]). In dieser Hinsicht gibt es somit – anders als bei den objektiven Tatbeiträgen – keine wechselseitige Zurechnung; im Gegensatz zur Teilnahmestrafbarkeit reicht es auch nicht aus, dass der eine Mittäter die besonderen Absichten des anderen kennt (s. unten Rn 889).

Beispiel: A und B entwenden in einem Elektronikgeschäft gemeinsam ein Smartphone, welches A erhalten soll. Als sie zwischen der Kasse und dem Ausgang vom Ladendetektiv L erwischt werden, verpasst B dem L im Einvernehmen mit A (in dessen Hosentasche sich das Smartphone befindet) einen kräftigen Faustschlag. Dabei geht es A primär um den Erhalt des Mobiltelefons, wohingegen B alleine die Flucht vor der Polizei ermöglichen will.

B hatte im Zeitpunkt der Gewaltanwendung nach der Verkehrsauffassung keinen Mitbesitz an dem Smartphone. Selbst wenn man mit der hM[53] davon ausgeht, dass ihm der Besitz des A gem. § 25 II zugerechnet werden kann, kann B richtigerweise gleichwohl nicht als Mittäter eines räuberischen Diebstahls bestraft werden, da es ihm alleine um die Flucht ging und er somit nicht die von § 252 geforderte Besitzerhaltungsabsicht aufweist. Größere Schwierigkeiten bereitet die Frage, ob dem A die Gewaltanwendung des B gem. § 25 II zugerechnet werden kann, sodass er wegen eines mittäterschaftlich begangenen räuberischen Diebstahls bestraft werden kann. Ein Teil der Lehre bejaht dies (sog. teilweise Mittäterschaft; s. Rn 837)[54], während andere angesichts des Erfordernisses der gemeinschaftlichen Begehung „einer Straftat" (§ 25 II) Bedenken äußern und stattdessen (unter Rückgriff auf die Rechtsfigur des „absichtslos-dolosen" Werkzeugs, vgl Rn 845) für die Annahme mittelbarer Täterschaft plädieren[55].

In **Fall 16** sind B und X Mittäter (Rn 824). Auf subjektiver Ebene müssen beide zum einen mit dem nach § 15 erforderlichen Tötungsvorsatz handeln, der sich auch auf die tatbezogenen Mordmerkmale der 2. Gruppe (hier: Heimtücke, Var. 1) beziehen muss. Zum anderen müssen beide in eigener Person die täterbezogenen Mordmerkmale der 1. und 3. Gruppe –

---

52 BGH NStZ 98, 158.
53 Vgl *Wessels/Hillenkamp/Schuhr*, BT/2, Rn 407 mwN.
54 *Frister*, AT, 25. Kap., Rn 23; NK-*Kindhäuser*, § 252 Rn 25; *Rengier*, BT I, § 10 Rn 20; *ders.*, Puppe-FS, S. 849, 850; iE auch BGH StV 91, 349; krit. *Dehme-Niemann*, JuS 08, 589, 591.
55 *Eisele*, BT II, Rn 420 f; *Haas*, JR 14, 104, 111 ff; LK-*Vogel*, § 252 Rn 71; *Wessels/Hillenkamp/Schuhr*, BT/2, Rn 408; vgl auch BGH NStZ 13, 103.

die nach der hM im subjektiven Tatbestand zu prüfen sind (zum hiesigen Ansatz über § 29 vgl Rn 675 f) – aufweisen. Da B und X jeweils aus Habgier (Var. 3) handeln, ist dies der Fall.

▶ Beispielsfall bei *Beulke/Zimmermann*, Klausurenkurs II, Rn 250

Ändern sich die besonderen Absichten eines Mittäters während der Tatausführung, hat dies auf die Bestrafung des anderen keinen Einfluss.   **826**

Beispiel: A und B vereinbaren einen gemeinsamen Raub mit hälftiger Beuteteilung (§§ 249, 25 II). A knebelt das Opfer, während B im Nebenraum das Geld aus dem Safe entwendet, dabei jedoch beschließt, es für sich allein zu behalten. Noch am Tatort spiegelt er dem A vor, nichts gefunden zu haben. Obwohl A nach der Tatausführung glaubt, der Raub sei fehlgeschlagen, kann er wegen vollendeten Raubs bestraft werden, da ihm die Wegnahme durch B trotz dessen Planänderung gem. § 25 II zuzurechnen ist und er im Zeitpunkt der Gewaltanwendung auch Vorsatz hinsichtlich des Wegnahmeerfolges hatte. Die Wandlung von der teilweisen Fremd- in eine reine Selbstzueignungsabsicht bei B steht einer Bestrafung des A wegen gemeinschaftlichen Raubes ebenfalls nicht entgegen[56].

e) Mittäterexzess

Eine wechselseitige Zurechnung von Tatbeiträgen erfolgt nicht, wenn der gemeinsam gefasste Tatplan von einem Mittäter überschritten wird (= Mittäterexzess)[57]. Der **Tatplan** bildet somit nicht nur den **Grund**, sondern auch die **Grenze** der Zurechnung nach **§ 25 II**.   **827**

Beispiel (nach BGH NStZ 17, 272 m. krit. Anm. *Eidam*): A, B und C wollen den O für eine vorangegangene Beleidigung „richtig vermöbeln". Im Rahmen der gegenseitigen körperlichen Auseinandersetzung tritt der kampfsporterprobte C mehrfach auf O ein und schleudert diesen mit voller Wucht gegen eine Betonwand. O erleidet hierdurch einen Schädelbruch, der zu einer geistigen Krankheit iSv § 226 I Nr 3 führt. Sodann zückt C – zum Erstaunen von A und B – eine Pistole und erschießt den Tatzeugen Z.

Da der Tatplan im Regelfall nicht auf ein in allen Einzelheiten vorbestimmtes Vorgehen der Mittäter bezogen ist und ein dynamisches Tatgeschehen nur selten den ursprünglichen Planungen entspricht, darf nicht jede (kleinere) Abweichung unbesehen als Exzess eingestuft werden. Vielmehr muss es sich um eine **wesentliche Überschreitung** handeln[58]. Ein offen gestalteter Tatplan bedarf insoweit also der „Auslegung"[59]. Nach der Rspr gelten auch solche Handlungen als vom Willen der Mittäter umfasst, mit denen nach den Umständen des Falles zu rechnen war[60]. Ist einem Mittäter die genaue Handlungsweise seines Tatgenossen gleichgültig, so soll ein Exzess ebenfalls abzulehnen sein[61]. Zudem liege auch dann **kein Exzess** vor, wenn die verabredete Tatausführung durch eine in ihrer Gefährlichkeit und Schwere gleichwertige

---

56   BGH NStZ 12, 508; abw. *Renzikowski*, JuS 13, 481.
57   RGSt 57, 307; 67, 367; BGH NStZ 13, 462; HRRS 16 Nr 1151.
58   BGH NStZ 17, 272.
59   Vgl *Kühl*, AT, § 20 Rn 118.
60   BGH NStZ 13, 400 m. Bespr. *Hecker*, JuS 13, 943.
61   BGHSt 53, 145, 155 *(Fall Coesfeld)* m. Bespr. *Jahn*, JuS 09, 466; s. auch BGH NStZ 17, 272 m. krit. Anm. *Eidam*.

ersetzt wird[62]. Diese extensive Abgrenzung der Rspr zum Exzess ist nicht unbedenklich. Richtigerweise muss – zur Wahrung des Schuldgrundsatzes – davon ausgegangen werden, dass die Schwelle zum Exzess überschritten ist, wenn die Tatausführung nicht mehr vom Eventualvorsatz des Mittäters gedeckt ist[63].

Ob im **Beispielsfall** A und B gem. §§ 226 I Nr 3, 25 II bestraft werden können, hängt vor allem davon ab, ob der Tatplan so zu verstehen ist, dass dieser auch das Schleudern gegen die Wand umfasst. Angesichts des weitgefassten Tatplans („richtig vermöbeln") und der Einbeziehung des kampfsporterprobten C ist davon auszugehen, dass A und B derartige Handlungen zumindest billigend in Kauf nahmen. Da A und B von der bei C befindlichen Schusswaffe gar nichts wussten, scheidet eine Strafbarkeit gem. §§ 212, 211 3. Gruppe Alt. 2, 25 II bzgl Z als Exzesstat des C demgegenüber aus.

828 Erweist sich das Vorgehen eines der Mittäter als wesentliche Abweichung vom ursprünglichen Tatplan, ist weiterhin zu prüfen, ob es zu einer **Erweiterung des Tatplans** gekommen ist[64]. Eine Ausweitung des ursprünglichen Plans während der gemeinsamen Tatausführung kann im gegenseitigen Einvernehmen ausdrücklich oder stillschweigend in den Tatentschluss einbezogen werden, schließt einen Exzess aus Sicht der übrigen Beteiligten also aus. Bei einer eigenmächtigen Veränderung oder Überschreitung des ursprünglichen Tatplans muss das nachträglich erzielte Einverständnis über diese Ausweitung indessen gegenseitig sein. Die bloß einseitige Kenntnisnahme und Billigung durch die übrigen Beteiligten genügt insoweit nicht[65].

Wenn A und B im **Beispielsfall** (Abwandlung zu Rn 827) die Pistole in den Händen des C erkennen und daraufhin aus dem Schussfeld zu Z treten, kann eine (konkludente) Erweiterung des Tatplans im Hinblick auf die Tötung des Z und somit eine Strafbarkeit nach §§ 212, 211 3. Gruppe Alt. 2, 25 II angenommen werden.

829 Bei **erfolgsqualifizierten Delikten** iSd § 18 muss jedem Mittäter hinsichtlich der besonderen Tatfolge wenigstens Fahrlässigkeit zur Last fallen[66]. Fehlt es daran bei einem Mittäter, richtet sich seine Strafbarkeit nach dem einschlägigen Grundtatbestand und dessen sonstigen Abwandlungen (zB an Stelle des § 227 nach §§ 223, 224).

Im **Beispielsfall** von Rn 827 setzt eine Bestrafung von A und B als Mittäter einer schweren Körperverletzung (§§ 226 I Nr 3, 25 II) somit zusätzlich voraus, dass diese hinsichtlich der schweren Folge (= geistige Erkrankung bei O) ein Fahrlässigkeitsvorwurf trifft, was angesichts der objektiven Vorhersehbarkeit schwerwiegender Folgen bei derartigen in Überzahl vorgenommenen Körperverletzungen anzunehmen ist.

Denkbar ist auch eine **Kombination der Exzess- und der Erfolgsqualifikationsproblematik**:

Beispiel (nach BGH NStZ 05, 93 – *Schweinetrogfall* m. zust. Anm. *M. Heinrich*)[67]: Die Mittäter A und B demütigen verabredungsgemäß den C. Dabei fügen sie dem C schwere Verletzungen zu und zwingen ihn, in die Steinkante eines Schweinetroges zu beißen. Ohne Absprache

---

62 BGH NStZ 10, 81 m. Bespr. *Satzger*, JK 3/10, StGB § 251/9.
63 So BGH NJW 05, 996, 997 zur Anstiftung.
64 BGH NStZ 13, 400.
65 BGH NStZ 03, 85.
66 BGH NStZ 97, 82; 98, 511; s. auch BGH NStZ 16, 211, 213 m. Anm. *Bosch*, Jura (JK) 16, 703.
67 Ähnl. BGH NStZ 13, 280 m. zust. Bespr. *Jäger*, JA 13, 312; teilweise krit. *Isfen*, Jura 14, 1087; *Sowada*, Schroeder-FS, S. 621; *Stuckenberg*, Jakobs-FS, S. 693.

mit A springt B dem C dabei mit seinen Springerstiefeln in Tötungsabsicht auf den Kopf. C verstirbt. Hier ist B gem. §§ 212/211 zu bestrafen. A kann dieser Totschlag/Mord als Exzesshandlung des B nicht zugerechnet werden. Es verbleibt für A bei der mittäterschaftlich begangenen Körperverletzung (§§ 223 ff, 25 II). Wenn für A in der konkreten Situation vorausehbar ist (Fahrlässigkeit!), dass das Geschehen später eskaliert und B zu dem tödlichen Sprung übergehen wird, kann er u. U. sogar wegen Körperverletzung mit Todesfolge (§§ 227, 25 II, 18) bestraft werden.

f) Auswirkungen eines error in persona vel obiecto auf die übrigen Mittäter

Eine Objekts- oder Personenverwechslung *(error in persona vel obiecto)* durch einen Mittäter ist nach hM auch für die übrigen Mittäter unbeachtlich, wenn die Tathandlung die bestehenden Abmachungen (zB notfalls auf Verfolger zu schießen) nicht überschreitet und die Verwechslung wegen tatbestandlicher Gleichwertigkeit der Objekte den Tatbestandsvorsatz unberührt lässt (s. Rn 371 ff)[68]. Einen Sonderfall stellt die Fallkonstellation dar, dass sich der *error in persona* **zulasten eines Mittäters** auswirkt. **830**

Beispiel (BGHSt 11, 268[69]): Auf der Flucht aus einer Bank eröffnet Bankräuber B – wie mit seinen ebenfalls mit erhobenen Waffen fliehenden Komplizen K1 und K2 zuvor vereinbart – gegen einige Verfolger mit Tötungsvorsatz das Feuer. Eine von B abgefeuerte Kugel trifft daraufhin den K2, der von B irrtümlich für einen Verfolger gehalten wird, in die Schulter. Hierbei stellt sich die Frage, ob auch K1 – und ggf sogar K2 – wegen eines versuchten Tötungsdelikts in Mittäterschaft (in Tateinheit mit einer gefährlichen Körperverletzung) zulasten des K2 bestraft werden können.

Ob dem (nicht getroffenen) Mittäter (K1) der *error in persona* angelastet werden kann, wird teilweise bestritten, weil der Tatplan nur Schüsse auf Verfolger beinhalte, das (fahrlässige) Schießen auf einen Komplizen daher einen (fahrlässigen) Exzess darstelle, der nicht über § 25 II zugerechnet werden könne. Da aber auch das Risiko, einen Komplizen zu treffen, Teil des Planverwirklichungsrisikos ist, ist diese Auffassung mit der hM[70] abzulehnen.

Interessant ist aber, ob auch dem irrigerweise getroffenen Mittäter (K2) das Verletzungsverhalten zugerechnet werden kann. Er wäre dann sowohl Opfer als auch Täter. Dies ist der Grund, warum seine Strafbarkeit teilweise abgelehnt wird. Der getroffene Mittäter könne sonst wegen versuchter Tötung an sich selbst bestraft werden, obwohl die Selbsttötung nicht unter Strafe steht. Dagegen spricht jedoch, dass der Tatentschluss auch des getroffenen Mittäters auf die Tötung eines (von einem der Mittäter als solchen identifizierten) Verfolgers – und somit gerade nicht auf eine Selbsttötung! – ausgerichtet ist. Der in Erfüllung dieses gemeinsamen Entschlusses geleistete Beitrag des unmittelbar Handelnden (B) kann also auch dem getroffenen Mittäter zuge-

---

68 BGHSt 11, 268; S/S-*Heine/Weißer*, § 25 Rn 101; *Kühl*, AT, § 20 Rn 122; *Sternberg-Lieben/von Ardenne*, Jura 07, 149, 152; zu einem aktuellen, BGHSt 11, 268 bestätigenden Fall des BGH s. *Jäger*, JA 19, 467 und *Eisele*, JuS 19, 495; s. auch *Küper*, Versuchsbeginn, S. 39; Maurach/Gössel/Zipf-*Renzikowski*, AT/2, § 49 Rn 65; krit. *Herzberg*, S. 63; LK-*Schünemann*, § 25 Rn 177; aA *Rudolphi*, Bockelmann-FS, S. 380 f.

69 Krit. hierzu *Dehne-Niemann*, ZJS 08, 351.

70 BGHSt 11, 268; *Krey/Esser*, AT, Rn 951; *Kühl*, AT, § 20 Rn 121; *Küper*, Versuchsbeginn, S. 38 ff; aA *Roxin*, AT II, § 25 Rn 195; vgl auch *Dehne-Niemann*, ZJS 08, 351, 354.

rechnet werden; dieser steht dann so als wäre ein anderer Komplize getroffen worden[71].

Im **Beispielsfall** sind nach dieser vorzugswürdigen Auffassung sowohl K1 als auch K2 wegen eines versuchten Tötungsdelikts (§§ 212, 22, 23 I Alt. 1, 25 II) zu bestrafen, wobei es sich bzgl K2 um einen strafbaren untauglichen Versuch (s. Rn 980 ff) handelt. K1 ist darüber hinaus tateinheitlich wegen einer vollendeten gefährlichen Körperverletzung (§§ 224 I Nr 2 Alt. 1, 4, 5, 25 II) strafbar, wohingegen der selbst verletzte K2 nur wegen Versuchs zu bestrafen ist, da seine eigene körperliche Unversehrtheit ihm selbst ggü nicht geschützt ist (insoweit also das vom objektiven Tatbestand geforderte Merkmal einer „anderen Person" bei K2 nicht erfüllt ist)[72].

g) Sukzessive Mittäterschaft

831 Der für eine Mittäterschaft erforderliche gemeinsame Tatplan kann – wie bereits gesehen – auch noch nach Eintritt in das Versuchsstadium gefasst werden (s. Rn 817). Aus einer bloßen Billigung des Erfolges kann jedoch noch nicht auf eine sukzessive Mittäterschaft geschlossen werden. Hinzukommen muss vielmehr, dass der Hinzutretende bewusst einen für die Tatbestandsverwirklichung ursächlichen Beitrag leistet[73]. Bis zu welchem Zeitpunkt dies möglich ist, muss je nach **Deliktsphase** (vgl dazu Rn 61 ff) gesondert betrachtet werden:

832 **aa) Nach materieller Beendigung.** Eine Zurechnung unter dem Aspekt einer sukzessiven Mittäterschaft ist jedenfalls für ein Geschehen, das im Zeitpunkt des Eintritts bereits vollständig abgeschlossen ist, ausgeschlossen[74].

833 **bb) Zwischen Versuchsbeginn und vor Verwirklichung eines Tatbestandsmerkmals.** Nach einhelliger Ansicht handelt es sich hierbei um einen zulässigen Fall sukzessiver Mittäterschaft, da es für die Begründung des gemeinsamen Tatentschlusses ausreicht, dass das erforderliche Einvernehmen zwischen den Mittätern während der Tatausführung hergestellt wird und der Hinzutretende einen Tatbeitrag leistet[75].

834 **cc) Nach Verwirklichung eines Tatbestandsmerkmals und vor Vollendung.** Als weitaus schwieriger erweist sich die – insbes. bei mehraktigen Delikten bzw im Fall eines schon verwirklichten Qualifikationsmerkmals relevante – Frage, ob ein bereits vollständig abgeschlossener Tatbeitrag einem erst danach Hinzutretenden zugerechnet werden kann.

Beispiel: A, der den vermögenden O „abziehen" möchte, lockt diesen unter einem Vorwand nachts in einen Park und beginnt unvermittelt damit, auf ihn einzuschlagen. Als O am Boden

71 BGHSt 11, 268; *B. Heinrich*, AT, Rn 1240; MK-StGB-*Joecks*, § 25 Rn 249; *Kindhäuser*, AT, § 40 Rn 22; *Kühl*, AT, § 20 Rn 122; insoweit auch *Krey/Esser*, AT, Rn 951; aA *Schreiber*, JuS 85, 873, 876; *Spendel*, JuS 69, 314, 316.
72 Vgl etwa *Freund*, AT, § 10 Rn 175; MK-StGB-*Joecks*, § 25 Rn 249; *Krey/Esser*, AT, Rn 952.
73 BGHSt 54, 69, 129; BGH NStZ 08, 280 m. krit. Bespr. *Walter*, NStZ 08, 548; BGH NStZ 12, 207 und 379 f; NStZ 16, 211; ebenso *Fischer*, § 25 Rn 39 f.
74 BGH NStZ 09, 631; StV 16, 106; HRRS 16 Nr 427 m. Anm. *Kudlich*, JA 16, 470; HRRS 17 Nr 562; 19 Nr 351; OLG Naumburg BeckRS 13, 14035 m. Bespr. *v. Heintschel-Heinegg*, JA 13, 871; *B. Heinrich*, AT, Rn 1239.
75 BGH NStZ-RR 12, 77, 78; *Krey/Esser*, AT, Rn 954; *Kühl*, AT, § 20 Rn 104, 126; *Roxin*, AT II, § 25 Rn 219.

liegt, kommt zufällig B des Weges, der O auch nicht leiden kann und ihm – von As Rufen bestärkt – zwei 100-Euro-Scheine aus der Tasche zieht. Ob B wegen Raubes (§ 249 I) bestraft werden kann, hängt davon ab, ob ihm die qualifizierte Nötigungshandlung des A über § 25 II zugerechnet werden kann, obwohl diese bereits vor dem Hinzutreten des B (aber vor Vollendung des Raubes mit der Wegnahme der Scheine durch B) ausgeführt wurde.

In der **Rspr**[76] wird eine sukzessive Mittäterschaft in solchen Fällen als **möglich** angesehen, sofern der Hinzutretende den Erfolgseintritt noch fördern kann und ein irgendwie gearteter Kommunikationsvorgang zwischen den Mittätern stattgefunden hat. Unter diesen Voraussetzungen handele es sich um eine typische Situation der „arbeitsteiligen" Mittäterschaft. Eine solche Sichtweise **lehnt die hL berechtigterweise ab**[77]. Von einer funktionellen Tatherrschaft über den Nötigungsakt (hier: Schläge des A) kann nicht gesprochen werden, wenn der erst nach dessen Ausführung Hinzutretende in diesem Zeitpunkt weder zugegen war, noch ein gemeinsamer Tatentschluss vorlag. Auch unter dem Blickwinkel des Koinzidenzprinzips – wonach der Vorsatz bei der Tatbegehung vorliegen muss (Rn 642) – erscheint die Betrachtungsweise der Rspr zweifelhaft. Vielmehr gleicht die Kenntnisnahme (und ggf Billigung) einer bereits ausgeführten tatbestandsmäßigen Handlung einem unbeachtlichen *dolus subsequens*.

Im **Beispielsfall** kann B nach vorzugswürdiger Ansicht somit lediglich wegen eines Diebstahls – sowie einer sukzessiven Beihilfe zum Raub des A (s. zur insoweit extensiveren Handhabung der sukzessiven Beihilfe Rn 911) – bestraft werden. Die Rspr käme zum Ergebnis einer Strafbarkeit nach §§ 249 I, 25 II, da B den Erfolgseintritt noch fördern konnte (hier nahm B die Wegnahmehandlung sogar selbst vor) und – durch den Zuruf des A – ein Kommunikationsakt zwischen A und B vorlag; hinsichtlich der von A verwirklichten Körperverletzung (die bereits vollständig abgeschlossen war), scheidet eine (sukzessive) Mittäterschaft des B demgegenüber auch nach der Rspr aus, da es sich insoweit um ein vollständig abgeschlossenes Geschehen handelt.

dd) Nach Vollendung und vor Beendigung. Die Möglichkeit einer sukzessiven **835** Mittäterschaft auch noch nach Vollendung ist die wohl problematischste Konstellation.

Beispiel (Abwandlung zu Rn 834): Anders als zuvor kommt B erst hinzu, nachdem A den O bereits verprügelt und ihm sodann zwei 100-Euro-Scheine aus der Tasche entwendet hat. Unter Zusage einer Beteiligung an der Tatbeute verhilft B dem A zur Flucht.

In der **Rspr**[78] wird eine sukzessive Mittäterschaft auch in diesem Stadium noch für **möglich** erachtet, da ein starres Festhalten am Vollendungszeitpunkt als letztmöglichem Zeitpunkt der sukzessiven Mittäterschaft zu Zufallsergebnissen führe. Neben den bereits für das Vorstadium (s. Rn 834) allgemein angeführten Bedenken gegen eine sukzessive Mittäterschaft an sich, ergeben sich solche in diesem Stadium zusätzlich mit Blick auf den Wortlaut des § 25 II: Dieser fordert nämlich eine gemeinschaft-

---

76 BGH NStZ 08, 280; NStZ 12, 207; NStZ-RR 14, 73; NStZ 16, 607 m. Bespr. *Bosch*, Jura (JK) 16, 1454; *Krell*, ZJS 17, 115; BGH NStZ 16, 524; StV 17, 679; HRRS 18 Nr 440; 18 Nr 660; NStZ-RR 19, 73; vgl auch BGH HRRS 17 Nr 589.
77 *Kaspar*, AT, § 6 Rn 29 f; *Kühl*, AT, § 20 Rn 129; BeckOK-StGB-*Kudlich*, § 25 Rn 56 f; S/S/W-StGB/*Murmann*, § 25 Rn 39; *Roxin*, AT II, § 25 Rn 227.
78 BGH NStZ 16, 211 m. Anm. *Bosch*, Jura (JK) 16, 70; BGH NStZ 00, 594; NStZ 03, 85.

liche Begehung der „Straftat". Die Tat ist jedoch bereits „begangen", wenn alle Tatbestandsmerkmale erfüllt sind (= Vollendung), weswegen eine Mittäterschaft ab diesem Zeitpunkt ausgeschlossen erscheint; bei Zugrundelegung eines tatbestandsbezogenen Täterbegriffs (s. Rn 797) ist dies zwingend, da der erst nach der formellen Vollendung Hinzutretende keinerlei Einfluss mehr auf die Verwirklichung des gesetzlichen Tatbestandes haben kann[79]. Die Ansicht der Rspr verstößt somit angesichts der **Überschreitung der Wortlautgrenze** gegen Art. 103 II GG. Zusätzlich sei darauf verwiesen, dass die §§ 257, 258 für diese Deliktsphase speziellere Regeln beinhalten. Auch lässt sich der Beendigungszeitpunkt, bis zu dem die Rspr die sukzessive Mittäterschaft zulässt, mangels gesetzlicher Verankerung nicht eindeutig festlegen (s. Rn 67), weshalb die Ansicht der Rspr die Gefahr einer erheblichen Ausdehnung der Strafbarkeit mit sich bringt[80].

Im **Beispielsfall** ist eine Strafbarkeit des B wegen Raubes bzw Diebstahls in Mittäterschaft mit der vorzugswürdigen hL somit abzulehnen. Gleichwohl verbleiben für eine Strafbarkeit des B die Anschlussdelikte, im vorliegenden Fall § 257 I (Begünstigung).

Eine andere Bewertung wird demgegenüber im Bereich der **Dauerdelikte** befürwortet[81]. Hier soll eine sukzessive Mittäterschaft auch möglich sein, wenn der erst später Hinzutretende (lediglich) an der Aufrechterhaltung des Dauerzustandes mitwirkt, also etwa dafür sorgt, dass eine der Freiheit beraubte Person weiterhin in diesem Zustand verbleibt (Beispiel: A hat den O in seinem Keller gegen dessen Willen eingesperrt. Sein Bruder B übernimmt – ohne hiervon zuvor gewusst zu haben – nach zwei Wochen die Bewachung des O).

h) Sonderkonstellationen

836 aa) **Mittäterschaft bei Fahrlässigkeitsdelikten (sog. fahrlässige Mittäterschaft).**
Umstritten ist, ob eine gegenseitige Zurechnung von Tatbeiträgen auch im Bereich der Fahrlässigkeitsdelikte möglich ist. Haben mehrere Personen sorgfaltspflichtwidrig gehandelt, lässt sich jedoch nicht feststellen, welche dieser Verhaltensweisen den eingetretenen Tatbestandserfolg (kausal und zurechenbar) herbeigeführt hat, lässt sich nach dem Grundsatz *in dubio pro reo* keine Verurteilung aus einem Fahrlässigkeitsdelikt begründen.

Beispiel: A und B beschließen eines Abends auf einer zu dieser Zeit mäßig besuchten Hauptstraße, ein (illegales) Autorennen durchzuführen. Im Rahmen dieses Rennens wird der Fußgänger F tödlich von einem der Autos erfasst. A und B war dieses Risiko zwar bewusst, sie vertrauten jedoch auf einen unfallfreien Ausgang des Rennens. Kann in der Nachschau nicht festgestellt werden, welches der beiden Autos den F tödlich verletzt hat, scheidet – bei Anwendung des *in dubio pro reo* Grundsatzes – sowohl eine Verurteilung des A wie auch des B wegen fahrlässiger Tötung (ggf auch nach § 315c I Nr 2, III Nr 1 sowie § 315d) aus.

Das zumeist als unbefriedigend empfundene Ergebnis der Straflosigkeit mangels Kausalitätsnachweises veranlasst eine im Vordringen befindliche Ansicht dazu, zu-

---

79 Vgl *Rudolphi*, Bockelmann-FS, S. 376.
80 *Geppert*, Jura 11, 30, 34 f; *Grabow/Pohl*, Jura 09, 656; S/S-*Heine/Weißer*, § 25 Rn 96 f; *Kaspar*, AT, § 6 Rn 34; *Klesczewski*, BT/II, S. 39; *Krey/Esser*, AT, Rn 954 ff; *Kühl*, AT, § 20 Rn 126 ff; *Murmann*, Grundkurs, § 27 Rn 61 f; *Roxin*, AT II, § 25 Rn 221; *Seher*, JuS 09, 305, 306 f; LK-*Schünemann*, § 25 Rn 197 ff; AnwK-StGB-*Waßmer*, § 25 Rn 67 ff.
81 S. hierzu etwa BGH HRRS 17 Nr 351.

mindest in Fällen einer gemeinsamen Entscheidung zu einem (bewusst) fahrlässigen Verhalten, eine **gegenseitige Zurechnung der Tatbeiträge über § 25 II** vorzunehmen[82].

Der Wortlaut des § 25 II steht dem jedenfalls nicht entgegen: Dieser spricht lediglich von gemeinsamer Tatbegehung und damit gerade nicht von einer gemeinsamen Erfolgsherbeiführung; zudem beinhaltet er (anders als die §§ 26, 27) keine Einschränkung des Anwendungsbereichs auf Vorsatzdelikte[83]. Da das Gesetz eine „fahrlässige Mittäterschaft" somit durchaus zulässt, besteht das Problem vielmehr darin, genau zu definieren, was im Fahrlässigkeitsbereich unter „gemeinschaftlicher Begehung" zu verstehen ist[84]. Dabei darf allerdings nicht übersehen werden, dass – anders als beim Vorsatzdelikt – der relevante Schuldvorwurf beim Fahrlässigkeitsdelikt nicht auf einen einzigen Zeitpunkt beschränkt ist, sondern ggf an eine Mehrzahl sorgfaltswidriger Verhaltensweisen im Vorfeld anknüpfen kann (s. Rn 1113 ff). Dies dürfte in einem Großteil der diskutierten Fälle die Möglichkeit eröffnen, eine Lösung **unabhängig von einer wechselseitigen Zurechnung nach § 25 II** zu finden, da sich der Fahrlässigkeitsvorwurf dann eben an die zeitlich vorgelagerte Verabredung zu einem sorgfaltswidrigen Verhalten knüpfen lässt[85].

Im **Beispielsfall** kann eine Strafbarkeit von A und B (abseits des neu eingeführten § 315d) somit entweder damit begründet werden, dass A und B angesichts des gemeinsamen Entschlusses zu einem sorgfaltswidrigen Verhalten (illegales Autorennen) und der gemeinsamen Tatausführung über § 25 II als rechtliche Einheit eingestuft werden und somit jeweils nach §§ 222, 25 II zu bestrafen sind[86]. Aber auch eine Strafbarkeit nach § 222 – also unabhängig von § 25 II – kann begründet werden, wenn der gemeinsame Entschluss zur Durchführung des Autorennens – bzw die Teilnahme daran – als Anknüpfungspunkt für den Fahrlässigkeitsvorwurf herangezogen wird; schließlich ist dieser *conditio sine qua non* für den bei F eingetretenen Todeserfolg.

Auch die kniffligen Problemfälle bei Mehrheitsentscheidungen in Gremien (s. bereits Rn 234 ff) werden teilweise unter Rückgriff auf die Figur der fahrlässigen Mittäterschaft gelöst[87]. Stimmen etwa bei einem mit fünf Personen besetzten Gremium vier Mitglieder sorgfaltswidrig gegen den Rückruf eines gesundheitsschädigenden Produktes (und lediglich ein Mitglied dafür), so können sich dem Grunde nach alle „dagegen" stimmenden Personen darauf berufen, dass „im Zweifel" eine durch das Produkt eingetretene Gesundheitsschädigung auch ohne die eigene Stimme eingetreten wäre. Neben dem bereits aufgezeigten Weg der Annahme einer alternativ-kumulativen Kausalität (s. Rn 236) besteht somit die Möglichkeit der wechselseitigen Zurechnung aller Ja-Stimmen über § 25 II bei Anerkennung einer fahrlässigen Mittäterschaft.

---

82 Bejahend *Beulke/Bachmann*, JuS 92, 744; *Frister*, AT, 26. Kap., Rn 4; *Haas*, StudZR 15, 297; SK-*Hoyer*, § 25 Rn 150 ff; *ders.*, Puppe-FS, S. 515; MK-StGB-*Joecks*, § 25 Rn 286 ff; *Küpper*, GA 1998, 519, 526; *Otto*, Jura 98, 412; *Rengier*, AT, § 53 Rn 3 ff; *Renzikowski*, Täterbegriff, S. 282 ff; *ders.*, Otto-FS, S. 423; *Roxin*, Täterschaft, S. 770 ff; *Weißer*, JZ 98, 230; s. auch *Dencker*, S. 178; *Geppert*, Jura 11, 30, 32; *Kraatz*, Die fahrlässige Mittäterschaft, 2005; abl. OLG Schleswig NStZ 82, 116; *Gropp*, GA 2009, 265; *Hoffmann-Holland*, AT, Rn 477, 544; *Puppe*, GA 2004, 129; *Rotsch*, Puppe-FS, S. 887; krit. S/S/W-StGB-*Murmann*, § 25 Rn 34 f.
83 Vgl *Rengier*, AT, § 53 Rn 3; aA *Bottke*, GA 2001, 463, 479 ff.
84 S. hierzu mwN *Kühl*, AT, § 20 Rn 116c f.
85 Vgl *Günther*, JuS 88, 386; *Kühl*, AT, § 20 Rn 116b; *Roxin*, AT II, § 25 Rn 240; krit. *Kaspar*, AT, § 9 Rn 70 f.
86 Vgl hierzu *L. Neumann*, Jura 17, 160, 163; *Renzikowski*, HRRS 09, 347, 351.
87 *Beulke/Bachmann*, JuS 92, 744; Matt/Renzikowski-*Renzikowski*, Vorbem. § 13 Rn 90; *Roxin*, AT II, § 25 Rn 241.

837 **bb) Teilweise Mittäterschaft.** Eine Tat wird auch dann iSd § 25 II „gemeinschaftlich begangen", wenn nicht jeder Mittäter sämtliche Tatbestände, die die anderen Mittäter verwirklicht haben, auch selbst erfüllt. Im Fall der sog. teilweisen Mittäterschaft realisieren sämtliche Mittäter zwar jeweils einen bestimmten Tatbestand. Darüber hinaus fällt die strafrechtliche Bewertung ihres jeweiligen Verhaltens im Hinblick auf weitere Tatbestände – v. a. durch die Erfüllung von Qualifikations- oder Privilegierungsmerkmalen – aber unterschiedlich aus[88].

Beispiel[89]: F und B beschließen gemeinsam, den O zu töten. Nachdem Fs Versuch, dem O das Genick zu brechen, fehlgeschlagen ist, durchtrennt die B mit einer Scherbe die Halsschlagader des O, woraufhin dieser verstirbt. Dabei handelt F aus Hass und Menschenverachtung, B hingegen „aus Solidarität" zu F. F kann – ebenso wie B – nach § 212 bestraft werden. Die von B begangene Tötungshandlung wird dem F über § 25 II zugerechnet; insoweit sind sie Mittäter. Anders hingegen bzgl der Strafbarkeit aus § 211: Die niedrigen Beweggründe (Hass, Menschenverachtung) des F können der B – nach hier vertretener Auffassung als spezielles Schuldmerkmal bzw nach hM als besonderes persönliches Merkmal – nicht über § 25 II zugerechnet werden. Daran wird ersichtlich, dass bei einer gemeinschaftlich begangenen Tötung ein Mittäter des Totschlags, der andere des Mordes schuldig sein kann[90]. Der Rechtsfigur der „isolierten Täterschaft" (dazu sogleich) bedarf es insoweit nicht, denn es ist (trotz aller Streitigkeiten um das Verhältnis Mord-Totschlag, vgl Rn 878) unstreitig, dass § 212 in § 211 enthalten ist und jedenfalls im Wege der Gesetzeskonkurrenz (Spezialität) verdrängt wird.

838 **cc) Isolierte Mittäterschaft.** Unter dieser Bezeichnung will ein Teil der Lehre eine Mittäterschaft über die Fälle teilweiser Mittäterschaft hinaus sogar dann bejahen, wenn ein Tatbeteiligter gar nicht bestraft werden kann, zB weil er ein strafbegründendes besonderes persönliches Merkmal nicht erfüllt oder schuldlos handelt. Ist dieses Defizit dem potentiellen Mittäter bewusst, fehlt es richtiger Ansicht zufolge aber bereits an einem mittäterschaftbegründenden gemeinsamen Tatentschluss[91]. Auch ansonsten widerspricht eine isolierte Mittäterschaft dem tatbestandsbezogenen Verständnis der Mittäterschaft, das in § 25 II durch die Betonung der gemeinschaftlichen Begehung „einer Straftat" (!) zum Ausdruck kommt[92]. Stattdessen ist auch hier (parallel zum „absichtslos-dolosen" Werkzeug, vgl Rn 845) an eine mittelbare Täterschaft zu denken[93].

Beispiel: A eröffnet einen Friseursalon. Er hat allerdings keinen Meisterbrief. Um gleichwohl Kunden den Eindruck zu vermitteln, er erfülle diese formale Voraussetzung, bittet er seine künstlerisch begabte Freundin F um Unterstützung. F, die dem Bitten des A unter dessen Mithilfe nachkommt und einen auf A ausgestellten täuschend echten Meisterbrief mit der nachgemachten Unterschrift des Vorsitzenden des Meisterprüfungsausschusses der lokalen Handwerkskammer erstellt, geht allerdings irrtümlich davon aus, dass A den Meisterbrief nur als

---

88 Vgl *Haas*, JR 14, 104; *Rengier*, Puppe-FS, S. 849; *Roxin*, AT II, § 25 Rn 235 f.
89 Nach BGH StV 15, 287.
90 BGHSt 36, 231 m. zust. Anm. *Beulke*, NStZ 90, 278; und abl. Anm. *Vietze*, Jura 03, 397; *Haas*, JR 14, 104; MK-StGB-*Schneider*, § 211 Rn 257.
91 Vgl insoweit *Roxin*, AT II, § 25 Rn 237; s. auch *Mitsch*, Jura 17, 792, 794 f zur gemeinschaftlichen Tatbegehung mit einem nicht strafmündigen Kind; s. aber *Rengier*, Puppe-FS, S. 851, 856 ff.
92 Anders *Frister*, AT, 25. Kap., Rn 23; NK-*Kindhäuser*, § 252 Rn 25; *Rengier*, BT I, § 10 Rn 20; *ders.*, Puppe-FS, S. 850; krit. *Dehme-Niemann*, JuS 08, 589, 591.
93 *Eisele*, BT II, Rn 420 f; *Haas*, JR 14, 104, 111 ff; LK-*Vogel*, § 252 Rn 71; *Wessels/Hillenkamp/Schuhr*, BT/2, Rn 408; vgl auch BGH NStZ 13, 103.

„Motivationsspritze" in seinem Büro zu Hause aufhängen möchte. Für eine Strafbarkeit wegen Urkundenfälschung nach § 267 I Var. 1 fehlt F hier die erforderliche Täuschungsabsicht, sie hat sich nicht strafbar gemacht. Eine Bestrafung des A als (isolierter) Mittäter einer Urkundenfälschung scheidet daher nach richtiger Ansicht aus[94]. Vielmehr ist A als mittelbarer Täter nach §§ 267 I Var. 1, 25 I Alt. 2 – mit F als absichtslos-dolosem Werkzeug (s. Rn 845) – zu bestrafen.

dd) Alternative Mittäterschaft. Unter diese Form der Mittäterschaft werden solche Konstellationen gefasst, in denen von Beginn an geplant ist, dass die Mittäter nicht kumulativ tätig werden, sondern lediglich einer von ihnen – etwa der am besten positionierte – die tatbestandliche Handlung ausführen soll. **839**

Beispiel: A, B und C wollen den O bei dessen Heimfahrt von der Arbeit erschießen. Da es drei Straßen gibt, die zum Haus des O führen, postieren sich die drei je an einer der Zufahrtsstellen. O nimmt die Route, die an As Posten vorbeiführt, wo ihn A plangemäß erschießt.

Hier geht es letztlich um die Frage, ob auch in dieser Konstellation noch von einer gemeinsamen Tatausführung gesprochen werden kann. Teilweise wird dies nur dann bejaht, wenn die Mittäter im Ausführungsstadium – und zwar ohne wesentliche räumliche Trennung – derart zusammenwirken, dass mit Sicherheit einer von ihnen die tatbestandliche Handlung vornimmt[95]. Erachtet man jedoch iSd hier vertretenen Auffassung auch Tatbeiträge im Vorbereitungsstadium – wenn auch unter engen Voraussetzungen (s. Rn 823 f) – als hinreichend, ist grds auch bei räumlicher Trennung eine (alternative) Mittäterschaft begründbar. Eine funktionelle Tatherrschaft besteht dann, wenn die Gesamttat mit dem alternativen Zusammenwirken der Beteiligten „steht und fällt"; dies ist jedenfalls dann der Fall, wenn die Planung des alternativen Agierens aus *ex ante* (!) Sicht zu einer Risikoerhöhung für das Opfer führt, da sich insoweit die verabredeten (potentiellen) Tatbeiträge im Gesamtgefüge der Tat sinnvoll ergänzen[96].

Im **Beispielsfall** wären B und C auch nach der engeren Betrachtungsweise Mittäter, da das Vorgehen der (alternativen) Mittäter in einem räumlichen Zusammenhang steht und – bildlich gesprochen – ein Netz um O gespannt wird.

Abwandlung: A, B und C wollen den O bei dessen Rückkehr von einer Auslandsreise töten, es gibt aber über den Ankunftsflughafen widersprüchliche Aussagen, sodass sich die drei je an einen der drei größeren Flughäfen in der Region begeben. O kommt an dem Flughafen an, an dem sich B positioniert hat und wird von diesem erschossen. Obwohl A und C am Tatort nicht mit B unmittelbar räumlich zusammenwirken, können ihre Tatbeiträge (Bereitstehen an einem anderen Flughafen) eine (alternative) Mittäterschaft auch hier begründen, da das Risiko für O hierdurch aus *ex ante* Sicht erheblich erhöht wurde.

ee) Additive Mittäterschaft. Wenn mehrere Personen (idR gleichartige) Tatbeiträge erbringen – um etwa die Erfolgswahrscheinlichkeit zu erhöhen bzw psychische Hemmnisse zu beseitigen – und nur eine der Handlungen erfolgsursächlich geworden ist, spricht man von einer additiven Mittäterschaft. Insbes. wenn nicht festgestellt werden kann, wessen Tatbeitrag erfolgsursächlich war, kann über § 25 II, der es **840**

---

94 S. hierzu auch *Roxin*, AT II, § 25 Rn 234.
95 Vgl *Roxin*, AT II, § 25 Rn 231 ff; s. auch *Marquardt/von Danwitz*, JuS 98, 814, 819 f; abl. *Rudolphi*, Bockelmann-FS, S. 379 ff.
96 S. hierzu *Kühl*, AT, § 20 Rn 109; *Murmann*, Grundkurs, § 27 Rn 66.

durch entsprechende wechselseitige Zurechnung erlaubt, alle Mittäter wie einen einzigen Täter zu behandeln, jeder Beteiligte als Mittäter bestraft werden.

Beispiel[97]: Um die Flucht des O zu ermöglichen, feuern zehn Mitglieder seiner Bande plangemäß auf die beiden den O verfolgenden Polizisten P1 und P2. Eine Kugel trifft den P2 tödlich, es kann aber nicht geklärt werden, welches Bandenmitglied den tödlichen Schuss abgegeben hat. Im Rahmen des gemeinsamen Tatplans werden alle Tatbeiträge der Mittäter wechselseitig zugerechnet – so als ob nur ein Täter gehandelt hätte. Daher sind alle schießenden Bandenmitglieder als Mittäter eines vollendeten Tötungsdelikts (§§ 212, 25 II) – und nicht lediglich wegen Versuchs – zu bestrafen.

3. Die mittelbare Täterschaft (§ 25 I Alt. 2)

a) Charakteristika und Rechtsfolgen der mittelbaren Täterschaft

841 **aa) Charakteristika.** Der mittelbare Täter begeht eine Straftat „durch einen anderen" (§ 25 I Alt. 2). Als „Hintermann" verwirklicht er den gesetzlichen Tatbestand eines vorsätzlichen Begehungsdelikts täterschaftlich (!) dadurch, dass er bei der Tatausführung den Vordermann (sog. „Tatmittler") gewissermaßen als menschliches „Werkzeug" für sich handeln lässt. Kennzeichnend für die mittelbare Täterschaft ist die aus tatsächlichen oder rechtlichen Gründen **unterlegene Stellung des Tatmittlers** (sog. Defekt) einerseits, und die aus der Ausnutzung dieses Defekts erwachsende **tatbeherrschende Rolle des Hintermannes**, der somit das Gesamtgeschehen kraft seines planvoll lenkenden Willens „in der Hand" hält, andererseits. Bildlich gesprochen bedient sich der mittelbare Täter der Hände des Vordermanns zur Begehung seiner eigenen Tat. Er steuert den Tatmittler also „wie eine Marionette".

In der Regel geht es dabei um Fälle, in denen der Vordermann vom Hintermann zur Tat veranlasst worden ist. Die mittelbare Täterschaft ist bei eigenhändigen Delikten ausgeschlossen (s. Rn 801). Zudem muss der Hintermann eine eventuell vom gesetzlichen Tatbestand geforderte besondere Subjektqualität (s. Rn 800, 802) aufweisen und sämtliche im Tatbestand vorgesehenen subjektiven Merkmale in eigener Person erfüllen (s. Rn 797).

842 **bb) Rechtsfolge.** Die planvolle Einbeziehung des fremden Tatanteils in den eigenen Verwirklichungswillen bildet die Grundlage dafür, dass die Tat als das „Werk" des Hintermannes erscheint[98]. Das, was der Tatmittler zur Tatbestandserfüllung **objektiv beiträgt**, wird dem mittelbaren Täter – letztlich vergleichbar wie bei der Mittäterschaft – so zugerechnet, als hätte er selbst gehandelt. Eine Zurechnung **subjektiver Merkmale** über § 25 I Alt. 2 erfolgt demgegenüber – wie bei der Mittäterschaft (vgl Rn 825) – **nicht**. Vielmehr muss auch der mittelbare Täter neben dem von § 15 geforderten Tatbestandsvorsatz, der sich selbstverständlich auch auf die Voraussetzungen der mittelbaren Täterschaft beziehen muss, auch alle sonstigen subjektiven Tatbestandsvoraussetzungen in eigener Person erfüllen.

---

97 Vgl auch BGHSt 39, 1, 30; bejahend *Kühl*, AT, § 20 Rn 109 mwN; S/S/W-StGB-*Murmann*, § 25 Rn 42; *Roxin*, AT II, § 25 Rn 229 f.

98 Überblick bei *Beulke/Witzigmann*, Ad legendum 12, 251; *Joecks*, St-K, § 25 Rn 20 ff; *Koch*, JuS 08, 399, 496; *Murmann*, JA 08, 321.

b) „Defekt" beim Tatmittler

Mittelbare Täterschaft kommt insbes. dann in Betracht, wenn sich der Hintermann in **843** Kenntnis aller maßgeblichen Umstände zur Begehung einer Straftat eines menschlichen Werkzeugs bedient[99]. Der Tatmittler erlangt die „Werkzeugqualität" in der Regel dadurch, dass er ein **Strafbarkeitsdefizit** aufweist. Die Straflosigkeit des Tatmittlers kann ihren Grund auf jeder Stufe des dreistufigen Deliktsaufbaus haben – also auf Tatbestands-, Rechtswidrigkeits- oder Schuldebene. Dies bedeutet umgekehrt, dass eine mittelbare Täterschaft in aller Regel (s. aber die wichtige Ausnahme unter Rn 852 ff) ausgeschlossen ist, wenn der unmittelbar Handelnde selbst vollverantwortlicher Vorsatztäter des Delikts ist, dessen Begehung der Hintermann erstrebt oder fördert.

Beispiel: Wenn Frau F den labilen und ihr sexuell hörigen Liebhaber L unter Ausnutzung von dessen psychischer Abhängigkeit veranlasst, ihren Ehemann M zu töten, so liegt die unmittelbare Handlungsherrschaft hinsichtlich der Tatbestandsverwirklichung (§§ 212, 211) bei L. Solange die psychische Abhängigkeit des L nicht ein Ausmaß erreicht, das ihn von jeglicher strafrechtlichen Verantwortung befreit (vgl § 20), geht das Gesetz davon aus, dass eine Beteiligung (der F) an seiner Tat regelmäßig nur in der Form der Mittäterschaft oder als Anstiftung möglich ist.

Ein **Defizit im objektiven Tatbestand** liegt vor, wenn der Tatmittler objektiv tatbe- **844** standslos handelt. Damit sind v. a. Fälle erfasst, in denen ihm die für ein bestimmtes Sonderdelikt erforderliche Täterqualifikation fehlt (sog. **qualifikationsloses Werkzeug**). Auch wenn sich der Vordermann unter dem übermächtigen Einfluss des Hintermanns oder aufgrund einer gezielten Irreführung durch diesen selbst tötet oder verletzt („Werkzeug gegen sich selbst", s. Rn 849 f)[100] erfüllt der Tatmittler den objektiven Tatbestand, der stets die Tötung/Verletzung eines anderen voraussetzt, nicht.

Defizite im subjektiven Tatbestand ergeben sich häufig daraus, dass der Tatmittler **845** irrtumsbedingt ohne Tatbestandsvorsatz handelt.

Beispiel: Um seinen Widersacher W loszuwerden begibt sich A gemeinsam mit dem Jäger J in den Wald, wo W um diese Zeit für gewöhnlich Pilze sammelt. Im Dämmerlicht spiegelt A dem J sodann vor, dass es sich bei dem – von A korrekt erkannten – W um ein Wildschwein handle, woraufhin J (der dem A glaubt) den W erschießt. Hier unterliegt J einem *error in obiecto*; da die Tatobjekte (Wildschwein – Mensch) in Bezug auf § 212 tatbestandlich ungleichwertig sind, handelt es sich um einen nach § 16 relevanten Tatbestandsirrtum, der den Vorsatz ausschließt.

Auch Fälle, in denen der Vordermann nur mit dem Vorsatz zur Begehung eines minderschweren Delikts (zB eines Raubes statt des vom Hintermann geplanten und listig eingefädelten Mordes)[101] oder ohne eine zum subjektiven Unrechtstatbestand gehörende spezifische Absicht handelt, gehören hierher. In letzteren Fällen spricht man vom **„absichtslos-dolosen" Werkzeug**, welches zwar insoweit vorsätzlich („dolos") handelt, als es die vollständige Kenntnis aller objektiven Tatumständen besitzt, dabei

---

99   Eingehend *Beulke/Witzigmann*, Ad legendum 13, 59; *Roxin*, AT II, § 25 Rn 45 ff; s. auch *Krack*, Achenbach-FS, S. 219; *von der Meden*, JuS 15, 22, 112.

100   Vgl BGHSt 32, 38 *(Siriusfall)*; OLG Celle wistra 13, 243 m. Bespr. *Kudlich*, JA 13, 710; *Timpe*, StraFo 13, 358; *Wessels/Hettinger/Engländer*, BT/1, Rn 118 ff.

101   Vgl BGHSt 30, 363; vgl auch BGH NStZ 13, 103 m. Bespr. *Jäger*, JA 13, 71.

aber die vom Tatbestand geforderte „überschießende Innentendenz" nicht aufweist[102]. Ob eine tatherrschaftliche Steuerung eines alle Tatumstände kennenden „Werkzeugs" überhaupt möglich ist, war immer schon umstritten. Die Relevanz dieser Frage ist nun, seit der Gesetzgeber mit dem 6. StrRG insbes. die Drittzueignungsabsicht in § 242 aufgenommen hat, nur noch minimal. Selbst wenn dem unmittelbar Handelnden die Selbstzueignungsabsicht fehlt, wird er nämlich regelmäßig mit Drittzueignungsabsicht (und somit nicht „absichtslos") handeln. Es verbleiben daher nur noch ganz wenige Anwendungsfälle, v. a. wenn der Hintermann vorspiegelt, es gehe ihm nur um den vorübergehenden Gebrauch der weggenommenen Sache[103].

Beispiel: A lässt sich von B für einen Regenspaziergang den Schirm des C holen mit der Versicherung, ihn nur ausleihen und später dem C zurückgeben zu wollen. Tatsächlich will A den Schirm aber behalten. Hier fehlt B die (Dritt-)Zueignungsabsicht iSv § 242; A benutzt ihn deshalb als „absichtslos-doloses" Werkzeug.

846 Ein **Defizit auf Ebene der Rechtswidrigkeit** liegt vor, wenn das „Werkzeug" rechtmäßig, insbesondere gerechtfertigt handelt.

Beispiel: A spiegelt dem Polizisten P vor, er habe genau beobachtet, wie der sich nun schnellen Schrittes entfernende X, der zwei große Metallkoffer trägt, eine Bank ausgeraubt habe. Nimmt P den X sodann (ggf unter Anwendung von Gewalt) fest, so ist P gem. §§ 112 ff bzw § 127 II StPO gerechtfertigt, denn danach genügt (anders als bei § 127 I StPO, s. Rn 616) für das Eingreifen des Rechtfertigungsgrundes ein dringender Tatverdacht. Hinsichtlich des A kommt eine Strafbarkeit gem. §§ 239 (223), 25 I Alt. 2 in Betracht[104].

847 **Defizite auf Ebene der Schuld** stehen im Raum, wenn der Tatmittler schuldunfähig ist oder aus anderen Gründen schuldlos handelt (zB aufgrund eines unvermeidbaren Verbotsirrtums oder wegen eines Nötigungsnotstandes)[105]. Da in diesen Konstellationen aber jedenfalls eine (wenn auch mangels Schuld nicht strafbare) vorsätzliche, rechtswidrige Tat des Tatmittlers iSd § 26 vorliegt, ist hier (durch Abgrenzung der Täterschaft von der Teilnahme, s. Rn 804 ff) genau zu prüfen, ob der Hintermann nicht lediglich Anstifter ist (s. Rn 851).

Klausurhinweis: Da bei Prüfung der Strafbarkeit des mittelbaren Täters regelmäßig relevant wird, ob beim Vordermann ein Strafbarkeitsdefizit vorliegt, empfiehlt es sich auch hier, den Tatnächsten – nämlich den potentiellen Tatmittler – zuerst zu prüfen. Bei der anschließenden Prüfung des mittelbaren Täters kann dann zur Bejahung der Werkzeugqualität des Vordermanns auf diese Prüfung verwiesen werden. Dieser Aufbau funktioniert allerdings nur dann, wenn im Bearbeitervermerk nach der Strafbarkeit des Vordermanns gefragt ist; sonst bleibt nur die Möglichkeit einer Inzidentprüfung.

▶ Beispielsfälle zur mittelbaren Täterschaft bei *Beulke*, Klausurenkurs I, Rn 192 und *Beulke/Zimmermann*, Klausurenkurs II, Rn 267

---

102 Vgl *B. Heinrich*, AT, Rn 1250; *Kühl*, AT, § 20 Rn 56a; *Rengier*, AT, § 43 Rn 22; s. auch *Kudlich*, PdW, S. 210; krit. zu dieser Fallgruppe *Fahl*, JA 04, 287; *Freund*, AT, § 10 Rn 78; *Gropp*, AT, § 10 Rn 123 ff; *M. Heinrich*, S. 269; *Krämer*, Jura 05, 833; *Putzke*, Roxin II-FS, S. 435; *Rönnau*, GA 2000, 410, 413 ff; *Witzigmann*, Das „absichtslos-dolose Werkzeug", 2008.
103 Vgl. S/S/W-StGB-*Murmann*, § 25 Rn 16; *Kühl*, AT, § 20 Rn 54 ff; *Roxin*, AT II, § 25 Rn 153 ff.
104 BGHSt 3, 4; vgl ferner für den Fall des sog. Prozessbetruges RGSt 72, 150.
105 Näher *Jescheck/Weigend*, AT, § 62 II 4–6; *Otto*, Roxin I-FS, S. 483; LK-*Schünemann*, § 25 Rn 69 ff; zT abw. *Köhler*, AT, S. 509; zu diesem *Roxin*, Täterschaft, S. 681 ff; zur Strafunmündigkeit nach § 19 als „Defekt" s. *Mitsch*, Jura 17, 792, 796 f.

c) Überlegene Wissens- bzw Willensherrschaft beim Hintermann

Der „Defekt" des Vordermannes ist nur die Grundvoraussetzung für eine Zurechnung **848** nach § 25 I Alt. 2. Dem Hintermann muss durch Ausnutzung dieses Defekts zudem die für die Täterschaft allgemein erforderliche Tatherrschaft (s. Rn 807) zukommen, und zwar regelmäßig in Form einer Wissens- bzw Willensherrschaft. Hier kann es zu nicht einfachen Abgrenzungsproblemen zur Teilnahme kommen.

aa) Tatherrschaft bei Verursachung einer Selbstschädigung. Um die Abgrenzung **849** zwischen mittelbarer Täterschaft und (ggf straflos bleibender) Anstiftung geht es etwa, wenn Werkzeug und Opfer der Tat personengleich sind, wie dies bei einer Selbstschädigung unter dem bestimmenden Einfluss eines anderen der Fall ist.

Beispiel (nach BGHSt 32, 28 – *Siriusfall*): F, die zugunsten des M eine Lebensversicherung abgeschlossen hat, tötet sich auf Betreiben des geldgierigen M selbst, da dieser ihr vorspiegelte, dass sie hierdurch an anderer Stelle ein neues Leben, in einem neuen Körper beginnen könne. Da es angesichts der Straflosigkeit der Selbsttötung an einer vorsätzlichen, rechtswidrigen Haupttat fehlt, kann M nicht als Anstifter iSd § 26, sondern alleine als mittelbarer Täter (§§ 212, 211, 25 I Alt. 2) bestraft werden. Dies ist dann der Fall, wenn aufgrund der konkreten Umstände und der Art der von M ausgehenden Einflussnahme nicht von einer freiverantwortlichen Willensentscheidung der F ausgegangen werden kann, sodass diese nur ein unfrei handelndes „Werkzeug" in der Hand des das Geschehen lenkenden M war.

Für die Annahme von Tatherrschaft des den Selbsttötungsentschluss Hervorrufenden ist in diesen Fällen also entscheidend, ab wann der Entschluss des Suizidenten als freiverantwortlich bezeichnet werden darf und nach welchen Maßstäben dies zu beurteilen ist. Wie bereits dargelegt (s. Rn 275 ff) stehen sich hier die Ansicht, die sinngemäß auf die **Exkulpationsregeln** (§§ 20, 35 StGB; § 3 JGG) zurückgreift[106] und die – auch hier befürwortete (s. Rn 277) – **Einwilligungslehre** entgegen, die sich an den sonst bei der Preisgabe eigener Rechtsgüter geltenden Regelungen orientiert[107].

Der BGH hat im *Siriusfall* weder für die eine noch für die andere Auffassung Partei ergriffen, da die dort durch einen geradezu märchenhaften Schwindel zum Selbsttötungsversuch veranlasste F nicht an psychischen Störungen litt und sich auch nicht in einer Zwangslage befand. Nach dieser Entscheidung hängt die Abgrenzung zwischen Tötung in mittelbarer Täterschaft und strafloser Teilnahme an einer Selbsttötung bei Irreführung des Opfers von Art und Tragweite des Irrtums ab. „Verschleiert die Täuschung dem sich selbst ans Leben Gehenden die Tatsache, dass er eine Ursache für den eigenen Tod setzt, so ist derjenige, der den Irrtum hervorgerufen und mithilfe des Irrtums das zum Tode des Getäuschten führende oder darauf abzielende Geschehen bewusst und gewollt ausgelöst hat, Täter eines (vollendeten bzw versuchten) Tötungsdelikts kraft überlegenen Wissens, durch das er den Irrenden lenkt und zum Werkzeug gegen sich selbst macht" (Tatherrschaft kraft überlegenen Wissens)[108].

---

106 Vgl *Arzt/Weber/Heinrich/Hilgendorf*, § 3 Rn 26; *Dölling*, Maiwald-FS, S. 128; *Roxin*, AT II, § 25 Rn 54, 57; Matt/Renzikowski-*Safferling*, § 212 Rn 25; LK-*Schünemann*, § 25 Rn 72 ff.

107 Vgl S/S-*Eser/Sternberg-Lieben*, Vorbem. §§ 211 ff Rn 36; *Herzberg*, JuS 84, 369; LK-*Jähnke*, Vorbem. § 211 Rn 25 f; *Krey/Esser*, AT, Rn 913 f; *Wessels/Hettinger/Engländer*, BT/1, Rn 117.

108 Vgl dazu *Achenbach*, Jura 02, 542; *B. Heinrich/Reinbacher*, JA 07, 264, 266; SK-*Hoyer*, § 25 Rn 79; *Kubiciel*, JA 07, 729, 730 ff; *Roxin*, Täterschaft, S. 586 ff; *Schaffstein*, NStZ 89, 153; *Timpe*, StraFo 13, 358, 362 ff.

850 **bb) Opfer als „Tatmittler gegen sich selbst".** Nach den Grundsätzen der mittelbaren Täterschaft sind auch die Fälle zu lösen, in denen der Täter zunächst selbst handelt und nur die unmittelbare Erfolgsherbeiführung durch das Opfer selbst bewirkt wird[109].

Beispiel: A möchte die B vergiften und serviert dieser im Rahmen des nachmittäglichen Kuchenessens einen mit Gift versetzten Kaffee. Wie geplant greift die arglose B zu ihrer Kaffeetasse, nimmt einen kräftigen Schluck und verstirbt daraufhin.

Denkbar ist es, die mittelbare Täterschaft mit der Begründung abzulehnen (und stattdessen eine unmittelbare Täterschaft anzunehmen), dass § 25 I Alt. 2 sich lediglich auf Dreipersonenverhältnisse bezieht, also auf die „klassische" Konstellation, dass der Täter einen nicht mit dem Opfer identischen Tatmittler einsetzt. Da § 25 I Alt. 2 eine solche Auslegung allerdings weder sprachlich noch teleologisch voraussetzt, ist eine Anwendung auf Zweipersonenverhältnisse in der vorliegenden Konstellation durchaus möglich und vorzugswürdig[110]. Dafür spricht auch, dass der BGH, der diese Frage zwar nicht explizit geklärt hat, jedenfalls vom Einsatz des Opfers als „Tatmittler gegen sich selbst" spricht, was die Annahme mittelbarer Täterschaft nahelegt.

▶ Beispielsfall bei *Beulke*, Klausurenkurs I, Rn 192

851 **cc) Tatherrschaft bei schuldlos handelndem Werkzeug.** Besteht der Defekt des Werkzeugs auf Schuldebene, so ergibt sich ganz allgemein die Notwendigkeit zwischen mittelbarer Täterschaft und Anstiftung abzugrenzen. Denn da die Anstiftung nur eine vorsätzliche und rechtswidrige, nicht aber schuldhaft begangene Haupttat voraussetzt (vgl Rn 865), ist auch die Bestrafung des Hintermannes als Teilnehmer denkbar, wenn ihm – nach den allgemeinen Kriterien – keine Tatherrschaft zukommt, sondern seine Willensherrschaft von der (stärkeren) Handlungsherrschaft des Vordermannes überlagert wird. Es kommt also darauf an, ob der Hintermann um die fehlende Schuld beim Vordermann weiß (zu Irrtumsproblemen ausf. Rn 857 ff) und ob er diesen Umstand kraft seines überlegenen Wissens ausnutzen kann, um den Vordermann nach seinem Willen zu beherrschen und zu steuern.[111]

d) Sonderkonstellation: „Täter hinter dem Täter"

852 In Ausnahmefällen ist darüber hinaus eine mittelbare Täterschaft auch dann anzuerkennen, wenn der Tatmittler volldeliktisch handelt, also selbst für sein tatbestandsmäßiges, rechtswidriges und schuldhaftes Verhalten bestraft werden kann. Jedenfalls der Wortlaut des § 25 I Alt. 2, der nur die Begehung einer Straftat „durch einen anderen" fordert, hindert die Annahme der mittelbaren Täterschaft ohne strafrechtlich relevanten Defekt des Vordermannes nicht. Gleichwohl zeigt v. a. der Vergleich mit der Mittäterschaft, dass ein Tätigwerden „auf Augenhöhe" vom Gesetz nicht als Fall der mittelbaren Täterschaft eingestuft wird; vielmehr besagt das Verantwortlichkeitsprinzip, dass die Täterschaft des Hintermannes endet, wo die strafrechtliche Verantwortlich-

---

109 S. hierzu BGHSt 43, 177; *Weddig*, Mittelbare Täterschaft und Versuchsbeginn bei der Giftfalle, 2008.

110 *Jahn*, JA 02, 560; *Kudlich*, JuS 98, 596; *Mitsch*, BT 2/2, § 1 Rn 33; aA (unmittelbare Täterschaft) HK-GS-*Ingelfinger*, § 25 Rn 11, 33; *Schumann*, Puppe-FS, S. 975 ff.

111 Vgl *B. Heinrich*, AT, Rn 1279; *Kühl*, AT, § 20 Rn 61 ff.

keit des Tatmittlers beginnt. Die Ausnahmekonstellationen basieren daher auch nicht auf einer normativen, sondern auf einer **rein faktischen Steuerungsmacht** des Hintermannes.

aa) Organisationsherrschaft. Erwähnung verdient insofern namentlich die mittelbare Täterschaft kraft organisatorischen Machtapparats. Entwickelt wurde diese Fallgruppe einst von *Roxin*, um bei der Bewältigung der Unrechtstaten des NS-Regimes eine sachgerechte Bestrafung der befehlsgebenden „Schreibtischtäter" sicherzustellen[112]. Im Rahmen der Aufarbeitung des DDR-Unrechts wurde die Rechtsfigur sodann durch den BGH aufgegriffen, der ehemalige DDR-Politfunktionäre, welche für den Schießbefehl an der innerdeutschen Grenze verantwortlich zeichneten, als mittelbare Täter der von den Grenzsoldaten zulasten Flüchtender begangenen Tötungsdelikte ansah[113].   **853**

In ausdrücklicher Anknüpfung an *Roxins* Lehre hat die Fallkonstellation der Tatherrschaft kraft organisatorischen Machtapparats auch bei der Bewältigung staatlichen Unrechts in Südamerika, v. a. in Peru im Rahmen des Fujimori-Urteils[114] gegen den ehemaligen peruanischen Staatschef Anwendung gefunden. Im Völkerstrafrecht hat diese Lehre Eingang in Art. 25 Abs. 3 lit. a IStGH-Statut gefunden, wonach strafrechtlich verantwortlich ist, wer ein völkerstrafrechtliches Verbrechen „durch einen anderen begeht, *gleichviel ob der andere strafrechtlich verantwortlich ist*"[115]. Auch bei der Aufarbeitung des Völkermordes in Ruanda vor den deutschen Strafgerichten hat das OLG Frankfurt a.M. auf diese Rechtsfigur zurückgegriffen[116].

Allerdings ist eine solche Ausweitung der mittelbaren Täterschaft nur unter ganz engen Voraussetzungen zu rechtfertigen:

– Erstens muss sich der hierarchisch strukturierte Machtapparat vollständig **von den Normen des Rechts gelöst** haben, was allerdings nicht nur im Rahmen staatlicher Unrechtsregime, sondern auch bei Verbrecherbanden oder Terrorgruppen mit mafiaähnlichen Organisationsstrukturen der Fall sein kann.

– Über diesen Machtapparat muss der Hintermann zweitens **Anordnungsgewalt** haben. Gerade in dieser vertikalen „Höherrangigkeit" findet sich ein deutlicher Unterschied zur Mittäterschaft, die auf ein gemeinsames Vorgehen „auf Augenhöhe" ausgerichtet ist.

– Drittens darf derjenige, der letztlich den Straftatbestand eigenhändig verwirklicht, lediglich als **beliebig austauschbares** „Rädchen im Getriebe des Machtapparats" erscheinen (sog. „Fungibilität" des unmittelbar Ausführenden).

– Schließlich muss der Ausführende eine wesentlich **erhöhte, organisationsspezifische Tatgeneigtheit** aufweisen[117], also gerade wegen der Zugehörigkeit zur Organisation eine stärkere Bereitschaft zur Tatbegehung haben.

---

112 *Roxin*, GA 1963, 193; *ders.*, AT II, § 25 Rn 105 ff; *ders.*, Täterschaft, S. 736 ff; *ders.*, ZIS 09, 622; *ders.*, GA 2012, 395.

113 BGHSt 40, 218, 236; 42, 65, 68; 45, 270, 296; 48, 77, 89 *(Politbürofall)*; s. hierzu *B. Heinrich*, AT, Rn 1255 ff.

114 S. hierzu die deutsche Übersetzung in ZIS 09, 622 ff m. Bespr. *Ambos*, ZIS 09, 552; *Herzberg*, ZIS 09, 576; *Rotsch*, ZIS 09, 549; *Roxin*, ZIS 09, 565; *Schroeder*, ZIS 09, 569.

115 Deutsche Übersetzung nach BGBl 2000 II S. 1393, 1413 (Hervorhebungen der *Verfasser*).

116 OLG Frankfurt a.M., BeckRS 15, 4846 Rn 732 ff m. krit. Anm. *Werle/Burghardt*, ZIS 15, 46, 51 ff.

117 Vgl dazu BGHSt 40, 218, 236; BGH NStZ 08, 89; *Roxin*, Krey-FS, S. 458; *F.C. Schroeder*, ZIS 09, 569.

Sind diese engen Voraussetzungen kumulativ erfüllt, kann der Befehlsgeber aufgrund seiner Organisationsherrschaft nach herrschender und zutreffender Ansicht als mittelbarer Täter bestraft werden[118]. Dann nämlich steuert er die konkrete Tat durch die Beherrschung der Organisation („Organisationsherrschaft"); die „Werkzeugqualität" des strafrechtlich voll verantwortlichen Vordermannes folgt aus seiner beliebigen Austauschbarkeit („Fungibilität"). Demgegenüber lehnen andere diese Ausweitung der mittelbaren Täterschaft unter Hinweis auf das Verantwortungsprinzip ab und ziehen stattdessen eine Strafbarkeit wegen Mittäterschaft oder Anstiftung in Betracht[119].

Nach inzwischen gefestigter Rspr ist die Rechtsfigur der mittelbaren Täterschaft kraft Organisationsherrschaft auf **Wirtschaftsunternehmen** übertragbar, sofern Vorgesetzte regelhafte Abläufe im Rahmen einer hierarchischen Organisationsstruktur ausnutzen, um durch Einbindung nachgeordneter Mitarbeiter Straftaten zu begehen[120], so etwa wenn der Vorstand einer Aktiengesellschaft Anweisungen an Tochtergesellschaften gibt[121]. Die hL lehnt diese Ausweitung völlig zu Recht ab, denn die Anordnung und Duldung strafbarer Handlungen vermag für sich allein keine Organisationsherrschaft zu begründen, sofern die Organisation auf der Basis des Rechts arbeitet und der unmittelbar Ausführende in die Arbeitsstrukturen eingebunden und damit nicht beliebig austauschbar ist[122] (zu einer möglichen Strafbarkeit als Unterlassungstäter s. Rn 1189 ff).

854 **bb) Hervorrufen eines vermeidbaren Verbotsirrtums *(Katzenkönigfall).*** Eine weitere Ausnahme von dem Grundsatz, dass der Vordermann in Fällen mittelbarer Täterschaft nicht wegen vorsätzlicher Tatbegehung strafbar sein darf, ist denkbar, wenn der Hintermann einen vermeidbaren Verbotsirrtum oder abergläubische Ängste des Vordermannes zielstrebig dirigierend für seine deliktischen Absichten ausnutzt.

Beispiel (nach BGHSt 35, 347 – *Katzenkönigfall*): H, P und R lebten in einem von Mystizismus und Irrglauben geprägten „Beziehungsgeflecht" zusammen. Durch gezielte Irreführung hatten H und P dem leicht beeinflussbaren R eingeredet, ein das Böse verkörpernder und die Menschheit bedrohender „Katzenkönig" verlange von ihm ein Menschenopfer in Gestalt der N

---

118 *Ambos*, GA 1998, 226; *Greco*, ZIS 11, 9; *Hoffmann-Holland*, AT, Rn 498 ff; *Muñoz Conde*, Wolter-FS, S. 1415; Kaufmann/Renzikowski-*Renzikowski*, S. 147; *Satzger*, Volk-FS, S. 649; *F.C. Schroeder*, Der Täter hinter dem Täter, 1965, S. 166; *ders.*, JR 95, 177; *Schünemann*, Schroeder-FS, S. 401; *Werle/Burghardt*, Maiwald II-FS, S. 849; *dies.*, Beulke-FS, S. 339; zum Fall *Fujimori* s. die Beiträge von *Herzberg, Jakobs, Rotsch, Roxin* und *F.C. Schroeder* in ZIS 09, 549 ff; zum Ganzen: *Bülte*, Vorgesetztenverantwortlichkeit, S. 95 ff; s. auch *Eidam*, Organisationsgedanke, S. 307; s. auch Rn 915.
119 Krit. etwa *Díaz y García Conlledo*, GA 2017, 711; Amelung-*Herzberg*, S. 33, 47; zu diesem *Hoyer*, Herzberg-FS, S. 379; SK-*Hoyer*, § 25 Rn 92; *Knauer*, NJW 03, 3101; *Köhler*, AT, S. 509; *Krey/Nuys*, Amelung-FS, S. 203; Maurach/Gössel/Zipf-*Renzikowski*, AT/2, § 48 Rn 61 ff; *Murmann*, GA 1996, 269; *Noltenius*, Kriterien der Abgrenzung von Anstiftung und mittelbarer Täterschaft, 2003; *Rotsch*, NStZ 05, 13; *Zieschang*, Otto-FS, S. 505.
120 BGHSt 40, 218, 236 f; 48, 331; 49, 147, 163 *(Bremer Vulkan)*; BGH JR 04, 245 m. krit. Anm. *Rotsch*; BGH NStZ 08, 89; zust. *Bottke*, JuS 02, 320; *Hefendehl*, GA 2004, 575; *Hellmann*, Wirtschaftsstrafrecht, Rn 1043; Lackner/Kühl-*Kühl*, § 25 Rn 2; *Schlösser*, GA 2007, 161.
121 BGHSt 40, 218, 236 f; 48, 331; BGH JR 04, 245; NStZ 08, 89; einschränkend *Tiedemann*, Rn 241 (Mittäterschaft); *Tiedemann/Walter*, Jura 02, 713; abl. *Heine*, SchwZStr 119 [2001], 22; *M. Heinrich*, Krey-FS, S. 147; MK-StGB-*Joecks*, § 25 Rn 150; *Koch*, JuS 08, 496; *Kraatz*, Wolf-FS, S. 301; *Muñoz Conde*, Roxin I-FS, S. 620; *Otto*, Jura 01, 753, 759; *Radde*, Jura 18, 1210; *Rengier*, AT, § 43 Rn 69; *Rotsch*, ZIS 07, 260; 08, 3; *Roxin*, SchwZStr 125 [2007], 1, 17; *Weißer*, Ad legendum 12, 244; weitgehend abl. auch *Bosch*, Organisationsverschulden im Unternehmen, 2002, S. 586; Steinberg ua-*Noltenius*, S. 9.
122 IE ebenso: *I. Roxin*, Wolter-FS, S. 453 ff; s. auch *dies.*, Fischer-FS, S. 267.

(auf deren Tötung es H und P aus Eifersucht und Rache abgesehen hatten); andernfalls müssten Millionen von Menschen sterben. Nachdem H und P die Gewissensbisse des R unter Verweis auf einen „göttlichen Auftrag" zerstreuen konnten, gab R ihrem Drängen nach und versetzte der ahnungslosen Frau N auf heimtückische Weise mehrere Messerstiche; N überlebte die Attacke allerdings.

Vom Standpunkt eines **strengen Verantwortungsprinzips** aus – wonach die Möglichkeit mittelbarer Täterschaft dort endet, wo das Werkzeug selbst verantwortlicher Täter ist – muss eine mittelbare Täterschaft bei volldeliktischer Verantwortlichkeit des „Werkzeugs" ausscheiden.

Im *Katzenkönigfall* agierte R deliktisch voll verantwortlich, da seine Fehlvorstellung, er dürfe einen Menschen zur Rettung vieler töten, angesichts des Verbotes der Abwägung Leben gegen Leben (vgl Rn 476 ff) lediglich einen vermeidbaren Verbotsirrtum (in Form eines sog. Doppelirrtums, vgl Rn 767 ff) begründete, der nur zu einer Strafmilderung gem. § 17 S. 2 führen kann. Folgte man dem strengen Verantwortungsprinzip, wären H und P als Anstifter zum Mordversuch des R zu bestrafen (§§ 211 2. Gruppe Var. 1, 212, 22, 23 I Alt. 1, 26).

Der **BGH** korrigiert diese strenge Betrachtungsweise jedoch zu Recht. Auch wenn sich der Verbotsirrtum (lediglich) als vermeidbar erweist, so handelt der Vordermann im Tatzeitpunkt genauso wie im Fall eines unvermeidbaren Verbotsirrtums (der gem. § 17 S. 1 die Schuld ausschließt und eine mittelbare Täterschaft daher unstreitig begründen kann) ohne Unrechtseinsicht. Die für die Rechtsfolge eines Verbotsirrtums entscheidende Frage, ob der Irrtum im Tatzeitpunkt vermeidbar war, hat für die Steuerungsmacht des Hintermannes aber keine Relevanz. Vielmehr löst dieser das Geschehen – unabhängig vom Ergebnis der Vermeidbarkeitsprüfung (Rn 734 ff) – mithilfe des von ihm bewusst hervorgerufenen Irrtums gewollt aus und steuert dessen Ablauf, weshalb der Irrende bei wertender Betrachtung als ein – wenn auch schuldhaft handelndes – Werkzeug anzusehen ist[123].

▶ Beispielsfall bei *Beulke*, Klausurenkurs III, Rn 88

cc) Manipulierter *error in persona*. Die anhand der zwei vorgenannten Sonderkonstellationen vorgenommene Lockerung des Verantwortungsprinzips hat dazu geführt, auch bei anderen unbeachtlichen Irrtümern des Vordermanns eine mittelbare Täterschaft zu diskutieren, so v. a., wenn der Hintermann einen (unbeachtlichen) *error in persona vel obiectio* (vgl Rn 373) hervorruft.

855

Beispiel (sog. *Dohna-Fall*[124]): A hat erfahren, dass T ihn zur Abendzeit an einer bestimmten Stelle aus dem Hinterhalt erschießen will. Durch eine geschickte Täuschung lockt A seinen Feind O zum Tatort, wo dieser erwartungsgemäß von T mit A verwechselt und getötet wird.

Stellt man darauf ab, dass dem Vordermann eine beherrschende Stellung nur bzgl der Tötung „eines Menschen", irrtumsbedingt jedoch keine solche im Hinblick auf die konkret getötete Person zukommt, so lässt sich eine mittelbare Täterschaft des die Personenverwechslung faktisch steuernden Hintermannes vertreten[125]. Überzeugen kann dies jedoch nicht, da der Hintermann weder Macht über den Vordermann hat (wie in den Fällen der Organisationsherrschaft) noch durch Zwang auf dessen Ent-

---

123 S. auch BGHSt 40, 257; zust. *Schaffstein*, NStZ 89, 153; LK-*Schünemann*, § 25 Rn 92; aA *Herzberg*, Jura 90, 16; *Küper*, JZ 89, 617 und 935; zum Ganzen *Hillenkamp/Cornelius*, AT, S. 181 ff.

124 Lehrreich dazu *Spendel*, Lange-FS, S. 147, 167; *Vogel/Fad*, JuS 02, 790.

125 LK-*Schünemann*, § 25 Rn 105; S/S-*Heine/Weißer*, § 25 Rn 24; *Murmann*, Grundkurs, § 27 Rn 40.

schluss einwirkt (wie im *Katzenkönigfall*). Die bloße Veränderung der Motivlage hat keinen Einfluss auf die Verantwortung des Vordermannes für seine Tat; wie auch die Behandlung des *error in persona* zeigt, ändert ein reiner Motivirrtum nichts an der strafrechtlichen Verantwortung.

Dementsprechend ist T im **Beispiel** unmittelbarer Täter. A ist kein mittelbarer Täter, kann aber gleichwohl als Nebentäter bestraft werden[126]. Dies lässt sich auch anhand der allgemeinen Zurechnungsregeln erklären: Die Tathandlung des A (Locken des O zum Tatort) schafft ein rechtlich missbilligtes Risiko, da dieses Handeln angesichts von As Sonderwissen (der zur Tötung entschlossene T lauert am Tatort) seine Sozialadäquanz verliert (vgl Rn 268).

856 **dd) Täuschung über Unrechtshöhe und sonstige Tatmotive.** Ebenfalls untauglich für die Begründung einer mittelbaren Täterschaft ist dementsprechend auch eine Täuschung über die Unrechtshöhe (etwa den Wert des gestohlenen Tatobjekts)[127] bzw sonstige Tatmotive[128]; hier verbleibt dann nur Raum für eine Strafbarkeit als Teilnehmer.

e) Irrtümer des Hintermannes

857 Grundsätzlich sind zwei Irrtumsrichtungen des Hintermannes, die beide den „Defekt" des Tatmittlers betreffen, zu unterscheiden. Der Hintermann kann einerseits einen solchen Defekt beim Werkzeug irrtümlich annehmen. Andererseits ist es denkbar, dass er irrtumsbedingt von einer volldeliktischen Verantwortlichkeit des Vordermannes ausgeht. Bei der Beantwortung dieser Irrtumsfragen ist wiederum entscheidend, ob der Irrtum des Hintermannes den Vorsatz des Vordermannes betrifft oder sich auf andere tatherrschaftsrelevante Umstände (etwa die Schuld) bezieht.

858 **aa)** Der **Hintermann** geht von einem **schuldhaften** Handeln aus, **in Wirklichkeit** agiert der Vordermann **schuldlos.** Hier geht der Hintermann subjektiv von einer Lage aus, die ihn zum Anstifter machen würde. Er handelt also mit Anstiftervorsatz. Da die Anstiftung einerseits kein *aliud*, sondern nur die gegenüber der mittelbaren Täterschaft minderschwere Beteiligungsform darstellt und der Hintermann andererseits nur Anstiftervorsatz aufweist, weil er die Umstände nicht kennt, die ihn objektiv zum Herrn des Geschehens machen, kann er (nur) wegen **vollendeter Anstiftung** bestraft werden.

Beispiel: A überredet den nicht erkennbar geisteskranken G zur Tötung des X. Führt der G nunmehr die Tat aus, ist A (lediglich) gem. §§ 212, 211, 26 strafbar.

859 **bb)** Der **Hintermann** geht von einem **schuldlosen** Handeln aus, **in Wirklichkeit** agiert der Vordermann **schuldhaft.** In dieser Konstellation liegt aus der Sicht des Hintermannes mittelbare Täterschaft, objektiv jedoch nur Anstiftung iSd § 26 vor. Da die Anstiftung im Vergleich zur mittelbaren Täterschaft die minder schwere Beteili-

---

126 Vgl *B. Heinrich*, AT, Rn 1188; *Herzberg*, JuS 74, 574, 576 f; *Jeschek/Weigend*, AT, S. 667; *Spendel*, Lange-FS, S. 167 ff; demgegenüber für bloße Beihilfe SK-*Hoyer*, § 25 Rn 78; dagegen *Spendel*, Lange-FS, S. 167.

127 *B. Heinrich*, AT, Rn 154; MK-StGB-*Joecks*, § 25 Rn 115; *Kindhäuser*, AT, § 39 Rn 16; für mittelbare Täterschaft *Frister*, AT, 27. Kap., Rn 13; ebenso für den Fall einer erheblichen Täuschung über die Unrechtshöhe *Kühl*, AT, § 20 Rn 75; *Roxin*, AT II, § 25 Rn 96 ff; LK-*Schünemann*, § 25 Rn 97 ff.

128 S. hierzu *Roxin*, AT II, § 25 Rn 94; aA *Frister*, AT, 27. Kap., Rn 15.

gungsform darstellt und der Anstiftungsvorsatz als „Minus" im Tatherrschaftswillen des mittelbaren Täters enthalten ist, ist auch hier wegen vollendeter Anstiftung zu bestrafen[129].

Beispiel: A überredet G, den er fälschlicherweise für geisteskrank hält, zur Tötung des R. Zwar scheitert eine Strafbarkeit des A gem. §§ 212, 211, 25 I Alt. 2 am fehlenden Strafbarkeitsdefizit, da G deliktisch voll verantwortlich handelt. Es verbleibt aber die Möglichkeit der Bestrafung nach §§ 212, 211, 26.

cc) Der **Hintermann** geht von einem **vorsätzlichen** Handeln des Vordermannes **860** aus, **in Wirklichkeit** agiert dieser **ohne Vorsatz**. In dieser Situation hält der Hintermann eine Situation für gegeben, bei welcher der Vordermann „Herr des Geschehens" sein würde. Die subjektive Vorstellung einer Anstiftungskonstellation spiegelt sich jedoch – mangels *vorsätzlicher* Haupttat – in den objektiven Begebenheiten nicht wider.

Beispiel: Stationsarzt Dr. A übergibt der Krankenschwester K eine Spritze, die ein tödlich wirkendes Gift enthält, und weist sie an, dieses seiner im Krankenhaus liegenden, verhassten Schwiegermutter S zu injizieren. Da er der K von seinen Problemen mit S erzählt hat, geht er davon aus, dass diese sein Ansinnen durchschauen würde. K nimmt jedoch an, dass es sich lediglich um ein Beruhigungsmittel handelt und verabreicht der S die letale Injektion.

Eine Strafbarkeit wegen mittelbarer Täterschaft scheitert am fehlenden Vorsatz bzgl des Strafbarkeitsdefizits als Voraussetzung des § 25 I Alt. 2; auch eine Anstifterstrafbarkeit ist mangels vorsätzlicher Haupttat nicht möglich. Es verbleibt deshalb grds die Möglichkeit einer Bestrafung wegen versuchter Anstiftung (§ 30 I), die aber nur bei Verbrechen strafbewehrt ist. Die Strafbarkeitslücke, die sich in Fällen der versuchten Anstiftung zu einem Vergehen ergibt, beruht auf der bewussten Entscheidung des Gesetzgebers, im Bereich der §§ 26, 27 eine vorsätzlich begangene rechtswidrige Haupttat zu verlangen[130].

Da K die injizierte Substanz im Beispielsfall nicht als Gift erkannte, kann sie mangels Tötungsvorsatz nicht gem. §§ 212, 211, bestraft werden. Das Fehlen einer vorsätzlichen Haupttat versperrt den Weg für eine Strafbarkeit des Dr. A als Anstifter. Auch eine mittelbare Täterschaft ist abzulehnen, da A der Vorsatz hinsichtlich der (objektiven) Werkzeugeigenschaft der vorsatzlos handelnden K fehlt. Da es sich beim Mord aber um ein Verbrechen handelt, kann Dr. A wegen versuchter Anstiftung zum Mord (§§ 30 I, 212, 211 II 1. Gruppe Var. 4, 2. Gruppe Var. 1) bestraft werden.

▶ Beispielsfall bei *Beulke*, Klausurenkurs I, Rn 297

dd) Der **Hintermann** geht von einem **vorsatzlosen** Handeln des Vordermannes **861** aus, **in Wirklichkeit** agiert dieser **mit Vorsatz**. Sehr umstritten ist die Lösung des umgekehrten Falles, in welchem der Hintermann einen vermeintlich gutgläubigen, in Wirklichkeit aber bösgläubigen Tatmittler in die Realisierung seines deliktischen Vorhabens einschaltet (sog. vermeintliche mittelbare Täterschaft[131]).

---

129 Vgl *Jescheck/Weigend*, AT, § 62 III 1; *Kühl*, AT, § 20 Rn 85; LK-*Schünemann*, § 25 Rn 147.
130 Wie hier *Bloy*, ZStW 117 [2005], 3, 10; Baumann/Weber/Mitsch/Eisele-*Eisele*, AT, § 30 Rn 26 ff; SK-*Hoyer*, § 25 Rn 139; MK-StGB-*Joecks*, § 25 Rn 163; BeckOK-StGB-*Kudlich*, § 25 Rn 39; *Kühl*, AT, § 20 Rn 89; LK-*Schünemann*, § 25 Rn 143.
131 S. hierzu *Beulke*, Kühl-FS, S. 115 ff.

Beispiel: Stationsarzt Dr. A übergibt der vermeintlich arglosen Krankenschwester K eine Spritze, die angeblich ein Beruhigungsmittel, tatsächlich aber ein tödlich wirkendes Gift enthält, und weist sie an, diese seiner im Krankenhaus liegenden Erbtante E zu injizieren. K durchschaut das Ansinnen, lässt sich aber nichts anmerken und verabreicht E kurz darauf die letale Injektion.

Auf dem Boden einer am Kriterium der Tatherrschaft orientierten Betrachtungsweise dürfte der Weg zu einer Strafbarkeit wegen mittelbarer Täterschaft verschlossen sein, da eine bloß vorgestellte, tatsächlich aber fehlende Tatherrschaft keine Täterschaft zu begründen vermag[132]. Ebenso wie im Fall des vermeintlich schuldlosen Vordermannes (Rn 859) kommt auch für diesen Fall eine **Anstifterstrafbarkeit** in Betracht[133]. Diese ist jedoch – anders als in erstgenanntem Fall – dem Einwand ausgesetzt, dass der Hintermann gerade nicht von einer *vorsätzlichen* Haupttat ausging, insoweit also der Anstiftervorsatz fehlt, weshalb die Gegner dieser Lösung einen Verstoß gegen das Analogieverbot (Art. 103 II GG, s. Rn 79 ff) geltend machen und lediglich eine Bestrafung wegen einer versuchten Tatbegehung in mittelbarer Täterschaft befürworten (s. dazu Rn 977 f)[134]. Genau betrachtet ist der erforderliche **Anstiftervorsatz jedoch als wesensgleiches „Minus" im Willen zur Ausübung der Tatherrschaft** enthalten.

Anders ist freilich dann zu entscheiden, wenn das Gesetz (wie in § 160 und § 271) täterschaftliches Handeln ausnahmsweise mit geringerer Strafe bedroht als die sonst in Betracht kommende Anstiftung (etwa zu § 154 oder § 348); dort darf der mit Tatherrschaftswillen Handelnde nicht deshalb schlechter gestellt werden, weil das vermeintliche Werkzeug nicht gutgläubig, sondern bösgläubig gewesen ist[135].

Im **Beispiel** wäre Dr. A nach der vorzugswürdigen Auffassung wegen Anstiftung zum von K verübten Mord zu bestrafen (§§ 212, 211 1. Gruppe Var. 3, 2. Gruppe Var. 1, 26, 29). Eine darüber hinaus in Betracht kommende Strafbarkeit wegen versuchten Mordes in mittelbarer Täterschaft, tritt auf Konkurrenzebene zurück (s. dazu Rn 978).

▶ Beispielsfall bei *Beulke*, Klausurenkurs I, Rn 284, 288 und Klausurenkurs III, Rn 210, 216, 531

f) Exzess und Irrtum des Vordermannes

862 **aa) Exzess des Vordermannes.** Für ein vom Vorsatz des mittelbaren Täters nicht umfasstes Verhalten des Tatmittlers (sog. Exzess) ist der mittelbare Täter nicht verantwortlich (vgl § 16 I S. 1; gem. § 16 I 2 bleibt aber die Möglichkeit der Fahrlässigkeitsstrafbarkeit).

---

132 Anders Baumann/Weber/Mitsch/Eisele-*Eisele*, AT, § 25 Rn 163.
133 So die hM *Beulke*, Kühl-FS, S. 119 ff; *B. Heinrich*, AT, Rn 1265; *Hoffmann-Holland*, AT, Rn 514; *Jescheck/Weigend*, AT, § 62 III 1; *Kühl*, AT, § 20 Rn 87; S/S/W-StGB-*Murmann*, § 25 Rn 29; *Roxin*, AT II, § 25 Rn 167; *Schmidt*, AT, Rn 994; LK-*Schünemann*, § 25 Rn 147; aA *Frister*, AT, 28. Kap., Rn 29; *Küper*, Roxin II-FS, S. 914 f (Strafbarkeit wegen fahrlässiger Tatbegehung); SK-*Hoyer*, § 30 Rn 5 ff (Lösung über § 30 I).
134 *Bloy*, ZStW 117 [2005], 4, 27; Matt/Renzikowski-*Haas*, § 26 Rn 29; MK-StGB-*Joecks*, § 25 Rn 163; *Krey/Esser*, AT, Rn 1093; *Kudlich*, JuS 03, 755, 758; *Rengier*, AT, § 43 Rn 82.
135 S. dazu BGHSt 21, 116; *Küper*, JZ 12, 992, 998 ff; MK-StGB-*H.E. Müller*, § 160 Rn 16; *Wessels/Hettinger/Engländer*, BT/1, Rn 867 ff und 991 ff.

Beispiel: A möchte sich ein Handy verschaffen. Er spiegelt dem B vor, dass es sich bei dem auf dem Restauranttisch liegenden Mobiltelefon um sein (des As) Handy handelt und bittet den B, das Telefon für ihn mitzunehmen. Als B das Mobiltelefon gerade eingesteckt hat, taucht jedoch der tatsächliche Eigentümer E auf. Um sich im Besitz des Telefons zu erhalten, schlägt B den E nieder. Die Gewaltanwendung des B kann A – mangels diesbezüglichen Vorsatzes – nicht zugerechnet werden, weshalb eine Strafbarkeit nach §§ 252, 25 I Alt. 2 bzw §§ 223, 240, 25 I Alt. 2 ausscheidet; war das gewaltsame Vorgehen des B objektiv vorhersehbar, kann A aber nach § 229 bestraft werden.

bb) Objektsverwechslung durch den Vordermann. Umstritten ist ferner, wie sich **863** eine Objektsverwechslung des Tatmittlers auf den mittelbaren Täter auswirkt. Für ersteren ist der *error in persona vel obiecto* im Falle tatbestandlicher Gleichwertigkeit unbeachtlich (s. Rn 371 ff). Streitig ist, ob dies auch für den Hintermann gilt, oder ob aus dessen Sicht eine *aberratio ictus* (s. Rn 375 ff) vorliegt:

Beispiel: Um X zu töten, beauftragt der Arzt Dr. A den Krankenpfleger K damit, dem im Einzelzimmer Nr 1 liegenden X ein Beruhigungsmittel zu injizieren; die dem ahnungslosen K übergebene Spritze enthält ein schwer nachweisbares Gift. Infolge einer Sehschwäche verwechselt K Zimmer Nr 1 mit Nr 7 und verabreicht deshalb die tödlich wirkende Injektion dem in Nr 7 liegenden Y.

Abwandlung: Nachdem X auf ein Doppelzimmer verlegt wurde, überreicht Dr. A dem K zur sicheren Identifizierung zusätzlich ein Foto des X. K tötet jedoch den ähnlich aussehenden Bettnachbarn B, den er für X gehalten hat.

Die **hL** geht hier stets von einer *aberratio ictus* aus, weil es rechtlich bedeutungslos sei, ob eine mechanische Waffe „ihr Ziel verfehle" oder ob es dazu beim Einsatz eines menschlichen Werkzeugs komme[136]. Der mittelbare Täter wird somit wegen eines Versuchs hinsichtlich des erstrebten Erfolges und – soweit strafbar – wegen eines Fahrlässigkeitsdelikts in Bezug auf das verletzte Rechtsgut bestraft.

Vorzugswürdig ist jedoch die **Gegenansicht**, die darauf abstellt, ob der Hintermann dem Tatmittler die Individualisierung des Tatopfers bzw des Tatobjekts überlassen hat. Hat der Tatmittler demnach die Opferindividualisierung auf den Tatmittler delegiert, muss er sich auch dessen Auswahlfehler wie einen eigenen (grds rechtlich irrelevanten) *error in persona vel obiecto* zurechnen lassen, es sei denn, die Verwechslung hält sich nach den konkreten Umständen des Einzelfalls nicht mehr in den Grenzen des nach allgemeiner Lebenserfahrung Voraussehbaren[137]. Hat demgegenüber der Hintermann die Objektindividualisierung vorgegeben, ist die weisungswidrige Ausführung durch den Tatmittler nach den Regeln der *aberratio ictus* zu beurteilen (vgl dazu für den Bereich der Anstiftung Rn 896 ff). Für diese differenzierende Ansicht spricht entscheidend, dass der die Opferindividualisierung auf den Vordermann delegierende Hintermann die dadurch bedingte Verwechslungsgefahr in der Person des Tatmittlers notwendig mit in seinen Tätervorsatz aufnimmt.

---

136 Vgl *B. Heinrich*, AT, Rn 1267; *Jescheck/Weigend*, AT, § 62 III 2; *Roxin*, AT II, § 25 Rn 171; LK-*Schünemann*, § 25 Rn 149.
137 Ebenso *Haft/Eisele*, Keller-GS, S. 98; Baumann/Weber/Mitsch/Eisele-*Eisele*, AT, § 25 Rn 159 f; S/S-*Heine/Weißer*, § 25 Rn 53 ff; *Jakobs*, AT, 21/106; S/S/W-StGB-*Murmann*, § 25 Rn 31; *Stratenwerth*, Baumann-FS, S. 65.

Nach der hL wäre Dr. A im **Beispielsfall** sowohl im Grundfall wie auch in der Abwandlung wegen versuchten Mordes in mittelbarer Täterschaft an X in Tateinheit mit einer fahrlässigen Tötung an Y (im Grundfall) bzw B (in der Abwandlung) zu bestrafen. Die vorzugswürdige Gegenansicht würde dieses (aus der Annahme einer *aberratio ictus* folgende) Ergebnis lediglich in der Ausgangskonstellation bejahen, da die Individualisierung hier vom Hintermann abschließend vorgegeben war. In der Abwandlung ist A richtiger Ansicht zufolge aber wegen eines vollendeten Mordes in mittelbarer Täterschaft zu bestrafen, da Dr. A dem K die Individualisierung überlassen hatte und die Personenverwechslung nicht völlig unvorhersehbar war. Es liegt damit aus Sicht des A ein (rechtlich irrelevanter) *error in persona* vor.

4. Die Nebentäterschaft

864 Als Unterform der unmittelbaren Täterschaft gem. § 25 I Alt. 1 kann die sog. Nebentäterschaft eingeordnet werden. Diese liegt vor, wenn mehrere Personen **unabhängig voneinander** den tatbestandlichen Erfolg herbeiführen, weshalb es – im Gegensatz zur Mittäterschaft – gerade an einem bewussten und gewollten Zusammenwirken fehlt. Jeder Nebentäter hat deshalb – wie ein Alleintäter – **nur für seinen eigenen Tatanteil einzustehen**[138]; eine Zurechnung objektiver Tatbestandsmerkmale wie im Rahmen der Mittäterschaft erfolgt also nicht. Als Täterschaftsform hat die Nebentäterschaft also keine eigenständige Relevanz, als problematisch erweisen sich diese Fallkonstellationen vielmehr auf Kausalitäts- und Zurechnungsebene.

Beispiel (s. bereits Rn 232): A und B mischen der C unabhängig voneinander Gift in deren Glas, woraufhin C stirbt. Beide Giftmengen wären an sich bereits tödlich gewesen. A und B können hier als Nebentäter eines Mordes an C bestraft werden, wenn man die Kausalität nach den Regeln der alternativen Kausalität (Rn 232) bejaht. Eine Nebentäterschaft liegt auch im *Dohna*-Fall (Rn 855) vor.

Nebentäterschaft ist bei Fahrlässigkeitsdelikten (vgl Rn 1102 ff) häufiger anzutreffen, wenn ein sorgfaltswidriges Verhalten mehrerer Personen den tatbestandlichen Erfolg herbeiführt.

Beispiel: A lässt ein für berufliche Forschungszwecke benötigtes Gift in der Küche der C stehen. Beim gemeinsamen Kaffee verwechselt sodann der B das als solches deutlich gekennzeichnete Gift mit dem von C innig geliebten Haselnusssirup, woraufhin C nach Verzehr des ihr von B servierten Kaffees verstirbt. Hier wären sowohl A als auch B wegen fahrlässiger Tötung (§ 222), und zwar als Nebentäter, zu bestrafen.

IV. Teilnahme (Anstiftung und Beihilfe)

1. Grundlagen der Teilnahmestrafbarkeit – der Grundsatz der (limitierten) Akzessorietät

865 Ist ein Beteiligter an einer Straftat nicht als „Zentralgestalt", und damit als Täter iSd § 25 einzuordnen, eröffnet das dualistische Beteiligungssystem die Möglichkeit einer **Bestrafung als Teilnehmer**. Gem. der Legaldefinition in § 28 I zählen hierzu der

---

138 Näher BGHSt 4, 20; BGH NStZ 96, 227; *Fincke*, GA 1975, 161; *Murmann*, Die Nebentäterschaft im Strafrecht, 1993.

Anstifter (§ 26) und der Gehilfe (§ 27). Im Gegensatz zur Täterschaft erfolgt bei der Teilnahme keine Zurechnung der vom Teilnehmer nicht selbst erfüllten objektiven Tatbestandsmerkmale.

Nach dem Konzept der Akzessorietät der Teilnahme knüpft die Strafbarkeit des Teilnehmers an das Unrecht der Haupttat an. Dies hat zunächst Auswirkungen für die Voraussetzungen der Teilnehmerstrafbarkeit: Strafbar ist gem. §§ 26, 27 nämlich nur derjenige, der sich an einer *vorsätzlich* begangenen *rechtswidrigen* Tat (vgl § 11 Nr 5) beteiligt, schuldhaft muss diese Haupttat nicht begangen worden sein (daher „*limitierte* Akzessorietät"; zu einer weiteren Limitierung – bzgl besonderer persönlicher Merkmale – s. § 28 II). Im objektiven Tatbestand ist daher bei Anstiftung und Beihilfe zuallererst das Vorliegen einer solchen teilnahmefähigen Haupttat zu prüfen. Die Vollendung dieser Haupttat ist zwar keine Voraussetzung für eine strafbare Teilnahme. Jedoch kann wegen Teilnahme am vollendeten Delikt nur bestraft werden, wenn auch die Haupttat vollendet wurde; gelangt die Haupttat nur in das Stadium des Versuchs – und ist der Versuch dieses Delikts grds strafbar – so kommt (entsprechend dem Akzessorietätsgrundsatz) nur eine Teilnahme am Versuch in Betracht[139].

Aufbauschema zur Strafbarkeit des Teilnehmers

A. Strafbarkeit des Haupttäters (Grundsatz: „Täter vor Teilnehmer")

B. Strafbarkeit des Teilnehmers
    I. Tatbestandsmäßigkeit
        1. Objektiver Tatbestand
            a) Vorsätzliche und rechtswidrige Haupttat
            b) Teilnahmehandlung
                aa) Bei Anstiftung (§ 26): Bestimmen (Rn 882)
                bb) Bei Beihilfe (§ 27): Hilfeleisten (Rn 901 ff)
        2. Subjektiver Tatbestand (sog. „doppelter Teilnehmervorsatz")
            a) Vorsatz bzgl vorsätzlicher und rechtswidriger Haupttat (Rn 891 ff, 906 ff)
            b) Vorsatz bzgl Teilnahmehandlung (Rn 890, 905)
        3. (ggf) Tatbestandsverschiebung gem. § 28 II (Rn 876)
    II. Rechtswidrigkeit
    III. Schuld

Mangels vorsätzlicher Tat scheidet eine Teilnahme an einer fahrlässigen Tat von vornherein aus. Das Erfordernis eines „doppelten Teilnehmervorsatzes" (§ 15) zeigt zudem, dass es **keine fahrlässige Teilnahme** gibt. Hier verbleibt aber die Möglichkeit, denjenigen, der die Tat eines anderen fahrlässig fördert bzw dessen Tatentschluss fahrlässig herbeiführt, als Täter eines Fahrlässigkeitsdelikts zu bestrafen[140]. **866**

Beispiel: A schenkt seinem technisch begabten Sohn S zum 18. Geburtstag eine aus dem Familienerbe stammende Pistole und geht dabei davon aus, dass „das alte Ding" nicht mehr funktioniert. S gelingt es aber, die Waffe zu reparieren; er nutzt die Pistole sogleich, um seinen Nebenbuhler N auszuschalten und tötet diesen durch einen gezielten Schuss. Auch wenn es sich

---

139 S. nur *Joecks*, StK, 7. Aufl., § 26 Rn 4.
140 Vgl *Kühl*, AT, § 20 Rn 131.

305

beim Überlassen der Pistole objektiv um einen Gehilfenbeitrag des A handelt, kommt eine Strafbarkeit als Teilnehmer am Tötungsdelikt des S mangels Vorsatzes bzgl der Haupttat nicht in Betracht. Da eine fahrlässige Teilnahme nicht strafbar ist (vgl § 15), bleibt lediglich Raum für eine Strafbarkeit des A wegen fahrlässiger Tötung (§ 222, vgl Rn 287).

867 Wer sich an einer rechtswidrigen Tat in der irrigen Annahme beteiligt, der Haupttäter handele vorsätzlich, begeht lediglich eine „versuchte Teilnahme", die nur im Rahmen des § 30 strafbar ist[141] (s. Rn 880). Im Rahmen des § 11 II gibt es Anstiftung und Beihilfe auch bei erfolgsqualifizierten Delikten (wie etwa zu §§ 226 I, 227)[142] und bei solchen Straftatbeständen, die bzgl der Tathandlung Vorsatz erfordern und hinsichtlich einer besonderen Tatfolge Fahrlässigkeit genügen lassen (wie etwa § 315c III Nr 1)[143].

a) Strafgrund der Teilnahme

868 Der Strafgrund der Teilnahme ist seit jeher umstritten[144].

Anhänger der **„Schuldteilnahmetheorie"** sahen das Unrecht der Teilnahme allein darin, dass der Teilnehmer den Haupttäter in Schuld verstrickt. Auf der Grundlage des geltenden Rechts kann diese Theorie jedoch nicht mehr vertreten werden, da nach § 29 auch die Teilnahme an einer schuldlos begangenen Haupttat möglich ist, der Haupttäter also gerade nicht in Schuld verstrickt sein muss[145]. In Konflikt mit der gesetzlichen Regelung befindet sich auch die ähnliche **„Unrechtsteilnahmetheorie"** – auch „Desintegrationstheorie" genannt –, welche den Grund der Strafbarkeit in der Verstrickung des Haupttäters in Unrecht und somit in dessen „Desintegration" sieht. Gesetzeswidrig ist diese Ansicht insbes. deshalb, weil nach ihr nicht zu erklären ist, weshalb sich die Strafe des Teilnehmers nach der des Haupttäters bemisst. Konsequenterweise müsste die Strafe nicht von der Haupttat abhängig sein, sondern sich nach dem Maß der Verstrickung des Haupttäters in Unrecht richten.

869 Da das Gesetz den Zusammenhang zwischen Teilnehmerverhalten und Haupttat betont, rücken die heute ganz überwiegend vertretenen Auffassungen zum Strafgrund der Teilnahme diesen Aspekt in den Vordergrund. Die von der hM befürwortete **„akzessorietätsorientierte Verursachungstheorie"** sieht den Grund für die Bestrafung des Teilnehmers darin, dass er die Tatbegehung durch den Haupttäter mitverursacht, mit der Folge, dass sich das Unrecht der Teilnahme – wenn auch mittelbar – aus dem Erfolgsunrecht der Haupttat ableitet und aufgrund des Grundsatzes der Akzessorietät von diesem abhängig ist. Ähnlich sieht dies die **„Theorie des akzessorischen Rechtsgutsangriffs"**, welche die hM um einen nicht unwichtigen Aspekt sinnvoll ergänzt als sie – neben dem aus der Haupttat abgeleiteten Unrecht – zusätzlich noch ein spezifisches Teilnahmeunrecht erkennt. Dabei wird – wegen des in der Teilnahme liegenden mittelbaren Rechtsgutsangriffs – die Lehre von der objektiven Zurechnung nutzbar gemacht. Natürlich darf nicht gefordert werden, dass der Erfolg der Haupttat (bei § 212 also etwa der Tod des Opfers) als „Werk" des Teilnehmers erscheint; dies müsste ohnehin schon daran scheitern, dass das tatbestandsmäßige Verhalten des

---

141 Näher SK-*Hoyer*, Vorbem. § 26 Rn 35; *Roxin*, AT II, § 28 Rn 9 ff.
142 Vgl BGH NJW 87, 77; *Kudlich*, JA 00, 511; *Küper*, Kühl-FS, S. 315.
143 Vgl LK-*Schünemann*, § 26 Rn 92 f; anders, aber nicht überzeugend *Gössel*, Lange-FS, S. 219.
144 Überblick bei LK-*Schünemann*, Vorbem. § 26 Rn 1 ff.
145 So zu Recht *Otto*, JuS 82, 557; *Geppert*, Jura 97, 299; *Freund*, AT, 1. Aufl., § 10 Rn 109.

Haupttäters ein „vorsätzliches Dazwischentreten" darstellt, welches den Zurechnungszusammenhang aus Sicht des Teilnehmers unterbricht (vgl Rn 286 ff). Jedoch ist das „Werk" des Teilnehmers ein vorgelagerter Zwischenerfolg in Form des Bestimmungs- (§ 26) bzw Hilfeleistungserfolges (§ 27), der dem Teilnehmer zugerechnet werden kann[146].

Dieser Ansatz erleichtert es etwa, die Anforderungen an das Bestimmen (bei § 26) bzw das Hilfeleisten im Bereich der Beihilfe (§ 27) anhand eines dogmatischen Gerüsts aufzubauen. Vor allem Problemkonstellationen wie die „neutrale Beihilfe" (s. Rn 909) bzw die *agent provocateur*-Fälle (s. Rn 893) können auf dieser Basis einer konsistenten Lösung zugeführt werden.

Das spezifische Teilnahmeunrecht entfällt insbes. immer dann, wenn das durch die Haupttat verletzte **Rechtsgut dem Teilnehmer gegenüber nicht geschützt** ist. **870**

Beispiel: A will seinen Kumpel K auf die Probe stellen. Als Mutprobe verlangt er von ihm, ein vor dem Haus des Nachbarn abgestelltes Fahrrad, das mit einem Nummernschloss gesichert ist, zu klauen. Bei Anbruch der Dunkelheit knackt K das Schloss und bringt das Fahrrad an sich, ohne zu wissen, dass es dem A gehört. Eine Strafbarkeit des A wegen Anstiftung zum von K begangenen (untauglichen) Diebstahlsversuch ist hier abzulehnen, da das Rechtsgut Eigentum gegenüber dem Eigentümer selbst gerade nicht geschützt ist. Relevant wird diese Frage auch bei der Lösung der sog. *agent provocateur*-Fälle (s. Rn 893).

Es bleibt somit festzuhalten, dass sich das Unrecht, das die Strafbarkeit des Teilnehmers begründet, nach richtiger Ansicht aus zwei Komponenten zusammensetzt: zum einen aus dem Unrecht der Haupttat (Akzessorietätsgedanke), zum anderen aus dem Handlungsunrecht des Teilnehmers. Dies spiegelt sich im obigen (objektiv wie subjektiv zweistufigen) Aufbauschema wider.

b) Limitierung der Akzessorietät

§ 29, wonach jeder Beteiligte ohne Rücksicht auf die Schuld des anderen nach seiner Schuld bestraft wird, und auch §§ 26, 27, die gerade nicht voraussetzen, dass der Haupttäter schuldhaft gehandelt hat, bringen eindeutig zum Ausdruck, dass der Grundsatz der Akzessorietät nur eingeschränkt gilt. Da die Strafbarkeit des Teilnehmers somit zwar von dem durch die Haupttat verwirklichten Unrecht, nicht aber von der Schuld des Haupttäters abhängig ist, spricht man vom Grundsatz **limitierter Akzessorietät**, dem das StGB seit 1943 folgt[147]. Handelt der Haupttäter demgegenüber lediglich ohne Schuld – oder greift nur ein persönlicher Strafausschließungsgrund ein (s. Rn 780)[148] –, so bleibt eine Teilnahmestrafbarkeit möglich. **871**

Beispiel: A bringt den unerkannt Geisteskranken B dazu, seinen Erzfeind E zu töten. In dieser Konstellation scheitert eine Strafbarkeit des B gem. § 212 I an § 20. Trotz dieses Strafbarkeitsdefizits bei B kann A nicht nach §§ 212, 25 I Alt. 2 bestraft werden, da er die Umstände die zur Schuldunfähigkeit des B führen, nicht kennt (vgl o. Rn 858). A ist aber wegen Anstiftung zum Totschlag zu bestrafen, da ein (nur) schuldlos begangenes Tötungsdelikt eine teilnahmefähige Haupttat darstellt. Möglich ist eine Teilnahme an einer Tat deshalb ebenso, wenn sich der Täter

---

146 Näher dazu *Satzger*, Jura 08, 514, 517; vgl auch *Heghmanns*, GA 2000, 473; *Jakobs*, GA 1996, 253; *ders.*, Yamanaka-FS, S. 109: „eigenes Unrecht durch fremde Hand"; *Roxin*, AT II, § 26 Rn 11 ff.
147 Näher *Gerhold*, ZStW 130 [2018], 945; *Klesczewski*, Puppe-FS, S. 613; *Roxin*, AT II, § 26 Rn 6 f; LK-*Schünemann*, Vorbem. § 26 Rn 19 f.
148 S. vert. BGH NStZ 18, 286 m. Anm. *Kudlich*.

im Erlaubnistatbestandsirrtum befindet, da beim Täter dann (nach hier vertretener Auffassung) lediglich die Vorsatzschuld entfällt (s. Rn 752 ff).

Auf **Strafzumessungsebene** richtet sich der für den Teilnehmer anzuwendende Strafrahmen zwar ebenfalls akzessorisch nach der für den Haupttäter geltenden Strafdrohung[149]. Neben der bei der Beihilfe gem. §§ 27 II S. 2, 49 I obligatorisch vorzunehmenden Strafmilderung ist es ein weiterer Ausdruck der limitierten Akzessorietät, dass die – innerhalb dieses Strafrahmens festzusetzende – Strafe im Einzelfall doch höher als die des Haupttäters ausfallen kann[150].

c) Akzessorietätslockerungen: §§ 28 II, 29

872 Einige Tatbestände machen ihre Verwirklichung davon abhängig, dass der Täter in seiner Person **besondere persönliche Merkmale** aufweist.

Es ist eine Konsequenz des Akzessorietätsgedankens, dass der Teilnehmer – anders als der Täter – derartige Merkmale nicht erfüllen muss; vielmehr genügt es, wenn er weiß, dass der Täter diese persönlichen Merkmale aufweist, er also insoweit Vorsatz hat. Die besonderen persönlichen Anforderungen an die Person des Täters prägen allerdings maßgeblich das spezifische Unrecht dieser Tatbestände. Eine streng akzessorische Bestrafung des Teilnehmers (ohne Rücksicht darauf, dass in seiner Person die besonderen persönlichen Merkmal nicht vorliegen), kann aber nicht berücksichtigen, dass solche „höchstpersönlichen" Merkmale (ähnlich wie alle schuldrelevanten Umstände, vgl § 29) nichts über die Tat, sondern v. a. etwas über den Beteiligten daran aussagen.

Beispiel: A trifft auf der Straße zufällig den ihm bekannten Polizeibeamten B, der gerade Personenkontrollen durchführt. Da B ihm noch einen Gefallen schuldig ist, bittet A den B, As Erzfeind E anzuhalten und diesem „eine Tracht Prügel" zu erteilen. Kommt B dieser Bitte nach, ist er nach § 340 I (Körperverletzung im Amt) strafbar. Obwohl A selbst kein Amtsträger ist (und gerade diese Eigenschaft die gegenüber § 223 erhöhte Strafdrohung rechtfertigt), wäre A bei (hypothetischer!) Zugrundelegung einer strikten Akzessorietät strafbar als Anstifter zu diesem qualifizierten Körperverletzungsdelikt (§§ 340 I, 26).

Daher normiert das StGB in § 28 bei strafbegründenden und strafmodifizierenden besonderen persönlichen Merkmalen, die man auch als täterbezogene Merkmale bezeichnet, eine Akzessorietätslockerung[151]. Weist der Teilnehmer ein besonderes persönliches Merkmal, das die Strafe *modifiziert*, in eigener Person nicht auf, wird er auch nicht aus diesem speziellen Tatbestand, sondern aus dem allgemeinen Tatbestand bestraft (sog. **Tatbestandsverschiebung**).

§ 28 II findet demgegenüber keine Anwendung, wenn das besondere persönliche Merkmal *strafbegründender Natur* ist – hier schreibt **§ 28 I** nur eine (wenn auch obligatorische) **Strafmilderung** vor.

Bei der Teilnahme an Haupttaten, die unter Erfüllung eines **Regelbeispiels** begangen werden (s. Rn 171), sind die Grundsätze des § 28 entsprechend anzuwenden. Somit muss bei täterbezo-

---

149 Dabei kommt dem Teilnehmer auch eine weniger schwerwiegende Tatbestandsverwirklichung des Täters zu Gute, vgl BGH HRRS 18 Nr 558.
150 Vgl MK-StGB-*Joecks*, § 27 Rn 118; LK-*Schünemann*, § 27 Rn 77.
151 Vgl dazu BGHSt 22, 375, 378; *Gerhold*, JA 19, 81; *Radtke*, JuS 18, 641; *Valerius*, Jura 13, 15.

genen Erschwerungsgründen für jeden einzelnen Beteiligten geprüft werden, ob seinem Tatbeitrag das Gewicht eines besonders schweren Falles zukommt[152].

aa) Eine Akzessorietätslockerung über § 28 setzt als Eingangsmerkmal voraus, dass es sich bei dem Tatbestandsmerkmal, das der Teilnehmer nicht in eigener Person verwirklicht, um ein **besonders persönliches Merkmal** handelt. Hierzu zählen – laut der in § 14 I vorzufindenden Legaldefinition – „besondere persönliche Eigenschaften, Verhältnisse oder Umstände", also primär solche Umstände mit höchstpersönlichem Charakter[153]. **873**

Beispiele: Merkmale, die eine besondere Pflichtenstellung höchstpersönlicher Art umschreiben, sind täterbezogen und werden durch § 28 I, II erfasst. Zu ihnen zählen ua das Alter in § 173 III, die Schwangerschaft in § 218 III, das Verwandtschaftsverhältnis in § 258 IV, die Amtsträgereigenschaft in §§ 331 f, 340, 348, die Garantenstellung bei den unechten Unterlassungsdelikten[154], die Vermögensbetreuungspflicht bei der Untreue (§ 266)[155] sowie das Anvertrautsein bei der Unterschlagung (§ 246 II)[156]. Auch die Gewerbsmäßigkeit (zB §§ 243 I 2 Nr 3; 260 I Nr 1)[157] sowie die Mitgliedschaft in einer Bande (zB § 244 I Nr 2)[158] sind täterbezogene Merkmale.

Von diesen täterbezogenen Merkmalen sind die **tatbezogenen Unrechtsmerkmale** zu unterscheiden, die den sachlichen Unrechtsgehalt der Tat näher kennzeichnen und v. a. die Beschreibung des tatbestandlichen Erfolges, des Tatmittels und der Begehungsweise enthalten; für tatbezogene Unrechtsmerkmale **gelten § 28 I, II nicht**[159]. **874**

Die insoweit notwendige **Abgrenzung** kann im Einzelfall schwierig sein, weil sich die Einordnung nicht nach dem abstrakten Inhalt des betreffenden Merkmals, sondern nach dessen Funktion innerhalb des Tatbestandes richtet. Verfehlt wäre es, die tatbezogenen Unrechtsmerkmale mit den „objektiven" und die täterbezogenen persönlichen Merkmale mit den „subjektiven" Tatbestandsmerkmalen gleichzusetzen. Denn nicht alle Merkmale, die das personale Handlungsunrecht mitbestimmen, sind zugleich „besondere persönliche" iSd § 28. Umstände, die eine besondere Gefährlichkeit des Täterverhaltens anzeigen oder die Art der Tatausführung beschreiben, sind idR tatbezogen. Sachgebunden und tatbezogen sind zB der Tatbestandsvorsatz und solche besonderen Absichten, die als Unrechtselemente im subjektiven Tatbestand verortet sind.

Beispiel: G leistet dem T Beihilfe zur Entziehung eines Minderjährigen gem. § 235 I, wobei G dies tut, um sich zu bereichern. T hat demgegenüber keine Bereicherungsabsicht. Auch wenn die Bereicherungsabsicht – die gem. § 235 IV Nr 2 Alt. 2 die Strafe schärft – beim Teilnehmer G vorliegt, kann dieser nicht nach §§ 235 IV Nr 2 Alt. 2, 27 I, 28 II (sondern nur nach §§ 235 I, 27 I) bestraft werden, da es sich hierbei um ein tat- und nicht um ein täterbezogenes Merkmal handelt[160]. Auch die Zueignungs- oder Bereicherungsabsicht in § 242 bzw §§ 253, 259, 263 sind

---

152 BGH StV 16, 16; *Burchard/Engelhart*, JA 09, 270, 277; *Wessels/Hillenkamp/Schuhr*, BT/2, Rn 220.
153 Vgl *Rengier*, AT, § 46 Rn 13.
154 Vgl *Arzt*, JA 80, 553, 557; *Rengier*, AT, § 51 Rn 9; *Roxin*, AT II, § 27 Rn 68; aA LK-*Schünemann*, § 28 Rn 58; *Valerius*, Jura 13, 15, 19; diff. *Kindhäuser*, AT, § 38 Rn 61; *Otto*, Jura 04, 473.
155 BGH wistra 15, 146.
156 Vgl BGH wistra 13, 387; *Wessels/Hillenkamp/Schuhr*, BT/2, Rn 323.
157 BGH StraFo 14, 215.
158 BGHSt 46, 120, 128; BGH NStZ 14, 635 m. Bespr. *Satzger*, Jura (JK) 15, 424; *Bülte/Härtl*, JA 16, 345, 350; *Rönnau*, JuS 13, 594, 597; BeckOK-StGB-*Wittig*, § 244 Rn 20; aA S/S-*Bosch*, § 244 Rn 28/29; *Rengier*, BT I, § 4 Rn 107.
159 Vgl BGHSt 23, 103, 105.
160 BGHSt 55, 229 m. Bespr. *Satzger*, JK 5/11, StGB § 28 II/2; krit. *Hoyer*, GA 2012, 123; *Schünemann*, GA 2011, 445.

hiernach tatbezogene Merkmale, weshalb § 28 nicht greift, wenn eine solche Absicht beim Teilnehmer nicht vorhanden ist[161].

875 **bb)** Fehlt ein besonderes persönliches Merkmal bei einem Teilnehmer, dann kommt es bei diesem zu einer obligatorischen Strafmilderung nach **§ 28 I,** sofern dieses Merkmal die **Strafbarkeit begründet.**

Beispiel: Nach jahrelanger erfolgloser Promotion möchte der A einen Doktortitel wenigstens „auf dem Papier" erlangen. Deshalb begibt er sich zur zuständigen Behörde, wo er dem Beamten B 1000 Euro überreicht, woraufhin dieser die entsprechende Eintragung in seinem Personalausweis vornimmt. B macht sich als Amtsträger gem. § 348 (Falschbeurkundung im Amt) strafbar; A ist als Anstifter hierzu strafbar (§§ 348, 26). § 28 II ist nicht anwendbar, weil die Falschbeurkundung für einen Nicht-Amtsträger gar nicht unter Strafe steht. Da A das strafbegründende persönliche Merkmal „Amtsträger" nicht in eigener Person verwirklicht, ist seine Strafe nach §§ 28 I, 49 I zu mildern[162].

876 **cc)** Etwas anderes gilt, wenn sich das besondere persönliche Merkmal, das der Teilnehmer nicht in eigener Person aufweist, **strafmodifizierend** auswirkt, also die Strafe schärft, mildert oder ausschließt. Nach **§ 28 II** gilt die Strafmodifikation nur für den Beteiligten bei dem das Merkmal vorliegt. Dies bedeutet, dass die Akzessorietätslockerung zu einer **Tatbestandsverschiebung** aus Sicht desjenigen Beteiligten führt, der das persönliche Merkmal nicht aufweist. Die Folge hiervon ist, dass Täter und Teilnehmer ausnahmsweise aus unterschiedlichen Tatbeständen verurteilt werden.

Dies entspricht auch der hM[163], wohingegen nach aA lediglich eine Modifikation des Strafrahmens beim Anstifter vorzunehmen sei[164]. Für die hM spricht bereits der gegenüber Abs. 1 anders gefasste Wortlaut, wonach die Strafmodifizierung nur für denjenigen Teilnehmer „gilt", der das Merkmal aufweist. Dies legt es nahe dass es im Gegensatz zu § 28 I auch zu einer Modifikation des Schuld- und nicht lediglich des Rechtsfolgenausspruchs kommt. Die aA kann insbes. auch dann nicht überzeugen, wenn ein strafmilderndes besonderes persönliches Merkmal nur beim Täter, nicht aber beim Teilnehmer vorliegt; dass dann etwa der (das Tötungsverlangen nicht kennende) Teilnehmer aus §§ 216, 27 bestraft wird, verschleiert den Schuldgehalt der Tat in bedenklicher Weise[165].

Im Beispielsfall von Rn 872 ist A kein Amtsträger. Dieses besondere persönliche Merkmal schärft diesmal die Strafe gegenüber § 223. Daher richtet sich die Akzessorietätslockerung nach § 28 II. Nach der vorzugswürdigen hM wäre A wegen Anstiftung zum Grunddelikt (§§ 223 I, 26, 28 II) zu bestrafen[166], wohingegen die Gegenansicht A als Anstifter zum unechten Amtsdelikt (§§ 340 I, 26, 28 II) – jedoch mit dem Strafrahmen des § 223 I – bestrafen würde[167].

---

161 *Rengier*, AT, § 46 Rn 20; aA *Umansky/Mathieu*, HRRS 15, 36.

162 *Frister*, Puppe-FS, S. 461 ff; aA NK-*Puppe*, §§ 28, 29 Rn 6 ff; *dies.*, ZStW 120 [2008], 504.

163 BGHSt 6, 308; 8, 205, 208; BGH StV 95, 84; *Satzger*, Jura 08, 514, 516; s. auch *Kaspar*, AT, § 6 Rn 64; *Kühl*, AT, § 20 Rn 151; *Valerius*, Jura 13, 15, 18.

164 *Roxin*, AT II, § 17 Rn 19 ff, 81; s. auch *Hirsch*, Schreiber-FS, S. 153; dagegen zu Recht *Küper*, ZStW 104 [1992], 559, 578 ff.

165 Vgl *Frister*, AT, 25. Kap. Rn 36; BeckOK-StGB-*Kudlich*, § 28 Rn 21 f; S/S-*Heine/Weißer*, § 28 Rn 27; LK-*Schünemann*, § 28 Rn 9.

166 Vgl BGH NStZ 07, 526; 09, 95; *Fischer*, § 28 Rn 8; Lackner/Kühl-*Kühl*, § 28 Rn 1; anders *Puppe*, AT, § 27 Rn 29 ff.

167 So *Cortes Rosa*, ZStW 90 [1978], 413; *Hirsch*, Schreiber-FS, S. 153; LK-*Lilie*, § 340 Rn 19; SK-*Stein/Deiters*, Vorbem. § 331 Rn 23 f.

Zu beachten ist jedenfalls, dass sich durch § 28 II die Lage des Teilnehmers im Vergleich zum Täter nicht nur verbessern, sondern – anders als bei § 28 I – auch verschlechtern kann.

dd) Die **speziellen Schuldmerkmale** (s. Rn 675 ff) werden schon durch § 29 und nicht erst durch § 28 erfasst. Unterschiede gegenüber § 28 ergeben sich im Ergebnis (nur) dann, wenn es sich um ein Merkmal mit straf*begründender* Wirkung handelt. Bei einer Anwendung von § 28 I käme es lediglich zu einer Strafmilderung, wohingegen § 29 die Straflosigkeit desjenigen, der das Merkmal nicht selbst aufweist, zur Folge hätte[168]. Bei den strafmodifizierenden Merkmalen ergeben sich hingegen keine Divergenzen. **877**

Beispiel: G steigt auf dem Weg zu einem für sie äußerst wichtigen Termin in das Auto des R und gibt diesem zu verstehen, dass er sie schnellstmöglich gegen ein „gutes Trinkgeld" zu diesem Termin fahren solle. Um das Geld zu erhalten und aus Freude am schnellen Fahren, überfährt R sodann unter anderem einen Zebrastreifen ohne zu bremsen, wobei er beinahe den Fußgänger F – der gerade noch zur Seite springen kann – erfasst. Sofern G dem R (strafbar nach § 315c I Nr 2c, III Nr 1) hinsichtlich dieses Manövers psychische Beihilfe durch Bestärken des Tatentschlusses geleistet hat, ihr jedoch selbst nicht das spezielle Schuldmerkmal der Rücksichtslosigkeit[169] vorzuwerfen ist (etwa wegen einer hochgradigen emotionalen Erregung), wäre sie wegen § 29 straflos. Fasst man dieses Merkmal demgegenüber unter § 28, wäre G (unabhängig von § 315d) Gehilfin (§§ 315c I Nr 2c, III Nr 1, 27 I) und ihre Strafe nach § 28 I lediglich zu mildern[170].

ee) **Die Teilnahme an einem Tötungsdelikt als Sonderfall:** Bei den Mordmerkmalen des § 211 II sind diejenigen der 2. Gruppe nach hA tatbezogen, mit der Folge, dass eine Akzessorietätslockerung gem. § 28 nach allen Ansichten von vornherein ausscheidet. Die Mordmerkmale der 1. und 3. Gruppe sind dagegen täterbezogen (und somit besondere persönliche Merkmale iSd § 28)[171]. Es ist aber umstritten, ob es zu einer Tatbestandsverschiebung kommt, wenn in der Person des Teilnehmers nicht dasjenige täterbezogene Mordmerkmal vorliegt, das der Täter aufweist (und *vice versa*). Die Entscheidung dieser Streitfrage hängt davon ab, ob Abs. 2 des § 28 anwendbar ist, was voraussetzt, dass die täterbezogenen Mordmerkmale die Strafe gegenüber § 212 *schärfen*. Sind sie hingegen strafbarkeits*begründende* Merkmale, so ist allenfalls § 28 I anwendbar, sodass es lediglich zu Auswirkungen bei der Strafzumessung (unter grds Wahrung der Akzessorietät) kommt. Dahinter steht somit das seit langem umstrittene Verhältnis von Mord zu Totschlag: Ist § 211 eine Qualifikation zum Totschlag, was die nahezu einhellige Literaturmeinung – entgegen der st. Rspr[172] – zu- **878**

168 Vgl *Kühl*, AT, § 20 Rn 156 f; S/S/W-StGB-*Murmann*, § 28 Rn 2.
169 Vgl hierzu MK-StGB-*Pegel*, § 315c Rn 82 ff.
170 So etwa *Rengier*, AT, § 46 Rn 19; *Roxin*, AT II, § 27 Rn 9 ff; wie hier *Kühl*, AT, § 20 Rn 156 f; *Küper*, ZStW 104 [1992], 587.
171 Vgl BGHSt 22, 375, 378; NK-*Neumann/Saliger*, § 211 Rn 114; *Wessels/Hettinger/Engländer*, BT/1, Rn 37; zu den Auswirkungen im Jugendstrafrecht *Mitsch*, GA 2013, 137.
172 BGHSt 1, 368; 22, 375; 36, 231; 50, 1; BGH NStZ 08, 273 m. Anm. *Kudlich*, JA 08, 310; BGH StV 15, 287 m. Anm. *Dehne-Niemann*; Jahn/Nack-*Rissing-van Saan*, S. 26; zweifelnd BGH NJW 06, 1008; dazu: *Gropp*, Seebode-FS, S. 125.

treffenderweise bejaht[173], kommt § 28 II zur Anwendung. Im Ergebnis stimmt diese zu einer Akzessorietätslockerung (Tatbestandsverschiebung, vgl Rn 872) führende Lösung der hL mit der Mindermeinung überein, wonach die täterbezogenen Mordmerkmale als spezielle Schuldmerkmale eingestuft werden, sodass § 29 statt § 28 II zur Anwendung kommt und nur derjenige Beteiligte, in dessen Person das täterbezogene Mordmerkmal vorliegt, aus § 211 bestraft werden kann. Allerdings überzeugt die Lösung über § 29 (die noch in den Vorauflagen dieses Buches vertreten wurde) aus den oben unter Rn 676 genannten Gründen nicht, weshalb richtigerweise der Weg über § 28 II zu beschreiten ist.[174].

In **Fall 16** weist A als Teilnehmerin das (bei B und X vorliegende) täterbezogene Mordmerkmal der Habgier nicht auf (insoweit reicht die Kenntnis, dass B und X aus Habgier handeln gerade nicht aus). Zwar kommt es insoweit zu einer Akzessorietätslockerung über § 28 II (im Gegensatz zur früher vertretenen Ansicht, wonach sich die Akzessorietätslockerung aus § 29 ergab). Da A jedoch aus niedrigen Beweggründen (Hass) handelt, verwirklicht sie gleichwohl in eigener Person ein Mordmerkmal der 1. Gruppe. Bzgl der heimtückischen Vorgehensweise als tatbezogenes Merkmal genügt hingegen (Eventual)Vorsatz.

d) Teilnahme am Versuch vs. versuchte Teilnahme

879 **aa)** Teilnahme am Versuch und versuchte Teilnahme sind zwei grundverschiedene Dinge: Bei ersterer Konstellation ist die Haupttat nicht vollendet, jedoch zumindest ins Versuchsstadium gelangt; die teilnahmefähige Haupttat ist in diesen Konstellationen also das versuchte Delikt.

Beispiel („Teilnahme am Versuch"): A beauftragt B, seinen Erzfeind O zu erschießen. B zielt mit Tötungsvorsatz auf O. Sein Schuss verfehlt diesen aber. A hat B zwar angestiftet, mangels Vollendung der Haupttat kann A – wegen der Akzessorietät der Teilnahme – nur als Anstifter zum Tötungsversuch bestraft werden.

880 **bb)** Demgegenüber liegt eine nur **versuchte Teilnahme** vor, wenn der Teilnehmer Vorsatz bzgl der Vollendung der Haupttat hat und daher im Haupttäter einen Tatentschluss hervorrufen (Anstiftung) oder zu dessen Tat Hilfe leisten (Beihilfe) möchte. Bleibt diese Teilnahmehandlung ohne Erfolg – insbes. weil der Haupttäter keinen Tatentschluss fasst, bzw die (Förderung der) Haupttat ausbleibt – kommt die Teilnahme nicht über einen Versuch hinaus. Zu einer teilnahmefähigen (versuchten oder vollendeten) Haupttat kommt es grds nicht. Die Strafbarkeit des Teilnehmers folgt daher nicht aus §§ 26 f, vielmehr greift hier § 30 I. Dieser stellt allerdings nur die ver-

---

173 So mit der Rechtsfolge einer Tatbestandsverschiebung: *Ambos*, Jura 04, 497; *Beer*, ZJS 17, 536; *Engländer*, JA 04, 410; *ders.*, Krey-FS, S. 71; *Geppert*, Jura 08, 34; LK-*Jähnke*, § 211 Rn 63; *Kraatz*, Jura 06, 613; *Rengier*, BT II, § 5 Rn 4; MK-StGB-*Schneider*, § 211 Rn 264 f; *Wessels/Hettinger/Engländer*, BT/1, Rn 25 ff, 83 ff; fallbezogen: *Beulke*, Jura 14, 639, 650 f; eine Strafrahmenverschiebung befürworten *Hirsch*, Schreiber-FS, S. 153; SK-*Hoyer*, § 28 Rn 14; *Kaspar/Broichmann*, ZJS 13, 249, 250; *Roxin*, AT II, § 27 Rn 19; krit. dazu *Küper*, JZ 06, 1164; *ders.*, Jakobs-FS, S. 311; *Roger*, GA 2013, 694.

174 Neuerdings wird vereinzelt behauptet, selbst wenn man – im Einklang mit der Rspr – grundsätzlich von der Selbstständigkeit des § 211 ausginge, sei eine Anwendung des § 28 II auf die täterbezogenen Mordmerkmale denkbar, weil der Anwendungsbereich des § 28 I auf die echten Sonderdelikte zu beschränken sei, vgl NK-*Neumann*, Vorbem. § 211 Rn 155 aE; SK-*Sinn*, § 211 Rn 3 aE.

suchte Anstiftung unter Strafe (versuchte Beihilfe ist demnach straflos!), und auch nur dann, wenn sich die Anstiftung auf ein Verbrechen (s. § 12 I) als Haupttat bezieht (ausf. hierzu Rn 913 ff).

Beispiel („versuchte Teilnahme"): Nach der fehlgeschlagenen körperlichen Abreibung beauftragt A den B nunmehr, den O zu töten. Kurz vor der Tat bekommt B jedoch „kalte Füße" und nimmt von der Tat Abstand. Da das Tötungsdelikt weder versucht noch vollendet wurde, liegt bei A lediglich eine – beim Totschlag als Verbrechen iSd § 12 I strafbare – versuchte Anstiftung iSd §§ 30 I Alt. 1, 212 vor.

2. Die Anstiftung

Anstifter ist, wer einen anderen vorsätzlich zu dessen vorsätzlich begangener rechts-   **881**
widriger Tat bestimmt (§ 26 iVm § 11 I Nr 5). Vom mittelbaren Täter bzw Mittäter unterscheidet sich der Anstifter durch das Fehlen eigener Tatherrschaft, vom Gehilfen durch seine Mitverantwortlichkeit für den vom Haupttäter gefassten Tatentschluss.

a) „Bestimmen" als Anstifterhandlung

aa) Anforderungen an das Anstifterverhalten. „Bestimmen" iSd § 26 bedeutet   **882**
Hervorrufen des Tatentschlusses. Was darunter genau zu verstehen ist, ist jedoch mangels gesetzlicher Präzisierung umstritten. Unstreitig ist dabei lediglich dass als Mindestvoraussetzung eine Mitursächlichkeit des Anstifters für die Begehung der Haupttat gegeben sein muss. Manche lassen dabei die Verursachung des Tatentschlusses durch beliebige Mittel genügen **(Verursachungstheorie)**[175].

Beispiel: Museumsmitarbeiter M will sich an seinem Arbeitgeber rächen und hängt ein wertvolles Gemälde – in der Hoffnung, dass dieses gestohlen wird – in einem unbewachten Nebenraum auf. Vier Tage später steigt Dieb D, dem diese günstige Gelegenheit bei einem Rundgang aufgefallen ist, in das Museum ein und entwendet das Gemälde. Das für den Diebstahl ursächliche Verhalten des M würde nach der sehr weiten Verursachungstheorie ausreichen, um ein „Bestimmen" im Sinne von § 26 anzunehmen.

Dagegen bestehen schon deshalb Bedenken, weil das Gesetz den Anstifter „gleich einem Täter" bestraft, also offenbar davon ausgeht, dass die Verhaltensweisen im Unrechtsgehalt eine gewisse Vergleichbarkeit aufweisen. Nach der **Kommunikationstheorie** bedarf es daher einer Willensbeeinflussung im Wege des **offenen geistigen Kontakts** zwischen Anstifter und Täter. Die Herbeiführung einer zur Tat anreizenden Situation reicht danach nicht aus[176]. Dass diese Beschränkung zutreffend ist, folgt nach der hier vertretenen Ansicht insbes. schon daraus, dass dem Anstifter das Hervorrufen des Tatentschlusses als Zwischenerfolg objektiv zuzurechnen sein muss (s. Rn 869): Die bloße Schaffung eines Tatanreizes überschreitet noch nicht die Grenze des erlaubten Risikos. Darüber hinaus hat der vom Täter selbstständig gefasste Tat-

---

175   *Bloy*, S. 329; *Kindhäuser*, AT, § 41 Rn 10; Lackner/Kühl-*Kühl*, § 26 Rn 2; *Scheinfeld*, GA 2007, 695, 709.

176   Vgl *Amelung*, Schroeder-FS, S. 178 („sanktionsträchtiger Appell"); *ders./Boch*, JuS 00, 261; *Gerson*, ZIS 16, 295; S/S-*Heine/Weißer*, § 26 Rn 3; *Jakobs*, AT, 22/22; *Jescheck/Weigend*, AT, § 64 II 1; *Klesczewski*, AT, Rn 682 ff; *Kretschmer*, Jura 08, 265, 266; *Krüger*, JA 08, 492; *Kühl*, AT, § 20 Rn 171; S/S/W-StGB-*Murmann*, § 26 Rn 4; *Rengier*, AT, § 45 Rn 30; *Roxin*, AT II, § 26 Rn 74 ff.

entschluss ein derartiges Übergewicht, dass die Entstehung des Tatentschlusses (als Zwischenerfolg) unter dem Blickwinkel des Prinzips der Eigenverantwortlichkeit als „Werk" des Haupttäters selbst und nicht als das des den Anreiz Schaffenden erscheint.

Aus demselben Grund ginge es auch **zu weit**, jeden **Rat oder eine bloße Information** schon wegen ihrer rein kausalen Verknüpfung mit der später begangenen Rechtsgutsverletzung in den Bereich der Anstiftung fallen zu lassen (die Annahme psychischer Beihilfe liegt hier oft näher, s. dazu Rn 903).

Letztlich wird man vom Anstifter als einem dem Täter vergleichbaren „Miturheber" der Tat – nicht zuletzt wegen des tätergleichen Strafrahmens – als Anstifterhandlung eine geistige Willensbeeinflussung fordern müssen, die eine (ggf konkludente) **Aufforderung**[177] zur Begehung der Haupttat in sich birgt und dem Anzustiftenden die Möglichkeit eröffnet, den ihm vermittelten Impuls (ggf neben sonstigen Tatantrieben und Motiven) zur Grundlage seines Tatentschlusses zu machen.

Die Ansichten von *Puppe*[178], es müsse ein gemeinsamer Tatplan iS eines **„Unrechtspaktes"** existieren, in dessen Rahmen der Anstifter dem Angestifteten das Versprechen der Tatausführung abnehme und dieser sich dem Anstifter unterordne, oder von *Hoyer*[179], der Anstifter müsse eine „Motivherrschaft" über den Täter haben, erscheinen allerdings zu restriktiv und verwischen zudem die Grenzen zwischen Mittäterschaft und Anstiftung[180].

> In **Fall 16** fordert A den B unter Zusage einer Geldzahlung zur Tötung ihres Ehemannes auf. Insoweit liegt eine Aufforderung zur Tatbegehung vor, wodurch bei B bzw X der Entschluss zur Ausführung der Haupttat iSd § 26 hervorgerufen wurde.

883 **bb) Anstiftungsmittel.** Mittel der Willensbeeinflussung und damit der Anstiftung können ua sein: Überredung, bestimmte Wünsche und Anregungen (auch wenn sie in die Form einer Frage „gekleidet" sind), Geschenke, Zusage einer Belohnung, Herbeiführung eines Motivirrtums, Missbrauch eines Überordnungsverhältnisses, Drohung usw[181]. Bloßes **Unterlassen** genügt indessen nicht, da es keine psychische Einflussnahme darstellt[182].

▶ Beispielsfall bei *Beulke*, Klausurenkurs III, Rn 90

884 **cc) Omnimodo facturus.** In demjenigen, der zur konkreten Tat bereits fest entschlossen ist *(omnimodo facturus)*, kann ein Tatentschluss nicht mehr „hervorgerufen" werden; er ist ja schon vorhanden. Hier kommen allenfalls versuchte Anstiftung

---

177 *Satzger*, Jura 08, 514, 517; vgl auch *Geppert*, Jura 97, 299, 304; *B. Heinrich*, AT, Rn 1292; *Kaspar*, AT, § 6 Rn 74; *Roxin*, AT II, § 26 Rn 74.
178 *Puppe*, GA 1984, 101; *dies.*, NStZ 06, 424; *dies.*, GA 2013, 514, 517 ff; ähnl. *Altenhain*, Die Strafbarkeit des Teilnehmers beim Exzess, S. 119 ff; *Jakobs*, AT, 22/22.
179 SK-*Hoyer*, § 26 Rn 13; ebenso MK-StGB-*Joecks*, § 26 Rn 20; in diese Richtung auch Maurach/Gössel/Zipf-*Renzikowski*, AT/2, § 51 Rn 18 (verbindliche Aufforderung).
180 Vert. *Christmann*, Zur Strafbarkeit sog. Tatsachenarrangements wegen Anstiftung, 1997; *Hilgendorf*, Jura 96, 9; *Hillenkamp/Cornelius*, AT, S. 194 ff; *Joerden*, Puppe-FS, S. 563; *Schroeder*, GA 2016, 65; *Timpe*, GA 2013, 145.
181 Vgl RGSt 36, 402; 53, 189; BGH GA 1980, 183.
182 Vgl *Bachmann/Eichinger*, JA 11, 509; S/S-*Heine/Weißer*, § 26 Rn 4; *Jescheck/Weigend*, AT, § 64 II 6; *Roxin*, AT II, § 26 Rn 86; anders *Bloy*, JA 87, 490; *Rengier*, AT, § 51 Rn 28 f.

(§ 30 I) oder psychische Beihilfe durch Bestärken des Tatentschlusses in Betracht[183]. Anstiftung ist allerdings möglich, wenn der Täter bislang nur „tatgeneigt", letztlich aber noch unschlüssig ist, ob er die in Erwägung gezogene Tat ausführen soll[184]. Aus demselben Grund ist auch derjenige kein *omnimodo facturus*, der sich zu einer Tat zwar erbietet, dabei aber noch auf den entscheidenden Anstoß wartet (wie etwa auf die Zusage der von ihm verlangten Belohnung)[185].

Beispiel: Wenn B im sog. „Darknet" seine Dienste als Auftragsmörder gegen Geldzahlung anbietet und A sodann an diesen herantritt, um ihm den Auftrag zur Tötung des C zu erteilen, dann kann A nach §§ 212 I, 26 bestraft werden, obwohl B schon generell zur Ausführung eines Tötungsdelikts – aber eben nicht zu dem bzgl des C (!) – entschlossen war.

> In **Fall 16** sind B und X zwar angesichts des von ihnen betriebenen „Auftragsmordgewerbes" generell zur Tötung von Menschen bereit. Es bedurfte jedoch noch des konkreten Anstoßes seitens A, um den Entschluss zur Begehung der konkreten Tat (Tötung des O) hervorzurufen; es handelt sich somit nicht um einen Fall des *omnimodo facturus*.

dd) Modifikation des Tatentschlusses (sog. Auf-, Ab- und Umstiftung). Das Einwirken auf einen bereits zur Tat fest Entschlossenen kann jedoch dann zu einer Strafbarkeit wegen Anstiftung führen, wenn dessen Tatentschluss modifiziert wird. **885**

Umstritten ist hierbei zum einen, ob sich strafbar macht, wer einen zur Verwirklichung eines Straftatbestandes bereits Entschlossenen zur Begehung der Tat in gravierenderer Form bestimmt **(sog. Aufstiftung)**. Nach einer sehr weitgehenden Auffassung kommt eine Strafbarkeit wegen Anstiftung zur gesamten Tat schon dann in Betracht, wenn es innerhalb eines Tatbestandes zu einer wesentlichen Unrechtssteigerung kommt **(„Unwertsteigerungstheorie")**[186]. Wann eine solche Unrechtssteigerung jedoch als derart „wesentlich" eingeordnet werden kann – reicht etwa die Aufstiftung zu einem festen statt leichtem Schlag? Zu drei statt zwei Schlägen? – ist gleichwohl nur schwer zu beantworten. **886**

Beispiel: T ist zur Begehung eines Raubes entschlossen und möchte das Opfer O dabei an den Händen fesseln (§ 250 I Nr 1b). A rät dem T nunmehr, zusätzlich eine Maschinenpistole mitzunehmen (§ 250 I Nr 1a Var. 1). Hiernach wäre eine Bestrafung des A wegen Anstiftung zum schweren Raub gegeben.

Mit dem Argument, dass dem Anstifter keine Unrechtsteile angelastet werden dürften, die nicht auf seinen Anstoß zurückzuführen sind, bejaht ein Teil der Lehre eine Anstiftung nur dann, wenn das „Mehr", zu dem der Haupttäter bestimmt wurde, ein echtes *aliud* darstellt, also einen selbstständigen Tatbestand erfüllt. Andernfalls soll dem „Aufstifter" bzgl des schwereren Deliktes nur eine psychische Beihilfe zur Last

---

183 RGSt 72, 373; ausf. *Satzger*, Jura 17, 1169; zust. *Hilgendorf/Valerius*, AT, § 9 Rn 126; *Hoffmann-Holland*, AT, Rn 565; abl. *Burchard/Engelhart*, JA 09, 271, 278; *Puppe*, GA 2013, 514, 520 f; *Steen*, Die Rechtsfigur des omnimodo facturus, 2011; fallbezogen *Hotz*, JuS 18, 674.

184 BGH MDR/D 72, 569; vgl hierzu MK-StGB-*Joecks*, § 26 Rn 29.

185 LG Ravensburg NStZ-RR 08, 256; BGH NStZ-RR 18, 80; StV 18, 519; s. aber BGH NStZ 17, 401 m. krit. Anm. *Immel*; vgl auch S/S/W-StGB-*Murmann*, § 26 Rn 5.

186 BGHSt 19, 339; *Hoffmann-Holland*, AT, Rn 568; *Roxin*, AT II, § 26 Rn 104 ff; LK-*Schünemann*, § 26 Rn 34 f; zum Ganzen: *Hardtung*, Herzberg-FS, S. 411; *Hillenkamp/Cornelius*, AT, S. 207 ff.

gelegt werden (**sog. analytisches Trennungsprinzip**)[187]. Sofern das *aliud* keinen eigenständigen Tatbestand erfüllt, führt dies jedoch zu erheblichen Strafbarkeitslücken; zudem wird verkannt, dass das Unrecht der Gesamttat einen im Vergleich zu deren „Einzelteilen" eigenständigen, erhöhten Unrechtscharakter aufweist, der sich regelmäßig auch in einer insoweit erhöhten Strafdrohung widerspiegelt[188].

Beispiel: Nunmehr möchte T dem O unbemerkt dessen Geldbörse entwenden. Als er dies seinem Freund A erzählt, rät ihm dieser, den O zur Sicherheit niederzuschlagen, um leichter an die Beute zu gelangen. Führt T sodann einen Raub aus, kann T diesbezüglich nach diesem Lösungsansatz lediglich gem. §§ 249 I, 27 I wegen psychischer Beihilfe bestraft werden, da T bzgl des Diebstahlselements schon tatentschlossen war. A bestimmt den T jedoch zusätzlich zur Begehung einer Körperverletzung; hinsichtlich dieses „Mehr" an Unrecht wäre hiernach eine Strafbarkeit wegen Anstiftung (§§ 223 I, 26) möglich.

Andere gehen wegen der drohenden Strafbarkeitslücken zu Recht nicht ganz so weit und erachten es für eine wesentliche Unrechtssteigerung – und somit für eine Strafbarkeit wegen Anstiftung zur Gesamttat – als hinreichend, dass die Tat, zu der „aufgestiftet" wird, eine Qualifikation des ursprünglich ins Auge gefassten Delikts bzw einen schwerer wiegenden Straftatbestand darstellt (**sog. Qualifikationstheorie**)[189]. Die wesentliche Unrechtssteigerung durch das Einwirken des „Aufstifters" spiegelt sich in diesen Fällen auch im Gesetz wider und bietet somit eine rechtssichere Lösung.

Im vorgenannten **Beispiel** wäre nach diesem Ansatz eine Strafbarkeit des A wegen Anstiftung zum Raub zu bejahen, da T zuvor lediglich zur Begehung eines Diebstahls entschlossen war und das Einwirken des A dazu führte, dass dieser einen Raub – und somit einen gravierenderen Straftatbestand – erfüllt hat.

▶ Beispielsfall bei *Beulke*, Klausurenkurs III, Rn 503

887 Nicht wegen Anstiftung strafbar ist, wer den zur qualifizierten Tat entschlossenen Vordermann veranlasst, nur das Grunddelikt zu begehen (**sog. Abstiftung**). Dies ergibt sich bereits daraus, dass der Entschluss zur Qualifikation auch den zur Verwirklichung des Grunddelikts beinhaltet und der Haupttäter insoweit *omnimodo facturus* ist. Hinsichtlich der im Einzelfall in Betracht kommenden Strafbarkeit wegen psychischer Beihilfe ist dem „Abstiftenden" ein etwaiger Hilfeleistungserfolg (Bestärken des Tatentschlusses) wegen des die Zurechnung ausschließenden Grundsatzes der Risikoverringerung (s. Rn 294 ff) regelmäßig nicht objektiv zurechenbar[190].

Beispiel: A möchte den B mit einem Baseballschläger verprügeln. Kurz vor der Tat erfährt zufällig C von diesem Vorhaben und rät dem A, angesichts der sowieso schon bestehenden körperlichen Überlegenheit, nur mit den Fäusten zuzuschlagen. Wenn A dem nachkommt, kann C weder nach §§ 223 I, 26 (da A diesbzgl *omnimodo facturus* ist) noch nach §§ 223 I, 27 I (aufgrund der Risikoverringerung) bestraft werden.

---

187 S/S-*Heine/Weißer*, § 26 Rn 9; *B. Heinrich*, AT, Rn 1302; *Jescheck/Weigend*, AT, § 64 II 2c; MK-StGB-*Joecks*, § 26 Rn 39, 41 ff; *Kindhäuser*, AT, § 41 Rn 14; *Nepomuck*, Anstiftung und Tatinteresse, 2008, S. 276.

188 Vgl *Roxin*, AT II, § 26 Rn 104.

189 *Satzger*, Jura 17, 1169; s. auch *Kaspar*, AT, § 6 Rn 82 f; *Krey/Esser*, AT, Rn 1047; Lackner/Kühl-*Kühl*, § 26 Rn 2a.

190 *Satzger*, Jura 17, 1169; s. auch *Kindhäuser*, LPK, § 26 Rn 20; *Kudlich*, JuS 05, 592; AnwK-StGB-*Waßmer*, § 25 Rn 17; vert. LK-*Schünemann*, § 26 Rn 28 ff.

Führt die Abstiftung im Einzelfall jedoch dazu, dass das Risiko der weniger schwerwiegenden Tat erhöht wird (etwa mit dem Argument, dass die leichtere Begehungsform erfolgversprechender sei), verbleibt alleine der Weg über § 34.

Unstreitig ein Fall der Anstiftung liegt vor, wenn der Täter veranlasst wird, ein Delikt **888** zu begehen, das zu dem von ihm ursprünglich geplanten in keinerlei (rechtlichem) Stufenverhältnis steht, sondern ein *aliud* darstellt (**sog. Umstiftung**). Entscheidend ist also, wann von einer *anderen Tat* gesprochen werden kann, wovon zumindest beim Umlenken des Tatentschlusses auf ein anderes Rechtsgut – idR nicht hingegen bei der Veränderung lediglich von Tatmotiven bzw Tatmodalitäten (hier verbleibt nur Raum für eine Beihilfestrafbarkeit) – ausgegangen werden kann[191].

Beispiel: A möchte dem B auf dessen Heimweg von der Arbeit eine körperliche Abreibung verpassen. Wenn G dem A nun erklärt, dass dieser eher das geliebte Auto des B stehlen solle, ist G wegen Anstiftung zum Diebstahl (§§ 242 I, 26) strafbar, da es durch sein Einwirken zur Auswechslung des Rechtsgutes kam. **Abwandlung:** Wenn G dem A hingegen erklärt, dass der B morgens „verwundbarer" sei und A diesem Rat folgt, ist G wegen der Veränderung der Tatmodalität „Tatzeit" (lediglich) wegen psychischer Beihilfe (§§ 223, 27 I) zu bestrafen.

b) „Doppelter Anstiftervorsatz"

Der gem. § 15 erforderliche Tatbestandsvorsatz des Anstifters muss in zweifacher **889** Hinsicht gegeben sein (deshalb: „Doppelvorsatz"): Er muss zum einen auf das Hervorrufen des Tatentschlusses sowie zum anderen auf die Ausführung und Vollendung (dazu unten Rn 893) einer bestimmten – vorsätzlich und rechtswidrig begangenen – Haupttat gerichtet sein.

Neben der somit auf Seiten des Anstifters erforderlichen Kenntnis, dass der Haupttäter mit Vorsatz und rechtswidrig handelt, muss dieser zwar die im Gesetz vorgeschriebenen besonderen subjektiven Voraussetzungen **nicht selbst aufweisen**. Verlangt der Unrechtstatbestand, dass der Haupttäter besondere subjektive Tatbestandsmerkmale erfüllt, muss dem Anstifter deren Vorliegen beim Haupttäter jedenfalls bewusst sein. Der Anstifter zu einem Betrug muss also wissen, dass der Angestiftete den objektiven Tatbestand des § 263 vorsätzlich verwirklicht und dabei mit Bereicherungsabsicht handelt. Er selbst muss allerdings nicht in der Absicht handeln, sich (oder einen Dritten) zu bereichern. Handelt es sich bei dem fehlenden subjektiven Merkmal zugleich um ein „besonderes persönliches Merkmal", ist an § 28 zu denken (s. Rn 872 ff). Kennt der Anstifter einen Umstand dieser Art nicht oder hält er irrig Umstände für gegeben, bei deren Vorliegen eine vorsätzlich begangene rechtswidrige Haupttat fehlen würde, so entfällt gem. § 16 I 1 der diesbezügliche Anstiftervorsatz.

Beispiel: Der Anstifter hält den vom Täter erstrebten Vermögensvorteil im Fall der §§ 253, 263 für rechtmäßig statt für rechtswidrig[192].

---

191 Vgl nur *Hardtung*, Herzberg-FS, S. 423 f; *Joerden*, Puppe-FS, S. 579; LK-*Schünemann*, § 26 Rn 21 ff.
192 Näher *Roxin*, AT II, § 26 Rn 161 ff; *Schumann*, Stree/Wessels-FS, S. 383; weitergehend *Herzberg*, GA 1993, 439, 454.

317

890 **aa) Vorsatz bzgl „Bestimmen".** Da Eventualvorsatz genügt, reicht es aus, wenn es der Anstifter für möglich hält, dass sein Verhalten den Tatentschluss des Täters hervorruft. Regelmäßig wird er diesbezüglich aber sogar *dolus directus* 1. Grades haben, weil es dem Anstifter typischerweise darauf ankommt, eine andere Person zur Begehung einer Straftat zu bewegen, die der Anstifter nicht selbst ausführen kann oder will. Steht der Anstifter der Haupttat ausnahmsweise eher gleichgültig gegenüber, wird häufig bereits keine Anstiftungshandlung mit hinreichendem Aufforderungscharakter (s. Rn 882) vorliegen.

891 **bb) Vorsatz bzgl Haupttat – Anforderungen an deren Konkretisierung.** Der Anstiftervorsatz muss insbes. die Umstände umfassen, von denen das Vorliegen einer „vorsätzlich begangenen rechtswidrigen Haupttat" des Angestifteten abhängt. Dass der Anstifter eine konkrete Vorstellung von der (zumindest bestimmbaren) **Person des Haupttäters** haben muss, ergibt sich zum einen *e contrario* aus § 111 I (der gerade die Aufforderung zu Straftaten an einen unbestimmten Personenkreis beinhaltet), zum anderen aus dem objektiven Erfordernis einer konkreten Aufforderung ggü dem Haupttäter[193]. Weniger strenge Anforderungen gelten demgegenüber bei der Kettenanstiftung (s. Rn 924), bei der es genügt, dass die Anstiftung des Haupttäters durch ein späteres Kettenglied erfolgen soll[194].

Beispiel: A ist Anführer einer weltweit verbreiteten religiösen Gemeinschaft. In einer im Internet veröffentlichten Botschaft fordert er zur Tötung des X auf. B – ein Anhänger der Gemeinschaft – sieht die Videobotschaft und tötet daraufhin den X. Da sich die Aufforderung des A an einen unbestimmten Personenkreis richtet, verwirklicht er nach vorzugswürdiger Auffassung lediglich § 111 I. **Abwandlung:** Wenn A demgegenüber in einer geschlossenen „Facebook-Gruppe", deren Beiträge nur zugelassene Gruppenmitglieder sehen können, zu dieser Tat auffordert und B (als eines der Gruppenmitglieder) dem nachkommt, wäre A wegen Anstiftung zum Tötungsdelikt (§§ 212 I, 26) strafbar, da sein Vorsatz auf einen hinreichend bestimmbaren Haupttäter (Mitglied der geschlossenen „Facebook-Gruppe") gerichtet war.

892 In den Einzelheiten nicht abschließend geklärt ist demgegenüber, inwieweit sich der Vorsatz des Anstifters auf die **konkreten Umstände der Haupttat** (etwa Tatort und -zeit, Begehungsweise oder Identität des Opfers) beziehen muss.

Beispiel: A ermuntert B, der bei A 100 000 Euro Schulden hat, zur Begleichung dieser Schulden doch in nächster Zeit irgendeine Bank „zu machen". Vier Wochen später führt B einen Banküberfall bei der Filiale der Deutschen Bank in X aus und erbeutet 100 000 Euro.

Den Bestimmtheitsanforderungen hinsichtlich der Haupttat ist jedenfalls dann **nicht Genüge getan**, wenn der Wille des Anstifters nur darauf gerichtet ist, einen anderen ganz allgemein zu strafbaren Handlungen zu veranlassen, wie etwa zur Begehung von „Ladendiebstählen" oder zum Überfall auf „Banken" und sonstige, allein der Gattung nach umschriebene Tatobjekte[195]. Dies folgt letztlich schon aus dem Strafgrund der

---

193   Vgl BGHSt 6, 359; 15, 276; S/S/W-StGB-*Murmann*, § 26 Rn 13; *Roxin*, AT II, § 26 Rn 148 f; vgl zu § 111 *Bosch*, Jura 16, 381; aA *Dreher*, Gallas-FS, S. 323; MK-StGB-*Joecks*, § 26 Rn 59 ff; *Kasiske*, GA 2016, 756.
194   S/S-*Heine/Weißer*, § 26 Rn 19; S/S/W-StGB-*Murmann*, § 26 Rn 13.
195   BGHSt 34, 63; BGH JR 99, 248; krit. *Herzberg*, JuS 87, 617; *Ingelfinger*, Anstiftervorsatz und Tatbestimmtheit, S. 223; *Roxin*, Salger-FS, S. 129; *ders.*, AT II, § 26 Rn 133.

Teilnahme, der zumindest auch in einem (mittelbaren) Angriff auf das durch die Haupttat verletzte Rechtsgut liegt. Die Teilnehmerstrafbarkeit muss daher jedenfalls im Ausgangspunkt an die ganz konkrete Haupttat gebunden sein.

Dies bedeutet jedoch nicht, dass der Anstifter die zu begehende Tat in allen Einzelheiten ihrer Ausführung in sein Bewusstsein aufgenommen zu haben braucht[196]. Da die Ausführung der Haupttat notwendig in der Zukunft liegt und von unbeeinflussbaren Umweltfaktoren abhängig sein kann, würde eine solche Betrachtungsweise die Anforderungen an den Anstiftervorsatz überspannen[197]. Als hinreichend wird daher teilweise eine **Kenntnis der „Unrechtsdimension"** – also der Angriffsrichtung bzw des Schadensausmaßes – angesehen[198]. Auch wenn hierdurch eine Privilegierung desjenigen, welcher dem Haupttäter einen größeren Spielraum einräumt, vermieden wird, lockert diese Sichtweise die Verknüpfung zu einer konkreten Haupttat (und somit zum Strafgrund der Teilnahme) erheblich und stellt zudem ein relativ beliebiges Abgrenzungskriterium bereit, welches überdies im Kern nur auf Vermögensdelikte zugeschnitten ist. Der BGH geht deshalb weiter und fordert, dass der Vorsatz des Anstifters im Einzelfall jedenfalls so viele die Tat kennzeichnende Merkmale beinhalten muss, dass die Tat selbst als **konkret-individualisierbares Geschehen** erkennbar ist[199].

Keiner dieser Ansätze liefert ein belastbares, alle Fälle eindeutig lösendes Kriterium. Da dies – wegen der Einzelfallabhängigkeit – gar nicht denkbar ist, kommt es nur darauf an, einen tauglichen Maßstab zu benennen, anhand dessen in jedem Fall ein Ergebnis nachvollziehbar begründet werden kann. Aus diesem Grund überzeugt der sog. Test der **„hypothetischen Anwesenheit"**[200]. Der Vorsatz des Anstifters ist dann hinreichend konkretisiert, wenn der Anstifter die Tat bei dessen hinzugedachter Anwesenheit am Tatort noch als die von ihm intendierte erkennen (und von anderen abgrenzen) kann. Dies ist dann der Fall, wenn der Anstifter im Zeitpunkt der Anstiftung im Besitz all jener Informationen ist, die ihn zu seiner Entscheidung befähigen, etwa Auswahlkriterien und Konkretisierungsmethoden, nach denen der Haupttäter am Tatort im Tatzeitpunkt vorgehen wird.

Im **Beispielsfall** hat A eine Vorstellung von der Angriffsrichtung („Bank machen" = Ausrauben einer Bank) und insbes. auch vom Schadensausmaß (orientiert an den geschuldeten 100 000 Euro); wer auf die Unrechtsdimension abstellt, könnte einen Anstiftervorsatz des A demnach wohl bejahen. Anders ist dies nach den Kriterien des BGH, da A weder von der konkreten Bank, noch vom genauen Tatzeitpunkt und den Tatmodalitäten Kenntnis hatte[201]; es verbliebe dann nur die Möglichkeit einer Strafbarkeit wegen Beihilfe (§§ 249 I, 27 I, vgl Rn 906, Anforderungen beim Gehilfenvorsatz geringer). Entscheidet man – wie hier vorgeschlagen – auf Basis des hypothetischen Anwesenheitstests, so sind die Umstände des Einzelfalls bedeutsam, um zu entscheiden, ob die von B begangene Tat durch A als die von ihm angestoßene erkennbar und von anderen Taten abgrenzbar ist. Ist B kein professioneller Bankräuber, so erscheint ein solch außergewöhnliches Verhalten des B, das zudem der von A vorgeschlagenen

---

196 Vgl BGHSt 40, 218, 231.
197 S. auch *Satzger*, Jura 08, 514, 519.
198 *Roxin*, AT II, § 26 Rn 136; *ders.*, JZ 86, 908; LK-*Schünemann*, § 26 Rn 40; vgl auch *Kasiske*, GA 2016, 756, 758.
199 BGHSt 34, 63, 66; HRRS 17 Nr 1062; extensiver BGH BeckRS 05, 12571 m. Anm. *Satzger*, JK 7/06, StGB § 211/49; vgl auch *B. Heinrich*, AT, Rn 1288; *Jescheck/Weigend*, AT, § 64 II 2 b; *Koch/Exner*, JuS 07, 40; Maurach/Gössel/Zipf-*Renzikowski*, AT/2, § 51 Rn 30.
200 Ausf. dazu *Satzger*, Jura 08, 514, 519 f.
201 In diesem Sinn etwa BGHSt 34, 63, 66.

Angriffsrichtung entspricht und auch bzgl der Höhe der Beute in das Gesamtgeschehen „passt", aus Sicht von A als die von ihm initiierte Tat.

Klausurhinweis: Von manchen wird die Frage nach der Konkretisierung der Haupttat bereits im objektiven Tatbestand beim „Bestimmen"[202] geprüft. Dass die Verortung im subjektiven Tatbestand vorzugswürdig ist, zeigt sich vor allem, wenn es um eine konkludente Bestimmungshandlung geht, da dann alleine aus den objektiven Gegebenheiten nicht auf die Vorstellungen des Anstifters von der konkreten Haupttat geschlossen werden kann.

In **Fall 16** hat A konkrete Vorstellungen hinsichtlich der Täterperson (Mitglied aus der Bande des B). Zudem war ihr sowohl das Tatopfer (ihr Ehemann) als auch die Art der Tatausführung („lautlose Tötung") bewusst. Insoweit hatte sie eine hinreichende Vorstellung von der Haupttat.

893 **cc) Vorsatz bzgl Vollendung der Haupttat – Anstiftervorsatz des Lockspitzels (sog. *agent provocateur*).** Soll ein Straftäter mithilfe eines Lockspitzels überführt werden, stellt sich die Frage nach der Strafbarkeit des *agent provocateur* als Anstifter.[203] Ist der Lockspitzel zugleich der Inhaber des Rechtsgutes, lässt sich von vornherein kein Teilnahmeunrecht begründen (s. Rn 870). Ansonsten stellt sich die Frage, ob der Lockspitzel vorsätzlich bzgl der Haupttat handelt. Der Anstiftervorsatz muss sich nach ganz hM **auf die Vollendung der Haupttat beziehen**, da der Teilnehmer nur dann einen strafwürdigen mittelbaren Angriff auf das geschützte Rechtsgut intendiert. Wer die Tat nur in das Versuchsstadium gelangen lassen will, kann deshalb nicht als Anstifter bestraft werden[204].

Beispiel: Der verdeckt ermittelnde A überredet den B zu einem Einbruchsdiebstahl in ein Schmuckgeschäft. Dabei wird B – wie von Beginn an geplant – unmittelbar nach dem Betreten des Geschäfts durch von A informierte Polizeibeamte festgenommen[205]. Da der Vorsatz des A hier nicht auf die Vollendung gerichtet war, kann er nicht wegen Anstiftung zum (versuchten) Einbruchdiebstahl des B bestraft werden.

894 Umstritten ist hingegen, ob der Teilnehmer auch dann straflos ist, wenn er zwar die Vollendung der Haupttat will, aber keinen Vorsatz hinsichtlich der **materiellen Beendigung** der Haupttat bzw hinsichtlich einer endgültigen Rechtsgutsschädigung hat (etwa weil er Vorkehrungen zur Verhinderung des Eintritts einer endgültigen Schädigung des Rechtsgutes getroffen hat).

Im **Beispielsfall** läge eine solche Konstellation vor, wenn A den B zum Einbruchdiebstahl überredet, mit der Polizei aber verabredet, dass B erst beim Verlassen des Geschäfts mit der Beute festgenommen werden soll. Erachtet man den Vorsatz bzgl der formellen Vollendung des Diebstahls als erforderlich (aber auch hinreichend), wäre A als Anstifter zu bestrafen, vorausgesetzt es greifen keine Rechtfertigungsgründe ein.

---

202 S. etwa *B. Heinrich*, AT, Rn 1288; *Kretschmer*, Jura 08, 265, 266 f; *Kühl*, AT, § 20 Rn 188 ff; aA *Satzger*, Jura 08, 514, 518 f; vgl auch *Rengier*, AT, § 45 Rn 54.

203 Zur weitaus weniger diskutierten Frage der Strafbarkeit von Lockspitzeln wegen eines unechten Unterlassungsdelikts s. *Sowada*, Rengier-FS, S. 103.

204 S. hierzu *Satzger*, Jura 08, 514, 523; vgl außerdem *Geppert*, Jura 97, 358, 360; *Kretschmer*, Jura 08, 265, 267; *Kühl*, JuS 02, 729, 735; *ders.*, AT, § 20 Rn 201; *Roxin*, AT II, § 26 Rn 151.

205 Vgl RGSt 56, 168, 170; OLG Oldenburg NJW 99, 2751; *Herzberg*, JuS 83, 737; SK-*Hoyer*, Vorbem. § 26 Rn 64; *Roxin*, AT II, § 26 Rn 150 ff; *Rudolphi*, Fälle, S. 107.

Nach zutreffender Ansicht[206] muss der Anstifter mit dem **Vorsatz bzgl der materiellen Beendigung** der Haupttat handeln. Da sich auch die Strafbarkeit der Anstiftung aus dem Aspekt des Rechtsgüterschutzes legitimiert, darf derjenige, der letztendlich eine Beeinträchtigung der geschützten Rechtsgüter verhindern möchte, nicht strafbar sein. Insoweit macht es der Sache nach keinen Unterschied, ob der Anstifter direkt die fehlende Vollendung der Tat oder nur die Verhinderung einer Manifestation der materiellen Verletzung des Rechtsguts nach erfolgter Vollendung anstrebt.

Sollte die Strafbarkeit des Lockspitzels ausnahmsweise nicht schon aufgrund fehlenden Vorsatzes scheitern, ist das Eingreifen von Rechtfertigungsgründen (Einwilligung bzw mutmaßliche Einwilligung des Rechtsgutsinhabers, rechtfertigender Notstand iSd § 34) zu prüfen. Primär prozessrechtliche Relevanz hat darüber hinaus die Frage, ob bzw inwieweit der Lockspitzeleinsatz Einfluss auf die Strafbarkeit des Angestifteten hat[207].

▶ Beispielsfall bei *Beulke*, Klausurenkurs III, Rn 451

c) Exzess des Haupttäters

Der Anstifter ist nur insoweit verantwortlich, als die begangene Haupttat von seinem Vorsatz gedeckt ist. Für einen Exzess des Täters ist er nicht verantwortlich; unwesentliche Abweichungen zwischen Haupttat und Anstiftervorsatz sind dagegen bedeutungslos[208]. Die Grenzen des Anstiftervorsatzes sind allerdings weiter zu ziehen als die Grenzen des Vorsatzes bei der Mittäterschaft und der mittelbaren Täterschaft, weil es gerade zum typischen Erscheinungsbild der Anstiftung gehört, dass der Anstifter dem Täter die Einzelheiten der Tatausführung anheim stellt[209]. **895**

Hat der Anstifter bzgl des durch den Täterexzess herbeigeführten Erfolges fahrlässig gehandelt, so kommt ggf eine Strafbarkeit wegen Anstiftung zum erfolgsqualifizierten Delikt in Betracht (s. § 18).

d) Objektsverwechslung durch den Haupttäter

Auch bei der Anstiftung (zur parallelen Problematik der Mittäterschaft s. Rn 830 ff; zur mittelbaren Täterschaft s. Rn 857 ff) stellt sich die Frage, wie sich eine dem unmittelbar Handelnden unterlaufende Personen- oder Objektsverwechslung auf den Anstifter auswirkt. Es geht letztlich darum, ob die Rechtsgutsverletzung am irrtümlich getroffenen Objekt aus Sicht des Anstifters ein Exzess ist, für den er – wie soeben gesehen – nicht einzustehen hat. **896**

Beispiel: A möchte seinen Erzfeind O loswerden und beauftragt hierzu den T, den er mithilfe eines Fotos des O instruiert. T begibt sich sodann zum Haus des O und schießt dort auf eine Person, die er für O hält. In Wirklichkeit handelt es sich aber um den ähnlich aussehenden Nachbarn N.

---

206 *Deiters*, JuS 06, 302; *Geppert*, Jura 97, 358, 362; S/S-*Heine/Weißer*, § 26 Rn 23; *B. Heinrich*, AT, Rn 1315; *Kühl*, AT, § 20 Rn 205; *Rengier*, AT, § 45 Rn 71; *Roxin*, AT II, § 26 Rn 164; iE auch BGH NStZ 08, 41; diff. *Rönnau*, JuS 15, 19; aA *Bock*, JA 07, 599, 603; *Eidam*, Neumann-FS, S. 773; *Gropp*, AT, § 10 Rn 278.
207 S. hierzu BVerfG NJW 15, 1083 m. Anm. *Satzger*, JK 6/15, EMRK Art. 6 I; BGHSt 32, 345; 45, 321; BGH NStZ 14, 277 m. Anm. *Jahn*, JuS 14, 371; BGH *(1. Senat)* JR 16, 65; NStZ 18, 355; abw. BGH *(2. Senat)* NJW 16, 91; Einzelheiten bei *Beulke/Swoboda*, StPO, Rn 288, 424.
208 Vgl RGSt 70, 293; BGHSt 2, 223.
209 Vgl BGH NJW 05, 996, 997; NStZ 96, 434; *Rengier*, AT, § 45 Rn 55 f.

897 V.a. das Preußische Obertribunal (im berühmten *Rose-Rosahl-Fall*) und der BGH (im *Hoferbenfall*) haben angenommen, dass eine Objektsverwechslung, die für den Haupttäter unbeachtlich sei, auch die Strafbarkeit **des Anstifters nicht berührt**. Der Angestiftete habe die Tat aus dem in ihm hervorgerufenen Vorsatz heraus begangen. Der Anstifter werde „gleich einem Täter" bestraft; was also für letzteren rechtlich irrelevant sei, könne auch den Anstifter grds nicht entlasten. Die dem Angestifteten unterlaufene Personenverwechslung stelle aus Sicht des Anstifters keinen Exzess, sondern nur eine unwesentliche, rechtlich bedeutungslose Abweichung dar. Dies gelte jedenfalls dann, wenn sie sich in den Grenzen des nach allgemeiner Lebenserfahrung Voraussehbaren halte, wovon aber regelmäßig auszugehen sei[210].

Im **Beispielsfall** wäre A nach dieser Auffassung nach §§ 212, 211, 26 bzgl N zu bestrafen. Diesem Ergebnis wurde oft das sog. Blutbadargument entgegengehalten[211]: Falls T nach der „fehlgegangenen" ersten Tat nochmals zuschlägt und nun sein eigentliches Opfer, nämlich O, trifft, müsste diese Auffassung wegen Anstiftung zu zwei Taten bestrafen. Insoweit ginge es nämlich nicht an, die zweite Tat (Ermordung des O) als einen dem Anstifter nicht anzulastenden „Exzess" des Täters anzusehen[212], da gerade diese Tat mit dem übereinstimmt, was der Täter nach dem Willen des Anstifters tun sollte. Braucht der Mörder gar irrtumsbedingt mehrere „Anläufe", bis er endlich den Richtigen erwischt, müsste der Anstifter „für das ganze Gemetzel" haften.

898 Die **hL** erblickt in der Objektsverwechslung des Täters hingegen eine *aberratio ictus* des Anstifters. Der Vorsatz des Anstifters beziehe sich danach nur auf ein bestimmtes Tatopfer/Tatobjekt. Treffe der Haupttäter ein anderes, gehe die Tat ebenso fehl, wie wenn ein vom Täter abgefeuerter Pfeil abgelenkt werde. Zumindest bei der Verletzung höchstpersönlicher Rechtsgüter sei der *error in persona* des Haupttäters, auch wenn für diesen unbeachtlich, aus Sicht des Anstifters wesentlich und somit ein Exzess[213]. Der Anstifter wird danach nur (soweit möglich) wegen versuchter Anstiftung (§ 30 I) zur von ihm geplanten Tat ggf in Tateinheit mit einer Fahrlässigkeitstat bzgl des tatsächlich verletzten Rechtsguts bestraft.

Im **Beispielsfall** wäre A somit wegen versuchter Anstiftung zum Mord bzgl O (§§ 30 I, 212, 211) in Tateinheit mit fahrlässiger Tötung bzgl N (§ 222) zu bestrafen. Der Vorschlag, hier wegen Anstiftung zur versuchten Tat zu bestrafen[214], überzeugt nicht, weil im Angriff auf die falsche Person nicht zugleich ein Angriffsversuch auf die (abwesende) richtige Person erblickt werden kann[215].

---

210 BGHSt 37, 214 *(Hoferbenfall)*; so bereits das Preußische Obertribunal, s. GA 1859, 322 *(Rose-Rosahl-Fall)*; auch in der Entscheidung BGH NStZ 98, 294 *(Autobombenfall*; s. Rn 382) hat der BGH diese Rspr erneut bestätigt; ebenso *Maurach/Zipf*, AT/1, § 23 Rn 26; *Nikolidakis*, Grundfragen der Anstiftung, 2003, S. 184; krit. *Puppe*, NStZ 91, 124 und GA 1984, 101, 120.

211 *Binding*, Normen III, 1918, S. 213.

212 So aber *Geppert*, Jura 92, 163, 168; *Kaspar*, AT, § 7 Rn 84; *Rengier*, AT, § 45 Rn 61; *Streng*, JuS 91, 910, 915.

213 So *Dehne-Niemann/Weber*, Jura 09, 373; *Erb*, Frisch-FS, S. 398 ff; *Hillenkamp*, Die Bedeutung von Vorsatzkonkretisierungen bei abweichendem Tatverlauf, 1971, S. 63 ff; *Jescheck/Weigend*, AT, § 64 II 4; *Otto*, JuS 82, 557, 562; *Roxin*, AT II, § 26 Rn 119 f; *Schlehofer*, GA 1992, 307; *Schreiber*, JuS 85, 783; diff. Baumann/Weber/Mitsch/Eisele-*Eisele*, AT, § 26 Rn 71 ff, 74; *Toepel*, JA 97, 344 und 948.

214 *Freund*, AT, § 10 Rn 132.

215 Vgl LK-*Schünemann*, § 26 Rn 90.

322

Der hL ist entgegen zu halten, dass die Situation der *aberratio ictus* und die hiesige in einem wesentlichen Punkt differieren: Bei der *aberratio ictus* individualisiert der Täter seinen Vorsatz im Zeitpunkt seines Angriffs auf ein konkretes Objekt, welches er sodann verfehlt. Der Anstifter, der nicht in der konkreten Angriffssituation steht, kann sich letztlich nur *wünschen*, dass der Angestiftete das richtige Ziel trifft. Individualisieren kann er seinen Vorsatz selbst grds nicht – er überlässt dies idR vielmehr gerade dem Angestifteten in der konkreten Situation.

Es ist deshalb zu **differenzieren**: Der Standpunkt der Rspr verdient jedenfalls dann **899** Zustimmung, wenn der Anstifter (wie idR) dem Täter die **Individualisierung des Opfers überlassen** hat und jener bei der Ausführung seines Tatentschlusses bestrebt war, die ihm erteilten Instruktionen oder Weisungen zu befolgen[216]. Unterläuft dem Angestifteten dann ein für ihn unbeachtlicher Objektsirrtum und bewegt sich die **Verwechslung** – wie idR – im Rahmen dessen, was **nach allgemeiner Lebenserfahrung voraussehbar** war, liegt kein Exzess des Haupttäters vor. Vielmehr muss dessen unbeachtlicher Irrtum dem Anstifter wie ein eigener zugerechnet werden[217].

Beachtlich (iS einer *aberratio ictus*) ist der Irrtum des Angestifteten ausnahmsweise dann, wenn dieser die Individualisierung nach klaren Vorgaben des Anstifters vorzunehmen hat (zB „Du sollst A erschießen – A kommt immer als Erster aus der Bank"), der Angestiftete sich jedoch bewusst nicht daran hält und sich die **Verwechslung** daher aus Sicht des Anstifters **nicht mehr im Rahmen des allgemein Vorhersehbaren** hält.

Im **Beispielsfall** hat A die Individualisierung anhand des überreichten Fotos dem T überlassen. Dass es zu einer Verwechslung des O mit dem ähnlich aussehenden N kommt, ist nach den Umständen noch vorhersehbar und somit vom Anstiftervorsatz des A gedeckt, weshalb dieser wegen Anstiftung zum Mord (§§ 212, 211, 26) zu bestrafen wäre.

▶ Beispielsfall bei *Beulke*, Klausurenkurs I Rn 162

3. Die Beihilfe

Im Gegensatz zur Anstiftung – bei welcher der Teilnehmer den Tatentschluss des **900** Haupttäters hervorruft – beschränkt sich der Beitrag des Gehilfen auf eine **Unterstützungshandlung**, also auf die Förderung der Haupttat durch deren physische (zB durch Beschaffen des Einbruchswerkzeugs) oder psychische Unterstützung (zB durch Bestärken eines schon vorhandenen Tatentschlusses)[218]. Von der Mittäterschaft unterscheidet sich der Tatbeitrag des Gehilfen durch das Fehlen der (funktionellen) Tatherrschaft. Auf Strafzumessungsebene spiegelt sich sein geringerer Beitrag in einer obligatorischen Strafmilderung (§ 27 II 2) wider.

---

216 So zutr. *Haft/Eisele*, Keller-GS, S. 97; *Kaspar*, AT, § 7 Rn 83; S/S-*Heine/Weißer*, § 26 Rn 26; *Rengier*, AT, § 45 Rn 57 ff; ähnl. MK-StGB-*Joecks*, § 26 Rn 86; *Rosenau/F. Zimmermann*, JuS 09, 546.
217 Lehrreich dazu *Geppert*, Jura 92, 163; *Gropp*, Lenckner-FS, S. 55; SK-*Hoyer*, Vorbem. § 26 Rn 53; *Kubiciel*, JA 05, 694; *Küpper*, JR 92, 294; *Lubig*, Jura 06, 655; *Mitsch*, Jura 91, 373; *Stratenwerth/Kuhlen*, AT, § 8 Rn 98 f; *Streng*, JuS 91, 910; *Weßlau*, ZStW 104 [1992], 105.
218 BGH wistra 99, 386 m. abl. Anm. *Krack*, JR 00, 423; NStZ 12, 316 m. Anm. *Hadamitzky/Richter*, NZWiSt 14, 145; StV 14, 474; *Sieber*, JZ 83, 431; *Stoffers*, Jura 93, 11; *Welz*, Zum Verhältnis von Anstiftung und Beihilfe, 2010; abl. zur Konstruktion einer psychischen Beihilfe *Hruschka*, JR 83, 177; diff. *Joerden*, JuS 99, 1063; zum Diskussionsstand s. auch *Charalambakis*, Roxin I-FS, S. 625; *Niedermair*, ZStW 107 [1995], 507; *Roxin*, Miyazawa-FS, S. 501.

a) „Hilfeleisten" als Gehilfenhandlung

901 Ein „Hilfeleisten" liegt in jedem Tatbeitrag, der die Haupttat ermöglicht oder erleichtert oder die vom Täter begangene Rechtsgutverletzung verstärkt. Die Unterstützung braucht nicht zur Tatausführung selbst geleistet zu werden; Hilfe bei einer vorbereitenden Handlung zur später begangenen Tat genügt[219].

902 **aa) Kausalität zwischen Gehilfenbeitrag und Haupttaterfolg?** Streitig ist, ob der (physische oder psychische) Gehilfenbeitrag für den Erfolg der Haupttat ursächlich gewesen sein muss.

Die **Rechtslehre** geht hier überwiegend von der Anwendbarkeit der allgemeinen Kausalitätsregeln aus[220]. Andere fordern zwar keine Kausalität, verlangen aber eine Risikoerhöhung für das durch die Haupttat angegriffene Rechtsgut[221] bzw stellen darauf ab, ob der Gehilfenbeitrag für das geschützte Rechtsgut konkret gefährlich ist[222].

Nach der **Rspr** genügt es, dass die Haupttat als solche durch den Gehilfenbeitrag **irgendwie gefördert** worden ist (sog. Verstärker- oder Förderkausalität), was allerdings über die bloße Anwesenheit, Kenntnisnahme und Billigung der Tat hinausgehen muss[223]. Darauf, ob die Beihilfehandlung *conditio sine qua non* für den Erfolg der Haupttat war, soll es nicht ankommen[224]. Der Ansicht der Rspr. ist **iE zuzustimmen**: Da § 27 schon das Hilfeleisten zur Haupttat unter Strafe stellt und der vom Täter durch die Haupttat verursachte Erfolg dem Gehilfen nicht als „sein Werk" zugerechnet wird (sondern nur die Hilfeleistung als „Zwischenerfolg", s. Rn 869), hängt die Strafbarkeit der Beihilfe nicht unbedingt von der im Täterschaftsbereich vorausgesetzten Kausalbeziehung ab[225].

Wer in einem NS-Vernichtungslager tätig war, dabei aber keine Tätigkeit ausübte, die in unmittelbarem Zusammenhang mit den Tötungen stand, sondern allgemein zum Funktionieren des Lagers, welches als „industrielle Tötungsmaschinerie" organisiert war, beitrug, ist auch dann Gehilfe zum Mord, wenn sein Beitrag nicht *conditio sine qua non* für irgendeinen konkreten Todeserfolg war[226]. Das häufig in diesem Kontext anzutreffende Argument, die Haupttat wäre auch unabhängig vom Beitrag des Gehilfen begangen worden, ist kein Gegenargument.

---

219 RGSt 58, 113.
220 *B. Heinrich*, AT, Rn 1326; MK-StGB-*Joecks*, § 27 Rn 33 ff; *Samson*, Peters-FS, S. 121; LK-*Schünemann*, § 27 Rn 1 ff; mit Einschränkungen *Müller*, Jura 07, 697, 699.
221 *Kretschmer*, Jura 08, 265, 269; BeckOK-StGB-*Kudlich*, § 27 Rn 7; *Murmann*, JuS 99, 548; *Otto*, JuS 82, 557, 562; *Schaffstein*, Honig-FS, S. 169.
222 *Zieschang*, Küper-FS, S. 733.
223 BGH StV 12, 287; NStZ-RR 16, 136; HRRS 16 Nr 243 m. Bespr. *Eisele*, JuS 16, 470; BGH HRRS 18 Nr 722; 19 Nr 182.
224 BGHSt 48, 301; 54, 140; BGH NJW 07, 384 *(Al Motassadeq)* mit Anm. *Kudlich*, JA 07, 309; BGH HRRS 18 Nr 722; 19 Nr 182.
225 Vert. *Baunack*, Grenzfragen der strafrechtlichen Beihilfe, 1999; *Bloy*, S. 270 ff; *Gaede*, JA 07, 757; zur Beihilfeproblematik bei Mitwirkung an nationalsozialistischen Verbrechen s. *Baun*, Beihilfe zu NS-Gewaltverbrechen, 2019; *Fahl*, HRRS 15, 210; *Werle/Burghardt*, Beulke-FS, S. 339.
226 Richtig daher BGH NJW 17, 498 *(Beihilfe zu staatlich organisiertem Massenmord)* m. Anm. *Grünewald* und ausf. Bespr. *Brüning*, ZJS 18, 285; *Burghardt*, ZIS 19, 21; *Momsen*, StV 17, 546; *Roxin*, JR 17, 88; *Safferling*, JZ 17, 258.

Denn auch hier ist (wie sonst auch) immer auf den wirklichen (und nicht auf einen hypothetischen) Kausalverlauf abzustellen (s. Rn 239)[227].

▶ Beispielsfall bei *Beulke*, Klausurenkurs I, Rn 389

bb) Physische und psychische Beihilfe. Unproblematisch unter § 27 zu subsumieren sind Förderungs- und Unterstützungshandlungen, die das äußere Tatgeschehen betreffen. Derartige **physische** Hilfeleistungen können bereits im Vorbereitungsstadium der Tat geleistet werden, müssen aber bis zur Haupttat fortwirken. Der Haupttäter muss hiervon nichts wissen[228]. 903

Eine nur **psychische** Beihilfe ist jedenfalls insoweit unstreitig von § 27 erfasst, als dem Haupttäter Ratschläge gegeben werden, durch welche die Begehung der Tat erleichtert wird (sog. „technische Beihilfe"[229]). Problematischer ist die psychische Beihilfe in Form des bloßen **Bestärkens des Tatentschlusses.** Kritisiert wird insbes., dass hier die Grenzen zur straflosen versuchten Beihilfe (s. Rn 914) zu verschwimmen drohen[230].

Beispiel: T plant einen Diebeszug und will am Abend in eine Villa einsteigen. Sein Bruder G bringt ihm gegenüber zum Ausdruck, dass das eine tolle Idee sei. Er werde mitkommen und Schmiere stehen – damit T wisse, er sei nicht allein. Kommt es zu keinerlei Zwischenfällen, hat G die Tat objektiv grds nicht gefördert (keine physische Beihilfe). Die verbale Unterstützung sowie das Bestärken des Tatentschlusses durch das Schmierestehen sind jedoch als psychische Beihilfe anzusehen[231]. Hier wird bereits erkennbar, dass die psychische Beihilfe als „Auffangbecken" für eine sich nicht tatfördernd auswirkende (und deshalb straflose) physische Beihilfe „missbraucht" werden kann.

Da § 27 jedoch weit formuliert ist und auch Förderkausalität genügt, muss **psychische Beihilfe** grds **als eine Form der Beihilfe anerkannt werden.** Angesichts der berechtigten Einwände bedarf es allerdings einer restriktiven Anwendung: In jedem Fall ist genau festzustellen, ob der Entschluss des Haupttäters zumindest insoweit gefördert wird, dass dieser ein „erhöhtes Sicherheitsgefühl" erlangt[232]. Die reine Anwesenheit am Tatort unter Billigung der Tat alleine reicht also nicht aus[233]. Zudem ist (anders als bei der physischen Beihilfe) stets erforderlich, dass der Haupttäter die Gehilfenhandlung wahrnimmt[234], eine heimliche psychische Beihilfe kann es nicht geben.

b) „Doppelter Gehilfenvorsatz"

Auch der Gehilfe muss einen „doppelten Teilnehmervorsatz" aufweisen: Sein Vorsatz muss einerseits die eigene Unterstützungshandlung umfassen und andererseits 904

227 *Puppe*, ZStW 95 [1983], 287, 292; *dies.*, GA 2013, 514, 532 ff.
228 BGHSt 6, 248, 249; *Kaspar*, AT, § 6 Rn 101; Matt/Renzikowski-*Haas*, § 27 Rn 21; S/S/W-StGB-*Murmann*, § 27 Rn 4; aA *Heghmanns*, GA 2000, 473, 479.
229 Vgl *Kaspar*, AT, § 6 Rn 103; S/S/W-StGB-*Murmann*, § 27 Rn 5; LK-*Schünemann*, § 27 Rn 12, 49.
230 *Kaspar*, AT, § 6 Rn 104.
231 BGH NStZ 12, 347; *Roxin*, Miyazawa-FS, S. 511 f.
232 BGH NStZ-RR 18, 368; 19, 74; HRRS 19 Nr 182 m. Bespr. *Kudlich*, JA 19, 389.
233 BGH NStZ-RR 16, 136; NStZ 16, 463; NStZ-RR 18, 368; 19, 74; HRRS 19 Nr 182 m. Bespr. *Kudlich*, JA 19, 389.
234 BGH NStZ 12, 347, 348; NStZ-RR 16, 136, 137 m. Bespr. *Hecker*, JuS 16, 944; *Rengier*, AT, § 45 Rn 83.

auf die Vollendung einer bestimmten, nicht notwendig schon in allen Einzelheiten konkretisierten Haupttat gerichtet sein[235].

905   **aa) Vorsatz bzgl „Hilfeleisten".**   Der Gehilfe muss zumindest damit rechnen und in Kauf nehmen, dass seine Unterstützungshandlung dem Täter die Ausführung der Haupttat erleichtert und deren Vollendung fördert[236].

906   **bb) Vorsatz bzgl Haupttat – Anforderungen an deren Konkretisierung.**   Die subjektiven Konkretisierungsanforderungen müssen beim Gehilfen geringer als beim Anstifter (vgl Rn 891 f) angesetzt werden[237]. Dies folgt schon daraus, dass der Anstifter dem noch nicht entschlossenen Haupttäter die Tat zu einem ggf weit im Vorfeld liegenden Zeitpunkt vorgibt, wohingegen der Gehilfe den Tatentschluss und die geplante Tat regelmäßig schon vorfindet; die Rolle des Anstifters kann also als „leitend", die des Gehilfen nur als „begleitend" eingeordnet werden[238].

Daraus folgert ein Teil der Lehre, dass der Gehilfe lediglich den vom Haupttäter verwirklichten **Tatbestand** – nicht dagegen Schadensausmaß bzw Art und Weise des Angriffs – kennen müsse, was wiederum mit Blick auf den Strafgrund der Teilnahme (mittelbar verübte *konkrete* Rechtsgutverletzung) als sehr weitgehend erscheint. Der BGH lässt es – im Unterschied zur Anstiftung (s. Rn 892) – genügen, dass das Vorstellungsbild des Gehilfen den **wesentlichen Unrechtsgehalt** der Haupttat erfasst[239].

Auch wenn die Anforderungen geringer sind als bei der Anstiftung, ein festes Kriterium lässt sich (was auch die Stellungnahmen der Rspr nahelegen) kaum formulieren. Es kann also nur darum gehen, einen Maßstab zu formulieren, wobei auch hier der **Test der hypothetischen Anwesenheit** (Rn 892), allerdings bezogen auf eine „Hilfeleistung" iSv § 27, nutzbar gemacht werden kann. Ist der Gehilfe am Tatort tatsächlich anwesend, stellt sich das Konkretisierungsproblem letztlich nicht. Er sieht genau, zu welcher Tat er Hilfe leistet; sein Vorsatz ist notwendigerweise auf diese Tat konkretisiert. Handelt er aber im Vorfeld der Haupttat, so kann auch hier darauf abgestellt werden, über welche Informationen der Gehilfe im Zeitpunkt des Hilfeleistens verfügte und ob er erkennen kann, dass es sich um eine Tat handelt, in der sich sein Tatbeitrag förderlich auswirkt[240].

907   Voraussetzung der Strafbarkeit des Gehilfen ist ferner, dass die Haupttat, zu der er Hilfe geleistet hat, zur **Vollendung** oder zumindest in das Stadium des mit Strafe bedrohten Versuchs gelangt. Plant der Gehilfe hingegen, ähnlich wie ein *agent provocateur* (s. Rn 893 f), dass der Täter festgenommen wird, bevor es zur materiellen Beendigung der Tat kommt, so fehlt ihm der nötige Gehilfenvorsatz.

---

235   BGH GA 1967, 115; wistra 00, 382; BayObLG NJW 91, 2582 m. krit. Anm. *Wolf*, JR 92, 428.
236   BGH NStZ 08, 409; OLG Karlsruhe NJW-RR 13, 1180, 1182.
237   S. nur BGHSt 42, 137; *Geppert*, Jura 99, 266, 273; *Roxin*, Salger-FS, S. 136; S/S-*Cramer/Heine*, § 27 Rn 19.
238   *Satzger*, Jura 08, 514, 520.
239   BGHSt 42, 135 m. Anm. *Roxin*, JZ 97, 210; *Fahl*, JA 97, 11; *Scheffler*, JuS 97, 598; BGH NStZ 11, 399; zurückhaltender NJW 07, 384 *(Al Motassadeq)* m. Anm. *Jahn*, JuS 07, 382; BGH wistra 12, 302; NStZ 17, 274; HRRS 17 Nr 843; vert. zum Ganzen: *Satzger*, Jura 08, 514, 520 ff; *Warneke*, Die Bestimmtheit des Beteiligungsvorsatzes, 2007.
240   Ausf. *Satzger*, Jura 08, 514, 522.

Unterliegt der Haupttäter einem ***error in persona***, so gelten die bei der Anstiftung **908** entwickelten Grundsätze entsprechend (s. Rn 896 ff)[241].

c) Beihilfe durch „neutrales" Verhalten

Heftig diskutiert wird die Frage, inwiefern neutrales Verhalten eine Strafbarkeit wegen **909** Beihilfe begründen kann[242]. Gemeint sind damit alltägliche oder berufstypische Verhaltensweisen, die in einem bestimmten Kontext die Begehung einer Straftat begünstigen können[243]. Neben dem Verkauf des Tatwerkzeugs als Paradefall der neutralen Beihilfe stellt sich diese Problematik insbes. bei Rechtsanwälten, Notaren, Steuerberatern und Bankangestellten[244], etwa wenn Letztere Geld zur Steuerflucht ins Ausland transferieren[245]. Da eine Gehilfenstrafbarkeit an und für sich bereits bei bloßem *dolus eventualis* hinsichtlich der Haupttat eingreift, gibt es eine – wenig überschaubare[246] – Anzahl an Ansätzen, die eine einschränkende Handhabung des § 27 I befürworten, um die allgemeine Handlungs- bzw Berufsfreiheit (Art. 2 I bzw 12 I GG) zu schützen.

Beispiel: G ist Kurierfahrer und erhält eines Tages von T den Auftrag, ein Kuvert zum Ordnungsamt zu bringen und dieses dem Beamten B heimlich zuzustecken. T will damit den Beamten B dazu bringen, die rechtmäßig für dessen Kampfhund angeordnete Maulkorbpflicht aufzuheben. Auch wenn sich G über die konspirative Übergabe wundert (Heimlichkeit, verdächtige Form des Kuverts), übernimmt er diese Fahrt, da er seinen Laden „dicht machen" könne, falls er sich stets um die Angelegenheiten seiner Auftraggeber kümmern müsse. G leistet hier durch eine für seinen Beruf typische – objektiv neutrale – Verhaltensweise (physische) Beihilfe zur von T begangenen Bestechung (§ 334 I 1) und wäre angesichts des (Eventual-) Vorsatzes bzgl dieser Haupttat grds nach §§ 334 I 1, 27 I zu bestrafen.

Nach zT vertretener Auffassung entspräche eine Korrektur dieses Ergebnisses einer unberechtigten Privilegierung der Beihilfe durch alltägliche Verhaltensweisen, weshalb im Einzelfall lediglich eine besonders kritische Prüfung des *dolus eventualis* vorzunehmen sei[247]. Um demgegenüber die Strafbarkeit schon **im objektiven Tatbestand einzugrenzen**, werden unterschiedliche Lösungswege vorgeschlagen, die allesamt darauf hinauslaufen, einen Kreis an sozialadäquaten[248] oder professionell adä-

---

241 S. auch *Haft/Eisele*, Keller-GS, S. 81.

242 Ein guter Überblick findet sich bei *Rönnau/Wegner*, JuS 19, 527.

243 Vgl zu alltäglichen Beihilfehandlungen in einem persönlichen Näheverhältnis BGH StV 17, 292 m. Anm. *Landwehr*, FD-StrafR 16, 375395; s. auch S/S/W-StGB-*Murmann*, § 27 Rn 6.

244 Vgl BGH NStZ-RR 99, 184, 186; NStZ 00, 34; OLG Köln DStR 11, 1195 m. Bespr. *Kudlich*, JA 11, 472; LG Bochum NJW 00, 1430; *Amelung*, Grünwald-FS, S. 9; *Arzt*, NStZ 90, 3; *Beulke/Ruhmannseder*, Rn 79 ff; *Geppert*, Jura 99, 266, 269; *Hefendehl*, Jura 92, 376; *Lüderssen*, Grünwald-FS, S. 329; Coester-Waltjen-I-*Murmann*, S. 70; *Otto*, JZ 01, 436; Amelung-*Ransiek*, S. 95; *Schröder*, DNotZ 05, 596; LK-*Schünemann*, § 266 Rn 163; *Tag*, JR 97, 49; *Volk*, BB 87, 139.

245 Vgl dazu BGHSt 46, 107, 112 m. Anm. *Jäger*, wistra 00, 344 und *Lesch*, JR 01, 383; *Samson/Schillhorn*, wistra 01, 1; ausf. *Kudlich/Oğlakcıoğlu*, Wirtschaftsstrafrecht, 2. Aufl., Rn 189 ff; zur selben Problematik im Insiderstrafrecht: *Momsen*, Maiwald II-FS, S. 575 ff; sogar die Mitwirkung an der Sicherung der innerdeutschen Grenze wurde im Zusammenhang der Mitwirkung durch „neutrales" Verhalten diskutiert, vgl BGH NJW 01, 2409 m. Bespr. *Kudlich*, JuS 02, 751.

246 Ausf. hierzu *Hillenkamp/Cornelius*, AT, S. 228 ff.

247 Vgl *Beckemper*, Jura 01, 163, 169; *Krey/Esser*, AT, Rn 1087; *Heinrich*, AT, Rn 1331.

248 *Bode*, ZStW 127 [2015], 937, 969; *Kretschmer*, JR 14, 39, 40; *Moos*, Trechsel-FS, S. 477; *Puppe*, AT, § 26 Rn 10 ff; NK-*Schild*, § 27 Rn 11; jedenfalls für Jedermannsgeschäfte, vgl *Rackow*, Neutrale Handlungen als Problem des Strafrechts, 2007, S. 572; zur Teilnahme des Hauptunternehmers an Straftaten eines Subunternehmers bei gezieltem Ausnutzen wirtschaftlicher Abhängigkeit s. *Bülte/Hagemeier*, NStZ 15, 317, 319 ff.

quaten Verhaltensweisen als objektiv „neutral" bzw als erlaubtes Risiko[249] zu erklären und so aus der Beihilfestrafbarkeit auszunehmen.

Die **Rspr** stellt, v. a. im Anschluss an *Roxin*[250], auf die **subjektive Vorstellung** der Beteiligten ab und differenziert nach der Vorsatzform: Sofern der Hilfeleistende Kenntnis davon hat, dass das Handeln des Haupttäters ausschließlich darauf abzielt, eine strafbare Handlung zu begehen, verliert sein Tatbeitrag den „Alltagscharakter" und ist als Beihilfehandlung zu werten. Hält er es nur für möglich, dass sein Tun zur Begehung einer Straftat genutzt wird, so begeht er regelmäßig noch keine Beihilfe. Dies soll jedoch dann nicht gelten, wenn sich das vom Helfenden erkannte Risiko strafbaren Verhaltens als derart hoch erweist, dass sich dieser „mit seiner Hilfeleistung die Förderung eines erkennbar tatgeneigten Täters angelegen sein ließ"[251].

Für diese differenzierende Ansicht spricht, dass die Einbeziehung von Sonderwissen in der Fallgruppe sozialadäquaten Verhaltens im Einklang mit den allgemeinen Grundsätzen zur objektiven Zurechnung steht (s. Rn 279). Dem „wissenden Gehilfen" ist der das Teilnahmeunrecht kennzeichnende Hilfeleistungserfolg (s. Rn 869) dann auch bei alltäglichen oder berufstypischen Hilfestellungen objektiv zurechenbar.

Weitere Vorschläge suchen eine Lösung in einer **Kombination subjektiver und objektiver Kriterien**, so zB *Kudlich*, der eine Strafbarkeit annimmt, wenn der Helfende mindestens *dolus eventualis* nicht nur bzgl der Pläne des Täters, sondern auch bzgl der deliktischen Verwendung gerade der beruflichen Leistung aufweist und die Verknüpfung von Tat- und Berufsleistung bestimmte objektive Kriterien erfüllt (insbes. nicht willkürlich ist)[252].

Klausurhinweis: Da somit für die Bewertung des objektiven Tatbestandsmerkmals („Hilfeleisten") entscheidend ist, welche Vorsatzform der (potentielle) Gehilfe aufweist, ergeben sich Aufbauprobleme. Neben einer inzidenten Prüfung des Vorsatzes im objektiven Tatbestand erscheint es deshalb aufbautechnisch ebenso vertretbar, das Problem der „neutralen" Beihilfe erst nach Bejahung des objektiven und subjektiven Tatbestandes anzusprechen[253].

▶ Beispielsfall bei *Beulke*, Klausurenkurs III, Rn 146b

d) Sukzessive Beihilfe

910 Ebenso wie bei der Mittäterschaft (s. Rn 831 ff), stellt sich auch im Bereich der Beihilfe die Frage, bis zu welchem Stadium der Deliktsverwirklichung ein Gehilfenbeitrag geleistet werden kann. Einigkeit besteht dabei, dass Unterstützungshandlungen

---

249 Vgl mit der Folge des Ausschlusses der objektiven Zurechnung *Kindhäuser*, Otto-FS, S. 355; *Kretschmer*, Rogall-FS, S. 193, 201; *Rogat*, Die Zurechnung bei der Beihilfe, 1997, S. 68; *Schall*, Meurer-GS, S. 103; *Wohlers*, NStZ 00, 169; ähnl. *Lesch*, Schiller-FS, S. 448 ff (Regressverbot); mit der Folge fehlender Rechtswidrigkeit unter dem Gesichtspunkt des Notstandes *Frisch*, Lüderssen-FS, S. 554; für Ausnahmefälle auch *Kai Müller*, Schreiber-FS, S. 357.

250 *Roxin*, AT II, § 26 Rn 218 ff; *ders.*, StV 15, 447; zust. HK-GS-*Ingelfinger*, § 27 Rn 13.

251 BGHSt 46, 107, 112; BGH NStZ 00, 34; wistra 14, 176 m. Anm. *Bott/Orlowski*, NZWiSt 14, 143; BGH NStZ 17, 337 m. Anm, *Schörner/Bockemühl*, StV 18, 20; BGH NStZ 17, 461; NStZ 18, 328 m. Anm. *Kudlich*; BGH wistra 18, 342; *Greco*, wistra 15, 1; *Putzke*, ZJS 14, 635; zust. *Hoffmann-Holland*, AT, Rn 588; zum Ganzen auch *Ambos*, JA 00, 721; *Baun*, Beihilfe zu NS-Gewaltverbrechen, 2019; *Beckemper*, Jura 01, 163; *Hillenkamp/Cornelius*, AT, S. 228 ff; MK-StGB-*Joecks*, § 27 Rn 49 ff; *Kubiciel*, wistra 12, 453; *Rotsch*, Jura 04, 14.

252 *Kudlich*, S. 466; *ders.*, Roxin II-FS, S. 881; *ders.*, JA 13, 791; anders zur Anstiftung: *Kudlich*, Tiedemann-FS, S. 221.

253 So etwa *Rengier*, AT, § 45 Rn 113.

nach Beendigung der Haupttat (s. Rn 65 ff) keine Beihilfe mehr begründen können[254].

Beispiel: R verübt einen Banküberfall und ist gerade dabei, die Geldscheine in eine mitgebrachte Sporttasche zu packen, als zufällig sein Freund F1 in die Bank tritt, die Situation erkennt und dem R beim Tragen der Beute hilft. Als R sodann die Bank verlässt, erblickt er den F2, der ihn – in Kenntnis des vorangegangenen Geschehens – mit seinem Auto vom Tatort wegfährt, damit der Raub erfolgreich zu Ende gebracht werden kann.

Bis zur (formellen) Vollendung der Tat durch den Haupttäter ist eine sukzessive Beihilfe möglich. Dass dies im Gegensatz zur sukzessiven Mittäterschaft (s. Rn 834) weitgehend unstreitig ist, liegt daran, dass § 27 I nur von einem Hilfeleisten zur Tat spricht, was auch dann der Fall sein kann, wenn die Unterstützungshandlung nach Vornahme einer tatbestandlichen Handlung, jedoch vor Eintritt des Erfolges vorgenommen wird. **911**

Im **Beispielsfall** könnte F1 deshalb – obwohl R die qualifizierte Nötigungshandlung bereits vorgenommen hat – wegen (sukzessiver) Beihilfe zum Raub bestraft werden (§§ 249 I, 27 I). Der Raub war noch nicht vollendet, als F1 unterstützend eingriff.

Sehr umstritten ist der **Zeitraum zwischen der (formellen) Vollendung und der Beendigung** der Haupttat. Die Rspr und Teile der Literatur halten eine sukzessive Beihilfe in dieser Phase für möglich[255]. Dann laufen jedoch Beihilfe und Begünstigung, deren Tathandlung gleichermaßen ein „Hilfeleisten" ist, parallel und müssen (angesichts unterschiedlicher Strafdrohungen) gegeneinander abgegrenzt werden, was erhebliche Schwierigkeiten bereitet[256]. Zu Recht steht daher eine wachsende Zahl von Autoren der sukzessiven Beihilfe nach Vollendung, mit Blick auf die klare Abgrenzbarkeit zu den Anschlussdelikten, den Bestimmtheitsgrundsatz und das Analogieverbot (Art. 103 II GG, Rn 72, 83) skeptisch gegenüber[257]. **912**

Im **Beispielsfall** wäre die von F2 nach Vollendung des Raubes aber vor dessen materieller Beendigung (Beutesicherung) vorgenommen Unterstützungshandlung nach der Rspr als sukzessive Beihilfe zum Raub einzuordnen, da F2 „Gehilfenwillen" hatte. Nach der vorzugswürdigen Gegenansicht wäre in dieser Phase lediglich eine Strafbarkeit des F2 wegen Begünstigung (§ 257 I) möglich.

254 BGH NJW 13, 2211; NStZ 13, 463; NStZ-RR 17, 198.
255 BGHSt 19, 323, 325; BGH NStZ 12, 264; NStZ 13, 583 m. Anm. *Beulke/Witzigmann*, ZWH 13, 450; BGH HRRS 19 Nr 182 m. Bespr. *Kudlich*, JA 19, 389; Maurach/Gössel/Zipf-*Gössel*, AT/2, § 39 Rn 61; diff. *Kühl*, Die Beendigung des vorsätzlichen Begehungsdelikts, 1974, S. 94 ff; s. auch BVerfG NJW 07, 1117, 1119 *(Cicero).*
256 Zur Abgrenzung der Rspr nach der Willensrichtung BGHSt 4, 132, 133; OLG Köln NJW 90, 587, 588; krit. dazu *Wessels/Hillenkamp/Schuhr*, BT/2, Rn 806; für (sukzessive) Beihilfe unabhängig von der Willensrichtung *Bosch*, Jura 12, 270, 272 f; *Laubenthal*, Jura 85, 630, 632 f; S/S-*Hecker*, § 257 Rn 7.
257 *Brüning*, NStZ 06, 253; *Geppert*, Jura 99, 266, 272; *Hecker*, JuS 17, 1125, 1127; *Kaspar*, AT, § 6 Rn 100; *Murmann*, Grundkurs, § 27 Rn 139; *Roxin*, AT II, § 26 Rn 257 ff; *Rudolphi*, Jescheck-FS, S. 559; NK-*Schild*, § 27 Rn 12; MK-StGB-*Schmitz*, § 242 Rn 179; *Seher*, JuS 09, 793, 797; *Wessels/Hettinger/Engländer*, BT/1, Rn 801; *Wessels/Hillenkamp/Schuhr*, BT/2, Rn 806.

4. Strafbarkeit der Verbrechensvorbereitung nach § 30 I, II

a) Versuchte Anstiftung (§ 30 I)

913 **aa) Grundlagen und Strafgrund der versuchten Anstiftung.** Die Teilnahmestrafbarkeit setzt nach Akzessorietätsgrundsätzen eine vorsätzliche, rechtswidrige Haupttat voraus. Diese muss zwar nicht vollendet, jedoch zumindest in das Stadium des strafbaren Versuchs gelangt sein. Ist dies nicht der Fall, so kommt lediglich eine versuchte Teilnahme in Betracht (zur Abgrenzung vgl Rn 879 f).

Die versuchte Anstiftung zu einem Verbrechen ist wegen ihrer Gefährlichkeit für das Rechtsgut – die sich daraus ergibt, dass ein **gefährlicher, nicht mehr beherrschbarer Kausalverlauf in Gang gesetzt wurde** – zu einer selbstständig unter Strafe gestellten Vorbereitungshandlung erhoben worden[258]. Zwar richtet sich die Strafdrohung für die versuchte Anstiftung nach der für den Versuch des Verbrechens, § 30 I 2 sieht jedoch eine obligatorische Strafmilderung vor. Die Prüfung der versuchten Anstiftung richtet sich nach dem vom Versuch bekannten Aufbauschema:

Aufbauschema zur versuchten Anstiftung (§ 30 I)

I. „Vorprüfung"
  1. Strafbarkeit der versuchten Anstiftung (Verbrechen iSd § 12 I)
  2. Nichtvollendung der Anstiftung (Rn 914)

II. Tatbestandsmäßigkeit
  1. Tatentschluss („doppelter Anstiftervorsatz")
    a) Vorsatz bzgl Vollendung einer vorsätzlichen, rechtswidrigen Haupttat mit Verbrechensqualität (Rn 915 ff)
    b) Vorsatz bzgl Bestimmen
  2. Unmittelbares Ansetzen zur Bestimmungshandlung (s. Rn 979)

III. Rechtswidrigkeit

IV. Schuld

V. (ggf) Rücktritt gem. § 31 I Nr 1, II (s. Rn 1088 ff)

---

914 **bb) „Vorprüfung".** Solange das Gesetz keine entgegenstehenden Aussagen trifft (wie etwa in § 159), ist die versuchte Anstiftung **nur bei Verbrechen** iSd § 12 I strafbar. Im Umkehrschluss ergibt sich daraus, dass die **versuchte Beihilfe straflos** ist.

Die Anstiftung ist **nicht vollendet**, wenn der potentielle Haupttäter keinen (dem potentiellen Anstifter zurechenbaren) Tatentschluss fasst. Dies kann darin begründet sein, dass der andere das ihm unterbreitete Ansinnen ablehnt, ignoriert oder nicht versteht oder ihn die Anstiftungserklärung gar nicht erreicht. Ferner besteht die Möglichkeit, dass der zunächst gefasste Entschluss noch im Vorbereitungsstadium wieder aufgegeben wird oder dass der Haupttäter schon vor dem Anstiftungsversuch zur Tat fest entschlossen war (sog. *omnimodo facturus*, s. Rn 884) und aus diesem Grunde nicht mehr angestiftet werden konnte.

---

258 Weiterführend *Beulke*, NStZ 99, 26; vgl auch *Geppert*, Jura 97, 546, 547; *Kühl*, AT, § 20 Rn 244.

Beispiel: A möchte den B zur Ableistung eines Meineides bestimmen und verfasst hierzu einen Brief. Dieser Brief mit der Aufforderung zur Tatbegehung wird jedoch auf dem Weg zu B von der Polizei abgefangen[259]. Ebenso wie in dieser Konstellation läge eine Nichtvollendung der Anstiftung vor, wenn sich B zwar zunächst zur Ableistung des Meineides aufgrund dieses Briefs entscheidet, jedoch vor Gericht „kalte Füße" bekommt und wahrheitsgemäß aussagt bzw B zwar einen Meineid ableistet, aber bereits unabhängig von As Einwirken hierzu fest entschlossen war. In all diesen Fällen wäre wegen der Nichtvollendung der von A intendierten Anstiftung an eine Strafbarkeit nach §§ 30 I S. 1 Alt. 1, 154 I zu denken.

cc) Tatentschluss = „doppelter Anstiftervorsatz". Der für die Versuchsstrafbarkeit erforderliche Tatentschluss entspricht bei § 30 I dem sog. „doppelten Anstiftervorsatz", weshalb insoweit auf obige Ausführungen verwiesen werden kann (s. Rn 889 ff). Erforderlich ist somit zum einen Vorsatz bzgl der Vollendung einer konkreten Haupttat, zum anderen muss der Vorsatz auf das Hervorrufen des Tatentschlusses beim Haupttäter gerichtet sein[260]. Eine darüber hinausgehende „Ernstlichkeit" der Aufforderung ist nicht erforderlich[261]. **915**

Hinsichtlich des Vorsatzes bzgl der Haupttat ist es iRd § 30 I entscheidend, dass sich die Tat, zu der angestiftet werden soll, nach der Vorstellung des Anstifters als **Verbrechen** darstellt[262]. Hängt der Verbrechenscharakter der Haupttat von einem persönlichen Merkmal des Haupttäters ab, so ist zu differenzieren: **916**

Ist das **Merkmal strafbegründend**, so muss sich der Anstifter vorstellen, dass der potentielle Haupttäter dieses erfüllt. Die in § 28 I vorgesehene Strafmilderung betrifft den Anstifter und ändert nichts am Verbrechenscharakter der Haupttat.

Handelt es sich bei dem Merkmal, welches die Tat zum Verbrechen erhebt, um ein **strafmodifizierendes** iSd § 28 II, herrscht Streit. Im Fall einer erfolgreichen Anstiftung bliebe angesichts der limitierten Akzessorietät dieses besondere persönliche Merkmal des Täters aus Sicht des Anstifters unberücksichtigt. Der Anstifter wäre grds nur als Anstifter zu einem Vergehen zu bestrafen. **917**

Beispiel: A will den Polizisten P dazu bringen, den O – gegen den P momentan ermittelt – mittels Gewalt zu einer selbstbelastenden Aussage zu zwingen. P lehnt dies jedoch entrüstet ab. Bei der Tat, zu der A den P bestimmen will, handelt es sich um das Verbrechen der Aussageerpressung (§ 343 I Nr 1). Da A selbst jedoch kein Amtsträger ist, handelt es sich für ihn wegen § 28 II um kein Verbrechen; vielmehr wäre A – wäre es zur Haupttat durch P gekommen – lediglich nach §§ 240 I, 26 (also wegen der Anstiftung zu einem Vergehen) zu bestrafen.

Nach der Rspr und Teilen des Schrifttums soll es genügen, dass das besondere persönliche Merkmal nach der Vorstellung des (erfolglosen) Anstifters in der Person des **anvisierten Täters** erfüllt ist[263]. Die bei erfolgreicher Anstiftung eingreifende Tatbe-

---

259 Vgl BGHSt 8, 261; 31, 10; Aufbauschema zu § 30 I bei *Hilgendorf/Valerius*, AT, § 10 Rn 118.
260 Dazu OLG Hamm JR 92, 521; *Bloy*, JR 92, 493; s. auch BGH HRRS 17 Nr 1027.
261 BGHSt 44, 99 m. zust. Anm. *Roxin*, NStZ 98, 616; BGH NStZ 13, 334 m. Bespr. *Hecker*, JuS 13, 748; aA BGHSt 7, 234, 238; *Kühl*, AT, § 20 Rn 251.
262 BGHSt 4, 254; 8, 294, 296; vert. *Hinderer*, JuS 11, 1072.
263 BGHSt 6, 308; 53, 174 (zu § 30 II) m. krit. Anm. *Dehne-Niemann*, Jura 09, 695; BGH NStZ-RR 17, 140; *Gerold*, Jura 14, 854, 861; *v. Heintschel/Heinegg*, JA 09, 547; *Hinderer*, JuS 11, 1072, 1073; *Mitsch*, JR 10, 359; S/S/W-StGB-*Murmann*, § 30 Rn 8; *Rengier*, AT, § 47 Rn 15; *Valerius*, Jura 13, 15, 19 f.

standsverschiebung nach § 28 II wird so ausgeblendet. Dies soll dem Strafgrund des § 30 I entsprechen, der die Vorbereitung einer besonders erheblichen *Straftat* – wofür alleine die Qualifizierung der Haupttat entscheidend sei – erfasst.

Den augenscheinlichen Wertungswiderspruch mit § 28 II erkennt auch der BGH und wendet auf die versuchte Anstiftung zum Verbrechen den Vergehensstrafrahmen an. Dies ist allerdings systemwidrig. Zudem stellt eine solche im Gesetz nicht angelegte „Umdeutung" der Tatbestands- in eine Strafrahmenverschiebung einen Verstoß gegen Art. 103 II GG dar.

Die hL stellt daher zu Recht – entsprechend dem Grundgedanken des § 28 II – **auf die Person des Anstifters ab**; eine versuchte Anstiftung ist möglich, wenn der Anstifter in seiner Person ein besonderes persönliches Merkmal erfüllt, das zur Folge hat, dass er – bei unterstellter erfolgreicher Anstiftung – selbst ein Verbrechen begehen würde[264].

Eine weitere Ansicht verlangt, dass sich die in Aussicht genommene Tat sowohl für den präsumtiven Anstifter als auch für den Haupttäter bei unterstellter Tatbegehung als Verbrechen darstellt[265]. Wiederum andere differenzieren danach, ob das fragliche persönliche Merkmal dem Unrechts- oder dem Schuldbereich zugeordnet werden kann. Unrechtserhöhende Merkmale müssten beim präsumtiven Haupttäter vorliegen, schulderhöhende Merkmale bei demjenigen, der die Anstiftung versucht[266].

Im **Beispielsfall** wäre A nach der Rspr wegen versuchter Anstiftung zur Aussageerpressung strafbar (§§ 30 I S. 1 Alt. 1, 343 I Nr 1) obwohl er selbst kein Amtsträger ist; auf Strafzumessungsebene wäre auf den Vergehensstrafrahmen des § 240 I zurückzugreifen. Nach der vorzugswürdigen hL ist A jedoch straflos, da sich die Tat für ihn nicht als Verbrechen darstellt.

b) Verbrechensverabredung und ähnliche Beteiligungsformen (§ 30 II)

918 Eine weitere Vorverlagerung des Kreises strafbaren Verhaltens in das Vorbereitungsstadium nimmt **§ 30 II** – der sog. „Duchesne-Paragraph", nach einem belgischen Kesselschmied, der sich zu einem Attentat auf Bismarck anbot – vor. Hiermit soll **konspirativen Willensbildungen** entgegengewirkt werden, von denen eine wesentlich größere Rechtsgutbedrohung ausgeht als vom Tatentschluss einer einzelnen Person, welcher jederzeit wieder umgestoßen und ohne Schwierigkeiten wieder aufgegeben werden kann.

---

264 So BGHSt 3, 228; 14, 353; BeckOK-StGB-*Beckemper/Cornelius*, § 30 Rn 5; *Geppert*, Jura 97, 546, 549; S/S-*Heine/Weißer*, § 30 Rn 13; *Kühl*, AT, § 20 Rn 247; *Mitsch*, Jura 14, 585, 589; AnwK-StGB-*Waßmer*, § 30 Rn 12.

265 HK-GS-*Letzgus*, § 30 Rn 46; Maurach/Gössel/Zipf-*Renzikowski*, AT/2, § 53 Rn 122; *Roger*, GA 2013, 694, 705 ff; LK-*Schünemann*, § 30 Rn 43; NK-*Zaczyk*, § 30 Rn 29.

266 *Gallas*, ZStW 80 [1968], 1, 33; *Stratenwerth/Kuhlen*, AT, § 12 Rn 173 f; ähnl. *Roxin*, AT II, § 28 Rn 27 f.

Aufbauschema zu § 30 II

I.   Tatbestandsmäßigkeit

    1.   Objektiver Tatbestand

        a)   Bezugstat: Endgültig und konkret geplantes Verbrechen

        b)   Tathandlung:

             aa)   Sichbereiterklären (Var. 1) oder

             bb)   Annehmen des Erbietens (Var. 2) oder

             cc)   Verabredung (Var. 3),

                  ein Verbrechen als Täter zu begehen oder dazu anzustiften

    2.   Subjektiver Tatbestand: Erfolgswille bzgl der Tat und Wille zur Beteiligung (s. aber Rn 921)

II.   Rechtswidrigkeit

III.   Schuld

IV.   (ggf) Rücktritt gem. § 31 I Nr 2, 3, II (s. Rn 1088 ff)

Klausurhinweis: Da die Strafbarkeit nach § 30 von einem im BT aufgeführten Verbrechen abhängig ist (und sich der Strafrahmen nach selbigem richtet), sollte stets die „Bezugsnorm" mitzitiert werden (zB „A ist strafbar nach §§ 30 II Var. 3, 212, 211"). Aufbautechnisch sollte bedacht werden, dass § 30 II auf Konkurrenzebene als mitbestrafte Vortat zurücktritt, sofern die intendierte Tat zumindest in das Versuchsstadium gelangt ist (s. Rn 1275). In diesen Fällen sollte also *keinesfalls* eine chronologische Prüfung (beginnend mit § 30) erfolgen; vielmehr ist hier „ein Satz" auf Ebene der Konkurrenzen völlig ausreichend.

aa) Den wichtigsten Fall des § 30 II stellt die **Verbrechensverabredung (§ 30 II Var. 3)** dar. Sie ist eine Vorstufe der Mittäterschaft[267] und setzt die Willensübereinstimmung von mindestens zwei Personen voraus. Diese Bindung führt zu einem quasi-vertraglichen Motivationsdruck, kraft dessen die Verabredenden gegenseitig „im Wort stehen"[268] und begründet die Strafwürdigkeit der Verabredung; unerheblich ist dabei, ob sich die präsumtiven Mittäter persönlich kennen[269]. Das Verbrechen, das sie begehen bzw zu dessen Ausführung sie einen anderen gemeinsam anstiften wollen, muss in seinen wesentlichen Grundzügen, wenn auch nicht notwendigerweise in allen Einzelheiten, bestimmt sein[270].   **919**

Notwendig ist, dass die sich Verabredenden **unbedingt zur Begehung der Straftat entschlossen** sind. Bloße Tatgeneigtheit genügt nicht[271]. Auf die Tauglichkeit oder Untauglichkeit des ins Auge gefassten Tatobjekts oder der Tatmittel kommt es dabei nicht an, wie die Verweisung in § 30 auf § 23 III erkennen lässt[272]. Der subjektive

---

267   BGH NStZ-RR 02, 74 m. Bespr. *Heger*, JA 02, 628; s. auch BGH StV 17, 441; NStZ 16, 338 (Straflosigkeit der Zusage einer Beihilfe zu einem Verbrechen).

268   Vgl *Kühl*, AT, § 20 Rn 245.

269   BGH NStZ 11, 570 *(Chatroomfall)*.

270   BGH NStZ 11, 570 *(Chatroomfall)* m. Anm. *Weigend*; *Rackow/Bock/Harrendorf*, StV 12, 687; *Reinbacher*, NStZ-RR 12, 40; *Rotsch*, ZJS 12, 680; BGH NStZ 13, 33; JR 19, 199 m. Anm. *Theile*, ZJS 19, 246; s. auch *B. Heinrich*, Heinz-FS, S. 728.

271   BGH NStZ 09, 497.

272   Vgl BGHSt 4, 254; LK-*Schünemann*, § 30 Rn 69; einschränkend HK-GS-*Letzgus*, § 30 Rn 85 ff; *Rogall*, Puppe-FS, S. 873 ff; NK-*Zaczyk*, § 30 Rn 30, 61, die von einer bloßen Rechtsfolgenverweisung ausgehen; diff. auch *Mitsch*, Maiwald II-FS, S. 556.

Tatbestand ist – im Unterschied zu § 30 I (s. Rn 915) – nur für denjenigen Beteiligten erfüllt, der die Tat ernstlich will[273]. Ob es für eine Verbrechensverabredung ausreicht, dass nur einer der Verabredenden die Tat ernstlich will, ist jedoch streitig:

Beispiel (nach BGH, NJW 17, 2134 – *Gefängnisfall*[274]): A und B verabreden einen Gefängnisausbruch, bei dem ein Vollzugsbeamter mit bedingtem Tötungsvorsatz niedergeschlagen werden soll. Diesem Vorhaben stimmt B jedoch nur scheinbar zu. Da B kurz darauf in eine andere Haftanstalt verlegt wird, unterlässt A die Verwirklichung des Plans. Nach eA[275] kann der fest zur Tatbegehung entschlossene A hier wegen einer Verbrechensverabredung (§§ 30 II Var. 3, 212, 211) bestraft werden, obwohl B einen inneren Vorbehalt aufweist; die vorzugswürdige hM[276] lehnt dies ab, da hier die erhöhte Gefährlichkeit durch eine konspirative Willensbildung mehrerer gerade fehlt (s. aber Rn 920).

920 **bb) Sichbereiterklären (§ 30 II Var. 1)** bedeutet die ernst gemeinte Kundgabe der Bereitwilligkeit zur Begehung eines Verbrechens gegenüber einem anderen[277]. Es umfasst einerseits das Sich-Erbieten durch eine tatgeneigte – aber noch nicht fest entschlossene[278] – Person und andererseits die Annahme der Aufforderung zur Verbrechensbegehung. Dabei kommt es auf einen inneren Vorbehalt des Erklärungsempfängers nicht an, weil das Sichbereiterklären unabhängig von der subjektiven Einstellung des Erklärungsempfängers ist[279]. Auch hier stellt sich – wie bei § 30 I (s. Rn 979) – die Frage, ob es ausreicht, dass eine diesbezügliche Erklärung abgesendet wurde oder ob diese dem Empfänger zugegangen sein muss[280]. Wegen Sichbereiterklärens zu einem Tötungsverbrechen kann sich auch derjenige, der die Erklärung gegenüber dem potenziellen Opfer abgibt, jedenfalls dann strafbar machen, wenn die Erklärung in der konkreten Fallkonstellation geeignet ist, eine motivationale Selbstbindung des Täters zu begründen[281].

Im obigen **Beispiel** (Rn 919) bestraft die hM den A nach §§ 30 II Var. 1, 212, 211 (Erbieten zur Tatbegehung).

921 **cc) Die Annahme des Erbietens (§ 30 II Var. 2)** bildet das Gegenstück zum Sich-Erbieten. Da es letztlich um Fälle geht, in denen das „Angebot" einer bereits tatgeneigten – jedoch noch nicht fest entschlossenen – Person zur Begehung eines Verbrechens angenommen wird, sieht die hM § 30 II Var. 2 als Spezialfall der versuchten Anstiftung an, der insoweit seinen Strafgrund ebenfalls im Ingangsetzen eines unbeherrschbaren Kausalverlaufs findet (s. Rn 913)[282]. Solange der Annehmende damit rechnet, dass der präsumtive Täter seine Erklärung ernst nimmt und ihr entsprechend

---

273 BGH NStZ 98, 403.
274 Dazu *Bosch*, Jura (JK) 17, 1237; *Eisele*, JuS 17, 891; *Kudlich*, NJW 17, 2136; *Weißer*, ZJS 18, 197.
275 *Frister*, AT, 29. Kap. Rn 36; S/S-*Heine/Weißer*, § 30 Rn 29.
276 BGH NStZ 11, 570, 571; NStZ 09, 497; NJW 17, 2134 (*Gefängnisfall*) m. Bespr. *Bosch*, Jura (JK) 17, 1237; *Heinrich*, AT, Rn 1371; *Kühl*, AT, § 20 Rn 252; *Rengier*, AT, § 47 Rn 28; *Roxin*, AT II, § 28 Rn 49.
277 Vgl BGHSt 6, 346; OLG Celle MDR 91, 174; aA *Hinderer*, JuS 11, 1072, 1075 (auch „Scheinerbieten"); krit. zur Fallkonstellation des Sich-Erbietens *Roxin*, AT II, § 28 Rn 8.
278 Anders *Hinderer*, JuS 11, 1072, 1075; *Jakobs*, AT, 27/10; MK-StGB-*Joecks*, § 30 Rn 44.
279 BGH NJW 17, 2134 (*Gefängnisfall*).
280 In letzterem Sinne *B. Heinrich*, AT, Rn 1369; MK-StGB-*Joecks*, § 30 Rn 48; aA *Fischer*, § 30 Rn 10; offengelassen in BGH NJW 15, 1032, 1033 f.
281 BGH NJW 19, 449 m. Anm. *Kudlich* und Bespr. *Eisele*, JuS 19, 497.
282 *Rengier*, AT, § 47 Rn 34; *Roxin*, AT II, § 28 Rn 5, 82; S/S/W-StGB-*Murmann*, § 30 Rn 22.

handelt (und er dies billigt), ist es irrelevant, dass die Annahmeerklärung nur zum Schein abgegeben wird[283]. Auch die umgekehrte Konstellation, nämlich dass das Erbieten nicht ernstlich war, soll unter § 30 II Var. 2 fallen[284].

Im obigen **Beispiel** (Rn 919) bestraft die hM den B trotz des inneren Vorbehalts nach §§ 30 II Var. 2, 212, 211 (Annahme des Erbietens).

5. Notwendige Teilnahme

Von **notwendiger Teilnahme** spricht man, wenn ein Tatbestand so gefasst ist, dass seine Verwirklichung schon begrifflich die Beteiligung mehrerer Personen voraussetzt, wie etwa Beischlaf zwischen Verwandten (§ 173), sexueller Missbrauch von Schutzbefohlenen (§ 174) usw. Relevanz erlangen insoweit v. a. die sog. **„Begegnungsdelikte"**, bei denen der eine Beteiligte auf der Täterseite und der andere auf der Opferseite steht. Letzterer ist dann nicht als Beteiligter strafbar, wenn er das Maß der notwendigen Teilnahme nicht überschreitet oder – falls dies geschieht – wenn die Strafvorschrift gerade seinem Schutz dient[285].

922

Beispiel: Im Fall des § 174 I 1 bleibt eine Schülerin also selbst dann straflos, wenn sie ihren Lehrer zu der sexuellen Handlung angestiftet hat[286]. Im Falle des § 184 I ist der 17-jährige Käufer pornographischer Schriften straflos[287].

6. Beteiligung an der Teilnahme

a) Mittäterschaft und mittelbare Täterschaft bei den Teilnahmeformen

Denkbar ist zum einen eine mittäterschaftliche Teilnahme[288] bzw eine Teilnahme in mittelbarer Täterschaft[289], bei der die Bestimmungs- bzw Gehilfenhandlung einem anderen Beteiligten über § 25 II bzw § 25 I Alt. 2 zugerechnet werden kann. Da auch die Teilnahme eine Straftat iSd §§ 25 I Alt. 2, II ist, bestehen hiergegen nach hM keine Bedenken[290].

923

Beispiel: Die Eheleute A und B vereinbaren, den C zur Begehung eines Diebstahls zu gewinnen. Hierfür redet zunächst A, dann die – wesentlich charmantere – B auf C ein. Erst durch das Verhalten der B lässt sich C zur Tat gewinnen. Die für das Hervorrufen des Tatentschlusses alleinursächliche Bestimmungshandlung der B kann dem A gem. § 25 II zugerechnet werden; auch A kann somit wegen Anstiftung zum Diebstahl (§§ 242 I, 26, 25 II) bestraft werden.

---

283 BGH NJW 17, 2134 *(Gefängnisfall)*.
284 BGHSt 10, 388; BGH NJW 17, 2134 *(Gefängnisfall)* m. Bespr. *Bosch*, Jura (JK) 17, 1237; *Eisele*, JuS 17, 891; *Kudlich*, NJW 17, 2136; *Weißer*, ZJS 18, 197; *B. Heinrich*, AT, Rn 1370; *Hinderer*, JuS 11, 1072, 1075; S/S/W-StGB-*Murmann*, § 30 Rn 23; aA MK-StGB-*Joecks*, § 30 Rn 50; *Rengier*, AT, § 47 Rn 34; *Roxin*, AT II, § 28 Rn 85 f (Fall des § 30 I).
285 Vgl RGSt 65, 416; BGHSt 10, 386; *Jescheck/Weigend*, AT, § 64 V 2; *Wolter*, JuS 82, 343.
286 *Roxin*, AT II, § 26 Rn 41 ff; SK-*Wolters*, § 174 Rn 10; krit. *Gropp*, Deliktstypen mit Sonderbeteiligung, 1992, S. 14 ff.
287 MK-StGB-*Hörnle*, § 184 Rn 104.
288 BGH NStZ 00, 421.
289 Vgl BGHSt 8, 137; 40, 307; S/S-*Heine/Weißer*, § 26 Rn 5.
290 *Roxin*, AT II, § 26 Rn 173; aA Maurach/Gössel/Zipf-*Renzikowski*, AT/2, § 50 Rn 80.

b) „Teilnahme an der Teilnahme"

924 **aa)** Die höchste Praxisrelevanz hat insoweit die sog. **„Kettenanstiftung"**. Hierbei handelt es sich um Fälle, in denen eine andere Person dazu bestimmt wird, einen Dritten zur Begehung einer (vorsätzlichen und rechtswidrigen) Tat zu bestimmen (wobei diese „Kette" beliebig lang sein kann). Wichtig ist dabei, dass auch derjenige, der bei einem anderen den Entschluss zur Anstiftung hervorruft (und den Haupttäter somit nur mittelbar anstiftet), wegen **Anstiftung zur Haupttat** bestraft wird[291].

Beispiel: Die wohlhabende A will ein wertvolles Gemälde des E stehlen lassen. Sie will jedoch nicht selbst auftreten und bittet den Mittelsmann M, eine geeignete Person mit dem Vorhaben zu betrauen. M beauftragt daraufhin den Profidieb P, der die Tat ausführt. Hinsichtlich der Strafbarkeit von A ist zu beachten, dass sie sich **nicht** wegen „Anstiftung zur Anstiftung zum Diebstahl" (mit der Anstiftung des M zum Diebstahl als Haupttat), sondern gem. §§ 242 I, 26 wegen „Anstiftung zum Diebstahl" (mit dem Diebstahl des P als Haupttat) strafbar macht.

925 **bb)** Alle weiteren Formen der Teilnahme an einer Anstiftung bzw Beihilfe sind – da es insoweit am Kausalbeitrag bzgl des Tatentschlusses beim Haupttäter fehlt – als **Beihilfe zur Haupttat** zu behandeln[292]. Darunter zu fassen ist die Unterstützung der Anstiftungshandlung eines anderen („Beihilfe zur Anstiftung"), die Unterstützung einer Unterstützungshandlung („Beihilfe zur Beihilfe") bzw das Hervorrufen des Entschlusses zur Vornahme einer Unterstützungshandlung („Anstiftung zur Beihilfe"). Als Richtformel für die Bestimmung der zutreffenden Teilnahmeform gilt hierbei, dass in der „Teilnahmekette" stets deren „schwächstes Glied" entscheidend ist.

7. Unaufklärbarkeit der Beteiligungsform

926 Eine **Wahlfeststellung** (vgl Rn 1302 ff) zwischen Täterschaft und Teilnahme ist wegen ihres unterschiedlichen Unrechtsgehalts nicht möglich. Hinsichtlich ihres Schweregrades weisen Täterschaft, Anstiftung und Beihilfe jedoch ein **Gefälle** auf, das vom „Mehr zum Weniger" verläuft und bei wertender Betrachtung als **normatives Stufenverhältnis** bezeichnet werden kann. Daraus folgt, dass nach dem Grundsatz in *dubio pro reo* nur wegen der **minder schweren Beteiligungsform** (etwa wegen Anstiftung an Stelle von Mittäterschaft oder wegen Beihilfe an Stelle von Anstiftung) zu verurteilen ist, wenn sich nicht klären lässt, ob ein Tatbeteiligter an der betreffenden Tat als Täter, Anstifter oder Gehilfe mitgewirkt hat, wohl aber erwiesen ist, dass zumindest die Voraussetzungen der minder schweren Beteiligungsform erfüllt sind.

Die Rspr argumentiert hier (methodisch angreifbar) mit einer **entsprechenden Anwendung** des Grundsatzes in *dubio pro reo*[293], während die Rechtslehre dessen **direkte Anwendung** für zulässig hält[294].

---

291 *Krell*, Jura 11, 499; *Roxin*, AT II, § 26 Rn 177.
292 BGH NStZ 96, 562; OLG Bamberg StV 07, 529 m. Anm. *Müller*; s. auch *Hecker*, ZJS 12, 485; *Hoffmann-Holland*, AT, Rn 563; *Roxin*, AT II, § 26 Rn 178.
293 BGHSt 23, 203, 204; 31, 136.
294 Vgl *Jescheck/Weigend*, AT, § 16 II 2.

In **Fall 16** ist folgendes **Ergebnis** festzuhalten: **927**

X ist strafbar gem. §§ 212, 211 I, II 1. Gruppe Var. 3, 2. Gruppe Var. 1, 25 I Alt. 1

B ist strafbar gem. §§ 212, 211 I, II 1. Gruppe Var. 3, 2. Gruppe Var. 1, 25 II

A ist strafbar gem. §§ 212, 211 I, II 1. Gruppe Var. 4, 2. Gruppe Var. 1, 26, 29

Aktuelle Rechtsprechung zu § 16:

– BGH NStZ-RR 17, 140: Für die rechtliche Einordnung der beabsichtigten Tat als Vergehen oder Verbrechen kommt es auch für versuchte Anstiftung bei § 30 I nicht auf die Person des Anstifters, sondern auf diejenige des Anzustiftenden an. Maßgeblich ist damit, ob die Tat – würde sie verwirklicht – für die Person des präsumtiven Haupttäters ein Verbrechen wäre. Hierfür spricht ua der Strafgrund des § 30, der nicht gefährliche Täter, sondern besonders gefährliche Taten erfassen soll. Insofern scheidet eine Strafbarkeit wegen versuchter Anstiftung zum schweren sexuellen Missbrauch (§§ 30 I Var. 1, 176a I) aus, wenn nur der Anstifter das besondere persönliche Merkmal „Rückfalleigenschaft" aufweist; vgl Rn 917.

– BGH StV 17, 443: Allein der Umstand, dass jemand das Vorgehen eines anderen beobachtet, innerlich billigt und hiergegen nichts unternimmt, lässt keinen rechtlich tragfähigen Rückschluss auf einen konkludenten gemeinsamen Tatplan zu, der für die Annahme von Mittäterschaft iSd § 25 II erforderlich ist; vgl Rn 816.

– BGH NJW 17, 498 m. Bespr. *Roxin*, JR 17, 88: Im Hinblick auf die Bestrafung als Gehilfe am staatlich organisierten Massenmord während der NS-Zeit, kann einerseits eine Tätigkeit, die zur Aufrechterhaltung der – jegliche Fluchtgedanken erstickenden – Drohkulisse in Form des sog. Rampendienstes führte, als Hilfeleisten eingeordnet werden. Aber auch eine administrative Tätigkeit (Verwertung der Vermögenswerte der Opfer) ist ein hinreichender (psychischer) Gehilfenbeitrag, da insoweit der Tatentschluss der die Taten anordnenden nationalsozialistischen Machthaber durch den Bestand einer „industrielle[n] Tötungsmaschinerie" gefördert wurde; vgl Rn 902.

– BGH NJW 17, 2134 *(Gefängnisfall)* m. Bespr. *Bosch*, Jura (JK) 17, 1237: Eine Strafbarkeit nach § 30 II Var. 3 (Verbrechensverabredung) scheidet aus, wenn nur einer der präsumtiven Mittäter einen unbedingten Tatentschluss aufweist; dieser ist jedoch nach § 30 II Var. 1 – der somit auch bei einem inneren Vorbehalt des anderen verwirklicht werden kann – (Sichbereiterklären zu einem Verbrechen) zu bestrafen. Sofern der andere damit rechnet, dass der präsumtive Täter seine Erklärung ernst nimmt und ihr entsprechend handelt (und er dies billigt) kann dieser – trotz des inneren Vorbehalts – nach § 30 II Var. 2 (Annahme des Erbietens zu einem Verbrechen) bestraft werden; vgl Rn 919.

– BGH NStZ-RR 18, 80: Der Annahme einer Anstiftung (§ 26) zur unerlaubten Einfuhr von Betäubungsmitteln in nicht geringer Menge steht nicht entgegen, dass der Haupttäter allgemein dazu bereit war, Betäubungsmittel ins Ausland zu liefern. Es fehlt insoweit sowohl an einer konkret-individualisierten Tat als auch an einem bestimmten, auf die konkrete Haupttat bezogenen Tatentschluss, sodass auch kein Fall des *omnimodo facturus* vorliegt, vgl Rn 884.

– NStZ-RR 18, 271 m. Bespr. *Bosch*, Jura (JK) 18, 1299: Auch ein die Tatbestandsverwirklichung fördernder Beitrag, der sich auf eine Vorbereitungs- oder Unterstützungshandlung beschränkt, kann für Mittäterschaft ausreichen. Jedoch muss sich die betreffende Mitwirkung nicht nur als bloße Förderung fremden Tuns, sondern als Teil der Tätigkeit aller darstellen. Demgemäß setzt (Mit-)Täterschaft unter dem Blickwinkel der Tatherrschaft voraus, dass der Täter durch seinen Beitrag Einfluss auf die Tatausführung nehmen kann. Ob dies der Fall ist, bestimmt sich wiederum nach dem Verhältnis seines Beitrags zu der eigentlichen tatbestandsverwirklichenden Ausführungshandlung. Die bloße Kenntnis und Billigung einer Tat können die fehlende Tatherrschaft nicht kompensieren. Gleiches gilt für ein eigenes finanzielles Interesse. Eine bloße Einbindung des Beteiligten in die Planung der Tat und Auswahl des Tatorts, ohne dass dieser bestimmend auf das ob, wann, wo und wie der Tatausführung einwirken kann, und seine Beteiligung an der Beute reichen für die Begründung von Mittäterschaft nicht aus; vgl Rn 823.

– BGH HRRS 18 Nr 660: Eine Beteiligung im Wege der sukzessiven Mittäterschaft scheidet immer dann aus, wenn für die Herbeiführung des tatbestandsmäßigen Erfolgs bereits alles getan oder das Geschehen vollständig abgeschlossen ist (hier: gefährliche Körperverletzung durch Abgabe eines Schusses), selbst wenn die hinzutretende Person die Lage kennt, billigt und ausnutzt; vgl Rn 834.

– BGH NJW 19, 449 m. Anm. *Kudlich* und Bespr. *Eisele*, JuS 19, 497: Wegen Sichbereiterklärens zu einem Tötungsverbrechen gem. § 30 II Var. 1 kann sich auch derjenige, der die Erklärung gegenüber dem potenziellen Opfer abgibt, jedenfalls dann strafbar machen, wenn die Erklärung in der konkreten Fallkonstellation geeignet ist, eine motivationale Selbstbindung des Täters zu begründen; vgl Rn 920.

– BGH HRRS 19 Nr 182 m. Bespr. *Kudlich*, JA 19, 389: Wegen Beihilfe wird bestraft, wer vorsätzlich einem anderen zu dessen vorsätzlich begangener rechtswidriger Tat Hilfe leistet. Diese Hilfeleistung muss sich auf die Begehung der Haupttat zwar nicht kausal auswirken; erforderlich ist aber, dass sie die Haupttat zwischen Versuchsbeginn und Beendigung in irgendeiner Weise erleichtert oder fördert. Zwar reicht die bloße Anwesenheit am Tatort in Kenntnis einer Straftat selbst bei deren Billigung nicht aus, die Annahme einer Beihilfe zu begründen. In der Billigung der Tat kann jedoch eine psychische Beihilfe vorliegen, wenn sie gegenüber dem Täter zum Ausdruck gebracht wird, dieser dadurch in seinem Tatentschluss bestärkt wird und der Billigende sich dessen bewusst ist. Dabei setzt die Beihilfe durch positives Tun einen durch eine bestimmte Handlung erbrachten Tatbeitrag des Gehilfen voraus. Auch ein bloßes „Dabeisein" kann die Tatbegehung im Sinne aktiven Tuns fördern oder erleichtern, wenn der Täter dadurch in seinem Tatentschluss bestärkt und ihm ein erhöhtes Gefühl der Sicherheit gegeben wird. Zum Beleg einer solchen psychischen Beihilfe bedarf es jedoch stets genauer Feststellungen, insbesondere zur objektiv fördernden Funktion der Handlung sowie zu der entsprechenden Willensrichtung des Gehilfen; vgl Rn 808, 823, 903, 912.

– BGH JR 19, 199 m. Anm. *Theile*, ZJS 19, 246: Die Strafbarkeit wegen Verabredung eines Verbrechens setzt nach § 30 II Alt. 3 den Entschluss von mindestens zwei Personen zur Begehung eines bestimmten Verbrechens als Mittäter voraus. Die in Aussicht genommene Tat muss dabei nicht bereits in allen Einzelheiten festgelegt, sie muss aber – ebenso wie dies beim Tatplan für eine mittäterschaftliche Tatbestandsverwirklichung oder beim Anstiftervorsatz der Fall ist – zumindest in ihren wesentlichen Grundzügen konkretisiert sein. Eine strafbare Verbrechensverabredung wird danach zwar nicht dadurch ausgeschlossen, dass Zeit, Ort und Modalitäten der Ausführung im Einzelnen noch offen sind. Tatzeit, Tatbeteiligte, Tatobjekt und sonstige Umstände der Tat können indes nicht völlig im Vagen bleiben, weil sonst die Strafbarkeit zu weit ins Vorfeld der eigentlichen Tat vorverlagert würde. Besondere Anforderungen gelten vor allem dann, wenn es sich bei der verabredeten Tat um eine Straftat gegen die Person handelt; vgl Rn 919.

– BGH HRRS 19 Nr 84 m. Bespr. *Eisele*, JuS 19, 495 und *Jäger*, JA 19, 467: Der sog. *error in persona* wirkt sich auch beim Mittäter nicht aus; ihm wird die tatbestandsmäßige Handlung auf Grund des gemeinsamen Tatplans bei arbeitsteiligem Vorgehen zugerechnet.

§ 17 Versuch und Rücktritt

Fall 17: A und B langweilen sich. Auf einer Parkbank sitzend beschließen sie, den ihnen 928
beiden bekannten, ihrer Ansicht nach „nichtsnutzigen" O mit einem gezielten Messerstich,
notfalls auch mit „bloßen Händen", zu töten. Jedenfalls soll die Tötung lautlos und ohne
Aufsehen zu erregen erfolgen. Zur Verwirklichung dieses Plans begeben sie sich gemeinsam zur Wohnung des O und klingeln an dessen Wohnungstür. O lässt die beiden herein, sie
setzen sich auf das Sofa im Wohnzimmer. Während O nichtsahnend in der Küche Kaffee
zubereitet, schleicht sich A nach einem zustimmenden Kopfnicken des B von hinten an O
heran und sticht diesen ohne Vorwarnung mit einem bis dahin verborgenen Messer in den
Rücken. O erleidet hierdurch eine leicht blutende Stichwunde, die jedoch nicht lebensgefährlich ist. Als B dies erkennt, geht er auf O zu und beginnt, diesen mit seinen Händen zu
würgen. O reagiert darauf mit lautem und angstvollem Fußstampfen, was A und B veranlasst, einverständlich die Wohnung zu verlassen, da ihr Plan des lautlosen Tötens nun nicht
mehr erfüllt werden kann. Ihnen ist bewusst, dass O nicht lebensgefährlich verletzt ist, sie
gehen aber auch davon aus, dass sie dessen Tod noch herbeiführen könnten. Tatsächlich
überlebt O die Attacke nur leicht verletzt.
Haben sich A und B strafbar gemacht? **Rn 932, 939, 941, 949, 1008, 1018, 1022, 1029,
1033, 1072, 1079, 1100**

I. Allgemeine Vorüberlegungen

Das Versuchsstadium ist bei einer Vielzahl von (insbes. schwereren) Delikten straf- 929
bewehrt (s. Rn 937). Es schließt sich zeitlich an die typischerweise straflose (s. aber
Rn 913 ff) Vorbereitungsphase einer Straftat an und mündet in der Regel in die Vollendung, also die vollständige Verwirklichung des objektiven Straftatbestandes (ausf.
zu den Phasen der Deliktsverwirklichung s. Rn 61 ff). Geregelt ist der Versuch im
Allgemeinen Teil des StGB, in den §§ 22 ff. Der Versuch lässt sich danach verstehen
als das (objektive) unmittelbare Ansetzen zur Tatbestandsverwirklichung in Umsetzung eines unbedingten (subjektiven) Entschlusses zur Begehung der Straftat. Zur
Vollendung der Tat kommt es – aus welchem Grund auch immer (s. Rn 938) – aber
nicht[1].

1. Der Strafgrund des Versuchs

Die Strafe für die versuchte Tat richtet sich grds nach der für die vollendete Tat gel- 930
tenden Strafdrohung; das Gesetz sieht in § 23 II nur eine fakultative Strafmilderung
vor. Aber was ist letztlich der Grund dafür, dass bereits das bloße Ansetzen zur Tatbestandsverwirklichung diese Straffolge auslöst, ja dass sogar dann, wenn ein Erfolg
aus objektiven Gründen gar nicht eintreten kann (sog. untauglicher Versuch) die Versuchsstrafbarkeit zwingend vorgeschrieben ist (*arg. e* § 23 III, s. Rn 981)?

Nach der **objektiven Versuchstheorie**[2] liegt der Strafgrund des Versuchs in einer ob- 931
jektiven Gefährdung von Rechtsgütern. Ein derart rein objektiver Ansatz ist jedoch

---

1 Zur Übersicht: *Putzke*, JuS 09, 894; 985; 1083.
2 *Spendel*, NJW 65, 1881, 1888; *Dicke*, JuS 68, 157.

mit dem Gesetz nicht vereinbar. Denn dann müsste jeglicher untaugliche Versuch – der sich ja gerade durch die Abwesenheit einer objektiven Rechtsgutgefährdung auszeichnet – straflos sein, was mit § 23 III unvereinbar ist[3]. Die **subjektive Versuchstheorie**[4] sieht daher den Strafgrund des Versuchs in der Betätigung der rechtsfeindlichen Gesinnung und somit im Willen des Täters, einen Tatbestand zu verwirklichen. Dieser Ansatz läuft aber Gefahr, die bloße Gesinnung zu bestrafen („Gesinnungsstrafrecht") und bleibt zudem eine Erklärung dafür schuldig, warum § 22 die Versuchsstrafbarkeit vom objektiven Kriterium des „unmittelbaren Ansetzens" abhängig macht[5]. Die **hM** kombiniert daher – in Übereinstimmung mit der Formulierung des § 22 – zu Recht subjektive und objektive Elemente. Dem in § 22 verankerten subjektiven Ausgangspunkt für die Strafbarkeit des Versuchs („nach seiner Vorstellung von der Tat") stellt die sog. **Eindruckstheorie** (oder auch gemischt subjektiv-objektive Theorie) ein objektives Erfordernis an die Seite („unmittelbar ansetzt"), womit dem Element der „Störung des Rechtsfriedens" Rechnung getragen wird[6]. Nur so lässt sich schließlich die Entscheidung des deutschen Gesetzgebers (noch) rechtfertigen, auch einen untauglichen Versuch zu bestrafen, ohne sich dem Vorwurf eines „Gesinnungsstrafrechts" auszusetzen.

932 In **Fall 17** ist O nicht tot, sodass mangels Eintritts des tatbestandlichen Erfolgs eine **Vollendungsstrafbarkeit** bzgl §§ 212, 211 ausscheidet.

Die bloße Verabredung zur gemeinschaftlichen Tötung des O im Park ist noch kein Versuch, sondern stellt lediglich eine grds straflose **Vorbereitungshandlung** dar. Nur weil es sich bei der Tötung um ein Verbrechen handelt, ist die gemeinschaftliche Tötungsübereinkunft ausnahmsweise strafbar, und zwar als Verbrechensverabredung gem. § 30 II Var. 3 (vgl dazu bereits Rn 919).

Als A und B allerdings in der Wohnung des O mit dem Tötungsvorhaben beginnen, manifestiert sich dieser Tötungsentschluss zusätzlich nach außen. Durch diese Betätigung des rechtsfeindlichen Willens (Messerstich) steht zusätzlich eine objektive Störung des Rechtsfriedens und somit eine **Versuchsstrafbarkeit** im Raum, die im Vergleich zur Verbrechensverabredung mit einer deutlich höheren Strafe bedroht ist und bei einer Mehrzahl von Delikten in Betracht kommt.

2. Der Versuchsaufbau

933 Kennzeichnend für den Versuch ist demnach ein Mangel im objektiven Unrechtstatbestand bei voller Erfüllung der subjektiven Tatbestandsvoraussetzungen. Dies spiegelt sich im Versuchsaufbau wider. Zunächst ist in einer **„Vorprüfung"** (s. Rn 937 ff) zu klären, ob der Versuch überhaupt strafbewehrt ist (vgl § 23 I iVm § 12) und ob die Deliktsvollendung ausgeblieben ist.

934 Im Tatbestandsaufbau hat der Versuch dann eine „Umkehr" objektiver und subjektiver Elemente zur Folge. Auf subjektiver Tatseite, dem **Tatentschluss** (s. Rn 940 ff), ist zunächst auf Grundlage der Vorstellung des Täters (vgl § 22) zu prüfen, ob dieser

---

3 S/S-*Eser/Bosch*, Vorbem. § 22 Rn 20; *B. Heinrich*, AT, Rn 635.
4 BGHSt 1, 13, 16; LK-*Hillenkamp*, Vorbem. § 22 Rn 60 ff; *Frister*, AT, 23. Kap., Rn 3 f.
5 *B. Heinrich*, AT, Rn 635; *Roxin*, AT II, § 29 Rn 44.
6 BGHSt 11, 324, 328; S/S-*Eser/Bosch*, Vorbem. § 22 Rn 22; *Satzger*, Jura 13, 1017, 1024 f.

den objektiven Tatbestand eines Delikts verwirklichen wollte und ggf weitere vom Tatbestand geforderte subjektive Merkmale erfüllt hat. Als Zweites ist das einzige objektive Tatbestandselement des Versuchs zu prüfen: das **unmittelbare Ansetzen** zum Tatbestand (s. Rn 945 ff). Das Unrecht des Versuchs manifestiert sich in objektiver Hinsicht nach außen, indem der Täter unmittelbar zur Verwirklichung des Tatbestands ansetzt (vgl § 22). Damit bewirkt der Täter die nach der „Eindruckstheorie" erforderliche „Störung des Rechtsfriedens", die seinerseits die Bestrafung wegen der versuchten Tat legitimiert.

Die **Rechtswidrigkeit der versuchten Tat** wird (wie beim vollendeten Delikt) durch deren Tatbestandsmäßigkeit, dh durch die Erfüllung der in § 22 normierten Voraussetzungen, indiziert; sie entfällt, wenn die Tat auch im Fall ihrer Vollendung durch einen Rechtfertigungsgrund gedeckt gewesen wäre[7].   **935**

Ein versuchtes Begehungsdelikt wird wie folgt geprüft: **936**

Aufbauschema zum Versuch

Vorprüfung

1. Strafbarkeit des Versuchs (Rn 937)

2. Fehlende Deliktsvollendung (Rn 938 f)

I.   Tatbestandsmäßigkeit
    1. Tatentschluss (Rn 940 ff)
        a)   Tatbestandsvorsatz
        b)   Sonstige subjektive Tatbestandsmerkmale
    2. Unmittelbares Ansetzen (Rn 945 ff)

II.   Rechtswidrigkeit (Rn 423)

III.   Schuld (Rn 626)

IV.   Persönliche Strafausschließungs- und Strafaufhebungsgründe

        insbes. Rücktritt gem. § 24 I und § 24 II (Rn 1002 ff)

II.   Vorprüfung

1.   Die Strafbarkeit des Versuchs

Ob der Versuch eines Delikts strafbewehrt ist, beurteilt sich nach § 23 I. Danach ist   **937** der Versuch eines Verbrechens (Legaldefinition in § 12 I) stets strafbar (§ 23 I Alt. 1), der eines Vergehens (Legaldefinition in § 12 II) hingegen nur, wenn das Gesetz dies ausdrücklich anordnet (§ 23 I Alt. 2).

---

7   Zutr. dazu *Trifterer*, AT, S. 377; krit. zum Ganzen *Herzberg*, Stree/Wessels-FS, S. 203; *ders./Scheinfeld*, JuS 03, 880, 882 sowie *Lampe*, JuS 67, 564, 568.

2. Das Fehlen der Deliktsvollendung

938 Des Weiteren darf die beabsichtigte Straftat nicht vollendet sein. An der Vollendung fehlt es, wenn der objektive Unrechtstatbestand nicht oder nicht vollständig erfüllt ist. Weshalb der objektive Tatbestand nicht bejaht werden kann, ist gleichgültig. In der Regel ist der tatbestandliche Erfolg ausgeblieben; denkbar ist aber auch, dass es an der erforderlichen Kausalität zwischen Handlung und Erfolg fehlt (s. Rn 227 ff) oder der Erfolg zwar eingetreten ist, dem Täter aber – etwa infolge eines völlig atypischen Kausalverlaufs (s. Rn 299) – objektiv nicht zugerechnet werden kann (s. Rn 256 ff).

Beispiel: Ein Arzt, der gegenüber der für die Vermittlung von Spenderorganen zuständigen Stelle falsche Angaben macht, um die Zuteilungsreihenfolge zugunsten seines Patienten zu beeinflussen, kann allenfalls wegen versuchten Totschlags bestraft werden, da angesichts der Risiken einer Transplantation nicht feststeht, ob das Leben des übergangenen Patienten tatsächlich gerettet worden wäre, wenn dieser das entsprechende Organ erhalten hätte[8]. Es fehlt mithin an einer für die Feststellung des objektiven Tatbestands notwendigen Kausalität.

939 In **Fall 17** handelt es sich bei der intendierten Tat zumindest um einen Totschlag (§ 212 I), der angesichts der zu erwartenden Freiheitsstrafe von nicht unter 5 Jahren als Verbrechen gem. § 12 I einzustufen ist, weshalb der Versuch gem. § 23 I Alt. 1 strafbar ist. Da O die Attacke überlebt hat, ist es mangels Eintritts des Tötungserfolges nicht zur Deliktsvollendung gekommen.

III. Der Tatentschluss

1. Inhalt des Tatentschlusses

940 Grundlage und Kern des Versuchs ist der Tatentschluss[9]. Dieses subjektive Unrechtselement umfasst den auf alle objektiven Tatbestandsmerkmale gerichteten **Vorsatz** (s. § 15) sowie die **sonstigen subjektiven Tatbestandsmerkmale,** wie etwa die Zueignungsabsicht bei § 242 oder die Bereicherungsabsicht bei § 263.

An den Vorsatz sind dabei dieselben Anforderungen wie beim vollendeten Delikt zu stellen. Genügt Eventualvorsatz für die Deliktsvollendung, so reicht dessen Vorliegen auch für den Versuch aus[10]. Ist irrtumsbedingt der Vorsatz ausgeschlossen (§ 16 I 1), kann folglich auch kein Versuch bejaht werden[11]. Da die vorsätzliche Begehung der Tat den zentralen Bezugspunkt der Versuchsstrafbarkeit darstellt, gibt es **keinen Versuch eines Fahrlässigkeitsdelikts**[12].

---

8   Vgl BGH NJW 17, 3249 *(Göttinger Organspendefall)*; OLG Braunschweig NStZ 13, 593 m. Bespr. *Böse,* ZJS 14, 117; *Bülte,* StV 13, 753; *Dannecker/Streng-Baunemann,* NStZ 14, 673; dazu auch *Kudlich,* NJW 13, 917, 918 f; *Rissing-van Saan,* NStZ 14, 233, 240; *Schroth,* NStZ 13, 437, 440 ff; *Streng-Baunemann,* Streng-FS, S. 773; *Verrel,* MedR 14, 464; vert. auch *Jäger,* in: Kudlich/Jäger/Montiel (Hrsg) Fragen des Medizinstrafrechts, 2017, S. 11 ff.
9   Krit. zum Begriff *Hardtung/Putzke,* AT, Rn 1124.
10 RGSt 61, 159; einschränkend NK-*Zaczyk,* § 22 Rn 19.
11 S. zum Ganzen auch *Streng,* ZStW 109 [1997], 862; *Struensee,* Armin Kaufmann-GS, S. 523.
12 *B. Heinrich,* AT, Rn 659.

Im Rahmen der **Fallprüfung** ist die Vorstellung des Täters von der Tat (sein Plan) zugrunde zu legen und auf dieser Basis zu prüfen, ob bei Planverwirklichung alle Merkmale des objektiven Tatbestandes erfüllt wären. Zudem sind die sonstigen subjektiven Tatbestandsmerkmale zu prüfen.

A und B haben in **Fall 17** Vorsatz hinsichtlich der (Verursachung einer objektiv zurechen- **941** baren) Tötung des O (= Vorsatz bzgl der objektiven Merkmale des § 212). Da es sich um einen Fall der Mittäterschaft handelt, müssten A und B zusätzlich Vorsatz bzgl der Merkmale des § 25 II aufweisen. Folgt man der hM zur dogmatischen Einordnung der Mordmerkmale wären im Tatentschluss zusätzlich die Mordmerkmale der 1. und 3. Gruppe des § 211 II zu prüfen (hier: niedriger Beweggrund wegen Tötung aus Langeweile).

2. Das Erfordernis eines endgültig gefassten Tatentschlusses

Der Tatentschluss muss endgültig gefasst sein. Ist die Entscheidung über das „Ob"   **942** der Tatbegehung noch nicht gefallen, ist der Täter lediglich **tatgeneigt**. Mangels endgültigen Tatentschlusses scheidet eine Bestrafung wegen Versuchs dann aus[13].

Beispiel: A überlegt sich, ob es eine Möglichkeit gibt, unauffällig seine Erbtante E zu töten, um an deren millionenschweres Vermögen zu gelangen und erkundigt sich hierfür im Internet über etwaige „unauffällige" Tötungsformen. Konkrete Tatvorstellungen hat A (noch) nicht.

Anders verhält es sich, wenn der Tatentschluss zwar feststeht, die Ausführung der Tat   **943** aber an eine objektive **Bedingung** geknüpft ist. Hat der Täter auf deren Eintritt keinen Einfluss, liegt ein „bedingter Tatentschluss" vor, der eine Versuchsstrafbarkeit begründen kann[14].

Beispiel: A möchte seine Erbtante E töten. Er ist fest entschlossen, den Plan in die Tat umzusetzen, wenn E mehr als eine Millionen Euro auf ihrem Konto hat. Als A bei seinem Besuch bei E, die Pistole bereits im Handgepäck mitführend, anhand herumliegender Kontoauszüge feststellt, dass Es Kontostand „nur" 500 000 Euro beträgt, zieht er enttäuscht von dannen (s. auch Rn 954).

Endgültig gefasst ist der Tatentschluss auch dann, wenn der Täter einen möglichen   **944** Fehlschlag einkalkuliert (**„bewusst unsichere Tatsachengrundlage"**) oder sich vorbehält, die Tatausführung unter bestimmten Umständen nicht fortzusetzen oder Rettungsmaßnahmen zu ergreifen (**„Rücktrittsvorbehalt"**), da der Täter jedenfalls im relevanten Tatzeitpunkt (vgl § 8, s. Rn 319) die Tatausführung beabsichtigt[15].

Beispiel: A möchte seine Erbtante E mit einem Gift töten, plant aber – sofern er nach der Verabreichung des Gifts zu viel Mitleid mit E hat – ihr ggf ein Gegengift zu verabreichen.

---

13   Vgl LK-*Hillenkamp*, § 22 Rn 40.
14   BGHSt 12, 306, 309 f; 21, 14, 17; anders jedoch BGH NStZ 13, 579 m. abl. Bespr. *Jäger*, JA 13, 949.
15   *Jäger*, JA 13, 949; *Kaspar*, AT, § 8 Rn 19; *Roxin*, AT II, § 29 Rn 201; teils abw. *Frister*, Wolter-FS, S. 386 f.

IV. Das unmittelbare Ansetzen

1. Grundsätzliches

945 Das objektive[16] Unrechtselement des Versuchs liegt im unmittelbaren Ansetzen des Täters zur Verwirklichung desjenigen Tatbestandes, auf dessen Vollendung sein Vorsatz gerichtet ist. Dieses objektive Merkmal kennzeichnet die wichtige Schwelle zwischen (idR strafloser) Vorbereitungshandlung und (meist strafbarer) Versuchshandlung. Insbes. dann, wenn der Täter bereits mit der tatbestandlichen Ausführungshandlung selbst begonnen hat, ist diese Schwelle unproblematisch überschritten. Schwieriger wird die Abgrenzung jedoch dort, wo sich das Tätigwerden noch im Vorfeld der eigentlichen Tatbestandshandlung bewegt.

946 Die ältere **formal-objektive Theorie** ließ als Anfang der Tatausführung nur den Beginn der „tatbestandsmäßigen Handlung" im strengen Sinn genügen[17]. Die **materiell-objektiven Theorien** rechneten zum Versuchsbereich alle Tätigkeitsakte, die „vermöge ihrer notwendigen Zusammengehörigkeit mit der Tatbestandshandlung für die natürliche (= objektive) Auffassung als deren Bestandteil erscheinen"[18] oder die bereits eine „unmittelbare Gefährdung des geschützten Handlungsobjektes" bewirken[19]. Bedenklich weit ging die **subjektive Theorie**[20], die nicht auf die objektive Betrachtung, sondern allein auf das Vorstellungsbild des Täters abstellte, was eine erhebliche Ausweitung der Versuchsstrafbarkeit bewirkte.

947 Nach der Legaldefinition des § 22 versucht eine Straftat, wer nach seiner Vorstellung von der Tat zur Verwirklichung des Tatbestandes unmittelbar ansetzt. Hieraus folgert die **hM** zutreffend einen **gemischt subjektiv-objektiven Ansatz**, der auf der „Vorstellung" des Täters basiert (= subjektives Element) und hiervon ausgehend die „Unmittelbarkeit" des Angriffs auf das geschützte Tatobjekt betrachtet (= objektives Element).

948 Was unter „Unmittelbarkeit" konkret zu verstehen ist, ist allerdings nach wie vor streitig. Jedenfalls hat sich eine **herrschende Formel** herausgebildet, wonach der Täter unmittelbar ansetzt, wenn er subjektiv die Schwelle zum „Jetzt geht es los" überschreitet und objektiv – unter Zugrundelegung seiner Vorstellung – Handlungen vornimmt, die bei ungestörtem Fortgang ohne wesentliche Zwischenschritte zur Tatbestandsverwirklichung führen oder mit ihr in unmittelbarem räumlichen und zeitlichen Zusammenhang stehen[21].

Dieser Ansatz bedient sich einerseits dem Gedanken der Teilaktstheorie[22], wonach ein unmittelbares Ansetzen vorliegt, wenn zwischen der schon entwickelten Tätigkeit

---

16 Dazu krit. *Momsen*, Maiwald-FS, S. 61.
17 So ua auch RGSt 70, 151, 157.
18 *Frank*, StGB, § 43 II 2b.
19 Vgl RGSt 53, 217; BGHSt 2, 380; 6, 98; 20, 150; 22, 80.
20 Ihr nahe stehend RGSt 72, 66; BGHSt 6, 302; im Ansatz auch LK-*Hillenkamp*, Vorbem. § 22 Rn 60; *Safferling*, ZStW 118 [2006], 682; krit. *Hirsch*, JZ 07, 494.
21 BGHSt 26, 201, 203 f *(Tankstellenfall)*; 28, 162, 163; BGH JR 00, 293 *(Entführungsfall)*; StV 07, 187 *(Brandstiftungsfall)* m. krit. Anm. *Schuhr*; BGH wistra 08, 105, 106; NStZ 08, 209; NStZ 08, 379; NStZ 11, 517; 13, 156; StV 17, 287; NStZ 18, 648 m. Bespr. *Hecker*, JuS 19, 176; BGH NStZ 19, 79; OLG Hamburg StV 13, 216; iE ähnl. LK-*Hillenkamp*, § 22 Rn 85; *ders.*, Roxin I-FS, S. 689, der eine sog. „modifizierte Zwischenaktstheorie" vertritt; guter Überblick bei *Rönnau*, JuS 13, 879.
22 ZB *Vogler*, Stree/Wessels-FS, S. 285.

344

und der eigentlichen Tatbestandshandlung „keine weiteren Teilakte mehr liegen". Andererseits werden ergänzend Gefährdungs- und Sphärengedanken herangezogen. Nach der Gefährdungstheorie kommt es darauf an, ob das betroffene Rechtsgut aus der Sicht des Täters bereits unmittelbar gefährdet ist[23]. Soweit auf den Sphärengedanken abgestellt wird, soll der Versuchsbeginn dann nahe liegen, wenn der Täter bereits in die Schutzsphäre des Opfers eingedrungen ist und eine alsbaldige Nutzung dieses räumlichen Näheverhältnisses geplant ist[24]. Diese variierenden Begründungsansätze schließen sich aber nicht aus; vielmehr ergibt sich die Lösung im Fall richtigerweise anhand einer Kombination sämtlicher Aspekte[25].

In **Fall 17** hat A durch den Messerstich – der nach seiner Vorstellung todesursächlich sein sollte – bereits die tatbestandsmäßige Handlung vorgenommen und somit unproblematisch zur Tötung des O unmittelbar angesetzt (inwieweit dies auch für B gilt, ist sogleich zu behandeln, s. Rn 964). **949**

▶ Beispielsfälle bei *Beulke*, Klausurenkurs I, Rn 178, Klausurenkurs II, Rn 5 und Klausurenkurs III, Rn 109

2. Sonderkonstellationen

Bei allen Bemühungen um eine Präzisierung der in § 22 normierten Versuchsmerkmale muss man sich darüber klar sein, dass es keine „Zauberformel" gibt, die für jeden Einzelfall eine zweifelsfreie Abgrenzung zwischen Vorbereitung und Versuch gewährleistet. Hierbei ist zu beachten, dass die jetzige Fassung des § 22 nach dem erklärten Willen des Gesetzgebers den Tendenzen der früheren Praxis zu einer Überspannung der Versuchsstrafbarkeit entgegenwirken sollte. Im Zweifel verdient daher eine restriktive Gesetzesauslegung den Vorzug. Zur Vertiefung sollen nachfolgend jedenfalls beispielhaft einige wichtige und klausurrelevante Fallgruppen aufgeführt werden, in denen die Abgrenzungskriterien regelmäßig zur Anwendung gelangen: **950**

a) Schusswaffengebrauch

Beim Schusswaffengebrauch beginnt das Versuchsstadium nicht erst mit dem Abfeuern eines Schusses, sondern regelmäßig schon im Herausholen der Waffe, spätestens aber im Moment des Zielens auf das Opfer[26]. **951**

Beispiel: A möchte B auf offener Straße erschießen. Als er B begegnet, zückt er die Waffe, lädt durch und zielt auf Bs Kopf. Kurz bevor A schießen kann, wird er allerdings vom zufällig vorübergehenden Polizist P festgenommen. Bereits mit Herausholen der Waffe setzt A unmittelbar zur Tötung des B an. Das Durchladen der Waffe sowie das Zielen auf B können wegen der kurzen zeitlichen Abfolge lediglich als unwesentliche Zwischenschritte begriffen werden.

---

23 *Bosch*, Jura 11, 909; S/S-*Eser/Bosch*, § 22 Rn 42; *Gropp*, Gössel-FS, S. 175; *Hirsch*, Roxin I-FS, S. 711; *Otto*, Grundkurs AT, § 18 Rn 22 ff; vgl auch BGH StV 89, 526; s. auch BGHSt 31, 10 *(Kassiberfall)*; *Knauer*, JuS 02, 53; *Küper*, JZ 92, 338; *Meyer*, GA 2002, 367; *Rath*, JuS 98, 1107; *Roxin*, AT II, § 29 Rn 126.
24 Vgl *Jakobs*, AT, 25/68 im Anschluss an *Roxin*, AT II, § 29 Rn 139; *ders.*, Herzberg-FS, S. 347.
25 Vgl *Kaspar*, AT, § 8 Rn 24; *Rengier*, AT, § 34 Rn 25.
26 RGSt 77, 1; BGH NStZ 93, 133; s. auch *Brüning*, ZJS 14, 456.

b) Haustür- bzw Klingelfälle

952 Bei den Haustür- bzw Klingelfällen, in denen der Täter – etwa zur Begehung eines geplanten Raubes, einer räuberischen Erpressung oder eines Tötungsdeliktes – vergeblich an einer fremden Haustür läutet, zeigt sich insbesondere, dass die Begründung des unmittelbaren Ansetzens vom Einzelfall und den konkreten Vorstellungen des Täters vom Tatablauf abhängt.

Beispiel: A klingelt an einer Wohnungstür und will unmittelbar nachdem ein anwesender Hausbewohner die Tür öffnet, zum tätlichen Angriff übergehen, um den Bewohner auszurauben. Es öffnet jedoch niemand. Hier liegt das unmittelbare Ansetzen bereits im Betätigen der Hausklingel, weil A nach seinem (für die Beurteilung maßgeblichen) Plan tatsächlich davon ausging, ein Hausbewohner werde ihm sogleich die Tür öffnen, sodass unmittelbar in die tatbestandliche Verwirklichungshandlung übergegangen werden kann und das Opfer aus Tätersicht bereits gefährdet war (zeitlich-räumliche Nähe, kein wesentlicher Zwischenakt, Gefährdungsaspekt)[27].

Abwandlung: Als Vorbereitungshandlung wäre das Klingeln hingegen zu werten, wenn A sich vorgestellt hätte, nicht auf jeden Fall unmittelbar nach dem Öffnen der Tür loszuschlagen, sondern der Angriff entweder erst später beginnen sollte (etwa dann, wenn bei einem Mehrfamilienhaus neben einem Öffnen der Haustür auch noch ein Eindringen in die Wohnung bzw ein Durchschreiten des Treppenhauses erforderlich war[28]) oder die Vornahme der Tathandlung auch nach Öffnen der Tür von weiteren (vom Täter beherrschbaren) Bedingungen abhängig gemacht wurde (zB Person des Öffnenden)[29].

c) Auflauerfälle

953 In all denjenigen Fällen, in denen der Täter seinem Opfer zum Zwecke einer Straftat auflauert, dieses dann allerdings nicht erscheint, kann von einem unmittelbaren Ansetzen gesprochen werden, wenn das erwartete Opfer sich nach der Vorstellung des Auflauernden dem Hinterhalt nähert, also in den unmittelbaren Gefahrenbereich gelangt[30], und der Täter durch Ergreifen der Waffe[31] oder in anderer Weise dazu übergeht, seine Angriffsmittel in eine tätige Beziehung zum Angriffsobjekt zu setzen[32].

Beispiel (nach BGH NJW 52, 514 – *Pfeffertütenfall*): A will den Geldboten B, der regelmäßig an derselben Straßenbahnhaltestelle auszusteigen pflegt, ausrauben. A wartet daher mit seinem Fluchtwagen in der Nähe der Haltestelle. Bei jeder einfahrenden Straßenbahn zündet er den Motor des Pkw, um schnell fliehen zu können, und hält eine Pfeffertüte bereit. Der Plan sieht vor, dass A kurz nach dem Eintreffen der Bahn aus dem Wagen springt, dem B den Pfeffer in die Augen streut, das Geld entreißt und anschließend mit dem Pkw flieht. Als B allerdings nach mehrmals vorbeifahrenden Straßenbahnen nicht erscheint, entfernt sich A. Hier ist – im Gegensatz zur Entscheidung des BGH[33] – ein unmittelbares Ansetzen zu verneinen. Der Täter geht le-

---

27 BGHSt 26, 201 *(Tankstellenfall)*; BGH NStZ 12, 85 m. Bespr. *Kudlich*, JA 12, 310; vert. *Rengier*, AT, § 34 Rn 35 ff.
28 Vgl BGH StV 17, 441.
29 BGH StV 84, 420; NStZ 13, 579 m. abl. Bespr. *Jäger*, JA 13, 949; OLG Hamm StV 97, 242; verfehlt BGH JR 00, 293 m. abl. Anm. *Jäger*, NStZ 00, 415; zweifelhaft BGH NStZ-RR 04, 361 m. zutr. Kritik *Kudlich*, JuS 05, 186.
30 *Bosch*, Jura 11, 909, 912; *Roxin*, AT II, § 29 Rn 155.
31 RGSt 68, 336 und 68, 339.
32 Vgl BGH NJW 54, 567; NStZ 97, 83.
33 BGH NJW 52, 514 m. Bespr. *Fahl*, JA 97, 635.

346

diglich davon aus, dass die Möglichkeit besteht, dass das Opfer B in einer der ankommenden Straßenbahnen sitzt. Ferner hätte B nach dem Tatplan des A erst aus der Straßenbahn steigen und anschließend zwischen den anderen Aussteigenden individualisiert werden müssen, sodass B noch nicht unmittelbar gefährdet war[34].

d) Bedingungsfälle

Hängt der geplante unmittelbare Tötungsakt noch von einer Bedingung ab, auf deren Eintritt der Täter keinen Einfluss hat, ist dies nicht nur hinsichtlich des Tatentschlusses zu problematisieren (s. o. zum bedingten Tatentschluss Rn 943), sondern kann zudem zu Abgrenzungsschwierigkeiten beim unmittelbaren Ansetzen führen. Hier ist das unmittelbare Ansetzen erst mit dem Eintritt der Bedingung zu bejahen[35], da deren Eintritt einen aus Täterperspektive wesentlichen Zwischenschritt zur Tatbegehung und somit zur Erfolgsherbeiführung darstellt. **954**

Beispiel (Fortsetzung von Rn 943): Angesichts des von A nicht beherrschbaren Bedingungseintritts (Höhe des Kontostandes der E) war sein Tötungsentschluss zwar endgültig gefasst und ausreichend für eine Versuchsstrafbarkeit. Stellt er sodann aber fest, dass E nur 500 000 Euro auf dem Konto hat und nimmt daher von seinem Tötungsvorhaben Abstand, so hat er nicht unmittelbar zur Tötung angesetzt. Die Umsetzung des geplanten Tötungsverhaltens hing noch vom – von A allerdings nicht zu beeinflussenden – Eintritt der Bedingung ab, dass der Kontostand der E mehr als eine Millionen Euro beträgt. Nach dem Tatplan des A wäre das Ansetzen zur Tatbestandsverwirklichung erst dann erreicht, wenn die Bedingung einträte und er daraufhin seine mitgeführte Pistole „zücken" könnte.

e) Distanzfälle (zB Sprengfallen, Giftfallen oder Distanzdelikte)

Distanzfälle sind solche, in denen der Täter bereits alles getan hat, was aus seiner Sicht zur Erfolgsherbeiführung notwendig ist, die Wirkungsweise des Tatmittels allerdings längere Zeit beansprucht (Bombe mit Zeitzünder) oder der Erfolgseintritt einem beliebigen Zeitpunkt überlassen bleibt (Vergiften eines Getränks, das ein anderer gelegentlich zu genießen pflegt). Eine unmittelbare Gefährdung des Opfers besteht zum Zeitpunkt der Tathandlung also (noch) nicht. **955**

Beispiel (nach BGHSt 43, 177 – *Passauer Giftfalle*): A rechnet nach einem Einbruch, bei dem sich die Diebe – neben dem Entwenden einiger wertvoller Gegenstände – auch an einem kostbaren Chianti „bedient" haben, mit einem erneuten Einbruch durch dieselben Täter. Aus Rache – und weil er es für möglich erachtet, dass die Diebe erneut zu einem seiner „guten Tropfen" greifen könnten – versetzt er einige Flaschen Wein mit einem tödlich wirkenden Gift, stellt sie in seinen Weinkeller und verlässt um 18 Uhr das Haus, wobei er erst gegen 20 Uhr mit den etwaigen Einbrechern rechnet. Allerdings erscheint niemand.

Eine Ansicht stellt für das unmittelbare Ansetzen auf den Zeitpunkt ab, in dem der Täter aus seiner Sicht die **Tathandlung vollständig erbracht** hat[36]. Demgegenüber sieht eine andere Auffassung ein unmittelbares Ansetzen regelmäßig erst dann als gegeben an, wenn sich das **Opfer objektiv in den Wirkungskreis des Tatmittels be-** **956**

---

34 So auch *Roxin*, AT II, § 29 Rn 155; *Bosch*, Jura 11, 909, 912; *Rengier*, AT, § 34 Rn 37.
35 BGH NStZ 14, 633 m. Anm. *Bosch,* JK 11/14, StGB § 211/69.
36 LK-*Busch*, 9. Aufl., § 22 Rn 19; *Vehling*, Abgrenzung Vorbereitung und Versuch, 1991, S. 165 ff.

gibt und nach den Tätervorstellungen bereits konkret gefährdet ist[37]. Die **Rspr differenziert nach der Vorsatzform**: Geht der Täter davon aus, dass nach seinem Tatplan das Opfer bereits unmittelbar gefährdet ist, kann bereits mit dem Abschluss der Tathandlung ein unmittelbares Ansetzen bejaht werden[38]. Hält der Täter das Erscheinen des Opfers im Wirkungskreis des Tatmittels lediglich für möglich, ungewiss und wenig wahrscheinlich ($\triangleq$ Eventualvorsatz), so ist allein die objektive unmittelbare Gefährdung des Opfers für die Beurteilung des unmittelbaren Ansetzens maßgeblich[39].

Nach der ersten Ansicht wäre im **Beispielsfall** der Zeitpunkt des unmittelbaren Ansetzens bereits nach Abstellen der vergifteten Weinflaschen in seinem Weinkeller gegeben, wohingegen dies nach der zweiten Auffassung nur dann anzunehmen wäre, wenn sich die Einbrecher tatsächlich in das Haus des A begeben hätten. Der BGH hat eine Versuchsstrafbarkeit verneint. A habe ein Erscheinen der Opfer im Wirkungskreis des Tatmittels lediglich für möglich, aber insgesamt noch als ungewiss und wenig wahrscheinlich gehalten ($\triangleq$ Eventualvorsatz). Nur wenn sich der Täter der Mitwirkung des Opfers sicher ist, könne mit dem „Aus-den-Händen-Geben" des Tatgeschehens das unmittelbare Ansetzen zum Versuch bejaht werden[40].

957 Diese Ansätze können jedoch nicht überzeugen, weshalb die **hL** ein unmittelbares Ansetzen zu Recht als gegeben annimmt, sobald der Täter die den unmittelbaren Angriff bildende **Kausalkette in Gang setzt** und den weiteren **Geschehensablauf bewusst aus den Händen gibt** – oder jedenfalls dann, wenn das **Opfer aus Täterperspektive in den Wirkungskreis des Tatmittels eintritt**[41]. Hierdurch wird die Versuchsstrafbarkeit nicht – wie nach ersterer Auffassung – unsachgemäß vorverlagert[42]; ebensowenig bedarf es der im Gesetz ohnehin nicht vorgesehenen Vorsatzdifferenzierung, die aber der BGH vornimmt[43]. Indem für die Bestimmung des unmittelbaren Ansetzens auf die Täterperspektive abgestellt wird, lässt sich zudem eine mit dem Wortlaut des § 22 zu vereinbarende Lösung erzielen[44], die überdies mit der ähnlich gelagerten Problematik des Versuchsbeginns bei der mittelbaren Täterschaft im Einklang steht (dazu s. u. Rn 970 ff).

Nach der vorzugswürdigen hL beginnt das Versuchsstadium im **Beispielsfall** dann, wenn der Täter aus seiner Sicht den weiteren Fortgang des Geschehens aus den Händen gibt. Als A das Haus verlässt, rechnet er noch nicht mit einem Eintreffen der Einbrecher, sodass er grds noch die Möglichkeit hat, auf das Tatgeschehen einzuwirken. Spätestens nach 20 Uhr gibt er die Tat aus den Händen. Zu diesem Zeitpunkt hat A zum Versuch unmittelbar angesetzt.

▸ Beispielsfall bei *Beulke*, Klausurenkurs I, Rn 178

---

37 *Gössel*, JR 76, 250; *Otto*, JA 1980, 644.
38 BGH NStZ 98, 294; 01, 475.
39 BGHSt 43, 177.
40 BGHSt 43, 177.
41 *Erb*, Streng-FS, S. 16; *Frister*, Wolter-FS, S. 383 ff; *B. Heinrich*, AT, Rn 736; *Jäger*, AT, Rn 305; *Murmann*, Versuchsunrecht, S. 20; *Roxin*, Maurach-FS, S. 213 ff; *ders.*, JuS 79, 1; *ders.*, AT II, § 29 Rn 195.
42 *Jäger*, AT, Rn 305.
43 *Roxin*, AT II, § 29 Rn 219.
44 Ähnl. *Jäger*, AT, Rn 305; *Kaspar*, AT, § 8 Rn 43; *Roxin*, AT II, § 29 Rn 199.

3. Unmittelbares Ansetzen bei Qualifikationstatbeständen, Regelbeispielen und zusammengesetzten Delikten

a) Qualifikationstatbestände

Qualifikationsmerkmale bewirken grundsätzlich keine vom Grundtatbestand gelöste **958** Ausdehnung des Versuchsbereichs. Wer also ein Merkmal einer Qualifikation (wie §§ 124, 224, 244, 244a, 250) verwirklicht, setzt damit nicht automatisch zum Versuch des Grundtatbestandes an. Denn Qualifikationstatbestände zeichnen sich dadurch aus, dass sie den Grundtatbestand vollständig enthalten und unwertsteigernde Umstände hinzutreten, um den strengeren Strafrahmen zu rechtfertigen (Rn 168 ff). Der Versuch der Qualifikation setzt daher voraus, dass **zum Grundtatbestand unmittelbar angesetzt** wurde[45]. Das bedeutet auch, dass der Täter, der unmittelbar nach Erfüllung eines Qualifikationsmerkmals zum Grundtatbestand ansetzt, in diesem Moment einen Versuch der Qualifikation begeht.

Beispiel (nach BGH NStZ 15, 207 – *Tresorknacker-Fall* m. zust. Bespr. v. *Kudlich*, JA 15, 152[46]; ähnl. BGH NStZ 17, 86): Die Bandenmitglieder A, B und C wollen eine Bank ausrauben; sie brechen zunächst aber nur ein, um dort ihre Werkzeuge zu deponieren. Einige Stunden später kehren sie zur Bank zurück, wo sie von der inzwischen alarmierten Polizei festgenommen werden. Zwar haben A, B und C durch das gewaltsame Eindringen in die Bank die Qualifikationsmerkmale des § 244a I insoweit erfüllt, als sie als Mitglieder einer Bande in einen Geschäftsraum eingebrochen sind. Da zwischen dem Aufbrechen und der Tathandlung des Diebstahls (als Grundtatbestand) allerdings – auch nach der Tätervorstellung – noch eine deutliche zeitliche Zäsur lag und die Wegnahme weitere wesentliche Zwischenschritte (insbes. Tresor aufbrechen) sowie einen weiteren eigenständigen, neuen Willensimpuls erforderte, fehlt es an einem unmittelbaren Ansetzen zur Verwirklichung des Grundtatbestandes. Beim Einbrechen in die Bank handelt es sich deshalb nur um eine Vorbereitungsmaßnahme zum schweren Bandendiebstahl (§ 244a I), weshalb lediglich eine Strafbarkeit nach § 30 II Var. 3 (Verbrechensverabredung) bzw §§ 123 I, 303 I in Betracht kommt.

b) Regelbeispiele

Setzt der Täter zu einem Delikt an, bei dem der Gesetzgeber im Rahmen der Strafzu- **959** messung Regelbeispiele für besonders schwere Fälle vorgesehen hat (Rn 171), so ist auch hier – erst recht – maßgeblich **auf den Tatbestand selbst abzustellen**. Die Regelbeispiele haben nämlich keinen Tatbestandscharakter und können daher nicht „versucht" werden. Daher kann die Verwirklichung eines Umstands, der sich unter ein Regelbeispiel subsumieren lässt, nur dann einen Versuch begründen, wenn damit gleichzeitig (oder in unmittelbarem Zusammenhang) zum Tatbestand selbst angesetzt wird[47].

---

45 Instruktiv *Engländer*, NStZ 17, 87 in Bespr. zu BGH NStZ 17, 86, 87; zust. ebenso *Eisele*, JuS 17, 175; *Kudlich*, JA 17, 152; *Satzger*, Jura (JK) 17, 1238.
46 Vert. Matt/Renzikowski-*Heger*, § 22 Rn 45; LK-*Hillenkamp*, § 22 Rn 123; *Roxin*, AT II, § 29 Rn 114 ff.
47 Näher *Degener*, Stree/Wessels-FS, S. 305; *Wessels*, Maurach-FS, S. 305. Einzelheiten zum „Versuch der Regelbeispiele": BGHSt 33, 370; BayObLG JR 99, 36 m. krit. Anm. *Wolters*; *Joecks*, St-K, § 243 Rn 49 ff; MK-StGB-*Schmitz*, § 243 Rn 85 ff; *Streng*, Puppe-FS, S. 1025; *Wessels/Hillenkamp/Schuhr*, BT/2, Rn 211 ff.

Beispiel: A zerschlägt die Glasscheibe eines Schmuckgeschäfts, um sich Zugang zu verschaffen und dort befindliche Goldringe und -ketten zu entnehmen. Mit dem Zerschlagen der Glasscheibe hat A bereits das Regelbeispiel des § 243 I 2 Nr 1 verwirklicht. Da zwischen dem gewaltsamen Zugangverschaffen und der Wegnahme des Schmuckes keine wesentlichen Zwischenschritte mehr erforderlich sind, liegt in der Erfüllung des Regelbeispiels bereits das unmittelbare Ansetzen zum Diebstahl.

c) Zusammengesetzte Deliktstatbestände

960 Bei zusammengesetzten Delikten (s. auch Rn 1247) beginnt der Versuch stets mit dem **unmittelbaren Ansetzen zu dem das spezifische Unrecht des Tatbestands begründenden Merkmal**.

Beim **Raub** (§ 249) wird der gegenüber dem Diebstahl spezifische Unrechtsgehalt maßgeblich durch den (qualifizierten) Nötigungsakt begründet[48]. Somit setzt der Täter bereits unmittelbar zum Raub an, wenn er die in § 249 genannte Nötigungshandlung vornimmt, die eine geplante Wegnahme unmittelbar ermöglichen soll[49].

Der gegenüber der Falschaussage spezifische Unrechtsgehalt des **Meineids** (§ 154) liegt in der erhöhten Glaubhaftigkeit der beeideten Aussage[50]. Daher liegt in einem Strafprozess nicht schon im Beginn der Falschaussage, die der Täter im Nachhinein zu beeiden plant, das unmittelbare Ansetzen zu einem Meineidsversuch, sondern erst im späteren Zeitpunkt des unmittelbaren Ansetzens zur Eidesleistung (sog. Nacheid, vgl § 59 II 1 StPO)[51]. Anders ist dies zu beurteilen, wenn ein sog. Voreid geleistet wird, bei dem die Aussage dem Eid nachfolgt (vgl zB im Zivilprozess § 410 I 1 Alt. 1 ZPO). Hier setzt der Täter nicht mit der Eidesleistung unmittelbar zum Versuch an, sondern erst mit dem Beginnen der (falschen) Aussage[52].

4. Unmittelbares Ansetzen bei Mittäterschaft, mittelbarer Täterschaft und versuchter Anstiftung

a) Mittäterschaft

961 **aa)** Umstritten ist, wie die Grenze zwischen Vorbereitung und Versuch in Fällen der Mittäterschaft zu ziehen ist.

Beispiel: A und B möchten die Tankstelle des C ausrauben. Hierzu soll A die Geschäftsräume zunächst alleine betreten und den C mit einer Pistole „in Schach halten". Anschließend soll B in die Tankstelle stürmen und die Kasse „leerräumen". Am Tattag bedroht A absprachegemäß den C; dieser betätigt allerdings unerwartet die Alarmanlage. Daraufhin flieht A; ebenso auch B, der im Auto um die Ecke auf ein Zeichen des A gewartet hat.

962 Nach der sog. **Einzellösung**[53] bedarf es einer nach den einzelnen Tätern getrennten Betrachtung: Maßgeblich soll sein, wann der jeweilige Mittäter im Hinblick auf seinen Tatbeitrag die Schwelle des § 22 überschritten hat.

---

48 BGHSt 3, 297; LK-*Hillenkamp*, § 22 Rn 126; *Kühl*, JuS 80, 509.
49 BGH NJW 80, 1759.
50 Str. *Fischer*, § 154 Rn 2.
51 BGHSt 31, 178, 182; s. auch S/S/W-StGB-*Sinn*, § 154 Rn 13.
52 S/S/W-StGB-*Sinn*, § 154 Rn 13.
53 *Roxin*, AT II, § 29 Rn 297.

Diese isolierte Betrachtung ergäbe im **Beispielsfall**, dass A dadurch, dass er dem C zum Zwecke der Wegnahme drohte, bereits unmittelbar zum versuchten schweren Raub (§§ 249 I, 250 II Nr 1 Alt. 1, 22, 23 I) angesetzt hat. Für B, der nach dem Tatplan lediglich für die Wegnahme des in der Kasse befindlichen Geldes verantwortlich ist, fehlt es noch an einem zu leistenden wesentlichen Teilakt; dazu waren noch weitere wesentliche Zwischenschritte erforderlich, sodass B noch nicht unmittelbar angesetzt hat.

Deutlich vorzugswürdig erscheint daher die sog. **Gesamtlösung**[54], wonach die Grenze zwischen Vorbereitung und Versuch für alle Mittäter einheitlich überschritten wird, und zwar bereits dann, wenn einer von ihnen im Rahmen des gemeinsamen Tatentschlusses zur Verwirklichung des gesetzlichen Tatbestandes unmittelbar ansetzt.

963

Im **Beispielsfall** ist danach ein unmittelbares Ansetzen in dem Zeitpunkt zu bejahen, in dem der erste Mittäter zur Tatbestandsverwirklichung ansetzt. Es setzt daher auch B zum Versuch an, als A mit der Drohung gegenüber C beginnt.

In **Fall 17** hat A durch die Vornahme des Messerstichs unmittelbar zur Tötung des O angesetzt (s. Rn 949). B ist angesichts der gemeinsamen Tatplanungen und der gemeinschaftlichen Tatausführung Mittäter (§ 25 II), weshalb ein unmittelbares Ansetzen des B nach der vorzugswürdigen Gesamtlösung ebenfalls zu diesem Zeitpunkt anzunehmen ist.

964

▶ Beispielsfälle bei *Beulke*, Klausurenkurs I, Rn 380 und *Beulke/Zimmermann*, Klausurenkurs II, Rn 238

bb) Kompliziert wird es, wenn eine Mittäterschaft in Wirklichkeit nicht existiert, der Betreffende sich die die Mittäterschaft begründenden Umstände (insbes. das Vorliegen eines gemeinsamen Tatplans) aber irrig vorstellt und der nur vermeintliche Mittäter durch eine lediglich äußerlich tatplangemäße Handlung unmittelbar zur Tat ansetzt (sog. **vermeintliche Mittäterschaft**).

965

Beispiel (nach BGHSt 40, 299 – *Münzhändlerfall*): A unterbreitet dem B den Vorschlag, den Münzhändler M zu berauben. Er spiegelt B vor, dass M mit dem Überfall „einverstanden" sei und die Beute am Tag nach dem Überfall bei seiner Versicherung als Schaden melden werde. A, B und M würden sich dann die durch die Versicherung in betrügerischer Weise erlangte Erstattung aufteilen. Daraufhin überfällt B den M. In Wirklichkeit wusste M von dem Vorhaben nichts und meldet den Schaden ordnungsgemäß bei seiner Versicherung. Hier stellt sich die Frage, ob B wegen versuchten mittäterschaftlichen Versicherungsbetruges (§ 263 I iVm § 263 III 2 Nr 5) bestraft werden kann, obwohl es sich bei dem die (vermeintliche) Täuschungshandlung vornehmenden M nicht um einen Mittäter handelte.

Unter Zugrundelegung der **Einzellösung** treten in dieser Konstellation keine Probleme auf, da hiernach ohnehin jeder Täter getrennt betrachtet wird. Bei der vermeintlichen Mittäterschaft bedeutet das, dass der Versuch für den an eine Mittäterschaft glaubenden Beteiligten erst dann beginnt, wenn er durch seinen Tatbeitrag die Schwelle des § 22 überschreitet[55].

966

Im **Beispielsfall** erbringt B keinen Tatbeitrag zum Betrug, weshalb ein unmittelbares Ansetzen zum Versicherungsbetrug nicht angenommen werden kann. Allerdings wäre B wegen vollendeten Versicherungsmissbrauchs (§ 265 I) zu bestrafen.

---

54 BGHSt 36, 249, 250; 39, 236, 237 f; *Hilgendorf/Valerius*, AT, § 10 Rn 45; LK-*Hillenkamp*, § 22 Rn 173; *Kasiske*, AT, Rn 256; *Kaspar*, AT, § 8 Rn 55; krit. *Küper*, Versuchsbeginn, S. 22, 69; fallbezogen *Zopfs*, Jura 13, 1072, 1073 f.
55 *Roxin*, AT II, § 29 Rn 314.

967 Nach einem **weiten Verständnis der Gesamtlösung** muss sich derjenige, der irrig von einer Mittäterschaft ausgeht, objektiv tatplanentsprechende Handlungen des Unbeteiligten „als nach seiner Vorstellung mittäterschaftliches Handeln zurechnen lassen"[56]. Dass der Tatbeitrag (subjektiv) nicht zur Förderung eines gemeinsamen Tatplans erbracht wird, wird als irrelevant erachtet.

Im **Beispielsfall** hat der BGH den B daher wegen eines in Mittäterschaft begangenen Betrugsversuchs bestraft (§§ 263, 22, 23 I, 25 II). Der BGH bejaht das Vorliegen einer zurechenbaren Tat unter Hinweis auf die Figur des untauglichen Versuchs: B stelle sich vor, dass M Mittäter sei und durch die Schadensmeldung eine Täuschungshandlung vornehme. Dass die Handlung des objektiv nicht täuschenden (und aufgrund der Umstände gar nicht täuschen könnenden) M so gar nicht zur Erfüllung des Betrugstatbestands führen kann, sei gerade das Charakteristische des untauglichen Versuchs.

968 Diese Argumentation greift zu kurz. Um einem anderen Beteiligten ein unmittelbares Ansetzen über § 25 II zurechnen zu können, bedarf es einerseits eines unmittelbaren Ansetzens des ansonsten Unbeteiligten. Daran kann man bereits zweifeln, wenn das Verhalten des Unbeteiligten – wie im Beispielsfall – gar nicht auf die Verwirklichung des Tatbestands gerichtet ist (keine Täuschung). Aber selbst wenn man sich mit einem rein äußerlich tatplankonformen Verhalten des Unbeteiligten begnügt, so müssten jedenfalls zusätzlich die Zurechnungsvoraussetzungen des § 25 II vorliegen, zu denen maßgeblich der gemeinsame Tatentschluss aller Mittäter gehört. Die über § 25 II zuzurechnende Tathandlung muss sich als „objektive Manifestation des Tatentschlusses"[57] darstellen, weshalb es keinesfalls genügen kann, dass die Zurechnungsvoraussetzungen nur in der Vorstellung des anderen Beteiligten vorliegen.

969 Dementsprechend ist mit dem vorzugswürdigen **engen Verständnis der Gesamtlösung**[58] der Umstand, dass bei nur vermeintlicher Mittäterschaft kein gemeinsamer Tatplan vorliegt, in den der (gerade) Unbeteiligte einbezogen ist, der entscheidende Punkt, weshalb eine Zurechnung der Handlungen des Unbeteiligten an andere Beteiligte keine Basis in § 25 II hat.

Da M im **Beispielsfall** nicht unmittelbar zum Betrugsversuch angesetzt hat (keine Täuschung gegenüber der Versicherung) und zudem die Voraussetzungen des § 25 II nicht vorliegen, fehlen beide – nach der vorzugswürdigen engen Gesamtlösung – erforderlichen Voraussetzungen, um dem B ein unmittelbares Ansetzen zuzurechnen. B ist somit als Alleintäter zu behandeln und, da er nicht selbst zur Verwirklichung des § 263 unmittelbar angesetzt hat, nicht wegen eines Betrugsversuchs strafbar. Die kriminalpolitische Problematik dieses Ergebnisses hat sich inzwischen durch die Neuformulierung des Tatbestandes des Versicherungsmissbrauchs (§ 265) entschärft, der nun auch diesen Fall erfasst[59].

▶ Beispielsfall bei *Beulke/Zimmermann*, Klausurenkurs II, Rn 240

---

56 Vgl BGHSt 40, 299, 302 f; ebenso *Fischer*, § 22 Rn 23a; *Hauf*, NStZ 94, 263, 265 f; *ders.*, JA 95, 776, 779; *Heckler*, GA 1997, 72, 76 ff; *B. Heinrich*, AT, Rn 744; *Weber*, Lenckner-FS, S. 446 f; *Weißer/Kreß*, JA 04, 861.

57 *Kudlich*, JuS 02, 27, 29.

58 Vgl BGHSt 39, 236, 238; *Beulke*, Kühl-FS, S. 129; *Bloy*, ZStW 117 [2005], 3, 29; *Erb*, NStZ 95, 424; LK-*Hillenkamp*, § 22 Rn 176; *Ingelfinger*, JZ 95, 704; *Jäger*, AT, Rn 310; *Joecks*, wistra 95, 59; *Joerden*, JZ 95, 735; *Krack*, NStZ 04, 697; *Kudlich*, JuS 02, 29; *Kühl*, AT, § 20 Rn 123a; *Kühne*, NJW 95, 934; *Küpper/Mosbacher*, JuS 95, 488; *Mitsch*, Kühl-FS, S. 31; *Renzikowski*, JuS 13, 481, 486 f; *Rönnau*, JuS 14, 109, 111; *Streng*, ZStW 109 [1997], 892; *Zopfs*, Jura 96, 19.

59 Vgl *Wessels/Hillenkamp/Schuhr*, BT/2, Rn 661.

b) Mittelbare Täterschaft

aa) Bei der mittelbaren Täterschaft soll es nach einer v. a. früher verbreiteten Auf- **970** fassung allein auf das **Vorstellungsbild des Tatmittlers** ankommen[60].

Beispiel: Stationsarzt Dr. A übergibt Krankenschwester K eine Spritze, die ein tödlich wirkendes Gift enthält, und weist die K an, es seiner Schwiegermutter S unverzüglich zu injizieren. Dr. A will die verhasste S auf diese Weise ins Jenseits befördern lassen. Der K spiegelt Dr. A vor, es handele sich nur um ein Beruhigungsmittel. Als sich K daraufhin auf den Weg macht, der S die Spritze zu verabreichen, erhält sie jedoch die Information, dass S unerwartet an einem Herzstillstand verstorben ist.

Ist dieser gutgläubig (dh ohne Vorsatz bzgl der Tatbestandsverwirklichung), beginnt der Versuch nach dieser Ansicht mit dem Aus-den-Händen-Geben des Tatgeschehens. Ist er demgegenüber bösgläubig soll es entscheidend auf den Eintritt des Tatmittlers in die Opfersphäre ankommen.

Im **Beispielsfall** handelt K als Tatmittlerin ohne Vorsatz und ist daher gutgläubig. Da Dr. A je- **971** denfalls in dem Zeitpunkt, als er K losschickt, damit diese die Spritze bei S injizieren kann, den weiteren Geschehensablauf aus den Händen gegeben hat, wäre bereits zu diesem Zeitpunkt ein unmittelbares Ansetzen zur versuchten Tötung in mittelbarer Täterschaft seitens des Dr. A anzunehmen. Würde K demgegenüber vorsätzlich und lediglich als schuldlos handelndes Werkzeug – und damit bösgläubig – agieren, wäre dies frühestens der Fall, wenn K das Krankenzimmer der S betreten hätte.

Allerdings kann eine derartige Differenzierung nicht überzeugen, da auf das Vorstel- **972** lungsbild des Tatmittlers, der nicht Täter ist, nicht abgestellt werden darf. Der Hintermann ist der maßgebliche Täter, auf seine Vorstellung kommt es gemäß § 22 allein an[61]. Die heute vertretenen Auffassungen gehen daher von der **Vorstellung des mittelbaren Täters** aus, differenzieren aber nach verschiedenen Zeitpunkten:

Eine Auffassung stellt auf den **Beginn bzw den Abschluss der Einwirkung auf das** **973** **Werkzeug** ab[62].

Im **Beispielsfall** wäre ein unmittelbares Ansetzen danach bereits gegeben, als Dr. A beginnt, auf K einzureden (Beginn des Einwirkens) bzw seine Anweisungen an K beendet hat (Abschluss des Einwirkens).

Damit wird jedoch der Versuchsbeginn weit nach vorne verlagert. Da in diesem Zeitpunkt eine Opfergefährdung aus Sicht des Täters in aller Regel noch gar nicht gegeben ist, genügt diese Auffassung dem Unmittelbarkeitserfordernis des § 22 nicht.

Nach einer anderen Auffassung soll hingegen der Versuch für den mittelbaren Täter **974** stets (oder idR) erst dann beginnen, wenn der eingeschaltete **Tatmittler seinerseits** **zur Tatausführung ansetzt** und demnach die „Gesamttat" unmittelbar in die Tatbestandsverwirklichung einmündet[63]. Diese Auffassung versteht das Handeln des Hin-

---

60 Dazu insbes. S/S-*Eser/Bosch*, § 22 Rn 54a.
61 Vgl *Jäger*, AT, Rn 304.
62 *Baumann*, JuS 63, 92; *Herzberg*, MDR 73, 94; *Jakobs*, AT, 21/105; *Puppe*, AT, § 20 Rn 28 ff; *dies.*, GA 2013, 514, 530 ff; *Zaczyk*, Krey-FS, S. 485 (bei Prozessbetrug).
63 *Krack*, ZStW 110 [1998], 611, 625 ff; *ders./Schwarzer*, JuS 08, 140, 141; *Küper*, JZ 83, 361, 369; Lackner/Kühl-*Kühl*, § 22 Rn 9; Baumann/Weber/Mitsch/Eisele-*Mitsch*, AT, § 22 Rn 78; *Rath*, JuS 99, 143.

termanns und des Werkzeugs als Einheit und überträgt auf dieser Basis die für die Mittäterschaft entwickelte Gesamtlösung (s. o. Rn 963) auf die mittelbare Täterschaft. Somit entsteht ein Gleichlauf des unmittelbaren Ansetzens zwischen Tatmittler und mittelbarem Täter.

Ein unmittelbares Ansetzen des Dr. A wäre im **Beispielsfall** hiernach abzulehnen, da die K in dem Zeitpunkt, als sie vom Tod der S erfährt, ihr weiteres Vorhaben im Vorbereitungsstadium abbricht, selbst also nicht unmittelbar zur Tötungshandlung ansetzt.

975 Diese Ansicht berücksichtigt allerdings die Eigenart der mittelbaren Täterschaft (gegenüber der Mittäterschaft) nicht hinreichend. Mittelbarer Täter und Tatmittler begehen die Tat gerade nicht gemeinschaftlich; sie handeln auch nicht aus einem gemeinsam gefassten Tatentschluss heraus. Die Vorstellung einer „Gesamttat" geht daher fehl; die Tat ist alleine eine solche des Hintermannes. Daraus, dass ihm das Handeln des Werkzeugs wie eigenes zugerechnet wird und er die Tat durch den anderen begeht, folgt auch nicht zwangsläufig, dass der mittelbare Täter die Versuchsgrenze nicht früher überschreiten kann als sein Tatmittler. Da er nämlich den Angriff auf das Opfer inszeniert und das Gesamtgeschehen kraft seiner „Willensherrschaft" steuert, liegt es nahe, bei der Abgrenzung zwischen Vorbereitung und Versuch vorrangig auf sein eigenes Verhalten abzustellen. Dem Entwicklungsstand der „Gesamttat" und dem noch zu leistenden Tatbeitrag des Tatmittlers kommt insoweit nur Bedeutung für die Frage zu, ob aus der Sicht des Hintermannes schon eine konkrete Gefahr für das geschützte Rechtsgut entstanden ist und ob infolgedessen dem Unmittelbarkeitserfordernis des § 22 Genüge getan ist.

976 Dies zeigt bereits die Richtigkeit des Ausgangspunkts der herrschenden **Rechtsgutsgefährdungstheorie**[64], wonach der mittelbare Täter unmittelbar zur Tat ansetzt, wenn er das von ihm in Gang gesetzte Geschehen in der Weise aus der Hand gegeben hat, dass der daraus resultierende Angriff auf das Opfer nach seiner Vorstellung von der Tat ohne weitere wesentliche Zwischenschritte und ohne längere Unterbrechung im nachfolgenden Geschehensablauf unmittelbar in die Tatbestandsverwirklichung einmünden soll.

Dr. A hat im **Beispielsfall** jedenfalls in dem Zeitpunkt, als er K losschickt, damit diese die Spritze bei S injizieren kann, den weiteren Geschehensablauf aus den Händen gegeben. Darin lag nach seiner Vorstellung bereits ein derartig unmittelbarer Angriff auf Leben und Gesundheit der S, dass diese bereits (konkret) gefährdet war und der Schaden sich unmittelbar anschließen konnte.

▶ Beispielsfälle bei *Beulke*, Klausurenkurs I, Rn 194, *Beulke/Zimmermann*, Klausurenkurs II, Rn 115 und *Beulke*, Klausurenkurs III, Rn 213

977 **bb)** Auch bei der mittelbaren Täterschaft stellt sich die Frage, ob es ausreicht, dass der Hintermann sich die eine mittelbare Täterschaft begründenden Umstände (insbes. die Werkzeugeigenschaft des Vordermannes) irrigerweise vorstellt und der nur ver-

---

64 Vgl BGHSt 30, 363; 40, 257, 268; BGH wistra 00, 378; *Bosch*, Jura 11, 909, 915; *B. Heinrich*, AT, Rn 751; LK-*Hillenkamp*, § 22 Rn 153 ff; *Kasiske*, AT, Rn 257 f; *Kraatz*, Jura 07, 534; *Kudlich*, JuS 98, 596, 600 f; S/S/W-StGB-*ders./Schuhr*, § 24 Rn 58 f; *Rackow*, JA 03, 221; *Rönnau*, JuS 14, 109, 112; *Roxin*, AT II, § 29 Rn 230; *Satzger*, Jura 06, 513, 515.

meintliche Tatmittler dann durch eine nur äußerlich tatplangemäße Handlung unmittelbar zur Tat ansetzt (**vermeintliche mittelbare Täterschaft**).

Beispiel (s. bereits Rn 861): Stationsarzt Dr. A übergibt der vermeintlich arglosen Krankenschwester K eine Spritze, die angeblich ein Beruhigungsmittel, tatsächlich aber ein tödlich wirkendes Gift enthält. Er weist die K an, dieses seiner im Krankenhaus liegenden Erbtante E zu injizieren. K durchschaut das Ansinnen, lässt sich aber nichts anmerken und verabreicht E kurz darauf mit Tötungsvorsatz die letale Injektion.

Sofern man – mit der aus dem Bereich der Mittäterschaft übertragenen Gesamtlösung **978** – davon ausgehen würde, dass beim Hintermann erst dann ein unmittelbares Ansetzen zur Tatbegehung gegeben ist, wenn der Vordermann selbst unmittelbar ansetzt (vgl Rn 963), scheidet die Annahme einer versuchten Tatbegehung in mittelbarer Täterschaft aus, da mangels *tatsächlicher* Tatherrschaft eine Zurechnung des unmittelbaren Ansetzens des Vordermannes über § 25 I Alt. 2 nicht möglich ist (vgl Rn 861)[65]. Mit der herrschenden Rechtsgutsgefährdungstheorie liegt demgegenüber ein unmittelbares Ansetzen des Hintermannes auch im Falle der nur vermeintlichen mittelbaren Täterschaft vor, sofern der Hintermann das Geschehen „aus den Händen gegeben hat"[66].

Folgt man im **Beispielsfall** der hM zum unmittelbaren Ansetzen bei der mittelbaren Täterschaft, so wäre Dr. A jedenfalls zu dem Zeitpunkt, als K sich mit der Spritze zu E begibt (= „Aus-den-Händen-Geben" des weiteren Tatgeschehens, vgl Rn 976) wegen eines (untauglichen) Mordversuchs in mittelbarer Täterschaft strafbar. Nimmt man in dieser Fallkonstellation mit der hier vertretenen Auffassung zusätzlich eine (vollendete) Anstiftung zum Mord an (s. Rn 861), tritt die Versuchsstrafbarkeit auf Konkurrenzebene zurück[67].

▶ Beispielsfall bei *Beulke*, Klausurenkurs I, Rn 284, 288 und Klausurenkurs III, Rn 210, 216

c) Versuchte Anstiftung

Zu welchem Zeitpunkt der (präsumtive) Anstifter im Rahmen der versuchten Anstiftung gem. § 30 I (s. dazu Rn 913 ff) zum Hervorrufen des Tatentschlusses angesetzt hat, richtet sich nach den allgemeinen Regeln des § 22 (s. Rn 945 ff)[68]. Deshalb ist zumindest dann, wenn es bereits zur Vornahme der Bestimmungshandlung gekommen ist, ein unmittelbares Ansetzen anzunehmen. Uneinigkeit herrscht demgegenüber bei der Frage, ob auch schon zu einem früheren Zeitpunkt – etwa beim Absenden einer verkörperten Erklärung – ein unmittelbares Ansetzen angenommen werden kann:

Beispiel (nach BGHSt 8, 261): A versendet einen Brief an C, in dem er diesen dazu auffordert, einen Meineid zu begehen. Dieser Brief wird von der Polizei beschlagnahmt, noch bevor dieser den C erreicht. Der vereinzelt vertretenen – auf eine Restriktion des § 30 I angelegten – Auffas- **979**

---

65 Vgl insoweit auch die Erwägungen zur vermeintlichen Mittäterschaft in Rn 966 ff; *Beulke*, Kühl-FS, S. 129, 131.

66 *Beulke*, Kühl-FS, S. 128 ff; *Kühl*, AT, § 20 Rn 84; *Roxin*, AT II, § 25 Rn 164; ohne diese Einschränkung *Jäger*, AT, Rn 251b; *Rengier*, AT, § 43 Rn 81; gänzlich abl. *Bloy*, ZStW 117 [2005], 4, 24 f; *Krack*, Eckert-GS, S. 467; *Küper*, Roxin II-FS, S. 901 ff; Maurach/Gössel/Zipf-*Renzikowski*, AT, § 48 Rn 112.

67 Vgl auch *Beulke*, Kühl-FS, S. 134 f; aA *Murmann*, JA 08, 321, 326; S/S/W-StGB-*ders.*, § 25 Rn 29.

68 S. hierzu *Geppert*, Jura 97, 546, 550 f; *Kühl*, AT, § 20 Rn 249.

sung, es käme auf den Zugang der Erklärung an[69], ist mit der hM[70] zu widersprechen. Der für § 30 I kennzeichnende unbeherrschbare Kausalverlauf ist nämlich bereits dann in Gang gesetzt worden, wenn die „Bestimmungserklärung" die Sphäre des präsumtiven Anstifters verlassen hat. A wäre deshalb nach vorzugswürdiger Auffassung bereits wegen versuchter Anstiftung zum Meineid zu bestrafen.

V. Besondere Versuchsformen

1. Untauglicher Versuch

980 Ein untauglicher Versuch liegt vor, wenn die Ausführung des Tatentschlusses von Anfang an aus tatsächlichen oder rechtlichen Gründen, die einer vollständigen Verwirklichung des objektiven Unrechtstatbestandes entgegenstehen, zum Scheitern verurteilt ist[71]. Dem untauglichen Versuch liegt somit eine Konstellation zugrunde, wonach der Täter die Sachlage falsch einschätzt und irrig davon ausgeht, eine Rechtsgutsverletzung herbeiführen zu können (= **umgekehrter Tatbestandsirrtum**)[72]. Diese Untauglichkeit kann v. a. in den nachfolgenden Ursachen begründet sein:

– **Untauglichkeit des Subjekts** (zB Körperverletzung im Amt [§ 340] durch einen nur vermeintlichen Beamten, dessen Ernennung bspw unwirksam war[73]).

– **Untauglichkeit des Tatobjekts** (zB Tötungsversuch an einer Leiche, von der der Täter glaubt, es handle sich um einen bewusstlosen Menschen[74] oder Diebstahlsversuch an einer Sache, die im Eigentum des Täters steht[75]).

– **Untauglichkeit des Tatmittels** (zB Abtreibungsversuch mit harmlosen Kopfschmerztabletten, die der Täter für Abtreibungspillen hält[76]).

981 Die Strafbarkeit des untauglichen Versuchs ist heute weitgehend anerkannt[77]. Positivrechtlich folgt dies einerseits aus § 22, der die Vorstellung des Täters von der Tat zur Grundlage bestimmt[78]; andererseits – und insoweit noch klarer – drückt dies § 23 III aus, der den untauglichen Versuch explizit nennt und nur für den Fall des groben Unverstandes ein Absehen von Strafe oder eine Strafmilderung ermöglicht. Daraus muss zwingend gefolgert werden, dass der untaugliche Versuch grundsätzlich wie jeder an-

---

69 *Jescheck/Weigend*, AT, § 65 II 1; *Stratenwerth/Kuhlen*, AT, § 12 Rn 175.
70 BGHSt 8, 261; *Geppert*, Jura 97, 546, 550 f; *Hinderer*, JuS 11, 1072, 1073 f; *Kühl*, AT, § 20 Rn 249; S/S/W-StGB-*Murmann*, § 30 Rn 18; *Roxin*, AT II, § 28 Rn 11 ff.
71 *B. Heinrich*, AT, Rn 669; Baumann/Weber/Mitsch/Eisele-*Mitsch*, AT, § 22 Rn 36; *Satzger*, Jura 13, 1017, 1019.
72 *B. Heinrich*, AT, Rn 669.
73 BGHSt 16, 155, 160; vert. *Mitsch*, Jura 14, 585, 586 ff.
74 RGSt 1, 450.
75 MK-StGB-*Hoffmann-Holland*, § 22 Rn 65 ff; *Kindhäuser*, AT, § 30 Rn 29; *Rengier*, AT, § 35 Rn 24; aA *Burkhardt*, GA 2013, 346; LK-*Hillenkamp*, § 22 Rn 210 ff; *Hotz*, JuS 16, 221; NK-*Paeffgen/Zabel*, Vorbem. §§ 32 ff Rn 256 ff (Wahndelikt).
76 RGSt 34, 217.
77 Vgl nur BGHSt 40, 299, 302; *B. Heinrich*, Jura 98, 393; LK-*Hillenkamp*, § 22 Rn 179; *Roxin*, Jung-FS, S. 829; *Valerius*, JA 10, 113; abw. *Köhler*, AT, S. 458, 463; krit. Kaufmann/Renzikowski-*Renzikowski*, S. 309 und *Lampe*, Rogall-FS, S. 223, 231 ff; rechtsvergleichend *Jung*, ZStW 117 [2005], 937; *Maiwald*, Loos-FS, S. 159; zur Kritik s. NK-*Zaczyk*, § 22 Rn 37.
78 BeckOK-StGB-*Cornelius*, § 22 Rn 73; *B. Heinrich*, AT, Rn 674.

dere Versuch strafbar sein soll[79]. Dogmatisch legitimiert wird die Strafbarkeit des untauglichen Versuchs dadurch, dass auch ein solcher Versuch geeignet ist, den Rechtsfrieden zu erschüttern[80].

Da § 23 III nur die Untauglichkeit des Tatobjekts und die des Tatmittels ausdrücklich hervorhebt, wird vereinzelt ein auf die Tauglichkeit des Tatsubjekts bezogener Irrtum als Unterfall des (straflosen) Wahndelikts angesehen[81]. Dem ist nicht zuzustimmen. § 23 III setzt nur die Strafbarkeit des untauglichen Versuchs als solche voraus, normiert aber nicht (schon gar nicht abschließend) die Voraussetzungen hierfür[82]. Richtigerweise bedarf es bei der Konstellation der Untauglichkeit des Tatsubjekts aber stets einer sauberen Abgrenzung zum Wahndelikt (dazu unten Rn 991 ff). **982**

2. Grob unverständiger und abergläubischer Versuch

a) Eine besondere Form des untauglichen Versuchs stellt der in § 23 III erwähnte **grob unverständige Versuch** dar, bei dem der Täter die Nichtvollendbarkeit (subjektiv) aus grobem Unverstand verkennt[83]. Der Täter hat dabei völlig abwegige Vorstellungen von gemeinhin bekannten Ursachenzusammenhängen, welche für jeden Menschen mit durchschnittlichem Erfahrungswissen eindeutig erkennbar sind[84]. **983**

Beispiel: Die Schwangere S möchte ihre Schwangerschaft beenden. Sie glaubt, durch Einnahme von Vanillezucker könne sie ihr Ziel erreichen.

Anders als bei den „Normalfällen" des untauglichen Versuchs wird angesichts der Abwegigkeit der Tätervorstellungen – von der Warte eines objektiven Betrachters aus – der Rechtsfrieden überhaupt nicht gestört. Auf Basis der herrschenden Eindruckstheorie (Rn 931) muss daher erstaunen, dass der Gesetzgeber den grob unverständigen Versuch nicht für straflos erklärt. Vielmehr kommt er dem Täter nur insoweit entgegen, als das Gericht gem. § 23 III von Strafe absehen oder die Strafe gem. § 49 II mildern kann. **984**

b) Dass § 23 III insoweit eine unstimmige Regelung ist, zeigt der Vergleich mit dem sog. **abergläubischen (oder irrealen) Versuch**. **985**

Beispiel: Die Schwangere S spricht einen Zauberspruch, um so ihre Schwangerschaft zu beenden.

Vom abergläubischen Versuch spricht man, wenn der Täter mit irrealen, der menschlichen Beherrschbarkeit und Verfügungsgewalt entzogenen Mitteln („Totbeten", „Verhexen", Voodoorituale usw) den tatbestandlichen Erfolg erfolglos herbeizuführen versucht. Anders als beim grob unverständigen untauglichen Versuch steht die

---

79 *Hilgendorf*, JZ 09, 139, 142; *Satzger*, Jura 13, 1017, 1019.
80 S/S/W-StGB-*Kudlich/Schuhr*, § 22 Rn 22; *Roxin*, GA 2017, 656.
81 HK-GS-*Ambos*, § 23 Rn 11; *Jakobs*, AT, 25/43; *Foth*, JA 65, 366, 371; *Rath*, JuS 99, 32, 34; *Schmitz*, Jura 03, 593, 601; NK-*Zaczyk*, § 22 Rn 39; diff. *Valerius*, JA 10, 113; vert. *Krey/Esser*, AT, Rn 1250.
82 *B. Heinrich*, Jura 98, 393, 394; *ders.*, AT, Rn 672; LK-*Hillenkamp*, § 22 Rn 232 ff.
83 BGHSt 41, 94; S/S/W-StGB-*Kudlich/Schuhr*, § 23 Rn 14.
84 BGHSt 41, 94; *B. Heinrich*, Jura 98, 393; LK-*Hillenkamp*, § 23 Rn 46; *Radtke*, JuS 96, 878; *Satzger*, Jura 13, 1017, 1020; ausf. *Bloy*, ZStW 113 [2001], 76; krit. *Mitsch*, ZIS 16, 352; *Struensee*, ZStW 102 [1990], 21; zur Einordnung in den Deliktsaufbau *Seier/Gaude*, JuS 99, 456.

ganz hM auf dem Standpunkt, dass der abergläubische Versuch **nicht strafbar** ist, allerdings mit sehr unterschiedlicher Begründung.

986 **Überwiegend** wird behauptet, wer sich der Magie, des Zaubers etc bediene, wünsche sich letztlich den Erfolg in Form der Rechtsgutsverletzung nur herbei – von Vorsatz bzgl des Erfolgs könne nicht gesprochen werden. Es fehle daher am erforderlichen Tatentschluss[85].

Damit wird jedoch nicht hinreichend berücksichtigt, dass beim Versuch gem. § 22 allein die Vorstellung des Täters von der Tat maßgeblich ist. Geht er davon aus, er könne mit den eingesetzten Mitteln eine Rechtsgutsschädigung herbeiführen, so ist dies auch für die Beurteilung des Tatentschlusses zugrunde zu legen[86]. Nichts anderes gilt ja auch beim untauglichen Versuch, wo es ebenfalls genügt, dass der Täter (irrig) davon ausgeht einen Erfolg herbeiführen zu können, obwohl dies objektiv unmöglich ist[87].

987 Andere begründen die Straflosigkeit damit, dass der Täter **keinen Vorsatz bzgl des objektiven Zurechnungszusammenhangs** habe[88].

Allerdings muss gem. § 22 auch der Zurechnungszusammenhang allein anhand der Tätervorstellung bestimmt werden, sodass auch dies kein Grund für die Verneinung des Tatentschlusses ist[89].

988 Die herrschenden Ansätze scheitern folglich schon an § 22. Darüber hinaus ist eine überzeugende Abgrenzung zwischen einem strafbaren grob unverständigen und dem straflosen abergläubischen Versuch nicht ersichtlich (was wäre zB, wenn die Schwangere dem Vanillezucker magische Wirkung beimessen würde?)[90] – und im Ergebnis aus dogmatischen Gründen auch nicht nachvollziehbar: Nach der die Strafbarkeit des Versuchs rechtfertigenden Eindruckstheorie (Rn 931) fehlt es **in beiden Fällen gleichermaßen** an einer relevanten Störung des Rechtsfriedens.

In den **Beispielen** von Rn 983 und Rn 985 wird ein objektiver Beobachter, egal ob die Schwangere den völlig harmlosen Vanillezucker oder den Zauberspruch einsetzt, in keiner Weise „erschüttert" oder „aufgeschreckt".

989 c) Demnach können der grob unverständige und der abergläubische Versuch letztlich nur **gleich behandelt** werden. In Anwendung der – allerdings von vornherein verfehlten – Regelung des § 23 III bedeutet dies, dass *de lege lata* auch der abergläubische Versuch als ein grob unverständiger Versuch einzuordnen ist, was sich mit dem Gesetzeswortlaut jedenfalls vereinbaren lässt[91]. Eine Bestrafung ist allerdings auf Basis der allein überzeugenden Eindruckstheorie in beiden Fällen dogmatisch nicht zu rechtfertigen. *De lege lata* besteht eine Notlösung nur darin, bei Anwendung

---

85 LK-*Hillenkamp*, § 22 Rn 190; *Kindhäuser*, AT, § 30 Rn 16; *Kretschmer*, JR 04, 444 (dort auch zum umgekehrten Fall des abergläubischen Irrtums); *Rengier*, AT, § 35 Rn 13; *Seier/Gaude*, JuS 99, 456, 460.
86 So richtig *Fischer*, § 23 Rn 10; *Roxin*, AT II, § 29 Rn 373.
87 Ebenso *Roxin*, AT II, § 29 Rn 373.
88 *Herzberg*, GA 2001, 257, 268 f (Beschwörung magischer Kräfte als erlaubtes Risiko); *Kudlich*, JZ 04, 72, 77.
89 *Valerius*, JA 10, 113, 116.
90 Krit. etwa auch *Mitsch*, ZIS 16, 352, 358.
91 *Ellbogen*, v. Heintschel-Heinegg-FS, S. 125; *Fischer*, § 23 Rn 10; *Satzger*, Jura 13, 1017, 1024 ff; *Valerius*, JA 10, 113, 116; vert. *Hillenkamp*, Schreiber-FS, S. 135.

358

des § 23 III eine Ermessensreduzierung vorzunehmen, wonach das Gericht idR **von Strafe absehen muss**[92].

Eine stimmige Lösung lässt sich letztlich aber nur durch Eingreifen des Gesetzgebers 990 erreichen. *De lege ferenda* sind daher beide Versuchsformen, der grob unverständige wie der abergläubische, **explizit straflos zu stellen**. Vorbild kann dabei das öStGB sein[93]:

§ 15 III öStGB: Der Versuch und die Beteiligung daran sind nicht strafbar, wenn die Vollendung der Tat mangels persönlicher Eigenschaften oder Verhältnisse, die das Gesetz beim Handelnden voraussetzt, oder nach der Art der Handlung oder des Gegenstands, an dem die Tat begangen wurde, unter keinen Umständen möglich war.

3. Untauglicher Versuch in Abgrenzung zum Wahndelikt

Wer irrig annimmt, sein in tatsächlicher Hinsicht richtig erkanntes Verhalten falle un- 991 ter eine Verbotsnorm, wobei diese aber nur in seiner Einbildung existiert oder sein Verhalten nur infolge falscher Auslegung erfasst (**umgekehrter Verbots-, Subsumtions- oder Strafbarkeitsirrtum**)[94] macht sich nicht strafbar. Es liegt kein untauglicher Versuch vor, wenngleich beide Konstellationen Gemeinsamkeiten aufweisen: Auch beim Wahndelikt kann es nicht zu einer Vollendung des Tatbestandes kommen, der Täter geht aber – wie idR auch beim untauglichen Versuch – davon aus, sich strafbar zu machen.

Das Wahndelikt ist aber – anders als der untaugliche Versuch – **straflos**[95], weshalb 992 die exakte Abgrenzung bedeutsam ist[96]. Um Fälle des Wahndelikts handelt es sich insbes. in den nachfolgenden Fallgestaltungen:

a) Umgekehrter Verbotsnormirrtum

Der Betreffende nimmt irrigerweise an, dass sein Verhalten gegen eine Strafvor- 993 schrift verstößt, die es in Wirklichkeit nicht gibt.

Beispiel: A reicht seiner totkranken Großmutter eine Spritze mit einem tödlich wirkenden Gift, das diese sich daraufhin eigenverantwortlich injiziert und in der Folge verstirbt. Dabei geht A irrigerweise davon aus, sich wegen Beihilfe zum Suizid strafbar zu machen.

b) Umgekehrter Subsumtionsirrtum

Der Betreffende verkennt bei voller Kenntnis des Sachverhalts und des sachlichen 994 Bedeutungsgehalts aller Tatumstände eine gegen ihn selbst gerichtete Norm infolge falscher Auslegung und überdehnt ihren Anwendungsbereich zu seinen Ungunsten.

---

92 *B. Heinrich*, Jura 98, 393, 398; *Otto*, Grundkurs AT, § 18 Rn 63.
93 Ausf. *Satzger*, Jura 13, 1017, 1025; ebenso zB *Mitsch*, ZIS 16, 352, 365.
94 Vgl dazu BGHSt 14, 345; BGH JR 94, 510 m. Anm. *Loos*; OLG Stuttgart NStZ-RR 01, 370; *Herzberg*, Schlüchter-GS, S. 189; LK-*Hillenkamp*, § 22 Rn 180; *Kindhäuser*, Streng-FS, S. 325 ff; *Puppe*, Lackner-FS, S. 199 ff; *Rath*, JuS 99, 32; *Roxin*, AT II, § 29 Rn 378; *Schmitz*, Jura 03, 593.
95 Näher *Roxin*, AT II, § 29 Rn 378.
96 Näher zum Ganzen *Burkhardt*, JZ 81, 681; *Heidingsfelder*, Der umgekehrte Subsumtionsirrtum, 1991; LK-*Hillenkamp*, § 22 Rn 201; *Jescheck/Weigend*, AT, § 50 II; *Timpe*, ZStW 125 [2014], 755; *Toepel*, ZIS 17, 606.

Beispiel[97]: A kommt mit seinem Fahrzeug nachts von der Fahrbahn ab und landet im Straßengraben, wobei sein Fahrzeug stark beschädigt und A selbst leicht verletzt wird. Sonst entsteht kein Schaden. A entfernt sich vom Unfallort und geht – da nur seine eigenen Rechtsgüter beeinträchtigt sind – irrtümlich davon aus, eine Feststellungs- bzw Wartepflicht nach § 142 zu verletzen.

c) Umgekehrter Erlaubnisnormirrtum

995 Der Betreffende geht davon aus, dass sein Verhalten nicht durch eine Erlaubnisnorm gedeckt ist, obwohl diese in Wirklichkeit rechtfertigende Wirkung entfaltet.

Beispiel: Dr. A injiziert der totkranken G hochdosiertes Morphium, um ihre Schmerzen zu lindern. Als unvermeidbare Nebenfolge der schmerzlindernden Behandlung wird das Leben der G verkürzt. G geht dabei zu Unrecht (s. Rn 480) davon aus, sein Verhalten sei nicht von einer Erlaubnisnorm gedeckt.

d) Sonstige umgekehrte Strafbarkeitsirrtümer

996 Der Betreffende hält sein Verhalten für strafbar, weil er von der Existenz eines zu seinen Gunsten eingreifenden Schuldausschließungsgrundes oder persönlichen Strafausschließungsgrundes nichts weiß.

Beispiel: A verhilft seinem Bruder B, der soeben einen Raub verübt hat, zur Flucht. Er geht dabei davon aus, sich wegen Strafvereitelung gem. § 258 I strafbar zu machen. In Wirklichkeit greift zu seinen Gunsten der persönliche Strafausschließungsgrund des § 258 VI (vgl Rn 780).

997 Als **Leitlinie für die Abgrenzung** ist somit zu beachten, dass der Täter beim untauglichen Versuch tatsächliche Umstände verkennt (Irrtum über Tatsachen), wohingegen die Fehlvorstellung beim Wahndelikt im Rechtlichen wurzelt (Irrtum über Normen).

Beispiel: Hebt ein vor der Polizei falsch aussagender Zeuge die Hand zum Schwure im irrtümlichen Glauben (unter Verkennung der §§ 161a I 3, 163 StPO), er mache sich wegen Meineides nach § 154 strafbar, weil er (zu Unrecht[98]) glaubt, bei der Polizei handele es sich um eine zur Abnahme von Eiden zuständige Stelle iSd § 154, liegt ein strafloses Wahndelikt vor (Irrtum über eine Rechtsfrage). Gleiches gilt für einen Beschuldigten, der glaubt, die ihm gegenüber unzulässigerweise vorgenommene Vereidigung auf eine unwahre Aussage führe zum Meineid[99]. Demgegenüber liegt ein strafbarer untauglicher Versuch vor, wenn der im Ermittlungsverfahren vernommene Zeuge den Rechtsreferendar, der ihm (unzulässigerweise[100]) den Eid abnimmt, für einen Richter hält (Irrtum über tatsächliche Umstände), der den Eid gem. §§ 161a I 3, 162 StPO abnehmen dürfte[101].

▶ Beispielsfall bei *Beulke/Zimmermann*, Klausurenkurs II, Rn 303

---

97 Nach BGHSt 8, 263.
98 Vgl S/S/W-StGB-*Sinn*, § 153 Rn 13.
99 *Eisele*, JA 11, 667; LK-*Hillenkamp*, § 22 Rn 237.
100 Vgl S/S/W-StGB-*Sinn*, § 154 Rn 11.
101 BGHSt 1, 13, 16; S/S-*Bosch/Schittenhelm*, § 154 Rn 15; s. ferner S/S-*Eser/Bosch*, § 22 Rn 76; Maurach/Gössel/Zipf-*Gössel*, AT/2, § 40 Rn 175; SK-*Jäger*, § 22 Rn 26 ff.

4. Erfolgsqualifizierte Delikte

Erfolgsqualifizierte Delikte (s. Rn 38) gelten gem. § 11 II als Vorsatzdelikte, sofern **998** die zum Grunddelikt gehörende Tathandlung Vorsatz voraussetzt (zB §§ 221 II Nr 2, III, 226 I, 239 III Nr 2, IV, 251). Ihr Versuch ist deshalb begrifflich möglich, doch lässt sich nicht allgemein, sondern nur anhand des jeweiligen Straftatbestandes klären, ob und inwieweit für eine Versuchsstrafbarkeit Raum bleibt.

Folgende Fallgruppen sind dabei zu unterscheiden:

Erfolg \ Grunddelikt	nur versucht	vollendet
nur angestrebt (inkl. *dolus eventualis*)	Versuch der Erfolgsqualifikation	Versuch der Erfolgsqualifikation
eingetreten	erfolgsqualifizierter Versuch	vollendetes Delikt

a) Versuch der Erfolgsqualifikation

Von einem **Versuch der Erfolgsqualifikation** spricht man, wenn der Täter bei voll- **999** endetem oder versuchtem Grunddelikt die qualifizierende Folge in seinen Vorsatz aufgenommen hat, ihr Eintritt aber ausbleibt.

Weitgehend anerkannt ist zunächst diejenige Variante des Versuchs der Erfolgsqualifikation, in der der Täter das **Grunddelikt vollendet**, die von ihm angestrebte (bzw zumindest mit *dolus eventualis* in seine Vorstellung aufgenommene) schwere Folge jedoch ausbleibt[102].

Die Strafbarkeit wegen Versuchs der Erfolgsqualifikation wird grundsätzlich auch dann bejaht, wenn das **Grunddelikt** im **Versuchsstadium** stecken bleibt und auch die schwere Folge nur angestrebt wird[103]. Dies gilt allerdings nach zutreffender, wenngleich bestrittener Ansicht nur, wenn der Versuch des Grunddelikts überhaupt strafbar ist (also insbes. nicht bei § 221 I sowie § 238 I als Grunddelikt), da das Anstreben der Folge allein nicht strafbegründend wirken kann. § 18 macht die strafschärfende Wirkung der besonderen Folge gerade von einem strafbaren Grundverhalten abhängig[104].

Beispiel (vgl BGHSt 21, 194): A schießt auf den Unterleib des B und nimmt dabei billigend in Kauf, dass dieser seine Fortpflanzungsfähigkeit verliert. Eine versuchte schwere Körperverletzung (§§ 226 I Nr 1, 22, 23 I) kann hier sowohl dann angenommen werden, wenn A den B zwar trifft, die Schussverletzung aber nicht zur Zeugungsunfähigkeit des B führt, als auch dann,

---

102 Vgl BGH NStZ 01, 371 m. Anm. *Baier*, JA 01, 751; LK-*Hillenkamp*, Vorbem. § 22 Rn 115; *Kühl*, AT, § 17a Rn 33; *Roxin*, AT II, § 29 Rn 319.

103 *Kudlich*, JA 09, 249; aA Maurach/Gössel/Zipf-*Gössel*, AT/2, § 40 Rn 164; *Maurach/Schroeder/Maiwald*, BT/1, § 9 Rn 25.

104 So auch Coester-Waltjen-III-*Engelhart/Burchard*, S. 56, 58; *B. Heinrich*, AT, Rn 691; *Krey/Esser*, AT, Rn 1373; S/S-*Sternberg-Lieben/Schuster*, § 18 Rn 9; aA LK-*Hillenkamp*, Vorbem. § 22 Rn 115; *Kühl*, AT, § 17a Rn 37; LK-*Vogel*, § 18 Rn 79.

wenn A den B verfehlt, da nach § 223 II auch die versuchte einfache Körperverletzung strafbar ist.

b) Erfolgsqualifizierter Versuch

1000 Bereits grundsätzlich umstritten ist, ob und wann ein **erfolgsqualifizierter Versuch** zu bestrafen ist. Gemeint sind damit Konstellationen, in denen der Täter die qualifizierende Folge **schon durch den** (mit Strafe bedrohten) **Versuch des Grunddelikts herbeiführt** und hinsichtlich der **besonderen Folge** fahrlässig bzw leichtfertig (§ 18) handelt.

Zum Teil wird hier angenommen, der Täter sei nur wegen Versuchs des Grunddelikts zu bestrafen, weil ein Versuch ohne Vorsatz hinsichtlich der schweren Folge im Widerspruch zu § 22 stehe und § 11 II mangels „Verwirklichung" des Grunddelikts dieses Defizit nicht überspielen könne[105].

1001 Die zustimmungswürdige **hM differenziert** beim erfolgsqualifizierten Versuch nach Struktur und Telos des Straftatbestandes: Wenn der qualifizierende Erfolg mit der Gefährlichkeit der **Tathandlung** verknüpft ist, ist Raum für einen erfolgsqualifizierten Versuch (zB § 178[106], § 251[107]).

Bei § 227 ist innerhalb der Befürworter der differenzierenden Lösung sehr streitig, ob die Ratio für die Strafschärfung aus der Handlungs- oder der Erfolgsgefährlichkeit abzuleiten ist. Mit der Mehrheit in Rechtsprechung und Schrifttum ist auch insoweit davon auszugehen, dass schon die Handlung der Körperverletzung die besondere Gefährlichkeit erfasst, die typischerweise zu der Todesfolge führt, so zB durch die Einwirkung provozierter Gegenwirkung des Opfers[108].

Nur wegen versuchten Grunddelikts kann hingegen bestraft werden, wenn die Erfolgsqualifikation nach der Konzeption des Tatbestandes notwendig auf dem **Erfolg** des Grunddelikts aufbaut (zB § 313 II iVm § 308 III)[109].

Beispiel (nach RGSt 69, 332): A will die X vergewaltigen. X kann durch starke Gegenwehr verhindern, dass es zum Geschlechtsverkehr kommt, die Gewaltanwendung des A verursacht jedoch den Tod der X. Hier liegt ein Versuch des § 178 vor, da die besondere Folge (Tod der X) nach der Deliktsstruktur nicht zwangsläufig immer auf einer „erfolgreichen" (vollendeten) sexuellen Nötigung oder Vergewaltigung beruhen muss, sondern auch Folge eines Verhaltens sein kann, das den gewünschten Erfolg bisher noch nicht erbracht hat[110].

---

105 *Hardtung*, S. 222, 263; MK-StGB-*ders.*, § 18 Rn 82 und § 227 Rn 24, der allerdings den Strafrahmen des erfolgsqualifizierten Delikts (mit Minderung nach § 23 II) heranziehen will; Maurach/Gössel/Zipf-*Gössel*, AT/2 § 40 Rn 168; *ders.*, ZIS 11, 386, 390; *Herzberg*, Amelung-FS, S. 159; krit. *Küper*, Herzberg-FS, S. 323.
106 RGSt 69, 332; LK-*Hörnle*, § 178 Rn 14; MK-StGB-*Renzikowski*, § 178 nF Rn 14.
107 BGHSt 42, 158; 46, 24, 28; BGH NStZ 01, 534.
108 BGHSt 48, 34 *(Gubener Verfolgungsfall)* m. abl. Anm. *Puppe*, JR 03, 123 und krit. Anm. *Kühl*, JZ 03, 637; krit. S/S/W-StGB-*Kudlich/Schuhr*, § 22 Rn 75; *Laue*, JuS 03, 743; *Sowada*, Jura 03, 549; *Wessels/Hettinger/Engländer*, BT/1, Rn 280; BGH NStZ 08, 278 *(Fensterbrettfall)*; s. auch Kahlo, Puppe-FS, S. 581; aA MK-StGB-*Hardtung*, § 227 Rn 25; LK-*Hillenkamp*, Vorbem. § 22 Rn 112; Lackner/Kühl-*Kühl*, § 227 Rn 2.
109 *Günther*, Hirsch-FS, S. 541, 552; *Hillenkamp/Cornelius*, AT, S. 135 ff; *Kühl*, AT, § 17a Rn 48; *Laubenthal*, JZ 87, 1065; *Rengier*, Erfolgsqualifizierte Delikte, S. 234 ff; *Roxin*, AT II, § 29 Rn 328; *Sowada*, Jura 95, 644, 649; S/S-*Sternberg-Lieben/Schuster*, § 18 Rn 9.
110 Zum Klausuraufbau: *v. Heintschel-Heinegg*, Prüfungstraining, Rn 323; *Kudlich*, JuS 03, 32.

362

▶ Beispielsfälle bei *Beulke/Zimmermann*, Klausurenkurs II, Rn 200, 202 und *Beulke*, Klausurenkurs III, Rn 399, 631

VI. Rücktritt vom Versuch

1. Grundsätzliches

a) Rücktritt als persönlicher Strafaufhebungsgrund

Eine bereits eingetretene Versuchsstrafbarkeit kann durch einen freiwilligen Rücktritt **1002** gem. § 24 wieder aufgehoben werden, ohne letztlich den Schuldvorwurf gänzlich zu tilgen. Der Rücktritt entfaltet für denjenigen, der die erforderliche Rücktrittsleistung erbringt, keine entschuldigende Wirkung, wie eine Mindermeinung annimmt[111], sondern stellt einen **persönlichen Strafaufhebungsgrund** (s. Rn 781) dar. Der Rücktritt ist im Deliktsaufbau folgerichtig – als eigener Punkt – erst nach der Feststellung eines schuldhaften Verhaltens zu prüfen[112].

b) Grundgedanke des Rücktritts

Dieser ist bislang noch nicht abschließend geklärt. Die unterschiedlichen Erklärungs- **1003** ansätze sind im Rahmen der Rücktrittsprüfung durchaus bedeutsam; sie helfen dabei, auftretende Probleme durch Rückgriff auf die jeweilige Theorie[113] argumentativ zu bewältigen.

aa) Zum Teil wird angenommen, dass das Gesetz dem Täter „eine goldene Brücke **1004** zum Rückzug bauen" möchte, die den Täter motivieren soll, zum Schutz des Opfers die Verletzung des Rechtsguts abzuwenden (**kriminalpolitische Theorie**[114]).

Daran ist richtig, dass durch die Honorierung des freiwilligen Rücktritts der Vollendung von Straftaten möglichst entgegengewirkt und dem Täter der Rückweg in die Legalität nicht durch die Erwägung abgeschnitten werden soll, dass sich an seiner Strafbarkeit ohnehin nichts mehr ändern lasse[115]. Zumeist wird der Täter solche Überlegungen im Augenblick der Tat jedoch nicht anstellen[116].

bb) Wirklichkeitsnäher erscheint daher die Auffassung, dass das Gesetz die Ver- **1005** dienstlichkeit des freiwillig gewählten Rücktritts durch die Gewährung von Straffrei-

---

111 Vgl SK-*Jäger*, § 24 Rn 6; *Schumann*, Zum Standort des Rücktritts vom Versuch im Verbrechensaufbau, 2006, S. 165; *Ulsenheimer*, Rücktritt, S. 103, 130.
112 BGH StV 82, 1; S/S-*Eser/Bosch*, § 24 Rn 4; *B. Heinrich*, AT, Rn 764; diff. *Frister*, AT, 24. Kap. Rn 6; vert. *Haas*, ZStW 123 [2011], 226; *Schumann*, ZStW 130 [2018], 1.
113 Zu neueren Theorieansätzen s. etwa die Schulderfüllungstheorie (*Herzberg*, Lackner-FS, S. 325 ff; MK-StGB-*Hoffmann-Holland*, § 24 Rn 8 ff; krit. dazu *Rudolphi*, NStZ 89, 508), die Lehre von der Gefährdungsumkehr (*Amelung*, ZStW 120 [2008], 205; *Jäger*, Der Rücktritt vom Versuch als zurechenbare Gefährdungsumkehr, 1996, S. 62 ff; *ders.*, ZStW 112 [2000], 783), die Lehre von der wertrettenden Umkehrleistung (*Heckler*, Die Ermittlung der beim Rücktritt vom Versuch erforderlichen Rücktrittsleistung, 2002, S. 124) sowie Kombinationen dieser Ansätze (*Bülte*, ZStW 122 [2010], 550, 569; LK-*Lilie/Albrecht*, § 24 Rn 37).
114 RGSt 73, 52, 60; *Kudlich*, JuS 99, 241; S/S/W-StGB-*ders./Schuhr*, § 24 Rn 5, 14; *Puppe*, NStZ 84, 490.
115 Vgl *Grünwald*, Welzel-FS, S. 709.
116 BGHSt 9, 48, 52.

363

heit belohnt, weil die Rückkehr in die Legalität durch die Verhinderung des Erfolgseintritts den Unwert des Versuchs und die negative Einwirkung des Täters auf das Rechtsbewusstsein der Allgemeinheit zT wieder ausgleicht, sodass sich die Strafbedürftigkeit verneinen lässt (**Verdienstlichkeitstheorie**[117]).

1006 cc) Vereinbar mit dieser Betrachtungsweise ist aber auch die **Strafzwecktheorie**, wonach bei Freiwilligkeit des Rücktritts die Bestrafung des Versuchs weder aus generalpräventiven noch aus spezialpräventiven Gründen geboten ist[118]. Die Rspr hat des Öfteren angenommen, unter den Voraussetzungen des § 24 entfalle das Strafbedürfnis, weil der verbrecherische Wille des Zurücktretenden nicht so stark gewesen sei, wie es zur Durchführung der Tat erforderlich gewesen wäre, und weil die im Versuch zum Ausdruck gekommene Gefährlichkeit des Täters sich nachträglich als wesentlich geringer erwiesen habe. Eine Bestrafung des Versuchs sei nun „nicht mehr nötig, um den Täter von künftigen Straftaten abzuhalten, um andere abzuschrecken und die verletzte Rechtsordnung wiederherzustellen"[119]. Einige Entscheidungen des BGH, die auf das Vorliegen einer „honorierfähigen Umkehrleistung" abstellen[120], nähern sich indessen mehr der Verdienstlichkeitstheorie an.

2. Keine Vollendung

1007 Strafbefreiung durch Rücktritt ist nach § 24 I nur zu erlangen, wenn die **Tat nicht vollendet** ist. Dies ist nicht nur dann der Fall, wenn der Taterfolg ausbleibt, sondern etwa auch dann, wenn der Erfolg zwar eintritt, der Täter hierfür aber nicht kausal wird[121]. Ist der objektive Unrechtstatbestand jedoch bereits vollständig verwirklicht, so ist § 24 unanwendbar („kein Rücktritt vom vollendeten Delikt"; zu den vermeintlichen Ausnahmen des § 24 II 2 Alt. 2 [s. Rn 1081] und § 31 II Alt. 2 [s. Rn 1096 f]). Straflos ist nach § 24 nur der Versuch als solcher. Ist im Deliktsversuch eine bereits vollendete Straftat enthalten, wie etwa eine Körperverletzung in einem Tötungs- oder Raubversuch, so bleibt diese vollendete Tat trotz des Rücktritts vom versuchten Delikt strafbar; das gilt bei Gesetzeseinheit und bei Tateinheit[122]. Beim Rücktritt vom Versuch eines privilegierten Delikts kann dessen Sperrwirkung aber dem Rückgriff auf den vollendeten allgemeineren Tatbestand entgegenstehen, soweit sonst der Sinn der betreffenden Privilegierung verloren ginge.

Beispiel: Bleiben bei einem freiwilligen Rücktritt vom Versuch einer Tötung auf Verlangen (§§ 216, 22, 23 I) schwere Verletzungsfolgen (Erblindung, Lähmung usw) zurück, lässt die *ratio legis* nicht den Rückgriff auf § 226 als Verbrechen, sondern lediglich auf §§ 223, 224 als Vergehen zu, wobei die Höchststrafe des § 216 (bis zu fünf Jahren) nicht überschritten werden darf[123].

---

117 *Bockelmann/Volk*, AT, S. 214; *Jescheck/Weigend*, AT, § 51 I 3; *Murmann*, Versuchsunrecht, S. 28.
118 Baumann/Weber/Mitsch/Eisele-*Mitsch*, AT, § 23 Rn 11; *Otto*, GA 1967, 144; *Roxin*, AT II, § 30 Rn 4; SK-*Jäger*, § 24 Rn 4.
119 BGHSt 9, 48, 52; 14, 75, 80.
120 BGHSt 35, 90; BGH NStZ 86, 264.
121 S. nur BGH StV 17, 676, 677.
122 BGHSt 7, 296, 300; 17, 1; 41, 10, 14; 42, 43.
123 BGHSt 24, 262, 266; s. auch *Gerhold*, JuS 10, 113.

In **Fall 17** ist zu prüfen, ob und inwieweit A und B durch das Verlassen der Wohnung Strafbefreiung über § 24 erlangt haben. Da O überlebt hat, ist ein strafbefreiender Rücktritt vom versuchten Tötungsdelikt mangels Vollendung der Tat möglich. Unberührt von einem etwaigen Rücktritt vom Versuch bleibt jedoch eine Strafbarkeit von A und B wegen vollendeter gefährlicher Körperverletzung in Mittäterschaft (§§ 223 I, 224 I Nr 2 Alt. 2, 3, 4, 5, 25 II). **1008**

3. Kein subjektiver Fehlschlag

Ein strafbefreiender Rücktritt ist nicht möglich, wenn der Versuch – aus subjektiver Sicht des Täters – fehlgeschlagen ist. Nach der hM erfasst bereits der Anwendungsbereich des § 24 einen solchen Fehlschlag nicht, weil nach Sinn und Zweck der Vorschrift für einen strafbefreienden Rücktritt kein Raum bleibt, wenn der Täter die Vollendung seiner Tat nicht mehr für möglich hält[124]. **1009**

Eine **andere Ansicht** will den subjektiv fehlgeschlagenen Versuch nicht als eigenständige Fallgruppe aus dem Anwendungsbereich des § 24 ausklammern, sondern verneint nur die „Freiwilligkeit" (Rn 1066 ff) eines solchen Rücktritts[125]. Auch wenn diese Streitfrage eher aufbautechnische Bedeutung hat und kaum jemals zu unterschiedlichen Ergebnissen führt, spricht für die hM, dass man die weitere Tatausführung nicht aufgeben (bzw die Tatvollendung nicht verhindern) kann, wenn die Tat ohnehin bereits gescheitert ist. **1010**

Klausurhinweis: Folgt man der hM, so ist als erster Schritt bei der Prüfung eines Rücktritts der subjektive Fehlschlag des Versuchs zu prüfen, wohingegen die hier abgelehnte aA diesen Prüfungspunkt im Rahmen der Freiwilligkeitsprüfung behandelt.

Ein Versuch gilt als **subjektiv fehlgeschlagen**, wenn aus der Sicht des Täters die zum Zwecke der Tatbegehung vorgenommenen Handlungen ihr Ziel nicht erreicht haben und er erkannt hat, dass er mit den ihm zur Verfügung stehenden Mitteln den tatbestandlichen Erfolg entweder gar nicht mehr oder zumindest nicht ohne zeitlich relevante Zäsur herbeiführen kann[126]. Da zur Feststellung des Fehlschlags allein auf die **Perspektive des Täters** abgestellt wird, kann ein Rücktritt auch dann ausgeschlossen sein, wenn die Tat objektiv durchaus noch zur Verwirklichung hätte gelangen können[127]. **1011**

Beispiel: Um ein bestimmtes wertvolles Gemälde zu stehlen, begibt sich A in die Villa des E. Nach einer 30-minütigen – erfolglosen – Suche gibt A auf. Was A nicht wusste: Im letzten von ihm noch nicht durchsuchten Raum wäre er fündig geworden. Auch wenn aus objektiver

---

124 BGHSt 39, 221, 228; *Jescheck/Weigend*, AT, § 51 II 6; *Kaspar*, AT, § 8 Rn 87; S/S/W-StGB-*Kudlich/Schuhr*, § 24 Rn 17; Lackner/Kühl-*Kühl*, § 24 Rn 10; *Roxin*, AT II, § 30 Rn 84; *ders.*, NStZ 09, 319.

125 *Gössel*, GA 2012, 65; Maurach/Gössel/Zipf-*ders.*, AT/2, § 41 Rn 36; *Putzke*, ZJS 13, 620, 621 ff; *Schroeder*, NStZ 09, 9; ähnl. *Frister*, AT, 24. Kap., Rn 20 f; *Wörner*, NStZ 10, 66; krit. auch *Fahl*, GA 2014, 453, 454 f.

126 BGHSt 34, 53; BGH NStZ 08, 393 m. Bespr. *Jäger*, Jura 09, 53; BGH NStZ 10, 690 *(Benzinfall)* m. Bespr. *Jahn*, JuS 11, 78; BGH NStZ-RR 14, 9 m. Bespr. *Hecker*, JuS 14, 461; BGH NStZ-RR 2014, 171 m. Bespr. *Satzger*, Jura (JK) 15, 314; BGH NStZ 14, 396 m. Bespr. *Kudlich*, JA 14, 547; BGH NStZ 15, 26 *(Cessnafall)* m. Bespr. *Bosch*, Jura (JK) 15, 312 und *Hecker*, JuS 15, 367; BGH NJW 15, 2898 m. Anm. *Kudlich* u. Bespr. *Jäger*, JA 15, 874; BGH StV 15, 292 m. Bespr. *Jäger*, JA 15, 549; BGH NStZ 16, 207; NStZ 16, 332; NStZ-RR 17, 71; NStZ-RR 17, 335; HRRS 19 Nr 122 und 220; *Fahl/Winkler*, Definitionen, § 24 Rn. 1.

127 *Kaspar*, AT, § 8 Rn 90.

Sicht eine Vollendung des Diebstahls noch möglich war, ist der Versuch hier subjektiv fehlgeschlagen, da A von dessen Undurchführbarkeit ausging. Ein Rücktritt vom versuchten Wohnungseinbruchsdiebstahl (§§ 244 I Nr 3, II, 22, 23 I Alt. 2) scheidet deshalb aus.

a) Maßgeblicher Bezugspunkt des Täterbewusstseins für die Beurteilung des Fehlschlags

1012 Hat der Täter zum Zwecke der Tatbestandsverwirklichung bereits eine Tathandlung vorgenommen, mit der er allerdings das tatbestandliche Ziel (noch) nicht erreicht hat, und erkennt er, dass er den tatbestandsmäßigen Erfolg durch einen weiteren Akt noch herbeiführen kann (**Problematik des mehraktigen Tatgeschehens**), ist fraglich, welcher Zeitpunkt für die Beurteilung des subjektiven Fehlschlags maßgeblich ist.

1013 Nach der sog. **Tatplantheorie**[128] stellt ein ggf zuvor gefasster Tatplan den Bezugspunkt zur Bestimmung des Fehlschlags dar. Hiernach ist ein subjektiver Fehlschlag anzunehmen, wenn der eigene Tatplan vollständig ausgeführt und dennoch der angestrebte Erfolg nicht herbeigeführt wurde.

1014 Diese Auffassung privilegiert jedoch zu Unrecht denjenigen – v. a. versierten und gefährlicheren – Täter, der sämtliche Eventualitäten einrechnet und deshalb von vornherein keinen fixen Plan fasst, gegenüber demjenigen Täter, der – v. a. aus Unsicherheit – sein Vorgehen vorab minutiös festlegt.

1015 In **Fall 17** beinhaltet der von A und B gefasste Tatplan ein Vorgehen, wonach die Tötung des O – je nach Tatsituation – sowohl durch Erstechen als auch durch Erwürgen herbeigeführt werden kann. Da O plangemäß jedenfalls noch erwürgt werden kann, wäre der Versuch nach der Tatplantheorie nicht fehlgeschlagen (zur Relevanz des unerreichbaren Ziels des „lautlose Tötens" s. Rn 1072).

1016 Die sog. **Einzelaktstheorie**[129] betrachtet demgegenüber jeden Ausführungsakt, den der Täter bei Tatbeginn für erfolgsgeeignet gehalten hat, individuell. Jeder dieser Akte wird im Fall des Scheiterns als selbstständiger fehlgeschlagener Versuch behandelt.

1017 Auch diese Auffassung kann schon deshalb nicht überzeugen, weil sie einen einheitlichen Lebensvorgang auseinanderreißt. Außerdem werden so die Rücktrittsmöglichkeiten extrem eingeschränkt, was schon aus Gründen des Opferschutzes unbefriedigend ist[130].

1018 Auf Grundlage der Einzelaktstheorie wären in **Fall 17** sämtliche mit Tötungsvorsatz ausgeführten Handlungen (1. Teilakt: Messerstich; 2. Teilakt: Würgen) isoliert voneinander zu betrachten. Da A und B erkannt haben, dass der mit Tötungsvorsatz ausgeführte Messerstich keine lebensgefährlichen Verletzungen herbeigeführt hat, wäre dieser **1. Einzelakt** als subjektiv fehlgeschlagener Versuch zu bewerten; ein Rücktritt wäre insoweit also ausge-

---

128 BGHSt 4, 180, 181; 10, 129, 131; 14, 75, 79; 21, 319, 321 f.
129 *Bosch*, JA 09, 392, 393 f; *ders.*, JA 10, 70; *ders.*, Jura 14, 395, 398 f; *S/S-Eser/Bosch*, § 24 Rn 21; *Herzberg*, NJW 89, 197; *Jakobs*, AT, 26/15 ff; *Paeffgen*, Puppe-FS, S. 809; *Timpe*, Ad legendum 14, 236, 239 ff; *Ulsenheimer*, Rücktritt, S. 131 ff, 240.
130 *Hilgendorf/Valerius*, AT, § 10 Rn 80; LK-*Lilie/Albrecht*, § 24 Rn 96 ff; lehrreich *Murmann*, Versuchsunrecht, S. 39; *Perron/Bott/Gutfleisch*, Jura 06, 712; *Rengier*, JZ 86, 964; 88, 931; *Roxin*, AT II, § 30 Rn 178; *ders.*, Paeffgen-FS, S. 255; fallbezogen: *Sobota/Kahl*, ZJS 15, 206.

schlossen. Hinsichtlich des **2. Einzelakts** liegt kein subjektiver Fehlschlag vor, da der Tötungserfolg nach ihrer Sicht mit dem Würgen noch herbeigeführt werden konnte (zur Relevanz des unerreichbaren Ziels des „lautlose Tötens" s. Rn 1072).

Überzeugen kann demgegenüber die überwiegend vertretene sog. **Gesamtbetrachtungslehre**[131]. Sie stellt nicht auf den Einzelakt ab, sondern betrachtet die Versuchstat als ein einheitliches dynamisches Geschehen. Wenn die bereits (erfolglos) vorgenommene Tathandlung und die darauffolgenden weiteren Akte ein einheitliches Geschehen bilden, liegt hiernach ein einheitlich zu behandelnder Versuch vor. Die Einbeziehung folgender Teilakte in die Gesamtbetrachtung setzt aber voraus, dass der Täter nach Abschluss der letzten Ausführungshandlung (= Rücktrittshorizont) der Ansicht ist, er könne die Tat **ohne wesentliche zeitliche oder räumliche Zäsur** noch zur Vollendung führen.   **1019**

Bei einem einheitlichen Geschehen dieser Art liegt in der Verwendung des neuen Mittels, auch wenn der Täter daran bei der gedanklichen Vorbereitung seiner Tat noch nicht gedacht hat, nur die Aufrechterhaltung und Weiterführung des ursprünglichen Tatentschlusses, auf dessen Verwirklichung die nacheinander zum Einsatz gebrachten Mittel mit dem Ziel gerichtet sind, den tatbestandlichen Erfolg herbeizuführen[132]. Dies gilt sowohl beim Begehungs- als auch beim Unterlassungsdelikt[133].   **1020**

Noch nicht abschließend geklärt ist, nach welchen Kriterien die **„Einheitlichkeit" des Tatgeschehens** im Rahmen der Gesamtbetrachtungslehre zu bestimmen ist. Ein Teil der Rechtsprechung und Lehre orientiert sich insoweit an den Regeln, die im Konkurrenzbereich für das Vorliegen einer tatbestandlichen bzw natürlichen Handlungseinheit (vgl Rn 1246 ff, 1253 ff) von Bedeutung sind[134]. Weniger deutlich stellt die Rspr zum Teil auch auf die Einheitlichkeit des betreffenden Lebensvorganges ab[135], wobei es belanglos sein soll, ob der Täter sich bei den einzelnen Versuchshandlungen artgleicher oder artverschiedener Tatmittel bedient[136].   **1021**

Nach der auch hier vertretenen Gesamtbetrachtungslehre kommt es für die Bewertung des subjektiven Fehlschlags auf die Vorstellung des Täters zum Zeitpunkt der letzten Ausführungshandlung (sog. Rücktrittshorizont) an. In **Fall 17** wäre somit auf die Vorstellung von A und B in dem Zeitpunkt abzustellen, nachdem B von O abgelassen hat. Da A und B zu diesem Zeitpunkt glaubten, den Tötungserfolg noch herbeiführen zu können, ist der Versuch nicht fehlgeschlagen (zur Relevanz des unerreichbaren Ziels des „lautlose Tötens" s. Rn 1072).   **1022**

▶ Beispielsfälle bei *Beulke*, Klausurenkurs I, Rn 300 und 325; Klausurenkurs III, Rn 155

---

131 BGHSt 31, 170, 175; 33, 295, 296 f; 35, 90, 93; *Bürger*, ZJS 15, 23, 25; *Fischer*, § 24 Rn 15 ff; *B. Heinrich*, AT, Rn 821 ff; *Kaspar*, AT, § 8 Rn 96; S/S/W-StGB-*Kudlich/Schuhr*, § 24 Rn 21; LK-*Lilie/Albrecht*, § 24 Rn 106 f; *Rengier*, AT, § 37 Rn 46; *Roxin*, AT II, § 30 Rn 187 ff.

132 BGHSt 41, 368, 369; BGH NStZ 09, 688 m. Anm. *Bosch*, JA 10, 70; BGH StV 13, 435 m. Bespr. *Jäger*, JA 12, 79; BGH NStZ 14, 569 m. Anm. *Nestler* und Bespr. *Hecker*, JuS 14, 1041; BGH NStZ 16, 332.

133 BGH NJW 03, 1057 m. zust. Anm. *Baier*, JA 03, 629; *Freund*, NStZ 04, 326; *Kudlich*, JR 03, 379.

134 BGH NStZ 01, 315; StV 17, 673; vgl auch *Jescheck/Weigend*, AT, § 51 II 3; *Roxin*, AT II, § 30 Rn 199; *Scheinfeld*, Der Tatbegriff des § 24 StGB, 2006, S. 76 ff; *ders.*, JuS 02, 250; krit. dazu *Fahrenhorst*, Jura 87, 291.

135 BGHSt 34, 53, 57; 40, 75; fallbezogen: *Ruhs/Wendnagel*, Iurratio 14, 30 f.

136 BGHSt 40, 75; BGH NStZ 86, 264; LK-*Lilie/Albrecht*, § 24 Rn 106; krit. *Freund*, AT, § 9 Rn 31 ff; *Murmann*, Grundkurs, § 28 Rn 122.

b) Unmöglichkeit der Tatvollendung

1023 Ein subjektiver Fehlschlag liegt dann vor, wenn der Täter den Eintritt des tatbestandlichen Erfolgs nicht mehr für möglich hält, wobei er den Erfolgseintritt nicht notwendigerweise für unerreichbar halten muss; es genügt, wenn er davon ausgeht, er könne ihn mit den ihm aktuell zur Verfügung stehenden Mitteln nicht ohne eine zeitliche erhebliche Zäsur erreichen[137].

aa) In erster Linie sind damit Fälle des **tatsächlichen Fehlschlags** gemeint, wenn also der **Täter erkennt**, dass die Tatvollendung mit den ihm zur Verfügung stehenden Mitteln **objektiv unmöglich** ist.

Beispiele: Der zu Diebstahlszwecken aufgebrochene Geldschrank ist leer; oder: Der Tresor, in dem sich die zu stehlenden Juwelen befinden, erweist sich als wesentlich stabiler als gedacht. Das zum Aufbrechen erforderliche Werkzeug hat der Täter aber zu Hause gelassen.

1024 Ebenso ist von einem tatsächlichen Fehlschlag auszugehen, wenn der Täter die Mittel, die er für die (aus seiner Sicht noch mögliche) Vollendung der Tat benötigt, nicht kennt oder nicht in der Lage ist, diese einzusetzen, weil er mit ihrer Anwendung nicht vertraut ist.

Beispiel: Der Raum, in dem sich die wertvollen Gemälde befinden, die A stehlen möchte, ist mit einem Nummerncode verschlossen. A weiß, dass es mit diesem Code ein Leichtes wäre, das Gemälde an sich zu nehmen. Da er ihn aber nicht kennt, ist ihm bewusst, dass sein Vorhaben gescheitert ist.

1025 Fälle **psychischer Unmöglichkeit**, also solche, bei denen der Täter im Rahmen der Tatausführung in Panik oder einen Zustand völlig emotionaler Überforderung gerät und aus diesem Grund nicht mehr „Herr seiner Entschlüsse" ist, sind nach richtiger Ansicht[138] als Frage eines etwaig unfreiwilligen Rücktritts (s. dazu Rn 1070) und nicht – wie eine Gegenansicht[139] meint – als subjektiv fehlgeschlagener Versuch zu problematisieren.

Beispiel (nach BGH BeckRS 15, 11573 – *Panikfall*): A überfällt mit einem Elektroschockgerät ein Schmuckgeschäft. A ist im Umgang mit dem Gerät nicht vertraut, sodass er versehentlich zunächst selbst einen Stromschlag erleidet. Als die Ladenbesitzerin L, der A das Gerät an den Kopf hält, auch noch Panikschreie von sich gibt, gerät A, der wegen der Situation keinen klaren Gedanken mehr fassen kann, in völliger emotionaler Überforderung selbst in Panik und flieht.

1026 **bb)** Umstritten sind auch die Fälle eines **rechtlichen Fehlschlags**, in denen die Vollendung des Tatbestandes aus Sicht des Zurücktretenden aus rechtlichen Gründen unmöglich wird. Relevanz erlangt diese Fallgruppe insbes. bei Delikten, die ein Handeln gegen den Willen des Rechtsgutsträgers voraussetzen.

Beispiel (nach BGHSt 39, 244): F spiegelt dem V, der bereits unmittelbar dazu angesetzt hat, sie zu vergewaltigen, vor, mit dem Geschlechtsverkehr einverstanden zu sein, um sich so et-

---

137 Vgl BGHSt 39, 221, 232; 34, 53, 56 f.
138 BGH BeckRS 15, 11573 *(Panikfall)* m. krit. Bespr. *Jäger*, JA 16, 232; ebenso bereits *Kudlich*, JuS 99, 352.
139 LK-*Lilie/Albrecht*, § 24 Rn 124; *Bottke*, Strafrechtswissenschaftliche Methodik und Systematik bei der Lehre vom strafbefreienden und strafmildernden Täterverhalten, 1979, S. 358 ff.

waige Misshandlungen durch den V zu ersparen. Glaubt V nach Versuchsbeginn an ein Einverständnis, fehlt ihm (nur) in der Vollendungsphase der Tatvorsatz (vgl § 16 I 1). Es kommt somit nur ein Versuch in Betracht. Fraglich ist dann, ob V noch zurücktreten kann (zB durch Ablassen von F), wenn er davon ausgegangen ist, die Vornahme des Geschlechtsverkehrs erfolgte letztlich einverständlich.

Teilweise wird der rechtliche Fehlschlag dem tatsächlichen gleichgestellt, da der Täter in beiden Konstellationen eine Verwirklichung des Tatbestands grds nicht erreichen könne; ein Rücktritt sei daher generell ausgeschlossen[140]. Der BGH[141] bejaht demgegenüber eine Rücktrittsmöglichkeit zumindest im obigen Beispiel, indem er darauf abstellt, dass zwar beim tatsächlichen Fehlschlag die in § 24 vorausgesetzte Möglichkeit, die Tat mit Aussicht auf den angestrebten Erfolg weiter auszuführen oder sie aufzugeben, nicht bestehe. Beim rechtlichen Fehlschlag sei dies anders, weil der Täter sein Handlungsziel weiterverfolgen und – bei § 177 – den Beischlaf auch dann, wenn er im weiteren Verlauf nicht mehr von einem fortbestehenden Einverständnis ausgehen sollte, seinem ursprünglichen Plan entsprechend durch Zwangsmittel durchsetzen könnte. Insoweit müsse – schon wegen der kriminalpolitischen Zielsetzung des § 24 – ein Rücktritt (zB aus Scham oder Reue) möglich sein. **1027**

Im obigen **Beispielsfall** der versuchten Vergewaltigung sprechen Opferschutzgesichtspunkte deutlich für die Lösung des BGH, da so auf den Täter eingewirkt werden kann, nicht vom (vermeintlich) „erlaubten" zum – für das Opfer gefährlicheren – „unerlaubten Geschlechtsverkehr" überzugehen, zu dem der Täter ja immerhin (mit entsprechendem Tatvorsatz) bereits angesetzt hatte[142]. Auf andere Konstellationen rechtlichen Fehlschlags lässt sich diese Lösung aber nicht ohne Weiteres übertragen, so etwa wenn das potentielle Diebstahlsopfer dem Täter das Tatobjekt kurzerhand schenkt oder der zum Diebstahl entschlossene Täter nach Versuchsbeginn zumindest davon ausgeht, der Eigentümer sei mit dem Gewahrsamswechsel einverstanden. Letztere Fälle eröffnen dem Rücktrittswilligen für den weiteren Geschehensablauf gerade keine relevante Wahlmöglichkeit zwischen der Fortsetzung des subjektiv „erlaubten" und dem Übergang zu einem für das Rechtsgut des Opfers gefährlicheren „unerlaubten" Verhalten. Deshalb kann § 24 in letzteren Fällen nicht greifen[143].

c) Subjektive Sinnlosigkeit des Weiterhandelns

Nach hM bewirkt auch die subjektive Sinnlosigkeit des Weiterhandelns das Fehlschlagen des Versuchs[144]. Dies ist allerdings zumindest für die Fälle zweifelhaft, bei denen sich die Sinnlosigkeit der Fortführung der Tat aus Motiven oder Zielen ergibt, die keinen unmittelbaren Bezug zum Tatbestand aufweisen. **1028**

Beispiele: Ein subjektiver Fehlschlag ist anzunehmen, wenn der Dieb, der einen hohen Geldbetrag stehlen möchte, nur 10 € in der Kasse vorfindet, auf deren Mitnahme er daraufhin verzichtet. Problematisch ist demgegenüber der Fall, in dem ein Attentäter eine zum Abschuss erhobene Pistole wieder sinken lässt, weil er erkanntermaßen einer Personenverwechslung erlegen ist[145]. Hier kann die Tatbestandsverwirklichung (Tötung eines anderen Menschen) ohne

---

140 In diesem Sinne Matt/Renzikowski-*Heger*, § 24 Rn 20; *Kühl*, AT, § 16 Rn 14; *Roxin*, AT II, § 30 Rn 89 ff; ebenso *Kaspar*, AT, § 8 Rn 95; *Rengier*, AT, § 37 Rn 28.
141 BGHSt 39, 244.
142 MK-StGB-*Hoffmann-Holland*, § 24 Rn 70.
143 Ähnl. MK-StGB-*Hoffmann-Holland*, § 24 Rn 70.
144 *Kaspar*, AT, § 8 Rn 98; *Rengier*, AT, § 37 Rn 22; *Roxin*, JuS 81, 1, 3.
145 *Hoven*, JuS 13, 305, 307; *Rengier*, AT, § 37 Rn 23; *Roxin*, AT II, § 30 Rn 94.

Weiteres erfüllt werden. Die Sinnlosigkeit ergibt sich lediglich aus dem Wegfall eines außertatbestandlichen Handlungsmotivs (Tötung eines bestimmten Menschen)[146].

1029 In **Fall 17** haben A und B das Motiv gefasst, O „lautlos" zu töten. Da dieses Motiv allerdings keinen Tatbestandsbezug aufweist, kann allein dessen Unerreichbarkeit (wegen des lauten Stampfens des O) nicht den subjektiven Fehlschlag der „Tat" iSd §§ 212 I, 211 begründen.

d) „Teilweise" fehlgeschlagener Versuch

1030 Hierbei handelt es sich um die Konstellation einer geplanten sog. iterativen Tatbestandsverwirklichung (dazu s. auch Rn 1250). Es wird versucht, mehrere gleichartige, auf einem einheitlichen Willensentschluss beruhende Tatbestände innerhalb eines engen räumlichen und zeitlichen Zusammenhangs mehrfach zu verwirklichen. Dabei schlägt mindestens eine Tatbestandsverwirklichung subjektiv fehl[147].

Beispiel: D möchte aus einer Villa sowohl einen hohen Geldbetrag aus einer Geldkassette als auch ein wertvolles Gemälde sowie Schmuck stehlen. Vor Ort findet er allerdings in der Geldkassette – anders als erhofft – kein Bargeld. Ernüchtert davon lässt er auch von dem Plan ab, das Gemälde und weiteren Schmuck mitzunehmen, obwohl ihm das erkanntermaßen noch ohne Weiteres möglich gewesen wäre.

1031 Da der Täter plant, alle Einzelakte in unmittelbarer Folge vorzunehmen und diese insgesamt auf einem einheitlichen Willensentschluss basieren, liegt nur eine versuchte Gesetzesverletzung mit einem lediglich quantitativ gesteigerten Unrechtserfolg vor. Richtigerweise ist daher auf Grundlage der Gesamtbetrachtungslehre für die Feststellung der Rücktrittsanforderungen nicht auf jeden einzelnen subjektiv fehlgeschlagenen Einzelakt, sondern auf die Perspektive des Täters nach der letzten Ausführungshandlung abzustellen[148].

Im **Beispielsfall** ist demnach der Zeitpunkt unmittelbar nach der letzten Ausführungshandlung maßgebend. Da D – nachdem er feststellt, dass die Geldkassette leer ist – davon ausgeht, er könne ohne wesentliche Zwischenschritte noch das wertvolle Gemälde sowie den Schmuck entwenden, wäre der Versuch trotz eines „teilweisen Scheiterns" nicht subjektiv fehlgeschlagen.

4. Erforderliches Rücktrittsverhalten

a) Bedeutung der Unterscheidung in unbeendeten und beendeten Versuch in § 24 I 1

1032 Ist der Versuch nicht subjektiv fehlgeschlagen, so bestimmt sich das erforderliche Rücktrittsverhalten grds danach, ob der Versuch **beendet** oder **unbeendet** ist. Diese Differenzierung liegt dem Gesetz allerdings nur beim Rücktritt des Einzeltäters iSd § 24 I zugrunde, nicht hingegen dem Rücktritt mehrerer Beteiligter iSd § 24 II (s. Rn 1073 ff).

---

146 BGH NStZ 08, 275; *Frister*, AT, 24. Kap., Rn 21; *B. Heinrich*, AT, Rn 777; vert. *Brand/Wostry*, GA 2008, 619.
147 Ausf. zu dieser Konstellation *Bürger*, NStZ 16, 578.
148 *Bürger*, NStZ 16, 578, 583 f; s. bereits *Feltes*, GA 1992, 395, 413 f.

In **Fall 17** sind A und B Mittäter, weshalb sich der Rücktritt nach § 24 II richtet. Die Bestimmung des erforderlichen Rücktrittsverhaltens beurteilt sich daher unabhängig von einer Abgrenzung des beendeten vom unbeendeten Versuch. **1033**

Ist der Versuch unbeendet, so genügt für den Rücktritt gem. § 24 I 1 **Alt. 1** reine **Passivität**: Der Täter muss seinen Tatentschluss durch bloßes Nichtweiterhandeln aufgeben. Ist der Versuch demgegenüber beendet, so setzt der Rücktritt gem. § 24 I 1 **Alt. 2** voraus, dass der Täter **aktiv** wird und eine erfolgsverhindernde Tätigkeit entfaltet. Grundlegend für die Bestimmung des richtigen Rücktrittverhaltens ist somit die Unterscheidung zwischen unbeendetem und beendetem Versuch, zwei Begriffe, die im StGB nicht genannt werden. Ob ein Versuch beendet oder unbeendet ist, richtet sich wiederum allein **nach der Vorstellung des Täters** von der Tat[149]. **1034**

Unbeendet ist der Versuch, wenn der Täter noch nicht alles getan zu haben glaubt, was nach seiner Vorstellung von der Tat zu ihrer Vollendung notwendig ist[150]. Dies gilt auch für den untauglichen Versuch, solange der Täter die mangelnde Tauglichkeit nicht erkannt hat[151]. **1035**

Beendet ist der Versuch, wenn der Täter alles getan zu haben glaubt, was nach seiner Vorstellung von der Tat zur Herbeiführung des tatbestandlichen Erfolgs notwendig oder möglicherweise ausreichend ist[152]. Dass er seinen ursprünglichen Tatplan nicht voll ausgeschöpft oder weitere erfolgsversprechende Möglichkeiten zur Realisierung seines Vorhabens nicht ergriffen hat, ist irrelevant; maßgebend ist allein die ihm bewusst gewordene Erfolgsnähe der konkreten Gefahrenlage[153]. **1036**

1037

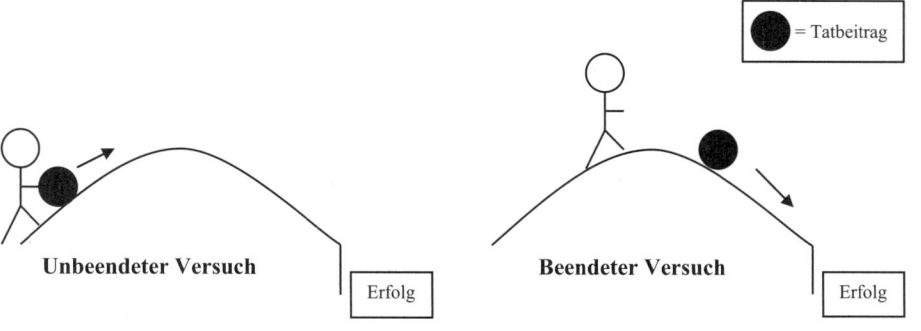

Vergleicht man zur Veranschaulichung die Tatausführung (nach der Vorstellung des Täters) mit dem Hinaufrollen einer Kugel auf einen Hügel, so zeigt sich: Ist der Täter gerade noch dabei, die Kugel den Berg hinaufzurollen (= unbeendeter Versuch), genügt das bloße Loslassen (= Aufgeben) zum Ausbleiben des Erfolgs. Hat er hingegen **1038**

---

149   BGHSt 31, 170; 35, 90; BGH NStZ 15, 261; HRRS 18 Nr 100; anders *Borchert/Hellmann*, GA 1982, 429: objektive Abgrenzung.
150   BGHSt 39, 221, 227, 231; BGH NStZ-RR 06, 101, 102; NStZ 18, 706; 19, 198 m. Bespr. *Eisele*, JuS 18, 818.
151   RGSt 68, 82.
152   BGHSt 33, 295; BGH NStZ 93, 39; NStZ 15, 261, 262; NStZ 15, 509; NStZ-RR 17, 303.
153   BGHSt 31, 170; 33, 295.

die Kugel bereits ins Rollen gebracht (= beendeter Versuch), muss er aktive Gegenmaßnahmen ergreifen, damit der Erfolg nicht eintritt (= Vollendungsverhinderung/-bemühungen).

b) Relevanter Zeitpunkt für die Tätervorstellung zur Abgrenzung unbeendeter/ beendeter Versuch

1039 Parallel zur Beurteilung des relevanten Bezugspunkts beim subjektiven Fehlschlag (s. o. Rn 1012 ff) ist auch bei der Unterscheidung zwischen unbeendetem und beendetem Versuch umstritten, auf welchen Zeitpunkt für die Bewertung abzustellen ist.

1040 Nach der – bereits für die Bewertung des subjektiven Fehlschlags befürworteten – herrschenden Gesamtbetrachtungslehre ist auch auf dieser Ebene der **Rücktrittshorizont** für die Bestimmung, ob ein Versuch unbeendet oder beendet ist, maßgeblich. Es ist somit die Vorstellung des Täters nach Abschluss der letzten Ausführungshandlung zugrunde zu legen. Hiernach kann sich eine Beendigung des Versuchs ohne Rücksicht auf das Vorhandensein eines Tatplans und dessen etwaige Gestaltung schon aus der nahegerückten Möglichkeit des Erfolgseintritts und einem entsprechenden Gefahrbewusstsein nach Abschluss der letzten Ausführungshandlung ergeben[154].

1041 Unter Zugrundlegung der – früher von der Rspr vertretenen – **Tatplantheorie** ist grds auf die Vorstellung des Täters bei Tatbeginn abzustellen. Bei Erfüllung des Tatplans gilt der Versuch als beendet, wohingegen ein unbeendeter Versuch vorliegt, sofern der Tatplan noch nicht voll ausgeführt wurde[155]. Bestand dagegen bei Tatbeginn kein derartiger Plan oder war dessen Fehlen nach dem Grundsatz *in dubio pro reo* anzunehmen, ist die Vorstellung des Täters nach Abschluss der letzten Ausführungshandlung maßgeblich. Nimmt der Täter an, sein bisheriges Tun reiche zur Herbeiführung des angestrebten Erfolges nicht aus, ist der Versuch unbeendet[156]. Dagegen ist der Versuch beendet, wenn der Täter annimmt, alles Erforderliche getan zu haben, oder wenn er bei Zweifeln über die Wirkung seines Handelns den Eintritt des Erfolges wenigstens für möglich hält[157].

Die **Einzelaktstheorie** gelangt überhaupt nicht zum beendeten Versuch. Glaubt der Täter nämlich – mit einem Einzelakt – alles getan zu haben, was zur Herbeiführung des Taterfolges notwendig ist, so ist der Versuch bereits subjektiv fehlgeschlagen, ansonsten aber unbeendet.

1042 Problematisch ist die Unterscheidung zwischen beendetem und unbeendetem Versuch, wenn sich der Täter nach Abschluss der letzten Ausführungshandlung – etwa aus Gleichgültigkeit – **keinerlei Vorstellung über die Folgen seines Verhaltens** macht. Nach ständiger Rspr ist in diesen Fällen anhand einer Gesamtwürdigung aller äußeren Umstände zu ermitteln, ob der Täter es für möglich hielt, dass der Erfolg ohne weiteres Zutun eintritt, was zur Folge hat, dass von einem beendeten Versuch aus-

---

154 BGHSt 31, 170 m. Anm. *Küper*, JZ 83, 264; BGHSt 33, 295 *(Schläfenschussfall)*; 35, 90 *(Nackenstichfall)*; BGH NStZ 99, 299; 02, 427; 03, 369 und 05, 331 *(Messerstichfälle)*; dazu *Eisele*, JA 99, 922 und *Stuckenberg*, JA 99, 751; BGH NStZ 07, 91 *(Pumpgunfall)*; NStZ 17, 576; vgl auch *Bürger*, ZJS 15, 23; *Jescheck/Weigend*, AT, § 51 II 3; *Kühl*, AT, § 16 Rn 33 ff; LK-*Lilie/Albrecht*, § 24 Rn 141 ff; *Rengier*, JZ 88, 931; *Roxin*, AT II, § 30 Rn 187; *ders.*, Paeffgen-FS, S. 255; wohl auch *Otto*, Jura 01, 341; krit. dagegen S/S-*Eser/Bosch*, § 24 Rn 18a; *Jäger*, NStZ 99, 608; zum Überblick *Hillenkamp/Cornelius*, AT, S. 148 ff.
155 BGHSt 22, 330.
156 BGHSt 10, 129 *(Flachmannfall)*; 22, 176 *(Rohrzangenfall)*.
157 BGH NJW 80, 195; NStZ 81, 342; NStZ 84, 116.

zugehen ist. Lassen die objektiven Indizien keinen sicheren Schluss auf die innere Haltung des Täters zu, ist *in dubio pro reo* von einem unbeendeten Versuch auszugehen. Schwerwiegende (häufig mit bedingtem Tötungsvorsatz vorgenommene) Gewalthandlungen wertet die Rspr indes regelmäßig als Indiz dafür, dass der Täter den Eintritt des Erfolges auch ohne weiteres Zutun für möglich hielt, sodass von einem beendeten Versuch ausgegangen wird; der Gleichgültige soll gegenüber dem Bedächtigen nicht privilegiert werden[158].

▶ Beispielsfälle bei *Beulke*, Klausurenkurs I, Rn 323 und Klausurenkurs III, Rn 173

c) Korrektur des Rücktrittshorizonts

Hält der Täter nach der letzten Ausführungshandlung den Eintritt des angestrebten Erfolges irrtümlich zunächst für möglich, dann ist der Versuch zwar grds beendet. Erkennt er aber unmittelbar darauf – dh in engstem zeitlichen und räumlichen Zusammenhang –, dass er sich geirrt hat (sodass zum Zeitpunkt des Erkennens der wahren Sachlage eine Vollendung noch möglich wäre), erlangt diese korrigierte Vorstellung für den Rücktrittshorizont maßgebliche Bedeutung (sog. korrigierter Rücktrittshorizont)[159]. Wenn der Täter unter Zugrundelegung seines berichtigten Vorstellungsbildes glaubt, er habe noch nicht alles getan, was zur Tatvollendung notwendig ist, liegt nunmehr ein unbeendeter Versuch vor, mit der Folge, dass er bereits durch Abstandnahme von weiteren Ausführungshandlungen mit strafbefreiender Wirkung zurücktreten kann. **1043**

Beispiel: T versetzt O mit Tötungsvorsatz mit einem Messer zwei wuchtige Stiche in die Herzregion. Er denkt, er habe O damit tödliche Verletzungen zugefügt. Als T sich gerade entfernt, erkennt er jedoch, wie der nicht stark blutende O quicklebendig aufsteht. Ihm ist nunmehr bewusst, dass er zur Tötung des O einen weiteren Stich ausführen müsste. T flieht reuig. Auch wenn T nach den zwei Stichen (= Rücktrittshorizont) davon ausging, alles zu Os Tötung Erforderliche getan zu haben (= beendeter Versuch), liegt gleichwohl ein unbeendeter Versuch vor, da T dieses Vorstellungsbild (in unmittelbarem zeitlichen und räumlichen Zusammenhang zulässigerweise) korrigiert hat, nachdem er erkannte, dass die Stiche keine lebensgefährlichen Verletzungen herbeigeführt haben.

Eine Korrektur des Rücktrittshorizonts ist auch im **umgekehrten Fall** möglich, wenn der Täter bei unverändert fortbestehender Handlungsmöglichkeit mit einem tödlichen Ausgang zunächst nicht rechnet (damit: unbeendeter Versuch), unmittelbar darauf jedoch erkennt, dass er sich insoweit geirrt hat; dieser Versuch ist im Ergebnis als beendet einzuordnen[160]. **1044**

---

158 BGHSt 40, 304 m. krit. Anm. *Murmann*, JuS 96, 590; BGH NStZ 11, 209 m. Anm. *v. Heintschel-Heinegg*, JA 11, 551; BGH NStZ 14, 143 m. Anm. *Nestler*; *Fischer*, § 24 Rn 15a; BGH NStZ 15, 509; NStZ 17, 576; HRRS 18 Nr 309; krit. *Bosch*, Jura 14, 395, 400 f.

159 BGHSt 36, 224; BGH NStZ 05, 150 m. Bespr. *Valerius*, JA 05, 410; BGH NStZ 12, 688; NStZ-RR 17, 198; HRRS 17 Nr 124, Rn 7 *(Anfahr-Fall)* m. Bespr. *Hecker*, JuS 17, 696; *Jäger*, JA 17, 550 u. *Satzger*, Jura (JK) 17, 1342; BGH StV 17, 672 m. krit. Anm. *Jäger*, NStZ 17, 460; BGH HRRS 17 Nr 1021; krit. *Bosch*, Jura 14, 395, 401 ff; *Puppe*, JR 00, 72; vert. *Hoven*, JuS 13, 403; *Knörzer*, Fehlvorstellungen des Täters und deren „Korrektur" beim Rücktritt vom Versuch nach § 24 Abs. 1 StGB, 2008.

160 BGH NStZ 10, 146; NStZ-RR 12, 106 m. Bespr. *Hecker*, JuS 12, 947; BGH HRRS 18 Nr 409 m. Bespr. *Hecker*, JuS 18, 914; *Rengier*, AT, § 37 Rn 36.

Beispiel: T versetzt O mit Tötungsvorsatz zwei wuchtige Messerstiche in den Bauch, wobei er meint, O keine tödlichen Verletzungen zugefügt zu haben. Kurz bevor er reuig fliehen will, erkennt er, dass O bewusstlos und stark blutend zu Boden geht und möglicherweise seinen Verletzungen erliegen wird.

d) Sonderfall: Rücktritt bei Erreichung außertatbestandlicher Handlungsziele (die sog. Denkzettelfälle)

1045 Umstritten ist, wie der Rücktritt vom Versuch zu behandeln ist, wenn der Täter primär ein außertatbestandliches Handlungsziel zu erreichen anstrebt und dabei nur bedingt vorsätzlich die Tötung eines Menschen in Kauf nimmt.

Beispiel (nach BGHSt 39, 221): Der F will dem G einen Denkzettel erteilen. Um ihm eine Abreibung zu verpassen und mit bedingtem Tötungsvorsatz handelnd, sticht er ihm ein Messer in den Leib. Durch den Stich wird „der Brustraum eröffnet, das Zwerchfell durchstoßen und der rechte Leberlappen verletzt". Obwohl G für F erkennbar nicht lebensgefährlich verletzt ist, sieht dieser – zufrieden mit der erfolgreichen Erteilung des Denkzettels – von weiteren Tötungshandlungen ab und verlässt den Ort des Geschehens.

1046 Hier ist fraglich, ob für einen strafbefreienden Rücktritt vom unbeendeten Versuch des Tötungsdelikts durch Nichtweiterhandeln Raum bleibt, wenn der Täter letztlich erreicht hat, was er primär wollte – im obigen Beispiel: dem G einen Denkzettel verpassen.

1047 Ein **Teil der Lehre** sowie die ältere Rechtsprechung halten einen Rücktritt vom unbeendeten Versuch in solchen Fällen für **ausgeschlossen**, vermag doch derjenige, der sein eigentliches Handlungsziel erreicht hat, nichts mehr aufzugeben. Ein Weiterhandeln wäre für ihn sinnlos. „Aufgeben" iSd § 24 I 1 lasse sich nur ein Tatentschluss, der von seiner Zielsetzung her noch nicht gegenstandslos geworden sei[161].

1048 Zutreffend geht die **hM** demgegenüber davon aus, dass ein **strafbefreiender Rücktritt** vom unbeendeten Versuch auch dann **möglich** ist, wenn der Täter von weiteren Handlungen absieht, weil er sein außertatbestandliches Handlungsziel erreicht hat[162]. „Tat" iSd § 24 I 1 ist die tatbestandsmäßige Handlung unter Einschluss des tatbestandsmäßigen Erfolges. Demgemäß bezieht sich der Entschluss, die weitere Tatausführung aufzugeben, allein auf die Verwirklichung der gesetzlichen Tatbestandsmerkmale und die Herbeiführung des tatbestandsmäßigen Erfolges. Auf außertatbestandliche Ziele, Absichten oder Beweggründe kommt es dabei nicht an. „Aufgeben" muss der Täter nur das, was im gesetzlichen Tatbestand umschrieben ist. Ihm die Rücktrittsmöglichkeit offen zu halten ist indes im Interesse des Opferschutzes sinnvoll und dient der Erhaltung des durch den Tatbeginn gefährdeten Rechtsgutes[163].

---

161 BGH NStZ 90, 77; 91, 127; *Beckemper*, JA 03, 203; *Bock*, JuS 06, 606; *Jäger*, ZStW 112 [2000], 783; *Kudlich*, JuS 99, 353; Lackner/Kühl-*Kühl*, § 24 Rn 12; *Morgenstern*, Jura 11, 146, 153; *Puppe*, JZ 93, 361; *Roxin*, AT II, § 30 Rn 58; SK-*Jäger*, § 24 Rn 14a, b; *Schall*, JuS 90, 623.

162 BGHSt 39, 221; BGH NStZ 09, 86 *(Samenergussfall)*; NStZ 11, 90 m. Anm. *Brüning*, ZJS 11, 93; BGH StV 14, 472; NStZ 14, 450 m. Anm. *Engländer* u. Bespr. *Jäger*, JA 15, 149; BGH NStZ-RR 18, 137; BGH StV 18, 408.

163 *Hoffmann-Holland*, AT, Rn 701; LK-*Lilie/Albrecht*, § 24 Rn 189 f; *Schroth*, GA 1997, 151; *T. Walter/Schneider*, JA 08, 262, 264; krit. *Puppe*, ZIS 11, 524, 527; s. auch *Bott*, Jura 08, 753.

Auch diejenige Ansicht, die in Abweichung von der hM eine Rücktrittsmöglichkeit nur für den Fall befürwortet, dass die Straftat absichtlich durchgeführt wird[164], ist letztlich nicht überzeugend, da eine Privilegierung des Absichtstäters gegenüber demjenigen, der nur mit einem Minus im subjektiven Tatbestand in Gestalt des *dolus eventualis* handelt, angesichts der grds geringeren kriminellen Energie des nur mit Eventualvorsatz Handelnden von vornherein systemwidrig erscheint[165].

▸ Beispielsfall bei *Beulke*, Klausurenkurs I, Rn 333

5. Bestimmung des Rücktrittsverhaltens

a) Rücktrittsverhalten beim unbeendeten Versuch

aa) Aufgeben der Tat (§ 24 I 1 Alt. 1). Beim unbeendeten Versuch entfällt die Strafbarkeit, wenn der Täter freiwillig (vgl Rn 1066 ff) die weitere Ausführung der Tat aufgibt (§ 24 I 1 Alt. 1). Aufgeben der Tat bedeutet, von der weiteren Realisierung des Entschlusses, den gesetzlichen Tatbestand zu verwirklichen, aufgrund eines entsprechenden „Gegenentschlusses" Abstand zu nehmen. Der Begriff der „Tat" deckt sich insoweit mit der vorsätzlich begangenen rechtswidrigen Tat iS eines materiellrechtlichen Straftatbestandes[166]. Folglich akzeptiert die Rspr, dass ein bloßer „Deliktswechsel" zur Strafbefreiung hinsichtlich des „ursprünglichen Tatbestandes" führt[167]. **1049**

Beispiele: Ein Täter, der zu einem Raubmord angesetzt hat, kann vom Mordversuch auch dann strafbefreiend zurücktreten, wenn er aus freien Stücken zwar auf die Tötung seines Opfers verzichtet, diesem sodann aber dennoch mit Drohungen iSd § 249 Wertsachen wegnimmt[168]. Es reicht also die Abstandnahme von der Begehung des Mordes (§§ 212, 211), da alleine die Verwirklichung dieses Tatbestandes die „Tat" iSd § 24 I ausmacht. Ebenso kann der zunächst mit Tötungsvorsatz Handelnde auch nach bereits erfolgter schwerer Körperverletzung vom Tötungsversuch zurücktreten[169].

Nach Ansicht der **früheren Rechtsprechung** kann der Täter nur zurücktreten, wenn er seinen kriminellen Entschluss „im Ganzen und endgültig" aufgibt[170]. Diese Formel bleibt letztlich aber unklar. Überdies setzt diese Auffassung dem Rücktritt zu enge Grenzen, da ein innerer Vorbehalt, die Tat irgendwann bei passender Gelegenheit erneut zu versuchen oder an ihrer Stelle eine andere Straftat zu begehen, zwar auf eine rechtsfeindliche Gesinnung des Täters schließen lässt, dies aber einem Rücktritt von der bereits begonnenen konkreten Tat – nicht zuletzt aus Gründen des Opferschutzes – nicht entgegen stehen darf[171]. **1050**

---

164 *Roxin*, AT II, § 30 Rn 74 f.
165 S/S/W-StGB-*Kudlich/Schuhr*, § 24 Rn 68.
166 BGHSt 33, 142, 144; 39, 221, 230; *Günther*, Armin Kaufmann-GS, S. 541; *Rengier*, AT, § 37 Rn 83; *Vogel/Fad*, JuS 02, 786.
167 Vgl BGH HRRS 17 Nr 124 *(Anfahr-Fall)* m. Bespr. *Hecker*, JuS 17, 696; *Satzger*, Jura (JK) 17, 1342; krit. dazu *Jäger*, JA 17, 550; Baumann/Weber/Mitsch/Eisele-*Mitsch*, AT, § 23 Rn 42; *Rengier*, AT, § 37 Rn 84.
168 Vgl Bsp in BGHSt 33, 142, 144; *Scheinfeld*, Der Tatbegriff des § 24 StGB, 2006, S. 140; NK-*Zaczyk*, § 24 Rn 51.
169 BGHSt 33, 142, 144; BGH NJW 01, 980; NK-*Zaczyk*, § 24 Rn 51.
170 BGHSt 7, 296; BGH NStZ 10, 384.
171 So auch BGHSt 33, 142, 145; 35, 184.

1051 Nach der **Gegenansicht** soll hingegen bereits das Abstandnehmen von der konkreten Ausführungshandlung strafbefreiend wirken[172]. Dies ist wiederum zu weit, da es an einer Rückkehr in die Legalität fehlt, wenn der Täter seine ursprüngliche Ausführungshandlung unmittelbar anschließend durch eine gleichwertige andere Begehungsweise ersetzt, zB an Stelle des „Einsteigens" den Weg des „Einbrechens" wählt (§§ 242, 243 I Nr 2) oder sein Opfer erdrosselt, statt es zu vergiften.

1052 Den Vorzug verdient insoweit eine **vermittelnde Auffassung**, die sich grds mit dem Abstandnehmen von der konkreten Tat, wie sie im Rahmen des einschlägigen Straftatbestandes durch das Tatobjekt, die reale Tatsituation und das angestrebte Tatziel gekennzeichnet ist, begnügt. Behält der Täter sich allerdings Fortsetzungsakte vor, die im Fall ihrer Realisierung nur unselbstständige Teilakte der zuvor begonnenen Straftat bilden würden, mit ihr also einen (tat)einheitlichen Lebensvorgang darstellen, liegt ein Aufgeben der weiteren Tatausführung nicht vor[173].

► Beispielsfall bei *Beulke*, Klausurenkurs I, Rn 336

1053 **bb) Sonderfall des „Teilrücktritts".** Verzichtet jemand nach dem Erreichen des Versuchsstadiums freiwillig auf die weitere Verwirklichung von Modalitäten, die einen qualifizierten Tatbestand erfüllen (sog. Teilrücktritt), so kann dies nach zutreffender hM einen Rücktritt nach § 24 begründen. Zwar wurde durch den Eintritt in das Versuchsstadium unter Verwirklichung qualifizierender Umstände bereits eine erhöhte abstrakte Gefährlichkeit geschaffen. Indem der Täter von der weiteren qualifizierten Tatausführung – die eine eigenständige Tat iSd § 24 I darstellt – Abstand nimmt, ist allerdings angesichts der erheblichen Verringerung der Gefährlichkeit der Tat nach dem Verdienstlichkeitsgedanken eine Rücktrittsmöglichkeit zu eröffnen[174].

Beispiel: A möchte bewaffnet mit einer Pistole in einer Zoohandlung einen wertvollen „Koi" stehlen. Kurz nachdem er die Zoohandlung betritt, besinnt er sich. Da er es ja keinesfalls „zum Äußersten" kommen lassen wolle, entledigt er sich seiner mitgeführten Schusswaffe, indem er sie in einem Aquarium „verschwinden" lässt. Gerade als er den Fisch aus dem Aquarium herausfischen möchte, wird er vom Ladeninhaber ertappt und flieht ohne Beute. Da A die qualifizierte Tatbegehung (§ 244 I Nr 1a Alt. 1) freiwillig im Versuchsstadium aufgibt, ist er zumindest insoweit zurückgetreten. Die Strafbarkeit wegen versuchten Diebstahls (§§ 242 I, II, 22, 23 I Alt. 2) bleibt davon unberührt.

b) Rücktrittsverhalten beim beendeten Versuch

1054 Liegt ein beendeter Versuch vor, muss der Täter grds die Vollendung aktiv verhindern, damit eine Strafbefreiung wegen Rücktritts eintritt (§ 24 I 1 Alt. 2). Ein „ernst-

---

172 Vgl *Blei*, AT, § 69 III 1; *Bloy*, JuS 86, 987.
173 So im Wesentlichen BGH NStZ 09, 501 m. zust. Anm. *Hecker*, JuS 10, 79; s. auch S/S-*Eser/Bosch*, § 24 Rn 40; *Kühl*, AT, § 16 Rn 72; LK-*Lilie/Albrecht*, § 24 Rn 208; Maurach/Gössel/Zipf-*Gössel*, AT/2, § 41 Rn 54; *Rengier*, AT, § 37 Rn 113; vgl dazu auch BGHSt 40, 75; MK-StGB-*Hoffmann-Holland*, § 24 Rn 94; *Hillenkamp/Cornelius*, AT, S. 142 ff.
174 Vgl BGHSt 51, 276, 279 m. Bespr. *Streng*, JZ 07, 1089; s. auch HK-GS-*Ambos*, § 24 Rn 8; Matt/Renzikowski-*Heger*, § 24 Rn 64 f; *B. Heinrich*, AT, Rn 794; *Kaspar*, AT, § 8 Rn 158; *Mitsch*, JA 14, 268; *Rengier*, AT, § 37 Rn 150; *Roxin*, AT II § 30 Rn 295 ff, 299 f; krit. *Blaue*, ZJS 15, 580; *Küper*, JZ 97, 229, 233; LK-*Lilie/Albrecht*, § 24 Rn 494.

haftes Bemühen" um die Vollendungsverhinderung genügt jedoch, wenn der Erfolg unabhängig vom Verhalten des Täters nicht eintritt (§ 24 I 2).

aa) Vollendungsverhinderung (§ 24 I 1 Alt. 2). Zur Verhinderung der Vollendung ist es unstreitig erforderlich, dass der zum Rücktritt entschlossene Täter bewusst und gewollt (= subjektiv) eine neue Kausalreihe in Gang setzt, die für das Ausbleiben der Vollendung wenigstens mitursächlich wird (= objektiv). Nach der **Rechtsprechung** erschöpft sich die Vollendungsverhinderung in diesen Kriterien[175]. **1055**

Mit einer **verbreiteten Ansicht im Schrifttum** ist es allerdings nicht nur erforderlich, dass das bewusste und gewollte Verhinderungsverhalten des Täters *conditio sine qua non* für die Vollendungsverhinderung ist. Vielmehr bedarf es einer einschränkenden Heranziehung der Kriterien der objektiven Zurechnung. Denn der durch das deliktische Handeln des Täters gestörte Rechtsfrieden und das Vertrauen in die allgemeine Normgeltung muss durch eine freiwillige „Umkehrleistung" restabilisiert werden. Dies kann nur dann angenommen werden, wenn er sein Verhalten auf die Verhinderung des drohenden Erfolgseintritts ausrichtet und in einer Weise tätig wird, dass ihm das Verhindern der Tatvollendung zumindest auch als „sein Werk" zugerechnet werden kann[176]. Die Vollendung oder Nichtvollendung darf also nicht nur ein „Werk des Zufalls" sein[177]. **1056**

Ringt sich der Täter nur zu einem sog. „halbherzigen Rücktritt"[178] durch, so ist umstritten, wann dies eine Strafbefreiung zur Folge hat. **1057**

Beispiel (nach BGH NJW 85, 813): A hatte in einem Zimmer des Hauses der gerade abwesenden Eheleute M Feuer gelegt. Da er wegen der im Haus schlafenden Kinder Gewissensbisse hatte, rief er in der Gaststätte, in der sich Frau M aufhielt, an und sagte, Frau M möge bitte nach Hause kommen. Daraufhin eilte Frau M nach Hause und entdeckte den Brand, der durch die Feuerwehr gelöscht wurde, bevor das Feuer auf das Gebäude übergreifen konnte (keine Vollendung). Um sicherzugehen, dass der Brand rechtzeitig entdeckt würde, war A selbst zur Brandstelle gefahren, wo er vor der Feuerwehr eingetroffen war.

Eine **Mindermeinung**[179] hält es für erforderlich, dass der Täter stets die optimale oder sicherste erfolgsverhindernde Möglichkeit ergreift. Als Begründung wird die systematische Nähe zu § 24 I 2 angeführt, wonach ein „ernsthaftes" Bemühen zur Vollendungsverhinderung für einen Rücktritt notwendig sei. Die engere Formulierung der Rücktrittsvoraussetzungen im Anwendungsbereich des § 24 I 2 beruht aber auf einer bewussten Entscheidung des Gesetzgebers, sodass sich das Erfordernis der „Ernsthaftigkeit" nicht einfach auf die hiesige Fallgestaltung übertragen lässt[180]. **1058**

---

175 BGHSt 33, 295, 301; BGH StV 99, 211; NJW 18, 2908; HRRS 18 Nr 1116 m. krit. Bespr. *Hecker*, JuS 19, 266 und *Jäger*, JA 19, 70.

176 Ebenso *Engländer*, JuS 03, 641; *Jäger*, Der Rücktritt vom Versuch als zurechenbare Gefährdungsumkehr, 1996, S. 93 ff; *ders.*, Jura 09, 58; SK-*Jäger*, § 24 Rn 27e.

177 *Böß*, JA 12, 355; *Zieschang*, GA 2003, 359.

178 *Puppe*, NStZ 84, 488.

179 Dafür aber BGH NStZ 08, 329 (bei Gefahr für Menschenleben); *Herzberg*, NJW 89, 862 (inzwischen abgeschwächt in Kohlmann-FS, S. 644: „sorgfältiges Bemühen"); Baumann/Weber/Mitsch/Eisele-*Mitsch*, AT, § 23 Rn 40; *Murmann*, Versuchsunrecht, S. 65; diff. *Roxin*, AT II, § 30 Rn 243 ff (optimale Leistung nur bei fremdhändiger, nicht bei eigenhändiger Erfolgsverhinderung); Fallbeispiel bei *Haas*, Ad legendum 12, 124; *Ladiges/Glückert*, Jura 11, 552.

180 So zu Recht S/S/W-StGB-*Kudlich/Schuhr*, § 24 Rn 46; *Rengier*, AT, § 37 Rn 124.

1059 Nach der **herrschenden Auffassung**[181] ist allein entscheidend, dass der Täter seinen Tatvorsatz endgültig aufgibt und eine solche Rettungshandlung wählt, die er für geeignet hält, um die Tatvollendung zu verhindern. Unter der Voraussetzung, dass die **Vollendungsverhinderung objektiv als „das Werk des Täter" erscheint** (Rn 1056), ist dem zuzustimmen, da der Täter bereits durch seine freiwillige Umkehrleistung das erschütterte Vertrauen der Allgemeinheit in die Normgeltung repariert und sich – durch seine Entscheidung für die Legalität – die Strafbefreiung verdient bzw unter Beweis stellt, dass aus spezial- und generalpräventiven Gründen keine Bestrafung erforderlich ist (zu den Grundgedanken des Rücktritts s. Rn 1003 ff).

Obwohl A im **Beispielsfall** bei seinem Anruf in der Gaststätte nicht gesagt hatte, warum Frau M in ihr Haus zurückkehren sollte, und nicht sicher war, ob Frau M der Aufforderung zur Rückkehr sofort nachkommen würde, ist ein strafbefreiender Rücktritt des A vom beendeten Versuch der schweren Brandstiftung anzunehmen. Darin lag zwar nicht die optimalste Vollendungsverhinderung, allerdings kann aus der Herbeiholung der M, die die Feuerwehr rief, ein ihm objektiv zurechenbares Rettungsverhalten geschlussfolgert werden[182].

1060 **bb) Vollendungsverhinderungsbemühungen (§ 24 I 2).** Die Regelung des § 24 I 2 erfasst Fälle, in denen der Erfolg unabhängig vom Täterverhalten nicht eintritt; das Ausbleiben der Vollendung beruht somit nicht auf dem Verhalten des Zurücktretenden. Dies umfasst insbes. die folgenden Konstellationen[183]:

– Der Versuch ist **untauglich** bzw **objektiv fehlgeschlagen**, wobei der Täter die mangelnde Tauglichkeit bzw das Scheitern seines Versuchs noch nicht erkannt hat.

– Die Deliktsvollendung bleibt aus, jedoch ist die **Vollendungsverhinderung objektiv nicht das „Werk" des Täters.**

Darüber hinaus findet § 24 I 2 auch beim sog. **„missglückten Rücktritt"** Anwendung, wenn der Erfolg zwar eintritt, jedoch nicht infolge einer vom Rücktrittswilligen verursachten und ihm zurechenbaren Handlung (s. dazu sogleich u. Rn 1063).

1061 Ein **ernsthaftes Bemühen** iSd § 24 I 2 als Ausdruck einer bewussten und gewollten Umkehrung des in Bewegung gesetzten Kausalgeschehens liegt vor, wenn der Täter alles tut, was aus seiner Sicht zur Abwendung des drohenden Erfolges notwendig und geeignet ist[184]. Was konkret vom Täter zu verlangen ist, ist vom jeweiligen Einzelfall abhängig. Mit erkennbar unzureichenden oder gar törichten Maßnahmen darf er sich nicht begnügen[185]. Steht ein Menschenleben auf dem Spiel, sind die – aus der Sicht des Zurücktretenden – optimalsten Rücktrittsmöglichkeiten zu ergreifen[186]. Anders

---

181 BGHSt 48, 147 m. krit. Anm. *Jakobs*, JZ 03, 743 und *Puppe*, NStZ 03, 309; dazu ferner *Beckemper*, JA 03, 277; *Zwiehoff*, StV 03, 631; BGH JZ 05, 203 m. Anm. *Rotsch/Sahan*; zust. iE auch *Boß*, Der halbherzige Rücktritt, 2002, S. 141; LK-*Lilie/Albrecht*, § 24 Rn 340.

182 Vgl auch BGH NStZ 99, 128; weiterführend *Bloy*, JuS 87, 528; MK-StGB-*Hoffmann-Holland*, § 24 Rn 133 ff.

183 BGHSt 11, 324; BGH NStZ-RR 05, 70; instruktiv *Noltensmeier/Henn*, JA 10, 269 und *Roxin*, AT II, § 30 Rn 265 f.

184 BGH NJW 18, 2908.

185 *Maiwald*, Wolff-FS, S. 337 ff.

186 BGH NStZ 12, 28; NStZ-RR 18, 137.

als bei § 24 I 1 Alt. 2 (Rn 1055 ff) ist hier das „ernsthafte" Bemühen ausdrücklich zur Voraussetzung des Rücktrittsverhaltens erhoben worden.

Wo beispielsweise nur eine vom Rücktrittswilligen erkannte rasche Behandlung im Krankenhaus Aussicht auf Rettung verspricht, genügt es nicht, dem durch Messerstiche oder einen Schuss erheblich verletzten Opfer einen Notverband anzulegen, ohne sonst etwas zu unternehmen.

c) Rücktrittsverhalten beim „missglückten Rücktritt"

aa) Misslingen die Rücktrittsbemühungen bei einem beendeten Versuch, geht   **1062**
das Risiko des Erfolgseintritts und der Bestrafung wegen vollendeter Tat grds zulasten des Täters[187]. Wesentlich ist allein, dass sein versuchsbegründendes Tun in der vollendeten Tat fortwirkt und sich im konkreten Erfolg gerade diejenige Gefahr realisiert, die durch sein vorausgegangenes Verhalten geschaffen oder erhöht worden ist (vgl dazu Rn 261 und Rn 1056). Kommt es hiernach zu einer dem Täter zurechenbaren Deliktsvollendung, kann eine etwaige vorab geleistete Rücktrittsbemühung keine strafbefreiende Wirkung nach § 24 mehr entfalten.

Beispiel: A versetzt dem B mit Tötungsvorsatz mehrere Messerstiche in die Brust. Als B bewusstlos zusammenbricht, wird A von Reue ergriffen. Um das Leben des B zu retten, ruft er einen Krankenwagen herbei, der den B aufnimmt. Auf der Fahrt zum Krankenhaus verstirbt B. Der Tod des B beruht kausal auf den Messerstichen des A und ist ihm zugleich objektiv zurechenbar. Die Rettungsbemühungen sind somit hinsichtlich der Strafbarkeit gemäß § 212 unbeachtlich, können aber freilich hinsichtlich der Strafzumessung Berücksichtigung finden.

bb) Anders ist dies zu beurteilen, wenn der Täter sich zwar um die Vollendungsver-   **1063**
hinderung bemüht, der **tatbestandliche Erfolg** nichtdestotrotz **eintritt**, es aber an einer **kausalen oder ihm zurechenbaren Vollendung der Straftat fehlt** (zB weil der Eintritt des konkreten Erfolges auf einer völlig atypischen und regelwidrigen Weiterentwicklung des Kausalgeschehens beruht). In einer solchen Konstellation findet zugunsten des Täters § 24 I 2 Anwendung[188].

Beispiel: A versetzt dem B mit Tötungsvorsatz einen Messerstich in die Brust. Als B bewusstlos zusammenbricht, wird A von Reue ergriffen. Um das Leben des B zu retten, ruft er einen Krankenwagen herbei. Der wenige Minuten später eintreffende Notarzt N nimmt B in seinem Notarztfahrzeug mit, auf der Fahrt zum Krankenhaus wird dieses jedoch vom Lastzug des L gerammt, weil L das Rotlicht einer Verkehrsampel nicht beachtet hat. Durch den Unfall wird B getötet. As Messerstich ist zwar kausal für den Tod des B, allerdings liegt die Todesverursachung im Verantwortungsbereich des L, sodass der Erfolg dem A nicht objektiv zuzurechnen ist. Infolgedessen kann A kein vollendeter Totschlag, sondern nur ein Versuch des § 212 zur Last gelegt werden, der jedoch nach § 24 I 2 straflos bleibt, weil A sich zumindest freiwillig und ernsthaft bemüht hat, die Vollendung der Tat zu verhindern.

▶ Beispielsfall bei *Beulke*, Klausurenkurs I, Rn 319

cc) Umstritten ist, welche Konsequenzen ein **Irrtum des Zurücktretenden über**   **1064**
die Wirksamkeit seines bisherigen Tuns zeitigt.

---

187 S/S/W-StGB-*Kudlich/Schuhr*, § 24 Rn 7 mwN.
188 BGH NStZ 16, 664 m. Anm. *Kudlich*; dazu ebenso *Jäger*, JA 16, 950.

379

Beispiel: A hält eine zunächst verabreichte Dosis Gift nicht für tödlich und glaubt daher irrtümlich, den Todeseintritt bereits dadurch verhindern zu können, dass er dem Opfer kein weiteres Gift verabreicht. Das Opfer verstirbt.

1065 Die ganz **hM** plädiert hier zutreffend stets für eine **Strafbarkeit wegen vollendeter Vorsatztat**[189]. Für § 24 bleibt in derartigen Konstellationen kein Raum, denn der bloße Rücktrittswille ist bedeutungslos, wenn es zur Tatvollendung kommt und der Eintritt des Erfolges dem Täter objektiv zugerechnet werden kann, also insbes. nicht auf einem atypischen Kausalverlauf beruht[190]. Der Täter trägt generell das Risiko fehlgeschlagener Rücktrittsbemühungen.

6. Die Freiwilligkeit

1066 Alle bisher behandelten Varianten des Rücktritts haben gemeinsam, dass die Straffreiheit nur gewährt wird, wenn der Täter freiwillig zurücktritt. Dies beruht auf den Grundgedanken des Rücktritts, insbes. auf der Verdienstlichkeit des Rücktritts (vgl Rn 1005). Verdienstlich handelt der Täter aber nur, wenn er freiwillig auf den Boden der Rechtsordnung zurückkehrt. Zur Bejahung der Freiwilligkeit verlangt das Gesetz indessen keinen billigenswerten Beweggrund und kein sittlich hochwertiges Motiv[191].

1067 Früher wurde die Freiwilligkeit zumeist mithilfe der **Frank'schen Formel** ermittelt. Freiwillig ist der Rücktritt danach, wenn der Täter sich bzgl der Fortsetzung seines Tuns sagt: „Ich will nicht, selbst wenn ich könnte!"; unfreiwillig ist er, wenn der Täter sagt: „Ich kann nicht, selbst wenn ich wollte!"[192]. Eine andere Auffassung im Schrifttum will – im Anschluss an *Roxin* – die Abgrenzung zwischen Freiwilligkeit und Unfreiwilligkeit normativ unter dem Blickwinkel der Strafzwecktheorie nach den **„Maßstäben der Verbrechervernunft"** ausrichten. Der Täter handelt hiernach unfreiwillig, wenn sein Verhalten einem „hartgesottenen, Risiko und Chancen des konkreten Tatplans kalt abwägenden Delinquenten" als vernünftig erscheinen würde[193].

Aus diesen beiden Auffassungen lassen sich allerdings – ebenso wenig wie aus den sonst vertretenen Ansätzen[194] – keine präzisen und sachgerechten Kriterien zur Bestimmung der Freiwilligkeit des Rücktritts gewinnen[195].

1068 Hilfreich ist die Bestimmung der Freiwilligkeit anhand des heute überwiegend herangezogenen **Begriffspaars der „heteronomen"** und der **„autonomen Gründe"**[196]:

---

189 S/S-*Eser/Bosch*, § 24 Rn 25a; *Küper*, ZStW 112 [2000], 1, 30 ff; Lackner/Kühl-*Kühl*, § 24 Rn 15; LK-*Lilie/Albrecht*, § 24 Rn 79; *Otto*, AT, § 19 Rn 54; diff. *Gropp*, AT, § 9 Rn 66; anders *Frister*, AT, 24. Kap. Rn 38; *Jakobs*, AT, 26/13; ähnl. *Herzberg*, Oehler-FS, S. 173: Strafbarkeit wegen Versuchs.
190 Vgl dazu auch BGHSt 28, 346.
191 BGHSt 35, 184; *Rengier*, AT, § 37 Rn 98.
192 Vgl *Frank*, StGB, § 46 Anm. II; aus heutiger Sicht charakterisiert die Formel eher den fehlgeschlagenen Versuch.
193 *Roxin*, Heinitz-FS, S. 251; *ders.*, AT II, § 30 Rn 383 ff; s. auch *Beckemper*, JA 03, 207; *Bitzilekis*, Hassemer-FS, S. 661; *Mylonopoulos*, I. Roxin-FS, S. 165; SK-*Jäger*, § 24 Rn 25.
194 Vgl nur MK-StGB-*Hoffmann-Holland*, § 24 Rn 116 ff; *Jäger*, ZStW 112 [2000], 783; *Amelung*, ZStW 120 [2008], 205, 244.
195 Näher *Ulsenheimer*, Rücktritt, S. 306.
196 BGH NStZ 07, 399; *Hardtung/Putzke*, AT, Rn 1243 ff; LK-*Lilie/Albrecht*, § 24 Rn 244 f; *Safferling*, JuS 05, 138.

Freiwillig ist ein Rücktritt demnach, wenn er nicht durch zwingende Hinderungs- 1069
gründe veranlasst wird, sondern der eigenen **autonomen** (= selbstbestimmten) Entscheidung des Täters entspringt. Entscheidend ist insofern, dass der Täter „Herr seiner Entschlüsse" blieb, also weder durch eine äußere noch durch eine innere Zwangslage davon abgehalten wird, die ihm weiter als möglich erscheinende Vollendung des
einschlägigen Straftatbestandes herbeizuführen[197].

Als Beweggründe einer freiwilligen Aufgabe der Tat kommen zB Gewissensbisse,
Reue, Scham, Mitleid mit dem Opfer, seelische Erschütterung und Angst vor Strafe in
Betracht[198]. Der Anstoß zum Rücktritt darf dabei grds auch von außen kommen (zB
Zureden seitens des Opfers). Die Freiwilligkeit ist nicht ausgeschlossen, wenn der Tä-
ter im Zustand der Schuldunfähigkeit zurücktritt[199].

Unfreiwillig ist der Rücktritt demgegenüber, wenn er durch **heteronome** (= fremdbe- 1070
stimmte) Gründe veranlasst wird, nämlich durch Hinderungsgründe, die vom Willen
des Täters unabhängig sind, unüberwindliche Hemmungen in ihm auslösen oder die
Sachlage zu seinen Ungunsten so wesentlich verändern, dass er die damit verbundenen Risiken oder Nachteile nicht mehr für tragbar hält oder sie nicht in Kauf nehmen
will[200]. Hierzu zählen auch die Fälle sog. psychischer Unmöglichkeit (Rn 1025).

Die Vorstellung des Täters, seine Tat werde bzw sei bereits **entdeckt** und vom Entde- 1071
ckenden sei zu befürchten, dass er die weitere Durchführung des Vorhabens verhindern oder die Einleitung von Strafverfolgungsmaßnahmen veranlassen werde, kann
die Freiwilligkeit des Rücktritts ausschließen; maßgebend dafür sind indessen die
Umstände des Einzelfalles. Ausschlaggebend ist insbes., ob es dem Täter auf die
Heimlichkeit der Tat ankam bzw ob sich aus seiner Sicht das für ihn entscheidend an-
gesehene Risiko der Entdeckung beträchtlich erhöht hat[201].

Klausurhinweise: Die verschiedenen Ansichten zur Bestimmung der Freiwilligkeit führen regelmäßig nicht zu unterschiedlichen Ergebnissen. Es ist daher idR nicht erforderlich, die hierzu
vertretenen Meinungen (die man aber kurz anführen sollte) zu diskutieren und sich für eine zu
entscheiden. Lässt sich nicht eindeutig klären, welche Vorstellungen den Täter zum Rücktritt
veranlasst haben, würde aber jeder der denkbaren Beweggründe Unfreiwilligkeit begründen, so
ist der Rücktritt als unfreiwillig anzusehen. Bleibt dagegen auch Raum für ein Motiv, das zur
Freiwilligkeit führen würde, kann der Grundsatz *in dubio pro reo*[202] herangezogen werden, wodurch der Rücktritt als freiwillig einzustufen ist.

In **Fall 17** ist – vorgreiflich der Frage, ob A und B ein taugliches Rücktrittsverhalten iSd 1072
§ 24 II vorgenommen haben (dazu s. unten Rn 1079) – die Freiwilligkeit zu problematisieren. Es wurde ihnen nämlich unmöglich, den O „lautlos zu töten", und genau dies war ihr
Motiv, das Weiterhandeln aufzugeben. Zwar ist dabei irrelevant, dass es sich hierbei nicht
um ein honorierungswürdiges Rücktrittsmotiv handelt. Gleichwohl ist das laute Stampfen

---

197 BGHSt 35, 184; BGH NStZ 11, 688 m. Bespr. *Hecker*, JuS 12, 82; BGH NStZ-RR 14, 9 m. Bespr.
    v. Heintschel-Heinegg, JA 14, 70; BGH StV 15, 687; StV 15, 688; HRRS 18 Nr 382.
198 Vgl BGHSt 7, 296; 21, 216; OLG Düsseldorf NJW 99, 2911.
199 BGH NStZ-RR 99, 8; krit. NK-*Zaczyk*, § 24 Rn 76.
200 Vgl BGHSt 20, 279; BGH NStZ 14, 202; HRRS 17 Nr 1193 m. Bespr. *Eisele*, JuS 18, 391.
201 BGH NStZ 11, 454; NStZ-RR 14, 171, 172 m. Bespr. *Satzger*, Jura (JK) 15, 314; *Fischer*, § 24
    Rn 19b; Lackner/Kühl-*Kühl*, § 24 Rn 16; zur Entdeckung durch das Opfer selbst vgl BGHSt 24, 48.
202 BGH StV 84, 329; NStZ-RR 03, 199.

des O ein primär von außen kommender (= **heteronomer**) Impuls, der A und B zum Abstandnehmen von der weiteren Tatausführung bewegt. Da sie sich jedoch selbst diese Bedingung gesetzt haben (und es A und B nicht um das Abwenden einer Entdeckung ging), kann angenommen werden, dass ihr (potentieller) Rücktritt zumindest auch auf einem von innen kommenden (= **autonomen**) Willensentschluss basiert. Nach der **Lehre von der Verbrechervernunft** wäre der Rücktritt (wohl eher) als unfreiwillig einzustufen, da es der Vernunft eines „hartgesottenen, Risiko und Chancen des konkreten Tatplans kalt abwägenden Delinquenten" entspricht, ein nicht mehr durchführbares Vorhaben („lautloses Tötens") aufzugeben. Ebenso wird man wohl auch unter Zugrundelegung der **Frank'schen Formel** – jedenfalls sofern man das außertatbestandliche Ziel des „lautlosen" Tötens als handlungsleitend ansieht – die Freiwilligkeit verneinen. Das Ergebnis auf Basis der beiden zuletzt genannten Ansichten ist allerdings keineswegs eindeutig und zeigt deren Schwächen bei der Anwendung im konkreten Fall.

▶ Beispielsfall bei *Beulke*, Klausurenkurs I, Rn 180

7. Rücktritt bei mehreren Tatbeteiligten

a) Unterschiede des § 24 II gegenüber § 24 I

1073 Sind an der Tat mehrere beteiligt, verschärft § 24 II die Voraussetzungen des Rücktritts. Anders als bei § 24 I wird beim Rücktritt mehrerer Beteiligter **nicht zwischen beendetem und unbeendetem Versuch unterschieden**, da ein bloßes Nichtweiterhandeln zu Rücktrittszwecken bei § 24 II nie genügt.

Der Grund für diese Verschärfung liegt darin, dass der Gesetzgeber den Versuch mit mehreren Beteiligten wegen der Gruppendynamik und der daraus folgenden Gefahr der Vollendung durch die anderen Beteiligten unabhängig vom Zurücktretenden für gefährlicher erachtete. Der Zurücktretende, der schon „einmal mitgemacht hat", soll daher diese Gefahr abwenden müssen[203].

1074 Eine Strafbefreiung eines rücktrittswilligen Beteiligten ist deshalb nur dann zu erreichen,

– wenn einer von mehreren Beteiligten durch das Unschädlichmachen seines Tatbeitrags oder auf andere Weise freiwillig (vgl Rn 1066 ff) die **Vollendung der Tat**, an deren Versuch er beteiligt war, **verhindert** (§ 24 II 1) oder
– wenn er sich freiwillig und ernsthaft um die Verhinderung der Vollendung bemüht, falls die Tat **ohne sein Zutun nicht vollendet** wird (§ 24 II 2 Alt. 1) oder
– die Tat **unabhängig von seinem früheren Tatbeitrag** begangen wird (§ 24 II 2 Alt. 2).

b) Personeller Anwendungsbereich des § 24 II

1075 Beteiligte iSd § 24 II sind neben dem **Mittäter** sowohl der **Anstifter** als auch der **Gehilfe**. § 24 II gilt seinem Wortlaut nach zwar auch für den Rücktritt des **Alleintäters**, an dessen Tat Anstifter oder Gehilfen teilnehmen. Im Ergebnis besteht hier jedoch Ei-

---

203 S/S/W-StGB-*Kudlich/Schuhr*, § 24 Rn 50; s. auch *Eisele*, ZStW 2000 [112], 745, 748; *Kudlich*, JuS 99, 449; grundlegend *Kölbel/Selter*, JA 12, 1.

nigkeit, dass beim unbeendeten Versuch auch das bloße Nicht-Weiterhandeln des Alleintäters für den Rücktritt genügt – es fehlt hier eben das spezifisch gruppendynamische Gefährdungsplus, das § 24 II kennzeichnet.

Letztlich wenig bedeutsam ist, ob dieses Ergebnis dadurch erzielt wird, dass auf den Alleintäter von vornherein § 24 I (analog) angewendet wird[204] oder ob man zwar § 24 II zitiert, die Rücktrittsanforderungen des Abs. 1 aber in Abs. 2 hineinliest[205].

Der **mittelbare Täter** unterfällt (ebenso wie der Alleintäter) nur dem § 24 I, da der Tatmittler (mit Ausnahme der Sonderkonstellation des „Täters hinter dem Täter" [s. Rn 852 ff]) kein Beteiligter ist[206]. Auch bei einer **Nebentäterschaft** ist allein auf § 24 I abzustellen[207].   **1076**

Aus dem Grundsatz der Akzessorietät der Teilnahme (s. Rn 871 ff) ergibt sich, dass für den Teilnehmer nur eine Strafbarkeit wegen einer Teilnahme an der versuchten Tat (s. Rn 879) in Betracht kommt, wenn zwar er selbst seinen gesamten Tatbeitrag bereits geleistet hat, der Täter jedoch über das Versuchsstadium nicht hinausgelangt. Zwar liegt dann ein Fall der vollendeten Teilnahme vor; soweit es für § 24 auf die Vollendung ankommt, ist nur auf die Vollendung der Haupttat abzustellen, sodass nicht nur der Täter des Versuchs, sondern auch der Teilnehmer nach den Regeln des § 24 II vom Versuch zurücktreten kann[208]. Ist die Teilnahmehandlung noch nicht vollständig erbracht oder erfolglos geblieben, liegt lediglich eine versuchte Teilnahme vor, die nicht von § 24 II erfasst wird, sondern ggf nach § 30 strafbar und nach § 31 rücktrittsfähig ist (s. Rn 1088 ff).

c) Vollendungsverhinderung (§ 24 II 1)

Die Vollendungsverhinderung ist im Wesentlichen parallel zu § 24 I 1 Alt. 2 ausgestaltet (s. Rn 1055 ff). Dementsprechend muss der Zurücktretende eine jedenfalls **(mit)ursächliche, ihm objektiv zurechenbare Rücktrittsleistung** erbringen[209], wobei nicht jeder Tatbeteiligte das ihm mögliche Optimum an den Tag legen muss (s. o. Rn 1059)[210]. Demgemäß kann eine Verhinderung auch durch Unterlassen weiterer Mitarbeit erfolgen, wenn nach der Vorstellung des Beteiligten ohne seine Mitwirkung die Vollendung der Tat unmöglich erscheint[211].   **1077**

Beispiel: A will seinen Kontrahenten B mittels eines sukzessiv durchgeführten Giftmordversuchs töten. Hierzu beauftragt er den – in alles eingeweihten – G, die notwendigen Giftmengen in Raten zu liefern. Hier kann G als Gehilfe bereits durch Einstellung weiterer Lieferungen dem Haupttäter die Vollendung der Tat unmöglich machen und somit strafbefreiend vom Versuch zurücktreten (§ 24 II 1).

Eine Verhinderung der von mehreren begangenen Tat kann auch durch einen der anderen Tatbeteiligten erfolgen, mit dessen Verhalten der Täter bzw Teilnehmer einver-   **1078**

---

204   ZB AnwK-StGB-*Brockhaus*, § 24 Rn 56; S/S-*Eser/Bosch*, § 24 Rn 73; *Dorn-Haag*, JA 16, 674, 676; *Mitsch*, Baumann-FS, S. 89; *Rengier*, AT, § 37 Rn 12 f; *Roxin*, AT II, § 30 Rn 305 ff.

205   Vgl *Hoven*, JuS 13, 305, 308; S/S/W-StGB-*Kudlich/Schuhr*, § 24 Rn 53; Lackner/Kühl-*Kühl*, § 24 Rn 25.

206   *Dorn-Haag*, JA 16, 674, 675; *Rengier*, AT, § 38 Rn 3; *Roxin*, AT II, § 30 Rn 308.

207   BGH NStZ 10, 690 *(Benzinfall)* m. iE zust. Bespr. *Jahn*, JuS 11, 78.

208   S/S/W-StGB-*Kudlich/Schuhr*, § 24 Rn 56.

209   *Dorn-Haag*, JA 16, 674, 678; S/S/W-StGB-*Kudlich/Schuhr*, § 24 Rn 58; aA *Rotsch*, GA 2002, 165.

210   BGH JZ 05, 203.

211   BGH StV 12, 16 m. Anm. *Kudlich*, JA 11, 869; BGH StV 13, 435, 437; Lackner/Kühl-*Kühl*, § 24 Rn 25.

standen ist und sich diesem Verhalten anschließt[212]. Ebenso kann ein einvernehmliches bloßes Abstandnehmen mehrerer Mittäter eine Vollendungsverhinderung iSv § 24 II 1 darstellen[213].

1079   In **Fall 17** entschließen sich A und B gemeinschaftlich, die weitere Tatausführung zu unterlassen. Insoweit handelt es sich um ein einvernehmliches Abstandnehmen sämtlicher Beteiligter von der Tat und somit eine taugliche Rücktrittshandlung in Form einer Vollendungsverhinderung (§ 24 II 1).

d) Vollendungsverhinderungsbemühungen bei nicht vollendeter Tat (§ 24 II 2 Alt. 1)

1080   Entsprechend der Regelung des § 24 I 2 erfasst § 24 II 2 Alt. 1 ebenso gleichgelagerte Fälle bei mehreren Beteiligten, bei denen das Ausbleiben der Vollendung nicht auf dem Verhalten des Zurücktretenden beruht (vgl Rn 1060 f). Die Regelung hat insbes. beim **untauglichen** und bei einem **objektiv fehlgeschlagenen Versuch** Bedeutung, solange der Täter die mangelnde Tauglichkeit oder das Scheitern seines Versuchs noch nicht erkannt hat[214]. Sofern sich der Beteiligte ernsthaft und freiwillig um die Verhinderung der Vollendung bemüht, liegt hiernach ein strafbefreiender Rücktritt vor.

Beispiel: A und B begehen gemeinschaftlich einen Überfall auf eine Bank. Dabei erleidet die C durch den Einsatz von Schusswaffen – von A und B billigend in Kauf genommen – lebensgefährliche Verletzungen. Auf der Flucht hat A jedoch Gewissensbisse. Er eilt zurück, um bei C Erste Hilfe zu leisten. Er alarmiert zudem den Notruf. A weiß jedoch nicht, dass C bereits durch den couragierten Einsatz eines zufällig vorbeikommenden Passanten gerettet wurde. Auch wenn die Rettung der C hier ohne Zutun des A erfolgt, führen dessen ernsthafte Bemühungen (Zurückeilen, Alarmieren des Notarztes) zur Strafbefreiung nach § 24 II 2 Alt. 1.

e) Vollendungsverhinderungsbemühungen bei vollendeter Tat (§ 24 II 2 Alt. 2)

1081   Tritt die Vollendung ein, hat sich der Beteiligte allerdings ernsthaft um die Verhinderung des Erfolges bemüht, kann er nichtsdestotrotz mit strafbefreiender Wirkung gemäß § 24 II 2 Alt. 2 zurücktreten. Hierbei handelt es sich nur um eine **scheinbare Ausnahme** vom Grundsatz, dass von einer vollendeten Tat kein Rücktritt möglich ist. Denn § 24 II 2 Alt. 2 ermöglicht den Rücktritt eines Tatbeteiligten nur für die Fälle, in denen die Tat **unabhängig vom Beitrag des Beteiligten** zur Vollendung kam. Um in den Genuss der strafbefreienden Wirkung zu gelangen, muss sich der Tatbeteiligte zusätzlich ernsthaft um die Vollendungsverhinderung bemüht haben. Wirkt der Tatbeitrag des Beteiligten allerdings fort, ist ein Rücktritt ausgeschlossen[215].

Beispiel: A und B möchten gemeinschaftlich einen Überfall auf eine Bank begehen. Beim Betreten des Bankgebäudes bereut B diesen Schritt und teilt A mit, dass er von der gemeinsamen Tat Abstand nehmen möchte. Er versucht, auch A zur Aufgabe zu bewegen. Als A aber immer

---

212 BGHSt 44, 204, 207 m. Anm. *Schroeder*, JR 99, 297; *Kudlich*, JA 99, 624; *Müssig*, JR 01, 228; *Rotsch*, GA 2002, 165; *Scheinfeld*, JuS 06, 397; s. auch BGH StV 15, 561 m. krit. Bespr. *Ladiges*, JuS 16, 15, 19; *Dorn-Haag*, JA 16, 674, 679.
213 BGH NStZ 89, 317, 318; NStZ-RR 13, 273, 274; HRRS 16 Nr 478, Rn 7 m. Bespr. *Bosch*, Jura (JK) 16, 955 u. *Eisele*, JuS 16, 656; BGH HRRS 17 Nr 1036 m. Bespr. *Eisele*, JuS 18, 81.
214 S/S/W-StGB-*Kudlich/Schuhr*, § 24 Rn 60; *Rengier*, AT, § 38 Rn 25.
215 S/S/W-StGB-*Kudlich/Schuhr*, § 24 Rn 60; LK-*Lilie/Albrecht*, § 24 Rn 436; *Kaspar*, AT, § 8 Rn 152.

noch fest entschlossen zu sein scheint, droht B, ihn auffliegen zu lassen, wenn er die Bank überfalle. Unbeeindruckt hiervon „stürmt" A die Bank und erbeutet einen großen Bargeldbetrag. Angesichts der Rücknahme seines Tatbeitrages (B verlässt die Bank) und seines ernsthaften Bemühens um die Verhinderung einer Vollendung (Umstimmungsversuche, Drohung mit der Polizei), ist B nach § 24 II 2 Alt. 2 zurückgetreten.

▶ Beispielsfall bei *Beulke*, Klausurenkurs I, Rn 184

f) Sonderkonstellation: Lossagung im Vorbereitungsstadium

Nimmt der Beteiligte bereits im **Vorbereitungsstadium** von einer mit einem anderen geplanten Tat Abstand, bildet dies **keinen Anwendungsfall des § 24 II**. Hierbei handelt es sich tatsächlich nämlich weniger um einen Rücktritt vom Versuch, als vielmehr um eine nach allgemeinen Zurechnungs- und Teilnahmegrundsätzen zu lösende Problematik[216]. **1082**

aa) Tatvollendung trotz Lossagung im Vorbereitungsstadium.

Wer als Mittäter, Anstifter oder Gehilfe durch eigene Handlungen eine Haupttat gefördert hat, erlangt nur dann Strafbefreiung, wenn er seinen **Tatbeitrag vollständig rückgängig macht**[217]. **1083**

Beispiel: Damit A einen Banküberfall verüben kann, überlässt G diesem – in Kenntnis von As Vorhaben – eine Pistole. Am Tattag überkommt den G jedoch ein schlechtes Gewissen, woraufhin er sich in das Haus des A begibt und die Pistole wieder an sich nimmt. A führt die Tat dennoch – nunmehr aber mit einem Küchenmesser – aus. Da G seinen **physischen** Gehilfenbeitrag (Überlassen der Pistole) bereits im Vorbereitungsstadium vollständig neutralisiert hat, kann er – unabhängig von § 24 II – nicht als Gehilfe bestraft werden (solange keine darüber hinausgehende **psychische** Beihilfe bejaht werden kann).

bb) Tatversuch trotz Lossagung im Vorbereitungsstadium.

Umstritten ist die Handhabung der Konstellation, in welcher sich ein Beteiligter im Vorbereitungsstadium von der Tatbegehung lossagt, die Tat jedoch nunmehr im Versuchsstadium stecken bleibt. **1084**

Beispiel (Abwandlung zu Rn 1083): Wiederum möchte G – nachdem er dem A die Pistole überlassen hat – wegen seines schlechten Gewissens verhindern, dass A die Bank überfällt. Nachdem er die Pistole in As Haus jedoch nicht mehr finden kann, verständigt er einen Tag vor der geplanten Tat die Polizei über den bevorstehenden Überfall. Als A gerade die Bankmitarbeiter mittels der Pistole des G in seine Gewalt gebracht hat, wird er festgenommen.

Nach Ansicht einer **Mindermeinung** soll hier die Möglichkeit bestehen, über eine **analoge Anwendung des § 24 II** Straffreiheit zu erlangen, da der bereits früh (im Vorbereitungsstadium) Zurücktretende nicht schlechter gestellt werden dürfe als derjenige, der erst im Versuchsstadium zurückzutreten versucht[218].

---

216 *Rengier*, AT, § 38 Rn 9.
217 BGHSt 28, 346; BGH JR 00, 70; *Eisele*, ZStW 112 [2000], 745; *Graul*, Meurer-GS, S. 89; LK-*Lilie/Albrecht*, § 24 Rn 392; *Rengier*, JuS 10, 281; *Roxin*, AT II, § 30 Rn 315 ff; zu diesbzgl Anforderungen beim Mittäter Rn 818 f.
218 BGHSt 28, 346, 348; *Dorn-Haag*, JA 16, 674, 678; *Eisele*, ZStW 112 [2000], 745, 773 f; *Kölbel/Selter*, JA 12, 1, 3; SK-*Jäger*, § 24 Rn 37; für direkte Anwendung des § 24 II: LK-*Lilie/Albrecht*, § 24 Rn 377; ebenso wohl S/S/W-StGB-*Kudlich/Schuhr*, § 24 Rn 62.

Nach der **zutreffenden hM** muss der Beteiligte seinen Tatbeitrag vollständig – und zwar unabhängig von den strengeren Voraussetzungen des § 24 II – rückgängig machen[219]. Da im Vorbereitungsstadium allgemeine Zurechnungs- und Teilnahmekriterien ausschlaggebend sind, liegt das Risiko des Rückgängigmachens der Tatförderung somit beim Beteiligten. Gelingt es dem „Rücktritts"-willigen nicht, seinen Beitrag vollständig zu neutralisieren, ist er wegen Beteiligung an der versuchten Tat zu bestrafen.

Im **Beispielsfall** wäre es somit nach der Mindermeinung irrelevant, dass der Tatbeitrag des G (Überlassen der Pistole) bis in das Versuchsstadium hineingewirkt hat. Vielmehr konnte G in analoger Anwendung des § 24 II 1 strafbefreiend von der Beteiligung am versuchten besonders schweren Raub (§§ 249 I, 250 II Nr 1 Alt. 1, 22, 23 I Alt. 1, 27 I) zurücktreten, da er im Vorbereitungsstadium freiwillig („schlechtes Gewissen") die Tatvollendung durch Verständigen der Polizei verhinderte. Nach der vorzugswürdigen Auffassung der hM wäre eine Beihilfestrafbarkeit anzunehmen, da A die ihm von G überlassene Pistole zur Nötigung der Bankmitarbeiter nutzte (und der Tatbeitrag des G somit bis ins Versuchsstadium hineinwirkte).

1085 cc) **Kein Eintritt ins Versuch- oder Vollendungsstadium.** Sofern die Tat **weder versucht noch vollendet** wird, scheidet eine Bestrafung als Teilnehmer schon wegen der fehlenden akzessorischen Haupttat grds aus[220]. Allerdings ist – zumindest für die Anstiftung – an die versuchte Beteiligung gem. § 30 mit der Rücktrittsmöglichkeit gem. § 31 zu denken (vgl dazu Rn 1088 ff).

▶ Beispielsfall bei *Beulke*, Klausurenkurs I, Rn 197

8. Sonderfälle des Rücktritts

a) Rücktritt vom erfolgsqualifizierten Versuch und Rücktritt vom Versuch der Erfolgsqualifikation

1086 Bei erfolgsqualifizierten Delikten sind grds zwei Rücktrittskonstellationen denkbar: Unproblematisch ist der Rücktritt vom **Versuch der Erfolgsqualifikation** (dazu Rn 999). Durch den Rücktritt vom Grunddelikt wird der Anknüpfungspunkt für die qualifizierte Folge beseitigt, sodass eine Strafbefreiung eintritt[221].

1087 Umstrittener ist der Rücktritt vom **erfolgsqualifizierten Versuch** (dazu Rn 1000), bei dem der Täter die qualifizierende Folge schon durch den (mit Strafe bedrohten) Versuch des Grunddelikts herbeigeführt und hinsichtlich dieser besonderen Folge fahrlässig (§ 18) bzw leichtfertig (s. etwa § 251) gehandelt hat. Nach zutreffender hM ist ein Rücktritt in dieser Konstellation ebenfalls möglich[222], da sich der Täter bis zur Vollendung des Grunddelikts noch im Versuchsstadium befindet. Mit dem wirksamen Rücktritt vom Grunddeliktsversuch entfällt in der Konsequenz der erforderliche

---

219 BGHSt 28, 348; *Rengier*, AT, § 38 Rn 9 ff.
220 *Graul*, Meurer-GS, S. 95 f.
221 *Wessels/Hillenkamp/Schuhr*, BT/2, Rn 391.
222 BGHSt 42, 158 m. Bespr. *Anders*, GA 2000, 65; *Kudlich*, JA 09, 250; S/S/W-StGB-*ders./Schuhr*, § 24 Rn 73 f; *Kühl*, AT, § 17a Rn 56; LK-*Lilie/Albrecht*, § 24 Rn 461; *Wessels/Hillenkamp/Schuhr*, BT/2, Rn 391; aA *Jäger*, NStZ 98, 161; *Streng*, Küper-FS, S. 629; *Ulsenheimer*, Bockelmann-FS, S. 415, 419; *Wolters*, GA 2007, 65; NK-*Zaczyk*, § 24 Rn 81; fallbezogen: *Steck*, StudZR 13, 287, 298 f und *Günther/Selzer*, ZJS 18, 352, 355 f.

Anknüpfungspunkt für die betreffende Erfolgsqualifikation, die dadurch das sie tragende Fundament verliert[223].

Hierbei ist aber zu beachten, dass – wie auch sonst (Rn 1007) – beim Rücktritt vom erfolgsqualifizierten Versuch die Strafbarkeit wegen im Versuch enthaltener vollendeter Delikte bestehen bleibt (zB § 222 bei Rücktritt vom Versuch des § 251).

b) Rücktritt vom Versuch der Beteiligung (§ 31)

§ 31 sieht die strafbefreiende Möglichkeit eines Rücktritts vom Versuch der Beteiligung vor (persönlicher Strafaufhebungsgrund)[224]. Der Anwendungsbereich umfasst das Vorbereitungsstadium in Bezug auf die ausdrücklich in § 30 genannten Delikte (s. ausf. Rn 913 ff), endet mit dem Eintritt in das Versuchsstadium und wird dort gleichsam von § 24 „abgelöst". Im Fall eines erfolgreichen Rücktritts nach § 24 lebt allerdings eine dem Versuch vorausgegangene Verabredung des in Betracht kommenden Verbrechens iSd § 30 II (s. Rn 919) nicht wieder auf[225]. **1088**

Die Voraussetzungen des § 30 stimmen ganz allgemein mit denen eines Rücktritts vom Versuch nach § 24 überein. Ein Rücktritt ist nur möglich, sofern der Versuch der Beteiligung subjektiv nicht fehlgeschlagen ist. Denkt etwa derjenige, der einen anderen zur Begehung eines Verbrechens bestimmen möchte (§ 30 I Alt. 1), dass er den Tatentschluss beim Täter nicht mehr hervorrufen kann, ist der Rücktritt ausgeschlossen[226].

aa) In **§ 31 I Nr 1** wird der Rücktritt von der versuchten Anstiftung (strafbar gem. § 30 I, s. Rn 913 ff) geregelt. Die Norm unterscheidet zwischen unbeendetem (§ 31 I Nr 1 Alt. 1) und beendetem (§ 31 I Nr 1 Alt. 2) Versuch. Denkt der Anstifter, der präsumtive Haupttäter habe noch keinen Tatentschluss gefasst und es sei demnach noch keine Gefahr entstanden, dass er die Tat begeht, liegt ein **unbeendeter Versuch** vor, der einen strafbefreienden Rücktritt durch das **bloße Aufgeben** der Einwirkung auf den anderen begründet[227]. **1089**

Beispiel: A möchte B töten lassen und plant, K als „Auftragskiller" dazu anzustiften. K, der sich eigentlich zur Ruhe setzen wollte, ist unschlüssig, ob er für diesen Auftrag nochmals „ins Geschäft einsteigen" soll. Als A merkt, dass es noch eines erheblichen (für ihn gleichwohl erbringbaren) „finanziellen" Überzeugungsaufwandes bedürfte, um K für seinen Plan zu gewinnen, lässt er von seinem Vorhaben ab.

Ist durch das Einwirken des Anstifters hingegen aus dessen Sicht bereits ein Tatentschluss beim präsumtiven Haupttäter entstanden oder besteht jedenfalls die Gefahr, dass dieser dadurch noch hervorgerufen werden könnte, liegt ein **beendeter Versuch** vor[228]. Dann genügt die bloße Aufgabe nicht mehr. Vielmehr muss der Anstifter die bestehende Gefahr, dass der präsumtive Haupttäter die Tat begeht, gem. § 31 I Nr 1 **1090**

---

223 Lehrreich dazu *Küper*, JZ 97, 229; *Lotz/Reschke*, Jura 12, 485; NK-*Paeffgen*, § 18 Rn 131; ausf. zu § 251 *Wessels/Hillenkamp/Schuhr*, BT/2, Rn 391.
224 BGH NStZ 92, 537; *Mitsch*, Herzberg-FS, S. 445 ff; S/S/W-StGB-*Murmann*, § 31 Rn 1; aA NK-*Zaczyk*, § 31 Rn 1: Unrechtsaufhebungsgrund.
225 BGHSt 14, 378; BGH JR 00, 70.
226 Vgl BGH StV 08, 248; S/S/W-StGB-*Murmann*, § 31 Rn 4.
227 BGH StV 08, 248.
228 S/S/W-StGB-*Murmann*, § 31 Rn 5; *Roxin*, AT II, § 28 Rn 93.

Alt. 2 **aktiv abwenden**. Dies kann insbes. durch eine Warnung des Rechtsgutsinhabers oder die Benachrichtigung der Polizei geschehen[229].

Beispiel (Abwandlung zu Rn 1089): A geht nunmehr auf die finanziellen Forderungen des Auftragsmörders K ein und ist nun überzeugt, dass K den B vereinbarungsgemäß „um die Ecke" bringen wird. Als K sich auf den Weg macht, bekommt A jedoch ein schlechtes Gewissen und ruft daher bei der Polizei an, woraufhin K gerade noch rechtzeitig festgenommen wird.

1091 **bb)** In **§ 31 I Nr 2** wird der Rücktritt vom Sichbereiterklären zur Begehung eines Verbrechens (strafbar gem. § 30 II Var. 1, s. Rn 920) geregelt. Die Gefährlichkeit des zur Tat entschlossenen Täters wird in diesen Fällen bereits dadurch ausgeräumt, dass sich dieser **innerlich von der Tat distanziert** und damit von der Tat Abstand nimmt. Dies setzt – im Einklang mit dem Gesetzeswortlaut und der hM – nicht voraus, dass der Täter dies nach außen kundgibt[230].

Beispiel: K hat davon gehört, dass A den B loswerden möchte. Eines Abends begibt K sich deshalb zu A und unterbreitet diesem einen konkret ausgearbeiteten Tatplan (Sich-Erbieten des K). A willigt ein. Als K sich mit Tötungsabsicht auf den Weg zu B macht, bekommt dieser jedoch ein schlechtes Gewissen und beschließt, B doch am Leben zu lassen.

1092 **cc)** In **§ 31 I Nr 3** wird einerseits in **Alt. 1** der Rücktritt von der Verbrechensverabredung (strafbar nach § 30 II Var. 3, s. Rn 919) erfasst.

Beispiel: A möchte B töten und plant, die Tat gemeinschaftlich mit dem erfahrenen „Auftragskiller" K durchzuführen. A und K treffen sich und erarbeiten einen konkreten Tatplan, der von beiden am Folgetag ausgeführt werden soll. Als K nach Hause geht, bekommt A ein schlechtes Gewissen. Er ruft daher bei K an und überzeugt ihn, nun doch von der Tat Abstand zu nehmen.

1093 Andererseits regelt **Alt. 2** den Rücktritt von der Annahme des Erbietens (strafbar nach § 30 II Var. 2, s. Rn 921).

Beispiel: K hat davon gehört, dass A den B loswerden möchte. Eines Abends begibt er sich deshalb zu A und unterbreitet diesem einen konkret ausgearbeiteten Tatplan (Sich-Erbieten des K). A willigt ein (Annahme des Erbietens durch A). Als sich K mit Tötungsabsicht auf dem Weg zu B macht, bekommt A jedoch ein schlechtes Gewissen und beschließt, dass B doch nicht sterben solle. Er ruft daher bei K an und überzeugt diesen, nun doch von der Tat Abstand zu nehmen.

1094 Das Gesetz verlangt jeweils eine **Vollendungsverhinderung** als strafbefreiendes Rücktrittsverhalten[231]. Bei einer Verbrechensverabredung wird ein „Verhindern der Tat" iSd § 31 I Nr 3 Alt. 1 idR aktive Abwehrmaßnahmen erfordern; das muss aber nicht stets so sein. Bleibt zB ein Beteiligter nach der Verabredung untätig, so kommt ihm das Rücktrittsprivileg des § 31 I Nr 3 jedenfalls dann zugute, wenn das verabredete Verbrechen nach seiner Vorstellung ohne ihn nicht ausgeführt werden kann und er aus freien Stücken seinen Beitrag nicht erbringt und hierdurch dafür sorgt, dass die Tat unterbleibt[232].

---

229 S/S/W-StGB-*Murmann*, § 31 Rn 5; *Rengier*, AT, § 47 Rn 37.
230 BGH StV 12, 146, 148; S/S-*Heine/Weißer*, § 31 Rn 8; S/S/W-StGB-*Murmann*, § 31 Rn 6; *Roxin*, AT II, § 28 Rn 100; aA Lackner/Kühl-*Kühl*, § 31 Rn 4; *Reinbacher*, NStZ-RR 12, 41.
231 Krit. dazu NK-*Zaczyk*, § 30 Rn 8, 11.
232 BGHSt 32, 133 m. Anm. *Kühl*, JZ 84, 292; BGH NStZ 07, 287; StV 08, 248; NStZ-RR 16, 367.

dd) § 31 II erfasst in **Alt. 1** den Rücktritt in der Konstellation, dass die Tat durch den präsumtiven Haupttäter ohne ein dem zurücktretenden Anstifter zurechenbares Verhalten unterbleibt. **1095**

Beispiel: A möchte B töten lassen und plant, K als „Auftragskiller" dazu anzustiften. A einigt sich eines Abends mit K über das „Gehalt". Bei K handelt es sich – was A nicht weiß – in Wirklichkeit um einen V-Mann der Polizei, sodass die Tat nie ausgeführt werden wird. Als K sich auf den Weg nach Hause macht, bekommt A ein schlechtes Gewissen und ruft daher bei der Polizei an, um die Tat zu verhindern.

Alt. 2 regelt die Fälle, in denen die Tat unabhängig vom früheren Verhalten des Anstifters begangen wird. **1096**

Beispiel: A möchte B töten lassen und plant, K als „Auftragskiller" dazu anzustiften, da K – was A weiß – selbst ein Interesse an der Tötung des B hat. A trifft sich mit K, um die Tötungsbereitschaft bei K „herauszukitzeln". K ist nach einem kurzen Gespräch fest entschlossen, gegen ein Entgelt die Tötung durchzuführen. Noch während des Gesprächs bekommt A jedoch Gewissensbisse und teilt dem K mit, dass es doch wohl besser sei, wenn K den B nicht töte. Als K trotz der Aufgabebemühungen des A immer noch fest entschlossen zu sein scheint, droht A, ihn auffliegen zu lassen, wenn er den B töte. K lässt sich daran aber nicht hindern, zieht los und erschießt den B. Noch kurz zuvor hat A die Polizei alarmiert.

Für beide Konstellationen genügt zur Straflosigkeit das **freiwillige und ernsthafte Bemühen** zur Verhinderung der Tat. Hierbei wird insbesondere – in Parallele zu § 24 I 2 und § 24 II 2 – der untaugliche Bestimmungsversuch erfasst. Ein **ernsthaftes** Bemühen liegt vor, wenn der Anstifter alle Kräfte anspannt, um den vermeintlich hervorgerufenen Tatentschluss des präsumtiven Täters rückgängig zu machen[233]. **1097**

9. Rücktritt in Abgrenzung zur tätigen Reue

War der Täter rücktrittswillig, ist der objektive Unrechtstatbestand allerdings erfüllt worden, kann § 24 (mit Ausnahme des § 24 II 2 Alt. 2 [s. Rn 1081] und § 31 II Alt. 2 [s. Rn 1096 f]) nicht zur Anwendung kommen. Allerdings besteht die Möglichkeit, über die Vorschriften der tätigen Reue eine **Strafmilderung** oder gar **Straffreiheit** zu erlangen. Insofern ist die tätige Reue wesensmäßig mit dem Rücktritt verwandt[234]. Dieser liegt ebenso der Gedanke zugrunde, dass ein verdienstliches Täterhandeln zu honorieren ist, aber eben auch dann, wenn es zur Deliktsvollendung gekommen ist[235]. Anders als der Rücktritt ist die tätige Reue im Allgemeinen Teil des StGB nicht explizit geregelt. Vielmehr hat diese in vereinzelten Vorschriften eine ausdrückliche, nicht homogene Regelung erfahren[236]. **1098**

Die tätige Reue ist insbesondere bei Gefährdungsdelikten, die den Vollendungszeitpunkt sehr weit nach vorne verlagern, vorgesehen (zB §§ 139 IV 1, 264 V, 265b II, 306e II, 314a III), findet sich allerdings auch in anderen Vorschriften (zB §§ 83a, 98 II, 142 IV, 261 IX 1, 306e I).

---

233 BGHSt 50, 142, 146; zust. *Kudlich*, JA 06, 91; krit. *Kühl*, NStZ 06, 94; *Kütterer-Lang*, JuS 06, 206; *Puppe*, JR 06, 75.
234 *Kaspar*, AT, § 8 Rn 160; *Rengier*, AT, § 39 Rn 1.
235 *Kaspar*, AT, § 8 Rn 161.
236 Krit. zur problematischen Systematik und Widersprüchlichkeit der geltenden Vorschriften *Kaspar*, Beulke-FS, S. 1177 f.

Im Schrifttum wird teilweise eine analoge Anwendung der speziellen Vorschriften der tätigen Reue auf andere Straftatbestände befürwortet, die, wie zB Unternehmensdelikte, die Vollendung sehr weit vorverlagern[237]. Allerdings ist es die Aufgabe des Gesetzgebers, diejenigen Tatbestände zu benennen, auf welche die tätige Reue Anwendung finden soll.

10. Hinweise für die Fallprüfung

1099

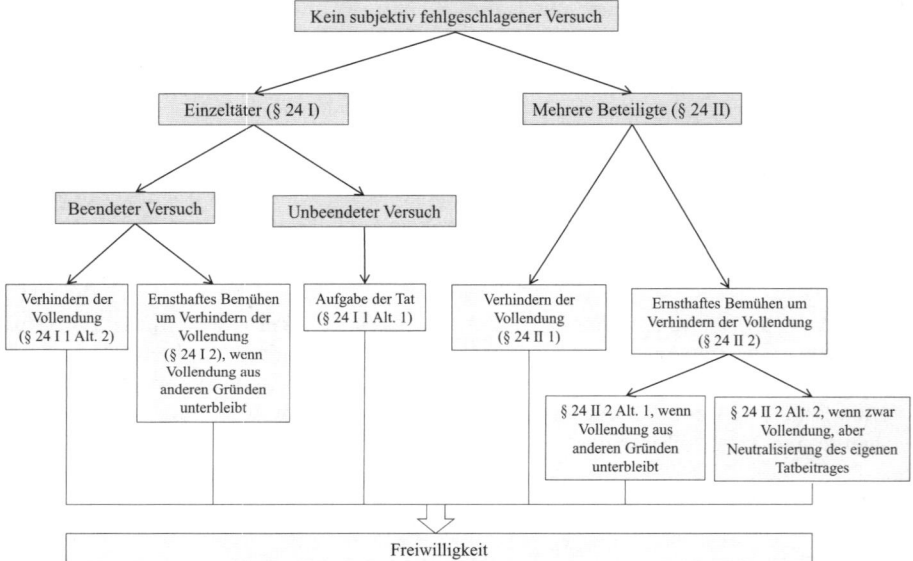

1100 In **Fall 17** ist folgendes **Endergebnis** festzuhalten:

A und B sind vom versuchten Mord (§§ 212, 211 I, II, 22, 23 I Alt. 1) mit strafbefreiender Wirkung gem. § 24 II 1 zurückgetreten. Es verbleibt aber eine Strafbarkeit wegen (vollendeter) gefährlicher Körperverletzung (§§ 223 I, 224 I Nr 2 Alt. 2, Nr 3, Nr 4, Nr 5).

Aktuelle Rechtsprechung zu § 17:

– BGH StV 14, 472 (*„Denkzettel"-Fall*): Die Stuttgarter Rocker „Black Jackets" überfallen auf einem Schulhof die mit ihnen rivalisierende Gruppe „La Fraternidad". Durch Einsatz von Schlagstöcken und schwerer Gewalt wollen sie die Überlegenheit ihrer Gruppe demonstrieren. Im Zuge des Kampfes schlägt A mit bedingtem Tötungsvorsatz auf N, ein Mitglied der „La Fraternidad"-Gruppe, ein. Als N bereits schwerverletzt am Boden liegt, lässt A aber von ihm ab, denn alle „Black Jackets" ziehen sich zurück, da sie ihr Ziel der Machtdemonstration aufgrund der zugefügten Verletzungen und Demütigungen bereits

---

237 *Jescheck/Weigend*, AT, § 51 V 2; zT auch S/S-*Eser/Bosch*, § 24 Rn 116; *Hillenkamp*, JuS 97, 829; *Ingelfinger*, JR 00, 225; *Köhler*, AT, S. 483; krit. *Brand/Wostry*, GA 2008, 617; *Krack*, NStZ 01, 505; *Lagodny*, Grundrechte, S. 499; *Mitsch*, Jura 12, 529; SK-*Stein*, § 11 Rn 47; zur Regelung *de lege ferenda Freund*, GA 2005, 331; zur antizipierten tätigen Reue: *Oğlakcıoğlu/Kulhanek*, JR 14, 462; Beispiel zur klausurmäßigen Prüfung bei *Hinderer*, JuS 09, 625.

als erreicht ansehen. Auch wenn durch die Erreichung eines außertatbestandlichen Handlungsziels (hier: Demütigung von „La Fraternidad") ein Weiterhandeln „sinnlos" wäre, kann die weitere Ausführung der Tat „aufgegeben" und somit ein Rücktritt vom Totschlagsversuch gem. § 24 I 1 Alt. 1 angenommen werden; vgl Rn 1048.

– BGH HRRS 15 Nr 1149 *(Wasserwerk-Methode)* m. Bespr. *Bosch*, Jura (JK) 16, 326: Klingelt der Täter an einer Wohnungstür, um sich als Kontrolleur des Wasserwerks auszugeben und unter diesem Vorwand „Scheinreparaturen" in der Wohnung vorzunehmen, damit ein Mittäter heimlich zu Diebstahlszwecken durch eine vom Klingelnden offen gelassene Tür in die Wohnung eindringen kann, liegt bereits im Zeitpunkt des Begehrens des Einlasses ein unmittelbares Ansetzen zum Diebstahlsversuch; vgl Rn 963.

– BGH NStZ 15, 26 *(Cessnafall)*: Versucht ein Flugschüler eine zweimotorige und mit zwei Steuerknüppeln ausgestattete Cessna während einer Flugstunde zum Absturz zu bringen, indem er seinen Fluglehrer zunächst mittels eines Amethysten besinnungslos zu schlagen versucht, als dies misslingt, ihm mit den Händen die Augen auszudrücken versucht und als sich auch das als nicht realisierbar erweist, durch Betätigung des Steuerknüppels den inzwischen eingetretenen Sinkflug zu beschleunigen, ist auf Grundlage der Gesamtbetrachtungslehre nicht von einem fehlgeschlagenen Totschlags- bzw Mordversuch des Flugschülers auszugehen, wenn dieser von dem Vorhaben ablässt, da ihm nach seiner Vorstellung im unmittelbaren Handlungsfortgang alternativ andere Möglichkeiten zur Verwirklichung des Tatbestands zur Verfügung standen (zB Einstechen auf den Fluglehrer mit dem ebenfalls mitgebrachten Messer); vgl Rn 1011.

– BGH NStZ 15, 207 *(Tresorknacker-Fall)* m. Bespr. *Kudlich*, JA 15, 152; vgl auch BGH NStZ 17, 86: Verwirklichen mehrere Mittäter ein Tatbestandsmerkmal einer Qualifikation, entfernen sie sich dann allerdings vom Tatort, um später den eigentlichen Grundtatbestand zu erfüllen, ist in diesen Vorbereitungsmaßnahmen noch kein unmittelbares Ansetzen zum Grundtatbestand zu sehen, da es aus Tätersicht noch eines weiteren – neuen – Willensimpulses bedurft hätte bzw noch weitere Zwischenschritte erforderlich waren, um eine Rechtsgutverletzung herbeizuführen; vgl Rn 958.

– BGH StV 17, 441 *(Treppenhausfall)*: Ein unmittelbares Ansetzen bei den sog. „Haustürfällen" setzt voraus, dass der Täter subjektiv die Schwelle zum „Jetzt geht es los" überschritten hat und das Vorhaben – nach der Tätervorstellung – ohne einen weiteren Zwischenakt „in einem Zug" umsetzbar ist. Dies ist dann nicht der Fall, wenn der Täter – um auf das Tatopfer körperlich einzuwirken bzw dieses zu bestehlen – noch den Flur sowie die Treppen eines Mehrfamilienhauses durchschreiten muss; vgl Rn 952.

– BGH NStZ 19, 198 m. Bespr. *Eisele*, JuS 18, 818: Hat ein Täter nach der mit Tötungsvorsatz begangenen Handlung erkannt, dass er noch nicht alles getan hat, was nach seiner Vorstellung zur Herbeiführung des Todes erforderlich oder zumindest ausreichend ist, so liegt ein unbeendeter Versuch des Tötungsdelikts auch dann vor, wenn sein anschließendes Handeln bei unverändertem Vorstellungsbild nicht mehr auf den Todeserfolg gerichtet ist, obwohl ihm ein hierauf gerichtetes Handeln möglich gewesen wäre. Der Täter kann in diesem Fall, wenn er sich freiwillig dazu entschließt, durch bloßes Aufgeben des Tötungsvorsatzes vom versuchten Totschlag zurücktreten; vgl Rn 1035.

– BGH HRRS 17 Nr 1193 m. Bespr. *Eisele*, JuS 18, 391: Versetzt der Täter seinem Opfer keine weiteren Schläge, sondern geht dazu über, einen herannahenden Zeugen abzuwimmeln, wobei er hofft, das Tatgeschehen noch verschleiern und das Opfer noch dazu überreden zu können, von rechtlichen Schritten abzusehen, kommt es für die Beurteilung der Freiwilligkeit darauf an, ob der Täter das Risiko, für bereits ausgeführte Schläge zur Verantwortung gezogen zu werden, noch für kontrollierbar hält und ob bei einer weiteren Tatausführung das Risiko, bestraft zu werden, aus seiner Sicht unvertretbar hoch ist; vgl Rn 1070 ff.

391

Teil III

Die fahrlässigen Begehungsdelikte

§ 18 Aufbau und Struktur der fahrlässigen Straftat

1101   **Fall 18: a)** Der Autofahrer A durchquert eine geschlossene Ortschaft mit einer Geschwindigkeit von etwa 30 km/h. Plötzlich springt ihm der neunjährige Junge J, der sich beim Spiel hinter einem dort stehenden Mähdrescher versteckt hatte und zur anderen Straßenseite laufen will, direkt vor den Kraftwagen. Der aufmerksam fahrende A bremst sofort, kann aber nicht mehr verhindern, dass J angefahren und tödlich verletzt wird.
Hat A sich der fahrlässigen Tötung schuldig gemacht? **Rn 1109, 1114, 1126, 1151**
b) Wie läge es bei ansonsten gleicher Sachlage, wenn A die zulässige Höchstgeschwindigkeit von 50 km/h um 10 km/h überschritten hätte? **Rn 1132, 1151**
c) Wie wäre das Verhalten des A zu beurteilen, wenn J zu einer an beiden Straßenseiten spielenden weithin sichtbaren Gruppe von Kindern gehört hätte? **Rn 1132, 1151**
d) A hat die zulässige Höchstgeschwindigkeit von 50 km/h nicht überschritten. Unmittelbar nach dem Unfall wird ihm Blut entnommen. Ein Sachverständigengutachten ergibt, dass er zum Zeitpunkt der Fahrt eine BAK von 1,1‰ aufwies und deshalb fahruntüchtig war. Zwar hätte A bei einer Geschwindigkeit von 50 km/h das Geschehen auch im nüchternen Zustand nicht verhindern können, jedoch wäre der Unfall nicht passiert, wenn er mit der für seinen Trunkenheitsgrad angemessenen Geschwindigkeit von 20 km/h gefahren wäre. Wie ist das Verhalten des A im Lichte dieses Gutachtens strafrechtlich zu bewerten? **Rn 1132, 1151**

I.   Begriff und Erscheinungsformen der Fahrlässigkeit

1.   Die strukturelle Eigenständigkeit der Fahrlässigkeitstat

1102   Fahrlässigkeitsdelikte erfordern, anders als die Vorsatzdelikte, keinen Willen zur Tatbestandsverwirklichung in Kenntnis aller objektiven Tatbestandsmerkmale (s. Rn 316). Kennzeichnend für die Fahrlässigkeitstat ist vielmehr die **ungewollte** Verwirklichung des gesetzlichen Tatbestands durch eine **pflichtwidrige Vernachlässigung der im Verkehr erforderlichen Sorgfalt** (zum Aufbau Rn 1112). Der Begriff der Fahrlässigkeit wird im Gesetz nicht definiert. Der Kern der Fahrlässigkeit lässt sich jedoch (bei Erfolgsdelikten) als die Verletzung einer objektiven Sorgfaltspflicht bei objektiver Vorhersehbarkeit des Erfolgseintritts zusammenfassen.

1103   **a)**   Die Fahrlässigkeit ist nach heute hM nicht nur eine „Schuldform". Sie stellt vielmehr einen besonderen Typus des strafbaren Verhaltens dar, der **Unrechts- und Schuldelemente** in sich vereinigt[1]. Ebenso wie der „Vorsatz" (s. Rn 208) hat die „Fahrlässigkeit" als **Verhaltensform** und als **Schuldform** eine **Doppelnatur**[2].

---

1   BGHSt 4, 340, 341; *Roxin*, AT I, § 24 Rn 54; zum Überblick: *Kaspar*, JuS 12, 16; 12, 112.
2   Dies wird teils auch von der straf- und zivilrechtlichen Rspr berücksichtigt, BGHSt 20, 315, 320; BGHZ 24, 26; anders noch die kausale Handlungslehre (s. Rn 138), die die Fahrlässigkeit als Schuldart behandelte, s. nur *Frank*, StGB, § 59 VIII 4; zur weiteren Entwicklung, wonach die Fahrlässigkeitsprüfung zwar zweistufig erfolgen sollte, aber objektiv bei der Rechtswidrigkeitsprüfung und subjektiv bei der Schuldprüfung angesiedelt wurde, s. *Henkel*, Mezger-FS, S. 282.

392

b) Mangels Vorsatzerfordernis entfällt bei der Prüfung des Fahrlässigkeitsdelikts **1104** die Unterscheidung in einen objektiven und einen subjektiven Tatbestand. Der Doppelnatur der Fahrlässigkeit entspricht es jedoch, die Fahrlässigkeit **zweistufig** zu prüfen. Deshalb ist im **Tatbestand** die **objektive Fahrlässigkeit** zu prüfen. Hierbei gilt es, die Verletzung einer objektiven Sorgfaltspflicht bei objektiver Vorhersehbarkeit des Erfolgs festzustellen. Die **subjektive Fahrlässigkeit** hat ihren Prüfungsstandort in der **Schuld**, denn hier geht es im Wesentlichen darum, ob der individuelle Täter in der Lage war, die objektiven Sorgfaltsanforderungen zu erfüllen und den Erfolgseintritt subjektiv vorherzusehen[3].

In Teilen des Schrifttums wird demgegenüber ein einstufiger Fahrlässigkeitsbegriff vertreten, bei dem die individuelle Fähigkeit des Täters zu sorgfaltsgemäßer Vorhersehbarkeit und Vermeidbarkeit des Erfolgs einem „subjektiven Tatbestand" zugeordnet wird[4]. Dementsprechend werden – parallel zum Vorsatzdelikt (s. Rn 196 ff) – alle objektiven und subjektiven Merkmale des fahrlässigen Handelns auf der Tatbestandsebene geprüft. Für die Fahrlässigkeitsschuld verbleibt dann nur noch die Prüfung der Zumutbarkeit sonstigen Verhaltens sowie der sonstigen Schuldmerkmale (zB Schuldfähigkeit und Entschuldigungsgründe).

c) Aufgrund ihrer Eigenart gibt es bei Fahrlässigkeitsdelikten **keinen Versuch**. **1105** Dieser würde einen Tatentschluss voraussetzen (s. § 22), der aber mangels des Willens zur Tatbestandsverwirklichung von vornherein nicht bestehen kann. Auch eine **Teilnahme ist nicht möglich**, da §§ 26 f entsprechend dem Grundsatz der (limitierten) Akzessorietät explizit eine vorsätzlich begangene rechtswidrige Haupttat voraussetzen. Mitwirkung an einer fahrlässigen Tat ist nach hM nur in Form der Nebentäterschaft oder (bei vorsätzlicher Ausnutzung des fahrlässigen Verhaltens anderer) als mittelbare Täterschaft möglich[5].

Neuerdings gewinnt jedoch die Ansicht an Boden, wonach zumindest auch eine **fahrlässige Mittäterschaft** möglich ist, in deren Rahmen die verschiedenen Tatbeiträge den Mittätern gegenseitig zugerechnet werden (s. Rn 836).

d) Fahrlässigkeit ist nur dann mit Strafe bedroht, wenn dies im **Gesetz ausdrücklich bestimmt** ist (§ 15). **1106**

Dies kann in eigenen Paragraphen erfolgen. So enthält § 229 einen eigenständigen Fahrlässigkeitstatbestand der fahrlässigen Körperverletzung. Teilweise wird die Fahrlässigkeitsstrafbarkeit auch nur in einem Absatz ausgesprochen. So stellt etwa § 316 II die Trunkenheit im Verkehr auch bei nur fahrlässiger Begehung unter Strafe.

---

3   S. dazu MK-StGB-*Hardtung*. § 222 Rn 10, 65; *Hirsch*, Lampe-FS, S. 515; SK-*Hoyer*, Anhang zu § 16 Rn 13 ff; *Mitsch*, JuS 01, 105; S/S-*Sternberg-Lieben/Schuster*, § 15 Rn 121 ff, 190; Aufbauhinweise bei *Gropp*, Roxin II-FS, S. 792; *Laue*, JA 00, 666; *Niels*, JA 17, 268.

4   Matt/Renzikowski-*Gaede*, § 15 Rn 34; *Kindhäuser*, AT, § 33 Rn 49 f; S/S/W-StGB-*Momsen*, § 15 Rn 65; *Moos*, Burgstaller-FS, S. 111; *Schmoller*, Kühl-FS, S. 433; ähnl. *Jakobs*, AT, 9/4, 8 ff; *Struensee*, Samson-FS, S. 199; noch extremer *Freund*, AT, § 5 Rn 18, der das „personale Fahrlässigkeitsunrecht" zum Ausgangspunkt der tatbestandlichen Prüfung nimmt; ähnl. *Rostalski*, GA 2016, 73; s. ferner *Duttge*, S. 40 ff; MK-StGB-*Duttge*, § 15 Rn 89 ff, 95 ff, der für einen typologischen Fahrlässigkeitsbegriff vertritt; s. auch *Koriath*, Jung-FS, S. 397; *Renzikowski*, Täterbegriff, S. 233 ff, 247 ff; Aufbauschema bei *Kaltenhäuser*, JA 17, 269; *Kindhäuser*, LPK, § 15 Rn 81 ff, 101.

5   Vgl *Mitsch*, JuS 01, 105; *Spendel*, Lange-FS, S. 152.

2. Erscheinungsformen der Fahrlässigkeit

1107 a) Rspr und Lehre unterscheiden zwischen **unbewusster** und **bewusster** Fahrlässigkeit. **Unbewusst fahrlässig** handelt, wer bei einem bestimmten Tun oder Unterlassen die gebotene Sorgfalt außer Acht lässt und infolgedessen den gesetzlichen Tatbestand verwirklicht, ohne dies zu erkennen. **Bewusst fahrlässig** handelt, wer es für möglich hält, dass er den gesetzlichen Tatbestand verwirklicht, jedoch pflichtwidrig darauf vertraut, dass er ihn nicht verwirklichen werde[6].

Die Unterscheidung zwischen unbewusster und bewusster Fahrlässigkeit hat nur für die Strafzumessung Bedeutung (zur Abgrenzung von bewusster Fahrlässigkeit (sog. *luxuria*) und Eventualvorsatz s. Rn 335 ff).

1108 b) In einigen Vorschriften wird **leichtfertiges** Handeln verlangt (zB §§ 138 III, 178, 251, 306c, 308 III). Leichtfertig handelt, wer die gebotene Sorgfalt **in ungewöhnlich hohem Maße** verletzt.

Dieser Begriff, mit dem eine Steigerung von Unrecht und Schuld verbunden ist, entspricht objektiv dem der groben Fahrlässigkeit im Zivilrecht, stellt im Schuldbereich jedoch auf die individuellen Fähigkeiten und Kenntnisse des Täters ab[7]. Auch die leichte Fahrlässigkeit, die im Gesetz nicht gesondert geregelt ist, kann strafbares Verhalten begründen[8].

II. Der Unrechtstatbestand der fahrlässigen Erfolgsdelikte

1109 In **Fall 18a** könnte A den Tatbestand des § 222 verwirklicht haben. Danach wird bestraft, wer den Tod eines anderen „durch Fahrlässigkeit verursacht". Der Wortlaut dieser Bestimmung ist ungenau, da der Todeserfolg nie durch „Fahrlässigkeit", sondern nur durch ein „fahrlässiges Verhalten" bewirkt werden kann.

1. Überblick über die Merkmale des Unrechtstatbestands

1110 Wie bei Vorsatztaten ist auch hier zwischen Begehungs- und Unterlassungsdelikten[9] (vgl § 316 II, § 138 III), Erfolgsdelikten (zB §§ 222, 229) und Tätigkeitsdelikten (zB § 161) zu unterscheiden.

Handelt es sich bei dem Fahrlässigkeitsdelikt um ein **Erfolgsdelikt**, so wird dessen Unrechtsgehalt – wie bei den Vorsatzdelikten – durch seinen Erfolgs- und Handlungsunwert bestimmt. Neben dem Merkmal der „**Verletzung der objektiven Sorgfaltspflicht**" bilden die bereits wohlbekannten Elemente der **Erfolgsverursachung** und der **objektiven Zurechenbarkeit** des auf dem Verhaltensfehler beruhenden Er-

---

6 Vgl dazu RGSt 58, 130, 134; *Hilgendorf/Valerius*, AT, § 12 Rn 3; *Kasiske*, AT, Rn 274; LK-*Vogel*, § 15 Rn 148 f; zu abweichenden Konzeptionen statt aller SK-*Hoyer*, Anhang zu § 16 Rn 10 f.
7 Vgl BGHSt 14, 240, 255; 33, 66; BGH NStZ 13, 406; näher Matt/Renzikowski-*Gaede*, § 15 Rn 45; *Radtke*, Jung-FS, S. 737; vgl auch *Wegener*, HRRS 12, 510.
8 *Köhler*, AT, S. 178; krit. *Koch*, ZIS 10, 175; zu ihm *Spilgies*, ZIS 10, 459.
9 Zum fahrlässigen unechten Unterlassungsdelikt s. Rn 1229 f.

folges die Grundlage des Unrechtstatbestands[10]. Bei den Erfolgsdelikten fehlt zumeist im Gesetz eine genaue Beschreibung der Tathandlung.

Beispiel: § 222 verlangt auf Tatbestandsseite nicht mehr als dass jemand „… durch Fahrlässigkeit den Tod eines Menschen verursacht".

Als sog. „ergänzungsbedürftige Tatbestände" sind sie vom Richter auszufüllen, der den Inhalt der objektiven Sorgfaltspflicht für den jeweiligen Einzelfall zu konkretisieren hat. In Teilen der Lit. wird hierin eine Gefährdung des Bestimmtheitsgrundsatzes (Art. 103 II GG) gesehen[11].

Handelt es sich hingegen um ein **Tätigkeitsdelikt** (wie etwa bei § 161 oder § 316 II, **1111** s. Rn 39), so entfallen naturgemäß die nachstehend zu erörternden Ausführungen im Hinblick auf den Erfolg, seine Verursachung und die objektive Zurechnung. Der Unrechtstatbestand des fahrlässigen Tätigkeitsdelikts wird allein durch das im Gesetz umschriebene Verhalten (zB durch das falsche Schwören in § 161) verwirklicht. Bezüglich der auch hier erforderlichen Sorgfaltspflichtverletzung tritt dort an die Stelle der Vorhersehbarkeit des „Erfolges" die Erkennbarkeit der Tatbestandsverwirklichung.

Zu prüfen ist das fahrlässige Erfolgsdelikt wie folgt: **1112**

Aufbauschema zum fahrlässigen Erfolgsdelikt

I.   Tatbestandsmäßigkeit
  1. Eintritt des tatbestandlichen Erfolges
  2. Kausalität
  3. Objektive Sorgfaltspflichtverletzung bei objektiver Vorhersehbarkeit des tatbestandlichen Erfolges
  4. Objektive Zurechenbarkeit des Erfolges

II. Rechtswidrigkeit (s. Rn 1142 f)

III. Schuld (Rn 1144 ff)
  Insbes. subjektive Sorgfaltspflichtverletzung bei subjektiver Vorhersehbarkeit des tatbestandlichen Erfolges

---

2.   Die Erfolgsverursachung

Zur Bejahung der Tatbestandsmäßigkeit bedarf es bei den Erfolgsdelikten zunächst **1113** der Feststellung, dass der Täter den **Eintritt des tatbestandlichen Erfolgs** durch sein Verhalten (Tun oder Unterlassen) **kausal herbeigeführt** hat[12].

In **Fall 18a** ist der tatbestandlich vorausgesetzte Erfolg eingetreten. Die von A unternomme- **1114** ne Fahrt mit dem Kraftwagen war *conditio sine qua non* für den Tod des J.

---

10 Zusammenfassend *Beck*, JA 09, 111; 09, 268; *Kretschmer*, Jura 00, 267, 269.
11 *Duttge*, S. 206; *ders.*, JZ 14, 261; *Schmitz*, Samson-FS, S. 181; zu beiden krit. *Herzberg*, ZIS 11, 444; s. auch *Wolf*, Puppe-FS, S. 1067.
12 Vgl auch *Grosse-Wilde*, ZIS 17, 638, 641 ff.

3. Die Verletzung der objektiven Sorgfaltspflicht

a) Relevanter Verhaltensfehler und Maßstabsfigur

1115 Im Anschluss daran ist das Vorliegen eines Verhaltensfehlers des Täters zu prüfen: Hat er **die im Verkehr erforderliche Sorgfalt außer Acht gelassen** und war der Eintritt des tatbestandlichen Erfolges **objektiv vorhersehbar**?

Diese systematische Einordnung lässt sich aus dem Inhalt des Normbefehls herleiten. Im Fall des § 222 kann die Verhaltensnorm nicht lauten: „Verursache nicht den Tod eines anderen!" Ein solcher Imperativ könnte angesichts der unbegrenzten Weite der Bedingungstheorie nicht befolgt werden und wäre daher sinnlos. Sinnvoll ist hier allein die Norm: „Wende die im konkreten Fall erforderliche Sorgfalt an, um die Tötung anderer zu vermeiden!"[13].

In Ermangelung von **Sondernormen** (s. Rn 1124) ist die Fahrlässigkeitsprüfung insoweit **anhand einer fiktiven Maßstabfigur**, einem besonnenen und gewissenhaften Menschen in der konkreten Lage und in der sozialen Situation des Täters, zu ermitteln.

b) Zusammenhang zwischen Vorhersehbarkeit des Erfolgs und Sorgfaltspflichtverletzung

1116 Wichtig ist die Erkenntnis, dass die **Vorhersehbarkeit** des Erfolgs und die **Sorgfaltspflichtverletzung** nicht isoliert nebeneinanderstehen, sondern als Bestandteile des Handlungsunrechts innerlich **miteinander verknüpft sind**[14]: **Objektiv vorhersehbar** ist dabei, was die besagte objektive Maßstabfigur unter den jeweils gegebenen Umständen aufgrund der allgemeinen Lebenserfahrung in Rechnung stellen würde[15]. Darüber hinaus (und insoweit abweichend vom Abstellen auf die fiktive Maßstabfigur) muss jedermann ein etwaiges **Sonderwissen** gegen sich gelten lassen[16].

Wer zB die besondere Gefährlichkeit einer Straßenkreuzung kennt oder weiß, dass jemand an der Bluterkrankheit leidet, muss sich darauf einstellen und sich vorsichtiger verhalten als der Durchschnitt.

c) Anforderungen an die anzuwendende Sorgfalt

1117 Für die konkreten **Sorgfaltsanforderungen** ergibt sich daraus im Wesentlichen Folgendes:

1118 **aa)** **Inhalt** der Sorgfaltspflicht ist es, die aus dem konkreten Verhalten erwachsenden **Gefahren für das geschützte Rechtsgut zu erkennen** und sich darauf **richtig einzustellen**. Als gefährlich erkannte Handlungen hat der Täter zu unterlassen oder nur unter ausreichenden Sicherheitsvorkehrungen vorzunehmen[17]. Der Täter darf eine

---

13 Vgl *Engisch*, Eb. Schmidt-FS, S. 102; *Schünemann*, Meurer-GS, S. 37; krit. *Jakobs*, AT, 9/6-8; *Schmidhäuser*, Schaffstein-FS, S. 129; *F.C. Schroeder*, JZ 89, 776; s. auch *Kindhäuser*, GA 1994, 197.
14 Krit. MK-StGB-*Duttge*, § 15 Rn 108 f; vgl auch *Fahl*, JA 12, 808, 810 f.
15 BGH StV 13, 150 (*Brechmittelfall II*).
16 BGH JZ 87, 877; *Greco*, ZStW 117 [2005], 519.
17 Vgl BGHSt 5, 271; 53, 288 (*Kokainfall*); OLG Bamberg NStZ-RR 08, 10 (*Gefechtsübungsfall*).

Aufgabe dann nicht übernehmen, wenn er die dafür nötigen Kenntnisse und Fähigkeiten nicht hat (sog. Übernahmeverschulden bzw -fahrlässigkeit)[18].

bb) Art und Maß der anzuwendenden Sorgfalt ergeben sich aus den Anforderungen, die – bei einer Betrachtung der Gefahrenlage *ex ante*[19] – an die bereits erwähnte objektive Maßstabsfigur zu stellen sind (s. Rn 1115)[20]. **1119**

Mit der Begründung, dass größeres **individuelles** Leistungsvermögen zu größerer Umsicht verpflichte und entsprechend höhere Leistungsanforderungen rechtfertige, befürwortet ein Teil der Rechtslehre – neben der Berücksichtigung von individuellem **Sonderwissen** (s.o. Rn 1116) – auch eine Berücksichtigung von individuellem **Sonderkönnen** bei der Bestimmung des Sorgfaltsmaßstabes[21]. **1120**

Allerdings dürfen die Sorgfaltsanforderungen nicht überspannt werden, insbes. dort nicht, wo die Vornahme einer riskanten Handlung der Befriedigung oder Erhaltung wichtiger sozialer Interessen dient. Vor allem Prognoseentscheidungen (zB die Beurteilung der Rückfallgefahr Untergebrachter) können, selbst wenn sie sich iE als falsch erweisen, sorgfaltspflichtgemäß sein, wenn sie jedenfalls fehlerfrei zustande gekommen sind, insbes. wenn die Tatsachen richtig ermittelt und allgemeingültige Wertungsmaßstäbe beachtet wurden[22]. Problematisch sind deshalb auch Verurteilungen von Ärzten, Sozialarbeitern etc gem. §§ 222, 229, die Gewalt- und Tötungsdelikte seitens der betreuten Personen nicht verhindert haben[23] (vgl Rn 1185). Wenn hingegen die Entscheidungsträger bei der Ausfüllung des ihnen zustehenden Beurteilungsspielraums die Bewertungskriterien gröblich (Extremfälle!) missachtet haben, kommt eine Strafbarkeit wegen fahrlässiger Körperverletzung bzw Tötung in Betracht (dazu o. Rn 304)[24].

Zu einer sinnvollen Begrenzung der Sorgfaltspflicht führt der in der Rspr (vor allem für den Straßenverkehr) entwickelte **Vertrauensgrundsatz**: **1121**

Nach allgemein anerkannter Auffassung braucht sich derjenige, **der sich selbst verkehrsgerecht verhält**, nicht vorsorglich auf alle möglichen Verkehrswidrigkeiten anderer einzustellen. Er darf vielmehr erwarten und sich darauf einrichten, **dass die üb-**

---

18 BGHSt 10, 133; 43, 306; 55, 121 *(Brechmittelfall)* m. insoweit zust. Bespr. *Brüning*, ZJS 10, 549; *Eidam*, NJW 10, 2599; *Krüger/Kroke*, Jura 11, 289; vert. *Jung*, Puppe-FS, S. 1401; *Rostalski*, JZ 17, 560.

19 BVerfG GA 1969, 246; BGH VRS 5, 368.

20 BGHSt 7, 307; 37, 184; BGH JZ 05, 685 m. krit. Anm. *Walther* und *Herzberg*, NStZ 05, 602; BGHSt 59, 292, 305 *(Fall Oury Jalloh)* m. Anm. *Satzger*, Jura (JK) 15, 882 sowie krit. Bespr. *F. Zimmermann/Linder*, ZStW 128 [2016], 713; OLG Frankfurt NStZ-RR 11, 205 *(Hundehalterfall)*; OLG Dresden StV 15, 120 *(Hebammenfall)*; OLG Hamburg NStZ-RR 15, 209 *(Übungsleiterfall)* m. Bespr. *Eisele*, JuS 15, 945; *Jescheck/Weigend*, AT, § 55 I 2b. Auf eine Objektivierung des individuellen Leistungsvermögens abstellend hingegen MK-StGB-*Duttge*, § 15 Rn 95 f; *Freund*, AT, § 5 Rn 29; *Stratenwerth*, Jescheck-FS, S. 285; krit. dazu *Herzberg*, Jura 84, 402; *Roxin*, AT I, § 24 Rn 54 ff; S/S-*Sternberg-Lieben/Schuster*, § 15 Rn 142.

21 So S/S-*Sternberg-Lieben/Schuster*, § 15 Rn 138 ff; diff. LK-*Vogel*, § 15 Rn 163.

22 Vgl StA Paderborn NStZ 99, 51 m. Anm. *Pollähne* und LG Göttingen NStZ 85, 410.

23 OLG Stuttgart NJW 98, 3131 *(Jenny-Fall)*; OLG Oldenburg NStZ 97, 238 *(Laura-Jane-Fall)*.

24 BGHSt 49, 1 *(Psychiatriefall)*; gut aufbereitet von *Neubacher*, Jura 05, 857; restriktiver hingegen MK-StGB-*Duttge*, § 15 Rn 111 ff, 122; HK-GS-*Duttge*, § 15 Rn 31 ff; krit. dazu *Roxin*, AT I, § 24 Rn 47.

rigen Verkehrsteilnehmer die gebotene Sorgfalt beachten und den Verkehr nicht pflichtwidrig gefährden[25], sofern nicht besondere Gründe dagegen sprechen (zB die Unerfahrenheit und Unberechenbarkeit von Kindern im Kindergarten- oder Einschulungsalter beim Überqueren von Straßen)[26].

So darf ein Kraftfahrer idR darauf vertrauen, dass Fußgänger nicht unvermittelt auf die Fahrbahn treten und nicht blindlings über die Straße laufen. Infolgedessen ist er nicht verpflichtet, schon bei ihrem Anblick auf dem Bürgersteig seine Geschwindigkeit zu vermindern[27].

1122 Wann **eigenes verkehrswidriges Verhalten** die Berufung auf den Vertrauensgrundsatz ausschließt, lässt sich nicht allgemein für alle denkbaren Fälle sagen. Entscheidend ist vielmehr, ob und ggf in welcher Weise sich der eigene Sorgfaltsverstoß im nachfolgenden Schadensereignis ausgewirkt hat[28]. Demgemäß ist auch einem unter Alkoholeinfluss stehenden Kraftfahrer, der aufmerksam fährt und eine mäßige Geschwindigkeit einhält, die Inanspruchnahme des Vertrauensgrundsatzes nicht schlechthin versagt, wenn ihm ein Radfahrer völlig überraschend die Vorfahrt nimmt und dabei zu Schaden kommt[29]. Andererseits ist für einen Vertrauensschutz kein Raum, wenn das eigene verkehrswidrige Verhalten geeignet ist, andere zu einer Fehleinschätzung der damit verbundenen Risiken oder zu Fehlreaktionen im Straßenverkehr zu verleiten. Im Übrigen verbleibt es bei der allgemein anerkannten Regel, dass im Vertrauen auf sorgfaltsgerechtes Verhalten anderer nicht pflichtwidrig gehandelt werden darf und dass eigenes sorgfaltswidriges Verhalten keine tragfähige Grundlage für die Erwartung darstellt, andere würden die dadurch heraufbeschworene Gefahrenlage schon meistern[30].

Der Vertrauensgrundsatz gilt auch **in Fällen arbeitsteiligen Zusammenwirkens**, wie zB bei Operationen, wissenschaftlichen Experimenten, Rettungsaktionen, Bauunternehmungen und dergleichen[31].

1123 Aktuell viel diskutiert wird die Frage, inwieweit sich Autofahrer auf **autonome Fahrsysteme** verlassen dürfen und wann im Schadensfall die Strafbarkeitsgrenze überschritten ist. Die jeweiligen Sorgfaltsanforderungen sind dabei nach den eben erläuterten Grundsätzen zu bestimmen[32]. Erprobt wird derzeit automatisiertes Fahren, bei dem der Fahrer sich zwar grundsätzlich vom Verkehrsgeschehen und der Fahrzeugsteuerung abwenden darf, dabei aber derart wahrnehmungsbereit bleiben muss, dass er jederzeit eingreifen kann, § 1b I StVG. Gem. § 1b II StVG muss er die Fahrzeugsteuerung unverzüglich wieder übernehmen, „wenn das hoch- oder vollautomatisierte System ihn dazu auffordert (Nr 1) oder wenn er erkennt oder auf Grund offen-

---

25 BGHSt 9, 92; 12, 81; BGHZ 43, 178; S/S/W-StGB-*Momsen*, § 15 Rn 68 ff; *Schumann*, Handlungsunrecht, S. 7.
26 Näher BGHSt 7, 118; 12, 81; 13, 169; BGH VRS 62, 166.
27 BGH VRS 21, 5; OLG Köln VRS 56, 29; OLG Zweibrücken VRS 41, 113.
28 Näher BGH VRS 33, 368; 13, 225; OLG Hamm VRS 36, 358; *Eidam*, JA 11, 912; *Krümpelmann*, Lackner-FS, S. 289; *Maiwald*, JuS 89, 186; abl. *Puppe*, AT, § 5 Rn 5 ff.
29 Vgl BGH VRS 21, 5; OLG Köln VRS 56, 29; OLG Zweibrücken VRS 41, 113.
30 Vgl S/S-*Sternberg-Lieben/Schuster*, § 15 Rn 210.
31 Vgl BGHSt 43, 306; 53, 38 (mit Einschränkungen); BGH StV 88, 251; vert. *Duttge*, ZIS 11, 349.
32 *Hilgendorf*, in: Deutsche Akademie für Verkehrswissenschaft (Hrsg), 53. Deutscher Verkehrsgerichtstag, 2015, S. 55, 64; s. für Adaptionen der Dogmatik *Beck*, in: Oppermann/Stender-Vorwachs (Hrsg), Autonomes Fahren, 2017, S. 33, 47 ff.

sichtlicher Umstände erkennen muss, dass die Voraussetzungen für eine bestimmungsgemäße Verwendung der hoch- oder vollautomatisierten Fahrfunktionen nicht mehr vorliegen (Nr 2)"[33]. Das Gesetz kalkuliert also Systemfehler mit ein, die der Fahrer korrigieren muss. Dies ist nicht nur für seine zivilrechtliche Haftung nach § 18 StVG[34] bedeutsam[35], sondern muss auch auf den strafrechtlichen Bereich ausstrahlen. Da die Fahrerhaftung schon beim Vorliegen „offensichtlicher" Umstände eingreift, die er „kennen muss" (und nicht erst, wenn er ihrer tatsächlich gewahr wird), wird dann, wenn jemand zu Schaden kommt, v. a. eine Strafbarkeit wegen fahrlässiger Körperverletzung sowie fahrlässiger Tötung (§§ 229, 222) relevant.

Anders kann die Situation in der Zukunft zu beurteilen sein, wenn der Fahrer das autonome Fahrzeug nicht mehr ständig überwachen muss und Nebentätigkeiten beliebig nachgehen darf, wobei diese Entwicklung erst nach einer erfolgreichen Erprobung autonomer Fahrzeuge über längere Zeit zu erwarten ist[36]. Sollte dann aufgrund einer vom Fahrer nicht zu erkennenden Fehlfunktion des autonomen Fahrzeugs ein Unfall verursacht werden, bei dem ein Mensch zu Schaden kommt, ist dem Fahrer mangels objektiver Sorgfaltspflichtverletzung im Zeitpunkt des Unfalls kein Fahrlässigkeitsvorwurf zu machen[37]. Allenfalls könnte eine Sorgfaltspflichtverletzung dann angenommen werden, wenn der Fahrer die Funktionstüchtigkeit des Fahrzeugs nicht ausreichend überprüft hat[38]. Ansonsten kommt nur eine Fahrlässigkeitsstrafbarkeit des Herstellers in Betracht. Da – jedenfalls bislang – eine kriminalstrafrechtliche Verantwortlichkeit von Unternehmen nicht existiert, müsste eine konkret verantwortliche Einzelperson, der ein Fahrlässigkeitsvorwurf gemacht werden kann, im Unternehmen identifiziert werden können, was Beweisschwierigkeiten hervorruft[39].

Die strafrechtlichen Risiken für Fahrer, Hersteller, Verkäufer und Halter werden sich folglich zunächst sowohl bei Nutzung vorhandener Technik als auch bei deren Nichtnutzung (wenn der Unfall bei Nutzung des Systems verhindert worden wäre) eher vergrößern als verkleinern[40]. Erst mit der bislang noch nicht absehbaren Einführung vollautomatisierter Fahrzeuge, bei denen den Fahrer keine Überwachungspflicht mehr treffen wird, werden sich zunehmend Situationen ergeben, in denen strafrechtlich niemand mehr verantwortlich ist[41]. Ein Sonderproblem im Hinblick auf die künftige Programmierung autonomer Fahrzeuge – und damit auch bezüglich der Fahrlässigkeitsstrafbarkeit von Programmierern und Herstellern – ergibt sich bei der Behandlung sog. „Dilemma-Situationen", in denen es um Abwägungen hinsichtlich potenti-

---

33 Gesetzesmaterialien: BT-Drucks. 18/11300; 18/11534; BR-Drucks. 299/17.
34 Bei einer Haftung des Fahrzeugführers nach § 7 StVG handelt es sich hingegen um eine Gefährdungshaftung, bei der es auf Fahrlässigkeit nicht ankommt.
35 Dazu *König*, NZV 17, 123; *Lutz*, NJW 15, 119.
36 Vgl *Hilgendorf*, in: Hilgendorf/Hötitzsch/Lutz (Hrsg), Rechtliche Aspekte automatisierter Fahrzeuge, 2015, S. 15, 27; *ders.*, in: Deutsche Akademie für Verkehrswissenschaft (Hrsg), 53. Deutscher Verkehrsgerichtstag, 2015, 55, 63; s. auch *Beck*, in: Oppermann/Stender-Vorwachs (Hrsg), Autonomes Fahren, 2017, S. 33, 50.
37 *Lutz*, NJW 15, 119, 121.
38 *Hilgendorf*, in: Hilgendorf/Hötitzsch/Lutz (Hrsg), Rechtliche Aspekte automatisierter Fahrzeuge, 2015, S. 15, 26.
39 So auch *Lutz*, NJW 15. 119, 121; *Beck*, in: Oppermann/Stender-Vorwachs (Hrsg), Autonomes Fahren, 2017, S. 33, 42.
40 In diese Richtung auch *Hilgendorf*, in: Hilgendorf/Hötitzsch/Lutz (Hrsg), Rechtliche Aspekte automatisierter Fahrzeuge, 2015, S. 15, 27.
41 *Lutz*, NJW 15, 119, 121; ähnl. *Beck*, in: Oppermann/Stender-Vorwachs (Hrsg), Autonomes Fahren, 2017, S. 33, 52.

eller Opfer geht (zB Fahrerleben, Leben eines alten Fußgängers gegen Leben einer größeren Schülergruppe)[42]. Diese Fragen werden insbesondere auf Ebene der Rechtfertigung und Schuld zu problematisieren sein. Insgesamt muss konstatiert werden, dass im Rahmen des autonomen Fahrens noch zahlreiche Fragen bezüglich der strafrechtlichen Verantwortung weitgehend ungeklärt sind[43].

1124 **cc)** Sog. **Sondernormen** können die Bestimmung von Inhalt und Ausmaß der Sorgfaltspflichten wesentlich erleichtern. Derartige Sondernormen können sowohl Rechtsnormen als auch Erfahrungssätze sein. Dazu zählen einerseits spezielle außerstrafrechtliche Rechtsvorschriften wie zB §§ 3, 4, 14 II 2 StVO, §§ 5 I, 6 II AtomG, § 42 I WaffG, § 24 II SprengG, andererseits aber auch allgemein anerkannte Erfahrungssätze wie etwa DIN-Normen, „anerkannte Regeln der ärztlichen Kunst" oder Sportregeln.

So müssen sich zB **Radfahrer** auch an Geschwindigkeitsbeschränkungen durch Verkehrsschilder halten (Anlage 2 zu § 41 II StVO Zeichen 274)[44]. **Autorennen** auf öffentlichen Straßen waren gem. § 29 I StVO schon vor Einführung des neuen § 315d verboten[45].

Die Befolgung von Sondernormen ist aber ebenso nur ein Anzeichen für die Verkehrsrichtigkeit des Täterverhaltens wie deren Nichtbeachtung ein fehlerhaftes Verhalten lediglich indiziert[46]. Mithilfe des Kriteriums der objektiven Vorhersehbarkeit (s.o.) kann ein solches Indiz dann – für atypische Fälle – widerlegt werden.

Beispiel: A überholt den Motorradfahrer M mit an und für sich ausreichendem Sicherheitsabstand. Da M aber objektiv erkennbar ein unsicherer Fahrer ist, ist hier die Einhaltung eines größeren Sicherheitsabstands geboten, die Einhaltung des üblichen Abstands wäre dann sorgfaltspflichtwidrig.

In der Falllösung sollte man mit diesem Aspekt beginnen. Dann ist jedoch **zusätzlich** die **Vorhersehbarkeit der Gefahrsituation** aus dem Blickwinkel eines besonnenen und gewissenhaften Menschen in der konkreten Lage und sozialen Rolle des Handelnden zu bedenken. Die allgemeine Indizwirkung von Sondernormen und Erfahrungssätzen kann so im konkreten (atypischen) Fall ausgeschaltet werden[47].

---

42 S. zu diesen Situationen *Beck*, in: Oppermann/Stender-Vorwachs (Hrsg), Autonomes Fahren, 2017, S. 33, 52 ff; *Gasser*, in: Maurer/Gerdes/Lenz/Winner (Hrsg), Autonomes Fahren, 2015, S. 543, 554 ff; *Hilgendorf*, in: Hilgendorf/Hötitzsch (Hrsg), Das Recht vor den Herausforderungen der modernen Technik, 2015, S. 11, 20 ff; *Neumann*, in: Rotsch (Hrsg), 10 Jahre ZIS, 2018, S. 393 ff.

43 Zum Einstieg in die Problematik des autonomen Fahrens statt aller *Engländer*, ZIS 16, 608; s. weiter Deutsche Akademie für Verkehrswissenschaft (Hrsg), 53. Deutscher Verkehrsgerichtstag, 2015; *Erb*, Neumann-FS, S. 785; *Fahl*, Joecks-GS, S. 67; *Franke*, DAR 16, 61; *Gless/Janal*, JR 16, 561; Hilgendorf (Hrsg), Autonome Systeme und neue Mobilität, 2017; Hilgendorf/Hötitzsch (Hrsg), Das Recht vor den Herausforderungen der modernen Technik, 2015; Hilgendorf/Hötitzsch/Lutz (Hrsg), Rechtliche Aspekte automatisierter Fahrzeuge, 2015; *Lutz*, NJW 15, 119; Maurer/Gerdes/Lenz/Winner (Hrsg), Autonomes Fahren, 2015; Oppermann/Stender-Vorwachs (Hrsg), Autonomes Fahren, 2017; *Sander/Hollering*, NStZ 17, 193; *Weber*, NZV 16, 249; *Wörner*, ZIS 19, 41; zur Datenspeicherung in autonomen Fahrsystemen s. *Lutz*, Automatisiertes Fahren, Dashcams und die Speicherung beweisrelevanter Daten, 2017.

44 *Scheidler*, DAR 17, 14.

45 Vert. *Neumann*, Jura 17, 160; *Piper*, NZV 17, 70; *Preuß*, NZV 17, 105; *Zieschang*, JA 16, 721.

46 Vgl BGHSt 4, 182; 12, 75; BGH StV 01, 108; *Esser/Keuten*, NStZ 11, 314, 318.

47 Ausf. *Kühl*, AT, § 17 Rn 22 ff; strenger *Kudlich*, Otto-FS, S. 373 (Regel-Ausnahme-Prinzip).

d) Die Frage, ob eine objektive Sorgfaltspflichtwidrigkeit vorliegt, beantwortet man, indem man den so ermittelten **Inhalt** der objektiv erforderlichen Sorgfalt mit dem erfolgsursächlichen **Verhalten des Täters** vergleicht:

1125

Entspricht es diesen Anforderungen, ist es sorgfältig, verkehrsrichtig und sachlich fehlerfrei; damit entfällt der Handlungsunwert und mit ihm die Tatbestandsmäßigkeit. Bleibt das reale Täterverhalten hinter den Anforderungen der Rechtsordnung zurück, so ist es unsorgfältig, verkehrswidrig und sachlich fehlerhaft.

In **Fall 18a** hat A beim Durchqueren der Ortschaft die Grenzen der höchstzulässigen Geschwindigkeit eingehalten (vgl § 3 III Nr 1 StVO). Daraus folgt aber noch nicht, dass sein Verhalten verkehrsgerecht war. Ebenso wie die Nichtbeachtung einer generellen Sorgfaltsregel kein zwingender Beweis, sondern nur ein Indiz für fehlerhaftes Verhalten ist, bildet die Befolgung bestimmter Schutzvorschriften auch nur ein Anzeichen für die Verkehrsrichtigkeit des Handlungsvollzugs. Es bedarf daher noch der Prüfung, ob ein besonnener und gewissenhafter Kraftfahrer in der konkreten Verkehrssituation die dem J drohende Gefahr rechtzeitig hätte erkennen können. Das ist zu verneinen, da J dem Gesichtskreis des A entzogen war und ein Kraftfahrer beim Fehlen besonderer Anhaltspunkte nicht damit zu rechnen braucht, dass ihm jemand unvermittelt vor den Wagen springt[48].

1126

A hat somit die ihm obliegende Sorgfaltspflicht nicht verletzt. Der Tod des J, den er mitverursacht hat, bedeutet für ihn ein objektiv unvermeidbares **„Unglück"**, aber kein ihm zur Last fallendes „Unrecht", da niemand in seiner Lage diesen Erfolg hätte vermeiden können[49]. Es fehlt zwar weder an der „Kausalität" noch am Erfolgsunwert des Geschehens, der Unrechtstatbestand des § 222 ist jedoch mangels jeglichen Handlungsunwerts nicht erfüllt.

4. Die objektive Zurechenbarkeit des Erfolgs

Erfolgsverursachung und Sorgfaltspflichtverletzung begründen für sich allein noch nicht den Unrechtstatbestand eines fahrlässigen Erfolgsdelikts. Hinzukommen muss, wie bei den vorsätzlichen Erfolgsdelikten auch, die **objektive Zurechenbarkeit** des betreffenden Erfolges. Die Lehre von der objektiven Zurechnung wurde bereits bei den Vorsatzdelikten unter Rn 256 ff ausführlich dargestellt, sodass hier im Wesentlichen auf obige Ausführungen verwiesen werden kann[50].

1127

Bei den Fahrlässigkeitsdelikten ist zu beachten, dass der – ansonsten im Rahmen der atypischen Kausalverläufe relevante – Aspekt der objektiven Vorhersehbarkeit des Handlungserfolgs (s. Rn 299) ohnehin zum Unrechtstatbestand des fahrlässigen Erfolgsdelikts gehört (s. Rn 1115). Im Übrigen ist hier nochmals auf folgende Zurechnungsgesichtspunkte zu verweisen, die gerade bei Fahrlässigkeitsdelikten besondere Bedeutung erlangen:

---

48 Vgl BGH DAR 86, 17.
49 Vgl *Fahl*, JA 12, 808.
50 Ergänzend BGHSt 37, 106, 115; *Joecks*, St-K, § 222 Rn 9 ff; *Küper*, Lackner-FS, S. 247; *Mitsch*, JuS 01, 105; *Otto*, Schlüchter-GS, S. 77; *Schünemann*, Meurer-GS, S. 37; krit. zum Ganzen *Gössel*, Frisch-FS, S. 427 ff; NK-*Puppe*, Vorbem. §§ 13 ff Rn 200 ff; s. ferner *Hauck*, GA 2009, 280; *Kindhäuser*, GA 2007, 447, 462.

a) Schutzzweckzusammenhang

1128 Zunächst gilt es, den **Schutzzweckzusammenhang** zu beachten. Nur wenn die verletzte Sorgfaltsnorm gerade dazu dient, Erfolge wie den eingetretenen zu verhindern, wird überhaupt ein rechtlich relevantes Risiko geschaffen, welches die Grundlage dafür bildet, dass der konkrete Erfolg dem pflichtwidrig Handelnden als „sein Werk" zugerechnet werden kann (s. Rn 264; insbes. der Geschwindigkeitsüberschreitungsfall weit im Vorfeld eines [örtlich weit entfernten] späteren Unfalls, dazu Rn 265).

Weiteres **Beispiel**: Eine Strafbarkeit wegen fahrlässiger Gewässerverunreinigung (§ 324 III) scheitert am fehlenden Schutzzweckzusammenhang, wenn ein Autofahrer wegen überhöhter Geschwindigkeit einen Unfall verursacht, in dessen Verlauf sein Wagen an einem Baum zerschellt und Benzin in das Grundwasser sickert. Die konkret überschrittene Geschwindigkeitsbegrenzung bezweckt nach sehr umstrittener, aber zu recht herrschender Ansicht nicht den Schutz des Gewässers (anders bei einschlägigen Gefahrguttransporten). Es liegt ein fahrlässiges Verhalten gegenüber anderen Verkehrsteilnehmern, aber nicht im Hinblick auf die Umwelt vor[51].

b) Pflichtwidrigkeitszusammenhang

1129 Zusätzlich ist bei fahrlässigen Erfolgsdelikten, wie bereits unter Rn 304 ff ausführlich dargestellt, ein **Pflichtwidrigkeitszusammenhang** zwischen dem pflichtwidrigen Täterverhalten einerseits und dem Taterfolg andererseits erforderlich. Fahrlässige Verursachung des Erfolges bedeutet eben nicht dasselbe wie „Verursachung plus Fahrlässigkeit". Eine solche Gleichsetzung würde zu der überwundenen Lehre vom *versari in re illicita*[52] führen, die demjenigen, der etwas Verbotenes tut, ohne Weiteres alle daraus erwachsenden Folgen zurechnet. Eine derart unbegrenzte Zufallshaftung ist dem Strafrecht fremd.

1130 **aa)** Im konkreten Erfolg muss sich daher gerade die „Pflichtwidrigkeit" des Täterverhaltens, dh diejenige rechtlich missbilligte Gefahr verwirklicht haben, die durch die Sorgfaltspflichtverletzung des Täters geschaffen worden ist. Dieser Zusammenhang fehlt, wenn der missbilligte Erfolg **objektiv unvermeidbar** war, wenn der Erfolg also auch bei **pflichtgemäßem Alternativverhalten** mit **an Sicherheit grenzender Wahrscheinlichkeit** ebenso eingetreten wäre.

1131 Im Rahmen der Prüfung, ob der Erfolg auch ohne das pflichtwidrige Verhalten eingetreten wäre, darf nicht auf irgendein hypothetisches Geschehen abgestellt werden, sondern nur auf ein solches, das in **der konkreten Tatsituation angelegt** war.

Bspw darf im *Psychiatriefall* (Arzt gewährt zwangsuntergebrachtem Straftäter zu früh Ausgang – s. Rn 304, Beispiel 2) die Fahrlässigkeitshaftung bezüglich der Tötung eines Menschen nicht mit dem Argument abgelehnt werden, dass der untergebrachte Täter nach einem Ausbruch aus der Klinik sowieso irgendeinen Menschen getötet hätte[53].

---

51 OLG Oldenburg NStZ-RR 16, 15; *Fischer*, § 324 Rn 10; S/S-*Heine/Hecker*, § 324 Rn 15; SK-*Schall*, § 324 Rn 49; aA *Rengier*, Boujong-FS, S.796; S/S/W-StGB-*Saliger*, § 324 Rn 16.
52 Lateinisch für „sich in eine unerlaubte Situation begeben".
53 BGHSt 49, 1 m. zust. Anm. *Roxin*, StV 04, 485; HK-GS-*Duttge*, § 15 Rn 47.

In **Fall 18b** hat A sich durch Überschreitung der höchstzulässigen Geschwindigkeit um 10 km/h verkehrswidrig verhalten und eine Ordnungswidrigkeit begangen, die mit einer Geldbuße geahndet werden kann (§ 24 StVG, §§ 3 III Nr 1, 49 I Nr 3 StVO). Fraglich ist, ob A sich außerdem der fahrlässigen Tötung schuldig gemacht hat. **1132**

Erfolgsverursachung und Sorgfaltspflichtverletzung iSd § 222 sind hier unschwer zu begründen: Die Fahrt des A mit dem Kfz war *conditio sine qua non* für den Tod des J. Die Fahrweise des A war wegen der Geschwindigkeitsüberschreitung auch objektiv fehlerhaft. Problematisch ist hingegen die Zurechenbarkeit des Todeserfolgs: Sinn und Zweck der Geschwindigkeitsbegrenzung (§ 3 III Nr 1 StVO) ist es zwar gerade, dem Kraftfahrer bei überraschend auftauchenden Hindernissen ein rechtzeitiges Abbremsen, Ausweichen oder Anhalten zu ermöglichen[54]. Die Vermeidung tödlicher Verletzungen anderer Straßenverkehrsteilnehmer bei Unfällen entspricht damit dem **Schutzzweck** dieser Sondernorm. Da im vorliegenden Fall jedoch feststeht, dass J auch dann vom Kraftwagen erfasst und zu Tode gekommen wäre, wenn A seine Fahrgeschwindigkeit den geltenden Vorschriften und der gegebenen Verkehrssituation angepasst hätte, entfällt der **Pflichtwidrigkeitszusammenhang**, sodass die objektive Zurechnung des Erfolgs angesichts dessen Unvermeidbarkeit zu verneinen ist.

In **Fall 18c** war A hingegen zu besonderer Sorgfalt verpflichtet, da spielende Kinder an Fahrstraßen eine für jeden erkennbare Gefahrenquelle bilden. Er konnte nicht darauf vertrauen, dass die Kinder sich ihrerseits verkehrsgerecht verhalten würden. A hätte hier seine Geschwindigkeit auf deutlich unter 30 km/h vermindern müssen, sodass er im Notfall sofort hätte anhalten können (vgl § 3 IIa StVO).

In **Fall 18d** ist fraglich, auf welches Alternativverhalten für die Vermeidbarkeit bzw Unvermeidbarkeit des Erfolgs abzustellen ist. Einerseits könnte man mit der Rspr meinen, das maßgebende Alternativverhalten bestehe im Fahren im alkoholisierten Zustand mit entsprechend angepasster Geschwindigkeit[55]. Zu fragen wäre demnach, ob der Unfall vermieden worden wäre, wenn der Fahrer seine Geschwindigkeit seinem trunkenen Zustand entsprechend verringert hätte. Das ist hier zu bejahen. Da A nicht so langsam gefahren ist, wie das von ihm zu verlangen gewesen wäre, kann ihm der Tod des J zugerechnet werden. Als Argument dafür könnte man § 3 I StVO anführen, welcher bestimmt, dass ein Fahrer nur so schnell fahren darf, dass er sein Fahrzeug beherrscht. Indes steht dieser Ansicht das in § 316 sowie § 24a StVG statuierte absolute Fahrverbot bei Trunkenheit entgegen. Maßstab darf deshalb allein eine Fahrt im nüchternen Zustand sein. Zu Recht stellt die hA daher allein darauf ab, ob der Unfall auch dann vermeidbar gewesen wäre, wenn ein nüchterner Fahrer mit der zulässigen Geschwindigkeit am Steuer gesessen hätte[56]. Da bei der „normalen" Geschwindigkeit, die für nichttrunkene Fahrer zulässig ist, der Unfall nicht vermeidbar gewesen wäre, entfällt im vorliegenden Fall der Pflichtwidrigkeitszusammenhang[57].

▶ Weiterer Beispielsfall bei *Beulke*, Klausurenkurs III, Rn 581

bb) Da in der Vermeidbarkeit des Erfolges durch pflichtgemäßes Verhalten eine haftungsbegründende Voraussetzung des Fahrlässigkeitstatbestands zu sehen ist, kommt ein Freispruch des Angeklagten nicht nur in Betracht, wenn die Unvermeidbarkeit des Erfolges mit an Sicherheit grenzender Wahrscheinlichkeit feststeht, son- **1133**

---

54 BGHSt 33, 61.
55 BGHSt 24, 31, 35; BGH NStZ 13, 231 m. krit. Bespr. *Hecker*, JuS 13, 466; *Jäger*, JA 13, 393 und *Puppe*, JR 13, 473; ebenfalls krit. *Dehne-Niemann*, ZStW 1035 [2018]; BayObLG NStZ 97, 388.
56 Ebenso *Eisele*, JA 03, 40; *Puppe*, NStZ 97, 389.
57 Für eine Verneinung des Schutzzweckzusammenhangs: *El-Ghazi*, ZJS 14, 23, 27 ff.

dern bereits dann, wenn **konkrete Anhaltspunkte** dafür vorliegen, dass der tatbestandliche Erfolg in gleicher Weise auch bei sorgfältigem, fehlerfreiem Verhalten **möglicherweise** eingetreten wäre. Mit der hM ist – wie bereits unter Rn 307 dargestellt – der Grundsatz *in dubio pro reo* anzuwenden[58]. Demgegenüber bejaht die Risikoerhöhungslehre (s. Rn 306 f) eine objektive Zurechnung des Erfolges schon dann, wenn die Wahrscheinlichkeit des Erfolgseintritts bei sorgfaltsgerechtem Verhalten geringer gewesen wäre[59].

c) Eigenverantwortlichkeitsprinzip

1134 Allgemein hat das **Eigenverantwortlichkeitsprinzip** und die darauf beruhende Abschichtung von Verantwortungsbereichen erhebliche Rückwirkungen auf die objektive Zurechnung (s. Rn 269 ff). Daraus können sich insbes. bei den Fahrlässigkeitsdelikten Einschränkungen der Erfolgszurechnung ergeben. Wer zB eine **eigenverant-wortliche Selbstschädigung** oder **Selbstgefährdung** anderer fahrlässig veranlasst, ermöglicht oder fördert, kann, wenn sich das mit der Selbstgefährdung bewusst eingegangene Risiko realisiert, nicht schon deshalb wegen fahrlässiger Tötung oder fahrlässiger Körperverletzung bestraft werden, weil er pflichtwidrig eine Bedingung für das weitere Geschehen gesetzt, den vorhersehbaren Erfolg also mitverursacht hat.

Beispiel: Der Heroinlieferant ist auch dann nicht gem. § 222 strafbar, wenn der Konsument, der sich selbst den tödlichen Schuss setzt, an dem Rauschgift verstirbt. Denn derjenige, der seine eigenen Rechtsgüter in freiverantwortlicher Weise selbst verletzt oder gefährdet, trägt dafür grundsätzlich die alleinige Verantwortung[60].

Eine Straflosigkeit unter Hinweis auf das Eigenverantwortlichkeitsprinzip kommt hingegen nicht in Betracht, wenn das entsprechende Strafgesetz gerade vor solchen Selbstgefährdungen schützen soll (wie zB bei § 30 I Nr 3 BtMG; vgl Rn 271). Ein Wegfall der Fahrlässigkeitshaftung unter dem Aspekt der Selbstgefährdung scheidet auch dann aus, wenn es nur dem fahrlässig handelnden Täter – nicht aber dem Opfer – möglich war, den Umfang des konkreten Risikos vollständig zu erfassen (Einzelheiten s. Rn 279)[61].

1135 Im sog. Zivifall (nach BGH NJW 03, 2326)[62] hatte der gelähmte und des Lebens überdrüssige A den Zivildienstleistenden Z gebeten, ihn in eine Plastikmülltüte verpackt und gefesselt in einen Müllcontainer abzulegen. A spiegelte dem Z vor, der Nachmittagspflegedienst werde ihn absprachegemäß wieder befreien; in Wirklichkeit hatte A dafür gesorgt, nicht entdeckt zu werden. Z folgte dem Wunsch des A, um die-

---

58 So BGHSt 11, 1; 24, 31; BGH NStZ 87, 505; OLG Hamm NZV 16, 242 m. Bespr. *Eisele*, JuS 16, 80 und *Satzger*, Jura (JK) 16, 1456; *Krümpelmann*, GA 1984, 491; krit. *Küper*, Lackner-FS, S. 268; *Lampe*, ZStW 101 [1989], 3, 47; *Puppe*, Jura 97, 518.
59 S. dazu *Burgstaller*, S. 129 ff; *Jescheck/Weigend*, AT, § 55 II 2 b; *Kahlo*, Das Problem des Pflichtwidrigkeitszusammenhanges bei den unechten Unterlassungsdelikten, 1990, S. 56 ff; *Kaspar*, AT, § 9 Rn 56; *Köhler*, AT, S. 198; Lackner/Kühl-*Kühl*, § 15 Rn 44; S/S/W-StGB-*Momsen*, § 15 Rn 82; *Otto*, Jura 01, 275, 277; NK-*Puppe*, Vorbem. §§ 13 ff, Rn 204 f; *Roxin*, AT I, § 11 Rn 88 ff; *Schmoller*, Wolter-FS, S. 479; *Stratenwerth*, Gallas-FS, S. 227.
60 Vgl hierzu BGH NJW 14, 1680, 1685 f *(Substitutionsfall)* m. Bespr. *Kudlich*, JA 14, 392.
61 Vgl hierzu BGHSt 53, 288 *(Kokainfall)*; BGH NStZ 11, 341 *(Drogenarztfall)*.
62 Zust. *Hecker/Witteck*, JuS 05, 397; *Herzberg*, NStZ 04, 1; *Küpper*, JuS 04, 757; ebenso OLG Nürnberg JZ 03, 745 *(Russisches Roulette)*.

sem einen vermeintlichen Sexualwunsch zu erfüllen. A verstarb an Sauerstoffmangel und Unterkühlung.

Aufgrund der von A hervorgerufenen Fehlvorstellungen des Z liegt objektiv ein Fall der (straflosen) Selbsttötung in mittelbarer Täterschaft vor, begangen durch das Opfer A. Z ist nur Werkzeug und daher nicht gem. § 216 strafbar (umgekehrte Konstellation zu Rn 847)[63]. Der BGH hatte Z allerdings wegen fahrlässiger Tötung bestraft. Zu Unrecht[64], denn hier lag die Verantwortung für die Tötung des A ausschließlich bei dem die Tatherrschaft innehabenden A selbst. Aus der Sicht des Z, auf die es für die Fahrlässigkeitshaftung allein ankommt, handelt es sich daher um einen Fall der Fremdgefährdung mit rechtfertigender Einwilligung des Opfers (s. Rn 283). Dem steht auch nicht entgegen, dass es sich bei Z um einen Garanten iSv § 13 handelt (vgl Rn 1200), denn auch ein Garant darf grds die Selbstgefährdungswünsche des Schutzbefohlenen respektieren.

d) Berücksichtigung von pflichtwidrigem Verhalten des Opfers und sonstiger Dritter

aa) Nicht jeder Verhaltensfehler des Opfers bewirkt, dass die strafrechtliche Haftung des Fahrlässigkeitstäters für den von ihm verursachten Erfolg unter dem Blickwinkel des **fehlerfreien Alternativverhaltens** entfällt. Entscheidend ist vielmehr, welches Gewicht und welche Bedeutung seiner eigenen Unvorsichtigkeit oder Nachlässigkeit im Rahmen des Tatgeschehens und der Erfolgsherbeiführung zukommt. Hat sich auch das Opfer sorgfaltswidrig verhalten, so steht dies einer Fahrlässigkeitsstrafbarkeit des Täters dann nicht im Weg, wenn das Fehlverhalten des Opfers nur eine völlig untergeordnete Bedeutung gegenüber der Sorgfaltspflichtverletzung des Täters hat.

1136

Beispiel: Bei gefährlicher Straßenglätte durchquert Lkw-Fahrer L eine Ortschaft mit überhöhter Geschwindigkeit. In einer Kurve gerät L ins Schleudern; sein Lkw rutscht quer über die Straße und über den Bürgersteig gegen eine Hauswand. Im gleichen Augenblick läuft der Schüler S unachtsam auf die Fahrbahn, wo er von dem schleudernden Lkw erfasst und tödlich verletzt wird. S wäre jedoch ebenfalls zu Tode gekommen, wenn er sorgfaltsgerecht auf dem Bürgersteig stehen geblieben wäre. Der Einwand des L, dass sein verkehrswidriges Verhalten nicht den maßgeblichen Grund für den Tod des S bilde, weil dieser „in den Lkw hineingelaufen" sei und auch bei ordnungsgemäßer Fahrweise überfahren worden wäre, greift hier nicht durch. Wesentlich ist allein, dass sich im Tod des S die von L geschaffene Gefahr realisiert hat und dass der tödliche Ausgang des Geschehens durch die mangelnde Aufmerksamkeit des S gar nicht mehr beeinflusst werden konnte, weil dieser, wie immer er sich verhielt, von dem schleudernden Lkw erfasst und getötet worden wäre. Der Umstand, dass S ohne eigenes Fehlverhalten nicht auf der Fahrbahn, sondern auf dem Bürgersteig überrollt worden wäre, ist ohne Bedeutung, weil die rein räumliche Verschiebung des engeren Unfallbereichs bei der konkreten Sachlage für eine wertende Betrachtung nicht ins Gewicht fällt[65].

1137

---

63 Anders anscheinend BGH NJW 03, 2326, der hier die mittelbare Täterschaft gänzlich in Frage stellt; diesem zust. *Herzberg*, NStZ 04, 1.

64 IE wie hier *Engländer*, JZ 03, 747; *ders.*, Jura 04, 234; HK-GS-*M. Heinrich*, Vorbem. § 13 Rn 143; *Roxin*, Otto-FS, S. 441; *ders.*, Schreiber-FS, S. 399; AnwK-StGB-*Waßmer*, § 25 Rn 14; *Wessels/Hettinger/Engländer*, BT/1, Rn 136.

65 *Jordan*, GA 1997, 349.

1138 **bb)** Wäre der tatbestandliche Erfolg auch durch das fahrlässige **Verhalten eines Dritten** (sog. Zweittäter) herbeigeführt worden, so schließt dies nach den allgemeinen Regeln weder die Ursächlichkeit des pflichtwidrigen Verhaltens des Ersttäters noch die objektive Zurechenbarkeit des tatbestandlichen Erfolges aus.

1139 **Beispiel[66]:** Bei starkem Nebel kommt es auf einer Autobahn zu einer Massenkarambolage, weil alle beteiligten Kraftfahrer ihre Geschwindigkeit nicht den Sichtverhältnissen angepasst haben. Dabei wird der Renault des R zur Seite geschleudert. R kann zunächst unversehrt aussteigen, er wird wenig später aber von seinem eigenen Auto erfasst und schwer verletzt, als dieses durch den von F gelenkten Ford zehn Meter nach vorne geschoben wird. Die Verantwortung des F für sein sorgfaltspflichtwidriges Verhalten (Strafbarkeit wegen § 229) entfällt nicht dadurch, dass kurz darauf der Opelfahrer O mit seinem Kfz auf den Ford aufprallt. Insbes. kann sich F nicht darauf berufen, dass ihm die Verletzung des R nicht angelastet werden könne, da sie auch ohne sein verkehrswidriges Verhalten eingetreten wäre. Hätte er nämlich seinen Ford noch rechtzeitig anhalten können, wäre dieser jedenfalls danach durch den von O verursachten Aufprall auf sein Fahrzeug geschoben worden mit der Folge, dass der wegeilende R davon erfasst und in gleicher Weise verletzt worden wäre.

Die zeitlich nachfolgende Sorgfaltspflichtverletzung eines Zweittäters (hier: O) hat den Eintritt des Verletzungserfolges tatsächlich nicht beeinflusst. Der Zurechnungszusammenhang zwischen der vorausgegangenen Pflichtwidrigkeit des Ersttäters (hier: F) und der darauf beruhenden Verletzung des Opfers (hier: R) wird durch das spätere Zweitereignis nicht beseitigt. Insoweit gilt bei Fahrlässigkeitsstraftaten nichts anderes als bei Vorsatzdelikten, wo derartige **Reserveursachen** ebenfalls **unbeachtlich** sind.

1140 **cc) Fahrlässig handelnde Nebentäter** können ihre Verantwortlichkeit für den von ihnen herbeigeführten Taterfolg ebenfalls nicht mit dem Hinweis auf das pflichtwidrige Verhalten des jeweils anderen von sich abschieben, vielmehr haften beide für die Verwirklichung des in Betracht kommenden Straftatbestandes[67].

1141 **Beispiel:** Auf einer fünf Meter breiten, kurvenreichen und unübersichtlichen Bergstraße begegnen sich zwei Kleinbusse, die von A und B gesteuert werden und in denen sich Arbeiter befinden, die auf dem Wege zu ihrer Arbeitsstelle sind. Es herrscht dichter Nebel. Da beide Fahrzeuge nicht äußerst rechts fahren, sondern sich zu weit nach links auf die Fahrbahnmitte bewegen, kommt es zwischen ihnen zu einem Frontalzusammenstoß. Dank ihrer Sicherheitsgurte bleiben A und B unverletzt; alle übrigen Insassen erleiden Prellungen und Knochenbrüche. Der Unfall wäre nur vermieden worden, wenn **beide** Busse die äußerste rechte Seite ihrer Fahrbahn benutzt hätten. Hier haben A und B unabhängig voneinander gegen das Rechtsfahrgebot verstoßen (§ 2 II StVO). Jeder von ihnen könnte geltend machen, dass es wegen der geringen Straßenbreite auch dann zum Zusammenstoß und zur Verletzung der Fahrgäste gekommen wäre, wenn *er* sich fehlerfrei verhalten hätte und hart rechts gefahren wäre. Damit allein würden aber beide der Bestrafung nach § 229 nicht entgehen. Da es sich um einen Fall der sog. „alternativen Kausalität" (s. Rn 232) handelt, haben sowohl A als auch B eine *conditio sine qua non* für den Unfall gesetzt. Wären beide Kleinbusse ganz rechts gefahren, wäre der Unfall vermieden worden. Ebenso ist auch die objektive Zurechnung für A und B zu bejahen, da sich im Zusammenstoß genau die Gefahr realisiert, die durch den Verstoß beider gegen das Rechtsfahrgebot ge-

---

66 BGHSt 30, 228 *(Massenkarambolagefall)*.
67 BGH NJW 10, 1087, 1092 *(Bad Reichenhaller Eissporthalle)* m. krit. Bespr. *Stübinger*, ZIS 11, 602; *Kudlich/Schulte-Sasse*, NStZ 11, 241, 242.

406

schaffen wurde. Jedem von ihnen ist daher der Unfall als „sein Werk" zuzurechnen; jeder ist **als Nebentäter** für den Erfolgseintritt verantwortlich[68]. Im Vertrauen darauf, dass andere sich an die Verkehrsregeln halten, darf eben niemand die ihm selbst obliegenden Sorgfaltspflichten missachten.

Allgemein zum Dazwischentreten eines vorsätzlich oder fahrlässig handelnden Dritten s. Rn 244 ff, 286.

III. Rechtswidrigkeit und Schuld bei der fahrlässigen Straftat

1. Rechtfertigungsgründe

Ebenso wie bei Vorsatztaten **indiziert** die Verwirklichung des Unrechtstatbestands auch bei Fahrlässigkeitstaten die **Rechtswidrigkeit**. Obgleich die Rechtfertigungsgründe ihrem gesetzlichen Leitbild nach auf vorsätzliches Handeln zielen, können Fahrlässigkeitsdelikte ebenfalls gerechtfertigt sein. **1142**

So rechtfertigt **§ 32** auch alle **ungewollten Auswirkungen** einer Verteidigung, die zu den typischen Risiken der berechtigt gewählten Verteidigungsart gehören (vgl Rn 518). Wäre ein Verteidigungsverhalten also bei vorsätzlichem Handeln durch Notwehr gedeckt, muss Gleiches erst recht bei fahrlässiger Erfolgsherbeiführung gelten[69]. Ferner kommt auch im Fahrlässigkeitsbereich eine Rechtfertigung gem. **§ 34** (rechtfertigender Notstand)[70], **§ 127 StPO** (Festnahmerecht)[71] oder durch Einwilligung des Betroffenen in das Verletzungsrisiko[72] in Betracht. Selbst bei lebensgefährlichen Risiken kann es – zumindest nach der hier vertretenen Auffassung zur einverständlichen Fremdgefährdung (dazu s. Rn 283) – im Gegensatz zu Rspr. und hL eine rechtfertigende Einwilligung in die Fremdgefährdung geben, sofern die einverständliche Fremdgefährdung einer straflosen Mitwirkung an fahrlässiger Selbstgefährdung gleichsteht.

Da die Rechtfertigungsgründe auf Vorsatzdelikte zugeschnitten sind und der Fahrlässigkeitstäter den Erfolg gerade nicht mit Wissen und Wollen herbeiführt, kann bezüglich des **subjektiven Rechtfertigungselements** (s. Rn 412 ff) nicht dasselbe wie bei den Vorsatzdelikten gelten. Im Ergebnis ist man sich einig, dass das Fehlen eines subjektiven Elements einer Rechtfertigung des Fahrlässigkeitsdelikts nicht im Wege steht. Nur die Begründung differiert[73]: Große Teile der Lehre halten ein subjektives Element hier generell für entbehrlich[74]. Andere verlangen ein solches zwar grds in ab- **1143**

---

68 Vgl BGHSt 30, 228, 232 m. Anm. *Kühl*, JR 83, 32 und *Puppe*, JuS 82, 660; BGHSt 37, 106, 131; BayObLG VRS 19, 353; aA *Magnus*, Jura 09, 390; vert. *Puppe*, Frisch-FS, S. 447.
69 BGHSt 25, 229; 27, 313; BGH NStZ 01, 591 *(Warnschussfall)* m. Anm. *Otto*; *Kretschmer*, Jura 02, 114; *Seelmann*, JR 02, 249; dazu auch *Eisele*, JA 01, 922; *Gropp*, in: Gropp/Öztürk/Sözüer/Wörner, Beiträge zum deutschen und türkischen Strafrecht und Strafprozessrecht, 2010, S. 237; SK-*Hoyer*, Anhang zu § 16 Rn 89; LK-*Vogel*, § 15 Rn 310; s. auch *Beulke*, Jura 88, 646.
70 OLG Düsseldorf VRS 30, 445; OLG Schleswig VRS 30, 462; *Mitsch*, GA 2006, 11, 14 f.
71 OLG Stuttgart NJW 84, 1694.
72 BGH DAR 59, 301; *Geppert*, ZStW 83 [1971], 947; *Jescheck/Weigend*, AT, § 56 II 3.
73 Überblick zum Streitstand bei *Hillenkamp*, Fischer-FS, S. 237, 247 ff; klausurmäßige Aufbereitung des *Anatomie-Falls*, der das Problem des fehlenden subjektiven Rechtfertigungselements bei Fahrlässigkeitsstraftaten behandelt, bei *Hillenkamp*, JuS 2018, 974.
74 Statt aller: Matt/Renzikowski-*Engländer*, Vorbem. §§ 32 ff Rn 9; LK-*Rönnau*, Vorbem. § 32 Rn 92.

geschwächter Form (zB in Form eines „generellen Abwehrwillens" statt des im Vorsatzbereich bei § 32 geforderten Verteidigungswillens, s. Rn 546) auch bei der Rechtfertigung von Fahrlässigkeitsdelikten. Fehlt dieses subjektive Element, kommt diese Ansicht gleichwohl nicht zu einer Fahrlässigkeitsstrafbarkeit, wenn die objektiven Rechtfertigungsvoraussetzungen vorliegen, denn das Erfolgsunrecht ist durch Vorliegen der objektiven Notwehrlage kompensiert, der allein verbleibende Handlungsunwert trägt eine Strafbarkeit im Fahrlässigkeitsbereich nicht, was die strafrechtliche Irrelevanz eines „fahrlässigen Versuchs" zeigt[75].

Beispiel: R überfällt Förster F, den er irrtümlich für unbewaffnet hält, und verlangt mit vorgehaltenem Messer die Herausgabe des im Eigentum des F stehenden Dackels „Waldi". In der Absicht, den Angriff abzuwehren, gibt F mit seiner Pistole zunächst einen Warnschuss ab. R lässt nicht von ihm ab. Während F noch darüber nachdenkt, welche Abwehrmaßnahme er nun ergreifen soll, löst sich versehentlich ein weiterer Schuss, der R an der Wade verletzt. Wer ein subjektives Rechtfertigungselement ohnehin nicht verlangt, hat keine Schwierigkeiten, die fahrlässige Körperverletzung über § 32 zu rechtfertigen. Die Gegenansicht verlangt zwar für § 32 den „generellen Abwehrwillen". Selbst wenn dieser aber nicht feststellbar sein sollte, scheidet eine Strafbarkeit nach § 229 aus.

2. Die Fahrlässigkeitsschuld

1144 a) **Schuld** bedeutet auch hier die **Vorwerfbarkeit der Tat** mit Rücksicht auf die darin zum Ausdruck kommende rechtlich tadelnswerte Einstellung zu den Verhaltensanforderungen der Rechtsordnung. Hinsichtlich der **Schuldfähigkeit** und des **Unrechtsbewusstseins** gilt dasselbe wie bei vorsätzlicher Tatbegehung (s. Rn 641 ff, 680 ff).

1145 b) Begründet wird der **Fahrlässigkeitsschuldvorwurf** durch die Feststellung, dass der Täter nach seinen persönlichen Fähigkeiten und dem Maß seines individuellen Könnens im Stande war, die im Tatbestand etablierte objektive Sorgfaltspflicht zu erkennen und die sich daraus ergebenden Sorgfaltsanforderungen zu erfüllen (**subjektiver Maßstab**).

Diese Fähigkeit kann bei physischen oder psychischen Mängeln fehlen; sie kann auch im Einzelfall infolge Schrecks, Verwirrung oder dergleichen ganz oder zeitweilig entfallen[76].

Bei den fahrlässigen Erfolgsdelikten müssen der tatbestandliche Erfolg und der Kausalverlauf in den wesentlichen Grundzügen zudem auch **subjektiv vorhersehbar** gewesen sein[77].

Die **Rspr** lässt es genügen, dass der Täter den **Erfolg im Endergebnis** vorhersehen konnte. Seine Verantwortlichkeit soll aber für solche Ereignisse und Geschehensabläufe entfallen, die so sehr außerhalb der Lebenserfahrung liegen, dass mit ihnen auch bei Einhaltung der gebotenen und individuell zumutbaren Sorgfalt nicht zu rechnen war[78].

---

75 Ebenso MK-StGB-*Duttge*, § 15 Rn 202 f; *Rengier*, AT, § 52 Rn 78 ff; *Roxin*, AT I, § 24 Rn 102 f; s. auch *Beulke*, medstra 15, 67, 75.

76 BGH VRS 10, 213; S/S-*Sternberg-Lieben/Schuster*, § 15 Rn 195.

77 Näher OLG Hamm VRS 61, 353, 355; *Jescheck/Weigend*, AT, § 57 III; *Puppe*, JZ 89, 728; S/S-*Sternberg-Lieben/Schuster*, § 15 Rn 199 ff.

78 Lesenswert dazu BGHSt 3, 62; 12, 75; BayObLG NJW 98, 3580; OLG Nürnberg NStZ-RR 06, 248.

Zur alternativen Konzeption der Zuordnung der subjektiven Sorgfaltswidrigkeit zum Tatbestand s. Rn 1104.

Kurz gefasst erstreckt sich die Schuldprüfung beim Fahrlässigkeitsdelikt somit auf eine subjektive Sorgfaltspflichtverletzung bei subjektiver Vorhersehbarkeit des Erfolgs.

c) **Unzumutbarkeit normgemäßen Verhaltens** kann bei bewusst fahrlässigem Handeln in weiterem Umfang als bei Vorsatztaten entschuldigend wirken[79].   **1146**

d) Auch ein **Verbotsirrtum** kommt bei fahrlässiger Begehungsweise in Betracht.   **1147**
So zB wenn der Täter im Falle der „Entsorgung" seines schrottreifen Autos auf einer öffentlichen Straße sein Fahrzeug nicht für „Abfall" hält; bezüglich einer Strafbarkeit wegen fahrlässigen unerlaubten Umgangs mit Abfällen (§ 326 I Nr 4a, V Nr 1) liegt dann ein (im Regelfall vermeidbarer) Verbotsirrtum vor (s. Rn 737)[80].

IV. Das Merkmal der Fahrlässigkeit in den Vorsatz-Fahrlässigkeits-Kombinationen

Das StGB kennt neben reinen Vorsatz- und Fahrlässigkeitsdelikten auch Mischtatbe-   **1148**
stände, die **Vorsatz bei der Tathandlung** und wenigstens **Fahrlässigkeit hinsichtlich einer besonderen Tatfolge** voraussetzen. Dazu gehören zum einen die **erfolgsqualifizierten Delikte**, die wie §§ 226 I, 227 usw an die vorsätzliche Verwirklichung eines selbstständig mit Strafe bedrohten Grunddelikts anknüpfen und zusätzlich den Eintritt einer besonderen Tatfolge voraussetzen, bezüglich derer dem Täter gem. § 18 wenigstens Fahrlässigkeit zur Last fallen muss. Zum anderen sind hier die eigentlichen **Vorsatz-Fahrlässigkeits-Kombinationen** zu nennen, bei denen der Vorsatzteil des Tatbestands für sich allein nicht selbstständig strafbar ist (so etwa §§ 308 V, 315 V, 315a III Nr 1, 315b IV, 315c III Nr 1)[81]. Das Gesetz behandelt diese Mischtatbestände gem. § 11 II als **Vorsatzdelikte** mit allen sich daraus ergebenden Konsequenzen (zB im Bereich der Teilnahme und des Versuchs, s. Rn 867, 998 ff).

Zum Fahrlässigkeitsmerkmal dieser Delikte ist zu beachten, dass die **Sorgfaltspflichtverletzung** hier regelmäßig schon in der vorsätzlichen Tathandlung mit enthalten ist, soweit es um die Außerachtlassung der im Verkehr erforderlichen Sorgfalt und die objektive Vermeidbarkeit der Tatbestandsverwirklichung geht. Die hM folgert daraus, dass sich bei den erfolgsqualifizierten Delikten (etwa § 227) die Prüfung der Fahrlässigkeit (§ 18) nur noch auf die **Vorhersehbarkeit** der besonderen Tatfolge beschränkt[82]. Dem kann jedoch in dieser Allgemeinheit nicht zugestimmt werden. Da

---

79 Vgl RGSt 30, 25 *(Leinenfängerfall)* m. Bespr. *Achenbach*, Jura 97, 631; *Hardtung/Putzke*, AT, Rn 919; *Jescheck/Weigend*, AT, § 57 IV; abl. SK-*Hoyer*, Anhang zu § 16 Rn 101; *Schlee*, Zumutbarkeit bei Vorsatz-, Fahrlässigkeits- und Unterlassungsdelikten, 2009, S. 399; MK-StGB-*Schlehofer*, Vorbem. § 32 Rn 303; diff. *Maiwald*, Schüler-Springorum-FS, S. 475.
80 OLG Celle bei *Hecker/Lorenz*, NStZ-RR 17, 33, 36; s. auch *Arzt*, ZStW 91 [1979], 857; s. ferner *Börner*, GA 2002, 276; *Ludes/Pannenborg*, Jura 13, 24.
81 Insoweit abl. *Noak*, JuS 05, 312.
82 Vgl BGHSt 24, 213; BGH NStZ 01, 478; *Jescheck/Weigend*, AT, § 54 III 2; speziell zu § 227 *Ransiek*, JA 17, 912, 914 f.

sich im Eintritt der qualifizierenden Folge eine dem Grunddelikt innewohnende „tatbestandsspezifische Gefahr" realisiert haben muss (s. Rn 38), bedarf es stets auch der **Erkennbarkeit** dieses **tatbestandsspezifischen Gefahrzusammenhangs**[83]. Darüber hinaus ist dort, wo das Gesetz (wie zB in § 251) eine **leichtfertige** Herbeiführung der besonderen Tatfolge voraussetzt, eine gesteigerte, erfolgsrelevante Sorgfaltspflichtverletzung zu fordern[84].

Zu den damit verbundenen **Aufbaufragen** vergleiche die folgende Übersicht:

1149

Aufbauschema zu den erfolgsqualifizierten Delikten

I. **Tatbestandsmäßigkeit**
  1. Grunddelikt
     a) Objektiver Tatbestand
     b) Subjektiver Tatbestand
  2. Qualifizierende Folge
     a) Eintritt der qual. Folge
     b) Kausalität zwischen Handlung und qual. Folge
     c) Objektive Fahrlässigkeit
        – Insbes. objektive Vorhersehbarkeit der qual. Folge
        – Beachte: Teilweise Leichtfertigkeit erforderlich
     d) Objektive Zurechnung der qual. Folge
     e) Gefahrverwirklichungszusammenhang

II. **Rechtswidrigkeit**

III. **Schuld**
  Inkl. subjektiver Fahrlässigkeit: insbes. subjektive Vorhersehbarkeit der qual. Folge

---

1150 Sind an einem erfolgsqualifizierten Delikt **mehrere Personen beteiligt**, ist nach Bejahung des einschlägigen Grundtatbestandes für jeden Beteiligten gesondert zu prüfen, ob ihm hinsichtlich der qualifizierenden Tatfolge Fahrlässigkeit bzw Leichtfertigkeit zur Last fällt. Im Ergebnis herrscht insofern Einigkeit; unklar sind lediglich die gesetzlichen Grundlagen: Neben § 18[85] wird teils § 11 II[86], teils § 29[87] herangezogen.

Wenn bspw A den B durch ein Geldgeschenk dazu veranlasst, C mit einem Knüppel zu verprügeln, und C später an den Folgen der ihm zugefügten Kopfverletzungen stirbt, ist A nur dann wegen Anstiftung zur Körperverletzung mit Todesfolge (§§ 227, 26) zu bestrafen, wenn ihn hinsichtlich der Todesfolge ein Fahrlässigkeitsvorwurf trifft. Dies gilt ohne Rücksicht darauf, ob B als Haupttäter lediglich wegen gefährlicher Körperverletzung (§ 224), wegen Körperverletzung mit Todesfolge (§ 227) oder möglicherweise sogar wegen Totschlags (§ 212) zu bestrafen ist[88].

---

83 Zutr. *Wolter*, JuS 81, 168, 170 ff; s. dazu auch *Kühl*, Jura 02, 814; 03, 19; *Rengier*, Erfolgsqualifizierte Delikte, S. 151; noch restriktiver SK-*Stein*, § 18 Rn 19.
84 Matt/Renzikowski-*Gaede*, § 15 Rn 46; *Radtke*, Jung-FS, S. 747.
85 *Krey/Esser*, AT, Rn 1378; NK-*Paeffgen*, § 18 Rn 132; *Sowada*, Jura 95, 646.
86 *Frister*, AT, 28. Kap., Rn 3; *B. Heinrich*, AT, Rn 1282; *Küper*, Kühl-FS, S. 315.
87 BGHSt 19, 339, 341 f (§ 50 StGB aF); *Fischer*, § 18 Rn 5; S/S-*Sternberg-Lieben/Schuster*, § 18 Rn 6.
88 Vert. *Rengier*, Erfolgsqualifizierte Delikte, S. 249 ff, 258; *Stuckenberg*, Jakobs-FS, S. 693; LK-*Vogel*, § 18 Rn 68 f.

In **Fall 18a** hat A also mangels Sorgfaltspflichtverletzung keine fahrlässige Tötung (§ 222)   **1151**
begangen (s. Rn 1126).

In **Fall 18b** hat A zwar seine Sorgfaltspflicht verletzt. Da der Unfall jedoch auch bei korrektem Tempo unvermeidbar war, kann der Erfolg ihm nicht zugerechnet werden (s. Rn 1132).

In **Fall 18c** ist § 222 erfüllt (s. Rn 1132).

In **Fall 18d** kann der Tod des Kindes dem A aufgrund fehlenden Pflichtwidrigkeitszusammenhanges nicht zugerechnet werden, sodass eine Bestrafung nach § 222 entfällt. Unberührt davon bleibt die Strafbarkeit nach § 316 (s. Rn 1132).

Aktuelle Rechtsprechung zu § 18:
- OLG Hamburg NStZ-RR 15, 209 *(Übungsleiterfall)* m. Bespr. *Eisele*, JuS 15, 945: Bei der Feststellung des objektiven Sorgfaltsmaßstabs eines ehrenamtlichen Übungsleiters bei einer tödlichen Verletzung eines Kinds infolge des von ihm angeordneten Wiederaufstellens von Fußballtoren durch die von ihm trainierten jugendlichen Übungsteilnehmer müssen auch Berücksichtigung finden: Die Verhaltensregeln der Sportverbände, der geistig-sittliche Reifegrad der Teilnehmer, die zeitlichen und örtlichen Gegebenheiten sowie die Gemeinwohldienlichkeit der Tätigkeit des Übungsleiters; vgl Rn 1119.
- OLG Oldenburg NStZ-RR 16, 14: Wegen fehlenden Schutzzweckzusammenhangs keine Strafbarkeit gem. § 324 III (fahrlässige Gewässerverunreinigung), wenn ein Autofahrer wegen überhöhter Geschwindigkeit einen Unfall verursacht, in dessen Verlauf sein Wagen an einem Baum zerschellt und Benzin in das Grundwasser sickert, da die verletzte Sorgfaltsnorm (in Gestalt der missachteten Geschwindigkeitsbegrenzung) den Straßenverkehr, nicht jedoch die Umwelt schützen soll; vgl Rn 955.
- OLG Hamm NZV 16, 242 *(Geschwindigkeitsüberschreitung)* m. Bespr. *Eisele*, JuS 16, 80 und *Satzger*, Jura (JK) 16, 1456: Der Pflichtwidrigkeitszusammenhang ist in Fällen einer Geschwindigkeitsüberschreitung im Straßenverkehr zu bejahen, wenn sich der Unfall nicht ereignet hätte, wäre der Fahrzeugführer bei Eintritt der kritischen Verkehrssituation nicht mit einer höheren als der zugelassenen Geschwindigkeit gefahren; vgl Rn 1129 ff.
- BGH NJW 17, 2211 m. Bespr. *Kudlich*, JA 17, 712: Führt das Opfer einer Nachstellung den tödlichen Erfolg im Sinne des § 238 III durch ein selbstschädigendes Verhalten (Suizid) herbei, ist der tatbestandsspezifische Zusammenhang zwischen Grunddelikt und tödlichem Erfolg bereits dann zu bejahen, wenn das Verhalten des Opfers motivational auf die Verwirklichung des Grundtatbestandes zurückzuführen ist und diese Motivation für sein selbstschädigendes Verhalten handlungsleitend war; vgl Rn 1134 ff, 1148.

Teil IV

Die Unterlassungsstraftaten

§ 19 Echte und unechte Unterlassungsdelikte. Die Pflichtenkollision

1152 **Fall 19: a)** Als A nach Hause kommt, findet er sein Elternhaus in hellen Flammen vor. Hinter einem Fenster des oberen Stockwerks entdeckt er seinen achtjährigen Bruder B, während seine Großmutter G auf der anderen Seite des Hauses aus dem Obergeschoss um Hilfe ruft. Aufgrund eines in dieser Situation unvermeidbaren Irrtums (Rauchentwicklung usw) hält A die G für die Nachbarin N, die häufig zum Tee kommt. Das Feuer im Innern versperrt B und G die Flucht nach draußen. A erkennt, dass der Dachstuhl sofort einzustürzen droht und ihm nur noch Zeit bleibt, mithilfe einer Leiter einen von beiden zu retten. Kaum hat er nach rasch gefasstem Entschluss B in Sicherheit gebracht, stürzt das Dach zusammen. G findet dabei den Tod.

Wie ist der Fall strafrechtlich zu beurteilen? **Rn 1167, 1171, 1202, 1204, 1206, 1208, 1235**

b) Wie läge es, wenn A die G erkannt hat und gleichwohl B rettet? **Rn 1214, 1235**

c) Wie läge es, wenn sich im brennenden Haus As heiß geliebte Freundin F und der jüngere Bruder B (den A betreut) befinden und A die F rettet, sodass B in den Flammen stirbt; A ist der Ansicht, diese Auswahl von Rechts wegen treffen zu dürfen? **Rn 1216, 1235**

d) Wie läge es, wenn A in **Fall 19c** den B rettet, sodass F beim Einsturz des Hauses umkommt? **Rn 1233, 1235**

I. Einteilung und Abgrenzung der Unterlassungsdelikte

1. Echte und unechte Unterlassungsdelikte

1153 Die **Unterlassungsdelikte** gliedern sich in zwei strukturell verschiedene Gruppen:

1154 **a)** **Echte Unterlassungsdelikte** sind Straftaten, die sich im Verstoß gegen eine **Gebotsnorm**, also im **bloßen Unterlassen** einer vom Gesetz geforderten Tätigkeit erschöpfen[1]. Als Gegenstück zu den schlichten Tätigkeitsdelikten (s. Rn 39) knüpfen sie allein an das Unterlassen des rechtlich gebotenen Tuns, nicht dagegen an eine Erfolgsverwirklichung an.

Beispiel: Wer einem Unfallopfer keine Hilfe geleistet hat, obwohl ihm dies möglich und zumutbar war, wird, auch wenn das Opfer seinen Verletzungen erliegt, nur aus § 323c und nicht wegen Tötung (§§ 212, 211, 222) bestraft, wenn ihm **keine besondere Schutzpflicht** (Garantenpflicht) gegenüber dem Verunglückten oblag. Für die Erfolgsabwendung hat der Normad-

---

1 BGHSt 14, 280, 281; vert. *Jescheck/Weigend*, AT, § 58 III 2; *Kühl*, JA 14, 507.

ressat hier nicht einzustehen, vielmehr wird von ihm bei den echten Unterlassungsdelikten nur ein Handeln zum Zwecke der Schadensverhütung verlangt.

Weitere Beispiele für echte Unterlassungsdelikte: §§ 123 I Alt. 2, 138, 221 I Nr. 2[2].

b) Unechte Unterlassungsdelikte[3] sind dagegen Straftaten, bei denen der Unter- 1155
lassende als **Garant zur Erfolgsabwendung verpflichtet** ist und bei denen das Unterlassen wertungsmäßig der Verwirklichung des gesetzlichen Tatbestandes durch ein
aktives Tun entspricht (§ 13). Ein Garant, der die ihm auferlegte Pflicht zur Erfolgsabwendung verletzt, verwirklicht einen Straftatbestand, der im Gesetz als Begehungsdelikt konstruiert ist und dem primär eine **Verbotsnorm** zugrunde liegt. Die unechten
Unterlassungsstraftaten sind somit ein Spiegelbild der Begehungsdelikte, idR in Form
der Erfolgsdelikte (s. Rn 37). Ebenso wie dort gehört der Eintritt des missbilligten Erfolges auch hier zum Unrechtstatbestand.

Beispiel: Ein Verstoß gegen das Tötungsverbot liegt unabhängig davon vor, ob eine Mutter ihr
eigenes Kind verhungern lässt (Unterlassen) oder ob sie es durch eine Giftspritze tötet (Tun).
Das Verhungernlassen wird aber nur dann wie die aktive Tötung durch Giftspritze bestraft,
wenn die Mutter eine spezifische Rechtspflicht zur Abwendung des Todeserfolges beim Kind
trifft.

§ 13 legitimiert die früher gewohnheitsrechtlich anerkannte Ableitung der unechten 1156
Unterlassungsdelikte aus den Begehungstatbeständen, lässt aber bei diesen (nicht hingegen bei den echten Unterlassungsdelikten[4]) eine **fakultative Strafmilderung** im
Rahmen einer Gesamtabwägung zu, bei der neben den konkreten Tatumständen alle
Gesichtspunkte zu berücksichtigen sind, die Aufschluss über den Handlungsunwert
und die Frage geben, ob das Unterlassen im Verhältnis zu einer entsprechenden Begehungstat weniger schwer wiegt[5]. Die Anpassung der für Begehungstaten konzipierten
Strafvorschriften an die Besonderheiten der Unterlassungstat ist nur im Wege der
richterlichen Tatbestandsergänzung erreichbar. Rspr und Lehre stehen hier vor der
Aufgabe, sachgerechte Kriterien dafür zu entwickeln, wann jemand als **Garant**
„rechtlich für die Abwendung des tatbestandlichen Erfolges einzustehen" hat und unter welchen Umständen das Unterlassen „einer Verwirklichung des gesetzlichen Tatbestandes durch aktives Tun **entspricht**"[6].

---

2 BGHSt 57, 28 m. zust. Anm. *Jäger*, JA 12, 154 und *Theile*, ZJS 12, 389 sowie krit. Anm. *Freund/
Timm*, HRRS 12, 223; *Krüger/Wengenroth*, NStZ 13, 101 und *Momsen*, StV 13, 54; s. auch *Ladiges*,
JuS 12, 688.
3 Vert. *Ransiek*, JuS 10, 490, 585 und 678; *Schünemann*, GA 2016, 301; krit. zum Begriff: *Bringewat*,
Grundbegriffe des Strafrechts, 3. Aufl. 2018, Rn 310; MK-StGB-*Freund*, § 13 Rn 60; LK-*Weigend*,
§ 13 Rn 16.
4 BGHSt 57, 28; diff. *Freund/Timm*, HRRS 12, 223, 234.
5 BGH JR 82, 464; 99, 292; vert. *Loos*, Samson-FS, S. 81; LK-*Weigend*, § 13 Rn 99 f.
6 S. *Jähnke*, BGH-Prax-FS, S. 401 f; zum Unterlassungsdelikt ferner *Bung*, ZIS 16, 340, 342; *Dencker*,
Stree/Wessels-FS, S. 159; *Freund*, Erfolgsdelikt und Unterlassen, 1992; *ders.*, Herzberg-FS, S. 225;
Herzberg, Die Unterlassung im Strafrecht und das Garantenprinzip, 1972; *Luzón Peña*, GA 2016, 275;
Schünemann, Grund und Grenzen der unechten Unterlassungsdelikte, 1971; *ders.*, Amelung-FS,
S. 303; *Struensee*, JZ 77, 217; *Vogel*, Norm und Pflicht bei den unechten Unterlassungsdelikten, 1993.

1157 Zu prüfen ist das vorsätzliche unechte Unterlassungsdelikt wie folgt:

Aufbauschema zum vorsätzlichen unechten Unterlassungsdelikt

Vorprüfung

Abgrenzung zwischen Tun und Unterlassen (Rn 1158 ff)

I. **Tatbestandsmäßigkeit**
 1. objektiver Tatbestand (Rn 1167 ff)
   a) Eintritt des tatbestandlichen Erfolges
   b) Unterlassen der gebotenen und möglichen Handlung
   c) (Quasi-)Kausalität des Unterlassens für den konkreten Erfolg
   d) Garantenstellung des Unterlassenden
    aa) Beschützergarantenstellung
    bb) Überwachergarantenstellung
   e) objektive Zurechenbarkeit des Erfolges
   f) Gleichwertigkeit von Tun und Unterlassen
 2. subjektiver Tatbestand (Rn 1207 f)

II. **Rechtswidrigkeit (Rn 395 ff, 1212 ff)**

III. **Schuld (Rn 619 ff)**

---

2. Die Abgrenzung zwischen Tun und Unterlassen

1158 Von ihrem äußeren Erscheinungsbild her sind Tun und Unterlassen zumeist leicht zu unterscheiden. Wer ein Kausalgeschehen durch **Einsatz von Energie** in Gang setzt oder in eine bestimmte Richtung lenkt, tut etwas; wer den **Dingen ihren Lauf lässt** und von der Möglichkeit des Eingreifens keinen Gebrauch macht, unterlässt etwas. Schwierig ist dagegen die Antwort auf die Frage, worin bei **mehrdeutigen Verhaltensweisen** der maßgebliche Anknüpfungspunkt für die strafrechtliche Beurteilung besteht und ob die äußere Erscheinungsform des Verhaltens stets zwangsläufig über seine rechtliche Qualifikation als Begehungs- oder Unterlassungstat entscheidet.

1159 **a)** Zweifel ergeben sich insofern namentlich im **Fahrlässigkeitsbereich** (dazu auch unten Rn 1231), da hier der Handlungsvollzug stets mit einem Unterlassungsmoment, nämlich mit dem Außer-Acht-Lassen der gebotenen Sorgfalt, einhergeht.

Beispiele: Wenn ein Radfahrer einen Fußgänger anfährt und verletzt, weil er abends ohne Licht gefahren ist, drängt sich die Frage auf, ob ein aktives Tun (Fahren ohne Licht) oder ein Unterlassen (Nichtanbringen oder Nichteinschalten der Beleuchtungsanlage) für den Erfolg ursächlich geworden ist.
Hat ein an Hepatitis B erkrankter Chirurg bei der Operation einen Patienten angesteckt, so wäre es denkbar, einerseits auf das Operieren im infizierten Zustand, andererseits aber auf das Unterlassen der Routine-Untersuchung abzustellen. Die Antwort darauf ist jeweils von weitreichender Bedeutung, weil eine Strafbarkeit aus dem unechten Unterlassungsdelikt nur unter der engen Voraussetzung des Bestehens einer Garantenpflicht möglich ist.

1160 Die insoweit bestehenden Abgrenzungsprobleme sind noch immer nicht abschließend geklärt. Weitgehend anerkannt ist jedoch, dass es sich um eine **Wertungsfrage** handelt, die sich weder allein anhand des äußeren Befundes noch unter ausschließlichem

Rückgriff auf das Kriterium des Energieeinsatzes[7] oder der Kausalität[8] beantworten lässt. Auch eine Kombination dieser beiden Kriterien[9] führt in den Grenzbereichen nicht immer zu sachgerechten Ergebnissen. Des Weiteren verbietet es sich, in den problematischen Fallgruppen sowohl ein positives Tun als auch ein Unterlassen anzunehmen und sodann von einem generellen Vorrang des positiven Tuns auszugehen[10], denn ein Unterlassen ohne gleichzeitiges positives Tun erscheint kaum denkbar, sodass nach dieser Lösung streng genommen (fast) nie an ein Unterlassen anzuknüpfen wäre. Im Einklang mit der Rspr ist daher darauf abzustellen, wo bei normativer Betrachtung unter Berücksichtigung des sozialen Handlungssinns der **Schwerpunkt des strafrechtlich relevanten Verhaltens** liegt, wobei die Kriterien des Energieeinsatzes und der Kausalität durchaus als Ausgangspunkt dienen können[11].

In den obigen (Rn 1159) Beispielsfällen geht die hM im *Radleuchtenfall*[12] zu Recht von einem Begehungsdelikt (§ 229) aus: Der Schwerpunkt der Vorwerfbarkeit liegt auf dem erfolgsverursachenden aktiven Tun (Teilnahme am Straßenverkehr durch Fahren ohne Licht). Das „Unterlassungsmoment" der Fahrlässigkeitstat ist insoweit nur eine wesensnotwendige Modalität des Handlungsvollzuges[13]. Im *Hepatitisfall*[14] liegt der Sorgfaltspflichtverstoß darin, dass sich der Chirurg keinen Kontrolluntersuchungen unterzogen hatte. Da aber erst die Durchführung der Operationen den eigentlichen Handlungssinn bestimmt, ist von einem positiven Tun auszugehen.

b) Abgrenzungsschwierigkeiten können sich auch bei vorsätzlichem Handeln ergeben, insbes. bei Fällen, in denen jemand in Gefahr geraten ist und ein Anderer erfolgversprechende **eigene Rettungsbemühungen wieder abbricht** oder **fremde Rettungshandlungen vereitelt**. **1161**

Die Vereitelung effektiver Rettungsmöglichkeiten durch aktives **Eingreifen in fremde Rettungshandlungen** im Wege des Zwanges oder der Täuschung ist stets als aktives Tun zu werten. Für die Annahme eines Unterlassungsdelikts (§ 323c) bleibt nur Raum, wenn die erforderliche Hilfe durch bloßes Untätigbleiben verweigert wird. **1162**

Beispiel für Tun: Der in einen Brunnenschacht gefallene und um Hilfe rufende X ertrinkt deshalb, weil A den rettungswilligen B niederschlägt und dessen Rettungsseil in eine unzugängliche Schlucht wirft, um die Rettung des X zu verhindern.

Beispiel für Unterlassen: A ist gerade mit einem Seil unterwegs zu einer Baustelle, als ihn B um Überlassung des Seils bittet, mit dem der in den Brunnen gefallene X gerettet werden soll. A geht unbeeindruckt weiter, da er an der Rettung des X kein Interesse hat.

7 *Brammsen*, GA 2002, 193; MK-StGB-*Freund*, § 13 Rn 8 ff; ähnl. *Gössel*, Kühl-FS, S. 225.
8 *Roxin*, AT II, § 31 Rn 78 ff; *Samson*, Welzel-FS, S. 579; *Streng*, ZStW 122 [2010], 1.
9 MK-StGB-*Duttge*, § 15 Rn 4 ff; NK-*Gaede*, § 13 Rn 7; *Herzberg*, Röhl-FS, S. 282; *Joecks*, St-K, § 13 Rn 15; *Sieber*, JZ 83, 431.
10 *Frister*, AT, 22. Kap., Rn 10; *Jakobs*, AT, 28/4; *Kindhäuser*, LPK, § 13 Rn 76; *Puppe*, AT, § 28 Rn 3 und 8; *T. Walter*, ZStW 116 [2004], 555.
11 BGHSt 6, 46, 59; 49, 147, 164 *(Bremer Vulkan)*; 51, 165, 173 *(Hoyzerfall)*; S/S-*Eisele*, Vorbem. §§ 13 ff Rn 158a; LK-*Weigend*, § 13 Rn 7; krit. MK-StGB-*Freund*, § 13 Rn 5 ff; *ders./Timm*, HRRS 12, 223, 226; *Hettinger*, Paulus-FS, S. 82 ff; *Hoyer*, Strafrechtsdogmatik nach Armin Kaufmann, 1997, S. 346; *Merkel*, Herzberg-FS, S. 193; *Struensee*, Stree/Wessels-FS, S. 133; *Zieschang*, AT, Rn 47; s. zum Ganzen auch *Ast*, Normentheorie und Strafrechtsdogmatik, 2010, S. 81 ff; *ders.*, ZStW 124 [2012], 612; *Kahlo*, Die Handlungsform der Unterlassung als Kriminaldelikt, 2001; *Kasiske*, AT, Rn 294; *Kuhlen*, Puppe-FS, S. 669; *Otto*, Jura 00, 549; *Ransiek*, JuS 10, 493.
12 RGSt 63, 392.
13 Vgl *Jescheck/Weigend*, AT, § 58 II 2.
14 BGH JR 04, 33 m. iE zust. Anm. *Duttge* und *Ulsenheimer*, StV 07, 77.

1163 Der **Abbruch eigener Rettungsbemühungen** stellt ein Unterlassen dar, wenn er erfolgt, bevor die Rettungshandlung das gefährdete Objekt „erreicht", sodass eine realisierbare Rettungsmöglichkeit eröffnet ist. Nach diesem Zeitpunkt ist die Vereitelung des Rettungserfolges als aktives Tun zu werten.

Beispiel für Tun: A hat ein Rettungsseil zu dem in den Brunnenschacht gefallenen X hinabgelassen und X damit ein Stück hochgezogen. Nachdem er in X seinen verhassten Widersacher erkannt hat, lässt er diesen durch Loslassen des Seils willentlich hinabstürzen und ertrinken.

Beispiel für Unterlassen: A möchte dem im Brunnenschacht befindlichen X zu Hilfe kommen und schickt sich an, ein Seil zu ihm hinabzulassen, zieht es jedoch wieder zurück, noch bevor X es ergriffen hat[15].

▶ Beispielsfall bei *Beulke/Zimmermann*, Klausurenkurs II, Rn 148

1164 c) Bis zum Jahr 2010 behandelten Rspr und Teile der Lit. Fälle der **passiven Sterbehilfe** (vgl Rn 480) auf Grundlage einer normativen Betrachtung nach dem sozialen Handlungssinn differenzierend: Das Abschalten von lebensrettenden Geräten wurde bei behandelnden Ärzten und deren Hilfspersonal als Unterlassen weiterer Rettungsbemühungen angesehen, auch wenn dadurch regelmäßig eine Kausalreihe durch Energieeinsatz in Gang gesetzt wurde, zB durch Betätigen des Abschalteknopfes eines Beatmungsgeräts (sog. „Unterlassen durch aktives Tun"). Mangels idR nicht (mehr) bestehender Garantenpflicht dieser Personengruppe schied eine Strafbarkeit insoweit regelmäßig aus[16]. Demgegenüber wurden identische Handlungen durch externe Dritte, etwa durch Angehörige des Patienten, als aktives Tun eingestuft und damit – mangels Erfordernis einer Garantenpflicht – als vorsätzliche Tötung bestraft.

1165 Der im Schrifttum hiergegen vielfach vertretenen Kritik[17] hat sich der BGH im berühmten Fall „Putz" (BGHSt 55, 191, 201 ff)[18] angeschlossen. Auch ärztliche Maßnahmen sollen nunmehr auf Grundlage einer naturalistischen (d.h. nicht normativen) Sichtweise beurteilt und ggf als aktives Tun eingestuft werden. Handelt es sich allerdings um ein Verhalten, das dem in dieser Entscheidung geprägten Begriff des **Behandlungsabbruchs** unterfällt (s. Rn 481) verbleibt es im Ergebnis gleichwohl bei der Straflosigkeit, da insoweit die Einwilligung des Patienten **rechtfertigende Wirkung** entfalten kann (s. Rn 564). Erfolgt der Behandlungsabbruch hingegen – auch auf der Basis einer naturalistischen Beurteilung – durch ein Unterlassen (zB Arzt führt dem komatösen Patienten keine neue Nährlösung zu), scheitert die Strafbarkeit (wie bislang) regelmäßig bereits am Fehlen einer Garanten- (= Behandlungs-)pflicht,

---

15 Vert. *Kühl*, JA 14, 507, 510; *Roxin*, Spinellis-FS, S. 945; *ders.*, AT II, § 31 Rn 109 ff; abw. MK-StGB-*Freund*, § 13 Rn 4, 11; *Herzberg*, Röhl-FS, S. 270; *Rengier*, AT, § 48 Rn 23, die in beiden Fällen nach § 212 bestrafen wollen; anders auch *T. Walter*, ZStW 116 [2004], 555, 568, der sich in beiden Fällen für Straflosigkeit aussprechen würde, weil X noch keine rechtlich geschützte Position innehat.

16 Vgl nur BGHSt 40, 257, 265 f; *Albrecht*, Schreiber-FS, S. 551; *Frister*, Samson-FS, S. 27 f; *Jäger*, ZStW 115 [2003], 769; Roxin/Schroth-*Roxin*, S. 95; *Schöch*, NStZ 95, 153, 154; *Schroth*, GA 2005, 551; *Streng*, Frisch-FS, S. 749 ff; vert. *Schneider*, Tun und Unterlassen beim Abbruch lebenserhaltender medizinischer Behandlung, 1997.

17 *Gropp*, Schlüchter-GS, S. 173; *Joecks*, St-K, § 13 Rn 14 f; *Kargl*, GA 1999, 459.

18 BGHSt 55, 191, 201 ff *(Fall Putz)* m. Bespr. *Ast*, ZStW 124 [2012], 612, 623 ff; *Dölling*, ZIS 11, 345; *Eidam*, GA 2011, 232; *Kubiciel*, Ad legendum 11, 361; *Rosenau*, Rissing-van Saan-FS, S. 547; *Uhlig/Joerden*, Ad legendum 11, 369; *Walter*, ZIS 11, 76.

da deren Ausmaß vom Willen des Patienten abhängt. In Fällen des Behandlungsabbruchs kommt es somit im Ergebnis auf die Einordnung der konkreten Handlung als aktives Tun oder Unterlassen nicht mehr an. Diese Grundsätze sollen nicht nur für den Arzt, Betreuer oder Bevollmächtigten des Patienten gelten, sondern auch für jeden Dritten, der als für die Behandlung oder Betreuung zugezogene Hilfsperson tätig wird (s. Rn 589).

Eine Aufgabe der Schwerpunktformel (s. Rn 1160) ist mit dieser neuen Rspr nicht verbunden[19]. Das Verhalten des Arztes wird lediglich anders gewertet. Gezielte Eingriffe in das Leben eines Menschen, die sich bei naturalistischer Betrachtung als aktives Tun darstellen, sind daher jenseits der Fälle des Behandlungsabbruchs auch seitens des Arztes als aktive Sterbehilfe strafbar (s. Rn 566). Erst recht gilt dies für externe Dritte. **1166**

Beispiel: Der behandelnde Arzt stellt gegen Bezahlung auf Wunsch des habgierigen Erben durch Knopfdruck den Respirator aus, an dem der sterbende Patient angeschlossen ist. Hier werden der Arzt gem. § 211, der Erbe gem. §§ 211, 26 bestraft.

▸ Beispielsfall bei *Beulke/Zimmermann*, Klausurenkurs II, Rn 303

II. Der Tatbestand der unechten Unterlassungsdelikte

Im **Fall 19a** könnte sich A wegen Totschlags (§ 212) strafbar gemacht haben. Da er den Tod nicht durch ein positives Tun herbeigeführt hat, ist zu prüfen, ob A in Bezug auf seine Großmutter G den Tatbestand des Totschlags durch Unterlassen (§§ 212, 13) verwirklicht hat. **1167**

1. Der Eintritt des tatbestandlichen Erfolgs

Zum objektiven Tatbestand eines unechten Unterlassungsdelikts gehört nach § 13 zunächst der **Eintritt des tatbestandlichen Erfolges**, also bspw des Todeserfolgs bei § 212. **1168**

2. Das Unterlassen der gebotenen und möglichen Handlung

Hinzukommen muss das **Unterlassen** der in der konkreten Gefahrenlage **erforderlichen Rettungshandlung** bei vorhandener **physisch-realer Möglichkeit**, das rechtlich Gebotene in sinnvoller Weise zu tun oder ggf mithilfe Dritter zu veranlassen. Gemeint ist mithin nicht passives (unspezifisches) Nichtstun, sondern die Nichtvornahme einer **bestimmten rechtlich geforderten Tätigkeit**, die nach den Umständen des Einzelfalles zu bestimmen ist. **1169**

Objektiv Unmögliches kann schon begrifflich nicht unterlassen werden.

Beispiel: Wer in Bonn spazieren geht, unterlässt nicht die Rettung des bei Köln in den Rhein Gefallenen.

---

19 BGHSt 56, 277, 286 *(Schönheitsoperationsfall)*; 59, 292, 296 *(Fall Oury Jalloh)*; BGH HRRS 15 Nr 361, Rn 9.

1170 Ferner entfällt die physisch-reale Möglichkeit zur Vornahme der erforderlichen Rettungshandlung bei völliger Handlungsunfähigkeit, beim Nichtvorhandensein der zur Rettung notwendigen Hilfsmittel oder der zu ihrem Gebrauch unerlässlichen Kenntnisse, schließlich aber auch bei individueller Unfähigkeit, die zur Rechtsgutserhaltung allein sinnvolle Handlung vorzunehmen. Rechtlich gefordert wird das, was dem Normadressaten in der Gefahrensituation tatsächlich möglich ist[20].

Beispiel: Der Nichtschwimmer ist zwar nicht verpflichtet, die nur dem Schwimmer mögliche Rettung des Ertrinkenden zu erbringen. Ihn trifft jedoch die Pflicht, einen Retter herbeizurufen oder andere geeignete Rettungsmaßnahmen einzuleiten, soweit ihm solche Maßnahmen möglich sind[21].

1171 Im **Fall 19a** ist der tatbestandliche Erfolg eingetreten. A hat die zur Rettung der G geeignete und erforderliche Handlung, nämlich diese mithilfe der vorhandenen Leiter aus dem brennenden Haus zu befreien und den drohenden Todeserfolg abzuwenden, nicht vorgenommen. Die physisch-reale Möglichkeit dieser gebotenen Handlung, entfiel für A nicht etwa deshalb, weil er nur die G **oder** den B zu retten vermochte. Vor seiner Entscheidung, dem B zu helfen, hatte A jedenfalls (auch) die Möglichkeit und die Fähigkeit zur Rettung der G.

3. Die Ursächlichkeit des Unterlassens („Quasi-Kausalität")

1172 Ähnlich wie bei den (vorsätzlichen und fahrlässigen) Begehungsdelikten hängt die Erfolgszurechnung bei den unechten Unterlassungsdelikten von zwei Voraussetzungen ab: erstens, vom ursächlichen Zusammenhang (s. Rn 227 ff) und zweitens, von der objektiven Zurechnung (s. Rn 256 ff, Rn 1203 f), wobei bei Letzterer der spezielle Pflichtwidrigkeitszusammenhang (s. Rn 304) zwischen Täterverhalten (hier: Unterlassen) und Erfolg eine ähnlich hervorgehobene Rolle wie bei den Fahrlässigkeitsdelikten spielt.

1173 Die **Ursächlichkeit** des Unterlassens für den Eintritt des tatbestandlichen Erfolges lässt sich nicht anhand der *conditio-sine-qua-non*-Formel (Rn 228) ermitteln, da ein Unterlassen nicht hinweggedacht werden kann. Die hM greift daher zu einer Modifizierung dieser Kausalitätsformel (auch **„Quasi-Kausalität"**[22] genannt), indem sie fragt, ob die **rechtlich geforderte Handlung nicht hinzugedacht werden kann, ohne dass der tatbestandsmäßige Erfolg entfiele**[23]. Dazu genügt die Feststellung einer an Sicherheit grenzenden Wahrscheinlichkeit[24].

---

20 Vgl BGH wistra 00, 136.
21 Vert. *Roxin*, AT II, § 31 Rn 8 ff; s. auch *Renzikowski*, Weber-FS, S. 336; *Satzger*, Jura 06, 513.
22 BGHSt 48, 77, 93; BGH NJW 10, 1087 *(Bad Reichenhaller Eissporthalle)* m. Bespr. *Ast*, ZStW 124 [2012], 612, 630 ff; BGHSt 59, 292, 305 *(Fall Oury Jalloh)* m. Bespr. *Jahn*, JuS 15, 180 und Kritik bei *Schiemann*, NJW 15, 20; *Satzger*, Jura (JK) 15, 882 sowie grundlegend *F. Zimmermann/Linder*, ZStW 128 [2016], 713 und *Dehne-Niemann*, HRRS 17, 174; BGH NJW 2017, 3249 *(Göttinger Organspendefall)*; krit. auch MK-StGB-*Freund*, Vorbem. § 13 Rn 346, § 13 Rn 210; *Gropp*, AT, § 11 Rn 71; *Puppe*, AT, § 11 Rn 28 f.
23 BGHSt 6, 1, 2; 37, 106, 126; *Fahl/Winkler*, Definitionen, § 13 Rn 3.
24 BGH HRRS 17 Nr 1070; BGH NStZ 00, 583; *Krey/Esser*, AT, Rn 1123; *Maiwald*, Küper-FS, S. 329; S/S-*Bosch*, § 13 Rn 61; LK-*Weigend*, § 13 Rn 72; s. auch BGHSt 52, 159, 165 *(Sattelschlepperfall)*; dazu krit. *Bosch*, Puppe-FS, S. 373; *Kühl*, NJW 08, 1899; *Luzón Peña*, GA 2018, 520, 526 ff; *Puppe*, ZIS 18, 484.

Zu beachten gilt es, dass es nach dieser Definition der Quasi-Kausalität – anders als bei den Begehungsdelikten – **nicht auf den Erfolg in seiner konkreten Gestalt**, sondern auf den im Gesetz abstrakt umschriebenen tatbestandsmäßigen Erfolg als solchen ankommen soll. Das damit verfolgte Ziel, einer Ausuferung der Haftung für Unterlassungen entgegenzuwirken, ist jedoch richtigerweise erst auf der Ebene der objektiven Zurechnung (s. Rn 1203 f) zu erreichen. Bei der Feststellung der objektiven Zurechnung ist daher, ebenso wie bei den Begehungsdelikten, vom Erfolg **in seiner konkreten Gestalt** auszugehen; etwaige Reserveursachen bleiben dabei nach allgemeinen Regeln außer Betracht.

1174

Beispiel (nach BGH JZ 73, 173, *Fensterwurffall*): Bei einem nächtlichen Brand war A mit seinen beiden Kleinkindern in einer Dachgeschosswohnung von den Flammen eingeschlossen. Ein Entkommen durch das Treppenhaus war unmöglich. Die einzige Rettungschance für die Kinder bestand darin, sie durch ein Fenster nach unten (6 bis 7 Meter tief) zu werfen, wo drei kräftige Männer mit ausgebreiteten Armen zum Auffangen bereitstanden. Trotz ihrer wiederholten Zurufe konnte A sich wegen des hohen Verletzungsrisikos jedoch nicht entschließen, die Kinder hinabzuwerfen. In letzter Sekunde brachte er sich selbst durch einen Sprung nach unten in Sicherheit, während beide Kinder in den Flammen umkamen.

Der BGH fragt hier nicht, ob dann, wenn A die gebotene Handlung (Wurf der Kinder aus dem Fenster) erbracht hätte, die Kinder dem Flammentod (= Erfolg in seiner konkreten Gestalt) entgangen wären. Vielmehr stellt er ganz allgemein auf den Todeserfolg (abstrakter Erfolg) ab, indem er fragt, ob sie bei einem rechtzeitigen Wurf in die Arme der Helfer am Leben geblieben wären.[25] Daran ist zwar richtig, dass die Strafbarkeit nicht an dem konkreten Erfolg (hier in Gestalt des Flammentodes) anknüpfen darf. A wäre sonst nämlich selbst dann strafbar, wenn sich das Geschehen im 20. Stock eines Hochhauses abgespielt und ein Hinabwerfen der Kinder den sicheren Tod zur Folge gehabt hätte. Der Wurf hätte dann zwar sicher den Verbrennungstod vermieden, aber ebenso sicher den Fenstersturztod bewirkt. Damit ließe sich zwar eine (Quasi-Kausalität) unter Abstellen auf den konkreten Erfolg begründen, es würde aber letztlich nur eine Todesart (Flammentod) durch eine andere (Fenstersturztod) ausgewechselt. Dies macht keinen Sinn. Jedoch ist nicht das Kriterium der (Quasi-)Kausalität der richtige Ort für die Korrektur, sondern auch hier die (normative) Stufe der objektiven Zurechnung[26].

4. Grundlagen der Garantenpflicht

Die Gleichstellung des Unterlassens mit aktivem Tun setzt nach § 13 voraus, dass der Unterlassende Garant für die Abwendung des Erfolges ist, also aufgrund einer besonderen Pflichtenstellung „rechtlich dafür einzustehen hat, dass der tatbestandliche Erfolg nicht eintritt". Die einzelnen Umstände, die diese **Garantenstellung** begründen, sind ungeschriebene Tatbestandsmerkmale der unechten Unterlassungsdelikte[27].

1175

Die Frage, wann und auf welche Weise eine strafrechtlich relevante Garantenstellung entsteht, ist noch nicht abschließend geklärt. Während früher als Entstehungsgründe Gesetz, Vertrag, vorausgegangenes gefährdendes Tun und enge Lebensbeziehungen

1176

---

25 Im Wesentlichen zust. *Schlüchter*, JuS 76, 793; *Ulsenheimer*, JuS 72, 252; abl. und auf den konkreten „Flammentod" abstellend *Herzberg*, MDR 71, 881; *Spendel*, JZ 73, 137, 140.
26 IE ebenso MK-StGB-*Freund*, § 13 Rn 217; krit. *Gropp*, AT, § 11 Rn 77.
27 BGHSt 16, 155, 158; allgemein zu den Garantenstellungen *Rönnau*, JuS 18, 526.

anerkannt waren[28], bemüht sich die neuere Lehre um eine Einteilung nach materiellen Kriterien. Sie führt die Garantenverhältnisse auf zwei Grundpositionen zurück:

> – **Besondere Schutzpflichten für bestimmte Rechtsgüter (Obhuts- oder Beschützer-garant)**[29]; diese können folgen aus:
> - besonderen Rechtssätzen
> - enger natürlicher Verbundenheit
> - einer Lebens- oder Gefahrengemeinschaft
> - der freiwilligen Übernahme von Schutz- und Beistandspflichten
> - der Stellung als Amtsträger oder als Organ juristischer Personen
> – **Verantwortlichkeit für bestimmte Gefahrenquellen (sog. Überwachungs- oder Kontrollgarant)**; diese folgt möglicherweise aus:
> - Verkehrssicherungspflichten
> - der Pflicht zur Beaufsichtigung Dritter
> - einem pflichtwidrigen gefährdenden Vorverhalten (Ingerenz)
> - dem Inverkehrbringen von Produkten

1177 Dabei ist zu beachten, dass zwischen beiden Bereichen Überschneidungen denkbar sind und dass im Einzelfall verschiedene Garantenstellungen ineinander übergehen können[30]. Trotz dieser Unschärfe ist der Bestimmtheitsgrundsatz des Art. 103 II GG nach hA nicht verletzt[31].

In **Prüfungsarbeiten** ist auf alle in Betracht kommenden Umstände einzugehen, die eine Garantenstellung des Täters begründen könnten.

1178 In engem Rahmen ist auch eine einverständliche **Übertragung der Garantenpflicht** anzuerkennen. Dies gilt insbes. im Verhältnis mehrerer schutzpflichtiger Garanten untereinander, wenn sie die Garantenpflichten in autonomer Selbstbestimmung einem der Garanten allein – unter Entlastung des anderen Garanten – zuordnen[32]. Die Verpflichtung zur sorgfältigen Auswahl des die gebotenen Handlungen ausübenden Dritten und zur Überprüfung der ordnungsgemäßen Erfüllung verbleibt dabei dauerhaft beim ursprünglichen Garanten[33]. Insbesondere dann, wenn der übertragende Garant erkennt, dass der andere zur Hilfeleistung nicht mehr imstande ist, lebt die ursprüngliche Garantenstellung und die daraus folgende Pflicht in vollem Umfang wieder auf.

Beispiel[34]: Mutter M ist schwer krank und bettlägerig. Vater V und der ebenfalls kranke, im Elternhaus lebende volljährige Sohn S sind sich einig, dass V allein die Pflege der M übernimmt. Dies geht solange gut, bis V durch stark zunehmende Demenz zur Hilfeleistung nicht mehr in der Lage ist, was S erkennt. Nun obliegt S wieder die volle Garantenpflicht gegenüber M.

---

28 Vgl RGSt 63, 392; 74, 309; BGHSt 2, 150; 19, 167.
29 BGHSt 59, 292, 299 ff *(Fall Oury Jalloh)*; generell restriktiver *Gimbernat*, ZStW 111 [1999], 307; gegen ihn *Roxin*, GA 2009, 73.
30 Ausf. dazu *Arzt*, JA 80, 553, 647, 712; *Joecks*, St-K, § 13 Rn 23 ff; *Kühl*, JuS 07, 497.
31 BVerfGE 96, 97; BVerfG JZ 04, 303 m. Anm. *Seebode*; aA *Bung*, ZStW 120 [2008], 527, 539 f; Maurach/Gössel/Zipf-*Gössel*, AT/2, § 46 Rn 46; *Kaspar*, AT, § 10 Rn 68; S/S-*Bosch*, § 13 Rn 8 ff.
32 BGH NStZ 03, 259; vgl auch BGH NJW 02, 1887, 1888.
33 LK-*Weigend*, § 13 Rn 60.
34 BGH NStZ 18, 34, 35 m. Anm. *Kudlich*.

Im Übrigen ist die Zulässigkeit einer Delegierung von Garantenpflichten noch nicht abschließend geklärt. Hinsichtlich der Übertragung einer Garantenpflicht aus Ingerenz (s. Rn 1196) zwischen zwei Personen, die beide ein gefährdendes, pflichtwidriges Vorverhalten an den Tag gelegt haben, hält der BGH dies für „fraglich". Beachtet man, dass es hier niemals um eine vollständige Delegierung der Garantenstellung, sondern nur um die zeitlich wie inhaltlich begrenzte einverständliche **Übertragung der Ausübung der Garantenpflicht** geht, spricht nichts gegen eine Übertragungsmöglichkeit sogar sämtlicher Garantenpflichten in diesem restriktiven Sinn. Der übertragende Garant schuldet die dauerhafte Überwachung des die Ausübung der Garantenpflicht übernehmenden Dritten, der hierdurch idR selbst zum Garanten, v. a. kraft tatsächlicher freiwilliger Übernahme (s. Rn 1183) wird. Er muss selbst wieder das gebotene Rettungsverhalten erbringen, wenn der eingeschaltete Dritte die Rettungshandlungen nicht (mehr) effektiv erbringt.

Beispiel: A hat durch Fahrlässigkeit einen Unfall verursacht, bei dem O verletzt wird. A ist Garant aus Ingerenz. Wenn er einen Notarzt herbeiruft, der sich des O annimmt, muss diese „Delegierung" der aus der Garantenpflicht eigentlich von A geschuldeten Rettungshandlung auf den – für A erkennbar – kompetent(er)en Notarzt genügen. A schuldet dann – vorbehaltlich besonderer Fallgestaltungen (zB der Notarzt ist ersichtlich alkoholisiert) – keine weiteren Rettungsbemühungen (zB Mitfahren im Krankenwagen). A darf demgegenüber die gebotene Rettung nicht dem offensichtlich nicht für die Lebensrettung geschulten Passanten P übertragen und sich im weiteren Verlauf nicht mehr um O kümmern. Stirbt O infolge unzureichender Handlungen des P, kommt für A eine Strafbarkeit nach §§ 212, 13 in Betracht.

Zu beachten ist allerdings, dass die Garantenpflicht aus Ingerenz aufgrund des betroffenen Verantwortungsprinzips und der erforderlichen Abgrenzung zur allgemeinen Hilfspflicht aus § 323c nur aufgrund einverständlicher Übertragung mit dem Übernehmer erfolgen kann[35]. Die bloße Übernahme aus faktischem Hinzutreten (vgl Rn 1180 ff) reicht nicht aus. Zudem gilt zu bedenken, dass sich die Bedingungen für die Übertragung und die Anforderungen an die Auswahl- und Beobachtungspflicht je nach Garantenstellung und konkreter Fallsituation unterscheiden können.

Grundlage einer Erfolgsabwendungspflicht kann nur eine **Rechtspflicht** sein; rein sittliche Pflichten genügen nicht[36]. Aus den den echten Unterlassungsdelikten zugrundeliegenden Geboten (wie etwa aus § 138 oder § 323c) lässt sich allerdings keine Garantenpflicht ableiten, da es sich dort um ganz allgemeine Rechtspflichten handelt, die jedermann treffen[37]. **1179**

5. Die Beschützergarantenstellung

Hat der Unterlassende eine besondere Schutzpflicht für bestimmte Rechtsgüter, so spricht man von einem Beschützer- oder Obhutsgaranten. **1180**

---

35 *Jasch*, NStZ 05, 8.
36 RGSt 66, 71; BGHSt 7, 268, 271; 30, 391.
37 BGHSt 3, 65.

a) Besondere Rechtssätze und enge natürliche Verbundenheit

1181   Schutzpflichten für bestimmte Rechtsgüter können sich aus **besonderen Rechtssätzen** (zB §§ 1353, 1618a, 1626, 1626a, 1631, 1793, 1800 BGB, § 2 LPartG, § 60 I 1 Nr 2 SGB I[38], § 4a II Nr 1 RVG[39]) oder aus rechtlich fundierten Verhältnissen **enger natürlicher Verbundenheit ergeben,** wie etwa unter Ehegatten[40], Verwandten gerader Linie[41], Geschwistern und Verlobten[42], wobei jedoch die Reichweite der Schutzpflicht von Fall zu Fall verschieden sein kann[43]. Bei Ehegatten ist nicht allein die rechtliche Bindung des § 1353 I 2 BGB[44], sondern auch gerade das tatsächliche Verhältnis maßgeblich. Abzustellen ist mithin nicht nur auf ein formales familienrechtliches Band, sondern auf die materielle, faktische Bindung. Zu beachten ist aber, dass es auf das Vorhandensein einer effektiven Familiengemeinschaft, jedenfalls bei Verwandten in gerader Linie, nicht unbedingt ankommt.

Beispiele: Geraten Eltern in Not, schulden Kinder ihren Eltern bei akuten Gefahren für Leben, Leib oder Freiheit weiterhin Schutz und Beistand, auch wenn diese aus dem Elternhaus ausgezogen sind[45]. Dies gilt auch umgekehrt. In gleicher Weise kann auch für getrennte Ehepaare die Garantenpflicht bestehen bleiben, wenn eine freundschaftliche Beziehung aufrechterhalten wird. Hat jedoch umgekehrt ein Ehegatte für den anderen erkennbar ernsthaft die eheliche Lebensgemeinschaft aufgegeben, entfällt die Garantenstellung auch schon vor Ablauf des gem. § 1566 I BGB familienrechtlich relevanten Trennungsjahres[46]. Bei **Geschwistern** besteht eine Garantenstellung zumindest dann, wenn sie in häuslicher Gemeinschaft leben – zT wird überdies verlangt, dass der andere Geschwisterteil in „tatsächliche Obhut" genommen worden ist[47].

b) Sonstige Lebens- oder Gefahrengemeinschaften

1182   Auch aus anderen **Lebens- oder Gefahrengemeinschaften,** die nach der zweckgerichteten Art ihrer Entstehung und dem dadurch begründeten Vertrauensverhältnis die Gewähr für gegenseitige Hilfe und Fürsorge in sozialtypischen Gefahrenlagen einschließen, kann sich eine Stellung als Beschützergarant ergeben, wie etwa bei **eheähnlichen Lebensgemeinschaften**[48] und bei Zusammenschlüssen von Bergsteigern,

---

38   Hierzu OLG München NStZ 09, 156 m. Bespr. *Hecker,* JuS 10, 266; KG StV 13, 513 m. abl. Bespr. *Zehetgruber,* NZWiSt 14, 118; OLG Braunschweig NStZ 15, 520 *(Sozialbetrugsfälle);* krit. *Bringewat,* NStZ 11, 131; vgl auch OLG Saarbrücken NJW 07, 2868 *(Referendarfall)* m. Bespr. *Fahl,* Jura 08, 453; *Kargl,* wistra 08, 121 und *Kudlich,* JA 08, 72.
39   BGH NStZ 15, 150 m. zust. Bespr. *Bosch,* Jura 15, 221; *Hecker,* JuS 14, 1133 und *Kudlich,* JA 15, 74.
40   RGSt 71, 189; BGHSt 2, 150; BGH NStZ 17, 219 m. Anm. *Satzger,* Jura (JK) 17, 1124.
41   BGHSt 7, 268; 19, 167; BGH wistra 16, 43; NStZ 17, 401; BGH NStZ 18, 34 m. Bespr. *Eisele,* JuS 18, 179.
42   BGH JR 55, 104; *Otto,* Herzberg-FS, S. 264.
43   BGH NStZ 18, 34 m. Bespr. *Eisele,* JuS 18, 179; Zum Ganzen *Albrecht,* Begründung von Garantenstellungen in familiären und familienähnlichen Beziehungen, 1998; *Bülte,* GA 2013, 389; *v. Coelln,* Das „rechtliche Einstehenmüssen" beim unechten Unterlassungsdelikt, 2008; *Kretschmer,* Jura 06, 898.
44   Dafür aber *Jakobs,* AT, 29/64.
45   *Engelmann,* HRRS 13, 351, 356 f; *Kühl,* AT, § 16 Rn 54 f; *Mitsch,* Jura 17, 792, 798 f, 802 f; *Rengier,* AT, § 50 Rn 14; abl. MK-StGB-*Freund,* § 13 Rn 177; *Roxin,* AT II, § 32 Rn 39; NK-*Gaede,* § 13 Rn 61.
46   Für einen derartigen „Mittelweg" auch BGHSt 48, 301, 304 m. zust. Anm. *Baier,* JA 04, 354; iE zust. ferner *Freund,* NJW 03, 3384; *Kühl/Hinderer,* JuS 10, 919, 924; *Rönnau,* JR 04, 158; ähnl. *Ingelfinger,* NStZ 04, 409; näher *Lilie,* JZ 91, 541; S/S-*Bosch,* § 13 Rn 17 ff; LK-*Weigend,* § 13 Rn 28 f.
47   LG Kiel NStZ 04, 157 m. zust. Anm. *Nikolaus,* JA 05, 609; zust. wohl auch *Kretschmer,* Jura 06, 903.
48   *Kretschmer,* JR 08, 51.

Weltumseglern, Tiefseetauchern oder Expeditionsteilnehmern; **nicht ausreichend** ist insoweit eine **bloße Zufallsgemeinschaft** von Zechkumpanen[49], Rauschgiftkonsumenten[50] oder von illegalen Einwanderern bei Grenzüberschreitung[51]. Auch tatsächliches Zusammenwohnen im Rahmen einer häuslichen Gemeinschaft (zB in einer studentischen Wohngemeinschaft) oder unverbindliche Begegnungen begründen für sich allein noch keine Garantenstellung iSd § 13, weil sonst bei den höchst unterschiedlichen Formen des menschlichen Zusammenlebens der Kreis der Schutzpflichtigen in unangemessener Weise ausgedehnt würde.

c) Tatsächliche und freiwillige Übernahme von Schutzpflichten

Ferner ergibt sich die Beschützergarantenstellung aus der freiwilligen **Übernahme von Schutz- und Beistandspflichten**, die oftmals, jedoch nicht zwangsläufig mit einer vertraglichen Vereinbarung einhergeht. Zu dieser Fallgruppe gehören etwa die Übernahme einer ärztlichen Behandlung[52], des Krankenpflegedienstes, des Hebammendienstes[53], der Aufgaben eines Babysitters[54], der Funktionen eines Bergführers oder Bademeisters. Maßgebend für die Begründung der Garantenstellung ist nicht die zivilrechtliche Gültigkeit der vertraglichen Vereinbarung, sondern die **faktische Übernahme** der betreffenden Schutzpflicht. Wesentliche Bedeutung kommt in diesem Zusammenhang der Frage zu, ob **im berechtigten Vertrauen** auf die zugesagte Hilfe und die Einsatzbereitschaft des Gewährübernehmers **andere Schutzmaßnahmen unterblieben** sind und unterbleiben durften[55]. **1183**

Beispiel: Sagt ein Babysitter seine Dienste zu, entsteht die Garantenstellung nicht bereits im Zeitpunkt des Vertragsschlusses, sondern erst mit Anwesenheit am Dienstort und tatsächlicher Übernahme der Schutzfunktion. Anderes gilt lediglich dann, wenn die Eltern im Vertrauen auf eine fest vereinbarte Uhrzeit kurz vor Dienstantritt die Wohnung verlassen.

Aus der Konzentration auf das faktische Element der Übernahme folgt, dass sich allein aus dem Vorliegen von Geschäftsbeziehungen noch keine Garantenstellung ergibt. Zwar sollen sich nach einer (allerdings umstrittenen) Rspr im Rahmen von Vertragsbeziehungen Garantenpflichten bei Vorliegen besonderer Umstände ausnahmsweise auch aus dem Grundsatz von Treu und Glauben (§ 242 BGB) ergeben[56]. Die neuere Rspr ist insoweit jedoch zunehmend restriktiver geworden und verlangt zumindest, dass eine bestimmte Person in besonderer Weise zum Schutz des gefährdeten Rechtsguts aufgerufen ist, sich alle übrigen Beteiligten auf das helfende Eingreifen dieser Person verlassen und verlassen dürfen[57] oder eine dauerhafte enge Geschäftsbeziehung mit besonderem Vertrauensverhältnis[58] besteht. Möglich ist die **1184**

---

49 BGH NJW 54, 1047.
50 OLG Stuttgart NJW 81, 182; OLG Hamm (Zivilsenat) NZV 05, 427; S/S-*Bosch*, § 13 Rn 23.
51 BGH NStZ 08, 276 m. Bespr. *Kühl*, HRRS 08, 359.
52 MK-StGB-*Freund*, § 13 Rn 173.
53 OLG Dresden StV 15, 120.
54 Bsp bei *Hardtung/Putzke*, AT, Rn 1016 f.
55 BGH NStZ 94, 84; *Roxin*, AT II, § 32 Rn 53; S/S-*Bosch*, § 13 Rn 27; vgl auch *Kaspar*, JuS 12, 628, 632.
56 BGHSt 6, 198.
57 BGHSt 59, 318.
58 BGHSt 46, 196; BGH wistra 15, 112; OLG Bamberg wistra 12, 279 m. krit. Bespr. *Beckemper*, ZJS 12, 697; OLG Naumburg StV 17, 117; vert. *Grünewald*, Zivilrechtlich begründete Garantenpflichten im Strafrecht?, 2001; *Wessels/Hillenkamp/Schuhr*, BT/2, Rn 505.

Herleitung einer Garantenstellung aus Vertrag aber dann, wenn dieser sich ausdrücklich auf Informations- oder Beratungspflichten bezieht[59].

d) Stellung als Amtsträger oder als Organ einer juristischen Person

1185 Schließlich leitet sich auch aus der mit einem besonderen Pflichtenkreis verbundenen **Stellung als Amtsträger** oder **als Organ juristischer Personen** die Eigenschaft eines Beschützergaranten ab. Die Frage, wieweit Amtspflichten zugleich Garantenpflichten begründen, ist umstritten und noch weitgehend ungeklärt. Nach überwiegender Ansicht kommt es maßgeblich auf die Art der Dienstpflicht und den jeweiligen Aufgabenbereich an.

Beispiele: Polizeibeamte trifft im Rahmen ihrer Dienstausübung in den Grenzen ihres örtlichen und sachlichen Verantwortungsbereichs die Pflicht zur Verhinderung von Straftaten und zum Schutz der Rechtsgüter des Einzelnen oder der Allgemeinheit[60]. Bei außerdienstlicher Kenntniserlangung von Straftaten trifft den Beamten ausnahmsweise eine Garantenpflicht, wenn es sich um Delikte handelt, die das öffentliche Interesse nachhaltig tangieren, was insbes. bei schweren Delikten der Fall ist[61]. Der **Geschäftsführer** eines Chemieunternehmens hat rechtlich dafür einzustehen, dass keine Gewässerverunreinigungen durch betriebliche Abwässer oder sonstige Stoffe eintreten[62].

6. Die Überwachergarantenstellung

1186 Hat der Unterlassende demgegenüber dafür einzustehen, dass sich aus bestimmten Gefahrenquellen keine Rechtsgutsverletzungen ergeben, spricht man von einer Überwachergarantenstellung.

a) Sicherungspflichten

1187 Derartigen Pflichten folgen aus **Verkehrssicherungspflichten** (etwa des Hausbesitzers, Grundstückseigentümers, des Halters von Kraftfahrzeugen oder des Inhabers eines gefährlichen Betriebes für die in seinen Verantwortungsbereich fallenden Gefahrenquellen), aus der **Pflicht zur Abwehr von Gefahren**, die auf dem Zustand von Sachen, Anlagen oder Einrichtungen in einem bestimmten sozialen Herrschaftsbereich beruhen[63], sowie aus der **freiwillige Übernahme** von Überwachungs- und Sicherungspflichten für andere[64].

---

59 Systematisierter Überblick über die Fallgruppe der Garantenstellung wegen Aufklärungs- und Informationspflichten bei *Nestler*, Jura 18, 897 ff.
60 Ebenso BGHSt 38, 388, 390; 59, 292 *(Fall Oury Jalloh)*; S/S-*Bosch*, § 13 Rn 52; enger *Ellbogen/Stage*, JA 05, 353, 355; abl. SK-*Rudolphi/Stein*, § 13 Rn 36, 54c; *Zaczyk*, Rudolphi-FS, S. 361, 368 f; fallbezogen: *Radtke/Meyer*, JuS 11, 521, 526.
61 OLG Nürnberg BeckRS 17, 130748 m. Bespr. *Jahn*, JuS 18, 181; näher *Beulke/Swoboda*, StPO, Rn 91; BeckOK-StGB-*Ruhmannseder*, § 258a Rn 6.
62 Vgl. *Rudolphi*, Lackner-FS, S. 878 f, SK-*Stein* § 13 Rn 74.
63 BGHSt 53, 38 m. Bespr. *Kraatz*, JR 09, 182 und *Renzikowski*, StV 09, 443; BGH NStZ 12, 319 *(Reinigungsmittelfall)* m. Anm. *Hecker*, JuS 12, 755; *Kudlich*, JA 12, 470; *Murmann*, NStZ 12, 387; *Oğlakcıoğlu*, NStZ-RR 12, 246; *Puppe*, ZIS 13, 45 und *Rengier*, Kühl-FS, S. 383; weiterführend *Otto*, Schroeder-FS, S. 339; *Wolf*, Schroeder-FS, S. 415; dazu auch unten Rn 1199.
64 Vgl BGHSt 19, 286; 30, 391; 47, 224 *(Wuppertaler Schwebebahn-Fall)* m. krit. Anm. *Freund*, NStZ 02, 424 und *Kudlich*, JR 02, 468; BGHSt 52, 159 *(Sattelschlepperfall)*.

424

Im Zusammenhang mit Verkehrssicherungspflichten ist es (anders als bei der in Rn 1196 erwähnten Fallgruppe der Ingerenz) belanglos, ob die Gefahrverursachung auf einem pflichtwidrigen Verhalten beruht oder mit einer sozialadäquaten, rechtlich erlaubten Betätigung verbunden ist[65]. Grund dafür ist, dass Außenstehende auf Gefahrenquellen in fremden Herrschaftsbereichen nicht einwirken dürfen und sich infolgedessen darauf verlassen müssen, dass derjenige, dem die Verfügungsgewalt und die Verantwortung innerhalb des eigenen Herrschaftsbereichs obliegt, die daraus herrührenden Gefahren unter Kontrolle hält und wirksame Sicherungsvorkehrungen gegen eine Schädigung seiner Mitmenschen trifft.

Beispiele: Dem **Haus- oder Wohnungsinhaber** kommt eine Überwachergarantenstellung hinsichtlich sachlicher Gefahren zu, die von seinem Haus bzw von seiner Wohnung ausgehen (zB Passant wird von herabfallendem Dachziegel tödlich getroffen). Bezüglich der Gefahren, die von sich in diesen Räumen befindenden ausgehen, ist er jedoch grundsätzlich kein Überwachergarant. Hier gilt jedenfalls im Ausgangspunkt das Prinzip der Eigenverantwortlichkeit (zB Begehung von Drogendelikten durch Gäste[66]). Eine Ausnahme gilt dann, wenn die Wohnung wegen ihrer besonderen Beschaffenheit und Lage eine Gefahrenquelle darstellt, die der Inhaber so zu sichern und zu überwachen hat, dass sie nicht zum Mittel für die leichtere Ausführung von Straftaten gemacht werden kann[67].

Für **Internet-Provider** ergeben sich Verkehrspflichten aus dem Telemediengesetz (TMG)[68]. Content-Provider, also Diensteanbieter, die eigene Informationen zur Nutzung bereithalten, haften gem. § 7 I TMG für diese immer voll. Wer dagegen nur den technischen Zugang zur Nutzung fremder Informationen ermöglicht, ohne diese selbst zu speichern (sog. Access- und Network-Provider), ist gem. § 8 TMG dem Grundsatz nach für den Inhalt nicht verantwortlich. Es besteht auch keine proaktive Kontrollpflicht, also keine Verpflichtung nach Straftaten zu suchen. Hostet der Provider aber Fremdinformationen, so ist er gem. § 10 TMG bei positiver Kenntnis (dolus directus 2. Grades, s. Rn 332)[69] für die Informationen verantwortlich. Kraft seiner Herrschaft über die Gefahrenquelle hat er also eine Garantenstellung inne[70]. Demgegenüber greift beim Caching, der nur zeitlich begrenzten Zwischenspeicherung, eine Haftung nur dann ein, wenn dem Provider die bereits anderweitig vorgenommene Aussonderung oder Sperrung bekannt ist (zu den Einzelheiten § 9 TMG)[71]. **1188**

b) Pflicht zur Beaufsichtigung Dritter/Geschäftsherrenhaftung

Auch aus der **Pflicht zur Beaufsichtigung Dritter** kann sich eine Überwachergarantenstellung ergeben (vgl § 357 StGB, § 41 WStG, § 108 SeemannsG)[72]. So muss zB **1189**

---

65 Vgl LK-*Weigend*, § 13 Rn 48 ff.
66 Vgl dazu BGH StV 07, 81; NStZ 10, 221 m. Bespr. Bosch, JA 10, 306; BGH NStZ 14, 164 m. Anm. Kretschmer, JR 14, 39; BGH HRRS 16 Nr 378.
67 Vgl BGHSt 30, 391, 396; MK-StGB-*Freund*, § 13 Rn 156; *Rengier*, AT, § 50 Rn 54 ff; LK-*Weigend*, § 13 Rn 5; vert. *Mähner*, Zur Garantenstellung aus Verantwortung für Räume und Grundstücke, 2015.
68 MK-StGB-*Freund,* § 13 Rn 159.
69 LG Berlin StV 15, 222, 223; BeckOK-Kommunikation-*Paal*, § 10 TMG Rn 24.
70 *Bode*, ZStW 127 [2015], 937; sehr str. aA ua *Malek/Popp*, Rn 113.
71 Weiterführende Informationen bei *Ceffinato*, JuS 17, 403; MK-StGB-*Freund*, § 13 Rn 158 ff; *Hörnle*, NJW 02, 1008; *Kudlich*, JA 02, 801; *Satzger*, in: Heermann/Ohly (Hrsg), Verantwortlichkeit im Netz, 2003, S. 161 ff; zur Problematik s. auch LG München I NJW 00, 1051 (*CompuServe-Fall*, Verbreitung harter Pornographie über das Internet).
72 Näher RGSt 53, 292; 71, 176; OLG Celle NJW 08, 1012 m. Anm. *Bosch*, JA 08, 471.

der Arzt in einer psychiatrischen Anstalt verhindern, dass sein Patient andere verletzt, der Leiter einer Strafvollzugsanstalt, dass seine Insassen Straftaten begehen.

1190 Nach wie vor unklar ist, ob bzw in welchem Ausmaß Unternehmensangehörige als Garanten zur Verhinderung unternehmensbezogener Straftaten verpflichtet sind (sog. **Geschäftsherrenhaftung**). In der Literatur stößt man insoweit auf ein breites Meinungsspektrum[73]: Richtigerweise wird man auch hier vom **Grundsatz der Eigenverantwortlichkeit** aller Mitarbeiter ausgehen müssen. Daraus folgt, dass eine strafrechtliche Einstandspflicht der Unternehmensverantwortlichen für unternehmensbezogene Straftaten von Mitarbeitern generell abgelehnt oder zumindest nur für den Fall befürwortet werden sollte, dass sich aus der Eigenart des Betriebs typischerweise besondere Gefahren für die Allgemeinheit ergeben, etwa weil gefährliche Produkte (wie bspw Waffen oder Chemikalien) oder potenziell verbraucherschädigende Arznei- oder Lebensmittel hergestellt und vertrieben werden[74].

1191 Überwiegend wird heute jedoch eine Überwachergarantenstellung des Unternehmensinhabers bzw der leitenden Angestellten aufgrund der bestehenden **Befehls- und Organisationsherrschaft** bzw der **Weisungsbefugnis** angenommen[75]. Diese Geschäftsherrenhaftung wird als sinnvoller Baustein einer „personifizierten Unternehmensdelinquenz" eingestuft, nach der Manager wegen ihrer Leitungsfunktion strafrechtlich zur Verantwortung gezogen werden können, wenn von ihnen oder ihren Untergebenen Straftaten aus dem Betrieb heraus begangen werden[76].

1192 Richtungweisend ist insbesondere die einschlägige BGH-Rechtsprechung seit den 90er Jahren des vorigen Jahrhunderts:

Beispiel (nach BGHSt 54, 44 – *Berliner Stadtreinigung*[77]): Sachbearbeiter G der Berliner Stadtwerke, einer Anstalt des öffentlichen Rechts, verschickt vorsätzlich falsch berechnete Gebührenbescheide an 170 000 Grundstückseigentümer mit einem überhöhten Entgelt von insge-

---

73 Zum Streitstand: *Bauer/Wißmann*, Schiller-FS, S. 15; *Bock*, Criminal Compliance, 2011, S. 317 ff; *Fischer*, § 13 Rn 67 ff; *Frisch*, Rogall-FS, S. 121, 131 ff; *Gimbernat*, Roxin I-FS, S. 651; *Hillenkamp*, in: Engländer ua, Strafverteidigung, S. 73; *Konu*, Die Garantenstellung des Compliance-Officers, 2014; *Mittelsdorf*, ZIS 11, 123, 125 ff; *Prittwitz*, in: Kuhlen ua, Compliance, S. 125; *Rogall*, ZStW 98 [1986], 573; *Roxin*, Beulke-FS, S. 239; *Spring*, Die strafrechtliche Geschäftsherrenhaftung, 2009, S. 123 ff; *Timpe*, StraFo 16, 237.
74 Gegen eine Garantenpflicht ua: BGHZ 194, 26 m. abl. Bespr. *Ch. Dannecker*, NZWiSt 12, 441; *Berndt*, StV 09, 689; *Beulke*, Geppert-FS, S. 23; *Frisch*, EWiR 10, 95; *Michalke*, AnwBl 10, 666; *Prittwitz*, in: Kuhlen ua, Compliance, S. 125; *Rotsch*, I. Roxin-FS, S. 490; SK-*Stein*, § 13 Rn 35a; *Schwarz*, wistra 12, 13; *Spring*, GA 2010, 222; *Stoffers*, NJW 09, 3176; *Warneke*, NStZ 10, 312; LK-*Weigend*, § 13 Rn 56; *Wittig*, § 6 Rn 56 ff; krit. auch *Momsen*, Puppe-FS, S. 757 ff, der eine gesetzliche Regelung fordert.
75 Für eine Garantenpflicht ua: *Barton*, RDV 10, 19; *Bitzilekis*, Neumann-FS, S. 749; *Bülte*, Vorgesetztenverantwortlichkeit, S. 127, 225; *Dann/Mengel*, NJW 10, 3265; *G. Dannecker/Ch. Dannecker*, JZ 11, 981, 988 ff; *Fischer*, § 13 Rn 68 ff; *Jahn*, JuS 09, 1142; *Knauer*, I. Roxin-FS, S. 474 ff; *Mosbacher/Dierlamm*, NStZ 10, 268; *Kuhlen*, NZWiSt 15, 121, 161; *Lindemann/Sommer*, JuS 15, 1057; *Murmann*, Grundkurs, § 29 Rn 64; *Ransiek*, Unternehmensstrafrecht, 1996, S. 36; *Rönnau/Schneider*, ZIP 10, 53, 57 f; *Roxin*, AT II, § 32 Rn 134 ff; *ders.*, Beulke-FS, S. 239; *Rübenstahl*, NZG 09, 1341; *Schall*, Rudolphi-FS, S. 267; *ders.*, Kühl-FS, S. 417; *Schmid*, JA 13, 835; *Schneider/Gottschaldt*, ZIS 11, 573, 575; *Schünemann*, wistra 82, 41; NK-*Gaede*, § 13 Rn 51; s. auch *Krause*, NStZ 11, 57, 60; vert. *Konu*, Die Garantenstellung des Compliance-Officers, 2014; *Blassl*, WM 18, 603.
76 BGH BeckRS 18, 2975; *Kuhlen*, wistra 16, 465.
77 BGHSt 54, 44 *(Berliner Stadtreinigung)* m. Anm. *Kretschmer*, JR 09, 474; *Spring*, GA 2010, 222 und *Stoffers*, NJW 09, 3176.

samt 23 Mio. € (strafbar als Betrug, § 263). In seiner Eigenschaft als Leiter der Innenrevision hat W das Verhalten des G zu überwachen. Obwohl er die Fehlerhaftigkeit der Bescheide erkennt, unternimmt er nichts. Kann er wegen Beteiligung an der Tat des G bestraft werden?

Der BGH hat eine Garantenstellung des W wegen seiner besonderen Stellung im Rahmen der öffentlich-rechtlichen Anstalt – zu Unrecht – bejaht.

Der BGH hat in dieser Entscheidung angedeutet, dass er **„Compliance"-Beauftragte**, also Unternehmensmitarbeiter, welche dafür zuständig sind, innerhalb des Unternehmens die Einhaltung aller Regeln zu kontrollieren[78], generell als Überwachergaranten einzustufen gedenkt. Dabei übersieht das Gericht, dass – als Kehrseite der allgemeinen Handlungsfreiheit – zu vollverantwortlichem Handeln fähige Menschen auch am Arbeitsplatz keiner allgemeinen Überwachung durch ihre Vorgesetzten bedürfen. Sie sind für die Folgen ihres Tuns selbst und allein verantwortlich. Ausnahmen von diesem Grundsatz haben in § 357 (Verleiten von Untergebenen zu einer Straftat) und vor allem in § 130 OWiG (Ordnungswidrigkeiten wegen Verletzung der Aufsichtspflicht in Betrieben und Unternehmen) eine in der Praxis wichtige Regelung erfahren. „Compliance"-Beauftragte sind deshalb keine Überwachergaranten hinsichtlich der Straftaten Unternehmensangehöriger. Ihr Strafbarkeitsrisiko wäre völlig unkalkulierbar und müsste überdies folgerichtig auch ihre Vorgesetzten bis hin zu den Mitgliedern der Unternehmensleitung treffen[79]. „Compliance"-Abteilungen beseitigen nicht die Eigenverantwortlichkeit der Mitarbeiter, sondern führen lediglich betriebsintern die von § 130 OWiG geforderte[80] Überwachung und Kontrolle durch.

Zu beachten ist, dass neben der aufgezeigten (Überwachungs-)Garantenstellung kraft Organisationsmacht je nach Fall infolge der arbeitsvertraglichen Fürsorgepflicht des Arbeitgebers (vgl § 618 BGB) auch eine **Beschützergarantenstellung** treten kann. Diese zwingt dann dazu, gegen Straftaten zulasten anderer Beschäftigter einzuschreiten. Ferner fungieren die Mitglieder der Aufsichts- und Leitungsorgane von Unternehmen sowie Personen, die im Unternehmen mit Kontrollaufgaben betraut sind (zB Mitglieder der Internen Revision), als Beschützergaranten im Hinblick auf Rechtsgüter des Unternehmens, also namentlich dessen Vermögen; insofern korrespondieren Garantenpflicht und Vermögensbetreuungspflicht im Sinne des § 266 Abs. 1[81].

1193 Bejaht man nicht bereits grds eine Garantenpflicht Unternehmensangehöriger, muss jedenfalls beachtet werden, dass sich diese immer nur auf die Verhinderung betriebsbezogener Straftaten erstrecken kann. **Betriebsbezogen** sind nach Ansicht des BGH nur Taten, die mit der Tätigkeit des Begehungstäters oder der Art des Betriebs in einem **inneren Zusammenhang** stehen, was etwa bei Bestechungsdelikten oder bei Betrugstaten zulasten Dritter regelmäßig der Fall sein dürfte. Auf Straftaten, die lediglich **„bei Gelegenheit"** der betrieblichen Tätigkeit verübt werden, erstreckt sich die Garantenstellung hingegen nicht. Sexuelle Übergriffe zulasten anderer Beschäf-

78 Vert. *Görling/Inderst/Bannenberg*, Corporate Compliance, 2010; *Hauschka*, Corporate Compliance, 3. Aufl. 2016; *Moosmayer*, Compliance, 3. Aufl. 2015; *Nieto Martin*, Tiedemann-FS, S. 485; *Sieber*, Tiedemann-FS, S. 449 sowie die Beiträge in: Kuhlen ua, Compliance.

79 Für eine Garantenpflicht der Aufsichtsratsmitglieder einer AG im Hinblick auf Straftaten des Vorstands: OLG Braunschweig NJW 12, 3798 m. zust. Anm. *Corsten*, wistra 13, 73.

80 Dazu Achenbach/Ransiek/Rönnau-*Achenbach*, 1. Teil 3. Kap. Rn 48 ff.

81 *Knauer*, I. Roxin-FS, S. 471; *Ransiek*, AG 10, 147, 150; s. auch OLG Braunschweig NJW 12, 3798, 3800 m. Anm. *Corsten*, wistra 13, 73 und *Rübenstahl*, NZWiSt 13, 267 (Garantenpflicht der Aufsichtsratsmitglieder einer AG im Hinblick auf Straftaten anderer Organmitglieder); s. auch BGH HRRS 17 Nr 513.

tigter werden folglich ebenso wenig erfasst wie der Diebstahl von Unternehmenseigentum. Jenseits dieser recht eindeutigen Fälle fällt es teils schwer, über die Betriebsbezogenheit einer Tat zu entscheiden.

1194 **Beispiel** (nach BGH NStZ 18, 648): G arbeitet in einem von seinem Bruder T geführten Spätkauf in Berlin. Er beschließt, sich die Infrastruktur und den Laden (abgeklebte Scheiben, separater Lagerraum hinter dem Verkaufstresen, hohe Kundenfrequenz) für Drogengeschäfte zu Nutze zu machen. T, der sich fast täglich und auch gemeinsam mit G in seinem Spätkauf aufhält, billigt die Drogengeschäfte im Bewusstsein, dass sein Laden optimale Bedingungen für illegale Geschäfte bereithält. Ist T wegen Beihilfe zum bewaffneten Handeltreiben mit Betäubungsmitteln strafbar?

Der BGH bejaht in diesem Fall die Betriebsbezogenheit der Drogengeschäfte. Diese seien Ausfluss der betrieblichen Tätigkeit des G als Verkäufer im Spätkauf, was auch die Einbindung von Stammkunden in den Betäubungsmittelhandel belege. Das Nichteinschreiten des T wertet der BGH daher als Verletzung der aus der Geschäftsherrenhaftung fließenden Pflicht, betriebsbezogene Straftaten durch Untergebene zu verhindern, weshalb T wegen Beihilfe durch Unterlassen strafbar sei.

Gegenbeispiel (nach BGHSt 57, 42 – *Mobbingfall*[82]): A ist Vorarbeiter in einer Kolonne eines städtischen Bauhofs, die im Grünflächen- und Friedhofsbereich eingesetzt ist. Die Kolonnenmitarbeiter B und C demütigen und mobben ihren Kollegen D ua durch Schläge mit einem Holzknüppel gegen den Oberkörper, wogegen A, der die Vorgänge beobachtet hat, auch im Wiederholungsfall nicht einschreitet. Ist A wegen §§ 223, 224 durch Unterlassen strafbar?

Der BGH verneint den Charakter der Betriebsbezogenheit der Taten, gegen die A hier nicht eingeschritten ist. Sie seien nur „bei Gelegenheit der Tätigkeit im Betrieb" begangen. A trifft somit keine Strafbarkeit nach §§ 223, 224, 13.

1195 Aus der ehelichen Lebensgemeinschaft allein folgt noch nicht die Pflicht, Straftaten des anderen **Ehegatten** zu verhindern[83]. Vielmehr gilt auch im Verhältnis von Eheleuten untereinander, von Eltern zu ihren volljährigen Kindern und von Kindern zu ihren Eltern das Prinzip der Eigenverantwortlichkeit: Erwachsene sind für ihr Tun und Lassen regelmäßig selbst verantwortlich[84]. Bei minderjährigen Kindern, insbes. bei strafunmündigen, muss jedoch gegen **bevorstehende Straftaten** eingeschritten werden[85]. Werden jedoch lediglich **Erziehungsmaßnahmen** unterlassen, scheidet eine Beteiligung durch Unterlassen (zumeist schon mangels Kausalität) aus[86].

c) Ingerenz

1196 Ferner ergibt sich die Überwachergarantenstellung aus einem **pflichtwidrigen gefährdenden Vorverhalten (Ingerenz)**. Jeder, der durch ein objektiv pflichtwidriges Tun oder Unterlassen für Rechtsgüter Dritter einen Schadenseintritt heraufbeschwört,

---

82 Dazu *Jäger*, JA 12, 392 und *Kudlich*, HRRS 12, 177; zust. *Roxin*, JR 12, 305; *Wagner*, ZJS 12, 704, 709; anders *Kuhn*, wistra 12, 297; *Mansdörfer/Trüg*, StV 12, 432; *Schall*, Kühl-FS, S. 428 ff; *Schramm*, JZ 12, 969, 971 f; zum Meinungsstand: *Basualto*, Frisch-FS, S. 333; *Bülte*, NZWiSt 12, 176; *ders.*, NZWehr 16, 45 (Bundeswehr); *Nietsch*, CCZ 13, 192; *Petermann*, Schiller-FS, S. 544 ff.
83 Zweifelnd auch BGHSt 19, 295, 297; anders noch RGSt 74, 283.
84 *Arzt*, JA 80, 64, 652; *Kretschmer*, Jura 06, 902; *S/S-Bosch*, § 13 Rn 53; HK-GS-*Tag*, § 13 Rn 18.
85 Vgl auch *Mitsch*, Jura 17, 792, 797 f (nicht § 19, sondern primär individuelle geistige und moralische Verfassung des Kindes als Bewertungskriterium).
86 Vgl *Bohnert*, Jura 99, 536; zT anders *Neuheuser*, NStZ 00, 174.

ist zur Abwendung des drohenden Erfolges und zu entsprechenden Rettungsmaßnahmen verpflichtet[87].

Beispiel: Lässt der Kraftfahrer K den Fußgänger F, den er zuvor im Rahmen eines fahrlässig verursachten Unfalls in rechtswidriger Weise verletzt hatte, an den Unfallfolgen versterben, macht er sich gem. §§ 211, 212, 13 strafbar.

Um die Konstellationen der Ingerenz-Garantenstellungen nicht übermäßig auszudehnen, kann nicht bereits jede pflichtwidrige Schaffung einer Gefahrenlage zur Begründung einer Garantenstellung genügen[88]. Vielmehr muss das Vorverhalten die **„nahe Gefahr"**[89] des Eintritts des tatbestandsmäßigen Erfolgs begründen; das heißt nichts anderes als dass zwischen gefährdendem Vorverhalten und Eintritts des tatbestandsmäßigen Unterlassungserfolgs ein (aus dem Bereich der objektiven Zurechnung bekannter, Rn 264) **Schutzzweckzusammenhang** vorliegen muss: Der Garant muss ein Gebot verletzt haben, welches dem Schutz der Rechtsgüter des Unterlassungsopfers zu dienen bestimmt ist[90].

Beispiel: Im obigen Beispiel hat K eine fahrlässige Körperverletzung an F begangen; dieser Tatbestand schützt die körperliche Integrität des F als dessen Individualrechtsgut. Zwischen der Verletzung der körperlichen Integrität und deren tödlichen Folgewirkungen besteht somit ein hinreichender Schutzzweckzusammenhang.

Gegenbeispiel: Die in einer Gruppe illegal einreisende Person P hat keine Garantenstellung aus Ingerenz für Leib und Leben der anderen illegal Miteinreisenden inne, da die entsprechende Strafvorschrift des § 95 I Nr. 3 AufenthG nicht dem Schutz eines Individualrechtsguts, sondern gem. § 1 AufenthG der Steuerung und Begrenzung des Zuzugs von Ausländern in die Bundesrepublik Deutschland dient.

Umstritten ist, ob auch derjenige als Garant den Erfolg abwenden muss, der mit seinem Vorverhalten gerade vorsätzlich diesen Erfolg zu erreichen suchte (**Versuchskonstellation**). **1197**

Beispiel: A schießt in Tötungsabsicht auf B. B geht verletzt und stark blutend zu Boden. A unternimmt nichts, um das Leben des B zu retten; sein Tod kommt ihm ja gelegen.

Die insbesondere von der früheren Rechtsprechung verneinte Tatbestandsmäßigkeit des Unterlassungsdelikts, weil die Annahme einer Garantenpflicht hier widersprüchlich wäre, insbesondere weil sich das Verhalten des Begehungstäters in einem unterlassenen Rücktritt erschöpfe, kann nicht überzeugen[91]. Denn wenn schon die fahrlässige Herbeiführung der Gefahr für das Entstehen einer Ingerenz-Garantenpflicht aus-

---

87 Näher BGHSt 38, 356, 358; BGH NStZ 92, 31 m. krit. Anm. *Neumann*, JR 93, 161; BGH NStZ-RR 09, 366 m. Anm. *Kudlich*, JA 10, 151; BGH BeckRS 14, 18558; *Arzt*, JA 80, 713; umfassend *Jakobs*, BGH-Wiss-FS, S. 29; *Roxin*, AT II, § 32 Rn 143; zur Frage der Garantenstellung von Lockspitzeln aus Ingerenz *Sowada*, Rengier-FS, S. 103 ff.
88 BGH NStZ 08, 276, 277 m. Bespr. *Wilhelm*, NStZ 09, 15.
89 Zum Kriterium der Gefahrnähe: BGHSt 54, 44, 47; BGH NStZ 13, 578; NK-*Gaede*, § 13 Rn 43.
90 Klar hierzu *Rengier*, AT, § 50 Rn 96 ff; s. auch BGHSt 37, 106, 115; BGH NStZ 08, 276, 277 m. Bespr. *Wilhelm*, NStZ 09, 15.
91 BGH StV 96, 131; NStZ 14, 155, 156 (letztlich offengelassen); ebenso *Hillenkamp*, Otto-FS, S. 287; vgl auch *Hilgendorf/Valerius*, AT, § 11 Rn 68 f; *Otto*, Lampe-FS, S. 512; *ders.*, Geppert-FS, S. 441.

reicht, muss dies erst recht für das vorsätzliche Vorverhalten gelten. Nur so ist auch die Strafbarkeit der Beteiligung Dritter an dem Unterlassen sichergestellt[92].

Im obigen Beispiel ist A durch den an B begangenen Tötungsversuch Garant für das Leben des B. Unterlässt er die gebotene Rettung macht er sich nach §§ 212, 13 (ggf sogar §§ 211, 13) strafbar. Das Begehungsdelikt verdrängt dann im Wege der Gesetzeskonkurrenz als *lex specialis* das Unterlassungsdelikt, es sei denn, es tritt bei der Tötung durch Unterlassen ein Mordmerkmal hinzu. Dann verdrängt der Mord durch Unterlassen das Tötungsdelikt durch aktives Tun[93].

1198   Ein Vorverhalten begründet zumindest dann keine Garantenstellung, wenn die Verletzung des Angreifers **durch Notwehr gerechtfertigt**, also rechtmäßig ist[94].

Wer durch einen rechtswidrigen Angriff eine Verteidigungshandlung eines anderen auslöst, die als Notwehrhandlung iSd § 32 gerechtfertigt ist, muss deren Auswirkungen dulden. Die Rechtsordnung erlegt dem Angegriffenen somit gerade keine Pflicht auf, die Rechtsgüter des Angreifers zu hüten. Er ist daher nicht (Ingerenz-)Garant für den Angreifer[95]. Vielmehr greift allenfalls die allgemeine Hilfspflicht nach § 323c.

Gleiches gilt nach hM bei **verkehrsgerechtem** Vorverhalten, zB bei der Verletzung eines anderen Verkehrsteilnehmers trotz fehlerfreier Fahrweise[96]. Es ginge zu weit, den sorgfaltsgerecht Handelnden mit der überaus schwerwiegenden Garantenhaftung zu belasten und ihn somit zum Hüter eines anderen Verkehrsteilnehmers zu bestellen, der durch sein eigenes verkehrswidriges Verhalten den Unfall herbeigeführt hat und daher die alleinige Verantwortung für die dadurch entstandene Gefahrenlage trägt[97]. In solchen Fällen bietet die allgemeine Hilfspflicht iSd § 323c dem hilfsbedürftig gewordenen Angreifer oder Unfallopfer ausreichend Schutz[98].

1199   Ob die von der hM vertretene Ansicht, dass ein rechtmäßiges Vorverhalten für sich allein keine Garantenstellung begründen könne (s. Rn 1198), schlechthin anzuerkennen ist oder in eng zu begrenzenden **Ausnahmefällen** nicht doch der Einschränkung bedarf, ist noch nicht abschließend geklärt. Denkbar erscheint etwa, die bloße **Benutzung von Kraftfahrzeugen** als Eröffnung einer Gefahrenquelle einzustufen, sodass eine daraus resultierende Garantenpflicht – ebenso wie bei den Garantenpflichten des Verkehrssicherungspflichtigen – nicht von der Pflichtwidrigkeit des Vorverhaltens abhängig wäre (s. Rn 1187)[99].

---

92 Statt aller *Freund*, NStZ 04, 123; S/S/W-StGB-*Kudlich*, § 13 Rn 23; *ders.*, JA 13, 551, 552; *Kühl*, AT, § 18 Rn 105a; *T. Walter*, NStZ 05, 241; fallbezogen *Steinberg/Wolf/Langlitz*, ZJS 13, 606, 607.
93 S. nur *Rengier*, AT, § 50 Rn 76.
94 BGHSt 23, 327; BGH NStZ 00, 414 m. Bespr. *Engländer*, JuS 01, 958; BGH NStZ 18, 84 m. zust. Anm. *Kudlich*, JA 18, 149, 151; *Hoffmann-Holland*, AT, Rn 767; *Ransiek*, JuS 10, 589; LK-*Rönnau/Hohn*, § 32 Rn 288; *R. Schmidt*, AT, Rn 801; *Walter*, Herzberg-FS, S. 503; *Zieschang*, AT, Rn 617; abw. ua *Kühl*, JA 14, 507, 511.
95 BGHSt 23, 327; *Kudlich*, JA 14, 587, 591.
96 BGHSt 25, 218; ebenso Baumann/Weber/Mitsch/Eisele-*Mitsch*, AT, § 21 Rn 71; AnwK-StGB-*Gercke*, § 16 Rn 14; *Rengier*, AT, § 50 Rn 82 ff; S/S-*Bosch*, § 13 Rn 35; LK-*Weigend*, § 13 Rn 45; aA *Herzberg*, JZ 86, 986 und JuS 71, 74; *Jakobs*, AT, 29/39 ff; ähnl. *Arzt*, JA 80, 712, 716.
97 BGHSt 25, 218, 222.
98 Vgl aber BGHSt 34, 82 m. krit. Anm. *Ranft*, JZ 87, 859; *Rudolphi*, JR 87, 162.
99 MK-StGB-*Freund*, § 13 Rn 123; *Frister*, AT, 22. Kap., Rn 29 ff; *Jakobs*, Zurechnung, S. 37; *Kindhäuser*, LPK, § 13 Rn 51; *Sowada*, Jura 03, 240; abw. *Roxin*, AT II, § 32 Rn 167; zum Ganzen *Hillenkamp/Cornelius*, AT, S. 247.

430

Allein durch eine vorangegangene aktive **Mitwirkung an fremder lebensbedrohlicher Selbstgefährdung** (o. Rn 269, 1134 f) lässt sich jedenfalls keine Ingerenz-Garantenstellung begründen. Soweit sich das Opfer selbst gefährdet, ist der daraus resultierende (Todes-)Erfolg dem Mitwirkenden nicht zuzurechnen, sein Verhalten ist daher auch nicht pflichtwidrig. Wer durch aktives Tun (straflos) an der Selbstgefährdung des Opfers mitwirken darf, muss den Erfolg auch nicht (strafbewehrt) abwenden, wenn die abstrakte Gefahr tatsächlich in eine reale Gefahr für das Leben des Opfers umschlägt.

1200

Beispiel: A lädt seinen Freund F zu sich in seine Wohnung ein. Sie nehmen dort Alkohol und Drogen zu sich. In einer frei zugänglich aufbewahrten Flasche hält A unverdünntes Gammabutyrolacton (GBL) bereit. Er trinkt davon wenige Milliliter stark verdünnt und weist F deutlich darauf hin, dass GBL keinesfalls unverdünnt getrunken werden dürfe, da dies tödlich sei. Gleichwohl trinkt F eine größere Menge unverdünntes GBL direkt aus der Flasche. Er bricht bewusstlos zusammen. In diesem Moment hätte sein Leben gerettet werden können. E holt jedoch keine Hilfe, sodass F kurze Zeit später verstirbt.

Der BGH hat eine Garantenstellung des A zwar bejaht und wegen der unterlassenen Rettung des F eine Strafbarkeit aus §§ 212, 13 angenommen. Die Selbstgefährdung, an der F straffrei mitwirken durfte, decke nicht den Eintritt des Todeserfolgs, sodass dann, sobald die abstrakte Gefährdung in eine reale Gefahr für das Leben des Opfers umschlage, eine Unterlassungstäterschaft aufgrund einer ursprünglich bestehenden Garantenstellung möglich sei[100]. Eine solche sah der BGH hier durch dessen Herrschaft über die Gefahrenquelle „Flasche mit giftigem Inhalt" als gegeben an. Diese Argumentation wird mit guten Gründen kritisiert, da sie auf eine „Umwandlung" der straflosen aktiven Fahrlässigkeitstat in ein strafbares vorsätzliches Unterlassungsdelikt hinausläuft[101]. Richtig ist auf jeden Fall, dass eine Selbstgefährdung für eine daran straflos mitwirkende andere Person keine Sonderverantwortlichkeit schaffen darf, die diese zum Garanten werden lässt[102]. Letztlich leitet der BGH hier aber aus der bloßen (nicht pflichtwidrigen) Mitwirkung im Vorfeld keine Ingerenz-Garantenstellung ab, vielmehr knüpft er an eine Stellung als Überwachergarant bzgl. der GBL-Flasche an. Fraglich bleibt dann aber, ob die hieraus folgende Garantenpflicht durch die freiverantwortliche Selbstgefährdung neutralisiert wird.[103]

▶ Beispielsfälle bei *Beulke*, Klausurenkurs I, Rn 244 und Klausurenkurs III, Rn 548

d) Inverkehrbringen von Produkten

Aufgrund ähnlicher Erwägungen begründet auch das **Inverkehrbringen von Produkten**, von denen bei bestimmungsgemäßer Verwendung wegen ihrer Beschaffenheit für den Verbraucher die Gefahr des Eintritts von Gesundheitsschäden ausgeht, eine Verpflichtung zu schadensverhütenden Maßnahmen. Erforderlich kann zB eine

1201

---

100 BGH NJW 2016, 176.
101 *Eisele*, JuS 16, 276; *Jäger*, JA 16, 392; *B. Kretschmer*, medstra 16, 167; *Schiemann*, NJW 16, 178; zweifelnd *Bosch*, Jura 16, 450.
102 Detailliert dazu *Hoven*, GA 2016, 16; zur Überlagerung der Garantenpflicht aus Ingerenz durch ebensolche aus einer Verkehrssicherungspflicht des Gastgebers oder Wohnungsinhabers: BGHSt 61, 21 m. Anm. *Bosch* Jura (JK) 16, 450; BGH NJW 17, 418 m. Anm. *Satzger*, Jura (JK) 17, 992.
103 Dies grds ablehnend *Zöller*, Rogall-FS, S. 299 ff; klausurmäßige Aufbereitung des *GBL-Falls* bei *Wolf/Langlitz*, ZJS 18, 611.

Rückrufaktion sein, wenn sich nachträglich Produktmängel herausstellen[104]. Das **Vorverhalten muss hier nicht pflichtwidrig** gewesen sein[105].

1202 Im **Fall 19a** war A als Garant aus enger natürlicher Verbundenheit verpflichtet, den Tod der Großmutter G abzuwenden. Nächste Familienangehörige wie Ehegatten, Verwandte in gerader Linie und Geschwister schulden sich gegenseitig Beistand und Hilfe bei **Gefahren für Leib oder Leben** (enger ist die Reichweite der Schutzpflicht bei Gefahren für Vermögenswerte). Einschränkungen, die im Einzelfall mit Rücksicht auf das Lebensalter, die Konstitution des Handlungspflichtigen oder u. U. auch bei fehlender effektiver Familiengemeinschaft denkbar sind, scheiden im vorliegenden Fall aus.

7. Die objektive Zurechnung des Erfolges

1203 Im Rahmen der **objektiven Zurechnung** ist unter dem Blickwinkel des **speziellen Pflichtwidrigkeitszusammenhanges** (s. Rn 304) zwischen Täterverhalten (hier: Unterlassen) und Erfolg danach zu fragen, ob der Eintritt des tatbestandsmäßigen Erfolges gerade auf der Pflichtwidrigkeit des Unterlassens beruht[106]. Zu bejahen ist das nur, wenn die Vornahme der gebotenen Rettungshandlung in der konkreten Gefahrensituation **mit an Sicherheit grenzender Wahrscheinlichkeit** zur Erhaltung des gefährdeten Rechtsgutes, dh zur Vermeidung des tatbestandlichen Erfolges, zu einer ins Gewicht fallenden Lebensverlängerung[107] oder (wie etwa im Verhältnis mehrerer Körperverletzungen zueinander) zu einer wesentlich geringeren Verletzung geführt hätte. Wäre der gleiche tatbestandliche Erfolg (wie etwa der Tod auf andere Weise) oder eine gleich schwerwiegende Werteinbuße auch bei pflichtgemäßem Verhalten als unmittelbare Folge der allein in Betracht kommenden Rettungshandlung eingetreten, ist der Pflichtwidrigkeitszusammenhang und damit die objektive Zurechnung zu verneinen. Dasselbe gilt – *in dubio pro reo* – wenn der Eintritt des gleichen tatbestandlichen Erfolges nicht ausgeschlossen werden kann.

Im Fensterwurffall (Rn 1174) waren wegen der fast absoluten Gewissheit, dass der Wurf die Kinder gerettet hätte, die Voraussetzungen für eine objektive Zurechnung des Erfolges (Tod beider Kinder) gegeben.

Strenger ist allerdings die sog. **„Risikoverringerungslehre"**, die eine Umkehrung der sog. „Risikoerhöhungstheorie" (s. Rn 306 ff) darstellt. Danach wird die Erfolgszurechnung schon dann bejaht, wenn die gebotene Handlung das Risiko des Erfolgseintritts merklich verringert hätte[108].

---

104 BGHSt 37, 106 *(Ledersprayfall)* m. Bespr. *Beulke/Bachmann*, JuS 92, 737.

105 Vert. dazu *Bloy*, Maiwald-FS, S. 35; *Bode*, BGH-Prax-FS, S. 515; *Böse*, wistra 05, 41; *Di Lorenzo*, Probleme der strafrechtlichen Produkthaftung, 2013; *Kudlich/Oğlakcıoğlu*, Wirtschaftsstrafrecht, 2. Aufl. 2014, Rn 124 ff; Achenbach/Ransiek/Rönnau-*Kuhlen*, 2. Teil 1. Kap. Rn 5 ff; *ders.*, Eser-FS, S. 359; *Otto*, Hirsch-FS, S. 291; *Puppe*, JZ 94, 1147; *Roxin*, AT II, § 32 Rn 198 ff; *Schünemann*, Amelung-FS, S. 316; schöner Klausurfall bei *Esser*, Jura 04, 273.

106 Vgl BGHSt 37, 106, 116; *Stree*, Klug-FS, S. 395; s. dazu auch *Kahlo*, Das Problem des Pflichtwidrigkeitszusammenhanges bei den unechten Unterlassungsdelikten, 1990, S. 306; *ders.*, GA 1987, 66; abw. Matt/Renzikowski-*Haas*, § 13 Rn 13 (Frage der hypothetischen Kausalität).

107 BGH NStZ 85, 26; 87, 505.

108 *Greco*, ZIS 11, 674; *Otto*, Jura 01, 275; zur Versuchsproblematik bei vorsätzlich unterlassener Risikoverminderung: *Kaspar*, AT, § 10 Rn 35; *Roxin*, AT II, § 31 Rn 46 ff; *Stratenwerth/Kuhlen*, AT, § 13 Rn 55.

Diese ist jedoch abzulehnen, da andernfalls auch im Unterlassungsbereich Verletzungsdelikte quasi in Gefährdungsdelikte umgedeutet würden[109].

Ist das Grunddelikt einer **Erfolgsqualifikation** (s. Rn 38) ein unechtes Unterlassungsdelikt, so ist der tatbestandspezifische Gefahrzusammenhang zumindest dann gegeben, wenn dem unterlassenden Garanten anzulasten ist, die zum spezifischen Erfolg führenden Gewalthandlungen (etwa) eines aktiv Handelnden nicht verhindert zu haben[110]. **1204**

Beispiel (nach BGH NStZ 2017, 410[111]): Stirbt das Kleinkind infolge der körperlichen Misshandlungen des Vaters und unternimmt die Mutter trotz deutlicher Wahrnehmung der Schreie hiergegen nichts, macht sich die Mutter nur dann nach §§ 227, 13 strafbar, wenn sie die Eignung der Körperverletzungshandlung erkennt, eine Todesgefahr zu begründen und trotzdem nicht einschreitet.

Im **Fall 19a** war das Unterlassen des A mitursächlich für den „Flammentod" der G. Da diese **am Leben geblieben** wäre, wenn A sie (an Stelle des B) mithilfe der Leiter aus dem brennenden Haus gerettet hätte, ist auch an der objektiven Zurechenbarkeit des Todeserfolges nicht zu zweifeln.

8. Die Gleichwertigkeit von Tun und Unterlassen

Nach § 13 I Hs. 2 („Entsprechungsklausel") hängt die strafrechtliche Haftung des Garanten weiter davon ab, dass sein Unterlassen hinsichtlich der Erfolgsabwendung der Verwirklichung des gesetzlichen Tatbestandes durch ein aktives Tun entspricht (sog. Modalitätenäquivalenz). Eigenständige Bedeutung kommt diesem Tatbestandsmerkmal[112] dort nicht zu, wo sich der Tatbestand als reines Erfolgsdelikt mit der beliebigen Erfolgsverursachung begnügt. **1205**

Hier genügt in der Klausur der Hinweis, dass das Unterlassen einem Tun entspricht (§ 13 I Hs. 2).

Wenn der Tatbestand die Art und Weise der Erfolgsherbeiführung näher kennzeichnet, erfordert er einen besonderen Handlungsunwert, der sich – wegen der Entsprechungsklausel – auch im Unterlassungsbereich wiederfinden muss. Die hM bezieht dies auf die sog. **verhaltensgebundenen Delikten**, die näher beschreiben, auf welche bestimmte Weise der Erfolg herbeigeführt werden muss, zB bei § 211 II 2. Gruppe (Heimtücke etc), bei § 240 (Zwang), bei § 263 (Täuschung)[113]. Diese „Verhaltensmodalitäten" müssen dann auch bei einem Unterlassen vorliegen.

---

109 MK-StGB-*Freund*, Vorbem. § 13 Rn 311, § 13 Rn 323; *Hoyer*, Rudolphi-FS, S. 95; *Marinucci*, Maiwald II-FS, S. 494 ff; *Murmann*, Grundkurs, § 29 Rn 25; *Ransiek*, JuS 10, 496; *Rengier*, AT, § 49 Rn 16; *ders.*, Wolter-FS, S. 208 ff.
110 Vgl BGH NStZ 17, 410 m. Bespr. *Satzger*, Jura (JK) 17, 1452; BGH NJW 2017, 418; s. auch BGH NStZ 95, 589; NJW 17, 418 m. Bespr. *Satzger*, Jura (JK) 17, 992; dazu auch unten Rn 1199.
111 S. hierzu auch Bespr. *Engländer* NStZ 18, 135.
112 Anders *Hertel*, Ad legendum 13, 68 (objektive Bedingung der Strafbarkeit); zutr. *Fahl*, JA 13, 674.
113 BGH StV 16, 435, 438; *Ingelfinger*, GA 1997, 573; *Ransiek*, JuS 10, 589; *Roxin*, AT II, § 32 Rn 218; *Satzger*, Jura 11, 749; S/S-*Bosch*, § 13 Rn 4; LK-*Weigend*, § 13 Rn 77; abw. *Arzt*, JA 80, 712, 717; *Kargl*, ZStW 119 [2007], 250; *Perdomo-Torres*, Jakobs-FS, S. 497.

433

Da sich das besondere Handlungsunrecht aber nicht nur aus objektiven, sondern auch aus subjektiven Elementen zusammensetzt (s. Rn 207), ist dieser Ansatz ergänzungs- und konkretisierungsbedürftig. Allgemeiner ist zu prüfen: Impliziert das Handlungsunrecht das Erreichen eines – vom eigentlichen tatbestandlichen Erfolg – abtrennbaren Zwischenerfolges, so muss auch im Falle eines Unterlassens ein solcher Zwischenerfolg erreicht werden; ansonsten entspricht das Unterlassen schon strukturell nicht einem aktiven Tun (zB bei einem grausamen Mord ist der Eintritt der Qualen beim Opfer der sowohl für ein Tun wie für ein Unterlassen erforderliche Zwischenerfolg). Soweit im Handlungsunrecht eines Tatbestands keinerlei Zwischenerfolg erkennbar ist, wird durch das Verhaltensunrecht allein die verbrecherische Intensität gekennzeichnet. Ob diese beim Unterlassen dann diejenige des aktiven Tuns erreicht, muss dann anhand des jeweiligen Einzelfalls entschieden werden (zB in der Konstellation eines Verdeckungsmordes).

Ausführlich hierzu und zu einzelnen Anwendungsbeispielen s. *Satzger*, JURA 11, 749.

1206 Im **Fall 19a** bedarf es über die Garantenstellung des A hinaus keiner zusätzlichen Gleichwertigkeitsprüfung iSd „Entsprechungsklausel" des § 13 I, weil § 212 als reines Erfolgsdelikt keine besondere Begehungsweise und keinen speziellen Verhaltensunwert voraussetzt.

9. Der Unterlassungsvorsatz

1207 Der für Begehungsdelikte geltende Grundsatz, dass **Vorsatz** „Wissen und Wollen der Tatbestandsverwirklichung" ist (s. Rn 316), passt für Unterlassungen nur sinngemäß, da es hier an einem von Verwirklichungswillen getragenen aktiven Tun fehlt. Vorsätzliches Unterlassen ist die **Entscheidung zwischen Untätigbleiben und möglichem Tun**[114]. Gegenstand des Vorsatzes ist bei den unechten Unterlassungsdelikten die Gesamtheit der den objektiven Tatbestand erfüllenden Merkmale unter Einschluss der die Garantenstellung begründenden Umstände. Zum Tatbestandsvorsatz gehört der Wille zum Untätigbleiben in Kenntnis aller objektiven Tatbestandsmerkmale und in dem Bewusstsein, dass die Abwendung des drohenden Erfolges möglich ist[115]. Für den Unterlassungsvorsatz genügt auch *dolus eventualis*[116].

Der **Irrtum** über die Garantenstellung ist ein Tatbestandsirrtum (§ 16 I 1); der Irrtum über die Garantenpflicht als solche ist dagegen ein dem Verbotsirrtum (§ 17) entsprechender „Gebotsirrtum"[117] (vgl Rn 1215).

1208 Im **Fall 19a** existiert zwar eine Garantenstellung aus enger familiärer Verbundenheit, aber A erkennt dies nicht, sondern hält die G für eine Nachbarin. Dieser gegenüber besteht jedoch keine Garantenstellung. Somit entfällt der Tatbestandsvorsatz, § 16 I 1. Der A ist deshalb nicht wegen vorsätzlicher Tötung durch Unterlassen (§§ 212, 13) strafbar. Eine Bestrafung wegen fahrlässiger Tötung durch Unterlassen, die gem. § 16 I 2 möglich bleibt, scheidet hier schon deshalb aus, da aufgrund der Unvermeidbarkeit des Irrtums kein Sorgfaltspflichtverstoß erkennbar ist.

---

114 BGHSt 19, 295, 299; 46, 373, 379.
115 Vgl BGH StV 85, 229 m. Anm. *Schünemann*.
116 BGH NStZ 00, 414 m. zust. Anm. *Engländer*, JuS 01, 960; *Kudlich/Hoven*, Rogall-FS, S. 209, 216 ff.
117 BGHSt 16, 155; vert. *Satzger*, Jura 11, 432.

10. Die Beteiligung am Unterlassen/durch Unterlassen

a) Beteiligung durch positives Tun an einem Unterlassungsdelikt 1209

Wer sich durch positives Tun an einem Unterlassungsdelikt beteiligt, kann sowohl Mittäter als auch Anstifter oder Gehilfe sein[118]. Da es sich insoweit um eine Begehungstat handelt, ist eine **Garantenstellung nicht erforderlich**. Nach zutreffender hM gelten hier die allgemeinen Abgrenzungsregeln zwischen Täterschaft und Teilnahme (s. Rn 804 ff)[119].

Beispiel: Heimwerker E hat sich mit einer Stichsäge verletzt. Seine Ehefrau F sieht ihren Gatten blutüberströmt und bewusstlos am Boden liegen. F erkennt, dass E in Lebensgefahr schwebt. Plötzlich kommt Fs Liebhaber hinzu, der F bittet, den E seinem Schicksal zu überlassen und mit ihm ein neues Leben zu beginnen. F und L verlassen das Haus, billigend in Kauf nehmend, dass E ohne Hilfe versterben werde, was kurz darauf auch passiert. F ist Garantin gegenüber ihrem Ehegatten, sie macht sich nach §§ 212, 13 strafbar. L, der durch die aktive Bitte den Entschluss zum Unterlassen hervorgerufen hat, ist Anstifter hierzu, dass er nicht Garant gegenüber E ist, schadet nicht.

Weil die Garantenstellung aber ein strafbegründendes besonderes persönliches Merkmal darstellt, kommt dem teilnehmenden Nichtgaranten nach sehr umstrittener, aber richtiger Ansicht wegen des geringeren Unrechtsgehalts die obligatorische Strafmilderung gem. § 28 I (s. Rn 873) zugute[120].

b) Beteiligung durch Unterlassen an einem Begehungs- oder Unterlassungsdelikt 1210

Für eine Beteiligung durch Unterlassen ist demgegenüber **stets eine Garantenpflicht** erforderlich.

aa) Dies gilt nicht nur dann, wenn es sich um eine Beteiligung durch Unterlassen **an einem Unterlassungsdelikt** handelt[121].

Beispiel: M ist ungewollt Mutter geworden. Ihr wird mehr und mehr bewusst, dass ihr das Kind ihr auf Dauer bei der Ausübung ihrer geliebten Tätigkeit als Stewardess im Wege steht. Sie will es daher verhungern lassen. Sie teilt diesen Entschluss dem Vater V des Kindes mit, der in einem anderen Stadtteil wohnt. Dieser hört sich den Plan an, äußert sich nicht und lässt M gewähren. Einige Zeit später ist das Kind tot. Hier haben M wie V eine gleichartige Garantenstellung, beide unternehmen nichts, um das Kind am Leben zu erhalten. Beide sind mittäterschaftliche Unterlassungstäter eines Tötungsdelikts gegenüber dem Kind[122].

bb) Vielmehr gilt dies auch für die Beteiligung durch Unterlassen **an einem Begehungsdelikt**[123].

Beispiel (nach BGH NStZ 2013, 578[124]): A will einen bewaffneten Banküberfall durchführen. F ist sein in alles eingeweihter Fahrer. Kurz nachdem A ausgestiegen ist, verlässt ihn der Mut.

---

118 Vgl BGH NStZ 98, 83.
119 *Hillenkamp/Cornelius*, AT, S. 255; *Satzger*, Jura 15, 1055; LK-*Weigend*, § 13 Rn 86 f; s. auch *Hoffmann-Holland*, AT, Rn 798 ff.
120 S. die ausführliche Begründung bei *Satzger*, Jura 15, 1055; ebenso *Fischer*, § 28 Rn 5a; abw. Matt/Renzikowski-*Haas*, § 28 Rn 15; Lackner/Kühl-*Kühl*, § 28 Rn 6.
121 Vgl BGHSt 37, 106, 129; *Bachmann/Eichinger*, JA 11, 509.
122 *Satzger*, Jura 15, 1055, 1063 f.
123 Vgl BGHSt 38, 356, 360.
124 S. hierzu auch *Satzger*, JK 11/13, StGB § 27/25.

Er erklärt dem F, dass er die Tat nicht begehen werde und entfernt sich, wobei er die Waffe auf dem Rücksitz zurücklässt und korrekt davon ausgeht, dass nun F den Überfall mit der Waffe begehen werde. Betrachtet man das Liegenlassen der Waffe als Unterlassen (der Mitnahme), so beteiligt sich A durch dieses Unterlassen (wegen seiner fehlenden potentiellen Tatherrschaft) nur als Gehilfe an der Tat des F. Die erforderliche Garantenstellung des A ergibt sich aus Inge-renz (durch das gefahrerhöhende, pflichtwidrige Liegenlassen einer geladenen Pistole im Fahr-zeug des F).

cc) Noch nicht abschließend geklärt ist, ob neben der Allein- und Mittäterschaft des unterlassenden Garanten auch eine **mittelbare Täterschaft durch Unterlassen** denkbar ist:

Beispiel: Der mit der Beaufsichtigung eines Geisteskranken betraute Krankenpfleger K lässt es wissen- und willentlich geschehen, dass dieser einen Mitpatienten tätlich angreift.

Unstreitig ist das Ergebnis: K ist als Unterlassungstäter strafbar. Während ein Teil der Lehre in Fällen wie diesem aber eine unmittelbare Unterlassenstäterschaft annimmt[125], gehen die Rspr und die inzwischen wohl schon hL zutreffend von einer mittelbaren Täterschaft durch Unter-lassen aus[126]. Der Einwand, diese Rechtsfigur sei überflüssig oder gar dogmatisch unrichtig, weil die für die mittelbare Täterschaft angeblich zwingend erforderliche Einwirkung des Hin-termanns auf den Vordermann nicht durch bloßes Untätigbleiben erfolgen könne, überzeugt nicht. Mittelbare Täterschaft setzt nur voraus, dass das „Werkzeug" einen Defekt aufweist und der Hintermann das Geschehen kraft seines planvoll lenkenden Willens „in der Hand" hält (s. Rn 841). Beide Kriterien sind hier aber erfüllt.

1211 **dd)** Nicht minder umstritten ist, wie die Abgrenzung zwischen Täterschaft und Teilnahme vorzunehmen ist, wobei dieses Problem allein bei der **Abgrenzung zwi-schen Täterschaft und Beihilfe** relevant wird. Die Rspr stellt auch hier überwiegend auf subjektive Kriterien, insbes. auf das Interesse am Taterfolg und subsidiär auf die Tatherrschaft ab[127]. Andere halten den Unterlassenden, der an einem Begehungsdelikt teilnimmt, immer für einen Gehilfen[128] oder umgekehrt wegen der ihm obliegenden Garantenpflicht (Pflichtdelikt) immer für einen Täter[129]. Wieder andere stufen den Beschützergaranten (s. Rn 1180 ff) stets als Täter, den Überwachergaranten (s. Rn 1186 ff) lediglich als Teilnehmer ein[130]. Vorzugswürdig erscheint es, auch hier

---

125 *Gropp*, AT, § 10 Rn 68 f; S/S-*Heine/Weißer*, § 25 Rn 57; *Jescheck/Weigend*, AT, § 62 IV 2; MK-StGB-*Joecks*, § 25 Rn 182; *Krey/Esser*, AT, Rn 1185; S/S/W-StGB-*Kudlich*, § 13 Rn 49; *Kühl*, AT, § 20 Rn 267; *Mosenheuser*, Unterlassen und Beteiligung, 2009, S. 123; *Otto*, Grundkurs AT, § 21 Rn 108; *Rengier*, AT, § 51 Rn 5; *Roxin*, AT II, § 31 Rn 175; *Streng*, ZStW 122 [2010], 1, 16 f; LK-*Weigend*, § 13 Rn 85; NK-*Gaede*, § 13 Rn 27.

126 BGHSt 40, 257, 266; 48, 77, 89 ff *(Politbürofall)* m. abl. Anm. *Knauer*, NJW 03, 3101; *Brammsen*, NStZ 00, 337; Baumann/Weber/Mitsch-Eisele-*Eisele*, AT, § 25 Rn 151 f; *Frister*, AT, 27. Kap., Rn 47; *Kindhäuser*, AT, § 39 Rn 37; LK-*Schünemann*, § 25 Rn 214; HK-GS-*Tag*, § 13 Rn 29.

127 BGHSt 54, 44, 51; NJW 66, 1763 *(Schamhaarfall)*; NStZ 09, 321 m. Anm. *Bosch*, JA 09, 655; NStZ 12, 379 *(Würgefall)*; BeckRS 18, 13259 m. Bespr. *Eisele*, JuS 19, 77 sowie NStZ 19, 341 m. krit. Anm. *Hecker*, JuS 19, 400.

128 S/S/W-StGB-*Kudlich*, § 13 Rn 4; *Kühl*, AT, § 20 Rn 230; LK-*Weigend*, § 13 Rn 95; *Yamanaka*, Schünemann-FS, S. 562.

129 *Bachmann/Eichinger*, JA 11, 105, 107; *M. Heinrich*, S. 320; *Kindhäuser*, Hollerbach-FS, S. 649; *Ro-xin*, Täterschaft, S. 739, 750; *ders.*, AT II, § 31 Rn 140 ff; *Sanchez-Vera*, Pflichtdelikt und Beteili-gung, 1999, S. 147, 177; *Stratenwerth/Kuhlen*, AT, § 14 Rn 13; NK-*Gaede*, § 13 Rn 26; leicht modi-fizierte Pflichtdeliktslehre bei *Noll*, ZStW 1007 [2018], 1031 f.

130 *Herzberg*, S. 82 ff; *Krey/Esser*, AT, Rn 1182; im Ansatz ebenso *Bosch*, JA 07, 418; *Haas*, ZIS 11, 392; Maurach/Gössel/Zipf-*Renzikowski*, AT/2, § 49 Rn 91; diff. *Otto*, Grundkurs AT, § 21 Rn 50, *Murmann*, Beulke-FS, S. 193.

auf die Tatherrschaft abzustellen (s. Rn 809)[131]. Im Unterlassungsbereich kann diese jedoch nicht identisch wie bei den Begehungsdelikten verstanden werden. Es kommt vielmehr im Rahmen der normativen Wertung auf den Grad der potenziellen Einflussmöglichkeiten des Garanten an. Man sollte daher von „potenzieller Tatherrschaft" sprechen, wobei als Indiz für deren Vorliegen gewertet werden kann, ob der Beteiligte, hätte er seine Handlungspflicht erfüllt, als Täter oder als Gehilfe eingestuft werden müsste.

▸ Beispielsfälle bei *Beulke/Zimmermann*, Klausurenkurs II, Rn 29 und *Beulke*, Klausurenkurs III, Rn 106

III. Rechtswidrigkeit und rechtfertigende Pflichtenkollision

Durch die Verwirklichung des Unrechtstatbestandes wird auch bei Unterlassungsdelikten die Rechtswidrigkeit indiziert. Sie kann aber durch Rechtfertigungsgründe ausgeschlossen sein. Neben den allgemeinen Rechtfertigungsgründen kommt insbes. die **rechtfertigende Pflichtenkollision** in Betracht. Eine Pflichtenkollision liegt vor, wenn den Normadressaten mehrere **rechtlich begründete, letztlich aber unvereinbare Handlungspflichten** in der Weise treffen, dass er die eine nur auf Kosten der anderen erfüllen kann. Er befindet sich also in einem Dilemma, weil er notwendig eine von ihnen verletzen muss, wie auch immer er sich verhält.

Dagegen handelt es sich nicht um eine echte Pflichtenkollision, wenn eine der kollidierenden Rechtspflichten aus Gründen der Subsidiarität zurücktritt. In diesem Falle liegt eine bloße **Scheinkollision** vor, da in Wahrheit nur eine Pflicht besteht (vgl Rn 1234). Das gilt insbesondere, wenn sich eine Handlungs- und eine Unterlassungspflicht gegenüberstehen (wie oben im **Fall 9b** das Gebot zur Rettung des schwer verletzten S und das Verbot eines Eingriffs in die körperliche Unversehrtheit des zur Blutspende nicht bereiten P). Hier kommen nur die Regeln des rechtfertigenden Notstandes in Betracht (s. Rn 456 ff, 485)[132].

Nach den Grundsätzen der rechtfertigenden Pflichtenkollision handelt der Täter nicht rechtswidrig, wenn er bei rangverschiedenen Pflichten die **höherrangige** auf Kosten der zweitrangigen Pflicht und bei gleichwertigen Pflichten eine von beiden erfüllt. Die Verneinung der Rechtswidrigkeit folgt hier daraus, dass der Normadressat unter den gegebenen Umständen nicht beide Handlungspflichten zugleich erfüllen kann und dass im erstgenannten Fall die höher zu bewertende Pflicht den Vorzug verdient, während es bei der Kollision gleichwertiger Handlungspflichten zum Unrechtsausschluss genügen muss, dass der Täter sich im Rahmen seines Handlungsvermögens überhaupt pflichtgerecht verhält. Im Widerstreit **gleichwertiger Rettungspflichten** lässt die Rechtsordnung dem Normadressaten also die Wahl, sich für die eine oder die

1212

1213

---

131 MK-StGB-*Joecks*, § 25 Rn 281; Maurach/Gössel/Zipf-*Renzikowski*, AT/2, § 49 Rn 87; *Ransiek*, JuS 10, 680; *Rengier*, JuS 10, 284; HK-GS-*Tag*, § 13 Rn 28; weiterführend *Hillenkamp/Cornelius*, AT, S. 172; *Hoffmann-Holland*, ZStW 118 [2006], 620; *Mosenheuer*, Unterlassen und Beteiligung, 2009, S. 159 ff; SK-*Stein*, Vorbem. § 13 Rn 54; *Satzger*, Jura 15, 1055; *Schwab*, Täterschaft und Teilnahme bei Unterlassungen, 1996; fallbezogen *T. Zimmermann*, JuS 11, 629, 632.
132 *Kindhäuser*, LPK, § 34 Rn 56; *Küper*, Pflichtenkollision, S. 19, 29, 34; *Mitsch*, Rechtfertigung, S. 206.

andere zu entscheiden; er handelt rechtmäßig, mag er nun dieser oder jener Pflicht den Vorzug geben[133].

Das **Rangverhältnis der kollidierenden Pflichten** hängt dabei vom Wert der gefährdeten Güter (zB Leben, Gesundheit, Vermögen), der rechtlichen Stellung des Normadressaten zum geschützten Objekt (Garantenstellung oder bloße Hilfspflicht), der Nähe der Gefahr und der mehr oder weniger großen Wahrscheinlichkeit des Schadenseintritts ab.

Beispiel: Tochter T ist mit ihrer Freundin F aufs Meer hinausgeschwommen und von gefährlichen Strömungen erfasst worden. Der Vater V erkennt, dass er mit dem Seil nur noch eine Person retten kann, da für eine weitere Rettung das Seil zu kurz sein wird. Die Garantenpflicht für das Leben der Tochter (§§ 212, 13) ist gegenüber der nur allgemeinen Hilfspflicht aus § 323c gegenüber F vorrangig zu erfüllen. Die Subsidiarität der allgemeinen Hilfspflicht ergibt sich eindeutig aus § 323c, wonach eine Hilfeleistung dann nicht zumutbar ist, wenn mit ihr die Verletzung anderer wichtiger Pflichten verbunden ist[134].

1214 Im **Fall 19b** handelt es sich um die Kollision **zweier Garantenpflichten**; A war dem B wie der G als „Garant" zur Erfolgsabwendung verpflichtet. Verfehlt wäre es, die Rettung des B als vorrangig anzusehen, weil er noch in der „Blüte des Lebens" stand und G schon die Schwelle des Alters erreicht hatte. Für das Strafrecht ist jedes Leben absolut gleichwertig. A hat die Rettung der G also aufgrund einer rechtfertigenden Pflichtenkollision nicht rechtswidrig unterlassen.

IV. Die Vorwerfbarkeit des pflichtwidrigen Unterlassens

1. Der Irrtum über die Garantenpflicht

1215 Kennt der Unterlassende alle Umstände, die seine Garantenstellung begründen, glaubt er aber gleichwohl, die rechtlich geforderte Handlung unterlassen zu dürfen, so befindet er sich in einem **Gebotsirrtum** (Irrtum über die Garantenpflicht), der nach den gleichen Regeln zu behandeln ist wie der **Verbotsirrtum** bei einem Begehungsdelikt[135].

Die Entschuldbarkeit des Irrtums ist hier aber eher zu bejahen als bei Rechtsgutsverletzungen durch aktives Tun[136]. Zu berücksichtigen ist insoweit, was für eine Handlung das Gesetz verlangt, unter welchen konkreten Umständen dies geschieht und

---

133 *Gropp*, Hirsch-FS, S. 207; *Goeckenjan*, Joecks-GS, S. 81; *Küper*, JuS 87, 81, 89; *ders.*, Neumann-FS, S. 931; *ders.*, Rengier-FS, S. 67; S/S-*Sternberg-Lieben*, Vorbem. §§ 32 ff Rn 73 ff; *Mitsch*, JA 06, 509; LK-*Rönnau*, Vorbem. § 32 Rn 115 f; SK-*Stein*, Vorbem. § 13 Rn 45; *Satzger*, Jura 10, 753; ähnl. *Otto*, Jura 05, 472 (nicht rechtswidrig); anders *Jescheck/Weigend*, AT, § 33 V 2 (Schuldausschließungsgrund); zusammenfassend *Neumann*, Roxin I-FS, S. 421; *Scheid*, Grund- und Grenzfragen der Pflichtenkollision beim strafrechtlichen Unterlassungsdelikt, 2000, S. 99 (Tatbestandslösung); wie dieser MK-StGB-*Erb*, § 34 Rn 41 und *Jäger*, Rogall-FS, S. 171 ff; s. auch *Joerden*, Otto-FS, S. 331 (zur Erlaubniskollision).
134 *Beulke*, Küper-FS, S. 1; *B. Heinrich*, AT, Rn 516; S/S-*Sternberg-Lieben*, Vorbem. § 32 Rn 75; *Rönnau*, JuS 13, 113; *Roxin*, AT I, § 16 Rn 123; *Stratenwerth/Kuhlen*, AT, § 9 Rn 124; für Gleichwertigkeit der Pflichten *Joecks*, St-K, § 13 Rn 74 ff.
135 BGHSt GrS 16, 155; vert. *Satzger*, Jura 11, 432.
136 BGHSt 19, 295, 299.

wem die Handlungspflicht obliegt. Wo in außergewöhnlichen Notlagen ein rascher Handlungsentschluss gefasst werden muss und Leben gegen Leben steht, kann die Vorstellung vom Fehlen eines „Rettungsvorrechts" einen schuldausschließenden (zumindest aber schuldmindernden) Gebotsirrtum darstellen.

Im **Fall 19c** hat A in Bezug auf B den Tatbestand des Totschlags durch pflichtwidriges Unterlassen (§§ 212, 13) erfüllt. Eine rechtfertigende Pflichtenkollision liegt nicht vor, da A nur eine Garantenstellung in Bezug auf B innehat. Für eine Garantenstellung hinsichtlich der F fehlt es – trotz starker emotionaler Beziehung – an einem rechtlichen Fundament (s. Rn 1182). A hat jedoch geglaubt, sich so verhalten zu dürfen. Da dieser **Gebotsirrtum** jedenfalls in der konkreten Situation unvermeidbar war, ist A gem. § 17 entschuldigt.

1216

2. Die Zumutbarkeit normgemäßen Verhaltens

Rspr und Lehre stimmen weitgehend darin überein, dass auch bei den unechten Unterlassungsdelikten die Strafbarkeit des Untätigbleibens unter dem Vorbehalt der **Zumutbarkeit normgemäßen Verhaltens** (vgl Rn 711, 1146) steht[137]. Offen ist indessen, wo innerhalb des Prüfungsaufbaus diesem Gesichtspunkt Rechnung zu tragen ist. Besonders bedeutsam ist dabei, ob die (Un-)Zumutbarkeit bereits (wie bei den echten Unterlassungsdelikten[138], s. Rn 1233) auf Tatbestandsebene zu prüfen ist und somit schon die Handlungspflicht des Garanten als solche berührt.

1217

Die nur irrige Annahme des Garanten, ihm sei die Vornahme der objektiv erforderlichen Rettungshandlung nicht zuzumuten, wäre dann ein Tatbestandsirrtum gem. § 16 I 1, der den Vorsatz entfallen lässt. Die weitreichende Folge wäre dann, dass mangels vorsätzlicher Haupttat eine Teilnahme von vornherein ausgeschlossen wäre.

Mit Rücksicht darauf, dass das Gesetz einen Garanten iSd § 13 unter den dort genannten Voraussetzungen dem Begehungstäter gerade gleichstellt, ist davon auszugehen, dass die Zumutbarkeitsfrage nicht den Tatbestand[139] und auch nicht die Rechtswidrigkeit[140], sondern entsprechend den allgemeinen Regeln erst die **Schuld** berührt[141].

---

137 Näher BGHSt 48, 77, 89; BGH NStZ 84, 164; grds abl. MK-StGB-*Schlehofer*, Vorbem. § 32 Rn 305 ff; zum Ganzen *Momsen*, Zumutbarkeit, S. 385 ff.
138 Vgl § 138 und § 323c; zu Letzterem: BGHSt 11, 135 und 353; BGH FamRZ 64, 418.
139 Hierfür *Fischer*, § 13 Rn 81; Matt/Renzikowski-*Haas*, § 13 Rn 30; *Krey/Esser*, AT, Rn 1172; *Ransiek*, JuS 10, 586; NK-*Gaede*, § 13 Rn 17; s. auch BGH JR 94, 510 m. Anm. *Loos*; OLG Karlsruhe MDR 75, 771.
140 Hierfür *Gropp*, AT, § 11 Rn 55 f; *Köhler*, AT, S. 297.
141 BGHSt 6, 46, 57; *Jescheck/Weigend*, AT, § 59 VIII; *Kühl*, AT, § 18 Rn 140; LK-*Rönnau*, Vorbem. § 32 Rn 322 ff; *Roxin*, AT II, § 31 Rn 231; diff. *Küper*, Pflichtenkollision, S. 86 ff, 95, der bei Wahrung mindestens gleichwertiger Eigeninteressen eine rechtfertigende, im Übrigen nur eine entschuldigende Wirkung annimmt.

3. Die *omissio libera in causa*

1218

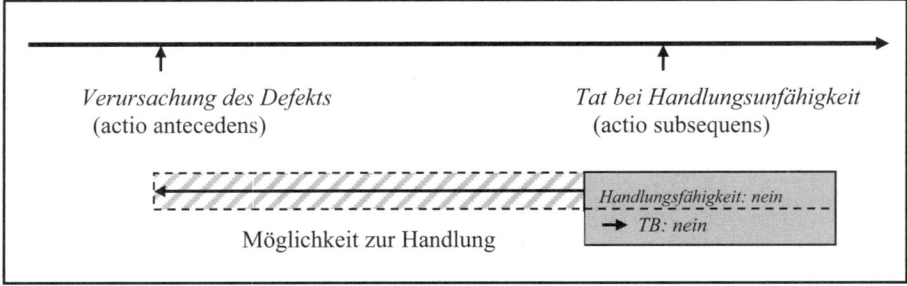

Die bei den Begehungsdelikten anerkannte *actio libera in causa* (Rn 654 ff) findet bei den Unterlassungsdelikten ihre Entsprechung in der *omissio libera in causa*[142]. Allerdings wird dieses Problem nicht erst im Bereich der Schuld, sondern schon im Tatbestand relevant. Denn dort ist ein wesentlicher Prüfungspunkt, ob dem Täter im Tatzeitpunkt die Vornahme der geforderten Handlung **physisch-real möglich** war (Rn 1169). Sorgt der Garant durch ein früheres Verhalten vorsätzlich dafür, dass ihm die Erbringung der gebotenen Rettungshandlung im Tatzeitpunkt unmöglich ist, soll dies seiner Strafbarkeit aus dem unechten Unterlassungsdelikt nicht entgegenstehen.

Beispiel: Der Rettungsschwimmer R betrinkt sich während der Dienstzeit sinnlos, wobei ihm bewusst ist, dass er in diesem Zustand keine Menschenleben mehr retten können wird, was er bezüglich der wenigen anwesenden Badegäste billigend in Kauf nimmt. Tatsächlich ertrinkt kurze Zeit später einer dieser Gäste, der bei ordnungsgemäßen Rettungsmaßnahmen durch R leicht zu retten gewesen wäre.

Trotz der aktuellen Handlungsunfähigkeit wird von der hL zu Recht eine Strafbarkeit nach den Regeln des Unterlassungsdelikts befürwortet (im Beispiel: §§ 212, 13). Dies folgt aus einer zeitlichen Vorwirkung des dem Unterlassungsdelikt zugrunde liegenden, sich an den Garanten richtenden Rettungsgebots: Diesen trifft eben auch schon im Vorfeld[143] das Verbot, sich zur Erfüllung des Gebots handlungsunfähig zu machen oder sich ihm in anderer Weise zu entziehen[144].

V. Der Versuch bei vorsätzlichen Unterlassungen

1219 Bei den **echten Unterlassungsdelikten**, die das StGB vorsieht, ist der Versuch nur vereinzelt mit Strafe bedroht (vgl § 283 III iVm § 283 I Nr 5 Alt. 1 und Nr 7b). Ein Unterlassungsversuch kommt hier in Betracht, wenn der Entschluss zum Untätigbleiben durch äußere Handlungen in hinreichend erkennbarer Weise manifestiert wird[145].

---

142 Lateinisch für „eine in der Ursache freie Unterlassung".
143 Wie weit diese Vorwirkung reicht, ist noch nicht abschließend geklärt, s. dazu *Satzger*, Jura 06, 513, 517.
144 *Satzger*, Jura 06, 513, 517; s. auch Baumann/Weber/Mitsch/Eisele-*Mitsch*, AT § 21 Rn 30; *Gimbernat*, Schünemann-FS, S. 351; *Kühl*, AT § 18 Rn 22; krit. *Baier*, GA 1999, 272; NK-*Gaede*, § 13 Rn 13.
145 S/S-*Eser/Bosch*, § 22 Rn 53; LK-*Hillenkamp*, Vorbem. §§ 22 ff Rn 102.

Praktische Bedeutung erlangt die Versuchsstrafbarkeit jedoch idR nur bei den nachfolgend erörterten **unechten Unterlassungsdelikten**.

Der **Versuchsaufbau** lässt sich aus dem Aufbauschema zum vollendeten unechten Unterlassungsdelikt ebenso einfach ableiten wie dies beim Begehungsdelikt der Fall ist: Vorab ist festzustellen, dass der Versuch überhaupt strafbar und eine Vollendung nicht eingetreten ist. Im Rahmen der Tatbestandsprüfung ist zunächst der subjektive Tatbestand in Form des Tatentschluss zu prüfen, bevor man sich dann dem objektiven Element des unmittelbaren Ansetzens zuwendet. Ein versuchtes unechtes Unterlassungsdelikt wird demnach wie folgt geprüft: **1220**

Aufbauschema zum versuchten unechten Unterlassungsdelikt **1221**

Vorprüfung

1. Strafbarkeit des Versuchs (Rn 937)

2. Fehlende Deliksvollendung (Rn 938 f)

I. **Tatbestandsmäßigkeit**
   1. Tatentschluss (Rn 940 ff)
     a) Eintritt des tatbestandlichen Erfolges
     b) Unterlassen der gebotenen und möglichen Handlung
     c) Ursächlichkeit des Unterlassens für den konkreten Erfolg
     d) Garantenstellung des Unterlassenden
       aa) Beschützergarantenstellung
       bb) Überwachergarantenstellung
     e) Objektive Zurechenbarkeit des Erfolgs
     f) Gleichwertigkeit von Tun und Unterlassen
   2. Unmittelbares Ansetzen (Rn 945 ff, 1222 f)

II. **Rechtswidrigkeit (Rn 395 ff, 1212 ff)**

III. **Schuld (Rn 619 ff)**

IV. **Persönliche Strafausschließungs- und Strafaufhebungsgründe**
    Insbes. Rücktritt gem. § 24 I und § 24 II (Rn 1002 ff)

---

1. Die Abgrenzung zwischen Vorbereitung und Versuch

Entspricht der erforderliche Tatentschluss dem subjektiven Tatbestand des vollendeten Unterlassungsdelikts, so bedarf die Abgrenzung zwischen Vorbereitung und Versuch einer etwas näheren Betrachtung. Zwar sind die am Begehungsdelikt entwickelten Grundsätze zur Bestimmung des **Versuchsbeginns** (s. Rn 945 ff) grundsätzlich auf die unechten Unterlassungsdelikte sinngemäß zu übertragen[146]. Maßgebend für die Frage, wann der Unterlassungstäter bei gegebenem Tatentschluss „zur Verwirklichung des gesetzlichen Tatbestandes unmittelbar ansetzt" (§ 22), ist danach der Beginn der Pflichtverletzung innerhalb einer konkreten Gefahrenlage. Die Rechtslehre stellte hier früher teils auf das Verstreichenlassen der ersten Rettungsmöglichkeit[147], **1222**

---

146 Näher BGHSt 38, 356; 40, 257, 268.
147 So ua *Herzberg*, MDR 73, 89; *Schröder*, JuS 62, 81.

teils auf die Versäumung der letzten Rettungschance ab[148]. Richtigerweise ist **wie folgt zu differenzieren**:

Wenn das geschützte Objekt nach der Vorstellung des Garanten bereits unmittelbar in Gefahr geraten und der **Eintritt des tatbestandlichen Erfolges nahe gerückt** ist, verlangt das Gesetz die sofortige Erfüllung der Rettungspflicht. Versuch ist hier zu bejahen, sobald der Garant aufgrund seines Tatentschlusses die **erste** zur Erfolgsabwendung geeignete Handlungsmöglichkeit ungenutzt verstreichen lässt, weil sich jede weitere Rettungsmöglichkeit für ihn als zufällig darstellt.

Beispiel: Fällt der Nichtschwimmer N ins Wasser, hat der hilfspflichtige Garant (zB Bademeister) sofort einzugreifen. Bei entsprechendem Vorsatz liegt ein Versuch gem. §§ 212, 22, 23 I vor, wenn die erste Rettungsmöglichkeit (zB Ergreifen des von N ausgestreckten Armes) nicht genutzt wird, mag die Rettung auch zu einem nachfolgenden Zeitpunkt und auf andere Weise noch möglich sein (zB durch Zuwerfen eines Rettungsringes oder Einsatz eines Rettungsbootes).

1223 Bei noch entfernter Gefahr und **mangelnder Erfolgsnähe** beginnt der Versuch in dem Zeitpunkt, in welchem die Gefahr in ein akutes Stadium tritt und der Garant weiter untätig bleibt oder in welchem dieser die Möglichkeit des rettenden Eingreifens aus der Hand gibt und dem Geschehen seinen Lauf lässt[149].

Beispiel: Findet der Streckenwärter S seinen Bruder B betrunken auf den Schienen einer Zugstrecke liegend vor, kommt der nächste Zug aber erst in einer Stunde, begründet ein Verzögern der Rettungshandlung noch keinen Tötungsversuch durch Unterlassen, solange sich die Situation für B nicht verschlechtert und das Risiko des Erfolgseintritts nicht erhöht. Versuch ist jedoch zu bejahen, wenn S auch in dem Zeitraum, in welchem mit dem baldigen Herannahen des Zuges zu rechnen ist, keine Rettungsmaßnahmen ergreift oder wenn S sich (gleichgültig zu welchem Zeitpunkt) ohne den Willen zu rechtzeitiger Rückkehr von der Gefahrenstelle fortbegibt und den B seinem Schicksal überlässt (s. zur vergleichbaren Argumentation bei der *omissio libera in causa* Rn 1218).

▶ Beispielsfälle bei *Beulke*, Klausurenkurs I, Rn 315 und Klausurenkurs III, Rn 632

2. Der Rücktritt vom Versuch des Unterlassens

1224 Die Rücktrittsregelung des § 24 (s. Rn 1002 ff) lässt sich auf den Unterlassungsversuch ebenfalls nur sinngemäß übertragen:

1225 **a)** Auch ein Unterlassungsversuch kann (subjektiv) **fehlgeschlagen** sein[150], sodass ein Rücktritt ausscheidet. Davon ist in erster Linie auszugehen, wenn der Täter erkennt, dass er den tatbestandsmäßigen Erfolg allein durch das Unterlassen nicht mehr bewirken könnte und ihm auch keine Mittel zur Verfügung stehen, den Erfolg durch positives Tun herbeizuführen.

Beispiel: Der Garantenpflichtige G unternimmt – mit Tötungsvorsatz – auch dann nichts, um den ins Wasser gefallenen Nichtschwimmer N zu retten, als dessen Tod durch Ertrinken bereits

---

148   So *Armin Kaufmann*, Unterlassungsdelikte, S. 210 ff; *Welzel*, Lb, S. 221.
149   S. dazu *Bosch*, Jura 11, 914; S/S-*Eser/Bosch*, § 22 Rn 50 f; MK-StGB-*Freund*, § 13 Rn 243; *Frisch/Murmann*, JuS 99, 1199; *Kudlich*, JA 08, 601; *Rönnau*, JuS 14, 109, 112; *Roxin*, AT II, § 29 Rn 217; SK-*Stein*, Vorbem. § 13 Rn 65 ff; krit. LK-*Hillenkamp*, § 22 Rn 148.
150   BGH NJW 03, 1057 m. zust. Anm. *Freund*, NStZ 04, 326; *Kudlich*, JR 03, 380.

nahe gerückt ist (Versuchsbeginn). Erkennt G nun, dass ein Dritter bereits erfolgreiche Rettungsmaßnahmen eingeleitet hat, ist sein Versuch (subjektiv) fehlgeschlagen. Selbst wenn nun G seinerseits ebenfalls rettend tätig werden würde, bliebe es aufgrund des Fehlschlags des Versuchs bei seiner Strafbarkeit aus dem versuchten Tötungsdelikt (s. Rn 1009).

b) Ein **unbeendeter Versuch** liegt vor, solange der Eintritt des tatbestandlichen Erfolges nach der Vorstellung des Täters noch durch **Nachholung der ursprünglich gebotenen Handlung** abzuwenden ist. **1226**

Beispiel: Will eine Mutter ihr Kleinkind verhungern lassen, ist der Versuch solange unbeendet, wie die Mutter annimmt, das Leben des Kindes durch Wiederaufnahme der normalen Ernährung erhalten zu können.

Holt der Täter die zunächst unterlassene Handlung in der irrigen Annahme nach, dass damit der Erfolgseintritt abgewendet werde, liegt das volle Erfolgsabwendungsrisiko – wie beim Rücktritt vom Begehungsdelikt (s. Rn 1062) – beim Täter. Tritt also der Erfolg ein, so wird er trotz der verspäteten Erfüllung der Garantenpflicht wegen vollendeter Tat bestraft[151].

c) **Beendet** ist der Versuch dagegen, sobald nach der Vorstellung des Täters die Nachholung der ursprünglich gebotenen Handlung für sich allein nicht mehr ausreicht, den tatbestandlichen Erfolg abzuwenden, vielmehr **andere Maßnahmen erforderlich** geworden sind. **1227**

Im vorherigen **Beispiel** gilt dies dann, wenn die Mutter die Rettung des schon entkräfteten Kindes nicht mehr durch Wiederaufnahme der normalen Nahrungszufuhr, sondern nur noch durch ärztliche Hilfe (künstliche Ernährung im Krankenhaus usw) erreichen zu können glaubt[152].

Die Gegenmeinung hält eine Unterscheidung zwischen dem unbeendeten und dem beendeten Unterlassungsversuch für entbehrlich, weil der Rücktritt beim unechten Unterlassungsdelikt stets in einer erfolgsabwendenden Tätigkeit bestehen müsse[153]. Dies ist jedoch nicht richtig. Ausnahmsweise kann ein rein passives Aufgeben der weiteren Tatausführung gem. § 24 I 1 Alt. 1 auch bei unechten Unterlassungsdelikten einen Rücktritt bewirken[154].

Beispiel: Vater V unternimmt mit seiner kleinen ungeliebten Tochter T eine Segeltour. Als Letztere aufgrund einer Unachtsamkeit über Bord fällt und – da sie Nichtschwimmerin ist – in Lebensgefahr gerät, fasst V den Entschluss, sie ertrinken zu lassen. Im letzten Moment gelingt es der T – zum Entsetzen des V –, ein Seil zu ergreifen und wieder aufs Schiff zu klettern. V verzichtet allerdings darauf, Ts Tod doch noch dadurch herbeizuführen, dass er sie ins Wasser stößt.

Der Versuch ist nicht fehlgeschlagen, weil V zwar erkennt, dass allein das Unterlassen der Rettung den Erfolg nicht herbeiführen kann, jedoch andere Mittel zu Verfügung stehen, um den

---

151 Vgl BGH NJW 00, 1730; NStZ 12, 29 *(Kindstodfall)* m. Anm. *Mandla*; *Fischer*, § 24 Rn 14a; aA Lackner/Kühl-*Kühl*, § 24 Rn 22a.

152 Wie hier: S/S-*Eser/Bosch*, § 24 Rn 27 – 30; *Kühl*, AT, § 18 Rn 152 ff; Maurach/Gössel/Zipf-*Gössel*, AT/2, § 40 Rn 106; *Wolter*, Zurechnung, S. 100, 259; anders *Frister*, AT, 24. Kap., Rn 24.

153 BGH NStZ 03, 252; *Freund*, AT, § 8 Rn 67; *Jakobs*, AT, 29/116; *Köhler*, AT, S. 482; *Roxin*, AT II, § 29 Rn 269; NK-*Gaede*, § 13 Rn 25; weitgehend auch *Küper*, ZStW 112 [2000], 1.

154 *Engländer*, JZ 12, 130; *Rengier*, AT, § 49 Rn 65; vgl auch BGH NStZ 10, 690, 692 *(Benzinfall)*; MK-StGB-*Hoffmann-Holland*, § 24 Rn 83; fallbezogen: *Abraham*, JuS 13, 903, 908 f.

Todeserfolg herbeizuführen (hier: Stoß ins Wasser). Daher konnte V hier vom Tötungsversuch durch Unterlassen gem. § 24 I 1 Alt. 1 zurücktreten, was er durch Unterlassen der Herbeiführung des Todes durch den Stoß ins Wasser bewirkt hat.

1228 d)   Auch ein **untauglicher Versuch** des Unterlassens ist denkbar[155], mit der Folge, dass ein Rücktritt solange möglich ist, wie der Unterlassungstäter die Untauglichkeit nicht erkennt.

Beispiel (nach BGH StV 98, 369): Bei einem heftigen Streit war E von ihrem Sohn S in eine Nische im Badezimmer gedrückt worden, sodass einzelne Körperpartien den Heizkörper berührten, der auf höchster Stufe lief. Aus eigener Kraft konnte sich E nicht mehr befreien. Nach mehreren Stunden – die E war mittlerweile durch die Hitzeeinwirkungen tödlich verletzt – fand der Ehemann M die E in ihrer hilflosen Lage. M unternahm zunächst nichts, um die E zu befreien, wobei er ihren Tod billigend in Kauf nahm. Später besann er sich eines Besseren und half der E, die jedoch kurz darauf verstarb.

Da E bereits tödlich verletzt war als M mögliche Rettungsmaßnahmen unterließ (fehlende Kausalität für Todeseintritt!), kommt nur ein versuchter Totschlag durch Unterlassen in Betracht, von dem M jedoch strafbefreiend zurückgetreten sein könnte. Dass M „die Vollendung der Tat nicht mehr verhindern konnte" schließt – entgegen dem BGH – nur die Vollendungsstrafbarkeit aus. Weil die unrettbar Sterbende ein **untaugliches Tatobjekt** war, handelte es sich hier um einen untauglichen Unterlassungsversuch. Der auf Begehungsdelikte zugeschnittenen Regelung des § 24 I 2 liegt der allgemeine Gedanke zugrunde, dass ein Rücktritt vom untauglichen Versuch solange möglich ist, wie der Täter die Untauglichkeit des Versuchs nicht erkannt hat. Wenn M daher in Unkenntnis der Unrettbarkeit der E ernsthaft und freiwillig deren Tod zu verhindern suchte, ist er strafbefreiend vom Tötungsversuch durch Unterlassen zurückgetreten[156].

VI.   Das fahrlässige unechte Unterlassungsdelikt

1229 Nicht nur vorsätzliche, sondern auch fahrlässige Erfolgsdelikte können – bei Vorliegen der Voraussetzungen des § 13 – durch ein Unterlassen verwirklicht werden, natürlich nur, soweit ein Straftatbestand explizit fahrlässiges Verhalten unter Strafe stellt (s. § 15).

Das **Prüfungsschema** folgt dann aus einer Ergänzung des Aufbaus des Fahrlässigkeitsdelikts um die Voraussetzungen des § 13 (Garantenstellung, Entsprechungsklausel), wobei an ein Unterlassen – anstelle eines aktiven Tuns – angeknüpft wird (Vorprüfung: Unterlassen?, Unterlassen der gebotenen Handlung, Quasikausalität zwischen Unterlassen und Erfolgseintritt).

---

155   Ebenso LK-*Hillenkamp*, § 22 Rn 193; gegen Strafbarkeit NK-*Zaczyk*, § 22 Rn 60.
156   So auch *Brand/Fett*, NStZ 98, 507; *Kudlich/Hannich*, StV 98, 370; *Kudlich/Schuhr*, JA 07, 349, 352; *Stuckenberg*, JA 99, 273; iE abl. *Küpper*, JuS 00, 225, 228 f.

Aufbauschema zum fahrlässigen unechten Unterlassungsdelikt　　　　　**1230**

Vorprüfung

Abgrenzung zwischen Tun und Unterlassen (Rn 1158 ff)

I. **Tatbestandsmäßigkeit**
　1. Eintritt des tatbestandlichen Erfolges
　2. Unterlassen der gebotenen und möglichen Handlung
　3. (Quasi-)Kausalität des Unterlassens für den konkreten Erfolg
　4. Garantenstellung des Unterlassenden
　　a) Beschützergarantenstellung
　　b) Überwachergarantenstellung
　5. Außerachtlassen der im Verkehr erforderlichen Sorgfalt bei objektiver Vorhersehbarkeit des tatbestandsmäßigen Erfolgs
　6. Objektive Zurechenbarkeit des Erfolgs unter Berücksichtigung des Schutzzwecks der Norm sowie des Pflichtwidrigkeitszusammenhanges

II. **Rechtswidrigkeit (Rn 395 ff, 1212 ff)**

III. **Schuld (Rn 619)**

　Insbes. subjektive Sorgfaltspflichtverletzung bei subjektiver Vorhersehbarkeit des tatbestandlichen Erfolges

---

Bereits oben (Rn 1159) wurde darauf hingewiesen, dass die **Abgrenzung zwischen**　　**1231**
Tun und Unterlassen im Fahrlässigkeitsbereich deshalb besondere Aufmerksamkeit verdient, weil die Fahrlässigkeit bereits generell durch ein Unterlassen, nämlich das „Außer-Acht-Lassen der erforderlichen Sorgfalt" geprägt ist. Dieses Wesensmerkmal jedes Fahrlässigkeitsdelikts darf daher nicht entscheidend für die Abgrenzung zwischen Tun und Unterlassen[157] bei der Ermittlung des Schwerpunkts des vorwerfbaren Verhaltens ins Gewicht fallen.

Nimmt der Täter eine gefahrträchtige Handlung vor, die nur unter Einhaltung von gebotenen Sicherungsmaßnahmen durchgeführt werden darf, welche der Täter aber unterlässt, so ist daher grundsätzlich von einem aktiven Tun auszugehen. Ein Unterlassen ist dann der richtige Anknüpfungspunkt, wenn das aktive Tun an und für sich unschädlich ist, sodass das der Schwerpunkt des Vorwurfs auf einem hinzutretenden Unterlassen liegt[158].

Beispiel: So hat der BGH im *Ziegenhaarfall*[159] eine Begehung durch **aktives Tun** bejaht, bei dem ein Fabrikant fahrlässig den Tod mehrerer Arbeiterinnen durch die Ausgabe von Ziegenhaare (aktives Tun) verursacht hatte, die er nicht pflichtgemäß desinfiziert hatte (Unterlassen als bloße Außerachtlassung der erforderlichen Sorgfalt beim gefährlichen Tun). Ein **Unterlassen** wurde jedoch in dem Fall angenommen, in dem eine Mutter ihr Baby trotz eingeschalteter Herdplatte für einen längeren Zeitraum allein in der Wohnung ließ. Das den Fahrlässigkeitsvorwurf begründende Verhalten sei nicht das Verlassen der Wohnung, da dieses als aktives Tun für sich allein genommen unschädlich gewesen wäre. Vielmehr konnte hier der Mutter der Vor-

---

157　*Kaspar*, AT, § 10 Rn 96; *Kühl*, AT, § 19 Rn 1; *Rengier*, AT, § 54 Rn 2; S/S/W-StGB-*Kudlich*, § 13 Rn 51.
158　*Kaspar*, AT, § 10 Rn 96.
159　RGSt 63, 211; näher dazu *Engisch*, Gallas-FS, S. 184.

wurf gemacht werden, nicht für eine Aufsicht gesorgt oder zumindest die Herdplatte ausgeschaltet zu haben (relevantes Unterlassen als zum aktiven Tun hinzutretenden Unterlassen)[160].

Zur fahrlässigen Begehung von echten Unterlassungsdelikten s. sogleich Rn 1234.

VII. Der Tatbestand der echten Unterlassungsdelikte

1232 Neben der strafrechtlichen Haftung nach den Regeln des unechten Unterlassungsdelikts ist stets daran zu denken, dass sich eine Handlungspflicht auch aus einem **echten Unterlassungsdelikt** (s. Rn 1154) ergeben kann. In der Praxis gewinnt vor allem der Tatbestand der unterlassenen Hilfeleistung (§ 323c) an Bedeutung.

Beim Vorliegen der im Gesetz näher umschriebenen tatbestandsmäßigen Situation („Unglücksfall" oder „gemeine Gefahr") begründet § 323c eine auf dem Solidaritätsprinzip beruhende **allgemeine Hilfspflicht**, die in den Grenzen der Erforderlichkeit, der Zumutbarkeit und des individuellen Leistungsvermögens zum Zwecke der Schadensverhütung von jedermann zu erfüllen ist[161]. Um einer Überspannung vorzubeugen, hat der Gesetzgeber die Entstehung dieser Pflicht, die selbst völlig Unbeteiligte treffen kann, hier schon auf der Tatbestandsebene durch das Merkmal der **Zumutbarkeit** eingeschränkt (s. Rn 1217).

1233 Im **Fall 19d** sind keine Umstände ersichtlich, die eine Garantenstellung des A gegenüber F und somit eine Strafbarkeit gem. §§ 212, 13 begründen könnten (s. Rn 1216). Hier kommt allein eine Strafbarkeit gem. § 323c in Betracht. Auf den ersten Blick liegt scheinbar eine Pflichtenkollision vor; in Wirklichkeit bestand aber nur eine Handlungspflicht des A, und zwar seine Garantenpflicht gegenüber B. Da A dieser Rettungspflicht nachgekommen ist, erfüllt sein Untätigbleiben gegenüber F von vornherein nicht den Tatbestand des § 323c.

1234 Grundsätzlich erfordern die echten Unterlassungsdelikte eine vorsätzliche Begehung (vgl § 15). Allerdings kann ausnahmsweise auch deren **fahrlässige Begehung** zu einer Strafbarkeit führen. Da insoweit § 13 nicht eingreift, ist die Voraussetzung hierfür aber, dass der jeweilige Unterlassenstatbestand die Strafbarkeit wegen fahrlässigen Unterlassens explizit anordnet. Dies ist selten – § 138 III ist insoweit aber ein Beispiel.

Wo in Bezug auf dasselbe Objekt eine gleichgerichtete spezielle Erfolgsabwendungspflicht aus § 13 mit der allgemeinen Hilfspflicht aus § 323c zusammentrifft (zB, wenn die Mutter die Rettung ihres ertrinkenden Kindes unterlässt), tritt das echte Unterlassungsdelikt aus Gründen der **Subsidiarität** (vgl Rn 1268) gegenüber dem unechten Unterlassungsdelikt zurück[162].

---

160 BGH NStZ 2005, 446; *Kühl*, AT, § 19 Rn 1.
161 Vert. *Wessels/Hettinger/Engländer*, BT/1, Rn 1089 ff; zur Problematik der Unterlassungsstrafbarkeit bei Suizidfällen vgl OLG Hamburg medstra 17, 45 und LG Gießen NStZ 13, 43; *Arzt*, Schreiber-FS, S. 583; *Feldmann*, Die Strafbarkeit der Mitwirkungshandlungen am Suizid, 2009, S. 231 ff; *Hillenkamp*, Kühl-FS, S. 521; *Kutzer*, Schöch-FS, S. 481; *Roxin*, GA 2013, 313, 316 ff; *Ulsenheimer*, Arztstrafrecht, Rn 293 ff; *Wessels/Hettinger/Engländer*, BT/1, Rn 127 ff; StA München I NStZ 11, 345; s. auch *Duttge*, Schöch-FS, S. 610 ff; allgemein: *Ruppert*, medstra 17, 284; *Koch*, GA 2018, 323 ff.
162 Vgl BGHSt 3, 65; 14, 282, 285; S/S/W-StGB-*Schöch*, § 323c Rn 24.

Im **Fall 19a** entfällt also die Strafbarkeit gem. §§ 212, 13 mangels Kenntnis der Garantenstellung, § 16 I 1. Auch eine Strafbarkeit gem. §§ 222, 13 ist nicht gegeben, da A sich nicht sorgfaltswidrig verhalten hat (s. Rn 1208). **1235**

Im **Fall 19b** scheitert die Strafbarkeit gem. §§ 212, 13 wegen rechtfertigender Pflichtenkollision (s. Rn 1212 ff).

Im **Fall 19c** ist A wegen unvermeidbaren Verbotsirrtums (§ 17 S. 1) nicht gem. §§ 212, 13 strafbar (s. Rn 1215).

Im **Fall 19d** kommt nur eine Strafbarkeit gem. § 323c in Betracht. Die allgemeine Hilfspflicht entsteht jedoch nicht, weil A seiner Garantenpflicht aus dem unechten Unterlassungsdelikt nachgekommen ist (s. Rn 1232 f).

Aktuelle Rechtsprechung zu § 19:
- BGHSt 55, 191 *(Fall Putz)*: Abgrenzung Tun/Unterlassen beim sog. Behandlungsabbruch; Durchtrennen des Schlauchs zur künstlichen Ernährung als aktives Tun, egal ob Täter der behandelnde Arzt oder Dritter ist; vgl Rn 1165.
- BGHSt 59, 292 *(Fall Oury Jalloh)* m. Bespr. *Satzger*, Jura (JK) 15, 882: J befindet sich wegen hoher Trunkenheit (2,8 ‰) und fremd- sowie autoaggressiven Verhaltens in Polizeigewahrsam. Die vorgeschriebene unverzügliche Vorführung zum Richter, der über die Fortsetzung des Freiheitsentzugs zu entscheiden gehabt hätte (Art. 104 II GG iVm Polizeigesetz des Landes), unterbleibt. J ist in der Gewahrsamszelle an Händen und Füßen an seine Matratze gefesselt. Polizeibeamter P übernimmt beim Schichtwechsel die Aufsicht über die Zelle. Auch er hält die Einschaltung des Richters irrtümlich für nicht geboten. Während einer längeren Abwesenheit des P zündet J die Matratze an, um auf sein Schicksal aufmerksam zu machen. J kommt durch einen inhallativen Hitzeschock zu Tode.

  Lösung des BGH:

  (1) P ist wegen fahrlässiger Tötung (§ 222 – Strafmaß: Freiheitsstrafe bis zu 5 Jahren oder Geldstrafe) strafbar. Als Polizeibeamter und damit hier Beschützergarant hätte er für die Rund-um-die-Uhr-Beobachtung des gefährdeten J Sorge tragen müssen.

  (2) Der Vorwurf der Freiheitsberaubung mit Todesfolge (§ 239 IV – Strafmaß: Freiheitsstrafe nicht unter drei Jahren!) entfällt hingegen.
  - Nach der Schwerpunktformel kommt seitens des P, der den J weder inhaftiert noch fixiert hat, nur eine Freiheitsberaubung durch Unterlassen in Betracht.
  - Der Irrglaube, auf eine sofortige Einschaltung des Richters verzichten zu dürfen, ist als Verbotsirrtum (§ 17) einzustufen. Bei einem Polizeibeamten liegt ein unvermeidbarer Verbotsirrtum iSv § 17 S. 1 fern.
  - Hier entfällt jedoch die „Quasikausalität", weil auch bei Hinzudenken der geforderten Handlung (unverzügliche Vorführung vor den Richter) der Erfolg (die Fortdauer der Freiheitsentziehung) mit an Sicherheit grenzender Wahrscheinlichkeit nicht vermieden worden wäre, denn der Richter hätte höchstwahrscheinlich die Haftfortdauer angeordnet; vgl Rn 1173; s. a. Rn 734 ff, 761 ff, 1165.
- BGHSt 61, 21 *(GBL-Fall)* m. Bespr. *Bosch*, Jura (JK) 16, 450: Wer den lebensbedrohlichen Konsum des Putzmittels GBL als Rauschgift zunächst unter Hinweis auf die potentielle Lebensgefahr ermöglicht, kann zwar wegen der Straflosigkeit einer Mitwirkung an einer eigenverantwortlichen Selbstgefährdung nicht nach § 222 bestraft werden (s. Rn 272, 311). Er begeht allerdings einen Totschlag durch Unterlassen (§§ 211 ff, 13), wenn er den inzwischen ins Koma verfallenen Dritten trotz entsprechender Möglichkeiten nicht rettet. Die Garantenpflicht aus Ingerenz besteht trotz der Rechtmäßigkeit des Vorverhaltens (Zurverfügungstellung des Putzmittels GBL) wegen der bewussten Schaf-

447

fung einer konkreten Lebensgefahr und dem erkennbaren Willen des Opfers, dass dieser Erfolg gerade nicht eintreten soll; vgl Rn 1187, 1200.

– BGH NStZ 17, 410 m. Bespr. *Satzger*, Jura (JK) 17, 1452: Der für eine Strafbarkeit wegen einer Körperverletzung durch Unterlassen mit Todesfolge erforderliche spezifische Gefahrzusammenhang ist zumindest dann gegeben, wenn dem unterlassenden Garanten (im Fall: der Mutter als Beschützergarantin ihres Sohnes) anzulasten ist, die zum Tode führenden Gewalthandlungen des aktiv Handelnden nicht verhindert zu haben. Subjektiv ist dabei lediglich erforderlich, dass der Garant die Eignung der Gewalthandlungen zur Begründung einer Todesgefahr erkannt hat; vgl Rn 1204.

– BGH NStZ 17, 219 m. Bespr. *Satzger*, Jura (JK) 17, 1124: Ehegatten sind einander auch bei ehelichen Problemen als Garanten zum Schutz verpflichtet. Gefährdet sich einer der Ehepartner jedoch eigenverantwortlich selbst, ist eine Mitwirkung an dieser Selbstgefährdung (durch Unterlassen des Herbeirufens von Hilfe) nicht (als Körperverletzung durch Unterlassen, §§ 223 I, 13 I) strafbar. Zu dem Zeitpunkt, in dem sich aus dem allgemeinen Risiko eine besondere Gefahrenlage erwächst (im Fall: die Ehefrau wog bei 157 cm Körpergröße nur noch 33,5 kg, wodurch sich ihr Gesundheitszustand dramatisch verschlechterte), ist der Ehepartner kraft seiner Stellung als Beschützergarant jedoch verpflichtet, ärztliche Hilfe herbeizurufen; vgl Rn 1180.

– BGH NStZ 18, 34: Bei Beurteilung der Frage, ob eine strafrechtliche Garantenpflicht eines Kindes gegenüber einem Elternteil besteht, ist als maßgeblicher Programmsatz § 1618a BGB heranzuziehen, wonach Eltern und Kinder einander Beistand und Rücksicht schuldig sind. Mangels eindeutiger Rechtsfolge sind Gehalt und Umfang der geschuldeten familiären Solidarität anhand der Umstände des Einzelfalls zu bestimmen. Maßgebliche Kriterien sind hierfür zB Alter, Gesundheitszustand, Lebensumstände, gegenseitige Absprachen innerhalb der Familie und die Ausgestaltung des Zusammenlebens der betroffenen Personen; vgl Rn 1180.

Teil V

Die Konkurrenzlehre

§ 20   Einheit und Mehrheit von Straftaten

Fall 20: E ist Eigentümer eines allein stehenden Wohnhauses, für das der Nachbar N einen **1236**
Schlüssel erhalten hat, um – da E im Urlaub ist – ab und zu nach dem Rechten zu sehen.
Während einer Unterhaltung mit N erfahren die Brüder A und B zufällig, dass X und Y, die
Söhne des E, derzeit allein in dem Haus wohnen. Aufgrund eines vorher in allen Einzelhei-
ten festgelegten Tatplans dringen A und B abends mit einem Nachschlüssel, den ihnen N als
Kopie seines Schlüssels besorgt hat, in das Haus des E ein. Nach dem Verbarrikadieren der
Tür nehmen A und B zunächst Waffen an sich, die sie im Gewehrschrank vorfinden. Unter
der Drohung, X und Y mit den gerade an sich genommenen, scharf geladenen Waffen zu erschießen, fügen sie den beiden mehrere Schläge zu. X und Y gelingt es dann, durch ein
Fenster zu fliehen. Beim Verlassen des Hauses nehmen A und B die Gewehre sowie einige
andere Gegenstände mit. Die Waffen übergeben sie gegen Zahlung des vor der Tat vereinbarten Entgelts an N; die übrigen Sachen veräußern sie an den gutgläubigen Dritten D. Den
Erlös teilen sie sich.

Wie ist das Konkurrenzverhältnis der begangenen Straftaten (ohne Berücksichtigung des
Waffengesetzes) zu beurteilen? **Rn 1237, 1251, 1257, 1264, 1267, 1269, 1272, 1276, 1278,
1281, 1285, 1289, 1295**

I.   Die Grundlagen der Konkurrenzlehre

Im **Fall 20** lässt sich das Verhalten von A und B in verschiedene Tatkomplexe zerlegen, wo- **1237**
bei zahlreiche Straftatbestände in Betracht kommen, die dem Gesetzeswortlaut nach erfüllt
sind:

A) **Verbrechensverabredung:** §§ 30 II, 242, 244 I Nr 3, 244 IV;
B) **Schläge und Bedrohen:** §§ 223, 224 I Nr 2, Nr 4, 241 I, 240 I, 239 I, 25 II – nicht
   § 239a, da die in 2-Personen-Konstellationen erforderliche stabile Bemächtigungslage
   nicht gegeben ist);
C) **Entwendungskomplex:** § 242 iVm §§ 243 I 2 Nr 1 und 7, 244 I Nr 1a und 3, IV, 246
   I, 123, 25 II – nicht §§ 249, 250, da hier die Gewalt nicht die Wegnahme ermöglichen
   soll (Sachverhalt insoweit auslegungsfähig) und nicht § 253, da keine Vermögensverfü-
   gung vorliegt;
D) **Verwertung der Diebesbeute:** §§ 246 I, 263 I, 25 II.

Im Rahmen eines tatsächlichen Geschehens werden regelmäßig mehrere Strafgesetze
verletzt. Die Strafrahmen der einzelnen Tatbestände im StGB sind jedoch notwendigerweise nur auf die Verurteilung aus dem jeweiligen Delikt zugeschnitten.[1] Es stellt

---

1   *Murmann*, Grundkurs, § 31 Rn 2.

449

sich daher die Frage, in welchem Verhältnis die Gesetzesverletzungen zueinander stehen, wie viele Straftaten begangen sind und nach welchen Grundsätzen sich die Festsetzung der jeweiligen Rechtsfolgen bei der Aburteilung richten soll. Diese Fragen beantwortet die **Konkurrenzlehre als Nahtstelle zwischen der Lehre von der Straftat** und der **Lehre von den Unrechtsfolgen**; sie ist vornehmlich in den §§ 52 ff geregelt.

1238 Den §§ 52–55 liegt die Erwägung zugrunde, dass bei einem Zusammentreffen mehrerer Gesetzesverletzungen die **Addition** aller in Betracht kommenden Strafen das Maß der Schuld des Täters übersteigen würde. Dadurch würde das Schuldprinzip (Art. 20 III, 103 II GG) und das Doppelverwertungsverbot (§ 46 III)[2] verletzt werden. Um eine derartige Summierung von Strafen zu vermeiden, stellt das Gesetz in Form der **Tateinheit** (§ 52) und der **Tatmehrheit** (§ 53) zwei unterschiedliche Methoden für eine dem Täter vorteilhafte Kombination der betreffenden Strafdrohungen zur Verfügung.

Bei den als Tateinheit erfassten Gesetzesverletzungen wird im Prinzip nur auf **eine Strafe** erkannt, die sich nach **dem** Gesetz bestimmt, das die **schwerste** Strafe androht (§ 52 I, II). Bei den als Tatmehrheit zu beurteilenden Gesetzesverletzungen hält das Gesetz eine höhere Schuld für gegeben. Die verwirkten Einzelstrafen werden daher (nach besonderen Regeln) zu einer **Gesamtstrafe** zusammengefasst, die durch eine Erhöhung der ihrer Art nach schwersten Strafe gebildet wird und die Summe der Einzelstrafen nicht erreichen darf (§§ 53, 54). Für den Täter ist damit das Vorliegen von Tateinheit günstiger.

Tateinheit, § 52	Tatmehrheit, § 53
eine **Strafe**	**Gesamtstrafe** (Erhöhung der verwirkten höchsten Strafe, § 54)

1239 Angelpunkt der gesetzlichen Regelung (§§ 52, 53) ist die Unterscheidung zwischen **Handlungseinheit** („dieselbe Handlung") und **Handlungsmehrheit**:

Verletzt **dieselbe Handlung** mehrere Strafgesetze oder dasselbe Strafgesetz mehrmals, liegt Tateinheit vor, § 52 I.	**Mehrere selbstständige Handlungen** mit einer mehrfachen Gesetzesverletzung führen dagegen zu Tatmehrheit, §§ 53–55.

Die Begriffe Handlungseinheit und Handlungsmehrheit sind also nicht etwa identisch mit Tateinheit und Tatmehrheit, sondern bilden jeweils nur **deren Voraussetzung** und Anknüpfungspunkt (vgl die Übersicht Rn 1294).

Beides gilt aber nur unter der Voraussetzung, dass ein Fall der echten und nicht lediglich der **unechten (scheinbaren) Konkurrenz** gegeben ist (vgl Rn 1265, 1274).

1240 Bei der Reform des Strafrechts hat sich der Gesetzgeber für die Beibehaltung der vorstehend skizzierten Unterscheidung zwischen Tateinheit und Tatmehrheit entschieden (**Differenzierungsprinzip**). Abweichend davon gilt, freilich in unterschiedlicher Ausgestaltung, in Österreich (§ 28 I öStGB), in der Schweiz (Art. 68 schwStGB) und im deutschen Jugendstrafrecht

---

2 MK-StGB-*von Heintschel-Heinegg*, Vor § 52, Rn 15.

(§ 31 I JGG) das **Einheitsstrafprinzip**, wonach auch bei mehreren selbstständigen Straftaten nur auf **eine** einheitliche Strafe zu erkennen ist.

Zu beachten ist, dass der **materielle Tatbegriff** in §§ 52, 53 StGB mit dem verfahrens- und verfassungsrechtlichen Begriff der Tat iSd §§ 155, 264 StPO sowie des Art. 103 III GG **nicht übereinstimmt**. Letzterer ist sehr viel **weiter** und umfasst neben dem tatsächlichen Geschehen, wie es die Anklage beschreibt, das gesamte Verhalten des Angeklagten, soweit es mit diesem Vorkommnis einen einheitlichen Lebensvorgang bildet[3]. **1241**

Die Konkurrenzen werden im Rahmen der Ausbildung oft vernachlässigt, auch da ihr Verständnis durch die Existenz kontroverser Lehrmeinungen und das Fehlen einer einheitlichen Terminologie erschwert wird[4]. Das Verständnis der Konkurrenzen ist jedoch schon für den logischen Aufbau einer Klausur von nicht zu unterschätzender Bedeutung[5]. Eine große Bedeutung kommt den Konkurrenzen auch im Rahmen des Strafprozesses zu, da die Konkurrenzen die Strafzumessung vorbereiten sollen[6]. **1242**

Dieses (stark vereinfachte) Schema soll der Übersicht der im Folgenden zu besprechenden Themenkomplexe dienen:

(1) Vorliegen von Handlungseinheit?	
(+)	wenn (-): Handlungsmehrheit
(2) Vorliegen einer unechten Konkurrenz?	
Spezialität, Subsidiarität, Konsumtion	Mitbestrafte Vor- oder Nachtat
(3) Ergebnis	
Tateinheit, § 52	Tatmehrheit, § 53

II. Handlungseinheit und Handlungsmehrheit

Die Frage, ob Handlungseinheit gegeben ist, ist Ausgangspunkt der Unterscheidung zwischen Tateinheit und Tatmehrheit. Liegt keine Handlungseinheit vor, so ist immer automatisch Handlungsmehrheit gegeben. Im Gesetz wird der Begriff der Handlungseinheit jedoch nicht definiert. Ein strafrechtlich relevantes Verhalten setzt sich zumeist aus einer Kette physischer Einzelakte zusammen, die aber jeweils in einem bestimmten Sinnzusammenhang stehen. Dieser **rechtlich-soziale Sinnzusammenhang** entscheidet darüber, ob die Einzelakte eines Geschehens als Handlungseinheit oder als Handlungsmehrheit anzusehen sind. **1243**

---

3 Vgl BGHSt 35, 60, 62; Einzelheiten bei *Beulke/Swoboda*, StPO, Rn 513.
4 Vert. *Erb*, ZStW 117 [2005], 37; *Geppert*, Jura 00, 598, 651; *Mitsch*, JuS 93, 385; *Puppe*, GA 1982, 143; *Rückert*, JA 14, 826; *Seher*, JuS 04, 392, 482; *T. Walter*, JA 04, 133, 572; *Werle*, Die Konkurrenz bei Dauerdelikt, Fortsetzungstat und zeitlich gestreckter Gesetzesverletzung, 1981.
5 Vgl dazu *Rückert*, JA 14, 826.
6 *Murmann*, Grundkurs, § 31 Rn 2.

1. Die Handlung im natürlichen Sinn

1244 **Eine Handlung** im **natürlichen Sinn** liegt vor, wenn sich **ein** Handlungsentschluss in einer Willensbetätigung realisiert[7]. Abgestellt wird dabei letztlich auf das Vorliegen einer Körperbewegung[8]. Ein solcher Handlungsvorgang bildet auch rechtlich stets eine Handlung.

Wer etwa einen Sprengkörper in einen Versammlungsraum wirft, nimmt eine Handlung im natürlichen Sinn vor, die mit der natürlichen Handlungseinheit (Rn 1253) nichts zu tun hat, mag diese auch zu mehreren Unrechtserfolgen führen und mehrere Straftatbestände erfüllen (Tötung und Verletzung von Menschen, Beschädigung von Sachen: §§ 211, 212, 223 ff, 303, 308). Selbst die höchstpersönliche Natur der verletzten Rechtsgüter ändert in diesem Fall nichts am Vorliegen einer einzigen Handlung[9].

Wer dagegen mehrere Schüsse auf verschiedene Personen abfeuert, nimmt mehrere Willensbetätigungen und damit mehrere Handlungen im natürlichen Sinn vor (vgl auch Rn 1255).

Grundsätzlich sind bei **mehreren Beteiligten** immer deren individuelle Beiträge zu prüfen[10].

- Besteht eine **Anstiftung** oder **Beihilfe** aus einer **einzigen** Handlung oder eine Beihilfe aus einer **einzigen** Unterlassung, so ist sie auch dann, wenn der Haupttäter mehrere rechtlich selbstständige Straftaten begeht, als eine einheitliche Tat zu bewerten[11]. Zum umgekehrten Fall der Anstiftung oder Beihilfe durch mehrere Handlungen zu einer Haupttat vgl Rn 1247.
- Einem **Mittäter**, der seinen einzigen Tatbeitrag bereits geleistet hat, werden nachfolgende Tathandlungen anderer Mittäter als tateinheitlich begangen zugerechnet (zB Aufbau und Aufrechterhaltung eines auf die Straftaten ausgerichteten Geschäftsbetriebs, sog. **uneigentliches Organisationsdelikt**)[12]. Erbringt er jedoch mehrere Tatbeiträge für mehrere Einzeltaten, so liegt Tatmehrheit vor[13]. Entsprechendes gilt für die **mittelbare Täterschaft**[14]. Ebenso liegt nur eine Tathandlung (gleichartige Tateinheit, s. Rn 1280) vor, wenn sich mehrere potenzielle Mittäter bei einer Übereinkunft eine **Verbrechensverabredung** (§ 30 II) bzgl mehrerer selbstständiger Straftaten treffen[15].

2. Die Handlung im juristischen Sinn

1245 Eine Zusammenfassung mehrerer Handlungen im natürlichen Sinn zu einer Handlung im **juristischen Sinn** kommt in den Fallgruppen der tatbestandlichen und der natürlichen Handlungseinheit in Betracht, wobei die Übergänge fließend sind. Früher wurde hierunter auch noch die Figur der sog. fortgesetzten Handlung gezählt, die mittlerweile aber von der Rspr *de facto* aufgegeben wurde (Rn 1260 ff).

---

7 BGHSt 1, 20; 6, 81.
8 Vgl BGH NJW 18, 2905.
9 BGHSt 1, 20; 6, 81; BGH NStZ 12, 389; NStZ-RR 19, 9.
10 Vgl BGH NStZ-RR 08, 275; BeckRS 18, 15153.
11 BGHSt 49, 306, 316; BGH NStZ-RR 17, 306; BeckRS 18, 13595.
12 BGHSt 49, 177; BGH StV 15, 421; wistra 16, 309; NStZ 15, 334; BeckRS 2018, 28633; S/S-*Sternberg-Lieben/Bosch*, § 52 Rn 21; vert. *Kische*, Die Rechtsfigur des „uneigentlichen Organisationsdelikts", 2014; *Trüg*, Fischer-FS, S. 288 ff.
13 Vgl MK-StGB-*von Heintschel-Heinegg*, § 52 Rn 16.
14 BGHSt 49, 147, 164 *(Bremer Vulkan)*; BGH wistra 11, 66; 13, 389; StV 15, 421.
15 BGHSt 56, 170 *(Skimmingfall)* m. zust. Anm. *Duttge*, NStZ 12, 438; BGH NStZ 13, 33.

a) Tatbestandliche Handlungseinheit

Eine Handlung im juristischen Sinn ist zunächst gegeben, wenn der **gesetzliche Tatbestand** mehrere natürliche Willensbetätigungen zu einer **rechtlich-sozialen Bewertungseinheit** verbindet[16].

1246

aa) Das ist einmal der Fall, wenn die Erfüllung der Mindestvoraussetzungen des Straftatbestandes die Vornahme mehrerer Einzelakte zulässt oder erfordert;

1247

– dies trifft insbes. zu für **mehraktige Delikte**
  Beispiel: Geld nachmachen und Inverkehrbringen bei § 146 I Nr 3; Urkunde fälschen und dann wie geplant gebrauchen bei § 267 I[17],
– für **zusammengesetzte Deliktstatbestände**
  Beispiel: Gewaltanwendung und Wegnahme bei § 249
– sowie ganz allgemein für **pauschale tatbestandliche Handlungsbeschreibungen**. Beispiele: Ausüben geheimdienstlicher Agententätigkeit bei § 99[18]; Beteiligung als Mitglied an einer kriminellen Vereinigung bei § 129 I Var. 2[19]; Handeltreiben mit Betäubungsmitteln bei §§ 29 I Nr 1, 29a I Nr 2 BtMG[20]; Quälen von Schutzbefohlenen iSv § 225 I[21]; beharrliches Nachstellen bei „Stalking" iSv § 238 I[22] und Völkermord, § 6 VStGB[23]
– Tatbestandliche Handlungseinheit besteht auch, wenn ein Gehilfe durch **mehrere Anstiftungs- oder Beihilfehandlungen** eine **einzige Haupttat** eines Täters unterstützt, da das Unrecht der Gehilfenhandlung aus der Haupttat resultiert[24].

bb) Auch **Dauerdelikte** (s. Rn 47) begründen die tatbestandliche Einheit des ihrer Verwirklichung dienenden Handlungsgeschehens[25].

1248

Bei der Freiheitsberaubung (§ 239) oder dem Hausfriedensbruch (§ 123) etwa sind alle Tätigkeitsakte, die der Begründung oder Aufrechterhaltung des widerrechtlichen Zustandes dienen, Bestandteile einer Handlung (zur Konkurrenz mit Zustandsdelikten vgl Rn 1283).

cc) Ist bei **unechten Unterlassungsdelikten** (s. Rn 1155) der tatbestandliche Erfolg nur einmal eingetreten, liegt trotz Versäumung mehrerer Rettungsmöglichkeiten nur **eine** Unterlassung im Rechtssinn vor. Hat der Garant dagegen die Abwendung mehrerer Erfolge unterlassen, ist darauf abzustellen, ob er alle Erfolge nur zusammen

1249

---

16 Vert. *Keller*, Zur tatbestandlichen Handlungseinheit, 2004.
17 BGH wistra 14, 349; wistra 16, 107; NStZ 18, 468; NStZ-RR 18, 203; NStZ-RR 19, 29.
18 BGHSt 43, 1, 4; LK-*Schmidt*, § 99 Rn 23.
19 BGH StV 16, 499.
20 BGH JR 03, 31 m. Anm. *Puppe*; StV 12, 411 m. Anm. *Oğlakcıoğlu*; Körner/*Patzak*/Volkmer, BtMG, § 29 Teil 4 Rn 292 ff; ferner BGH NStZ-RR 15, 14; aber auch BGHSt 43, 252 m. Anm. *Erb*, NStZ 98, 253.
21 BGHSt 41, 113 m. abl. Anm. *Hirsch*, NStZ 96, 37; BGH NStZ-RR 07, 304; krit. MK-StGB-*Hardtung*, § 225 Rn 14; LK-*Rissing-van Saan*, Vorbem. § 52 Rn 27; *Warda*, Hirsch-FS, S. 391.
22 BGHSt 54, 189, 201 m. Anm. *Buß*, JR 11, 84; *Heghmanns*, ZJS 10, 269 und *Seher*, JZ 10, 582; krit. *Mitsch*, NStZ 10, 513.
23 Vgl BGHSt 45, 64 m. Anm. *Werle*, JZ 99, 1181.
24 BGH StV 12, 286; wistra 13, 310; HRRS 15, Nr 77; wistra 16, 30; Matt/Renzikowski-*Bußmann*, § 52 Rn 31; MK-StGB-*von Heintschel-Heinegg*, § 52 Rn 17.
25 Zur Frage, ob kurzzeitige Unterbrechungen den Dauerzustand rechtlich beenden vgl S/S-*Sternberg-Lieben/Bosch*, Vor §§ 52 ff Rn 84 ff.

(dh durch ein bestimmtes Tun) oder unabhängig voneinander durch Vornahme mehrerer Handlungen hätte verhindern können.

Im ersten Fall ist nur ein Unterlassen gegeben (so zB wenn ein Zug mehrere Gleisarbeiter überfährt, weil der Streckenwärter die Abgabe des Warnsignals unterlassen hatte; ebenso, wenn ein Unternehmensvorstand eine Rückrufaktion unterlässt und dadurch mehrere Personen geschädigt werden)[26]. Im zweiten Fall liegen mehrere Unterlassungen vor (so zB wenn ein Vater seine beiden Kinder im Meer ertrinken lässt, obwohl ihm eine sukzessive Rettung der beiden möglich gewesen wäre).

Entsprechendes gilt bei **echten Unterlassungsdelikten**, wenn mehrere Handlungspflichten verletzt werden[27].

dd) Ähnliches gilt bei **Fahrlässigkeitsdelikten**, da dem Täter letztlich auch hier vorgeworfen wird, ein sorgfaltsgemäßes Verhalten unterlassen zu haben. Verursacht das fahrlässige Verhalten des Täters daher nur einen Erfolg, ist Handlungseinheit gegeben. Werden mehrere Erfolge hervorgerufen, ist zu prüfen, ob dem Täter eine (Handlungseinheit) oder mehrere (Handlungsmehrheit) Sorgfaltswidrigkeiten vorzuwerfen sind[28]. Bei den fahrlässigen Tätigkeitsdelikten, bei denen nicht an eine Erfolgsherbeiführung angeknüpft werden kann, ist darauf abzustellen, ob dem Täter zwischen den Tatbestandsverwirklichungen sorgfaltsgemäßes Verhalten möglich war[29].

1250 **ee)** Von einer tatbestandlichen Handlungseinheit ist ferner auszugehen, wenn mehrere **gleichartige Tätigkeitsakte** auf einem **einheitlichen Willensentschluss beruhen** und innerhalb desselben Vorganges den **gleichen Straftatbestand** (unter Einschluss seiner qualifizierenden und privilegierenden Abwandlungen) **in unmittelbarer Aufeinanderfolge** schrittweise oder wiederholt verwirklichen, also nur eine quantitative Steigerung des einheitlichen Unrechts in einer bestimmten Tatsituation bewirken. Als typische Fallgruppen sind hier die **sukzessive** (schrittweise erfolgende) und die **iterative** (sich wiederholende) Tatbestandserfüllung zu nennen.

Um eine **sukzessive** Begehung handelt es sich bspw, wenn A den B bei einer Auseinandersetzung mit Tötungsvorsatz niederschlägt, ihn anschließend bis zur Bewusstlosigkeit würgt, ihm sodann mehrere Fußtritte versetzt und ihn schließlich mit einem Pflasterstein erschlägt, was von Anfang an so geplant war. Hier ist auf der Grundlage eines einheitlichen Willensentschlusses jeder nachfolgende Tätigkeitsakt die unmittelbare Weiterführung des zuvor begonnenen Angriffs auf das Leben des B, sodass nur ein einziger, schrittweise verwirklichter Verstoß gegen das gesetzliche Tötungsverbot vorliegt[30]. Eine zeitliche Unterbrechung zwischen den einzelnen Handlungen steht einer unmittelbaren Aufeinanderfolge dann entgegen, wenn sie einen erheblichen Einschnitt darstellt; spätestens mit dem Fehlschlag eines Versuchs liegt ein relevanter Einschnitt vor. Ein Verlassen des Tatorts für wenige Minuten reicht für eine Unterbrechung nicht aus[31].

---

26 BGHSt 37, 106, 134 *(Ledersprayfall)*.
27 Näher BGHSt 18, 376; OLG Frankfurt/M. NStZ-RR 99, 104; *Jescheck/Weigend*, AT, § 66 IV 2; LK-*Rissing-van Saan*, Vorbem. § 52 Rn 86.
28 Vgl MK-StGB-*von Heintschel-Heinegg*, § 52 Rn 69.
29 Vgl S/S-*Sternberg-Lieben/Bosch*, Vor §§ 52 ff Rn 28b.
30 BGH NStZ 90, 490; anders bei Zäsur und Änderung der Motivationslage BGH NStZ 09, 266.
31 Vgl BGH BeckRS 19, 1255; BGH NStZ 90, 490; NStZ 09, 628.

Eine **iterative** Tatbestandsverwirklichung wäre bspw gegeben, wenn jemand bei einem nächtlichen Einbruch aus den verschiedenen Räumen eines fremden Hauses Bargeld, Schmuck, Gemälde, Orientteppiche und andere Wertsachen entwendet, die er nacheinander zu seinem in der Nähe stehenden Kraftwagen schafft. Hier wird der Tatbestand des § 242 durch jeden Einzelakt zwar vollständig erfüllt. Da alle Einzelakte aber unmittelbar aufeinander folgen und sie auf einem einheitlichen Willensentschluss basieren, liegt nur eine Gesetzesverletzung mit einem lediglich quantitativ gesteigerten Unrechtserfolg (und nicht nur eine natürliche Handlungseinheit, dazu Rn 1253[32]) vor. Das Gleiche gilt beim mehrmaligen zeitnahen Missbrauch einer zuvor entwendeten Kreditkarte. Auch dort wird § 263a nur einmal verwirklicht[33]. Auch bei einer Nötigungshandlung (§ 240 I) zur Erzwingung mehrerer Verhaltensweisen des Tatopfers liegt tatbestandliche Handlungseinheit vor[34].

Die Rspr behandelt die Fälle der sukzessiven und iterativen Tatbegehung als Untergruppen der natürlichen Handlungseinheit (s. Rn 1259).

Indem im **Fall 20** A und B den X und Y nacheinander mehrere Schläge versetzten bzw vor dem Verlassen des Hauses mehrere Gegenstände (Waffen, Wertsachen) entwendeten, ist jeweils nur eine einheitliche, iterativ verwirklichte Tat zulasten des jeweiligen Rechtsgutsinhabers anzunehmen, also eine Körperverletzung gegenüber X und gegenüber Y sowie ein Diebstahl zum Nachteil des E.   **1251**

Zu dieser Fallgruppe kann auch der **sukzessive Versuch** gezählt werden, bei dem der Täter durch mehrfaches Ansetzen zur Tatbestandsverwirklichung vergeblich versucht, sein ursprüngliches Ziel zu erreichen. Ein solcher Fall ist zB gegeben, wenn der Liebhaber seinem verhassten Rivalen mehrfach auflauert, um ihn zu ermorden, bis er endlich bei günstiger Schussposition den Revolver abdrückt, das Opfer jedoch gleichwohl verfehlt[35].   **1252**

Weiteres Beispiel (nach BGHSt 41, 368 – *Dagobert-Fall*): A versucht mehrfach, B durch Sprengstoffanschläge zur Zahlung eines hohen Geldbetrages zu nötigen (§ 253). Immer wieder gelingt die an verschiedenen Tagen und verschiedenen Orten vorgesehene Geldübergabe nicht, weil die Polizei nur Papierschnipsel hinterlegt. Liegt nur ein Versuch vor oder handelt es sich um mehrere?

Die neuere Rspr orientiert sich in solchen Fällen des mehrfachen Ansetzens zur Tatvollendung an den Kriterien und Regeln, die der BGH in der Entscheidung BGHSt 40, 75 zum Rücktritt vom Versuch gem. § 24 I entwickelt hat (s. Rn 1054 ff). Eine Tat im Rechtssinne liegt demnach vor, wenn die der Tatbestandsverwirklichung dienenden Teilakte einen einheitlichen Lebensvorgang bilden, was wiederum dann anzunehmen ist, wenn die einzelnen Handlungen in **engem räumlichen und zeitlichen Zusammenhang** stehen. Ist dies der Fall, kann der Täter auch nach zunächst gescheiterten Teilakten von der Tat insgesamt zurücktreten. Entsprechend können beim Unterbleiben eines Rücktritts auf der Konkurrenzebene alle Teilakte zu einer Bewertungseinheit zusammengezogen werden. Fehlt es hingegen an diesen Voraussetzungen, handelt es sich um einen **fehlgeschlagenen Versuch**, sodass ein Rücktritt ausscheidet. Parallel dazu muss auf Konkurrenzebene in einem späteren erneuten Ansetzen eine neue Tat iSv § 53 gesehen werden[36] (s. Rn 1275).

---

32 Anders *Roxin*, AT II, § 33 Rn 32; *Rückert*, JA 14, 826, 828; s. auch BGH NStZ-RR 15, 341.
33 BGH wistra 08, 220; StraFo 09, 246.
34 BGH NStZ-RR 17, 312.
35 Vgl *Kühl*, AT, § 21 Rn 25a.
36 Zust. insoweit *Beulke/Satzger*, NStZ 96, 432; BGH StV 12, 283; NStZ-RR 13, 375, 377; krit. Anm. *Puppe*, JR 96, 513; s. auch BGHSt 43, 381 *(Zwick-Fall)*; BGH JR 05, 382.

b) Natürliche Handlungseinheit

1253 Mit der Rechtsfigur der **natürlichen Handlungseinheit** versucht insbes. die Rspr mehrere Handlungen im natürlichen Sinn zu einer juristischen Handlungseinheit zusammenzufassen. Zur Bejahung einer natürlichen Handlungseinheit soll es genügen, dass

(1) mehrere, im Wesentlichen gleichartige Verhaltensweisen

(2) von einem einheitlichen Willen getragen werden und

(3) aufgrund ihres räumlich-zeitlichen Zusammenhangs derart eng miteinander verbunden sind,

(4) dass das gesamte Tätigwerden objektiv auch für einen Dritten **bei natürlicher Betrachtungsweise als ein einheitliches, zusammengehöriges Tun erscheint**[37].

Durch diese weite Formel lassen sich zum einen mehrere Einzelakte, die **gleichartige** Straftatbestände erfüllen, zu Handlungseinheiten verbinden, sodass letztlich auch nur **eine** Gesetzesverletzung vorliegt. So sind etwa die sukzessive und die iterative Tatbestandserfüllung klassische Fälle, in denen die Rspr von natürlicher Handlungseinheit ausgeht[38]. Die derart erzielten Ergebnisse finden weitgehende Zustimmung, wenngleich nach der im Vordringen befindlichen und zutreffenden Ansicht hier regelmäßig bereits tatbestandliche Handlungseinheiten zu bejahen sind (s. Rn 1250)[39].

Zum anderen wird durch die Bildung natürlicher Handlungseinheiten auch die Möglichkeit geschaffen, die Erfüllung **verschiedenartiger** Straftatbestände zu einer Handlungseinheit zu verbinden. Dieser – äußerst problematische – Kunstgriff erlaubt es der Rspr, selbst bei mehreren Gesetzesverletzungen durch eine Mehrzahl von Einzelakten die (tätergünstige) Tateinheit statt der Tatmehrheit anzuwenden[40].

1254 Gerade bei der Zusammenfassung verschiedenartiger Straftatbestände zeigt sich deutlich, dass diese Formel, die ganz unterschiedliche Fallgestaltungen abdecken soll, keine hinreichend sicheren Abgrenzungskriterien liefert und so der Gefahr einer willkürlichen Handhabung ausgesetzt ist. So muss es zB auf Bedenken stoßen, wenn der BGH[41] in den sog. **Polizeifluchtfällen** den einheitlichen Fluchtwillen des Täters genügen lässt, um sachlich weit auseinanderliegende Willensbetätigungen (wie zB gefährliche Körperverletzung, Widerstand gegen Vollstreckungsbeamte, gefährliche Eingriffe in den Straßenverkehr und unerlaubtes Entfernen vom Unfallort) zu einer natürlichen Handlungseinheit zu verbinden[42].

1255 Handlungen, die sich nacheinander gegen **höchstpersönliche** Rechtsgüter (wie etwa das Leben oder die körperliche Unversehrtheit) **verschiedener** Rechtsgutsträger rich-

---

37 BGHSt 10, 230; 43, 312, 315; BGH wistra 17, 484 m. Bespr. *Jäger*, JA 17, 950; NStZ-RR 19, 9.

38 Zu Ersterer vgl BGH NStZ 00, 30; StV 14, 284; HRRS 17 Nr 207 m. Bespr. *Bosch*, Jura 17 (JK), 745; *Jäger*, JA 17, 387; zu Letzterer vgl BGH NStZ 99, 406; BGH wistra 10, 345; wistra 15, 17; BeckRS 17, 120093; OLG Bamberg wistra 14, 199.

39 Statt aller LK-*Rissing-van Saan*, Vorbem. § 52 Rn 10 ff, 20 ff; *Warda*, Geilen-Symp., S. 199: so wohl auch BGH wistra 03, 99.

40 Vgl BGH NStZ 03, 371.

41 BGHSt 22, 67; s. auch BGH NZV 01, 265.

42 Krit. auch *Kindhäuser*, JuS 85, 100; *Sowada*, NZV 95, 465 und Jura 95, 245; *Tiedemann/Walter*, Jura 02, 711; *Warda*, Oehler-FS, S. 241; *Zieschang*, Rissing-van Saan-FS, S. 801 f; S/S-*Sternberg-Lieben/Bosch*, Vor §§ 52 ff Rn 24 ff.

ten, können **grundsätzlich** weder durch ihre enge Aufeinanderfolge noch durch einen einheitlichen Plan oder Vorsatz zu einer natürlichen Handlungseinheit zusammengefasst werden.

Beispiel: Kommt es im Rahmen einer Schlägerei zu unterschiedlichen Verletzungshandlungen eines Beteiligten gegen verschiedene Personen, ist – trotz des engen zeitlichen und räumlichen Zusammenhangs – in der Regel nicht von einer natürlichen Handlungseinheit auszugehen. Dies gilt jedenfalls dann, wenn den einzelnen Handlungen kein einheitlicher Tatentschluss zugrunde lag[43].

Ausnahmsweise sind nach Ansicht der Rspr auch höchstpersönliche Rechtsgüter einer additiven Betrachtungsweise zugänglich, sofern ein **einheitlicher Tatentschluss** gegeben ist und die **Aufspaltung des Tatgeschehens in Einzelhandlungen wegen eines außergewöhnlich engen zeitlichen und räumlichen Zusammenhangs willkürlich und gekünstelt** erschiene[44].   **1256**

Beispiel: Der Täter schießt innerhalb weniger Sekunden aus einem Pkw auf mehrere, am Straßenrand stehende Personen[45].

Im **Fall 20** folgt schon aus der Höchstpersönlichkeit der angegriffenen Rechtsgüter, dass die beiden Körperverletzungen gegenüber X und Y nicht über die Rechtsfigur der natürlichen Handlungseinheit verbunden werden können.   **1257**

In **strafrechtlichen Übungsarbeiten** erscheint folgendes Vorgehen zweckmäßig und empfehlenswert: **1258**

Bei der **sukzessiven** und der **iterativen Verwirklichung desselben Straftatbestandes** können die einzelnen Tätigkeitsakte schon auf der **Tatbestandsebene** zusammenfassend erörtert werden. Dies gilt unabhängig davon, ob man diese Fallgestaltungen – wie hier – der tatbestandlichen Handlungseinheit oder – mit der Rspr – der natürlichen Handlungseinheit zuordnet.   **1259**

Wer den Begriff der natürlichen Handlungseinheit so weit ausdehnt, wie die Rspr es tut, kann Einzelakte, die **verschiedenartige Straftatbestände** erfüllen, allenfalls auf der **Konkurrenzebene** zu einer Handlungseinheit zusammenfassen[46].

c) Die fortgesetzte Handlung

Die **fortgesetzte Handlung** bildete eine besondere Erscheinungsform der **rechtlichen Handlungseinheit**. Die Rechtsfigur war von der Rspr entwickelt worden, um den Anwendungsbereich der (täterungünstigen) Realkonkurrenz (§ 53) bei Handlungsreihen mit gleichartig wiederkehrender Tatbestandsverwirklichung zu begrenzen[47].   **1260**

Für die Annahme einer fortgesetzten Tat wurde vorausgesetzt, dass die Einzelakte der Handlungsreihe sich **gegen das gleiche Rechtsgut** richten, in der Begehungsweise **gleichartig** sind

---

43 BGH StV 13, 382 m. Anm. *Wachter* und Bespr. *Kudlich*, JA 12, 554; vgl auch BGH NStZ 05, 262 m. Bespr. *Kudlich*, JuS 05, 383; BGH StV 17, 538; vert. *Wagemann*, Jura 06, 580.
44 Die Rspr ist hierzu aber uneinheitlich, vgl dazu S/S-*Sternberg-Lieben/Bosch*, Vor §§ 52 ff Rn 22.
45 BGH NStZ 12, 560, 562 m. Anm. *Hecker*, JuS 12, 362; BGH StV 14, 472; s. auch BGH NStZ 16, 549; krit. *B. Heinrich*, AT, Rn 1416; *Kaspar*, AT, § 11 Rn 12.
46 Lehrreich dazu *Niehaus*, Ad Legendum 14, 151; *Steinberg/Bergmann*, Jura 09, 905.
47 Vgl RGSt 70, 243; BGHSt 5, 136; 19, 323.

und von einem **Gesamtvorsatz** getragen werden, der die konkrete Tat in ihren wesentlichen Grundzügen nach Zeit, Ort und Art der Begehung sowie der Person des Verletzten umfassen muss[48].

Inhalt und Grenzen dieses Gesamtvorsatzes sind aber in weiten Bereichen unklar geblieben[49]. Fest stand allerdings, dass der allgemeine Entschluss, auch künftig eine Reihe gleichartiger Straftaten zu begehen, für den erwähnten Gesamtvorsatz nicht ausreicht[50].

1261 Daraus, dass die Einzelakte der fortgesetzten Tat früher als Handlungseinheit aufgefasst wurden, ergaben sich sehr **weitreichende** Konsequenzen: Die Rechtskraft des Strafurteils bewirkte den Verbrauch der Strafklage für alle vor der Urteilsverkündung liegenden Einzelakte, gleichviel ob das Gericht sie kannte oder kennen konnte[51]. Da eine fortgesetzte Tat mit ihrem ersten Teilakt vollendet, aber erst mit dem letzten Vorgang beendet war, hatte das erhebliche Auswirkungen auf den Eintritt der Verjährung[52]. Bei der Verletzung höchstpersönlicher Rechtsgüter war die Annahme eines Fortsetzungszusammenhanges allerdings ausgeschlossen, wenn und soweit sich die Einzelakte gegen verschiedene Rechtsgutsträger richteten[53].

1262 Durch die Entscheidung **BGHSt GrS 40, 138** wurde die Rechtsfigur der **fortgesetzten Handlung** zur **Bedeutungslosigkeit** verurteilt. Nach Ansicht des BGH können rechtlich selbstständige Straftaten nicht allein aufgrund eines vom Täter geschaffenen Sinnzusammenhanges oder anderer kriminologischer Gemeinsamkeiten zu einer rechtlichen Handlungseinheit verbunden werden. In aller Regel würden die gesetzlichen Bestimmungen über die Strafenbildung und -bemessung ausreichen, um den Gesamtunwert gleichartiger Taten, die nicht zu einer natürlichen oder juristischen Handlungseinheit verbunden werden können, sachgerecht zu erfassen. Bisher hat der BGH keine einzige Ausnahme davon anerkannt[54].

1263 Die Rechtsfigur der fortgesetzten Handlung ist also *de facto* abgeschafft. Dies führt zwingend dazu, dass auf Wiederholung angelegte Straftaten (sog. **Serienstraftaten**) nun auf andere Weise bewältigt werden müssen. Folgende Wege werden genutzt[55]:

– extensive Anwendung der **tatbestandlichen Handlungseinheit** durch großzügige Bildung von **Bewertungseinheiten**[56] (s. Rn 1247), wie zB bei einheitlichen „Organisationstätigkeiten" im Rahmen des Betruges[57],

– Ausdehnung des Anwendungsbereichs der **natürlichen Handlungseinheit**[58] (s. Rn 1253 f),

---

48 BGHSt 19, 323; 23, 33; 26, 4; 36, 105.
49 Vgl dazu die Vorlagebeschlüsse BGH wistra 93, 258 und NStZ 93, 585.
50 Vgl BGHSt 37, 45; BGH NJW 83, 2827; wistra 92, 253.
51 BGHSt 6, 92; 15, 268; BGH JZ 86, 44.
52 Vgl § 78a und BGHSt 27, 18; 36, 105, 116; vert. zur Verjährung des erfolgsqualifizierten Delikts bei spätem Eintritt der schweren Folge *Wagner*, GA 2017, 474.
53 BGHSt 16, 397; 26, 24.
54 Vgl nur BGH StV 94, 479; wistra 95, 61.
55 Vert. *Arzt*, JZ 94, 1000; *Erb*, GA 1995, 42; *Geppert*, NStZ 96, 57, 118; Lackner/Kühl-*Kühl*, Vorbem. §§ 52 ff Rn 13 ff; *Rissing-van Saan*, BGH-Prax-FS, S. 475; *Roxin*, AT II, § 33 Rn 248; *Zieschang*, GA 1997, 457; zu den strafprozessualen Folgeproblemen *Beulke/Swoboda*, StPO, Rn 285, 522.
56 Vgl BGHSt 41, 385 m. Anm. *Kindhäuser*, JZ 97, 101; BGHSt 43, 1 m. Bespr. *Paeffgen*, JR 99, 89; BGHSt 46, 6; BGH StV 12, 411; *Schlüchter/Duttge/Klumpe*, JZ 97, 995.
57 BGHSt 48, 331, 343; 49, 177; BGH StV 07, 297; wistra 08, 181.
58 Vgl BGH StV 98, 335; NStZ-RR 10, 375.

458

– Korrektur negativer Konsequenzen auf **Strafzumessungsebene**, indem für die einschlägigen Fälle Strafen akzeptiert werden, die den auf der Grundlage der fortgesetzten Tat verhängten entsprechen[59].

Wäre X im **Fall 20** von A im Verlaufe einer Nacht mehrfach nacheinander geschlagen worden (also gerade nicht in unmittelbarer Aufeinanderfolge, sodass keine tatbestandliche Handlungseinheit mehr vorliegt), wäre nach früherer Rspr ein Fortsetzungszusammenhang zu bejahen gewesen, sofern A mit einem entsprechenden Gesamtvorsatz gehandelt hätte. Nach Ablehnung dieser Rechtsfigur durch BGHSt GrS 40, 138 müsste jede einzelne Körperverletzung als rechtlich selbstständige Tat gewertet werden.

1264

▸ Beispielsfall bei *Beulke*, Klausurenkurs III, Rn 327

III. Die Gesetzeseinheit

Bevor – auf Grundlage der Unterscheidung zwischen Handlungseinheit oder -mehrheit – eine echte Konkurrenz, also Tateinheit oder Tatmehrheit, angenommen werden kann, müssen die Fälle der sog. **unechten Konkurrenzen** ausgesondert werden. In diesen Fällen sind dem Gesetzeswortlaut nach mehrere Straftatbestände erfüllt, während in Wirklichkeit das **primär anzuwendende Strafgesetz die übrigen verdrängt**, da der **Unrechtsgehalt einer Handlung** bereits durch einen von mehreren dem Wortlaut nach anwendbaren Straftatbeständen erschöpfend erfasst wird[60].

1265

Im Bereich der Handlungseinheit fasst man die Erscheinungsformen dieser unechten Konkurrenz unter der Bezeichnung **Gesetzeseinheit** (auch **Gesetzeskonkurrenz** genannt) zusammen, während im Bereich der Handlungsmehrheit die **mitbestrafte Vor- und Nachtat** (siehe Rn 1274) Fallgruppen eines scheinbaren Konkurrenzverhältnisses sind.

Maßgebend für die Beurteilung sind insoweit die **Rechtsgüter**, gegen die sich der Angriff des Täters richtet, und die **Tatbestände**, die das Gesetz zu ihrem Schutz aufstellt[61]. Die Verletzung des durch einen Straftatbestand geschützten Rechtsguts muss eine (wenn nicht notwendige, so doch regelmäßige) Erscheinungsform der Verwirklichung des anderen Tatbestandes sein.

1. Spezialität

Von **Spezialität** spricht man, wenn eine Strafvorschrift begriffsnotwendig **alle Merkmale** einer anderen enthält, sodass die Verwirklichung des speziellen Delikttatbestandes **zwangsläufig** auch den in Betracht kommenden allgemeinen Tatbestand erfüllt. Das spezielle Strafgesetz geht dem generellen Tatbestand vor[62].

1266

Spezialität besteht immer im Verhältnis zwischen **qualifizierenden** oder **privilegierenden** Abwandlungen und ihrem Grundtatbestand.

---

59 BGHSt GrS 40, 138, 162; BGH wistra 99, 99.
60 BGHSt 46, 24, 25; KG NStZ-RR 13, 173; vert. *Puppe*, JuS 16, 961; *T. Walter*, JA 05, 787.
61 BGHSt 11, 15, 17; 28, 11, 15.
62 Zum *Lex specialis*-Grundsatz vgl *Vogel*, Juristische Methodik, S. 63; *Zippelius*, Methodenlehre, S. 38 f.

– **Beispiel:** § 224 verdrängt § 223; § 244 verdrängt § 242.

Ebenso stehen **Abwandlungen eigenständiger Art** im Verhältnis der Spezialität zu ihrem Ausgangstatbestand.

– **Beispiel:** § 249 verdrängt § 240 und § 242.

Da **erfolgsqualifizierte Delikte** (s. Rn 38) nach § 18 **wenigstens Fahrlässigkeit** in Bezug auf die besondere Folge der Tat voraussetzen tritt der betreffende Fahrlässigkeitstatbestand hier immer zurück.

– **Beispiel:** § 222 tritt gegenüber § 227 oder § 306c zurück[63].
  Kann die qualifizierende Folge nach Art des Delikts nicht nur fahrlässig, sondern auch vorsätzlich (insbes. mit Eventualvorsatz) herbeigeführt werden, wie etwa der Tod des Opfers bei den §§ 178, § 251 oder § 306c, kommt bei entsprechendem Vorsatz **Tateinheit** zwischen dem erfolgsqualifizierten Delikt und dem einschlägigen Vorsatztatbestand (§§ 212, 211) in Betracht, weil sich der volle Unrechts- und Schuldgehalt der Tat allein auf diese Weise im Urteilsspruch **klarstellen** lässt (Klarstellungsfunktion der Tateinheit)[64].

1267 Im **Fall 20** gilt Folgendes: Die Schläge erfüllen die §§ 223, 224 I Nr 2 und 4, wobei § 224 gegenüber § 223 *lex specialis* ist.

Grundsätzlich würde auch § 240 durch § 239 als *lex specialis* verdrängt werden[65], wobei hier die Nötigung über die Duldung der Freiheitsberaubung hinausgeht, da den Brüdern zusätzlich Schläge zugefügt wurden, und somit § 240 nicht verdrängt wird[66].

§ 241 tritt hinter § 240 zurück, da die Bedrohung Nötigungsmittel ist[67].

Der § 244 I Nr 1a und 3, IV verdrängt §§ 242, 243 I 2 Nr 1 und 7 im Wege der Spezialität.

2. Subsidiarität

1268 **Subsidiarität** bedeutet, dass eine Strafvorschrift **nur hilfsweise anwendbar** ist, also nur für den Fall Geltung beansprucht, dass nicht schon eine andere eingreift.

Die Subsidiarität ist teils ausdrücklich geregelt, sog. **formelle Subsidiarität** (wie zB in §§ 145 II, 145d, 246 I[68], 248b, 265a, 316), teils ergibt sie sich durch Auslegung aus dem Sinnzusammenhang (sog. materielle oder **stillschweigende Subsidiarität**).

Eine solche stillschweigende Subsidiarität liegt insbes. im Verhältnis zwischen abstrakten und konkreten Gefährdungsdelikten[69], zwischen konkreten Gefährdungsdelikten und Verletzungsdelikten[70], zwischen Versuch und Vollendung derselben Tat (s. aber auch Rn 1252), zwischen vorsätzlicher und fahrlässiger Begehung desselben Delikts, wenn der eingetretene Erfolg nur teils vom Vorsatz des Täters umfasst war[71], sowie zwischen leichteren und schwereren Beteiligungsformen vor. So sind Anstiftung und Beihilfe subsidiär zu allen Formen der Täterschaft; innerhalb der Teilnahme ist Beihilfe subsidiär gegenüber der Anstiftung.

---

63 Vgl BGHSt 8, 54.
64 BGHSt 39, 100.
65 BGH BeckRS 18, 8555.
66 Vgl S/S-*Eisele*, § 240 Rn 41.
67 Vgl BGH HRRS 12 Nr 234; S/S-*Eisele*, § 241 Rn 16.
68 Gilt auch für § 246 II, BGH NJW 12, 3046 m. abl. Bespr. *Heghmanns*, ZJS 13, 124.
69 BGH NStZ 06, 449; *Puppe*, JuS 16, 961, 963: Spezialität.
70 Vgl RGSt 68, 407.
71 BGH NJW 11, 2067; vgl auch BGHSt 39, 195.

Im **Fall 20** liegt in der Wegnahme der Waffen zugleich eine Zueignung iSv § 246 I. Die Unterschlagung tritt jedoch im Wege ausdrücklicher Subsidiarität hinter § 244 I Nr 1a und 3, IV zurück (Tateinheit läge hingegen vor, wenn das neben § 246 begangene Delikt keinen eigentums- bzw vermögensschädigenden Charakter hätte[72]). **1269**

3. Konsumtion

Heftig umstritten sind Begriff und Abgrenzung der **Konsumtion**. Dieser Fall ist gegeben, wenn ein Straftatbestand in einem anderen **nicht notwendig enthalten** ist, die eine Tat aber **regelmäßig und typischerweise** mit der Begehung einer anderen zusammentrifft, sodass ihr Unrechts- und Schuldgehalt durch die schwerere Deliktsform miterfasst und aufgezehrt wird. Ob eine Konsumtion vorliegt wird also im Rahmen einer wertenden Entscheidung bestimmt[73]. **1270**

Problematisch ist, unter welchen Voraussetzungen der **Hausfriedensbruch (§ 123)** sowie die **Sachbeschädigung (§ 303)** als **typische Begleittaten eines Diebstahls (§§ 242 ff)** betrachtet werden können und daher im Wege der Konsumtion verdrängt werden: **1271**

Früher ging die ganz hM davon aus, die genannten Delikte würden in aller Regel sowohl hinter den **Wohnungseinbruchsdiebstahl (§ 244 I Nr 3 Var. 1)** als auch hinter den „einfachen" Einbruchsdiebstahl (§§ 242 I, 243 I 2 Nr 1) im Wege der **Konsumtion** zurücktreten. Ferner wurde überwiegend angenommen, dass § 244 I Nr 3 Var. 2 und 3 **(Wohnungsdiebstahl durch Einsteigen in eine Wohnung bzw mit einem falschen Schlüssel)** sowie §§ 242 I, 243 I 2 Nr 2 **(Diebstahl besonders gesicherter Sachen)** regelmäßig den typischerweise mitverwirklichten Hausfriedensbruch konsumieren. Tateinheit wurde allenfalls bejaht, wenn das Begleitdelikt im konkreten Fall ausnahmsweise aus dem regelmäßigen Verlauf der Haupttat herausfiel[74].

Diese Lösung wurde jedoch von Rspr und Lehre in Zweifel gezogen[75].

Infolge dessen hat der 1. Strafsenat des BGH entschieden, dass beim Zusammentreffen einer schweren Diebstahlstat (§ 242 I i.Vm. § 243 I 2 Nr 1 bzw § 244 I Nr 3 Var. 1 bzw § 244a I) mit einer Sachbeschädigung generell von **Tateinheit** auszugehen sei[76]. Dem hat sich nun für §§ 244a I, 244 I Nr 3, 243 I 2 Nr 1 Var. 1 und § 244 I Nr 3 Var. 1 auch der 2. Strafsenat in Abkehr seiner bisherigen Rechtsauffassung mit Zustimmung aller anderen Senate angeschlossen[77].

---

72 *Cantzler/Zauner*, Jura 03, 483; *Freund/Putz*, NStZ 03, 242; NK-*Kindhäuser*, § 246 Rn 45; *Rengier*, BT I, § 5 Rn 66; *Wessels/Hillenkamp/Schuhr*, BT/2, Rn 327; aA BGHSt 47, 243; *Otto*, NStZ 03, 87; *Heghmanns*, JuS 03, 954.

73 Vgl MK-StGB-*von Heintschel-Heinegg*, Vor § 52 Rn 49.

74 BayObLG NJW 91, 3292, 3293; KG JR 79, 249, 250.

75 BGH NJW 02, 150 m. zust. Bespr. *Fahl*, JA 02, 541; *Kargl/Rüdiger*, NStZ 02, 202; *Rengier*, JuS 02, 850 und *Sternberg-Lieben*, JZ 02, 512.

76 BGH NStZ 14, 40 m. zust. Bespr. *Hecker*, JuS 14, 181 und *Zöller*, ZJS 14, 214.

77 BGH NJW 19, 1086, 1087, Rn 15 ff, 37, m. Bespr. *Mitsch*, der zwar der Ablehnung der Konsumtion zustimmt, aber Tatmehrheit gegeben sieht; nach *Jäger*, JA 19, 386 steht damit die Rechtsfigur der Konsumtion an sich in Frage, da alle Argumente des BGH im konkreten Fall auch auf die Konsumtion insgesamt übertragbar seien; ebenso *Fahl*, JR 19, 114, welcher aber die Notwendigkeit der Konsumtion bejaht.

Danach ist nun – ungeachtet der Höhe des Sachschadens im Vergleich zum Wert der Diebesbeute – immer Tateinheit anzunehmen. Der 2. Strafsenat argumentierte wie folgt[78]: Das „Einbrechen" setze schon definitionsgemäß keine Substanzverletzung iSd § 303 voraus. Auch sei bei den restlichen Varianten des § 243 I 2 Nr 1 („einsteigen, eindringen, verborgen halten") eine Sachbeschädigung nur schwer denkbar, weshalb durch die Annahme von Konsumtion nur für Var. 1 ein systematischer Bruch vorläge, da die restlichen Begehungsmodalitäten zu § 303 regelmäßig in Tateinheit stünden. Die jeweils geschützten Rechtsgüter und Rechtsgutinhaber könnten außerdem durchaus verschieden sein; der Inhaber des Gewahrsams an der weggenommenen Sache müsse nicht zugleich Eigentümer der beschädigten Sache sein. Die bisher zweistufige Prüfung (Ist die konkrete Sachbeschädigung typisch für einen Einbruchsdiebstahl? Übersteigt der Unrechtsgehalt der konkreten Sachbeschädigung den Diebstahl?) sei unscharf und das Ergebnis nicht vorhersehbar. Der Vergleich der wirtschaftlichen Vermögenswerte sei darüber hinaus unsicher und auch wenig geeignet (bspw ist der Wert einer aufgebrochenen Tür zufällig). Außerdem führe die Annahme von Gesetzeseinheit anstelle von Tateinheit zu einem Wertungswiderspruch: Erachte der Tatrichter die Regelwirkung für die Annahme eines besonders schweren Falls im Einzelfall aufgrund besonderer täterbezogener Merkmale nicht für gegeben, wäre er gezwungen – trotz des geminderten Unrechtsgehalts – wegen Diebstahls in Tateinheit mit Sachbeschädigung zu verurteilen.

In der dem Urteil vorhergehenden Diskussion wurde ferner vorgebracht, dass es angesichts neuerer technischer Entwicklungen (zB elektronische oder EDV-gestützte Schließsysteme) fraglich sei, ob die Sachbeschädigung nach wie vor typische Begleittat eines Einbruchsdiebstahls sei. Im Hinblick auf § 243 wurde überdies eingewandt, derartige bloße Strafzumessungsvorschriften seien nicht geeignet, „echte" Strafnormen zu verdrängen.

Dies verdient jedoch keine Zustimmung: Zwar gibt es zugegebenermaßen Fälle des Einbruchsdiebstahls, in denen § 303 StGB nicht erfüllt ist; dies entspricht aber gerade dem Wesen der Konsumtion (vgl die Definition in Rn 1270: „nicht notwendig, aber typischerweise"). Auch das Argument, bloße Regelbeispiele könnten keine Strafnormen verdrängen, überzeugt nicht, da die Begleitdelikte nicht etwa hinter § 243, sondern hinter §§ 242, 243 zurücktreten. Darüber hinaus war es auch bisher schon möglich, die Konsumtion bei wertender Betrachtung abzulehnen[79]. Sachgerecht erscheint es daher, im Grundsatz an der **„Konsumtionslösung"** festzuhalten und lediglich ausnahmsweise von Tateinheit auszugehen, wenn im konkreten Fall **unterschiedliche Rechtsgutsträger betroffen** sind oder wenn der vom Täter angerichtete **Sachschaden den Wert der Diebesbeute deutlich übersteigt**[80].

Unabhängig davon ist stets Tateinheit anzunehmen, wenn ein Hausfriedensbruch nicht lediglich Begleittat eines schweren Diebstahls ist, sondern zugleich die **Begehung weiterer Straftaten** (etwa einer Vergewaltigung) **ermöglichen** soll. Unter diesen Umständen kommt dem Hausfriedensbruch unstreitig eine **eigenständige Bedeutung** zu[81].

▶ Beispielsfall bei *Beulke*, Klausurenkurs III, Rn 191

---

78 BGH NJW 19, 1086, 1088 ff.
79 Beispielsweise wenn im Rahmen eines Einbruchsdiebstahls ein wertvolles Fenster aus dem 16. Jahrhundert zertrümmert wurde, vgl *Fahl*, JR 19, 114, 117.
80 Ebenso S/S-*Bosch*, § 243 Rn 59; NK-*Kindhäuser*, § 243 Rn 62; AnwK-StGB-*Kretschmer*, § 243 Rn 34; LK-*Vogel*, § 243 Rn 79; *Wessels/Hillenkamp/Schuhr*, BT/2, Rn 245.
81 Zum Ganzen *Fahl*, Zur Bedeutung des Regeltatbildes bei der Bemessung der Strafe, 1996, S. 287.

Im **Fall 20** wird der Hausfriedensbruch (§ 123) ausnahmsweise nicht von § 244 I Nr 3, IV konsumiert, weil er zugleich weitere Straftaten ermöglichen soll.   **1272**

4. Rechtsfolgen der Gesetzeseinheit

Bei Gesetzeseinheit erscheint das verdrängte Strafgesetz im Schuldausspruch des Urteils nicht. Sein Mindeststrafrahmen darf bei der Strafzumessung aber nicht unterschritten werden[82], es sei denn, der verdrängende Tatbestand ist eine mildere *lex specialis*[83]. Darüber hinaus wird der verdrängte Tatbestand auch insgesamt bei der Strafzumessung berücksichtigt, wobei das Doppelverwertungsverbot (§ 46 III) beachtet werden muss[84]. Das zurücktretende Strafgesetz behält ferner Bedeutung, wenn aus dem vorrangigen Delikt nicht bestraft werden kann, bspw für den Fall des Rücktritts vom erfolgsqualifizierten Versuch (s. Rn 1087)[85]. Sieht das verdrängte Gesetz Nebenstrafen oder die Anordnung von Maßnahmen iSd § 11 I Nr 8 vor, können bzw müssen diese ausgesprochen werden[86].   **1273**

IV. Die mitbestrafte Vor- und Nachtat

Erscheinungsformen der unechten Konkurrenz gibt es auch im Bereich der Handlungsmehrheit, wenn die Verwirklichung eines Straftatbestandes den Unrechts- und Schuldgehalt einer vorausgegangenen selbstständigen Handlung oder einer nachfolgenden Verwertungshandlung mit einschließt. Um diese Fälle von denen der Handlungseinheit abzugrenzen, spricht man hier nicht von Gesetzeseinheit, sondern von **mitbestrafter** (auch strafloser) **Vor- und Nachtat**[87]. Das Zurücktreten des verdrängten Strafgesetzes folgt insoweit aus dem Gesichtspunkt der **Subsidiarität** oder der **Konsumtion**[88].   **1274**

1. Mitbestrafte Vortat

Bei der **mitbestraften Vortat** handelt es sich um Fälle der **Subsidiarität** oder der **Konsumtion**.   **1275**

So ist zB die **Verbrechensverabredung** (§ 30 II) als selbstständige Handlung eine **mitbestrafte Vortat** zur durchgeführten Tat. § 30 II will nämlich nur Vorbereitungshandlungen als solche

---

82 BGHSt 1, 152; 10, 312; 15, 345; BGH NStZ 06, 288 m. Anm. *Satzger*, JK 6/06, StGB § 211/48; BGH NStZ-RR 18, 217; aA *Mitsch*, JuS 93, 471, 475.
83 *Fischer*, Vorbem. § 52 Rn 45.
84 MK-StGB-*von Heintschel/Heinegg*, Vor § 52, Rn 64; nach *Puppe*, JuS 16, 961, 966 sind Konsumtion und Subsidiarität nur „scheinbare Fälle des Zurücktretens", da der zurücktretende Tatbestand in der Strafzumessung auftaucht.
85 Tritt beispielsweise der Täter von einem versuchten Raub mit (eingetretener) Todesfolge wirksam zurück, so bleibt die Strafbarkeit nach § 227 bestehen; vgl für weitere Beispiele MK-StGB-*von Heintschel-Heinegg*, Vor § 52, Rn 66 ff.
86 Vgl BGHSt 19, 188; MK-StGB-*von Heintschel-Heinegg*, Vor § 52, Rn 65.
87 Nach *Puppe*, JuS 16, 961, 965 f. solten die mitbestrafte Vor- und Nachtat im Interesse des Angeklagten und der Klarheit des Tenors als Idealkonkurrenz behandelt werden, was jedoch dem oben definierten Begriff der Handlung widersprechen würde.
88 Näher BGHSt 38, 366; *Otto*, Jura 94, 276; LK-*Rissing-van Saan*, Vorbem. § 52 Rn 144 ff.

erfassen, ist seinem Sinn und Zweck nach also **subsidiär** zur versuchten oder vollendeten Begehung des verabredeten Delikts[89]. Ebenso tritt die versuchte Anstiftung (§ 30 I) als mitbestrafte Vortat zurück, wenn der gescheiterte Anstifter das Verbrechen später selbst begeht oder zu begehen versucht[90]. Wird demgegenüber nach einer fehlgeschlagenen, versuchten Anstiftung ein anderer Täter angestiftet, das Delikt zu begehen, besteht zwischen beiden Handlungskomplexen Tatmehrheit[91].

Demgegenüber bildet die Unterschlagung eines Fahrzeugschlüssels allein unter dem Blickwinkel der **Konsumtion** eine mitbestrafte Vortat zum nachfolgenden Diebstahl des dazu gehörenden Kraftfahrzeugs[92]. Angesichts unterschiedlicher Geschädigter ist hingegen der Diebstahl einer ec-Karte keine mitbestrafte Vortat zum anschließend damit begangenen Computerbetrug zulasten der Bank[93].

1276 Im **Fall 20** treten die §§ 30 II, 242, 244 I Nr. 3, IV als mitbestrafte Vortat hinter §§ 242, 244 I Nr. 3, IV zurück.

2. Mitbestrafte Nachtat

1277 Auf die **mitbestrafte Nachtat** trifft durchweg der Grundgedanke der **Konsumtion** zu. Eine Nachtat wird konsumiert, wenn sie sich in der Auswertung oder Sicherung der durch die Vortat erlangten Position erschöpft, den schon angerichteten Schaden nicht wesentlich erweitert und kein neues Rechtsgut verletzt[94]. Typischerweise muss der Täter in aller Regel auch die (selbstständige) Nachtat begehen, wenn die Haupttat für ihn einen Sinn haben soll. So ist ein Diebstahl für den Täter nur dann sinnvoll, wenn er die widerrechtlich erlangte Sachherrschaft für seine Zwecke ausnutzen kann.

Beispiel: Die Brandstiftung (§ 306 I) an einer vorher gestohlenen Sache stellt gerade keine mitbestrafte Nachtat dar, da die Brandstiftungsdelikte nicht nur das Eigentum, sondern auch die Allgemeinheit schützen sollen[95].

1278 Im **Fall 20** ist die Weitergabe der entwendeten Waffen an N und die Veräußerung der Wertgegenstände an D daher für A und B keine selbstständig zu bestrafende erneute Unterschlagung[96] (§ 246 I); diese typischen Verwertungshandlungen sind durch die Bestrafung des Diebstahls **mit abgegolten**[97].

Der gegenüber dem gutgläubigen K begangene Betrug (§ 263, § 935 BGB) steht dagegen zu dem vorausgegangenen Erwerbsdelikt (§ 244 I Nr 1a und 3, IV) in **Tatmehrheit**, weil insoweit eine neue selbstständige Rechtsgutsverletzung gegenüber einem Dritten vorliegt.

---

89 Vgl BGHSt 1, 131; 14, 378; BGH NStZ 86, 565.
90 BGH StraFo 10, 296 m. Bespr. *Kudlich*, JA 10, 664.
91 BGHSt 44, 91 m. zust. Anm. *Beulke*, NStZ 99, 26; s. auch BGH NStZ 98, 189 m. zust. Anm. *Geppert*; wohl aA BGH NStZ 00, 197.
92 OLG Hamm MDR 79, 421.
93 BGH wistra 01, 178 m. zust. Anm. *Wohlers*, NStZ 01, 539; s. auch *Wessels/Hillenkamp/Schuhr*, BT/2, Rn 178.
94 BGHSt 6, 67; 38, 366; BGH NStZ 09, 38; wistra 11, 22, 23; wistra 14, 392.
95 Vgl BGH BeckRS 18, 13154.
96 Wenn man der Ansicht folgt, welche in der nachfolgenden Veräußerung einer gestohlenen Sache eine nochmalige tatbestandliche Zueignung sieht.
97 BGHSt 14, 38 verneint insoweit schon den Tatbestand des § 246 mangels nochmaliger Zueignung; näher dazu *Wessels/Hillenkamp/Schuhr*, BT/2, Rn 328 ff.

464

Entfällt eine Verurteilung wegen der Haupttat, weil sie nicht nachweisbar oder verjährt ist, so bleibt die Nachtat selbstständig strafbar[98]. Strafbare Teilnahme an einer mitbestraften Nachtat durch Dritte ist möglich[99]. **1279**

V. Tateinheit

1. Erscheinungsformen

Tateinheit (Idealkonkurrenz) liegt vor, wenn **dieselbe Handlung** (im Sinne von Handlungseinheit) mehrere Strafgesetze oder dasselbe Strafgesetz mehrmals verletzt (§ 52 I); im ersten Fall spricht man von **ungleichartiger**, im zweiten von **gleichartiger Idealkonkurrenz**[100]. Voraussetzung für die Tateinheit ist also das Vorliegen von Handlungseinheit (siehe Rn 1243 ff). § 52 ermöglicht es, den Unrechtsgehalt einer einheitlichen Tat unter verschiedenen rechtlichen Gesichtspunkten zu erfassen. **1280**

Beispiele: Die betrügerische Täuschung durch Gebrauch einer unechten Urkunde; §§ 263, 267 I Var. 3 oder der Schwangerschaftsabbruch mittels lebensgefährlicher Fußtritte in die Bauchgegend; §§ 218, 224 I Nr 5[101].

Im **Fall 20** erfüllt die von A und B vorgenommene Misshandlung von X und Y den Tatbestand des § 224 I Nr 2 und 4 (mittels einer Waffe bzw gemeinschaftlich), ist aber auch Ausführungshandlung der damit einhergehenden Freiheitsberaubung (§ 239). Zwischen diesen beiden Delikten besteht daher ungleichartige Idealkonkurrenz[102]. **1281**

Ungleichartige Idealkonkurrenz liegt ebenso zwischen § 223 (bzw § 224 I Nr 2 und 4) und § 240 vor, auch wenn – wie hier – die Duldung der Körperverletzung den einzigen Nötigungszweck darstellt[103].

Die Nötigungen gegenüber X und Y erfolgen unter Einsatz desselben Nötigungsmittels und stehen daher in gleichartiger Tateinheit[104].

– Die Tatbestandshandlungen der erfüllten Delikte müssen nicht völlig kongruent sein, um dieselbe Handlung iSv § 52 darzustellen. Vielmehr genügt es, dass ein Teilakt zur Verwirklichung des objektiven Tatbestandes mehrerer Strafgesetze beiträgt, sog. **Teilidentität der Ausführungshandlung**[105]. **1282**

Beispiel: Die Gewaltanwendung führt zur Überschneidung von § 223 und § 249[106].

Tateinheit im Wege einer solchen Teilüberdeckung ist auch noch **zwischen Vollendung und Beendigung** einer Straftat möglich.

Verletzt eine Handlung, die bspw der Beendigung eines bereits vollendeten Raubes dient, zugleich ein anderes Strafgesetz (wie etwa die §§ 211, 22, 23 I bei der Abgabe von Schüs-

---

98 BGHSt 38, 366; BGH NStZ 09, 203; anders *Schneider*, wistra 01, 408; *Stree*, JZ 93, 476.
99 RGSt 67, 70, 77.
100 Vert. *Puppe*, JuS 17, 503; *dies*, JuS 17, 637.
101 BGH NJW 07, 2565.
102 Vgl BGHSt 18, 26, 27.
103 Vgl MK-StGB-*Sinn*, § 240 Rn 167; RGSt 33, 339.
104 Vgl SSW-StGB/*Schluckebier*, § 240 Rn 28.
105 Vgl BGHSt 18, 29; 26, 24; 43, 317, 319; BGH wistra 11, 99; wistra 16, 70; NZV 18, 145; BeckRS 18, 20469; NJW 18, 2909.
106 Vgl S/S-*Sternberg-Lieben/Bosch*, § 52 Rn 9.

sen auf einen Verfolger), besteht zwischen dieser Gesetzesverletzung und dem Raub Tateinheit[107]. Ebenso können Bestechlichkeit (§ 332 I) und Untreue (§ 266 I) in Tateinheit stehen, falls im Anfordern des Bestechungsvorteils zugleich der Beginn der Verletzung einer Vermögensbetreuungspflicht liegt[108].

1283 – Zweifel entstehen beim Zusammentreffen zwischen einem **Dauerdelikt** und einem **Zustandsdelikt** (zB zwischen § 123 einerseits und §§ 177, 242, 243 I 2 Nr 1, 7, 244 I Nr 1a, 3 andererseits).

Die **Rspr** verlangt auch hier, dass die **Ausführungshandlungen sich teilweise decken**; andernfalls soll Tatmehrheit vorliegen[109]. Demgegenüber unterscheidet die **hL** wie folgt: **Tateinheit** ist anzunehmen, wenn das **Zustandsdelikt Mittel zur Begehung** des Dauerdelikts ist oder wenn das Dauerdelikt erst die **Voraussetzung** für die Begehung eines **bestimmten Zustandsdelikts** schaffen soll (wie im Ausgangsfall der Hausfriedensbruch für den sexuellen Übergriff und den Diebstahl), also von vornherein zu diesem Zweck begangen wird. **Tatmehrheit** kommt dagegen in Betracht bei Straftaten, die aufgrund eines neuen Entschlusses **nur bei Gelegenheit** eines Dauerdelikts verübt werden (so etwa, wenn A und B von J im Wochenendhaus überrascht würden und J dort von ihnen Beleidigungen hinnehmen müsste; zwischen § 123 und § 185 bestünde dann Tatmehrheit)[110].

Der Tatentschluss zur Begehung eines neuen Delikts kann eine materiellrechtliche **Zäsur des Dauerdelikts** bewirken. So erfährt die Trunkenheitsfahrt (§ 316) einen solchen Einschnitt, wenn der Täter nach einem Unfall den Entschluss fasst, sich unerlaubt vom Unfallort zu entfernen (§ 142). Hier werden die Trunkenheitsfahrt vor dem Unfall und die danach in zwei tatmehrheitliche Dauerdelikte aufgeteilt. Die Fahrt bis zum Unfall wird dann allerdings – wegen der ausdrücklichen Subsidiarität des § 316 – als Gefährdung des Straßenverkehrs (§ 315c) u. U. in Tateinheit mit den beim Unfall selbst verwirklichten Tatbeständen (zB §§ 223, 229, 303) bestraft, die Fahrt danach erfüllt § 142 und § 316, die ebenfalls in Tateinheit zueinander stehen[111].

1284 – Tateinheit kann nach ständiger Rspr des Weiteren dadurch begründet werden, dass **zwei an sich selbstständige** (und damit in Tatmehrheit stehende) **Handlungen jeweils mit einer dritten Handlung in Tateinheit stehen** und durch deren Klammerwirkung auch miteinander zur (tätergünstigen) Tateinheit verbunden werden[112]. Dieses **Prinzip der Verklammerung** ist jedoch wegen seiner weitreichenden Konsequenzen für die Strafbemessung und eines etwaigen Strafklageverbrauchs (Art. 103 III GG; § 264 StPO) nur in engen Grenzen und nicht ohne Rücksicht auf den Unrechtsgehalt der in Betracht kommenden Delikte anzuerkennen. Ein Teil der Rechtslehre[113] lehnt das Verklammerungsprinzip ganz ab; andere[114] betrachten es mit größter Skepsis.

---

107 BGHSt 26, 24, 27; BGH NStZ 05, 387; vgl auch BGH NStZ 14, 272, 273.
108 BGHSt 47, 22 m. abl. Anm. *Bittmann*, wistra 02, 405.
109 RGSt 32, 137; 54, 288; BGHSt 18, 29, 33; BGH NStZ 99, 83.
110 Vgl OLG Koblenz NJW 78, 716; zT abw. S/S-*Sternberg-Lieben/Bosch*, Vorbem. §§ 52 ff Rn 90; *Zieschang*, Rissing-van Saan-FS, S. 787.
111 BGHSt 21, 203; s. auch BGH StV 12, 338.
112 BGHSt 54, 189, 201 f; BGH NStZ 00, 25; wistra 14, 349; NStZ-RR 18, 44.
113 *Jakobs*, AT, 33/12; *Puppe*, GA 1982, 143, 152; *Schmidhäuser*, AT, 14/36.
114 *Geppert*, Jura 97, 214; SK-*Jäger*, Vorbem. § 52 Rn 66; partiell einschränkend jetzt auch BGH StV 16, 499 m. Anm. *Gazeas*.

Keine Verklammerung erfolgt bei der Teilüberdeckung von mehreren schweren realkonkurrierenden Taten mit einer **minder schweren** Straftat.

Nach der früher herrschenden Meinung war eine **Klammerwirkung** schon zu **verneinen**, wenn auch nur **eine** der betreffenden Gesetzesverletzungen einen größeren Unwert verkörperte als die vermittelnde Straftat[115]. Von dieser Leitlinie hat sich die Rspr inzwischen gelöst. Nunmehr soll eine Straftat, die sich jeweils mit zwei anderen Delikten überschneidet, auch dann Tateinheit zwischen diesen beiden Delikten **begründen** können, wenn **eines davon schwerer wiegt** als ihr vermittelndes Bindeglied[116]. Eine abstrakte Bewertungsregel des Inhalts, dass ein Verbrechen stets schwerer wiege als ein Vergehen, lässt der BGH hier aber nicht gelten, vielmehr soll es auf den konkret zu beurteilenden Fall, dessen Gewichtung und den anwendbaren Strafrahmen ankommen[117].

Inzwischen nimmt die Rspr gegenüber dem Prinzip der Verklammerung einen zunehmend zurückhaltenden Standpunkt ein. Der Täter dürfe durch eine Verklammerung nicht über Gebühr besser gestellt werden, da er zusätzlich zu den (an sich) in Realkonkurrenz stehenden Taten ja gerade noch ein drittes Delikt begeht. Deshalb hat der BGH die früher befürwortete Verklammerungswirkung des Organisationsdelikts der mitgliedschaftlichen **Beteiligung an einer kriminellen Vereinigung (§ 129 I Var. 2)** mit allen während des Bestehens der Vereinigung begangenen Delikten zu einer einzigen Tat im Rechtssinne aufgegeben. Der gesteigerte Unrechtsgehalt dieser jeweiligen Verletzungen von Individualrechtsgütern wird nun dadurch zum Ausdruck gebracht, dass zwar bezüglich des Organisationsdelikts eine tatbestandliche Handlungseinheit vorliegt (dazu Rn 1247), gleichwohl aber zwischen den einzelnen Verletzungen von Individualrechtsgütern (die ihrerseits jeweils in Idealkonkurrenz zum Organisationsdelikt stehen) von **Realkonkurrenz** ausgeht[118].

Im **Fall 20** steht der von A und B begangene **Hausfriedensbruch** zur gefährlichen Körperverletzung zulasten von X und Y sowie zum Diebstahl gegen E jeweils im Verhältnis der Tateinheit (§ 52 I; näher dazu Rn 1272). Als **minder schwere** Straftat ist der Hausfriedensbruch aber nicht im Stande, die gefährliche Körperverletzung und den Diebstahl als selbstständige und im Verhältnis zu § 123 jeweils einen höheren Unrechtsgehalt aufweisende Straftaten miteinander zu verklammern[119]. | **1285**

– Als Abgrenzungskriterium zwischen Tateinheit und Gesetzeseinheit (siehe Rn 1265 ff) kann in Zweifelsfällen die **Klarstellungsfunktion** der Idealkonkurrenz dienen[120]. So stehen zB die §§ 224 I Nr 4 (gefährliche Körperverletzung mit einem anderen Beteiligten gemeinschaftlich) bzw Nr 5 (gefährliche Körperverletzung mittels einer das Leben gefährdenden Behandlung) und 226 I Nr 3 (schwere Körperverletzung mit Entstellungswirkung) in Tateinheit. Gesetzeskonkurrenz würde das gesonderte Unrecht, das über die schwere Folge hinausgehend in der gemeinschaftlichen Tatbegehung bzw der lebensge- | **1286**

---

115 Vgl BGHSt 3, 165.
116 BGHSt 31, 29; BGH NStZ 13, 158; NStZ 14, 272 m. Anm. *Becker*; BGH StV 14, 544.
117 BGHSt 33, 4; BGH NStZ 93, 133; vgl auch BGH NStZ-RR 14, 146; BeckRS 17, 103581.
118 BGHSt 60, 308; Anm. *Gazeas*, StV 16, 502 und *van Lessen*, NStZ 16, 446; s. auch *Erb*, GA 1994, 265; S/S/W-StGB-*Lohse*, § 129 Rn 46.
119 BGHSt 31, 29.
120 BGHSt 41, 113; 42, 51; BGH NStZ 12, 214 m. Anm. *Bachmann/Goeck*, Jura 12, 349; *Fahl*, JA 95, 654.

fährlichen Handlung liegt, nicht zum Ausdruck bringen[121]. Zu Recht nimmt deshalb nunmehr auch der BGH im Fall einer versuchten Tötung, die zu einer Verletzung des Opfers geführt hat, Tateinheit zwischen §§ 212 I, 22, 23 I einerseits und §§ 223 ff andererseits an, da bei einem Zurücktreten des Körperverletzungsdelikts der Schuldspruch nicht erkennen ließe, ob der Tötungsversuch folgenlos geblieben ist (der Schuss verfehlt das beabsichtigte Tötungsopfer) oder zu einer Beeinträchtigung der körperlichen Integrität (der Schuss trifft das Opfer, welches die Verletzung aber überlebt) geführt hat[122]. Das müsste konsequenterweise dann aber auch für das Verhältnis des versuchten Totschlags (§§ 212, 22, 23) zur Aussetzung des eigenen Kindes (§ 221 I, II Nr 1) gelten[123]. Entsprechendes gilt für die Konkurrenz zwischen versuchter Erpressung (§§ 253 I, 22, 23 I) und Bedrohung (§ 241). Die Vollendung der Bedrohung wird durch die Bestrafung allein wegen versuchter Erpressung nicht zum Ausdruck gebracht[124]. Das Gleiche gilt auch im Verhältnis zwischen vollendetem Grunddelikt und versuchter Erfolgsqualifikation. Daher besteht zwischen einer vollendeten schweren Brandstiftung (§ 306a) und einer versuchten Brandstiftung mit Todesfolge (§ 306c) Tateinheit, wenn zwar der Branderfolg, nicht aber der gewünschte Tod eines anderen Menschen eingetreten ist. Auch hier bedarf es der Idealkonkurrenz, um zum Ausdruck zu bringen, dass schon der Branderfolg nicht lediglich versucht, darüber hinaus aber auch die schwere Folge angestrebt wurde (sog. Versuch der Erfolgsqualifikation, s. Rn 999)[125]. Konsequenterweise ist auch Tateinheit anzunehmen, wenn beim erfolgsqualifizierten Delikt zwar bereits das Grunddelikt im Versuchsstadium steckengeblieben, die schwere Folge aber eingetreten ist (sog. erfolgsqualifizierter Versuch, s. Rn 1016). Deshalb ist dann zwischen versuchtem Raub mit Todesfolge (§§ 251, 22, 23 I) und vollendeter Körperverletzung mit Todesfolge (§ 227) Tateinheit anzunehmen, weil nur so klargestellt werden kann, dass es sich um einen Raubversuch gehandelt hat, bei dem das Opfer gestorben ist[126].

2. Rechtsfolgen der Tateinheit

1287 Die Behandlung der Tateinheit richtet sich nach dem **eingeschränkten Absorptionsprinzip**: Die Strafe wird nach dem Gesetz bestimmt, das die schwerste Strafe androht; sie darf aber nicht milder sein, als die anderen anwendbaren Gesetze es zulassen (§ 52 II). Es wird also nur **eine Strafe** aus einem Gesetz verhängt.

Auf Geldstrafe, Nebenstrafen, Nebenfolgen, Maßregeln der Besserung und Sicherung, Einziehung, Unbrauchbarmachung und Verfall muss oder kann in den durch § 52 III, IV festgelegten Grenzen gesondert erkannt werden, wenn eines der anwendbaren Gesetze dies vorschreibt oder zulässt (sog. **Kombinationsprinzip**). Zur Fassung des Schuldspruchs vgl Rn 1295.

---

121 BGHSt 53, 23 m. Anm. *v. Heintschel-Heinegg*, JA 09, 391; ebenso zu § 177 IV Nr 1, Nr 2a BGH HRRS 15 Nr 62.

122 BGHSt 44, 196; *Baier*, GA 2005, 81; *v. Heintschel-Heinegg*, Jakobs-FS, S. 140; *Kudlich*, JA 99, 452; *Satzger*, JR 99, 203; *Wessels/Hettinger/Engländer*, BT/1, Rn 300 f.

123 Für Gesetzeskonkurrenz aber BGH NStZ 17, 90 m. krit. Anm. *Bock*; wie hier *Bosch*, Jura (JK) 17, 492.

124 BayObLG JR 03, 477 m. abl. Anm. *Jäger*; S/S-*Eisele*, § 241 Rn 16; LK-*Träger/Altvater*, § 240 Rn 124; aA BGH NStZ 06, 342 (versuchte Nötigung/Bedrohung).

125 BGH JR 05, 127; *Kudlich*, JuS 05, 276; SK-*Wolters*, § 306c Rn 9.

126 BGHSt 46, 24; iE ebenso *Kindhäuser*, NStZ 01, 31; *Kudlich*, StV 00, 667, 669; *ders.*, JA 00, 748; AnwK-StGB-*Rackow*, § 52 Rn 16; abl. *Stein*, JR 01, 72.

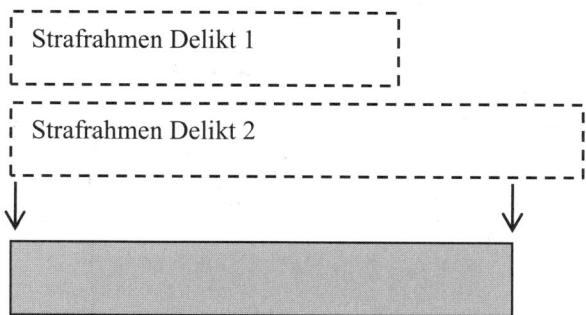

VI. Tatmehrheit

1. Voraussetzungen

Tatmehrheit liegt vor, wenn jemand **mehrere selbstständige Straftaten** begangen hat, deren gleichzeitige Aburteilung möglich ist (§ 53). **1288**

Im **Fall 20** stehen die im Körperverletzungs- und Entwendungskomplex begangenen Straftaten zueinander in Tatmehrheit. Gleiches gilt für den gegenüber D begangenen Betrug. **1289**

2. Rechtsfolgen der Tatmehrheit

Sind mehrere Freiheitsstrafen oder mehrere Geldstrafen verwirkt, wird auf eine **Gesamtstrafe** erkannt (§ 53 I). Deren Verhängung ist auch beim Zusammentreffen von Freiheitsstrafe und Geldstrafe möglich, sofern das Gericht keinen Anlass sieht, auf die Geldstrafe gesondert zu erkennen (vgl § 53 II). **1290**

Die **Bildung der Gesamtstrafe** ist in **§ 54** geregelt: Ist eine der Einzelstrafen eine lebenslange Freiheitsstrafe, so wird als Gesamtstrafe auf lebenslange Freiheitsstrafe erkannt. In allen übrigen Fällen wird die Gesamtstrafe durch Erhöhung der höchsten verwirkten Strafe, bei Strafen verschiedener Art durch Erhöhung der ihrer Art nach schwersten Strafe gebildet (sog. **Asperationsprinzip**). Dabei werden die Person des Täters und die einzelnen Straftaten zusammenfassend gewürdigt. **1291**

Die Gesamtstrafe darf die Summe der Einzelstrafen nicht erreichen und bei zeitigen Freiheitsstrafen 15 Jahre, bei Geldstrafen 720 Tagessätze nicht übersteigen (§ 54 II 2). § 55 lässt unter den dort genannten Voraussetzungen die nachträgliche Bildung einer Gesamtstrafe zu.

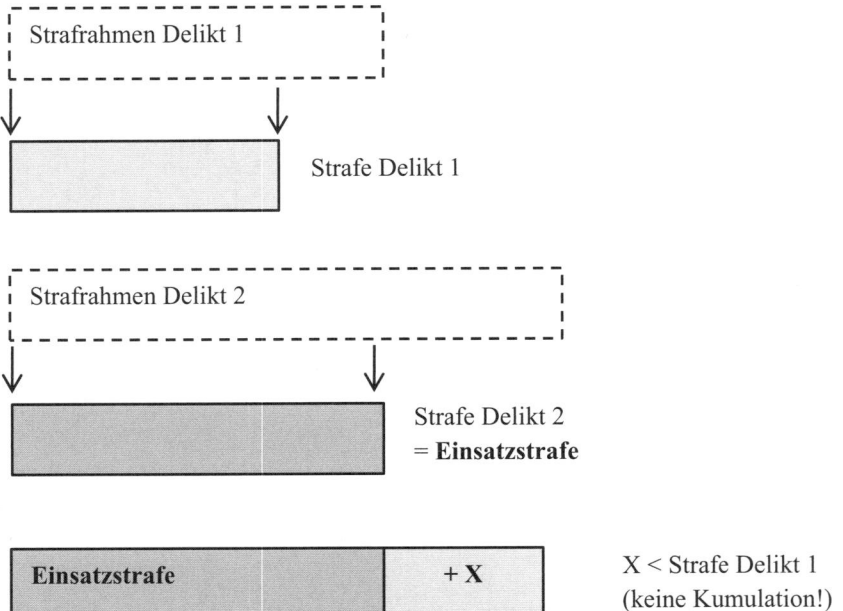

VII. Bearbeitungshinweise[127]

1292 Im Gutachten kann für die Bearbeitung der Konkurrenzen folgende Methode angewandt werden:

Man greift sich jeweils zwei der vorher bejahten Tatbestände heraus und bestimmt nunmehr ihr Verhältnis zueinander.

(1) Zuerst muss festgestellt werden, ob die zwei Straftatbestände durch „eine" Handlung verwirklicht worden, oder ob „mehrere" Handlungen zu erkennen sind.

(2) Im Falle der **Handlungseinheit** werden zunächst die wegen **Gesetzeseinheit** verdrängten Strafvorschriften ausgeschieden; für die verbleibenden Straftatbestände ergibt sich die Anwendbarkeit des § 52 dann von selbst.

(3) Im Fall der **Handlungsmehrheit** sind die **mitbestraften Vor- und Nachtaten** auszusondern; für die verbleibenden Straftaten ergibt sich dann die Realkonkurrenz nach § 53.
In Ausnahmefällen kann dabei das (in Rn 1284 erwähnte) **Prinzip der Verklammerung** Tateinheit zwischen mehreren an sich selbstständigen Gesetzesverletzungen begründen, sofern eine mit ihnen idealkonkurrierende dritte Straftat als vermittelndes Bindeglied in Betracht kommt.

1293 Wer dieses Modell bei allen verwirklichten Straftatbeständen immer wieder neu (nur unter Berücksichtigung von jeweils zwei Delikten) seiner Prüfung zugrunde legt, erhält für jeden Straftatbestand das Konkurrenzverhältnis zu dem jeweils anderen Delikt. Sind alle Konkurrenzverhältnisse geklärt, wird (bei ausreichenden zeitlichen

---

127 Guter Überblick bei *Geppert*, Jura 00, 598 und 651; *Niehaus*, Ad Legendum 14, 151; *Seher*, JuS 04, 392 und 482; *T. Walter*, JA 04, 133.

Ressourcen) das Ergebnis unter dem Titel „Gesamtkonkurrenzen" oder „Gesamtergebnis" zusammengefasst. Aus praktischen Gründen können die Konkurrenzen auch entweder direkt im Anschluss an die Prüfung des jeweiligen Delikts oder (in einfachen Fällen) die Delikte gar nicht geprüft, sondern nur am Ende im Gesamtergebnis angesprochen werden[128].

▶ Beispielsfälle bei *Beulke*, Klausurenkurs I, Rn 375, 417, 424 ff, *Beulke/Zimmermann*, Klausurenkurs II, Rn 50, 67 und *Beulke*, Klausurenkurs III, Rn 568, 578, 584, 595f, 597k, 602

1294

Stufe 1: Liegt **eine** oder **mehrere** Handlungen vor?

Handlung im natürlichen Sinn
Realisierung eines Handlungsentschlusses durch *eine* Willensbetätigung (vgl Rn 1244)

Handlung im juristischen Sinn
Zusammenfassung *mehrerer* Willensbetätigungen zu einer rechtlichen Bewertungseinheit (vgl Rn 1245)

tatbestandliche Handlungseinheit
gesetzlicher Tatbestand verbindet mehrere natürliche Willensbetätigungen zu einer rechtlich-sozialen Bewertungseinheit (vgl Rn 1246)

natürliche Handlungseinheit
(1) mehrere im Wesentlichen gleichartige Verhaltensweisen
(2) getragen von einem einheitlichen Willen
(3) zeitlich-räumlicher Zusammenhang
(4) sodass das gesamte Tätigwerden als einheitliches, zusammengehöriges Tun erscheint (BGHSt 10, 230)

fortgesetzte Handlung
von der Rspr aufgegeben

Handlungseinheit — wenn (-) → **Handlungsmehrheit**

---

128 Vgl auch *Murmann*, Grundkurs, § 1 Rn 8f.

Stufe 2: Aussonderung der **„unechten" Konkurrenzen:**
Wird ein Tatbestand von einem anderen verdrängt?

Gesetzeseinheit

Spezialität
eine Strafvorschrift
enthält alle Merkmale
einer anderen

Subsidiarität
eine Strafvorschrift ist
nur hilfsweise anwendbar

Konsumtion
eine Tat trifft regelmäßig
und typischerweise mit
der Begehung einer
anderen zusammen

mitbestrafte Vortat

mitbestrafte Nachtat

Stufe 3: **Ergebnis**

Tateinheit, § 52

Tatmehrheit, § 53

ausnahmsweise

Verklammerung
zwei selbstständige Handlungen stehen jeweils mit einer
dritten Handlung in Tateinheit und werden durch deren
Klammerwirkung miteinander zur Tateinheit
verbunden

472

Exkurs: Behandlung der Konkurrenzen im Urteil

Nach § 260 IV 1 StPO gibt die **Urteilsformel** nur die **rechtliche Bezeichnung der Tat** an, deren der Angeklagte schuldig gesprochen wird.[129] Im Übrigen unterliegt die Fassung der Urteilsformel dem Ermessen des Gerichts (§ 260 IV 5 StPO). Beim Zusammentreffen mehrerer Straftaten verfährt die Praxis insoweit nicht immer einheitlich[130]. Jedoch muss sich aus der Urteilsformel ergeben, ob zwischen mehreren Delikten Tateinheit oder Tatmehrheit gegeben ist[131]. Liegt eine unechte Gesetzeskonkurrenz vor, so werden die verdrängten Tatbestände nicht im Urteil genannt[132].

Bei Vorliegen von Tateinheit (§ 52) muss der Schuldspruch bei ungleichartiger Idealkonkurrenz alle zusammentreffenden Strafgesetze angeben (**Beispiel:** Der Angeklagte wird wegen Betruges in Tateinheit mit Urkundenfälschung zu … verurteilt). Bei gleichartiger Idealkonkurrenz ist die mehrfache Verletzung desselben Gesetzes zum Ausdruck zu bringen, soweit die Übersichtlichkeit der Urteilsformel nicht darunter leidet (**Beispiel:** Der Angeklagte wird wegen Mordes an drei Menschen zu lebenslanger Freiheitsstrafe verurteilt)[133].

Im **Fall 20** lautet das **Gesamtergebnis** also wie folgt: **1295**

I.   A und B haben sich als **Mittäter** (§ 25 II) strafbar gemacht
1.   wegen gefährlicher Körperverletzung zu Lasten X und Y (gleichartige Idealkonkurrenz), jeweils in Tateinheit mit Hausfriedensbruch (§§ 224 I Nr 2 und 4, 123, 239, 240, 52),
2.   ferner wegen Waffen-/Wohnungseinbruchsdiebstahls in Tateinheit mit Hausfriedensbruch (§§ 244 I Nr 1a und 3, IV, 123, 52)
3.   sowie wegen Betruges zum Nachteil des K (§ 263),
wobei diese drei Taten zueinander im Verhältnis der Tatmehrheit (§ 53) stehen.

II.   N hat durch die Hingabe des Nachschlüssels, **Beihilfe** (§ 27) zu den unter 1., 2. und 3. genannten Straftaten geleistet (ungleichartige Idealkonkurrenz), § 52, vorausgesetzt freilich, dass sein Gehilfenvorsatz sich auf jede einzelne Haupttat erstreckte, s. Rn 1244.

Zwischen der von N überdies begangenen Hehlerei (§ 259)[134] und der vorgenannten Beihilfe besteht Tatmehrheit (§ 53).

Aktuelle Rechtsprechung zu § 20:
–   BGHSt 56, 170 *(Skimmingfall)*: Es liegt nur eine Tathandlung (gleichartige Idealkonkurrenz) vor, wenn mehrere potenzielle Mittäter bei einer Übereinkunft eine Verbrechensverabredung (§ 30 II) bzgl mehrerer selbstständiger Straftaten treffen; vgl Rn 1244.
–   BGH NStZ 13, 158: Das schwere Delikt der gefährlichen Körperverletzung (§ 224) einerseits und das leichte Delikt der Nötigung (§ 240) andererseits können durch das leichte Delikt der Freiheitsberaubung (§ 239) zu einer Idealkonkurrenz verklammert werden; vgl Rn 1284.
–   BGH NStZ 14, 40: Trifft eine schwere Diebstahlstat (§§ 242 I, 243 I 2 Nr 1 bzw § 244 I Nr 3 Var. 1 bzw § 244a I) mit einer Sachbeschädigung (§ 303) zusammen, wird Letztere

---

129   Vgl MK-StPO-*Maier*, § 260, Rn 245.
130   Überblick bei *Georgy/Kretschmer/Lorenz*, JA 13, 623 und 691; *Wolters/Gubitz*, Strafrecht im Assessorexamen, 7. Aufl. 2012, S. 111 ff; *Ziegler*, 5. Aufl., Das Strafurteil, 2013, S. 12 ff.
131   Vgl MK-StPO-*Maier*, § 260 Rn 263 ff.
132   Vgl MK-StPO-*Maier*, § 260 Rn 269.
133   Vgl BGH NStZ 96, 493; 96, 610.
134   BGHSt 7, 134; 8, 390.

nicht im Wege der Gesetzeskonkurrenz (Konsumtion) verdrängt, sondern es ist stets von Tateinheit (§ 52) auszugehen; vgl Rn 1271.

– BGH wistra 15, 56: Es liegt nur eine Beihilfe (Anstiftung) vor, wenn Teilnehmer durch eine einzige Handlung mitwirken, auch wenn der Haupttäter mehrere selbstständige Straftaten begeht; vgl Rn 1244.

– BGHSt 60, 308: Eine Klammerwirkung ist auszuschließen, wenn sie den Täter über Gebühr begünstigen würde. Deshalb stehen mehrere von Mitgliedern einer kriminellen Vereinigung begangene Individualtaten zueinander in Realkonkurrenz. Das Organisationsdelikt (§ 129 I Var. 2) vermag sie nicht zu verklammern; vgl Rn 1284.

– BGH NStZ 16, 594 (Schläge gegen verschiedene Opfer im Rahmen eines häuslichen Überfalls): Handlungen, die sich nacheinander gegen höchstpersönliche Rechtsgüter mehrerer Personen richten, können grds nicht zu einer natürlichen Handlungseinheit zusammengefasst werden. Ausnahmen kommen in Betracht, wenn ein einheitlicher Tatentschluss gegeben ist und eine Aufspaltung des Tatgeschehens wegen des engen zeitlichen und örtlichen Zusammenhangs willkürlich und gekünstelt erschiene; vgl Rn 1255 ff.

– BGH BeckRS 19, 7346 (3 StR 2/19): Ein versuchter Wohnungseinbruchdiebstahl nach § 244 IV tritt aufgrund der Klarstellungsfunktion nicht hinter einen vollendeten Einbruchdiebstahl zurück, sondern steht in Idealkonkurrenz.

– BGH BeckRS 19, 3311 (5 StR 693/18): Bei einem mehraktigen Handeln des Opfers, welches auf einer durchgehenden Drohung des Täters mit einheitlichem Tatplan beruht, liegt Tateinheit vor, auch wenn die Handlungen an verschiedenen Tagen stattfinden.

– BGH NJW 19, 1311: Zwischen versuchter gewerbsmäßiger Hehlerei und (durch die gleiche Tathandlung bewirkter) Geldwäsche liegt Tateinheit und keine unechte Konkurrenz vor.

– BGH wistra 19, 29: Durch das Herrühren aus derselben Vortat sind mehrere Geldwäschehandlungen nicht zu einer Tat im rechtlichen Sinn verbunden, da Geldwäschehandlungen nicht als Beteiligung an der Vortat, sondern eigenständig zu beurteilen sind.

§ 21 In dubio pro reo, Wahlfeststellung, Post- und Präpendenz

1296 **Fall 21:** Jemand zieht B im dichten Gedränge dessen goldene Uhr unbemerkt vom Handgelenk und entkommt.

Wie ist A zu verurteilen, wenn zwar die Uhr bei A gefunden wird,

a) das Gericht aber gleichwohl nicht eindeutig feststellen kann, ob A der Täter ist oder wie er sonst in den Besitz der Uhr gelangt ist? **Rn 1300, 1318**

b) das Gericht nicht eindeutig feststellen kann, ob A die bei ihm gefundene Uhr dem B unbemerkt vom Handgelenk gezogen oder ob er sie als Hehler vom Dieb käuflich erworben hat? **Rn 1303, 1311, 1318**

c) das Gericht zwar feststellen kann, dass A vom Täter C die Uhr käuflich erworben hat, es aber nicht mehr klären kann, ob A nicht neben C auch Mittäter des Diebstahls war, wobei dann sein Tatbeitrag in der Absicherung des Tatorts bestanden hätte? **Rn 1316, 1318**

I. Die Problematik

Auch nach Ausschöpfung sämtlicher Erkenntnis- und Beweismittel in der Hauptver- **1297** handlung (§ 244 II StPO) ist das Gericht oft nicht in der Lage, das Tatgeschehen in allen Einzelheiten aufzuklären. Dies liegt nicht zuletzt an der Begrenztheit menschlicher Erkenntnisfähigkeit. Diese tatsächlichen Probleme bei der Sachverhaltsermittlung haben erhebliche rechtliche Konsequenzen. Für das erkennende Gericht kommen in diesen Fällen folgende **drei Möglichkeiten** in Betracht[1]:

– Freispruch nach dem Grundsatz *in dubio pro reo*;
– Verurteilung aufgrund wahldeutiger Feststellung, sog. **Wahlfeststellung**;
– Verurteilung aufgrund eindeutiger Feststellung, sog. **Post- bzw Präpendenzfeststellung**.

II. In dubio pro reo

1. Grundsatz

Nach dem Grundsatz *in dubio pro reo* – im Zweifel für den Angeklagten – ist die Ver- **1298** urteilung des Angeklagten wegen einer Straftat nur möglich, wenn zur Überzeugung des Gerichts feststeht, dass er diese begangen hat. Bleiben dem Richter nach Abschluss der Beweiswürdigung[2] insoweit Zweifel, muss er von der für den Angeklagten günstigeren Möglichkeit ausgehen[3]. Betreffen die Zweifel den gesamten Schuldvorwurf, ist er nach dem Grundsatz *in dubio pro reo* freizusprechen. Dadurch soll zum einen sichergestellt werden, dass nur ein **schuldiger** Angeklagter bestraft wird (Schuldgrundsatz), zum anderen, dass das Verfahren nach den Regeln der Prozessordnung durchgeführt wird (Rechtsstaatsprinzip, Art. 20 III GG).

Als **Rechtsgrundlage** werden **Art. 103 II GG, Art. 6 II EMRK** sowie **§ 261 StPO** herangezogen. Teilweise wird auch das Prozessgewohnheitsrecht als Grund angeführt[4].

2. Gesetzliche Durchbrechungen des Grundsatzes

An einigen Stellen wird der Grundsatz *in dubio pro reo* durch gesetzlich angeordnete **1299** Ausnahmen **durchbrochen**: So legt § 186 fest, dass der Angeklagte das Risiko einer ergebnislosen Wahrheitserforschung hinsichtlich seiner ehrenrührigen Tatsachenbehauptungen zu tragen hat. Kommt der Richter nach Ausschöpfung aller Beweismittel zu keiner Klarheit darüber, ob die vom Angeklagten behauptete Tatsache wahr ist oder nicht, gehen nach hM alle diesbezüglichen Zweifel zulasten des Täters[5].

---

1 Vertiefend S/S/W-StGB-*Satzger*, § 1 Rn 70 ff.
2 Es handelt sich um keine Beweis-, sondern eine Entscheidungsregel, vgl BGH NStZ 10, 102; 12, 171.
3 BGH NStZ 05, 85.
4 Weiterführend *Beulke/Swoboda*, StPO, Rn 25 und 490; *Noak*, Jura 04, 539; *Zopfs*, Der Grundsatz „in dubio pro reo", 1999; krit. zur Notwendigkeit des Zweifelssatzes: *Kotsoglou*, ZIS 14, 31.
5 Einzelheiten bei *Wessels/Hettinger/Engländer*, BT/1, Rn 490 ff.

1300   Im **Fall 21a** bestehen tatsächliche Zweifel, ob A eine Straftat begangen hat (zB §§ 242, 257, 259). Eine gesetzliche Durchbrechung des Grundsatzes *in dubio pro reo* kommt hier nicht in Betracht. Das Gericht muss den A deshalb freisprechen.

3.   Rechtsfragen

1301   Nicht in den Anwendungsbereich des Grundsatzes *in dubio pro reo* gehören auch **Rechtsfragen**. Zweifel hinsichtlich der rechtlichen Würdigung eines eindeutig festgestellten Sachverhalts, etwa ob das vom Täter bei einer Körperverletzung (§ 223) verwendete Werkzeug als „gefährlich" iSd § 224 I Nr. 2 Alt. 2 einzustufen ist, können und müssen vom Gericht ausgeräumt werden (*iura novit curia* – das Gericht kennt das Recht).

III.   Wahlfeststellung

1.   Grundlagen

1302   Im Hinblick auf den Grundsatz *in dubio pro reo* problematisch sind Fälle, bei denen feststeht, dass der Täter **ganz sicher** gegen einen Straftatbestand verstoßen hat, aber auch nach Abschluss der letzten mündlichen Verhandlung unklar bleibt, gegen welchen. Nach dem Grundsatz *in dubio pro reo* würde hier aufgrund einer wechselseitigen Anwendung ein Freispruch des Angeklagten erfolgen. Dies führte zu dem nach der ganz hM unbilligen Ergebnis, dass ein Täter, der zweifelsfrei einen Straftatbestand verletzt hat, letztlich straffrei ausginge[6].

1303   Die Unbilligkeiten werden in **Fall 21b** deutlich. Hier kann das Gericht nicht zweifelsfrei feststellen, ob A einen Diebstahl (§ 242) oder eine Hehlerei (§ 259) begangen hat. Nach dem Grundsatz *in dubio pro reo* müsste A daher freigesprochen werden, obwohl feststeht, dass er auf jeden Fall einen der beiden Tatbestände verwirklicht hat.

1304   Wegen dieser Unbilligkeit sieht die hM **eine (ungeschriebene) Ausnahme** von dem Grundsatz *in dubio pro reo* vor, die sog. **ungleichartige Wahlfeststellung** (auch als echte oder gesetzesalternative Wahlfeststellung bezeichnet). Danach kann der Täter unter bestimmten Voraussetzungen in den Fällen der sog. **Tatbestandsalternativität** wahlweise nach dem einen oder dem anderen Tatbestand verurteilt werden.

1305   **Problematisch** ist an einer solchen wahlweisen Verurteilung allerdings, dass der Täter für ein nicht genau bestimmbares Verhalten nach einer Strafnorm verurteilt wird, über deren Verwirklichung sich der Richter nicht sicher ist[7]. Der im Rechtsstaatsprinzip verankerte **Grundsatz der Rechtssicherheit**, der seine besondere strafrechtliche Ausprägung in Art. 103 II GG und § 1 StGB gefunden hat, fordert aber für eine Verurteilung, dass **zweifelsfrei nachgewiesen** ist, dass ein **bestimmter Straftatbestand erfüllt** ist. Ansonsten muss, wie oben dargestellt, nach dem Grundsatz *in dubio pro reo* freigesprochen werden. Die wahlweise Verurteilung gerät auf-

---

6   *Beulke/Fahl*, Jura 98, 265; *Jescheck/Weigend*, AT, § 16 I 1; *Kasiske*, AT, Rn 323; S/S-*Hecker*, § 1 Rn 64; *Norouzi*, JuS 08, 17.
7   Zur Kritik statt aller: NK-*Frister*, Nachbem. § 2 Rn 76 ff.

grund der mit ihr verbundenen Unsicherheiten folglich mit diesem Grundsatz in Konflikt. Im Jahre 2014 hat der 2. Senat des BGH deshalb einen „Anfragebeschluss" erlassen, in dem er mitgeteilt hat, dass er die Aufgabe der einschlägigen Rechtsprechung beabsichtige, da die richterrechtlich entwickelte Rechtsfigur der ungleichartigen Wahlfeststellung gegen Art. 103 II GG verstoße und bei den anderen Strafsenaten des BGH angefragt, ob sich diese dem anschließen würden[8]. Da alle vier restlichen Strafsenate des BGH dies abgelehnt haben – vorrangig mit der Begründung, es handele sich nur um eine prozessuale Verfahrensregel, die nicht der Verfassungsbestimmung des Art. 103 II GG unterliege[9] –, hat der 2. Strafsenat mit Beschluss vom 11.3.2015[10] unter Bekräftigung seiner ablehnenden Haltung gegenüber der Verfassungsmäßigkeit einer wahldeutigen Verurteilung wegen (gewerbsmäßig begangenen) Diebstahls oder (gewerbsmäßiger) Hehlerei den Großen Senat für Strafsachen angerufen (§ 132 II GVG)[11]. Zur Begründung führte der 2. Strafsenat ua aus, dass die echte Wahlfeststellung materielles Strafrecht darstelle, also keine lediglich prozessrechtliche Geltung entfalte und deshalb an Art. 103 II GG zu messen sei. Dieser könne aufgrund seines uneingeschränkten Gesetzesvorbehalts nicht in verfassungsrechtlich zulässiger Weise durch Richterrecht eingeschränkt werden.

Der **Große Senat für Strafsachen des BGH** hat jedoch entgegengesetzt entschieden und die **Zulässigkeit der ungleichartigen Wahlfeststellung bestätigt**[12]. Zur Wahrung ihrer Verfassungsmäßigkeit müssten an sie aber strenge Voraussetzungen (insbes. Gebot der rechtsethischen und psychologischen Vergleichbarkeit) geknüpft werden. **1306**

Zur Begründung wird angeführt:

– Die Wahlfeststellung ist eine **prozessuale Entscheidungsregel.** Als solche ist sie **nicht** an dem nur für das sachliche Recht geltenden strengen Gesetzlichkeitsprinzip nach **Art. 103 II GG, § 1** zu messen. Die Wahlfeststellung, die nur eingreift, wenn mit Sicherheit feststeht, dass der Täter entweder die eine oder die andere Strafnorm erfüllt hat, gleicht insoweit dem Prozessgrundsatz „im Zweifel für den Angeklagten", der ebenfalls im Rahmen der freien richterlichen Beweiswürdigung (§ 261 StPO) zu beachten ist.

– Die Voraussetzung, dass die in Betracht kommenden Sachverhalte **rechtsethisch und psychologisch vergleichbar** sein müssen, macht aus der Wahlfeststellung keine materiell rechtliche Regelung. Hierdurch soll nur die Ungerechtigkeit vermieden werden, die eintreten würde, wenn Tatbestände einbezogen würden, die eine unterschiedliche seelische Verfassung des Täters voraussetzen und eine andere sittliche Bewertung nach sich ziehen. Damit begründen diese Erfordernisse nicht den Anwendungsbereich der Wahlfeststellung, sondern wirken **lediglich einschränkend**.

8   BGH NStZ 14, 392; vert. und zust. *Jahn*, JuS 14, 753; iE ebenso *Alwart*, GA 1992, 545, 562; *Freund*, Wolter-FS, S. 35; NK-*Frister*, Nachbem. § 2 Rn 76 ff; AnwK-StGB-*Gaede*, § 1 Rn 51; *Beukelmann*, NJW-Spezial 14, 440; *Freund/Rostalski*, JZ 15, 164; *Frister*, StV 14, 584; *v. Heintschel-Heinegg*, JA 14, 710; *Kotsoglou*, ZStW 127 [2015], 334; *Kröpil*, JR 15, 116; *Moosbacher*, JuS 15, 129, 134; *Norouzi*, HRRS 16, 285; *ders.*, Vogel-GS, S. 475 ff; *Pohlreich*, ZStW 2016 [123], 679; *Wagner*, ZIS 14, 436; abl. *Bosch*, JK 10/14, GG Art. 103 II/6; *Schuhr*, NStZ 14, 437; *Stuckenberg*, ZIS 14, 461; S/S-*Hecker*, § 1 Rn 67; *Wolter*, GA 2016, 316; s. auch *Linder*, ZIS 17, 311 ff; *Mitsch*, JR 17, 8 (zum Jugendstrafrecht).
9   BGH NStZ-RR 14, 307 und 308; NStZ-RR 15, 39 f.
10 BGH StV 16, 212.
11 Zur prozessualen Situation *Beulke/Swoboda*, StPO, Rn 55.
12 BGHSt 62, 164 = NStZ 18, 41 m. zust. Anm. *Stuckenberg*, StV 17, 811; *Kudlich*, JA 17, 870; dazu auch *Jahn*, NJW 17, 2846.

- Da bei jeder der in Betracht kommenden Sachverhaltsvarianten jeweils ein Straftatbestand voll verwirklicht ist, **entscheidet über die Strafbarkeit nicht das Gericht, sondern der Gesetzgeber.** Auch deshalb scheidet eine Verletzung des Art. 103 II GG aus.
- Der Täter weiß, dass er weder das eine noch das andere Delikt verwirklichen darf. Der Zweck des Gesetzlichkeitsprinzips, die **Vorhersehbarkeit der Bestrafung für den Normadressaten** zu gewährleisten, steht deshalb einer Anerkennung der Wahlfeststellung nicht entgegen.
- Das **Schuldprinzip wird nicht verletzt**, denn der Grundsatz in *dubio pro reo* hat Vorrang und unabdingbare Voraussetzung der ungleichartigen Wahlfeststellung ist, dass der Angeklagte nach richterlicher Überzeugung schuldhaft eine der beiden Straftaten begangen hat. Die Alternativformel (entweder ... oder) ist im Hinblick auf das (restriktiv zu handhabende) Erfordernis der rechtsethischen und psychologischen Vergleichbarkeit rechtsstaatlich hinnehmbar.
- Da der Täter nur für eine Tat bestraft und nur hinsichtlich einer Tat die Strafe bemessen wird, liegt auch **keine Verletzung des in der Menschenwürde wurzelnden Wert- und Achtungsanspruchs des Verurteilten** vor.
- Die Rechtsfigur hält sich im Rahmen **zulässiger richterlicher Rechtsfortbildung**. Ein Freispruch wäre mit dem **Gebot der Gerechtigkeit**, das eine am Gleichheitssatz orientierte, dem Rechtsgüterschutz verpflichtete Ausgestaltung eines effektiven Strafverfahrens erfordert, unvereinbar. Der **Gesetzgeber** hat in Kenntnis der bereits auf das RG zurückreichenden einschlägigen Rechtsprechung bewusst auf eine ausdrückliche Regelung der ungleichartigen Wahlfeststellung **verzichtet** und die Frage Rechtsprechung und Schrifttum überlassen.

1307 Diese Entscheidung verdient Zustimmung. Selbst wenn man die ungleichartige Wahlfeststellung als Teil des materiellen Rechts ansieht und daher an Art. 103 II GG misst, muss man von ihrer Verfassungsmäßigkeit ausgehen. Das Rechtsstaatsprinzip umfasst nicht nur den Aspekt der Rechtssicherheit, sondern auch das **Prinzip der Einzelfallgerechtigkeit**. Bei der Wahlfeststellung kommt es zu einer **Kollision** des Prinzips der Rechtssicherheit mit dem materiellen Gerechtigkeitsgedanken[13]. Aus diesem Grund muss eine „praktische Konkordanz" zwischen dem Gebot der Rechtssicherheit und der Einzelfallgerechtigkeit hergestellt werden. Dies kann dann durch die Anknüpfung der Wahlfeststellung an strenge Voraussetzungen sichergestellt werden[14].

▶ Beispielsfall bei *Beulke*, Klausurenkurs III, Rn 517, 553

2. Voraussetzungen der ungleichartigen Wahlfeststellung

1308 Im Einzelnen müssen folgende Voraussetzungen erfüllt sein[15]:

a) Zunächst muss eine **Unsicherheit im Sachverhalt** vorliegen, die sich auch unter Ausschöpfung aller prozessualen Erkenntnismittel nicht klären lässt. Dabei muss **jede**

---

13 *Maurach/Zipf*, AT/1, § 10 Rn 26; ausf. zu diesem Konflikt *Linder*, ZIS 17, 311, 316 ff.
14 S. dazu bereits S/S/W-StGB-*Satzger*, § 1 Rn 94.
15 *Fischer*, § 1 Rn 32 ff; *Köchel/Wilhelm*, ZJS 14, 269; Lackner/Kühl-*Kühl*, § 1 Rn 10 ff; *Stuckenberg*, JA 01, 221.

478

der in Frage kommenden tatsächlichen Konstellationen unter Ausschluss jeder weiteren **Möglichkeit ein Strafgesetz verletzen**[16].

b) Stehen die in Betracht kommenden Varianten in einem Verhältnis des „**Mehr oder Weniger**", also in einem sog. **Stufenverhältnis** zueinander, gilt der Grundsatz *in dubio pro reo*, sodass der Täter nach dem minder schweren Delikt zu bestrafen ist[17]. Für die Wahlfeststellung bleibt dann kein Raum. Hier wird zwischen logischen (echten) Stufenverhältnissen und sog. normativen Stufenverhältnissen unterschieden.

1309

Logische Stufenverhältnisse sind immer dann gegeben, wenn zwischen den zwei alternativ verwirklichten Tatbeständen der eine den anderen vollständig umfasst, wie dies insbesondere im Verhältnis Qualifikation – Grundtatbestand der Fall ist.

Normative Stufenverhältnisse liegen dagegen vor, wenn zwar kein logisches Stufenverhältnis besteht, sich die in Frage kommenden Tatbestände aber durch die verschiedene Intensität des Unrechtsgehalts unterscheiden. Ein solches normatives Stufenverhältnis nimmt die Rspr insbes. im Verhältnis von Fahrlässigkeits- und Vorsatzdelikt[18], Täterschaft und Teilnahme[19], sowie Anstiftung und Beihilfe[20] und neuerdings auch zwischen Beihilfe zum Mord (§§ 211, 27) bzw mittäterschaftlichem Raub (§§ 249, 25 II) und Nichtanzeige dieser geplanten Straftaten (§ 138)[21] an.

c) Nach der ständigen Rspr des BGH müssen die in Betracht kommenden Verhaltensweisen rechtsethisch und psychologisch vergleichbar oder gleichwertig sein[22]. Unter **rechtsethischer Vergleichbarkeit** ist dabei eine annähernd gleiche Schwere der Schuldvorwürfe und eine nach allgemeinem Rechtsempfinden **sittlich und rechtlich vergleichbare Bewertung** zu verstehen. Dies ist dahingehend präzisiert worden, dass es für eine rechtsethische Vergleichbarkeit maßgeblich und ausreichend sein soll, dass durch die in Betracht kommenden Verhaltensweisen dieselben oder in ihrem Wesen ähnliche Rechtsgüter verletzt werden[23]. Die **psychologische Vergleichbarkeit** erfordert eine einigermaßen gleich geartete **seelische Beziehung des Täters** zu den in Frage stehenden Verhaltensweisen[24]. Eine solche liegt vor, wenn die Einstellung des Täters zu den Rechtsgütern und seine Motivationslage ähnlich sind[25]. Gegen die Vergleichbarkeitsformel des BGH wird schon seit langem vor allem eingewandt, ihr fehlten jegliche feste Konturen; es handle sich um eine Leerformel, die der **Rechtsunsicherheit** Tür und Tor öffne. Teilweise wird daher abweichend von der Rspr auf die sog. **Identität des Unrechtskerns** abgestellt. Derselbe Unrechtskern soll dann gegeben sein, wenn sich die Angriffe gegen dasselbe Rechtsgut oder gegen

1310

---

16 BGHSt 12, 386, 388; BGH NStZ 14, 42.
17 Stufenverhältnis bejaht: BGH NStZ 14, 640 und NStZ-RR 18, 140 (Räuberische Erpressung zu Raub); Stufenverhältnis verneint: BGH NJW 18, 1557 (Diebstahl zu räuberischer Erpressung).
18 BGHSt 32, 48, 57.
19 BGHSt 23, 203, 207.
20 BGHSt 31, 136.
21 BGH NStZ 04, 499 (Mord); BGHSt 55, 148 (Raub); weitgehend zust. *Heghmanns*, ZJS 10, 788; krit. *Hohmann*, NStZ 11, 33; vert. *Stuckenberg*, Wolter-FS, S. 661.
22 Vgl BGHSt GrS 9, 390, 394; 21, 152, 153.
23 BGH wistra 85, 67.
24 BGHSt GrS 9, 390, 394.
25 OLG Saarbrücken NJW 76, 65, 67.

Rechtsgüter derselben Art bzw derselben Gattung richten und der Handlungsunwert der verschiedenen Delikte etwa gleichwertig erscheint.[26]

1311 Auf den **Fall 21b** angewendet ergibt sich daher Folgendes: Es besteht eine Sachverhaltsungewissheit, da das Gericht nicht eindeutig feststellen kann, ob A einen Diebstahl oder eine Hehlerei begangen hat. Die Tatbestände der §§ 242 und 259 stehen in keinem Stufenverhältnis zueinander. Diebstahl und Hehlerei erfahren nach dem Rechtsempfinden aber eine vergleichbare sittliche Bewertung und sind daher rechtsethisch vergleichbar. Auch die seelische Beziehung des Täters zu den unterschiedlichen Tatbeständen ist vergleichbar. Das Gericht wird also eine Wahlfeststellung zwischen Diebstahl und Hehlerei vornehmen. Auch die Argumentation mit der Identität des Unrechtskerns führt hier zur Annahme einer Wahlfeststellung zwischen beiden Tatbeständen.

1312 Die Rspr hat eine Wahlfeststellung ua in folgenden Fällen für **zulässig** gehalten: Diebstahl (§ 242) und Hehlerei (§ 259)[27], auch im Falle der Gewerbsmäßigkeit (§§ 242, 243 I 2 Nr 3/ § 260 I Nr 1)[28] sowie bei bandenmäßiger Begehung (§§ 244, 244a/§§ 260, 260a)[29]; Diebstahl (§ 242) und Begünstigung (§ 257)[30]; Meineid (§ 154) und falsche Verdächtigung (§ 164)[31]; Betrug (§ 263) und Hehlerei (§ 259)[32]; Betrug (§ 263) und Computerbetrug (§ 263a)[33].

Für **unzulässig** hat die Rspr eine Wahlfeststellung wegen mangelnder Vergleichbarkeit der Tatbestände dagegen ua in folgenden Konstellationen gehalten: versuchter Schwangerschaftsabbruch (§§ 218, 22, 23 I) und Betrug (§ 263)[34]; Diebstahl (§ 242) und Erpressung (§ 253)[35]; Diebstahl (§ 242) und räuberische Erpressung (§ 255)[36] Wohnungseinbruchdiebstahl (§ 244) und Hehlerei (§ 259)[37]; schwerer Raub (§§ 249, 250) und Hehlerei (§ 259)[38].

1313 d) Unter Umständen ist eine **Reduktion** eines Straftatbestandes von seiner straferschwerenden Abwandlung auf seinen Grundtatbestand oder ein in diesem enthaltenes Delikt möglich. Die rechtliche Würdigung kann sich dann auf die Teile der möglicherweise verwirklichten Tatbestände beschränken, die rechtsethisch und psychologisch vergleichbar sind[39]. Ist also bspw nicht feststellbar, ob der Angeklagte einen schweren Raub oder eine Hehlerei begangen hat, müsste eine wahldeutige Verurteilung aufgrund fehlender rechtsethischer und psychologischer Vergleichbarkeit eigentlich abgelehnt werden. Wird der Raub jedoch auf den von ihm umfassten Diebstahl reduziert, ist eine Wahlfeststellung wieder möglich[40].

---

26 *Hruschka*, MDR 67, 265, 267; *Jakobs*, GA 1971, 257, 270; *Otto*, Peters-FS, S. 390; ähnl. *Günther*, JR 82, 81; SK-*Wolter*, Anhang § 55 Rn 42b (abstrakt-konkrete Betrachtung).
27 RGSt 68, 257, 262; BGHSt 1, 302; 9, 390, 393; 12, 386; BGH wistra 90, 225.
28 BGH NJW 16, 3317.
29 Vgl BGH wistra 00, 258 m. Anm. *Baier*, JA-R 00, 176.
30 BGHSt 23, 360; krit. *Hruschka*, NJW 71, 1392; *Wolter*, GA 1974, 161, 167 f.
31 BGHSt 32, 146, 149; für den Fall der uneidlichen Falschaussage (§ 153) zuletzt mit guter Begründung ablehnend: AG Duisburg-Hamborn BeckRS 17, 109000.
32 BGH StV 12, 215.
33 BGH NJW 08, 1394; NStZ 14, 42.
34 BGH MDR/D 58, 739.
35 OLG Hamm NStZ-RR 08, 143.
36 BGH NJW 18, 1557.
37 BGH NStZ 08, 646.
38 BGHSt 21, 152; vgl hierzu den Überblick bei LK-*Dannecker*, Anhang § 1 Rn 115 f.
39 Vgl BGHSt 25, 182, 185; Baumann/Weber/Mitsch/Eisele-*Eisele*, AT, § 28 Rn 53 f.
40 BGH MDR/H 86, 793; dazu LK-*Dannecker*, Anhang § 1 Rn 113; *Fischer*, § 1 Rn 42a.

3. Gleichartige Wahlfeststellung

Die bisher behandelten Fälle der ungleichartigen Wahlfeststellung sind von der sog. **1314** gleichartigen oder unechten Wahlfeststellung abzugrenzen. Hier ist die vom Täter verwirklichte Strafnorm gewiss, allerdings ist unklar, welche seiner Handlungen konkret den Straftatbestand erfüllt hat (sog. **Tat- oder Tatsachenalternativität** ohne Rechtsnormungewissheit), so zB wenn ein Zeuge vor verschiedenen Gerichten jeweils das Gegenteil beschworen hat, sodass er entweder durch die eine oder durch die andere Aussage einen Meineid (§ 154) begangen haben muss. Erforderlich und ausreichend für eine Verurteilung ist hier, dass bei sämtlichen Sachverhaltsalternativen, welche der Tatrichter nach Ausschöpfung aller Beweismittel unter Ausschluss anderweitiger Geschehensabläufe für möglich erachtet, der betreffende Tatbestand erfüllt ist[41]. Genauso zu behandeln ist die Fallgruppe, in der feststeht, dass der Täter von verschiedenen Qualifikationsmerkmalen einer Straftat (zB § 224 I durch Beibringen von gesundheitsschädlichen Stoffen, Nr 1, oder mittels eines gefährlichen Werkzeugs, Nr 2) mit Sicherheit eines verwirklicht hat. Auch hier erfolgt eine eindeutige Verurteilung auf wahldeutiger Tatsachengrundlage[42].

IV. Post- und Präpendenz

Die Konstellationen der Wahlfeststellung sollen nach hM von den Fällen der sog. **1315** Post- bzw Präpendenz abgegrenzt werden. **Postpendenz** liegt vor, wenn von zwei Sachverhalten nur der zeitlich frühere in **tatsächlicher** Hinsicht ungeklärt bleibt, während der zweite, zeitlich spätere, sicher feststeht (im umgekehrten Fall spricht man von **Präpendenz**), die rechtliche Bewertung des festgestellten späteren Sachverhalts jedoch von dem unaufklärbaren Vortatgeschehen abhängt.

Hier liegt im Gegensatz zur Wahlfeststellung keine beidseitige, sondern nur eine **einseitige Sachverhaltsungewissheit** vor[43]. Bereits der Zweifelssatz (Ausschluss der nicht nachgewiesenen Alternative) führt zum richtigen Ergebnis, ohne dass es auf die für die Wahlfeststellung erforderliche rechtsethische und psychologische Vergleichbarkeit ankommt. In den letzten Jahren ist das Anwendungsgebiet der Postpendenz in Abgrenzung zur Wahlfeststellung zunehmend umstritten[44]. Einige wollen danach differenzieren, ob das frühere, nur möglicherweise stattgefundene Verhalten „konkurrenzrelevant" ist oder bereits „Tatbestandsrelevanz" besitzt, also das Vorliegen eines der beiden Tatbestände ausschließt. In letzterem Fall seien die Grundsätze der Wahlfeststellung anzuwenden.[45]

---

41 BGHSt 46, 85, 86; BGH wistra 07, 458; s. auch *Norouzi*, JuS 08, 19.
42 SK-*Wolter*, Anhang § 55 Rn 42d; vert. *Wolter*, Alternative und eindeutige Verurteilung auf mehrdeutiger Tatsachengrundlage im Strafrecht, 1972; vgl auch BGH NStZ 12, 441 (Wahlfeststellung zwischen verschiedenen Begehungsformen des Mordes).
43 BGHSt 35, 86, 88 ff; BGH wistra 89, 262; NStZ 89, 266; 89, 574; LK-*Dannecker*, Anhang § 1 Rn 105, 108; *Fischer*, § 1 Rn 45; *Joerden*, JZ 88, 847.
44 S. auch Lackner/Kühl-*Kühl*, § 1 Rn 19; *Wachsmuth/Waterkamp*, JA 05, 509.
45 Matt/Renzikowski-*Basak*, § 1 Rn 33; *Küper*, Lange-FS, S. 73 ff; S/S-*Hecker*, § 1 Rn 91.

1316 Im **Fall 21c** liegt der Unterschied zu **Fall 21b** darin, dass hier nicht offen bleibt, ob A die Uhr „weggenommen" iSv § 242 oder sie sich iSv § 259 „verschafft" hat (doppelte Sachverhaltsungewissheit), vielmehr steht der Ankauf vom Täter und somit das „Sichverschaffen" iSv § 259 fest, und unklar bleibt nur, ob A mittäterschaftlich gestohlen hat (einfache Sachverhaltsungewissheit). Eine Strafbarkeit gem. § 259 hat jedoch die konstruktiven Schwierigkeiten, dass es sich bei einer mittäterschaftlichen Beteiligung am Diebstahl nicht um die Vortat eines „anderen" handelt. Gleichwohl wird in diesem Fall zutreffend davon ausgegangen, dass nur der nachgewiesene Sachverhalt (der Ankauf) der Verurteilung zugrunde gelegt werden darf. Deshalb ist in **Fall 21c** keine Wahlfeststellung zulässig, vielmehr ist A über die Grundsätze der Postpendenz wegen Hehlerei zu bestrafen[46].

V. Folgen der Wahlfeststellung

1317 Liegen die oben genannten Voraussetzungen vor, ist der Täter wahlweise nach dem einen **oder** anderen Straftatbestand zu verurteilen. Die Strafe richtet sich dabei nach dem im konkreten Fall mildesten Gesetz. Im Strafverfahren setzt eine wahldeutige Verurteilung voraus, dass die angeklagte Tat beide Verhaltenskomplexe umfasst, §§ 155 I, 203, 264 StPO[47].

1318 Im **Fall 21a** ist A also nach dem Grundsatz *in dubio pro reo* freizusprechen.

Im **Fall 21b** ist A im Wege der Wahlfeststellung wegen „Diebstahl oder Hehlerei" zu verurteilen.

Im **Fall 21c** ist hingegen nur von einer Strafbarkeit wegen Hehlerei auszugehen.

Aktuelle Rechtsprechung zu § 21:
– BGH NStZ 14, 42: (Echte) Wahlfeststellung zwischen Betrug (§ 263) und Computerbetrug (§ 263a) möglich; Verurteilung auf wahldeutiger Tatsachengrundlage aber prozessual nur zulässig, wenn beide Tatalternativen von dem durch Anklage und Eröffnungsbeschluss umgrenzten Verfahrensgegenstand erfasst sind; vgl Rn 1312 und 1317.
– BGHSt 62, 164 = NStZ 18, 41 (Großer Senat!): Die ungleichartige Wahlfeststellung ist verfassungskonform (kein Verstoß gegen Art. 103 II GG); verlangt wird aber eine restriktive Interpretation des Kriteriums der rechtsethischen und psychologischen Vergleichbarkeit. Eine gesetzesalternative Verurteilung wegen (gewerbsmäßig begangenen) Diebstahls oder gewerbsmäßiger Hehlerei ist zulässig; vgl Rn 1304 ff.
– BGH NStZ-RR 18, 140: Bleibt offen, ob der Täter die Tatbeute durch (versuchten) Raub (§§ 249, 22) oder durch (versuchte) räuberische Erpressung (§§ 253, 255, 22) erlangen wollte, erfolgt die Verurteilung nach §§ 253, 255, 22. Demgegenüber kommt eine wahldeutige Verurteilung wegen (versuchten) Raubes oder (versuchter) räuberischer Erpressung nicht in Betracht. Nach Ansicht der Rspr liegt nämlich ein Stufenverhältnis vor (Raub ist *lex specialis* zur räuberischen Erpressung), das in Zweifelsfällen die Anwendung des Grundsatzes *in dubio pro reo* bedingt. Weil also die Wegnahme einer fremden

---

46 BGHSt 35, 86, 88; BGH NStZ 11, 510.
47 Vgl nur BGH NStZ 14, 42 m. Anm. *Kudlich*, ZWH 13, 270; zu den prozessualen Problemen im Einzelnen *Beulke/Fahl*, Jura 98, 262; *U. Dreyer*, Wahlfeststellung und prozessualer Tatbegriff – Die strafprozessuale Behandlung alternativer Geschehensabläufe, 1999; *Kudlich*, JuS 05, 236; *Schröder*, JuS 05, 707.

beweglichen Sache iSv § 249 eine abgenötigte Duldung dieses Vorgehens iSd §§ 253, 255 mitumfassen würde, darf nur wegen des jedenfalls erfüllten Delikts der (versuchten) räuberischen Erpressung bestraft werden; vgl Rn 1309.

Anhang

§ 22 Übersichten zur Lehre von der Straftat

I. Modell der Wertungsstufen beim Deliktsaufbau

1319 (dargestellt an der vollendeten Vorsatztat)

Auffinden des in Betracht kommenden Straftatbestandes	= Einstieg in die Fallprüfung
Kurze *gedankliche* Prüfung der *Handlungsqualität* innerhalb des Tatgeschehens	
Tatbestandsmäßigkeit ieS a) Verwirklichung des **objektiven** Unrechtstatbestandes b) Verwirklichung des **subjektiven** Unrechtstatbestandes	= **Erste Wertungsstufe** anhand des gesetzlichen Tatbestandes
Ggf objektive Bedingungen der Strafbarkeit (= sog. „Tatbestandsannex")	= nur dort zu prüfen, wo im Gesetz vorgesehen (wie zB in §§ 186, 283 VI)
Rechtswidrigkeit der Tat (= Prüfung des evtl Eingreifens von Rechtfertigungsgründen) a) Vorliegen der **objektiven** Rechtfertigungselemente b) Vorliegen der **subjektiven** Rechtfertigungselemente	= **Zweite Wertungsstufe** anhand der Gesamtrechtsordnung
Schuld a) Schuldfähigkeit (§§ 19, 20) b) spezielle Schuldmerkmale (soweit im Gesetz vorgesehen) c) Vorsatz-Schuldvorwurf (entfällt nach hM beim Eingreifen eines Erlaubnistatbestandsirrtums) d) Unrechtsbewusstsein bzw Möglichkeit der Unrechtseinsicht (vgl § 17) e) Fehlen bzw Vorliegen von Entschuldigungsgründen (vgl zB § 35 I)	= **Dritte Wertungsstufe** unter dem Blickwinkel der *persönlichen Vorwerfbarkeit* der Tat und der konkret-individuellen Fähigkeit des Täters, den Normverstoß zu vermeiden
Ggf Persönliche Strafausschließungs- oder Strafaufhebungsgründe sowie Strafverfolgungsvoraussetzungen oder -hindernisse	= Zusatzprüfung in bestimmten Einzelfällen (vgl zB § 258 V, VI sowie §§ 247, 248a)

II. Gründe, die eine Bestrafung ausschließen oder in sonstiger Weise berühren

im Bereich:	maßgebender Grund:	Rechtsfolge:	
des Handlungsbegriffs	Fehlen der „Handlungsqualität"	Der konkrete Vorgang ist strafrechtlich irrelevant.	**1320**
des gesetzlichen Tatbestandes	a) Fehlen eines **objektiven** Tatbestandsmerkmals	a) Eine **Vollendung** der Tat entfällt; zu prüfen ist, ob ggf ein **Versuch** in Betracht kommt.	
	b) Fehlen eines **subjektiven** Tatbestandsmerkmals	b) Vollendung wie Versuch scheiden hier aus; ggf ist zu prüfen, ob ein **Fahrlässigkeitstatbestand** eingreift.	
des Tatbestandsannexes	Fehlen einer objektiven Bedingung der Strafbarkeit	Die Tat bleibt (für alle Beteiligten) straflos, da nicht sämtliche Strafbarkeitsvoraussetzungen erfüllt sind.	
der Rechtswidrigkeit	Eingreifen eines (objektiv wie subjektiv gegebenen) Rechtfertigungsgrundes	Das Verhalten des Täters ist **gerechtfertigt** (= erlaubt); er hat keine „rechtswidrige Tat" begangen.	
der Schuld	Vorliegen eines Schuldausschließungs- oder Entschuldigungsgrundes	Es handelt sich zwar um eine „rechtswidrige Tat" (§ 11 I Nr 5 StGB); da jedoch ein **Schuldvorwurf entfällt**, ist das Verhalten straflos.	
sonstiger Strafbarkeitsvoraussetzungen	Eingreifen eines persönlichen Strafausschließungs- oder Strafaufhebungsgrundes	Derjenige, in dessen Person dieser Umstand gegeben ist, bleibt (im Rahmen des betreffenden Grundes) straffrei; für die übrigen Beteiligten gilt das nicht (vgl § 28 II).	
der Zulässigkeit der Strafverfolgung (dh außerhalb des *materiellen* Strafrechts)	a) Fehlen einer Strafverfolgungsvoraussetzung b) Vorliegen eines Strafverfolgungshindernisses	zu a) und b): An der **Strafbarkeit** der Tat ändert sich nichts; nur die **Strafverfolgung** ist nicht bzw nicht mehr zulässig (vgl etwa §§ 77, 78).	

III. Übersicht zur strafrechtlichen Irrtumslehre

Vorbemerkung: Das StGB enthält keine vollständige und erschöpfende Irrtumsregelung. In einer Reihe von Vorschriften (vgl §§ 16, 17 iVm §§ 26, 27) bringt es jedoch klar zum Ausdruck, dass es nicht der **Vorsatztheorie**, sondern der **Schuldtheorie** folgt, die das Unrechtsbewusstsein als selbstständiges Schuldelement behandelt und es nicht zu den Bestandteilen des **1321**

485

Vorsatzes rechnet (näher Rn 680 ff)[1]. Verdeutlicht wird dies dadurch, dass im Gesetz zwischen **Tatbestands-** und **Verbotsirrtum** unterschieden wird (damit ist die früher vom RG entwickelte Unterscheidung zwischen Tat- und Rechtsirrtum definitiv aufgegeben worden; s. Rn 736). Neben den §§ 16, 17, die nunmehr im Mittelpunkt des geltenden Irrtumsrechts stehen, und neben § 35 II, der sich im Rahmen des entschuldigenden Notstandes mit der irrigen Annahme entschuldigender Tatumstände befasst, kennt das StGB nur ganz vereinzelt zusätzliche Sonderregelungen eigener Art, die keiner Verallgemeinerung zugänglich sind (so § 113 III 2, IV beim Widerstand gegen Vollstreckungsbeamte; vgl des Weiteren § 97b zum Irrtum über die Illegalität bei Staatsgeheimnissen). Alles Übrige ist Rspr und Wissenschaft überlassen worden; besondere Bedeutung hat das für den Meinungsstreit zum Irrtum über das Eingreifen von Rechtfertigungsgründen (näher Rn 742 ff).

Die nachstehende **Übersicht** fasst die einzelnen Irrtumsfälle unter einem übergreifenden Gesichtspunkt zu **zwei Fallgruppen** zusammen, die darauf abstellen, ob der Täter oder Teilnehmer die Tatsituation **zu seinen Gunsten** (Fallgruppe A) oder **zu seinen Ungunsten** (Fallgruppe B) verkannt bzw falsch beurteilt hat.

1322 **A. Fehlvorstellungen und Wissensmängel zugunsten des Irrenden**

1323 **1.** Irrtum über **Umstände**, die zum **gesetzlichen Tatbestand** gehören (Irrtum in Bezug auf Tatbestandsmerkmale).

1324 **a)** Einem **Tatbestandsirrtum** erliegt, wer bei Begehung der Tat einen Umstand nicht kennt, der zum **gesetzlichen Tatbestand** (dh zu den vorsatzbezogenen Merkmalen des objektiven Unrechtstatbestandes) gehört.

1325 **Beispiel:** In einem mit Bäumen und Sträuchern bewachsenen Gelände gibt der Spaziergänger S einen Übungsschuss auf eine vermeintlich leere Holztonne ab, die dort liegt und in der sich J beim Spielen versteckt hat. J wird getroffen und tödlich verletzt. Totschlag bzw fahrlässige Tötung?

Oder: Nach dem Besuch einer Gaststätte nimmt der Gast G einen fremden Schirm mit nach Hause, den er mit seinem eigenen Schirm verwechselt hat. Diebstahl?

Psychische Situation: Der im Tatbestandsirrtum Handelnde **verkennt den sozialen Bedeutungsgehalt** seines Tuns; er weiß nicht, was er in tatbestandlicher Hinsicht tut (S weiß zB nicht, dass er auf einen **Menschen** schießt; G weiß nicht, dass er einen **fremden** Schirm an sich nimmt und fremden Gewahrsam bricht). Die Appell- und Warnfunktion des objektiv erfüllten Straftatbestandes erreicht ihn nicht.

Rechtsfolge: Der Täter verwirklicht den betreffenden Tatumstand nicht vorsätzlich; sein **Tatbestandsvorsatz entfällt** (§ 16 I 1). Die Strafbarkeit wegen fahrlässiger Begehung bleibt unberührt (§ 16 I 2), sofern das Gesetz einen einschlägigen Fahrlässigkeitstatbestand enthält, dessen Voraussetzungen sodann zu prüfen sind (dass sie sich nicht automatisch aus der Verneinung des Vorsatzes ergeben, liegt auf der Hand). In den Beispielsfällen hat S sich gem. § 222 strafbar gemacht (Niemand darf auf ein Objekt schießen, dessen Beschaffenheit er nicht zuvor sorgfältig geprüft und einwandfrei erkannt hat), während G nichts zu befürchten braucht, da es im Bereich der §§ 242, 246 keine Fahrlässigkeitstatbestände gibt.

1326 **b)** Irrige **Annahme privilegierender Tatbestandsmerkmale**, dh von Umständen, die den Tatbestand eines **milderen** Gesetzes erfüllen würden[2].

---

1 Grundlegend BGHSt GrS 2, 194.
2 Lesenswert dazu: *Küper*, Jura 07, 260.

486

Beispiel: Der Arzt A tötet B in der Annahme, es handele sich um die todkranke Patientin P, **1327** die ihn zuvor ernsthaft und ausdrücklich gebeten hatte, ihrem Leiden ein Ende zu setzen. Strafbarkeit nach §§ 211, 212 oder nur nach § 216 I (Tötung auf Verlangen)?

Psychische Situation: Auch hier **verkennt** der Täter **den sozialen Bedeutungsgehalt** seines Tuns; er meint, „weniger" zu tun, als er tatsächlich tut (Die Vorstellung des Täters umfasst nur die Verwirklichung des minder schweren Gesetzes).

Rechtsfolge: Keine Bestrafung aus dem (idR nur objektiv erfüllten) schwereren Gesetz (hier: § 212). Entsprechend seiner Vorstellung ist der Täter gem. § 16 II lediglich nach der Vorschrift mit dem milderen Tatbestand zu bestrafen (hier also nach § 216).

Da es sich beim Tötungsverlangen genau genommen lediglich um ein spezielles Schuldmerkmal handelt, ergibt sich diese Folge an und für sich bereits aus den allgemeinen Regeln und wird durch § 16 II nur klargestellt. Hierbei ist allerdings zu beachten, dass es nicht genügt, dass sich der Täter den betreffenden Umstand vorgestellt hat, vielmehr muss dieser für die Willensbildung auch **tatsächlich motivierend** gewesen sein (s. Rn 370).

2. Irrtum über die **Verbotsnorm (Verbotsirrtum)**, der wie folgt zustande kommen **1328** kann: Der Täter kennt die Verbotsnorm nicht, er hält sie (etwa aus verfassungsrechtlichen Gründen) für ungültig oder legt sie in der Weise falsch aus, dass er sein in Wahrheit **verbotenes Handeln als rechtlich zulässig ansieht**.

Beispiel: Verführung einer geisteskranken Frau zum Beischlaf in Kenntnis ihres Zustandes, **1329** aber in Unkenntnis des rechtlichen Verbots (§ 179). Oder: Annahme einer gestohlenen Sache als Geschenk in Kenntnis ihrer Herkunft, aber in der irrigen Meinung, § 259 verbiete nur das „Ankaufen" von Diebesgut.

Psychische Situation: Dem Täter fehlt hier die **Einsicht, Unrecht zu tun**. Über den Sinn und den sozialen Bedeutungsgehalt seines Tuns ist er dagegen „im Bilde"; er weiß, was er (tatbestandlich) tut, nimmt aber irrig an, es sei erlaubt.

Rechtsfolge: Nach § 17 ist wie folgt zu differenzieren:

a) Kann der Täter den Irrtum nicht vermeiden, handelt er ohne Schuld (§ 17 S. 1). Der **unvermeidbare** Verbotsirrtum beseitigt die Vorwerfbarkeit der Tat; er ist ein **Schuldausschließungsgrund**.

b) Der **vermeidbare** Verbotsirrtum schließt den Schuldvorwurf nicht aus, kann aber (in den Beispielsfällen bei Bestrafung aus dem Vorsatztatbestand) schuldmindernd wirken; er ist ein **fakultativer Schuldminderungsgrund** (§ 17 S. 2; näher Rn 772 ff).

3. Irrtum über das **Eingreifen von Rechtfertigungsgründen**. **1330**

a) Als **Erlaubnistatbestandsirrtum** (zur Verortung im Deliktsaufbau s.u. **1331** Rn 1357 ff) bezeichnet man die irrige Annahme der **sachlichen Voraussetzungen** eines anerkannten Rechtfertigungsgrundes. Er liegt vor, wenn der Täter irrig Umstände für gegeben hält, die im Fall ihres Vorliegens die konkrete Tat rechtfertigen würden (irrige Annahme einer rechtfertigenden Sachlage).

Beispiel: Der Spaziergänger S schlägt den auf ihn zukommenden (in Wirklichkeit harmlosen und friedlichen) Landstreicher L mit seinem Spazierstock nieder, weil er ihn für einen Räuber hält und sich von ihm angegriffen glaubt (Putativnotwehr). Anwendbarkeit der §§ 223, 224 oder lediglich des § 229?

Psychische Situation: Der Täter weiß, dass sein Verhalten den gesetzlichen Tatbestand erfüllt; im obigen Beispiel wird S somit von der Warnfunktion der §§ 223, 224 erreicht. Den sozialen Sinngehalt des Geschehens erfasst er gleichwohl nicht zutreffend; so erscheint die völlig grundlose Verletzung des L aus der Sicht des S als Akt der Notwehr und der Selbsterhaltung. Sein Tatbestandsvorsatz ist demnach nicht Ausdruck einer Auflehnung gegen die Wertentscheidungen der Rechtsordnung, die sein Verhalten gestatten würde, wenn die Umstände, die er als Täter für gegeben hält, wirklich vorliegen würden. Der im **Erlaubnistatbestandsirrtum** Handelnde ist, wie der BGH es einmal ausgedrückt hat[3], **im Prinzip rechtstreu**; er will die Gebote des Rechts befolgen und verfehlt dieses Ziel nur wegen seines Irrtums über die Sachlage, aus der er sein Recht zum Handeln herleitet.

Rechtsfolge: Das StGB schweigt. Die hM verneint (überwiegend von der Grundposition der **eingeschränkten Schuldtheorie** aus) mit unterschiedlicher Begründung in Anlehnung an § 16 I 1 die Strafbarkeit aus dem einschlägigen Vorsatztatbestand. Sie stellt den Erlaubnistatbestandsirrtum zumindest **in seinen Rechtsfolgen** dem Tatbestandsirrtum in der Weise gleich, dass eine **Bestrafung wegen vorsätzlicher Tat** entfällt (vom hier vertretenen Standpunkt aus mangels Vorsatzschuld; näher Rn 756). Demgemäß bleibt die Bestrafung des Täters aus einem ggf existierenden **Fahrlässigkeitstatbestand** unberührt (§ 16 I 2). Im obigen Beispiel kann S hiernach nicht gem. §§ 223, 224, wohl aber gem. § 229 zur Verantwortung gezogen werden, falls er bei Einschätzung der Sachlage die im Verkehr erforderliche Sorgfalt nicht beachtet hat und ihn in dieser Hinsicht ein Fahrlässigkeitsvorwurf trifft (was ganz von den Gegebenheiten im Einzelfall abhängt).

Abweichende Ansichten: Die (vorwiegend von Finalisten vertretene) **strenge Schuldtheorie** wendet auch in Fällen dieser Art § 17 mit den dort vorgesehenen Rechtsfolgen an, da sie jeden **Irrtum über die Rechtswidrigkeit der Tat** ohne Rücksicht auf seinen Entstehungsgrund dem Bereich des **Verbotsirrtums** zuordnet (vgl Rn 748). Die **Vorsatztheorie** gelangt dagegen durch Vorsatzverneinung „mangels Unrechtsbewusstseins" zu den in § 16 I vorgesehenen Ergebnissen (s. Rn 743).

1332 **b)** Ein bloßer **Erlaubnisirrtum** liegt vor, wenn der Täter die **rechtlichen Grenzen** eines Rechtfertigungsgrundes verkennt oder an das Bestehen eines von der Rechtsordnung nicht anerkannten Rechtfertigungsgrundes glaubt.

Beispiel: Bei der Abwehr eines Raubversuchs hat der Boxer B dem jugendlichen Räuber R die Pistole aus der Hand geschlagen. Als R sich zur Flucht wendet, läuft B ihm nach und verprügelt ihn in der irrigen Annahme, nach den Regeln der Notwehr so handeln zu dürfen.

Psychische Situation: Die Wertvorstellungen des Täters stimmen hier (anders als in Rn 1331) mit denen der **Rechtsordnung nicht überein.** Bei der Sachlage, die in Fällen dieser Art gegeben und die vom Täter richtig erfasst worden ist, verbietet und missbilligt das Gesetz die Tathandlung (gegen einen erfolgreich abgeschlagenen und definitiv beendeten Angriff gibt es keine Notwehr mehr).

Rechtsfolge: Der Erlaubnisirrtum folgt nach hM (als indirekter Verbotsirrtum) den in § 17 normierten Regeln des direkten **Verbotsirrtums.** Das erscheint sachgerecht, weil der Täter bei Unvermeidbarkeit des Irrtums (mangels Schuld) vor Strafe geschützt ist, bei **Vermeidbarkeit** des Irrtums jedoch für seine fehlerhafte Wertung einzustehen hat. Im engen Bereich des Kriminalstrafrechts dürfen von jedem Einsichtsfähigen sozialethisch richtige Wertentscheidungen verlangt werden.

---

3 BGHSt 3, 105, 107.

488

Abweichende Ansichten: Die **Vorsatztheorie** verneint hier wiederum das Vorliegen einer vorsätzlichen Tat; sie stützt dieses Ergebnis auf die (unzutreffende) Ansicht, dass das Unrechtsbewusstsein zum „Vorsatz" gehöre.

4. Irrtum über das **Eingreifen von Entschuldigungsgründen**.   **1333**

a) Irrige **Annahme der sachlichen Voraussetzungen** eines anerkannten Entschul-   **1334**
digungsgrundes.

Beispiel: Bei einer Zirkusvorstellung ist ein exotisch aussehender Hund von ungewöhnlicher Größe in das Zuschauerzelt gelangt. In der irrigen Annahme, dass die Raubtiere ausgebrochen seien, flüchten zahlreiche Besucher in panischer Angst zum Ausgang. Um der vermeintlichen Gefahr zu entrinnen, boxt A sich den Weg nach draußen frei, wobei er mehrere Personen durch Faustschläge verletzt. Strafbarkeit nach § 223?

Psychische Situation: Der Täter weiß, dass er eine **rechtswidrige Tat** begeht. Er hält aber Umstände für gegeben, die im Fall ihres wirklichen Vorliegens sein Verhalten **entschuldigen** würden (vgl § 35 I).

Rechtsfolge: Wie aus § 35 II zu entnehmen ist, entfällt bei einem **unvermeidbaren** Irrtum dieser Art der Schuldvorwurf. Bei **Vermeidbarkeit** des Irrtums **ist** die Strafe nach § 49 I zu mildern (obligatorischer Schuldminderungsgrund, § 35 II).

b) Irrtum über die **Existenz** oder die **rechtlichen Grenzen** eines Entschuldigungs-   **1335**
grundes.

Beispiel: Der Zeuge Z leistet vor Gericht einen Meineid (§ 154), weil ihm für den Fall einer wahrheitsgemäßen Aussage das Zerstechen seiner neuen Autoreifen angedroht worden ist (Gefahr für Sachwerte). Z meint, aufgrund dieser Drohung ohne Schuld zu handeln (vgl demgegenüber § 35 I zum Kreis der notstandsfähigen Güter).

Psychische Situation: Z weiß, dass er Unrecht tut. In der von ihm zutreffend erkannten Tatsituation beurteilt er nur die „Strafbarkeit" seines Verhaltens unrichtig.

Rechtsfolge: Der Irrtum über die Existenz oder die rechtlichen Grenzen eines Entschuldigungsgrundes ist nach allgemeiner Ansicht für den Schuldvorwurf **unbeachtlich**; er kann aber im Rahmen der Strafzumessung (§ 46 II) berücksichtigt werden.

5. Irrtum über das **Eingreifen persönlicher Strafausschließungsgründe**.   **1336**

a) Irrige **Annahme strafausschließender Tatumstände**.   **1337**

Beispiel: F verschafft ihrem Verlobten V, der wegen Bankraubes von der Polizei gesucht wird, die Möglichkeit zur Flucht ins Ausland. Später stellt sich heraus, dass zwischen F und dem noch verheirateten V kein wirksames Verlöbnis zu Stande gekommen war. Davon hatte F bislang keine Ahnung. Strafbarkeit gem. § 258?

Psychische Situation: Hängt von den Umständen des Einzelfalls ab und ist bisweilen mit einer seelischen Konfliktlage verbunden. Der Täter weiß aber, dass er eine rechtswidrige Tat begeht.

Rechtsfolge: Nach hM ist V kein Angehöriger der F iSv § 258 VI, weil das Verlöbnis zivilrechtlich unwirksam ist. Die F geht jedoch irrtümlich von der Angehörigeneigenschaft aus. Welche Rechtsfolge das hat, ist im Gesetz nicht geregelt. Die hM stellt allein auf die **objektive Lage**, dh auf das tatsächliche Vorhandensein des betreffenden Umstandes ab und hält die Vorstellung des Täters in dieser Hinsicht für bedeutungslos. In der Rechtslehre hängt das jedoch damit zusammen, dass der Kreis der persönlichen Strafausschließungsgründe unterschiedlich weit gezogen und ein Teil der einschlägigen Regelungen bereits den Entschuldigungsgründen zugeordnet wird[4]. Sachgerechter erscheint es indessen, hier mit der im Vordringen begriffenen Lehre wie folgt zu **differenzieren**:

(1) Auf die objektive Lage und die rein tatsächlichen Gegebenheiten ist abzustellen, wenn die im Gesetz vorgesehene Strafbefreiung ihre Existenz vorwiegend **staatspolitischen Erfordernissen** oder **kriminalpolitischen Zweckmäßigkeitserwägungen** verdankt (wie etwa § 36, der den Schutz der parlamentarischen Redefreiheit bezweckt).

(2) Liegen dem Strafausschluss dagegen **schuldrelevante Erwägungen**, insbes. die Rücksichtnahme des Gesetzgebers auf notstandsähnliche Konfliktlagen zugrunde, so ist der **Tätervorstellung** Rechnung zu tragen und Straffreiheit auch bei **irriger Annahme** der im Gesetz genannten Voraussetzungen zu gewähren.

Bedeutung hat das vor allem für § 258 VI. Vereinzelt wird dort bei einem vermeidbaren Irrtum über die Angehörigeneigenschaft eine analoge Anwendung des § 35 II befürwortet, während die überwiegende Auffassung eine auf teleologische Erwägungen gestützte Subjektivierung des (im Gesetz objektiv gefassten) Strafausschließungsgrundes bevorzugt (näher Rn 785 ff). Im obigen Beispiel bliebe F danach gem. § 258 VI straffrei, weil sie in der irrigen Annahme gehandelt hat, einen Angehörigen (§ 11 I Nr 1a) der Strafverfolgung zu entziehen.

1338 b) Irrtum über die **Existenz** oder die **rechtlichen Grenzen** eines persönlichen Strafausschließungsgrundes.

Beispiel: Strafvereitelung zugunsten eines Freundes in der irrigen Annahme, „Angehöriger" iSd § 258 VI sei jede dem Täter „nahe stehende Person" (vgl demgegenüber § 11 I Nr 1).

Psychische Situation: Der Täter weiß, dass er Unrecht tut. Bei richtig erfasster Sachlage beurteilt er nur die Strafbarkeit seines Verhaltens falsch.

Rechtsfolge: Bloßer „Strafbarkeitsirrtum", der die Vorwerfbarkeit der Tat unberührt lässt und nach allgemeiner Ansicht bedeutungslos ist.

1339 6. Irrtum über **objektive Bedingungen der Strafbarkeit**.

Beispiel: A verbreitet über B Tatsachen ehrenrühriger Art, die er für nachweislich wahr hält. In dem Strafverfahren, das B gegen ihn anstrengt (§ 374 I Nr 2 StPO), misslingt der Wahrheitsbeweis jedoch.

Psychische Situation: Die irrige Vorstellung des Täters bezieht sich auf Umstände, die jenseits von Unrecht und Schuld liegen und bei denen das Gesetz ihm das **Risiko ihres Vorliegens** aufbürdet.

Rechtsfolge: Ein Irrtum dieser Art ist unbeachtlich[5] (vgl Rn 214 ff). A ist gem. § 186 wegen übler Nachrede zu bestrafen.

1340 7. Irrtum über **Strafverfolgungsvoraussetzungen**.

Beispiel: Der Ehemann M entdeckt im Wäscheschrank seiner Frau F einen Briefumschlag mit 1000 € Inhalt. M entwendet das Geld in der Annahme, es handele sich um einen Lottogewinn der F, den diese ihm verheimlicht habe. In Wirklichkeit gehört das Geld der Nachbarin N, für die F es nur verwahrt. Strafbarkeit des M?

Psychische Situation: M weiß, dass er einen Diebstahl begeht. Sein Irrtum bezieht sich auf Umstände, die allein die **Zulässigkeit der Strafverfolgung** (hier: die Notwendigkeit eines **Strafantrags** gem. § 247) betreffen.

---

4 S. dazu *Jescheck/Weigend*, AT, § 42 II 1, § 52 II 2; *Roxin*, AT I, § 22 Rn 139, § 23 Rn 16.
5 BGHSt 21, 334, 365.

Rechtsfolge: Ein solcher Irrtum ist bedeutungslos; maßgebend ist insoweit nur die **objektive Sachlage** (s. Rn 791 f)[6]. Da die Nachbarin N durch die Tat verletzt ist, die Voraussetzungen des § 247 somit nicht vorliegen, bedarf es keines Strafantrags. Vielmehr ist das Strafverfahren gegen M von Amts wegen einzuleiten (§§ 152 II, 160 StPO).

B. Fehlvorstellungen und Wissensmängel zuungunsten des Irrenden   **1341**

1. Irrtum über **Umstände**, die zum **gesetzlichen Tatbestand** gehören.   **1342**

a) Irrige Annahme des **Vorliegens** von Merkmalen des objektiven Unrechtstatbe-   **1343**
standes **(umgekehrter Tatbestandsirrtum)**.

Beispiel: A schießt mit Tötungsvorsatz auf den im Bett liegenden B, ohne zu ahnen, dass B kurz zuvor einen tödlichen Herzinfarkt erlitten hat. Oder: In einer Gaststätte entwendet der Gast G aus dem an der Garderobe hängenden Mantel des M eine mit Geld gefüllte Brieftasche. Als G die Toilette aufsucht und seine Beute dort in Augenschein nimmt, stellt er zu seiner Überraschung fest, dass es sich um seine eigene Brieftasche handelt, die er auf dem Wege zur Gastwirtschaft verloren hatte und die von M gefunden worden war.

Psychische Situation: Der Täter verkennt den sozialen Bedeutungsgehalt seines Tuns. Er hält Umstände für gegeben, bei deren Vorliegen der betreffende Straftatbestand erfüllt wäre.

Rechtsfolge: Ein derartiger „umgekehrter Tatbestandsirrtum" führt zu einem strafbaren **untauglichen Versuch**, sofern der Versuch des betreffenden Delikts mit Strafe bedroht ist. Das ist hier der Fall (§ 23 I iVm §§ 212, 211 bzw § 242 II).

b) Mangelnde Kenntnis vom Vorliegen **privilegierender Tatbestandsmerkmale**.   **1344**

Beispiel: Frau F tötet ihren Ehemann M. Sein ernsthaftes und ausdrückliches Tötungsverlangen hat sie infolge Schwerhörigkeit überhört. Strafbarkeit nach § 216 (weil es sich objektiv um eine Tötung auf Verlangen handelt) oder nach § 212 (weil F das Verlangen überhört hat)?

Psychische Situation: F weiß, dass sie einen Menschen tötet. Die **spezielle Motivation**, die § 216 als privilegierend gelten lässt, liegt (infolge ihrer Fehlvorstellung) bei ihr nicht vor.

Rechtsfolge: Die Privilegierung des § 216 betrifft keinen Fall verminderten Unrechts, sondern beruht ausschließlich auf dem **geringeren Schuldgehalt** der Tat (näher Rn 677). Eine Herabsetzung des Schuldvorwurfs kann jedoch nicht in Betracht kommen, wenn die F die **Umstände nicht gekannt** hat, von denen das Gesetz die Privilegierung abhängig macht. F ist nach § 212 wegen vollendeten Totschlags zu bestrafen (vorausgesetzt, dass Mordmerkmale iSd § 211 nicht vorliegen).

Die von einem Teil der Rechtslehre vertretene Ansicht, dass es bei privilegierenden Merkmalen, die das **Unrecht** mindern, auf die **objektive Sachlage** und nicht auf die Kenntnis des Täters vom Vorliegen dieser Umstände ankomme[7], ist praktisch ohne Bedeutung, weil Konstellationen dieser Art im geltenden Recht kaum vorkommen (zu denken ist etwa an § 109 II im Verhältnis zu § 109 I).

2. Irrtum über die **Verbotsnorm** in der Weise, dass der Täter gegen strafrechtliche   **1345**
Verbote oder Gebote zu verstoßen glaubt, die es in Wahrheit nicht gibt oder deren
Anwendungsbereich er zu seinen Ungunsten überdehnt **(umgekehrter Verbotsirrtum)**.

---

6   BGHSt 18, 123.
7   *Jescheck/Weigend*, AT, § 29 V 5b; S/S-*Sternberg-Lieben/Schuster*, § 16 Rn 28.

Beispiel: In der irrigen Annahme, dass § 173 auch den Beischlaf zwischen Verschwägerten verbiete und mit Strafe bedrohe, verführt der Ehemann M seine volljährige Schwägerin S zum Geschlechtsverkehr mit ihm. Strafrechtliche Beurteilung?

Psychische Situation: Der Täter erfasst die Sachlage und den sozialen Bedeutungsgehalt seines Tuns richtig. Das von ihm angenommene strafrechtliche Verbot existiert indessen nur in seiner Einbildung oder ergreift sein Verhalten in Wirklichkeit nicht.

Rechtsfolge: Ein derartiger „umgekehrter Verbotsirrtum" führt zum straflosen **Wahndelikt** (näher Rn 991 ff).

1346 3. Irrtum über **Rechtfertigungsgründe**.

1347 a) Vornahme einer Verletzungshandlung in Unkenntnis des Umstandes, dass die objektiven Voraussetzungen eines anerkannten Rechtfertigungsgrundes vorliegen **(umgekehrter Erlaubnistatbestandsirrtum)**.

Beispiel: A wirft bei seinem Nachbarn N gegen Mitternacht die Scheiben des Schlafzimmerfensters ein, um diesen zu ärgern. Ungewollt rettet er dem N und dessen Angehörigen dadurch das Leben, da N beim Erwachen starken Gasgeruch verspürt, einen Defekt am Zuleitungsschlauch in der Küche feststellt und in letzter Minute (durch Absperren des Haupthahns, Öffnen aller Fenster, Alarmierung des Rettungsdienstes usw) die Gefahr abwenden kann. Strafrechtliche Beurteilung?

Psychische Situation: Bei der Verwirklichung des gesetzlichen Tatbestandes (§ 303) handelt der Täter nicht zu Rettungszwecken, sondern mit Angriffswillen. Über den sozialen Bedeutungsgehalt seines Tuns ist er nicht vollständig im Bilde, weil er die rechtfertigende Sachlage (§ 34, § 904 BGB) nicht kennt.

Rechtsfolge: Aus dem Fehlen der subjektiven Rechtfertigungselemente ergibt sich die Rechtswidrigkeit der konkreten Tat. Nach einer Auffassung ist eine Bestrafung wegen **vollendeter Vorsatztat** geboten[8]. In der Rechtslehre wird überwiegend eine (analoge) Anwendung der **Versuchsregeln** befürwortet, da der Erfolgsunwert durch die objektiv gegebene Rechtfertigungslage kompensiert wird und der Unwertgehalt der Tat sich wie bei einem untauglichen Versuch auf den subjektiven Handlungsunwert beschränkt, der im Willen zur Rechtsverletzung zum Ausdruck kommt[9] (näher Rn 417).

1348 b) Irrtum über die **rechtlichen Grenzen** eines vom Täter zu eng aufgefassten Rechtfertigungsgrundes **(umgekehrter Erlaubnisirrtum)**.

Beispiel: E entreißt dem Ganoven G, der ihm die Aktentasche entwendet hat und damit zu fliehen sucht, die widerrechtlich erlangte Beute, nachdem er dem G einen Tritt gegen die Beine versetzt und ihn so zu Fall gebracht hat. E glaubt, dass Notwehr (§ 32) zum Schutz von Sachwerten unzulässig sei. Strafrechtliche Beurteilung?

Psychische Situation: Bei richtig erfasster Sachlage und bei einer objektiv erforderlichen Verteidigungshandlung zum Schutz seiner Güter beurteilt der Täter nur die Grenzen des rechtlich Erlaubten (der mit Verteidigungswillen geübten Notwehr) zu seinen Ungunsten falsch.

Rechtsfolge: An der Rechtmäßigkeit der Tat (§ 223 iVm § 32) ändert ein solcher Irrtum nichts. Die auf einem reinen Wertungsfehler beruhende Annahme, nicht gerechtfertigt zu sein, führt zu einem straflosen **Wahndelikt** (näher Rn 991 ff).

---

8 BGHSt 2, 111, 114; BGH NStZ 05, 332, 334; *B. Heinrich*, AT, Rn 392; *Zieschang*, AT, Rn 232.
9 OLG Celle BeckRS 13, 07170 m. Bespr. *Jahn*, JuS 13, 1042; OLG Naumburg NStZ 13, 718; Matt/Renzikowski-*Engländer*, Vorbem. §§ 32 ff; *Fischer*, § 34 Rn 28; *Kuhlen*, Beulke-FS, S. 153; *Rengier*, AT, § 17 Rn 18.

4. Irrtum über **Entschuldigungsgründe**. 1349

a) Verwirklichung eines Straftatbestandes **in Unkenntnis** des Umstandes, dass die 1350
sachlichen Voraussetzungen eines anerkannten Entschuldigungsgrundes vorliegen.

Beispiel: Z leistet als Zeuge vor Gericht einen Meineid, ohne zu wissen, dass er am Vortag
(durch Einwurf in seinen noch nicht geleerten Hausbriefkasten) eine ernste schriftliche Drohung des Inhalts erhalten hat, er werde „das Gerichtsgebäude nicht lebend verlassen, wenn er
wahrheitsgemäß aussage". Strafrechtliche Beurteilung?

Psychische Situation: Der Täter weiß, dass er eine rechtswidrige Tat begeht. Da er von der
Drohung und der Gefahr für sein Leben keine Kenntnis hat, befindet er sich nicht in einer seelischen Zwangslage.

Rechtsfolge: Dem Täter, der sich der objektiv bestehenden Notstandslage **nicht bewusst** war,
kommt der Entschuldigungsgrund des § 35 I nicht zugute. Z ist nach § 154 zu bestrafen.

b) Irrtum über die **rechtlichen Grenzen** des in Betracht kommenden und vom Täter 1351
zu eng aufgefassten Entschuldigungsgrundes.

Beispiel: Bei einer Notstandslage iSd § 35 I rettet der Witwer W seine jahrelang bei ihm beschäftigte Haushälterin H aus einer akuten Lebensgefahr auf Kosten des B, der dabei sein Leben einbüßt, was W in Kauf genommen hat. W war überzeugt, dass vor dem Gesetz nur die
Rettung von „Verwandten" als entschuldigt gelte. Strafrechtliche Beurteilung?

Psychische Situation: Der Täter steht hier voll unter dem in § 35 I vorausgesetzten Motivationsdruck.

Rechtsfolge: Da H im obigen Beispiel eine dem W „nahe stehende Person" ist und in objektiver wie in subjektiver Hinsicht sämtliche Voraussetzungen des § 35 I erfüllt sind, steht die
Fehlbeurteilung durch W dem Eingreifen des Entschuldigungsgrundes nicht entgegen. Soweit
es um den Tod des B geht, trifft den W kein Schuldvorwurf.

5. Irrtum über **persönliche Strafausschließungsgründe**. 1352

a) Handeln **in Unkenntnis** des Vorliegens strafausschließender Umstände. 1353

Beispiel: A verhilft einem von der Polizei gesuchten Terroristen, der nur über Mittelsmänner
Kontakt zu ihm aufgenommen hat und unerkannt bleiben will, zur Flucht ins Ausland. Erst später erfährt er, dass es sich bei diesem Terroristen um seinen Schwager S gehandelt hat. Bleibt A
gem. § 258 VI straffrei?

Psychische Situation: Der Täter weiß, dass er eine rechtswidrige Tat begeht; er entscheidet
sich ohne seelischen Konflikt aus freien Stücken gegen das Recht.

Rechtsfolge: Einer Meinung nach soll allein die **objektive Sachlage** maßgebend sein; danach
bliebe A gem. § 258 VI iVm § 11 I Nr 1a straffrei. Bei Strafausschließungsgründen, die ihre
Existenz der Rücksichtnahme auf eine **notstandsähnliche Konfliktslage** verdanken und daher
im Schuldbereich wurzeln, überzeugt das jedoch nicht. Für Straflosigkeit nach § 258 VI ist kein
Raum, wenn der Täter nicht gewusst hat, dass er zugunsten eines Angehörigen tätig geworden
ist (s. Rn 784 ff).

b) Irrtum über die **Existenz** oder die **rechtlichen Grenzen** eines persönlichen Straf- 1354
ausschließungsgrundes.

Beispiel: A verhilft seinem (wegen eines Banküberfalles gesuchten) Schwager S zur Flucht 1355
ins Ausland. Er hält sein Tun für strafbar, weil er die in § 258 VI getroffene Regelung nicht
kennt. Strafrechtliche Beurteilung?

Psychische Situation: Bei Begehung der Tat war A dem Motivationsdruck ausgesetzt, an den § 258 VI anknüpft.

Rechtsfolge: Die irrige Annahme, sich strafbar zu machen, hindert unter den gegebenen Umständen die Anwendbarkeit des § 258 VI nicht.

1356   6.   Ein Irrtum über **objektive Bedingungen der Strafbarkeit** oder über **Strafverfolgungsvoraussetzungen** ist nach allgemeiner Ansicht strafrechtlich **irrelevant**.

IV. Insbesondere: Die Verortung eines Erlaubnistatbestandsirrtums im Deliktsaufbau

1357   Der Meinungsstreit zur irrigen Annahme einer rechtfertigenden Sachlage (s. dazu Rn 742 ff) führt beim Deliktsaufbau zu unterschiedlichen Konsequenzen[10]. Studierende fühlen sich hier oft verunsichert; manche wissen nicht recht, wie und an welcher Stelle sie diesen Komplex in ihrer Strafrechtsarbeit behandeln sollen. Die Antwort darauf hängt allein davon ab, welchen dogmatischen Standpunkt der Bearbeiter insoweit einnimmt und welcher Lehrmeinung er zustimmen will. Dazu einige Hinweise:

1358   1.   Wer sich der **strengen Schuldtheorie** anschließt, muss sich am finalen Deliktsaufbau orientieren, das betreffende Irrtumsproblem in der Wertungsstufe „Schuld" ansprechen und unter dem Gliederungspunkt „Unrechtsbewusstsein" darlegen, aus welchen Gründen er in der irrigen Annahme einer rechtfertigenden Sachlage durch den Täter einen **Verbotsirrtum** iSd § 17 erblickt. In diesen Zusammenhang gehört dann auch die Auseinandersetzung mit der abweichenden hM.

Dass andere Lehrmeinungen den erwähnten Irrtum zum Teil schon innerhalb des „Unrechts" zur Diskussion stellen, braucht diesen Bearbeiter nicht zu stören, da seine Aufgabe darin besteht, seinen **eigenen Standpunkt** darzulegen und möglichst überzeugend zu begründen. Richtschnur für seinen Gedankengang und dessen Gliederung ist der **von ihm gewählte**, nicht der von anderen bevorzugte Deliktsaufbau, den er in seiner gesamten Arbeit konsequent beizubehalten hat (vgl Rn 1319).

1359   2.   Wer sich der **eingeschränkten Schuldtheorie** anschließt und dabei die Lehre von den negativen Tatbestandsmerkmalen für richtig hält, also sich zu einer **direkten Anwendung** des § 16 I auf die irrige Annahme einer rechtfertigenden Sachlage bekennt, steht vor der Überlegung, ob er bei seiner Darstellung einen zweistufigen Aufbau (= Gesamt-Unrechtstatbestand/ Schuld) wählen oder sich stärker an das gebräuchliche dreigliedrige Modell anlehnen soll. Beide Wege sind gangbar, wobei im Einzelnen verschiedene Variationsmöglichkeiten bestehen. Denkbar wäre zB folgender Aufbau:

I. Gesamt-Unrechtstatbestand	**I. Unrecht**
1. Positive Merkmale	1. Tatbestandsmäßigkeit
a) objektiver Art	a) objektiv
b) subjektiver Art	b) subjektiv
2. Negative Merkmale (Rechtfertigungsgründe)	2. Rechtswidrigkeit
a) objektive Elemente	a) objektive
b) subjektive Elemente	b) subjektive Rechtfertigungselemente
II. Schuld	**II. Schuld**

---

10   Überblick bei *Beulke*, Klausurenkurs I, Rn 255 ff; *Fahl*, JA 17, 481 ff; *Graul*, JuS 92, L 49; JuS 95, 1049 und JuS 00, 215; *Heuchemer*, JuS 12, 795; *Kindhäuser*, LPK, Vorbem. § 13 Rn 13 ff; *Steinberg/Epe*, ZJS 16, 370, 371 f; *Stiebig*, Jura 09, 274.

Die irrige Annahme einer rechtfertigenden Sachlage wäre hier (nach Verneinung der objektiven Rechtfertigungsvoraussetzungen) jeweils unter dem Gliederungspunkt I. 2. b) des vorstehend links bzw rechts dargestellten Modells für den Deliktsaufbau zu erörtern[11].

3. Wer sich der **eingeschränkten Schuldtheorie** anschließt und dabei aber der Variante folgt, die bei einem Erlaubnistatbestandsirrtum schon das **Vorsatzunrecht** ausschließt (sog. eingeschränkte rechtsgrundverweisende Schuldtheorie), kann sich an dem Aufbaumuster orientieren, wie es vorstehend (rechts) dargestellt ist. Sein Lösungsweg ähnelt dann weitgehend der in Rn 1359 erwähnten Lehrmeinung (sachlich aber mit dem Unterschied, dass dieser Bearbeiter nur von einer **analogen Anwendung** des § 16 I 1 ausgeht und daraus den Schluss zieht, dass es am sog. „Handlungsunrecht" einer Vorsatztat fehle).

1360

Dass die irrige Annahme einer rechtfertigenden Sachlage hier in der Wertungsstufe „Rechtswidrigkeit" abgehandelt wird, ist sicherlich merkwürdig, folgt aber zwangsläufig aus dem dogmatischen Konzept dieser Theorie[12].

4. Wer dagegen der **rechtsfolgenverweisenden Variante** der eingeschränkten Schuldtheorie den Vorzug gibt, kann sich an das in Rn 1319 skizzierte Aufbaumuster halten. Dabei ist ein in Betracht kommender Erlaubnistatbestandsirrtum erst in der Wertungsstufe „Schuld" unter dem Blickwinkel des „Vorsatzschuldvorwurfs" (dh der schuldspezifischen Vorwerfbarkeit des einschlägigen Tatbestandsvorsatzes) zu erörtern[13]. Mit abweichenden Ansichten braucht der Bearbeiter sich auch erst an dieser Stelle zu befassen; geboten ist das aber nur, soweit sie (wie die strenge Schuldtheorie) bei der Lösung des konkreten Falles das Ergebnis beeinflussen und zu einer anderen Sachentscheidung führen würden.

1361

Gelangt der Bearbeiter zu dem Ergebnis, dass ein **Erlaubnistatbestandsirrtum** vorgelegen hat und deswegen in sinngemäßer Anwendung des § 16 I 1 eine **Bestrafung wegen vorsätzlicher Tat** entfällt, bleibt zu prüfen, ob das Gesetz auch die fahrlässige Begehung des betreffenden Delikts mit Strafe bedroht und ob eine Bestrafung des Täters nach diesem Fahrlässigkeitstatbestand in Betracht kommt (§ 16 I 2). Nach der oben (Rn 756) vertretenen Spielart der eingeschränkten Schuldtheorie wird direkt wegen des Fahrlässigkeitstatbestandes bestraft, dem deshalb ein neuer Gliederungspunkt zuzuweisen ist[14]. Aufbaumäßig gibt es hier allerdings Probleme, denn generell kann ein und dieselbe Handlung, die man als Vorsatztat eingestuft hat, nicht zugleich auch fahrlässig begangen sein. Beim Erlaubnistatbestandsirrtum hat aber nun gerade die vorausgegangene **Verneinung nur der Vorsatzschuld** am Bestehenbleiben einer wissentlich und willentlich, dh vorsätzlich begangenen Rechtsgutsverletzung nichts geändert. Deshalb sollte im Rahmen der **Tatbestandsprüfung** des Fahrlässigkeitsdelikts eine zurechenbare Erfolgsherbeiführung ohne nähere Ausführungen vorausgesetzt werden. Ausdrücklich ist sodann nur noch zu prüfen, ob die irrige Annahme des Täters, dass ihm ein Rechtfertigungsgrund zur Seite stehe, objektiv fahrlässig war. Dies ist dann der Fall, wenn das Nichtvorliegen einer rechtfertigenden Sachlage bei Anwendung der gebotenen Sorgfalt objektiv erkennbar und vermeidbar war. Falls man dies bejaht, ist anschließend zunächst die **Rechtswidrigkeit** und dann die **Schuld** anzusprechen, wobei hier unter dem Stichwort der **subjektiven Sorgfaltspflichtverletzung** die Frage zu klären ist, ob der Täter nach seinen persönlichen Kenntnissen und Fähigkeiten im Stande gewesen wäre, den Irrtum und damit die Herbeiführung des tatbestandlichen Erfolges zu vermeiden.

---

11 Näher dazu *Samson*, S. 127.
12 Vgl als deren Befürworter *Herzberg*, JA 89, 243 und 294; *ders./Scheinfeld*, JuS 02, 649; *Roxin*, AT I, § 14 Rn 62, 68, nach dessen Ansicht hier der sog. „Unrechtsvorsatz" entfallen soll.
13 Anders *Kudlich*, Fälle, S. 188, der für einen gesonderten Prüfungspunkt zwischen Rechtswidrigkeit und Schuld in Gestalt eines Annexes zur Rechtswidrigkeitsprüfung plädiert.
14 Wie hier: *Esser/Langbauer*, JA 13, 28, 30 ff; *Hilgendorf*, KK I, S. 60; *Kindhäuser/Schumann/Lubig*, S. 214 ff; *Rengier/Braun*, JuS 12, 999, 1002 f; *Rudolphi*, Fälle, S. 45; *Tiedemann*, S. 173.

Anders werden diejenigen aufbauen, die trotz Bestehens eines Erlaubnistatbestandsirrtums unmittelbar wegen des Vorsatzdeliktes bestrafen und lediglich den Strafrahmen dem Fahrlässigkeitsdelikt entnehmen (vgl o. Rn 759). Dann müsste konsequent die Fahrlässigkeitsproblematik im Rahmen der Schuld des Vorsatzdeliktes mit abgehandelt werden.

§ 23   Methode der Fallbearbeitung

1362   **Anleitungen zur Lösung von Strafrechtsfällen** und weitere **methodische Hinweise** sowie Fundstellen für weitere Übungsanleitungsbücher und Klausuren finden Sie bei:

Beulke, **Klausurenkurs im Strafrecht I** – Ein Fall- und Repetitionsbuch für Anfänger; 7. Aufl., 2016, insbes. Rn 1 ff, 445
Beulke/Zimmermann, **Klausurenkurs im Strafrecht II** – Ein Fall- und Repetitionsbuch für Fortgeschrittene; 4. Aufl., 2019, Rn 1 ff, 359.
Beulke, **Klausurenkurs im Strafrecht III** – Ein Fall- und Repetitionsbuch für Examenskandidaten; 5. Aufl., 2018 Rn 1 ff, 738 ff.

I.   Die Prüfung des Sachverhalts

1363   Erste Voraussetzung für eine methodisch exakte Arbeitsweise ist das **Erfassen des Sachverhalts**[1]. Die Fallbearbeitung hat also damit zu beginnen, dass der Bearbeiter die Aufgabe nach der tatsächlichen Seite hin durchdenkt und den Sachverhalt unbefangen in sich aufnimmt.

Jede Veränderung oder gekünstelte Deutung der Aufgabe ist zu vermeiden. Im Zweifel ist der Sachverhalt so zu verstehen, wie es einer wirklichkeitsnahen Betrachtung, der allgemeinen Lebenserfahrung und dem regelmäßigen Verlauf der Dinge entspricht.

Hält der Bearbeiter den Sachverhalt in sonstiger Hinsicht für lückenhaft, ist Folgendes zu beachten:

Solange nicht feststeht, für welchen Straftatbestand die vermissten Angaben im Sachverhalt entscheidungserheblich sind, wäre es verfrüht, die Frage nach dem Vorliegen einer „Lücke" und ihrer „Ausfüllung" beantworten zu wollen. Ratsam ist an der betreffenden Stelle jedoch eine kurze „Erinnerungsnotiz", um diesen Punkt bei der nachfolgenden rechtlichen Prüfung im Auge zu behalten; alsdann ist zu klären, ob wirklich eine **Lücke besteht**, ob sie im Wege der **Sachverhaltsauslegung** (Regelfall) geschlossen werden kann oder ob eine **Alternativlösung** angebracht ist (seltener Ausnahmefall).

Auf die **Fragestellung** der Aufgabe ist stets sorgfältig zu achten, insbes. wenn mit ihr Einschränkungen verbunden sind.

▶ Näher zur Arbeit am Sachverhalt: *Beulke*, Klausurenkurs I, Rn 2 ff

---

1   Vgl hierzu *Kampf*, JuS 12, 309, 310 f; *Kindhäuser/Schumann/Lubig*, S. 25 ff; *Otto/Bosch*, Übungen, S. 3 ff; *Reimer*, ZJS 12, 623.

II. Die rechtliche Prüfung des Falls

Hat sich der Bearbeiter volle Klarheit über den Sachverhalt und die Fragestellung der Aufgabe verschafft, so folgt die rechtliche Prüfung mit der Überlegung, wie der Sachverhalt in **selbstständige Prüfungseinheiten** aufzuteilen ist, **welche Straftatbestände** und **welche besonderen Verwirklichungsformen** in Betracht kommen (zB aktives Tun oder Unterlassen, vorsätzliche oder fahrlässige Begehung, Vollendung oder Versuch, Täterschaft oder Teilnahme). **1364**

Richtschnur dieses Arbeitsabschnitts muss es sein, möglichst **zielstrebig zu den rechtlichen Schwerpunkten des Falles vorzustoßen** und **unnütze Erörterungen zu vermeiden**, die für die Sachentscheidung ohne Bedeutung sind.

Die beste Gewähr für eine methodisch einwandfreie und rationelle Arbeitsweise bietet die der jeweiligen Sachlage angepasste Befolgung bestimmter „Aufbauregeln", wobei zwischen Gesetzen der Logik und bloßen Zweckmäßigkeitsregeln zu unterscheiden ist.

1. Die Regeln der Logik

Die **Gesetze der Logik** sind **zwingend**, müssen also in jedem Fall beachtet werden, zB: **1365**

a) Zum Wesen des **Versuchs** gehört, dass es an einer vollendeten Straftat fehlt. Aus diesem Grunde muss der Versuchsprüfung (zumindest in ganz kurzer Form) die Feststellung vorausgehen, dass und aus welchem Grunde eine Bestrafung wegen vollendeter Tat ausscheidet. **1366**

b) Anstiftung und Beihilfe sind von der Begehung einer **rechtswidrigen Haupttat** abhängig, dürfen wegen ihrer **akzessorischen Natur** somit nicht (jedenfalls nicht isoliert) vor Erörterung der Haupttat geprüft und festgestellt werden. Es gilt also die Regel: **„Täterschaft vor Teilnahme".** **1367**

c) Ohne „Straftat" gibt es keinen **„Täter"**! Bevor darüber entschieden wird, ob jemand Täter bzw Mittäter ist, muss somit untersucht werden, welchen **Straftatbestand** er (allein oder mit anderen gemeinsam) verwirklicht hat. **1368**

Im **Fall 20** (s. Rn 1236) wäre also folgende (in Hausarbeiten oft anzutreffende) „Vorwegerörterung" des § 25 II verfehlt: **1369**

„A und B haben sich gem. § 25 II als Mittäter strafbar gemacht (wird näher ausgeführt). Ich prüfe nun, welche Straftaten sie begangen haben" (!).

Dagegen wäre es zulässig, die Merkmale der einzelnen Straftatbestände (zB der §§ 239b I, 177 usw) **gleichzeitig auf A und B** zu beziehen, also zu sagen:

„A und B könnten den Tatbestand des § 239b I als Mittäter verwirklicht haben. Beide haben sich in bewusstem und gewolltem Zusammenwirken der L und Z bemächtigt, um sie durch die Androhung des Erschießens zur Duldung des Geschlechtsverkehrs zu nötigen (usw). Sie haben sich also der gemeinschaftlichen Geiselnahme (§§ 239b I, 25 II) schuldig gemacht."

d) Andersherum gilt: Ohne Täter gibt es keine Straftat! Die **Strafbarkeit von Toten** wird nicht geprüft, soweit laut Bearbeitervermerk nicht anders verlangt. **1370**

497

2. Zweckmäßigkeitsregeln

1371 **Zweckmäßigkeitsregeln** sind demgegenüber **variabel**, zwingen also nicht zu ihrer Befolgung und dürfen der jeweiligen Eigenart des Einzelfalles angepasst werden. Hier sollte der Bearbeiter sich für den Aufbau entscheiden, der **auf dem kürzesten Wege zur Lösung führt**. Dazu einige Hinweise:

1372 **a)** Es ist untunlich – und bei klarer Erkennbarkeit sogar fehlerhaft –, bei der rechtlichen Untersuchung mit Straftatbeständen zu beginnen, die aus Gründen der **Subsidiarität** oder **Konsumtion** hinter primär anwendbare Strafvorschriften zurücktreten.

So ist Totschlag durch Unterlassen (§§ 212, 13) vor § 323c zu prüfen. Die Befolgung dieser Regel **erspart langatmige Ausführungen** zu subsidiären oder konsumierten Delikten; dadurch treten die eigentlichen Schwerpunkte des Falles stärker in den Vordergrund.

1373 Im **Fall 20** ist die Verbrechensverabredung (§§ 30 II, 177, 239b), wenn überhaupt, also erst **nach** §§ 177, 239b, 25 II zu erörtern. Ebenso wäre beim Einbruchsdiebstahl an erster Stelle auf §§ 242, 243 I 2 Nr 1, 244 I Nr 3 und erst im Anschluss daran auf die dadurch im Regelfall aufgezehrten §§ 123, 303 einzugehen[2].

1374 **b)** Ein **spezieller Tatbestand** eigenständiger Art ist stets **vor dem allgemeinen** zu prüfen (also § 249 vor §§ 240, 242; § 252 vor §§ 240, 242; § 177 im **Fall 20** vor §§ 240, 241 I, 185).

Diese Regel ermöglicht es, sofort zu den Kernfragen des Falles vorzustoßen.

1375 **c)** Im Verhältnis zwischen **Grundtatbestand** und **Qualifikation** gehen die Aufbauvorschläge stark auseinander. Zum Teil wird empfohlen (oder gar gefordert), **sofort** den **qualifizierten Tatbestand** mit einzubeziehen (bei einem Raub mit Beisichführen von Waffen also gleich §§ 249, 250 I Nr 1a Var. 1 oder bei einem Bandendiebstahl §§ 242, 244 I Nr 2 zu prüfen). Meiner Erfahrung nach gelingen die Falllösungen besser, wenn mit dem Grundtatbestand begonnen und erst im Anschluss daran das qualifizierte Delikt geprüft wird. Nur wenn bei Letzterem wirklich keinerlei Auslegungsprobleme erkennbar sind, kann es der Einfachheit halber gleich mitbehandelt werden.

Ob man – wie hier vorgeschlagen – **zunächst den Grundtatbestand voll durchprüft** (Tatbestandsmäßigkeit, Rechtswidrigkeit, Schuld) oder stattdessen zusammen **mit den objektiven Merkmalen des Grundtatbestandes zugleich diejenigen der Qualifikation** abhandelt, sollte also vom Einzelfall abhängig gemacht werden. Der erstgenannte Weg ist auf jeden Fall vorzugswürdig, wenn ein subjektives Tatbestandsmerkmal (wie etwa die Zueignungsabsicht bei §§ 242, 249) zu verneinen ist oder wenn Rechtfertigungsgründe eingreifen. In einem solchen Fall sind Ausführungen zum qualifizierten Tatbestand nämlich unnütz und entbehrlich. Der letztgenannte Weg bietet Vorteile, wenn der Qualifikationstatbestand modifizierte Merkmale des Grundtatbestandes enthält (wie etwa § 255 im Vergleich zu § 253 = Gewalt gegen eine Person statt „Gewalt" schlechthin bzw Drohung mit gegenwärtiger Gefahr für Leib oder Leben statt Drohung mit einem „empfindlichen Übel").

Auch bei §§ 211, 212 empfehlen wir den Studenten, stets **mit § 212 zu beginnen**, und zwar ohne näheres Eingehen auf das Verhältnis von § 211 zu § 212[3]. Wäre § 212 der Grundtatbestand

---

2 Zum Streit über das Konkurrenzverhältnis in derartigen Fällen vgl Rn 1271.

3 Wie hier ua *Kett/Straub*, JA 12, 831; *Rotsch*, Klausurenlehre, Rn 992; *Wessels/Hettinger/Engländer*, BT/1, Rn 84 f; abw. *Kindhäuser/Schumann/Lubig*, Fall 6, S. 162; *Steinberg/Blumenthal*, ZJS 11, 81, 83; *Zöller*, Jura 07, 308.

und § 211 eine Qualifikation, so stünde dieser Aufbau sowieso im Einklang mit dem hiesigen Ratschlag, zunächst immer mit dem Grundtatbestand zu beginnen. Wäre § 211 ein Delikt eigener Art, so spräche zwar die Regel von oben b) (vgl Rn 1374) dafür, sofort diesen zu prüfen. Da aber hier die Sonderdeliktsnatur gerade zweifelhaft ist, ist dieser Aufbau nicht zwingend. Selbstverständlich leugnen auch die Befürworter der Sonderdeliktsqualität nicht, dass § 212 in § 211 „steckt", so wie § 242 auch in § 249 enthalten ist. Der § 212 kann deshalb auch auf der Basis der Rspr bejaht werden, obwohl später zusätzlich § 211 angenommen wird, der seinerseits im Wege der Gesetzeskonkurrenz den § 212 verdrängt. Der gewählte Aufbau ist im Gutachten allerdings nie zu begründen, sodass es verfehlt wäre, allein aufgrund der Aufbauprobleme die Deliktsnatur des § 211 zu erörtern. Diese Entscheidung wird nur fällig, wenn es um die Anwendung des § 28 geht (vgl Rn 878).

▸ Näher zu diesen Aufbaufragen: *Beulke*, Klausurenkurs I, Rn 53 ff und 152

d) Im Fall der **Deliktsvollendung** prüft man im Rahmen der „Tatbestandsmäßigkeit" zuerst die **objektiven** und dann die **subjektiven** Tatbestandsmerkmale. Innerhalb der objektiven Merkmale ist nur in wenigen Fällen (wie etwa bei § 263) eine bestimmte Reihenfolge einzuhalten (zum **Versuchsaufbau** s. Rn 933). **1376**

3. Subsumtion und Falllösung

Zunächst muss der Bearbeiter das Problem aufwerfen, das sich bei der rechtlichen Analyse stellt. Im Anschluss sind die einschlägigen gesetzlichen Merkmale der Norm zu definieren. Dabei kann sich der Bearbeiter der gängigen Auslegungsmethoden bedienen[4]. Die eigentliche Subsumtion besteht darin, dass der Bearbeiter prüft, ob der Sachverhalt unter das vorher abstrakt ausgelegte Tatbestandsmerkmal passt[5]. **1377**

Mit der Niederschrift der Falllösung sollte erst begonnen werden, wenn die Subsumtionsarbeit abgeschlossen ist und der Bearbeiter sich Klarheit darüber verschafft hat, wie der konkrete Sachverhalt in jeder Beziehung rechtlich zu beurteilen ist und welches Ergebnis er insgesamt für zutreffend hält. Es ist in diesem Zusammenhang **dringend zu empfehlen**,

– den Sachverhalt mehrmals gründlich zu lesen,
– sich gleich zu Beginn in einer Art **„brainstorming"** alle Gedanken und Assoziationen, die man mit dem Sachverhalt verbindet, zu notieren,
– eine (mehr oder weniger detaillierte) **Gliederung** anzufertigen, die dem Bearbeiter insbes. den Vorteil bietet, die Gewichtung der Problemstellungen in etwa einschätzen zu können.

III. Die Darstellungsmethode

Bei umfangreichen Sachverhalten mit mehreren Tatbeteiligten kommen für die **Reihenfolge der Darstellung** drei Möglichkeiten in Betracht: der Aufbau nach Tatkomplexen, der Aufbau nach Tatbeteiligten und der strikt chronologische Aufbau. **1378**

---

4 Vgl hierzu oben Rn 84 ff; vert. *Wank*, Die Auslegung von Gesetzen, 5. Aufl. 2011, S. 59 ff.
5 Vert. *Arzt*, Die Strafrechtsklausur, § 3, S. 23 ff; *Beulke*, Klausurenkurs I, Rn 22 ff; *Donatsch/Tag*, Strafrecht I, Verbrechenslehre, 9. Aufl. 2013, S. 34 f; *Hillenkamp*, StudZR 15, 123; *Klaas/Scheinfeld*, Jura 10, 542, 546 ff; *Murmann*, JA 12, 728; *Petersen*, Jura 02, 105.

1. Der Aufbau nach Tatkomplexen

1379 Beim **Aufbau nach Tatkomplexen** gliedert der Bearbeiter den Fall in Sachverhalts-abschnitte, die aufgrund ihrer rechtlich-sozialen Zusammengehörigkeit **eine in sich geschlossene Einheit** bilden. Dabei orientiert man sich am besten an der Selbststän-digkeit der Tat iSv § 53 (ohne dass damit eine konkrete rechtliche Wertung schon vorweggenommen wäre). Innerhalb der Tatkomplexe untergliedert man (sofern erfor-derlich) zunächst nach Beteiligten, wobei man mit dem „Tatnächsten" beginnen soll-te, also demjenigen, der am meisten getan hat oder der Tatbestandsverwirklichung am nächsten steht. Bei der Prüfung der einzelnen Beteiligten prüft man im Regelfall das schwerere Delikt vor dem leichteren (weitere Einzelheiten ergeben sich insoweit aus den oben in Rn 1364 ff mitgeteilten Aufbauregeln).

Die Darstellung der einzelnen Tatkomplexe erfolgt meist **chronologisch**. Das muss aber nicht so sein. Gelegentlich kann es sinnvoll sein, insbes. bei Vermögensdelikten, die zeitliche Abfol-ge zu vernachlässigen und nach Tatobjekten zu gliedern (zB weil hinsichtlich der verschiede-nen Vermögensgegenstände unterschiedliche Vorsatzformen oder unterschiedliche Beteili-gungsverhältnisse bestehen). Von der chronologischen Reihenfolge ist vor allem abzuweichen, wenn ein Delikt von der Vorbereitung über den Versuch in das Vollendungsstadium gelangt. Dann wird sofort das Vollendungsstadium geprüft. Von der chronologischen Abfolge ist auch dann abzuweichen, wenn man sonst in Konflikt mit der Aufbauregel geriete, den **Täter stets vor dem Teilnehmer** zu prüfen.

Ein besonderer Vorteil des „Aufbaus nach Tatkomplexen" ist darin zu sehen, dass hier in jedem Abschnitt sofort die Konkurrenzprobleme mit gelöst werden können.

Dadurch gewinnt bei umfangreicheren Hausarbeiten die Stellungnahme zu den „Konkurren-zen" oft an Übersichtlichkeit, weil in der betreffenden Zusammenfassung am Schluss der Ar-beit nur noch das Konkurrenzverhältnis der einzelnen Tatkomplexe zueinander der Klärung be-darf (im Einzelfall aber eine reine Zweckmäßigkeitsfrage).

1380 Im **Fall 20** wurden vier Tatkomplexe gebildet (Verbrechensverabredung; Vergewaltigung; Entwendung der Gewehre usw; Verwertung der Beute). Die Verbrechensverabredung wür-de man als subsidiäres Delikt (§§ 30 II, 177, 239b) erst **nach** Erledigung des „Vergewalti-gungskomplexes" erörtern. Der Vergewaltigungskomplex einerseits und der Entwendungs-komplex andererseits lassen sich wegen der unterschiedlichen Angriffsart und der unter-schiedlichen Tatobjekte voneinander abschichten. Wegen der zeitlichen Überschneidungen wäre insoweit auch die Bildung eines einheitlichen Tatkomplexes denkbar. Die Verwertung der Beute darf erst im Anschluss an die Entwendung geprüft werden.

2. Der Aufbau nach Tatbeteiligten

1381 Beim **Aufbau nach Tätern und Beteiligten** prüft man die Strafbarkeit des Verhal-tens durchgehend für jede Person gesondert in jeder erdenklichen Richtung.

Dieser Aufbau ist recht beliebt und macht keine Schwierigkeiten, wenn der Sachverhalt nicht zu verwickelt ist und die Beteiligungsform (Täterschaft, Teilnahme) bei allen Personen durch-gehend gleich bleibt.

Er versagt aber und wird unzweckmäßig, wenn die Beteiligungsformen innerhalb der einzelnen Sachverhaltsabschnitte wechseln, eine Person also hier Täter und dort Teilnehmer gewesen ist.

500

Da die Haupttat vor der Teilnahme geprüft werden muss, verliert dieser Aufbau dann seine einheitlich klare Linie. Da verschachtelte Mitwirkungskombinationen in Strafrechtsfällen sehr häufig anzutreffen sind, raten wir, zumindest bei Klausurlösungen, diesen Aufbau aus zeitlichen Gründen und der Klarheit der gedanklichen Entwicklung wegen im Zweifel nicht zu wählen.

3. Der chronologische Aufbau

Der **chronologische Aufbau** orientiert sich bei der Reihenfolge der zu prüfenden Tatbestände allein am zeitlichen Ablauf des Geschehens; die Subsumtion folgt hier Schritt für Schritt dem tatsächlichen Gang der Ereignisse. **1382**

Der Vorzug dieses Vorgehens besteht darin, dass der Bearbeiter selten etwas vergisst, da er die Aufgabe Satz für Satz „durch die juristische Mühle laufen" lässt.

Der entscheidende Nachteil eines strikt chronologischen Aufbaus liegt aber darin, dass er zusammengehörige Tatkomplexe auseinander reißt und zu längeren Ausführungen bei Tatbeständen verleitet, die zwar zeitlich an erster Stelle erfüllt worden sind, rechtlich aber aus Gründen der Subsidiarität, Konsumtion oder Spezialität **keine selbstständige Bedeutung für die Sachentscheidung gewinnen** (s. Rn 1372).

▶ Näher zu den unterschiedlichen Darstellungsmethoden: *Beulke*, Klausurenkurs I, Rn 31 ff

4. Stil und Ausdruck

In Klausuren und Hausarbeiten ist stets ein Rechtsgutachten zu erstellen. Der anzuwendende Stil ist deshalb grundsätzlich der sog. **Gutachtenstil**: Der Verfasser legt seinen Gedankengang offen, indem er zunächst eine Frage aufwirft (zB „A könnte sich eines Diebstahls nach § 242 schuldig gemacht haben"), die er anschließend erörtert und schließlich beantwortet („A ist also nach § 242 strafbar"). Charakteristisch für Ausführungen im Gutachtenstil ist die häufige Verwendung von Worten wie „also", „somit", „deshalb", „daher" oder „folglich". Im Gegensatz dazu stellt der sog. **Urteilsstil** das Ergebnis an den Anfang („A hat sich nach § 242 strafbar gemacht") und begründet dieses im Anschluss. Die Argumente werden hier oft mit „weil", „da" oder „denn" eingeleitet[6]. Der „reine" Gutachtenstil wirkt allerdings langatmig und gekünstelt. Deshalb empfiehlt sich dessen Verwendung nicht, wenn Unproblematisches abgehandelt wird. Dann kann auf den Urteilsstil zurückgegriffen werden oder es genügt gar eine kurze Feststellung ohne nähere Begründung. **1383**

Ein Gutachten verlangt eine **umfassende rechtliche Würdigung** des Falles, sodass in die Prüfung nicht nur Tatbestände einzubeziehen sind, die im Ergebnis bejaht werden, sondern auch solche, die nicht von vornherein abwegig erscheinen, letztlich aber nicht erfüllt sind. Ebenso darf man sich grundsätzlich nicht darauf beschränken, das Vorliegen einer von mehreren Tatbestandsalternativen (zB „körperlich misshandelt" und „an der Gesundheit schädigt" in § 223 I) festzustellen, auch die weiteren sind – soweit nicht völlig abwegig – zumindest anzusprechen. Dasselbe gilt etwa auch für

---

6 Instruktiv zu beiden Stilen: *Beck*, Jura 12, 262, 265 ff; *Beulke*, Klausurenkurs I, Rn 16 ff; *Lagodny/Mansdörfer/Putzke*, ZJS 14, 157; *Valerius*, Einführung in den Gutachtenstil, S. 26; *Wieduwilt*, JuS 10, 288; s. auch *Stuckenberg*, Frisch-FS, S. 165.

die Prüfung, ob Rechtfertigungsgründe vorliegen. Auch hier sind alle in Betracht kommenden Erlaubnissätze anzuprüfen. Die **Darstellung** als solche muss in sich **klar und folgerichtig** sein. Sie soll den Leser unter Vermeidung von Weitschweifigkeiten möglichst zielstrebig zu den Kernfragen führen. Alles Wesentliche ist zu erschöpfen. Die **rechtlichen Schwerpunkte** sind deutlich herauszuarbeiten. Bei jedem theoretischen Ansatz ist sogleich die **Beziehung zum konkreten Sachverhalt** herzustellen; ein Vorausschicken rein abstrakter Ausführungen im sog. **Lehrbuchstil** ohne Fallbezug ist zu **vermeiden**.

Ist zB bei der Entwendung eines Kraftfahrzeugs für eine „Spritztour" allein problematisch, ob der Täter in **Zueignungsabsicht** (§ 242) oder mit bloßer **Gebrauchsabsicht** (§ 248b) gehandelt hat, so ist die Darstellung alsbald auf diesen Punkt zu konzentrieren. Zur „Fremdheit" des Kraftwagens, zum Gewahrsamsbegriff und zur Vollendung der Wegnahme bedarf es dann nur ganz knapper Ausführungen. Nichts wäre verfehlter als eine uferlose Wissensausbreitung zu Fragen, deren Beantwortung im konkreten Fall unproblematisch ist. Bei § 240 sind langatmige Ausführungen zum Gewaltbegriff und dessen Abgrenzung zur Drohung entbehrlich, wenn klar auf der Hand liegt, dass der Täter den Nötigungserfolg zumindest durch „Drohung mit einem empfindlichen Übel" herbeigeführt hat. Ehe man sich näher auf einen **Theorienstreit** einlässt, sollte man überlegen, ob und inwieweit er im Rahmen der gestellten Aufgabe überhaupt entscheidungserheblich ist.

1384 Im **Ausdruck** ist auf juristische Genauigkeit zu achten[7].

Falsch ist es, von einem „vollendeten" statt von einem „beendeten" Versuch zu sprechen. Bei §§ 242, 249 ist die sinnverfälschende Verkürzung zu vermeiden, dass der Täter „in rechtswidriger Zueignungsabsicht" gehandelt habe, denn nicht die Absicht, sondern die beabsichtigte Zueignung muss dort rechtswidrig gewesen sein. Man kann sich „**des Diebstahls schuldig**" oder „**wegen** Diebstahls **strafbar**" machen; beides wird oft verwechselt.

---

7 Näher dazu *Möllers*, JuS 01, L 65 und 81; *T. Walter*, Kleine Stilkunde für Juristen, 3. Aufl. 2016; zu lesenswerten Stilblüten: *Hettinger*, Beulke-FS, S. 1273.

Sachverzeichnis

Die Angaben beziehen sich auf die Randnummern.

504

510

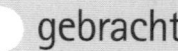